(Par Brun)

14139

NOUVEAU
DICTIONNAIRE
DES COMMENÇANS,

FRANÇAIS-LATIN,

REVU, CORRIGÉ ET CONSIDÉRABLEMENT AUGMENTÉ ;

Dans lequel on a aplani toutes les difficultés qui se présentoient aux Elèves.

SUIVI

D'UN PETIT DICTIONNAIRE DES NOMS PROPRES DE LIEUX, DE PEUPLES, etc.

Par M.r B.***, Professeur au Collége royal de Lyon.

LYON,

CHEZ FR. MISTRAL, IMPRIMEUR-LIBRAIRE,
PLACE LOUIS-LE-GRAND, N.° 16.

1822.

Pour prévenir les contrefaçons de cet Ouvrage, cinq exemplaires ont été déposés ; et tout contrefacteur sera poursuivi, conformément à la loi qui assure la propriété aux auteurs.

AVERTISSEMENT.

Le besoin d'un nouveau *Dictionnaire des Commençans*, mieux approprié à sa destination, étoit reconnu depuis long-temps de tous les maîtres. Personne néanmoins n'avoit osé tenter cette amélioration, ce qu'on ne peut attribuer qu'au travail pénible et fastidieux que cette entreprise nécessitoit. On a fait, il est vrai, successivement plusieurs éditions de ce Livre, avec quelques additions; et la meilleure de toutes étoit, sans contredit, celle imprimée à Toulouse, calquée sur le Dictionnaire de Boinvilliers, que quelques professeurs avoient rendue plus intéressante par des corrections et des augmentations; mais leur travail étoit bien loin encore d'avoir obtenu le degré de perfection dont ce Dictionnaire étoit susceptible.

Un Professeur du Collége royal de Lyon, dont l'étude et l'expérience lui ont permis de juger tout ce qu'on pourroit faire pour rendre ce livre élémentaire tel qu'il doit être, a osé entreprendre ce travail.

Il a atteint le but qu'il s'étoit proposé. Il n'a pas perdu un instant de vue, que ce Dictionnaire étoit le guide de l'enfance; que la clarté et la précision étoient par conséquent d'une utilité indispensable.

Les améliorations qu'il a faites sont en très-grand nombre : il a retranché une foule de mots, les uns inutiles, et les autres impropres; et il les a remplacés par d'autres mots d'un usage reçu et très-fréquent. Il a évité, autant que possible, les périphrases qui nuisent au jugement de l'enfant plus qu'elles ne lui sont utiles. Quant à celles qu'il a cru devoir conserver, il les a rendues mot pour mot, afin de lui en faciliter l'intelligence. Il a écrit tout au long les temps primitifs de chaque verbe. Il a marqué par un petit chiffre à quelle déclinaison appartient un nom, et à quelle conjugaison appartient un verbe. Il a fait remarquer les cas des noms et les temps des verbes qui, par leur irrégularité, s'écartent de la règle générale.

Il a séparé les noms propres de lieux, pour en faire un Dictionnaire qu'on a placé à la fin du Livre.

Enfin le plan de cet Ouvrage mérite, à tous égards, l'approbation des Instituteurs; les enfans en retireront le plus grand fruit, et sentiront ainsi tout le prix que l'Auteur a cherché, dans leur intérêt, à mettre dans son travail.

NOUVEAU DICTIONNAIRE DES COMMENÇANS,
FRANÇAIS-LATIN.

A.

A est la première lettre de l'alphabet français. Il est verbe ou préposition. Quand il est verbe, il est privé d'accent; c'est alors la troisième personne du singulier du présent de l'indicatif du verbe *Avoir*, et se traduit en latin par *habet*, du verbe *habere*, *habeo*, *habes*, *habui*, *habitum*, act. *Pierre a un livre*, Petrus habet librum.

Quand *A* est préposition, il est marqué de l'accent grave, et le plus souvent il ne s'exprime pas en latin. Ex. *J'ai dit à la reine*, dixi reginæ; *il commence à courir*, incipit currere. Quelquefois il s'exprime par *ad*. Ex. *Allez à la porte*, ite ad januam. D'autres fois par *in*. *Prudent dans le danger*, in periculo cautus.

On trouvera les différentes façons d'exprimer *A*, soit dans la grammaire latine, soit à l'article des mots qui composent les phrases où il est employé.

ABAISSÉ. Demissus, a, um. *p. p.*

ABAISSÉ, *humilié*. Depressus, a, um, *part. pass.*

ABAISSEMENT. Demissio, *g.* demissionis[3], *f. Abaissement des eaux.* Aquarum decrescentia, *g.* aquarum decrescentiæ[1], *f.*

ABAISSEMENT, *diminution d'autorité.* Auctoritatis imminutio, *g.* auctoritatis imminutionis[3], *f.*

ABAISSER. Demittĕre, demitto, demittis, demisi, demissum[3], *act. Abaisser l'autorité de quelqu'un.* Auctoritatem alicujus deprimĕre, deprimo, deprimis, depressi, depressum[3], *act.*

ABANDON. Derelictio, *g.* derelictionis[3], *f. Laisser ses affaires à l'abandon.* Rem familiarem negligĕre, negligo, negligis, neglexi, neglectum[3], *act.*

ABANDONNÉ. Derelictus, a, um, *part. pass.*

ABANDONNEMENT. Derelictio, *g.* derelictionis[3], *f.*

ABANDONNER. Derelinquĕre, derelinquo, derelinquis, dereliqui, derelictum[3], *act. Abandonner ses amis.* Ab amicis deficĕre, deficio, deficis, defeci, defectum[3], *n.* | *Abandonner une ville au pillage.* Urbem direptioni addicĕre, addico, addicis, addixi, addictum[3], *act.*

S'ABANDONNER à. Se dedĕre, me dedo, te dedis, me dedidi, deditum. rég. ind. au dat. | *S'abandonner à la Providence,* Providentiæ se permittĕre, me permitto, te permittis, me permisi, permissum[3].

ABÂTARDI. Vitiatus, a, um, *part. pass. Courage abâtardi.* Degener animus, *g.* degeneris[3] animi[2], *m.*

ABÂTARDIR, *corrompre.* Depravare, depravo, depravas, depravavi, depravatum[1], *act.* S'abâtardir *se rend par le passif.*

1

ABÂTARDISSEMENT. Depravatio, g. depravationis³, f.

ABATIS d'arbres. Arborum dejectus, g. arborum dejectûs³, m.

ABATTEMENT. Debilitas, g. debilitatis³, f.

ABATTRE, renverser. Evertĕre, everto, evertis, everti, eversum³, act. | Abattre des arbres. Arbores cædĕre, cædo, cædis, cecidi, cæsum³, act.

ABATTRE, affoiblir. Debilitare, debilito. debilitas, debilitavi, debilitatum¹, act.|Abattre les forces, le courage. Vires, animum frangĕre, frango, frangis, fregi, fractum³.

s'ABATTRE, ou se laisser abattre par. Debilitari, debilitor, debilitaris, debilitatus sum¹, passif.

s'ABATTRE, en parlant d'un cheval. Corruĕre, corruo, corruis, corrui, corrutum³, n. Son cheval s'est abattu sous lui. Corruit equus, ipso equitante.|En parlant du vent. Concidĕre, concido, concidis, concidi, concisum³.

ABATTU, renversé. Eversus, a, um, part. pass.

ABATTU, affoibli. Debilitatus, a, um, part. pass. Visage abattu. Vultus dejectus, g. vultûs⁴ dejecti², m.

ABBATIAL. Abbatialis, m. et f. abbatiale, n. gén. abbatialis³ pour les 3 genres.

ABAT-VENT. Tregillum, g. tregilli², n.

ABBAYE. Abbatia, g. abbatiæ¹, f.

ABBÉ. Abbas, g. abbatis³, m.

ABBESSE. Abbatissa, g. abbatissæ¹, f.

ABCÈS. Abscessus, g. abscessûs⁴, m.

ABDICATION. Abdicatio, g. abdicationis³, f.

ABDIQUER, se défaire, se démettre. Se abdicare, me abdico, te abdicas, me abdicavi, abdicatum¹, act. acc. rég. ind. à l'abl. Abdiquer le consulat. Abdicare se magistratu.

ABEL, nom d'homme. Abel, g. Abelis³, m.

ABEILLE. Apis, g. apis³, f.

ABHORRÉ, qui est en horreur. Invisus, a, um, avec le dat.

ABHORRER, avoir horreur de. Abhorrēre, abhorreo, abhorres, abhorrui², sans sup. n. Le nom de ce que l'on a en horreur se met à l'abl. avec à ou ab. Abhorrer le mensonge. A mendacio abhorrēre.

ABIME. Vorago, g. voraginis³, f.

ABIMER. Absorbēre, absorbeo, absorbes, absorpsi, absorptum², act.

ABJECT. Vilis, m. f. vile, n. gén. vilis. comp. Vilior, m. f. vilius, n. gén. vilioris pour les 3 genr. superl. Vilissimus, a, um.

ABJECTION. Abjectio, g. abjectionis³, f.

ABJURATION. Detestatio, g. detestationis³, f.

ABJURER Detestari, detestor, detestaris, detestatus sum¹, dép. avec l'accus.

ABLATIF. Ablativus, g. ablativi², m.

ABLE, ou ABLETTE, poisson. Alburnus, g. alburni², m.

ABLUTION. Lavatio, g. lavationis³, f.

ABNÉGATION, renoncement. Renuntiatio, g. renuntiationis³, f.

ABOI, ou ABOIEMENT, cri du chien. Latratus, g. latratûs⁴, m.

ABOIS. Summæ angustiæ, g. summarum angustiarum¹, f. pl. Réduire aux abois. In summas angustias adducĕre, adduco, adducis, adduxi, adductum³.

ABOLI. Abolitus, a, um, part. pass. Deletus, a, um, part. pass

ABOLIR. Abolēre, aboleo, aboles, abolevi, abolitum², act. Abolir des lois. Leges abrogare, abrogo, abrogas, abrogavi, abrogatum¹.

s'ABOLIR. Interire, intereo, interis, interii, interitum⁴, n.

ABOLISSEMENT, ou ABOLITION. Abolitio, g. abolitionis³, f

ABOMINABLE. Abominandus, a, um, *adj.*

ABOMINABLEMENT. Pessimè, *adv. qui est le superl. de* Malè.

ABOMINATION. Detestatio, *g.* detestationis[3], *f.* | *Avoir en abomination.* Abominari, abominor, abominaris, abominatus sum[1], *dép. avec l'accus.*

ABONDAMMENT. Abundanter, *adv. comp.* Abundantiùs; *superl.* Abundantissimè.

ABONDANCE. Abundantia, *g.* abundantiæ[1], *f.*

EN ABONDANCE. V. *Abondamment.*

ABONDANT. Abundans, *g.* abundantis, *avec l'abl. comp.* Abundantior, *m. f.* abundantius, *n. gén.* abundantioris; *superl.* Abundantissimus, a, um. *Abondant en fruits.* Fructibus abundans.

ABONDER. Abundare, abundo, abundas, abundavi, abundatum[1], *n. avec l'abl.*

ABORD. Aditus, *g.* aditûs[4], *m.* | *Faciliter l'abord de quelqu'un.* Mollire accessus ad aliquem, *de* Mollio, mollis, mollivi, mollitum[4]. | *Lieu d'un grand abord.* Locus frequentissimus.

D'ABORD. Primùm, *adv.* | *D'abord que.* Statìm ut, *avec l'indic.*

ABORDAGE, *approche de deux navires.* Navium concursus, *g.* navium concursûs[4], *m. On laisse* navium *au gén. plur.*

ABORDER. Adire, adeo, adis, adivi *ou* adii, aditum[4]. *act.*

ABORDER, *parlant des vaisseaux, c'est-à-dire, pousser le vaisseau au rivage.* Appellère, appello, appellis, appuli, appulsum[3], *act.* Navem littori.

ABOUCHEMENT. Colloquium, *g.* colloquii[2], *n.*

S'**ABOUCHER** *avec quelqu'un.* Cum aliquo colloqui, colloquor, colloqueris, collocutus sum[3], *dép.*

ABOUTIR, *être terminé.* Terminari, terminor, terminaris, terminatus sum[1], *pass. abl. Cela n'aboutit à rien.* Hoc ad nihilum recidit, recidĕre, recido, recidis, recidi, recisum[3], *n.*

ABOUTIR, *tendre.* Spectare, specto, spectas, spectavi, spectatum[1], *rég. ind. à l'accus. avec* ad.

ABOUTISSANT, *adj.* Terminatus, a, um, *adj. avec l'abl. de la chose.*

ABOUTISSANS, *subst.* Fines, *g.* finium[3], *m. plur. Les enans et aboutissans d'un champ.* Agri fines, *g.* agri finium.

ABOYER. Latrare, latro, latras, latravi, latratum[1], *n.*

ABRAHAM, *nom d'homme.* Abrahamus, *g.* Abrahami[2], *m.*

ABRÉGÉ, *subst.* Compendium, *g.* compendii[2], *n.* Epitome, *g.* epitomes[1], *f.*

En abrégé. Summatìm, *adv.*

ABRÉGÉ, *part.* Contractus, a, um, *part. pass.*

ABRÉGER. Contrahère, contraho, contrahis, contraxi, contractum[3], *act.*

ABRÉVIATEUR, *qui abrège un livre, une histoire.* Conditor, *g.* conditoris[3], *m.*

ABRÉVIATION. Scribendi compendium, *g.* scribendi compendii[2], *neut.*

ABREUVER. Adaquare, adaquo, adaquas, adaquavi, adaquatum[1], *act.*

ABREUVOIR. Aquarium, *gén.* aquarii[2], *n.*

ABRI. Locus ventis inaccessus, *g.* loci ventis inaccessi. Ventis *ne se décline pas.*

Qui est à l'abri de... à couvert de... Tutus, a, um. De *se rend par* à *ou* ab *avec l'abl. Qui est à l'abri de la calomnie.* Tutus à calumniâ.

ABRICOT. Armeniacum malum, *g.* Armeniaci mali[2], *n.*

ABRICOTIER. Armeniaca malus, *g.* armeniacæ[1] mali[2], *f.*

ABRITÉ, *qui est à l'abri.* V. *Abri.*

ABROGATION. Abrogatio, *g.* abrogationis[3], *f.*

ABROGER. Abrogare, abrogo, abrogas, abrogavi, abrogatum[1], *act.*

ABRUTIR *quelqu'un, c'est-à-dire, rendre stupide.* Stupidum efficĕre, efficio, efficis, effeci, effectum³, *act.*

s'Abrutir, *devenir stupide.* Stupidus fieri, fio, fis, factus sum³, *pass.*

ABRUTISSEMENT, *stupidité grossière.* Stupiditas, g. stupiditatis³, *f.*

ABSALON, *nom d'homme.* Absalo, g. Absalonis³, *m.*

ABSENCE. Absentia, g. absentiæ¹, *f.* On met le nom de lieu à l'abl. avec à ou ab.

ABSENT. Absens, g. absentis. *Etre absent de...* Abesse, absum, abes, abfui. *De se rend par* à *ou* ab, *avec l'abl.*

s'ABSENTER. Abscedĕre, abscedo, abscedis, abscessi, abscessum³. *De, du, des, par* à *ou* ab, *avec l'abl.*

ABSINTHE. Absinthium, g. absinthii², *n.*

ABSOLU, *en parlant des choses.* Summus, a, um. | *En parlant des personnes.* Imperiosus, a, um.

ABSOLUMENT, *entièrement.* Omninò. *Je le veux absolument.* Id enixè volo. | *Absolument parlant.* Absolutè loquendo.

ABSOLUTION. Absolutio, gén. absolutionis³, *f.*

ABSORBER, *consumer.* Consumĕre, consumo, consumis, consumpsi, consumptum³, *act.*

ABSOUDRE. Absolvĕre, absolvo, absolvis, absolvi, absolutum³, *act. acc. rég. ind.* à *l'abl.*

ABSOUS. Absolutus, a, um, *part. pass. avec l'abl.*

ABSOUTE. Absolutio solemnis, g. absolutionis solemnis³, *f.*

s'ABSTENIR *de.* Abstinĕre, abstineo, abstines, abstinui, abstentum², *m avec l'abl.* | S'il suit un infinitif français, on l'exprime par un substantif qu'on met à l'ablatif : comme *s'abstenir de manger,* c'est-à-dire, s'abstenir du manger. Abstinēre cibo. | *S'abstenir de médire.* Abstinēre maledictis.

ABSTERSIF. Smecticus, a, um, *adject.*

ABSTINENCE. Abstinentia, g. abstinentiæ¹, *f.*

ABSTINENT. Abstinens, gén. abstinentis.

ABSTRAIT. *Discours abstrait.* Abstrusus sermo, g. abstrusi² sermonis³, *m.*

ABSTRUS. Abstrusus, a, um, *adj.*

ABSURDE. Absurdus, a, um. *compar.* Absurdior, m. f. absurdius, n. gén. absurdioris.

ABSURDEMENT. Absurdè, *adv.* *comp.* Absurdiùs.

ABSURDITÉ. Ineptia, g. ineptiæ¹, *f.*

ABUS. Abusus, g. abusûs⁴, *m.*

Abus, *erreur.* Error, g. erroris³, *masc.*

ABUSÉ. Deceptus, a, um, *part. pass.*

ABUSER *de.* Abuti, abutor, abuteris, abusus sum³, *dép. avec l'abl.*

Abuser, *tromper.* Decipĕre, decipio, decipis, decepi, deceptum³, *act.*

s'Abuser. Errare, erro, erras, erravi, erratum¹, *n.*

ABUSIF. Abusu admissus, a, um, *part. pass.* Abusu *ne change pas ; c'est-à-dire, adopté par abus.*

ABUSIVEMENT. Per abusum.

ACACIA, *arbre de haute tige qui porte des fleurs blanches.* Acacia, g. acaciæ¹, *f.*

ACADÉMICIEN. Academicus, g. academici², *m.*

ACADÉMIE. Academia, g. academiæ¹, *f.*

Académie *pour les armes.* Nobilis palæstra, g. nobilis³ palæstræ¹, *f.*

ACADÉMIQUE. Academicus, a, um, *adj.*

ACADÉMISTE. Nobilis palæstrita, g. nobilis³ palæstritæ¹, *m.*

ACAJOU. Anacardium, g. anacardii², *n.*

ACANTHE, *plante.* Acanthus, g. acanthi², *m.*

ACARIÂTRE, *d'une humeur aigre, difficile.* Morosus, a, um, *adj.*

ACCABLANT, *très-incommode* Permolestus, a, um, *adj.*

ACCABLÉ. Oppressus, a, um, *part. pass*

ACCABLEMENT. Oppressio, g. oppressionis[3], *f.*

ACCABLER. Opprimĕre, opprimo, opprimis, oppressi, oppressum, *act. acc. rég. ind. à l'abl.*

ACCÉLÉRATION. Acceleratio, g. accelerationis[3], *f.*

ACCÉLÉRER. Accelerare, accelero, acceleras, acceleravi, acceleratum[1], *act.*

ACCENT. Accentus, g. accentûs[4], *m.*

ACCENT, *son de voix*. Vocis sonus, g. vocis soni[2], *m.*

ACCENTUÉ, *marqué d'un accent*. Accentu notatus, a, um, *part. pass.*

ACCENTUER, (*mettre un accent sur.*) Accentum ascribĕre, ascribo, ascribis, ascripsi, ascriptum[3], *act.* Sur *se rend par le datif.* Ex. *Accentuer un mot*, accentum ascribere verbo.

ACCEPTATION. Acceptio, g. acceptionis[3], *f.*

ACCEPTÉ. Acceptus, a, um, *part. pass.*

ACCEPTER. Accipĕre, accipio, accipis, accepi, acceptum[3], *act. acc. rég. ind. à l'abl.* avec *à* ou *ab*. | *Accepter la bataille.* Prælium non detrectare, detrecto, detrectas, detrectavi, detrectatum[1], *act.*

ACCEPTION *de personnes.* Ad personas respectus, *g.* ad personas respectûs[4], *m. Avoir acception de personnes.* Ad personas respectum habēre, habeo, habes, habui, habitum[2], *act.*

ACCEPTION, *sens d'un mot.* Intellectus, intellectûs[4], *m.*

ACCÈS. Aditus, g. aditûs[4], *m.*

ACCÈS *de fièvre.* Febris accessio, g. febris accessionis[3], *f. Il n'a eu qu'un accès de fièvre.* Febris tantùm semel accessit; *du verbe* Accedĕre, accedo, accedis, accessi, accessum[3], *n. Cela signifie, la fièvre n'est venue qu'une fois: on sous-entend*, ad illum, *vers lui.*

ACCÈS *de folie.* Insaniæ æstus, g. insaniæ æstûs[4], *m.*

ACCESSIBLE. Aditu facilis, *m. f.* facile, *n. gén.* aditu facilis, *pour les 3 g. comp.* Facilior, *m. f.* facilius, *n. gén.* facilioris; *superl.* Facillimus, a, um.

ACCESSOIRE, *subst.* Accessio, g. accessionis[3], *f.*

ACCESSOIRE, *adj.* Adjectus, a, um, *adj.*

ACCESSIT, *récompense des écoliers qui ont le mieux composé après celui qui a remporté le prix.* Accessit, *indécl.*

ACCIDENT. Casus, g. casûs[4], *m.*

ACCIDENT, *malheur.* Infortunium, g. infortunii[2], *n.* | *Par accident.* Casu, *abl.*

ACCIDENTEL. Adventitius, a, um, *adj.*

ACCIDENTELLEMENT, *par hasard.* Fortuitò, *adv.* Casu, *abl. de* Casus.

ACCLAMATION. Acclamatio, g. acclamationis[3], *f.*

ACCOLADE. Amplexus, g. amplexûs[4], *m.*

ACCOLER. V. *Embrasser.*

ACCOMMODAGE, *apprêt des viandes.* Ciborum conditura, g. ciborum conditura[1], *f.*

ACCOMMODANT, *en parlant des choses.* Commodus, a, um, *adj.* | *En parlant des personnes.* Tractabilis, *m. f.* tractabile, *n. Humeur accommodante.* Comitas, g. comitatis[1], *f.*

ACCOMMODÉ. Compositus, a, um, *part. pass.*

ACCOMMODEMENT. Compositio, g. compositionis[3], *f.*

ACCOMMODER, *arranger.* Componĕre, compono, componis, composui, compositum[3], *act.*

ACCOMMODER, *apprêter les viandes.* Cibos condire, condio, condis, condivi, conditum[4], *act.*

s'ACCOMMODER *à. Servire*, servio, servis, servivi *ou* servii, servitum.

n. dat. S'accommoder au temps. Tempori servire.|S'accommoder à l'humeur des autres. Aliorum studiis obsequi, obsequor, obsequeris, obsecutus sum[3], dép. dat.

ACCOMPAGNÉ de. Comitatus, a, um, avec abl.

ACCOMPAGNEMENT. Comitatio, g. comitationis[3], f.

Accompagnement, de musique. Vocis et fidium consociatio, gén. vocis et fidium consociationis[3].

ACCOMPAGNER. Comitari, comitor, comitaris, comitatus sum[1], dép. l'accus.

ACCOMPLI. Absolutus, a, um, part. pass. comp. Absolutior, m. f. absolutius, n. gén. absolutioris. Jeune homme accompli. Juvenis consummatissimus, gén. juvenis[3] consummatissimi[2]. Sup. Absolutissimus, a, um.

ACCOMPLIR, achever. Perficĕre, perficio, perficis, perfeci, perfectum[3], act. Accomplir un vœu. Votum solvĕre, solvo, solvis, solvi, solutum[3], act.

ACCOMPLISSEMENT. Perfectio, g. perfectionis[3], f.

ACCORD, ou convention. Pactum, g. pacti[2], n. Passer un accord avec quelqu'un. Cum aliquo transigĕre, transigo, transigis, transegi, transactum[3], n.

Accord, ou union de sentimens. Consensus, g. consensûs[4], m. D'un commun accord. Communi consensu.

Accord, en parlant des voix, etc. Concentus, g. concentûs[4], m.

Accord, bonne intelligence. Consensio, g. consensionis[3], f. Etre d'accord. Consentire, consentio, consentis, consensi, consensum[4], n.| Mettre d'accord. V. Accorder.

ACCORDAILLES, articles de mariage accordés et signés. Sponsalia, g. sponsalium[3], n. plur.

ACCORDÉ, cédé. Concessus, a, um, part. pass. Un accordé en mariage. Desponsus, g. desponsi[2], m.| Une accordée en mariage. Desponsata, g. desponsatæ[1], f.

ACCORDER, donner ce qu'on demande. Concedĕre, concedo, concedis, concessi, concessum[3], act.

Accorder, mettre d'accord. Reconciliare, reconcilio, reconcilias, reconciliavi, reconciliatum[1], act.

Accorder, en parlant des voix, etc. Ad concentum accommodare, accommodo, accommodas, accommodavi, accommodatum[1], act. On ajoute concentum à tous les temps.

Accorder en mariage, Despondēre, despondeo, despondes, despondi, desponsum[2], act. acc. rég. ind. au dat.

Accorder, apaiser. V. Apaiser.

s'Accorder. Consentire, consentio, consentis, consensi, consensum[4], n.|Ne pas s'accorder. Dissentire, dissentio, dissentis, dissensi, dissensum[4], n.

s'Accorder, en parlant des voix. Concinnĕre, concinno, concinnis, concinnui, concentum[3], n.

ACCOSTABLE. Comis, m. f. come, n. gén. comis, pour les 3 g.

ACCOSTER. Adire, adio, adis, adivi ou adii, aditum[4], act.

ACCOTÉ sur. Fultus, a, um, part. pass. avec l'abl.

ACCOTER. Fulcire, fulcio, fulcis, fulsi, fulsum[4], act. acc. rég. ind. à l'abl.

ACCOUCHÉE. Puerpera, g. puerperæ[1], f.

ACCOUCHEMENT. Puerperium, g. puerperii[2], n. On se sert aussi de Partus, g. partûs[4], m.

ACCOUCHER de. Parĕre, pario, paris, peperi, partum[3], act.

ACCOUCHEUR, qui assiste les femmes dans leurs couches. Partûs adjutor, g. partûs adjutoris[3], m. On ne décline qu'Adjutor.

ACCOUCHEUSE. Obstetrix, g. obstetricis[3], f.

s'ACCOUDER sur. Cubito inniti, innitor, inniteris, innixus sum[3], dép. avec le dat.

ACCOUDOIR. Cubital, g. cubitalis[3], n. (sur cubile.)

ACCOUPLE, *lien avec lequel on accouple les chiens de chasse.* Copula, *g.* copulæ¹, *f.*

ACCOUPLÉ. Copulatus, a, um, *part. pass.*

ACCOUPLEMENT. Copulatio, *g.* copulationis³, *f.*

ACCOUPLER. Copulare, copulo, copulas, copulavi, copulatum¹, *act. Accoupler des bœufs, les mettre ensemble sous le joug.* Aratro boves jungĕre, jungo, jungis, junxi, junctum³, *act. On ajoute* aratro boves *à tous les temps.*

ACCOURCI, *abrégé.* Contractus, a, um, *part. pass. compar.* Contractior, *m. f.* contractius, *n. gén.* contractioris.

ACCOURCIR, *abréger, en parlant d'un discours, etc.* Contrahĕre, contraho, contrahis, contraxi, contractum³, *act.*

ACCOURCIR, *rendre plus court en retranchant et rognant.* Resecare, reseco, resecas, resecavi, resecatum¹, *act.*

s'ACCOURCIR. Decrescĕre, decresco, decrescis, decrevi³, *sans sup. n. Les jours s'accourcissent.* Decrescunt dies.

ACCOURCISSEMENT. Contractio, *g.* contractionis³, *f.*
Accourcissement de chemin. Viæ compendium, *g.* viæ compendii², *neut.*

ACCOURIR. Accurrĕre, accurro, accurris, accurri, accursum³, *n.* à *ou* dans, *s'exprime par* ad *avec l'acc.*
Accourir au secours. In auxilium advolare, advolo, advolas, advolavi, advolatum¹, *n.*

ACCOUTREMENT. V. *Ajustement.*

ACCOUTRER. V. *Ajuster.*

ACCOUTUMÉ à. Assuetus, a, um, *avec le dat.* | *Avoir accoutumé de, ou être accoutumé à.* Solēre, soleo, soles, solitus sum², *sans sup., avec l'infin.* | *A la manière accoutumée.* More solito, *ou* De more. *abl.* | *Qui n'est pas accoutu-* mé à quelque chose. Insolens, *m. f. n. gen.* insolentis, *avec le g.* Insuetus, a, um, *adj. avec le gén.*

ACCOUTUMER. Assuefacĕre, assuefacio, assuefacis, assuefeci, assuefactum³, *act. acc. rég. ind. au dat.*
s'**ACCOUTUMER** à. Assuescĕre, assuesco, assuescis, assuevi, assuetum³, *n. avec le datif ou un infinit.* | *S'accoutumer à la douleur.* Dolori consuescĕre. *Il se conjugue comme* assuescĕre. | *Accoutumons-nous à mourir.* Consuescamus mori.

ACCRÉDITER. Auctoritatem tribuĕre, tribuo, tribuis, tribui, tributum³, *act. acc. avec le dat. de la personne. On ajoute* auctoritatem *à tous les temps.*
Être accrédité. Auctoritatem habere. *c. à d. Avoir du crédit.*
s'**ACCRÉDITER** *auprès de quelqu'un.* Apud aliquem auctoritatem sibi parĕre, pario, paris, peperi, partum³, *act. Cela signifie, se créer de l'autorité auprès de quelqu'un.*

ACCROC. Laceratio, *g.* lacerationis³, *f.*
ACCROC, *empêchement.* Impedimentum, *g.* impedimenti², *neut.*

ACCROCHÉ. Inuncatus, a, um, *part. pass.* à *s'exprime par* ad *avec l'acc.*

ACCROCHER. Inuncare, inunco, inuncas, inuncavi, inuncatum¹, *act.* à *s'exprime par* ad *avec l'acc.*
Accrocher une affaire, la retarder par quelque incident. Negotio moram facĕre, facio, facis, feci, factum³, *act.*
s'**ACCROCHER.** Adhærescĕre, adhæresco, adhærescis, adhæsi, adhæsum³, *n.* à *s'exprime par* ad *avec l'accus.*

ACCROIRE, *n'est usité qu'à l'infinit. précédé du verbe* faire. Persuadēre, persuadeo, persuades, persuasi, persuasum², *act. acc. rég. ind. au dat.* | *En faire accroire.* Imponĕre, impono, imponis, imposui, impositum³, *n. dat.* | *S'en faire accroire.* Superbire, superbio, superbis, superbivi, superbitum[4], *neut.*

ACCROISSEMENT. Incrementum, g. incrementi[2], *neut.*

ACCROITRE. Augēre, augeo, auges, auxi, auctum[2], *act.*

s'Accroître. Augēri, augeor, augeris, auctus sum[2], *pass.*

ACCROUPI *sur.* Sidens, g. sidentis[3]. *Sur par le dat.* du nom.

s'ACCROUPIR. Sidĕre, sido, sidis, sidi[3], *sans sup. n.*|*Se tenir accroupi.* In clunes residēre, resideo, resides, resedi[2], *sans sup. n.*

ACCRU. Auctus, a, um. *part. de* Accroître.

ACCUEIL. Acceptio, g. acceptionis[3], *f.*|*Faire accueil.* Accipĕre, accipio, accipis, accepi, acceptum[3], *act.*|*Si l'accueil est bon, on ajoute* amicè, *adv. S'il est mauvais, on ajoute* frigidè, *adv.*

ACCUEILLIR. V. *Accueil (faire).*

ACCULER. In angustias redigĕre, redigo, redigis, redegi, redactum[3], *act. On ajoute* in angustias *à tous les temps.*

ACCUMULATION. Acervatio, g. acervationis[3], *f.*

ACCUMULÉ. Accumulatus, a, um, *part. pass.*

ACCUMULER. Accumulare, accumulo, accumulas, accumulavi, accumulatum[1], *act.*

s'Accumuler. V. *S'augmenter.*

ACCUSATEUR. Accusator, g. accusatoris[3], *m.*

ACCUSATIF. Accusativus, g. accusativi[2], *m.*

ACCUSATION. Accusatio, g. accusationis[3], *m.*

ACCUSATRICE. Accusatrix, g. accusatricis[3], *f.*

ACCUSÉ. Accusatus, a, um, *part. pass. avec l'abl. précédé de la préposition* de.

Un Accusé. Reus, g. rei[2], *m.*

ACCUSER. Accusare, accuso, accusas, accusavi, accusatum[1], *act. acc. rég. ind. à l'abl. ou au g.*|*Suivi d'un infinitif, il s'exprime par* Arguĕre, arguo, arguis, argui, argutum[3], *act. Accuser quelqu'un d'un larcin.* Accusare aliquem furti, *ou* furto.

s'Accuser *de ses péchés.* Peccata confitēri, confiteor, confiteris, confessus sum[2], *dép.*

ACÉRÉ, *garni d'acier.* Chalybe duratus, a, um, *part. pass.*|*Trait de médisance bien acéré.* Acuminatum maledictum, g. acuminati maledicti[2]. *n.*

ACÉRER, *garnir d'acier.* Chalybe durare, duro, duras, duravi, duratum[1], *act. On ajoute* chalybe *à tous les temps.*

ACHALANDER. Emptorum frequentiam allicĕre, allicio, allicis, allexi, allectum[3], *act. On met* Emptorum frequentiam *à tous les temps; et la chose que l'on achalande à l'acc. avec la prépos.* ad. *C'est-à-dire, attirer la foule des acheteurs.*|*Boutique achalandée.* Emptorum frequentiâ celebris taberna, g. celebris[3] tabernæ[1]; mot à mot, *Boutique célèbre par le nombre des acheteurs.*

ACHARNÉ. Sæviens, g. sævientis, *part. prés. de* Sævio.

ACHARNEMENT. Insectatio obstinatior, g. insectationis obstinatioris[3], *f. Se battre avec acharnement.* Acerrimè pugnare.

s'ACHARNER. Sævire, sævio, sævis, sævii; sævitum[4], *neut. Il veut l'accus. avec la prépos.* in.

ACHAT. Emptio, g. emptionis[3], *f.*

ACHE, *sorte d'herbe.* Apium palustre, g. apii[2] palustris[3], *n.*

ACHEMINEMENT. Gradus, g. gradûs[4], *m. à se rend par* ad *avec l'accus.*

s'ACHEMINER. Gressum dirigĕre, dirigo, dirigis, direxi, directum[3], *act. vers par* ad *et l'acc.*

ACHÉRON, *fleuve.* Acheron, Acherontis[3], *m.*

ACHETÉ. Emptus, a, um, *p. p.*

ACHETER. Emĕre, emo, emi, emptum[3], *act. acc. rég. in or abl. avec* à *ou* ab. *Le nom de prix ou de valeur se met à l'abl. Ex. Ach* ter des livres argent comptant. Libros emĕre præsenti pecuniâ. | Acheter à bon marché. Emĕre vili. On sous-entend pretio. | Acheter à crédit. Emĕre fide suâ. On laisse ces ablat. dans la phrase sans y rien changer.

ACHETEUR. Emptor, g. emptoris³, m.

ACHEVÉ. Perfectus, a, um, part. pass. comp. Perfectior, m. f. perfectius, n. gén. perfectioris; superl. Perfectissimus, a, um.

ACHÈVEMENT. Consummatio, g. consummationis³, f.

ACHEVER. Perficĕre, perficio, perficis, perfeci, perfectum³, act. S'il suit un infinitif français, on change cet infinitif en un substantif qu'on met à l'accusatif : comme, Achever de parler, c. à. d. achever son discours. Perficĕre sermonem suum.

ACHILLE, nom d'homme. Achilles, g. Achillis³, m.

ACHOPPEMENT. Pedis offensio, g. pedis offensionis³, f.

ACIDE. Acidus, a, um, adj.

ACIER. Chalybs, g. chalybis³, m.

ACOLYTE. Acolytus, g. acolyti², m.

ACQUÉREUR, qui fait quelque acquisition. Emptor, g. emptoris³, masc.

ACQUÉRIR. Acquirĕre, acquiro, acquiris, acquisivi, acquisitum³, act.

s'ACQUÉRIR, n. se tourne par le passif. Ex. La science s'acquiert par le travail. Labore acquiritur scientia.

ACQUIESCEMENT. Assensus, g. assensûs⁴, m.

ACQUIESCER. Assentire, assentio, assentis, assensi, assensum⁴, n. avec le datif.

ACQUIS. Acquisitus, a, um, part. pass.

ACQUISITION. Comparatio, g. comparationis³, f.

ACQUIT. Solutio, g. solutionis³, fém.

Par manière d'acquit. Perfunctoriè, adv.

ACQUITTÉ. Persolutus, a, um, part. pass.

ACQUITTER. Persolvĕre, persolvo, persolvis, persolvi, persolutum³, act.

s'ACQUITTER de. Fungi, fungor, fungeris, functus sum³, dép. abl.

ACRE. Acer, m. acris, f. acre, n. gén. acris pour les 3 genres. compar. Acrior, m. f. acrius, n. gén. acrioris pour les 3 genres; sup. Acerrimus, a, um.

ACRETÉ. Acritudo, g. acritudinis³, f.

ACRIMONIE. Acrimonia, gén. acrimoniæ¹, f.

ACROSTICHE. Acrostichis, g. acrostichidis³, f.

ACTE. Actus, g. actûs⁴, m.

ACTEUR. Actor, g. actoris³, masc.

ACTIF, en parlant des personnes. Impiger, gra, grum, adj. comp. Impigrior, m. f. impigrius, n. gén. impigrioris pour les 3 genr. superl. Impigerrimus, a, um. | Vie active. Vita activa, g. vitæ activæ¹, f.

ACTIF (Verbe). Verbum activum, g. verbi activi², n. Voyez Verbe.

ACTION. Actio, g. actionis³, f.

ACTIVEMENT, d'une manière active. Activè, adv.

ACTIVITÉ. Celeritas, g. celeritatis³, f.

ACTRICE. Mima, g. mimæ¹, f.

ACTUEL, effectif. Realis, m. f. reale, n. gén. realis pour les 3 genres.

ACTUELLEMENT. Reipsâ.

ACTUELLEMENT, à présent. Nunc.

ADAGE, proverbe. Adagium, g. adagii², n.

ADAM, nom d'homme. Adamus, g. Adami², m.

ADAPTER. Accommodare, accommodo, accommodas, accommodavi, accommodatum¹, act. acc. rég. ind. au dat.

ADDITION. Adjectio, g. adjectionis³, f. Additamentum, g. additamenti², n.

ADDITIONNER. Adjungĕre, adjungo, adjungis, adjunxi, adjunctum³, act.

ADHERENCE. Adhæsio, g. adhæsionis³, f.

ADHÉRENT. Adhærens, g. adhærentis, part. prés. du verbe Adhæreo.

ADHÉRER. Adhærēre, Adhæreo, adhæres, adhæsi, adhæsum², n. dat. ou l'acc. avec la prépos. ad. |Adhérer au sentiment, au parti de quelqu'un. Stare ab aliquo, sto, stas, steti, statum¹, n.

ADHÉSION. Adhæsio, g. adhæsionis³, f.

ADJACENT. Contiguus, a, um, adj. dat.

ADJECTIF (Nom). Nomen adjectivum, g. nominis³ adjectivi², n. Voyez Nom.

ADIEU. Vale. Si l'on parle à plusieurs personnes. Valēte. | Dire adieu. Valedicĕre, valedico, valedicis, valedixi, valedictum³, act. avec le dat. | Dire le dernier adieu. Dicere supremum vale.

ADJOINDRE. Adjungĕre, adjungo, adjungis, adjunxi, adjunctum³, act. acc. rég. ind. au dat.

ADJOINT, associé. Socius, g. socii², m. ou Collega, g. collegæ¹, masc.

ADJUDICATION. Addictio, g. addictionis³, f.

ADJUGER. Adjudicare, adjudico, adjudicas, adjudicavi, adjudicatum¹, act. acc. rég. ind. au dat.

ADMETTRE. Admittĕre, admitto, admittis, admisi, admissum³. act.

ADMINISTRATEUR. Administrator, g. administratoris³, m.

ADMINISTRATION. Administratio, g. administrationis³, f.

ADMINISTRÉ. Administratus, a, um, part. pass.

ADMINISTRER. Administrare, administro, administras, administravi, administratum¹, act.

Administrer la justice. Jus exercēre, exerceo, exerces, exercui, exercitum², act.

Administrer les Sacremens. Sacramenta impertiri, impertior, impertiris, impertitus sum⁴, dép.

ADMIRABLE. Mirandus, a, um, adj. part. ou Admirabilis, m. f. admirabile, n. gén. admirabilis pour les 3 genr. comp. Mirabilior, m. f. mirabilius, n. gén. mirabilioris pour les 3 genr. superl. Mirabilissimus, a, um.

ADMIRABLEMENT. Admirabiliter, adv.

ADMIRATEUR. Admirator, g. admiratoris³, m.

ADMIRATIF. Mirabundus, a, um, adj.

ADMIRATION. Admiratio, g. admirationis³, f.

ADMIRATRICE. Miratrix, gén. miratricis³, f.

ADMIRER. Mirari, miror, miraris, miratus sum¹, dép. acc. | Se faire admirer de quelqu'un, c. à d. attirer à soi l'admiration de quelqu'un. Alicujus admirationem sibi movēre, moveo, moves, movi, motum², act.

ADMIS. Admissus, a, um, part. pass. à par ad avec l'acc.

ADMISSIBLE. Legitimus, a, um, adj.

ADMISSION. Admissio, g. admissionis³, f.

ADMONITEUR. Admonitor, g. admonitoris³, m.

ADMONITION. Admonitio, g. admonitionis³, f.

ADOLESCENCE. Adolescentia, g. adolescentiæ¹, f.

ADOLESCENT. Adolescens, g. adolescentis³, m.

ADONNÉ. Deditus, a, um, avec le datif.

s'ADONNER à. Se dedĕre, me dedo, te dedis, me dedidi, deditum³, act. à se rend par le datif.

ADONIS, nom d'homme. Adonis, g. Adonidis³, m.

ADOPTÉ. Adoptatus, a, um, p. p.

ADR

ADOPTER. Adoptare, adopto, adoptas, adoptavi, adoptatum[1], *act.*

Adopter des mœurs étrangères. Mores externos induĕre, induo, induis, indui, indutum[3], *act.*

Adopter le sentiment de quelqu'un. In sententiam alicujus venire, venio, venis, veni, ventum[4], *n.*

ADOPTIF. Adoptivus, a, um, *adj.*

ADOPTION. Adoptio, *g.* adoptionis[3], *f.*

ADORABLE. Adorandus, a, um, *part.*

ADORATEUR. Cultor, *g.* cultoris[3], *m.*

ADORATION. Adoratio, *g.* adorationis[3], *f.*

ADORATRICE. Cultrix, *g.* cultricis[3], *f.*

ADORER. Adorare, adoro, adoras, adoravi, adoratum[1], *act.* | *Etre adoré.* Coli, color, coleris, cultus sum[3], *pass.* De ou par, se rendent par à ou ab avec l'abl.

ADOSSÉ. Voyez *Adosser.*

ADOSSER. Applicare, applico, applicas, applicavi, applicatum[1], *act. rég. ind. l'acc. avec ad.* Ex. *Il a adossé ce cabinet contre le mur.* Illud conclave ad murum applicavit.

*s'*ADOSSER, *appuyer le dos.* Tergum obvertere, obverto, obvertis, obverti, obversum[3], *act. On ne décline pas* tergum, *et l'on met au datif le rég. ind.*

ADOUCI. Lenitus, a, um, *p. p.*

ADOUCIR. Lenire, lenio, lenis, lenivi, lenitum[4], *act.*

*s'*ADOUCIR, *se tourne par être adouci, passif de* Adoucir.

ADOUCISSANT, *adj.* Mitigatorius, a, um, *adj.*

ADOUCISSEMENT. Levamen, *g.* levaminis[3], *n.*

ADRESSE. Industria, *g.* industriæ[1], *f.*

ADRESSE (AVEC). Solerter, *adv.*

ADRESSE, *en parlant d'une let-*

ADV

tre, etc. Inscriptio, *g.* inscriptionis[3], *f.*

ADRESSÉ. Missus, a, um, *p. p.* de Mitto.

ADRESSER. Mittere, mitto, mittis, misi, missum[3], *act. rég. ind. à l'acc. avec* ad.

Adresser des vœux au Ciel. Vota Deo nuncupare, nuncupo, nuncupas, nuncupavi, nuncupatum[1], *act.*

s'ADRESSER *à quelqu'un.* Aliquem adire, adeo, adis, adivi ou adii, aditum[4], *act.* | *S'adresser à quelqu'un, lui adresser la parole.* Aliquem compellare, compello, compellas, compellavi, compellatum[1], *act.*

s'ADRESSER, ou *Avoir rapport à.* Spectare, specto, spectas, spectavi, spectatum[1], *act. à* par ad *avec l'acc.*

ADROIT. Industrius, a, um, *adj. sans comp. ni superl. ou* Dexter, tra, trum, *adj.*

ADROIT, *rusé.* Callidus, a, um, *adj.*

ADROITEMENT. Industriè, *adv.*

ADVERBE. Adverbium, *g.* adverbii[2], *n.*

ADVERBIAL. Adverbialis, *m. f.* adverbiale, *n. gén.* adverbialis *pour les 3 genres.*

ADVERBIALEMENT. Adverbialiter, *adv.*

ADVERSAIRE. Adversarius, *g.* adversarii[2], *m.*

ADVERSE PARTIE. Adversa pars, *g.* adversæ[1] partis[3], *f.*

ADVERSITÉ. Adversa fortuna, *g.* adversæ fortunæ[1], *f.* | *Etre dans l'adversité.* Adversâ fortunâ premi, premor, premeris, pressus sum[3], *pass.*

ADULATEUR, *flatteur.* Adulator, *g.* adulatoris[3], *m.*

ADULATION, *flatterie.* Adulatio, *g.* adulationis[3], *f.*

ADULTE, Adultus, a, um, *adj.*

ADULTÈRE, *crime.* Adulterium, *g.* adulterii[2], *n.*

ADULTÈRE, *l'homme qui commet*

un adultère. Adulter, g. adulteri[2], masc.

ADULTÈRE, *femme qui commet un adultère.* Adultera, g. adulteræ[1], *fém.*

AÉRÉ, *c. à. d. ouvert à l'air.* Aeri patens, *m. f. n. gén.* patentis *pour les 3 genr. On ajoute* aeri *à tous les cas.*

AÉRER. Vento exponĕre, expono, exponis, exposui, expositum[3], *act. On ne décline pas* vento.

AÉRIEN, *qui appartient à l'air.* Aerius, a, um, *adj.*

AFFABILITÉ. Affabilitas, *gén.* affabilitatis[3], *f.*

AFFABLE. Affabilis, *m. f.* affabile, *n. gén.* affabilis *pour les 3 genr. comp.* Affabilior, *m. f.* affabilius, *n. gén.* affabilioris ; *superl.* Affabilissimus, a, um.

AFFABLEMENT. Comiter, *adv.* Affabilissimè, *adv.*

AFFADI. Fatuus, a, um, *p. p.*

AFFADIR, *c. à. d. ôter le goût à.* Saporem detrahĕre, detraho, detrahis, detraxi, detractum[3], *act. avec le datif. On ajoute* saporem *à tous les temps.*

AFFADISSEMENT. Fastidium, *g.* fastidii[2], *n.*

AFFAIRE. Negotium, *g.* negotii[2], *n.* | *Avoir affaire ou besoin de.* Egēre, egeo, eges, egui[2], *n. avec l'abl.* | *Etre à la tête des affaires.* Clavum tenēre, teneo, tenes, tenui, tentum[2], *act.* | *Avoir affaire avec quelqu'un.* Cùm aliquo negotium habēre, habeo, habes, habui, habitum[2], *act.*

AFFAIRÉ. Negotiosus, a, um, *adj.*

AFFAISSEMENT. Sedimentum, *g.* sedimenti[2], *n.* Depressio, *g.* depressionis[3], *f.*

Affaissement de corps. Torpor, *g.* torporis[3], *m.*

Affaissement d'esprit. Stupor, *g.* stuporis[3], *m.*

AFFAISSER. Premĕre, premo, premis, pressi, pressum[3], *act.*

s'AFFAISSER. Desidĕre, desido, desidis, desedi[3], *sans supin, neut.*

AFFAMÉ. Famelicus, a, um, *adj. Etre affamé.* Fame laborare, laboro, laboras, laboravi, laboratum[1], *n.*

AFFAMER. Ad famem adigĕre, adigo, adigis, adegi, adactum[3], *act. On met par-tout* ad famem. | *Affamer une ville.* Urbem à commeatibus intercludĕre, intercludo, intercludis, interclusi, interclusum[3], *act. Mot à mot, priver une ville de provisions.*

AFFECTATION. Affectatio, *g.* affectationis[3], *f.*

Avec affectation. Exquisitiùs, *adv.*

AFFECTÉ. Affectatus, a, um, *part. pass.*

AFFECTER. Affectare, affecto, affectas, affectavi, affectatum[1], *act.*

AFFECTIF, *qui remue, qui touche les cœurs.* Movens, *gén.* moventis[3], *part. prés. de* Movēre.

AFFECTION, *tendresse.* Amor, *g.* amoris[3], *m.* | *Avoir en affection.* Amare, amo, amas, amavi, amatum[1], *act.*

AFFECTION ou *inclination pour.* Inclinatio, *g.* inclinationis[3], *fém.* pour *par* ad *et l'acc.*

AFFECTIONNÉ. Amans, *gén.* amantis. *On met le nom de la personne qui suit au gén. Comp.* Amantior, *m. f.* amantius, *n. gén.* amantioris *pour les 3 genres; superl.* Amantissimus, a, um.

AFFECTIONNER. Amare, amo, amas, amavi, amatum[1], *act.*

s'AFFECTIONNER *quelqu'un, le rendre affectionné.* Sibi benevolentiam conciliare, concilio, concilias, conciliavi, conciliatum[1], *act. Mot à mot, attirer à soi la bienveillance de quelqu'un. gén. de la personne.*

s'AFFECTIONNER *à quelque chose, à quelqu'un.* Rem aliquam ou aliquem amore amplecti, amplector, amplecteris, amplexus sum[3], *dép.*

AFFECTUEUSEMENT. Amanter, *adv. comp.* Amantiùs. *superl.* Amantissimè.

AFFECTUEUX. Benevolus, a, um, *adj. comp.* Benevolentior, *g.* benevolentioris. *sup.* Benevolentissimus, a, um.

AFFERMER. Locare, loco, locas, locavi, locatum[1], *act. acc. rég. ind. dat.*

AFFERMI. Firmatus, a, um, *p. p.*

AFFERMIR. Firmare, firmo, firmas, firmavi, firmatum[1], *act.*

AFFERMISSEMENT. Firmamentum, *g.* firmamenti[2], *n.*

AFFÉTERIE. Affectatio nimia, *g.* affectationis[3] nimiæ[1], *f.*

AFFICHE. Libelli, *g.* libellorum[2], *m. pl.*

AFFICHÉ. Proscriptus, a, um, *part. pass. du verbe suiv.*

AFFICHER. Proscribĕre, proscribo, proscribis, proscripsi, proscriptum[3], *act.* | *Afficher sa honte*, impudentiam profiteri, profiteor, profiteris, professus sum[2], *dép.*

AFFIDÉ. Fidus, a, um. *adj.*

AFFILÉ. Acutus, a, um. *comp.* Acutior, *m.f.* acutius, *n. gén.* acutioris; *sup.* Acutissimus, a, um.

AFFILER. Acuĕre, acuo, acuis, acui, acutum[3], *act.*

AFFILIATION. Adoptio, *gén.* adoptionis[3], *fém.*

AFFILIER. Adoptare, adopto, adoptas, adoptavi, adoptatum[1], *act.*

AFFINAGE. V. *Affinement.*

AFFINEMENT. Purgatio, *gén.* purgationis[3], *f.*

AFFINER. Purgare, purgo, purgas, purgavi, purgatum[1], *act.*

AFFINITÉ. Affinitas, *g.* affinitatis[3], *f.*

AFFIQUETS. Mundus muliebris, *g.* mundi[2] muliebris[3], *m.*

AFFIRMATIF. Affirmans, *gén.* affirmantis *pour les 3 genres.*

AFFIRMATION. Affirmatio, *g.* affirmationis[3], *f.*

AFFIRMATIVE, *en parlant d'une opinion.* Assertio, *gén.* assertionis[3], *f.*

AFFIRMATIVEMENT. Affirmatè, *adv.*

AFFIRMÉ. Affirmatus, a, um. *part. pass.*

AFFIRMER. Affirmare, affirmo, affirmas, affirmavi, affirmatum[1], *act.*

AFFLICTION. Mœror, *g.* mœroris[3], *m.*

AFFLIGÉ. Mœrens, *g.* mœrentis *pour les 3 genres.*

AFFLIGEANT. Acerbus, a, um. *comp.* Acerbior, *m. f.* Acerbius, *n. gén.* acerbioris; *superl.* Acerbissimus, a, um.

AFFLIGER. Contristare, contristo, contristas, contristavi, contristatum[1], *act.*

s'AFFLIGER, ou *être affligé.* Afflictari, afflictor, afflictaris, afflictatus sum[1], *pass. avec l'abl.*

AFFLUENCE. Concursus, *g.* concursûs[4], *m.*

AFFLUER, *arriver en abondance.* Confluĕre, confluo, confluis, confluxi, confluxum[3], *n.*

AFFOIBLI. Debilitatus, debilitata, debilitatum. *part. pass. Un corps affoibli.* Corpus effetum, *g.* corporis[3] effeti[2] *n.*

AFFOIBLIR. Debilitare, debilito, debilitas, debilitavi, debilitatum[1], *act.*

s'AFFOIBLIR. Debilitari, debilitor, debilitaris, debilitatus sum[1], *pass.*

AFFOIBLISSEMENT. Debilitatio, *g.* debilitationis[3], *f.*

AFFOLÉ, *passionné jusqu'à la folie.* Insaniens, *g.* insanientis *pour les 3 genr. Affolé d'amour*, amore insaniens.

AFFRANCHI. Libertus, *g.* liberti[2], *m.*

AFFRANCHIE. Liberta, *g.* libertæ[1], *fém.*

AFFRANCHI, IE, *délivré de....* Liberatus, a, um. *De se rend par* à *ou* ab, *et l'ablatif.*

AFFRANCHI, ou *franc, exempt de.* Immunis[2], *m.f.* immune, *n. gén.* immunis *pour les 3 genres.*

AFFRANCHIR. Manumittĕre, manumitto, manumittis, manumisi, manumissum[3], *act.*

AFFRANCHIR, ou *délivrer*. Liberare, libero, liberas, liberavi, liberatum[1], *act*. De *par* à *ou* ab, et *l'ablatif.*

AFFRANCHISSEMENT. Manumissio, *g.* manumissionis[3], *fém.*

AFFRANCHISSEMENT, *exemption.* Immunitas, *g.* immunitatis[3], *f.*

AFFRANCHISSEMENT, ou *libération*, Liberatio, *g.* liberationis[3], *f.*

AFFREUSEMENT. Horrificè, *adv.*

AFFREUX. Horridus, a, um, *adj.*

AFFRIANDER. Illicĕre, illicio, illicis, illexi, illectum[3], *act.*

AFFRONT. Contumelia, *g.* contumeliæ[1], *f.*

AFFRONTER *les dangers*. Pericula adire, adeo, adis, adivi *ou* adii, aditum[4], *act.* | *Affronter l'ennemi*. Hostem adoriri, adorior, adoriris, adortus sum[4], *dép. acc.*

AFFRONTER, *tromper*. Fraudare, fraudo, fraudas, fraudavi, fraudatum[1], *act.*

AFFRONTEUR. Fraudator, *g.* fraudatoris[3]. *m.*

AFFRONTEUSE. Fraudulenta mulier, *g.* fraudulentæ[2] mulieris[3], *fém.*

AFFUBLÉ. Involutus, a, um, *part. pass. avec l'ablat.*

AFFUBLEMENT. Amictus, *g.* amictûs[4], *m.*

AFFUBLER. Involvĕre, involvo, involvis, involvi, involutum[3], *act. acc. rég. ind. abl.*

AFFÛT DE CANON. Tormenti bellici fulcimentum, *g.* fulcimenti[2], *n.* On met à tous les cas, tormenti bellici.

Etre à l'affût, terme de chasse. Feræ insidiari, insidior, insidiaris, insidiatus sum[1], *dép. c. à d.* dresser des piéges à une bête sauvage.

AFFUTER UN CANON, *le mettre sur l'affût*. Fulcimento tormentum bellicum imponĕre, impono, imponis, imposui, impositum[3], *act.*

AFFUTER UN CANON, *le pointer*. Collineare, collineo, collineas, collineavi, collineatum[1], *act.*

AFIN que, ou *afin de*. Ut, *avec un subjonctif; ou* ad, *avec le gér. en* dum. *Afin de lire*. Ad legendum. |*Il va en classe afin de profiter*. It in scholam ut proficiat, *c. à d. afin qu'il profite*. Devant un comparat. *afin que* s'exprime par *quò* avec le subjonctif. *Afin que j'étudie plus aisément*. Quò faciliùs studeam.

AGAÇANT. Provocans, *m. f. n. gén.* provocantis[3], *part. act.*

AGACÉ. Hebetatus, a, um. *part. pass.*

AGACÉ, *excité*. Provocatus, a, um, *part. pass.*

AGACEMENT. Hebetatio, *gén.* hebetationis[3], *f.*

AGACER. Hebetare, hebeto, hebetas, hebetavi, hebetatum[1], *act.*

AGACER, *inciter*. Lacessĕre, lacesso, lacessis, lacessivi, lacessitum[3], *act.*

AGACERIE. Blandimentum, *g.* blandimenti[2], *n.*

AGAMEMNON, *nom d'homme. masc.*

Agamemnon, *g.* Agamemnonis[3],

AGAPES, *repas d'amitié et de charité*. Charistia, *gén.* charistiorum[2], *n. plur.*

AGARIC. Agaricum. *g.* agarici[2], *n.*

AGATE, *pierre précieuse*. Achates, *g.* achatæ[1], *m. et f.*

ÂGE. Ætas, *g.* ætatis[3], *f. Basâge*. Prima ætas, *g.* primæ[1] ætatis[3], *f.* | *Dès le bas âge*. A pueritiâ. | *Homme d'un âge mûr*. Annis maturus, *g.* annis maturi[2], *m.*

AGÉ. Natus, a, um, *adj. avec l'acc. Agé de trois ans*. Natus tres annos.

Bien AGÉ. Voy. *Vieux*.

En parlant de deux. Le plus âgé. Natu major, *m. f.* natu majus, *n. g.* majoris *pour les 3 genr. Le moins âgé*. Natu minor, *m. f.* natu minus, *n. gén.* minoris *pour les 3 genr.* Après ces comparatifs on n'exprime pas le *que*, mais on met la personne qui suit à l'ablatif,

AGI   AGR

comme : *je suis moins âgé que mon frère.* Sum natu minor meo fratre.

A l'égard de plusieurs. *Le plus âgé.* Natu maximus, natu maxima, natu maximum. *Le moins âgé.* Natu minimus, natu minima, natu minimum. Après ces superlatifs on met un génitif pluriel, comme : *il est le plus âgé de tous.* Est natu maximus omnium.

AGENCÉ. Ordinatus, a, um, *part. pass.*

AGENCEMENT. Ordinatio, *g.* ordinationis³, *f.*

AGENCER. Ordinare, ordino, ordinas, ordinavi, ordinatum¹, *act.*

AGENDA, *petites tablettes où l'on met les choses qu'on doit faire.* Pugillares, *g.* pugillarium³, *m. plur.*

AGENOUILLÉ. Genibus provolutus, a, um, *adj.* On ne décline point genibus.

s'AGENOUILLER. Genua flectĕre, flecto, flectis, flexi, flexum³, *act.* On met genua par-tout.

AGENT. Procurator, *g.* procuratoris³, *m.*

AGGRAVANT, *comme circonstances aggravantes.* Aggravans, *g.* aggravantis³, *des 3 genr.*

AGGRAVER. Aggravare, aggravo, aggravas, aggravavi, aggravatum¹, *act.*

AGILE. Agilis, *m. et f.* agile, *n. g.* agilis *pour les 3 genr. compar.* Agilior, *m. f.* agilius, *n. gén.* agilioris ; *superl.* Agilissimus, a, um.

AGILEMENT. Agiliter, *adv. comp.* Agilius. *superl.* Agilissimè.

AGILITÉ. Agilitas, *g.* agilitatis³, *fém.*

AGIR. Agĕre, ago, agis, egi, actum³, *n. Il s'agit.* Agitur : *au prétérit,* actum est ; *à l'infinitif* agi, *impersonnel pass. Il s'agit de vos intérêts.* Agitur de re tuâ. | *Il s'est agi de peu de chose.* Actum est de nihilo.

Faire agir. Impellĕre, impello, impellis, impuli, impulsum³, *act.*

AGISSANT. Actuosus, a, um, *adjectif.*

AGITATION. Agitatio, *g.* agitationis³, *f.*

AGITÉ. Agitatus, a, um, *p. p.*

AGITER. Agitare, agito, agitas, agitavi, agitatum¹, *act.*

s'AGITER, *se remuer.* Agitari, agitor, agitaris, agitatus sum¹, *pas.*

s'Agiter, *s'inquiéter.* Se angĕre, me ango, te angis, me anxi³, *sans supin.*

AGNEAU. Agnus, *g.* agni², *m.* | *De l'agneau,* ou *qui appartient à l'agneau.* Agninus, a, um, *adj.*

AGNELET, *petit agneau.* Agnellus, *g.* agnelli², *m.*

AGNELER, *quand une brebis met bas son agneau.* Agnum procreare, procreo, procreas, procreavi, procreatum¹, *act.*

AGNÈS, *femme.* Agnes, *g.* Agnetis³, *f.*

AGONIE. Extrema lucta cum morte, *g.* extremæ luctæ¹ cum morte.

AGONISANT. Moriens, *m. f. n. gén.* morientis.

AGONISER, ou *être à l'agonie.* Cum morte luctari, luctor, luctaris, luctatus sum¹, *dép.*

AGRAFE. Fibula, *g.* fibulæ¹, *f.*

AGRAFÉ. Fibulatus, a, um, *part. pass.*

AGRAFER. Fibulare, fibulo, fibulas, fibulavi, fibulatum¹, *act.*

AGRAIRE. *Loi agraire.* Lex agraria, *g.* legis³ agrariæ¹.

AGRANDI. Auctus, a, um, *p. p.*

AGRANDIR. Augēre, augeo, auges, auxi, auctum², *act.*

s'Agrandir. Augeri, augeor, augeris, auctus sum², *pass. avec l'abl.*

AGRANDISSEMENT. Amplificatio, *g.* amplificationis³, *f.*

AGRÉABLE. Jucundus, a, um, *adj. comp.* Jucundior, *m. f.* jucundius, *n. gén.* jucundioris ; *superl.* Jucundissimus, a, um.

Agréable, *qui plaît aux autres.* Acceptus, a, um, *adj.*

AGRÉABLEMENT. Jucundè,

adv. comp. Jucundiùs; superl. Jucundissimè.

AGRÉÉ. Gratus, a, um, *avec le datif.*

AGRÉER, ou *avoir pour agréable.* Probare, probo, probas, probavi, probatum¹, *act.*

Agréer, *n. être agréable.* Placēre, placeo, places, placui, placitum², *n.*

Agréer, *permettre.* Sinĕre, sino, sinis, sivi, situm³, *n.*

AGRÉGATION, *l'action d'agréger en quelque corps.* Cooptatio, g. cooptationis³, *f.*

AGRÉGÉ. Cooptatus, a, um, *part. pass.*

AGRÉGER, *admettre en quelque corps.* Cooptare, coopto, cooptas, cooptavi, cooptatum¹, *act.* à *se rend par* in *et l'acc.*

s'Agréger à. Se adoptare, adopto, adoptas, adoptavi, adoptatum¹, *act.* à *par le datif.*

AGRÉMENT, ou *Approbation.* Approbatio, g. approbationis³, *f. Avec l'agrément de tout le monde.* Omnium assensu.

Agrément, ou *beauté.* Jucunditas, g. jucunditatis³, *f.*

Agrément *dans l'esprit.* Lepos, g. leporis³, *m.*

Agrément, *plaisir.* Oblectamentum, g. oblectamenti², *n.*

AGRÉMOINE, *sorte d'herbe.* Eupatoria, g. eupatoriæ¹, *f.*

AGRÈS, *voiles, cordages qui servent à la manœuvre d'un navire.* Armamenta, g. armamentorum², *n. plur.*

AGRESSEUR. Aggressor, g. aggressoris³, *m.*

AGRESSION. Aggressus, *gén.* aggressûs⁴, *m.*

AGRESTE. Agrestis, *m. f.* agreste, *n. gén.* agrestis *pour les 3 genr.*

AGRICOLE, *adonné à l'agriculture.* Agriculturæ deditus, a, um, *part. pass.*

AGRICULTEUR. Agricola, g. agricolæ¹, *m.*

AGRICULTURE. Agricultura, g. agriculturæ¹, *f.*

AGUERRI. In armis exercitatus, a, um, *adj. comp.* Exercitatior, *m. f.* exercitatius, *n. gén.* exercitatioris; *superl.* exercitatissimus, a, um. *Peu aguerri.* Rudis belli.

AGUERRIR. In armis exercēre, exerceo, exerces, exercui, exercitum², *act.*

s'Aguerrir, *s'accoutumer aux fatigues de la guerre.* Belli laboribus assuescĕre, assuesco, assuescis, assuevi, assuetum³, *n.*

AGUETS, *être aux aguets.* Speculari, speculor, specularis, speculatus sum¹, *dép. accus.*

AH, *interjection.* Ah. Heu.

AHEURTÉ. Obstinatus, a, um, *adj.*

AHEURTEMENT. Obstinatio, g. obstinationis³, *f.*

s'AHEURTER. Voy. s'Obstiner.

AIDANT. *Dieu aidant.* Deo juvante, *à l'abl.*

AIDE, *s. f. secours.* Auxilium, g. auxilii², *n.*

Aide, *m. en parlant d'une personne.* Adjutor, g. adjutoris³, *m. Au fém.* Adjutrix, g. adjutricis³.

AIDÉ. Adjutus, a, um, *p. p.*

AIDES, *impôts.* Tributa, g. tributorum², *n. plur.*

AIDER. Juvare, juvo, juvas, juvi, jutum¹, *act.*

S'*aider l'un l'autre.* Se invicem juvare.

AIEUL. Avus, g. avi², *m. Nos aïeux.* Majores, g. majorum³, *m. plur.*

AIEULE. Avia, g. aviæ¹, *f.*

AIGLE. Aquila, g. aquilæ¹, *f.*

AIGLON. Aquilæ pullus, *gén.* aquilæ pulli², *m.*

AIGRE. Acidus, a, um, *adj. comp.* Acidior, *m. f.* acidius, *n. g.* acidioris; *superl.* acidissimus, a, um.

Aigre, *piquant, offensant.* Asper, a, um, *adj. comp.* Asperior, *m. f.* asperius, *n. gén.* asperioris; *superl.* asperrimus, a, um.

AIGRE-DOUX. Acido et dulci mixtus, a, um, adj. On met toujours acido et dulci.

AIGRELET, un peu aigre. Subacidus, a, um, adj.

AIGREMENT. Acerbè, adverb. comp. Acerbiùs; superl. acerbissimè.

AIGRET. Acerbus, a, um, adj. comp. Acerbior, m. f. acerbius, n. gén. acerbioris; superl. Acerbissimus, a, um.

AIGRETTE, oiseau. Ardeola, g. ardeolæ[1], f.

AIGRETTE, panache. Crista, g. cristæ[1], f. Casque surmonté d'une aigrette. Cristata cassis, g. cristatæ[1] cassidis[3], f.

AIGREUR au goût. Acor, g. acoris[3], m.

AIGREUR, rudesse. Acerbitas, g. acerbitatis[3], f.

AIGRI. Exacerbatus, a, um, part. pass.

AIGRIR. Exacerbare, exacerbo, exacerbas, exacerbavi, exacerbatum[1], act.

s'AIGRIR, en parlant des liqueurs. Acescĕre, acesco, acescis, acui[3], sans supin, n.

s'AIGRIR, s'irriter. Exasperari, exasperor, exasperaris, exasperatus sum[1], pass. avec. l'abl.

AIGU. Acutus, a, um, adj. comp. Acutior, m. f. acutius, neut. g. acutioris; superl. acutissimus, a, um.

AIGUADE, provision d'eau douce. Aquatio, g. aquationis[3], f.

AIGUIÈRES, vase à mettre de l'eau. Aqualis, g. aqualis[3], m. A l'accus. aqualim est plus usité que aqualem.

AIGUILLE. Acus, g. acûs[4], f.

AIGUILLE de clocher. Obeliscus, g. obelisci[2], m.

AIGUILLÉE. Acia, g. aciæ[1], f.

AIGUILLETTE. Ligula, g. ligulæ[1], f.

AIGUILLETTE, cordon ferré par le bout. Ligula, g. ligulæ[1], f.

AIGUILLETER, attacher avec des aiguillettes. Ligulâ vincire, vincio, vincis, vinxi, vinctum[4], act.

AIGUILLER. Acuum artifex, g. acuum artificis[3], m.

AIGUILLON. Aculeus, g. aculei[2], m.

AIGUILLON, ce qui excite. Stimulus, g. stimuli[2], n. L'aiguillon de la gloire. Gloriæ stimulus.

AIGUILLON de bouvier. Stimulus, g. stimuli[2], m.

AIGUILLONNÉ. Incitatus, a, um, part. pass.

AIGUILLONNER. Stimulare, stimulo, stimulas, stimulavi, stimulatum[1], act.

AIGUISÉ. Exacutus, a, um, part. pass.

AIGUISEMENT. Exacutio, g. exacutionis[3], f.

AIGUISER. Exacuĕre, exacuo, exacuis, exacui, exacutum[3], act.

AIL. Allium, g. allii[2], n. | Où il y a de l'ail. Alliatus, a, um, adj.

AILE. Ala, g. alæ[1], f. | Voler à tire d'ailes. Perniciter volare, volo, volas, volavi, volatum[1], n. Perniciter, est adv. | Battre des ailes. Alas quatĕre, quatio, quatis, quassi, quassum[3], act. | Qui a des ailes aux pieds. Alipes, g. alipedis[3], de tout genre. | Aile d'armée. Cornu[4], n. indécl. au sing.

AILÉ. Alatus, a, um, adj.

AILERON. Extrema ala, g. extremæ alæ[1], f.

AILLEURS, sans mouvement. Alibi, adv. | Ailleurs, avec mouvement. Aliò, adv.

D'AILLEURS, ou de plus. Prætereà, adv. Cæteroquin, adv.

AIMABLE. Amabilis, m. f. amabile, n. gén. amabilis pour les 5 genr. comp. Amabilior, m. f. amabilius, n. gén. amabilioris; superl. amabilissimus, a, um.

AIMANT, pierre. Magnes, g. magnetis[3], m. | Qui est d'aimant. Magneticus, a, um, adj.

AIMANTÉ. Magnete perfrictus, a, um, adj.

3

AIMANTER, *frotter d'aimant*. Magnete perfricare, perfrico, perfricas, perfricavi, perfrictum[1], *act.*

AIMÉ. Amatus, a, um, *p. p.* ou Carus, a, um, *adj. comp.* Carior, *m. f.* carius, *n. gén.* carioris; *sup.* carissimus, a, um.

AIMER. Amare, amo, amas, amavi, amatum[1], *act.*

AIMER *mieux, suivi d'un verbe*. Malle, malo, mavis, mavult, malui, *avec un infinitif.* Le que après aimer mieux, s'exprime par *quàm.* Ex. *Il aime mieux étudier que jouer.* Mavult studere quàm ludere. | *Aimer passionnément.* Adamare, adamo, adamas, adamavi, adamatum*[1], act.*

AIMER, *prendre plaisir à*, se tourne par *être réjoui par...* Delectari, delector, delectaris, delectatus sum[1], *pass.* Ex. *J'aime la chasse.* Venatione delector.

Se faire aimer de quelqu'un. Alicujus sibi amorem conciliare, mihi concilio, tibi concilias, mihi conciliavi, sibi conciliatum[1], *act.* c. à. d. *Gagner à soi l'amour de.* Ex. *Cet enfant s'est fait aimer de ses condisciples.* Hic puer suorum condiscipulorum amorem sibi conciliavit.

Faire aimer quelqu'un. Alicui amorem conciliare; *mot à mot, gagner l'amour à quelqu'un.*

Faire aimer une chose. Rei amorem accendere, accendo, accendis, accendi, accensum[3], *act.*

AINE. Inguen, *g.* inguinis[3], *n.*

AINÉ, *à l'égard de deux*. Natu major, *m. f.* natu majus, *n. gén.* natu majoris. | *A l'égard de plusieurs.* Natu maximus, a, um. Natu *est indéclinable.*

AINESSE. Ætas major, *g.* ætatis majoris[3], *f.* | *Droit d'aînesse.* Ætatis prærogativa, *g.* ætatis prærogativæ[1], *f.*

AINSI. Ita. Sic, *adv.* | *Ainsi que*, ou *comme*, ut *avec l'indic. Ainsi que je l'ai dit.* Ut dixi. | *Ainsi que.* Et. | *Les bons ainsi que les méchans.* Boni et mali. | *Est-ce ainsi que ?* Siccine ? Itane ? *adv.* On met *l'indicatif ensuite.* | *Est-ce ainsi que vous agissez ?* Siccine agis ? Ago, agis, egi, actum, agere[3], *act.*

AINSI, *par conséquent.* Itaque, *adv.*

AIR. Aër, *g.* aëris[3], *m. Changer d'air.* Cœlum mutare, muto, mutas, mutavi, mutatum[1], *act.* | *En l'air, en haut, sans mouvement.* In aëre. | *S'il y a mouvement.* In aërem. | *En l'air, inutilement.* Inutiliter, *adv.* | *Parler en l'air.* Verba ventis profundere, profundo, profundis, profudi, profusum[3], *act.*

AIR, *mine* ou *façon.* Species, *g.* speciei[5], *f.*

AIR, ou *ressemblance.* Similitudo, *g.* similitudinis[3], *f.*

AIR, *chanson.* Modulus, *g.* moduli[2], *m. Je me souviens de l'air.* Numeros memini.

D'AIR, *qui appartient à l'air.* V. Aërien, *adj.*

AIRAIN. Æs, *g.* æris[3], *n.* | *Qui est d'airain.* Æreus, a, um, *adj.*

AIRE, *place où l'on bat le blé*, cour. Area, *g.* areæ[1], *f.*

AIRER, *faire son nid.* V. Nicher.

AIS, *planche.* Axis, *g.* axis[3], *m.*

AISANCE, *facilité*. Facilitas, *g.* facilitatis[3], *f.*

AISANCE, ou *commodités de la vie.* Commodum, *g.* commodi[2], *n.*

AISANCE, *latrine.* Latrina, *gén.* latrinæ[1], *f.*

AISCEAU, *outil.* Ascia, *gén.* asciæ[1], *f.*

AISE, ou *joie.* Gaudium, *gén.* gaudii[2], *n.* | *Être bien aise.* Gaudere, gaudeo, gaudes, gavisus sum[2], *n. avec l'abl.*

AISE, ou *commodité.* V. ce mot.

AISE, *adj.* Lætus, a, um, *adj. comp.* Lætior, *m. f.* lætius, *n. gén.* lætioris; *superl.* lætissimus, a, um.

AISÉ. Facilis, *m. f.* facile, *n. gén.* facilis pour les 3 genr. *comp.* Facilior, *m. f.* facilius, *n. gén.* facilioris; *superl.* facillimus, a, um.

| *Il est aisé de...* Facile est, *avec un infinitif.*

AISÉ, *qui est à son aise.* Dives, m. f. gén. divitis ; comp. Ditior, m. f. ditius, n. gén. ditioris ; sup. ditissimus, a, um.

AISÉMENT. Facilè, *adv. comp.* Faciliùs ; *superl.* facillimè.

AISSELLE. Ala, g. alæ[1], f.

AJAX, *nom d'homme.* Ajax, g. Ajacis[3] ; m.

AJOURNÉ, *adj.* In jus vocatus, a, um, *part. pass.*

AJOURNÉ, *remis à un autre jour.* Procrastinatus, a, um, *part. pass.*

AJOURNEMENT, *assignation.* Vadimonium, g. vadimonii[2], n.

AJOURNEMENT, *prorogation.* Procrastinatio, g. procrastinationis[3], f.

AJOURNER. Diem dicĕre, dico, dicis, dixi, dictum[3], *act. datif de la personne.*

AJOURNER, *remettre à un autre jour.* Procrastinare, procrastino, procrastinas, procrastinavi, procrastinatum[1], *act.*

AJOUTAGE. Adjunctio, g. adjunctionis[3], f.

AJOUTÉ. Additus, a, um, *avec le dat. ou l'acc. avec* ad.

AJOUTER. Addĕre, addo, addis, addidi, additum[3], *act. rég. ind. au dat. ou l'acc. avec* ad.

AJOUTER, *dire.* Subjicĕre, subjicio, subjicis, subjeci, subjectum[3], *act.*

AJUSTÉ, *accommodé.* Aptus, a, um, *adj. comp.* Aptior, m. f. aptius, n. gén. aptioris ; *superl.* aptissimus, a, um, *ou* compositus, a, um.

AJUSTÉ, *paré.* Ornatus, a, um, *part. pass. comp.* Ornatior, m. f. ornatius, n. gén. ornatioris ; *sup.* ornatissimus, a, um.

AJUSTEMENT, *action d'accommoder.* Compositio, g. compositionis[3], f.

AJUSTEMENT, *ornement.* Ornamentum, g. ornamenti[2], n.

AJUSTER, *rendre une chose juste.* Aptare, apto, aptas, aptavi, aptatum[1], *act. acc. rég. ind. dat.*

AJUSTER UN COUP, *viser à.* Collineare, collineo, collineas, collineavi, collineatum[1], *n. à se rend par* in *avec l'acc.*

AJUSTER, *orner.* Ornare, orno, ornas, ornavi, ornatum[1], *act.*

ALAMBIC, *vase qui sert à distiller.* Clibanus, g. clibani[2], m.

ALAMBIQUÉ, *trop subtil.* Subtilior, m. f. subtilius, n. gén. subtilioris.

s'ALAMBIQUER *l'esprit, la cervelle.* Animum torquēre, torqueo, torques, torsi, tortum[2], *act.*

ALARME, *épouvante.* Terror, g. terroris[3], m. *ou* Trepidatio, g. trepidationis[3], f.

ALARME, *signal pour faire prendre les armes.* Ad arma conclamatio, g. conclamationis[3], f. | *Donner l'alarme, crier aux armes.* Ad arma conclamare, conclamo, conclamas, conclamavi, conclamatum[1], n. | *Sonner l'alarme.* Bellicum canĕre, cano, canis, cecini, cantum[3], *act.* | *L'alarme se mit dans le camp.* Terror castra invasit. Invadĕre, invado, invadis, invasi, invasum[3], n.

ALARMES, *inquiétude.* Angor, g. angoris[3], m.

ALARMÉ, *épouvanté.* Trepidus, a, um, *adj.*

ALARMER, *épouvanter.* Terrēre, terreo, terres, terrui, territum[2], *act.*

s'ALARMER. Trepidare, trepido, trepidas, trepidavi, trepidatum[1], n.

ALBÂTRE. Alabastrites, g. alabastritæ[1], m. | *Vase d'albâtre.* Alabaster, g. alabastri[2], m.

D'ALBÂTRE, *pour exprimer la blancheur.* Niveus, a, um, *adj.*

ALBERGE, *sorte de pêche.* Persicum duracinum, g. persici duracini[2], n.

ALBERGIER. Persici duracini arbor, g. persici duraciniarboris[3], f.

ALBERT, *nom d'homme.* Albertus, g. Alberti[2], m.

ALCHIMIE, *science.* Alchymia, g. alchymiæ[1], f.

ALI

ALCHIMIQUE. Alchymicus, a, um, *adj.*

ALCHIMISTE. Alchymista, g. alchymistæ[1], *m.*

ALCIBIADE, *nom d'homme.* Alcibiades, g. Alcibiadis[3], *m.*

ALCORAN. Alcoranus, g. alcorani[2], *m.*

ALCOVE. Zeta, g. zetæ[1], *f.*

ALCYON, *oiseau.* Alcyon, g. alcyonis[3], *f.*

ALÈGRE. Alacer, *m.* alacris, *f.* alacre, *n. gén.* alacris *pour les 3 genr. comp.* Alacrior, *m. f.* alacrius, *n. gén.* alacrioris; *superl.* alacerrimus, a, um.

ALÈGREMENT. Alacriter, *adv. comp.* Alacriùs; *superl.* alacerrimè.

ALÉGRESSE. Lætitia, g. lætitiæ[1], *f.*

ALENE, *poinçon de fer.* Subula, g. subulæ[1], *f.*

ALENTOUR, *aux environs.* Circùm. | *Les champs d'alentour.* Campi circumjacentes, g. camporum[2] circumjacentium[3], *m.*

LES ALENTOURS, *les lieux d'alentour.* Loca circumjecta, g. locorum circumjectorum[2], *n.*

ALERTE. Vigilans, *m. f. n. gén.* vigilantis, *adj.*

ALEXANDRE, *nom d'homme.* Alexander, g. Alexandri[2], *m.*

ALEXIS, *nom d'homme.* Alexis, g. Alexis[3], *m.*

ALEZAN. Rufus, a, um, *adj.*

ALGARADE, *insulte.* Insultatio, g. insultationis[3], *f.* | *Faire une algarade à quelqu'un*, c. à. d. *insulter quelqu'un.* Alicui insultare, insulto, insultas, insultavi, insultatum[1], *n.*

ALGARIC, *sonde de chirurgien.* Fistula, g. fistulæ[1], *f.*

ALGÈBRE. Algebra, g. algebræ[1], *fém.*

ALGUE, *herbe.* Alga, g. algæ[1], *f.*

ALIBI, *ou alibi-forain, excuse frivole.* Tergiversatio, g. tergiversationis[3], *f.*

ALIÉNABLE, *qu'on peut aliéner.* Alienandus, a, um, *part.*

ALL

ALIÉNATION. Alienatio, *gén.* alienationis[3], *f.*

ALIÉNÉ. Alienatus, a, um, *p. p.*

ALIÉNER, *vendre.* Alienare, alieno, alienas, alienavi, alienatum[1], *act.*

ALIGNÉ. Amussitatus, a, um, *part.*

ALIGNEMENT. Lineæ directio, g. lineæ directionis[3], *f.*

ALIGNER. Ad lineam dirigĕre, dirigo, dirigis, direxi, directum[3], *act.*

ALIMENT. Alimentum, g. alimenti[2], *n.*

ALIMENTAIRE. Alimentarius, a, um. *adj.*

ALIMENTÉ. Nutritus, a, um, *part. pass.*

ALIMENTER. Alĕre, alo, alis, alui, alitum[3], *act.*

ALITÉ. Lecto retentus, a, um, *part. pass. On ne décline point* lecto.

s'ALITER. Lecto detinēri, detineor, detineris, detentus sum[2], *pass.*

ALIZE, *fruit de l'alizier.* Loti fructus, g. loti fructûs[4], *m.*

ALIZIER, *arbre.* Lotus, g. loti[2], *fém.*

ALLAITÉ. Lactatus, a, um, *p. p.*

ALLAITEMENT, *l'action d'allaiter.* Lactatus, g. lactatûs[4], *m.*

ALLAITER. Lactare, lacto, lactas, lactavi, lactatum[1], *act.*

ALLANT, *les allans et les venans.* Prætereuntes, g. prætereuntium[3], *m. plur.*

ALLÉCHÉ, *attiré.* Allectus, a, um, *part. pass.*

ALLÉCHEMENT, *amorce.* Illecebra, g. illecebræ[1], *f.*

ALLÉCHER. Allicĕre, allicio, allicis, allexi, allectum[3], *act.*

ALLÉE *de jardin.* Via hortensis, g. viæ[1] hortensis[3], *f.*

ALLÉE *et venue.* Itus ac reditus, g. itûs ac reditûs[4], *m.*

ALLÉGATION. Prolatio, g. prolationis[3], *f.*

ALLÉGÉ. Levatus, a, um, *p. p.*

ALL

ALLÉGEMENT. Levatio, g. levationis³, f.

ALLÉGER. Levare, levo, levas, levavi, levatum¹, act.

ALLÉGORIE. Allegoria, g. allegoriæ¹, f.

ALLÉGORIQUE. Allegoricus, a, um, adj.

ALLÉGORIQUEMENT. Per allegoriam.

ALLÉGORISER, employer l'allégorie. Allegoriam adhibere, adhibeo, adhibes, adhibui, adhibitum², act.

ALLÉGUÉ. Allatus, a, um. p. p.

ALLÉGUER. Proferre, profero, profers, protuli, prolatum³, act.

ALLER. Ire, eo, is, ivi, itum⁴, n. Après ce verbe latin, on exprime ordinairement en ou dans par la préposition in avec l'acc., et à par ad avec l'acc.

ALLER trouver ou voir. Adire, adeo, adis, adivi ou adii, aditum⁴, act.

ALLER à cheval. Equitare, equito, equitas, equitavi, equitatum¹, n.

ALLER, en parlant des machines. Moveri, moveor, moveris, motus sum², pass. | Faire aller une machine. Movere, moveo, moves, movi, motum², act.

ALLER EN, ou se terminer en. Desinere, desino, desinis, desivi, desitum³, n. en par in avec l'acc.

ALLER, en parlant d'une affaire. Se habere, habeo, habes, habui, habitum², act. On met se par tout. Ex. Mon affaire va bien. Meum negotium se habet bene.

ALLER, agir. Agi, agitur, actum est³, impersonnel pass. | Il y va de ton salut. Agitur de tuâ salute.

ALLER, ou aboutir à. Ducere, duco, ducis, duxi, ductum³, n. à par ad avec l'acc.

s'EN ALLER. Abire, abeo, abis, abivi, abitum⁴, n.

ALLEU, héritage possédé en propriété. Patrimonium, g. patrimonii², n. | Franc-alleu. Prædium immune, g. prædii² immunis³, n.

ALL

ALLIAGE. Conjunctio, g. conjunctionis³, f.

ALLIANCE, à l'égard des parens. Affinitas, g. affinitatis³, f.

ALLIANCE, société. Societas, g. societatis³, f.

ALLIANCE, traité. Fœdus, g. fœderis³, n. | Faire alliance. Voyez s'Allier.

ALLIÉ, parent. Affinis, m. f. affine, n. gén. affinis, adj. avec le gén. ou le datif.

ALLIÉ, confédéré. Fœderatus, a, um. On met ensuite l'ablatif avec la préposition cum.

ALLIER, joindre ensemble. Conjungere, conjungo, conjungis, conjunxi, conjunctum³, act.

s'ALLIER avec, faire alliance par mariage. Affinitatem jungere, jungo, jungis, junxi, junctum³, act. avec se rend par cum et l'abl.

s'ALLIER par un traité. Fœdus pangere, pango, pangis, pepegi, pactum³, act.

s'ALLIER, se joindre, en parlant des choses. Jungi, jungor, jungeris, junctus sum³, pass.

ALLONGÉ, part. Extensus, a, um.

ALLONGER. Extendere, extendo, extendis, extendi, extensum³, act.

s'ALLONGER. Excrescere, excresco, excrescis, excrevi, excretum³, neut.

ALLOUER, approuver. Allaudare, allaudo, allaudas, allaudavi, allaudatum¹, act.

ALLOUER, accorder. Decernere, decerno, decernis, decrevi, decretum³, act.

ALLUMÉ. Accensus, a, um, p. p.

ALLUMER. Accendere, accendo, accendis, accendi, accensum³, act.

s'ALLUMER. Ardescere, ardesco, ardescis, arsi, arsum³, n.

ALLUMETTE. Sulfuratum, g. sulfurati², neut. | Vendeur d'allumettes. Sulphurarius, g. sulphurarii, m.

ALLURE. Incessus, g. incessûs[4], m.

ALLUSION. Allusio, g. allusionis[3], f.

ALLUVION. Alluvio, g. alluvionis[3], f.

ALMANACH. Calendarium, g. calendarii[2], n.

ALOÈS, *arbre*. Aloe, g. aloes[1], f.

ALOI, *bon aloi*. Legitima conflatura. g. legitimæ conflaturæ[1], f. | *Mauvais aloi*. Adulterina conflatura, g. adulterinæ conflaturæ[1], f.

ALORS. Tùm. Tunc, *adv.* | *C'est alors que*. Tùm, *avec un indicat.* | *Jusques alors*. Hactenùs, *adv.*

ALOSE, *poisson*. Alosa, g. alosæ[1], f.

ALOUETTE, *oiseau*. Alauda, g. alaudæ[1], f.

ALOYAU. Costa bubula, *gén.* costæ bubulæ[1], f.

ALPHABET, *suite des lettres d'une langue*. Litterarum series, g. litterarum seriei[3], f.

ALPHABET, *ou principes*. Elementa, g. elementorum[2], n. *plur.* | Qui est à l'alphabet. Elementarius, g. elementarii[2], m.

ALPHABÉTIQUE. Alphabeticus, a, um, *adj.*

ALPHABÉTIQUEMENT. Litterarum[2] ordine[3]; *mot à mot, dans l'ordre des lettres.*

ALTÉRABLE, *qui peut être altéré*. Mutabilis, m. f. mutabile, n. *gén.* mutabilis *pour les 3 genr.*

ALTÉRANT, *qui cause de la soif.* Sitim afferens, m. f. n. *gén.* sitim afferentis[3], *part. prés.*

ALTÉRATIF, *qui cause du changement*. Alterans, g. alterantis[3], *de tout genre.*

ALTÉRATION, *soif*. Sitis, g. sitis, *acc.* sitim[3], f.

ALTÉRATION, *changement*. Mutatio, g. mutationis[3], f.

ALTÉRATION, *falsification de monnoies*. Adulteratio, g. adulterationis[3], f.

ALTERCATION, *débat, dispute*. Altercatio, g. altercationis[3], f.

ALTÉRÉ, *qui a soif*. Sitiens, m. f. n. *gén.* sitientis[3]. | *Etre altéré*. Sitire, sitio, sitis, sitivi, sititum[4], n. *Etre altéré de sang*. Sanguinem sitire.

ALTÉRÉ, *changé*. Mutatus, a, um, *part. pass.*

ALTÉRÉ, *falsifié*. Adulteratus, a, um, *part. pass.*

ALTÉRÉ *de gloire*. Cupidus gloriæ.

ALTÉRER, *faire venir la soif.* Sitim afferre, affero, affers, attuli, allatum[3], *act.* On met toujours sitim.

ALTÉRER, *changer*. Mutare, muto, mutas, mutavi, mutatum[1], *act.*

ALTÉRER *les monnoies*. Adulterare, adultero, adulteras, adulteravi, adulteratum[1], *act.*

s'ALTÉRER, *se gáter*. Corrumpi, corrumpor, corrumperis, corruptus sum[3], *pass.*

ALTERNATIF. Alternus, a, um, *adj.*

ALTERNATION, *changement d'ordre*. Alternatio, g. alternationis[3], f.

ALTERNATIVE, *choix entre deux choses*. Optio, g. optionis[3], f.

ALTERNATIVEMENT. Alternâ vice, *à l'abl.*

ALTERNER, *exercer tour-à-tour*. Alternare, alterno, alternas, alternavi, alternatum[1], *act.*

ALTESSE, *titre affecté à certains princes*. Celsitudo, g. celsitudinis[3], f.

ALTIER, *fier, superbe, hautain*. Ferox, m. f. n. *gén.* ferocis. *adj.* Superbus, a, um, *adj.*

ALUMINEUX. Aluminosus, a, um, *adj.*

ALUN. Alumen, g. aluminis[3], n.

ALUNER, *frotter d'alun*. Aluminare, alumino, aluminas, aluminavi, aluminatum[1], *act.*

ALVÉOLE. Alveus, g. alvei[2], m.

AMABILITÉ. Amabilitas, g. amabilitatis[3], f.

AMADOU. Igniarium, g. igniarii[2], n.

AMADOUER. Voyez *Flatter*.

AMAIGRI. Macilentus, a, um, adj.

AMAIGRIR, rendre maigre. Emaciare, emacio, emacias, emaciavi, emaciatum[1], act.

AMAIGRIR, ou s'AMAIGRIR. Macescĕre, macesco, macescis, macui[3], sans supin, neut.

AMAIGRISSEMENT. Corporis extenuatio, g. corporis extenuationis[3], f.

AMANDE, fruit. Amygdala, g. amygdalæ[1], f.

AMANDIER. Amygdalus, gén. amygdali[2], f.

AMANT. Amator, g. amatoris[3], m.

AMANTE. Amatrix, g. amatricis[3], f.

AMARANTHE. Amaranthus, g. amaranthi[2], m. | D'amaranthe. Amaranthinus, a, um, adj.

AMARRE, corde de navire. Rudens, g. rudentis[3], m.

AMARRER, attacher un navire avec des cordages. Navem rudentibus ligare, ligo, ligas, ligavi, ligatum[1], act.; mot à mot, attacher un vaisseau avec des câbles.

AMAS. Acervus, g. acervi[2], m.

AMAS de gens. Multitudo, gén. multitudinis[3], f.

AMASSÉ. Collectus, a, um, part. pass.

AMASSER. Colligĕre, colligo, colligis, collegi, collectum[3], act.

s'AMASSER. Coire, coeo, cois, coivi, coitum[4], n. On exprime en ou dans par in avec l'acc.

AMATEUR. Amator, g. amatoris[3], m.

AMAZONE. Amazon, g. Amazonis[3], f.

AMBASSADE. Legatio, g. legationis[3], f.

AMBASSADEUR. Legatus, g. legati[2], m.

AMBASSADRICE, femme de l'ambassadeur. Legati uxor, g. legati uxoris[3], f.

AMBIDEXTRE. Ambidexter, tra, trum, adj.

AMBIGU. Ambiguus, a, um, adj.

AMBIGUÏTÉ. Ambiguitas, g. ambiguitatis[3], f.

AMBIGUMENT. Ambiguè. adv.

AMBITIEUSEMENT. Ambitiosè. adv.

AMBITIEUX. Ambitiosus, a, um, adj.

AMBITION. Ambitio, g. ambitionis[3], f.

AMBITIONNER. Ambire, ambio, ambis, ambivi, ambitum[4], act.

AMBLE, pas d'un cheval. Tolutilis gradus, g. tolutilis[3] gradûs[4], m. | Aller l'amble. Tolutim equitare, equito, equitas, equitavi, equitatum[1], n.

AMBRE. Succinum, g. succini[2], neut.

AMBRE-GRIS. Ambar, g. ambaris[3], neut.

AMBRETTE, fleur et fruit. Ambreta, g. ambretæ[1], f.

AMBROISE, nom d'homme. Ambrosius, g. Ambrosii[2], m.

AMBROISIE, nourriture des dieux. Ambrosia, g. ambrosiæ[1], f.

AMBULANT. Commis ambulant. Circumcursans, m. f. et n. gén. circumcursantis, adj. | Vie ambulante. Vita errabunda, g. vitæ errabundæ[1], f.

AMBULATOIRE. Ambulatorius, a, um, adj.

AME. Anima, g. animæ[1], f. Un corps sans ame. Corpus exanime, g. corporis exanimis[3], subst. et adj. qui se déclinent ensemble.

De toute mon ame. Animo.

AME, pour personne. Homo, g. hominis[3], m.

AMÉLIORATION. Melior status, g. melioris[3] statûs[4], m.

AMÉLIORER. Meliorare, Melioro, melioras, melioravi, melioratum[1], act.

s'AMÉLIORER. Meliorescĕre, melioresco, meliorescis[3], sans prét. ni supin, neut.

AMENDE, peine. Mulcta, g. mulctæ[1], f.

AMENDE HONORABLE. Mulcta honoraria, g. mulctæ honorariæ[1], f.

AMENDEMENT. Emendatio, g. emendationis[5], f.

AMENDER, *corriger*. In melius mutare, muto, mutas, mutavi, mutatum[1], *act.*

s'**AMENDER**. Resipicĕre, resipisco, resipiscis, resipui, *sans supin*[3], *n.*

AMENÉ. Deductus, a, um, *part. pass.*

AMENER. Deducĕre, deduco, deducis, deduxi, deductum[3], *act.* rég. ind. acc. avec ad, *ou* in *quand on entre dans le lieu.*

AMÉNITÉ. Amœnitas, g. amœnitatis[3], f.

AMENUISÉ. Tenuatus, a, um, *part. pass.*

AMENUISER. Tenuare, tenuo, tenuas, tenuavi, tenuatum[1], *act.*

AMER, AMÈRE, *adj.* Amarus, a, um, *adj.*

AMÈREMENT, *avec aigreur.* Acerbè, *adv.*

AMÈREMENT, *avec une grande douleur.* Mœstè, *adv.*

AMERTUME. Amaritudo, gén. amaritudinis[3], f.

AMÉTHYSTE, *pierre précieuse.* Amethystus, g. amethysti[2], m.

AMEUBLEMENT. Supellex, g. supellectilis[3], f. *Ce nom est neutre au pluriel; il fait* supellectilia, g. supellectilium.

AMEUBLER. V. *Meubler.*

AMEUTER. Catervatim cogĕre, cogo, cogis, coegi, coactum[3], *act. Ameuter la populace.* Turbam concire, concio, concis, concivi, concitum[4], *act.*

AMI. Amicus, gén. amici[2], m. | *Grand ami.* Amicissimus, g. amicissimi, m. On met un datif ensuite. | *Ami de bouteille*, compotor, g. compotoris[3], m. | *Pètit ami*, amiculus, g. amiculi[2], m.

En ami, amicalement. Amicè, *adv.*

AMI, AMIE, *adj.* Amicus, a, um, *avec le gén. ou le dat.*

AMIABLEMENT, *à l'amiable.* Sedatè, *adv.*

AMIANTE, *matière minérale.* Amiantus, g. amianti[2], m.

AMICAL. Amicabilis, m. f. amicabile, n. gén. amicabilis.

AMICALEMENT. Amicè, *adv.*

AMIDON. Amylum, g. amyli[2], n.

AMIE. Amica, g. amicæ[1], f.

AMIRAL. Maris præfectus, gén. maris præfecti[2], m.

L'**AMIRAL**, *le premier vaisseau d'une flotte.* Navis prætoria, g. navis[3] prætoriæ[2], f.

AMIRAUTÉ. Maris præfectura, g. maris præfecturæ.

AMITIÉ. Amicitia, g. amicitiæ[1], f. *De bonne amitié.* Amicè, *adv.*

AMNISTIE. Lex oblivionis, g. legis oblivionis[3], f. c. à. d. *Loi d'oubli.*

AMODIATEUR. V. *Fermier.*

AMODIATION. V. *Ferme.*

AMODIER. V. *Affermer.*

AMOINDRI. Minutus, a, um, *part. pass.*

AMOINDRIR. Minuĕre, minuo, minuis, minui, minutum[3], *act.*

AMOINDRISSEMENT. Minutio, g. minutionis[3], f.

AMOLLI. Emollitus, a, um, *part. pass.*

AMOLLIR. Mollire, mollio, mollis, mollivi, mollitum[4], *act.*

s'**AMOLLIR.** Mollescĕre, mollesco, mollescis[3], *sans prétérit ni supin, neut.*

AMOLLISSEMENT. Mollitudo, g. mollitudinis[3], f.

AMOME, *arbrisseau.* Amomum, g. amomi[2], *neut.*

AMONCELÉ. Acervatus, a, um, *part. pass.*

AMONCELER. Acervare, acervo, acervas, acervavi, acervatum[1], *act.*

AMORCE *d'arme à feu.* Igniarium, g. igniarii[2], *neut.*

AMORCE. V. *Attrait.*

AMORCE, *appât pour prendre les poissons.* Esca, g. escæ[1], f.

AMORCER, *en parlant d'une arme.* Igniarium imponĕre, impono, imponis, imposui, impositum[3], *actif.* Le régime direct *français* *devient en latin rég. ind., et se met au dat.*

AMORCER. V. *Attirer.*

AMORTIR, *éteindre.* Exstinguěre, exstinguo, exstinguis, exstinxi, exstinctum[3], *act.*

s'AMORTIR. Exstingui, exstinguor, exstingueris, exstinctus sum[3], *p.*

AMORTISSEMENT, *en parlant d'une rente.* Abolitio, g. abolitionis[3], f.

AMOUR. Amor, g. amoris[3], m. Pour *s'exprime par* in *avec un acc.* | *Qui parle d'amour.* Amatorius, a, um, *adj.* | *Pour l'amour de...* Gratiâ, *avec un gén. Dans ces phrases, Pour l'amour de moi, de toi, de nous, de vous, au lieu du pronom personnel,* on se sert *du pronom possessif* que l'on fait accorder avec causâ. Ex. *Pour l'amour de moi,* meâ causâ.

s'AMOURACHER, *devenir amoureux.* Amore insanire, insanio, insanis, insanivi, insanitum[4], *n.* De *se rend par le gén.*

AMOURETTES. Amatio, *gén.* amationis[3], f.

AMOUREUSEMENT. Amanter, *adv. comp.* Amantiùs; *superlatif* amantissimè.

AMOUREUSE, *subst.* Amatrix, g. amatricis[3], f.

AMOUREUX, AMOUREUSE, *adj.* Amore captus, a, um, *avec le génit.*

AMOUREUX, *subst.* Amator, g. amatoris[3], m.

AMOVIBLE, *qui peut être révoqué à volonté.* Ad arbitrium revocabilis, m. f. ad arbitrium revocabile, n. gén. revocabilis. On met arbitrium *à tous les cas.*

AMPHIBIE, *qui vit dans l'eau et sur terre.* Amphibium, g. amphibii[2], n.

AMPHIBOLOGIE. Amphibologia, g. amphibologiæ[1], f.

AMPHIBOLOGIQUE, *adj.* Anceps, g. ancipitis *pour les 3 genres.*

AMPHITHÉÂTRE. Amphitheatrum, g. amphitheatri[2], n.

AMPHORE, *vase à deux anses.* Amphora, g. amphoræ[1], f.

AMPLE. Amplus, ampla, amplum. *comp.* Amplior, m. f. amplius, n. *gén.* amplioris *pour les 3 genr. sup.* amplissimus, a, um.

AMPLEMENT. Amplè, *adv. comp.* Ampliùs; *sup.* amplissimè.

AMPLEUR. Amplitudo, g. amplitudinis[3], f.

AMPLIATION. Ampliatio, *gén.* ampliationis[3], f.

AMPLIFICATION. Amplificatio, g. amplificationis[3], f.

AMPLIFIÉ. Amplificatus, a, um, *part. pass.*

AMPLIFIER. Amplificare, amplifico, amplificas, amplificavi, amplificatum[1], *act.*

AMPOULE, *tumeur.* Tumor, g. tumoris[3], m.

AMPOULE, *petite bouteille.* Ampulla, g. ampullæ[1], f.

AMPOULÉ, *adj. enflé.* Tumidus, a, um, *adj.*

AMPUTATION. Amputatio, g. amputationis[3], f.

AMPUTER, *couper.* Amputare, amputo, amputas, amputavi, amputatum[1], *act.*

AMUSANT. Oblectatorius, a, um, *adj.*

AMUSEMENT, *occupation légère, prise pour passer le temps.* Otiosa occupatio, g. otiosæ[1] occupationis[3], f.

AMUSEMENT, *récréation.* Oblectamentum, g. oblectamenti[2], n.

AMUSEMENS D'ENFANT. Nugæ, g. nugarum[1], f. pl.

AMUSEMENT, *pour gagner du temps.* Ludificatio, g. ludificationis[3], *fém.*

AMUSER, *retarder.* Detinēre, detineo, detines, detinui, detentum[2], *act.*

AMUSER, *tromper.* Ludificari, ludificor, ludificaris, ludificatus sum[1], *dépon. acc.*

AMUSER, *divertir.* Recreare, recrco, recreas, recreavi, recreatum[1], *act.*

4

s'Amuser. Nugari, nugor, nugaris, nugatus sum[1], *dépon.*

s'Amuser à une chose, y passer le temps. Occupari, occupor, occuparis, occupatus sum[1], *pass.* à se rend par in avec l'abl., ou un gérond. en do.

s'Amuser, *se plaire à quelque chose.* Delectari, delector, delectaris, delectatus sum[1], *pass.* à se rend par in avec l'abl., ou un gér. en do.

s'Amuser, *s'arrêter en un lieu.* Morari, moror, moraris, moratus sum[1], *dépon.*

AMUSETTES. Nugæ, *g.* nugarum[1], *f. plur.*

AMUSEUR. Ludificator, *g.* ludificatoris[3], *m.*

AMYGDALES, *glandes.* Tonsillæ, *g.* tonsillarum[1], *f. plur.*

AN. Annus, *g.* anni[2], *m.* | *Qui dure un an.* Annuus, annua, annuum. | *Espace de deux ans.* Biennium, *g.* biennii[2], *n.* | *Durer tout un an.* Perannare, peranno, perannas, perannavi, perannatum[1], *n.* | *Au commencement de l'année.* Ineunte anno. | *A la fin de l'année.* Obeunte anno. | *Par an ou par chaque année.* In annos singulos. | *D'année en année.* Annuatim, *adv.* | *Tous les ans.* Quotannis, *adv.* | *De deux ans en deux ans.* Alternis annis, à l'abl. | *De trois en trois ans*, c. à. d. *chaque année troisième.* Anno quoque tertio. | *Il n'y a qu'un an que...* c. à. d. *depuis un an.* Uno abhinc anno; *le que ne s'exprime pas. On met un indicatif ensuite.*

ANACHORÈTE. Solitarius, *gén.* solitarii[2], *m.*

ANACHRONISME, *erreur dans la supputation des temps.* In computandâ temporum serie aberratio, *g.* aberrationis[3], *f.*

ANAGRAMME. Anagramma, *g.* anagrammatis[3], *n.*

ANALOGIE. Analogia, *g.* analogiæ[1], *f.*

ANALOGIQUE, *qui a du rapport avec une autre chose.* Analogicus, a, um, *adj.*

ANALOGIQUEMENT, *par analogie.* Per analogiam.

ANALOGISME. Analogismus, *g.* analogismi[2], *m.*

ANALOGUE, *qui a du rapport.* Analogus, a, um, *adj.*

ANALYSE. Analysis, *g.* analysis[3], *f.*

ANALYSER. Ad prima elementa revocare, revoco, revocas, revocavi, revocatum[1], *act.* c. à. d. *rappeler aux premiers principes.*

ANALYTIQUEMENT. Per analysim.

ANANAS, *fruit.* Bromelia, *gén.* bromeliæ[1], *f.*

ANAPESTE, *pied de vers de deux brèves et une longue.* Anapæstus, *g.* anapæsti[2], *m.*

ANARCHIE. Anarchia, *g.* anarchiæ[1], *f.*

ANARCHIQUE. Sinè principe, c. à. d. *sans souverain.*

ANARCHISTE, *fauteur de l'anarchie.* Anarchiæ fautor, *gén.* anarchiæ fautoris[3], *m.*

ANATHÉMATISER. Exsecrari, exsecror, aris, atus sum[1], *dép. acc.*

ANATÈHME. Anathema, *g.* anathematis[3], *n.*

ANATOMIE, *dissection du corps.* Anatome, *g.* anatomes[1], *f.*

ANATOMIQUE. Anatomicus, a, um, *adj.*

ANATOMIQUEMENT. Per anatomiam.

ANATOMISER. Dissecare, disseco, dissecas, dissecui, dissectum[1], *act.*

ANATOMISTE. Anatomicus, *g.* anatomici[2], *m.*

ANCÊTRES. Majores, *g.* majorum[3], *m. plur.*

ANCHE, *petite languette.* Lingula, *g.* lingulæ[1], *f.*

ANCHISE, *nom d'homme.* Anchises, *g.* Anchisæ[1], *m.*

ANCHOIS. Encrasicholus, *g.* encrasicholi[2], *m.*

ANCIEN. Antiquus, a, um, *adj.* *comp.* Antiquior, *m. f.* antiquius.

ANÉ — ANN

n. gén. antiquioris; *superl.* antiquissimus, a, um.

ANCIEN, *en parlant des choses.* Vetustus, a, um, *adj. comp.* Vetustior, *m. f.* vetustius, *n. g.* vetustioris; *sup.* vetustissimus, a, um.

LES ANCIENS. Veteres, *g.* veterum[3], *m. plur.*

ANCIEN, *homme âgé.* Senior, *g.* senioris[3], *m.*

ANCIENNEMENT. Antiquitùs, *adv. comp.* Antiquiùs; *superl.* antiquissimè.

ANCIENNETÉ. Antiquitas, *g.* antiquitatis, *f.* | *De toute ancienneté.* Ex omni memoriâ.

ANCOLIE, *fleur.* Aquilegia, *g.* aquilegiæ[1], *f.*

ANCRAGE. Anchoræ jactus, *g.* anchoræ jactûs[4], *m.*

ANCRE *de navire.* Anchora, *g.* anchoræ[1], *f.*

ANCRER, *jeter l'ancre.* Anchoram jacĕre, jacio, jacis, jeci, jactum[1], *act.*

ANDOUILLE. Hilla, *g.* hillæ[1], *f.*

ANDRÉ, *nom d'homme,* Andreas, *g.* Andreæ[1], *m.*

ANDROGYNE. Androgynus, *g.* andrógyni[2], *m.*

ÂNE. Asinus, *g.* asini[2], *m.* | *D'âne.* Asinarius, ia, ium. | *Âne sauvage.* Onager, *gén.* onagri[2], *m.*

PETIT ÂNE. Asellus, *g.* aselli[2], *m.*

ÂNÉE, *la charge d'un âne.* Asini onus, *g.* asini oneris[3], *n.*

ÂNERIE, *ignorance grossière.* Stupiditas asinaria, *g.* stupiditatis[3] asinariæ[2], *f.*

ÂNESSE. Asina, *g.* asinæ[1], *f.*

ANGLE. Angulus, *g.* anguli[2], *m.*

ÂNIER. Asinarius, *g.* asinarii[2], *m.*

ÂNON. Asellus, *g.* aselli[2], *m.*

ANÉANTI. Ad nihilum redactus, a, um, *part. pass.*

ANÉANTIR. Ad nihilum redigĕre, redigo, redigis, redegi, redactum[3], *act.; mot à mot, réduire au néant.*

S'ANÉANTIR. Ad nihilum redigi, redigor, redigeris, redactus sum[3], *p.*

S'ANÉANTIR, *s'humilier.* Se abjicĕre, me abjicio, te abjicis, me abjeci, abjectum[3], *act.*

ANÉANTISSEMENT. Extinctio, *g.* extinctionis[3], *f.*

ANECDOTE. Anecdota, *g.* anecdotæ[1], *f.*

ANÉMONE, *fleur.* Anemone, *g.* anemones[1], *f.*

ANETH. Anethum, *g.* anethi[2], *n.*

ANGE. Angelus, *g.* angeli[2], *m.*

ANGÉLIQUE. Angelicus, a, um, *adject.*

ANGÉLIQUE, *herbe.* Angelica, *g.* angelicæ[1], *f.*

ANGLE. Angulus, *g.* anguli[2], *m.*

ANGOISSE. Angor, *g.* angoris[3], *masc.*

ANGUILLE. Anguilla, *g.* anguillæ[1], *f.*

ANGULAIRE. Angularis, *m. f.* angulare, *n. gén.* angularis *pour les 3 genres.*

ANICROCHE, *embarras.* Impedimentum, *g.* impedimenti[2], *n.*

ANIMAL. Animal, *g.* animalis[3], *n.* | *Qui tient de l'animal.* Animalis, *m. fém.* animale, *n. gén.* animalis *pour les 3 genres.*

ANIMATION. Animatio, *gén.* animationis[3], *f.*

ANIMÉ. Animatus, a, um, *p. p.*

ANIMÉ, *excité à.* Incitatus, incitata, incitatum, *part. pass. à s'exprime par* ad *avec l'acc., ou un gérond. en* dum.

ANIMER. Animare, animo, animas, animavi, animatum[1], *act.*

ANIMER, *exciter à.* Incitare, incito, incitas, incitavi, incitatum[1], *act: à s'exprime par* ad *avec l'acc., ou le gérond. en* dum.

ANIMOSITÉ. Odium, *g.* odii[2], *n.*

ANIS. Anisum, *g.* anisi[3], *n.*

ANNALES. Annales, *g.* annalium[3], *m. plur.*

ANNALISTE. Annalium scriptor, *g.* annalium scriptoris[3], *m.*

ANNATE, *revenu d'une année de bénéfice.* Reditus annuus, *g.* reditûs[4] annui[2], *m.*

ANNE, *nom de femme.* Anna, *g.* Annæ[1], *f.*

ANNEAU. Annulus, g. annuli², masc.

PETIT ANNEAU. Anellus, g. anelli², m.

ANNÉE. Annus, g. anni², m. Voyez An. | *D'année en année.* Quotannis *adv.* Le nom de temps se met à l'ablatif, comme : *Au commencement de l'année,* c'est-à-dire, *l'année commençant.* Anno ineunte, à l'ablatif. On peut dire aussi, principio anni. | *A la fin de l'année,* c'est-à-dire, *l'année finissant,* Anno exeunte, à l'ablatif. On peut dire aussi, sub finem anni.

ANNELÉ. In annulos inflexus, a, um, *part. pass.* In annulos *reste toujours.*

ANNELER. In annulos inflectĕre, inflecto, inflectis, inflexi, inflexum³, *act.* In annulos *reste toujours.*

ANNELET, *petit anneau.* Anellus, g. anelli, m.

ANNELURE. Cincinni, cincinnorum², m. plur.

ANNEXE, *église succursale.* Ecclesia annexa, g. ecclesiæ annexæ¹, f.

ANNEXÉ. Adjunctus, a, um, *part. pass.*

ANNEXER. Adjungĕre, adjungo, adjungis, adjunxi, adjunctum³, *act. acc. rég. ind. datif.*

ANNIBAL, *nom d'homme.* Annibal, g. annibalis³, m.

ANNIVERSAIRE. Anniversarius, a, um, *adj.*

ANNIVERSAIRE *pour un défunt.* Annua pro mortuo sacra, *gén.* annuorum pro mortuo sacrorum², *n. plur.* On ne change rien à pro mortuo.

ANNONCÉ. Nunciatus, a, um, *part. pass. avec le dat.*

ANNONCER. Nunciare, nuncio, nuncias, nunciavi, nunciatum¹, *act. acc. rég. ind. datif.*

L'ANNONCIATION. Annuntiatio, g. annuntiationis³, f.

ANNOTATION. Annotatio, g. annotationis³, f.

ANNUEL. Annuus, a, um, *adj.*

ANNUELLEMENT, *ou tous les ans.* Quotannis, *adv.*

ANNULAIRE. Annularis, m. et f. annulare, n. *gén.* annularis *pour les 3 genr.*

ANNULATION. Abrogatio, g. abrogationis³, f.

ANNULÉ. Abrogatus, a, um, *part. pass.*

ANNULER. Abrogare, abrogo, abrogas, abrogavi, abrogatum¹, *act.*

ANOBLI. Inter nobiles aggregatus, a, um, *part. pass.* On met toujours inter nobiles.

ANOBLIR. Inter nobiles aggregare, aggrego, aggregas, aggregavi, aggregatum¹, *act.* On met toujours inter nobiles.

s'ANOBLIR. Ex plebeiis exire, exeo, exis, exivi, exitum⁴, *n.* On met toujours ex plebeiis.

ANOBLISSEMENT. In nobiles cooptatio, g. in nobiles cooptationis³, f.

ANODIN, *adoucissant, en parlant d'un remède.* Mitigatorius, a, um, *adj.*

ANOMAL, *irrégulier.* Inæqualis, m. f. inæquale, n. *gén.* inæqualis *pour les 3 genres.*

ANOMALIE, *irrégularité.* Inæqualitas, *gén.* æqualitatis³, f.

ÂNON. Asellus, g. aselli², m.

ANONYME. Anonymus, a, um, *adj.*

ANSE. Ansa, g. ansæ, f.

ANSE, *petit golfe.* Angustior sinus, g. angustioris³ sinûs⁴, m.

ANTAGONISTE. Adversarius, g. adversarii², m.

ANTARCTIQUE. Antarcticus, a, um, *adj.*

ANTÉCÉDEMMENT. Antè, *adv.*

ANTÉCÉDENT. Antecedens, m. f. n. *gén.* antecedentis *pour les 3 genres.*

ANTÉCESSEUR. Antecessor, g. antecessoris³, m.

ANTECHRIST. Antichristus, g. Antichristi², m.

ANTENNE *de navire, vergue.*

Antenna, *gén.* antennæ¹, *fémin.*

ANTÉPÉNULTIÈME. Antepenultimus, a, um, *adj.*

ANTÉRIEUR. Anterior, *m. f.* anterius, *n. gén.* anterioris *pour les 3 genres.*

ANTÉRIEUREMENT. Priùs, *adv.*

ANTHROPOPHAGE, *adj. qui se nourrit de chair humaine.* Anthropophagus, a, um, *adj.*

ANTHROPOPHAGES. Anthropophagi, *g.* anthropophagorum², *m. plur.*

ANTHROPOPHAGIE. Anthropophagia, *g.* anthropophagiæ¹, *f.*

ANTICHAMBRE. Procœton, *g.* procœtonis³, *n.*

ANTICHRÉTIEN. Antichristianus, a, um, *adj.*

ANTICIPATION. Anticipatio, *g.* anticipationis³, *f.*

ANTICIPÉ. Anticipatus, a, um, *part. pass.*

ANTICIPER, *devancer.* Anticipare, anticipo, anticipas, anticipavi, anticipatum¹, *act.*

ANTICIPER, *usurper.* Invadĕre, invado, invadis, invasi, invasum³, *act.*

ANTIDATE. Dies antiquior adscripta, *g.* diei⁵ antiquioris³ adscriptæ¹. *Tout se décline.*

ANTIDATER. Antiquiorem diem adscribĕre, adscribo, adscribis, adscripsi, adscriptum³, *act. dat. On met toujours* antiquiorem diem

ANTIDOTE. Antidotum, *g.* antidoti², *n.*

ANTIENNE. Antiphona, *g.* antiphonæ¹, *f.*

ANTIMOINE. Stibium, *g.* stibii², *n.*

ANTIOCHUS, *nom d'homme.* Antiochus, *g.* Antiochi², *m.*

ANTIPAPE. Pseudo-pontifex, *g.* pseudo-pontificis³, *m.*

ANTIPATHIE. Antipathia, *gén.* antipathiæ¹, *f.*

ANTIPATHIQUE, *contraire, opposé.* Dissociabilis, *m.f.* dissociabile, *n. gén.* dissociabilis *pour les 3 genr.*

ANTIPHONIER. Antiphonarium, *g.* antiphonarii, *n.*

ANTIPHRASE, *contre-vérité.* Antiphrasis, *g.* antiphrasis³, *f.*

ANTIPODES, *peuples.* Antipodes, *g.* antipodum³, *m. plur.*

ANTIQUAIRE. Antiquarius, *g.* antiquarii², *m.*

ANTIQUE. Antiquus, a, um, *comp.* Antiquior, *m. f.* antiquius, *n. gén.* antiquioris; *superl.* antiquissimus, a, um. V *Ancien.* | *A l'Antique.* Antiquo more, *à l'ablat.*

ANTIQUE, *monument antique.* Antiquum, *g.* antiqui², *n. On sous-entend* opus.

ANTIQUITÉ. Antiquitas, *g.* antiquitatis³, *f.*

ANTITHÈSE. Antithesis, *g.* antithesis³, *f.*

ANTOINE, *nom d'homme.* Antonius, *g.* Antonii², *m.*

ANTONIN, *nom d'homme.* Antoninus, *g.* Antonini², *m.*

ANTONOMASE. Antonomasia, *g.* antonomasiæ¹, *f.*

ANTRE. Antrum, *g.* antri², *n.*

ANUS. Anus, *g.* ani², *m.*

ANXIÉTÉ. Anxietas, *g.* anxietatis³, *f.*

AORISTE. Aoristus, *g.* aoristi², *masc.*

AORTE, *la grosse artère.* Aorta, *g.* aortæ¹, *f.*

AOÛT. Augustus *g.* Augusti², *m.*

APAISÉ. Placatus, a, um, *part. pass.*

APAISER. Placare, placo, placas, placavi, placatum¹, *act.*

S'APAISER. Placari, placor, placaris, placatus sum¹, *pass.*

Facile à s'apaiser. Placabilis, *m. f.* placabile, *n. gén.* placabilis *pour les 3 genres.*

APANAGE. Fundi attributio, *g.* fundi attributionis³, *f.*

APANAGE, *suite.* Appendix, *g.* appendicis³, *f.* Ex. *Les maladies sont l'apanage de la vieillesse.* Morbi sunt senectutis appendices.

APATHIE, *insensibilité.* Apathia, *g.* apathiæ¹, *f.*

APATHIQUE. Vecors, *m. f. n. gén.* vecordis *pour les 3 genres.*

APERCEVABLE. Aspectabilis, m. f. aspectabile, n. gén. aspectabilis *pour les 3 genres.*

APERCEVOIR, ou *s'apercevoir.* Advertĕre, adverto, advertis, adverti, adversum[3], *act.*

APERCEVOIR, *commencer à voir.* Aspicĕre, aspicio, aspicis, aspexi, aspectum[3], *act.* | *Apercevoir de très-loin.* Prospicĕre, prospicio, prospicis, prospexi, prospectum[3], *act.*

APERÇU, *s. m.* Aspectus, g. aspectûs[1], *m.* | *Au premier aperçu.* Primo aspectu.

APERÇU, *sommaire.* Summa, g. summæ[1], *f.*

APÉRITIF. Aperiendi vim habens, *g.* aperiendi vim habentis. Vim aperiendi *restent invariables.*

APETISSÉ. Minutus, a, um, *part. pass.*

APETISSEMENT. Diminutio, g. diminutionis[3]; *f.*

APETISSER. Minuĕre, minuo, minuis, minui, minutum[3], *act.*

APHORISME. Aphorismus, g. aphorismi[2], *m.*

API, *petite pomme.* Malum apiosum, g. mali apiosi[2], *n.*

A PIC. Voyez *Pic.*

APITOYER, *toucher de pitié.* Misericordiam commovēre, commoveo, commoves, commovi, commotum[2], *act. La personne se met au génitif.*

S'APITOYER, *être touché de compassion.* Misericordiâ commovēri, *pass. de* Commoveo.

APLANI. Æquatus, a, um, *p. p.*

APLANIR. Æquare, æquo, æquas, æquavi, æquatum[1], *act.*

APLANIR, *les difficultés.* Difficultates explanare, explano, explanas, explanavi, explanatum[1], *act.*

S'APLANIR. Explanari, *pass. de* explano.

APLANISSEMENT. Æquatio, g. æquationis[3], *f.*

APLATI. Complanatus, a, um, *part. pass.*

APLATIR. Complanare, complano, complanas, complanavi, complanatum[1], *act.*

S'APLATIR. Complanari, complanor, complanaris, complanatus sum[1], *pass.*

APLATISSEMENT. Compressio, g. compressionis[3], *f.*

APLOMB, *ligne perpendiculaire.* Perpendiculum, g. perpendiculi[2], *n.*

D'APLOMB. Ad perpendiculum.

APOCALYPSE. Apocalypsis, g. apocalypsis[3], *f.*

APOCRYPHE. Apocryphus, a, um, *adj.*

APOGÉE, *point où un astre est le plus éloigné de la terre.* Apogæum, g. apogæi[2], n.

APOLLON, *dieu des Muses.* Apollo, g. Apollinis[3], *m.*

APOLOGÉTIQUE, *qui contient la défense de quelqu'un.* Apologeticus, a, um, *adj.*

APOLOGIE. Apologia, g. apologiæ[1], *f.*

APOLOGISTE. Apologista, g. apologistæ[1], *m.*

APOLOGUE. Apologus, g. apologi[2], *m.*

APOPHTHEGME, *sentence.* Apophthegma g. apophthegmatis[3], *neut.*

APOPLECTIQUE. Ad apoplexiam vergens, g. vergentis, *adj. On ajoute* ad apoplexiam *à tous les cas de* vergens.

APOPLEXIE. Apoplexia, *gén.* apoplexiæ[1], *f.*

APOSTASIE. Apostasia, g. apostasiæ[1], *f.*

APOSTASIER. Religionem deserĕre, desero, deseris, deserui, desertum[3], *act. On met toujours* religionem.

APOSTAT. Apostata, g. apostatæ[1], *m.*

APOSTÉ. Appositus, a, um, *part. pass.*

APOSTER. Apponĕre, appono, apponis, apposui, appositum[3], *act.*

APOSTILLE. Annotatio, g. annotationis[3], *f. Mander par apostille.* Epistolæ adscribĕre, adscribo, adscribis, adscripsi, adscriptum³, *act. acc.*

APOSTILLER. Annotare, annoto, annotas, annotavi, annotatum¹, *act.*

APOSTOLAT. Apostolatus, *gén.* apostolatûs⁴, *m.*

APOSTOLIQUE. Apostolicus, a, um, *adj.*

APOSTOLIQUEMENT. Apostolorum more.

APOSTROPHE. Apostropha, *g.* apostrophæ¹, *f.*

APOSTROPHER. Compellare, compello, compellas, compellavi, compellatum¹, *act. acc.*

APOSTUME. Vomica, *g.* vomicæ¹, *f.*

APOSTUMER. Suppurare, suppuro, suppuras, suppuravi, suppuratum¹, *n.*

APOTHÉOSE. Apotheosis, *gén.* apotheosis³, *f.*

Faire l'apothéose de quelqu'un. Inter Deos referre, refero, refers, retuli, relatum³, *act. acc.*

APOTHICAIRE. Pharmacopola, *g.* pharmacopolæ¹, *m.*

APOTHICAIRERIE. Medicamentoria officina, *g.* medicamentoriæ officinæ¹, *f.*

APOTRE. Apostolus, *g.* apostoli², *m.*

Faire le bon apôtre. Sanctimoniam ementiri, ementior, ementiris, ementitus sum⁴, *dépon.*

APOZÈME, *sorte de décoction.* Decoctum, *g.* decocti², *n.*

APPARAT, *pompe, éclat.* Apparatus, *g.* apparatûs⁴, *m.*

APPARAT, *livre disposé en forme de dictionnaire.* Dictionarium, *g.* dictionarii², *n.*

APPAREIL. Apparatus, *g.* apparatûs⁴, *m.*

Appareil d'une blessure. Vulneris medicamentum, *g.* vulneris medicamenti², *n.*

APPAREILLER, *préparer.* Præparare, præparo, præparas, præparavi, præparatum¹, *act.*

APPAREILLER, *ou rendre pareil.* Æquare, æquo, æquas, æquavi, æquatum¹, *act.*

APPAREILLER, *mettre à la voile.* Naves adornare, adorno, adornas adornavi, adornatum¹, *act.*

APPAREILLEUR. Apparator, *g.* apparatoris³, *m.*

APPAREMMENT. Verisimiliter, *adv.*

APPARENCE. Species, *gén.* speciei⁵, *f.* | *En apparence.* In speciem. | *Sous apparence d'honnêteté.* Officii specie. | *Sous apparence de rendre service.* Simulatione officii. *Ces noms sont à l'abl. Officii est au g.*

Avoir l'apparence d'un honnête homme. Viri boni speciem præ se ferre, præ me fero, præ te fers, præ me tuli, præ se latum³, *act.*

APPARENCE, *ou vraisemblance.* Verisimilitudo, *g.* verisimilitudinis³, *f. Il n'y a pas d'apparence que,* ou *il n'est pas vraisemblable que....* Verisimile non est. *On retranche le* que, *et l'on met ensuite l'accusatif avec un infinitif.*

APPARENCE, *marque.* Signum, *g.* signi², *n.*

APPARENT, *qui paroît.* Insignis, *m. f.* insigne, *n. gén.* insignis pour les 3 genres.

APPARENT, *feint.* Simulatus, a, um, *adj.*

APPARENT, *spécieux.* Speciosus, a, um, *adj.*

Les gens les plus apparens d'une ville. Civitatis primores, *g.* civitatis primorum³, *m. pl.*

APPARENTÉ. Cognatione junctus, a, um, *part. pass.* Cognatione ne se décline point.

s'APPARENTER. Cognatione conjungi, conjungor, conjungeris, conjunctus sum³, *pass.*

APPARIEMENT. Copulatio, *g.* copulationis³, *f.*

APPARIER, *joindre.* Jungere, jungo, jungis, junxi, junctum³, *act.*

APPARITEUR, *bedeau.* Apparitor, *g.* apparitoris³, *m.*

APPARITION. Visio, *g.* visionis³, *f.*

APPAROITRE. Apparēre, appareo, appares, apparui, apparitum[2], n.

APPARTEMENT. Pars domûs, g. partis[3] domûs f. Domûs ne se décline point.

APPARTENANCES. Adjuncta, g. adjunctorum[2], n. plur.

APPARTENIR. Pertinēre, pertineo, pertines, pertinui[2], sans supin, n. Le régime se met à l'accusatif avec ad. | Il appartient, ou c'est le propre de. Est, erat, fuit, fuerat, erit, esse. impersonnel. | Il appartenoit à ce peuple d'obéir. Erat hujus populi obedire. | Il m'appartient de parler. Meum est loqui.

APPAS, attrait. Illecebra, gén. illecebræ[1], f.

APPÂT, pour prendre le poisson. Esca, g. escæ[1], f.

APPATER, donner à manger. Inescare, inesco, inescas, inescavi, inescatum[1], act.

APPAUVRIR. Ad egestatem redigĕre, redigo, redigis, redegi, redactum[3], act. On met toujours ad egestatem.

APPAUVRISSEMENT. Fortunarum eversio, g. fortunarum eversionis[3], f.

APPEAU, oiseau qui sert à appeler les autres. Avis illex, g. avis illicis[3]. Tous deux se déclinent.

APPEAU, sifflet pour attirer les oiseaux. Calamus illex, g. calami[2] illicis[3], m.

APPEL. Appellatio, g. appellationis[3], f.

Interjeter un appel. Appellationem interpellĕre, interpello, interpellis, interpuli, interpulsum[3], actif.

APPEL, appellation à haute voix. Appellatio, g. appellationis[3], f.

Faire l'appel. Nominatim appellare, appello, appellas, appellavi, appellatum[1], act.

APPEL, défi. Provocatio, g. provocationis[3], f.

APPELANT. Appellator, g. appellatoris, m.

APPELÉ. Vocatus, a, um, p. p.

APPELÉ, demandé par quelqu'un. Accersitus, a, um, part. pass.

APPELER. Vocare, voco, vocas, vocavi, vocatum[1], act.

APPELER, faire venir. Accersĕre, accerso, accersis, accersivi, accersitum[3], act.

APPELER, interjeter appel. Voyez Appel.

S'APPELER, ou être appelé. Nominari, nominor, nominaris, nominatus sum[1], pass.

APPELLATIF. Appellativus, a, um, adj.

APPELLATION. Appellatio, g. appellationis[3], f.

APPENDICE, suite nécessaire. Appendix, g. appendicis[3], f.

APPENDRE. Appendĕre, appendo, appendis, appendi, appensum[3], act. acc. rég. ind. au datif.

APPENDU. Appensus, a, um, part. pass.

APPENTIS. Ædificii appendix, g. ædificii appendicis[3], f.

APPESANTI. Gravatus, a, um, part. pass.

APPESANTIR. Aggravare, aggravo, aggravas, aggravavi, aggravatum[1], act.

S'APPESANTIR. Ingravescĕre, ingravesco, ingravescis[3], sans prétér. ni supin, n.

APPESANTISSEMENT. Gravedo, g. gravedinis[3], f.

APPÉTISSANT. Appetentiam incitans, m. f. n. gén. appetentiam incitantis. On ne décline point appetentiam.

APPÉTIT, envie de manger. Esuries, g. esuriei[5], f. | Avoir de l'appétit. Esurire, esurio, esuris, esurivi ou esurii, esuritum[4], n.

APPLAUDIR. Plaudĕre, plaudo, plaudis, plausi, plausum[4], n. dat.

S'applaudir. Sibi plaudĕre, etc.

APPLAUDISSEMENT. Plausus, g. plausûs[4], m.

APPLICABLE, qu'on doit appliquer. Destinandus, a, um, part. fut. pass. avec le dat.

APPLICATION, attention. At

APP

tentio, *gén.* attentionis³, *f.* avec le *dat.*

APPLICATION, *adaptation.* Applicatio, g applicationis³, *f.*

APPLIQUÉ, *attentif.* Intentus, a, um *acc. avec* ad.

APPLIQUÉ *sur ou sous, en parlant des choses.* Applicatus, a, um, *part. pass. avec un dat.*

APPLIQUER, *en parlant des choses.* Applicare, applico, applicas, applicavi, applicatum¹, *act. acc. rég.* ind. *dat.*

APPLIQUER *un soufflet.* Colaphum infringĕre, infringo, infringis, infregi, infractum³, *act.* à *se rend par le dat.*

s'APPLIQUER, *appliquer son esprit.* Animum intendĕre, intendo, intendis, intendi, intentum³, *act.* rég. ind. *à l'acc. avec* ad.

s'APPLIQUER, *s'attribuer.* Sibi tribuĕre, mihi tribuo, tibi tribuis, mihi tribui, sibi tributum³, *act.*

s'APPLIQUER, *avoir rapport à.* Pertinēre, pertineo, pertines, pertinui², *n.* à *se rend par* ad *avec l'*acc.

APPOINTEMENT. Stipendium, *g.* stipendii², *n.*

APPOINTER, *donner une pension.* Pensionem annuam tribuĕre, tribuo, tribuis, tribui, tributum³, *act. accus. avec le datif de la personne.*

APPOINTER, *accommoder.* Componĕre, compono, componis, composui, compositum³, *act.*

APPORTÉ. Allatus, a, um, *part. pass. de* Affero.

APPORTÉ, *par voiture.* Advectus, a, um, *part. pass.*

APPORTER. Afferre, affero, affers, attuli, allatum³, *act. acc.* rég. ind. *dat.*, ou bien *acc. avec* ad. *Il m'a apporté des lettres de mon père.* Mihi *ou* ad me attulit litteras à meo patre.

APPORTER, *par voiture.* Invehĕre, inveho, invehis, invexi, invectum³, *actif.*

APPORTER, *causer, procurer.* Af-

APP 33

ferre, affero, affers, attuli, allatum³, *act.; ou bien l'on se sert du verbe* Sum *avec deux datifs.* Ex. *Cette affaire lui a apporté du profit.* Hoc negotium illi utilitatem attulit, *ou bien*, fuit illi utilitati.

APPOSER. Apponĕre, appono, apponis, apposui, appositum³, *act.*

APPOSITION. Appositio, *g.* appositionis³, *f.*

APPRÉCIATEUR, *celui qui règle le prix d'une chose.* Æstimator, *g.* æstimatoris³, *m.*

APPRÉCIATION. Æstimatio, *g.* æstimationis³, *f.*

APPRÉCIÉ. Æstimatus, a, um, *part. pass.*

APPRÉCIER Æstimare, æstimo, æstimas, æstimavi, æstimatum, *act. acc.* Le *nom de prix est mis à l'*abl. Voy. Estimer.

APPRÉHENDER. Timēre, timeo, times, timui², *sans supin, act.*| *Qui est à appréhender.* Timendus, a, um, *part. pass. Après Appréhender, que ne se rend par* ne *avec le subj.; que ne pas par* ut *et le subjonct.*

APPRÉHENSION Timor, *g.* timoris, *m.* V. Crainte.

APPRENDRE *sa leçon, une science, etc.* Discĕre, disco, discis, didici, discitum³, *act. Apprendre à lire et à écrire.* Prima elementa discĕre. | *Apprendre à jouer des instrumens.* Discĕre fidibus.

APPRENDRE *par ouï dire.* Accipĕre, accipio, accipis, accepi, acceptum³, *act. acc.* rég. ind. *abl. avec* à *ou* ab. *J'ai appris cela de mon ami.* Id accepi à meo amico.

APPRENDRE, *enseigner.* Docēre, doceo, doces, docui, doctum³, *act. avec deux acc.*

APPRENDRE, *connoître.* Cognoscĕre, cognosco, cognoscis, cognovi, cognitum³, *act. acc.* rég. ind. *ablat. avec* è *ou* ex.

APPRENDRE, *faire savoir.* Certiorem facĕre, facio, facis, feci, factum³, *act. acc.* rég. ind. *abl. avec* de. *Mot à mot, faire plus certain.*

5

Ex. *J'ai appris à mes frères votre arrivée.* De tuo adventu meos fratres certiores feci.

APPRENTI. Tiro, g. tironis[3], m.

APPRENTIE. Tiruncula, g. tirunculæ[2], f.

APPRENTISSAGE. Tirocinium, g. tirocinii[2], n.

APPRÊT, *préparatif.* Apparatus, g. apparatûs[4], m.

Apprêt *de viandes.* V. *Assaisonnement.*

APPRÊTÉ, *préparé.* Paratus, a, um, *part. pass.*

Apprêté, *assaisonné.* Conditus, a, um, *part. pass.*

APPRÊTER, *préparer.* Parare, paro, paras, paravi, paratum[1], *act.* On *exprime* à ou pour, *par* ad *avec un acc., ou bien avec un gérondif en* dum.

Apprêter, *assaisonner.* Condire, condio, condis, condivi *ou* condii, conditum[4], *act.*

APPRIS, *instruit.* Institutus, a, um, *part. pass.* | En parlant d'une science. Perceptus, a, um, *part. pass.* | *Appris par cœur.* Memoriæ mandatus, a, um. | *Appris par ouï dire.* Acceptus, a, um.

APPRIVOISÉ. Cicuratus, a, um, *part. pass.*

APPRIVOISER. Cicurare, cicuro, cicuras, cicuravi, cicuratum[1], *act.*

Apprivoiser une personne. Mansuefacĕre, mansuefacio, mansuefacis, mansuefeci, mansuefactum[3], *act.*

s'Apprivoiser. Mansuescĕre, mansuesco, mansuescis, mansuevi, mansuetum[3], *n.*

APPROBATEUR. Probator, g. probatoris[3], m.

APPROBATION. Approbatio, g. approbationis[3], f.

APPROCHANT, *part.* Appropinquans, g. appropinquantis, *part. act.* de *par le dat.*

Approchant, *adj. qui a du rapport.* Affinis, m. f. affine, n. gén. affinis *pour les 3 genres.* de se

rend *par le génitif* ou *le datif.*

APPROCHE. Appropinquatio, g. appropinquationis[3], f.

APPROCHER, *mettre près.* Admovēre, admoveo, admoves, admovi, admotum[2], *act. acc. rég. ind. dat.*

s'Approcher. Accedĕre, accedo, accedis, accessi, accessum[3], *n.* de *se tourne par* vers, *et s'exprime par* ad *avec l'accus.*

APPROFONDI, *creusé.* Fossus, a, um, *part. pass.*

Approfondi, *traité à fond.* Indagatus, a, um, *part. pass.*

APPROFONDIR, *creuser.* Fodĕre, fodio, fodis, fodi, fossum[3], *act.*

Approfondir, *traiter.* Indagare, indago, indagas, indagavi, indagatum[1], *act.*

APPROFONDISSEMENT. Investigatio, g. investigationis[3], f.

APPROPRIATION. Vindicatio, g. vindicationis[3], f.

APPROPRIER, *ajuster.* Expolire, expolio, expolis, expolivi, expolitum[4], *act.*

Approprier, *adapter à.* Accommodare, accommodo, accommodas, accommodavi, accommodatum[1], *act. acc. rég. ind. au dat.*

s'Approprier. Usurpare, usurpo, usurpas, usurpavi, usurpatum[1], *act.*

APPROVISIONNÉ. Cibariis instructus, a, um, *c. à. d. Pourvu de provisions.*

APPROVISIONNEMENT. Cibariorum comparatio, g. cibariorum comparationis[3], f.

APPROVISIONNER, *act.* Cibariis instruĕre, instruo, instruis, instruxi, instructum[3], *act.*

s'Approvisionner. Cibaria comparare, comparo, comparas, comparavi, comparatum[1], *act.*

APPROUVÉ. Probatus, a, um, *part. pass.* de *se rend par le dat.*

APPROUVER Probare, probo, probas, probavi, probatum[1], *act.*

APPUI, *protection.* Præsidium, g. præsidii[2], n.

APPUI, *soutien.* Fultura, *g.* fulturæ[1], *f.* | *Appui de muraille,* arcboutant. Anteris, *g.* anteridis[3], *f.*

APPUI, *protecteur.* Tutor, *g.* tutoris[3], *m.* Præsidium, *g.* præsidii[2], *n.*

APPUYÉ *sur.* Fultus, a, um, *part. pass. avec un ablat.* | *Etre appuyé sur...* Niti, nitor, niteris, nixus sum[3], *dépon. avec un abl. ensuite.*

APPUYER, *soutenir.* Fulcire, fulcio, fulcis, fulsi, fultum[4], *act. acc. rég. ind. abl.*

APPUYER, *poser contre.* Apponĕre, appono, apponis, apposui, appositum[3], *act. acc. rég. ind. dat.*

s'APPUYER *sur.* Niti, nitor, niteris, nixus sum[3], *dép. avec un abl.* *S'appuyer du crédit de quelqu'un.* Nitiauctoritate alicujus.

ÂPRE, *rude.* Asper, a, um. *comp.* Asperior, *m. f.* asperius, *n. gén.* asperioris; *sup.* asperrimus, a, um.

ÂPRE, *passionné.* Cupidissimus, a, um, *avec un gén. ou un gérond. en* di.

ÂPREMENT. Ardenter, *adv. comp.* ardentiùs; *superl.* ardentissimè.

ÂPREMENT, *rudement.* Acerbè, *adv. comp.* Acerbiùs; *superl.* acerbissimè.

APRÈS, *suivi d'un nom.* Post. *avec un acc.*

APRÈS. Post. *adv. Peu après.* Paulò post.

LONG-TEMPS APRÈS. Multò post.

APRÈS *cela.* Posteà, *adv.*

APRÈS *tout, enfin.* Deniquè.

APRÈS, *au-dessous.* Infrà avec *l'acc.*

APRÈS QUE. Postquàm, *avec un indicatif, et quelquefois un subj.*

APRÈS COUP. Tardiùs, *adv.*

APRÈS, *suivi de* avoir, *comme* après avoir joué, *etc. Il faut consulter pour cela la règle de la Syntaxe latine qui traite de la préposition* APRÈS.

LE JOUR D'APRÈS, *le lendemain.* Postridiè, *adv. Le nom qui suit* *se met au génitif ou à l'accusatif.*

APRÈS, *prép. d'ordre.* Secundùm, *avec l'acc.*

CI-APRÈS. Infrà, *adv.*

APRÈS, *ensuite.* Deindè.

APRÈS, *contre.* In *avec l'acc.* *Courir après les honneurs.* Honores insequi, insequor, insequeris, insecutus sum[3], *dép.*

APRÈS-DÎNÉE. Postmeridianum tempus, *g.* postmeridiani[2] temporis[3], *n.*

ÂPRETÉ. Asperitas, *g.* asperitatis[3], *f.*

APTE *à.* Aptus, a, um. *à se rend par* ad *et l'acc.*

APTITUDE. Habilitas, *g.* habilitatis[3], *f. à par* ad *avec l'acc.*

APURER *un compte.* Rationes conficĕre, conficio, conficis, confeci, confectum[3], *act. On met par-tout* rationes.

AQUATILE. Aquatilis, *m. f.* aquatile, *n. gén.* aquatilis *pour les 3 genr.*

AQUATIQUE. Aquaticus, a, um, *adj.*

AQUEDUC. Aquæductus, *gén.* aquæductûs[4], *m.*

AQUEUX. Aquosus, a, um, *adj.*

AQUILIN. Aquilinus, a, um, *adj.*

AQUILON, *vent.* Aquilo, *gén.* aquilonis[3], *m.*

ARABESQUE, *et* Arabique. Arabicus, a, um, *adj.*

ARABESQUES, *entrelacemens de feuillages et de figures.* Frondibus et imaginibus intexta ornamenta, *g.* intextorum ornamentorum[2], *n. plur.*

ARAIGNÉE. Aranea, *gén.* araneæ[1], *f.*

ARATOIRE. Aratorius, a, um, *adj.*

ARBALÈTE, Arcus, *g.* arcûs[4], *m.*

ARBALÉTRIER. Sagittarius, *g.* sagittarii[2], *m.*

ARBITRAGE. Arbitrium, *g.* arbitrii[2], *n.*

ARBITRAIRE. Arbitrarius, a, um, *adj.*

ARBITRAIREMENT. Arbitriò, *adv.*

ARBITRAL. Arbitralis, *m. f.* arbitrale, *n.* gén. arbitralis *pour les* 3 *genr.*

ARBITRE. Arbiter, g. arbitri², *m.* Une arbitre. Arbitra. g. arbitræ¹, *f.* Le libre Arbitre. Libera voluntas, g. liberæ¹ voluntatis³, *f.*

ARBITRER, *c'est un terme de palais.* Arbitrari, arbitror, arbitraris, arbitratus sum¹, *dép.*

ARBOISE, *fruit.* Arbutum, g. arbuti², *n.*

ARBOISIER, *arbre.* Arbutus, g. arbuti², *f.* | *D'arboisier.* Arbuteus, ea, eum, *adj.*

ARBORER. Figĕre, figo, figis, fixi, fixum³, *act.*

ARBRE. Arbor, g. arboris³, *f.*

Arbre, *mât de navire.* Malus, g. mali², *m.*

Arbre *généalogique.* Stemma, g. stemmatis³, *n.*

ARBRISSEAU. Arbuscula, g. arbusculæ¹, *f.*

ARBUSTE, *petit arbrisseau.* Frutex, g. fruticis³, *m.*

ARC. Arcus, g. arcûs⁴, *m. Tirer de l'arc.* Sagittas emittĕre, emitto, emittis, emisi, emissum³, *act.* On met toujours sagittas.

Arc, *arcade.* Arcus, g. arcûs⁴, *m.*

ARC-EN-CIEL. Cœlestis arcus, g. cœlestis arcûs⁴, *m.*

ARCADE. Fornix, g. fornicis³, *m.*

ARC-BOUTANT, Anteris, g. antericis³, *f.*

Arc-boutant, *dans le figuré.* Columen, g. columinis³, *n. Il est l'arc-boutant de la tyrannie.* Columen est tyrannidis.

ARC-BOUTER. Fulcire, fulcio, fulcis, fulsi, fultum⁴, *act.*

ARCEAU, *en parlant d'une voûte.* Fornix, g. fornicis³, *m.*

ARCHAL, *fil d'archal.* Æs textile, g. æris textilis³, *n.*

ARCHANGE. Archangelus, g. archangeli², *m.*

ARCHE *de Noé.* Arca, g. arcæ¹, *f.*

L'Arche *d'Alliance.* Arca fœderis, g. arcæ¹ fœderis, *f.*

Arche *d'un pont.* V. *Arcade.*

ARCHER. Satelles, g. satellitis³, *masc.*

ARCHET. Plectrum, g. plectri², *n.*

ARCHEVÊCHÉ, *ou* ARCHIÉPISCOPAT. Archiepiscopatus, g. Archiepiscopatûs⁴, *m.*

Archevêché, *la maison de l'Archevêque.* Archiepiscopale palatium, g archiepiscopalis³ palatii², *n.*

ARCHEVÊQUE. Archiepiscopus, g. Archiepiscopi², *m.*

ARCHIDIACONAT, *charge d'archidiacre.* Archidiaconatus, g. archidiaconatûs⁴, *m.*

ARCHIDIACRE. Archidiaconus, g. archidiaconi², *m.*

ARCHIDUC. Archidux, g. archiducis³, *m.*

ARCHIDUCHESSE. Archiducissa, g. archiducissæ¹, *f.*

ARCHIDUCHÉ. Archiducatus, g. archiducatûs⁴, *m.*

ARCHIÉPISCOPAL. Archiepiscopalis, *m. f.* archiepiscopale, *n.* gén. archiepiscopalis *pour les* 3 *genres.*

ARCHIÉPISCOPAT. Archiepiscopatus, g. archiepiscopatûs⁴, *m.*

ARCHIMÈDE, *nom d'homme.* Archimedes, g. Archimedis³, *m.*

ARCHIPEL, *étendue de mer semée d'îles.* Archipelagus, g. archipelagi², *masc.*

ARCHIPRÊTRE. Archipresbyter, g. archipresbyteri², *m.*

ARCHITECTURE. Architectura, g. architecturæ¹, *f.* | *Qui concerne l'architecture.* Architectonicus, a, um, *adj.*

ARCHITRAVES, *grosse pièce de bois appuyée sur des colonnes.* Epistilium, g epistilii², *n.*

ARCHIVES. Tabularium, g. tabularii,² *n.* Archivum, g. archivi², *n.*

ARCHIVISTE, *celui qui a soin des archives.* Tabularii custos, g. tabularii custodis³, *m.*

ARCHONTE. Archon, g. archontis³, *m.*

ARÇON. Ephippii arculus, gén. ephippii arculi², *m. Désarçonner quelqu'un.* Aliquem ex equo detrudère, detrudo, detrusi, detrusum³, act. | *Etre ferme sur ses arçons*. In ephippio firmius hærēre, hereo, hæres, hæsi, hæsum², n.

ARCTIQUE. Arcticus, a, um, *adj.*

ARDEMMENT. Ardenter, *adv. comp.* Ardentiùs ; *superl.* ardentissimè.

ARDENS, *feux follets*. Ignes fatui, g. ignium³ fatuorum⁴. m.

ARDENT. Ardens, m. f. n. gén. Ardentis. *comp.* Ardentior, m. f. ardentius, n gén. ardentioris; *superl.* ardentissimus, a, um.

ARDENT, *passionné*. Fervidus, a, um, *adj. Ardent au jeu*. Avidus ludi.

ARDEUR. Ardor, g. ardoris³, m. *Avec ardeur*. Acriter, *adv. comp.* Acriùs ; *sup.* acerrimè.

ARDILLON. Aculeus, g. aculei², *masc.*

ARDOISE. Ardosia, g. ardosiæ¹, *f.*

ARE, *mesure*. Areum, g. arei², n.

ARÈNE. Arena, g. arenæ¹, f.

ARÉOLE, *petite aire*. Areola, g. areolæ¹, f.

ARÉOPAGE. Areopagus, g. areopagi², m.

ARÉOPAGITE. Areopagites, g. areopagitæ¹, m.

ARÈTE. Spina, g. spinæ¹, f.

ARGEMONE, *herbe*. Argemone, g. argemones¹, f.

ARGENT. Argentum, g. argenti², n. *Qui est d'argent*. Argenteus, ea, eum, *adj.*

ARGENT, *monnoie*. Pecunia, g. pecuniæ¹, f.

Argent comptant. Præsens pecunia, g. præsentis³ pecuniæ¹, f.

VIF-ARGENT. Voy. *Mercure*.

ARGENTÉ. Argentatus, a, um, *part. pass.*

ARGENTER. Argento obducĕre, obduco, obducis, obduxi, obductum³, *act. On met toujours* argento, *c. à. d. Couvrir d'argent*.

ARGENTERIE. Supellex argentea, g. supellectilis³ argenteæ¹. Supellex *fait au plur.* supellectilia, g. supellectilium³, n.

ARGENTIER. Argentarius, g. argentarii², m.

ARGENTIN, *de couleur d'argent*. Argenteus, ea, eum, *adj.*

ARGENTURE. Argentei coloris inductio, g. argentei coloris inductionis³, f.

ARGILLE, *terre grasse*. Argilla, g argillæ¹, f. | *Qui est d'argille*. Argillaceus, ea, eum, *adj.*

ARGILLEUX, *de la nature de l'argille*. Argillosus, a, um, *adj.*

ARGONAUTE. Argonauta, *gén.* argonautæ¹, m.

ARGUER. Arguĕre, arguo, arguis, argui, argutum³, *act.*

ARGUMENT. Argumentum, g. argumenti², n.

ARGUMENTATION. Argumentatio, g. argumentationis³, f.

ARGUMENTATEUR. Argumentator, g. argumentatoris³, m.

ARGUMENTER. Argumentari, argumentor, argumentaris, argumentatus sum¹, *dépon.*

ARGUS, *nom d'homme*. Argus, g. Argi², m.

ARIANISME. Arianismus, *gén.* arianismi², m.

ARIDE. Aridus, a, um, *adj. Devenir aride*. Arescĕre, aresco, arescis, arui³, *sans supin*, n. *Rendre aride*. Arefacĕre, arefacio, arefacis, arefeci, arefactum³, *act.*

ARIDITÉ. Ariditas, g. ariditatis³, f.

ARIETTE. Cantilena, g. cantilenæ¹, f.

ARISTARQUE, *censeur sévère, esprit critique*. Aristarchus, *gén.* aristarchi², m.

ARISTIDE, *nom d'homme*. Aristides, g. Aristidis³, m.

ARISTIPPE, *nom d'homme*. Aristippes, g. Aristippis³, m.

ARISTOCRATIE. Aristocratia, g. aristocratiæ¹, f.

ARISTOCRATIQUEMENT. More aristocratiæ.

ARISTOTE, *nom d'homme*. Aristoteles, g. Aristotelis³, m

ARITHMÉTICIEN. Arithmeticus, *g.* arithmetici², *m.*

ARITHMÉTIQUE. Arithmetica, *g.* arithmeticæ¹, *f.*

ARLEQUIN. Mimus, *g.* mimi², *masc.*

ARLEQUINADE. Scurrilitas, *g.* scurrilitatis³, *f.*

ARMAND, *nom d'homme.* Armandus, *g.* Armandi², *m.*

ARMATEUR. Navis prædatoriæ præfectus, *gén.* navis prædatoriæ præfecti², *m.*

ARME, *au singulier.* Telum, *g.* teli², *n.*

ARME *à feu.* Sclopus, *g.* sclopi², *m.*

ARMES, *au pluriel.* Arma, *g.* armorum², *n. plur. Etre sous les armes.* Esse in armis, *de* Sum, es, fui. | *Faire passer par les armes.* Displosis sclopetis necare, neco, necas, necavi, necatum¹, *act. On met toujours displosis sclopetis.* | *Faire*, ou *tirer des armes.* Digladiari, digladior, digladiaris, digladiatus sum¹, *dép.*

Faire ses premières armes. Armorum primitias facĕre, facio, facis, feci, factum³, *act.*

Sans armes. Inermis, *m. f.* inerme, *n. gén.* inermis, *adj.*

MAITRE-D'ARMES. Lanista, *g.* lanistæ¹, *m.*

ARMES, *armoiries.* Insignia, *g.* insignium³, *n. plur.*

ARMÉ. Armatus, a, um, *part. pass. Le nom d'armes ou d'instrument est mis à l'abl.*

Qui n'est point armé. Inermis, *m. f.* inerme, *n. gén.* inermis, *adj.*

ARMÉE. Exercitus, *g.* exercitûs⁴, *m.* | *Armée navale.* Classis, *g.* classis³, *f.*

A MAIN ARMÉE. Vi et armis.

ARMEMENT. Apparatus, *g.* apparatûs⁴, *m.*

ARMER. Armare, armo, armas, armavi, armatum¹, *act. acc. rég. ind. ablat.*

S'ARMER, *prendre les armes.* Arma capĕre, capio, capis, cepi, captum³, *act.*

S'ARMER *contre*, *se défendre de.* Se defendĕre, me defendo, te defendis, me defendi, se defensum³, *act.* Contre *se rend par* de *avec l'ablat.*

S'armer de courage. Animum obfirmare, obfirmo, obfirmas, obfirmavi, obfirmatum¹, *act.*

ARMET, *casque.* Galea, *g.* galeæ¹, *f.*

ARMILLAIRE. Armillaris, *m. f.* armillare, *n. gén.* armillaris, *adj.*

ARMISTICE, *suspension d'armes.* Induciæ, *g.* induciarum¹, *f. pl.*

ARMOIRE. Armarium, *g.* armarii², *n.*

Petite armoire. Armariolum, *g.* armarioli², *n.*

ARMOIRIES. Insignia, *g.* insignium³, *n. plur.*

ARMOISE, *herbe.* Artemisia, *g.* artemisiæ¹, *f.*

ARMORIAL, *qui concerne les armoiries.* Gentilitius, ia, ium, *adj.*

ARMORIER. Insignia pingĕre, pingo, pingis, pinxi, pictum³, *act.*

ARMURE. Armatura, *g.* armaturæ¹, *f.*

ARMURIER. Armorum faber, *g.* armorum fabri², *m.*

ARNAUD, *nom d'homme.* Arnaldus, *g.* Arnaldi², *m.*

ARNOULT, *nom d'homme.* Arnolphus, *g.* Arnolphi², *m.*

AROMATES. Aromata, *g.* aromatum³, *n. plur.*

AROMATIQUE. Aromaticus, a, um, *adj.*

ARONDE, *queue d'aronde,* terme de charpentier. Subscus, *gén.* subscudis³, *f.*

ARPENT. Jugerum, *g.* jugeri², *n.*

ARPENTAGE. Agrorum mensio, *g.* agrorum mensionis³, *f.*

ARPENTER. Agros metiri, metior, metiris, mensus sum⁴, *dép.*

ARPENTEUR. Mensor, *g.* mensoris³, *m.*

ARQUEBUSADE. Sclopeti ictus, *g.* sclopeti ictûs⁴, *m.*

ARQUEBUSE. Sclopetus, *gén.* sclopeti², *m.*

ARQUEBUSIER. Sclopetorum faber, g. sclopetorum fabri[2], m.

ARQUEBUSIER, soldat armé d'une arquebuse. Miles sclopeto instructus, g. militis[3] sclopeto instructi[2].

ARQUER, courber en arc. Arcuare, arcuo, arcuas, arcuavi, arcuatum[1], act.

ARRACHÉ. Evulsus, a, um, part. pass. de Evello, evellis, evellere.

ARRACHEMENT. Avulsio, g. avulsionis[3], f.

D'ARRACHE-PIED, sans discontinuer. Continenter, adv. Sine intermissu.

ARRACHER. Evellĕre, evello, evellis, evelli, evulsum[3], act. acc. rég. ind. abl. avec è ou ex.

ARRACHEUR. Avulsor, g. avulsoris[3], m.

ARRANGÉ. Dispositus, a, um, part. pass.

MAL ARRANGÉ. Incompositus, a, um, adj.

ARRANGEMENT. Ordo, g. ordinis[3], m.

ARRANGER. Disponĕre, dispono, disponis, disposui, dispositum[3], act.

S'ARROGER, s'accorder. Voyez ce mot.

ARRENTÉ, donner à rente. Locatus, a, um, part. pass.

ARRENTÉ, pris à rente. Conductus, a, um.

ARRENTEMENT, l'action de donner à rente. Locatio, g. locationis[3], f.

De prendre à rente. Conductio, g. conductionis[3], f.

ARRENTER, donner à rente. Locare, loco, locas, locavi, locatum[1], act. Prendre à rente. Conducĕre, conduco, conducis, conduxi, conductum[3], act.

ARRÉRAGES. Reliqua, g. relinquorum[2], n. plur.

Les arrérages absorbent le capital. Sortem usuræ mergunt; de Mergĕre, mergo, mergis, mersi, mersum[3], act.

ARRESTATION, l'action d'arrêter. Comprehensio, g. comprehensionis[3], f.

L'état d'un homme arrêté. Captivitas, g. captivitatis[3], f.

ARRÊT. Decretum, g. decreti[2], n.

ARRÊT, jugement d'une cour de justice. Judicium, g. judicii[2], n.

ARRÊT, obstacle. Impedimentum, g. impedimenti[2], n.

ARRÊTS, prison militaire, mettre aux arrêts. Domi retinēre, retineo, retines, retinui, retentum[2], act.

Être aux arrêts, garder les arrêts. Domi retineri, retineor, retineris, retentus sum[2], pass.

ARRÊTÉ, retenu. Detentus, a, um, part. pass.

ARRÊTÉ, déterminé. Constitutus, a, um, part. pass.

ARRÊTÉ, résolution d'une compagnie. Statutum, gén. statuti[2], neut.

ARRÊTER, retenir. Detinēre, detineo, detines, detinui, detentum[2], act.

ARRÊTER, déterminer. Constituĕre, constituo, constituis, constitui, constitutum[3], act.

S'ARRÊTER. Sistĕre, sisto, sistis, steti, stetum[1], n.

S'ARRÊTER, tarder. Morari, moror, moraris, moratus sum[1], dép.

S'ARRÊTER, hésiter. Hærēre, hæreo, hæres, hæsi, hæsum[2], n.

S'ARRÊTER, se retenir. Se tenēre, me teneo, te tenes, me tenui, se tentum[2], act.

S'ARRÊTER sur une chose, y insister. Immorari, immoror, immoraris, immoratus sum[1], dépon. avec le dat.

ARRHES. Arrha, g. arrhæ[1], f. Arrhabo, g. arrhabonis[3], m.

ARRIÈRE, subst. Puppis, gén. puppis[3], f.

EN ARRIÈRE. Retrò, adv.

ARRIÉRÉ, subst. Dilata solutio, g. dilatæ[1] solutionis[3], f.

ARRIÈRE-BAN, assemblée de nobles pour servir en temps de

guerre. Nobilitas armata, *g.* nobilitatis[3] armatæ[1],*f.*

ARRIÈRE-BOUTIQUE. Interior officina, *g.* interioris[3] officinæ[1],*f.*

ARRIERE-FAIX. Secundæ, *g.* secundarum[1],*f. plur.*

ARRIERE-GARDE. Postrema acies, *g.* postremæ[1] aciei[3],*f.*

ARRIÈRE-MAIN. Aversa manus, *g.* aversæ[1] manûs[4],*f.*

ARRIÈRE-NEVEU, *fils du neveu ou de la nièce.* Fratris, *ou* sororis nepos. *On ne décline que* nepos, *g.* nepotis[3], *m.*

ARRIÈRE-PETIT-FILS. Abnepos, *g.* abnepotis[3], *m.*

ARRIÈRE-PETITE-FILLE. Abneptis, *g.* abneptis[3],*f.*

ARRIÈRE-SAISON. Sera tempestas, *g.* seræ[1] tempestatis[3],*f.*

ARRIVÉE. Adventus, *g.* adventûs[4], *m.*

ARRIVER. Advenire, advenio, advenis, adveni, adventum[4], *n.*

ARRIVER, *en parlant des événemens fortuits, heureux.* Contingĕre, contingit, contigit[3], *n.*

En parlant des événemens malheureux. Accidĕre, accidit, accidit, accisum[3], *n.*

ARROCHE, *herbe.* Atriplex, *g.* atriplicis[3],*f.*

ARROGAMMENT. Arroganter. *adv. comp.* Arrogantiùs; *superl.* arrogantissimè.

ARROGANCE. Arrogantia, *g.* arrogantiæ[1],*f.*

ARROGANT. Arrogans, *m. f. n. gén.* arrogantis. *comp.* Arrogantior, *m. f.* arrogantius, *n. gén.* arrogantioris; *superl.* arrogantissimus, a, um.

s'ARROGER, *s'attribuer injustement quelque chose.* Sibi arrogare, mihi arrogo, tibi arrogas, mihi arrogavi, sibi arrogatum[1], *act.*

Vous vous arrogez les fonctions de général. Tibi imperatorias partes arrogas.

ARRONDI. Rotundus, a, um, *adj.*

ARRONDIR. Rotundare, rotundo, rotundas, rotundavi, rotundatum[1], *act.*

s'ARRONDIR. In rotunditatem globari, globor, globaris, globatus sum[1], *pass.*

ARRONDISSEMENT, *l'action d'arrondir.* Rotundatio, *g.* rotundationis[3],*f.*

ARRONDISSEMENT, *état d'une chose arrondie.* Rotunditas, *g.* rotunditatis[3],*f.*

ARRONDISSEMENT, *division de territoire.* Præfecturæ circumscripta regio, *g.* circumscriptæ regionis[3], *f. On met toujours* præfecturæ.

ARROSÉ. Aspersus, a, um, *part. pass. avec un abl.*

ARROSEMENT. Aspersio, *g.* aspersionis[3],*f.*

ARROSER. Aspergĕre, aspergo, aspergis, aspersi, aspersum[3], *act. acc. rég. ind. abl.*

Arroser un pré. Rigare, rigo, rigas, rigavi, rigatum[1], *act.*

ARROSOIR. Alveolus, *g.* alveoli[2], *m.*

ARSENAL. Armamentarium, *g.* armamentarii[3], *n.*

ARSENIC. Arsenicum, *g.* arsenici[2], *n.*

ART. Ars, *g.* artis[3], *f.* | *Les beaux arts.* Artes liberales, *g.* artium liberalium[3], *f. plur.* | *Les arts mécaniques.* Artes vulgares, *g.* artium vulgarium[3], *f. plur.*

Maîtres ès-arts. Magister artium, *g.* magistri[2] artium, *m.*

AVEC ART. Artificialiter, *adv.*

SANS ART. Inartificialiter, *adv.*

ART, *adresse* Ars, *g.* artis[3], *f.*

AVEC ART. Callidè, *adv.*

ARTAXERXE, *nom d'homme.* Artaxerxes, *g.* Artaxerxis[3], *m.*

ARTÉMISE, *nom de f.mme.* Artemisa, *g.* Artemisæ[1],*f.*

ARTÈRE. Arteria, *g.* arteriæ[1], *f.*

ARTICHAUT. Cinara, *g.* cinaræ[1],*f.*

ARTICLE. Articulus, *g.* articuli[2], *masc.*

Article de foi. Capita fidei, *g.* capitum[3] fidei, *n. plur.*

ART — ASP

par Articles. Articulatim, *adv.*

Article, *condition d'un traité.* Couventum, g. conventi², *n.*

a l'Article *de la mort.* In extremo spiritu. | *Y' être.* Extremum spiritum agĕre, ago, agis, egi, actum³, *act.*

ARTICULATION, *jointure des membres.* Articulatio, g. articulationis³, *f.*

Articulation, *prononciation claire et distincte.* Distincta vocis expressio, g. distinctæ¹ vocis expressionis³, *f.*

ARTICULÉ, *prononcé distinctement.* Distinctè prolatus, a, um, *part. pass.*

ARTICULER, *prononcer distinctement.* Distinctè efferre, effero, effers, extuli, elatum³, *act.* On met toujours distinctè.

ARTIFICE. Artificium, g. artificii², *n.*

Artifice, *feu d'artifice.* Ignes artificiosi, g. ignium³ artificiosorum². *m. pl.*

ARTIFICIEL. Artificialis, *m. f.* artificiale, *n. gén.* artificialis, *pour les 3 genres.*

ARTIFICIELLEMENT, *avec art.* Artificialiter, *adv.*

ARTIFICIER. Ignium artifex, g. ignium artificis³, *m.*

ARTIFICIEUSEMENT. Artificiosè. *adv. comp.* Artificiosiùs; *superl.* artificiosissimè.

ARTIFICIEUX. Callidus, a, um, *adj. comp.* Callidior, *m. f.* callidius, *n. gén* callidioris; *superl.* callidissimus, a, um.

ARTILLERIE. Tormenta bellica, g. tormentorum bellicorum², *neut. plur.*

ARTIMON. Artemon, g. artemonis³, *m.*

ARTISAN. Artifex, g. artificis³, *masc.*

ARTISON, ou **ARTUSON**, *petit insecte qui ronge le bois.* Cossus, g. cossi², *m.*

ARTISONNÉ, *percé de vers.* Teredinibus erosus, a, um.

ARTISTE. Artifex, g. artificis³, *masc.*

ARTISTEMENT, *avec art.* Affabrè, *adv.*

ARUSPICE, *celui qui prédisoit l'avenir par l'inspection des entrailles des animaux.* Aruspex, g. aruspicis³, *m.*

AS, *dans le jeu de cartes.* Monas, g. monadis³, *f.*

ASCENDANT. Auctoritas, *gén.* auctoritatis³, *f. Avoir de l'ascendant.* Auctoritatem habēre, habeo, habes, habui, habitum², *act. Le sur qui suit s'exprime par* apud *avec l'acc. Ex. Mon frère a de l'ascendant sur moi.* Frater habet auctoritatem apud me.

ASCENSION. Ascensio, g. Ascensionis³, *f.*

ASCÉTIQUE, *qui a rapport aux exercices de la vie spirituelle.* Asceticus, a, um, *adj.*

ASDRUBAL, *nom d'homme.* Asdrubal, g. Asdrubalis³, *m.*

ASILE. Asylum, g. Asyli², *n.*

ASPASIE, *nom de femme.* Aspasia, g. Aspasiæ¹, *f.*

ASPECT. Aspectus, g. aspectûs⁴, *masc.*

ASPERGE. Asparagus, g. asparagi², *m.*

ASPERGER. Aspergĕre, aspergo, aspergis, aspersi, aspersum³, *act.*

ASPERSION. Aspersio, g. aspersionis³, *f.*

ASPERSOIR, *goupillon pour donner de l'eau bénite.* Aspergillum, g. aspergilli², *n.*

ASPIC. Aspis, g. aspidis³, *f.*

ASPIRANT. Candidatus, g. candidati², *m.*

Aspirant, Aspirante, *adj.* Aspirans, g. aspirantis.

Pompe aspirante. Antlia, g. antliæ¹, *f.*

ASPIRATION. Aspiratio, g. aspirationis³, *f.*

Aspiration, *prière courte et vive.* Precatiuncula, g. precatiunculæ¹, *f.*

ASPIRER. Aspirare, aspiro, aspiras, aspiravi, aspiratum¹, n. *Le régime se met à l'acc. avec* ad.

ASSABLER, *combler de sable.* Sabulo complēre, compleo, comples, complevi, completum², *act.* Sabulo *reste toujours.*

s'Assabler, *demeurer sur le sable.* Vado hærēre, hæreo, hæres, hæsi, hæsum², n.

ASSAILLANT. Aggressor, *gén.* aggressoris³, m.

ASSAILLIR. Aggredi¹, aggredior, aggrederis, aggressus sum³, *dép. avec l'acc.*

ASSAINIR, *rendre sain.* Sanum facĕre, facio, facis, feci, factum³, *act. On fait accorder* sanum *en genre et en nombre avec le rég.* Ex. *Assainir des plaies.* Vulnera sana facĕre.

ASSAISONNÉ. Conditus, a, um, *part. pass.*

ASSAISONNEMENT. Condimentum, *g.* condimenti², n.

ASSAISONNER. Condire, condio, condis, condivi *ou* condii, conditum⁴, *act.*

ASSASSIN. Sicarius, *g.* sicarii², *masc.*

ASSASSINAT. Cædes meditata, *g.* cædis³ meditatæ¹, f.

ASSASSINÉ. Trucidatus, a, um, *part. pass.*

ASSASSINER. Trucidare, trucido, trucidas, trucidavi, trucidatum¹, *act.*

ASSAUT. Oppugnatio, *g.* oppugnationis³, f. *Donner assaut.* Oppugnare, oppugno, oppugnas, oppugnavi, oppugnatum¹, *act.*|*D'assaut ou par assaut.* Irruptione factâ, *à l'abl.*

ASSEMBLAGE. Conjunctio, *gén.* conjunctionis³, *fém.*

ASSEMBLÉ. Collectus, collecta, collectum. *part. pass.* En *par* in *avec l'accus.*

ASSEMBLÉE. Cœtus, *g.* cœtûs⁴, *masc.*

ASSEMBLER. Colligĕre, colligo, colligis, collegi, collectum³, *act.* En *par* in *avec l'acc.*

s'Assembler. Convenire, convenio, convenis, conveni, conventum⁴, *neut.* En *par* in *avec l'acc.*

ASSENÉ, *assenée, part. Coup assené.* Ictus certus, *g.* ictûs⁴ certi². | *Coup mal assené.* Ictus incertus

ASSENER, *porter un coup juste.* Ictum violentum dirigĕre, dirigo, dirigis, direxi, directum³, *act.*

ASSEOIR, *poser.* Collocare, colloco, collocas, collocavi, collocatum¹, *act.*

s'Asseoir. Sedēre, sedeo, sedes, sedi, sessum², *neut.* | *S'asseoir auprès de.* Assidēre, assideo, assides, assedi, assessum², *avec le dat.*

ASSERMENTÉ Jurejurando constrictus, a, um, *part. pass.*

ASSERTION, *proposition.* Assertio, *gén.* assertionis³, *fém.*

ASSERVIR, *assujettir.* In servitutem asserĕre, assero, asseris, asserui, assertum³, *act.*

s'ASSERVIR. Se addicĕre, me addico, te addicis, me addixi, se addictum³, *act. rég. ind. au dat.*

Se laisser asservir par ses passions. Cupiditatibus se dedĕre, me dedo, te dedis, me dedidi, se deditum³, *act.*

ASSERVISSEMENT. Servitium, *g.* servitii², n.

ASSESSEUR, *charge d'un présidial.* Assessor, *g.* assessoris³, m.

ASSEZ. Satis. *adv. avec un génit.* V. *la règle* Assez *dans la Grammaire latine.*

ASSIDU. Assiduus, assidua, assiduum. *On exprime* à par in *avec l'abl., ou bien on met le gérondif en* do. *Il n'a point de comp. ni de superlatif.*

ASSIDUITÉ. Assuiditas, *g.* assiduitatis³, *fém.*

ASSIDÛMENT. Assiduè. *adv.*

ASSIÉGÉ. Obsessus, a, um, *part. pass.*

ASSIÉGEANT. Obsessor, *gén.* obsessoris³, *masc.*

ASSIÉGER. Obsidēre, obsideo, obsides, obsedi, obsessum², *act.*

ASSIETTE, *dont on se sert à table.* Orbis, *g.* orbis[3], *masc.*

ASSIETTE, *situation.* Situs, *gén.* situs[4], *masc.*

ASSIETTE, *situation d'esprit.* Status, *gén.* status[4], *masc.*

ASSIETTE *des impôts.* Tributorum descriptio, *g.* tributorum descriptionis[3], *fém.*

ASSIGNATION. Vadimonium, *g.* vadimonii[2], *n.*

Donner assignation en justice. Diem dicĕre, dico, dicis, dixi, dictum[3], *act.*

ASSIGNÉ, *marqué, désigné.* Constitutus, a, um, *part. pass.*

ASSIGNÉ, *appelé en justice.* In jus vocatus, a, um, *part. pass.*

ASSIGNER *en justice.* Diem dicĕre, dico, dicis, dixi, dictum[3], *act. dat. de la personne.*

ASSIGNER, *marquer, désigner.* Constituĕre, constituo, constituis, constitui, constitutum[3], *act.*

ASSIGNER *à quelqu'un.* Assignare, assigno, assignas, assignavi, assignatum[1], *act. dat. de la person.*

ASSIMILATION. Assimilatio, *gén.* assimilationis[3], *fém.*

ASSIMILER. Assimilare, assimilo, assimilas, assimilavi, assimilatum[1], *act. acc. rég. ind. au dat.*

ASSIS *sur.* Sedens, *gén.* sedentis, *de tout genre, part. présent. Sur par in avec l'ablat.*

ASSIS, *situé.* Situs, a, um. *p. p.*

ÊTRE ASSIS. Sedēre, sedeo, sedes, sedi, sessum[2], *neut.*

ASSISE, *rangée de pierres.* Coria, *g.* coriorum[2], *n. plur.*

ASSISES, *séances de juges.* Judicum conventus, *g.* judicum conventûs[4], *m.* Judicum *reste indécl.*

Tenir les assises. Couventus celebrare, celebro, celebras, celebravi, celebratum[1], *act.*

ASSISTANCE, *secours.* Auxilium, *gén.* auxilii[2], *neut.*

ASSISTANCE, *présence.* Præsentia, *gén.* præsentiæ[1], *fém.*

ASSISTANCE, *assemblée.* Cœtus, *g.* cœtûs[4], *m.*

ASSISTANT, *qui est présent.* Præsens, *gén.* præsentis, *part. pr.*

ASSISTANT, *auditeur.* Auditor, *g.* auditoris[3], *m.*

ASSISTANT, *qui aide.* Opitulans, *g.* opitulantis, *de tout genre, avec un datif.*

ASSISTÉ. Adjutus, a, um, *p. p.*

ASSISTÉ, *accompagné.* Stipatus, a, um, *part. pass.*

ASSISTER, *aider.* Adjuvare, adjuvo, adjuvas, adjuvi, adjutum[1], *act.*

ASSISTER, *être présent.* Interesse, intersum, interes, interfui, *avec un dat.*

ASSOCIATION. Societas, *gén.* societatis[3], *fém.*

ASSOCIÉ. Socius, *g.* socii[2], *m. avec un génit.*

ASSOCIER. Copulare, copulo, copulas, copulavi, copulatum[1], *act.*

Associer à l'empire. In imperii consortium admittĕre, admitto, admittis, admisi, admissum[3], *act.*

s'ASSOCIER *quelqu'un, c'est-à-dire, faire société avec quelqu'un.* Societatem coïre, coeo, coïs, coïvi, coïtum[4], *act. acc. Le nom de la personne se met à l'ablat. avec* cum.

ASSOMMER. Mactare, macto, mactas, mactavi, mactatum[1], *act.*

ASSOMMER, *fatiguer.* Obtundĕre, obtundo, obtundis, obtudi, obtusum[3], *act. acc., et le nom qui suit à l'ablat. Ex. Assommer de lettres,* Epistolis obtundĕre.

ASSOMPTION, *fête de la sainte Vierge.* Assumptio, *gén.* assumptionis[3], *fém.*

ASSORTI, *fourni de.* Instructus, a, um, *part. pass. avec l'ablat.*

ASSORTI, *qui convient.* Congruens, *m. f. n. gén.* congruentis.[3]

Personnes bien assorties. Homines optimè convenientes.

ASSORTIMENT, *convenance.* Convenientia, *g.* convenientiæ[1] *f.*

ASSORTIMENT, *assemblage complet de choses qui conviennent ensemble.* Ornamentum congruens, *g.* ornamenti[2] congruentis[3], *neut.*

ASSORTIMENT, *fourniture de mar-*

chandises. Mercium instructus, *g.* mercium instructûs[4], *m.*

ASSORTIR, *garnir.* Instruĕre, instruo, instruis, instruxi, instructum[3], *act. acc. rég. ind. ablat.*

ASSORTIR, *joindre des personnes ou des choses qui se conviennent.* Componĕre, compono, componis, composui, compositum[3], *act.*

ASSORTIR, *convenir.* Congruĕre, congruo, congruis, congrui[3], *sans supin. neut.*

ASSORTISSANT. Conveniens, *m. f. n. gén.* convenientis, *avec le datif.*

ASSOUPI. Sopitus, a, um, *p. p.*

ASSOUPIR. Consopire, consopio, consopis, consopivi, consopitum[4], *act.*

ASSOUPIR, *calmer.* Sedare, sedo, sedas, sedavi, sedatum[1], *act.*

s'ASSOUPIR. Soporari, soporor, soporaris, soporatus sum[1], *pass.*

s'ASSOUPIR, *en parlant des passions.* Defervescĕre, defervesco, defervescis, defercui[3], *n. sans sup.*

ASSOUPISSEMENT. Sopor, *g.* soporis[3], *masc.*

ASSOUPISSEMENT, *négligence.* Veternum, *g.* veterni[2], *n.*

ASSOUPLIR, *rendre souple.* Mollire, mollio, mollis, mollivi, mollitum[4], *act.*

ASSOURDIR. Exsurdare, exsurdo, exsurdas, exsurdavi, exsurdatum[1], *act.*

s'ASSOURDIR. Exsurdari, exsurdor, exsurdaris, exsurdatus sum[1], *pass.*

ASSOUVI. Saturatus, saturata, saturatum. *part. pass.*

ASSOUVIR. Saturare, saturo, saturas, saturavi, saturatum[1], *act.*

ASSOUVISSEMENT. Expletio, *g.* expletionis[3], *f.*

ASSUJETTI. Subjectus, subjecta, subjectum. *part. pass. avec un dat.*

ASSUJETTIR. Subjicĕre, subjicio, subjicis, subjeci, subjectum[3], *act.*

ASSUJETTIR, *fixer une chose de manière qu'elle ne puisse remuer.* Figĕre, figo, figis, fixi, fixum[3], *act.*

ASSUJETTISSANT. Incommodus, a, um, *adj.*

ASSUJETTISSEMENT, *sujétion.* Obligatio, *g.* obligationis[3], *f.*

ASSURANCE, *sûreté.* Securitas, *g.* securitatis[3], *f.*

En assurance. Tutò. *adv.*

Qui est en assurance. Securus, a, um, *adj.*

ASSURANCE, *certitude.* Certa notitia, *g.* certæ notitiæ[1], *f.*

ASSURANCE, *promesse.* Cautio, *g.* cautionis[3], *f.*

ASSURANCE, *hardiesse.* Fiducia, *g.* fiduciæ[1], *f.*

Avec assurance. Fidenter, *adv. comp.* Fidentiùs; *superl.* fidentissimè.

ASSURÉ, *certain.* Certus, a, um. *comp.* Certior, *m. f.* certius, *n. gén.* certioris; *sup.* certissimus, a, um.

Etre assuré de, c'est-à-dire, *savoir certainement.* Certò scire, scio, scis, scivi, scitum[4], *act. On met toujours* certò. *Le nom à l'acc.*

ASSURÉ, *qui est en assurance.* Tutus, a, um, *adj.*

ASSURÉ, *qui ne chancelle pas.* Firmus, a, um. *comp.* Firmior, *m. f.* firmius, *n. gén.* firmioris; *sup.* firmissimus, a, um.

ASSUREMENT. Certè. *adv.*

ASSURER, *rendre sûr.* Affirmare, affirmo, affirmas, affirmavi, affirmatum[1], *act.*

ASSURER, *affirmer comme vrai.* Asserĕre, assero, asseris, asserui, assertum[3], *act.*

ASSURER, *établir.* Stabilire, stabilio, stabilis, stabilivi, stabilitum[4], *act.*

ASSURER, *garantir.* Spondĕre, spondeo, spondes, spopondi, sponsum[2], *act.*

s'ASSURER, *tenir pour assuré.* Pro certo habēre, habeo, habes, habui, habitum[2], *act. On met toujours* pro certo.

s'ASSURER, *se rendre maître de*

AST — ATT

quelqu'un. In custodiam dare, do, das, dedi, datum¹, *act.*

S'assurer des passages. Aditus occupare, occupo, occupas, occupavi, occupatum¹, *act.*

S'assurer de l'innocence de quelqu'un. Alicujus innocentiam perspectam habēre, habeo, habes, habui, habitum², *act.*

s'Assurer, *se rendre certain.* Se certiorem facĕre, me certiorem facio, te certiorem facis, feci, factum³, *act.* Ex. *Nous nous sommes assurés de la vérité du fait.* Nos certiores fecimus facti veritatis.

ASSUREUR. Sponsor, *g.* sponsoris³, *m.*

ASTÉRISME. Asterismus, *gén.* asterismi², *m.*

ASTÉRISQUE. Asteriscus, *gén.* asterisci², *m.*

ASTHMATIQUE, *qui a un asthme.* Asthmaticus, a, um. *adj.*

ASTHME. Anhelatio, *g.* anhelationis³, *f.*

ASTRAGALE, *moulure de chapiteaux.* Astragalus, *g.* astragali², *m.*

ASTRAL, *adj.* Sideralis, *m. f.* siderale, *n. gén.* sideralis *pour les 3 genres.*

ASTRE, *constellation.* Astrum, *g.* astri², *n.*

ASTRÉE, *déesse de la justice.* Astræa, *g.* Astrææ¹, *f.*

ASTREINDRE. Adstringĕre, adstringo, adstringis, adstrinxi, adstrictum³, *act.*

ASTREINT. Adstrictus, adstricta, adstrictum, *part. pass.*

ASTRINGENT. Adstringens, *m. f. n. gén.* adstringentis, *adj.*

ASTROLABE. Astrolabium, *g.* astrolabii², *n.*

ASTROLOGIE. Astrologia, *g.* astrologiæ¹, *f.*

ASTROLOGIQUE. Astrologicus, a, um, *adj.*

ASTROLOGUE. Astrologus, *g.* astrologi², *m.*

ASTRONOME. Astronomus, *g.* astronomi², *m.*

ASTRONOMIE. Astronomia, *g.* astronomiæ¹, *f.*

ASTRONOMIQUE. Astronomicus, a, um, *adj.*

ASTUCE. Astus, *g.* astûs⁴, *m.*

ASYLE. V. *Asile.*

ATELIER. Officina, *gén.* officinæ¹, *f.*

ATHÉE. Atheus, *g.* athei², *m.*

ATHÉISME. Atheismus, *gén.* atheismi², *m.*

ATHÉNÉE. Athenæum, *gén.* athenæi², *neut.*

ATHLÈTE. Athleta, *g.* athletæ¹, *masc.*

ATLAS, *nom d'homme.* Atlas, *g.* Atlantis³, *m.*

ATLAS, *recueil de cartes.* Tabularum geographicarum volumen, *g.* voluminis³, *neut.* On met toujours tabularum geographicarum.

ATOME. Atomus, *g.* atomi², *f.*

ATOUR. Ornatus, *g.* ornatûs⁴, *m.*

ATRABILAIRE, *celui qu'une bile noire rend chagrin.* Atrâ bile affectus, a, um, *part. pass.* On met toujours atrâ bile.

ÂTRE, *foyer.* Focus, *g.* foci², *m.*

ATROCE. Atrox, *m. f. n. gén.* atrocis *pour les 3 genres, comp.* Atrocior, *m. f.* atrocius, *n. gén.* atrocioris; *superl.* atrocissimus, a, um.

ATROCITÉ. Atrocitas, *g.* atrocitatis³, *f.*

ATTACHANT, *adj.* Irretiens, *g.* irretientis, *adj.*

ATTACHE, *lien.* Vinculum, *g.* vinculi², *n.*

Attache à, *affection pour.* Amor, *g.* amoris³, *m.* On exprime à ou pour *par* in *avec l'acc.*

ATTACHÉ, *lié.* Alligatus, a, um, *part. pass.* à, au, aux, *par* ad *avec l'acc.*

Attaché contre. Affixus, a, um, *part. pass. avec un dat.*

Être attaché à. Hærēre, hæreo, hæres, hæsi, hæsum², *n. avec un datif.*

Attaché, *adonné à, au, aux.* Deditus, a, um, *avec un dat.*

ATTACHÉ, *uni, joint.* Conjunctus, a, um, *part. pass.*

ATTACHÉ, *d'affection.* Adstrictus, a, um, *part. pass. avec le dat.*

ATTACHEMENT *à, au, aux.* Studium, g. studii², *n.* à se rend par in *avec l'accus.*

ATTACHER, *lier.* Alligare, alligo, alligas, alligavi, alligatum¹, *act. acc. rég. ind. dat.*

Attacher contre. Affigĕre, affigo, affigis, affixi, affictum³, *act. acc. rég. ind. dat.*

s'ATTACHER, *s'appliquer à.* Studēre, studeo, studes, studui², *sans supin, n. dat.*

s'ATTACHER, *s'attacher d'inclination.* Se addicĕre, addico, addicis, addixi, addictum³, *act. avec le dat.*

S'attacher à un parti. Parti adhærēre, adhæreo, adhæres, adhæsi, adhæsum², *n.* Parti *reste toujours.*

S'attacher sur. Inhærēre, inhæreo, inhæres, inhæsi, inhæsum², *n. dat.*

ATTAQUANT. Oppugnator, g. oppugnatoris³, *m.*

ATTAQUE. Aggressio, g. aggressionis³, *f.*

En parlant d'une ville. Oppugnatio, g. oppugnationis³, *f.*

Attaque de goutte. Articulorum punctiunculæ, *gén.* articulorum punctiuncularum¹, *f. plur.*

ATTAQUÉ, *en parlant d'un ennemi.* Provocatus, a, um, *p. p.*

En parlant d'une ville. Oppugnatus, a, um, *part. pass.*

ATTAQUÉ, *en parlant de maladie.* Tentatus, a, um, *avec l'ablat.*

ATTAQUER, *en parlant d'un ennemi.* Provocare, provoco, provocas, provocavi, provocatum¹, *act.*

En parlant d'une ville. Oppugnare, oppugno, oppugnas, oppugnavi, oppugnatum¹, *act.*

ATTEINDRE. Attingĕre, attingo, attingis, attigi, attactum³, *act.*

ATTEINT, *convaincu.* Convictus, a, um, *part. pass. avec le gén.*

ATTEINT *de maladie.* Tentatus, a, um, *avec l'ablat.*

ATTEINTE, *attaque, coup porté légèrement.* Petitio, g. petitionis³ *f.*

ATTEINTE *de maladie.* Morbi tentatio, g. morbi tentationis³, *f.* Morbi reste invariable.

ATTEINTE, *infraction.* Labefactio, g. labefactionis³, *f.*

Donner atteinte à. Labefactare, labefacto, labefactas, labefactavi, labefactatum¹, *act.*

ATTEINTE, *coup, portée.* Ictus, g. ictûs⁴, *m.*

ATTELAGE *de chevaux.* Equi conjugati, g. equorum conjugatorum², *m. plur.*

Attelage de bœufs. Boves conjugati, g. boum³ conjugatorum², *m. plur.*

ATTELÉ, *part. deux chevaux attelés de front.* Bijuges, g. bijugum³, *m. pl.* | *Quatre chevaux attelés de front.* Quadrijuges, g. quadrijugum³, *m. pl.* | *Carrosse attelé de deux chevaux.* Bigæ, g. bigarum¹, *f. plur.* | *de quatre.* Quadrigæ, g. quadrigarum¹, *f. plur.*

ATTELER. Jungĕre, jungo, jungis, junxi, junctum³, *act. acc. rég. ind. dat.*

ATTELLES, *deux petites planches de bois qu'on met au-devant du collier des chevaux de charrette.* Helcium, g. helcii², *n.*

ATTENANT, *joignant.* Adjacens, g. adjacentis³, *adj.*

ATTENANT. *prép.* Propè. *avec l'acc.*

ATTENDANT, *en attendant.* Intereà. *Lisez ce livre en attendant.* Intereà hunc librum lege.

En attendant que. Dùm. Donec.

ATTENDRE. Exspectare, exspecto, exspectas, exspectavi, exspectatum¹, *act. acc rég. ind. ablat. avec* à *ou* ab, *que par* dùm *et le subj.*

Faire attendre. Distinēre, distineo, distines, distinui, distintum², *act.*

ATTENDRE, *être réservé.* Manēre, maneo, manes, mansi, mansum²,

ATT

act. Ce verbe ne s'emploie que quand il a pour nominatif un nom de chose inanimée.

ATTENDRE, *espérer.* Sperare, spero, speras, speravi, speratum[1], *act. acc. rég. ind. ablat. avec à ou ab.*

s'ATTENDRE à, *espérer.* Sperare, spero, speras, speravi, speratum[1], *act.*

s'ATTENDRE, *ou prévoir.* Praevidēre, praevideo, praevides, praevidi, praevisum[2], *act.*

ATTENDRI. Mollitus, a, um, *part. pass.*

ATTENDRI, *touché de compassion.* Misericordiâ commotus, a, um. *On met toujours* Misericordiâ.

ATTENDRIR. Mollire, mollio, mollis, mollivi *ou* mollii, mollitum[4], *act.*

ATTENDRIR, *toucher de compassion.* Misericordiâ commovēre, commoveo, commoves, commovi, commotum[2], *act.* Misericordiâ *se met toujours.*

s'ATTENDRIR. Molliri, mollior, molliris, mollitus sum[4], *pass.*

s'ATTENDRIR, *se laisser toucher de compassion.* Misericordiâ commovēri, commoveor, commoveris, commotus sum[2], *pass.*

ATTENDRISSANT. Misericordiam commovens, *m. f. n. gén.* commoventis, *adj.*

ATTENDRISSEMENT, *compassion.* Misericordia, *g.* misericordiae[1], *f.*

ATTENDU. Exspectatus, a, um, *part. pass.*

ATTENDU que. Cùm, *avec le subjonctif.*

ATTENDU, *prépos. A cause de.* Propter, *avec l'accus.*

ATTENTAT. Crimen, *g.* criminis[3], *n.*

ATTENTAT, *entreprise sur le droit d'autrui.* Violatio, *g.* violationis[3], *fém.*

ATTENTE. Exspectatio, *g.* exspectationis[3], *f.* | *Pierre d'attente.* Lapis emineus, *g.* lapidis emi-

ATT 47

nentis[3], *m. Table d'attente.* Tabula vacua, *g.* tabulae vacuae[1], *f.*

ATTENTER à. Attentare, attento, attentas, attentavi, attentatum[1], *act.*

ATTENTIF, *attentive.* Attentus, attenta, attentum. à *s'exprime par* ad *avec l'acc. comp.* Attentior, *m. f.* attentius, *n. gén.* attentioris; *superl.* attentissimus, a, um.

Etre attentif. Attendēre, attendo, attendis, attendi, attentum[3], *n.* à *par* ad *avec l'acc.*

ATTENTION. Attentio, *g.* attentionis[3] *f.* | *Faire attention sur.* Perpendēre, perpendo, perpendis, perpendi, perpensum[3], *act.*

Avec attention. Voy. *Attentivement.*

ATTENTIONS, *soins, égards.* Officium, *g.* officii[2], *n.*

ATTENTIVEMENT. Attentè, *adv. comp.* Attentiùs; *superl.* attentissimè.

ATTÉNUANT. Imminuens, *g.* imminuentis, *de tout genr.*

ATTÉNUATION. Debilitatio, *g.* debilitationis[3], *f.*

ATTÉNUÉ. Attenuatus, a, um, *part. pass.*

ATTÉNUER. Attenuare, attenuo, attenuas, attenuavi, attenuatum[1], *act.*

ATTERRÉ, *terrassé.* Prostratus, a, um, *part. pass.*

ATTERRER. Prosternēre, prosterno, prosternis, prostravi, prostratum[3], *act.*

ATTESTATION. Testimonium, *g.* testimonii[2], *n.*

ATTESTÉ. Testatus, a, um, *part. pass.*

ATTESTER. Testari, testor, testaris, testatus sum[1], *dép. acc.*

ATTICISME. Atticismus, *g.* atticismi[2], *m.*

ATTIÉDI. Tepefactus, a, um, *part. pass.*

ATTIÉDIR, *rendre tiède.* Tepefacēre, tepefacio, tepefacis, tepefeci, tepefactum[3], *act.*

s'ATTIÉDIR, *devenir tiède.* Tepefieri, tepefio, tepefis, tepefactus sum[3], *passif.*

ATTIÉDISSEMENT. Tepor, *g.* teporis[3], *m.*

ATTIFÉ: Ornatus, a, um, *part.*

ATTIFER. Comĕre, como, comis, compsi, comptum[3], *act.*

ATTIRAIL. Instrumenta, *gén.* instrumentorum[2], *n. plur.*

ATTIRANT. Blandus, a, um. *comp.* Blandior, *m. f.* blandius, *n. gén.* blandioris; *superl.* blandissimus, a, um.

ATTIRÉ. Adductus, a, um, *part. pass.* à *s'exprime par* ad *avec l'acc.;* dans *s'exprime par* in *avec l'acc.*

Attiré par une amorce. Illectus, a, um, *part. pass.*

ATTIRER. Attrahĕre, attraho, attrahis, attraxi, attractum[3], *act.* à *s'exprime par* ad *avec l'acc.;* dans *s'exprime par* in *avec l'acc.*

s'Attirer, *gagner.* Sibi parare, mihi paro, tibi paras, mihi paravi, sibi paratum[1], *act.*

ATTISER. Excitare, excito, excitas, excitavi, excitatum[1], *act.*

ATTITRÉ, *ordinaire.* Consuetus, a, um, *adj.*

ATTITUDE. Situs, *gén.* sitûs[4], *masc.*

ATTOUCHEMENT. Tactus, *g.* tactûs[4], *m.*

ATTRACTIF. Attractorius, a, um, *adj.*

ATTRACTION. Attractio, *g.* attractionis[3], *f.*

ATTRAIT. Illecebra, *g.* illecebræ[1], *f.*

ATTRAPE, *ruse.* Decipulum, *g.* decipuli[2], *n.*

ATTRAPÉ, *trompé.* Deceptus, a, um. *part. pass.*

ATTRAPER, *atteindre.* Assequi, assequor, assequeris, assecutus sum[3], *dép. acc.*

Attraper, *tromper.* Decipĕre, decipio, decipis, decepi, deceptum[3], *act.*

Attraper, *surprendre.* V. *ce mot.*

ATTRAPEUR. Deceptor, *gén.* deceptoris[3], *m.*

ATTRAPEUSE. Deceptrix, *gén.* deceptricis[3], *f.*

ATTRAYANT. Blandus, a, um. *comp.* Blandior, *m. f.* blandius, *n. gén.* blandioris; *superl.* blandissimus, a, um.

ATTRIBUÉ. Attributus, a, um, *part. pass.*

ATTRIBUER. Attribuĕre, attribuo, attribuis, attribui, attributum[3], *act. acc.* rég. ind. *dat.*

ATTRIBUT. Attributum, *gén.* attributi[2], *n.*

ATTRIBUTION, *concession de droit.* Attributio, *g.* attributionis[3], *f.*

ATTRISTANT. Tristitiam afferens, *g.* tristitiam afferentis, *part. prés. de* Affero.

ATTRISTÉ. Contristatus, a, um, *part. pass.*

ATTRISTER. Contristare, contristo, contristas, contristavi, contristatum[1], *act.*

s'Attrister *de quelque chose.* De aliquâ re contristari, contristor, contristaris, contristatus sum[1], *pass.*

ATTRITION. Attritio, *g.* attritionis[3], *f.*

ATTROUPÉ. Congregatus, a, um, *part. pass. On exprime* dans *ou en par* in *avec l'abl.*

ATTROUPEMENT. Concursatio, *g.* concursationis[3], *f.*

ATTROUPER. Congregare, congrego, congregas, congregavi, congregatum[1], *act. On exprime* dans *ou en par* in *avec l'acc.*

s'Attrouper. Coïre, coeo, coïs, coïvi *ou* coïi, coïtum[4], *n. On exprime* dans *ou en par* in *avec l'acc.*

AUBADE. Antelucanus concentus, *g.* antelucani[2] concentûs[4], *m.*

AUBAINE, *succession.* Caduca bona, *g.* caducorum bonorum[2], *n. plur.*

Aubaine, *bien qu'on n'attendoit point.* Obventio, *g.* obventionis[3], *f.*

AUBE, *le point du jour.* Diluculum, *g.* diluculi[2], *n.* Aurora, *g.* auroræ[1], *f.*

AUBE, *grande robe blanche*

AUD

Vestis talaris alba, g. vestis talaris³ albæ¹, f.

AUBÉPINE, *petit arbre plein d'épines*. Alba spina, g. albæ spinæ¹, f.

AUBERGE. Diversorium, g. diversorii², n.

AUBERGISTE, *qui tient auberge*. Caupo, g. cauponis³, m.

AUBERT, *nom d'homme*. Albertus, g. Alberti², m.

AUBIER, *bois*. Alburnum, g. alburni², n.

AUBIFOIN, *bluets*. Cyanus, g. cyani¹, f.

AUCUN, *quelqu'un, lorsqu'il n'y a pas de négation*. Ullus, a, um, g. ullius, dat. ulli pour les 3 genres.

AUCUN, *nul, lorsqu'il y a négation*. Nullus, a, um, g. nullius, dat. nulli pour les 3 genr.

AUCUNEMENT, *nullement*. Nullo modo, à l'abl.

AUDACE. Audacia, g. audaciæ¹, f. | *Avoir l'audace de.* Audēre, audeo, audes, ausus sum², n. avec un acc. ou un infinitif.

AUDACIEUSEMENT. Audacter, *adv. comp.* Audaciùs; *superl.* audacissimè.

AUDACIEUX. Audax, m. f. n. gén. audacis. comp. Audacior, m. f. audacius, n. gén. audacioris; superl. audacissimus, a, um.

AU DEÇA, *préposition.* Cis, avec l'acc. *Au deçà du Rhin.* Cis Rhenum.

AU DELA. Ultrà, *avec l'acc. Au delà du Tibre.* Ultrà Tiberim.

AUDIENCE. Audientia, g. audientiæ¹, f.

Donner audience à. Audire, audio, audis, audivi ou audii, auditum⁴, act.

AVOIR AUDIENCE. Audiri, audior, audiris, auditus sum⁴, *pass.* On exprime *de par* à, ou ab avec l'abl.

AUDIENCE, *lieu où l'on plaide*. Forum, g. fori, n.

AUDIENCE, *juges assemblés.* Senatus, g. senatûs⁴, m.

AUG

Jour d'audience. Juridicus dies, g. juridici² diei⁵, m.

AUDIENCE *de congé, d'un ambassadeur*. Abeundi licentia, g. abeundi licentiæ¹, f.

AUDITEUR. Auditor, g. auditoris³, m. *Auditeur des comptes.* Rationum cognitor, g. rationum cognitoris³, m.

AUDITION. Auditio, g. auditionis³, f.

AUDITOIRE. Auditorium, g. auditorii², n.

AUGE. Alveus, g. alvei², m.

AUGET. Alveolus, g. alveoli², m.

AUGMENT. Incrementum, g. incrementi², n.

AUGMENTATEUR. Amplificator, g. amplificatoris³, m.

AUGMENTATIF. Augendi vim habens, g. vim habentis, p. prés.

AUGMENTATION. Amplificatio, g. amplificationis³, f.

AUGMENTÉ. Auctus, a, um, part. pass.

AUGMENTER. Augēre, augeo, auges, auxi, auctum², act.

S'AUGMENTER. Augeri, augeor, augeris, auctus sum², pass.

AUGURAL. Auguralis, m. f. augurale, n. gén. auguralis, pour les 3 genres.

AUGURATION. Auguratio, g. augurationis³, f.

AUGURE, *devin.* Augur, g. auguris³, n.

AUGURE, *présage.* Augurium, g. augurii², n.

AUGURER. Augurari, auguror, auguraris, auguratus sum¹, *dép. acc.* On exprime *de par* è ou ex avec l'abl.

AUGUSTE, Augustus, a, um, *adj.*

AUGUSTE, *nom d'homme.* Augustus, g. Augusti², m.

AUGUSTEMENT. Augustè, *adv.*

AUGUSTIN, *nom d'homme.* Augustinus, g. Augustini², m.

AUGUSTIN, *religieux.* Augustinianus, g. augustiniani², m.

AUGUSTINE, *nom de femme.* Augustina, g. Augustinæ¹, f.

7

AUJOURD'HUI. Hodiè, *adv.* | *Jusqu'à aujourd'hui.* Usque ad hanc diem. | *Qui est d'aujourd'hui.* Hodiernus, a, um, *àd*. | *Ce n'est pas d'aujourd'hui que...* Non hodiè primùm, *avec l'indicatif.*

AUMONE. Eleemosina, g. eleemosinæ[1], *f.*

AUMONIER. Eleemosinarius, g. eleemosinarii[2], *m.*

AUMÔNIER, IÈRE, *adj.* In pauperes beneficus, a, um, *adj. comp.* Beneficentior, *m. f.* beneficentius, *n. gén.* beneficentioris ; *superl.* beneficentissimus, a, um.

AUMUSSE. Villosum amiculum, g. villosi amiculi[2], *n.*

AUNAGE, *mesurage à l'aune.* Ad ulnam mensio, *gén.* mensionis[3], *f. On met toujours* ad ulnam.

AUNAIE, *champ planté d'aunes.* Alnetum, g. alneti[2], *n.*

AUNE, *mesure.* Ulna, g. ulnæ[1], *f.*

AUNE, *arbre.* Alnus, g. alni[2], *f.*

AUNER. Ulnâ metiri, metior, metiris, mensus sum[4], *dép. acc. On met toujours* ulnâ.

AUPARAVANT. Antè, *adv. Long-temps auparavant.* Multò ante.

AU PLUTÔT. Voyez. *Tôt.*

AUPRÈS. Propè, *préposition qui gouverne l'acc. Auprès de la maison.* Propè domum.

D'auprès. A ou ab *avec l'abl.*

AUPRÈS DE, *en comparaison de.* Voyez ce mot.

AURÉOLE, *couronne.* Aureola, g. aureolæ[1], *f.*

AURICULAIRE. Auricularis, *m. f.* auriculare, *n. gén.* auricularis *pour les 3 genres.*

AURONE, *plante.* Abrotonum, g. abrotoni[2], *n.*

AURORE. Aurora, g. auroræ[1], *f.*

AURORE, *couleur.* Subflavus, a, um, *adj.*

AUSONE, *nom d'homme.* Ausonius, g. Ausonii[2], *m.*

AUSPICE. Auspicium, g. auspicii[2], *n. Sous les auspices.* Auspiciis, *à l'abl. avec le gén.*

AUSSI, *encore.* Etiam, *qu'on met toujours après un mot.* | *Mais aussi.* Sed etiam. *Quand* aussi *est suivi d'un adjectif, d'un verbe ou d'un adverbe, il faut consulter la Grammaire latine.*

AUSSI, AUSSI-BIEN, *car.* Nam. | *Allez vous-en, aussi-bien que feriez-vous ici ?* Abi, nam quid hìc tu agas, ou ageres ?

Aussi long-temps que. Tamdiù quamdiù.

Aussi bien que, de même que. Non secùs ac.

AUSSITOT, *incontinent.* Statìm. *adv. Aussitôt dit, aussitôt fait.* Dictum, factum. | *Aussitôt que, suivi d'un verbe.* Ut primùm, *ou bien* simul atque, *avec l'indic.*

AUSTÈRE. Austerus, a, um, *adj.*

AUSTÈREMENT. Austerè, *adv.*

AUSTÉRITÉ. Austeritas, g. austeritatis[1], *f.*

AUSTÉRITÉS, *mortifications.* Piæ corporis afflictationes, g. piarum corporis afflictationum[3], *plur. f.*

AUSTRAL. Australis, *m. f.* australe, *n. gén.* australis *pour les 3 g.*

AUTAN, *vent du Midi.* Altanus, g. altani[2], *m.*

AUTANT *s'exprime par* tantùm, tanti, tot, etc. *selon le mot devant lequel il se trouve. Voyez la Grammaire latine.*

AUTANT QUE, *au commencement d'une phrase s'exprime par* quantùm. | *Autant que je puis.* Quantùm possum. *On sous-entend* tantùm. | *Autant que je le pourrai.* Quantùm in me erit. *Devant un verbe, de prix ou d'estime.* Par quanti.

AUTANT QUE, *pour le nombre.* Quotquot, *indéclinable.* | *Autant qu'il y en aura.* Quotquot erunt. | *Autant c'en seroit :* tournez, *il n'en seroit pas moins.* Nihilò seciùs res se haberet, habēre, habeo, habes, habui, habitum[2], *act.*

AUTANT, *signifiant égalité de durée.* Tamdiù ; *le* que *s'exprime par* quamdiù.

D'AUTANT *plus.* Eò magis. *Voyez*

AUT   AVA   51

dans la Grammaire latine la règle de D'autant suivi de plus.

D'AUTANT QUE, parce que. Eò quòd. Quia, avec l'indic.

AUTEL. Ara, g. aræ[1], f.

AUTEUR. Auctor, g. auctoris[3], m. *Auteur gracieux et poli.* Venustissimus ac politissimus auctor, g. venustissimi ac politissimi[2] auctoris[3], m. | *Il est l'auteur de cette action.* Hujus facti molitor est.

AUTHENTICITÉ. Publica auctoritas, g. publicæ[1] auctoritatis[3], f.

AUTHENTIQUE. Authenticus, a, um, *adj*

AUTHENTIQUEMENT. Certâ fide, à l'abl.

AUTOGRAPHE, *écrit de la main de la personne.* Autographus, a, um, *adj.*

AUTOMATE. Automatum opus, g. automati[2] operis[3], n.

C'est un automate, un homme stupide. Est stipes, de Stipes, g. stipitis[3], m.

AUTOMNAL, *qui est d'automne.* Autumnalis, m. f. autumnale, n. *gén.* autumnalis *pour les 3 genres.*

AUTOMNE. Autumnus, g. autumni[2], m. | *En automne.* Autumnali tempore.

AUTORISATION. Auctoritas, g. auctoritatis[3], f.

AUTORISER. Auctoritate induere, induo, induis, indui, indutum[3], *act.*

S'AUTORISER, *prendre de l'autorité.* Invalescĕre, invalesco, invalescis, invalui[3], n.

AUTORITÉ. Auctoritas, g. auctoritatis[3], f. *Interposer son autorité.* Interponĕre auctoritatem suam, interpono, interponis, interposui, interpositum[3], *act.*

AUTOUR. Circùm ou circà, *acc.*

AUTOUR, *oiseau de proie.* Asterias, g. asteriæ[1], m.

AUTRE, *à l'égard de deux.* Alter, altera, alterum, g. alterius, dat. alteri *pour les 3 genres.* | *Autre, à l'égard de plusieurs.* Alius, alia, aliud, g. alius, dat. alii *pour les 3 genres.* Voyez *dans la Grammaire latine la règle de* Autre. | *L'un et l'autre.* Uterque, utraque, utrumque, g. utriusque, dat. utrique *pour les 3 genres.* | *Ni l'un ni l'autre.* Neuter, neutra, neutrum, *gén.* neutrius, *dat.* neutri *pour les 3 genres.* | *Les uns, les autres.* Alii, alii. | *L'un l'autre.* Alius, alius. Ex. *Une tromperie en attire une autre.* Fallacia alia aliam trudit.

Lorsqu'il y a en français, Il ne fait autre chose que, *etc.* on l'exprime en latin par nihil aliud quàm, *et l'on met le verbe qui suit aux mêmes temps, mode et personne, qu'est en français le verbe* faire. Ex. *Vous ne faites autre chose que jouer.* Nihil aliud quàm ludis. | *Je ne ferai autre chose qu'étudier.* Nihil aliud quàm studebo.

AUTREFOIS. Olim, *adv.* | *Une autre fois.* Aliàs, *adv.*

AUTREMENT, ou *d'une autre manière.* Aliter, *adv. Le* que *suivant se traduit par* quàm, *ou* ac, *et l'on n'exprime pas la négation qui suit.*

AUTREMENT, *sinon.* Alioquin *ou* alioqui, *adv.*

AUTRE PART, *sans mouvement.* Alibi, *adv.* | *Autre part, avec mouvement.* Aliò, *adv.* | *D'autre part.* Aliundè, *adv.*

AUTRUCHE. Struthiocamelus, g. struthiocameli[2], m.

AUTRUI. (d') Alienus, a, um, *adj.*

AUVENT. Umbraculum, *gén.* umbraculi[2], n.

AUXILIAIRE. Auxiliaris, m. f. auxiliare, n. gén. auxiliaris *pour les 3 genres.*

AVALANGHE, *monceau de neige qui se détache des montagnes.* Nivium lapsus, g. nivium lapsûs[4], *masc.*

AVALÉ. Sorptus, a, um. *p. p.*

AVALER. Sorbēre, sorbeo, sorbes, sorbui, sorptum[3], *act.*

AVANCE, *espace de chemin*

qu'on a devant quelqu'un. Antecessio, *g.* antecessionis³, *f.*

AVANCE, *ce qui déborde.* Prominentia, *g.* prominentiæ¹, *f.* | *Par avance* ou *d'avance.* Antè. *adv.*

On se sert avec plusieurs verbes de la préposition *præ*, comme :

Dire par avance. Prænuntiare, prænuntio, prænuntias, prænuntiavi, prænuntiatum¹, *act. acc. rég. ind. dat.* | *Avertir par avance.* Præmonēre, præmoneo, præmones, præmonui, præmonitum², *act. avec deux acc.* | *Condamner par avance.* Prædamnare, prædamno, prædamnas, prædamnavi, prædamnatum¹, *act.* | *Connoître par avance.* Prænoscēre, prænosco, prænoscis, prænovi, prænotum³, *act.* | *Goûter par avance.* Prægustare, prægusto, prægustas, prægustavi, prægustatum¹, *act.*

AVANCE *d'argent.* Pecuniæ repræsentatio, *g.* pecuniæ repræsentationis³, *f. Etre en avance d'argent.* Pecuniam repræsentare, repræsento, repræsentas, repræsentavi, repræsentatum¹, *act.* | *Faire des avances.* Sumptus suppeditare, suppedito, suppeditas, suppeditavi, suppeditatum¹, *act.*

AVANCES, *premières démarches.* Obsequium, *g.* obsequii², *n.* | *Faire des avances pour gagner l'amitié de quelqu'un.* Aliquem ambire, ambio, ambis, ambivi, ambitum⁴, *act.*

AVANCÉ, *tendu en avant.* Porrectus, a, um.

AVANCÉ *en dehors.* Prominens, *g.* prominentis, *part. de* Promineo. | *Avancé en.* Provectus, a, um, *part. pass. ablat. de la chose.*

AVANCÉ, *savant.* Doctus, a, um. *comp.* Doctior, *m. f.* doctius, *n. gén.* doctioris; *superl.* doctissimus, a, um.

AVANCÉ, *presque achevé.* Penè confectus, a, um, *part. pass.* Penè *est adverbe.*

AVANCÉ, *précoce.* Præcox, *gén.* præcocis, *ad.*

Saison avancée. Præmatura tempestas, *g.* præmaturæ¹ tempestatis³, *fém.*

AVANCÉ, *payé d'avance.* Repræsentatus, a, um.

AVANCÉ *aux honneurs.* Promotus, a, um. à *par* ad *avec l'acc.*

AVANCEMENT, *progrès.* Progressus, *g.* progressûs⁴, *m.*

AVANCEMENT, *accroissement.* Accessio, *g.* accessionis³, *f.*

AVANCEMENT *d'argent.* Pecuniæ repræsentatio, *g.* pecuniæ repræsentationis³, *f.*

AVANCER, *étendre.* Porrigēre, porrigo, porrigis, porrexi, porrectum³, *acc.*

AVANCER, *proposer.* Proponēre, propono, proponis, proposui, propositum³, *act.*

AVANCER, *dépêcher.* Accelerare, accelero, acceleras, acceleravi, acceleratum¹, *act.*

AVANCER, *en parlant de l'argent,* etc. Repræsentare, repræsento, repræsentas, repræsentavi, repræsentatum¹, *act.*

s'AVANCER, *avancer en marchant.* Progredi, progredior, progrederis, progressus sum³, *dép.*

s'AVANCER, *avancer, profiter.* Proficēre, proficio, proficis, profeci, profectum³, *n.* Dans *par* in *avec l'abl.*

s'AVANCER ou AVANCER, *sortir en dehors.* Prominēre, promineo, promines, prominui², *sans supin. n.*

s'AVANCER, *s'approcher.* Accedēre, accedo, accedis, accessi, accessum³, *n.*

s'AVANCER, *se pousser dans le monde.* Se proferre, me profero, te profers, me protuli, se prolatum³, *act.* | *La saison s'avance.* Tempestas est in exitu. | *Le jour s'avance.* Dies in noctem vergit, de Vergēre, vergo, vergis³¹, *sans sup. n.*

AVANIE. Contumelia, *g.* contumeliæ¹, *f.*

AVANT, *devant.* Antè. *avec l'acc.* | *Avant que de.* Antequàm, priusquàm. avec le subj. | *Avant que d'entrer en matière*. Priusquàm aggrediar causam

AVANT, *profondément*. Altè. *adv. comp.* Altiùs; *superl.* altissimè.

Plus avant ou *outre*. Ultrà. *prép.*

Si avant... que. Eò, *adv.* On exprime le que par ut avec le subj.

L'affaire alla si avant, que. Eò res progressa est, ut.

EN AVANT, *mettre en avant*. Proponĕre, propono, proponis, proposui, propositum[3], *act.*

Avant d'un vaisseau. Prora, g. proræ[1], f.

AVANTAGE, *utilité*. Utilitas, g. utilitatis[3], f.

AVANTAGE, *victoire*. Victoria, g. victoriæ[1], f. | *Avoir avantage sur*. Superare, supero, superas, superavi, superatum[1], *act.* | *Nous avions l'avantage*. Res nostra erat superior. | *On s'est battu avec un avantage égal de part et d'autre*. Æquo marte dimicatum est.

AVANTAGE *d'un lieu*. Opportunitas, g. opportunitatis[3], f.

AVANTAGE, *qualité avantageuse*. Dos, g. dotis[3], f.

AVANTAGE, *faveur*. Gratia, g. gratiæ[1], f.

A L'AVANTAGE *de, en faveur de*. Causâ, ou bien Gratiâ, avec un *gén.*

AVANTAGER *quelqu'un*. Donare potiori parte, dono, donas, donavi, donatum[1], *act. acc.* de la pers. On met toujours potiori parte, c'est-à-dire, Gratifier d'une part plus grande.

AVANTAGEUSEMENT, *utilement*. Utiliter. *adv. comp.* Utiliùs; *superl.* utilissimè.

AVANTAGEUSEMENT, *commodément*. Opportunè. *adv. comp.* Opportuniùs; *superl.* opportunissimè.

AVANTAGEUSEMENT, *honorablement*. Honorificè. *adv. comp.* Honorificentiùs; *superl.* honorificentissimè.

AVANTAGEUSEMENT, *heureusement*. Feliciter, *adv. comp.* Feliciùs; *superl.* felicissimè.

AVANTAGEUX, *utile*. Utilis, m. f. utile, n. *gén.* utilis, *pour les 3 genres. Comp.* Utilior, m. f. utilius, n. *gén.* utilioris; *superl.* utilissimus, a, um.

AVANTAGEUX, *commode*. Opportunus, a, um. *Comp.* Opportunior, m. f. opportunius, n. *gén.* opportunioris; *superl.* opportunissimus, a, um. *adj.*

AVANTAGEUX, *excellent*. Eximius, a, um, *adj.*

AVANTAGEUX, *honorable*. Honorificus, a, um. *comp.* Honorificentior, m. f. honorificentius, n. *gén.* honorificentioris; *superl.* honorificentissimus, a, um.

AVANTAGEUX, *heureux*. Felix, g. felicis, *adj.*

AVANT-BRAS. Lacertus, *gén.* lacerti[2], m.

AVANT-CORPS *de logis*. Anterior domus, g. anterioris[3] domûs[4], f.

AVANT-COUR, *la première cour d'une maison*. Prius atrium, *gén.* prioris[3] atrii[2], n.

AVANT-COUREUR. Prænuntius, g. prænuntii[2], m.

AVANT-COURRIÈRE. Prænuntia, g. prænuntiæ[1], f.

AVANT-DERNIER. V. *Pénultième*.

AVANT-GARDE. Prima acies, g. primæ[1] aciei[5], f.

AVANT-GOÛT. Prægustatio, g. prægustationis[3], f.

AVANT-HIER. *adv.* Nudius tertius, *indécl.*

AVANTIN, *petit sarment*. Tradux, g. traducis[3], m.

AVANT-MUR. Præstructus murus, g. præstructi muri[2], m.

AVANT-PROPOS. Præfatio, g. præfationis[3], f.

AVANT-QUART, *coup de cloche qui précède le quart*. Quadrantis prænuntius, g. quadrantis prænuntii[2], m.

AVANT-SCÈNE. Proscenium, g. proscenii[2], n.

AVANT-TOIT. Compluvium, g. compluvii[2], n.

AVE

AVANT-TRAIN. Priores rotæ, g. priorum[1] rotarum[1], *plur. f.*

AVANT-VEILLE. Vigiliæ prævius dies, *g*. vigiliæ prævii[2] diei[5], *m*.

AVARE. Avarus, a, um. *adj.*

Avare, *chiche*. Tenax, *m. f. n.* *gén.* tenacis.

AVAREMENT. Avarè, *adv.*

AVARICE. Avaritia, *g.* avaritiæ[1], *f.* | *Par avarice.* Avaritiâ, à *l'ablatif.*

AVARICIEUX. Avarus, a, um. *adj.*

AVARIÉ, *gâté*. Corruptus, a, um, *part. pass.*

AVEC. Cum. *Le régime se met à l'ablat.* | *D'avec.* A ou ab, *avec l'ablat. Voy.* Avec *dans la Grammaire latine.*

On met toujours *cum* devant le nom latin, excepté devant les pron. personnels et le relatif *qui, quæ, quod; mecum*, avec moi; *tecum*, avec toi; *secum*, avec soi; *nobiscum*, avec nous; *vobiscum*, avec vous; *quocum*, avec qui *ou* avec lequel; *quibuscum*, avec lesquels.

AVELINE. *grosse noisette.* Avellana, *g.* avellanæ[1], *f.*

AVÉNEMENT, *arrivée*. Adventus, *g.* adventûs[4], *m.*

Avénement *à la couronne.* Regni prima initia, *g.* primorum initiorum[2], *n. plur.* Regni *ne se décline point.* | *A son avénement à la couronne.* Inito principatu.

AVENIR, *arriver.* Evenire, evenio, evenis, eveni, eventum[4], *n.*

AVENIR. *substant.* Futurum, *g.* futuri[2], *n.* | *A l'avenir.* In posterum.

AVENT. Adventus, *g.* adventûs[4], *masc.*

AVENTURE. Casus, *g.* casûs[4], *masc.*

D'Aventure ou *par aventure.* Fortè, *adv.* | *La bonne aventure.* Futura, *g.* futurorum[2], *n. plur.* | *Diseuse de bonne aventure.* Conjectrix, *gén.* conjectricis[3], *fém.*

AVENTURER. Fortunæ committere, committo, committis, commisi, commissum[3], *act.*

AVENTURIER. Fortunæ assectator, *g.* fortunæ assectatoris[3], *m.*

AVENTURIÈRE. Fortunæ assectatrix, *g.* fortunæ assectatricis[3], *f.*

AVENUE. Aditus, *g.* aditûs[4], *masc.*

AVÉRÉ. Exploratus, a, um, *part. pass.*

AVÉRER. Probare, probo, probas, probavi, probatum[1], *act.*

AVERNE, *l'enfer chez les païens.* Avernus, *g.* averni[2], *m.*

AVERSE, *pluie abondante et subite.* Subitaneus imber, *g.* subitanei[2] imbris[3], *m.*

AVERSION. Odium, *gén.* odii[2], *neut. On exprime* pour *par* in *avec l'acc.* | *Avoir de l'aversion pour,* ou *avoir en aversion.* Abhorrēre, abhorreo, abhorres, abhorrui, *sans supin. neut.* On met à *l'ablat.* avec la *prép.* à ou ab, *le nom de la personne ou de la chose qu'on hait.*

AVERTI. Monitus, a, um, *part. pass.* On met au *gén.* ou à *l'abl.* avec de *le nom de la chose dont on est averti.*

AVERTIR. Monēre, moneo, mones, monui, monitum[2], *act. acc. rég. ind. ablat.* avec de. | *Avertir d'avance.* Præmonēre.

AVERTISSEMENT. Monitum, *g.* moniti[2], *n.*

AVEU, *confession.* Confessio, *g.* confessionis[3], *f.* | *Faire l'aveu de.* Voyez *Avouer.*

Aveu, *approbation.* Approbatio, *g.* approbationis[3], *f.* | *De l'aveu de tout le monde.* Omnium judicio. | *Homme sans aveu.* Homo nullius nominis. | *De l'aveu des Dieux.* Diis approbantibus, c. à. d. *les Dieux approuvant.*

AVEUGLE. Cæcus, a, um, *adj.*

AVEUGLÉ. Cæcatus, a, um, *part. pass.*

AVEUGLÉMENT. Temerè, *adv.*

AVEUGLEMENT. *subst.* Cæcitas, *g.* cæcitatis[3], *f.*

AVEUGLER. Cæcare, cæco, cæcas, cæcavi, cæcatum[1], *act.*

AVI

s'AVEUGLER *sur*. Ultrò caligare, caligo, caligas, caligavi, cal.gatum[1], neut. *sur se rend par* ad *avec l'acc.*

AVIDE. Avidus, a, um, *avec un génitif ensuite*, ou *un gérondif en* di. *comp.* Avidior, *m. f.* avidius, *n. gén.* avidioris; *superl.* avidissimus, a, um.

AVIDEMENT. Avidè, *adv. comp.* Avidiùs; *superl.* avidissimè.

AVIDITÉ. Aviditas, *g.* aviditatis[3], *fém. On met un génitif ensuite*, ou *un gérondif en* di.

AVILI, *rendu ou devenu vil*. In contemptionem adductus, a, um, *part. pass*. In contemptionem *se met par-tout*.

AVILIR, *rendre vil et méprisable*. In contemptionem adducĕre, adduco, adducis, adduxi, adductum[3], *act*. In contemptionem *se met partout*.

s'AVILIR, *se rendre vil*. Evilescĕre, evilesco, evilescis, evilui[3], *sans sup. neut.*

AVILISSEMENT, *des personnes.* Contemptio, *g.* contemptionis[3], *f.*

AVILISSEMENT, *des choses*. Vilitas, *g.* vilitatis[3], *f.*

AVINÉ, *se dit des vaisseaux où il y a du vin.* Vino imbutus, a, um, *part. pass. d'*imbuo. *Le subst.* vino *s'emploie par-tout.*

AVIRON. Remus, *g.* remi[2], *m.*

AVIS, *opinion*. Sententia, *gén.* sententiæ[1], *f.* | *A ou selon mon avis.* Meâ sententiâ, *à l'abl.* | *Etre d'avis.* Sentire, sentio, sentis, sensi, sensum[4], *act.* | *Etre du même avis.* Idem sentire. *Le* que *s'exprime par* cum, *avec l'ablat. de la personne.* | *Etre d'un autre, ou de différent avis.* Dissentire, dissentio, dissentis, dissensi, dissensum[4], *n. Le* que *s'exprime par* à *ou* ab *avec l'ablat. de la personne.*

AVIS, *conseil*. Consilium, *gén* consilii[2], *n.* | *De l'avis ou du conseil de.* Consilio, *à l'ablat. et un gén. ensuite.*

AVIS, *nouvelle.* Nuncius, *g.* nuncii[2], *m.*

AVO

AVIS, *avertissement.* Monitum, *g.* moniti[2], *n.*

AVISÉ. Cautus, a, um. *comp.* Cautior, *m. f.* cautius, *n. gén.* cautioris; *sup.* cautissimus, a, um.

AVISER *à.* Voyez Pourvoir.

s'AVISER. Excogitare, excogito, excogitas, excogitavi, excogitatum[1], *act. acc.* ou *un infinitif.*

AVITAILLER. Instruĕre navem commeatu, instruo, instruis, instruxi, instructum[3], *act. Ajoutez par-tout* commeatu, *c. à d. Pourvoir un vaisseau de provisions.*

AVIVES. Strumæ, *g.* strumarum[1], *f. plur.*

AVOCASSER. Causas agĕre, ago, agis, egi, actum[1], *act.*

AVOCAT. Patronus, *g.* patroni[2], *masc.*

AVOCAT-GÉNÉRAL. Regiarum causarum actor, *g.* actoris[3], *m.*

AVOCATE. Patrona, *gén.* patronæ[1], *f.*

AVOINE. Avena, *g.* avenæ[1], *f.* | *Qui est d'avoine.* Avenaceus, ea, eum. *adj.*

AVOIR. Habēre, habeo, habes, habui, habitum[2], *act.* | *N'avoir pas.* Carēre, careo, cares, carui, *ou* cassus sum, caritum *et* cassum[2], *avec l'abl.* | *N'avoir que faire de*, *etc.* Opus non habēre, habeo, habes, habui, habitum[2], *act. avec l'ablat. On met toujours* opus non. | *Il n'y a que, se tourne par* seulement, *et se traduit par* solùm, *adv.; ou bien par* solus, a, um, *qu'on fait accorder en genre, en nombre et en cas avec son substantif. Exemp.* : *Il n'y a que la vertu qui soit récompensée, c'est-à-dire, la vertu seulement est récompensée.* Virtus solùm, *ou* sola compensatur. | *Il n'y a que mon frère qui joue, c'est-à-dire, Mon frère seul joue.* Meus frater solus ludit. | *Très-souvent le verbe* avoir *se tourne par le verbe* être. *Ex. J'ai lieu de croire, c. à. d. A moi est lieu de croire.* Mihi est locus credendi. | *Y avoir, se tourne par le verbe* être, *et s'ex-*

prime par Esse. Ex. *Il y a des gens qui...* Sunt homines qui.

AVOISINER. Attingĕre, attingo, attingis, attigi, attactum[3], *act.*

AVORTEMENT. Abortus, *gén.* abortûs[4], *m.*

AVORTER. Abortum facĕre, facio, facis, feci, factum[3], *act.* Abortum *reste toujours.* | *Faire avorter.* Abortum creare, creo, creas, creavi, creatum[1], *act. dat. de la pers.* | *Faire avorter les desseins des ennemis.* Hostium consilia frangĕre, frango, frangis, fregi, fractum[3], *act.*

AVORTON. Fœtus abortivus, *g.* fœtus abortivi[2], *m.*

AVORTON, *petit homme mal bâti.* Homuncio, *g.* homuncionis[3], *m.*

AVOUER, *confesser.* Confiteri, confiteor, confiteris, confessus sum[2], *dép. avec l'acc.* | *Faire avouer.* Confessionem extorquēre, extorqueo, extorques, extorsi, extortum[2], *act. avec le datif de la personne, ou l'ablat. avec* à *ou* ab.

AVOUER, *approuver.* Comprobare, comprobo, comprobas, comprobavi, comprobatum[1], *act.*

AVRIL, *mois.* Aprilis, *g.* aprilis[3]. *m.*

AXE. Axis, *g.* axis[3], *m.*

AXIOME, *maxime.* Effatum, *g.* effati[2], *n.*

AZIME, *pain sans levain.* Azymus, *g.* azymi[2], *m.*

AZUR. Cæruleum, *g.* cærulei[2], *n.*

AZURÉ, *de couleur d'azur ou bleue.* Cæruleus, ea, eum, *adj.*

B.

BABEL, *tour de Babel.* Babel, *g.* Babelis[3], *f.*

BABIL. Loquacitas, *g.* loquacitatis[3], *f.*

BABILLARD. Loquax, *m. f. n. gén.* loquacis. *comp.* Loquacior; *m. f.* loquacius, *n. gén.* loquacioris; *superl.* loquacissimus, a, um.

BABILLER. Garrire, garrio, garris, garrivi *ou* garrii, garritum[4], *neut.*

BABIOLES. Crepundia, *g.* crepundiorum[2], *n. plur.*

BABOUIN, *gros singe.* Cercopithecus, *g.* cercopitheci[2], *m.*

BAC. Ponto, *g.* pontonis[3], *m.*

BACCALAURÉAT. Baccalaureatus, *g.* baccalaureati[2], *m.*

BACCHANALE, *vacarme.* Voy. *ce mot.*

BACCHANALES, *fêtes de Bacchus.* Bacchanalia, *gén.* bacchanalium[3], *n. plur.*

BACCHANTE, *prêtresse de Bacchus.* baccha, *g.* Bacchæ[1], *f.*

BACCHUS, *Dieu du vin.* Bacchus, *g.* Bacchi[2], *m.*

BACHA, *ou* Bassa. Provinciæ turcicæ præfectus, *g.* provinciæ turcicæ præfecti[2], *m.*

BACHELIER. Baccalaureus, *g.* baccalaurei[2], *m.*

BACHIQUE. Bacchicus, a, um, *adj.*

BACHOT. Cymba, *g.* cymbæ[1], *f.*

BADAUD, *sot, niais.* Bardus, a, um, *adj.*

BADAUDER. Nugis immorari, immoror, immoraris, immoratus sum[1], *dép.*

BADAUDERIE. Ineptia, *g.* ineptiæ[1], *f.*

BADIN. Jocosus, a, um, *adj.*

D'une manière badine. Jocosè, *adv.*

BADINAGE, *plaisanterie.* Nugæ, *g.* nugarum[1], *f. plur.*

BADINER. Jocari, jocor, jocaris, jocatus sum[1], *dép.*

BADINERIE. Nugæ, *gén.* nugarum[2], *f. plur.*

BAFOUÉ. Probris laceratus, a, um, *part. pass.* Probris *reste invariable.*

BAI   BAI   57

BAFOUER. Probris lacerare, lacero, laceras, laceravi, laceratum[1], *act.* On met par-tout probris *qui reste invariable.*

BAGAGE. Impedimenta, *g.* impedimentorum[2], *n. plur.* Sarcinæ, *g.* sarcinarum[1], *f. pl.* Impedimenta, *ne convient que lorsqu'il s'agit du bagage d'une armée.*

BAGARRE, *émeute populaire.* Turba, *g.* turbæ[1], *f.*

BAGATELLE. Nugæ, *g.* nugarum[1], *f. pl.*

BAGNE, *lieu où l'on renferme les forçats.* Ergastulum, *g.* ergastuli[2], *n.*

BAGUE. Annulus, *g.* annuli[2], *m.*

BAGUENAUDE, *fruit.* Vesicaria, *g.* vesicariæ[1], *f.*

BAGUENAUDER, *faire le badaud.* Nugari, nugor, nugaris, nugatus sum[1], *dép.*

BAGUENAUDIER, *arbre.* Colutea, *g.* coluteæ[1], *f.*

BAGUETTE. Virga, *g.* virgæ, *f. Commander à la baguette, d'une manière impérieuse.* Superbiùs imperare, impero, imperas, imperavi, imperatum[1], *n.*

BAHUT, *coffre.* Riscus, *g.* risci[2], *masc.*

BAI, *couleur.* Badius, a, um, *adj. Cheval bai.* Equus badius, *g.* equi badii[2], *m.*

BAIE, *bras de mer entre deux terres.* Sinus, *g.* sinûs[4], *m.*

BAIGNER ou *mettre au bain.* In balneum demittere, demitto, demittis, demisi, demissum[3], *act.* On met toujours in balneum.

Baigner dans le sang. In sanguine natare, nato, natas, natavi, natatum[1], *n.*

BAIGNER, *arroser de larmes.* Lacrymis conspergere, conspergo, conspergis, conspersi, conspersum[3], *act.*

SE **BAIGNER.** Corpus lavare, lavo, lavas, lavi, lotum *ou* lavatum[1], *act.*

BAIGNEUR ou *celui qui baigne.* Balneator, *g.* balneatoris[3], *m.*

BAIGNOIRE, *cuve où l'on se baigne.* Labrum, *g.* labri[2], *n.*

BAIL. Locatio, *g.* locationis[3], *f.*

BAILLER, *donner.* Dare, do, das, dedi, datum[1], *act. acc. rég. ind. dat.*

BÂILLER, *faire des bâillemens.* Oscitari, oscitor, oscitaris, oscitatus sum[1], *dép.*

BÂILLER, *s'entrouvrir.* Hiscere, hisco, hiscis[3], *sans prét. ni sup. n.*

BÂILLEMENT. Oscitatio, *gén.* oscitationis[3], *f.*

BAILLI. Prætor, *g.* prætoris[3], *masc.*

BAILLIAGE. Prætoris jurisdictio, *g.* prætoris jurisdictionis[3], *f.* On ne décline pas prætoris.

BÂILLON. Inditum ori lignum, *g.* inditi ori ligni[2], *n.*

BÂILLONNER. Lignum ori inserere, insero, inseris, inserui, insertum[3], *act. Le régime direct en français se met au datif en latin.*

BAIN. Balneum, *g.* balnei[2], *n.* | *Bain public.* Balneæ, *g.* balnearum[1], *f. pl.*

Petit bain. Balneolum, *g.* balneoli[2], *n.* | *Bains chauds.* Thermæ, *g.* thermarum[1], *f. plur.* | *Aller au bain.* Ire lavatum, eo, is, ivi, itum[4]; lavatum *reste toujours.* | *Bains salutaires.* Salubres aquæ, *g.* salubrium[3] aquarum[1], *f. plur.*

BAIONNETTE. Sica, *g.* sicæ[2], *f.*

BAISE-MAINS, *terme de civilité.* Salus dicta, *g.* salutis[3] dictæ[1], *f.* | *Faire des baise-mains,* ou *saluer.* Salutare saluto, salutas, salutavi, salutatum[1], *act.* De la part de, par à *ou* ab *avec l'abl.* | *Faites-lui mes baise-mains,* ou *saluez-le de ma part.* A me salutem illi dicito. Meo nomine, illum saluta. Illum à me jube salvere.

BAISÉ, BAISÉE, *part.* Basiatus, a, um, *part. pass.*

BAISER. Osculari, osculor, oscularis, osculatus sum[1], *dép. acc.* Basiare, basio, basias, basiavi, basiatum[1], *act.*

8

BAISER, *subst.* Osculum, *gén.* osculi², *n.* | *Donner un baiser à quelqu'un.* Dare osculum, do, da, dedi, datum¹, *act. dat. de la pers.* Oscula libare, libo, libas, libavi, libatum¹, *act. dat. de la pers.* | *Se donner mille baisers.* Mille osculis ludĕre, ludo, ludis, lusi, lusum³, *n.* Mille dare oscula. | *Un petit baiser.* Suaviolum, *g.* suavioli², *n.*

BAISEUR, *qui aime à baiser.* Basiator, *g.* basiatoris², *m.*

BAISOTER. Crebro basiare, basio, basias, basiavi, basiatum¹, *act.*

BAISSE, *diminution.* Decrementum, *g.* decrementi², *n.*

Baisse dans les effets publics. Fidei publicæ decrementum.

BAISSÉ. Demissus, a, um, *part. pass.*

BAISSER, *abaisser.* Demittĕre, demitto, demittis, demisi, demissum³, *act.*

Baisser, *décroître.* Decrescĕre, decresco, decrescis, decrevi, decretum³, *n. Les eaux baissent.* Decrescunt aquæ.

SE Baisser, *se courber.* Se inclinare, me inclino, te inclinas, me inclinavi, se inclinatum¹, *act.*

BAISURE, *endroit par lequel deux pains se touchent au four.* Pars panis sine crustâ, *g.* partis³ panis sine crustâ, *f.*

BAL. Chorea publica, *g.* choreæ publicæ¹, *f.*

BALADE, *vers.* Rhythmus, *g.* rhythmi², *m.*

BALADIN. Saltator, *g.* saltatoris³, *m.*

BALADINE. Saltatrix, *g.* saltatricis³, *m.*

BALAFRE. Stigma, *g.* stigmatis³, neut.

BALAFRÉ. Stigmosus, a, um, *adj.*

BALAFRER. Stigmatibus deformare, deformo, deformas, deformavi, deformatum¹, *act.*

BALAI. Scopæ, *g.* scoparum¹, *f. plur.*

BALANCE. Trutina, *g.* trutinæ¹, *f.* | *Tenir en balance.* Suspensum detinēre, detineo, detines, detinui, detentum², *act.* | *Mettre en balance, comparer.* Comparare, comparo, comparas, comparavi, comparatum¹, *act.*

Balance, *état final d'un livre de compte.* Ratio, *gén.* rationis³, *fém.*

Balance, *signe céleste.* Libra, *g.* libræ¹, *f.*

BALANCEMENT. Libramentum, *g.* libramenti², *n.*

BALANCER, *faire aller sur une balançoire.* Oscillo jactare, jacto, jactas, jactavi, jactatum¹, *act.*

Balancer, *être en suspens.* Hærēre, hæreo, hæres, hæsi, hæsum², *neut. La victoire balança longtemps.* Diù anceps fuit victoria.

Balancer, *tenir en équilibre.* Librare, libro, libras, libravi, libratum¹, *act.*

Sans balancer. Indubitanter, *adv.*

Balancer, *examiner.* Expendĕre, expendo, expendis, expendi, expensum³, *act.*

SE Balancer. Librare se, libro, libras, libravi, libratum¹, *act.*

BALANCIER *d'horloge.* Libramentum, *g.* libramenti², *n.*

BALANÇOIRE. Libratilis funis, *g.* libratilis funis³, *m.*

BALAYÉ. Versus, a, um, *part. pass.*

BALAYER. Verrĕre, verro, verris, verri, versum³, *act.*

BALAYEUR. Scoparius, *g.* scoparii², *m.*

BALAYURES. Purgamenta, *g.* purgamentorum², *n. plur.*

BALBUTIEMENT. Voyez *Bégaiement.*

BALBUTIER. Voyez *Bégayer.*

BALCON. Podium, *g.* podii, *n.*

BALDAQUIN, *dais qu'on porte dans les processions, et dans les entrées des papes, des cardinaux, etc.* Umbella, *g.* umbellæ¹, *f.*

BALEINE. Balæna, *g.* balænæ¹, *fém.*

BALEINEAU, *petit de la ba-*

leine. Balænæ vitulus, *g.* balænæ vituli², *m.*

BALISE, *marque qui avertit d'un banc de sable sur mer.* Index latentis scopuli, *g.* indicis³ latentis scopuli, *m.*

BALISTE, *machine pour lancer des pierres.* Balista, *g.* balistæ¹, *f.*

BALIVERNES, *contes.* Nugæ, *g* nugarum¹, *f. plur.*

BALLE *à jouer.* Pila, *g.* pilæ¹, *f.*

BALLE *de plomb.* Glans, *g.* glandis³, *f.*

BALLE, *fardeau.* Fascis, *g.* fascis³, *m.*

BALLE *d'imprimerie.* Folliculus typographicus, *g.* folliculi typographici², *m.*

BALLET, *danse.* Chorea, *gén.* choreæ¹, *f.*

BALLON. Follis, *g.* follis³, *m.*

BALLOT. Fasciculus, *g.* fasciculi², *m.*

BALLOTAGE. Suffragiorum exspectatio, *g.* suffragiorum exspectationis³, *f.*

BALLOTE, *balle pour porter son suffrage.* Calculus, *g.* calculi², *m.*

BALLOTER. Consultare, consulto, consultas, consultavi, consultatum¹, *n. Le régime de ce verbe se met à l'abl. avec la préposition* de.

BALLOTER, *se moquer de quelqu'un.* Ludificari, ludificor, ludificaris, ludificatus sum¹, *dép. avec l'acc.*

BALLOTÉ, *une affaire ballotée.* Res consulta, *g.* rei⁵ consultæ¹, *f.*

BALOURD. Stupidus, a, um, *adj.*

BALOURDISE. Stupiditas, *gén.* stupiditatis³, *f.*

BALSAMINE, *plante.* Balsamina, *g.* balsaminæ¹, *f.*

BALSAMIQUE, *qui a la vertu du baume.* Balsaminus, a, um, *adj.*

BALTHASAR, *nom d'homme.* Balthasar, *g.* Balthasaris³, *m.*

BALUSTRADE, *balustres.* Clathri, *g.* clathrorum², *m. plur.*

BALUSTRE, *pilier de la balustrade.* Columnella, *g.* columnellæ¹, *f.*

BALZAN, *cheval qui a les pieds blancs.* Equus pedibus albis, *gén.* equi² pedibus albis, *m.*

BAMBIN. Pusio, *g.* pusionis³, *masc.*

BAN, *cri public.* Publica denuntiatio, *g.* publicæ¹ denuntiationis³, *f.* | *Ban de mariage.* Præconia sponsalitia, *g.* præconiorum sponsalitiorum², *n. plur.*

BAN, *bannissement.* Exsilium, *g.* exsilii², *n.*

BANAL, *four banal.* Furnus indictivus, *g.* furni indictivi², *m.*

BANAL, *adj. trivial.* Tritus, a, um, *adj.*

BANALITÉ. In clientes jus, *g.* juris³, *n. In clientes restent invariables.*

BANANIER, *arbre.* Musa, *gén.* musæ¹, *f.*

BANC *pour s'asseoir.* Scamnum, *g.* scamni², *n.*

BANC *des forçats.* Transtrum, *g.* transtri², *n.*

BANC *de sable.* Vada, *g.* vadorum², *n. plur.*

BANCROCHE, *qui a les jambes tordues.* Voyez *Tordu.*

BANDAGE, *bande de linge.* Fascia, *g* fasciæ¹, *f.*

BANDE, *troupe.* Caterva, *g.* catervæ¹, *f.* | *Par bandes.* Catervatim, *adv.*

BANDE, *bordure.* Limbus, *g.* limbi², *m.*

BANDE, *lien pour bander.* Fascia, *g.* fasciæ¹, *f.*

BANDÉ, *tendu.* Intentus, a, um, *part. pass.*

BANDÉ, *lié.* Obligatus, a, um, *part. pass.*

BANDEAU. Fascia, *g.* fasciæ¹, *f.*

BANDELETTE, *petite bande.* Tæniola, *g.* tæniolæ¹, *f.*

BANDER, *tendre.* Intendĕre, intendo, intendis, intendi, intentum³, *act.*

BANDER, *lier.* Obligare, oblige,

obligas, obligavi, obligatum¹, *act.*

BANDEROLE. Parvulum vexillum, *g.* parvuli vexilli², *n.*

BANDIT. Latro, *g.* latronis³, *m.*

BANDIT, *vagabond.* Erro, *g.* erronis³, *m.*

BANDOULIÈRE. Balteum, *g.* baltei², *n.*

BANNIÈRE. Vexillum, *g.* vexilli², *n.*

BANNI. In exilium pulsus, a, um, *part. pass. On met toujours* in exilium.

Les bannis. Exsules, *de* Exsul, exsulis³, *m.*

BANNIR. In exilium pellĕre, pello, pellis, pepuli, pulsum³, *act. On met toujours* in exilium.

BANNIR, *chasser.* Pellĕre, pello, pellis, pepuli, pulsum³, *act.*

ETRE BANNI. Exsulare, exsulo, exsulas, exsulavi, exsulatum¹, *n. Le nom du lieu d'où l'on est banni, se met à l'abl. avec la préposition à ou ab; mais les noms des villes sont mis à l'abl. sans prép.*

SE BANNIR. Secedĕre, secedo, secedis, secessi, secessum³, *n. de par è ou ex avec l'abl.*

BANNISSEMENT. Exsilium, *g.* exsilii², *n.*

BANQUE. Argentaria, *g.* argentariæ¹, *f.*

BANQUEROUTE. Argentariæ dissolutio, *g.* argentariæ dissolutionis³, *f.* | *Faire banqueroute.* Fraudare creditores; fraudo, fraudas, fraudavi, fraudatum¹, *act.* | *Il a fait banqueroute à Pierre.* Petrum creditorem fraudavit. *C'est-à-dire, Il a fraudé Pierre son créancier.*

BANQUEROUTIER. Fraudator, *g.* fraudatoris³, *m.*

BANQUET. Convivium, *g.* convivii², *n.*

BANQUETTE, *chemin relevé pour les gens de pied.* Agger loricatus, *g.* aggeris³ loricati², *m.*

BANQUETTE, *banc rembourré.* Recrtum tomento scabile, *g.* referti² tomenti scabilis³, *n.*

BANQUIER. Mensarius, *gén.* mensarii², *m.*

BAPTÊME. Baptismus, *g.* baptismi², *m.* | *Tenir un enfant sur les fonts de baptême.* Infantem è sacro fonte suscipĕre, suscipio, suscipis, suscepi, susceptum³, *act.*

BAPTISÉ. Baptizatus, a, um, *part. pass.*

BAPTISER. Baptizare, baptizo, baptizas, baptizavi, baptizatum¹, *act.*

BAPTISMAL. Baptismalis, *m. f.* baptismale, *n. gén.* baptismalis *pour les 3 genres.*

BAPTISTE, *nom d'homme.* Baptista, *g.* Baptistæ¹, *m.*

BAPTISTAIRE (*extrait*). Baptismi testificatio, *g.* baptismi testificationis³, *f.*

BAPTISTÈRE, *lieu où l'on baptise.* Baptisterium, *g.* baptisterii², *n.*

BAQUET. Cadus, *g.* cadi², *m.*

BARAGOUIN, *langage corrompu.* Inexplicitus sermo, *g.* inexpliciti² sermonis³, *m.*

BARAGOUINER. Inexplicitè loqui, loquor, loqueris, locutus sum³, *dépon. On met* inexplicitè *à tous les temps.*

BARAQUE. Casa, *g.* casæ¹, *f.*

BARATE, *vaisseau à faire du beurre.* Situla, *g.* situlæ¹, *f.*

BARBARE. Barbarus, a, um, *adj.*

BARBAREMENT. Barbarè, *adv. comp.* Barbariùs.

BARBARIE. Barbaries, *g.* barbariei⁵, *f.*

BARBARIE *de langage.* Sermonis rusticitas, *g.* sermonis rusticitatis³, *f.*

BARBARISME. Barbarismus, *g.* barbarismi², *m.*

BARBE. Barba, *gén.* barbæ¹, *f.*

SANS BARBE. Imberbis, *m. f.* imberbe, *n. gén.* imberbis³.

Laisser croître la barbe. Barbam promittĕre, promitto, promittis, promisi, promissum³, *act.*

Faire la barbe. Voyez Raser.

BARBE, *nom de femme.* Barbara, *g.* Barbaræ¹, *f.*

BARBE, *cheval barbe.* Equus punicus, g. equi punici², m.

BARBEAU. Mullus, g. mulli², masc.

BARBES, *pustules qui viennent aux chevaux.* Ranæ, g. ranarum¹, f. plur.

BARBET. Canis cirratus, g. canis³ cirrati², m.

BARBICHON, *petit barbet.* Cirratus catellus, g. cirrati catelli², masc.

BARBIER. Tonsor, g. tonsoris³, masc.

BARBILLON, *petit barbeau.* Mullulus, g. mulluli², m.

BARBON. Canus, g. cani², m.

BARBOTER, *en parlant des oies.* Rostro aquam agitare, agito, agitas, agitavi, agitatum¹, act. On met toujours rostro et aquam.

BARBOTEUR, *canard barboteur.* Anas lutensis, g. anatis lutensis³, f.

BARBOUILLAGE, *mauvaise peinture.* Inscita pictura, g. inscitæ picturæ¹, f.

BARBOUILLAGE, *écrit embrouillé.* Chartæ ineptæ, gén. chartarum ineptarum¹, f. plur.

BARBOUILLER. Maculare, maculo, maculas, maculavi, maculatum¹, act. acc. rég. ind. abl.

BARBOUILLEUR, *mauvais peintre.* Malus pictor, g. mali² pictoris³, m.

BARBU. Barbatus, a, um, adj.

BARBUE, *poisson.* Rhombus, g. rhombi³, m.

BARDANE, *herbe.* Persolata, g. persolatæ¹, f.

BARDE, *tranche de lard.* Lardi lamella, g. lardi lamellæ¹, f.

BARDE, *poète Celte.* Celticus præco, g. Celtici² præconis³, m.

BARDÉ *de lard.* Lardi laminâ coopertus, a, um. On met partout lardi laminâ.

BARDOT, *animal; c'est le petit mulet qui porte les hardes.* Pusillus mulus, g. pusilli muli², m.

BARGUIGNER. Tergiversari, tergiversor, tergiversaris, tergiversatus sum¹, dép.

BARGUIGNEUR. Cunctator, g. cunctatoris³, m.

BARIL. Cadus, g. cadi², m.

BARILLET. Modiolus, g. modioli², m.

BARIOLAGE. Confusa colorum varietas, g. confusæ¹ colorum varietatis³, f.

BARIOLER, *diversifier.* Variare lineis, vario, varias, variavi, variatum³, act. On ajoute par-tout lineis.

BARLONG, *plus long d'un côté que d'autre.* Oblongus, a, um, adj.

BARNABÉ, *nom d'homme.* Barnabas, g. Barnabæ¹, m.

BAROMÈTRE. Barometrum, g. barometri², n.

BARON. Baro, g. baronis³, m.

BARONIE. Baronatus, g. baronatûs⁴, m.

BAROQUE. Inæqualis, m. f. inæquale, n. gén. inæqualis pour les 3 genres.

BARQUE. Cymba, g. cymbæ¹, f.

BARRABAS, *nom d'homme.* Barrabas, g. Barrabæ¹, m.

BARRACAN. Pannus cilicinus, g. panni cilicini², m.

BARRE *de fer.* Vectis, g. vectis³, ablat. vecti, masc. | *Barre de bois.* Asser, gén. asseris³, m.

BARRE, *ligne.* Linea, g. lineæ¹, f.

BARRÉ, *effacé.* Expunctus, a, um, part. pass.

BARRÉ, *fermé de barres.* Vectibus occlusus, a, um, part. pass.

BARREAU, *barre.* Obex, gén. obicis³, m. | *Barreaux.* Clathri, g. clathrorum², m. plur. | *Barreau d'imprimerie.* Vectis, g. vectis³, m.

BARREAU *où l'on plaide.* Forum, g. fori², n. | *Qui est du barreau.* Forensis, m. f. forense, n. gén. forensis, adj.

BARRER, *serrer avec une barre.* Vecti claudĕre, claudo, claudis, clausi, clausum³, act. Vecti restĕ toujours.

BARRER, *effacer*. Expungĕre, expungo, expungis, expunxi, expunctum[3], *act*.

BARRES (*le jeu des*) Incursio palæstrica, g. incursionis[3] palæstricæ[1], f.

BARRETTE. Biretum, *gén*. bireti[2], *n*.

BARRICADE. Munimen, *gén*. muniminis[3], *n*.

BARRICADER. Obsepire, obsepio, obsepis, obsepsi, obseptum[4], *act*.

BARRIÈRE. Repagulum, *gén*. repaguli[2], *n*. | *Barrière des cours des grandes maisons*. Protyrum, g. protyri[2], *n*.

BARRIÈRE, *obstacle*. Obex, *gén*. obicis[3], *m*.

BARRIÈRE, *carrière. Lieu d'où partoient les chars dans les jeux publics*. Carceres, g. carcerum[3], *m. plur*.

BARRIQUE. Dolium, g. dolii[2], *n*.

BARTHÉLEMI, *nom d'homme*. Bartholomæus, g. Bartholomæi[2], *masc*.

BAS, *adj. peu élevé*. Humilis, *m. f.* humile, *n. gén*. humilis. *comp*. Humilior, *m. f*. humilius, *n. gén*. humilioris; *sup*. humillimus, a, um. | *Le plus bas, en parlant des choses*. Infimus, a, um, g. infimi. | *Etre bas ou basse, en parlant de la rivière*. Subsidĕre, subsideo, subsides, subsedi, subsessum[2], *n*.

BAS, BASSE, *profond*. Altus, a, um, *adj. gén*. alti.

BAS, *vil*. Vilis, *m. f.* vile, *n. gén*. vilis[3]. *comp*. Vilior, *m. f.* vilius, *n. gén*. vilioris; *sup*. vilissimus, a, um.

BAS, BASSE, *en parlant de la voix*. Submissus, a, um. *comp*. Submissior. *A voix basse*. Voce submissâ.

BAS, *en parlant des provinces qu'on divise en haute et basse*. Inferior, *m. f.* inferius, *n. gén*. inferioris.

LE BAS, *masc*. Pars inferior, g. partis inferioris[3], *f*.

BAS. *adv*. Demissè. *comp*. Demissiùs. | *Parler bas*. Loqui submissè.

| *Plus bas, au-dessous*. Infrà, *avec l'acc*. | *A bas, sans mouvement*. Humi, *au gén*. | *Mettre bas, quitter*. Deponĕre, depono, deponis, deposui, depositum[3], *act*. | *En bas, sans mouvement*. Infrà, *adv*. | *En bas, avec mouvement*. Deorsùm, *adv*. | *Au bas, avec mouvement*. Ad imam partem. | *Au bas, sans mouvement*. In imâ parte. | *Ici-bas*. In his terris.

BAS PRIX. Vile pretium, g. vilis[3] pretii[2], *n*.

BAS, *vêtement de pied et de jambe*. Tibiale, g. tibialis[3], *n*.

BASANE. Aluta, g. alutæ[1], f.

BASANÉ. Fuscus, a, um, *adj*.

BAS-BORD, *un des côtés d'un vaisseau*. Sinistrum navigii latus, g. sinistri[2] navigii lateris[3], *n*.

BASCULE, *machine à puiser de l'eau*. Tolleno, g. tollenonis[3], *m*.

BASE. Basis, g. basis[3], f.

BASER. Fundare, fundo, fundas, fundavi, fundatum[1], *act*.

BAS-FONDS, *écueil*. Vadum, g. vadi[2], *n*.

BASILE, *nom d'homme*. Basilius, g. Basilii[2], *m*.

BASILIC, *herbe*. Ocimum, *gén*. ocimi[2], *n*.

BASILIC, *serpent*. Basiliscus, g. basilisci[2], *m*.

BASILIQUE, *église magnifique*. Basilica, g. basilicæ[1], f.

BASIN, *espèce de futaine*. Xilinum, g. xilini[2], *n*.

BASOCHE. *Communauté de clercs de procureurs*. Scribarum forum, g. scribarum fori[2], *n*.

BASQUE, *pan d'un habit*. Lacinia, g. laciniæ[1], f.

BAS-RELIEF. Voyez *Relief*.

BASSE, *instrument*. Gravis soni barbitus, g. gravis soni barbiti[2], *m*. *On ne décline que* barbitus.

BASSE, *partie de musique*. Gravis cantus, g. gravis[3] cantûs[4], *m*.

BASSE, *celui qui chante cette partie*. Gravis partis cantor, *gén*. gravis partis cantoris[3], *m*. Gravis partis *ne se déclinent point*.

BASSE-COUR. Chors, g. chortis³, f.

BASSE-FOSSE. Cripta, g. criptæ¹, f.

BASSEMENT. Humiliter, adv. comp. humiliùs; sup. humillimè.

BASSESSE de naissance ou de condition. Humilitas, g. humilitatis³, f.

BASSESSE, action basse. Factum turpe, g. facti² turpis³. L'un et l'autre se déclinent.

BASSET, petit chien de chasse. Canis vestigator, g. canis vestigatoris³, m.

BASSE-TAILLE. Vox subgravis, g. vocis subgravis³, f.

BASSIN à laver. Pelvis, g. pelvis³, f. acc. pelvim. ablat. pelvi. | Bassin de fontaine. Crater, g. crateris³, m. | Bassin de chaise percée. Lasanum, g. lasani², n. | Bassin de balance. Laux, g. lancis³, f. | Bassin d'un port de mer. Alveus, g. alvei², m.

BASSINÉ. Tepefactus, a, um, part. pass.

BASSINER. Tepefacĕre, tepefacio, tepefacis, tepefeci, tepefactum³, act.

BASSINER, laver. Abluĕre, abluo, abluis, ablui, ablutum³, act. ablat. de la chose dont on se sert pour bassiner.

BASSINET. Alveolus, g. alveoli², masc. | Bassinet du gland. Caliculus, g. caliculi², m.

BASSINET, fleur. Ranunculus, g. ranunculi², m.

BASSINOIRE. Ignitabulum, g. ignitabuli², n.

BASSON, instrument de musique. Tibia soni gravioris, g. tibiæ soni gravioris. f. Soni gravioris ne se déclinent point.

BASTILLE. Castrum, g. castri², n.

BASTION. Propugnaculum, gén. propugnaculi², n.

BASTONNADE, coups de bâton. Fustuarium, g. fustuarii², n.

BAS-VENTRE. Abdomen, gén. abdominis³, n.

BÂT d'âne. Clitellæ, g. clitellarum¹, f. plur.

BATAILLE. Prælium, g. prælii², neut. | Donner bataille. Confligĕre, confligo, confligis, conflixi, conflictum³, n. | A quelqu'un. Cum aliquo. | Gagner la bataille sur, ou vaincre. Vincĕre, vinco, vincis, vici, victum³, act. | Perdre la bataille, ou être vaincu. Vinci, vincor, vinceris, victus sum³, pass. On exprime contre l'armée par à ou ab avec l'abl. | Ranger en bataille. Instruĕre aciem, instruo, instruis, instruxi, instructum³, act. On ajoute par-tout aciem. | En bataille rangée. Instructâ acie. | Corps de bataille. Media acies, g. mediæ¹ aciei⁵, f. | Front de bataille. Prima acies, g. primæ¹ aciei⁵, f.

Champ de bataille. Acies, g. aciei.

BATAILLER, disputer. Contendĕre, contendo, contendis, contendi, contensum³, n.

BATAILLON. Agmen, g. agminis³, n.

BÂTARD. Nothus, g. nothi², m.

BÂTARD, en parlant des arbres. Silvestris, m. f. silvestre, n. gén. silvestris, adj.

BÂTARDE. Notha, g. nothæ¹, f.

BÂTARDEAU. Pulvinus, g. pulvini², m.

BÂTARDIÈRE, terre plantée de sauvageons qu'on doit enter. Plantarium, g. plantarii², n.

BÂTARDISE, qualité de bâtard. Natalium vitium, g. natalium vitii², neut.

BATEAU. Navicula, gén. naviculæ¹, f. | Bateau plat. Ponto, g. pontonis³, m. | Petit bateau. Navigiolum, g. navigioli², n.

BATELAGE, tour de bateleur. Ludus mimicus, g. ludi mimici², masc.

BATELAGE, métier de bateleur. Histrionia, g. histrioniæ¹, f.

BATELÉE, charge d'un bateau. Navigii onus, g. navigii oneris³, n.

BATELET. Cymbula, g. cymbulæ¹, f.

BATELEUR. Histrio, g. histrionis³, m.

BATELEUSE. Mima, g. mimæ¹, fém.

BATELIER. Navicularius, gén. navicularii², m. | Batelière. Navicularia, g. navicularia¹, f.

BÂTER. Clitellas imponĕre, impono, imponis, imposui, impositum³, act. Ex. Bâter un âne. Asino clitellas imponĕre. Le nom se met au datif.

BÂTI, construit. Ædificatus, a, um. Exstructus, a, um, part. pass.

BÂTI, fondé. Conditus, a, um, part. pass.

BÂTIMENT, édifice. Ædificium, g. ædificii², n.

BÂTIMENT, vaisseau. Navigium, g. navigii², n.

BÂTIR. Ædificare, ædifico, ædificas, ædificavi, ædificatum¹, act. | Bâtir sur le fonds d'autrui. Exstruĕre³ ædificium in alieno.

BÂTISSE, construction. Exstructio, g. exstructionis³, f.

BÂTISSEUR, qui aime à bâtir, Ædificator, g. ædificatoris³, m. Conditor, g. conditoris³, m.

BATISTE, toile de lin très-fine. Tenuissimo lino tela, g. tenuissimo lino telæ¹, f.

BÂTON. Baculum, g. baculi², n. | A bâtons rompus. Interruptè, adv. | Petit bâton. Bacillus, g. bacilli², m. | A coups de bâton. Fustim, adv.

BÂTONNER. Fuste cædĕre, cædo, cædis, cecidi, cæsum³, act.

BÂTONNET. Bacillum, g. bacilli², n.

BÂTONNIER, chef du corps des avocats. Causidicorum præses, g. causidicorum præsidis³, m.

BATTANT de fer. Clava ferrea, g. clavæ ferreæ¹, f. | Battant de porte. Foris, g. foris³, f. | Porte à deux battans. Bifores, g. biforium³, f. plur.

BATTANT, part. de Battre. Verberans, g. verberantis, part. prés. | Tambour battant. Tympanis resonantibus, ou concrepantibus, abl.

BATTE, machine pour battre le ciment ou la terre. Fistuca, g. fistucæ¹, f.

BATTEMENT, l'action de battre. Percussio, gén. percussionis³, f. | Battement de mains. Plausus, g. plausûs⁴, m. | Battement d'artère, d'ailes, de cœur, etc. Pulsus, g. pulsûs⁴, m.

BATTERIE, combat. Certamen, g. certaminis³, n.

BATTERIE, endroit où se placent les canons. Tormentorum sedes, g. tormentorum sedis³, f.

BATTERIE, machination. Machinæ, g. machinarum¹, f. plur.

BATTERIE de cuisine. Vasa coquinaria, g. vasorum coquinariorum², n. plur.

BATTERIES, canons. Tormenta bellica, g. tormentorum bellicorum², n. plur.

BATTEUR, qui bat le blé. Tritor spicarum, g. tritoris³ spicarum, m. | Batteur d'or. Bracterius, g. bracterii², m. | Batteur de pavé, vagabond. Erro, g. erronis³, m. | Batteur d'estrade. Excursor, g. excursoris³, m.

BATTOIR. Palmula, g. palmulæ¹, f.

BATTOLOGIE, répétition inutile. Battologia, g. battologiæ¹, f.

BATTRE. Verberare, verbero, verberas, verberavi, verberatum¹, act. acc. Le nom de l'instrument et la manière dont on bat, se mettent à l'abl. sans préposition. | Se faire battre. Plagas sibi attrahĕre, mihi attraho, tibi attrahis, mihi attraxi, sibi attractum³, act. | Battre un fusil, pour en tirer du feu. Ex pyrite ignem elicĕre, elicio, elicis, elicui, elicitum³, act. | Battre le blé. Triticum exterĕre, extero, exteris, extrivi, extritum³, actif. | Battre le fer. Ferrum tundĕre, tundo, tundis, tutudi, tunsum³, act. | Battre les ennemis. Hostes cædĕre, cædo, cædis, cecidi, cæsum³, act. | Faire battre. Ad pugnam accendĕre, accendo, accendis, accendi, accensum³, *act.*

SE BATTRE ou *combattre.* Pugnare, pugno, pugnas, pugnavi, pugnatum¹, *n.*

SE BATTRE, *se donner des coups.* Se verberare, verbero, etc.

BATTRE *des mains.* Manibus plaudĕre, plaudo, plaudis, plausi, plausum³, *n.* Manibus *est à l'abl.* | *Battre des ailes.* Alis plaudĕre, plaudo.

BATTRE,*en parlant des monnoies.* Cudĕre, cudo, cudis, cudi, cusum³, *act.*

BATTRE, *en parlant des veines, etc.* Pulsare, pulso, pulsas, pulsavi, pulsatum¹, *n.*

BATTRE *la mesure, terme de musique.* Concentum musicum moderari, moderor, moderaris, moderatus sum¹, *dép.*

BATTRE *le bois, terme de chasse.* Silvam exagitare, exagito, exagitas, exagitavi, exagitatum¹, *act.* | *Battre la campagne, aller çà et là.* Campos pervagari, pervagor, pervagaris, pervagatus sum¹, *dép.*

BATTRE *la campagne en parlant d'un malade.* Divagari, divagor, divagaris, divagatus sum¹, *dép.*

BATTRE *l'eau, perdre sa peine.* Aquam arare, aro, aras, aravi, aratum¹, *act.*

BATTU, *frappé.* Verberatus, a, um, *part. pass.* | *Chemin battu.* Via trita, *g.* viæ tritæ¹, *f.*

BATTU, *en parlant des yeux, etc.* Lividus, a, um, *adj.*

ÊTRE BATTU. Vapulare, vapulo, vapulas, vapulavi, vapulatum³, *n.* *On exprime* de par *à ou* ab *avec l'abl.*

ÊTRE BATTU *de la tempête.* Tempestate jactari, jactor, jactaris, jactatus sum¹, *pass.*

BAUDET. Asellus, *g.* aselli², *m.*

BAUDRIER. Balteus, *g.* baltei², *m.*

BAUGE, *lieu où se repose le sanglier.* Volutabrum, *g.* volutabri², *n.*

BAUME. Balsamum, *g.* balsami², *n.* | *Qui est de baume.* Balsaminus, a, um, *adj.*

BAVARD, *qui parle indiscrètement.* Blatero, *g.* blateronis³, *m.*

BAVARDAGE. Loquacitas, *gén.* loquacitatis³, *f.*

BAVARDAGE, *propos insignifiant.* Ineptiæ, *g.* ineptiarum¹, *f.*

BAVARDE. Loquax, *g.* loquacis³, *fém.*

BAVARDER. Ineptias loqui, loquor, loqueris, locutus sum³, *dép.* Ineptias *reste toujours.*

BAVARDERIE ou *bavardage.* Garrulitas, *g.* garrulitatis³, *f.*

BAVE, *salive gluante.* Salivosus humor, *g.* salivosi² humoris³, *m.*

BAVER. Salivam emittĕre, emitto, emittis, emisi, emissum³, *act.* *On met toujours* salivam.

BAVETTE. Pectorale linteum, *g.* pectoralis³ lintei², *n.*

BAVEUX, Salivâ fluens, *m. f. n. gén.* salivâ fluentis.

BAVOLET. Calantica, *g.* calanticæ¹, *f.*

BÉANT. Hians, *m. f. n. gén.* hiantis³.

BÉATIFICATION. In beatos relatio, *g.* relationis³, *f.* *On met à tous les cas* in beatos.

BÉATIFIER, *mettre au rang des bienheureux.* Beatis adscribĕre, adscribo, adscribis, adscripsi, adscriptum³, *act.*

BÉATILLES, *petites viandes délicates qu'on met dans les ragoûts, les pâtés, etc.* Cupediæ, *g.* cupediarum¹, *f. plur.*

BÉATITUDE. Beatitudo, *gén.* beatitudinis³, *f.*

BEAU, *bel.* Pulcher, pulchra, pulchrum, *g.* pulchri. *comp.* Pulchrior, *m. f.* pulchrius, *n. gén.* pulchrioris; *superl.* pulcherrimus, a, um.

BEAU, *en parlant des qualités de l'esprit.* Præclarus, a, um, *adj.*

BEAU, *agréable.* Amœnus, a, um. *adj.*

BEAU, *bienséant.* Decorus, a, um, *adj.* | *Beaux mots.* Verba elegan-

9

tia, *gén.* verborum² elegantium³, *neut. plur.* | *L'échapper belle.* Ex eminenti periculo evadĕre, evado, evadis, evasi, evasum³, *n.*

En conter de belles. Lepida narrare, narro, narras, narravi, narratum¹, *act.* | *Tout beau, ne vous mettez pas en colère.* Bona verba quæso. | *Tout beau, ne vous hâtez pas.* Ne festines.

BEAUCOUP. Multùm, *adv. Voy. la règle de* Beaucoup *dans la Grammaire latine.* | *Beaucoup de fois* ou *souvent.* Sæpè, *adv.*

BEAU-FILS. Privignus, *g.* privigni², *m.*

BEAU-FRÈRE, *frère du mari ou de la femme.* Mariti ou uxoris frater, *g.* fratris³, *m.* | *Frère du mari.* Levir. *g.* leviri², *m.* | *Mari de la sœur.* Sororis maritus, *g.* mariti², *m.*

BEAU-PÈRE, *second mari de la mère.* Vitricus, *gén.* vitrici², *m.* | *Père de la femme ou du mari.* Socer, *g.* soceri², *m.*

BEAUTÉ. Pulchritudo, *g.* pulchritudinis³, *f.* | *Une beauté, une belle personne.* Formosa puella, *g.* formosæ puellæ¹, *f.*

BEC. Rostrum, *g.* rostri², *n.*

PETIT BEC. Rostellum, *g.* rostelli², *n.*

A coups de bec. Rostrò.

BLANC BEC, *jeune homme.* Tirunculus, *g.* tirunculi², *m.*

BÉCASSE. Rusticula, *g.* rusticulæ¹, *f.*

BÉCASSINE. Rusticula minor, *g.* rusticulæ¹ minoris¹, *f.*

BECFIGUE, *oiseau.* Ficedula, *g.* ficedulæ¹, *f.*

BÊCHE. Ligo, *g.* ligonis², *m.*

BÊCHER. Fodĕre, fodio, fodis, fossum³, *act.*

BÉCHIQUE, *bon contre la toux.* Ad tussim utilis, utile, *n. gén.* utilis, *adj. On met à tous les cas* ad tussim.

BECQUÉE. Esca, *g.* escæ¹, *f.*

BECQUETER *avec le bec.* Rostro appetĕre, appeto, appetis, appetii, appetitum³, *act.*

BEDAINE, *gros ventre.* Abdomen, *g.* abdominis³, *n.*

BEDEAU. Accensus, *g.* accensi², *masc.*

BEFFROI. Specula, *g.* speculæ¹, *fém.*

BÉGAIEMENT *de langue.* Lingua hæsitantia, *g.* linguæ hæsitantiæ¹, *f.*

BÉGAYER. Balbutire, balbutio, balbutis, balbutivi, *rarement* balbutitum⁴, *n.*

BÈGUE. Balbus, a, um, *adj.*

BÉGUIN. Linea calantica, *g.* lineæ calanticæ¹, *f.* | *Béguin de femme.* Calyptra, *g.* calyptræ¹, *f.*

BÉGUINE, *fille qui vit dans une communauté sans faire des vœux.* Cœnobita, *g.* cœnobitæ¹, *f.*

BEIGNET. Laganum, *g.* lagani², *n.*

BÉJAUNE, *oiseau de proie qui n'est pas encore dressé.* Junior falco, *g.* junioris falconis³, *m.*

BÉJAUNE, *ignorance, bévue.* Imperitia, *g.* imperitiæ¹, *f.*

BEL. *Voyez Beau.*

BÊLANT. Balans, *m. f. n. gén.* balantis.

BÊLEMENT, *cri des brebis.* Balatus, *g.* balatûs⁴, *m.*

BÊLER. Balare, balo, balas, balavi, balatum², *n.*

BELETTE. Mustela, *g.* mustelæ¹, *f.*

BÉLIER. Aries, *g.* arietis, *m.* | *De bélier.* Arietinus, a, um, *adj.*

BÉLIER, *machine de guerre.* Aries, *g.* arietis³, *m.*

BELITRE, *un gueux, un fainéant.* Bliteus, *g.* blitei², *m.*

BELLE-FILLE. Privigna, *g.* privignæ¹, *f.* | *Femme du fils.* Nurus, *g.* nurûs⁴, *m.*

BELLEMENT, *doucement.* Lentè. Placidè, *adv.*

BELLE-MÈRE ou *seconde femme du père.* Noverca, *g.* novercæ¹, *f.* | *Mère du mari et de la femme.* Socrus, *g.* socrûs⁴, *f.*

BELLE-SŒUR, *sœur du mari ou de la femme.* Glos, *g.* gloris³, *f.*

BÉN   BER

Belle-sœur, *la femme du frère*. Fratria, *g.* fratriæ[1], *f.*

BELLIGÉRANT. Belligerans, *g.* belligerantis, *part.*

BELLIQUEUX. Bellicosus, a, um, *adj.*

BELLONE, *déesse de la guerre.* Bellona, *g.* Bellonæ[1], *f.*

BELVÉDER, *plante.* Osyris, *g.* osyridis[3], *f.*

Belvéder, *lieu élevé.* Locus patentissimus, *g.* loci patentissimi[2], *masc.*

BÉNÉDICITÉ. Cœnæ prævia precatiuncula, *gén.* cœnæ præviæ precatiunculæ[1], *f.*

BÉNÉDICTIN, *religieux.* Benedictinus, *g.* Benedictini[2], *m.*

Bénédictine. Benedictina, *g.* Benedictinæ[1], *f.*

BÉNÉDICTION *de Dieu à l'égard des hommes.* Donum, *g.* doni[2], *neut.*

Bénédiction, *louange.* Laus, *g.* laudis[3], *f.*

Bénédiction, *souhait.* Fausta precatio, *g.* faustæ precationis[3], *f.* | *Donner la bénédiction. Voyez Bénir.*

BÉNÉFICE. Beneficium, *g.* beneficii[2], *n.*

BÉNÉFICIAIRE. Beneficiarius, a, um, *adj.*

BÉNÉFICIER. Beneficiarius, *g.* beneficiarii[2], *m.*

BENÊT, *sot.* Bardus, *g.* bardi[2], *m.*

BÉNÉVOLE. Benevolus, a, um. *comp.* Benevolentior, *m. f.* benevolentius, *n. gén.* benevolentioris ; *superl.* benevolentissimus, a, um.

BÉNIGNEMENT. Benignè, *adv. comp.* Benignius ; *superl.* benignissimè.

BÉNIGNITÉ. Benignitas, *g.* benignitatis[3], *f.*

BENIN, BÉNIGNE. Benignus, a, um, *adj.*

BÉNI, *comblé de faveurs.* Beneficiis auctus, a, um, *adj.*

BÉNIR, *louer.* Benedicĕre, benedico, benedicis, benedixi, benedictum[3], *act. acc. de la chose, et le datif de la personne.*

Bénir, *rendre grâces.* Gratias agĕre, ago, agis, egi, actum[3], *act.* | *Souhaiter du bien.* Fausta precari, precor, precaris, precatus sum[1], *dép. Le nom de personne se met au datif.*

Bénir, *combler de faveurs.* Beneficiis complēre, compleo, comples, complevi, completum[2], *act.* | *Bénir une entreprise, en parlant de Dieu.* Annuĕre, annuo, annuis, annui[3], *n. avec le datif.*

Bénir, *consacrer.* Sacrare, sacro, sacras, sacravi, sacratum[1], *act.*

BÉNIT. Sacer, sacra, sacrum, *g.* sacri, sacræ, sacri, *adj.*

BÉNITIER. Aquæ sacræ vas, *g.* vasis[3], *n. On met toujours* aquæ sacræ.

BENJOIN, *suc odoriférant d'un arbrisseau.* Benzuinum, *g.* benzuini[2], *n.*

BENOIT, *nom d'homme.* Benedictus, *g.* Benedicti[2], *m.*

BÉQUILLE. Baculum rostratum, *g.* baculi rostrati[2], *n.*

BERCAIL. Ovile, *g.* ovilis[3], *n.*

BERCEAU. Cunabula, *g.* cunabulorum[2], *n. plur.* | *Berceau de vigne.* Vinea camerata, *g.* vineæ cameratæ[1], *f.* | *Dès le berceau.* A cunabulis.

BERCER. Agitare, agito, agitas, agitavi, agitatum[1], *act.*

Bercer, *amuser.* Lactare, lacto, lactas, lactavi, lactatum[1], *act.*

Se bercer de chimères. Sibi somnia effingĕre, mihi somnia effingo, tibi effingis, mihi effinxi, sibi effictum[3], *act.*

BERGAMOTE, *sorte de poire.* Pyrum bergamotum, *g.* pyri bergamoti[2], *n.*

BERGER. Pastor, *g.* pastoris[3], *m.* | *De berger.* Pastoralis, *m. f.* pastorale, *n. gén.* pastoralis *pour les 3 genres.*

BERGÈRE. Ovium custos, *gén.* ovium custodis[3], *f.*

Bergère, *fauteuil avec des*

coussins. Instructa pulvillis cathedra, g. instructæ pulvillis cathedræ, g.

BERGERIE. Ovile, g. ovilis³, n.

BERGERONNETTE, oiseau. Motacilla, g. motacillæ¹, f.

BERIL, pierre précieuse. Berillus, g. berilli², m.

BERLE, herbe. Laver, g. laveris³, n.

BERLINE, carrosse suspendu. Berolinensis currus, g. berolinensis currûs⁴, m.

BERLUE. Caligatio, g. caligationis, f. | Avoir la berlue. Caligare, caligo, caligas, caligavi, caligatum¹, n.

BERNARD, nom d'homme. Bernardus, g. Bernardi², m.

BERNARDIN, religieux. Bernardinus, g. Bernardini², m.

BERNARDINE. Bernardina, g. Bernardinæ¹, f.

BERNER, se moquer. Voy. Moquer.

BESACE. Mantica, g. manticæ¹, fém.

BESACIER. Manticularius, gén. manticularii², m.

BESAIGUE, outil. Bipennis, g. bipennis¹, f.

BESAN, pièce de monnoie. Bizantius nummus, g. bizantii nummi², m.

BESICLES, lunettes. Ocularia, g. ocularium³, n. plur.

BESOGNE. Opus, g. operis³, neut.

BESOIN. Inopia, g. inopiæ¹, f. | Avoir besoin de... Egēre, egeo, eges, egui, sans sup. neut. ablat. | Il est besoin ou on a besoin. Opus est, avec le dat. de la personne et l'ablat. de la chose, ou un infinit., s'il suit un verbe.| J'ai besoin d'argent. Mihi opus est pecuniâ. | Vous aviez besoin de livres. Tibi opus erat libris | Il aura besoin de travailler. Illi opus erit laborare. | Celui qui est dans le besoin. Egens, g. egentis, part. prés.

LES BESOINS, les nécessités de la vie. Vitæ necessaria, g. vitæ necessariorum², n. plur.

BESSIÈRE, vin qui est au bas. Vinum feculentum, g. vini feculenti², n.

BESTIAL, brutal. Belluinus, a, um, adj.

BESTIALEMENT, en bête. Belluarum more, à l'ablat.

BESTIALITÉ. Bestialitas, gén. bestialitatis³, f.

BESTIAUX, animaux qu'on mène paître. Pecora, g. pecorum³, n. plur.

BESTIOLE, petite bête. Bestiola, g. bestiolæ¹, f.

BÉTAIL. Pecus, g. pecoris³, n. |Gros bétail. Armentum, g. armenti², n. | Menu bétail. Grex, g. gregis³, m.

BÊTE. Bestia, g. bestiæ, f. | En bête. Belluino ritu, ablat. | Petite bête. Bestiola, g. bestiolæ¹, f. | Bête de charge. Jumentum, g. jumenti², n.

BÊTE, stupide. Stolidus, a, um, adj.

BÊTEMENT Stupidè, adv.

BÊTISE. Stupor, g. stuporis³, masc.

BÊTISE, sottise. Ineptiæ, g. ineptiarum¹, f. plur.

BÉTOINE, herbe. Betonica, g. betonicæ, f.

BETTE, herbe. Beta, g. betæ¹, f.

BETTERAVE. Beta rubra, gén. betæ rubræ¹, f.

BEUGLEMENT, cri du bœuf. Mugitus, g. mugitûs⁴, m.

BEUGLER. Mugire, mugio, mugis, mugivi, mugitum⁴, n.

BEURRE. Butyrum, g. butyri², neut

BEURRER. Butyro illinĕre, illino, illinis, illevi ou illivi, illitum³, act. On met par-tout butyro.

BEURRÉE. Panis butyro illitus, g. panis³ butyro illiti², m.

BEURRIÈRE. Mulier quæ butyrum vendit, g. mulieris quæ butyrum vendit. Quæ butyrum vendit *restent à tous les cas;* mulier seul *se décline.*

BÉVUE. Error, g. erroris³, m. | *Faire une bévue ou des bévues.* Errare, erro, erras, erravi, erratum¹, n.

BEZOARD, *pierre.* Lapis bezarius, g. lapidis¹ bezarii², m.

BIAIS, *situation oblique.* Obliquitas, *gén.* obliquitatis³, f. | *De biais.* Obliquè, adv.

Biais, *manière.* Modus, g. modi², m.

BIAISÉ. Voyez *Biaiser.*

BIAISER, *aller en biaisant.* Obliquè ferri, ferror, ferris, latus sum¹, *passif.*

Biaiser, *chercher des détours.* Non rectè agĕre, ago, agis, egi, actum³, *act. Il faut mettre par-tout* non rectè. | *Biaiser en parlant.* Simulatè loqui, loquor, loqueris, locutus sum³, *dép. Il faut mettre par-tout* simulatè.

BIBERON, *qui boit beaucoup.* Potator, g. potatoris³, m.

Biberon, *vase à long cou.* Guttulus, g. guttuli², m.

BIBLE. Biblia, g. bibliorum², n. *plur.*

BIBLIOGRAPHE, *versé dans la connoissance des livres.* Bibliographus, g. bibliographi², m.

BIBLIOGRAPHIE. Bibliographia, g. bibliographiæ¹, f.

BIBLIOTHÉCAIRE. Bibliothecæ præfectus, g. bibliothecæ præfecti², m.

BIBLIOTHÈQUE. Bibliotheca, g. bibliothecæ¹, f.

BIBUS, *néant.* Nihilum, g. nihili², n.

BICHE. Cerva, g. cervæ¹. f.

BICHET. Modius, g. modii², m.

BICHON. Mælitæus canis, g. mælitæi² canis³, m.

BICOQUE. Oppidulum, g. oppiduli², n.

BIDET. Mannus, g. manni², m.

BIEN, *opposé au mal.* Bonum, g. boni², n. | *Vouloir du bien à quelqu'un.* Alicui benè velle, volo, vis, volui³, *avec un dat. On met toujours* benè.

Bien, *probité, vertu.* Probitas, g. probitatis³, f. Virtus, g. virtutis³. f. | *Homme de bien.* Vir bonus, g. viri boni², m.

Biens, *richesses.* Bona, g. bonorum², n. plur.

Bien *de campagne.* Prædium, g. prædii², n. | *Biens de la terre.* Fruges, g. frugum³, f. pl.

Bien, *profit, avantage.* Commodum, g. commodi², n.

Bien, *adv.* Benè, *adv. comp.* Meliùs, *mieux; superl.* optimè, *très-bien.*

Bien *ou beaucoup.* Multùm, *adv.* Voyez Beaucoup *dans la Grammaire latine.* | *Bien,* joint à un nom adjectif, marque le superlatif; comme : *Il est bien savant.* Est doctissimus. | Lorsque cet adjectif n'a pas de superlatif, on se sert de *valdè* ou *admodùm* avec le positif; comme : *Il est bien commode.* Est valdè commodus. | *Bien* devant un comparatif, s'exprime par *multò.*

Bien *sagement.* Prudenter, *adv.*

Bien que. Voyez Quoique.

BIEN-AIMÉ. Dilectus, a, um, *adj.*

BIEN-DIRE, *masc.* Facundia, g. facundiæ¹, f. | *Se mettre sur son bien-dire.* Facundiam affectare, affecto, affectas, affectavi, affectatum¹, *act. On ajoute par-tout* facundiam.

BIEN-ÊTRE, *subsistance aisée.* Vita copiis locuples, g. vitæ copiis locupletis³, m.

BIEN-ÊTRE, *situation agréable de l'esprit et du corps.* Optimus habitus, g. optimi² habitûs⁴, m.

BIENFAITEUR, Bienfaitrice. *Pour se rendre en latin, ces mots se tournent par,* Ayant bien mérité de... Benè meritus, benè merita, benè meritum, *et le nom qui suit se met à l'abl. avec* de. Ex. *Ce prince est le bienfaiteur de mon père,* tournez : *Ce prince est* ayant bien mérité de *mon frère,* Hic princeps est benè meritus de meo patre. | *Cette femme est la bienfaitrice des pauvres*, tournez: *Cette femme est ayant bien mérité des pauvres*. Hæc mulier est benè merita de pauperibus.

Mais si ces mots sont joints à un pronom possessif, on tourne le pronom possessif par le pronom personnel, que l'on met à l'ablat. avec *de*. Ex. *Mon bienfaiteur*, tournez : *Ayant bien mérité de moi*. De me benè meritus. | *Ta bienfaitrice*, tournez : *Ayant bien mérité de toi*. De te benè merita. | *Il a sauvé la vie à son bienfaiteur*, tournez : *A l'homme ayant bien mérité de soi*. Letho eripuit de se benè meritum.

Remarque. *On met* se, *parce qu'il se rapporte au nomin. du verbe, sinon il faudroit se servir de* ille, illa, illud. Ex. *En parlant de mon ami*, je dirois : *J'ai vu son bienfaiteur*. Vidi de illo benè meritum.

BIENFAISANT. Beneficus, a, um. *comp.* Beneficentior, *m. f.* beneficentius, *n. gén.* beneficentioris; *superl.* Beneficentissimus, a, um.

BIENFAIT. Beneficium, *g.* beneficii[2], *n.*

BIENHEUREUX. Beatus, a, um, *adj.*

BIENSÉANCE. Decorum, *g.* decori[2], *n.* | *Avec bienséance*. Decorè, *adv.* | *Contre la bienséance*. Indecorè, *adv.* | *Etre à la bienséance*. Convenire, convenio, convenis, conveni, conventum[4], *dat. de la personne*. | *Cela est à ma bienséance*. Id mihi convenit.

Bienséance, *commodité*. Commodum, *g.* commodi[2], *n.*

BIENSÉANT. Decorus, a, um, *adj.* | *Etre bienséant*. Decēre, decet, *plur.* decent; decuit, *plur.* decuerunt. *Imperson. avec un acc. de la personne et un infinitif ensuite*. Ex. *Il n'est pas bienséant à un orateur de s'emporter*. Oratorem irasci minimè decet.

BIENTOT. Brevi, *adv.*

BIENVEILLANCE. Benevolentia, *g.* benevolentiæ[1], *f.*

Avec bienveillance. Benevolè, *adv.*

BIENVEILLANT, ANTE, *adj.* Benevolus, a, um. *comp.* Benevolentior, *m. f.* benevolentius, *n. gén.* benevolentioris; *superl.* benevolentissimus, a, um.

BIENVENU, *regardé de bon œil*. Gratus, a, um, *adj.* | *Etre bienvenu, arriver à propos*. Optatò advenire, advenio, advenis, adveni. adventum[4], *n.*

BIENVENUE. Adventitia cœna, *g.* adventitiæ cœnæ[1], *f.*

Bienvenue, *heureuse arrivée*. Felix adventus, *g.* felicis[3] adventûs[4], *m.*

BIÈRE, *cercueil*. Feretrum, *g.* feretri[2], *n.*

Bière, *boisson*. Zythum, *g.* zythi[2], *n.*

BIFÉ. Deletus, a, um, *p. p.*

BIFER, *effacer*. Delēre, deleo, deles, delevi, deletum[2], *act.*

BIGAME, *qui a deux femmes*. Bigamus, *g.* bigami[2], *m.*

BIGAMIE. Bigamia, *g.* bigamiæ[1], *fém.*

BIGARRÉ, *de couleurs différentes*. Varius, a, um, *adj.*

BIGARREAU. Duracinum cerasum. *g.* duracini cerasi[2], *n.*

BIGARRER, *diversifier de couleurs*. Variare, vario, varias, variavi, variatum[1], *act.*

BIGARRURE. Diversitas, *gén.* diversitatis[3], *f.*

BIGLE, *louche*. Strabo, *gén.* strabonis[3], *m.*

Bigle, *en parlant d'une femme*. Distortis oculis mulier, *g.* distortis oculis mulieris[3], *f.*

BIGLER. Distortis oculis aspicĕre, aspicio, aspicis, aspexi, aspectum[3], *act.*

BIGOT, *superstitieux*. Superstitiosus, a, um, *adj.*

Bigot, *hypocrite*. Pietatis simulator, *g.* pietatis simulatoris[3], *m.*

BIGOTE. Pietatis simulatrix, g. pietatis simulatricis³, f.

BIGOTERIE, *superstition*. Superstitio, g. superstitionis³, f.

Bigoterie, *hypocrisie*. Pietatis larva, g. pietatis larvæ¹, f.

BIJOUTERIE. Gemmarum commercium, g. gemmarum commercii², n.

BIJOUTIER. Margaritarum mercator, g. margaritarum mercatoris³, m.

BIJOU. Ornamenta, g. ornamentorum², n. plur.

BILAN, *livre de marchand*. Debitorum codex, g. debitorum codicis³, m.

BILE. Bilis, g. bilis³, f.

BILIEUX. Biliosus, a, um, adj.

BILLARD, *jeu*. Ludus tudicularius, g. ludi tudicularii², m.

Billard, *bâton recourbé*. Clava lusoria, g. clavæ lusoriæ¹, fém.

Billard, *table sur laquelle on joue*. Alea, g. aleæ¹, f. | *Jouer au billard*. Globulis tudiculariis ludĕre, ludo, ludis, lusi, lusum³, n.

BILLE ou *boule*. Globulus, gén. globuli², m.

BILLET, *petite lettre*. Litterulæ, g. litterularum¹, f. plur. Scheda, g. schedæ¹, f. | *Billet doux*. Amatoriæ litterulæ¹, f.

Billet *d'entrée*. Tessera, g. tesseræ¹, f.

Billet *de convocation*. Libellus citatorius, g. libelli citatorii², m.

Billet, *obligation*. Chirographus, g. chirographi², m.

Billet, *suffrage*. Suffragium, g. suffragii², n.

Billet *de loterie*. Fortunæ sortes, g. fortunæ sortium³, f. plur.

BILLEVESÉE, *balle soufflée*. Folliculus, g. folliculi², m.

Billevesée, *discours frivole*. Gerræ, g. gerrarum¹, f. plur.

BILLON, *monnoie défectueuse*. Nummi improbati, g. nummorum improbatorum², m. plur. | *Billon, monnoie de cuivre*. Æs signatum, g. æris³ signati², n.

BILLOT. Sudes, g. sudis³, f.

BINAGE, *action de biner*. Repastinatio, g. repastinationis³, f.

BINAIRE, *nombre de deux*. Bini, binæ, bina, adj. plur.

BINER, *donner une seconde façon à la vigne, etc*. Repastinare, repastino, repastinas, repastinavi, repastinatum¹, act.

BIOGRAPHIE, *histoire de la vie d'un particulier*. Biographia, gén. biographiæ¹, f.

BIPÈDE, *à deux pieds*. Bipes, g. bipedis, *de tout genre*.

BIQUE, *chèvre*. Capra, g. capræ¹, f.

BIQUET. Hædulus, g. hæduli², m.

BIS, *pain*. Panis secundarius, g. panis³ secundarii², m. | *Pain brun*. Cineraceus, ea, eum, adj.

BISAIEUL. Proavus, g. proavi², masc.

BISAIEULE. Proavia. gén. proaviæ¹, f.

BISCUIT, *pâtisserie*. Crustulum dulciarium, g. crustuli dulciarii², n. | *Biscuit de mer*. Panis nauticus, g. panis³ nautici², m.

BISE. Aquilo, g. aquilonis³, m.

BISET, *pigeon sauvage*. Palumbus, g. palumbi², m. Palumba, g. palumbæ¹, f.

BISSAC. Manica, g. manicæ¹, f.

BISSEXTE. Bissextus, g. bissexti², m.

BISSEXTIL. Intercalaris, m. f. intercalare, n. gén. intercalaris *pour les 3 genres*.

BISTORTE, *plante médicinale*. Colubrina, g. colubrinæ¹, f.

BISTOURI, *instrument de chirurgie*. Scapellus recurvus, gén. scapelli recurvi², m.

BITUME. Bitumen, g. bituminis³, n. | *Qui est de bitume*. Bitumineus, ea, eum, adj.

BITUMINEUX, *qui abonde en bitume*. Bituminosus, a, um, adj.

BIVOUAC, *garde que fait la nuit une armée*. Vigiliæ castrenses, g. vigiliarum¹ castrensium³, f. plur.

BIVOUAQUER, *passer la nuit à*

l'air. Nocte excubare, excubo, excubas, excubui, excubitum¹, *n.*

BIZARRE, *fantasque.* Morosus, a, um, *adj.*

Bizarre, *inconstant.* Inconstans, g. inconstantis, *adj.*

BIZARREMENT. Morosè, *adv.*

BIZARRERIE, *caprice, fantaisie.* Morositas, g. morositatis³, *f.*

BLAFARD, *pâle.* Pallidus, a, um, *adj.*

BLAIREAU. Melis, g. melis³, *f.*

BLAISE, *nom d'homme.* Blasius, g. blasii², *m.*

BLÂMABLE. Vituperabilis, *m. f.* vituperabile, *n. gén.* vituperabilis, *adj.*

BLÂME. Vituperatio, g. vituperationis³, *f.*

BLÂMÉ. Vituperatus, a, um, *p.p.*

BLÂMER. Vituperare, vitupero, vituperas, vituperavi, vituperatum¹, *act.*

BLANC, BLANCHE, *adj. Blanc de vieillesse.* Canus, a, um, *adj.*

Blanc, *pur.* Purus, a, um, *adj.*

Blanc, *propre.* Mundus, a, um, *adj.* | *Arme blanche.* Ensis nudus, g. ensis³ nudi², *m.*

Blanc, *pâle de crainte.* Pallidus, a, um, *adj.*

Blanc ou *couleur blanche.* Album, g. albi², *n.*

Blanc ou *but.* Scopus, g. scopi², *masc.*

BLANCHÂTRE. Albidus, a, um, *adj.*

BLANCHEMENT. Nitidè, *adv.*

BLANCHERIE, *lieu pour blanchir les toiles.* Officina albaria, g. officinæ albariæ¹, *f.*

BLANCHEUR, *couleur blanche.* Albitudo, g. albitudinis³, *f.*

BLANCHI. Dealbatus, a, um, *p.p.*

BLANCHIMENT *d'une muraille.* Albarium, g. albarii², *n.*

BLANCHIR ou *rendre blanc.* Dealbare, dealbo, dealbas, dealbavi, dealbatum¹, *act.* | *Blanchir du linge.* Lavare, lavo, lavas, lavi, lotum¹, *act.*

Blanchir ou *devenir blanc.* Albescere, albesco, albui³, *sans sup. neut.* | *Blanchir de vieillesse.* Canescere, canesco, canescis, canui³, *sans sup. neutre.*

BLANCHISSAGE *du linge.* Lotura, g. loturæ¹, *f.*

BLANCHISSERIE. Voyez *Blancherie.*

BLANCHISSEUR. Lotor, g. lotoris³, *m.*

BLANCHISSEUSE. Lotrix, g. lotricis³, *f.*

BLANQUE, *jeu de hasard.* Ludicra sortitio, g. ludicræ¹ sortitionis³, *f.* | *Tirer à la blanque.* Sortes ducere, duco, ducis, duxi, ductum³, *act.* On ajoute par-tout sortes.

BLANQUETTE, *petite poire d'été.* Lacteum pyrum, g. lactei pyri², *n.*

BLASÉ. Effetus, a, um, *adj.*

BLASER. Sensum hebetare, hebeto, hebetas, hebetavi, hebetatum¹, *act. dat. de la personne.* On met toujours sensum.

BLASON *d'écusson.* Scuti gentilitii figuræ. g. scuti gentilitii figurarum¹, *f. plur.*

BLASONNER. Gentilitia scuta explicare, explico, explicas, explicavi ou explicui, explicatum ou explicitum¹, *act.* On ajoute par-tout gentilitia scuta.

BLASONNER, *peindre des armoiries.* Figuras in scuto pingere, pingo, pingis, pinxi, pictum¹, *act.*

BLASPHÉMATEUR. Dei obtrectator, g. Dei obtrectatoris³, *m.*

BLASPHÉMATOIRE. In Deum contumeliosus, a, um, *adj.*

BLASPHÈME. Verbum impium, g. verbi impii², *n.*

BLASPHÉMER. Deum obtrectare, obtrecto, obtrectas, obtrectavi, obtrectatum¹, *act.*

BLÉ. Frumentum, g. frumenti², *n.* | *Qui est de blé.* Frumentarius, a, um, *adj.*

Blé *d'Inde ou de Turquie.* Sesama. g. sesamæ¹, *f.*

BLÊME. Pallidus, a, um, *adj.*

BLO   BOI

BLÊMIR. Pallescĕre, pallesco, pallescis, pallui[3], *sans sup. n.*

BLESSÉ. Vulneratus, a, um, *part. pass. Le nom de l'instrument se met à l'abl.* | *Blessé à mort.* Vulnere mortifero ictus, a, um.

BLESSER. Vulnerare, vulnero, vulneras, vulneravi, vulneratum[1], *act. acc. Le nom d'instrument et de la manière sont mis à l'abl. sans préposition.*

BLESSURE. Vulnus, *gén.* vulneris[3], *n.*

BLETTE, *herbe potagère*. Blitum, g. bliti[2], *n.*

BLETTE, *se dit d'une poire molle.* Fracidus, a, um, *adj.*

BLEU. Cæruleus, ea, eum, *adj.*

LE BLEU, ou *couleur bleue*. Cæruleum, g. cærulei[2], *n.* | *Peint en bleu.* Cæruleatus, a, um, *adj.*

BLEUÂTRE. Subcæruleus, ea, eum, *adj.*

BLOC. *morceau de marbre non taillé.* Rudis massa, g. rudis[3] massæ[1], *f.*

BLOC, *amas de marchandises.* Summa, g. summæ[1], *f.* | *En bloc.* Summatim, *adv.*

BLOCAGE. Cæmentum, g. cæmenti[2], *n.*

BLOCUS. Interclusio, g. interclusionis[1], *f.* | *Faire le blocus.* Voy. *Bloquer.*

BLOND. Flavus, a, um, *adj.*

BLONDIN. Adolescens flavis crinibus, g. adolescentis flavis crinibus. *On ne change rien à ces deux derniers mots.*

BLONDIR, *en parlant des cheveux qui deviennent blonds.* Flavescĕre, flavesco, flavescis[3], *sans prét. ni sup. neut.*

BLONDISSANT. Flavescens, g. flavescentis, *de tout genre.*

BLOQUÉ. Circumclusus, a, um, *part. pass.*

BLOQUER. Circumcludĕre, circumcludo, circumcludis, circumclusi, circumclusum[3], *act.*

SE BLOTTIR. In angustum se contrahĕre *ou* se abdĕre, me abdo, te abdis, me abdidi, se abditum[3], *act.*

BLOUSE. Fundula, g. fundulæ[1], *f.*

BLOUSER. In fundulam trudĕre, trudo, trudis, trusi, trusum[3], *act.*

SE BLOUSER. Errare, erro, erras, erravi, erratum[1], *n.*

BLUET, *fleur bleue qui croît dans les blés.* Cyanus, g. cyani[2], *m.*

BLUETTE. Scintilla, g. scintillæ[1], *f.*

BLUTEAU. Succerniculum, g. succerniculi[2], *n.*

BLUTER. Succernĕre, succerno, succernis, succrevi, succretum[3], *act.*

BOBÈCHE, *partie du chandelier où l'on met la chandelle.* Tubulus, g. tubuli[2], *m.*

BOBINE. Fusus, g. fusi[2], *m.*

BOCAGE. Silvula, g. silvulæ[1], *f.* | *Plein de bocages.* Nemorosus, a, um, *adj.*

BOCAGER. Silvestris, *m. fém.* silvestre, *n. gén.* silvestris, *pour les 3 genr.*

BOCAL, *bouteille ronde, qui a le cou étroit et long.* Lagena longior, g. lagenæ[1] longioris[3], *f.*

BŒUF. Bos, g. bovis[3], *m. gén. pl.* boum, *dat.* bobus *ou* bubus. | *Jeune bœuf.* Juvencus, g. juvenci[2], *m.* Buculus, *gén.* buculi[2], *m.* | *Bœuf sauvage.* Bubalus, g. bubali[2], *masc.* | *Troupeau de bœufs.* Armenta, g. armentorum[2], *neut. plur.* | *De bœuf.* Bubulus, a, um, *adj.* | *Du bœuf* ou *de la chair de bœuf.* Bubula, g. bubulæ[1], *f. On sous-entend* caro. | *Etable à bœufs.* Bovile, g. bovilis[3], *n.* | *Marché aux bœufs.* Forum boarium, g. fori boarii[2], *n.* | *Celui qui a soin des bœufs* ou *bouvier.* Bubulcus, *gén.* bubulci[2], *m.*

BOHÉMIEN *et* BOHÉMIENNE. *Coureur et coureuse qui disent la bonne aventure.* Præstigiator, g. præstigiatoris[3], *m. Au fém.* Saga, g. sagæ[1].

BOIRE. Bibĕre, bibo, bibis, bibi, bibitum[3], *act.* | *Donner à boire.* Dare potum, do, das, dedi, datum[1], *act.*

dat. de la personne. | *Papier qui boit.* Charta bibula, gén. chartæ bibulæ¹, *f.* de bibulus, a, um, *adj.* | *Faire boire le bétail.* Adaquare, adaquo, adaquas, adaquavi, adaquatum¹, *act.*

LE Boire, *subst.* Potus, g. potûs⁴, m.

BOIS ou *forêt.* Silva, g. silvæ¹, *f.* | *Qui est dans les bois.* Silvestris, *m. f.* silvestre, *n. gén.* silvestris *pour les 3 genres.*

Bois *sacré.* Lucus, g. luci², m.

DU Bois. Lignum, g. ligni², n. | *Qui est de bois.* Ligneus, ea, eum, *adj.* | *Bois de cerf.* Cervi cornua, g. cervi cornuum⁴, n. pl.

BOISÉ. Tabulis vestitus, a, um, *part. pass.*

BOISER. Tabulis vestire, vestio, vestis, vestivi, vestitum⁴, *act.*

BOISERIE. Tabulæ parietibus applicitæ, g. tabularum parietibus applicitarum¹, *f. plur.*

BOISSEAU. Modius, g. modii², m. | *Boisseau et demi.* Sesquimodius, g. sesquimodii. | *Demi-boisseau.* Semimodius, g. semimodii², *masc.*

BOISSON. Potus, g. potûs⁴, m.

BOITE. Pyxis, gén. pyxidis¹, *f.* | *Petite boîte.* Pyxidicula, g. Pyxidiculæ¹, *f.* | *Boîte à tirer.* Æneum crepitaculum, g. ænei crepitaculi², n.

BOITEMENT, *l'action de boiter.* Claudicatio, g. claudicationis³, *f.*

BOITER. Claudicare, claudico, claudicas, claudicavi, claudicatum¹, n.

BOITEUX. Claudus, a, um, *adj.*

BOITIER, *coffre à onguent.* Narthecium, g. narthecii², n.

BOL. Bolus, g. boli², m.

Bol *d'Arménie.* Armenia gleba, g. Armeniæ glebæ¹, *f.*

BOMBANCE. Comessatio, gén. comessationis³, *f.* | *Faire bombance.* Helluari, helluor, helluaris, helluatus sum¹, *dép.*

BOMBARDEMENT. Glandium igniturarum jactus, g. glandium igniturarum jactûs⁴, m.

BOMBARDER. Globis ignitis fulminare, fulmino, fulminas, fulminavi, fulminatum¹, *act.*

BOMBE. Globus ignitus, g. globi igniti², m.

BOMBÉ. Gibbus, a, um, *adj.*

BOMBER. In gibbum facere, facio, facis, feci, factum³, *act.*

BON. Bonus, a, um. *comp.* Melior, *m. f.* melius, *n. gén.* melioris, *meilleur; superl.* optimus, a, um, *très-bon.*

BON, *en parlant des personnes.* Probus, a, um. Bonus, a, um. | *Bon, cela est bon.* Benè est. | *À quoi bon?* Quorsum? | *Tout de bon.* Seriò, *adv.* | *Bon air, bonne grâce.* Oris lepor, g. oris leporis³, m.

BON, *utile.* Utilis, *m. f.* utile, *n. gén.* utilis.

BONACE, *calme de la mer.* Tranquillitas, g. tranquillitatis³, *f.*

BONASSE, *simple, sans malice et de peu d'esprit.* Simplex, g. simplicis, *pour les 3 genres.*

BONBON. Cupedia, g. cupediæ¹, *f.*

BONBONNIÈRE. Pyxidula, g. pyxidulæ¹, *f.*

BOND ou *saut.* Saltus, g. saltûs⁴, m. | *Faire faux bond à quelqu'un.* Alicui deesse, desum, dees, defui.

BONDE. Objectaculum, g. objectaculi², n.

BONDIR. Subsilire, subsilio, subsilis, subsilui, subsultum⁴, n. | *Cela me fait bondir le cœur, changez: Cela me cause un bondissement de cœur.* Hoc mihi nauseam movet, movere, moveo, moves, movi, motum², *act.* | *En bondissant, ou par bonds.* Subsultim, *adv.*

BONDISSANT. Saliens, g. salientis, *part. prés.*

BONDISSEMENT. Subsultus, g. subsultûs⁴, m.

BONDON. Obturamentum, g. obturamenti², n.

BONDONNÉ. Obturatus, a, um, *part. pass.*

BONDONNER. Obturare, obturo, obturas, obturavi, obturatum[1], act.

BONHEUR. Felicitas, g. felicitatis[3], f.

BONHOMIE. Ingenua bonitas, g. ingenuæ[1] bonitatis[3], f.

BONHOMME, *vieillard.* Senior, g. senioris[3], m.

BONIFICATION. Melior status, g. melioris[3] statûs[4], m.

BONIFIER, *en parlant des terres.* Oblimare, oblimo, oblimas, oblimavi, oblimatum[1], act.

BONIFIER, *rendre meilleur.* Meliorare, melioro, melioras, melioravi, melioratum[1], act.

BONJOUR. Salve. *Si l'on parle à plusieurs,* Salvete. *Donner le bonjour.* Salutare, saluto, salutas, salutavi, salutatum[1], act.

BONNEMENT. Bonâ fide, à l'abl. *ou* Simpliciter.

BONNET. Pileus, g. pilei[2], m.

BONNETERIE. Pileorum textura, g. pileorum texturæ[1], f.

BONNETIER. Pileorum opifex, g. pileorum opificis[3], m.

BON SENS. Judicium, g. judicii[2], n.

BONSOIR, *adieu.* Vale; *au pluriel,* valete. | *Donner le bonsoir.* Faustam noctem precari, precor, precaris, precatus sum[1], *dép. dat.* On met toujours Faustam noctem.

BONTÉ. Bonitas, g. bonitatis[3], *fém.*

BONTÉ, *douceur.* Humanitas, g. humanitatis[3], f.

BONTÉ, *inclination de faire du bien.* Benignitas, g. benignitatis[3], *fém.*

BONTÉ, *simplicité.* Simplicitas, g. simplicitatis[1], f.

BORAX. Borax, g. boracis[3], m.

BORD, *extrémité.* Ora, g. oræ[1], f. | *Bord, en parlant d'une rivière.* Ripa, g. ripæ[1], f. | *Bord d'un puits, d'une fontaine.* Margo, g. marginis[3], f. | *Bord élevé d'un fleuve.* Crepido, g. crepidinis[3], f. | *Le bord de... se rend par* Summus, a, um. Ex. *Le bord des lèvres.* Summa labra.

BORD, *pris pour vaisseau.* Navis, g. navis[3], f. | *Passer la nuit à bord.* In navi excubare, excubo, excubas, excubui, excubitum[1], n.

BORDÉ. Circumdatus, a, um, *part. pass. avec l'abl. de la chose qui borde.*

BORDÉE, *décharge de canons.* Tormentorum jactus, g. tormentorum jactûs[4], m.

BORDER. Circumdare, circumdo, circumdas, circumdedi, circumdatum[1], act. acc. avec l'abl. de la chose qui borde. | *Border le chemin.* Viam marginare, margino, marginas, marginavi, marginatum[1], act.

BORDER, *terminer.* Terminare, termino, terminas, terminavi, terminatum[1], act.

BORDEREAU, *papier où l'on écrit les espèces de monnoie que l'on donne.* Schedula, g. schedulæ[1], f.

BORDURE. Margo, g. marginis[3], m.

BORÉAL. Borealis, m. f. boreale, n. gén. borealis, adj.

BORÉE, *vent.* Boreas, g. Boreæ[1], masc.

BORGNE. Cocles, g. coclitis[3], m. et f.

BORNE. Terminus, g. termini[2], m.

BORNE, *pyramide autour de laquelle tournoient les chars.* Meta, g. metæ[1], f. | *Les bornes.* Fines, g. finium[3], m. plur. | *Donner des bornes.* Voyez Borner.

BORNÉ. Terminatus, a, um, *part. pass.*

BORNÉ, *de peu d'esprit.* Hebes, g. hebetis[3], adj.

BORNER. Terminare, termino, terminas, terminavi, terminatum[1], act.

BORNER *ses désirs au nécessaire.* Necessarium optare, opto, optas, optavi, optatum[1], act. | *Borner ses désirs.* Moderantiùs optare.

SE BORNER à, *s'appliquer seulement à.* Operam tantùm dare, do, das, dedi, datum[1], act. | *Se borner à faire quelque chose*, ne s'exprime pas par un verbe, mais se tourne seulement par *tantùm*. Ex. *Bornons-nous à remplir nos devoirs*, tournez : *Remplissons seulement nos devoirs*.

BOSPHORE. Bosphorus, g. bosphori[2], m.

BOSQUET, *petit bois*. Silvula, g. silvulæ[1], f.

BOSSE ou *tumeur*. Tuber, g. tuberis[3], n.

Bosse *d'un bossu*. Gibbus, gén. gibbi[2], m.

Bosse, ou *relief*. Exstantia, g. exstantiæ[1], f.

BOSSELER, *travailler en bosse*. Scalpĕre, scalpo, scalpis, scalpsi, scalptum[3], act.

BOSSU. Gibber, gibbera, gibberum, g. gibberi, gibberæ, gibberi.

BOSSUER *un plat, etc.* Concavere, concavo, concavas, concavavi, concavatum[1], act.

BOTANIQUE. Botanica, g. botanicæ[1], f.

BOTANISTE. Herbarius, g. herbarii[2], m.

BOT, *en parlant du pied. Un pied bot*. Pravus pes, g. pravi[2] pedis[3], m.

BOTTE, *chaussure*. Ocrea, g. ocreæ[1], f.

Botte ou *paquet*. Fascis, g. fascis[3], m.

Botte ou *coup*. Ictus, g. ictûs[4], masc.

BOTTÉ. Ocreatus, a, um, *part. pass.*

BOTTELAGE, *l'action de lier le foin en botte*. Feni alligatio, g. feni alligationis[3], f.

BOTTELER, *mettre en bottes*. Manipulatim componĕre, compono, componis, composui, compositum[3], act. Manipulatim *est adv.*

BOTTER. Ocreas indŭĕre, induo, induis, indui, indutum, act. *dat. de la personne. On laisse toujours* ocreas.

Se Botter. Ocreas induĕre.

BOTTIER, *faiseur de bottes*. Ocrearum artifex, g. ocrearum artificis[3], m.

BOTTINE. Levior ocrea, g. levioris[3] ocreæ[1], f.

BOUC. Hircus, g. hirci[2], m.

de Bouc. Hircinus, a, um, *adj.*

BOUCANER, *faire sécher de la chair ou du poisson à la fumée*. Infumare, infumo, infumas, infumavi, infumatum[1], act.

BOUCHE. Os, g. oris[3], n. | *Petite bouche*. Osculum, g. osculi;[2] n. | *Bouche fendue jusqu'aux oreilles*. Rictus ad aures dehiscens, g. rictûs[4] ad aures dehiscentis[3], m.

BOUCHÉ, *fermé*. Clausus, a, um, *part. pass.*

Bouché, *avec un bouchon*. Obturatus, a, um, *part. pass.*

Bouché, *borné*. Hebes, g. hebetis, *adj. des 3 genres*.

BOUCHÉE, *morceau qu'on met à la bouche*. Buccea, g. bucceæ[1], *fém.*

BOUCHER, *verbe*. Claudĕre, claudo, claudis, clausi, clausum[3], act.

Se boucher les oreilles. Sibi aures claudĕre.

BOUCHER, *murer*. Obstruĕre, obstruo, obstruis, obstruxi, obstructum[3], act.

BOUCHER, *avec un bouchon*. Obturare, obturo, obturas, obturavi, obturatum[1], act.

BOUCHER, *qui tue les bêtes et vend la chair*. Lanius, g. lanii[2], m. | *De boucher ou de boucherie*. Lanionius, ia, ium, *adj.*

BOUCHÈRE. Quæ carnes vendit.

BOUCHERIE. Laniena, g. lanienæ[1], f. | *De boucherie*. Lanionius, ia, ium, *adj.*

Boucherie, *carnage*. Cædes, g. cædis[3], f.

BOUCHON. Obturamentum, g. obturamenti[2], n.

Bouchon *de taverne*. Vini venalis signum, g. vini venalis signi[2], neut.

BOU   BOU   77

Bouchon *de paille.* Stramineus peniculus, g. straminei peniculi², *masc.*

BOUCHONNER, *frotter avec un bouchon de paille.* Stramineo peniculo perfricare, perfrico, perfr.cas, perfricui, perfrictum³, *act.*

BOUCLE ou *anneau.* Annulus, g. annuli², *m.* | *Boucle de cheveux.* Cincinnus, g. cincinni², *m.* | *Boucle d'oreilles.* Inauris, g. inauris³, *fém.*

BOUCLÉ, *cheveux bouclés.* Intorti capilli, g. intortorum capillorum², *m. plur.* | *Qui a les cheveux bouclés.* Cincinnatus, a, um, *adj.*

BOUCLER, *friser.* Crispare, crispo, crispas, crispavi, crispatum¹, *act.*

BOUCLER, *fermer avec des boucles.* Fibulare, fibulo, fibulas, fibulavi, fibulatum¹, *act.*

BOUCLIER Clypeus, g. clypei², *m.* | *Bouclier sacré.* Ancile, g. ancilis³, *n.*

BOUDER. Obmurmurare, obmurmuro, obmurmuras, obmurmuravi, obmurmuratum¹, *n.*

BOUDERIE. Morositas, g. morositatis³, *f.*

BOUDEUR, BOUDEUSE. Morosus, a, um, *adj.*

BOUDIN. Botulus, g. botuli², *masc.*

BOUDOIR, *petit cabinet.* Secretum conclave, g. secreti² conclavis³, *n.*

BOUE Lutum, g. luti², *n.* | *Qui est de boue.* Luteus, ea, eum, *adj.* | *Plein de boue.* Lutosus, a, um, *adj.* | *Enduire de boue.* Lutare, luto, lutas, lutavi, lutatum¹, *act.*

BOUEUX ou *plein de boue.* Lutosus, a, um, *adj.*

BOUFFÉE Flatus, g. flatûs⁴, *m.*

BOUFFI. Tumidus, a, um, *adj.*

BOUFFI *d'orgueil.* Superbiâ elatus, a, um, *adj.*

Style bouffi. Oratio inflata, g. orationis³ inflatæ¹, *f.*

BOUFFIR. Voyez *Enfler.*

BOUFFISSURE. Tumor, g. tumoris, *m.*

BOUFFON. Scurra, g. scurræ¹, *m.* | *En bouffon.* Scurriliter, *adv.* | *Faire le bouffon.* Scurram agere, ago, agis, egi, actum³, *act.* | *Servir de bouffon.* Ludibrio esse.

BOUFFONNER. Scurrari, scurror, scurraris, scurratus sum¹, *dép.*

BOUFFONNERIE. Scurrilis jocus, g. scurrilis¹ joci², *m.*

BOUFFONNERIE, *plaisanterie grossière.* Vernilitas, g. vernilitatis³, *f.*

BOUGE. Cellula, g. cellulæ¹, *f.*

BOUGER. Voyez *Remuer.*

Ne bougez. Ne te moveas.

BOUGETTE, *sac de cuir.* Bulga, g. bulgæ, *f.*

BOUGIE Candela cerea, g. candelæ cereæ¹, *f.*

BOUILLANT. Fervens, g. ferventis *pour les 3 genres.* comp. Ferventior, *m. f.* ferventius, *n.* gén ferventioris; superl. ferventissimus, a, um.

BOUILLI. Fervefactus, a, um, *part. pass.*

DU BOUILLI. Elixum, g. elixi², *n.* | *Viandes bouillies.* Carnes elixæ, g. carnium³ elixarum¹, *f. plur.*

DE LA BOUILLIE. Puls, g. pultis³, *fém.*

BOUILLIR. Fervēre, ferveo, ferves, ferbui². *sans sup. n.* | *Faire bouillir.* Fervefacere, fervefacio, fervefacis, fervefeci, fervefactum³, *act.* | *Faire bouillir, faire cuire.* Incoquere, incoquo, incoquis, incoxi, incoctum³, *act.* dans ne s'exprime pas, et on met la chose dans laquelle *on fait bouillir, à l'abl.*

BOUILLON, *suc.* Jus, g. juris³, *neut.*

BOUILLON ou *onde.* Unda, g. undæ¹, *f.* | *A gros bouillons.* Undatim, *adv.*

BOUILLON, *plante.* Verbascum, g. verbasci², *n.*

BOUILLONNEMENT. Æstus, g. æstûs⁴, *m.*

BOULLONNER Ebullire, ebullio, ebullis, ebullivi *ou* ebullii, ebulitum[4], *n.*

BOUILLONNER, *en parlant d'une source.* Bullare, bullo, bullas, bullavi, bullatum[1], *n.*

BOULANGER. Pistor, *g.* pistoris[3], *m.*

BOULANGÈRE. Pistrix, *g.* pistricis[3], *f.*

BOULANGERIE, *lieu où se fait le pain.* Pistrina, *g.* pistrinæ[1], *f.* | *L'art de faire le pain.* Ars pistoria, *g.* artis[3] pistoriæ[1], *f.*

BOULE. Globus, *g.* globi[2], *m.*

BOULEAU, *arbre.* Betula, *g.* betulæ[1], *f.*

BOULEAU, *petite boule.* Globulus, *g.* globuli[2], *m.*

BOULET *de fer.* Globus ferreus, *g.* globi ferrei[2], *m.*

BOULEVARD. Agger, *g.* aggeris[3], *m.* | *Boulevard de l'état.* Reipublicæ firmamentum, *g.* reipublicæ firmamenti[2], *n.*

BOULEVERSÉ. Eversus, a, um, *part. pass.*

BOULEVERSEMENT. Eversio, *g.* eversionis[3], *f.*

BOULEVERSER. Evertĕre, everto, evertis, everti, eversum[3], *act.*

BOULIN *où le pigeon fait son nid.* Cellula, *g.* cellulæ[1], *f.*

BOULINGRIN, *grande pièce de gazon.* Area cespitia, *g.* areæ cespitiæ[1], *f.*

BOULON, *grosse cheville de fer.* Fibula ferrea, *g.* fibulæ ferreæ[1], *f.*

BOUQUET. Florum fasciculus, *g.* florum fasciculi[2], *m.* | *Faire un bouquet.* Flores in fasciculum colligare, colligo, colligas, colligavi, colligatum[1], *act.*

BOUQUETIÈRE. Coronaria, *g.* coronariæ[1], *f.*

BOUQUETIN, *bouc sauvage.* Ibex, *g.* ibicis[3], *m.*

BOUQUIN, *vieux bouc.* Hircus, *g.* hirci[2], *m.* | *Cornet à bouquin.* Buccinum, *g.* buccini[2], *n.*

Sentir le bouquin. Hircum olēre, oleo, oles, olui, olitum[2], *n.*

BOUQUIN *ou vieux livre.* Antiquus et vilis codex, *g.* antiqui[2] et vilis codicis[3], *m.*

BOUQUINER, *rechercher les vieux livres.* Viles et cariosos libros scrutari, scrutor, scrutaris, scrutatus sum[1], *dép.*

BOUQUINEUR. Vilium et cariosorum librorum indagator, *g.* indagatoris[3], *m.* Indagator *seul se décline.*

BOUQUINISTE. Vilium et cariosorum librorum mercator, *g.* mercatoris[3], *m.*

BOURACAN, *sorte d'étoffe.* Pannus cilicinus, *g.* panni cilicini[2], *m.*

BOURBE. Cœnum, *g.* cœni[2], *n.*

BOURBEUX. Cœnosus, a, um, *adj.*

BOURBIER. Lacuna cœnosa, *g.* lacunæ cœnosæ[1], *f.* | *Bourbier où se vautrent les porcs.* Volutabrum, *g.* volutabri[2], *n.*

BOURDON *ou bâton.* Baculum longius, *g.* baculi[2] longioris[3], *n.*

BOURDON, *mouche.* Fucus, *gén.* fuci[2], *m.*

Faux-bourdon. Rudior concentus, *g.* rudioris[3] concentûs[4], *m.*

BOURDON, *bruit confus.* Fremitus, *g.* fremitûs[4], *m.*

BOURDONNEMENT. Bombus, *g.* bombi[2], *m.*

BOURDONNER. Bombum facĕre, facio, facis, feci, factum[3], *act.*

BOURG *ou* BOURGADE. Pagus, *g.* pagi[2], *m.* | *Qui est d'un bourg.* Paganus, a, um, *adj.*

BOURGEOIS. Civis, *g.* civis[3], *m.*

BOURGEOISE. Civis, *g.* civis[3], *f.*

BOURGEOISEMENT. More civico. *Ces deux mots sont à l'abl.*

BOURGEOISIE. Civitas, *g.* civitatis[3], *f.* | *Droit de bourgeoisie.* Civitas, *g.* civitatis[3], *f.*

BOURGEOISIE, *les bourgeois.* Cives. *g.* civium[3], *m. plur.*

BOURGEON. Gemma, *g.* gemmæ[1], *f.*

BOURGEONNÉ, *visage bourgeonné.* Papulis coopertus, a, um. *On met toujours papulis.*

BOU   BOU   79

BOURGEONNER. Gemmare, gemmo, gemmas, gemmavi, gemmatum[1], n.

BOURGUEMESTRE. Consul, g. consulis[3], m.

BOURRACHE, *herbe*. Euphrosinum, g. euphrosini[2], n.

BOURRADE, *coup*. Ictus, gén. ictûs[4], m.

BOURRASQUE, *tempête*. Turbo, g. turbinis[3], m.

BOURRASQUE, *mauvaise humeur*. Intemperiæ, g. intemperiarum[1], f. plur.

BOURRE. Tomentum, gén. tomenti[2], n.

BOURRÉ *de bourre*. Tomento fartus, a, um, part. pass.

BOURREAU. Carnifex, g. carnificis[3], m.

BOURRÉE, *fagot*. Virgeus fascis, g. virgei[2] fascis, m.

BOURRELER, *tourmenter*. Cruciare, crucio, crucias, cruciavi, cruciatum[1], act.

BOURRELIER. Helciarius, g. helciarii[2], m.

BOURRER *de bourre*. Tomento farcire, farcio, farcis, farsi, fartum[4], act.

BOURRER, *battre*. Verberare, verbero, verberas, verberavi, verberatum[1], act. acc. La chose avec laquelle on bat se met à l'abl.

BOURRIQUE, *âne ou ânesse*. Asinus, g. asini[2], m. Asina, g. asinæ[1], f.

BOURRIQUET. Asellus, gén. aselli[2], m.

BOURRU ou *fantasque*. Morosus, a, um, adj. | *Vin bourru*. Vinum turbidum, g. vini turbidi[2], n.

BOURSE. Crumena, g. crumenæ[1], f. | *Coupeur de bourse*. Zonarius sector, g. zonarii[2] sectoris[3], m. | *Bourse à mettre les cheveux*. Capital, g. capitalis[3], n.

BOURSE, *le change*. Forum argentarium, gén. fori argentarii[2], n. | *Bourse, pension fondée dans un collége*. Beneficiarius convictus, g. beneficiarii[2] convictûs[4], m.

BOURSIER *d'un collége, etc.* Adolescens alimentarius, g. adolescentis[3] alimentarii[2], m.

BOURSILLER, *fournir sa quote-part d'une somme*. De suo suppeditare, suppedito, suppeditas, suppeditavi, suppeditatum[1], act.

BOURSOUFLAGE. Tumor, g. tumoris[3], m.

BOURSOUFLÉ, *bouffi*. Tumidus, a, um, adj.

BOUSCULER, *mettre sens dessus dessous*. Miscēre, misceo, misces, miscui, mistum[2], act.

BOUSE, *fiente de vache ou de bœuf*. Stercus, g. stercoris[3], n.

BOUSILLAGE, *bâtiment fait avec de la terre et de la paille*. Lutum paleatum, g. luti paleati[2], n. | *Bousillage*, *ouvrage mal fait*. Opus inconcinnum, g. operis[3] inconcinni[2], n.

BOUSILLER, *bâtir avec de la boue et de la paille*. Luto construĕre, construo, construis, construxi, constructum[3], act. | *Bousiller*, *faire vite et mal*. Præpropere agĕre, ago, agis, egi, actum[3], act.

BOUSSOLE. Pyxis nautica, g. pyxidis[3] nauticæ[1], f.

BOUT. Extremum, g. extremi[2], n. | *D'un bout à l'autre ou tout entier*. Totus, a, um, g. totius, dat. toti. On fait accorder *totus* avec son substantif en genre, en nombre et en cas. Ex. *J'ai lu mon livre d'un bout à l'autre*. Legi meum librum totum. | *Avoir sur le bout de la langue*. In labris primordibus habēre, habeo, habes, habui, habitum[2], act. | *Savoir une histoire sur le bout du doigt*. Historiam percallēre, percalleo, percalles, percallui[2], sans supin. act. | *Au bout de* ou *après*. Post. avec l'acc. | *Au bout de deux ans*. Post duos annos. *Venir à bout de, achever, réussir*. Perficĕre, perficio, perficis, perfeci, perfectum[3], act. | *Venir à bout, obtenir*. Assequi, assequor, assequeris, assecutus sum[3], dép. avec l'acc. | *Venir à bout, réduire*.

Ad officium reducĕre, reduco, reducis, reduxi, reductum[3], *act.*

BOUT, *fin.* Exitus, g. exitûs[4], m. | *Voir le bout d'une affaire.* Rei exitum evolvĕre evolvo, evolvis, evolvi, evolutum[5], *act.*

BOUTADE. Voyez *Caprice.*

BOUTE-FEU. Incendiarius, g. incendiarii[2], m.

BOUTEILLE, *vase.* Lagena, g. lagenæ[1], f.

BOUTEILLE *sur l'eau*, etc. Bulla, g. bullæ[1], f.

BOUTIQUE *de travail.* Officina, g. officinæ[1], f.

BOUTIQUE *de barbier.* Tonstrina, g. tonstrinæ[1], f.

BOUTIQUE *où l'on vend.* Taberna, g. tabernæ[1], f.

BOUTOIR, *groin du sanglier.* Apri rostrum, g. apri rostri[2], n.

BOUTON *d'habit.* Globulus, g. globuli[2], m.

BOUTON ou *bourgeon aux arbres.* Gemma, g. gemmæ[1], f. | *Bouton au visage.* Papula, g. papulæ[1], f. | *Bouton de rose.* Rosæ alabaster, g. rosæ alabastri[2], m. | *Bouton qui enveloppe une fleur.* Folliculus, gén. folliculi[2], m. | *Bouton de feu dont se servent les chirurgiens.* Cauterium, g. cauterii[2], n.

BOUTONNÉ, *en parlant du visage*, etc. Pustulatus, a, um, *adj.*

BOUTONNÉ, *en parlant d'un habit.* Globulis astrictus, a, um.

BOUTONNER, *en parlant d'un habit*, etc. Globulis astringĕre, astringo, astringis, astrinxi, astrictum[3], *act.*

BOUTONNER ou *bourgeonner, en parlant des arbres.* Gemmare, gemmo, gemmas, gemmavi, gemmatum[1], n.

BOUTONNIER, *qui fait des boutons.* Globulorum artifex, gén. globulorum artificis[3], m.

BOUTONNIÈRE. Ansula, gén. ansulæ[1], f.

BOUTS-RIMÉS. Extrema rhythmica, g. extremorum rhythmicorum[2], n. plur.

BOUTURE, *branche d'arbre pour planter.* Talea, gén. taleæ[1], fém.

BOUVIER. Bubulcus, g. bubulci[2], m.

BOUVIER, *signe céleste.* Bootes, g. bootæ[1], m.

BOUVERIE, *étable à bœufs.* Bubile, g. bubilis[3], n.

BOUVILLON. Juvencus, gén. juvenci[2], m.

BOUVREUIL, *oiseau.* Rubicilla, g. rubicellæ[1], f.

BOYAU. Intestinum, g. intestini[2], n. | *Descente de boyau.* Ilium procidentia, g. ilium procidentiæ[1], f.

BRACELET. Armilla, gén. armillæ[1], f.

BRACONIER. Furtivus venator, g. furtivi[2] venatoris[3], m.

BRAIE. Panniculus, g. panniculi[2], m.

BRAILLARD, BRAILLARDE. Clamosus, a, um, *adj.*

BRAILLER, *parler bien haut, beaucoup et mal à propos.* Clamitare, clamito, clamitas, clamitavi, clamitatum[1], n.

BRAIRE, *verbe.* Rudĕre, rudo, rudis, rudi[3], *sans supin.* n.

BRAIRE, *substantif.* Ruditus, g. ruditûs[4], m.

BRAISE. Pruna, g. prunæ[1], f.

BRAMINS ou BRAMINES. Brachmanæ, g. brachmanarum[1], m. pl.

BRANCARD. Ferculum, gén. ferculi[2], n.

BRANCHAGE. Ramalia, g. ramalium[3], n. plur.

BRANCHE. Ramus, g. rami[2], m. | *Petite branche.* Ramulus, g. ramuli[2], m.

BRANCHE-URSINE, *herbe.* Acanthus, g. acanthi[2], m.

BRANCHER, *se poser sur un arbre, en parlant des oiseaux.* In ramis sedĕre, sedeo, sedes, sedi, sessum[2], n.

BRANCHU. Ramosus, a, um, *adj.*

BRANDEBOURG ou *casaque.* Penula, g. penulæ[1], f.

BRA

BRANDILLEMENT. Libramen, g. libraminis³, n.

BRANDILLER ou *agiter*. Agitare, agito, agitas, agitavi, agitatum¹, act.

BRANDILLOIRE. Oscillatio, g. oscillationis³, f.

BRANDIR, *remuer*, *branler*. Crispare, crispo, crispas, crispavi, crispatum¹, act.

BRANDON, *flambeau de paille*. Tæda, g. tædæ¹, f.

BRANLANT, adj. Nutans, gén. nutantis, *de tout genre*,

BRANLEMENT, *l'action de branler*. Agitatio, g. agitationis³, fém. | *Branlement de tête*. Nutatio, g. nutationis³, f.

BRANLER ou *faire remuer*. Movēre, moveo, moves, movi, motum², act.

BRANLER ou *se mouvoir*. Moveri, moveor, moveris, motus sum², pass.

BRANLER, *n'être pas ferme*. Titubare, titubo, titubas, titubavi, titubatum¹, n.

BRAQUE, *chien de chasse*. Canis sagax, g. canis sagacis³, m.

BRAQUER. Librare, libro, libras, libravi, libratum¹, act.

BRAQUES, *pinces d'écrevisse*. Chelæ, g. chelarum¹, f. plur.

BRAS. Brachium, g. brachii², n. | *Bras de mer*. Fretum, g. freti², n. | *Bras de rivière*. Fluvii ramus, g. fluvii rami², m. | *A bras ouvert*. Amantissimè, adv.

Avoir sur les bras, *avoir soin*. Curare, curo, curas, curavi, curatum¹, act. | *Avoir quelqu'un sur les bras, être tourmenté par lui*. Vexari, vexor, vexaris, vexatus sum¹, pass.

BRAS, *puissance*. Potestas, gén. potestatis³, f.

BRASIER. Prunæ, g. prunarum¹, f. plur.

BRASSARD. Brachiale, g. brachialis³, n.

BRASSE, *mesure*. Orgya, gén. orgyæ¹, f.

BRE

BRASSÉE. Quantum brachiorum complexu contineri potest.

BRASSER, *remuer à force de bras*. Subigĕre, subigo, subigis, subegi, subactum³, act. † *Brasser de la bière*. Cervisiam coquĕre, coquo, coquis, coxi, coctum³, act.

BRASSERIE, *lieu où l'on brasse la bière*. Cervisiæ officina, gén. cervisiæ officinæ¹, f.

BRASSEUR. Qui cervisia coquit.

BRAVADE. Frivola jactantia, g. frivolæ jactantiæ¹, f.

BRAVE ou *vaillant*. Fortis, m. f. forte, n. gén. fortis, adj. | *Faux brave*. Thraso, g. thrasonis³, m. | *En brave*. Perfortiter, adv.

Brave homme. Vir virtutibus eximiis præditus, g. viri² eximiis virtutibus præditi², m.

BRAVEMENT. Fortiter, adv.

BRAVER. Insultare, insulto, insultas, insultavi, insultatum¹, n. avec le dat. | *Braver la mort*. Mortem ultrò lacessĕre, lacesso, lacessis, lacessivi, lacessitum³, act. | *Braver la fortune*. Fortunæ responsare, responso, responsas, responsavi, responsatum¹, n.

BRAVOURE. Fortitudo, g. fortitudinis³, f.

BRAYER. Fascia, g. fasciæ¹, f.

BRÉANT, *oiseau*. Anthus, gén. anthi², m.

BREBIS. Ovis, g. ovis³, f.

BRÈCHE. Ruina, g. ruinæ¹, f.

BRÈCHE, *tort*. Damnum, g. damni², n.

BREDOUILLEMENT. Oris titubantia, g. oris titubantiæ¹, f.

BREDOUILLER. Verba frangĕre, frango, frangis, fregi, fractum³, act.

BREDOUILLEUR. Verborum mutilator, g. verborum mutilatoris³, m.

BREF, Brève, adj. Brevis, m. f. breve, n. gén. brevis *pour les 3 genres*.

En bref ou *bientôt*. Propè diem.

BREF, *en un mot*. Uno verbo.

un Bref. Diploma, gén. diplomatis³, n.

BRELAN. Ludus aleatorius, g. ludi aleatorii², m.

Brelan, lieu où se tient le jeu. Forum aleatorium, g. fori aleatorii², n.

BRELANDIER. Aleator, gén. aleatoris³, m.

BRÈME, poisson. Brema, gén. bremæ¹, f.

BRÉSILLER, mettre en petits morceaux. Minutatìm concidĕre, concido, concidis, concidi, concisum³, act. Minutatìm reste toujours.

BRETELLE. Lorum, g. lori², n.

BRETTE. Rhomphea, g. rhompheæ¹, f.

BRETTEUR, celui qui porte une brette. Machærophorus, g. machærophori², m.

BREUVAGE. Potio, g. potionis³, fém.

BREVET. Diploma, g. diplomatis³, n.

BRÉVETER quelqu'un. Diplomate donare, dono, donas, donavi, donatum¹, act.

BRÉVIAIRE, office que doit dire celui qui est dans les ordres. Horæ canonicæ, gén. horarum canonicarum¹, f. plur.

Bréviaire, livre qui contient l'office. Breviarium, g. breviarii², n.

BRIBE, morceau de pain ou de viande. Frustum, g. frusti², n.

BRICOLE. Declinatio, g. declinationis³, f.

Bricole, fausse excuse. Frustratio, g. frustrationis³, f.

BRIDE. Frenum, g. freni², n. plur. frena, frenorum, n. ou bien freni, frenorum, masc. | A bride abattue, ou à toute bride. Laxis habenis, à l'abl. | Lâcher la bride à ses passions. In cupiditates ruĕre, ruo, ruis, rui, rutum³, n.

BRIDÉ. Frenatus, a, um, part. pass.

BRIDER. Frenare, freno, frenas, frenavi, frenatum¹, act.

BRIÈVEMENT. Breviter, adv.

comp. breviùs; superl. brevissimè.

BRIÈVETÉ. Brevitas, g. brevitatis³, f.

BRIFER. Vorare, voro, voras, voravi, voratum¹, act.

BRIGADE. Caterva, gén. catervæ¹, f.

Par brigade. Catervatìm, adv.

BRIGADIER. Catervæ ductor, g. catervæ ductoris³, m.

BRIGAND. Latro, g. latronis³, m.

BRIGANDAGE. Latrocinium, g. latrocinii², n.

BRIGANDER, voler. Latrocinari, latrocinor, latrocinaris, latrocinatus sum¹, dép.

BRIGANTIN. Myoparo, g. myoparonis³, m.

BRIGUE, poursuite pour obtenir une dignité. Ambitus, gén. ambitûs⁴, m.

Brigue, cabale. Conspiratio, g. conspirationis³, f.

BRIGUÉ. Ambitus, a, um, part. pass.

BRIGUER. Ambire, ambio, ambis, ambivi, ou ambii, ambitum⁴, act.

BRIGUEUR. Ambiens, g. ambientis, de tout genre.

BRILLANT, adj. Fulgens, m. f. n. gén. fulgentis. comp. Fulgentior, m. f. fulgentius, n. gén. fulgentioris; superl. fulgentissimus, a, um.

BRILLANT, subst. Fulgor, g. fulgoris³, m.

BRILLANT, diamant. Adamas, adamantis³, m.

BRILLER. Fulgēre, fulgeo, fulges, fulsi², sans supin. n. | Faire briller les épées. Gladiis micare, mico, micas, micui¹, sans sup. n.

BRIMBORIONS. Crepundiæ, g. crepundiarum¹, f. plur.

BRIN d'herbe. Herbula, g. herbulæ¹, f. | Brin de paille. Festuca, g. festucæ¹, f.

Brin à brin. Filatìm, adv.

BRIOCHE, espèce de gâteau. Libum, g. libi², n.

BRIQUE. Later, g. lateris³, m.

| *Qui est de brique.* Lateritius, a, um, *adj.*

BRIQUET, *instrument à faire du feu.* Igniarium, *g.* igniarii², *n.* | *Battre le briquet.* Ex pyrite ignem elicĕre, elicio, elicis, elicui, elicitum³, *act.*

BRIQUETAGE. Laterarium opus, *g.* laterarii² operis³, *n.*

BRISANS, *écueil.* Scopuli, *g.* scopulorum², *m pl.*

BRISÉ. Fractus, a, um, *p. p.*

BRISÉES, *subst. Aller sur les brisées de...* Vestigiis ingredi, ingredior, ingrederis, ingressus sum³, *dép. Génit. du nom qui suit* de.

BRISEMENT. Fractura, *gén.* fracturæ¹, *f.*

BRISER. Frangĕre, frango, frangis, fregi, fractum³, *act.*

SE BRISER. Frangi, frangor, frangeris, fractus sum³, *pass.*

BRISURE. Fractura, *gén.* fracturæ¹, *f.*

BROC, *vase de bois.* Amphora, *g.* amphoræ¹, *fém.*

BROCANTER. Permutare, permuto, permutas, permutavi, permutatum¹, *act.*

BROCANTEUR, *qui achète et qui revend.* Propola, *g.* propolæ¹, *masc.*

BROCARD, *parole piquante.* Cavillum, *g.* cavilli², *n.* | *Diseur de brocards.* Cavillator, *g.* cavillatoris³, *m.*

BROCARDER. Conviciari, convicior, conviciaris, conviciatus sum¹, *dép. acc.*

BROCART, *étoffe.* Attalicum textile, *g.* attalici² textilis³, *n.*

BROCHE. Veru, *n. indécl.* Au plur. verua, veruum, verubus⁴, *neut.*

BROCHER ou *faire négligemment.* Negligenter facĕre, facio, facis, feci, factum³, *act.*

BROCHER, *en parlant d'une étoffe.* Contexĕre, contexo, contexis, contexui, contextum³, *act.* | *d'or,* auro, *à l'abl.*

BROCHER *un livre.* File compingere, compingo, compingis, compegi, compactum³, *act.*

BROCHET. Lucius, *g.* lucii², *m.*

BROCHETTE. Veruculum, *g.* veruculi², *n.*

BROCHURE. Libellus, *gén.* libelli², *m.*

BRODÉ *à l'aiguille.* Acu pictus, a, um, *part. pass.* Acu *est à l'abl.* | *Brodé d'or.* Auro illusus, a, um, *part.*

BRODEQUIN. Cothurnus, *gén.* cothurni², *m.* | *Qui porte des brodequins.* Cothurnatus, a, um, *adj.*

BRODER *à l'aiguille.* Acu pingĕre, pingo, pingis, pinxi, pictum³, *act.*

BRODER, *embellir, ajouter.* Adornare, adorno, adornas, adornavi, adornatum¹, *act.*

BRODERIE ou *ouvrage brodé.* Phrygium opus, *g.* Phrygii² operis³, *n.*

BRODEUR. Phrygio, *g.* phrygionis³, *m.*

BRODEUSE. Limbolaria, *gén.* limbolariæ¹, *f.*

BRONCHADE. Offensio, *g.* offensionis³, *f.*

BRONCHER, *se heurter.* Pedem offendĕre, offendo, offendis, offendi, offensum³, *n. à se rend par* ad *avec l'acc.* | *Cheval qui bronche.* Equus offensator, *g.* equi² offensatoris³, *m.* | *Ce qui fait broncher.* Offendiculum, *g.* offendiculi², *n.*

BRONCHER, *faillir.* Labi, labor, laberis, lapsus sum³, *dép.*

BRONZE. Æs, *g.* æris³, *n.* | *De bronze.* Æneus, ea, eum, *adj.*

BRONZÉ, *adj.* Æris colore infectus, a, um, *part. pass. On met* æris colore *à tous les cas.*

BRONZER. Æris colore inficĕre, inficio, inficis, infeci, infectum³, *act. On met par-tout* æris colore.

BROQUETTE, *petit clou.* Clavulus, *g.* clavuli², *m.*

BROSSE. Scopula, *g.* scopulæ¹, *fém.*

BROSSER. Scopulâ tergĕre, tergo, tergis, tersi, tersum³, *act.*

BROU *de noix vertes.* Gullioca, g. gulliocæ¹, *f.*

BROUET. Jus, g. juris³, *n.*

BROUETTE. Vehiculum trusatile, g. vehiculi² trusatilis², *n.*

BROUETTER. Manuali vehiculo exportare, exporto, exportas, exportavi, exportatum¹, *act.*

BROUILLARD. Nebula, g. nebulæ¹, *f.* | *Papier brouillard.* Bibula charta, g. bibulæ chartæ¹, *f.*

BROUILLARD, *écrit qui n'est pas mis au net.* Adversaria, g. adversariorum², *n. plur.*

BROUILLÉ, *sans ordre.* Turbatus, a, um, *part. pass.*

BROUILLÉ, *mal avec quelqu'un. Etre brouillé.* Abalienari, abalienor, abalienaris, abalienatus sum¹, *dép.* avec *se rend par* à *ou* ab *avec l'ablat.* | *Ils sont brouillés.* Inter se dissident, *de* Dissidere, dissideo, dissides, dissedi, dissessum², *neut.*

BROUILLER. Turbare, turbo, turbas, turbavi, turbatum¹, *act.*

BROUILLER, *jeter la division.* Dissociare, dissocio, dissocias, dissociavi, dissociatum¹, *act.*

SE BROUILLER, *en parlant des personnes.* Voyez *Brouillé.* | *En parlant des choses.* Turbari, *pass.* de Turbo.

BROUILLERIE. Perturbatio, g. perturbationis³, *f.*

BROUILLON, *turbulent.* Turbator, g. turbatoris³, *m.*

BROUSSAILLES. Fruteta, gén. frutetorum², *n. plur.* | *Lieu plein de broussailles.* Aspretum, g. aspreti², *n.*

BROUT, *pâturage.* Pastio, g. pastionis³, *f.*

BROUTER. Pasci, pascor, pasceris, pastus sum³, *pass. avec l'ablat.*

BROYÉ. Tritus, a, um, *part. pass.*

BROYEMENT. Tritura, g. trituræ¹, *f.*

BROYER. Terĕre, tero, teris, rivi, tritum³, *act.*

BROYEUR. Tritor, g. tritoris³, *masc.*

BRU. Nurus, g. nurûs⁴, *f.*

BRUGNON ou BRIGNON, *sorte de pêche.* Persicum duracinum, gén. persici duracini², *n.*

BRUINE. Pruina, g. pruinæ¹, *f.*

BRUINER, *faire de la bruine. Il bruine.* Pruina ingruit³.

BRUIRE. Strepĕre, strepo, strepis, strepui, strepitum¹, *n.*

BRUISSEMENT, *bruit sourd et confus que font les vagues de la mer.* Undarum fremitus, g. undarum fremitûs⁴, *m.*

BRUIT, *confus.* Murmur, gén. murmuris³, *n.*

BRUIT ou *son.* Sonus, g. soni², *masc.*

BRUIT ou *renommée.* Rumor, g. rumoris³, *m.*

BRUIT *des ailes.* Plausus, gén. plausûs⁴, *m.* | *Bruit des armes.* Armorum crepitus, g. armorum crepitûs⁴, *m.*

BRUIT ou *querelle.* Rixa, g. rixæ¹, *f.*

BRÛLANT. Ardens, *m. f. n.* gén. ardentis. *comp.* Ardentior, *m. f.* ardentius, *n. gén.* ardentioris; *superl.* ardentissimus, a, um.

BRÛLÉ. Ustus, a, um, *part. pass.*

BRÛLEMENT, *embrâsement.* Deflagratio, g. deflagrationis³, *f.*

BRÛLER. Urĕre, uro, uris, ussi, ustum³, *act.*

BRÛLER ou *être en feu.* Ardēre, ardeo, ardes, arsi, arsum², *n.* de *se rend par l'abl.*

BRÛLOT. Navis incendiaria, g. navis³ incendiariæ¹, *f.*

BRÛLOT, *boute-feu.* Voyez *ce mot.*

BRÛLURE. Adustio, g. adustionis³, *f.*

BRUME, *brouillard épais.* Atra nebula, g. atræ nebulæ¹, *f.*

BRUN. Fuscus, a, um, *adj.*

BRUNE. (*sur la*) Sub vesperum.

BRUNET. Subfuscus, a, um, *adj.*

BRUNI. Politus, a, um, *p. p.*

BRUNIR. Polire, polio, polis, polivi ou polii, politum[4], *act.*

BRUNIR, *rendre brun*. Infuscare, infusco, infuscas, infuscavi, infuscatum[1], *act.*

BRUNIR, *devenir brun*. Colorem fuscum induere, induo, induis, indui, indutum[3], *act.*

BRUNISSAGE. Politio, g. politionis[3], f.

BRUNISSEUR. Politor, g. politoris[3], m.

BRUNISSURE. Politura, g. polituræ[1], f.

BRUNISSOIR, *outil*. Politionis radula, g. politionis radulæ[1], f.

BRUSC, *arbrisseau*. Oxymyrsine, g. oxymyrsines[1], f.

BRUSQUE, *adj. en parlant des personnes*. Vehemens, g. vehementis, *de tout genre*.

BRUSQUE, *adj. en parlant des choses*. Præceps, g. præcipitis, *de tout genre*.

BRUSQUEMENT, *subitement*. Præcipiti impetu, *à l'abl.*

BRUSQUEMENT, *durement*. Asperè, *adv.*

BRUSQUERIE. Animi impetus, g. animi impetûs[4], m.

BRUSQUER, *faire insulte*. Ferociter habēre, habeo, habes, habui, habitum[2], *act.*

BRUSQUER, *expédier une affaire*. Deproperare, depropero, deproperas, deproperavi, deproperatum[1], *act.*

BRUT, *qui n'est pas travaillé*. Impolitus, a, um, *adj.*

BRUT, *sauvage*. Ferus, a, um, *adj.*

BRUTAL, *stupide*. Stolidus, a, um, *adj.*

BRUTAL, *emporté*. Ferus, a, um, *adj.*

BRUTALEMENT, *stupidement*. Stolidè, *adv. comp.* Stolidiùs; *superl.* stolidissimè.

BRUTALEMENT, *avec brutalité*. Ferociter, *adv.*

BRUTALISER *quelqu'un en paroles*. Conviciari, convicior, conviciaris, conviciatus sum[1], *dép. accus.*

BRUTALITÉ. Stoliditas, g. stoliditatis[3], f.

BRUTALITÉ, *emportement*. Feritas, g. feritatis[3], f.

BRUTE. Brutum animal, g. bruti[2] animalis[3], n.

BRUTUS, *nom d'homme*. Brutus, g. Bruti[2], m.

BRUYANT, *qui fait grand bruit*. Fragosus, a, um, *adj.*

BRUYÈRE. Myrice, g. myrices[1], *fém.*

BU. Potatus, a, um, *part. pass.*

BUBE. Pustula, g. pustulæ[1], f.

BÛCHE. Stipes, g. stipitis[3], m.

BÛCHE ou *stupide*. Stupidus, a, um, *adj.*

BÛCHER, *l'endroit où l'on serre le bois*. Cella lignaria, g. cellæ lignariæ[1], f.

BÛCHER *pour brûler les morts*. Rogus, g. rogi[2], m.

Dresser un bûcher. Rogum exstruĕre, exstruo, exstruis, exstruxi, exstructum[3], *act.*

BÛCHERON. Lignator, g. lignatoris[3], m.

BUCHETTE. Cremium, g. cremii[2], n.

BUCOLIQUES. Bucolica, g. bucolicorum[2], n. plur.

BUFFET. Abacus, g. abaci[2], m.

BUFFLE. Urus, g. uri[2], m.

BUGLOSE, *herbe*. Buglossum, g. buglossi[2], n.

BUIRE. Hydria, g. hydriæ[1], f.

BUIS. Buxum, g. buxi[2], n. | *Qui est de buis*. Buxeus, ea, eum, *adj.*

BUISSON. Dumus, g. dumi[2], m.

BULBE, *oignon de plante*. Bulbus, g. bulbi[2], m.

BULBEUX. Bulbosus, a, um, *adj.*

BULLE. Diploma, g. diplomatis[3], n.

BULLE, *globule d'air*. Bulla, g. bullæ[1], f.

BULLETIN, *suffrage par écrit*. Tabella, g. tabellæ[1], f.

BULLETIN, *billet par lequel on*

rend compte. Diaria scheda, g. diariæ schedæ¹, f.

BURAT, le même que BURE.

BURE, grosse étoffe de laine. Pannus crassior, g. panni² crassioris³, m.

BUREAU, table. Mensa, g. mensæ¹, f.

BUREAU où l'on s'assemble. Exedra, g. exedræ³, f. | Prendre l'air du bureau. Ad sensum judicum penetrare, penetro, penetras, penetravi, penetratum¹, n.

BURETTE. Urceolus, g. urceoli³, m.

BURIN. Cælum, g. cæli², n.

BURINÉ. Cælatus, a, um, p. p.

BURINER. Cælare, cælo, cælas, cælavi, cælatum¹, act.

BURLESQUE. Jocularis, m. f. joculare, n. gén. jocularis, adj.

BURLESQUEMENT. Mimicè, adv.

BUSARD, oiseau. Buteo, g. buteonis³, m.

BUSC ou busque. Regula pectoralis, g. regulæ¹ pectoralis³, f.

BUSE, sot ou niais. Bardus, a, um, adj.

BUSE. Voyez Busard.

BUSQUER, chercher. Quærere, quæro, quæris, quæsivi, quæsitum³, act.

BUSTE. Statua infernè trunca, g. statuæ infernè truncæ¹, fém.

BUT, point où l'on vise. Meta, g. metæ¹, f. | Etre but à but. Esse pari conditione, de Sum, es, fui.

BUT, fin. Finis, g. finis³, m.

DE BUT EN BLANC, inconsidérément. Temerè, adv.

BUTER, viser. Spectare, specto, spectas, spectavi, spectatum¹, n. à se rend par ad avec l'acc.

BUTIN. Præda, g. prædæ¹, f.

BUTINER. Prædari, prædor, prædaris, prædatus sum¹, dép. acc.

BUTOR, oiseau. Stellaris ardeola, g. stellaris³ ardeolæ¹, f.

BUTOR ou stupide. Stupidus, a, um, adj.

BUTTE. Tumulus, g. tumuli², masc.

BUVABLE. Poculentus, a, um, adj.

BUVETIER. Caupo forensis, g. cauponis forensis³, m.

BUVETTE. Popina forensis, g. popinæ¹ forensis, f.

BUVEUR. Potator, g. potatoris³, masc.

BUVEUSE. Bibacula, g. bibaculæ¹, f.

BUVOTER. Potitare, potito, potitas, potitavi, potitatum¹, n.

C.

ÇA, avec mouvement. Hùc.

ÇA, avec repos. Hic.

Çà et là, avec mouvement. Hùc illùc. | Sans mouvement. Hic illic.

ÇA, interjection, age, quand on parle à un seul; agite, quand on parle à plusieurs.

CABALE, complot. Coïtio, g. coïtionis³, f.

CABALE, science cachée. Arcana disciplina, g. arcanæ disciplinæ¹, fém.

CABALER. Conspirare, conspiro, conspiras, conspiravi, conspiratum¹, n.

CABALEUR, factieux qui cabale. Factiosus, a, um, adj.

CABAN. Penula, g. penulæ¹, f.

CABANE. Casa, g. casæ¹, f.

Petite Cabane. Casul, g. casulæ¹, f.

CABARET. Caupona, g. cauponæ¹, f.

CABARETIER. Caupo, g. cauponis³, m.

CABARETIÈRE. Caupona, cauponæ¹, f.

CAC

CABAS, *sorte de panier*. Fiscina, *g.* fiscinæ¹, *f.*

CABESTAN, *machine à lever des fardeaux*. Ergata, *g.* ergatæ¹, *fém.*

CABINET. Secretius conclave, *g.* secretioris conclavis³, *n.*

Cabinet *où l'on étudie*. Museum, *g.* musei², *n.*

CÂBLE, *grosse corde*. Rudens, *g.* rudentis³, *m.*

CABOTER, *naviguer le long des côtes*. Littora circumlegĕre, circumlego, circumlegis, circumlegi, circumlectum³, *act.*

CABRER, *faire cabrer un cheval*. Equum in posteriores pedes excitare, excito, excitas, excitavi, excitatum¹, *act.*

se Cabrer. Arrectum se tollĕre, me tollo, te tollis, me sustuli, se sublatum³, *act.*

se Cabrer, *se fâcher*. Petulanter efferri, efferor, efferris, effertur, elatus sum³, *pass.* Contre par in avec l'acc.

CABRI, *jeune chevreau*. Capreolus, *g.* capreoli², *m.*

CABRIOLE. Saltus, *g.* saltûs⁴, *m.*

CABRIOLER. Saltare, salto, saltas, saltavi, saltatum¹, *n.*

CABRIOLET. Vectura levis, *g.* vecturæ¹ levis³, *m.*

CABUS. *On le joint avec chou.* Capitatus caulis, *g.* capitati² caulis³, *masc.*

CACHE. Latebra, *g.* latebræ¹, *f.*

CACHÉ, *en parlant des personnes*. Latens, *g.* latentis³, *adj.*

être Caché. Latēre, lateo, lates, latui², *sans sup. n.*

Caché, *en parlant des choses*. Occultus, a, um. *comp.* Occultior, *m. f.* occultius, *n. gén.* occultioris; *superl.* occultissimus, a, um.

CACHER. Abdĕre, abdo, abdis, abdidi, abditum³, *act.*

Cacher, *céler*. Celare, celo, celas, celavi, celatum¹, *act. avec deux accusatifs.*

CACHET. Sigillum, *g.* sigilli², *neut.*

CAD

CACHETÉ. Obsignatus, a, um, *part. pass.*

CACHETER. Obsignare, obsigno, obsignas, obsignavi, obsignatum¹, *act.* | *Cacheter une lettre.* Epistolæ signum apponĕre, appono, apponis, apposui, appositum³, *act.*

CACHETTE. Latebra, *gén.* latebræ¹, *f.* | *En cachette de.* Clàm, *avec un ablat.* | *Qui se fait en cachette.* Clandestinus, a, um, *adj.*

CACHOT. Carcer, *g.* carceris³, *masc.*

CACOCHYME, *plein de mauvaises humeurs*. Malè affectus, a, um, *part. pass.*

CACOCHYMIE. Vitiosorum humorum abundantia, *g.* vitiosorum humorum abundantiæ¹, *f.*

CACOPHONIE. Sonorum confusio, *g.* sonorum confusionis³, *f.*

CADASTRE. Codex censualis, *g.* codicis censualis³, *m.*

CADAVÉREUX. Cadaverosus, a, um, *adj.*

CADAVRE. Cadaver, *g.* cadaveris³, *n.*

CADEAU, *fête*. Epulum, *gén.* epuli², *n.*

Cadeau, *présent*. Munusculum, *g.* munusculi², *n.*

CADENAS. Catenata sera, *gén.* catenatæ seræ¹, *f.*

CADENASSER. Catenatâ serâ illigare, illigo, illigas, illigavi, illigatum¹, *act.*

CADENCE. Numerus, *gén.* numeri², *m.*

En, ou *avec cadence.* Numerosè, *adv.*

Cadencé, *adj.* Numerosus, a, um, *adj.*

CADENCER. Ad numeros componĕre, compono, componis, composui, compositum³, *act.*

CADET, **Cadette**, *ou plus jeune à l'égard de deux.* Natu minor, *g.* natu minoris³, *m. et f.* | *A l'égard de plusieurs.* Natu minimus, a, um.

Cadet, *jeune volontaire*. Miles tirunculus, *g.* militis³ tirunculi², *m.*

CADRAN, *horloge solaire*. Solarium, g. solarii², n. | *Cadran d'horloge ou de montre.* Horologium, g. horologii², n.

CADRE. Quadrum, g. quadri², n.

CADUC. Caducus, a, um, *adj.* | *Mal caduc.* Morbus comitialis, g. morbi² comitialis³, m.

CADUCÉE. Caduceus, g. caducei², m.

CADUCITÉ, *état de la vieillesse*. Ætas iners, g. ætatis inertis³, f.

CAFARD, *hypocrite*. Pietatis simulator, g. pietatis simulatoris³, masc.

CAFÉ, *sorte de fève d'Arabie*. Faba arabica, g. fabæ arabicæ¹, f.

CAFETIÈRE. Cucumella, g. cucumellæ¹, f.

CAGE. Cavea, g. caveæ¹, f.

CAGNEUX, *qui a les genoux en dedans*. Varus, a, um, *adj.*

CAGOT. Voyez *Bigot*.

CAGOTERIE. Voyez *Bigoterie*.

CAHIER. Codex, g. codicis³, m.

CAHOT. Successus, g. successûs⁴, m.

CAHOTAGE. Successio, g. successionis³, f.

CAHOTER, *secouer*. Succutere, succutio, succutis, succussi, succussum³, *act*.

CAHUTE. Casula, g. casulæ¹, f.

CAIEU, *rejeton des oignons qui portent fleur*. Bulbus, g. bulbi², masc.

CAILLE. Coturnix, *gén.* coturnicis³, f.

CAILLÉ. Coagulatus, a, um, *part. pass.*

CAILLER ou *faire cailler*. Coagulare, coagulo, coagulas, coagulavi, coagulatum¹, *acc*.

SE CAILLER. Coagulari, coagulor, coagularis, coagulatus sum¹, *pass*.

CAILLETEAU, *jeune caille*. Coturnix junior, g. coturnicis junioris³, f.

CAILLETOT, *petit turbot*. Rhombus minor, g. rhombi² minoris³, m.

CAILLOT *de sang*. Sanguis conglobatus, g. sanguinis³ conglobati², masc.

CAILLOU. Silex, g. silicis³, m. | *Qui est de caillou.* Siliceus, ea, eum, *adj.* | *Petit caillou.* Calculus, g. calculi², m. | *Lieu plein de cailloux.* Saxetum, g. saxeti², n.

CAISSE. Capsa, g. capsæ¹, f.

CAISSE. Voyez *Tambour*.

CAISSIER. Capsarius, g. capsarii², m.

CAISSON, *grand coffre pour porter le pain de munition*. Capsa annonaria, g. capsæ annonariæ¹, f.

CAIUS, *nom d'homme*. Caius, g. Caii², m.

CAJOLER. Blandiri, blandior, blandiris, blanditus sum⁴, *dép. dat.*

CAJOLERIE. Blanditiæ, g. blanditiarum¹, f. pl.

CAJOLEUR. Blandidicus, *gén.* blandidici², m.

CAL ou *calus*. Callum, g. calli², *neut*.

CALAMANTE, *herbe*. Calamyntha, g. calamynthæ¹, f.

CALAMINE, *minéral*. Calchitis, g. calchitis³, f.

CALAMITÉ. Calamitas, g. calamitatis³, f.

CALAMITEUX. Luctuosus, a, um, *adj.*

CALANDRE, *insecte*. Curculio, g. curculionis³, m.

CALANDRE, *presse*. Prelum, g. preli², n.

CALANDRER. Prelo expolire, expolio, expolis, expolivi, expolitum⁴, *act*.

CALCÉDOINE, *pierre précieuse*. Chalcedonius lapis, g. chalcedonii² lapidis³, m.

CALCAIRE. In calcem resolubilis, m. f. resolubile, n. *gén.* resolubilis, *adj.*

CALCINER. Igni torrere, torreo, torres, torrui, tostum², *act*.

CALCUL. Computatio, g. computationis³, f.

CALCUL, *pierre qui se forme dans les reins*. Calculus, g. calculi², m.

CAL   CAM

CALCULATEUR. Calculator, *g.* calculatoris[3], *m.*

CALCULÉ. Computatus, a, um, *part. pass.*

CALCULER. Computare, computo, computas, computavi, computatum[1], *act.*

CALE, *petit bonnet.* Pileolus, *g.* pileoli[2], *m.*

CALE, *le fond d'un vaisseau.* Infimum tabulatum, *g.* infimi tabulati[2], *n.*

CALEBASSE. Cucurbita, *g.* cucurbitæ[1], *f.*

CALÈCHE. Pilentum, *g.* pilenti[2], *n.*

CALEÇON. Subligaculum interius, *g.* subligaculi[2] interioris[3], *neut.*

CALENDES. Calendæ, *g.* calendarum[1], *fém. pl.*

CALENDRIER. Fasti, *g.* fastorum[2], *m. pl.*

CALER, *baisser les voiles.* Vela contrahěre, contraho, contrahis, contraxi, contractum[3], *act.*

CALFATAGE. Navis refectio, *g.* navis refectionis[3], *f.*

CALFATER *des vaisseaux.* Naves reficěre, reficio, reficis, refeci, refectum[3], *act.*

CALFEUTRER, *boucher les fentes.* Rimas explēre, expleo, exples, explevi, expletum[2], *act. gén. de la chose.*

CALIBRE, *largeur de la bouche du canon.* Oris tormenti bellici diametros, *g.* diametri[2], *n.*

CALIBRE ou *grosseur.* Amplitudo, *g.* amplitudinis[3], *f.*

CALICE. Calix, *gén.* calicis[3], *m.*

CALIFOURCHON. (*aller à*) Equitare, equito, equitas, equitavi, equitatum[1], *n.*

CALLEUX, *où il y a des cals.* Callosus, a, um, *adj.*

CALLIOPE, *une des neuf Muses.* Calliope, *g.* Calliopes[3], *f.*

CALLOSITÉ. Callus, *g.* calli[2], *masc.*

CALMANT, *subst.* Mitigatorium, *g.* mitigatorii[2], *n.*

CALME, *tranquillité.* Tranquillitas, *g.* tranquillitatis[3], *f.*

CALME, *adj.* Tranquillus, a, um, *adj.*

CALMER. Placare, placo, placas, placavi, placatum[1], *act.*

SE CALMER. Placari, placor, placaris, placatus sum[1], *pass.*

CALOMNIATEUR. Calumniator, *g.* calumniatoris[3], *m.*

CALOMNIATRICE, *celle qui accuse faussement.* Calumniatrix, *g.* calumniatricis[3], *f.*

CALOMNIE. Calumnia, *g.* calumniæ[1], *f.*

CALOMNIÉ, *part.* Falsò accusatus, a, um, *part. pass.*

CALOMNIER. Calumniari, calumnior, calumniaris, calumniatus sum[1], *dép. acc.*

CALOMNIEUSEMENT, *faussement.* Calumniosè, *adv.*

CALOMNIEUX, *où il y a de la calomnie.* Calumniosus, a, um, *adj.*

CALOTTE. Galericulus, *g.* galericuli[2], *m.*

CALQUER. Picturam ex aliâ exprimĕre, exprimo, exprimis, expressi, expressum[3], *act.*

CALQUER, *imiter servilement.* Imitari, imitor, imitaris, imitatus sum[1], *dép. acc.*

CALVAIRE, *montagne.* Calvaria, *g.* calvariæ[1], *f.*

CALVILLE, *pomme.* Calvirium malum, *g.* calvirii mali[2], *n.*

CALVIN, *nom d'homme.* Calvinus, *g.* Calvini[2], *m.*

CALVINISME. Calviniana hæresis, *g* calvinianæ[1] hæresis[3], *f.*

CALVINISTE. Calvinista, *gén.* calvinistæ[1], *f.*

CALVITIE, *quand on a la tête chauve.* Calvitium, *gén.* calvitii[2], *neut.*

CALUS. Voyez *Cal.*

CAMAIEU, *pierre précieuse.* Sardonichus, *g.* sardonichi[2], *m.*

CAMAIEU, *dessin d'une seule couleur.* Monochroma, *g.* monochromatis[3], *n.*

12

CAMAIL. Humerale, *gén.* humeralis³, *n.*

CAMARADE, *m.* Socius, *g.* socii², *masc. Au fém.* Socia, *g.* sociæ¹, *f. Dat. et ablat. pl.* sociabus.

Camarade de classe. Condiscipulus, *g.* condiscipuli², *m.*

CAMARD. Simus, a, um, *adj.*

CAMBOUIS. Axungia, *g.* axungiæ¹, *f.*

CAMBRER, *former en voûte.* Concamerare, concamero, concameras, concameravi, concameratum¹, *act.*

CAMBRURE, *courbure en voûte.* Concameratio, *g.* concamerationis³, *f.*

CAMÉLÉON. Chamæleon, *gén.* chamæleonis³, *m.*

CAMÉLÉOPARD. Chamæleopardus, *g.* chamæleopardi², *m.*

CAMELOT. Contextum caprinum, *g.* contexti caprini², *n.*

CAMION, *petite épingle.* Acicula, *g.* aciculæ¹, *f.*

CAMISADE. Antelucana oppugnatio, *gén.* antelucanæ¹ oppugnationis³, *f.*

CAMISOLE. Inducula, *g.* induculæ¹, *f.*

CAMOMILLE, *herbe odoriférante.* Anthemis, *g.* anthemidis³, *masc.*

CAMOUFLET. Fumi afflatus, *g.* fumi afflatûs⁴, *m.*

CAMP. Castra, *g.* castrorum², *n. plur.*

Qui est de camp. Castrensis, *m. f.* castrense, *n. gén.* castrensis.

Camp volant. Expedita manus, *g.* expeditæ¹ manûs⁴, *f.*

CAMPAGNARD. Rusticanus, a, um, *adj.*

CAMPAGNARD, *impoli.* Inurbanus, a, um, *adj.*

CAMPAGNE, *les champs.* Rus, *g.* ruris³, *n.*

Une maison de campagne. Villa, *g.* villæ¹, *fém.*

CAMPAGNE ou *plaine.* Campus, *g.* campi², *m.*

CAMPAGNE, *expédition de guerre.* Bellica expeditio, *g.* bellicæ¹ expeditionis³, *f.*

Entrer en campagne. Bellum inire, ineo, inivi, initum⁴, *act.*

Mettre en campagne. In expeditionem educere, educo, educis, eduxi, eductum³, *act.*

Campagne, années de service militaire. Stipendia, *g.* stipendiorum², *n. plur.*

CAMPEMENT. Castrorum metatio, *g.* castrorum metationis³, *f.*

CAMPER. Castra locare, loco, locas, locavi, locatum¹, *act.*

CAMPHRE, *sorte de gomme.* Camphora, *g.* camphoræ¹, *f.*

CAMUS. Simus, a, um, *adj.*

CANAILLE. Plebecula, *g.* plebeculæ¹, *f.*

CANAL. Canalis, *g.* canalis³, *fém. Ablat.* canali.

Canal de cheminée. Camini spiraculum, *g.* camini spiraculi², *n.*

CANAL ou *moyen.* Via, *g.* viæ¹, *f.*

CANAPÉ, *chaise à dos assez large.* Bissellium, *g.* bissellii², *n.*

CANARD. Anas, *g.* anatis³, *f.*

Qui est du canard. Anatinus, a, um, *adj.*

CANCER. Cancer, *g.* cancri², *m.*

CANDELABRE. Candelabrum multifidum, *g.* candelabri multifidi², *n.*

CANDEUR. Candor, *g.* candoris³, *m.*

Avec candeur. Candidè, *adv.*

CANDI. Voyez *Sucre.*

CANDIDAT, *qui aspire à quelque charge.* Candidatus, *g.* candidati², *m.*

CANE, *femelle du canard.* Anas, *g.* anatis³, *f.*

CANETON, CANETTE, *le petit d'une cane.* Anaticula, *gén.* anaticulæ¹, *f.*

CANEVAS, *toile.* Cannalum, *g.* cannali², *n.*

CANEVAS, *plan.* Adumbratio prima, *g.* adumbrationis³ primæ¹, *f.*

CANICULAIRE. Canicularis, *m. fém.* caniculare, *n. gén.* canicularis, *pour les 3 genres.*

CAN

CANICULE. Canicula, *g.* caniculæ¹, *f.*

CANIF. Cultellus, *g.* cultelli², *m.*

CANINE. (*faim*) Fames canina, *g.* famis³ caninæ¹, *f.*

CANNE ou *roseau*. Arundo, *g.* arundinis³, *f.*

CANNELÉ. Striatus, a, um, *p. p.*

CANNELER. Striare, strio, strias, striavi, striatum¹, *act.*

CANNELLE *d'un tonneau*. Fistula, *g.* fistulæ¹, *f.*

CANNELLE *à manger*. Casia, *g.* casiæ¹, *f.*

CANNELURE. Striatura, *gén.* striaturæ¹, *f.*

CANNETILLE, *fil d'or ou d'argent tortillé*. Filum aureum *ou* argenteum in spiras convolutum, *g.* fili aurei *ou* argentei in spiras convoluti², *n.* On ne change rien aux mots in spiras.

CANNIBALES, *peuples anthropophages d'Amérique*. Cannibales, *g.* cannibalium³, *m. plu.*

Un cannibale. Homo ferus, *gén.* hominis³ feri², *m.*

CANON *de guerre*. Tormentum bellicum, *g.* tormenti bellici², *n.*

A coups de canon. Tormentis, à *l'ablat.*

Le CANON *de la Messe*. Canon *g.* canonis³, *masc.*

Le droit canon. Jus canonicum, *g.* juris³ canonici², *n.*

Les canons des Conciles. Conciliorum canones, *g.* conciliorum canonum³, *m.*

CANONIAL. Canonicus, a, um, *adj.*

CANONICAT. Canonici beneficium, *g.* canonici beneficii², *n.*

CANONIQUE. Legitimus, a, um, *adj.*

CANONIQUEMENT. Legitimè, *adv.*

CANONISTE. Canonista, *g.* canonistæ², *m.*

CANONISATION. In numerum Sanctorum relatio, *g.* in numerum Sanctorum relationis³, *f.*

CANONISER. In Sanctos re-

CAP

ferre, refero, refers, retuli, relatum³, *act.*

CANONNADE. Tormenti bellici emissio, *g.* tormenti bellici emissionis³, *f.*

CANONNER. Tormentis quatefacĕre, quatefacio, quatefacis, quatefeci, quatefactum³, *act.*

CANONNIER. Tormentorum librator, *g.* tormentorum libratoris³, *m.*

CANOT, *petite barque*. Linter, *g.* lintris³, *m.*

CANTATE, *petit poëme*. Numeris accommodatum carmen, *gén.* accommodati² carminis³, *n.*

CANTATRICE. Cantatrix, *gén.* cantatricis³, *f.*

CANTHARIDE, *espèce de mouche*. Cantheris, *g.* cantheridis³, *fém.*

CANTINE, *caisse à mettre des bouteilles*. Loculata capsa, *g.* loculatæ capsæ¹, *f.*

CANTINIER. Popinarius, *gén.* popinarii², *m.*

CANTIQUE. Canticum, *g.* cantici², *n.*

CANTON. Regio, *g.* regionis³, *fém.*

CANTONNEMENT *des troupes*. Statio, *g.* stationis³, *f.*

SE CANTONNER, *se disperser dans plusieurs villages*. Vicatim dispergi, dispergor, dispergeris, dispersus sum³, *pass.*

SE CANTONNER, *se retirer dans un lieu sûr*. In tutum se recipĕre, me recipio, te recipis, me recepi, se receptum³, *act.*

CANULE. Tubulus, *g.* tubuli², *masc.*

CAP. Promontorium, *g.* promontorii², *n.*

CAP, *tête*. Armé de pied en cap. Cataphractus, a, um, *adj.*

CAPABLE ou *savant*. Doctus, a, um, *adj.*

CAPABLE *de*, ou *propre à*. Aptus, a, um, *adj. comp.* Aptior, *m. f.* aptius, *n. gén.* aptioris; *sup.* aptissimus, a, um. Le de s'exprime

CAP

par ad *avec l'acc. ou le gérondif en* dum.

ÊTRE CAPABLE *de ou pouvoir*. Posse, possum, potes, potui. *On met un infinitif ensuite.*

CAPACITÉ, *étendue d'un lieu ou d'un vase.* Capacitas, g. capacitatis[3], f.

CAPACITÉ ou *habileté.* Doctrina, g. doctrinæ[1], f.

CAPARAÇON. Stragulum, g. straguli[2], n.

CAPARAÇONNER. Stragulo instruĕre, instruo, instruis, instruxi, instructum[3], act.

CAPE. Bardocucullus, g. bardocuculli[2], m.

CAPILLAIRE, *sirop.* Adiantum, g. adianti[2], n.

CAPILOTADE. Minutal, *gén.* minutalis[3], n.

Mettre en capilotade. Ad minutal redigĕre, redigo, redigis, redegi, redactum[3], act.

CAPITAINE. Dux, g. ducis[3], *masc.*

CAPITAINE, *chef d'une compagnie de cent hommes.* Centurio, g. centurionis[3], m.

CAPITAINE *de vaisseau*. Navis præfectus, g. navis præfecti[2], m.

Capitaine de voleurs. Latronum dux, g. latronum ducis[3], m.

CAPITAINERIE. Præfectura, g. præfecturæ[1], f.

CAPITAL, *principal d'une dette.* Sors, g. sortis[3], f.

CAPITAL, *point principal d'une chose.* Caput, g. capitis[3], n.

CAPITAL, CAPITALE, *adj.* Præcipuus, a, um, *adj.*

Ville capitale. Urbs caput, g. urbis capitis[3], f.

Ennemi capital. Hostis capitalis, g. hostis capitalis[3], m.

Crime capital. Crimen capitale, g. criminis capitalis, n.

Lettre capitale. Littera major, g. litteræ[1] majoris[3], f.

CAPITAN, *fanfaron.* Thraso, g. thrasonis[3], m.

LA CAPITANE, *principal vais-*

CAP

seau d'une escadre. Navis prætoria, g. navis[3] prætoriæ[1], f.

CAPITATION. Capitum exactio, g. capitum exactionis[3], f.

CAPITOLE. Capitolium, g. capitolii[2], n.

CAPITOUL. Voyez *Echevin.*

CAPITULAIRE. Capitularis, m. *et f.* capitulare, n. *gén.* capitularis, *pour les 3 genres.*

CAPITULATION. Conditiones, g. conditionum[3], f. plur.

Par capitulation. Certis conditionibus, *à l'ablat.*

CAPITULER. Pacisci, paciscor, pacisceris, pactus sum[3], *dép.*

CAPORAL. Decurio, g. decurionis[3], m.

CAPOT, *sorte d'habillement.* Humerale, g. humeralis[3], n.

CÂPRE, *fruit.* Capparis, g. capparis[3], f.

CAPRICE ou *fantaisie.* Libido, g. libidinis[3], f.

CAPRICE, *bizarrerie.* Morositas, g. morositatis[3], f.

Caprice de la fortune. Fortunæ vicissitudo, g. fortunæ vicissitudinis[3], f.

CAPRICIEUSEMENT, *d'une manière capricieuse.* Morosè, *adv.*

CAPRICIEUX. Morosus, a, um, *adj.*

CAPRICIEUX, *inconstant.* Inconstans, g. inconstantis, *adj.*

CAPRICORNE. Capricornus, g. capricorni[2], m.

CÂPRIER, *arbre.* Capparis, g. capparis[3], f.

CAPTER. Captare, capto, captas, captavi, captatum[1], act.

CAPTIEUX, *trompeur.* Captiosus, a, um, *adj.*

CAPTIEUSEMENT. Captiosè, *adv.*

CAPTIF, CAPTIVE. Captivus, a, um, *adj.*

CAPTIVER, *assujettir.* Adstringĕre, adstringo, adstringis, adstrinxi, adstrictum[3], act.

Captiver sous ses lois. Legibus suis adstringĕre.

CAPTIVER, *attirer.* Captare, capto, captas, captavi, captatum[1], *act.*

SE CAPTIVER. Astringi, astringor, astringeris, astrictus sum[3], *pass.*

CAPTIVITÉ. Captivitas, *gén.* captivitatis[3], *f.*

CAPTURE. Comprehensio, *gén.* comprehensionis[3], *f.*

CAPTURE, *butin.* Præda, *g.* prædæ[1], *f.*

CAPTURER. Comprehendĕre, comprehendo, comprehendis, comprehendi, comprehensum[3], *act.*

CAPUCHON. Cucullus, *g.* cuculli[2], *m.*

CAPUCIN, *religieux.* Capucinus, *g.* capucini[2], *m.*

CAPUCINE, *religieuse.* Capucina, *g.* capucinæ[1], *f.*

CAPUCINE, *fleur.* Cardamomum, *g.* cardamomi[2], *n.*

CAQUE, *baril.* Cadus, *g.* cadi[2], *masc.*

CAQUET. Loquacitas, *g.* loquacitatis[3], *f.*

CAQUETAGE. Garritus, *g.* garritûs[4], *m.*

CAQUETER. Garrire, garrio, garris, garrivi *ou* garrii, garritum[4], *n.*

CAQUETEUSE, *en parlant d'une femme.* Garrula, *g.* garrulæ[1], *f.*

CAR. Nam. Enim. *Ce dernier ne se met jamais au commencement d'une phrase.*

CARABINE. Sclopetus, *g.* sclopeti[2], *m.*

CARABINIER, *armé d'une carabine.* Sclopetarius, *g.* sclopetarii[2], *m.*

CARACOL, *mouvement d'un cavalier en rond.* In gyrum procursio, *g.* in gyrum procursionis[3], *fém.*

CARACOLER. In orbem equitare, equito, equitas, equitavi, equitatum[1], *n.*

CARACTÈRE, *naturel.* Indoles, *g.* indolis[3], *f.*

CARACTÈRE, *marque.* Nota, *g.* notæ[1], *f.*

CARACTÈRES *d'imprimerie.* Litterarum typi, *gén.* litterarum typorum[2], *m. pl.*

CARACTÉRISÉ. Descriptus, a, um, *part. pass.*

CARACTÉRISER. Describĕre, describo, describis, descripsi, descriptum[3], *act.*

CARACTÉRISTIQUE. Proprius, a, um, *adj.*

CARAFE. Lagena, *gén.* lagenæ[1], *f.*

CARAFON, *où l'on met de la glace pour boire frais.* Situla, *g.* situlæ[1], *f.*

CARAMEL, *sucre fondu.* Saccharum coctum, *g.* sacchari cocti[2], *neut.*

CARAT, *degré d'affinage qu'on donne à l'or et à l'argent.* Auri coctio, *g.* auri coctionis[3], *f.*

CARAVANE, *voyageurs qui marchent de compagnie.* Coacta manus, *g.* coactæ[1] manûs[4], *f.*

CARBONNADE, *chair grillée sur les charbons.* Ofella, *g.* ofellæ[1], *f.*

CARCAN. Ferreum collare, *g.* ferrei[2] collaris[3], *n.*

CARCASSE ou *squelette.* Ossea compages, *g.* osseæ[1] compagis[3], *fém.*

CARDE *à manger.* Caulis, *g.* caulis[3], *m.*

CARDE *de fer.* Ferreus pecten, *g.* ferrei[2] pectinis[3], *m.*

CARDER. Carminare, carmino, carminas, carminavi, carminatum[1], *act.*

CARDEUR *de laine.* Carminator, *g.* carminatoris[3], *m.*

CARDEUSE *de laine.* Carminatrix, *g.* carminatricis[3], *f.*

CARDINAL. Cardinalis, *g.* cardinalis[3], *m.*

Les vertus CARDINALES. Quatuor præcipuæ virtutes, *g.* quatuor præcipuarum[1] virtutum[3], *f. plur.*

CARDINALAT. Cardinalatus, *g.* cardinalatûs[4], *m.*

CARDON, *sorte d'artichaut.* Sativus carduus, *g.* sativi cardui[2], *m.*

CARÊME. Quadragesima, g. quadragesimæ¹, f.

CARÊME-PRENANT. Voyez Mardi-gras.

CARÈNE d'un navire. Carina, g. carinæ¹, f.

CARENER. Carinare, carino, carinas, carinavi, carinatum¹, act.

CARESSANT, adj. Blandus, a, um.

D'une manière caressante. Blandè, adv.

CARESSER. Blandiri, blandior, blandiris, blanditus sum⁴, dép. dat.

CARESSES. Blanditiæ, gén. blanditiarum¹, f. plur. | Faire des caresses. Voyez Caresser.

CARGAISON, la charge d'un vaisseau. Navigii onus, g. navigii oneris³, n.

CARGUER. Colligĕre, colligo, colligis, collegi, collectum³, act.

CARIE, pourriture qui gâte les os et les dents. Caries, g. cariei⁵, f.

CARIÉ, gâté. Cariosus, a, um, adj.

CARIER. Carie inficĕre, inficio, inficis, infeci, infectum³, act.

SE CARIER. Carie infestari, infestor, infestaris, infestatus sum¹, pass.

CARILLON, son des cloches. Æris campani sonitus, g. æris campani sonitûs⁴, m.

CARILLON, tumulte. Tumultus, g. tumultûs⁴, m.

CARILLONNER, sonner les cloches. Æs campanum agitare, agito, agitas, agitavi, agitatum¹, act. Æs campanum ne changent point.

CARILLONNEUR. Qui æs campanum agitat, c. à. d. celui qui sonne les cloches.

CARME, religieux. Carmelitanus, g. carmelitani², m.

CARMÉLITE, religieuse. Carmelitana, g. carmelitanæ¹, f.

CARMIN. Minium, gén. minii², neut.

CARNACIER. Carnivorus, a, um, adj. comp. Majus; sup. maximè.

CARNACIÈRE, petit sac dans lequel le chasseur met le gibier qu'il a tué. Sacculus venatorius, gén. sacculi venatorii², m.

CARNAGE. Cœdes, g. cædis³, f.

CARNATION, terme de peinture. Carnis color, g. carnis coloris³, m.

CARNAVAL. Bacchanalia, g. bacchanalium³, n. plur.

CARNE. Angulus, g. anguli², m.

CARNET, registre. Adversaria, g. adversariorum², n. plur.

CARNIVORE. Carnivorus, a, um, adj.

CAROLUS, monnoie. Caroleus, g. carolei², m.

CARON, nom d'homme. Charon, g. Charontis³, m.

CARONCULE, petite excroissance de chair. Caruncula, g. carunculæ¹, f.

CAROTTE. Daucus, g. dauci², masc.

CARPE. Cyprinus, g. cyprini², masc.

CARPEAU. Cyprinus junior, g. cyprini² junioris³, m.

CARPILLON. Voyez Carpeau.

CARQUOIS. Pharetra, g. pharetræ¹, f.

CARRÉ. Quadratus, a, um, adj. | En carré. In quadrum.

UN CARRÉ. Quadratum, g. quadrati², n.

CARRÉ de jardin. Areola, gén. areolæ¹, f.

CARREAU, foudre. Fulmen, g. fulminis³, neut.

CARREAU de terre cuite. Laterculus, g. laterculi², m. | Sur le carreau, ou à terre. Humi, au g.

CARREAU de verre. Vitreum quadratum, gén. vitrei quadrati², n.

CARREAU, coussin. Palvinus, g. palvini², m.

CARREAU, fer à rabattre les coutures. Ferreum pressorium, gén. ferrei pressorii², n.

CARREFOUR. Compitum, gén. compiti², n.

CAR

CARRELAGE. Stratura, g. straturæ¹, f.

CARRELÉ. Laterculis opertus, a, um, part. pass.

CARRELER. Laterculis sternĕre, sterno, sternis, stravi, stratum³, act. On met toujours laterculis.

CARRELET, poisson. Quadratulus, g. quadratuli², m.

Carrelet, filet. Quadratum rete, g. quadrati² retis³, n.

Carrelet, aiguille. Quadrata acus, g. quadratæ¹ acûs⁴, f.

CARRELEUR. Pavimentorum structor, g. pavimentorum structoris³, m.

CARRÉMENT. In quadrum.

CARRER. Voyez Equarrir.

se Carrer. Magnificè se inferre, me infero, te infers, me intuli, se illatum³, act.

CARRIER, qui tire la pierre des carrières. Lapicida, g. lapicidæ¹, m.

CARRIÈRE, d'où l'on tire la pierre. Lapicidina, g. lapicidinæ¹, f.

Carrière, lieu pour les courses. Stadium, g. stadii², n.

Fournir la carrière. Spatium decurrĕre, decurro, decurris, decurri, decursum³, act.

Donner carrière à. Frenos laxare, laxo, laxas, laxavi, laxatum¹, act. dat.

Carrière, cours de la vie. Curriculum, g. curriculi², n.

CARRIOLE. Rheda minor, g. rhedæ¹ minoris³, f.

CARROSSE. Rheda, g. rhedæ¹, f.

CARROSSIER. Rhedarius, g. rhedarii², m.

CARROUGE, arbre et fruit de cet arbre. Siliqua, g. siliquæ¹, f.

CARROUSEL. Ludus equestris, g. ludi² equestris³, m.

CARTE. Charta, g. chartæ¹, f.

Carte à jouer. Folium lusorium, g. folii lusorii², n.

Carte, mémoire de la dépense. Sumptûs ratio, g. sumptûs rationis³, f.

CAS

CARTEL, écrit par lequel on appelle quelqu'un en duel. Libellus citatorius, g. libelli citatorii², m.

CARTIER, qui fait des cartes. Chartarius, g. chartarii², m.

CARTILAGE. Cartilago, g. cartilaginis³, f.

CARTILAGINEUX. Cartilaginosus, a, um, adj.

CARTON. Charta densior, g. chartæ¹ densioris³, f.

CARTONNIER. Densiorum chartarum compactor, g. densiorum chartarum compactoris³, m.

CARTOUCHE. Voluta, g. volutæ¹, f.

CARTULAIRE. Chartula, gi chartulæ¹, f.

CAS. Casus, g. casûs⁴, m. | Par cas fortuit. Casu, à l'ab. | En cas, au cas que. Si, avec le subj. | En ce cas-là. Tunc, adv. | En tout cas, quoi qu'il arrive. Utcunquè res acciderit. | En tout cas, au moins. Saltem, adv.

Cas ou estime. Existimatio, g. existimationis³, f.

Faire cas. Facĕre, facio, facis, feci, factum³, act.

CASAQUE. Chlamys, g. chlamydis³, f.

CASAQUIN. Sagulum, g. saguli², n.

CASCADE. Præceps aquæ lapsus, g. præcipitis³ aquæ lapsûs⁴, m.

CASE, petite maison. Casa, g. casæ¹, f.

CASEMATE. Ima chrypta, g. imæ chryptæ¹, f.

CASER. Ordinare, ordino, ordinas, ordinavi, ordinatum¹, act.

se Caser. Sedem locare, loco, locas, locavi, locatum¹, act.

CASERNER. In contubernio distribuĕre, distribuo, distribuis, distribui, distributum³, act.

CASERNES, logement des soldats. Contubernium, g. contubernii², n.

CASQUE. Galea, g. galeæ¹, f.

CASSADE, mensonge. Ludificatio, g. ludificationis³, f.

CASSANT, *fragile.* Fragilis, m. fém. fragile, n. gén. fragilis pour tous les genres.

CASSATION. Abrogatio, *gén.* abrogationis[1], *f.*

Cour de Cassation. Suprema curia, g. supremæ curiæ[1], *f.*

CASSE. Cassia, g. cassiæ[1], *f.*

CASSE *d'imprimeur.* Capsa, g. capsæ[1], *f.*

CASSÉ. Fractus, a, um, *p. p.*

CASSÉ *de vieillesse.* Ætate confectus, a, um, *part. pass.*

CASSÉ, *en parlant d'un soldat ou d'un officier.* Exauctoratus, a, um, *part. pass.*

CASSÉ, *en parlant d'un jugement* Rescissus, a, um, *part. pas.*

CASSE-NOIX, CASSE-NOISETTES. Nucifrangibula, g. nucifrangibulæ[1], *f.*

CASSER; *rompre.* Frangĕre, frango, frangis, fregi, fractum[3], *act*

CASSER, *en parlant d'un soldat.* Exauctorare, exauctoro, exauctoras, exauctoravi, exauctoratum[1], *act.*

CASSER *un jugement.* Rescindĕre, rescindo, rescindis, rescidi, rescisum[3], *act.*

SE CASSER. Frangi, frangor, frangeris, fractus sum[3], *pass.*

CASSEROLE. Ænea paropsis, g. æneæ[1] paropsidis[3], *f.*

CASSETTE. Capsula, g. capsulæ[1], *f.*

CASSETIN *d'imprimerie.* Loculamentum, g. loculamenti[2], *n.*

CASSINE, *petite maison de campagne.* Villula, g. villulæ[1], *f.*

CASSOLETTE. Acerra, g. acerræ[1], *f.*

CASSONNADE, *sucre non raffiné.* Saccharum non expurgatum, g. sacchari non expurgati[2], *n.*

CASSURE. Fractura, g. fracturæ[1], *f.*

CASTAGNETTES. Crumata, g. crumatum[3], *n. plur.*

CASTE. Tribus, g. tribûs[4], *fém.* Dat. et ablat. plur. tribubus.

CASTILLE, *querelle.* Rixa, g. rixæ, *f.* | *Chercher castille à quelqu'un.* Alicui rixæ causam inferre, infero, infers, intuli, illatum, *act.*

CASTOR, *animal amphibie.* Castor, g. castoris[3], *m.* | *De castor.* Castoreus, ea, eum, *adj.*

UN CASTOR, *chapeau.* Fibrinus pileus, g. fibrini pilei[2], *m.*

CASUEL. Fortuitus, a, um, *adj.*

CASUELLEMENT. Fortuitè, *adv.*

CASUISTE. Moralis theologus, g. moralis[3] theologi[2], *m.*

CATACOMBES. Catacombæ, g. catacumbarum[1], *f. plur.*

CATADOUPES *du Nil.* Cataractæ, g. cataractarum[1], *f. plur.*

CATAFALQUE, *représentation d'un cercueil dans une pompe funèbre.* Cenotaphium, g. cenotaphii[2], *n.*

CATALOGUE. Index, g. indicis[3], *m.*

CATAPLASME. Cataplasma, g. cataplasmatis[3], *n.*

CATAPULTE. Catapulta, g. catapultæ[1], *f.*

CATARACTE. Cataracta, g. cataractæ[1], *f.*

CATARRHE. Epiphora, g. epiphoræ[1], *f.*

CATARRHEUX. Epiphoris obnoxius, xia, xium, *adj.*

CATASTROPHE. Catastrophe, g. catastrophes[1], *f.*

CATÉCHISER. Religionis christianæ mysteria docēre, doceo, doces, docui, doctum[2], *c. à. d. enseigner les mystères de la religion chrétienne.*

CATÉCHISME. Catechismus, g. catechismi[2], *m.*

CATÉCHISTE, *qui fait le catéchisme.* Doctrinæ christianæ explicator, g. doctrinæ christianæ explicatoris[3], *m.*

CATÉCHUMÈNE, *qui se fait instruire des mystères de la foi.* Catechumenus, g. catechumeni[2], *m. Au fém.* Catechumena, g. catechumenæ[1].

CATÉGORIE. Ordo, g. ordinis[3], *f.*

CATÉGORIQUE. Congruens, m. f. et n. gén. congruentis, adj.

CATÉGORIQUEMENT. Præcisè, adv.

CATHÉDRALE. Cathedralis, g. cathedralis[3], f.

CATHERINE, nom de femme. Catharina, g. Catharinæ[1], f.

CATHOLICITÉ. Ecclesia catholica, g. Ecclesiæ catholicæ[1], f.

CATHOLIQUE. Catholicus, a, um, adj.

CATHOLIQUEMENT. Catholicè, adv.

CATON, nom d'homme. Cato, g. Catonis[3], m.

CAUCHEMAR. Nocturna suppressio, g. nocturnæ[1] suppressionis[3], f.

CAUSE. Causa, g. causæ[1], f. | A cause de. Propter, ou Ob, avec l'acc. Causâ, avec un gén. | A cause de mon père. Propter ou ob patrem meum. Causâ patris | A cause de lui. Illius causâ. Avec causâ, au lieu du génitif des pronoms ego, tu, sui, etc. on se sert des ablatifs féminins meâ, tuâ, suâ, nostrâ, vestrâ, comme : A cause de moi. Meâ causâ. | A cause de toi. Tuâ causâ. | A cause que. Eò quòd, avec le subjonctif. | Etre cause que. (Voy. la Gramm. latine.)

CAUSER, produire. Creare, creo, creas, creavi, creatum[1], act.

CAUSER ou procurer. Afferre, affero, affers, attuli, allatum[3], act. ou bien, Esse, sum, es, fui, avec deux datifs.

CAUSER ou babiller. Garrire, garrio, garris, garrivi ou garrii, garritum[4], n.

CAUSERIE, babil. Garrulitas, g. garrulitatis[3], f.

CAUSEUR, CAUSEUSE. Garrulus, a, um, adj.

Grand causeur. Loquacissimus, a, um, superl. de Loquax.

CAUSTICITÉ. Mordacitas, g. mordacitatis[3], f.

CAUSTIQUE. Causticus, a, um, adj.

CAUTELEUX. Cautulentus, a, um, adj.

CAUTÈRE, mal. Inusta cauterio plaga, g. inustæ cauterio plagæ[1], f.

CAUTION ou répondant. Sponsor, g. sponsoris[3], m.

Sous caution. Alterius fide.

CAUTION, assurance. Cautio, g. cautionis[3], f.

Sujet à caution. Suspectus, a, um, adj.

CAUTIONNEMENT. Fidejussio, g. fidejussionis[3], f.

CAUTIONNER. Spondēre, spondeo, spondes, spopondi, sponsum[2], n. On met le nom de la personne que l'on cautionne à l'abl. avec pro.

CAVALCADE. Solemnis equitatio, g. solemnis equitationis[3], fém.

CAVALE. Equa, g. equæ[1], fém. dat. et ablat. plur. equabus.

CAVALERIE. Equitatus, g. equitatûs[4], m.

CAVALIER. Eques, g. equitis[3], masc.

CAVALIÈREMENT, d'une manière hautaine. Arroganter, adv.

CAVALIÈREMENT, d'une manière élégante. Eleganter, adv.

CAVE Cella, g. cellæ[1], f.

VEINE CAVE, Vena cava, g. venæ cavæ[1], f.

CAVÉ. Cavatus, a, um, p. p.

CAVEAU, petite cave. Crypta, g. cryptæ[1], f.

CAVEAU pour mettre les morts. Conditorium, g. conditorii[2], n.

CAVER. Cavare, cavo, cavas, cavavi, cavatum[1], act.

CAVERNE. Spelunca, g. speluncæ[1], f.

CAVITÉ. Caverna, g. cavernæ[1], f. | Petite cavité. Cavernula, g. cavernulæ[1], f. | Plein de cavités. Cavernosus, a, um, adj.

CE. Hic, m. hæc, f. hoc, n.

CÉANS. Hic, sans mouvement. Hùc, avec mouvement. | De céans. (A la question unde.) Hinc.

CECI. Hoc, *g.* hujus, *dat.* huic, *neut.*

CÉCILE, *nom de femme.* Cæcilia, *g.* Cæciliæ¹, *f.*

CÉCITÉ, *état d'une personne aveugle.* Cæcitas, *g.* cæcitatis³, *fém.*

CÉDÉ. Concessus, a, um, *part. pass.*

CÉDER. Cedĕre, cedo, cedis, cessi, cessum³, *act.*

CÉDER, *être inférieur.* Esse inferiorem, Sum inferior, es, fui.

CÉDILLE, *petite virgule qu'on met sous un ç, qu'on prononce comme S.* Subscripta virgula, *g.* subscriptæ virgulæ¹, *f.*

CÉDRAT, *fruit.* Malum citreum, *g.* mali citrei², *n.*

CÈDRE. Cedrus, *g.* cedri², *f.* | *Qui est de Cèdre.* Cedrinus, a, um, *adj.*

CÉDULE. Schedula, *g.* schedulæ¹, *f.*

CEINDRE. Cingĕre, cingo, cingis, cinxi, cinctum³, *act.*

CEINT. Cinctus, a, um, *part. pass. avec l'abl. de la chose.*

CEINTURE. Zona, *g.* zonæ¹, *f.*

CEINTURIER. Zonarius, *g.* zonarii², *m.*

CEINTURON. Balteus, *g.* baltei², *m.*

CELA. Id, *g.* ejus, *dat.* ci. n.

CÉLADON, *couleur.* Color thalassinus, *g.* coloris³ thalassini², *masc.*

CÉLÉBRANT, *celui qui dit la Messe.* Rei sacræ minister, *g.* rei sacræ ministri², *m.*

CÉLÉBRATION. Celebratio, *g.* celebrationis³, *f.*

CÉLÈBRE. Celeber *m.* celebris *f.* celebre *n. gén.* celebris. *comp.* Celebrior *m. f.* celebrius *n. gén.* celebrioris; *superl.* celeberrimus, a, um.

CÉLÉBRÉ. Celebratus, a, um, *part. pass.*

CÉLÉBRER. Celebrare, celebro, celebras, celebravi, celebratum¹, *act.*

CÉLÉBRER *la Messe.* Sacra facĕre, facio, facis, feci, factum³, *act.*

CÉLÉBRITÉ. Celebritas, *g.* celebritatis³, *f.*

CÉLER. Celare, celo, celas, celavi, celatum¹, *act. avec deux accusat.* Ex. *J'ai célé ce dessein à ta mère.* Celavi hoc consilium tuam matrem. Mais s'il y avoit : *Ce dessein a été célé à ta mère*, il faudroit tourner : *Ta mère a été célée sur ce dessein.* Tua mater celata est hoc consilium. (*Voyez la Grammaire latine.*)

CÉLERI, *plante potagère.* Apium, *g.* apii², *n.*

CÉLÉRITÉ. Celeritas, *g.* celeritatis³, *f.*

CÉLESTE. Cœlestis, *m. f.* cœleste, *n. gén.* cœlestis *pour les 3 genres.*

CÉLESTIN, *religieux.* Celestinus, *g.* celestini², *m.*

CÉLIBAT. Cælibatus, *g.* cælibatûs⁴, *m.* | *Qui vit dans le célibat*, ou *célibataire.* Cælebs, *g.* cælibis³, *m. et f.*

CELLE, *f.* de *Celui.* Voy. ce dernier mot.

CELLÉRIER. Cellarius, *g.* cellarii², *m.*

CELLERIÈRE. Cellaria, *g.* cellariæ¹, *f.*

CELLIER. Cella, *g.* cellæ¹, *f.*

CELLULE. Cellula, *g.* cellulæ¹, *fém.*

CELUI. Ille *m.* illa *f.* illud *n. gén.* illius, *dat.* illi *pour les 3 genres.* | *Celui-ci.* Hic *m.* hæc *f.* hoc *n. gén.* hujus, *dat.* huic *pour les 3 genres.* | *Celui-là.* Ille *m.* illa *f.* illud *n. gén.* illius, *dat.* illi *pour les 3 genres.*

On n'exprime point en latin ces mots : *celui, celle, ceux, celles*, quand on peut les remplacer en français par le substantif qui précède. (*Voyez la Grammaire latine.*)

CÉNACLE, *salle à manger.* Cœnaculum, *g.* cœnaculi², *n.*

CENDRE. Cinis, *g.* cineris, *m.*

CEN

¶ *Réduire en cendres.* In cineres vertĕre, verto, vertis, verti, versum[3], *act.* | *Le jour des Cendres.* Cineralia, *g.* cineralium[3], *n. plur.*

CENDRÉ, *de couleur de cendre.* Cinereus, ea, eum, *adj.*

CENDREUX. Cinere conspersus, a, um, *adj.*

CENDRIER. Cinerarium, *g.* cinerarii[2], *n.*

CÈNE. Cœna, *g.* cœnæ[1], *f.*

CÉNOBITE. Cœnobita, *g.* cœnobitæ[1], *m.*

CÉNOTAPHE. Cenotaphium, *g.* cenotaphii[2], *n.*

CENS. Census, *g.* censûs[4], *m.*

CENSÉ. Habitus, a, um, *part. pass.* | *Etre censé.* Haberi, habeor, haberis, habitus sum[2], *pass.* | *Je suis censé habile homme.* Habeor vir doctus.

CENSEUR. Censor, *g.* censoris[3], *m.*

CENSIVE. Dominium, *g.* dominii[2], *n.*

CENSURABLE, *digne de censure.* Reprehendendus, a, um, *part. futur pass.*

CENSURE. Censura, *g.* censuræ[1], *f.*

CENSURÉ. Reprehensus, a, um, *part. pass.*

CENSURER. Reprehendĕre, reprehendo, reprehendis, reprehendi, reprehensum[3], *act.*

CENT. Centum, *au plur. indéclinable de tout genre.* Centeni *m.* centenæ *f.* centena *n. plur.* | *Le nombre de cent.* Centenarius numerus, *g.* centenarii numeri[2], *m.* ⁕ *Ces deux noms se déclinent.* | *Deux cents.* Ducenti, æ, a. | *Trois cents.* Trecenti, æ, a. | *Quatre cents.* Quadringenti, æ, a. | *Cinq cents.* Quingenti, æ, a. | *Six cents.* Sexcenti, æ, a. | *Sept cents.* Septingenti, æ, a. | *Huit cents.* Octingenti, æ, a. | *Neuf cents.* Nongenti, æ, a.

Cent fois. Centiès, *adv.* | *Deux cents fois.* Ducentiès, *adv.* | *Trois cents fois.* Trecentiès, *adv.* | *Qua-* *tre cents fois.* Quadragentiès, *adv.* *Cinq cents fois.* Quingentiès, *adv.* | *Six cents fois.* Sexcentiès, *adv.* | *Sept cents fois.* Septingentiès, *adv.* | *Huit cents fois.* Octingentiès, *adv.* | *Neuf cents fois.* Noningentiès, *adv.* | *Cent mille.* Centena millia, *g.* centenorum[2] millium[3], *n. plur. On met un gén. ensuite.* | *Cent mille fois.* Centiès milliès, *adv.*

Un cent de. Voyez Cent.

CENT, *pour beaucoup.* Centum, *plur. indéclinable de tout genre,* ou Sexcenti, æ, a, *déclinable.*

CENT *fois,* ou *beaucoup de fois.* Centiès ou sexcentiès, *adv.*

DEMI-CENT. Voyez *Cinquante.*

CENTAINE Centùm, *adv.*

PAR CENTAINE. Centuriatim, *adv.*

CENTAURE. Centaurus, *gén.* centauri[2], *m.*

CENTAURÉE, *herbe.* Centaureum, *g.* centaurei[2], *n.*

CENTENAIRE. Centenarius, ia, ium, *adj.*

CENTENIER. Centurio, *g.* centurionis[3], *m.*

CENTIÈME. Centesimus, a, um, *adj.* | *Deux centième.* Ducentesimus, a, um, *adj. On forme de même,* Trecentesimus, *trois centième.* Quadringentesimus, *quatre centième.* Quingentesimus, *cinq centième.* Sexcentesimus, *six centième.* Septingentesimus, *sept centième.* Octingentesimus, *huit centième.* Nongentesimus, *neuf centième.*

CENTON, *sorte de poésie.* Cento, *g.* centonis[3], *m.*

CENTRAL. Centralis, *m. f.* centrale, *n. gén.* centralis *pour les 3 genres.*

CENTRE. Centrum, *g.* centri[2], *n.*

CENTUMVIR, *magistrat de l'ancienne Rome.* Centumvir, *g.* centumviri[2], *m.*

CENTUPLE. Centiès tantùm, *adv.* | *Au centuple.* Centuplicatò, *adv.*

Au centre des plaisirs. In mediis voluptatibus.

CENTURIE. Centuria, g. centuriæ², f. | *Par centurie.* Centuriatim, adv.

CENTURION. Centurio, gén. centurionis⁵, m.

CEP *de vigne.* Vitis, g. vitis³, fém.

CEPENDANT, ou *néanmoins.* Attamen, adv.

Cependant, ou *pendant ce temps-là.* Intereà, adv.

CÉPHALIQUE. Cephalicus, a, um, adj.

CÉRAT, *onguent.* Ceratum, g. cerati², n.

CERBÈRE. Cerberus, g. cerberi², m.

CERCEAU. Circulus, g. circuli², m.

CERCELLE. Voyez *Sarcelle.*

CERCLE Circulus, g. circuli², m. | *En cercle.* Circulatim, adv. | *Demi-cercle.* Semi-circulus, g. semi-circuli², m.

CERCLE, *assemblée.* Concessus, g. concessûs⁴, m.

CERCLER. Circulis cingere, cingo, cingis, cinxi, cinctum³, act.

CERCLES *de l'Empire.* Provinciæ Imperii, g. provinciarum¹ Imperii, f. plur.

CERCUEIL. Feretrum, g. feretri², n.

CÉRÉALES, *fêtes de Cérès.* Cerealia, g. cerealium³, n. plur.

CÉRÉMONIAL, *livre.* Ritualis liber, g. ritualis³ libri², m.

Cérémonial, adj. Ritualis, m. fém. rituale, n. gén. ritualis *pour les 3 genres.*

CÉRÉMONIE *dans l'Eglise.* Cæremonia, g. cæremoniæ¹, f.

Cérémonies, ou *compliment.* Officiosa urbanitas, g officiosæ¹ urbanitatis³ f. | *Faire des cérémonies.* Comitatis officia adhibere, adhibeo, adhibes, adhibui, adhibitum², act. | *Sans cérémonie.* Nullâ comitatis affectatione.

CÉRÉMONIEUX. In officiis nimius, ia, ium, adj.

CÉRÈS, *déesse.* Ceres, g. Cereris³, f.

CERF. Cervus, g. cervi², m. | *Qui est de cerf.* Cervinus, a, um, adj.

CERFEUIL. Cærefolium, g. cærefolii², n.

CERF-VOLANT, *insecte.* Scarabæus lucanus, g. scarabæi lucani², m.

Cerf-volant, *fait de papier et de baguettes.* Milvus chartaceus, g. milvi chartacei², m.

CERISAIE, *lieu planté de cerisiers.* Cerasetum, g. ceraseti², n.

CERISE. Cerasum, g. cerasi², n.

CERISIER. Cerasus, g. cerasi², f.

CERNEAU. Nucleus, g. nuclei², masc.

CERNER *une noix.* Enucleare, enucleo, enucleas, enucleavi, enucleatum¹, act.

Cerner, *entourer.* Circumdare, circumdo, circumdas, circumdedi, circumdatum¹, act.

CERTAIN, *assuré.* Certus, a, um, adj. comp. Certior, m. f. certius, n. gén. certioris ; superl. certissimus, a, um. | *Etre certain de quelque chose.* Certò scire, scio, scis, scivi, scitum⁴, act.

Certain, *quelque.* Quidam, m. quædam, f. quoddam, n. gén. cujusdam, dat cuidam, etc.

CERTAINEMENT. Certè, ou Certò, adv. comp. Certiùs ; superl. certissimè.

CERTES. Certè. Sanè, adv.

CERTIFICAT. Testimonium, g. testimonii², n. | *Certificat de mort.* Apodixis defunctoria, g. apodixis³ defunctoriæ¹, f.

CERTIFIER. Asseverare, assevero, asseveras, asseveravi, asseveratum¹, act.

CERTITUDE. Certa cognitio, g. certæ¹ cognitionis³, f. | *Avec certitude.* Certò, adv.

CERVEAU. Cerebrum, g. cerebri¹, n.

CERVELAS, *saucisson.* Botellus, g. botelli², m.

CES

CERVELET, *le derrière du cerveau.* Postica cerebri pars, *g.* posticæ¹ cerebri partis³, *f.*

CERVELLE. Cerebrum, *g.* cerebri², *n.* | *Renverser la cervelle à quelqu'un, le faire devenir fou.* Ad insaniam redigĕre, redigo, redigis, redegi, redactum³, *act.* | *Faire sauter la cervelle.* Cerebrum excutĕre, excutio, excutis, excussi, excussum³, *act. dat. de la pers.*

CERVOISE, *boisson.* Cervisia, *g.* cervisiæ¹, *f.*

CÉRUSE, *blanc d'Espagne.* Cerussa, *g.* cerussæ¹, *f.* | *Fardé de céruse ou de blanc d'Espagne.* Cerussatus, a, um.

CESAR, *nom d'homme.* Cæsar, *g.* Cæsaris³, *m.*

LES CÉSARS. Cæsares, *g.* Cæsarum³, *m. plur.*

CÉSARIENNE, *opération de chirurgie.* Incisio cæsarea, *g.* incisionis³ cæsareæ¹, *f.*

CESSANT, CESSANTE. Omissus, a, um, *part. pass.* | *Toutes affaires cessantes.* Omnibus omissis. *C'est un ablat. absolu.*

CESSATION. Intermissio, *g.* intermissionis³, *f.*

CESSATION *d'armes.* Induciæ, *g.* induciarum¹, *f. plur.*

SANS CESSE. Sine ullâ intermissione.

CESSER, *verb. neut.* Cessare, cesso, cessas, cessavi, cessatum¹, *n.*

CESSER, *suivi d'un infinitif.* Desinĕre, desino, desinis, desivi, desitum³, *n.*

CESSER, *ou discontinuer.* Intermittĕre, intermitto, intermittis, intermisi, intermissum³, *act.*

Cesser de faire la guerre. Ab armis conquiescĕre, conquiesco, conquiescis, conquievi, conquietum³, *n.*

FAIRE CESSER, *ou apaiser.* Sedare, sedo, sedas, sedas, sedatum¹, *act.*

CESSER, *mettre fin.* Finem ponĕre, impono, imponis, imposui, impositum³, *avec un datif.*

CHA 101

CESSION. Cessio, *g.* cessionis³, *f.* | *Faire cession, abandonner tous ses biens.* De suis bonis cedĕre, cedo, cedis, cessi, cessum³, *n.*

CESSIONNAIRE. Qui cedit. *Datif de la personne; ablat. de la chose, avec la préposition* de.

C'EST-A-DIRE. Id est.

C'EST POURQUOI. Quare, *adv.*

CESTE. Cestus, *gén.* cestûs⁴, *masc.*

CÉSURE, *syllabe qui reste du mot dans un vers, après un pied.* Cæsura, *g.* cæsuræ¹, *f.*

CET. Voyez Ce.

CHABOT, *poisson.* Capito, *g.* capitonis³, *m.*

CHACUN. Quisque, *m.* quæque, *f.* quodque, *n. gén.* cujusque, *dat.* cuique.

CHAGRIN, *ou tristesse.* Molestia, *g.* molestiæ¹, *f.* Sollicitudo, *g.* sollicitudinis³, *f.*

CHAGRIN, *peau.* Squali corium, *g.* squali corii², *n.*

CHAGRIN, CHAGRINE. Sollicitus, a, um, *adj.*

CHAGRIN, *de mauvaise humeur.* Morosus, a, um, *adj.*

CHAGRINANT. Molestus, a, um, *adj.*

CHAGRINER, *ou causer du chagrin.* Sollicitudinem afferre, affero, affers, attuli, allatum³, *act. Le nom de la personne au dat.*

SE CHAGRINER. Ægritudine affici, afficior, afficeris, affectus sum³, *pass. La chose dont on se chagrine se met à l'ablat. avec* de.

CHAINE. Catena, *gén.* catenæ¹, *fém.*

CHAÎNE, *de montagnes.* Montes continui, *g.* montium³ continuorum², *m.*

CHAÎNE *de tisserand.* Subtemen, *gén.* subteminis³, *n.*

CHAINETTE. Catenula, *gén.* catenulæ¹, *fém.*

CHAINON. Catenæ annulus, *g.* catenæ annuli², *m.*

CHAIR. Caro, g. carnis³, fém. g. plur. carnium.

Chair de bœuf. Bubula caro, g. bubulæ¹ carnis³, f. | *Chair de mouton.* Vervecina caro, g. vervecinæ¹ carnis³, f. | *Chair de pourceau.* Suilla caro, g. suillæ¹ carnis³, f. | *Chair de veau.* Vitulina caro, g. vitulinæ¹ carnis³, f. | *Chair de volaille.* Aviaria caro, g. aviariæ¹ carnis³, fém. | *Chair de venaison.* Ferina caro, gén. ferinæ¹ carnis³; f. | *Chair bouillie.* Caro elixa, gén. carnis³ elixæ¹, f. | *Chair rôtie.* Caro assa, gén. carnis³ assæ¹, f.

DE CHAIR. Carneus, ea, eum, adj.

CHAIRE, *tribune.* Cathedra, g. cathedræ¹, f.

CHAISE *à porter.* Sella, g. sellæ¹, fém. | *Aller en chaise.* Vehi sellâ, vehor, veheris, vectus sum³, pass.

CHALAND, ou *acheteur.* Emptor, g. emptoris³, m.

CHALEUR. Calor, g. caloris³, masc.

Au fort de la chaleur, ou dans les plus grandes chaleurs. Maximis caloribus, *à l'ablat.*

Dans la chaleur du combat. Inter ipsam dimicationem.

CHALEUREUX. Fervidus, a, um, adj.

CHALOUPE. Scapha, g. scaphæ¹, f.

CHALUMEAU. Calamus, g. calami², m.

CHAMADE. (*battre la*) Ad colloquium vocare, voco, vocas, vocavi, vocatum¹, act.

CHAMAILLER. Confligĕre, confligo, confligis, conflixi, conflictum³, n.

CHAMAILLIS. *L'action de chamailler.* Conflictatio, g. conflictationis³, f.

CHAMARRÉ. Variatus, a, um, part. pass. avec l'ablat.

CHAMARRER. Variare, vario, varias, variavi, variatum¹, act. avec l'ablat. de la chose dont on chamarre.

CHAMARRURE. Segmenta, g. segmentorum², n. plur.

CHAMBELLAN. Sacri cubiculi præpositus, g. sacri cubiculi præpositi², m.

CHAMBRANLE. Antepagmenta, gén. antepagmentorum², n. plur.

CHAMBRE, *pièce d'une maison.* Conclave, g. conclavis³, n. | *Chambre à coucher.* Cubiculum, g. cubiculi², n. | *Chambre de justice.* Curia, g. curiæ¹, f. | *Chambre des comptes.* Rationum regiarum curia, gén. curiæ¹, f. On ne décline que curia. | *Chambre apostolique.* Reverenda camera, g. reverendæ cameræ¹, f. | *Fille de chambre.* Cubicularia, gén. cubiculariæ¹, f. | *Homme, ou valet de chambre.* Cubicularius, g. cubicularii², m.

CHAMBRÉE. Contubernium, g. contubernii², n. | *Qui est de chambrée.* Contubernalis, m. f. contubernale, n. gén. contubernalis *pour les trois genres.*

CHAMBRETTE. Cellula, g. cellulæ¹, f.

CHAMBRIER, *officier chez les moines.* Camerarius, g. camerarii², masc.

CHAMBRIÈRE, *servante.* Ancilla, g. ancillæ¹, f. dat. et abl pl. ancillabus.

CHAMEAU. Camelus, g. cameli², m.

CHAMELIER. Camelarius, g. camelarii², m.

CHAMOIS. Rupicapra, g. rupicapræ¹, f.

CHAMP, ou *plaine.* Campus, g. campi², m.

CHAMP, *terre labourable.* Ager, gén. agri², m. | *Champ labouré.* Arvum, g. arvi², n. | *Champ ensemencé.* Seges, g. segetis³, fém. | *Champ en friche.* Incultus ager, gén. inculti agri², m.

CHAMP, *matière, sujet pour discourir.* Argumentum, g. argumenti², n.

CHAMP *de bataille.* Acies, g. aciei⁵, f.

CHA   CHA   103

Les Champs, ou *la campagne.* Rus, *g.* ruris[3], *n.* | *Qui est des champs.* Rusticus, a, um, *adj.*

Maison des champs. Villa, *g.* villæ[1], *f.*

Sur-le-champ ou *sur l'heure.* Extemplò, *adv.*

CHAMPÊTRE. Rusticus, a, um, *adj.*

CHAMPIGNON. Fungus, *gén.* fungi[2], *m.*

CHAMPION, *combattant.* Pugnator, *g.* pugnatoris[3], *m.*

CHANCE, *fortune.* Sors, *gén.* sortis[3], *f. Déjà la chance avoit tourné.* Jam fortuna verterat; *de* Verto, vertis, verti, versum, vertĕre[3], *act.*

CHANCELANT. Titubans, *m. f. et n. gén.* titubantis, *adj.*

CHANCELER. Titubare, titubo, titubas, titubavi, titubatum[1], *n.* |*Sa mémoire chancelle.* Sublabitur memoria; *de* Sublabi, sublabor, sublaberis, sublapsus sum[3], *dép.*

CHANCELIER. Cancellarius, *g.* cancellarii[2], *m.*

CHANCELLEMENT. Titubatio, *gén.* titubationis[3], *f.*

CHANCELLERIE. Cancellarii prætorium, *g.* cancellarii prætorii[2], *n.*

CHANCEUX, *heureux.* Fortunatus, a, um, *adj.*

CHANCRE. Cancer, *g.* cancri[2], *masc.*

CHANCREUX, *qui a un chancre.* Cancro cruciatus, a, um, *part. pass.* | *Ulcère chancreux.* Ulcus corrodens, *g.* ulceris corrodentis[3], *n*,

CHANDELIER. Candelabrum, *gén.* candelabri[2], *n.*

Chandelier ou *faiseur de chandelles.* Candelarum opifex, *g.* candelarum opificis[3], *m.*

CHANDELLE. Candela, *g.* candelæ[1], *f.*

CHANGE, *échange.* Permutatio, *gén.* permutationis[3], *f.*

Change ou *la pareille.* Par, *g.* paris[3], *n.*

Rendre le change. Par pari referre, refero, refers, retuli, relatum[3], *act.*

Change, ou *lieu où l'on change l'argent.* Mensa, *g.* mensæ[2], *fém.* |*Lettre de change.* Argentaria syngrapha, *g.* argentariæ syngraphæ[1], *f.*

Change, *erreur.* Error, *g.* erroris[3], *m.* | *Donner le change.* Voy. Tromper. | *Prendre le change.* Voyez Se tromper.

CHANGÉ. Mutatus, a, um, *part. pass.*

CHANGEANT. Mobilis, *m. f.* mobile, *n. gén.* mobilis, *adj.*

Changeant, *en parlant des couleurs.* Varians, *m. f.* et *n. gén.* variantis.

CHANGEMENT, *mutation.* Mutatio, *g.* mutationis[3], *f.*

Changement, *inconstance.* Inconstantia, *g.* inconstantiæ[1], *f.*

Changement, *diversité.* Varietas, *gén.* varietatis[3], *f.*

CHANGER. Mutare, muto, mutas, mutavi, mutatum[1], *act.* | *Changer de sentiment* ou *d'opinion.* Mutare sententiam, *act.* | *Faire changer de sentiment.* De sententiâ dimovēre, dimoveo, dimoves, dimovi, dimotum[2], *act.* | *Changer de discours.* Aliò sermonem transferre, transfero, transfers, transtuli, translatum[3], *act.* | *Changer de conduite.* Agendi modum vertĕre, verto, vertis, verti, versum[3], *act.* | *Changer en.* Mutare in, *avec un acc.*

Changer, *verbe neut. en parlant des choses.* Variare, vario, varias, variavi, variatum[1], *n.*

Changer, *se corriger.* Ad bonam frugem se recipĕre, me recipio, te recipis, me recepi, se receptum[3], *neut.*

Se Changer. Mutari, mutor, mutaris, mutatus sum[1], *pass.* en *par in avec l'acc.*

CHANGEUR, *banquier.* Mensarius, *g.* mensarii[2], *m.*

CHANOINE. Canonicus, *g.* canonici[2], *m.*

CHANOINESSE. Canonica, g. canonicæ¹, f.

CHANSI, moisi. Mucidus, a, um, part. pass.

SE CHANSIR, se moisir. Mucēre, muceo, muces, mucui², sans sup. neut.

CHANSISSURE. Mucor, g. mucoris², m.

CHANSON. Cantilena, g. cantilenæ¹, f.

CHANSONS, raisons frivoles. Nugæ, g. nugarum¹, f. plur.

CHANSONNER. Versus modulari, modulor, modularis, modulatus sum¹, dép. contre par in avec l'acc.

CHANSONNETTE. Cantiuncula, g. cantiunculæ¹, f.

CHANT. Cantus, g. cantûs⁴, m.
Chants de victoire. Epinicia, g. epiniciorum², n. pl.
Chants lugubres. Neniæ, g. neniarum¹, f. plur.
Plain-chant. Planus canendi modus, g. plani canendi modi², m.

CHANTANT, propre à être mis en chant. Ad modulationem aptus, a, um, adj.

CHANTER. Canĕre, cano, canis, cecini, cantum³, act. | *Chanter la musique.* Ad harmoniam canĕre. | *Chanter souvent.* Cantitare, cantito, cantitas, cantitavi, cantitatum¹, act.

CHANTERELLE, corde la plus déliée d'un instrument. Vocalis chorda, g. vocalis³ chordæ¹, f.

CHANTEUR. Cantor, g. cantoris³, m.

CHANTEUSE. Cantatrix, g. cantatricis³, f.

CHANTIER à bois. Area lignaria, g. areæ lignariæ¹, f.

CHANTIER, bois qu'on met sous des tonneaux. Canterius, g. canterii², m.

CHANTIER, endroit où l'on construit les vaisseaux. Navale, g. navalis³, n.

CHANTRE. Cantor, g. cantoris³, m.

CHANVRE. Cannabis, g. cannabis³, f. | *Qui est de chanvre.* Cannabinus, a, um, adj.
Lieu planté de chanvre. Cannabetum, g. cannabeti², n.

CHAOS. Confusio, g. confusionis³, f. ou mieux Chaos, indéclin.

CHAPE. Trabea, g. trabeæ¹, f.

CHAPEAU. Petasus, g. petasi², m.

CHAPELAIN, qui dessert une chapelle. Capellanus, g. capellani², m.

CHAPELET. Sacrorum globulorum series, g. sacrorum globulorum seriei⁵, f.

CHAPELIER. Petasorum opifex, g. petasorum opificis³, m.

CHAPELLE. Sacellum, g. sacelli², neut.

CHAPERON. Capitium, g. capitii², n.

CHAPERONNÉ. Cucullo instructus, a, um, part. pass.

CHAPIER, ou qui a une chape. Trabeatus, a, um, adj.

CHAPITEAU. Capitulum, g. capituli², n.

CHAPITRE d'un livre. Caput, g. capitis³, n.

CHAPITRE, ou assemblée. Collegium, g. collegii², n.

CHAPITRE, lieu où les chanoines s'assemblent. Capitulum, g. capituli², n.

CHAPITRER, réprimander. Reprehendĕre, reprehendo, reprehendis, reprehendi, reprehensum¹, act.

CHAPON. Capus, g. capi², m.

CHAPONNER. Castrare, castro, castras, castravi, castratum¹, act.

CHAQUE. Voyez Chacun.
Chaque jour. Singulis diebus, à abl.

CHAR. Currus, g. currûs⁴, m.

CHARANÇON, insecte. Curculio, g. curculionis³, m.

CHARBON. Carbo, g. carbonis³, m. | *Charbon pestilentiel.* Carbunculus, g. carbunculi², m.

CHARBONNER. Denigrare

CHA — CHA

denigro, denigras, denigravi, denigratum[1], act.

Avec du charbon Carbone, *à l'abl.*

CHARBONNIER. Carbonarius, g. carbonarii[2], m.

CHARBONNIÈRE. Carbonaria, g. carbonariæ[1], f.

CHARCUTIER. Porcinarius, g. porcinarii[2], m.

CHARCUTER, *couper mal proprement la viande.* Pravè concidere, concido, concidis, concidi, concisum[3], act.

CHARDON. Carduus, g. cardui[2], m. | *Lieu plein de chardons.* Carduetum, g. cardueti[2], n.

CHARDONNERET. Carduelis, g. carduelis[3], f.

CHARDONNETTE, *herbe.* Scolimus, g. scolimi[2], m.

CHARGE, ou *fardeau.* Onus, g. oneris[3], n. | *Navire de charge.* Navis oneraria, g. navis[3] onerariæ[1], f. | *Être à charge.* Esse oneri, sum, es, fui, *avec un datif ensuite.*

CHARGE, *office* ou *commission.* Munus, g. muneris[3], n. | *A la charge de,* ou *à condition que.* Eâ conditione ut, *avec le subj.*

CHARGE, ou *dignité.* Munus, g. muneris[3], n.

CHARGE, *impôt.* Onus, g. oneris[3], neut.

CHARGE, *en parlant d'une arme à feu.* Pulveris a plumbi modus, g. pulveris ac plumbi modi[2], m.

CHARGE, *attaque, combat.* Impetus, g. impetûs[4], m.

CHARGE, *redevance.* Obligatio, g. obligationis[3], f.

CHARGES, *chef d'accusation.* Criminatio, g. criminationis[3], f. | *Témoin à charge.* Testis incusans, g. testis incusantis[3], m.

CHARGÉ. Oneratus, a, um, *part. pass. avec l'ablatif.*

CHARGÉ, *en parlant d'une arme à feu.* Pulvere et plumbo instructus, a, um.

CHARGÉ *de, préposé à.* Præpositus, a, um, *avec un datif.*

CHARGEANT, *incommode.* Gravis, m. f. grave, n. gén. gravis.

CHARGER *d'un fardeau.* Onerare, onero, oneras, oneravi, oneratum, *act. acc. rég. ind. ablat.*

CHARGER, ou *donner commission.* Mandare, mando, mandas, mandavi, mandatum[3], act. *Le nom de la personne que l'on charge, au datif, et le nom de la chose à l'acc. S'il suit un de avec un infinitif français, on exprime ce de par ut avec le subjonctif, comme :* Il m'a chargé de vous saluer, *ou* que je vous saluasse. Mihi mandavit ut te salutarem.

SE CHARGER *de.* Suscipere, suscipio, suscipis, suscepi, susceptum, act.

CHARGER. *Voyez* Accuser.

CHARGER, *en parlant d'une arme.* Pulvere ac plumbo instruere, instruo, instruis, instruxi, instructum[3], act.

CHARGER *l'ennemi.* In hostes impetum facere, facio, facis, feci, factum[3].

CHARGER *une histoire, ajouter à la vérité.* Veris addere, addo, addis, addidi, additum[3], act.

CHARGEMENT. Onus, g. oneris[3], n.

CHARGEUR. Onerum impositor, g. onerum impositoris[3], m.

CHARITABLE. Beneficus, a, um. *comp.* Beneficentior, m. f. beneficentius, n. gén. beneficentioris ; *sup.* beneficentissimus, a, um. *Envers par* in *avec l'acc.*

CHARITABLEMENT. Benignè, *adv. comp.* benignius ; *superl.* benignissimè.

CHARITÉ, *amour.* Charitas, g. charitatis[3], f.

CHARITÉ, *bienfaisance envers les pauvres.* Beneficentia ; g. beneficentiæ[1], f.

CHARITÉ, *aumône.* Voy. ce mot.

CHARIVARI. Tumultuosæ vociferationes, g. tumultuosarum[2] vociferationum[3], f. plur.

CHARLATAN. Circulator, g. circulatoris[3], m.

CHARLATAN, *flatteur.* Palpator, g. palpatoris³, *m.*

CHARLATANER, *tâcher d'attraper quelqu'un.* Phaleratis dictis inescare, inesco, inescas, inescavi, inescatum¹, *act.*

CHARLATANE, *femme.* Præstigiatrix, g. præstigiatricis³, *f.*

CHARLATANERIE. Verbosæ strophæ¹, g. verbosarum stropharum¹, *f. plur.*

CHARLES, *nom d'homme.* Carolus, g. Caroli², *m.*

CHARLEMAGNE, *nom d'homme.* Carolus magnus, g. Caroli magni², *masc.*

CHARLEQUINT, *nom d'homme.* Carolus quintus, g. Caroli quinti², *masc.*

CHARLOTTE. *nom de femme.* Carola, g. Carolæ¹, *f.*

CHARMANT, *agréable.* Jucundus, a, um, *adj.*

CHARMANT, *doux.* Suavis, *m. f.* suave, *n. gén.* suavis, *adj.*

CHARMANT, *en parlant d'un lieu.* Amœnus, a, um, *adj.* | *Beauté charmante.* Eximia pulchritudo, g. eximiæ¹ pulchritudinis³, *f.*

CHARME, *agrément.* Illecebra, g. illecebræ¹, *f.* | *Attirer ou gagner par ses charmes.* Voyez Charmer. | *Plein de charmes.* Jucundissimus, a, um, *ou* Suavissimus, a, um, *superl.*

CHARME, *enchantement.* Incantamentum, g. incantamenti², *n.* | *User de charmes.* Voy. Charmer.

CHARME, *arbre.* Carpinus, g. carpini², *f.* | *De charme ou de bois de charme, on fait de charme.* Carpineus, ea, eum, *adj.* | *Allée de charmes.* Ambulatio carpinea, g. ambulationis³ carpineæ¹, *f.*

CHARMÉ, *ou épris de.* Captus, a, um, *adj. avec l'abl.*

CHARMÉ, *enchanté.* Incantatus, a, um, *adj.*

CHARMER, *plaire.* Permulcēre, permulceo, permulces, permulsi, permulsum², *act.* | *Se laisser charmer ou être charmé de.* Capi, capior, caperis, captus sum³, *pass. avec l'abl.*

CHARMER, *apaiser.* Lenire, lenio, lenis, lenivi, lenitum⁴, *act.* | *Charmer l'ennui.* Tædia fallĕre, fallo, fallis, fefelli, falsum³, *act.*

CHARMER, *user de charmes ou d'enchantement.* Fascinare, fascino, fascinas, fascinavi, fascinatum¹, *act.*

CHARMILLE, *palissade de charmes.* Virgulta carpinea, g. virgultorum carpineorum², *n. plur.*

CHARNEL, *ou sensuel.* Voluptarius, ia, ium, *adj.* | *Plaisir charnel.* Libidinosa voluptas, g. libidinosæ¹ voluptatis³, *f.*

CHARNELLEMENT. Libidinosè ; *comp.* libidinosiùs ; *superl.* libidinosissimè.

CHARNEUX. Carnosus, a, um, *adj.*

CHARNIER, *lieu où l'on met les os des morts.* Ossuarium, g. ossuarii², *n.*

CHARNIER, *lieu où l'on garde les viandes salées.* Carnarium, *gén.* carnarii², *n.*

CHARNIÈRE, *deux pièces qui s'enclavent l'une dans l'autre.* Commissura, g. commissuræ¹, *f.*

CHARNU, *qui a bien de la chair, en parlant de l'homme ou d'un animal tout entier.* Corpulentus, a, um, *adj.* | *Charnu, en parlant d'un membre ou d'une partie du corps.* Carnosus, a, um, *adj.* | *Un bras charnu.* Brachium lacertosum, g. brachii lacertosi², *n.*] *Un cou charnu.* Cervix torosa, g. cervicis³ torosæ¹, *f.* | *Les parties les plus charnues des animaux, et les plus tendres à manger.* Pulpa, g. pulpæ¹, *f.*

CHARNURE, *la chair de l'homme et des animaux.* Caro, g. carnis³, *f.*

CHAROGNE Tetrum cadaver, g. tetri² cadaveris³, *n.*

CHARPENTE. Materiatio, *gén.* materiationis³, *f.* | *Bois de charpente.* Materies, g. materiei⁵, *f.*

CHA

CHARPENTERIE. Materiatura, g. materiaturæ[1], f.

CHARPENTIER. Materiarius, g. materiarii[2], m.

CHARPIE. Linamentum, g. linamenti[2], n.

CHARRETÉE. Vehes, g. vehis[3], f.

CHARRETIER. Ductor plaustri, g. ductoris[3] plaustri, m.

CHARRETTE. Carrus, g. carri[2], masc.

CHARRIAGE. Vectura, g. vecturæ[1], f.

CHARRIER. Exportare, exporto, exportas, exportavi, exportatum[1], act. | La rivière charrie des glaçons. Fluvius vehit glaciem.

Charrier du sable. Arenas volvere, volvo, volvis, volvi, volutum[3], act.

CHARRIOT. Currus, g. currûs[4], masc.

CHARROI. Vectura, g. vecturæ[1], f.

CHARRON. Carrorum faber, g. carrorum fabri[2], m.

CHARRUE. Aratrum, g. aratri[2], neut.

CHARTE. Charta, g. chartæ[1], f.

CHARTRE, *maladie*. Tabes, g. tabis[3], f. | *Etre en chartre.* Tabēre, tabeo, tabes, tabui[2], sans sup. neut.

CHARTREUSE, *monastère de Chartreux*. Carthusia, g. carthusiæ[1], f.

CHARTREUX, *religieux*. Carthusianus, g. carthusiani[2], m.

CHASSE, *action de chasser*. Venatio, g. venationis[3], f. | Qui est de chasse. Venatorius, ia, ium, adj. || Donner la chasse. Fugare, fugo, fugas, fugavi, fugatum[1], act.

Chasse, *au jeu de paume*. Meta, g. metæ[1], f.

CHÂSSE, *coffre à reliques*. Lipsanotheca, g. lipsanothecæ[1], f.

CHASSÉ. Expulsus, a, um, part. pass. | *Chassé de son pays.* Pulsus è patriâ.

CHASSER, ou *mettre dehors.* Expellĕre, expello, expellis, expuli, expulsum[3], act. | *Chasser d'un héritage.* Pellĕre ex fundo.

Chasser, ou *aller à la chasse.* Venari, venor, venaris, venatus sum[1], dép. acc.

CHASSEUR. Venator, g. venatoris[3], m.

Chasseur aux oiseaux. Auceps, g. aucupis[3], m.

CHASSEUSE. Venatrix, g. venatricis[3], f.

CHASSIE. Lippitudo, g. lippitudinis[3], f.

CHASSIEUX. Lippus, a, um, adj.

CHÂSSIS, *bordure*. Margo, g. marginis[3], f.

des CHÂSSIS. Cancelli, g. cancellorum[2], m. plur.

CHASTE. Castus, a, um, adj.

CHASTEMENT. Castè, adv. comp. Castiùs; superl. castissimè.

CHASTETÉ. Castitas, g. castitatis[3], f.

CHASUBLE. Casula, g. casulæ[1], f.

CHAT. Feles, g. felis[3], f. | *Qui est de chat.* Felinus, a, um, adj. | *Réveiller le chat qui dort*, c. à d., réveiller une querelle assoupie. Iram ressuscitare, ressuscito, ressuscitas, ressuscitavi, ressuscitatum[1], act.

CHÂTAIGNE. Castanea, g. castaneæ[1], f.

CHÂTAIGNERAIE. Castanetum, g. castaneti[2], n.

CHÂTAIGNIER. Castanea, g. castaneæ[1], f.

CHÂTAIN. Ex rutilo nigrescens, g. ex rutilo nigrescentis, adj.

CHÂTEAU. Castellum, g. castelli[2], n.

Château, *palais.* Palatium, g. palatii[2], n.

CHÂTELAIN, *juge du château.* Castellanus judex, g. castellani[2] judicis[3], m.

CHÂTELET. Castellum, g. castelli[2], n. | *Châtelet de Paris.* Castellana Parisiorum curia, g. castellanæ Parisiorum curiæ[1], f.

CHÂTELLENIE, *terre de seigneur.* Castellum, g. castelli[2], n.

CHAT-HUANT. Bubo, g. bubonis³, m.
CHÂTIABLE. Castigandus, a, um, part. fut. pass.
CHÂTIÉ. Castigatus, a, um, part. pass.
CHÂTIER. Castigare, castigo, castigas, castigavi, castigatum³, act.
CHÂTIMENT. Castigatio, g. castigationis³, f.
CHATON, le petit d'une chatte. Felis catulus, g. felis catuli², m.
CHATON d'une bague. Pala, g. palæ¹, f.
CHATONS, fleurs de noyers. Nucamenta, g. nucamentorum², n. plur.
CHATOUILLEMENT. Titillatio, g. titillationis³, f.
CHATOUILLER. Titillare, titillo, titillas, titillavi, titillatum¹, act.
CHATOUILLEUX. Titillationis impatiens, g. titillationis impatientis. comp. Impatientior, m. f. impatientius, n. gén. impatientioris; superl. impatientissimus, a, um.
CHATOUILLEUX, délicat. Periculosus, a, um, adj.
CHÂTRÉ. Castratus, a, um, part. pass.
CHÂTRER. Castrare, castro, castras, castravi, castratum¹, act.
CHAUD, adj. Calidus, a, um. Un ami chaud. Amicus diligentissimus.
LE CHAUD, ou la chaleur. Calor, g. caloris³, m. | Avoir chaud. Calere, caleo, cales, calui², sans supin, n. | Il fait grand chaud, ou la chaleur est grande. Calor est vehemens. | Il ne fait pas chaud, ou la chaleur n'est pas grande. Calor non est vehemens. | Il commence à faire chaud, ou les jours deviennent chauds. Dies incalescunt, de Incalesco, incalescis, incalui, incalescere³, sans sup. n. | Le chaud de la fièvre. Febris æstus, g. febris æstûs⁴, m.
CHAUDEMENT. Calidè ou ferventer, adv.

CHAUDEMENT, avec ardeur. Ardenter, adv.
CHAUDEMENT, avec colère. Iracundè, adv.
CHAUDIÈRE. Cortina, g. cortinæ¹, f.
CHAUDRON. Lebes, g. lebetis³, m.
CHAUDRONNIER. Lebetum faber, g. lebetum fabri², m.
CHAUFFAGE. Lignatio, g. lignationis³, f.
CHAUFFÉ. Calefactus, a, um, part. pass.
CHAUFFER. Calefacere, calefacio, calefacis, calefeci, calefactum³, act.
SE CHAUFFER. Calefieri, calefio, calefis, calefactus sum³, pass.
SE CHAUFFER, s'approcher du feu pour se chauffer. Ad focum assidere, assideo, assides, assedi, assessum², n.
SE CHAUFFER au soleil. Apricari, apricor, apricaris, apricatus sum¹, dép.
CHAUFFERETTE. Foculus, g. foculi², m.
CHAUFFOIR, lieu où l'on se chauffe en commun. Focus communis, g. foci² communis³, m.
CHAUFOURNIER, faiseur de chaux. Calcarius, g. calcarii², m.
CHAUME. Culmus, g. culmi², masc.
CHAUMIÈRE. Tugurium, g. tugurii², n.
CHAUSSE. Tibiale, g. tibialis³ neut.
Haut de chausses. Braccæ, gén. braccarum¹, f. plur.
CHAUSSE, de docteur. Humerale, g. humeralis³, n.
CHAUSSÉ. Calceatus, a, um, part. pass.
CHAUSSÉE. Agger, g. aggeris³ m. | Rez de chaussée. Summa soli facies, g. summæ¹ soli faciei⁵.
CHAUSSE-PIED. Calcipes, g. calcipedis³, m.
CHAUSSER. Calceare, calceo, calceas, calceavi, calceatum¹, act.

| *Se chausser quelque chose dans la tête.* Aliquid mordicus tenēre, teneo, tenes, tenui, tentum², *act.*

CHAUSSE-TRAPES, *fer à quatre pointes.* Murex ferreus, g. muricis³ ferrei², *m.*

CHAUSSETTE. Interius tibiale, g. interioris tibialis³, *n.*

CHAUSSON Udo, g. udonis³, *m.*

CHAUSSURE. Calceamentum, g. calceamenti², *n.*

CHAUVE Calvus, a, um, *adj.* | *Tête chauve.* Calvitium, g. calvitii², *n.*

CHAUVE-SOURIS. Vespertilio, g. vespertilionis³, *m.*

CHAUX. Calx, g. calcis³, *f.* | *A chaux, ou avec de la chaux.* Calce, *à l'abl.* | *De chaux.* Calcarius, ia, ium, *adj.*

CHAVIRER, *renverser.* Evertēre, everto, evertis, everti, eversum³, *act.*

CHAVIRER, *se renverser.* Everti, evertor, everteris, eversus sum³, *pass.*

CHEF. Dux, g. ducis³, *m.*

CHEF *d'escadre.* Classis præfectus, g. classis præfecti², *m.*

CHEF. Voyez *Tête.* | *De mon chef, ou de moi-même.* Meo nomine, c. à. d., *en mon nom.*

CHEF, *article.* Caput, g. capitis³, *n.*

CHEF-D'ŒUVRE, *ou ouvrage parfait.* Opus perfectum, g. operis³ perfecti², *n.*

CHÉLIDOINE, *herbe.* Chelidonium, g. chelidonii², *n.*

CHEMIN. Via, g. viæ¹, *f.* | *Un grand chemin.* Publica via, g. publicæ viæ¹, *f.* | *Aller le droit chemin.* Rectâ viâ ire, eo, is, ivi, itum⁴, *n.* | *Se mettre en chemin.* Ingredi viam, ingredior, ingrederis, ingressus sum³, *dép.* | *Passez votre chemin, ou allez-vous-en.* Abi. | *En parlant à plusieurs.* Abite, *impérat. de* Abeo, abis, abivi, *ou* abii, abitum, abire, *s'en aller.*

Chemin faisant. Intereundum.

CHEMINÉE. Caminus, g. camini², *m.*

CHEMINER. Voyez *Aller.*

CHEMISE. Indusium, g. indusii², *n.*

CHEMISETTE. Inducula, g. induculæ¹, *f.*

CHENAIE, *lieu planté de chênes.* Quercetum, g. querceti², *n.*

CHÊNE. Quercus, g. quercûs⁴, *f.* | *Qui est de chêne.* Querneus, ea, eum, *adj.*

CHENET. Fulcimentum ferreum, g. fulcimenti ferrei², *n.*

CHENEVIÈRE. Cannabaria, g. cannabariæ¹, *f.*

CHENEVIS. Cannabis semen, g. cannabis seminis³, *n.*

CHENEVOTTE, *tuyau du chanvre.* Calamus cannabinus, g. calami cannabini², *m.*

CHENIL, *lieu où l'on tient les chiens.* Canum stabulum, g. canum stabuli², *n.*

CHENILLE. Eruca, g. erucæ¹, *f.*

CHENU, *blanc de vieillesse.* Canus, a, um, *adj.*

CHÉOIR. Voyez *Choir.*

CHER, CHÈRE, *adj. tendrement aimé.* Charus, a, um, *adj.*

CHER, *d'un grand prix.* Carus, a, um, *adj.*

CHER, *adv. à haut prix.* Magno pretio. *comp.* Majori pretio; *superl.* maximo pretio.

CHERCHÉ. Quæsitus, a, um, *part. pass.*

CHERCHER. Quærere, quæro, quæris, quæsivi, quæsitum³, *act.*

CHERCHEUR. Indagator, g. indagatoris³, *m.*

CHÈRE, *ou le vivre.* Victus, g. victûs⁴, *m.* | *Faire bonne chère.* Oppipare vivere, vivo, vivis, vixi, victum³, *n.*

CHÈREMENT, *à haut prix.* Voy. *Cher*, *adv.*

CHÉRI. Amatus, a, um, *part. pass.*

CHÉRIR. Amare, amo, amas, amavi, amatum¹, *act.*

CHERTÉ. Caritas, g. caritatis³, *f.*

CHÉRUBIN. Cherubim, *indécl.*

CHERVIS, *racine.* Siser, g. siseris², n.

CHÉTIF. Vilis, m. f. vile, n. gén. vilis *des 3 genres.*

CHÉTIVEMENT, *pauvrement.* Miserè, *adv.*

CHEVAL Equus, g. equi², m. | A cheval. Equo, à l'abl. | Etre à cheval. Sedere in equo, de Sedeo, sedes, sedi, sessum², n. | Qui est de cheval. Equinus, a, um, adj. | Gens de cheval. Equites, g. equitum³, m. plur.

CHEVAL de frise. Ericius, g. ericii², m.

CHEVAL MARIN. Hippocampus, g. hippocampi², m. | Qui est de cheval marin. Hippocampinus, a, um, adj.

CHEVALERIE, *ordre des chevaliers.* Equitum ordo, g. equitum ordinis, m.

CHEVALET. Equuleus, g. equulei², m.

CHEVALIER. Eques, g. equitis³, masc.

CHEVAUCHÉE, *visite que des Officiers font à cheval.* Equitatio, g. equitationis³, f.

CHEVELU. Comatus, a, um, adj.

CHEVELURE. Coma, g. comæ¹, fém.

CHEVET. Cervical, g. cervicalis³, n.

CHEVEU. Capillus, g. capilli², m. Cheveux longs. Promissi capilli, g. promissorum capillorum², m. pl.

CHEVILLE. Clavus, g. clavi², m. Fibula, g. fibulæ¹, f. | Cheville du pied. Malleolus, g. malleoli², m. | Cheville d'un instrument. Claviculus, g. claviculi², m. | Cheville dans un vers. Inanis farrago, g. inanis farraginis³, f.

CHEVILLÉ. Fibulatus, a, um, *part. pass.*

CHEVILLER. Fibulare, fibulo, fibulas, fibulavi, fibulatum¹, *act.*

CHÈVRE. Capra, g. capræ¹, f. | De chèvre. Caprinus, a, um, adj. | Qui a des pieds de chèvre. Capripes, g. capripedis, *des 5 genres.*

CHEVREAU. Hædulus, g. hæduli², m.

CHÈVRE-FEUILLE. Caprifolium, g. caprifolii², n.

CHEVRETTE, *femelle du chevreuil.* Caprea, g. capreæ¹, f.

CHEVREUIL. Capreolus, g. capreoli², m.

CHEVRIER, *qui garde les chèvres.* Caprarius, g. caprarii², m.

CHEVRON. Cantherius, g. cantherii², m.

CHEVROTER, *quand la chèvre met bas.* Hædulum eniti, enitor, eniteris, enixa sum³, *dép. acc.* Enixa, *parce que ce participe se rapporte au subst. fém.* Capra, chèvre.

CHEVROTER, *chanter d'une voix cassée.* Tremulâ voce canere, cano, canis, cecini, cantum³, n.

CHEVROTIN, *peau de chevreuil préparée.* Pellicula hædina, g. pelliculæ hædinæ¹, f.

CHEZ, *préposit.* A la question Ubi, apud *avec l'acc.* A la question Quò, ad *avec l'acc.* | De chez. A, ou ab *avec l'abl.* | Par chez. Per domum, *avec le gén.*

CHICANE. Legum laquei, g. legum laqueorum², m. plur.

CHICANE, *dans la dispute.* Cavillatio, g. cavillationis³, f.

CHICANER, *en plaidant.* Fraudulenter litigare, litigo, litigas, litigavi, litigatum¹, n.

CHICANER, *en disputant.* Cavillari, cavillor, cavillaris, cavillatus sum¹, dép.

CHICANERIE. Vaframenta, g. vaframentorum², n. plur.

CHICANEUR, CHICANEUSE. Litigiosus, a, um, adj.

CHICHE, *avare.* Parcus, a, um, adj. *de par le gén. du nom.*

CHICHEMENT. Parcè, adv.

CHICORÉE. Intubus, g. intubi², m. | Qui est de chicorée. Intubaceus, ea, eum, adj.

CHI

CHICOT. Surcullus, g. surculli², masc.

CHIEN. Canis, g. canis³, m. g. plur. canum. | *Petit chien.* Catulus, g. catuli², m. | *Qui est de chien.* Caninus, a, um, adj.

CHIEN *d'arme à feu.* Rostrum, g. rostsi², n.

CHIENDENT, *racine.* Gramen, g. graminis³, n.

CHIENNE. Canis, g. canis³, f. g. pl. canum.

Petite chienne. Catella, g. catellæ¹, f.

Petits de la chienne. Catuli, g. catulorum², m. pl.

CHIENNER, *faire des petits chiens.* Parĕre catulos, pario, paris, peperi, partum³. act.

CHIFFON. Panniculus detritus, g. panniculi detriti², m.

CHIFFONNER, *froisser.* Turpare, turpo, turpas, turpavi, turpatum¹, act.

CHIFFRE. Nota arithmetica, g. notæ arithmeticæ¹, f.

CHIFFRES, *lettres entrelacées.* Litterarum implexus, g. litterarum implexûs², m.

CHIFFRER. Notis arithmeticis inscribĕre, inscribo, inscribis, inscripsi, inscriptum³, act.

CHIGNON, *derriere du cou.* Cervix, g. cervicis³, f.

CHIGNON, *cheveux de la femme.* Capillitium, g. capillitii², n.

CHIMÈRE, *monstre fabuleux.* Chimæra, g. chimæræ¹, f.

CHIMÈRE, *vaine imagination.* Commenta, g. commentorum², n. plur.

CHIMÉRIQUE. Fictus, a, um, adj.

CHIMIE. Chimia, g. chimiæ¹, f.

CHIMIQUE. Chimistus, a, um, adj.

CHIMISTE. Chimiæ peritus, a, um, adj.

CHIOURME. Remiges, g. remigum², m. plur.

CHIQUENAUDE. Talitrum, g. talitri², n.

CHO

CHIROGRAPHAIRE. Chirographarius, g. chirographarii², masc.

CHIROGRAPHE, *seing de la propre main.* Chirographum, g. chirographi², n.

CHIROMANCIE, *art de deviner par l'inspection des lignes de la main.* Chiromantia, g. chiromantiæ², f.

CHIROMANCIEN. Chiromantis, g. chiromantis³, m.

CHIRURGIE. Chirurgia, gén. chirurgiæ¹, f.

CHIRURGIEN. Chirurgus, g. chirurgi², m.

De chirurgien. Chirurgicus, a, um, adj.

CHIURE *de mouches.* Muscarum excrementum, g. muscarum excrementi², n.

CHLAMYDE, *manteau des anciens.* Chlamyda, g. chlamydæ¹, f.

CHOC. Conflictus, g. conflictûs⁴, m. | *Au premier choc.* Primo impulsu.

CHOCOLAT. Chocolatum, gén. chocolati², n.

CHŒUR. Chorus, g. chori², m.

CHOIR, *tomber.* Cadĕre, cado, cadis, cecidi, casum³, n.

CHOI I Electus, a, um, part.p.

CHOISIR. Eligĕre, eligo, eligis, elegi, electum³ act.

Donner à choisir. Optionem facĕre, facio, facis, feci, factum³, act. dat. *de la personne* et gén. *de la chose.*

CHOIX. Delectus, g. delectûs⁴, masc.

CHOIX *de laisser ou de prendre.* Optio, g. optionis³, f.

CHOMABLE Festus, a, um, adj.

CHOMER, *ne pas travailler.* Cessare, cesso, cessas, cessavi, cessatum¹, n.

CHOMER *les fêtes.* Dies festos agĕre, ago, agis, egi, actum³, act.

CHOPINE. Sextarius gallicus, g. sextarii gallici², m

CHOPINER. Perpotare, perpoto, perpotas, perpotavi, perpotatum¹, n.

CHOPPEMENT. Offensio, gén. offensionis³, f.

CHOPPER. Pedem offendĕre, offendo, offendis, offendi, offensum³. contre se rend par ad avec l'acc.

CHOQUANT. Contumeliosus, a, um, adj.

CHOQUER, ou offenser. Offendĕre, offendo, offendis, offendi, offensum³, act.

CHOQUER. Voyez Heurter.

SE CHOQUER. Voyez se Heurter.

CHORISTE, chantre du chœur. Chorista, g. choristæ¹, m.

CHOROGRAPHIE, description d'un pays. Chorographia, g. chorographiæ¹, f.

CHOSE. Res, g. rei⁵, f. | Toutes choses. Omnia, g. omnium³, n. plur. Sous-entendu Negotia.

CHOU. Caulis, g. caulis³, m.

CHOUCAS, ou Chouette. Monedula, g. monedulæ¹, f.

CHOUFLEUR. Brassica florea, g. brassicæ floreæ¹, f.

CHOYER. Cautè tractare, tracto, tractas, tractavi, tractatum¹, act.

SE CHOYER. Sibi indulgēre, mihi indulgeo, tibi indulges, mihi indulsi, sibi indultum², n.

CHRÊME, saintes huiles. Sanctum chrisma, g. sancti² chrismatis³, n.

CHRÉTIEN. Christianus, a, um, adj.

CHRÉTIENNEMENT. Christiano ritu, à l'ablat.

LA CHRÉTIENTÉ. Orbis christianus, g. orbis³ christiani², m.

CHRIST, nom du Sauveur. Christus, g. Christi², m.

LE CHRISTIANISME. Religio christiana, g. religionis³ christianæ¹, f.

CHRISTOPHE, nom d'homme. Christophorus, g. Christophori², masc.

CHROMATIQUE, chant. Chromatice, g. chromatices¹, f.

CHRONIQUE. Chronica, gén. chronicorum², n. plur.

CHRONOLOGIE. Chronologia, g. chronologiæ¹, f.

CHRONOLOGIQUE. Chronologicus, a, um, adj.

CHRONOLOGISTE. Chronographus, g. chronographi², m.

CHRYSALIDE. Chrysalis, gén. chrysalidis³, f.

CHRYSOLITE, pierre précieuse. Chrysolithus, gén. chrysolithi³, masc.

CHUCHOTER, parler tout bas à l'oreille. Insusurrare, insusurro, insusurras, insusurravi, insusurratum¹, n. à se rend par ad avec l'acc.

CHUCHOTERIE, ou chuchotement. Insusurratio, g. insusurrationis³, f.

CHUCHOTEUR. Mussitabundus, a, um, adj.

CHUT. Tace, au sing. Au plur. Tacete.

CHUTE. Casus, g. casûs⁴, m.

CHYLE, suc. Chylus, g. chyli², masc.

CI. Ce livre-ci. Hic liber. (Le mot ci ne s'exprime pas en latin.) | Ci-après. Posteà, adv. | Ci-dessous. Infrà, adv. | Ci-dessus. Suprà, adv. | Ci-devant. Anteà, adv. | Par-ci, par-là. Passìm, adv. | Ci-gît. Hic jacet. Au plur. Hic jacent.

CIBLE, but. Meta, g. metæ¹, f.

CIBOIRE. Sacra pyxis, g. sacræ¹ pyxidis³, f.

CIBOULE. Cepula, g. cepulæ¹, fém.

CICATRICE. Cicatrix, g. cicatricis³, f.

CICATRISER, faire des cicatrices. Cicatricare, cicatrico, cicatricas, cicatricavi, cicatricatum¹, act.

SE CICATRISER. Coalescĕre, coalesco, coalescis, coalui, coalitum³, n.

CICÉRON, nom d'homme. Cicero, g. Ciceronis³, m.

CIDRE de pommes. Succus expressus è pomis, g. succi expressi è pomis, m.

CIN

CIEL, Cœlum, g. cœli[2], n. Au plur. Cœli, g. cœlorum[2], m. | Du ciel, ou céleste. Cœlestis, m. f. cœleste, n. gén. cœlestis, adj.

CIEL, pris pour Dieu. Deus, g. Dei[2], m. voc. Deus.

CIEL, air. Aer, g. aeris[3], m.

CIEL de lit. Lecti cœlum, g. lecti cœli[2], n.

CIERGE. Cereus, g. cerei[2], m.

CIEUX. Cœli, g. cœlorum[2], m. plur.

CIGALE. Cicada, g. cicadæ[1], f.

CIGOGNE. Ciconia, g. ciconiæ[1], f.

CIGUË. Cicuta, g. cicutæ[1], f.

CIL, poil des paupières. Cilium, g. cilii[2], n.

CILICE. Cilicium, g. cilicii[2], n.

CILLEMENT de paupières. Nictatio, g. nictationis[3], f.

CILLER, remuer les paupières. Palpebrare, palpebro, palpebras, palpebravi, palpebratum[1], n.

CIMARRE, robe. Palla, g. pallæ[1], fém.

CIME de montagne, d'arbre. Cacumen, g. cacuminis[3], n.

CIMENT. Arenatum, g. arenati[2], n.

CIMENTER. Arenato astringere, astringo, astringis, astrinxi, astrictum[3], act.

CIMENTER la paix. Pacem confirmare, confirmo, confirmas, confirmavi, confirmatum[1], act.

CIMETERRE, sorte de coutelas. Acinaces, g. acinacis[3], m.

CIMETIÈRE, lieu où l'on enterre les morts. Sepulcretum, g. sepulcreti[2], n.

CIMIER, pièce de chair levée sur le dos de l'animal. Lumbus, g. lumbi[2], m.

CINABRE. Cinnabaris, g. cinnabaris[3], fém.

CINÉRAIRE, urne cinéraire. Urna cinerum capax, g. urnæ[1] cinerum capacis[3], f.

CINGLER à pleines voiles. Tota vela pandere, pando, pandis, pansi, pansum[3], act.

CINNAMOME, bois odoriférant.

CIR

Cinnamomum, g. cinnamomi[2], n.

CINQ. Quinque, plur. indéclinable de tout genre. | Cinq à cinq. Quini, æ, a, adj. plur.

De cinq en cinq, ou chaque cinquième. Quinto quoque, pour le m. et le neut. Quintâ quâque, pour le fém. On met à l'ablat. le nom de temps qui suit. | De cinq en cinq ans, ou chaque cinquième an. Quinto quoque anno, à l'ablatif. Cinq cents et cinq centième. Voy. Cent et Centième. | Cinq fois. Quinquiès, adv. | Qui se fait de cinq en cinq ans. Quinquennalis, m. f. quinquennale, n. gén. quinquennalis, adj.

CINQUANTAINE. Quinquagenarius numerus, g. quinquagenarii numeri[2], m. | Une cinquantaine de, ou

CINQUANTE. Quinquaginta, plur. indéclinable. | Cinquante à cinquante. Quinquageni, æ, a, adj. | Cinquante fois. Quinquagiès, adv.

De cinquante en cinquante, ou chaque cinquantaine. Quinquagesimo quoque, pour le masc. et le neut. Quinquagesimâ quâque, pour le fém. Le nom de temps est mis à l'ablat.

CINQUANTIÈME. Quinquagesimus, a, um, adj. | Cinquante et unième. Quinquagesimus primus, quinquagesima prima, quinquagesimum primum, adj. | Cinquante-deuxième. Quinquagesimus secundus, quinquagesima secunda, quinquagesimum secundum, adj.

CINQUIÈME. Quintus, a, um, adj.

Pour la cinquième fois. Quintùm, adv.

CINQUIÈMEMENT. Quintò adv.

CINTRE, ou arcade. Arcus, g. arcûs[4], m.

CINTRER. Concamerare, concamero, concameras, concameravi, concameratum[1], act.

CIRAGE. Ceratura, g. ceraturæ[1], f.

CIRCONCIRE. Circumcidĕre, circumcido, circumcidis, circumcidi, circumcisum[3], *act.*

CIRCONCIS. Circumcisus, a, um, *part. pass.*

CIRCONCISION. Circumcisio, g. circumcisionis[3], *f.*

CIRCONFÉRENCE. Circuitus, g. circuitûs[4], *m.*

CIRCONFLEXE. Circonflexus, a, um, *adj.*

CIRCONLOCUTION. Verborum circuitus, g. verborum circuitûs[4], *m.*

CIRCONSCRIPTION. Circumscriptio, g. circumscriptionis[3],*f.*

CIRCONSCRIRE. Circumscribĕre, circumscribo, circumscribis, circumscripsi, circumscriptum[3], *act.*

CIRCONSPECT. Consideratus, a, um, *adj.*

CIRCONSPECTION. Consideratio, g. considerationis[3],*f.*

AVEC CIRCONSPECTION. Prudenter, *adv.*

CIRCONSTANCE. Adjunctum, g. adjuncti[2], *n.*

CIRCONSTANCIER. Adjuncta recensēre, recenseo, recenses, recensui, recensitum[2], *act. gén. de la chose qu'on circonstancie.*

CIRCONVALLATION. Circummunitio, g. circummunitionis[3],*f.* | *Faire une circonvallation.* Circumvallāre, circumvallo, circumvallas, circumvallavi, circumvallatum[1], *act.*

CIRCONVENIR. Circumvenire, circumvenio, circumvenis, circumveni, circumventum[4], *act.*

CIRCONVOISIN. Vicinus, a, um, *adj.* | *Lieux circonvoisins de la ville.* Circumjecta urbis loca[2], *n. plur.*

CIRCUIT. Circuitus, g. circuitûs[4], *m.*

CIRCULAIRE. Orbicus, a, um, *adj.*

CIRCULAIREMENT, *en rond.* In orbem.

CIRCULATION. Circulatio, g. circulationis[3],*f.*

CIRCULER. Circulari, circulor, circularis, circulatus sum[1], *pass.*

CIRE. Cera, g. ceræ[1], *f.* | *Qui est de cire.* Cereus, ea, eum, *adj.* | *Cire d'Espagne.* Cera signatoria, g. ceræ signatoriæ[1], *f.* | *De couleur de cire.* Cerinus, a, um, *adj.*

CIRÉ. Ceratus, a, um, *part. pass.*

CIRER. Cerare, cero, ceras, ceravi, ceratum[1], *act.*

CIRIER. Cerarius, g. cerarii[1], *masc.*

CIRON. Vermiculus intercus, g. vermiculi[2] intercutis[3], *m.*

CIRQUE. Circus, g. circi[2], *m.* | *Les jeux du cirque.* Circenses ludi, g. circensium[3] ludorum[2], *m. plur.*

CIRURE. Ceratura, g. ceraturæ[1],*f.*

CISAILLES, *fort gros ciseaux.* Forfices, g. forficum[3], *f. plur.*

CISEAU, *instrument pour tailler.* Scalprum, g. scalpri[2], *n.*

CISEAUX *pour couper.* Forfices, g. forficum[3], *f. plur.*

PETITS CISEAUX. Forficulæ, g. forficularum[1], *f. plur.*

CISELÉ. Cælatus, a, um, *p. p.*

CISELER, *former des figures avec le ciselet.* Cælare, cælo, cælas, cælavi, cælatum[1], *act.* | *Sur l'argent.* In argento.

CISELET, *petit outil pour ciseler.* Cælum, g. cæli[2], *n.*

CISELEUR. Cælator, g. cælatoris[3], *m.*

CISELURE. Cælatura, g. cælaturæ[1], *f.*

CITADELLE. Arx, g. arcis[3],*f.*

CITADIN. Urbis incola, g. urbis incolæ[2], *m.*

CITATION, *assignation.* Vadimonium, g. vadimonii[2], *n.*

CITATION, *allégation d'un passage.* Prolatio, g. prolationis[3],*f.*

CITÉ ou *ville.* Civitas, g. civitatis[3],*f.*

CITÉ, *adj.* Prolatus, a, um, *p. p.*

CIV — CLA

CITER, *alléguer un auteur.* Laudare, laudo, laudas, laudavi, laudatum¹, *act.*

CITER, *appeler en justice.* In jus vocare, voco, vocas, vocavi, vocatum¹, *act.*

CITERNE. Cisterna, *g.* cisternæ¹, *f.* | *Qui est de citerne.* Cisterninus, a, um, *adj.*

CITOYEN. Civis, *g.* civis³, *m.* | *De citoyen ou civil.* Civilis, *m. f.* civile, *n. gén.* civilis, *adj.*

CITOYENNE. Civis, *g.* civis³, *f.*

CITRON. Malum citreum, *g.* mali citrei², *n.* | *Qui est de citron.* Citrinus, a, um, *adj.*

CITRONNIER. Citrus, *g.* citri², *fém.*

CITROUILLE. Cucurbita, *gén.* cucurbitæ¹, *f.*

CIVETTE. Zibetta, *g.* zibettæ¹, *fém.*

CIVETTE, *le parfum qu'on tire de la civette.* Zibettum, *g.* zibetti², *neut.*

CIVIÈRE, *brancard que deux hommes portent.* Brachiata crates, *g.* brachiatæ¹ cratis³, *f.*

CIVIL, *honnête.* Comis, *m. f.* come, *n. gén.* comis, *pour les 5 genres. comp.* Comior, *m. f.* comius, *n. gén.* comioris; *supérl.* comissimus, a, um.

CIVIL, *ou de citoyen.* Civilis, *m. f.* civile, *n. gén.* civilis, *adj.*

CIVILEMENT, *poliment.* Comiter, *adv.*

CIVILEMENT, *comme citoyen.* Civiliter, *adv.*

CIVILISER, *rendre civil, poli.* Ad humanitatem informare, informo, informas, informavi, informatum¹, *act.*

CIVILISER, *en parlant des nations sauvages.* Emollire, emollio, emollis, emollivi, emollitum⁴, *act.*

CIVILITÉ. Comitas, *g.* comitatis³, *f.* | *Faire ses civilités, ou saluer honnêtement.* Officiosè salutare, saluto, salutas, salutavi, salutatum¹, *act.*

AVEC CIVILITÉ. Comiter, *adv.*

CIVIQUE. Civicus, a, um, *adj.*

CLABAUD, *chien de chasse à grandes oreilles.* Canis venaticus benè auritus, *g.* canis³ venatici benè auriti², *m.*

CLABAUDER, *aboyer fortement.* Vehementer latrare, latro, latras, latravi, latratum¹, *n.*

CLABAUDER, *crier sans rien dire de solide.* Vociferari, vociferor, vociferaris, vociferatus sum¹, *dép.*

CLABAUDERIE. Vociferatio, *g.* vociferationis³, *f.*

CLABAUDEUR. Oblatator, *g.* oblatatoris³, *m.*

CLABAUDEUSE. Oblatatrix, *g.* oblatatricis³, *f.*

CLAIE. Crates, *g.* cratis³, *f.*

CLAIR, *adj. lumineux.* Clarus, a, um, *adj.*

CLAIR, *transparent.* Perlucidus, a, um, *adj.*

CLAIR, *qui n'est pas trouble.* Limpidus, a, um, *adj.*

CLAIR, *qui n'est pas serré.* Ramus, a, um, *adj.*

CLAIR, *évident.* Manifestus, a, um, *adj.* | *Il est clair.* Liquet², *impers.*

CLAIR, *serein.* Serenus, a, um, *adj.* | *Voix claire.* Vox limpida, *g.* vocis³ limpidæ¹, *f.* | *Il fait clair.* Lucet, luxit, lucēre², *impers.* | *Voir clair.* Clarè oculis vidēre, video, vides, vidi, visum², *act.*

LE CLAIR *de la lune.* Lux lunæ, *g.* lucis³ lunæ, *f.*

CLAIREMENT. Clarè, *adv. comp.* Clariùs; *superl.* clarissimè.

CLAIREMENT, *sans détour.* Candidè, *adv.*

CLAIRET. Rubellus, a, um, *adj.*

CLAIRON. Lituus, *g.* litui², *m.*

CLAIR-SEMÉ. Rarus, a, um, *adj.*

CLAIRVOYANCE, *pénétration d'esprit.* Perspicacitas, *g.* perspicacitatis³, *f.*

CLAIRVOYANT. Perspicax, *m. f. et n. gén.* perspicacis, *adj.*

CLAMEUR. Clamor, *g.* clamoris³, *m.*

CLANDESTIN. Clandestinus, a, um, adj.

CLANDESTINEMENT. Clàm, adv.

CLAPIER, trous dans les garennes où se retirent les lapins. Cuniculorum latebra, g. cuniculorum latebræ¹, f.

CLAPIR. Voyez Blottir.

CLAQUE. Inflictus adversâ manu ictus, g. inflicti² adversâ manu ictûs⁴, m.

Donner une claque. Adversâ manu percutĕre, percutio, percutis, percussi, percussum³, act.

CLAQUEMENT, bruit des dents quand on tremble. Dentium crepitus, g. dentium crepitûs⁴, m.

CLAQUEMENT de mains. Plausus, g. plausûs⁴, m.

CLAQUEMURER. V. renfermer.

CLAQUER, faire un bruit aigu. Crepare, crepo, crepas, crepui, crepitum¹, n.

CLAQUER des mains. Manibus plaudĕre, plaudo, plaudis, plausi, plausum³, n.

CLARIFIER. Diluĕre, diluo, diluis, dilui, dilutum³, act.

CLARINE, clochette que l'on met au cou des vaches. Tintinnabulum, g. tintinnabuli², n.

CLARTÉ, lumière. Claritas, g. claritatis³, f.

CLARTÉ, transparence. Perluciditas, g. perluciditatis³, f.

CLARTÉ de l'esprit. Perspicuitas, g. perspicuitatis³, f.

CLASSE, école. Schola, g. scholæ¹, f.

CLASSE, bande. Classis, g. classis³, f.

CLASSER. Ordinare, ordino, ordinas, ordinavi, ordinatum¹, act.

CLASSIQUE, de classe. Classicus, a, um, adj.

CLAUDE, nom d'homme. Claudius, g. Claudii², m.

CLAVECIN. Organum majus intentum fidibus, g. organi² majoris³ intenti² fidibus, n.

CLAVETTE. Fibula, g. fibulæ¹, f.

CLAVICULE. Clavicula, g. claviculæ¹, f. plur.

CLAVIER, rangée de touches. Organi pinnæ, g. organi pinnarum¹, f. plur.

CLAVIER à mettre des clefs. Claviarium, g. claviarii², n.

CLAUSE. Clausula, g. clausulæ¹, f.

CLAUSTRAL. Cœnobiticus, a, um, adj.

CLAYON, petite claie. Craticius, g. craticii², m.

CLEF. Clavis, g. clavis³, f.

CLÉMENCE. Clementia, g. clementiæ¹, f.

CLÉMENT. Clemens, m. f. et n. gén. clementis, adj.

CLEPSYDRE, horloge d'eau. Clepsydra, g. clepsydræ¹, f.

CLERC ou tonsuré. Clericus, g. clerici², m.

CLERC d'un procureur, etc. Scriba, g. scribæ¹, m.

CLERC, apprenti. Tiro, g. tironis³, m. | Faire un pas de clerc. Tirouis instar errare, erro, erras, erravi, erratum¹, n.

CLERGÉ. Clerus, g. cleri², m.

CLÉRICATURE. Clerici dignitas, g. clerici dignitatis³, f.

CLIENT. Cliens, g. clientis³, m.

CLIENTE. Clienta, g. clientæ¹, fém.

CLIENTELLE. Clientella, g. clientellæ¹, f.

CLIGNER. Connivēre, conniveo, connives, connivi², sans sup. n.

CLIGNOTER, mouvoir souvent les paupières. Nuctare, nucto, nuctas, nuctavi, nuctatum¹, n.

CLIMAT. Clima, g. climatis³, n.

CLIN d'œil, l'action de cligner. Nuctatio, g. nuctationis³, f. | En un clin d'œil. Puncto temporis, à l'ablatif.

CLINCAILLIER. V. Quincaillier.

CLINQUANT d'or. Tænia filis aureis contexta, g. tæniæ filis aureis contextæ¹, f.

CLINQUANT, faux-brillant dans

CLO

les ouvrages d'esprit. Fucatus nitor, *g.* fucati[2] nitoris[3], *m.*

CLIQUET *de moulin.* Crepitaculum, *g.* crepitaculi[2], *n.*

CLIQUETIS. Crepitus, *g.* crepitûs[4], *m.*

CLIQUETTES. Crumata, *gén.* crumatum[3], *n. plur.*

CLOAQUE. Cloaca, *g.* cloacæ[1], *f.*

CLOCHE. Tintinnabulum, *g.* tintinnabuli[2], *n.* | *Cloche de verre.* Testu, *n. indéclin. comme* cornu.

A CLOCHEPIED. Altero pede suspenso, *à l'ablat.*

CLOCHER, *tour.* Turris, *g.* turris[1], *f. acc.* turrim.

CLOCHER, *boiter.* Claudicare, claudico, claudicas, claudicavi, claudicatum[1], *n.*

CLOCHETTE. Parvum tintinnabulum, *g.* parvi tintinnabuli[2], *n.*

CLOISON. Sepimentum, *g.* sepimenti[2], *n.*

CLOITRE. Claustrum, *g.* claustri[2], *n.*

CLOITRER, *mettre dans un cloître.* In monasterio concludĕre, concludo, concludis, conclusi, conclusum[3], *act.*

CLOPORTE. Multipeda, *g.* multipedæ[1], *f.*

CLORE. Claudĕre, claudo, claudis, clausi, clausum[3], *act.*

CLOS, *adj.* Clausus, a, um, *part. pass.*

UN CLOS. Clausum, *g.* clausi[2], *n.*

CLOTURE. Sepimentum, *g.* sepimenti[2], *n.*

CLÔTURE *d'une assemblée.* Dimissio, *g.* dimissionis[3], *f.*

CLOU. Clavus, *g.* clavi[2], *m.*

CLOU, *ou apostume.* Furunculus, *g.* furunculi[2], *m.*

CLOU *de girofle.* Caryophyllum, caryophylli[2], *n.*

CLOUÉ, *avec un clou.* Clavo affixus, a, um, *part. pass.*

CLOUER, *avec un clou.* Clavo affigĕre, affigo, affigis, affixi, affixum[3], *act.*

CLOVIS, *nom d'homme.* Clodoveus, *g.* Clodovei[2], *m.*

COC

CLOUTIER. Clavorum faber, *g.* clavorum fabri[2], *m.*

CLYSTÈRE. Voyez *Lavement.*

COACTIF. Coactivus, a, um, *adj.*

COADJUTEUR, *celui qui aide.* Adjutor, *g.* adjutoris[3], *m.*

COADJUTRICE, *celle qui aide.* Adjutrix, *g.* adjutricis[3], *f.*

COAGULATION. Coagulatio, *g.* coagulationis[3], *f.*

COAGULER, *cailler.* Coagulare, coagulo, coagulas, coagulavi, coagulatum[1], *act.*

SE COAGULER. Concrescĕre, concresco, concrescis, concrevi, concretum[3], *n.*

SE COALISER. Coalescĕre, coalesco, coalescis, coalui, coalitum[3], *n.*

COALITION. Coïtio, *g.* coïtionis[3], *f.*

COASSEMENT, *cri des grenouilles.* Coaxatio, *g.* coaxationis[3], *f.*

COASSER. Coaxare, coaxo, coaxas, coaxavi, coaxatum[1], *n.*

COCHE. Essedum, *g.* essedi[2], *n.* | *Coche d'eau.* Viatorium navigium, *g.* viatorii navigii[2], *n.*

COCHEMAR ou mieux CAUCHEMAR, *étouffement qui prend dans la nuit.* Nocturna suppressio, *g.* nocturnæ[1] suppressionis[3], *f.*

COCHENILLE, *vers des Indes, dont on fait une couleur très-rouge.* Coccinilla, *g.* coccinillæ[1], *f.*

COCHER. Auriga, *g.* aurigæ[1], *masc.*

COCHET, *petit coq.* Pullus gallinaceus, *g.* pulli gallinacei[2], *m.*

COCHEVIS, *oiseau.* Galerita, *g.* galeritæ[1], *f.*

COCHON. Porcellus, *g.* porcelli[2], *m.* | *Cochon de lait.* Porcellus lactens, *g.* porcelli lactentis[3], *m.*

COCO. Palma, *g.* palmæ[1], *f.*

COCON *de vers à soie.* Bombycis folliculus, *g.* bombycis folliculi[2], *m.*

COCTION. Coctio, *g.* coctionis[3], *fém.*

CODE. Codex, *g.* codicis³, *m.*

CODICILLE. Codicillus, *g.* codicilli², *m.*

COERCITIF, *qui a le pouvoir de contraindre.* Vi coercendi valens, *g.* valentis, *adj. des 3 genr.*

CŒUR. Cor, *g.* cordis³, *n.* | *Avoir mal au cœur.* Corde dolére, doleo, doles, dolui², *n. sans sup.*

CŒUR, *courage.* Animus, *g.* animi², *m. Un homme de cœur, ou qui a du cœur.* Vir fortis, *g.* viri² fortis³, *m.* | *Avoir du cœur.* Esse forti animo, *de* Sum, es, fui. On met toujours forti animo.

CŒUR, *affection.* Animus, *gén.* animi², *m.* | *De bon cœur.* Libenti animo.

CŒUR, *esprit, ame.* Mens, *g.* mentis³, *f.*

CŒUR, *le milieu d'une chose.* Medius, ia, ium, *adj. que l'on fait accorder avec le nom qui suit.* Ex. *Au milieu de l'été,* mediâ æstate.

PAR CŒUR, *ou par mémoire.* Memoriâ, *à l'abl.*

COFFIN, *petit panier d'osier.* Cophinus, *g.* cophini², *m.*

COFFRE. Arca, *g.* arcæ¹, *f.* | *Coffre-fort.* Arca.

COFFRET. Arcula, *g.* arculæ¹, *f.*

COGNÉE. Securis, *g.* securis, *accus.* securim³, *f.*

COGNER, *ou frapper.* Percutĕre, percutio, percutis, percussi, percussum³, *act.* | *Cogner un clou pour l'enfoncer.* Clavum adigĕre, adigo, adigis, adegi, adactum³, *act.*

COHÉRENT. Cohærens, *g.* cohærentis, *adj. des 3 genres.*

COHÉRITIER, *héritier avec un autre.* Cohæres, *g.* cohæredis³, *m.* et *f.*

COHORTE. Cohors, *g.* cohortis³, *f. g. plur.* cohortium.

COHUE. Tumultus, *g.* tumultûs⁴, *m.*

COI. Immobilis, *m. f.* immobile, *n. gén.* immobilis, *adj.*

COIFFE *ou* COIFFURE *de femme.* Calantica, *g.* calanticæ¹, *f.*

COIFFÉ. Comtus, a, um, *p. p.*

COIFFER. Comĕre, como, comis, comsi, comtum³, *act.*

COIN, *ou encoignure.* Angulus, *g.* anguli², *m.*

COIN *à fendre.* Cuneus, *g.* cunei², *m.*

COIN, *ou coing, fruit.* Malum cydonium, *g.* mali cydonii², *n.*

COIN *pour les monnoies, etc.* Typus, *g.* typi², *m.*

COLÈRE. Ira, *g.* iræ¹, *f.* | *Qui est en colère contre.* Iratus, a, um, *avec un datif.* | *Etre ou se mettre en colère contre.* Irasci, irascor, irasceris, iratus sum³, *dép. dat.* | *Mettre en colère.* Iram concitare, concito, concitas, concitavi, concitatum¹, *act. Le nom de la personne se met au datif.*

COLÈRE, *adj. Qui se met en colère.* Iracundus, a, um, *adj.*

COLÉRIQUE. Irritabilis, *m. f.* irritabile, *n. gén.* irritabilis, *adj.*

COLIFICHET, *chose de peu de valeur.* Quisquiliæ, *g.* quisquiliarum¹, *f. plur.*

COLIQUE. Colum, *g.* coli², *n.*

COLISÉE, *amphithéâtre de Rome.* Vespasiani amphitheatrum, *g.* Vespasiani amphitheatri², *n.*

COLLABORATEUR. Adjutor, *g.* adjutoris³, *m.*

COLLABORATRICE. Adjutrix, *g.* adjutricis³, *f.*

COLLATÉRAL, *parent.* Collateralis, *m. f.* collaterale, *n. gén.* collateralis, *adj.*

COLLATEUR. Collator, *g.* collatoris³, *m.*

COLLATION, *ou le goûter.* Merenda, *g.* merendæ¹, *f.*

Collation des jours de jeûne. Cœnula, *g.* cœnulæ¹, *f.*

COLLATION, *l'action de conférer.* Collatio, *g.* collationis³, *f.*

COLLATIONNER, *ou goûter.* Merendam sumĕre, sumo, sumis, sumpsi, sumptum³, *act.*

Collationner les jours de jeûne. Cœnulam sumĕre, sumo, sumis, sumpsi, sumptum³, *act.*

COLLATIONNER, ou *conférer*. Conferre, confero, confers, contuli, collatum³, *act.*

COLLE. Gluten, *g.* glutinis³, *n.*

COLLÉ. Glutinatus, a, um, *part. pass.*

COLLECTE *des tailles.* Collecta, *g.* collectæ¹, *f.*

COLLECTEUR. Coactor, *g.* coactoris³, *m.*

COLLECTIF. Collectivus, a, um, *adj.*

COLLECTION. Collectanea, *g.* collectaneorum², *n. plur.*

COLLECTIVEMENT. Conglobatim, *adv.*

COLLÉGE *où l'on enseigne*. Gymnasium, *g.* gymnasii², *n.*

COLLÉGE, ou *corps de personnes*. Collegium, *g.* collegii², *n.*

COLLÉGIAL, *église collégiale*. Ecclesia collegiata, *g.* ecclesiæ collegiatæ¹, *f.*

COLLÉGUE. Collega, *g.* collegæ¹, *m.*

COLLER. Glutinare, glutino, glutinas, glutinavi, glutinatum¹, *act.*

COLLET. Cæsitium, *g.* cæsitii², *neut.*

COLLETER, *prendre au collet*. Injectis collo manibus luctari, luctor, luctaris, luctatus sum¹, *dép.* Le nom de la personne se met à l'ablat. avec la prépos. cum.

SE COLLETER. Inter se luctari, luctor, luctaris, luctatus sum¹, *dép.*

Nous nous colletons. Inter nos luctamur. *Vous vous colletez.* Inter vos luctamini.

COLLIER. Torques ou torquis, *g.* torquis³, *m.* ou *f.* | *Collier de chien.* Collare, *g.* collaris³, *n.* | COLLIER, *carcan*. Collaria, *g.* collariæ¹, *f.*

COLLINE. Collis, *g.* collis³, *m.*

COLLISION *des corps*. Conflictus, *g.* conflictûs⁴, *m.*

COLLOQUE. Colloquium, *gén.* colloquii², *n.*

COLLOQUER, *placer*. Collocare, colloco, collocas, collocavi, collocatum³, *act.*

COLLUSION. Collusio, *g.* collusionis³, *f.*

COLLYRE, *onguent*. Collyrium, *g.* collyrii², *n.*

COLOMBE. Columba, *g.* columbæ¹, *f.*

COLOMBIER. Columbarium, *g.* columbarii², *n.*

COLON. Colonus, *g.* coloni², *neut.*

COLONEL. Chiliarchus, *gén.* chiliarchi², *m.*

COLONIAL, *adj.* Colonus, a, um, *adj.*

COLONIE. Colonia, *g.* coloniæ¹, *fém.*

COLONNADE. Peristylium, *g.* peristylii², *n.*

COLONNE. Columna, *g.* columnæ¹, *f.*

COLONNE *d'armée*. Agmen, *gén.* agminis³, *n.*

COLOQUINTE, *petite courge sauvage*. Colocynthis, *g.* colocynthidis³, *f.*

COLORER. Colorare, coloro, coloras, coloravi, coloratum¹, *act.*

COLORER, *déguiser*. Simulare, simulo, simulas, simulavi, simulatum¹, *act.*

COLORIER, *mettre les couleurs*. Colores inducere, induco, inducis, induxi, inductum³, *act.* Le nom de la chose que l'on colorie, se met au datif.

COLORIS. Colorum nexus, *g.* colorum nexûs⁴, *m.*

COLORIS, *teint vermeil*. Color vividus, *g.* coloris³ vividi², *m.*

COLORISTE. Coloris apte nectendi peritus, *g.* periti², *m.* Peritus seul se décline.

COLOSSAL, *d'une grandeur de colosse*. Colosseus, ea, eum, *adj.*

COLOSSE. Colossus, *g.* colossi², *m.*

COLOSTRE, *lait troublé d'une nourrice*. Colostrum, *g.* colostri², *neut.*

COLPORTEUR. Propola circumforaneus, g. propolæ¹ circumforanei², m.

COLURES, *deux grands cercles de la sphère*. Coluri, g. colurorum², masc. pl.

COMBAT. Pugna, g. pugnæ², f. | *Combat sur mer*. Prælium navale, g. prælii navalis³, n. | *Livrer le combat*. Pugnam committere, committo, committis, commisi, commissum³, act. à se rend par cum *avec l'ablat*. | *Combat à coups de poings*. Pugillatio, g. pugillationis³, f. | *Combat de lutteur*. Pancratium, g. pancratii², n.

COMBATTANT. Pugnator, g. pugnatoris³, m.

COMBATTRE. Pugnare, pugno, pugnas, pugnavi, pugnatum¹, n. *Quand combattre a un régime direct*, on le met à l'ablat. avec cum. Ex. *Combattre l'ennemi*. Cum hoste pugnare.

COMBATTRE, *en disputant*. Certare, certo, certas, certavi, certatum¹, n.

Combattre une opinion. Contra opinionem certare. | *Combattre les passions*. Cupiditates frangere, frango, frangis, fregi, fractum³, act.

COMBIEN. Quàm, quantùm, quanti, quanto, quot ; *suivant les mots auxquels est joint le mot combien*. (*Voyez la règle Combien dans la Gramm. latine.*)

COMBINAISON, *assemblage*. Conjunctio, gén. conjunctionis³, fém.

COMBINER, *assembler*. Conjungere, conjungo, conjungis, conjunxi, conjunctum³, act.

COMBLE. Fastigium, g. fastigii², neut.

De fond en comble. Funditùs, adv.

Mettre le comble à des bienfaits. Meritain cumulo augere, augeo, auges, auxi, auctum², act. | *Pour comble de*. In cumulum, avec le gén. | *Arriver au comble de*. Summam assequi, assequor, assequeris, assecutus sum³, dép *avec le gén.*.

COMBLÉ. Cumulatus, a, um part. pass.

COMBLER. Cumulare, cumulo cumulas, cumulavi, cumulatum¹ act. acc. rég. ind. ablat.

COMBUSTIBLE. Ustioni aptus a, um, adj.

COMBUSTION, *trouble*. Tumultus, g. tumultûs⁴, m.

COMBUSTION, *action de brûler* Combustio, g. combustionis³, f.

COMÉDIE. Comœdia, g. comœdiæ¹, f.

COMÉDIEN. Comœdus, g. comœdi², m.

COMÉDIENNE. Mima, g. mimæ¹, f.

COMESTIBLE. Edulis, m. et f edule, n. gén. edulis, adj.

COMÈTE. Cometes, g. cometæ¹ masc.

COMICES. Comitia, g. comitiorum², neut. pl.

COMIQUE. Comicus, a, um adj.

COMIQUE, *plaisant*. Facetus, a um, adj.

COMIQUEMENT, *d'un air comique*. Comicè, adv.

COMIQUEMENT, *plaisamment*. Facilè, adv.

COMITE, *officier de galère*. Remigum præfectus, g. remigum præfecti², m.

COMITÉ. Consessus, g. consessûs⁴, m.

COMMANDANT. Præfectus, g præfecti², m.

COMMANDÉ. Jussus, a, um part. pass.

COMMANDÉ, *dominé par*. Summissus, a, um, *part. pass*. avec le dat

COMMANDEMENT, *ordre*. Mandatum, g. mandati², n.

COMMANDEMENT, *ou empire*. Imperium, g. imperii², n. sur se ren par in avec l'acc.

Avoir le commandement de, o *être commandant de*. Præesse præsum, præes, præfui, *datif*.

A COMMANDEMENT. Pro arbitrio.

COMMANDER, ou *ordonner*. Imperare, impero, imperas, imperavi, imperatum[1], *act. avec le dat. de la personne à qui l'on commande. Le* de *ou* que *suivi d'un verbe, s'exprime par* ut *avec le subj.*

COMMANDER, ou *avoir le commandement de.* Praeesse, praesum, praees, praefui, *avec le dat.*

COMMANDER, *dominer.* Imminēre, immineo, immines, imminui[2], *sans sup. n. avec le dat.*

COMMANDEUR. Commendator, g. commendatoris[3], *m.*

COMME, ou *de même que.* Ut, *avec l'indic.* On met ordinairement le même cas et le même mode après que devant. *Comme il falloit.* Ut par erat. | *Comme la chose le demande.* Prout res postulat. | *Comme si.* Quasi, *avec le subj.*

COMME, pour *lorsque, vu que* ou *après que.* Cùm, *avec le subj.* | *Comme j'allois* ou *lorsque j'allois.* Cùm irem.

COMMÉMORATION. Commemoratio, g. commemorationis[3], *f.*

COMMENÇANT. Elementarius ia, ium, *adj.*

COMMENCÉ. Inceptus, a, um, *part. pass.*

COMMENCEMENT. Initium, g. initii[2], *n.* | *Au commencement de.* Initio, *à l'abl. avec un génit. ensuite.* | *Commencement d'une science.* Elementa, g. elementorum[2], *n. plur.*

COMMENCER. Incipĕre, incipio, incipis, incepi, inceptum[3], *act.* | *Commencez par me dire vo tre nom.* Primum nomen tuum mihi memora. *Ce verbe est à l'imp.* Memorare, memoro, memoras, memoravi, memoratum[1], *act.*

COMMENSAL. Convictor, g. convictoris[3], *m.*

COMMENT. Quomodò, *adv.* | *Comment vous appelez-vous?* Quomodo vocaris? *S'il est entre deux verbes, on met le second au subjonct.*

COMMENTAIRE. Commentarius, g. commentarii[2], *m.*

COMMENTATEUR. Interpres, g. interpretis[3], *m.*

COMMENTER. Commentariis illustrare, illustro, illustras, illustravi, illustratum[1], *act.*

UN **COMMERÇANT.** Negociator, g. negociatoris[3], *m.*

COMMERÇANT, *célèbre par son commerce.* Commercio florens, g. commercio florentis[3], *adj. de tout genre.*

COMMERÇANT, *adonné au commerce.* Commercio addictus a, um, *adj.*

COMMERCE. Commercium, g. commercii[2], *n.*

COMMERCER, *trafiquer.* Negotiari, negotior, negotiaris, negociatus sum[1], *dépon.*

COMMETTRE. Committĕre, committo, committis, commisi, commissum[3], *act.*

COMMINATOIRE. Comminationem continens, g. comminationem continentis[3], *part. prés.*

COMMIS. Commissus, a, um, *part. pass.*

UN COMMIS. Praepositus, g. praepositi[2], *m. avec un dat. ensuite.*

COMMISÉRATION. Commiseratio, g. commiserationis[3], *f.*

COMMISSAIRE *de police.* Quaesitor urbanus, g. quaesitoris[3] urbani[2], *m.*

COMMISSAIRE, *juge extraordinaire.* Recuperator, g. recuperatoris[3], *m.*

COMMISSION, ou *charge.* Provincia, g. provinciae[1], *f.*

COMMISSION, ou *ordre.* Mandatum, g. mandati[2], *n.* | *Donner commission.* Mandare, mando, mandas, mandavi, mandatum[1], *act. avec le datif de la personne. Le* de *ou* que, *suivi d'un verbe, s'exprime par* ut *avec le subjonct.*

COMMISSIONNAIRE. Institor, g. institoris[3], *m.*

COMMODE. Commodus, a, um, *adj.*

COMMODÉMENT. Commodè,

adv. comp. Commodiùs ; superl. commodissimè.

COMMODITÉ. Commodum, g. commodi[2], n. | *A la première commodité, ou dès que l'occasion sera donnée.* Ut primùm occasio dabitur. | *A votre commodité.* Tuo commodo, à l'ablat. | *Les commodités de la vie.* Vitæ commoditates, g. vitæ commoditatum[3], f. pl.

COMMOTION. Commotio, g. commotionis[3], f.

COMMUABLE. Commutabilis, m. f. commutabile, n. gén. commutabilis, adj.

COMMUER, *une peine.* Commutare, commuto, commutas, commutavi, commutatum[1], act.

COMMUN. adj. Communis, m. f. commune, n. gén. communis, adj. | *C'est un bruit commun.* Res est vulgatissima. | *Un nom commun à plusieurs.* Vulgare nomen, g. vulgaris nominis[3], n.

COMMUN, *ou ordinaire.* Consuetus, a, um, adj.

COMMUN, *qui n'est pas rare.* Haud rarus, a, um, adj.

COMMUN, *ou que tout le monde fait.* Vulgatus, a, um, adj. | *Trivial.* Tritus, a, um, adj.

LE COMMUN. Vulgus, g. vulgi[2], n. | *En commun.* Communiter, adv. Socialiter, adv.

COMMUNAUTÉ. Communitas, g. communitatis[3], f.

COMMUNES, *fonds de terre pour faire paître les bestiaux d'un village.* Ager compascuus, g. agri compascui[2], m.

COMMUNÉMENT. Vulgò, adv.

COMMUNICATIF, *qui aime à épancher ses sentimens.* Apertus, a, um, adj.

COMMUNICATION. Communicatio, g. communicationis[3], f.

COMMUNIER, *ou recevoir le Corps de Notre-Seigneur.* Sanctissimum Christi Corpus suscipĕre, suscipio, suscipis, suscepi, susceptum[3], act.

COMMUNION, *l'action de recevoir le Corps de Jésus-Christ.* Sacrum epulum, g. sacri epuli[2], neut.

COMMUNION, *union.* Communio, g. communionis[3], f.

COMMUNIQUÉ. Communicatus, a, um, part. pass.

COMMUNIQUER. Communicare, communico, communicas, communicavi, communicatum[1], act. acc. rég. ind. dat.

SE COMMUNIQUER, *découvrir ses sentimens.* Se patefacĕre, me patefacio, te patefacis, me patefeci, se patefactum[3], act.

SE COMMUNIQUER, *passer d'un objet à un autre.* Transire, transeo, transis, transivi, transitum[4], n. à par ad avec l'acc. | *Maladie qui se communique.* Contagiosus, a, um, adj.

COMMUTATION *de peine.* Pœnæ commutatio, g. pœnæ commutionis[3], f.

COMPACTE. Spissus, a, um, adj.

UNE COMPAGNE. Socia, g. sociæ[1], f. Dat. et abl. pl. sociabus.

UNE COMPAGNE, *épouse.* Uxor, g. uxoris[3], f.

COMPAGNIE, *ou société.* Societas, g. societatis[3], f.

COMPAGNIE, *ou assemblée.* Cœtus, g. cœtus[4], m. | *En compagnie ou avec du monde.* Cum nonnullis. | *Tenir compagnie.* Voyez *Accompagner.* | *De compagnie, ou ensemble.* Unà, adv.

COMPAGNIE, *corps.* Ordo, gén. ordinis[3], m.

COMPAGNIE *de soldats, etc.* Turma, g. turmæ[1], f.

COMPAGNON *d'école.* Condiscipulus, g. condiscipuli[2], m. | *Qui accompagne.* Comes, g. comitis[3], m. et f.

COMPAGNON *de guerre.* Commilito, g. commilitonis[3], m.

COMPARABLE. Comparandus, a, um. à s'exprime par cum avec l'ablatif.

COMPARAISON. Comparatio,

g. comparationis³, f. | *Faire comparaison.* Voyez *Comparer.* | *En comparaison de.* Præ, *avec l'ablat.* | *Sans comparaison,* ou *beaucoup plus.* Longè, *adv.*

COMPARATIF. Comparativus, g. comparativi², *m.*

COMPARATIVEMENT. Comparativè, *adv.*

COMPARÉ. Comparatus, a, um, à *s'exprime par* cum *avec l'ablat.*

COMPARER. Comparare, comparo, comparas, comparavi, comparatum¹, *act. acc. rég. ind. ablat. avec* cum. | *Comparer les grandes choses avec les petites.* Parvis magna componĕre, compono, componis, composui, compositum³, *act.*

COMPARAITRE. Comparēre, compareo, compares, comparui, comparitum², *n.*

COMPARTIMENT. Descriptio, g. descriptionis³, f.

COMPARUTION. Obitum vadimonium, g. obiti vadimonii², *n.*

COMPAS. Circinus, g. circini², *m.*

COMPASSER. Voyez *Mesurer.*

COMPASSION. Misericordia, g. misericordiæ¹, f. | *Avoir compassion.* Misereri, misereor, misereris, misertus sum², *dép.* ou Miserēre, *impers.*

COMPATIBILITÉ. Convenientia, g. convenientiæ¹, f.

COMPATIBLE. Congruens, *m. f.* et *n. gén.* congruentis, *adj.*

COMPATIR à, ou *avoir compassion de.* Misereri, misereor, misereris, misertus sum², *dép. avec le génitif.*

Compatir, *être compatible.* Inter se cohærēre, cohæreo, cohæres, cohæsi, cohæsum², *n.*

Compatir, *avoir de l'indulgence.* Indulgēre, indulgeo, indulges, indulsi, indultum², *n. dat.*

COMPATISSANT, *porté à la compassion.* Ad misericordiam propensus, a, um, *adj.*

COMPATRIOTE. Popularis, g. popularis, *m. et f.*

COMPENSATION. Compensatio, g. compensationis, f.

COMPENSER. Compensare, compenso, compensas, compensavi, compensatum¹, *act. acc. rég. ind. ablat.*

COMPÉTENCE *de juge.* Legitima jurisdictio, g. legitimæ¹ jurisdictionis³, f.

COMPÉTENT. Legitimus, a, um, *adj.*

COMPÉTITEUR. Competitor, g. competitoris³, *m.*

COMPILATEUR. Eclogarius, g. eclogarii², *m.*

COMPILATION. Excerpta, g. excerptorum², *n. plur.*

COMPILER. Colligĕre, colligo, colligis, collegi, collectum³, *act.*

COMPLAINTE. Voyez *Plainte.*

COMPLAIRE à. Obsequi, obsequor, obsequeris, obsecutus sum³, *dép.*

se Complaire, *en quelque chose.* Delectari, delector, delectaris, delectatus sum¹, *dép.* en, *se rend par* in, *avec l'abl.*

se Complaire, ou *se plaire à soi-même.* Sibi placēre, mihi placeo, tibi places, mihi placui, sibi placitum², *n.*

COMPLAISANCE. Obsequium, g. obsequii², *n.* | *Avoir de la complaisance pour.* Voyez *Complaire.*

COMPLAISANT. Obsequiosus, a, um, *adj. avec un datif.* | *Se rendre complaisant.* Voyez *Complaire.*

COMPLANT, *lieu planté d'arbres ou de vignes.* Plantaria, g. plantariorum², *n. plur.*

COMPLÉMENT. Complementum, g. complementi², *n.*

COMPLET. Completus, a, um, *adj.*

COMPLÈTEMENT. Omninò, *adv.*

COMPLEXION. Constitutio, g. constitutionis³, f.

COMPLEXIONNÉ. Affectus, a, um, *adj.*

COMPLICATION *de maladies.*

Morborum complexio, *g.* morborum complexionis[3], *f.*

COMPLÉMENT *de crimes.* Crimina[3] criminibus cumulata[1], *n. pl.*

COMPLICE. Conscius, a, um, *adj.*

COMPLICITÉ. Sceleris societas, *g.* sceleris societatis[3], *f.*

COMPLIES. Completorium, *g.* completorii[2], *n.*

COMPLIMENT *en paroles.* Officiosa verba, *g.* officiosorum verborum[2], *n. plur.* | *Faire un compliment.* Voy. *Complimenter.* | *Faire des complimens ou des cérémonies.* Officiosam urbanitatem affectare, affecto, affectas, affectavi, affectatum[1], *act.*

COMPLIMENTER, ou *féliciter.* Gratulari, gratulor, gratularis, gratulatus sum[1], *dépon.* avec un *dat. de la personne et un acc. de la chose.* Le *de* suivi d'un verbe s'exprime par *quòd* avec le *subj.*

COMPLIMENTER, ou *faire compliment*, ou *saluer honnêtement.* Officiosis verbis salutare, saluto, salutas, salutavi, salutatum[1], *act.*

COMPLIMENTEUR, *qui fait trop de complimens.* Nimius officiosi sermonis affectator, *g.* nimii[2] officiosi sermonis affectatoris[3]. *On décline seulement* nimius affectator.

COMPLIQUÉ, *en parlant de plusieurs maladies ensemble.* Geminati morbi, *g.* geminatorum morborum[2], *m. plur.*

COMPLOT. Conspiratio, *gén.* conspirationis[3], *f.*

COMPLOTER. Conspirare, conspiro, conspiras, conspiravi, conspiratum[1], *n.* | *La perte de quelqu'un*, c. à. d., *pour perdre quelqu'un.* Ad perdendum aliquem.

COMPONCTION, *douleur d'avoir offensé Dieu.* Peccatorum dolor, *g.* peccatorum doloris[3], *m.*

COMPORTER. Ferre, fero, fers, tuli, latum[3], *act.*

SE COMPORTER. Agere, ago, agis, egi, actum[3], *n.* | *En honnête homme*, c. à. d., *honnêtement.* Honestè, *adv.*

COMPOSÉ *de.* Compositus, a, um, *part. pass.* de *s'exprime par* è ou ex *avec l'abl.* | *Composé, en parlant d'un thême, d'un livre, etc.* Scriptus, a, um, *part. pass.*

COMPOSÉ, *modeste.* Modestus, a, um, *adj.*

COMPOSER. Componěre, compono, componis, composui, compositum[3], *act. acc. rég. ind. ablat.* avec è ou ex. | *Composer, en parlant d'un thême, d'un livre, etc.* Scribere, scribo, scribis, scripsi, scriptum[3], *act.*

COMPOSER, ou *faire un accord.* Pacisci, paciscor, pacisceris, pactus sum[3], *dép.*

COMPOSER, *en termes d'imprimerie, arranger les lettres, et en faire une planche ou forme.* Typos ordinare, ordino, ordinas, ordinavi, ordinatum[1], *act.*

SE COMPOSER, *prendre un air modeste.* Se componere, compono, componis, composui, compositum[3], *act.*

SE COMPOSER *de*, ou *être formé de.* Conflare, conflo, conflas, conflavi, conflatum[1], *n.* de *se rend par de*, *avec l'ablat.*

COMPOSITEUR. Compositor, *g.* compositoris[3], *m.*

COMPOSITEUR *d'imprimerie.* Typorum ordinator, *g.* typorum ordinatoris[3], *m.*

COMPOSITION, *assemblage de plusieurs parties.* Compositio, *g.* compositionis[3], *f.*

COMPOSITION *d'écoliers.* Scholastica concertatio, *g.* scholasticæ[1] concertationis[3], *f.*

COMPOSITION, ou *accord.* Pactum, *g.* pacti[2], *n.* | *A composition.* Certis conditionibus, *à l'ablat.*

COMPOTE. Pomorum conditura, *g.* pomorum conditurae[1], *f.*

COMPRÉHENSIBLE. Comprehensibilis, *m. f.* comprehensibile, *n. gén.* comprehensibilis, *adj.*

COMPRÉHENSION. Comprehensio, *g.* comprehensionis[3], *f.*

COMPRENDRE, ou *concevoir.*

COM

Percipĕre, percipio, percipis, percepi, perceptum³, act.

Comprendre, ou *contenir*. Continēre, contineo, contines, continui, contentum², act.

COMPRESSE, *linge plié qu'on met sur la plaie quand on saigne.* Penicillum, g. penicilli², n.

COMPRESSION, *l'action de presser.* Pressus, g. pressûs⁴, m.

COMPRIMER. Comprimĕre, comprimo, comprimis, compressi, compressum³, act.

COMPRIS, ou *conçu.* Perceptus, a, um, part. pass.

Compris, ou *contenu.* Contentus, a, um, part. pass.

COMPROMETTRE, *se rapporter de la décision d'une affaire au sentiment de quelqu'un.* Compromittĕre, compromitto, compromittis, compromisi, compromissum³, act.

Compromettre, *exposer le nom ou l'autorité de quelqu'un.* In discrimen adducĕre, adduco, adducis, adduxi, adductum³, act.

se Compromettre. In discrimen venire, venio, venis, veni, ventum⁴, n.

COMPROMIS. Compromissum, g. compromissi², n.

COMPTABLE. Rationarius, g. rationarii², m.

COMPTANT. Præsens, m. f. et n. gén. præsentis, adj. | *En argent comptant.* Præsenti pecuniâ, à l'abl.

COMPTANT sur, *espérant dans,* part. prés. Fretus, a, um, avec l'abl.

COMPTE, ou *nombre.* Numerus, g. numeri², m.

Compte, ou *calcul.* Ratio, g. rationis³, f. | *Il est bien loin de son compte.* Hunc sua spes fefellit, fallĕre, fallo, fallis, fefelli, falsum³, act. | *Il a son compte.* Est voti compos.

Compte, ou *estime.* | *Faire compte de,* ou *tenir compte de,* ou *estimer.* Æstimare, æstimo, æstimas, æstimavi, æstimatum¹, act. *Voyez Estimer.*

CON

COMPTÉ. Numeratus, a, um, part. pass.

COMPTER, ou *nombrer.* Numerare, numero, numeras, numeravi, numeratum¹, act. | *A compter du jour que.* Subductâ ratione temporis ab eo die quo, *avec l'indicatif.*

Compter *sur,* ou *faire fond sur.* Confidĕre, confido, confidis, confisus sum³, n. dat. | *Il ne compte que sur vous.* Ejus spes omnis in te sita est, c. à. d., *toute son espérance est fondée sur vous.*

Compter pour, estimer. Habēre, habeo, habes, habui, habitum², act. | *Compter sans son hôte inutilement.* Frustrà rationes deputare, deputo, deputas, deputavi, deputatum¹, act.

COMPTOIR. Mensa, g. mensæ¹, fém.

COMTE, *seigneur.* Comes, g. comitis³, m.

COMTESSE. Cometissâ, g. cometissæ¹, f.

COMTÉ, ou *comtat.* Comitatus, g. comitatûs⁴, m.

CONCASSÉ Tritus, a, um, adj.

CONCASSER. Terĕre, tero, teris, trivi, tritum³, act.

CONCAVE. Concavus, a, um, adj.

CONCAVITÉ. Cavus, g. cavi², m. | *La concavité d'un os.* Ossis sinus, g. ossis sinûs⁴, m.

CONCÉDER, *accorder.* Concedĕre, concedo, concedis, concessi, concessum³, act.

CONCENTRER. In centrum cogĕre, cogo, cogis, coegi, coactum³, act.

Concentrer *sa colère.* Iram concoquĕre, concoqueo, concoques, concoxi, concoctum², act. | *Concentrer ses affections, se tourne par, aimer uniquement.*

se Concentrer, *se réunir.* Coalescĕre, coalesco, coalescis, coalui, coalitum³, n.

CONCENTRIQUE. Concentricus, a, um, adj.

CONCEPTION. Conceptio, g. conceptionis[3], f.

Conception, ou *l'esprit*. Mens, g. mentis[1], f.

CONCERNANT, *touchant*. De, avec l'ablat.

CONCERNER. Pertinēre, pertineo, pertines, pertinui[2], sans sup. n. *On met ensuite* ad *avec l'acc.*

CONCERT *de voix*, etc. Concentus, g. concentûs[4], m.

de Concert. Uno consensu, à l'ablat. Compositò, adv.

Concerté, *délibéré*. Statutus, a, um, *part. pass.*

CONCERTER, *accorder les voix*. Voces prætentare, prætento, prætentas, prætentavi, prætentatum[1], act.

Concerter *une affaire*. De negotio consultare, consulto, consultas, consultavi, consultatum[1], neut.

CONCESSION. Concessio, g. concessionis[3], f.

CONCEVABLE. Comprehensibilis, m. f. comprehensibile, n. gén. comprehensibilis, adj.

CONCEVOIR. Concipĕre, concipio, concipis, concepi, conceptum[3], act.

CONCHYLE, *poisson*. Conchylium, g. conchylii[2], n.

CONCIERGE. Custos, g. custodis[3], m. et f.

CONCIERGERIE. Carcer, g. carceris[3], m.

CONCILE. Concilium, g. concilii[2], n.

CONCILIABULE, *concile illégitime*. Conciliabulum, g. conciliabuli[2], n.

CONCILIATEUR, *qui concilie*. Conciliator, g. conciliatoris[3], m.

CONCILIATION *des esprits*. Conciliatio, g. conciliationis[3], f.

CONCILIATRICE, *celle qui concilie*. Conciliatrix, g. conciliatricis[3], f.

CONCILIER. Conciliare, concilio, concilias, conciliavi, conciliatum[1], act.

CONCIS. Concisus, a, um, adj.

CONCISION. Concisio, g. concisionis[3], f.

CONCITOYEN. Civis, g. civis[3], masc.

CONCITOYENNE. Civis, g. civis[3], f.

CONCLAVE. Conclave, g. conclavis[1], n.

CONCLU, ou *achevé*. Conclusus, a, um, part. pass.

Conclu, ou *résolu*. Constitutus, a, um, part. pass.

CONCLUANT, *qui conclut*. Concludens, m. f. et n. gén. concludentis, part. prés.

CONCLURE, ou *achever*. Concludĕre, concludo, concludis, conclusi, conclusum[3], act.

Conclure, ou *résoudre*. Constituĕre, constituo, constituis, constitui, constitutum[3], act.

Conclure, ou *inférer de*. Inferre, infero, infers, intuli, illatum[3], act. Le de s'exprime par è ou ex avec l'abl. de la chose.

CONCLUSION. Conclusio, g. conclusionis[3], f.

CONCOMBRE. Cucumis, g. cucumeris[3], m.

CONCORDANCE, *convenance des noms et des verbes*. Convenientia, g. convenientiæ[1], f.

CONCORDAT. Pactum, g. pacti[2], n.

CONCORDE. Concordia, g. concordiæ[1], f. | En concorde. Concordissimè, adv.

CONCOURIR. Concurrĕre, concurro, concurris, concurri, concursum[3], n. à *s'exprime par* ad *avec l'acc., ou* un gérond. en dum.

Concourir, *disputer un prix*. De præmio concertare, concerto, concertas, concertavi, concertatum[1], n.

CONCOURS. Concursus, gén. concursûs[4], m.

Concours, *dispute pour un prix*. Concertatio, g. concertationis[3], f.

CONCRET. Concretus, a, um, adj.

CONÇU. Conceptus, a, um, part. part.

Conçu, énoncé. Enuntiatus, a, um, part. pass.

CONCUBINAGE. Concubinatus, g. concubinatûs[4], m.

CONCUBINAIRE, qui entretient une concubine. Concubinus, g. concubini[2], m.

CONCUBINE. Concubina, g. concubinæ[1], f.

CONCUPISCENCE. Immoderata cupiditas, g. immoderatæ[1] cupiditatis[3], f.

CONCURRENCE. Contentio, g. contentionis[3], f.

CONCURRENT. Competitor, g. competitoris[3] m.

Concurrent, rival. Æmulus, g. æmuli[2], m.

CONCUSSION. Concussio, g. concussionis[1], f.

CONCUSSIONNAIRE, qui fait des concussions. Spoliator, g. spoliatoris[3], m.

CONDAMNABLE. Damnandus, a, um, part. fut. pass.

CONDAMNATION. Damnatio, g. damnationis[3], f. | Qui porte condamnation. Damnatorius, ia, ium, adj.

CONDAMNÉ. Damnatus, a, um, part. pass.

CONDAMNER. Damnare, damno, damnas, damnavi, damnatum[1], act. à par le gén. du nom.

Condamner, suivi d'un infinitif. Jubēre, jubeo, jubes, jussi, jussum[2], act.

se Condamner, avouer sa faute. Erratum agnoscĕre, agnosco, agnoscis, agnovi, agnitum[3], act.

CONDENSATION. Densatio, g. densationis[3], f.

CONDENSÉ. Condensatus, a, um, part. pass.

CONDENSER. Condensare, condenso, condensas, condensavi, condensatum[1], act.

CONDESCENDANCE. Obsequium, g. obsequii[2], n. | Avoir de la condescendance pour. Obse-

qui, obsequor, obsequeris, obsecutus sum[3], dép. dat.

CONDESCENDANT, complaisant. Obsequiosus, a, um, adj. avec un dat. ensuite.

CONDESCENDRE à. Obsequi, obsequor, obsequeris, obsecutus sum[3], dépon. avec un dat. | Faire condescendre. Adducĕre, adduco, adducis, adduxi, adductum[3], act. à se rend par ad.

CONDISCIPLE, compagnon d'étude. Condiscipulus, g. condiscipuli[2], m.

CONDITION. Conditio, g. conditionis[3], f. | A condition. Eâ conditione, ou eâ lege. Le que ou de par, ut avec le subjonct.

Condition, ou naissance. Genus, g. generis[3], n. | Un homme de condition. Vir claro genere.

bien CONDITIONNÉ. Probus, a, um, adj. | Mal conditionné. Improbus, a, um, adj.

CONDITIONNEL. Conditionalis, m. f. conditionale, n. gén. conditionalis, adj.

CONDITIONNELLEMENT. Adjunctâ conditione. C'est un ablat. absolu.

CONDOLÉANCE, compliment de condoléance. Doloris significatio, g. doloris significationis[3], f.

CONDUCTEUR. Dux, g. ducis[3], m.

CONDUCTRICE. Dux, g. ducis[3], f.

CONDUIRE, ou mener. Ducĕre, duco, ducis, duxi, ductum[3], act.

se Conduire. Agĕre, ago, agis, egi, actum[3], n. | En honnête homme, c. à. d. honnêtement. Honestè, adv.

Conduire, ou avoir soin de. Curare, curo, curas, curavi, curatum[1], act.

CONDUIT. Canalis, g. canalis[3], masc. ablat. canali.

CONDUITE, ou manière d'agir. Agendi ratio, g. agendi rationis[3], f. Agendi ne se décline point.

Conduite, ou soin. Cura, g. curæ¹, f. | *Avoir la conduite de.* Administrare, administro, administras, administravi, administratum¹, *act.* | *Donner à quelqu'un la conduite d'une armée* Præponere, præpono, præponis, præposui, præpositum³, *act.* | *Être sous la conduite de.* Regi, regor, regeris, rectus sum, *pass. Le de qui suit s'exprime par* à *ou ab avec l'abl.*

CONDUITE. Voyez *Prudence.*

CONE. Conus, g. coni². m.

CONFECTION, *action de faire.* Confectio, g. confectionis³, f.

CONFECTIONNER. Conficere, conficio, conficis, confeci, confectum³, *act.*

CONFÉDÉRATION. Fœdus, g. fœderis², n.

CONFÉDÉRÉ. Fœderatus, a, um, *adj.*

SE CONFÉDÉRER. Fœdus inire, ineo, inis, inivi, initum⁴, *act.*

CONFÉRENCE. Colloquium, g. colloquii², n.

CONFÉRER, ou *parler de.* Colloqui, colloquor, colloqueris, collocutus sum³, *dép. de se rend par* de *avec l'ablat.*

CONFÉRER, ou *comparer.* Conferre, confero, confers, contuli, collatum³, *act.*

CONFÉRER, *donner.* Conferre, confero, confers, contuli, collatum³, *act.*

ALLER A CONFESSE. Voyez se *Confesser.*

CONFESSER, ou *avouer.* Confiteri, confiteor, confiteris, confessus sum², *dép. acc.*

SE CONFESSER, ou *confesser ses péchés.* Confiteri peccata, *dép.*

CONFESSER, ou *ouïr la confession.* Confessionem excipere, excipio, excipis, excepi, exceptum³, *act. On On met au génit. le nom de la pers.*

CONFESSEUR. Pœnitentiæ sacramenti administer, g. administri², m. Administer *seul se décline.*

CONFESSEUR, *qui a confessé J. C. dans les tourmens.* Sacræ fidei propugnator, *gén.* propugnatoris³, m. *On ne décline que* propugnator.

CONFESSIONNAL. Pœnitentiæ tribunal, g. pœnitentiæ¹ tribunalis³, n.

CONFIANCE. Fiducia, g. fiduciæ¹, *fém.* | *Avoir confiance en.* Confidere, confido, confidis, confidi, confisus sum⁴, n. *avec le dat.*

CONFIANCE, *présomption.* Confidentia, g. confidentiæ¹, f.

CONFIANCE, *assurance.* Fidentia, g. fidentiæ¹, f.

CONFIANT, *présomptueux.* Confidens, g. confidentis, *adj.*

CONFIDEMMENT. Cum fiduciâ. Amicè, *adv.*

CONFIDENCE, *amitié.* Familiaritas, g. familiaritatis³, f. | *Faire confidence de.* Voy. *Communiquer.*

CONFIDENCE, *communication des secrets.* Arcanorum communicatio, g. arcanorum communicationis³, f.

CONFIDENT *des secrets.* Consiliorum particeps, g. consiliorum participis³, *de tous genres.*

CONFIDENTIELLEMENT. Cum summâ fiduciâ.

CONFIER. Credere, credo, credis, credidi, creditum³, *act. acc. rég. ind. dat.*

SE CONFIER *en.* Confidere, confido, confidis, confisus sum³, n. *datif.*

CONFIGURATION. Forma, g. formæ¹, f.

CONFINER, *reléguer.* Relegare, relego, relegas, relegavi, relegatum¹, *act. dans ou en par* in *avec l'acc.*

SE CONFINER *en un pays.* Secedere, secedo, secedis, secessi, secessum³, n. *dans par* in *avec l'acc.*

CONFINER, *être proche.* Confinem esse, confinis sum, es, fui, *dat.* | *Votre maison confine avec la mienne.* Tua domus est confinis meæ.

CONFIN. Confinis, m. f. confine, n. *gen.* confinis, *ad.*

CONFINS. Confinia, g. confinium³, n. *plur.*

CON

CONFIRE. Condire, condio, condis, condivi *ou* condii, conditum⁴, *act.*

CONFIRMATIF, *qui confirme.* Fidem faciens, *g.* fidem facientis, *part. prés.*

CONFIRMATION. Confirmatio, *g.* confirmationis³, *f.*

CONFIRMÉ. Confirmatus, a, um, *part. pass.* | *Cette nouvelle a besoin d'être confirmée.* Fide majori eget hic nuncius.

CONFIRMÉ, ou *qui a reçu le sacrement de confirmation.* Sacro confirmationis oleo inunctus, a, um, *part. pass.*

CONFIRMER, *rendre plus ferme.* Firmare, firmo, firmas, firmavi, firmatum³, *act.*

CONFIRMER, *assurer.* Voy. *Assurer.*

CONFIRMER, *donner le sacrement de confirmation.* Sacro confirmationis oleo inungere, inungo, inungis, inunxi, inunctum³, *act.*

CONFISCABLE, *sujet à confiscation.* Confiscationi obnoxius, ia, ium, *adj.*

CONFISCATION. Confiscatio, *g.* confiscationis³, *f.*

CONFISQUER. Publicatus, a, um, *part. pass.*

CONFISEUR. Qui condit fructus. *Ces mots ne changent point.*

CONFISQUER. Publicare, publico, publicas, publicavi, publicatum¹, *act.*

CONFIT. Conditus, a, um, *p. p.*

CONFITURES. Condimenta, *g.* condimentorum², *n. plur.*

CONFLIT. Conflictus, *g.* conflictûs⁴, *m.*

CONFLUENT, *jonction de deux rivières.* Confluens, *g.* confluentis³, *m.*

CONFONDRE, *mêler ensemble.* Confundere, confundo, confundis, confudi, confusum³, *act.*

CONFONDRE, *prendre l'un pour l'autre.* Errare, erro, erras, erravi, erratum¹, *n. Le nom de la chose se met à l'ablat. avec* in.

CONFONDRE *quelqu'un, le couvrir*

CON

de honte. Pudorem incutere, incutio, incutis, incussi, incussum³, *act. avec le dat. de la personne.*

CONFONDRE, *convaincre.* Voyez *ce mot.*

CONFONDU, *mêlé.* Confusus, a, um, *adj.*

CONFONDU, *convaincu.* Convictus, a, um, *adj.*

CONFONDU, *couvert de honte.* Pudore suffusus, a, um, *adj.*

CONFORMATION. Conformatio, *g.* conformationis³, *f.*

CONFORME à. Consentaneus, ea, eum, *adj. dat.* | *Etre conforme.* Congruere, congruo, congruis, congrui³, *n. sans supin. dat.*

CONFORMÉ. Constitutus, a, um, *adj.*

CONFORMÉMENT à. Convenienter, *adv. avec le dat.*

CONFORMER. Accommodare, accommodo, accommodas, accommodavi, accommodatum¹, *act. acc. rég. ind. acc. avec* ad.

CONFORMITÉ. Convenientia, *g.* convenientiæ¹, *f.*

CONFORTATIF. Corroborans, *g.* corroborantis, *part. prés.*

CONFORTÉ. Corroboratus, a, um, *part. pass.*

CONFORTER. Corroborare, corroboro, corroboras, corroboravi, corroboratum¹, *act.*

CONFRATERNITÉ. Sodalitas, *g.* sodalitatis³, *f.*

CONFRÈRE. Sodalis, *g.* sodalis³, *m.*

CONFRÉRIE. Sodalitas, *g.* sodalitatis³, *f.*

CONFRONTATION, *examen du rapport que les choses ont ensemble.* Comparatio, *g.* comparationis³, *f.*

CONFRONTER. Componere, compono, componis, composui, compositum³, *act.* | *Confronter des témoins.* Testes producere, produco, producis, produxi, productum³, *act.*

CONFUS. Confusus, a, um, *adj.* | *Confus de honte.* Voy. *Honteux.*

CONFUSÉMENT. Confusè, adv.

CONFUSION, ou désordre. Confusio, g. confusionis³, f. | Mettre en confusion ou en désordre. Confundĕre, confundo, confundis, confudi, confusum³, act.

CONFUSION, ou honte. Voyez Honte.

CONGÉ dans les colléges, etc. Vacatio, g. vacationis³, f. | Avoir congé. Vacare, vaco, vacas, vacavi, vacatum¹, n.

CONGÉ d'un soldat. Missio, g. missionis³, f.

Avoir une audience de congé. Abeundi licentiam obtinere, obtineo, obtines, obtinui, obtentum², act.

CONGÉDIÉ. Dimissus, a, um, part. pass.

CONGÉDIER. Dimittĕre, dimitto, dimittis, dimisi, dimissum³, act.

CONGÉLATION, épaississement. Congelatio, g. congelationis³, f.

CONGELÉ. Congelatus, a, um, part. pass.

SE CONGELER. Congelari, congelor, congelaris, congelatus sum¹, pass.

CONGLUTINATION. Conglutinatio, g. conglutinationis³, f.

CONGRATULATION. Gratulatio, g. gratulationis³, f.

CONGRATULER. Gratulari, gratulor, gratularis, gratulatus sum¹, dép. La personne au datif, la chose à l'acc. De ou de ce que, suivi d'un verbe, s'exprime par quòd avec le subjonct.

CONGRE, poisson. Conger, g. congri², m.

CONGRÉGATION. Sodalitas, g. sodalitatis³, f.

CONGRÈS. Congressus, gén. congressûs⁴, m.

CONGRU, convenable. Congruus, ua, uum, adj.

CONGRUMENT. Convenienter, adv.

CONIQUE. Turbinatus, a, um, part. pass.

CONJECTURAL, fondé sur des conjectures. Conjecturalis, m. f. conjecturale, n. gén. conjecturalis, adj.

CONJECTURE. Conjectura, g. conjecturæ¹, f. | Par conjecture. Ex conjecturâ.

CONJECTURER. Conjicĕre, conjicio, conjicis, conjeci, conjectum³, act. de se rend par à ou ex.

CONJOINDRE. Conjungĕre, conjungo, conjungis, conjunxi, conjunctum³, act.

CONJOINT. Conjunctus, a, um, part. pass.

CONJOINTEMENT. Simul. Unà, adv.

CONJONCTIF, terme de grammaire, particule conjonctive. Particula connexiva, g. particulæ connexivæ¹, f.

CONJONCTION. Conjunctio, g. conjunctionis³, f.

CONJONCTURE. Occasio, g. occasionis³, f. | Profiter des conjonctures. Rerum opportunitatem amplecti, amplector, amplecteris, amplectus sum³, dép. | Dans ces tristes conjonctures. In hoc difficillimo statu.

CONJUGAISON. Conjugatio, g. conjugationis³, f.

CONJUGAL. Conjugalis, m. f. conjugale, n. gén. conjugalis, adj.

CONJUGUER. Declinare, declino, declinas, declinavi, declinatum¹, act.

CONJURATION. Conjuratio, g. conjurationis³, f.

CONJURATION, prières instantes. Obsecratio, g. obsecrationis³, f.

CONJURÉ, complice d'une conjuration. Conjurationis particeps, g. conjurationis participis, adj.

CONJURÉS. Conjurati, g. conjuratorum², m. plur.

CONJURER, ou conspirer. Conjurare, conjuro, conjuras, conjuravi, conjuratum¹, n. | Conjurer la mort de quelqu'un. Mortem machinari, machinor, machinaris,

machinatus sum[1], *dép.* de *se rend*
par le génit.

Conjurer, ou *prier.* Obsecrare, obsecro, obsecras, obsecravi, obsecratum[1], *act.* Le *de* ou *que*, suivi d'un verbe, s'exprime par *ut* avec le subjonct.

Conjurer, ou *exorciser.* Voyez *Exorciser.*

Conjurer *la tempête, un malheur.* Precibus avertĕre, averto, avertis, averti, aversum[3], *act.*

CONNÉTABLE *du roi.* Toti militiæ præpositus, *g.* præpositi[2], *m.* On ne décline que præpositus.

CONNEXE, *qui a du rapport.* Connexus, a, um, *adj.* avec le dat.

CONNEXION. Connexio, *g.* connexionis[3], *f.*

CONNEXITÉ, *liaison, rapport.* Connexio, *g.* connexionis[3], *f.*

CONNIVENCE, *dissimulation pour les fautes d'autrui.* Dissimulatio, *g.* dissimulationis[3], *f.*

CONNIVER, *faire semblant de ne pas apercevoir.* Dissimulare, dissimulo, dissimulas, dissimulavi, dissimulatum[1], *act.*

CONNOISSABLE Cognoscendus, a, um, *adj.*

CONNOISSANCE. Cognitio, *g.* cognitionis[3], *f.* | *Prendre connoissance de.* Voyez *Connoître.*

Connoissance, ou *amitié.* Consuetudo, *g.* consuetudinis[3], *f.* | *Qui est de la connoissance de,* ou *qui est connu de.* Voyez *Connu.*

CONNOISSEUR. Intelligens, *m. f. et n. gén.* intelligentis[3]. en, par le gén.

CONNOITRE. Cognoscĕre, cognosco, cognoscis, cognovi, cognitum[3], *act.* | *Connoître de vue.* Cognoscĕre de facie.

Connoître *une affaire.* Cognoscĕre de re.

se Connoître *en.* Intelligĕre, intelligo, intelligis, intellexi, intellectum[3], *act.* en ou à *s'exprime* par *in* avec *l'ablat.*

faire Connoître, ou *donner à connoître.* Significare, significo, sig-

nificas, significavi, significatum[1], *act. acc. rég. ind. dat.*

faire Connoître, ou *donner la connoissance.* Cognitionem dare, do, das, dedi, datum[1], *act.* La chose se met au gén.

se faire Connoître, ou *se distinguer.* Inclarescĕre, inclaresco, inclaresceis, inclarui[3], *sans sup. n.*

se faire Connoître, *découvrir qui l'on est.* Se patefacĕre, me patefacio, te patefacis, me patefeci, se patefactum[3], *act.*

CONNU *de.* Notus, a, um, *adj.* avec un datif.

Connu, *célèbre.* Clarus, a, um, *adj.*

CONQUE. Concha, *g.* conchæ[1], *f.*

CONQUÉRANT. Gentium domitor, *g.* gentium domitoris[3], *m.*

CONQUÉRIR. Subigĕre, subigo, subigis, subegi, subactum[3], *act.*

CONQUÊTE. Victoria, *g.* victoriæ[1], *f.* | *Faire des conquêtes.* V. *Conquérir.*

Conquêtes, *ce qu'on a conquis.* Bello parta, *g.* bello partorum[2], *n. plur.*

CONSACRÉ. Consecratus, a, um, *part. pass.*

Consacré, *employé.* Addictus, a, um, *part. pass.*

CONSACRER. Consecrare, consecro, consecras, consecravi, consecratum[1], *act.*

Consacrer *son temps.* Tempus conferre, confero, confers, contuli, collatum[3], *act.* à se rend par *in* avec l'abl. ou le gérond. en do.

se Consacrer *au service des autels.* Sacris se adstringĕre, me adstringo, te adstringis, me adstrinxi, se adstrictum[3], *act.* | *Se consacrer à Dieu.* Deo se devovēre, me devoveo, te devoves, me devovi, se devotum[2], *act.*

CONSANGUIN. Consanguineus, ea, eum, *adj.*

CONSANGUINITÉ. Consanguinitas, *g.* consanguinitatis[3], *f.*

CONSCIENCE. Conscientia, *g.* conscientiæ[1], *f.* | *En conscience.* Bonâ fide, *à l'abl.*

CONSCIENCE, *scrupule.* Religio, g. religionis³, *f.* | *Se faire conscience de.* Religioni habēre, habeo, habes, habui, habitum², *act.* de *se rend par l'acc. ou un infinit.*

CONSCIENCIEUSEMENT. Religiosè, *adv.*

CONSCIENCIEUX. Religiosus, a, um, *adj.*

CONSCRIPT, *père conscript.* Conscriptus, a, um, *part. pass.*

CONSCRIPTION. Conscriptio, g. conscriptionis³, *f.*

CONSÉCRATEUR. Consecrator, g. consecratoris³, *m.*

CONSÉCRATION. Consecratio, g. consecrationis³, *f.*

CONSÉCUTIF. Continuus, ua, uum, *adj.*

CONSÉCUTIVEMENT. Continenter, *adv.*

CONSEIL. Consilium, g. consilii², *n.* | *Par mon conseil.* Meo consilio, *à l'abl.* | *Donner conseil.* Voyez *Conseiller.* | *Sans demander conseil à personne.* Omnibus inconsultis, *à l'abl.*

CONSEIL, *assemblée.* Concilium, g. concilii², *n.*

CONSEILLER, *verbe.* Suadēre, suadeo, suades, suasi, suasum², *act. acc. rég. ind. dat.* Le *de* ou *que*, suivi d'un infinitif français, s'exprime par *ut* avec le subjonct.

UN CONSEILLER. Consiliarius, g. consiliarii², *m.*

CONSENTANT. Consentiens, *m.f.* et *n.* gén. consentientis, *p. pr.*

CONSENTEMENT. Consensus, g. consensûs⁴, *m.* | *Du consentement.* Ex consensu, *avec un gén.*

CONSENTIR. Assentiri, assentior, assentiris, assensus sum⁴, *dép. dat.*

CONSÉQUEMMENT, *avec justesse.* Conclusè, *adv.*

CONSÉQUEMMENT. V. *En conséquence.*

CONSÉQUENCE, *conclusion.* Consequentia, g. consequentiæ¹, *f.* | *En conséquence de.* Ex, *ablat.*

EN CONSÉQUENCE, *par conséquent.* Ideò, *adv.*

CONSÉQUENT, *qui agit conséquemment.* Conclusè agens, g. conlusè agentis. | *Qui parle conséquemment.* Conclusè dicens, g. conclusè dicentis.

PAR CONSÉQUENT. Ideò, *adv.*

CONSERVATEUR. Conservator, g. conservatoris³, *m.*

CONSERVATION. Conservatio, g. conservationis³, *f.*

CONSERVATRICE. Conservatrix, g. conservatricis³, *f.*

CONSERVE *de roses.* Rosæ saccharo conditæ, g. rosarum saccharo conditarum¹, *f. plur.*

CONSERVES, *lunettes.* Conspicillum, g. conspicilli², *n.*

CONSERVÉ. Servatus, a, um, *part. pass.*

CONSERVER. Conservare, conservo, conservas, conservavi, conservatum¹, *act. acc. rég. ind. dat.*

SE CONSERVER, *avoir soin de sa santé.* Curare valetudinem, curo, curas, curavi, curatum¹, *act.*

SE CONSERVER, *en parlant des choses.* Non corrumpi, non corrumpor, non corrumperis, non corruptus sum³, *pass.*

CONSIDÉRABLE, *en parlant des choses.* Insignis, *m.f.* insigne, *n.* gén. insignis, *adj.* | *En parlant des personnes.* Illustris, *m.f.* illustre, *n.* gén. illustris, *adj.*

CONSIDÉRABLEMENT. Admodùm. Notabiliter, *adv.*

CONSIDÉRATION. Consideratio, g. considerationis³, *f.* | *A la considération, ou en considération de.* Causâ, *qui veut un génit. ensuite.* Au lieu du génitif des pronoms, on met *meâ*, *tuâ*, *suâ*, *nostrâ* et *vestrâ*, selon la personne dont il s'agit.

CONSIDÉRATION, *moyen.* Ratio, g. rationis³, *f.*

CONSIDÉRATION, *importance.* Momentum, g. momenti², *n.*

CONSIDÉRATION, *estime.* Existimatio, g. existimationis³, *f.*

CONSIDÉRATION, *égard.* Respectus, g. respectûs⁴, *m.*

CONSIDÉRÉ. Consideratus, a, um, *part. pass.*

CONSIDÉRÉ, *estimé.* Estimatus, a, um, *part. pass.*

CONSIDÉRÉMENT. Considerate, *adv.*

CONSIDERER. Considerare, considero, consideras, consideravi, consideratum[1], *act.*

CONSIDÉRER, ou *estimer.* Estimare, æstimo, æstimas, æstimavi, æstimatum[1], *act.*

CONSIGNATAIRE. Sequester, g. sequestri[2], *m.*

CONSIGNATION, *l'action de déposer.* Depositio, g. depositionis[3], *f.*

CONSIGNATION, *dépôt.* Depositum, g. depositi[2], *n.*

CONSIGNÉ. Depositus, a, um, *part. pass.*

CONSIGNER. Deponĕre, depono, deponis, deposui, depositum[3], *act. acc. rég. ind. acc. avec* apud.

CONSISTANCE. Firmitas, g. firmitatis[3], *f.*

CONSISTER. Consistĕre, consisto, consistis, constiti, constitum[3], *n.* en *ou* dans, *par* in, *ablat.*

Faire consister. Constituĕre, constituo, constituis, constitui, constitutum[3], *act.* en, dans, par in, *avec l'ablat.*

CONSISTOIRE Concilium sacrum, g. concilii sacri[2], *n.*

CONSOLABLE. Consolabilis, *m. f.* consolabile, *n. gén.* consolabilis, *adj.*

CONSOLANT. Consolatorius, ia, ium, *adj.*

CONSOLATEUR. Consolator, g. consolatoris[3], *m.*

CONSOLATION. Consolatio, g. consolationis[3], *f.* | *Lettre de consolation.* Litteræ consolatoriæ, g. litterarum consolatoriarum[1], *f. pl.*

CONSOLATRICE. Consolatrix, g. consolatricis[3], *f.*

CONSOLER. Consolari, consolor, consolaris, consolatus sum[1], *dép. acc. de la personne, et l'abl. de la chose, avec de.*

CONSOLIDER, *rendre solide.* Firmare, mo, as, avi, atum[1], *act.*

SE CONSOLIDER. Solidescĕre, solidesco, solidescis[3], *sans prét. ni sup.*

CONSOMMATEUR. Consummator, g. consummatoris[3], *m.*

CONSOMMATION. Consummatio, g. consummationis[3], *f.*

CONSOMMÉ ou *parfait.* Perfectus, a, um. *comp.* Perfectior, *m. f.* perfectius, *n. gén.* perfectioris; *superl.* perfectissimus, a, um. | *Une vertu consommée.* Virtus cumulata, g. virtutis[3] cumulatæ[1], *f.*

CONSOMMÉ, *un bouillon succulent.* Expressus ex decoctis carnibus succus, g. expressi ex decoctis carnibus succi[2], *m.*

CONSOMMER, *achever.* Perficĕre, perficio, perficis, perfeci, perfectum[3], *act.*

CONSOMMER, *absorber.* Absumĕre, absumo, absumis, absumpsi, absumptum[3], *act.*

CONSOMPTION. Consumptio, g. consumptionis[3], *f.*

CONSONNANCE, *accord des tons dans la musique.* Consonantia, g. consonantiæ[1], *f.*

CONSONNE. Consonans, *gén.* consonantis[3], *f.*

CONSORTS. Consortes, g. consortium[3], *m. plur.*

CONSPIRATEUR. Conjuratus, g. conjurati[2], *m.*

CONSPIRATION. Conjuratio, g. conjurationis[3], *f.*

CONSPIRER. Voyez *Conjurer.*

CONSTAMMENT. Constanter. *adv. comp.* Constantius; *superl.* constantissime.

CONSTANCE. Constantia, g. constantiæ[1], *f.*

CONSTANT, ou *ferme.* Constans, *m. f. et n. gén.* constantis. *comp.* Constantior, *m. f.* constantius, *n. gén.* constantioris; *sup.* constantissimus, a, um.

CONSTANT, ou *assuré.* Certus, a, um. *comp.* Certior, *m. f.* certius, *n. gén.* certioris; *sup.* certissimus, a, um. | *Il est constant que.*

Constat, *avec un infinitif ensuite.* Constat, constabat, constitit, constare¹, *impers.*

CONSTANTIN, *nom d'homme.* Constantinus, g. Constantini², m.

CONSTATÉ. Certus, a, um, *adj.*

CONSTATER. Exploratum facĕre, facio, facis, feci, factum³, *act.* Exploratum *s'accorde avec le nom de la chose constatée.*

CONSTELLATION. Sidus, g. sideris³, n.

CONSTERNATION. Consternatio, g. consternationis³, f. | *Etre dans la consternation.* Consternari, consternor, consternaris, consternatus sum¹, *pass.*

CONSTERNÉ. Consternatus, a, um, *adj.*

CONSTERNER, *jeter dans la consternation.* Consternare, consterno, consternas, consternavi, consternatum¹, *act.*

CONSTIPATION. Alvi adstrictio, g. alvi adstrictionis³, f.

CONSTIPÉ. Adstrictus, a, um, *part. pass.*

CONSTIPER, *resserrer le ventre.* Alvum contrahĕre, contraho, contrahis, contraxi, contractum³, *act.*

CONSTITUÉ. Constitutus, a, um, *part. pass.*

CONSTITUER, *établir.* Constituĕre, constituo, constituis, constitui, constitutum³, *act.*

CONSTITUTION, *ordonnance.* Constitutio, g. constitutionis³, f. | *Constitution de rentes.* Fenus, g. fenoris³, n. | *Constitution du corps.* Constitutio, g. constitutionis³, f.

Constitution, *statuts d'un corps, d'une société.* Societatis statuta, g. societatis statutorum², n. plur. | *Notre constitution.* Societatis nostræ statuta.

CONSTITUTIONNEL. Constitutioni consentaneus, ea, eum, *adj.*

Constitutionnellement. Ex legibus.

CONSTRUCTION. Constructio, g. constructionis³, f.

CONSTRUIRE. Construĕre, construo, construis, construxi, constructum³, *act.*

Construire *un pont.* Pontem facĕre, facio, facis, feci, factum³, *act.*

CONSTRUIT. Constructus, a, um, *part. pass.*

CONSUBSTANTIEL. Consubstantialis, m. f. consubstantiale, n. gén. consubstantialis, *adj.*

CONSUL. Consul, g. consulis³, masc.

CONSULAIRE, ou *de consul.* Consularis, m. f. consulare, n. gén. consularis, *adj.*

CONSULAT. Consulatus, g. consulatûs⁴, m.

CONSULTANT, *avocat consultant.* Consultor, g. consultoris³, m.

CONSULTATION. Consultatio, g. consultationis³, f.

CONSULTÉ, *à qui l'on a demandé conseil.* Consultus, a, um, *part. pass.*

CONSULTER. Consulĕre, consulo, consulis, consului, consultum, *act. acc. de la personne, et l'ablat. de la chose avec* de. *Il faut consulter.* Consulto opus est.

Consulter, *délibérer.* Consultare, consulto, consultas, consultavi, consultatum¹, n.

CONSUMÉ. Consumptus, a, um, *part. pass.*

CONSUMER. Consumĕre, consumo, consumis, consumpsi, consumptum³, *act.*

se Consumer *de chagrin,* c. à. d. *être accablé de chagrin.* Mœrore confici, conficior, conficeris, confectus sum³, *pass.*

CONTACT. Contactus, g. contactûs⁴, m.

CONTAGIEUX. Contagiosus, a, um, *adj.*

CONTAGION. Contagio, g. contagionis³, f.

CONTE, ou *récit.* Narratio, g. narrationis³, f. | *Un conte fait à plaisir.* Fabula commentitia, g. fabulæ commentitiæ¹, f.

CONTEMPLATEUR. Contem-

CON CON 135

plator, g. contemplatoris[3], m.

CONTEMPLATIF. Contemplativus, a, um, adj.

CONTEMPLATION. Contemplatio, g. contemplationis[3], f.

CONTEMPLER. Contemplari, contemplor, contemplaris, contemplatus sum[1], dép. acc.

CONTEMPORAIN. Æqualis, m. f. æquale, n. gén. æqualis, adj.

CONTEMPTEUR, qui méprise. Contemptor, g. contemptoris[3], m.

CONTENANCE, geste, manière de se tenir. Corporis habitus, g. corporis habitûs[4], m.

CONTENDANT. Competitor, g. competitoris[3], m.

CONTENIR. Continēre, contineo, contines, continui, contentum[2], act.

SE CONTENIR, se modérer. Se cohibēre, cohibeo, cohibes, cohibui, cohibitum[2], act.

CONTENT. Contentus, a, um, adj. avec un ablat. ensuite. | Etre content de, ou approuver. Probare, probo, probas, probavi, probatum[1], act. | Rendre content. Voyez Contenter.

CONTENTEMENT, ou plaisir. Delectatio, gén. delectationis[3], f. | Donner du contentement, ou satisfaire. Voyez Contenter.

CONTENTER. Satisfacĕre, satisfacio, satisfacis, satisfeci, satisfactum[3], n. avec le dat.

CONTENTER ses désirs, etc. Desideria explēre, expleo, exples, explevi, expletum[2], act.

SE CONTENTER de, ou être content de. Esse contentum, sum contentus, es, fui. Contentus, a, um, veut l'abl.

CONTENTIEUX. Contentiosus, a, um, adj.

CONTENTION, soit dispute, soit application. Contentio, g. contentionis[3], f. | Etudier avec contention. Acriter studēre, studeo, studes, studui[2], n. avec le dat. de la chose.

CONTENU, renfermé. Contentus, a, um, participe pass.

CONTENU, retenu. Cohibitus, a, um, part. pass.

LE CONTENU, subst. Summa, g. summæ[1], f.

CONTER ou raconter. Narrare, narro, narras, narravi, narratum[1], act. | Conter fleurettes. Delicias dicĕre, dico, dicis, dixi, dictum[3], act.

CONTESTABLE, qui peut être contesté. Incompertus, a, um, part. pass.

CONTESTATION. Concertatio, g. concertationis[3], f.

CONTESTÉ. Controversus, a, um, part. pass.

CONTESTER. Concertare, concerto, concertas, concertavi, concertatum[1], n. abl. de la chose avec de.

CONTEUR. Fabulator, g. fabulatoris[3], m.

CONTEXTURE, arrangement des parties. Contextus, g. contextûs[4], m.

CONTIGU. Contiguus, ua, uum, adj.

CONTIGUÏTÉ. Contiguitas, g. contiguitatis[3], f.

CONTINENCE. Continentia, g. continentiæ[1], f. | Avec continence. Continenter, adv.

CONTINENT, terre ferme. Continens, g. continentis[3], m.

CONTINENT, adj. Continens, m. f. et n. gén. continentis, adj.

CONTINGENCE, événement fortuit. Eventus fortuitus, g. eventûs[4] fortuiti[2], m.

CONTINGENT, adj. Fortuitus, a, um, adj.

CONTINGENT, portion qui revient à quelqu'un. Rata portio, g. ratæ[1] portionis[3], f.

CONTINU. Continuus, ua, uum, adj.

CONTINUATION, suite. Continuatio, g. continuationis[3], f.

CONTINUATION d'office. Prorogatio, g. prorogationis[3], f.

A LA CONTINUE. Longo tempore. Ces deux mots sont à l'abl.

CONTINUEL. Assiduus, ua, num, adj.

CONTINUELLEMENT. Assiduè, adv.

CONTINUER, ou poursuivre. Pergĕre, pergo, pergis, perrexi, perfectum[3], act.

Continuer, ou durer. Durare, duro, duras, duravi, duratum[1], n.

Continuer, ou prolonger. Prorogare, prorogo, prorogas, prorogavi, prorogatum[1], act.

CONTINUITÉ, enchaînement. Continuitas, g. continuitatis[3], f.

CONTORSION. Distortio, g. distortionis[3], f.

CONTOUR. Circuitus, g. circuitûs[4], m.

Contours, terme de peinture. Corporis extrema, g. corporis extremorum[2], n. plur.

CONTOURNER, tourner obliquement. Obvertĕre, obverto, obvertis, obverti, obversum[3], act.

Contourner, donner à une figure le contour. Extrema corporum facĕre, facio, facis, feci, factum[3], act.

se Contourner, faire des contorsions. Ora et oculos distorquēre, distorqueo, distorques, distorsi, distortum[2], act.

CONTRACTANT. Paciscens, g. paciscentis, adj.

CONTRACTER, resserrer. Contrahĕre, contraho, contrahis, contraxi, contractum[3], act.

Contracter, faire convention. Pacisci, paciscor, pacisceris, pactus sum[3], dépon.

Contracter de mauvaises habitudes. Pravos mores imbibĕre, imbibo, imbibis, imbibi, imbibitum[3], act.

CONTRACTION. Contractio, g. contractionis[3], f.

CONTRADICTEUR. Refragator, g. refragatoris[3], m.

CONTRADICTION, action de contredire. Controversia, g. controversiæ[1], f. | Esprit de contradiction. Pravum contentionis studium, g. pravi contentionis studii[2], n.

Contradiction, incompatibilité. Repugnantia, g. repugnantiæ[1], f.

Contradiction, obstacle. Oppositio, g. oppositionis[3], f.

CONTRADICTOIRE. Secum pugnans, g. secum pugnantis, adj.

CONTRADICTOIREMENT. Contrariè, adv.

CONTRAINDRE. Cogĕre, cogo, cogis, coegi, coactum[3], act. acc. rég. ind. acc. avec ad, ou gérond. en dum avec ad.

Contraindre, gêner. Voy. ce mot.

se Contraindre. Se coercēre, me coerceo, te coerces, me coercui, se coercitum[2], act.

CONTRAINT. Coactus, a, um, part. pass. | Sans être contraint. Ultrò, adv. Spontè, adv.

CONTRAINT, gêné. Voy. ce mot.

CONTRAINTE. Vis, g. vis, dat. vi, acc. vim, abl. vi, f. sans plur. en ce sens. | Vivre sans contrainte. Liberè vivĕre, vivo, vivis, vixi, victum[3], n. | Par contrainte. Vi, abl. | Sans contrainte. Ultrò, adv.

CONTRAIRE. Contrarius, ia, ium, adj. avec un dat.

Contraire, être d'un sentiment contraire. Dissentire, dissentio, dissentis, dissensi, dissensum[4], n. Le nom de la personne à l'ablat. avec à ou ab.

Contraire, nuisible. Noxius, ia, ium, adj.

au Contraire. Contrà, adv. | Au contraire de ce que. Contrà ac, avec l'indic.

le Contraire, subst. Contrarium, g. contrarii[2], n.

CONTRARIANT. Repugnax, m. f. et n. gén. repugnacis, adj.

CONTRARIER, contredire. Repugnare, repugno, repugnas, repugnavi, repugnatum[1], n. dat.

Contrarier, traverser des desseins. Adversari, adversor, adversaris, adversatus sum[1], dép. avec le dat. | Les vents se contrarient. Inter se pugnant venti.

CON

SE CONTRARIER, *se contredire.* Pugnantia loqui, loquor, loqueris, locutus sum[3], *dép.*

CONTRARIÉTÉ. Repugnantia, *g.* repugnantiæ[1], *f.*

CONTRARIÉTÉ, *obstacle.* Difficultas, *g.* difficultatis[3], *f.*

CONTRASTE, *opposition des choses.* Discrepantia, *g.* discrepantiæ[1], *f.*

CONTRASTER, *faire contraster les choses.* Dissimilitudines componere, compono, componis, composui, compositum[3], *act. Le nom de la chose se met à l'acc. avec* inter.

CONTRASTER, *verbe n.* Discrepare, discrepo, discrepas, discrepavi, discrepatum[1], *n.*

CONTRAT. Pactum, *g.* pacti[2], *n.*

CONTRAVENTION. Violatio, *g.* violationis[3], *f.*

CONTRE. Contrà, *avec un acc.* |*Contre*, ou *tout contre.* Propè, *avec un acc.*

CONTRE-AMIRAL. Tertius à præfecto classis. *On ne décline que* tertius.

CONTRE-BALANCER, *égaler.* Compensare, compenso, compensas, compensavi, compensatum[1], *act.*

DE CONTREBANDE. Interdictus, a, um, *part.*

CONTRECARRER, *contredire.* Adversari, adversor, adversaris, adversatus sum[1], *dép. dat.*

CONTRE-ÉCHANGE, *change mutuel.* Mutua permutatio, *g.* mutuæ[1] permutationis[3], *f.*

A CONTRE-CŒUR. Iniquo animo, *à l'ablat.*

CONTRE-COUP. Repercussus, *g.* repercussûs[4], *m.*

CONTREDIRE. Contradicĕre, contradico, contradicis, contradixi, contradictum[3], *n. dat.*

SE CONTREDIRE. Secum pugnare, mecum pugno, tecum pugnas, mecum pugnavi, pugnatum[1], *n.* | *Nous nous contredisons.* Nobiscum pugnamus, etc.

CONTREDISANT. Contradicens, *g.* contradicentis[3], *adj.*

CONTREDIT. Controversia, *g.* controversiæ[1], *f.*

CONTRÉE. Regio, *g.* regionis[3] *f.* | *De contrée en contrée.* Regionatim, *adv.*

CONTREFAÇON ou CONTREFACTION *d'un livre.* Adulterina editio, *g.* adulterinæ[1] editionis[3], *f.*

CONTREFAIRE, ou *faire semblant.* Simulare, simulo, simulas, simulavi, simulatum[1], *act.* | *Contrefaire le malade,* c. à. d. *la maladie.* Simulare morbum.

CONTREFAIRE, ou *falsifier.* Adulterare, adultero, adulteras, adulteravi, adulteratum[1], *act.*

CONTREFAIT, ou *feint.* Simulatus, a, um, *part. pass.*

CONTREFAIT, ou *falsifié.* Adulteratus, a, um, *part. pass.*

CONTREFAIT. Voyez *Difforme.*

CONTRE-MAITRE, *terme de marine.* Proreta, *g.* proretæ[1], *m.*

CONTREMANDEMENT. Mandati revocatio, *g.* mandati revocationis[3], *f.*

CONTREMANDER, *donner un ordre contraire.* Mandatum contrarium dare, do, das, dedi, datum[1], *act.*

CONTREMANDER *quelqu'un, le rappeler.* Revocare, revoco, revocas, revocavi, revocatum[1], *act.*

CONTRE-MARCHE. Regressus, *g.* regressûs[4], *m.*

CONTRE-MINE. Cuniculus contrarius, *g.* cuniculi contrarii[2], *m.*

CONTRE-MONT. Sursùm, *adv.*

CONTRE-MUR. Alter paries, *g.* alterius[2] parietis[3], *m.*

CONTRE-ORDRE. Voyez *Contremandement.*

CONTRE-PIED. Res contraria, *g.* rei[5] contrariæ[1], *f.* | *Prendre le contre-pied.* Contrarium accipĕre, accipio, is, accepi, acceptum[3], *act.*

CONTRE-POIDS. Æquipondium, *g.* æquipondii[2], *n.* | *Contre-poids d'une horloge.* Libramentum, *g.* libramenti[2], *n.*

CONTRE-POIL. Pilus adversus, g. pili adversi², m. | *A contre poil.* Adverso capillo, *à l'ablat.*

CONTRE-POISON. Antidotum, g. antidoti², n.

CONTRESCARPE. Declivis crepido, g. declivis crepidinis³, f.

CONTRE-SEING, *ajouté à un autre.* Chirographum chirographo adjunctum, g. chirographi chirographo adjuncti², n.

CONTRE-SENS. Sensus contrarius, g. sensûs⁴ contrarii², m. | *A contre-sens.* Præposterè, *adv.*

CONTRE-SIGNER. Chirographum chirographo apponĕre, appono, apponis, apposui, appositum³, *act.*

CONTRE-TEMPS. Tempus alienum, g. temporis³ alieni², n. | *A contre temps.* Intempestivè, *adv.*

CONTREVENANT. Violator, g. violatoris³, m. | *Contrevenant à un traité.* Fœdifragus, a, um, *adj.*

CONTREVENIR *à.* Violare, violo, violas, violavi, violatum¹, *act.*

CONTRE-VÉRITÉ. Ironicè dicta, g. ironicè dictorum², n. *plur.*

CONTRIBUABLE, *sujet à contribution.* Tributis obnoxius, ia, ium, *adj.*

CONTRIBUER, *donner chacun pour sa part.* Conferre, confero, confers, contuli, collatum³, *act. à se rend par* ad *avec l'acc.* | *Faire contribuer*, c. à. d., *commander un tribut à.* Tributum imperare, impero, imperas, imperavi, imperatum. *Le nom de la personne se met au dat.*

CONTRIBUER, *aider, coopérer, en parlant des personnes.* Operam conferre. *à se rend par l'acc. ou le gérond. en* dum. *En parlant des choses*, adjumento esse, sum, es, fui, *avec le dat. Comme, contribuer à la victoire.* Adjumento esse victoriæ. *Si c'est un verbe qui suit à, on le met au gérondif en* dum, *avec* ad.

CONTRIBUTION. Tributum, g. tributi², n. | *Mettre à contribution.* Voyez *faire Contribuer.*

CONTRISTER. Contristare, contristo, contristas, contristavi, contristatum¹, *act.*

SE CONTRISTER, *se livrer au chagrin.* Mœrori se dare, me do, te das, me dedi, se datum¹, *act.*

CONTRIT. Pœnitens, m. f. et n. *gén.* pœnitentis, *adj.*

CONTRITION. Dolor, g. doloris³, m.

CONTROLE, *registre double.* Antigraphum, g. antigraphi², n.

CONTROLÉ. Notatus, a, um, *p. p.*

CONTROLER, *tenir un contrôle.* In antigrapho describĕre, describo, describis, descripsi, descriptum³, *act.*

CONTRÔLER, *ou reprendre.* Redarguĕre, redarguo, redarguis, redargui, redargutum³, *act.*

CONTROLEUR, *celui qui tient un contrôle.* Inspector, g. inspectoris³, m.

CONTRÔLEUR. Voy. *Censeur.*

CONTROVERSE. Controversia, g. controversiæ¹, f.

CONTROVERSÉ, *disputé.* Controversus, a, um, *part. pass.*

CONTROUVÉ. Commentitius, ia, ium, *adj.*

CONTROUVER. Fingĕre, fingo, fingis, fixi, fictum³, *act.*

CONTUMACE. Contumacia, g. contumaciæ¹, f.

CONTUSION. Contasio, *gén.* contusionis³, f.

CONVAINCANT, *puissant pour convaincre.* Ad convincendum potens, g. ad convincendum potentis, *adj.*

CONVAINCRE. Convincĕre, convinco, convincis, convici, convictum³, *act.*

CONVAINCU. Convictus, a, um, *part. pass.*

CONVALESCENCE. Ex morbo recreatio, g. ex morbo recreationis³, f. | *Etre en convalescence.* Convalescĕre, convalesco, convalescis, convalui, convalitum³, n.

CONVALESCENT. Convalescens, g. convalescentis, *des 3 genr.*

CONVENABLE *à.* Conveniens, *m. f.* et *n. gén.* convenientis, *avec un dat. comp.* Convenientior, *m. f.* convenientius, *n. gén.* convenientioris; *superl.* convenientissimus, a, um.

CONVENABLEMENT. Convenienter, *adv. avec un dat. comp.* Convenientiùs; *superl.* convenientissimè.

CONVENANCE. Convenientia, *g.* convenientiæ[1], *f.*

CONVENIR *à*, ou *être convenable.* Convenire, convenio, convenis, conveni, conventum[2], *n. dat.*

Convenir, *être d'accord. Je suis convenu de cela avec mon frère*, c. à. d., *il a été convenu sur cela entre moi et mon frère.* Convenit de eâ re inter me et meum fratrem; convenit, convenit, convenire[4], *imp.*

Convenir, *conclure un traité.* Pacisci, paciscor, pacisceris, pactus sum[3], *dép. acc.*

Convenir, *être séant. Il convient à un roi d'agir ainsi.* Decet regem sic agere; decet, decuit, decēre[2], *impers.*

Convenir, *avouer.* Voy. *Avouer.*

CONVENTICULE, *petite assemblée secréte.* Conventiculum, *g.* conventiculi[2], *n.*

CONVENTION. Pactio, *g.* pactionis[3], *f.*

CONVENU. Pactus, a, um, *p. p. On est convenu.* Voy. *Convenir.*

CONVERS, *frère lai.* Frater famulans, *g.* fratris famulantis[3], *m. Sœur converse.* Soror famulans, *f. Tous deux se déclinent.*

CONVERSATION. Colloquium, *g.* colloquii[2], *n.* | *La conversation roula sur.* Sermo venit in, *acc.*

Entrer en conversation, ou
CONVERSER. Colloqui, colloquor, colloqueris, collocutus sum[3], *dépon.*

CONVERSION, ou *changement.* Mutatio, *g.* mutationis[3], *f.* | *Conversion à la religion catholique.* Ad religionem catholicam reditus,

g. ad religionem catholicam reditûs[4], *m.*

CONVERTI, ou *changé.* Conversus, a, um, *part. pass.* en, *par* in *avec l'acc.* | *Converti à la religion catholique.* Ad religionem catholicam reductus, a, um, *p. p.*

CONVERTIR, ou *changer.* Convertĕre, converto, convertis, converti, conversum[3], *act.* en, *par* in *avec l'acc.*

SE Convertir *en.* Converti, convertor, converteris, conversus sum[3], *pass.* en *par* in *avec l'acc.*

Convertir à la religion catholique. Ad religionem catholicam reducĕre, reduco, reducis, reduxi, reductum[3], *act.* | *Se convertir à la religion catholique.* Ad religionem catholicam redire, redeo, redii, reditum[4], *n.*

CONVEXE. Convexus, a, um, *adj.*

CONVEXITÉ. Convexitas, *g.* convexitatis[3], *f.*

CONVICTION. Probatio evidens, *g.* probationis evidentis[3], *f.*

CONVIÉ. Conviva, *g.* convivæ[1], *masc.*

CONVIER. Invitare, invito, invitas, invitavi, invitatum[1], *act. acc. rég. ind. acc. avec* ad, *ou géround. en* dum *avec ad.*

CONVIVE. Conviva, *g.* convivæ[1], *m.*

CONVOCATION. Convocatio, *g.* convocationis[3], *f.*

CONVOI *d'un mort.* Funus, *g.* funeris[3], *n.* Convoi *d'une armée.* Commeatus, *g.* commeatûs[4], *m.*

CONVOITER, *désirer.* Concupiscĕre, concupisco, concupiscis, concupivi, concupitum[3], *act.*

CONVOITISE. Cupiditas, *g.* cupiditatis[3], *f.*

CONVOLER, *en secondes noces.* Conjugium iterare, itero, iteras, iteravi, iteratum[1], *act.*

CONVOQUER. Convocare, convoco, convocas, convocavi, convocatum[1], *act.*

CONVULSIF, *mouvement convulsif.* 'pasticus, a, um, *adj.*
CONVULSION. Spasmus, *gén.* spasmi[2], *m.*
CONVULSIONNAIRE. Spasticus, a, um, *adj.*
COOPÉRATEUR. Adjutor, *g.* adjutoris[3], *m. au fém.* Adjutrix, *g.* adjutricis[3].
COOPÉRATION. Operæ collatio, *g.* operæ collationis[3], *f.*
COOPÉRER. Adjuvare, adjuvo, adjuvas, adjuvi, adjutum[1], *act.*
COPEAU, *éclat de bois.* Assula, *g.* assulæ[1], *f.*
COPIE. Exemplum, *g.* exempli[2], *neut.*
COPIÉ. Exscriptus, a, um, *part. pass.* sur, par è ou ex *avec l'abl.*
COPIER. Exscribère, exscribo, exscribis, exscripsi, exscriptum[1], *act.* sur, par è ou ex *avec l'ablat.*
Copier *n. imiter.* Voyez *Imiter.*
COPIEUSEMENT. Copiosè, *adv. comp.* Copiosiùs; *superl.* copiosissimè.
COPIEUX. Copiosus, a, um, *adj.*
COPISTE. Librarius, *g.* librarii[2], *m.*
COPULATIVE, *en parlant d'une conjonction.* Copulativa, *g.* copulativæ[1], *f.*
COQ. Gallus, *g.* galli[2], *m.* | *Coq d'Inde.* Gallus indicus, *g.* galli indici[2], *m.*
COQ-A-L'ANE, *discours hors de propos.* Aliena oratio, *g.* alienæ[1] orationis[3], *f.*
COQUE. Putamen, *g.* putaminis[3], *n.* | *Coque de ver à soie.* Folliculus, *g.* folliculi[2], *m.*
COQUELICOT. Papaver erraticum, *g.* papaveris[3] erratici[2], *n.*
COQUEMAR, *vase.* Cucuma, *g.* cucumæ[1], *f.*
COQUET. Procus, *g.* proci[2], *m.*
COQUETTE. Proca, *g.* procæ[1], *f.*
COQUETTERIE. Lenocinium, *g.* lenocinii[2], *n.*
COQUETIER, *marchand d'œufs.* Ovorum propola, *g.* ovorum propolæ[1], *m.*

COQUETIER, *petit vase où l'on met un œuf à la coque.* Cochleare, *g.* cochlearis[3], *n.*
COQUILLAGE. Conchæ, *g.* concharum[1], *f. plur.*
COQUILLE *de poisson.* Concha, *g.* conchæ[1], *f.*
COQUILLE *de noix, etc.* Putamen, *g.* putaminis[3], *n.*
COQUIN, *fripon.* Nebulo, *g.* nebulonis[3], *m.*
COQUINERIE, *action d'un coquin.* Abjectè factum, *g.* abjectè facti[2], *n.*
COR, *instrument.* Cornu, *neut. indéclin. Au plur. on dit.* Cornua, *g.* cornuum, *dat. et abl.* cornibus.
Cor *de chasse.* Venatorium cornu.
Cor,' *durillon qui vient aux pieds.* Clavus, *g.* clavi[2], *m.*
CORAIL. Coralium, *g.* coralii[2], *neut.*
CORBEAU. Corvus, *g.* corvi[1], *masc.*
CORBEILLE. Corbis, *g.* corbis[3], *fém.*
PETITE CORBEILLE. Sportella, *g.* sportellæ[1], *f.*
CORBILLON. Corbula, *g.* corbulæ[1], *f.*
CORDAGE. Funes, *g.* funium[3], *m. plur.*
CORDE *pour lier.* Funis, *g.* funis[3], *m.* | *Corde d'un arc, etc.* Nervus, *g.* nervi[2], *m.* | *Corde de quelque instrument.* Chorda, *g.* chordæ[1], *f.* | *Petite corde.* Funiculus, *g.* funiculi[2], *m.*
CORDEAU. Funiculus, *g.* funiculi[2], *m.*
CORDELER. In funis modum torquēre, torqueo, torques, torsi, tortum[2], *act.*
CORDELIER, *religieux.* Franciscanus, *g.* franciscani[2], *m.*
CORDELIÈRE. Franciscana, *g.* franciscanæ[1], *f.*
CORDER, *tordre du fil pour faire une corde.* Torquēre, torqueo, torques, torsi, tortum[2], *act.*
SE CORDER, *en parlant de cer-*

COR

taines plantes. Indurescĕre, induresco, induresis, indurui³, *sans sup. n.*

CORDERIE, *lieu où l'on fait des cordes.* Funium officina, g. funium officinæ¹, f.

CORDIAL, *propre à ranimer.* Cordi utilis³, m. f. cordi utile, n. gén. cordi utilis, *adj.*

CORDIAL, *sincère.* Verus, a, um, *adj.*

CORDIALEMENT. Ex animo.

CORDIALITÉ. Voyez *Amitié.*

CORDIAUX, *remèdes.* Remedia corroborantia, g. remediorum² corroborantium³, n. plur.

CORDIER. Restiarius, g. restiarii², m.

CORDON. Funiculus, g. funiculi², m. | *Cordon de chapeau.* Cingulum, g. cinguli², n.

CORDON, *marque de dignité.* Insignia, g. insignium³, n. pl.

CORDON *de murailles.* Muri corona, g. muri coronæ¹, f.

CORDONNER, *tresser.* Decussatim implicare, implico, implicas, implicui, implicitum¹, act.

CORDONNERIE, *lieu où l'on expose les souliers en vente.* Sutrina, g. sutrinæ¹, f.

CORDONNIER. Sutor, g. sutoris³, m.

CORIACE. Durus, a, um, *adj.*

CORIANDRE, *plante et graine.* Coriandrum, g. coriandri², n.

CORME. Sorbum, g. sorbi², f.

CORMIER. Sorbus, g. sorbi², f.

CORMORAN. Phalacrocorax, g. phalacrocoracis³, m.

CORNALINE, *pierre précieuse.* Sarda, g. sardæ¹, f.

CORNE. Cornu, neut. indécl. Au plur. on dit cornua, g. cornuum, dat. et abl. cornibus, n. | *Qui est de corne.* Corneus, ea, eum, *adj.*

CORNEILLE, *oiseau.* Cornix, g. cornicis³, f.

CORNEMUSE. Uter symphoniacus, g. utris³ symphoniaci², m. g. plur. utrium.

CORNER *aux oreilles.* Tinnire, tinnio, tinnis, tinnivi, *ou* tinnii, tinnitum⁴, n. dat. de la personne.

CORNET. Cornu, n. indéclin. Au plur. on dit cornua, g. cornuum, n. dat. et abl. pl. cornibus.

CORNET *à bouquin.* Cornu symphoniacum, g. cornu symphoniaci², n.

CORNET *d'écritoire.* Cornu scriptorium, g. cornu scriptorii², n.

CORNET *à jouer aux dés.* Pyrgus, g. pyrgi², m.

CORNET *de papier, etc.* Cucullus papyraceus, g. cuculli papyracei², m.

CORNETTE *de femme.* Calyptra, g. calyptræ¹, f.

CORNETTE, *guidon.* Voy. *Guidon.*

CORNICHE. Corona, g. coronæ¹, fém.

CORNICHONS, *petits concombres.* Parvi cucumures, g. parvorum² cucumerum³, m. plur.

CORNOUILLE. Cornum, gén. corni², n.

CORNOUILLER. Cornus, g. corni², f.

CORNU. Cornutus, a, um, *adj.*

COROLLAIRE. Corollarium, g. corollarii², n.

COROLLE. Corolla, g. corollæ¹, f.

CORPORAL. Corporale, g. corporalis³, n.

CORPOREL. Corporeus, ea, eum, *adj.*

CORPS. Corpus, g. corporis³, n. | *A corps perdu.* Cæco impetu, à l'ablat. | *Corps pour corps.* Capitis periculo, à l'ablat. | *A son corps défendant.* Vim vi repellendo.

CORPS *de logis.* Ædes, g. ædium³, f. plur.

CORPS, *compagnie.* Ordo, g. ordinis³, m.

EN CORPS. Universus, a, um, *adj.*

CORPS *d'armée.* Exercitus, g. exercitûs⁴, m. | *Corps-de-garde, en parlant des soldats.* Excubiæ,

g. excubiarum¹, f. plur. | *En parlant du lieu.* Statio, g. stationis³, f. | *Corps de réserve.* Subsidiaria, g. subsidiariorum², n. plur.

CORPULENCE, *embonpoint.* Corpulentia, g. corpulentiæ¹, f.

CORPULENT. Corpulentus, a, um, adj.

CORPUSCULE, *atome.* Corpusculum, g. corpusculi², n.

CORRECT. Emendatus, a, um, adj.

CORRECTEMENT. Emendatè, adv. comp. Emendatiùs ; superl. emendatissimè.

CORRECTEUR. Corrector, g. correctoris³, m.

CORRECTIF. Temperamentum, g. temperamenti², n.

CORRECTION, *action de corriger.* Correctio, gén. correctionis³, f.

CORRECTION, *punition.* Animadversio, g. animadversionis³, f.

CORRECTRICE. Emendatrix, g. emendatricis³, f.

CORRÉLATIF, *qui a du rapport avec un autre.* Correlativus, a, um, adj.

CORRESPONDANCE, ou *accord.* Consensio, g. consensionis³, fém.

CORRESPONDANCE *de commerce.* Mutua negotiorum procuratio, g. mutuæ negotiorum procurationis³, fém.

CORRESPONDANCE, *commerce de lettres.* Commercium per litteras, g. commercii per litteras², n.

CORRESPONDANT. Procurator, g. procuratoris³, m.

CORRESPONDRE à. Respondere, respondeo, respondes, respondi, responsum², n. dat.

CORRESPONDRE, *se rapporter.* Convenire, convenio, convenis, conveni, conventum⁴, n.

CORRIGÉ. Emendatus, a, um, part. pass.

CORRIGÉ, *châtié.* Castigatus, a um, part. pass.

CORRIGER. Corrigĕre, corrigo, corrigis, correxi, correctum³, act.

CORRIGER, *châtier.* Castigare, castigo, castigas, castigavi, castigatum¹, act.

SE CORRIGER. Ad bonam frugem se recipĕre, me recipio, te recipis, me recepi, se receptum³, act.

SE CORRIGER *de sa légèreté.* Levitatem deponĕre, depono, deponis, deposui, depositum³, act.

CORROBORATIF, *qui fortifie.* Vires suffundens, g. vires suffundentis, part. prés.

CORROBORER. Corroborare, corroboro, corroboras, corroboravi, corroboratum¹, act.

CORRODER. Corrodĕre, corrodo, corrodis, corrosi, corrosum³, act.

CORROMPRE. Corrumpĕre, corrumpo, corrumpis, corrupi, corruptum³, act.

SE CORROMPRE. Corrumpi, corrumpor, corrumperis, corruptus sum³, pass.

CORROMPU. Corruptus, a, um, part. pass.

CORROSIF. Rodens, g. rodentis, *de tout genre.*

CORROYER. Corium concinnare, concinno, concinnas, concinnavi, concinnatum¹, act.

CORROYEUR. Coriarius, g. coriarii², m.

CORRUPTEUR. Corruptor, g. corruptoris³, m. *au fém.* Corruptrix, g. corruptricis³.

CORRUPTIBLE. Corruptioni obnoxius, ia, ium, adj.

CORRUPTION. Corruptio, g. corruptionis³, f.

CORRUPTION, *puanteur.* Putredo, g. putredinis³, f.

CORRUPTION, *séduction.* Corruptela, g. corruptelæ¹, f.

CORSAGE. Statura, g. staturæ¹, fém.

CORSAIRE. Pirata, g. piratæ¹, masc.

CORSELET. Lorica levis, gén. loricæ¹ levis³, f.

COT COT 143

CORSET. Thorax, g. thoracis[3], neut.

CORTÉGE. Comitatus, g. comitatûs[4], m.

CORVÉE, peine désagréable. Operosus labor, g. operosi[2] laboris[3], m.

CORYPHÉE. Coryphæus, g. coryphæi[2], m.

COSMOGRAPHIE. Mundi descriptio, g. mundi descriptionis[3], f.

COSMOGRAPHIQUE. Cosmographicus, a, um, adj.

COSSE. Siliqua, g. siliquæ[1], f.

COSSON, ver. Curculio, gén. curculionis[3], m.

COSSU. Siliquatus, a, um, adj.

COTE, marque numérale pour mettre en ordre des pièces. Nota, g. notæ[1], f.

CÔTE d'un animal. Costa, g. costæ[1], f.

CÔTE, ou rivage. Ora, g. oræ[1], f.

CÔTE, ou coteau. Collis, gén. collis[3], m.

CÔTÉ. Latus, g. lateris[3], neut. A côté. Ad latus. | Par les côtés. A lateribus. | A côté de. Secundùm, avec un acc. | De côté. Obliquè, adv. | Du côté des Romains. Ab Romanis. | La raison est de mon côté. Ratio mecum stat. | Côté, parti. Voyez ce dernier mot.

CÔTÉ, ou endroit. Pars, gén. partis[3], f.

De tout côté. Ubiquè, adv. question Ubi. | Undiquè, adv. question Unde. | Quoquoversùm, adv. question Quò. | Hàc, illàc, adv. question Quà.

De ce côté-ci. Hic, adv. question Ubi. | Hinc, question Undè. | Hùc, question Quò. | Hàc, question Quà.

D'un autre côté. Alibì, adv. question Ubi. | Aliundè, question Undè. | Aliorsùm, question Quò. | Aliâ viâ, à l'ablat. question Quà.

Du côté de. A ou ab, avec l'abl. | Ad, avec l'acc. question Quò.

De ce côté-là. In hanc partem, à la question Quò.

Ni d'un côté ni d'autre. In neutram partem.

De l'autre côté. Ex alterâ parte, question Undè. | In alteram partem, question Quò.

De côté et d'autre, avec mouvement. Hùc illùc. Sans mouvement, Hic, illic.

D'un côté et d'autre. Hic, et illic, question Ubi. | Hinc, et illinc, question Undè. | Hùc, et illùc, question Quò. Hàc, et illàc, question Quà. Ex. D'un côté la crainte, de l'autre l'espérance. Hinc metus, illinc spes. | Les uns vont d'un côté, les autres de l'autre. Alii eunt hùc, alii illùc. | L'un passe d'un côté, l'autre de l'autre. Unus transit hàc, alter illàc.

De quel côté ? Quò ?

De quelque côté que. Quocumquè, avec le subjonct.

COTEAU. Collis, g. collis[3], m. g. plur. collium.

COTELETTE. Costa, g. costæ[1], fém.

COTER, marquer suivant l'ordre des lettres et des nombres. Notare, noto, notas, notavi, notatum[1], act.

COTERIE, société. Sodalitium, g. sodalitii[2], n.

COTHURNE, chaussure. Cothurnus, g. cothurni[2], m.

COTILLON. Togula, g. togulæ[1], fém.

COTISER de l'argent. Pecuniam indicĕre, indico, indicis, indixi, indictum[3], act.

SE COTISER. Pecuniam in commune conferre, confero, confers, contuli, collatum[3], act.

COTON. Gossipii lanugo, g. gossipii lanuginis[3], f.

COTON, ou duvet qui vient sur quelques fruits. Lanugo, g. lanuginis[3], f.

COTONNEUX. Lanuginosus, a, um, adj.

COTONNIER, arbre qui porte le coton. Gossipium, g. gossipii[2], neut.

COTOYER. Legère, lego, legis, legi, lectum³, act.

COTTE. Tunica, g. tunicæ¹, f. | Cotte d'armes. Sagum, g. sagi², neut

COU. Collum, g. colli², n.

LE COUCHANT. Occidens, g. occidentis³, m. | Du levant au couchant. Ab oriente ad occidentem.

COUCHANT, en parlant d'un chien. Auceps, g. aucupis³, m.

COUCHE, lit. Lectus, g. lecti², m.

COUCHE, en parlant des couleurs. Coloris inductio, g. coloris inductionis³, f.

COUCHE de jardin. Pulvinus, g. pulvini², m.

LES COUCHES ou accouchement. Partus, g. partûs⁴, m. | Femme en couche. Puerpera, g. puerperæ¹, f. | Etre en couche. Decumbĕre, decumbo, decumbis, decubui, decubitum³, n. Ajoutez à tous les temps ex puerperio. | Faire ses couches. Parere, pario, paris, peperi, partum³, n. Au part. fut. paritura. | Temps des couches. Puerperium, g. puerperii², n. | Fausse couche. Abortus, g. abortûs⁴, m.

COUCHÉ. Jacens, m. f. et n. gén. jacentis. | Couché à terre. Jacens humi, g. | Couché à la renverse. Resupinus, a, um, adj. | Etre couché. Jacēre, jacco, jaces, jacui², sans supin, n.

ÊTRE COUCHÉ dans un lit. In lecto cubare, cubo, cubas, cubui, cubitum¹, n.

COUCHÉ par écrit. Voyez Ecrit.

COUCHER, ou mettre au lit. In lecto collocare, colloco, collocas, collocavi, collocatum¹, act.

COUCHER, ou demeurer en un lieu. Cubare, cubo, cubas, cubui, cubitum¹, n.

COUCHER, en parlant des couleurs. Inducĕre, induco, inducis, induxi, inductum³, act.

COUCHER par écrit. Voy. Ecrire.

COUCHER, renverser. Prosternĕre, prosterno, prosternis, prostravi, prostratum³, act. accusat.

SE COUCHER dans son lit. Lectum petĕre, peto, petis, petivi ou petii, petitum³, n. | Se coucher de son long. Procumbĕre, procumbo, procumbis, procubui, procubitum³, n. | Se coucher à terre. Procumbĕre humi. | Aller se coucher. Cubitum ire, eo, is, ivi, itum⁴, n.

SE COUCHER, en parlant des astres. Occidĕre, occido, occidis, occidi³, n. sans sup.

LE COUCHER d'une personne. Cubitus, g. cubitûs⁴, m. | En parlant des astres. Occasus, g. occasûs⁴, masc.

COUCHETTE. Lectulus, g. lectuli², m.

COUCOU. Cucullus, g. cuculli², masc.

COUDE. Cubitus, g. cubiti², m.

COUDÉE. Cubitus, g. cubiti², m. | Qui est d'une coudée. Cubitalis, m. f. cubitale, n. gén. cubitalis, adj. | Avoir ses coudées franches. Vivĕre liberè, vivo, vivis, vixi, victum³, n.

COUDOYER, heurter. Cubito pulsare, pulso, pulsas, pulsavi, pulsatum¹, act.

COUDRAIE, lieu planté de coudriers. Coryletum, g. coryleti², neut.

COUDRE. Suĕre, suo, suis, sui, sutum³, act.

COUDRIER. Corylus, g. coryli², f. | De coudrier. Colurnus, a, um, adj.

COUENNE de lard. Suilla cutis, g. suillæ¹ cutis³, f.

COULANT. Fluens, m. f. et n. gén. fluentis, adj.

COULÉ à fond. Demersus, a, um, part. pass.

COULER Fluĕre, fluo, fluis, fluxi, fluxum³, n.

COULER, en parlant des larmes, de la sueur. Manare, mano, manas, manavi, manatum¹, n.

COULER, ou faire couler à fond. Demergĕre, demergo, demergis, demersi, demersum³, act.

COU

Couler à fond, verb. neut. Demergi, demergor, demergeris, demersus sum, pass.

Couler par un couloir, ou faire couler. Colare, colo, colas, colavi, colatum¹, act.

Couler, s'échapper d'un vase, verb. neut. Diffluĕre, diffluo, diffluis, diffluxi, diffluxum³, n.

Couler des jours, passer des jours. Agĕre, ago, agis, egi, actum³, act.

COULEUR. Color, g. coloris³, m. | Pâles couleurs. Voy. Jaunisse.

COULEUVRE. Coluber, g. colubri², m.

COULEVRINE, pièce d'artillerie. Tormentum, g. tormenti², n.

COULIS, vent coulis. Ventulus per rimam inspiratus, g. ventuli per rimam inspirati², m.

COULISSE. Canalis, g. canalis³, m. abl. canali.

COULOIR. Colum, g. coli², n.

COULURE de la vigne quand elle est en fleur. Roratio, g. rorationis³, f.

COUP. Ictus, g. ictûs⁴, m. | Coup de poing. Colaphus, g. colaphi², | Tuer d'un coup d'épée. Ferro conficĕre, conficio, conficis, confeci, confectum³, act. | Percé de coups. Vulneribus confossus, a, um, p.p.

Coup de fouet. Verbera, g. verberum³, n. plur.

Coup de foudre. Fulminis ictus, g. fulminis ictûs⁴, m.

Coup d'essai. Experimentum, g. experimenti², n.

Coup, ou blessure. Vulnus, g. vulneris³, n.

Coup, ou décharge de canon, etc. Emissio, g. emissionis³, f.

Coup, ou jet. Jactus, g. jactûs⁴, m. | D'un coup d'œil. Uno intuitu, à l'ablat.

Coup, ou action. Facinus, g. facinoris³, n.

un Coup, ou une fois. Semel, adv. | Deux coups. Bis, adv. | Trois coups. Ter, adv., etc. Voyez le mot Fois.

Encore un coup, ou une seconde fois. Iterùm, adv. | Coup sur coup. Sine intermissione. | A chaque coup que. Quotiès, adv. avec l'indicat. | A ce coup. Tunc, adv. | C'est à ce coup que. Nunc demùm, adv. avec l'indicat. | Tout à coup, ou tout d'un coup. Subitò, adv. | A coup sûr. Certo ictu, à l'ablat. | Après coup. Tardiùs, adv. | Tout d'un coup, à la fois. Simul, adv. | Du premier coup. Primâ agressione.

Coup, ou dessein. Propositum, g. propositi², n. | Manquer son coup, ou son dessein. A proposito aberrare, aberro, aberras, aberravi, aberratum¹, n.

COUPABLE. Nocens, m. f. et n. gén. nocentis, adj. | Coupable d'une faute. Culpæ affinis, m. f. affine, n. adj. | Accusé comme coupable. Reus, g. rei², m. | Non coupable. Innocens, m. f. et n. gén. innocentis, adj.

COUPE, ou tasse. Patera, g. pateræ¹, f.

la Coupe d'un bois. Cæsio, g. cæsionis³, f.

Coupe d'un calice. Capeduncula, g. capedunculæ¹, f.

Coupe de dôme. Tholus, g. tholi², m.

COUPÉ, ou tranché. Sectus, a, um, part. pass.

Coupé, ou tondu. Tonsus, a, um, part. pass.

COUPER, ou retrancher. Secare, seco, as, secui, sectum, act.

Couper la retraite. Fugam tollĕre, tollo, tollis, sustuli, sublatum³, act. | Couper les vivres à l'ennemi. Hostem commeatu intercludĕre, intercludo, intercludis, interclusi, interclusum³, act.

Couper, ou tondre. Tondēre, tondeo, tondes, totondi, tonsum², act.

se Couper en parlant. Pugnantia loqui, loquor, loqueris, locutus sum³, dép. Pugnantia est à l'acc. pl.

se Couper la peau. Cutem incidĕre, incido, incidis, incidi, incisum³, act.

COUPEROSE. Calchantum, g. calchanti⁴, n.

COUPEROSÉ. Pustulis aspersus, a, um, adj.

COUPEUR. Sector, g. sectoris³, masc.

COUPLE. Par, g. paris³, n.

COUPLE, lien pour accoupler et attacher. Copula, g. copulæ¹, f.

COUPLER, attacher ensemble. Copulare, copulo, copulas, copulavi, copulatum¹, act.

COUPLET de chanson. Strophe, g. strophes¹, f.

COUPOLE. Tholus, g. tholi², m.

COUPON d'étoffe. Panni recisamentum, g. panni recisamenti², n.

COUPURE. Cæsura, g. cæsuræ¹, f.

COUR, ou palais. Aula, g. aulæ¹, f. | Qui est à la cour. Aulicus, a, um, adj. | A la cour ou en cour, sans mouvement. In aulâ. | Faire la cour à. Gratiam aucupari, aucupor, aucuparis, aucupatus sum¹, dépon. gén. de la personne.

LA COUR, les officiers qui accompagnent le souverain. Regius comitatus, g. regii² comitatûs⁴, m.

COUR de justice. Curia, g. curiæ¹, f.

COUR d'une maison. Area, gén. areæ¹, f.

COURAGE. Animus, g. animi², m. | Avoir du courage. Esse animo forti ; sum, es, fui. | Courage, en exhortant. Macte animo ; si l'on parle à plusieurs, macti animo. | Manquer de courage. Animo deficit, deficior, deficeris, defectus sum³, pass.

COURAGEUSEMENT. Fortiter, adv. comp. Fortiùs ; superl. fortissimè.

COURAGEUX. Fortis, m. f. forte, n gén. fortis, adj. comp. Fortior, m. f. fortius, n. gén. fortioris ; superl. fortissimus, a, um.

COURAMMENT. Expeditè, adv.

COURANT, ou qui est d'usage. Communis, m. f. commune, n. gén. communis, adj. | Courant, en parlant de l'année. Vertens, m. f. et n. gén. vertentis.

En courant. Cursìm, adv.

LE COURANT, ou le cours. Cursus, g. cursûs⁴, m.

COURANT, en parlant d'un chien. Cursor, g. cursoris³, m.

COURBATURE. Acerba lassitudo, g. acerbæ¹ lassitudinis³, f.

COURBE, ou courbé. Curvus, a, um, adj.

COURBEMENT. Curvatio, g. curvationis³, f.

COURBER. Curvare, curvo, curvas, curvavi, curvatum¹, act.

SE COURBER. Curvari, pass. de curvo.

COUREUR. Cursor, g. cursoris², m.

COUREUR, vagabond. Erro, g. erronis³, m.

LES COUREURS d'une armée. Excursores, g. excursorum², m pl.

COURGE, plante. Curcubita, g. curcubitæ¹, f.

COURIR. Currĕre, curro, curris, cucurri, cursum³, n. | On court. Curritur, imp. pass. | Courir au-devant de. Occurrĕre, occurro, occurris, occurri, occursum³, n. avec le dat. | Courir après. Insectari, insector, insectaris, insectatus sum¹, dép. acc. | Courir en foule. Concurrĕre, concurro, concurris, concurri, concursum³, neut.

COURIR, en parlant d'un bruit. Vagari, vagor, vagaris, vagatus sum², dép. | Le bruit couroit que. Rumor erat. Le que se retranche et le verbe est mis à l'infinitif.

COURIR, en parlant du temps ou de l'eau. Fluĕre, fluo, fluis, fluxi, fluxum³, n.

FAIRE COURIR, ou divulguer. Spargĕre, spargo, spargis, sparsi, sparsum³, act.

COURONNE. Corona, g. coronæ¹, f.

COU

COURONNE, ou *royaume*. Regnum, g. regni², n. | *Qui est de la couronne, ou royal.* Regius, ia, ium, adj.

COURONNE, *diadême.* Diadema, g. diadematis³, n.

COURONNÉ Coronatus, a, um, *part. pass.* | *Une tête couronnée, ou un roi.* Rex, g. regis³, masc.

COURONNEMENT. Coronæ impositio, g. coronæ impositionis³, f.

COURONNER. Coronare, corono, coronas, coronavi, coronatum¹, act.

SE COURONNER. Tempora redimire, redimio, redimis, redimisi, redimitum⁴, act.

SE COURONNER *de fleurs.* Sertis tempora redimire.

COURRIER. Cursor, g. cursoris³, m.

COURROIE. Corriga, g. corrigæ¹, f.

COURROUCÉ *contre.* Iratus, a, um, adj. *avec un dat.*

SE COURROUCER., ou *être courroucé contre.* Irasci, irascor, irasceris, iratus sum³, *dép. dat.*

COURROUX. Ira, g. iræ¹, f.

COURS. Cursus, g. cursûs⁴, masc.

Cours des études. Curriculum, g. curriculi², n. | *Faire son cours de philosophie,* c. à. d. *donner son application aux études philosophiques.* Philosophicis studiis operam dare, do, das, dedi, datum¹, act.

Cours de la vie. Vitæ spatium, g. vitæ spatii², n.

AVOIR COURS, ou *être en usage.* Esse in usu; sum, es, fui.

COURSE. Cursus, g. cursûs⁴, masc.

COURSE, *durée de la vie.* Vitæ spatium, g. vitæ spatii², n.

COURSE, *voyage.* Iter, g. itineris³, n.

COURSES, *actes d'hostilités.* Incursiones, g. incursionum³, f. pl.

A la course, ou *en courant.* Cursu, *à l'ablat.*

COURSIER. Bellator equus, g. bellatoris³ equi², m.

COURT, adj. Brevis, m. f. breve, n. gén. brevis, adj. | *Demeurer, ou s'arrêter tout court.* Hærere, hæreo, hæres, hæsi, hæsum², n. | *Tenir de court.* Coercere, coerceo, coerces, coercui, coercitum², act. | *Qui a la vue courte.* Myops, g. myopis³, m. et f. | *Etre court d'argent.* Æris egere, egeo, eges, egui², n. | *Se trouver court de.* Deficere, deficio, deficis, defeci, defectum³, n. *avec l'abl.* | *Couper court.* Uno verbo expedire, expedio, expedis, expedivi, expeditum⁴, neut.

COURTAGE, *métier de celui qui s'entremet pour faire vendre des marchandises.* Institorium, g. institorii², n.

COURTAUD, *court de corsage.* Curtus, a, um, adj.

COURT-BOUILLON, *manière de faire cuire le poisson.* Garum, g. gari², n.

COURTIER. Proxeneta, gén. proxenetæ¹, m.

COURTINE, *terme de fortification.* Aggeris frons, g. aggeris frontis³, f.

COURTINE, *rideau d'un lit.* Cortina, g. cortinæ¹, f.

COURTISAN. Aulicus, g. aulici², m.

COURTISANE. Meretrix, g. meretricis³, f.

COURTISER. Blandiri, blandior, blandiris, blanditus sum⁴, dép. dat.

COURTOIS. Comis, m. f. come, n. gén. comis, adj. comp. Comior, m. f. comius, n. gén. comioris; superl. comissimus, a, um.

COURTOISEMENT. Officiosè, adv.

COURTOISIE. Comitas, g. comitatis³, f.

COUSIN, COUSINE, *du côté des pères.* Patruelis, g. patruelis³, m et *f.* | *Cousin du côté des mères.* Consobrinus, *g.* consobrini², *m.* Consobrina, *g.* consobrinæ, *f.*

Cousin, *mouche.* Culex, *g.* culicis³, *m.*

COUSINAGE. Cognatio, *g.* cognationis³, *f.*

COUSSIN. Pulvinus, *g.* pulvini², *m.*

COUSSINET. Pulvillus, *g.* pulvilli², *m.*

COUSU. Sutus, a, um, *part. pass.*

COÛT, *dépense.* Sumptus, *g.* sumptûs⁴, *masc.*

COUTEAU. Culter, *g.* cultri², *masc.*

COUTELAS. Acinaces, *g.* acinacis³, *m.*

COUTELIER. Cultrorum faber, *g.* cultrorum fabri², *m.*

COÛTER. Constare, consto, constas, constiti, constitum¹, *n.* On met le nom de prix à l'ablatif, comme *dix sous,* decem assibus. Avec ce verbe, on se sert des adverbes *tanti, quanti, multi, parvi, pluris, minoris,* comme: *Combien coûte ce livre.* Quanti constat hic liber?

Coûter, ou *causer.* Esse, sum, es, fui, *avec deux dat.*

COUTIL, *sorte de toile.* Tela spississima, *g.* telæ spississimæ¹, *f.*

COUTUME. Consuetudo, *g.* consuetudinis³, *f.* | *Plus que de coutume.* Solito magis. | *Avoir coutume de.* Solere, soleo, soles, solitus sum², *n. avec l'infin.* | *Faire prendre à quelqu'un la coutume.* Voy. *Accoutumer.* | *Perdre la coutume.* Recedere à consuetudine; recedo, recedis, recessi, recessum³, *n.* | *Faire perdre à quelqu'un la coutume.* Abducere à consuetudine; abduco, abducis, abduxi, abductum³, *act. acc.* de la personne, c. à. d. *détourner de la coutume.* | *Selon la coutume.* De more. | *Contre la coutume.* Præter consuetudinem. | *Mieux que de coutume.* Præter solitum.

COUTUMIER, *accoutumé.* Solitus, a, um, *part. pass.*

COUTURE. Sutura, *g.* suturæ¹, *f.* | *A plate couture.* Ad internecionem.

COUTURIER, *tailleur.* Sarcinator, *g.* sarcinatoris³, *m.*

COUTURIÈRE. Sarcinatrix, *g.* sarcinatricis³, *f.*

COUVÉ, *en parlant d'un œuf.* Incubatus, a, um, *part. pass.*

COUVÉE. Pullatio, *g.* pullationis³, *f.*

COUVENT, *monastère.* Monasterium, *g.* monasterii², *n.*

COUVER *des œufs.* Incubare, incubo, incubas, incubui, incubitum¹, *n. dat.* ou *act. acc.*

Couver. Voyez *Fomenter.*

Couver *quelqu'un des yeux.* In oculis gerere, gero, geris, gessi, gestum³, *act.*

COUVERCLE. Operculum, *g.* operculi², *n.*

COUVERT. Tectus, a, um, *part. pass.*

Couvert *de, chargé.* Opertus, a, um, *part. pass. avec l'abl.*

Couvert *de sang.* Sanguine perfusus, a, um. | *Couvert de poussière.* Pulvere sparsus, a, um. | *Couvert de lauriers.* Laureatus, a, um. | *Couvert de blessures.* Vulneribus onustus, a, um.

Couvert, *vêtu.* Vestitus, a, um, *part. pass. avec l'ablat.*

Couvert, *en parlant du ciel.* Nubilus, a, um, *adj.* | *Allée couverte.* Tecta ambulatio, *g.* tectæ ambulationis³, *f.* | *Qui est à couvert de.* Tutus, a, um. *Le de s'exprime par* à *ou* ab, *avec l'ablat.* | *Mettre à couvert de.* Defendere, defendo, defendis, defendi, defensum³, *act. Le de s'exprime par* à *ou* ab, *avec l'ablat.*

Couvert, *dissimulé.* Sui obtegens, *m. f. et n. gén.* sui obtegentis, *part. prés.*

Couvert, *subst. lieu où l'on est à l'abri.* Tectum, *g.* tecti², *n.*

A couvert. Sub tecto.

CRA   CRA   149

LE COUVERT, *la table*. Mensa, g. mensæ^2, f.

COUVERTEMENT, *en cachette. Occulté*, *adv.*

COUVERTURE, *tout ce qui sert à couvrir*. Tegumentum, g. tegumenti^2, n.

COUVERTURE, ou *toit*. Tectum, g. tecti^2, n.

COUVERTURE, *prétexte*. Simulatio, g. simulationis^3, f.

COUVREUR. Tegularum dispositor, g. tegularum dispositoris^3 *masc.*

COUVRIR. Tegĕre, tego, tegis, texi, tectum^3, *act. acc. rég. ind. ablat.*

SE COUVRIR, *en parlant du ciel*. Nebulas contrahĕre, contraho, contrahis, contraxi, contractum^3, *act.*

SE COUVRIR, *mettre son chapeau*. Caput tegĕre, tego, tegis, texi, tectum^3, *act.*

CRABE. Carabus, g. carabi^2, *masc.*

CRACHAT. Sputum, g. sputi^2, n.

CRACHEMENT. Exscreatio, g. exscreationis^3, f.

CRACHER. Spuĕre, spuo, spuis, spui, sputum^1, n. ou *act.*

CRAIE. Creta, g. cretæ^1, f.

CRAINDRE. Timĕre, timeo, times, timui^2, *sans sup. n.* | *Craindre pour quelqu'un*. Alicui, *au dat.*, ou Vereor, vereris, veritus sum, vereri^2, *dép. acc. Si le verbe* Craindre *est suivi d'un* de *ou* que, *il faut consulter la règle des verbes* craindre, appréhender, *dans la Grammaire latine.* | *Qui est à craindre*. Timendus, a, um, *part. fut. pass.* | *Se faire craindre*. Terrorem incutĕre, incutio, incutis, incussi, incussum^3, *act. dat. de la personne*.

CRAINT, *redouté*. Formidatus, a, um, *part. pass.*

Etre craint. Formidari, formidor, formidaris, formidatus sum^1, *pass.*

CRAINTE. Timor, g. timoris^3, m. | *Mettre bas toute crainte*. Metum deponĕre, depono, deponis, deposui, depositum^3, *act.* | *De crainte de*, ou *que*, *suivi d'une négation*, ne *avec le subj.*

CRAINTIF, CRAINTIVE. Timidus, a, um, *adj.*

CRAINTIVEMENT. Timidè, *adv.*

CRAMOISI, *couleur*. Chremesinus color, g. chremesini^2 coloris^3, *masc.*

CRAMPE. Torpor, g. torporis^3, *masc.*

CRAMPON. Ferrea fibula, g. ferreæ fibulæ^1, *fém.*

CRAMPONNÉ. Fibulatus, a, um, *part. pass.*

CRAN, *entaillure*. Crena, g. crenæ^1, f.

CRANE. Calva, g. calvæ^1, f.

CRAPAUD. Bufo, g. bufonis^3, *masc.*

CRAPAUDINE, *pierre précieuse*. Batrachites, g. batrachitæ^1, *masc.*

CRAPULE. Crapula, g. crapulæ^1, f.

CRAPULEUX. Ganeo, g. ganeonis^3, m.

CRAQUELIN. Crustulum, g. crustuli^2, n.

CRAQUEMENT. Crepitus, g. crepitûs^4, m.

CRAQUER, ou *craqueter*. Crepare, crepo, crepas, crepui, crepitum^1, n. | *Craquer des dents*. Crepare dentibus, à *l'abl.*

CRASSE, ou *ordure*. Squalor, g. squaloris^3, m. | *Crasse de la tête*. Furfures, g. furfurum^3, m. *plur.*

CRASSE, *adj. ignorance crasse*. Ignorantia supina, g. ignorantiæ supinæ^1, f.

CRASSEUX. Squalidus, a, um, *adj.*

CRASSEUX, *vilain*. Sordidulus, a, um, *adj.*

CRATÈRE. Crater, g. crateris^3, *masc.*

CRAVATE, *mouchoir de cou*.

Cæsitium, *gén.* cæsitii², *neutre.*

CRAVATE, *cheval de Croatie.* Equus croata, g. equi² croatæ¹, *masc.*

CRAYON. Graphium, g. graphii², n.

CRAYONNÉ. Delineatus, a, um, *part. pass.*

CRAYONNER. Adumbrare, adumbro, adumbras, adumbravi, adumbratum¹, *act.*

CRÉANCE, *foi.* Fides, g. fidei⁵, *fém.*

CRÉANCE, *dette créée sur autrui.* Creditum, g. crediti², n. | *Lettres de créance.* Litteræ fidem facientes, g. litterarum¹ fidem³ facientium³, f.

CRÉANCE, *crédit, autorité.* Auctoritas, g. auctoritatis³, f.

CRÉANCIER. Creditor, g. creditoris³, m.

CRÉANCIÈRE, *celle à qui l'on doit.* Creditrix, g. creditricis³, f.

CRÉATEUR. Creator, g. creatoris³, m.

CRÉATION. Creatio, g. creationis³, f.

CRÉATURE. Res creata, g. rei creatæ¹, f.

CRÉATURE, *ou personne.* Homo, g. hominis³, m. Mulier, g. mulieris³, f.

CRECELLE, *instrument pour faire du bruit.* Crepitaculum, g. crepitaculi², n.

CRECERELLE, *oiseau.* Tinnunculus, g. tinnunculi², m.

CRÈCHE. Præsepe, g. præsepis³, n.

CRÉDENCE, *table.* Abacus, g. abaci², m.

CRÉDIT, *ou pouvoir.* Auctoritas, g. auctoritatis³, f. | *Auprès de.* Apud, *avec l'acc. de la personne.* | *Crédit, en achetant.* Fides, g. fidei⁵, f. | *A crédit.* Solâ fide, *à l'ablat.*

CRÉDIT, *estime, réputation.* Honor, g. honoris³, m. | *Etre en crédit.* Vigere, vigeo, viges, vigui², n. | *Se fatiguer à crédit.* Operam perdĕre, perdo, perdis, perdidi, perditum³, *act.*

CRÉDULE. Credulus, a, um, *adj.*

CRÉDULITÉ. Credulitas, *gén.* credulitatis³, f.

CRÉÉ. Creatus, a, um, *part. pass.*

CRÉER. Creare, creo, creas, creavi, creatum¹, *act.* | *Créer de rien.* Creare è nihilo.

CREMAILLÈRE. Cremaster, g. cremasteris³, m.

CRÈME *de lait.* Lactis spuma, g. lactis spumæ¹, f.

CRENEAU, *entaillure.* Pinna, g. pinnæ¹, f.

CRÉNELER, *façonner en forme de créneaux.* Pinnis distinguere, distinguo, distinguis, distinxi, distinctum³, *act. On laisse pinnis à l'ablatif.*

CRÊPE, *étoffe.* Pannus bombycinus crispus, g. panni bombycini crispi², m.

CRÊPE, *marque de deuil.* Luctûs insigne, g. luctûs insignis³, n.

CRÊPÉ. Voyez *Crépu.*

CRÊPER. Crispare, crispo, crispas, crispavi, crispatum¹, *act.*

SE CRÊPER. Crispari, crispor, crisparis, crispatus sum¹, *pass.*

CRÉPI. Arenatum, g. arenati², n.

CRÉPIR. Arenato inducĕre, induco, inducis, induxi, inductum³, *actif.*

CRÉPISSURE *d'une muraille.* Trullissatio, g. trullissationis³, f.

CRÉPU. Crispus, a, um, *adj.*

CRÉPUSCULE. Crepusculum, g. crepusculi², n.

CRESSON, *herbe.* Nasturtium g. nasturtii², n.

CRÊTE. Crista, g. cristæ¹, f.

CRÊTE, *haut d'une montagne.* Vertex, g. verticis³, m.

CREVASSE. Rima, g. rimæ¹, f.

SE CREVASSER. Rimas agĕre, ago, agis, egi, actum³, *act.*

CREVÉ ou *rompu.* Disruptus, a, um, *part. pass.*

CREVÉ, *en parlant des yeux*

CRI

Confixus, a, um, *part. pass.*

CRÈVE-CŒUR, *dépit.* Cordolium, g. cordolii², n.

CREVER, ou *se crever*, ou *s'entrouvrir.* Disrumpi, disrumpor, disrumperis, disruptus sum³, *pass.* | *Crever de dépit.* Irâ disrumpi.

Crever, *verbe act.* Disrumpĕre, disrumpo, disrupi, disruptum³, *act.*

Crever ou *percer, en parlant des yeux.* Configĕre, configo, configis, confixi, confixum³, *act.*

CREUSÉ. Cavatus, a, um, *part. pass.*

CREUSER. Cavare, cavo, cavas, cavavi, cavatum¹, *act.*

CREUSET. Liquatorium, *gén.* liquatorii², n.

CREUX, *adj.* Cavus, a, um, *adj.*
un Creux. Cavus, g. cavi², m.
| *Le creux de la main.* Vola, g. volæ¹, *fém.*

CRI. Clamor, g. clamoris³, m.
| *Jeter des cris.* Clamores tollĕre, tollo, tollis, sustuli, sublatum³, *act.*

Cri *des enfans au berceau.* Vagitus, g. vagitûs⁴, m.

Cri *public, proclamation.* Promulgatio, g. promulgationis³, f.

CRIAILLER. Clamitare, clamito, clamitas, clamitavi, clamitatum¹. n.

CRIAILLERIE. Clamitatio, *gén.* clamitationis³, f.

CRIBLE. Cribrum, g. cribri², n.

CRIBLÉ. Cribratus, a, um, p. p. | *Criblé de coups.* Ictibus confossus, a, um, *part.*

CRIBLER. Cribrare, cribro, cribras, cribravi, cribratum¹, *act.*

CRIBLURE. Excretum, g. excreti², n.

CRIC. Machina dentata, g. machinæ dentatæ¹, f.

CRIÉE. Præconium, g. præconii², n.

CRIER ou *faire des cris.* Clamare, clamo, clamas, clamavi, clamatum¹, n. | *Crier aux armes.* Ad arma conclamare, conclamo, conclamas, conclamavi, conclamatum¹, n. | *Crier au secours.* Auxilium invocare, invoco, invocas, invocavi, invocatum¹, *act.*

Crier ou *réprimander.* Objurgare, objurgo, objurgas, objurgavi, objurgatum¹, *act.*

Crier ou *vendre.* Vendĕre, vendo, vendis, vendidi, venditum³, *act.*

CRIERIE. Vociferatio, g. vociferationis³, f.

CRIEUR *public.* Præco, g. præconis³, m.

CRIME. Crimen, g. criminis³, n.

CRIMINEL ou *coupable.* Nocens, m. f. et n. gén. nocentis, *adj.*

Criminel ou *qui concerne les crimes.* Capitalis, m. f. capitale, n. gén. capitalis, *adj.*

CRIMINELLEMENT, *d'une manière criminelle.* Nefariè, *adv.*

CRIN. Juba, g. jubæ¹, f.

CRINIÈRE. Juba, g. jubæ¹, f.

CRIQUET, *petit cheval.* Equulus, g. equuli², m.

CRISE. Crisis, g. crisis³, f.

CRISPATION. Contractio, *gén.* contractionis³, f.

CRISTAL. Crystallus, g. crystalli², *fém.* | *Le cristal des eaux.* Aquarum speculum, g. aquarum speculi², n. | *Eau plus pure que le cristal.* Aqua splendidior vitro.

de Cristal ou *cristallin.* Crystallinus, a, um, *adj.*

CRITIQUE, *adj. dangereux.* Lubricus, a, um, *adj.*

un CRITIQUE. Criticus, *gén.* critici², m.

la Critique. Censura, g. censuræ¹, f.

CRITIQUÉ. Notatus, a, um, *part. pass.*

CRITIQUER. Notare, noto, notas, notavi, notatum¹, *act.*

CROASSEMENT, *cri du corbeau.* Crocitus, g. crocitûs⁴, m.

CROASSER. Crocire, crocio, crocis, crocivi *ou* crocii, crocitum⁴, *neut.*

CROC. Uncus, g. unci², m.

CROCHET. Uncinus, g. uncini², m. | *Des crochets pour porter:*

Ærumnulæ, g. ærumnularum[1], f. plur.

CROCHETER, ouvrir avec des crochets. Uncino aperire, aperio, aperis, aperui, apertum[4], act.

CROCHU. Uncus, a, um, adj.

CROCODILE. Crocodilus, g. crocodili[2], m.

CROIRE. Credĕre, credo, credis, credidi, creditum[3], act. La chose se met à l'accus. et le nom de la personne au datif. | Faire croire. Persuadēre, persuadeo, persuades, persuasi, persuasum[2], act. acc. rég. ind. dat.

CROIRE, penser. Existimare, existimo, existimas, existimavi, existimatum[1], act.

CROISADE ou guerre contre les infidèles. Bellum sacrum, g. belli sacri[2], n.

CROISÉ. Decussatus, a, um, part. pass. | Demeurer les bras croisés. Desidēre, desideo, desides, desedi[2], sans sup. n.

LES CROISÉS, ceux qui avoient pris la croix pour aller combattre les infidèles. Cruciger, g. crucigeri[2], m.

CROISÉE. Voyez Fenêtre.

CROISER, poser en croix. Decussare, decusso, decussas, decussavi, decussatum[1], act.

CROISER, rayer. Delēre, deleo, deles, delevi, deletum[2], act.

CROISER les mers. Maria decurrĕre, decurro, decurris, decurri, decursum[3], act.

SE CROISER, prendre la croix. Crucis notam induĕre, induo, induis, indui, indutum[3], act.

SE CROISER, en parlant des chemins. Se intersecare, intersecat, intersecuit, intersectum[1], impers. | L'endroit où se croisent deux chemins. Anfractum, g. anfracti[2], n.

CROISSANCE. Incrementum, g. incrementi[2], n.

LE CROISSANT. Cornua, gén. cornuum[4], n. plur. | Croissant de la lune. Cornua lunæ, au gén.

CROISURE, tissure d'une étoffe.

Transversa positio, g. transversæ positionis[3], f.

CROITRE. Crescĕre, cresco, crescis, crevi, cretum[3], n. | Laisser croître, en parlant des cheveux, de la barbe, etc. Promittĕre, promitto, promittis, promisi, promissum[3], act.

CROIX. Crux, g. crucis[3], f. | En forme de croix. Decussatim, adv.

CROIX, affliction. Cruciamentum, g. cruciamenti[2], n.

CROQUER, ébaucher. Voyez ce mot.

CROQUER, manger. Voyez ce mot.

CROQUET, pain d'épice sec. Crustulum, g. crustuli[2], n.

CROQUIGNOLE. Talitrum, g. talitri[2], n.

CROSSE, bâton recourbé. Baculum recurvum, g. baculi recurvi[2], n. | Crosse d'évêque. Pedum pastorale, g. pedi[2] pastoralis[3], n.

CROSSETTE de vigne. Malleolus, g. malleoli[2], m.

CROTTE, boue. Lutum, gén. luti[2], n.

CROTTÉ. Lutosus, a, um, part pass.

CROTTER. Luto inficĕre, inficio, inficis, infeci, infectum[3], act.

CROULEMENT. Labefactio, g. labefactionis[3], f.

CROULER, tomber. Corruĕre, corruo, corruis, corrui, corrutum[3], neut.

CROUPE. Tergum, g. tergi[2], n. | En croupe. In tergo.

Croupe de montagne. Jugum, g. jugi[2], n.

CROUPI, croupissant. Voyez ce mot.

CROUPIÈRE. Postilena, g. postilenæ[1], f.

CROUPION. Uropygium, g. uropygii[2], n.

CROUPIR. Desidēre, desideo, desides, desedi[2], sans sup. neut | Croupir dans l'oisiveté. Otio torpēre, torpeo, torpes, torpui[2], sans sup. n.

CROUPISSANT. Stagnans, m. f. et n. gén. stagnantis, adj.
CROÛTE. Crusta, g. crustæ¹, f.
CROÛTON. Crustum, g. crusti², n.
CROYABLE. Credibilis, m. f. credibile, n. gén. credibilis, adj.
CROYANCE, opinion. Opinio, g. opinionis³, f.
Croyance, foi. Fides, g. fidei⁵, f.
CRU, non cuit. Grudus, a, um, adj.
Cru, part. pass. du verbe Croire. Creditus, a, um.
Cru, part. pass. du verbe Croître. Auctus, a, um.
Cru, fonds de terre. Fundus, g. fundi², m. | Ce vin est de mon cru, c. à. d. ce vin est né dans mon fonds. Hoc vinum in meo fundo natum est.
CRUAUTÉ des hommes. Crudelitas, g. crudelitatis³, f.
Cruauté des animaux. Feritas, g. feritatis³, f.
CRUCHE. Urna, g. urnæ¹, f.
CRUCIFIÉ. Crucifixus, a, um, p. p.
CRUCIFIEMENT. Crucis supplicium, g. crucis supplicii², n.
CRUCIFIER. Crucifigĕre, crucifigo, crucifigis, crucifixi, crucifixum³, act.
UN CRUCIFIX. Christi crucifixi imago, g. christi crucifixi imaginis³, fém.
CRUDITÉ. Cruditas, g. cruditatis³, f.
CRUE, subst.; accroissement. Incrementum, g. incrementi², n.
CRUEL, en parlant de l'homme. Crudelis, m. f. crudele, n. gén. crudelis, adj. | Cruel, en parlant d'un animal. Ferus, a, um, adj.
Cruel, fâcheux. Acerbus, a, um, adj.
CRUELLEMENT. Crudeliter, adv.
CRUMENT, peu civilement. Inurbanè, adv.
CRUSTACÉ. Crustaceus, ea, eum, adj.
CUBE, un carré en tout sens. Cubus, g. cubi², m.

CUBIQUE, carré en tout sens. Cubicus, a, um, adj.
CUEILLETTE, récolte. Collectio, g. collectionis³, f.
CUEILLI. Lectus, a, um, p. p.
CUEILLIR. Legĕre, lego, legis, legi, lectum³, act.
CUEILLOIR, panier à cueillir des fruits. Sporta, g. sportæ¹, f.
CUILLER. Cochlear, g. cochlearis³, n.
CUILLERÉE. Cochlearium, g. cochlearii², n.
CUIR. Corium, g. corii², n. | De cuir. E corio, ou Coriaceus, ea, eum, adj.
CUIRASSE. Lorica, g. loricæ¹, f.
CUIRASSIER. Loricatus, g. loricati², m.
CUIRE ou SE CUIRE. Coqui, coquor, coqueris, coctus sum³, pass. | Faire cuire. Coquĕre, coquo, coquis, coxi, coctum³, act. | Cuire au feu. Coquĕre igne. abl.
Cuire ou causer de la douleur. Urĕre, uro, uris, ussi, ustum³.
CUISANT. Acerbus, a, um, adj.
CUISINE. Culina, g. culinæ¹, f. | Qui concerne la cuisine. Coquinarius, ia, ium, adj. | Faire la cuisine, apprêter à manger. Coquinare, coquino, coquinas, coquinavi, coquinatum¹, n.
CUISINIER. Coquus, g. coqui², masc.
CUISINIÈRE. Coqua, g. coquæ¹, fém.
CUISSART, la partie de l'armure qui couvre les cuisses. Femorum tegmen, g. femorum tegminis³, n.
CUISSE. Femur, g. femoris³, n.
CUISSON. Coctura, g. cocturæ¹, fém.
Cuisson, douleur qu'on sent d'un mal qui cuit. Urigo, g. uriginis³, f.
CUISTRE. Mediastinus, g. mediastini³, m.
CUIT. Coctus, ea, um, part. pas.
CUIVRE. Æs, g. æris³, n.
DE Cuivre. Æreus, ea, eum, adj.
CUL ou fesses. Clunes, g. clunium³, f. plur.

20

CUL, *fond.* Fundus, g. fundi², m.
CUL-DE-SAC, ou *rue sans issue.* Fundula, g. fundulæ¹, f.
CULASSE. Funda, g. fundæ¹, f.
CULBUTE. In caput prolatio, g. in caput prolationis³, f.
Faire la culbute, ou
CULBUTER. In caput prolabi, prolabor, prolaberis, prolapsus sum³, *dép.*
CULBUTER, ou *faire faire la culbute.* In caput dejicĕre, dejicio, dejicis, dejeci, dejectum³, *act.*
CULBUTER *les ennemis.* Hostes fugare, fugo, fugas, fugavi, fugatum¹, *act.*
CULOTTE. Femorale, g. femoralis³, n.
CULTE. Cultus, g. cultûs⁴, m.
CULTIVATEUR. Agricola, g. agricolæ¹, m.
CULTIVÉ. Cultus, a, um, *p. p.*
CULTIVER. Colĕre, colo, colis, colui, cultum³, *act.* | *Cultiver son esprit.* Ingenium excolĕre, excolo, excolis, excolui, excultum³, *act.*
CULTURE. Cultura, g. culturæ¹, f.
CUMIN, *herbe.* Cuminum, g. cumini², n.
CUPIDITÉ. Cupiditas, g. cupiditatis³, f.
CUPIDON, *dieu de l'amour.* Cupido, g. cupidinis³, m.
CURABLE. Sanabilis, m. f. sanabile, n. gén. sanabilis, *adj.*
CURATELLE, *charge d'un curateur.* Curatio, g. curationis³, f.
CURATEUR. Curator, g. curatoris³, m.
CURATRICE. Curatrix, g. curatricis³, f.
CURE, ou *guérison.* Sanatio, g. sanationis³, f.
CURE *d'un curé.* Parœcia, g. parœciæ¹, f.
UN CURÉ. Parochus, g. parochi², m.
CURE-DENT. Dentiscalpium, g. dentiscalpii², n.
CURÉE. Præda, g. prædæ¹, f.

CURE-OREILLE. Auriscalpium, g. auriscalpii², n.
CURER. Purgare, purgo, purgas, purgavi, purgatum¹, *act.*
CUREUR, *qui nettoie.* Purgator, g. purgatoris³, m.
CURIAL, *de curé; fonctions curiales.* Parochi munia, g. parochi muniorum³, n. plur.
CURIE, *subst. subdivision de la tribu romaine.* Curia, g. curiæ¹, f.
CURIEUX, *désireux.* Curiosus, a, um, *adj. avec un génit. ou un gérond. en* di.
CURIEUX, *digne d'être vu.* Visendus, a, um, *adj.*
CURIEUSEMENT. Curiosè, *adv.*
CURIOSITÉ. Curiositas, g. curiositatis³, f.
CURIOSITÉ, *recherche.* Indagatio, g. indagationis³, f.
CURIOSITÉS, *raretés.* Rara, *gén.* rarorum², n. plur.
CURULE, *chaise curule.* Sella curulis, g. sellæ¹ curulis³, f.
CUVE. Labrum, g. labri², n.
CUVER, ou *faire cuver,* ou *laisser cuver.* Fervefacĕre, fervefacio, fervefacis, fervefeci, fervefactum³, *act.*
CUVER, ou *bouillir.* Effervescĕre, effervesco, effervescis, efferbui³, *sans sup.* n.
CUVETTE. Labellum, g. labelli², n.
CUVIER. Labrum, g. labri², n.
CYBÈLE, *déesse.* Cybele, g. Cybeles¹, f.
CYCLE. Cyclus, g. cycli², m.
CYCLOPE. Cyclops, g. cyclopis³, m.
DE CYCLOPE. Cyclopeus, ea, um, *adj.*
CYGNE. Cygnus, g. cygni², m.
CYLINDRE. Cylindrus, g. cylindri², m.
CYLINDRIQUE. Cylindraceus, ca, eum, *adj.*
CYMAISE, *la partie la plus haute des corniches.* Cymatium, g. cymatii², n.
CYMBALE, *instrument de mu-*

sique. Cymbalum, *g.* cymbali[2], *n.* | *Qui joue des cymbales.* Cymbalista, *g.* cymbalistæ[1], *m.*

CYNIQUE Cynicus, a, um, *adj.*

CYNISME. Cynicorum disciplina, *g.* cynicorum disciplinæ[1], *f.*

CYNISME, *impudence.* V. *ce mot.*

CYNOCÉPHALE, *qui a la tête de chien.* Cynocephalus, *g.* cynocephali[2], *m.*

CYNOSURE, *étoile du pôle.* Cynosura, *g.* cynosuræ[1], *f.*

CYPRÈS. Cupressus, *g.* cupressi[2], *f.* | *Qui est de cyprès.* Cupresseus, ea, eum, *adj.* | *Lieu planté de cyprès.* Cupressetum, *g.* cupresseti[2], *n.*

CYTISE, *arbrisseau.* Cytisus, *g.* cytisi[2], *m.*

D.

D'ABORD, *premièrement.* Primo, *adv.*

D'ABORD, *aussitôt.* Statim, *adv.* | *D'abord que.* Voy. *Aussitôt que.*

DACTYLE. Dactylus, *g.* dactyli[2], *masc.*

DAGUE, *poignard.* Sica, *gén.* sicæ[1], *f.*

DAIGNER. Dignari, dignor, dignaris, dignatus sum[1], *dép. avec l'infinitif.*

DAIM, *animal sauvage.* Dama, *g.* damæ[1], *m. et f.*

DAIS. Umbella, *g.* umbellæ[1], *fém.*

DALLE, *tablette de pierre.* Lapidea tabella, *g.* lapideæ tabellæ[1], *fém.*

DALMATIQUE, *vêtement de diacre, etc.* Dalmatica, *g.* dalmaticæ[1], *f.*

DAM, *la peine du dam.* Damni pœna, *g.* damni pœnæ[1], *f.*

DAMAS, *étoffe.* Pannus damascenus, *g.* panni damasceni[2], *m.*

DAME. Domina, *g.* dominæ[1], *f.* dat. et ablat. plur. dominabus.

Dame d'atour de la reine. Reginæ ornatrix, *g.* reginæ ornatricis[1], *f.*

DAME *à jouer.* Scrupus, *g.* scrupi[2], *m.* | *Jouer aux dames.* Scrupis ludere, ludo, ludis, lusi, lusum[3], *n.*

Dame damée, *une dame sur une autre.* Scrupus geminatus, *g.* scrupi geminati[2], *m.*

DAMER, *mettre une dame sur une autre.* Scrupos geminare, gemino, geminas, geminavi, geminatum[1], *act.*

DAMIER. Alveus lusorius, *gén.* alvei lusorii[2], *m.*

DAMNABLE. Damnandus, a, um, *part. fut. pass.*

DAMNATION. Sempiterna supplicia, *g.* sempiternorum suppliciorum[2], *n. pl.*

DAMNÉ. Suppliciis sempiternis addictus, a, um, *adj.*

Etre damné. Æternis suppliciis affici, afficior, afficeris, affectus sum[3], *pass.*

DAMNER. In inferos detrudere, detrudo, detrudis, detrusi, detrusum[3], *act.*

SE DAMNER, *pécher d'une manière digne de l'enfer.* Digna inferis peccare, pecco, peccas, peccavi, peccatum[1], *act.*

DAMOISEAU, *qui fait le beau et le galant.* Bellulus, *g.* belluli[2], *masc.*

DANDIN. Ineptus, a, um, *adj.*

SE DANDINER. Corpus ineptè librare, libro, libras, libravi, libratum[1], *act.*

DANGER. Periculum, *g.* periculi[2], *n.*

Exposer quelqu'un au danger,

le mettre en danger. In periculum adducĕre, adduco, adducis, adduxi, adductum³, *act. de la personne.* | *Courir un danger.* In periculum adduci³, *pass. de* adduco. |*S'y mettre, s'y exposer.* Periculum adire, adeo, adis, adivi, aditum⁴, *act.*

Etre en danger. Periclitari, periclitor, periclitaris, periclitatus sum¹, *dép.*

DANGEREUSEMENT. Periculosè, *adv.*

DANGEREUX. Periculosus, a, um, *adj.*

DANS, *sans mouvement.* In, *avec l'abl. Lorsqu'il y a mouvement,* in, *avec l'acc.* Voyez les différentes *Questions de lieu.*

Dans, ou dans l'espace de. Intrà, *avec un acc.* | *Dans deux jours.* Intrà biduum. | *Dans vingt jours.* Intrà viginti dies.

Dans, après. Post, *acc.*

DANSE. Saltatio, g. saltationis³, f.

DANSER. Saltare, salto, saltas, saltavi, saltatum¹, n.

Maître à danser, ou de danse. Saltandi magister, g. magistri², *masc.*

DANSEUR. Saltator, g. saltatoris³, *m.*

DANSEUSE. Saltatrix, g. saltatricis³, *f.*

DARD, Jaculum, g. jaculi², *n*

DARD, *aiguillon.* Aculeus, g. aculei², *m.*

DARDÉ. Vibratus, a, um, *p. p.*

DARDER, ou *lancer.* Jaculari, jaculor, jacularis, jaculatus sum¹, *dép. acc.*

DARDER, *en parlant du soleil.* Emittĕre, emitto, emittis, emisi, emissum³, *act.*

DATE. Dies adscriptus, g. diei⁵ adscripti², *m.*

DATÉ, c. à. d. *auquel le jour est écrit.* Cui dies inscriptus est. *La chose datée se mettra donc au datif.* Ex. *Votre lettre est datée.* Tuæ epistolæ dies scriptus est. *S'il y avoit : Datée du 10, il faudroit*

dire : Ecrite le 10. Decimo die scripta. *S'il y avoit datée de Lyon, tournez : Ecrite à Lyon, et suivez la question* Ubi.

DATER. Adscribĕre, adscribo, adscribis, adscripsi, adscriptum³, *act. Ajoutez* diem, c. à. d. *mettre le jour à.*

DATIF. Dativus, g. dativi², *m.*

DATTE, *fruit du palmier.* Palmula, g. palmulæ¹, *f.*

DAVANTAGE, ou *plus.* Ampliùs. Plus, ou pluris, *adv. avec un verbe de prix ou d'estime.* (Voy. la règle *Plus* dans la Grammaire latine.) | *Je n'en dirai pas davantage.* Non dicam ampliùs. | *Depuis trois jours et davantage.* A tribus diebus et ampliùs.

DAUPHIN. Delphinus, g. delphini², *m.*

D'AUTANT *plus que.* (Voy. la règle *D'autant plus ou moins* dans la Grammaire latine.) *D'autant que, ou parce que.* Quòd, *avec l'indicatif ou le subjonctif.*

DE. *La préposition de s'exprime quelquefois en latin, et quelquefois elle ne s'exprime pas ; il faut consulter la Grammaire latine qui enseigne ce qu'on doit faire de la préposition* de. (Du *est pour* de le ; des *est pour* de les.)

Voici quelques préceptes dignes de remarque :

De, *signifiant* touchant, *s'exprime par* de *avec l'ablat.*

Lorsque de *signifie* à cause de, *on l'exprime par* propter *avec un accusatif, comme : Je te loue de ta modestie, ou à cause de ta modestie.* Te laudo propter tuam modestiam.

Lorsque de *signifie* de la part, *il s'exprime par* à *ou* ab, *avec l'ablatif, comme : Je t'apporte des lettres de Lentulus, ou de la part de Lentulus.* Tibi affero litteras à Lentulo.

Lorsque de *signifie* depuis, *il s'exprime par* à *devant une consonne, et par* ab *devant une voyelle,*

DÉB

et *l'on met après un ablatif*, comme : *Du jour d'hier*. A die hesternâ.

Lorsque de *marque le temps*, *on se sert de l'ablatif*, comme : *De deux jours l'un*. Alternis diebus. | *De trois en trois jours*, c. à. d., *chaque troisième jour*. Tertio quoque die. | *Il ne reviendra pas de dix jours*, c. à. d., *sinon après dix jours*. Non redibit nisi post decem dies.

Lorsque de *entre deux verbes signifie* de ce que, *on l'exprime par* quòd, *avec le subjonct*. Exemple : *Je vous aime d'avoir étudié*, c. à. d., *de ce que vous avez étudié*. Te amo quòd studueris.

Lorsque de *au commencement d'une phrase est suivi d'un infinitif français, et qu'il peut se traduire par* si, *on se sert de* si, *et l'on met le verbe au subjonctif, à la personne et au temps qu'est le verbe suivant*. Exemple : *De dire que vous êtes orgueilleux, je serois criminel*, c. à. d., *si je disois que vous êtes orgueilleux, je serois criminel*. Si dicerem te esse superbum, in culpâ essem.

De vous-même. Tuo marte.

Plante qui vient d'elle-même. Injussum gramen, g. injussi[2] graminis[3], n.

De porte en porte. Ostiatim, *adv*.

De quartier en quartier. Vicatim, *adv*.

De ville en ville. Opidatim, *adv*.

DÉ *à jouer*. Tessera, g. tesseræ[2], f.

DÉ *à coudre*. Digitale, g. digitalis[3], n.

DÉBACLE, *rupture des glaces*. Repentina glaciei solutio, g. repentinæ[1] glaciei solutionis[3], f.

DÉBACLER, *en parlant des rivières*. Solvi, solvor, solveris, solutus sum[3], *pass*.

DÉBALLÉ. Solutus, a, um, *p. p.*

DÉBALLER. Solvĕre, solvo, solvis, solvi, solutum[3], *act*.

DÉBANDADE, *à la débandade*. Passim, *adv*.

DÉBANDÉ. Remissus, a, um, *p. p.*

DÉB 157

DÉBANDER. Remittĕre, remitto, remittis, remisi, remissum[3], *act*.

DÉBANDER, *ôter les bandes qui lient*, c. à. d. *délier*. Solvĕre, solvo, solvis, solvi, solutum[3], *act*.

SE DÉBANDER, *se détendre*. Remitti, remittor, remitteris, remissus sum[3], *pass*.

SE DÉBANDER. A signis discedĕre, discedo, discedis, discessi, discessum[3], n. c. à. d. *s'écarter de ses étendards*.

SE DÉBANDER, *errer en désordre*. Passim vagari, vagor, vagaris, vagatus sum[1], *dép*.

DÉBARBOUILLER. Abstergĕre, abstergo, abstergis, abstersi, abstersum[3], *act*. | *Se débarbouiller le visage*. Faciem nitidare, nitido, nitidas, nitidavi, nitidatum[1], *act*.

DÉBARQUEMENT. Exscensio, g. exscensionis[3], f.

DÉBARQUÉ. Appulsus, a, um, *part. pass.*

DÉBARQUER, *verbe n. descendre à terre*. In terram evadĕre, evado, evadis, evasi, evasum[2], *neut*.

DÉBARQUER, *mettre à terre*. In terram deponĕre, depono, deponis, deposui, depositum[3], *act*.

DÉBARRASSÉ. Expeditus, a, um, *part. pass. de se rend par* à *ou* ab *avec l'abl*.

DÉBARRASSER. Expedire, expedio, expedis, expedivi ou expedii, expeditum[4], *act*. Le de *par* à *ou* ab *et l'abl*.

DÉBAT. Controversia, g. controversiæ[1], f.

DÉBÂTER, *ôter le bât*. Clitellas detrahĕre, detraho, his, detraxi, detractum[3], *act*. *Débâter un âne*. Detrahere clitellas asino, *au dat*.

DÉBATRE ou *discuter*. Agitare, agito, agitas, agitavi, agitatum[1], *act*.

SE DÉBATTRE. Agitari, agitor, agitaris, agitatus sum[1], *pass*.

DÉBATTU. Agitatus, agitata, agitatum, *part. pass.*

DÉBAUCHE, *vie licencieuse.* Libido, g. libidinis[3], f.

DÉBAUCHE *dans le boire.* Perpotatio, g. perpotationis[3], f. | *Dans le manger.* Comessatio, g. comessationis[3], f. | *Faire débauche de vin.* Græcari, græcor, græcaris, græcatus sum[1], *dépon.* | *Un homme perdu de débauche.* Nepos, g. nepotis[3], *masc.*

DÉBAUCHÉ ou *corrompu.* Corruptus, a, um, *part. pass.*

DÉBAUCHÉ, *libertin.* Homo perditus, g. hominis[3] perditi[2], m.

Femme débauchée. Meretrix, g. meretricis[3], f. | *Vie débauchée.* Nepotatus, g. nepotatûs[4], m. | *Mener une vie débauchée.* Nepotari, nepotor, nepotaris, nepotatus sum[1], *dép.*

DÉBAUCHER. Corrumpĕre, corrumpo, corrumpis, corrupi, corruptum[3], *act.* | *Débaucher des troupes.* Copias ad se abducĕre, ad me abduco, ad te abducis, ad me abduxi, ad se abductum[3], *act.*

SE DÉBAUCHER. A virtute deflectĕre, deflecto, deflectis, deflexi, deflexum[3], n. c. à. d. *S'éloigner de la vertu.*

DÉBILE, *foible.* Debilis, m. f. debile. n. *gén.* debilis, *des 3 genr.*

DÉBILEMENT. Debiliter, *adv.*

DÉBILITATION. Debilitatio, g. debilitationis[3], f.

DÉBILITÉ. Debilitas, g. debilitatis[3], f.

DÉBILITER. Debilitare, debilito, debilitas, debilitavi, debilitatum[1], *act.*

DÉBIT. Venditio, g. venditionis[3] *fém.*

DÉBITER. Vendĕre, vendo, vendis, vendidi, venditum[3], *act.*

DÉBITER, *dire.* Spargĕre, spargo, spargis, sparsi, sparsum[3], *act.*

DÉBITEUR. Debitor, g. debitoris[3], m.

DÉBITRICE, *celle qui doit.* Debitrix, g. debitricis[3], f.

DÉBOIRE, *mauvais goût qui reste dans la bouche.* Injucundus sapor, *gén.* injucundi[2] saporis[3], *masc.*

DÉBOIRE, *chagrin.* Anxietas, *gén.* anxietatis[3], f.

DÉBOITÉ. Luxatus, a, um, *part. pass.*

DÉBOITEMENT. Luxatio, *gén.* luxationis[3], f. | *Déboîtement d'un os.* Luxatio ossis.

DÉBOITER. Luxare, luxo, luxas, luxavi, luxatum[1], *act.*

DÉBONNAIRE. Mitis, m. et f. mite, n. *gén.* mitis, *des 3 genr.*

DÉBORDÉ. Exundans, m. f. et n. *gén.* exundantis, *adj.*

DÉBORDÉ, *débauché à l'excès.* Flagitiosissimus, a, um, *adj.*

DÉBORDEMENT. Exundatio, g. exundationis[3], f.

DÉBORDEMENT, *vie licencieuse.* Dissolutio vita, g. dissolutioris[3] vitæ[1], f.

DÉBORDER, *se déborder en parlant des rivières, etc.* Exundare, exundo, exundas, exundavi, exundatum[1], n.

DÉBORDER ou *s'avancer en dehors.* Prominēre, promineo, promines, prominui[2], *sans supin*, n.

DÉBORDER, *ôter le bord.* Limbum detrahĕre, detraho, detrahis, detraxi, detractum[3], *act. Le nom de chose se met au dat.*

DÉBOTTER. Ocreas detrahĕre, detraho, detrahis, detraxi, detractum[3], *act. Le nom de personne au dat.*

DÉBOUCHÉ. Apertus, a, um, *part. pass.*

DÉBOUCHÉ, *subst., issue.* Exitus, g. exitûs[4], m.

DÉBOUCHER. Aperire, aperio, aperis, aperui, apertum[4], *act.*

DÉBOUCHER, *en parlant d'un armée.* Emergĕre, emergo, emergis, emersi, emersum[3], n.

DÉBOUCLÉ. Diffibulatus, a, um, *part. pass.*

DÉBOUCLER. Diffibulare, diffibulo, diffibulas, diffibulavi, diffibulatum[1], *act.*

DÉB

DÉBOURBÉ. Eductus, a, um, *part. pass. Ajoutez* cœno, *c'est-à-dire, tiré de la bourbe.*

DÉBOURSÉ. Impensus, impensa, impensum, *part. pass.*

DÉBOURSEMENT. Pecuniæ numeratio, *g.* pecuniæ numerationis[3], *f.*

DÉBOURSER. Impendĕre, impendo, impendis, impendi, impensum[3], *act.*

DEBOUT. Stans, *m. f. et n. gén.* stantis. | *Être ou se tenir debout.* Stare, sto, stas, steti, statum[1], *n. Debout* ou *lève-toi.* Surge. *Si l'on parle à plusieurs,* Surgite, *impér.*

DÉBOUTER *de.* Dejicĕre, dejicio, dejicis, dejeci, dejectum[3], *act. de par de avec l'abl.*

DÉBOUTONNER. Laxare, laxo, laxas, laxavi, laxatum[1], *act.*

DÉBRIDÉ, *sans bride.* Efrenatus, a, um, *part. pass.*

DÉBRIDER. Freno solvĕre, solvo, solvis, solvi, solutum[3], *act. Sans débrider.* Continenter, *adv.*

DÉBRIS. Naufragium, *g.* naufragii[2], *n.*

— **Débris,** *reste.* Reliquiæ, *gén.* reliquiarum[1], *f. plur.* | *Débris de navire brisé.* Fracti navigii reliquiæ.

DÉBROUILLÉ. Explicitus, a, um, *part. pass.*

DÉBROUILLEMENT. Explicatio, *g.* explicationis[3], *f.*

DÉBROUILLER. Explicare, explico, explicas, explicui, explicitum[1], *act.*

DÉBUSQUÉ. Detrusus, a, um, *part. pass.*

DÉBUSQUER. Detrudĕre, detrudo, detrudis, detrusi, detrusum[3], *act. Le de par* è *ou* ex *avec un ablat.*

DÉBUT. Initium, *g.* initii[2], *n.*

DÉBUTER, *commencer.* Incipĕre, incipio, incipis, incepi, inceptum[2], *act.*

Débuter, *ôter du but.* E metâ dejicĕre, dejicio, dejicis, dejeci, dejectum[3], *act.*

DÉB

DEÇA ou *ici.* Hic, *sans mouvement.* Huc, *avec mouvement.* | *Deçà et delà.* Huc illuc. | *Deçà, par deçà, au deçà, en deçà.* Cis ou citra, *avec l'accusatif.*

DÉCACHETÉ. Resignatus, a, um, *part. pass.*

DÉCACHETER. Resignare, resigno, resignas, resignavi, resignatum[1], *act.*

DÉCADE. Decas, *g.* decadis[3], *f.*

DÉCADENCE. Occasus, *g.* occasûs[4], *m.* | *Aller en décadence.* Ruĕre, ruo, ruis, rui, rutum[3], *n.*

DÉCAGONE, *qui a dix angles.* Decagonus, a, um, *adj.*

DÉCALOGUE. Decalogus, *gén.* decalogi[2], *m.*

DÉCAMPEMENT. Castrorum motio, *g.* castrorum motionis[3], *f. c. à d. levée d'un camp.*

DÉCAMPER. Castra movēre, moveo, moves, movi, motum[2], *act. Le de par* à *ou* ab *avec un ablatif.*

DÉCAPITÉ. Obtruncatus, a, um, *part. pass.*

DÉCAPITER. Caput amputare, amputo, amputas, amputavi, amputatum[1], *act. dat. de la personne.*

DÉCÉDÉ, *mort.* Mortuus, ua, uum, *adj.*

DÉCÉDER, *mourir.* Mori, morior, moreris, mortuus sum[3], *dép.*

DÉCELÉ, *découvert.* Proditus, a, um, *part. pass.*

DÉCÈLEMENT. Proditio, *gén.* proditionis[3], *f.*

DÉCELER, *découvrir.* Prodĕre, prodo, prodis, prodidi, proditum[3], *act.*

DÉCEMBRE, *mois.* December, *g.* decembris[3], *m. ablat.* decembri.

DÉCEMMENT. Decenter, *adv.*

DÉCEMVIR. Decemvir, *g.* decemviri[2], *m.*

DÉCENCE, *bienséance.* Decorum, *g.* decori[2], *n.*

DECENNAL. Decennalis, *m. f.* decennale, *n. gén.* decennalis, *adj.*

DÉCENT. Decorus, a, um, *adj.*

| *Etre décent.* Decēre, decet, *au plur.* decent; decuit, *au plur.* decuerunt*[2]*, *neut. impersonnel. On met ensuite un acc. de la personne, et le verbe suivant à l'infinitif.*

DÉCEPTION, *tromperie.* Fallacia, *g.* fallaciæ[1], *f.*

DE CE QUE. Quòd, *avec le subj.*

DÉCERNÉ, *ordonné.* Decretus, a, um, *adj.*

DÉCERNER, *ordonner.* Decernĕre, decerno, decernis, decrevi, decretum[3], *act.*

DÉCÈS, *mort.* Obitus, *g.* obitûs[4], *masc.*

DÉCEVOIR. *Voyez* Tromper.

DÉCHAINÉ, *à qui on a ôté les chaînes.* Exsolutus, a, um, *part. pass.*

DÉCHAINEMENT, *emportement.* Invectio, *g.* invectionis[3], *f.* Contre, *se rend par* in *avec l'acc.*

DÉCHAINEMENT, *liberté extrême.* Effrenata licentia, *g.* effrenatæ licentiæ[1], *f.*

DÉCHAINER. Solvĕre, solvo, solvis, solvi, solutum[3], *act.*

SE DÉCHAINER, *rompre ses chaînes.* Solvĕre vincula, *à l'accus. plur.*

SE DÉCHAINER *contre.* Invehi, invehor, inveheris, invectus sum[3], *pass.* Contre, *par* in *avec l'accus. S'il y a, en injures, en médisances, etc. ajoutez au verbe,* acerbiùs, *comp. adv.*

DÉCHARGE *de canon, etc.* Emissio, *g.* emissionis[3], *f.*

DÉCHARGE, *quittance.* Apocha, *g.* apochæ[1], *f.*

DÉCHARGE, *endroit où l'on serre diverses choses.* Receptaculum, *g.* receptaculi[2], *n.*

DÉCHARGE *des choses que l'on met à terre.* Onerum levatio, *g.* onerum levationis[3], *f.*

DÉCHARGE *d'une faute.* Liberatio, *g.* liberationis[3], *f.* de, *par* à *ou* ab *avec l'ablat.*

DÉCHARGE, *soulagement.* Levamentum, *g.* levamenti[2], *n.*

DÉCHARGÉ. Exoneratus, a, um, *part. pass. abl. de la chose.*

DÉCHARGÉ, *absous.* Liberatus, a, um, *part. pass. ablat. de la chose.*

DÉCHARGER *d'un fardeau.* Exonerare, exonero, exoneras, exoneravi, exoneratum[1], *act. acc. rég. ind. abl.*

DÉCHARGER, *soulager.* Levare, levo, levas, levavi, levatum[1], *act.*

DÉCHARGER *le canon, etc.* Displodĕre, displodo, displodis, displosi, displosum[3], *act.*

DÉCHARGER *un coup de bâton.* Fustem impingĕre, impingo, impingis, impegi, impactum[3], *act.*

Décharger un coup de poing. Pugnum impingĕre.

DÉCHARGER *de, ou délivrer.* Liberare, libero, liberas, liberavi, liberatum[1], *act. acc. rég. ind. abl.*

DÉCHARGER *son cœur, faire connaître son chagrin.* Animum patefacĕre, patefacio, patefacis, patefeci, patefactum[3], *act. dat. de la personne.*

DÉCHARGER *sa colère contre.* Iram effundĕre, effundo, effundis, effudi, effusum[3], *act.* Contre, *par* in *avec l'accusatif.*

SE DÉCHARGER *d'un fardeau.* Onus deponĕre, depono, deponis, deposui, depositum[3], *act.*

SE DÉCHARGER *d'une chose sur quelqu'un.* Transferre, transfero, transfers, transtuli, translatum[3], *act. acc. rég. ind. acc. avec* in.

SE DÉCHARGER, *en parlant d'une rivière, etc.* Effundi, effundor, effunderis, effusus sum[3], *pass. On exprime dans par* in *avec l'acc.*

DÉCHARGEUR. Exportator, *g.* exportatoris[3], *m.*

DÉCHARMER. Fascinationem amovēre, amoveo, amoves, amovi, amotum[2], *act. Ce qu'on décharme, à l'ablat. avec* à *ou* ab.

DÉCHARNÉ, *maigre.* Macilentus, a, um, *adj.*

DÉCHAUSSÉ. Excalceatus, a, um, *part. pass.* | *En parlant des arbres.* Ablaqueatus, a, um, *part. pass.*

DÉC

DÉCHAUSSEMENT, *en parlant des arbres*. Ablaqueatio, g. ablaqueationis[3], f.

DÉCHAUSSER. Excalceare, excalceo, excalceas, excalceavi, excalceatum[1], *act.* | *En parlant des arbres*. Ablaqueare, ablaqueo, ablaqueas, ablaqueavi, ablaqueatum[1], *act.*

SE DÉCHAUSSER. Soleas demĕre, demo, demis, dempsi, demptum[3], *act.*

DÉCHÉANCE. Decessio, g. decessionis[3], f.

DÉCHET. Imminutio, g. imminutionis[3], f.

DÉCHEVELÉ. *Une femme déchevelée*. Mulier, g. mulieris[3], f. *Ajoutez* passis capillis, *à l'ablatif*, c. à. d. *ayant les cheveux épars.*

DÉCHEVELER, *décoiffer*. Comas dejicĕre, dejicio, dejicis, dejeci, dejectum[3], *act. le génit. de la personne*, c. à. d. *déranger les cheveux de quelqu'un.*

DÉCHIFFREMENT, *explication*. Explicatio, g. explicationis[3], fém.

DÉCHIFFRER. Explicare, explico, explicas, explicui, explicatum[1], *act.*

DÉCHIFFREUR. Explicator, g. explicatoris[3], m.

DÉCHIQUETÉ. Incisus, a, um, *part. pass.*

DÉCHIQUETER. Incidĕre, incido, incidis, incidi, incisum[3], *act.*

DÉCHIQUETURE. Incisura, g. incisuræ[1], f.

DÉCHIRANT, DÉCHIRANTE. Acerbus, a, um, *adj.*

DÉCHIREMENT, *action de déchirer*. Laceratio, g. lacerationis[3], fém.

DÉCHIREMENT *de cœur.* Animi cruciatus, g. animi cruciatûs[4], m.

DÉCHIRER. Lacerare, lacero, laceras, laceravi, laceratum[1], *act.*

DÉCHIRURE. Laceratio, g. lacerationis[3], f.

DÉCHOIR. Decidĕre, decido, decidis, decidi[3], *sans supin*, n. de, par à ou ab, *avec l'ablat.* dans, par in, *avec l'accus.*

DÉCHOIR *de son espérance.* Decidere à spe.

DÉCHU. Lapsus, a, um, *part. pass.* de, par è ou ex, *avec l'ablat.*

DÉCHU *de son espérance.* Spe dejectus, a, um, *part. pass*

DÉCIDÉ, *statué*. Statutus, a, um, *part. pass.* | *Homme décidé.* Ad audendum projectus vir, g. ad audendum projecti viri[2], m.

DÉCIDER. Decidĕre, decido, decidis, decidi, decisum[3], *act.*

SE DÉCIDER. Statuĕre, statuo, statuis, statui, statutum[3], n.

DÉCILLER, *ouvrir les cils ou les paupières des yeux*. Aperire, aperio, aperis, aperui, apertum[4], *act.*

DÉCIME, *la décime*. Decuma, g. decumæ[1], f.

DÉCIMER. Decimare, decimo, decimas, decimavi, decimatum[3], *act.*

DÉCISIF. Decretorius, ia, ium, *adj.*

DÉCISION. Decisio, g. decisionis[3], f. | *Donner la décision de.* Voyez *Décider*.

DÉCISIVEMENT. Decretoriè, *adv.*

DÉCLAMATEUR. Declamator, g. declamatoris[3], m.

DÉCLAMATION. Declamatio, g. declamationis[3], f.

DÉCLAMATION, *invective*. Objurgatio, g. objurgationis[3], f.

DÉCLAMATOIRE. Declamatorius, ia, ium, *adj.*

DÉCLAMER. Declamare, declamo, declamas, declamavi, declamatum[1], *act.* | *Déclamer contre.* Voyez se *Déchaîner contre.*

DÉCLARATION, *édit*. Edictum, g. edicti[2], n.

DÉCLARATION *de guerre*. Belli denunciatio, g. belli denunciationis[3], fém.

DÉCLARATION, *exposition*. Declaratio, g. declarationis[3], f. | *Déclaration d'amitié*. Declaratio amoris,

DÉCLARATION, *connoissance qu'on donne.* Patefactio, *g.* patefactionis[3], *f.*

DÉCLARÉ. Significatus, a, um, *part. pass.*

DÉCLARÉ, *décidé.* Decretus, a, um, *adj.*

ENNEMI DÉCLARÉ *de.* Hostis infensus, *g.* hostis infensi[2], *m. de se rend par le datif du nom qui suit.*

DÉCLARER. Significare, significo, significas, significavi, significatum[1], *act. acc. rég. ind. dat.* | *Déclarer la guerre.* Bellum indicĕre, indico, indicis, indixi, indictum[3], *act. acc. dat. de la personne.* | *Déclarer ses complices, c. à. d. les indiquer.* Indicare conscios. | *Déclarer,* ou *nommer.* Declarare, declaro, declaras, declaravi, declaratum[1], *act.*

SE DÉCLARER, ou *découvrir ses desseins.* Consilia aperire, aperio, aperis, aperui, apertum[4], *act. acc. dat. de la personne.*

SE DÉCLARER *pour,* ou *embrasser le parti de.* Partes amplecti, amplector, amplecteris, amplexus sum[3], *dép. Le nom qui suit pour se met au génitif.*

SE DÉCLARER *contre.* Palàm adversari, adversor, adversaris, adversatus sum[1], *dépon. Le nom qui qui suit contre au dat.; c. à. d. être ouvertement contraire à quelqu'un.*

DÉCLIN. Occasus, *g.* occasûs[4], *m.* | *Déclin de la lune.* Lunæ decrescentia, *g* lunæ decrescentiæ[1], *f.* | *Déclin s'exprime souvent par* Inclinatus, a, um, *qui s'accorde avec le nom qui suit.* Ex *Le déclin du jour.* Inclinatus dies | *Le déclin de la fortune.* Inclinata fortuna. | *Être sur son déclin.* Declinare, declino, declinas, declinavi, declinatum[1], *n.*

DÉCLINABLE, *en parlant d'un nom.* Declinandus, a, um, *part.*

DÉCLINAISON. Declinatio, *g.* declinationis[3], *f.*

DÉCLINER *un nom, terme de gramm.* Nomen declinare, declino, declinas, declinavi, declinatum[1], *act.*

DÉCLINER, *diminuer.* Inclinare, inclino, inclinas, inclinavi, inclinatum[1], *n.*

DÉCLINER, *éviter.* Effugĕre, effugio, effugis, effugi, effugitum[3], *act.*

DÉCLORE, *ouvrir.* Reclŭdĕre, recludo, recludis, reclusi, reclusum[3], *act.*

DÉCLOUÉ. Refixus, a, um, *part. pass.*

DÉCLOUER. Refigĕre, refigo, refigis, refixi, refixum[3], *act.*

DÉCOCHER, *tirer.* Emittĕre, emitto, emittis, emisi, emissum[3], *act.*

DÉCOCTION. Decoctum, *g.* decocti[2]. *n.*

DÉCOLLER, ou *décapiter.* Decollare, decollo, decollas, decollavi, decollatum[1], *act.*

DÉCOLLER *ce qui est collé.* Reglutinare, reglutino, reglutinas, reglutinavi, reglutinatum[1], *act.*

DÉCOLORÉ, *qui a perdu sa couleur.* Decolor, *m. f.* et *n. gén.* decoloris[1], *adj.*

DÉCOLORER. Decolorare, decoloro, decoloras, decoloravi, decoloratum[1], *act.*

SE DÉCOLORER. Decolorari, decoloror, decoloraris, decoloratus sum[1], *pass.*

DÉCOMBRER, *ôter les décombres.* Erudĕrare, erudero, eruderas, eruderavi, eruderatum[1], *act.*

DÉCOMBRES, *démolitions.* Rudera, *g.* ruderum[3], *n. plur.*

DÉCOMPOSER. Sejungĕre, sejungo, sejungis, sejunxi, sejunctum[4], *act.*

DÉCOMPOSITION. Dissolutio, *g.* dissolutionis[3], *f.*

DÉCOMPTE, *somme à déduire.* Summæ subductio, *g.* summæ subductionis[3], *f.*

DÉCOMPTER. Summâ subducĕre, subduco, subducis, subduxi, subductum[3], *act. c. à. d., déduire une somme d'une somme.*

DÉCONCERTE. Perturbatus, a, um, *part. pass.*

DÉCONCERTER. Perturbare, perturbo, perturbas, perturbavi, perturbatum[1], *act.*

SE DÉCONCERTER. Conturbari, conturbor, conturbaris, conturbatus sum[1]. *pass.* | *Sans se déconcerter.* Interritus, a, um, *adj.* que l'on fait accorder avec le nom de la personne qui ne se déconcerte pas.

DÉCONFITURE. Strages, *g.* stragis, *f.*

DÉCONTENANCÉ, *qui n'a pas de contenance.* Incompositus, a, um, *adj.* | *Qui a perdu contenance.* Perturbatus, a, um, *adj.*

DÉCONTENANCER, *faire perdre toute contenance.* Voyez Déconcerter.

DÉCORATEUR, *qui a soin des décorations.* Choragus, *g.* choragi[2], *m.*

DÉCORATION *de la scène.* Choragium, *g.* choragii[2], *n.*

DÉCORATION, *ornement.* Decoramen, *g.* decoraminis[3], *n.*

DÉCORER. Decorare, decoro, decoras, decoravi, decoratum[1], *act.* acc. rég. ind. abl.

DÉCORUM, *bienséance.* Decorum, *g.* decori[2], *n.* | *Garder le décorum.* Tenēre decorum.

DÉCOUCHER. Abnoctare, abnocto, abnoctas, abnoctavi, abnoctatum[1], *n.*

DÉCOUDRE. Dissuĕre, dissuo, dissuis, dissui, dissutum[3], *act.*

DÉCOULEMENT. Effluvium, *g.* effluvii[2], *n.*

DÉCOULER. Fluĕre, fluo, fluis, fluxi, fluxum[1], *n. Le* de *s'exprime par* è *ou* ex *avec l'ablat.*

DÉCOUPÉ. Incisus, a, um, *p. p.*

DÉCOUPER. Incidĕre, incido, incidis, incidi, incisum[3], *act.*

DÉCOUPLER, *séparer.* Abjugare, abjugo, abjugas, abjugavi, abjugatum[1], *act.*

DÉCOUPURE. Incisura, *g.* incisuræ[1], *f.*

DÉCOURAGEANT. Animum frangens, *g.* animum frangentis, *des 3 genres.*

DÉCOURAGÉ. Animo fractus, a, um, *part. pass.*

ÊTRE DÉCOURAGÉ. Fracto animo esse, sum, es, fui.

DÉCOURAGEMENT. Animi debilitatio, *g.* animi debilitationis[3], *fém.*

DÉCOURAGER. Animum frangĕre, frango, frangis, fregi, fractum[3], *act.* acc. avec le génit. de la personne, c. à. d. *abattre le courage de.*

SE DÉCOURAGER. Animo cadĕre, cado, cadis, cecidi, casum[3], *n.*

DÉCOURS *de la lune.* Luna decrescens, *g.* lunæ[1] decrescentis[3], *fém.*

DÉCOURS *de la fièvre.* Febris decessio, *g.* febris decessionis[3], *f.*

DÉCOUSU. Dissutus, a, um, *part. pass.*

DÉCOUVERT, *à qui l'on a ôté ce qui le couvroit.* Detectus, a, um, *adj.*

DÉCOUVERT, *manifesté.* Patefactus, a, um, *adj.*

DÉCOUVERT, *exposé à la vue, au vent, etc.* Apertus, a, um, *adj.*

DÉCOUVERT, *trouvé.* Inventus, a, um, *adj.*

ÊTRE DÉCOUVERT, *avoir la tête découverte.* Esse aperto capite, *à l'ablat.*, c. à. d. *être avec la tête découverte.* | *A découvert ou à l'air.* Subdio.

A DÉCOUVERT, *ouvertement, clairement.* Apertè. *adv.*

DÉCOUVERTE. Exploratio, *g.* explorationis[3], *f.* | *Qui va à la découverte.* Explorator, *g.* exploratoris[3], *m.* | *Aller à la découverte.* Explorare, exploro, exploras, exploravi, exploratum[1], *act.*

DÉCOUVRIR. Detegĕre, detego, detegis, detexi, detectum[3], *act.*

DÉCOUVRIR, *divulguer.* In lucem proferre, profero, profers, protuli, prolatum[3], *act.*

Découvrir, *pénétrer*. Perspicĕre, perspicio, perspicis, perspexi, perspectum³, *act.*

Découvrir, *trouver*. Invenire, invenio, invenis, inveni, inventum⁴, *act.*

Découvrir *à quelqu'un son sentiment*. Aperire, aperio, aperis, aperui, apertum⁴, *act.*

se Découvrir, *ôter son chapeau*. Aperire caput.

DÉCRASSER. Detergĕre, detergo, detergis, detersi, detersum³, *act.*

DÉCRÉDITÉ. Auctoritate imminutus, a, um, *adj.*

DÉCRÉDITER. Auctoritatem adimĕre, adimo, adimis, ademi, ademptum³, *act. acc. avec le datif de la personne*, c. à. d., *ôter le crédit à.*

se Décréditer. Existimationem perdĕre, perdo, perdis, perdidi, perditum³, *act.*

DÉCRÉPIT. Decrepitus, a, um, *adj.*

DÉCRÉPITUDE, *extrême vieillesse*. Ætas decrepita, g. ætatis decrepitæ¹, *f.*

DÉCRET. Decretum, g. decreti², *n.*

DÉCRETER. Decernĕre, decerno, decernis, decrevi, decretum³, *act.*

DÉCRI, *défense*. Interdictio, g. interdictionis³, *f.*

Décri, *mauvaise réputation*. Mala fama, *gén.* malæ famæ¹, *f.* | *Être dans le décri*. Infamiam habēre, habeo, habes, habui, habitum², *act.*

DÉCRIÉ. Existimatione damnatus, a, um, *part. pass.* | *Décrié pour ou par*. Infamis, *m. f.* infame, *n. gén.* infamis, *adj.* pour *ou* par *ne s'exprime pas, et le nom qui suit se met à l'abl.*

DÉCRIER. Damnare, damno, damnas, damnavi, damnatum¹, *act.* | *Décrier quelqu'un, ou la réputation de quelqu'un*. Famâ spoliare, spolio, spolias, spoliavi, spoliatum¹, *act.* c. à. d. *dépouiller de sa réputation.*

se Décrier. Famam lædĕre, lædo, lædis, læsi, læsum³, *act.*

DÉCRIRE. Describĕre, describo, describis, descripsi, descriptum³, *act.*

DÉCRIT. Descriptus, a, um, *part. pass.*

DÉCROCHÉ. Expeditus, a, um, *adj.*

DÉCROCHER. Expedire, expedio, expedis, expedivi, expeditum⁴, *act.*

DÉCROISSEMENT. Decrementum, g. decrementi², *n.*

DÉCROITRE. Decrescĕre, decresco, decrescis, decrevi, decretum³, *n.*

DÉCROTÉ. Detersus, a, um, *part. pass.*

DÉCROTOIRE. Scopula, g. scopulæ¹, *f.*

DÉÇU, *trompé*. Deceptus, a, um, *part. pass.*

DÉCURIE. Decuria, g. decuriæ¹, *fém.*

DÉCURION. Decurio, g. decurionis³, *m.*

DÉDAIGNER. Fastidire, fastidio, fastidis, fastidivi *ou* fastidii, fastiditum⁴, *act.*

DÉDAIGNEUSEMENT, *avec dédain et mépris*. Fastidiosè, *adv.*

DÉDAIGNEUX. Fastidiosus, a, um, *adj.* | *A l'égard de*. In, *avec l'acc.*

DÉDAIN. Fastidium, g. fastidii², *n.*

DÉDALE. Dædalus, g. dædali², *masc.*

DEDANS. Intrà, *s'il n'y a pas de mouvement*. Intrò, *s'il y a mouvement*. | *Par dedans*. Per, *avec un acc.*

Le Dedans. Pars interior, *gén.* partis interioris³, *f.*

DÉDICACE *d'église*. Dedicatio, *gén.* dedicationis³, *f.*

Dédicace *d'un livre*. Libri nuncupatio, *gén.* libri nuncupationis³, *f.*

DÉDICATOIRE, *en parlant*

DÉF

d'une épître. Epistola nuncupatoria, *g.* epistolæ nuncupatoriæ¹, *f.*

DÉDIÉ. Dedicatus, a, um, *part. pass.*

DÉDIER. Dedicare, dedico, dedicas, dedicavi, dedicatum¹, *act.*

SE DÉDIRE *de.* Recantare, recanto, recantas, recantavi, recantatum¹, *act.*

DÉDIT. Retractatio, *g.* retractationis³, *f.*

DÉDOMMAGÉ. Compensatus, a, um, *part. pass.*

DÉDOMMAGEMENT. Compensatio, *g.* compensationis³, *f.*

DÉDOMMAGER. Compensare, compenso, compensas, compensavi, compensatum¹, *act.*

SE DÉDOMMAGER *de ses pertes.* Detrimentum reparare, reparo, reparas, reparavi, reparatum¹, *act.*

DÉDOUBLER. *Mettre en deux parties.* In duas partes dividere, divido, dividis, divisi, divisum³, *act.*

DÉDUCTION. Deductio, *g.* deductionis³, *f.*

DÉDUCTION, *récit, narration.* Enarratio, *g.* enarrationis³, *f.*

DÉDUIRE. Deducere, deduco, deducis, deduxi, deductum³, *act. On met à l'abl. la somme de laquelle on déduit, avec ex.*

DÉDUIRE, *exposer.* Exponere, expono, exponis, exposui, expositum³, *act. acc. rég. ind. dat.*

DÉDUIT. Deductus, a, um, *p. p.*

DÉESSE. Dea, *g.* deæ¹, *f. dat. et abl. plur.* deabus.

DÉFAILLANCE. Defectio, *g.* defectionis³, *f.* | *Tomber en défaillance.* Animo linqui, linquor, linqueris³, *sans prétérit. c. à d., être abandonné de son cœur.*

DÉFAILLIR, *manquer.* Deficere, deficio, deficis, defeci, defectum³, *neut.*

DÉFAIRE ou *détruire.* Destruere, destruo, destruis, destruxi, destructum³, *act.*

DÉFAIRE, ou *délier.* Dissolvere, dissolvo, dissolvi, dissolutum³, *act.*

DÉFAIRE, ou *vaincre.* Fundere, fundo, fundis, fudi, fusum³, *act.*

SE DÉFAIRE *de quelque chose.* Deponere, depono, deponis, deposui, depositum³, *act.* | *Se défaire de quelqu'un.* Amovere, amoveo, amoves, amovi, amotum², *act.*

SE DÉFAIRE *de quelqu'un, le faire mourir.* De medio tollere, tollo, tollis, sustuli, sublatum³, *act.*

DÉFAIT, ou *détruit.* Destructus, a, um, *part. pass.*

DÉFAIT, ou *délié.* Dissolutus, a, um, *part. pass.*

DÉFAIT, ou *vaincu.* Fusus, a, um, *part. pass.*

DÉFAIT, *maigre.* Voyez ce mot.

DÉFAITE *d'une armée*, etc. Clades, *g.* cladis³, *f.*

DÉFAITE, *excuse artificieuse.* Effugium, *gén.* effugii², *neut.*

DÉFAITE, *débit d'une marchandise.* Venditio, *g.* venditionis³, *f.*

DÉFAUT, *imperfection.* Vitium, *g.* vitii², *n.*

DÉFAUT, *faute dans un ouvrage d'esprit.* Mendum, *g.* mendi², *n.*

DÉFAUT, *manquement des choses nécessaires.* Defectus, *g.* defectûs⁴, *masc.* | *Au défaut de.* Pro, *avec l'ablat.*

DÉFAUT, *en parlant des chiens.* Error, *g.* erroris³, *m.* | *Être en défaut.* Aberrare¹, *n.*

DÉFAUT, *manquement de comparoître en justice.* Vadimonium desertum, *g.* vadimonii deserti², *neut.*

DÉFAVEUR. Gratiæ imminutio, *g.* gratiæ imminutionis³, *f.*

DÉFAVORABLE. Adversus, a, um, *adj.*

DÉFECTIF, *verbe défectif.* Verbum defectivum, *g.* verbi defectivi², *n.*

DÉFECTION, *révolte, rebellion.* Defectio, *g.* defectionis³, *f.*

DÉFECTUEUX. Vitiosus, a, um, *adj.*

DÉFECTUOSITÉ. Vitium, g. vitii², n.

DÉFENDANT, à son corps défendant. Invité, ou bien repugnanter, adv.

DÉFENDERESSE, en parlant d'une femme qui plaide. Rea, g. reæ¹, f.

DÉFENDEUR. Reus, g. rei², m.

DÉFENDRE, ou protéger. Defendĕre, defendo, defendis, defendi, defensum³, act.

DÉFENDRE, garantir. Defendĕre, defendo, defendis, defendi, defensum³. de par à ou ab, avec l'abl.

DÉFENDRE, interdire. Interdicĕre, interdico, interdicis, interdixi, interdictum³, n. rég. dir. abl. rég. ind. dat.

DÉFENDRE, suivi d'un infinitif. Vetare, veto, vetas, vetui, vetitum¹, act. (Voyez la regle Défendre, Empêcher, dans la Grammaire latine.)

SE DÉFENDRE. Se defendĕre, defendo, defendis, defendi, defensum³. de se rend par à ou ab avec l'ablat. Contre, contrà, avec l'acc.

SE DÉFENDRE, se justifier. Se purgare, me purgo, te purgas, me purgavi, se purgatum¹, act.

DÉFENDU, ou protégé. Defensus, a, um, part.

DÉFENDU, ou dont on fait défense. Prohibitus, a, um, p. p.

DÉFENSE, ou protection. Defensio, g. defensionis³, f. | Défense d'une cause. Patrocinium, g. patrocinii², n.

DÉFENSE, ou prohibition. Interdictum, g. interdicti², n. | Faire défense. Voyez Défendre.

DÉFENSE, justification. Purgatio, g. purgationis³, f.

LES DÉFENSES du sanglier. Apri dentes pugnatorii¹, g. apri dentium³ pugnatoriorum², masc. pl.

DÉFENSEUR. Defensor, g. defensoris³, m.

DÉFENSIF, armes défensives. Arma tegentia, g. armorum² tegentium³, n. pl. | Ligue, offensive et défensive. Armorum consortio, g. armorum consortionis³, f. | Se tenir sur la défensive. Parare se ad resistendum, c. à. d. se préparer à résister.

DÉFÉRENCE. Observantia, g. observantiæ¹, f.

DÉFÉRER à, ou avoir de la déférence pour. Colĕre, colo, colis, colui, cultum³, act.

DÉFÉRER, accuser. Deferre, defero, defers, detuli, delatum³, act. acc. rég. ind. acc. avec ad.

DÉFÉRER, donner. Voyez Décerner.

DEFERRER un cheval. Soleas eximĕre, eximo, eximis, exemi, exemptum³, act. dat. du nom, c. à. d. ôter les fers à.

DÉFI. Provocatio, g. provocationis³, f. | Faire défi à. Voyez Défier, Provoquer.

DÉFIANCE. Diffidentia, g. diffidentiæ¹, f. avec le gén.

DÉFIANT, soupçonneux. Suspiciosus, a, um, adj.

DÉFIER, ou provoquer. Provocare, provoco, provocas, provocavi, provocatum¹, act. acc. rég. ind. acc. avec ad.

SE DÉFIER de. Diffidĕre, diffido, diffidis, diffidi, diffisus sum³, n. dat. de la personne.

DÉFIGURÉ. Deformatus, a, um, part. pass.

DÉFIGURER. Deformare, deformo, deformas, deformavi, deformatum¹, act.

UN DÉFILÉ Angustiæ, g. angustiarum¹, f. plur.

DÉFILER, ôter les fils. Fila detrahĕre, detraho, detrahis, detraxi, detractum³, act. | Défiler de la toile, etc. Detrahere fila telæ.

SE DÉFILER. Dissolvi, dissolvor, dissolveris, dissolutus sum³, pass.

DÉFILER, aller à la file. Incedĕre, incedo, incedis, incedi, incessum³, n. Ajoutez longo ordine.

DÉFINI. Definitus, a, um, p. p.

DÉFINIR. Definire, definio, definis, definivi ou definii, definitum⁴, act.

DÉFINITIF. Voyez *Décisif*.

DÉFINITION. Definitio, g. definitionis³, f.

DÉFINITIVEMENT, *décisivement*. Modo decretorio.

DÉFLEURI. Floribus nudatus, a, um, adj. c. à. d. *dépouillé de ses fleurs*.

DÉFLEURIR. Deflorescĕre, defloresco, deflorescis, deflorui³, sans sup. n.

DÉFONCEMENT, c. à. d. *l'action d'ôter un fond*. Fundi excussio, g. fundi excussionis³, f.

DÉFONCER. Fundum eximĕre, eximo, eximis, exemi, exemptum³, act. dat. de la chose que l'on défonce.

DÉFORMER. Deformare, deformo, deformas, deformavi, deformatum¹, act.

DÉFRAYER. Sumptum præbēre, præbeo, præbes, præbui, præbitum², act. acc. dat. de la personne.

DÉFRICHEMENT. Cultura, g. culturæ¹, f.

DÉFRICHER. Extricare, extrico, extricas, extricavi, extricatum¹, act.

DÉFRICHEUR. Cultor, g. cultoris³, m.

DÉFRISER. Cincinnos evolvĕre, evolvo, evolvis, evolvi, evolutum³, act.

DÉFRONCER. Erugare, erugo, erugas, erugavi, erugatum¹, act.

DÉFUNT. Mortuus, ua, uum, adj.

DÉGAGÉ. Expeditus, a, um, part. pass. de, par è ou ex, avec l'ablat.

DÉGAGEMENT. Liberatio, g. liberationis³, f.

DÉGAGER. Expedire, expedio, expedis, expedivi, expeditum⁴, act. Le de s'exprime par è ou ex, avec l'ablat. | *Dégager sa parole*. Fidem suam liberare. | *Dégager un soldat*. Sacramento militiæ solvĕre, solvo, solvis, solvi, solutum³, act. acc. militem.

SE DÉGAGER *de*. Se expedire⁴. de se rend par à ou ab, avec l'abl.

DÉGAINÉ. Strictus, a, um, part. pass.

DÉGAINER. Stringĕre, stringo, stringis, strinxi, strictum³, act.

DÉGARNI. Nudatus, a, um, part. pass. On met l'ablat. de la chose.

DÉGARNIR. Nudare, nudo, nudas, nudavi, nudatum¹, act. Le nom de la chose dont on dégarnit se met à l'ablatif.

DÉGÂT. Populatio, g. populationis³, f. | *Faire le dégât dans*. Vastare, vasto, vastas, vastavi, vastatum¹, act. | *Troupes qui font le dégât*. Populatrices catervæ, g. populatricium³ catervarum¹, f. pl.

DÉGEL. Glaciei solutio, g. glaciei solutionis³, f.

DÉGELÉ. Regelatus, a, um, part. pass.

DÉGELER. Regelare, regelo, regelas, regelavi, regelatum¹, n.

DÉGELER, ou *se dégeler*. Regelari, regelor, regelaris, regelatus sum¹, pass. | *Il dégèle*, ou *la glace se fond*. Glacies solvitur, pass. du verbe Solvĕre, solvo, solvis, solvi, solutum³.

DÉGÉNÉRER. Degenerare, degenero, degeneras, degeneravi, degeneratum¹, n. Le de par à ou ab avec l'ablatif. | *Dégénérer en*. Evadĕre, evado, evadis, evasi, evasum³, n. en par in avec l'acc.

DÉGORGEMENT. Effusio, g. effusionis³, f. | *Dégorgement d'une rivière*. Amnis influvium, g. amnis influvii², n. | *Dans la mer*. In mare, à l'acc.

DÉGOURDI, *que l'on ne trompe pas facilement*. Callidior, m. f. callidius. n. gén. callidioris.

DÉGOURDIR. Torporem discutĕre, discutio, discutis, discussi, discussum³, act. gén. de la pers.,

c. à. d. ôter l'engourdissement de.

DÉGOURDISSEMENT. Torporis discussio, g. torporis discussionis[3], f.

DÉGOÛT. Fastidium, g. fastidii[2], n. de ou pour se rend par le gén. du nom qui suit. Ex. Dégoût pour soi-même. Suî fastidium. | Donner, inspirer, causer du dégoût. Voyez Dégoûter | Avoir, sentir du dégoût. Voyez se Dégoûter.

DÉGOÛTANT, qui cause du dégoût. Fastidiosus, a, um, adj.

Dégoûtant, sale, malpropre. Sordidus, a, um, adj.

DÉGOÛTÉ. Abhorrens, m. f. et n. gén. abhorrentis. de par à ou ab, et l'ablat.

DÉGOÛTER. Fastidium afferre, affero, affers, attuli, allatum[3], act. datif de la personne, et le génit. de la chose. Ex. La paresse dégoûte les enfans du travail. Laboris fastidium pueris affert pigritia.

se Dégoûter, ou être dégoûté de. Fastidire, fastidio, fastidis, fastidivi, fastiditum[4], act.

DEGOUTTANT. qui tombe goutte à goutte. Stillans, m. f. et n. gén. stillantis. | Dégouttant de sang. Cruentus, a, um, adj.

DÉGOUTTER, distiller. Stillare, stillo, stillas, stillavi, stillatum[1], n.

DÉGRADATION. Spoliatio, g. spoliationis[3], f.

Dégradation d'un soldat. Ignominiosa missio, g. ignominiosæ missionis[3], f.

Dégradation, dommage. Damnum, g. damni[2], n.

Dégradation, avilissement. Animi abjectio, g. animi abjectionis[3], fém.

DÉGRADÉ de. Depulsus, a, um, adj. de se rend par de avec l'abl. | Un soldat dégradé. Exauctoratus miles, g. exauctorati[2], militis[3], m. | Une forêt dégradée. Silva cæsa, g. silvæ cæsæ[1], f.

DÉGRADER, démettre d'un grade, d'un emploi. Depellere, depello, depellis, depuli, depulsum[3], act. de se rend par de avec l'abl. | Dégrader un soldat. Militem exauctorare, exauctoro exauctoras, exauctoravi, exauctoratum[1], act. | Dégrader, causer des dégâts. Damnum afferre, affero, affers, attuli, allatum[3], act. Le nom de la chose dégradée se met au datif.

se Dégrader, s'avilir. Se deprimere, me deprimo, te deprimis, me depressi, se depressum[3], act.

DÉGRAISSÉ, ou nettoyé. Detersus, a, um, part. pass.

DÉGRAISSER, ou nettoyer. Detergere, detergo, detergis, detersi, detersum[3], act.

DÉGRAISSEUR, qui ôte les taches des habits. Qui vestium maculas eluit; eluo, eluis, elui elutum[3], act.

DEGRÉ. Gradus, g. gradûs[4], m.

Degré, escalier. Scalæ, g. scalarum[1], f. pl. | Par degrés. Gradatim, adv.

DÉGROSSIR. Extenuare, extenuo, extenuas, extenuavi, extenuatum[1], act.

DÉGUERPIR, sortir. Abire abeo, abis, abivi ou abii, abitum[4], n.

DÉGUISÉ, ou masqué. Personatus, a, um, adj. | Déguisé en Veste indutus, a, um, part. pass c. à. d. revêtu de l'habit de. Comme déguisé en femme. Mulieris veste indutus.

Le nom qui suit en se met au gén.

Déguisé, ou feint. Fictus, a, um part. pass.

DÉGUISEMENT d'un masque. Persona, g. personæ[1], f.

Déguisement, ou feinte. Simulatio, g. simulationis[3], f.

DÉGUISER, ou dissimuler. Dissimulare, dissimulo, dissimulas, dissimulavi, dissimulatum[1], act.

se Déguiser. Personam induere induo, induis, indui, indutum[3], act. | Se déguiser en roi. Personam induĕre regis, c. à. d. prendre le déguisement d'un roi.

DEHORS. Foris, sans mouvement. Foras, avec mouvement. | Qui est dehors, ou extérieur. Externus, a, um, adj. | En dehors, ou par le dehors. Extrinsecùs, adv. | Au dehors de. Extra, avec l'acc.

LE DEHORS. Pars exterior, g. partis exterioris[3], f.

DEHORS, apparence. Species, g. speciei[5], f. | Garder les dehors. Decorum servare, servo, servas, servavi, servatum[1], act.

DÉICIDE. Deicida, g. deicidæ[1], masc.

DÉIFICATION. Apotheosis, g. apotheosis[3], f.

DÉIFIER. In numerum Deorum referre, refero, refers, retuli, relatum[3], act. c. à. d. mettre au nombre des Dieux.

DÉISTE. Deista, g. deistæ[1], masc.

DÉITÉ. Numen, g. numinis[3], neut.

DÉJA. Jam, adv.

DÉJECTION, excrément. Dejectio, g. dejectionis[3], f.

SE DÉJETER, en parlant du bois. Arcuari, arcuor, arcuaris, arcuatus sum[1], pass.

LE DÉJEÛNÉ. Jentaculum, g. jentaculi[2], neut.

DÉJEÛNER. Jentare, jento, jentas, jentavi, jentatum[1], n.

DÉJOINDRE, séparer. Disjungĕre, disjungo, disjungis, disjunxi, disjunctum[3], act.

DÉJOUER. Disturbare, disturbo, disturbas, disturbavi, disturbatum[1], act.

DELA. Illic, à la question ubi. Illuc, à la question quò. Illinc, à la question undè. | Deçà et delà. Huc illuc. | Au delà, ou par delà, ou de delà. Ultrà, préposition qui veut un accus. | Qui est au delà ou par delà. Ulterior, m. f. ulterius, n. gén. ulterioris[3]. | Au delà de ce qu'il faut. Ultrà modum, à l'acc. | De là il suit que. Hinc fit ut, avec le subjonctif; Fit, fiebat, factum est, fieri. | Par delà. Supra, prépos. qui veut l'acc. | Par delà son pouvoir. Supra vires.

DÉLABRÉ. Laceratus, a, um, part. pass. Affaire délabrée. Res eversa, g. rei[5] eversæ[1], f. | Troupes délabrées. Extenuatæ copiæ, g. extenuatarum copiarum[1], fém. plur.

DÉLABREMENT. Laceratio, g. lacerationis[3], f.

DÉLABRER. Lacerare, lacero, laceras, laceravi, laceratum[1], act.

DÉLACER. Laxare, laxo, laxas, laxavi, laxatum[1], act.

DÉLAI. Mora, g. moræ[1], f.

DÉLAISSÉ. Derelictus, a, um, part. pass.

DÉLAISSEMENT. Derelictio, g. derelictionis[3], f.

DÉLAISSER. Derelinquĕre, derelinquo, derelinquis, dereliqui, derelictum[3], act.

DÉLASSÉ, ou récréé. Recreatus, a, um, part. pass. de, par è ou ex, et l'abl.

DÉLASSEMENT. Recreatio, g. recreationis[3], f.

DÉLASSER, ou récréer. Recreare, recreo, recreas, recreavi, recreatum[1], act.

SE DÉLASSER, en parlant du corps. Lassitudinem sedare, sedo, sedas, sedavi, sedatum[1], act. | Se délasser, en parlant de l'esprit. Animum levare, levo, levas, levavi, levatum[1], act. | Se délasser de l'étude. A studio respirare, respiro, respiras, respiravi, respiratum[1], n.

DÉLATEUR. Delator, g. delatoris[3], m.

DÉLATION. Delatio, g. delationis[3], f.

DÉLAYÉ. Dilutus, a, um, p. p. | Dans l'eau. Aquâ, à l'ablat. sans préposit.

DÉLAYER. Diluĕre, diluo, di

luis, dilui, dilutum³, *act. Le nom qui suit dans se met à l'abl. sans préposit.*

DÉLECTABLE. Jucundus, a, um, *adj.*

DÉLECTATION. Delectatio, *g.* delectationis³, *f.*

DÉLECTER. Delectare, delecto, delectas, delectavi, delectatum¹, *act.*

SE DÉLECTER. Delectari, delector, delectaris, delectatus sum¹, *pass. Le nom qui suit de se met à l'ablatif sans préposit.*

DÉLÉGATION, ou *commission donnée à un autre.* Delegatio, *g.* delegationis³, *f.*

DÉLÉGUÉ, *député.* Legatus, *g.* legati², *m.*

DÉLÉGUER. Legare, lego, legas, legavi, legatum¹, *act.*

DÉLIBÉRATIF. Deliberativus, a, um, *adj.* | *Voix délibérative.* Jus, *g.* juris³, *n. Ajoutez* ferendi suffragii, *c. à. d. droit de donner son suffrage.*

DÉLIBÉRATION. Deliberatio, *g.* deliberationis³, *f.* | *Mettre en délibération.* Voyez *Délibérer.*

DÉLIBÉRÉ, ou *conclu.* Constitutus, a, um, *part. pass.* | *De propos délibéré.* De industriâ.

DÉLIBÉRÉ, *hardi.* Audax, *g.* audacis, *adj.*

DÉLIBÉRÉMENT, *résolument.* Audacter, *adv.*

DÉLIBÉRER. Deliberare, delibero, deliberas, deliberavi, deliberatum¹, *n.* sur *s'exprime par* de, *avec l'ablat. Le* si *qui suit s'exprime par* an, *avec le subjonctif, et le plus souvent on se sert du part. fut. en* rus, ra, rum, *avec le subjonct. de* sum ; *comme* : *Je délibère si j'irai.* Delibero an iturus sim.

DÉLICAT, *sensible.* Delicatus, a, um, *adj.*

DÉLICAT, *efféminé.* Effeminatus, a, um, *adj.*

DÉLICAT, *travaillé avec soin.* Exquisitus, a, um, *adj.*

DÉLICAT, *fragile.* Fragilis, m. f. fragile, *n. gén.* fragilis, *adj.*

DÉLICATEMENT, *pour le corps.* Delicatè, *adv.*

DÉLICATEMENT, *ingénieusement.* Acutè, *adv.*

DÉLICATER. Molliter curare, curo, curas, curavi, curatum¹, *act.*

DÉLICATESSE. Mollities, *g.* mollitiei⁵, *f.* | *Délicatesse d'un ouvrage.* Elegantia, *g.* elegantiæ¹, *f.* | *La délicatesse d'esprit.* Ingenii acumen, *g.* ingenii acuminis³, *n.* | *Délicatesse de conscience.* Religio, *g.* religionis³, *f.* | *Délicatesse de tempérament.* Infirma constitutio, *g.* infirmæ¹ constitutionis³, *fém.*

DÉLICES. Deliciæ, *g.* deliciarum¹, *f. plur.*

DÉLICIEUSEMENT. Delicatè, *adv.*

DÉLICIEUX. Suavissimus, a, um, *superl.*

DÉLIÉ, *détaché.* Solutus, a, um, *part. pass.*

DÉLIÉ, ou *mince.* Subtilis, m. f. subtile, *n. gén.* subtilis, *adj.*

DÉLIER. Solvĕre, solvo, solvis, solvi, solutum³, *act.*

DÉLINQUANT, *coupable, en termes de palais.* Nocens, *m. f. et n. gén.* nocentis, *adj.*

DÉLIRE. Delirium, *g.* delirii², *n.* | *Tomber, être en délire,* ou *dans le délire.* Delirare, deliro, deliras, deliravi, deliratum¹, *n.*

DÉLIT, *crime.* Delictum, *g.* delicti¹, *n.* | *En flagrant délit.* In manifesto scelere.

DÉLIVRANCE. Liberatio, *g.* liberationis³, *f. Le* de *par* à *ou* ab, *avec l'ablat.*

DÉLIVRANCE *d'un captif, moyennant une rançon.* Redemptio, *g.* redemptionis³, *f.*

DÉLIVRANCE, *action de livrer.* Traditio, *g.* traditionis³, *f.*

DÉLIVRÉ de. Liberatus, a, um, *part. pass. de se rend par* à *ou* ab, *avec l'ablatif.*

DEM

DÉLIVRÉ, *donné.* Traditus, a, um, *part. pass.*

DÉLIVRÉ, *adjugé.* Addictus, a, um, *part. pass.*

DÉLIVRER *de.* Liberare, libero, liberas, liberavi, liberatum[1], *act. Le de par* à *ou* ab, *avec l'ablatif.*

DÉLIVRER, *donner.* Tradĕre, trado, tradis, tradidi, traditum[3], *act.*

DÉLIVRER, *adjuger.* Addicĕre, addico, addicis, addixi, addictum[3], *act.*

DÉLOGEMENT. Migratio, *gén.* migrationis[3], *f.*

DÉLOGER *de.* Migrare, migro, migras, migravi, migratum[1], *n. Le de par* è *ou* ex, *et l'ablat.* | *Il déloge a sans trompette.* Tacitè evasit; evadĕre, evado, evadis, evasi, evasum[3], *n.* | *Faire déloger, ou faire sortir.* Depellĕre, depello, depellis, depuli, depulsum[3], *act.* | *Déloger d'un endroit.* Migrare de loco.

DÉLOYAL, *traître.* Infidus, a, um, *adj.*

DÉLOYAUTÉ, *perfidie.* Perfidia, *g.* perfidiæ[1], *f.*

DÉLUGE. Diluvium, *g.* diluvii[2], *neut.*

DÉMAILLOTTER. Fasciis exsolvĕre, exsolvo, exsolvis, exsolvi, exsolutum[3], *act. c. à. d. dégager des langes.*

DEMAIN. Cras, *adv.* | *Qui est de demain.* Crastinus, a, um, *adj.* | *Demain matin.* Cras manè. | *Demain au soir.* Cras vesperè. | *A, ou pour demain.* In crastinum. | *Après demain.* Perindiè, *adv.* | *Pour après demain.* In perindinum. | *D'après demain.* Perindinus, a, um, *adj.*

DEMANDE, *action de demander.* Postulatio, *g.* postulationis[3], *f.*

DEMANDE, *question.* Interrogatio, *g.* interrogationis[3], *f.*

DEMANDÉ. Petitus, a, um, *part. pass.*

DEMANDER. Petĕre, peto, petis, petivi, petitum[3], *act. acc. rég. ind. abl. avec* à *ou* ab. *Le que ou le*

DÉM 171

de suivi d'un verbe s'exprime par ut *avec le subjonctif.* | *Demander sa vie de porte en porte.* Ostiatim panem petĕre *ou* emendicare. | *Demander quelqu'un, l'envoyer chercher.* Accire, accio, accis, accivi, accitum[4], *act.*

DEMANDERESSE. Petitrix, *g.* petitricis[3], *f.*

DEMANDEUR, *terme de palais.* Petitor, *g.* petitoris[3], *m.*

DÉMANGEAISON. Prurigo, *g.* pruriginis[3], *f.*

DÉMANGER. Prurire, prurio, pruris, prurivi, pruritum[4], *n.* | *Les poings lui démangent, il a envie de se battre.* Gestit pugnare; gestio, gestis, gestivi, gestitum[4], *n.*

DÉMANTELER. Diruĕre, diruo, diruis, dirui, dirutum[3], *act.*

DÉMANTIBULER. Labefactare, labefacto, labefactas, labefactavi, labefactatum[1], *act.*

DÉMARCATION. Limitatio, *g.* limitationis[3], *f.*

DÉMARCHE, *manière de marcher.* Incessus, *g.* incessûs[4], *m.*

DÉMARCHE, *moyen.* Ratio, *g.* rationis[3], *f.*

DÉMARCHE, *avances.* Officia, *g.* officiorum[2], *n. plur.*

DÉMARCHE, *action.* Actio, *g.* actionis[3], *f.*

DÉMARRER, *lever l'ancre.* Anchoram solvĕre, solvo, solvis, solvi, solutum[3], *act.*

DÉMASQUÉ. Larvâ exutus, a, um, *part. pass.*

DÉMASQUER. Larvâ exuĕre, exuo, exuis, exui, exutum[3], *act.*

SE DÉMASQUER. Larvam deponĕre, depono, deponis, deposui, depositum[3], *act.*

DÉMÂTÉ. Malo exarmatus, a, um, *part. pass. c. à. d. désarmé de son mât.*

DÉMÂTER. Malo exarmare, exarmo, exarmas, exarmavi, exarmatum[1], *act. c. à. d. désarmer de son mât.*

DÉMÊLÉ, *ou expliqué.* Explicatus, a, um, *part. pass.*

un Démêlé. Contentio, g. contentionis[3], f. | Avoir un démêlé avec quelqu'un. Rixari, rixor, rixaris, rixatus sum[1], dép. Avec, par cum et l'ablat.

DÉMÊLER, expliquer. Explicare, explico, explicas, explicavi, explicatum[1], act.

Démêler, séparer. Separare, separo, separas, separavi, separatum[1], act.

Démêler, comprendre. Intelligere, intelligo, intelligis, intellexi, intellectum[3], act.

DÉMEMBRÉ. Laceratus, a, um, adj.

Démembré, ou divisé. Distractus, a, um, adj. en par in et l'acc.

DÉMEMBREMENT, division. Distractio, g. distractionis[3], f.

DÉMEMBRER, séparer les membres du corps. Lacerare, lacero, laceras, laceravi, laceratum[1], act. | Démembrer un royaume, le diviser. Distrahĕre, distraho, distrahis, distraxi, distractum[3], act. en par in et l'acc.

DÉMÉNAGEMENT. Migratio, g. migrationis[1], f.

DÉMÉNAGER. Migrare, migro, migras, migravi, migratum[1], n. Le de par è ou ex et l'ablat.

DÉMENCE, folie. Dementia, g. dementiæ[1], f.

SE DÉMENER. Se agitare, agito, agitas, agitavi, agitatum[1], act.

DÉMENTI. Mendacii exprobatio, g. mendacii exprobationis[3], f. | Donner un démenti. Voyez Démentir.

DÉMENTIR. Mendacio arguĕre, arguo, arguis, argui, argutum[3], act.

Démentir, ne pas répondre à. Non respondēre, respondeo, respondes, respondi, responsum[2], n. | Les actions démentent les paroles. Facta discrepant cum dictis, c. à. d. sont différentes. Discrepare, discrepo, discrepas, discrepui, discrepitum[1], n.

SE Démentir soi-même. Voy. se Contrarier, se Contredire.

DÉMÉRITER, pécher. Peccare, pecco, peccas, peccavi, peccatum[1], n.

DÉMESURÉ. Immodicus, a, um, adj.

DÉMESURÉMENT, excessivement. Immodicè, adv.

DÉMETTRE, ou déposer. Depellĕre, depello, depellis, depuli, depulsum[3], act. avec l'abl. de la chose.

Démettre un os, etc. Luxare, luxo, luxas, luxavi, luxatum[1], act.

Se démettre un pied. Luxare pedem.

SE Démettre de, Abdicare, abdico, abdicas, abdicavi, abdicatum[1], act. acc. du nom.

DÉMEUBLER. Supellectilibus spoliare, spolio, spolias, spoliavi, spoliatum[1], act. c. à. d. dégarnir de meubles.

DEMEURANT, qui demeure. Manens, m. f. et n. gén. manentis.

DEMEURE. Domicilium, g. domicilii[2], n.

DEMEURER, ou faire sa demeure. Manēre, maneo, manes, mansi, mansum[2], n.

Demeurer court en parlant. Loquendo hærēre, hæreo, hæres, hæsi, hæsum[2], n.

Demeurer, ou tarder. Morari, moror, moraris, moratus sum[1], dép. Un ablatif ensuite avec in, ou bien on se sert du gérondif en do.

DEMI, Semi, adv. Lorsque demi est en français devant le mot, on l'exprime par semi, adv. qu'on met au commencement d'un mot, comme: Demi-boisseau. Semimodius, g. semimodii[2], m. | Demi-Dieu. Semideus, g. Semidei[2], m. | Demi-heure. Semihora, g. semihoræ[1], f. | Demi-pied. Semipes, g. semipedis[3], m. Mais si demi est en français après le mot, on l'exprime par sesqui, adv. qu'on met au commencement du mot; comme: Un arpent et demi. Ses-

DÉM

quijugerum, g. sesquijugeri², n. *Trois heures et demie*, c. à. d. *l'heure troisième et demie*. Hora sesquitertia¹, f. | *Un mois et demi*. Sesquimensis, g. sesquimensis³, m. | *Une livre et demie*. Sesquilibra, g. sesquilibræ¹, f. | *Une journée et demie de travail*. Sesquiopera, g. sesquioperæ¹, f. | *Un verre et demi*. Sesquicyathus, g. sesquicyathi², m.

A DEMI. Semi, *adv*. qu'on met au commencement du mot. | *A demi-brûlé*. Semiustus, a, um, adj. | *A demi renversé*. Semirutus, a, um, adj. | *A demi-fait*. Semifactus, a, um, adj. | *A demi-mort*. Semimortuus, ua, uum, adj. | *A demi-plein*. Semiplenus, a, um, adj.

DÉMIS, *en parlant d'un os, etc*. Luxatus, a, um, part. pass.

DÉMIS, *homme démis d'une charge*. Spoliatus, a, um, ablat. de la chose.

DÉMISSION. Abdicatio, g. abdicationis³, f.

DÉMOCRATIE, *gouvernement populaire*. Democratia, g. democratiæ¹, f.

DÉMOCRATIQUE. Democraticus, a, um, adj.

DEMOISELLE. Virgo, g. virginis³, f. | *Demoiselle suivante*. Pedisequa, g. pedisequæ¹, f.

DEMOISELLE *pour le pavé*. Fistuca, g. fistucæ¹, f.

DEMOISELLE, *insecte*. Libella, g. libellæ¹, f.

DÉMOLIR. Destruĕre, destruo, destruis, destruxi, destructum³, act.

DÉMOLITION, *destruction*. Eversio, g. eversionis³, f.

LES DÉMOLITIONS *d'un bâtiment*. Rudera, g. ruderum³, n. plur.

DÉMON. Dæmon, g. dæmonis³, masc.

DÉMONIAQUE. Dæmoniacus, a, um, adj.

DÉMONSTRATIF. Demonstrativus, a, um, adj.

DÉN

DÉMONSTRATION. Demonstratio, g. demonstrationis³, f.

DÉMONSTRATION, *signe, marque*. Significatio, g. significationis³, f.

DÉMONSTRATIVEMENT. Evidenter, adv. Perspicuè, adv.

DÉMONTÉ, *en parlant d'une horloge, etc*. Dissolutus, a, um, adj.

DÉMONTÉ *de cheval*. Ex equo dejectus, a, um, part. pass.

DÉMONTÉ, *déconcerté*. Perturbatus, a, um, part. pass.

DÉMONTER *une horloge, etc*. Dissolvĕre, dissolvo, dissolvis, dissolvi, dissolutum³, act.

DÉMONTER *de cheval*. Ex equo dejicĕre, dejicio, dejicis, dejeci, dejectum³, act.

DÉMONTER, *troubler*. Perturbare, perturbo, perturbas, perturbavi, perturbatum¹, act.

DÉMONTRER, *faire voir clairement*. Demonstrare, demonstro, demonstras, demonstravi, demonstratum¹, act.

DÉMORDRE. De jure remittĕre, remitto, remittis, remisi, remissum³, act. | *Ne pas démordre de son sentiment, c'est y persister*. Perstare, persto, perstas, perstiti, perstitum¹, n. On met à tous les temps in sententiâ.

DÉMUNIR *une place*. Munitionibus nudare, nudo, nudas, nudavi, nudatum¹, act. c. à. d. *dépouiller une ville de ses munitions*.

DÉMURER. Recludĕre, recludo, recludis, reclusi, reclusum³, act.

DÉNATURÉ. Inhumanus, a, um, adj.

DÉNATURER. Mutare, muto, mutas, mutavi, mutatum¹, act.

DÉNI *de justice, refus de secours, etc*. Repudiatio, g. repudiationis³, f.

DÉNICHER, c. à. d. *tirer du nid*. Nido detrahĕre, detraho, detrahis, detraxi, detractum³, act. | *Dénicher les ennemis*. Hostes pellĕre, pello, pellis, pepuli, pulsum³, *act.*

DÉNICHER, *sortir.* Exsilire, exsilio, exsilis, exsilivi, exsultum⁴, *neut.*

DÉNIER, ou *nier.* Denegare, denego, denegas, denegavi, denegatum¹, *act.*

DENIER, *pièce de monnoie.* Denarius, *g.* denarii², *m.*

DENIERS *publics.* Pecunia publica, *g.* pecuniæ publicæ¹, *f.*

DÉNOMBREMENT. Enumeratio, *g.* enumerationis³, *f.*

DÉNOMINATIF, *nom qui vient d'un autre.* Nomen ab alio derivatum, *g.* nominis³ ab alio derivati², *neut.*

DÉNOMINATION. Nuncupatio, *g.* nuncupationis³, *f.*

DÉNONCÉ. Delatus, a, um, *part. pass.*

DÉNONCER. Denunciare, denuncio, denuncias, denunciavi, denunciatum¹, *act.*

DÉNONCER, *accuser.* Voyez *Déférer.*

DÉNONCIATEUR. Delator, *g.* delatoris³, *m.*

DÉNONCIATION, *déclaration.* Denunciatio, *g.* denunciationis³, *f.*

DÉNONCIATION, *accusation en justice.* Delatio, *g.* delationis³, *f.*

DÉNOTER. Voyez *Marquer.*

DÉNOUÉ. Solutus, a, um, *part. pass.*

DÉNOUEMENT, *issue.* Exitus, *g.* exitûs⁴, *m.*

DÉNOUER. Solvĕre, solvo, solvis, solvi, solutum³, *act.*

DENRÉE. Annona, *g.* annonæ¹, *fém.*

DENSITÉ, *épaisseur.* Densitas, *g.* densitatis³, *f.*

DENT. Dens, *g.* dentis³, *m.* | *A belles dents.* Mordicùs, *adv.*

DENTELÉ. Dentatus, a, um, *adj.*

DENTELLE. Textum denticulatum, *g.* texti denticulati², *neut.* | *D'argent.* Ex argento.

DENTELURE. Denticuli, *gén.* denticulorum², *m. pl.*

DENTICULE. Denticulus, *gén.* denticuli², *m.*

DÉNUÉ. Spoliatus, a, um, *part. pass. et l'abl. de la chose.*

DÉNUEMENT, *privation.* Inopia, *g.* inopiæ¹, *f.*

DÉNUER. Spoliare, spolio, spolias, spoliavi, spoliatum¹, *act.*

DÉPAQUETÉ. Solutus, a, um, *part. pass.*

DÉPAQUETER. Solvĕre, solvo, solvis, solvi, solutum³, *act.*

DÉPAREILLER. Disparare, disparo, disparas, disparavi, disparatum¹, *act.*

DÉPARER, *ôter les ornemens.* Ornatu spoliare, spolio, spolias, spoliavi, spoliatum¹, *act.*

DÉPARER, *rendre moins agréable.* De venustate detrahĕre, detraho, detrahis, detraxi, detractum³, *act. dat. de la chose déparée.*

DÉPART. Discessus, *g.* discessûs⁴, *m.*

DÉPARTEMENT. Distributio, *g.* distributionis³, *f.* | *Avoir le département de.* Administrare, administro, administras, administravi, administratum¹, *act.* | *De la guerre.* Rem bellicam.

DÉPARTEMENT, *division de pays.* Præfectura, *g.* præfecturæ¹, *f.*

DÉPARTIR, *distribuer.* Dispertiri, dispertior, dispertiris, dispertitus sum⁴, *dép. acc.*

SE DÉPARTIR. Discedĕre, discedo, discedis, discessi, discessum³; *n. de se rend par à ou ab avec l'abl.*

DÉPASSER, *passer au-delà.* Antecedĕre, antecedo, antecedis, antecessi, antecessum³, *act.*

DÉPAVER. Pavimentum destruĕre, destruo, destruis, destruxi, destructum³, *act. dat. de la chose.*

DÉPAYSER. In exteras gentes mittĕre, mitto, mittis, misi, missum³, *act. c. à. d. envoyer dans les pays étrangers.*

SE DÉPAYSER. Peregrè abire, abeo, abis, abivi *ou* abii, abitum⁴, *n. c. à. d. s'en aller dans un pays étranger.*

DÉPECER. Discerpĕre, discerpo, discerpis, discerpsi, discerptum³, act.

DÉPÊCHE. Festinatio, g. festinationis³, f.

DÉPÊCHE, lettre. Epistola, g. epistolæ¹, f. | Faire ses dépêches. Scribĕre epistolas.

DÉPÊCHER, ou se dépêcher. Accelerare, accelero, acceleras, acceleravi, acceleratum¹, n.

SE DÉPÊCHER de faire. Accelerare. Le nom de la chose se met à l'acc.

DÉPÊCHER, envoyer. V. Envoyer.

DÉPEINDRE. Depingĕre, depingo, depingis, depinxi, depictum³, act.

DÉPENDAMMENT. Obnoxiè, adv.

DÉPENDANCE. Subjectio, g. subjectionis³, f. | Etre sous la dépendance. Voyez Dépendre.

DÉPENDANCES, accessoires. Accessio, g. accessionis³, f.

DÉPENDANT, être dépendant, être dans, ou sous la dépendance. Pendĕre, pendeo, pendes, pependi, pensum², n. Le de par à ou ab, avec l'abl. | Faire dépendre. Collocare, colloco, collocas, collocavi, collocatum¹, act. de se rend par in avec l'abl.

DÉPENDRE, descendre une chose. Demittĕre, demitto, demittis, demisi, demissum³, act.

DÉPENS. Sumptus, g. sumptûs⁴, m. | A mes dépens. Meis sumptibus, à l'ablat. | Aux dépens des autres. Aliorum sumptibus.

DÉPENSÉ. Sumptus, g. sumptûs⁴, m.

DÉPENSE, lieu où l'on garde les provisions. Cella penaria, g. cellæ penariæ¹, f.

DÉPENSER de l'argent, etc. Impendĕre, impendo, impendis, impendi, impensum³, act. en ou à s'exprime par in avec l'accus., ou bien l'on met le verbe qui suit au gérond. en de.

DÉPENSER, ou faire de la dépense. Sumptum facĕre, facio, facis, feci, factum³, act.

DÉPENSIER, celui qui a soin de faire les provisions. Promus, g. promi², m.

DÉPENSIER, qui dépense trop, prodigue. Prodigus, a, um, adj.

DÉPÉRIR. Disperire, dispereo, disperis, disperivi, disperitum⁴, n. | Laisser dépérir. Negligĕre, negligo, negligis, neglexi, neglectum³, act.

DÉPÉRISSEMENT. Diminutio, g. diminutionis³, f.

SE DÉPÊTRER. Se expedire, me expedio, te expedis, me expedivi, se expeditum⁴, act. de par à ou ab avec l'ablat.

DÉPEUPLÉ. Civibus exhaustus, a, um, part. pass.

DÉPEUPLEMENT. Vastatio, g. vastationis³, f.

DÉPEUPLER. Civibus exhaurire, exhaurio, exhauris, exhausi, exhaustum⁴, act.

DÉPIT. Stomachus, g. stomachi², m. | De ou par dépit. Præ stomacho. | En dépit de. Invito, pour le m. et le neut. singulier ; invitâ, pour le f. singulier ; invitis, pour tous les genres, au pl. ; ensuite on met l'abl. de la personne. | En dépit de moi. Invito me.

DÉPITÉ. Indignabundus, a, um, adj.

SE DÉPITER. Indignari, indignor, indignaris, indignatus sum¹, dép. | Contre se rend par le datif du nom.

DÉPLACÉ. Loco motus, a, um, adj. c. à. d. ôté de sa place.

DÉPLACEMENT. E loco expulsio, g. è loco expulsionis³, f.

DÉPLACER. E loco movĕre, moveo, moves, movi, motum³, act. c. à. d. ôter de sa place.

DÉPLAIRE. Displicĕre, displiceo, displices, displicui, displicitum², n.

SE DÉPLAIRE à. Ægrè ferre, fero, fers, tuli, latum³, act. avec l'acc.

de la chose qui déplaît. | *N'en déplaise à.* Pace. *Le nom de la personne qui vient ensuite se met au* gén. Ex. *N'en déplaise à mon frère.* Pace mei fratris. *Si c'est un pronom, on l'exprime par* meâ, tuâ, suâ, nostrâ, vestrâ. Ex. *Ne vous en déplaise.* Pace tuâ.

DÉPLAISANT. Injucundus, a, um, *adj.*

DÉPLAISIR, *chagrin.* Dolor, g. doloris³, *m.*

DÉPLAISIR, *offense.* Offensa, g. offensæ¹, *f.*

DÉPLANTER. Explantare, explanto, explantas, explantavi, explantatum¹, *act.*

DÉPLIÉ. Evolutus, a, um. *adj.*

DÉPLIER. Explicare, explico, explicas, explicavi, explicatum¹, *act.*

DÉPLISSER, *ôter les plis.* Erugare, erugo, erugas, erugavi, erugatum¹, *act.*

DÉPLORABLE. Deplorandus, a, um. Magis *pour le compar., et* maximè *pour le superl., avec le positif.*

DÉPLORABLEMENT. Miserabiliter, *adv.*

DÉPLORÉ. Deploratus, a, um, *part. pass.*

DÉPLORER. Deplorare, deploro, deploras, deploravi, deploratum¹, *act.*

DÉPLOYÉ. Explicatus, a, um, *part. pass.* | *A voiles déployées.* Velis passis, *à l'abl.*

DÉPLOYER. Explicare, explico, explicas, explicavi, explicatum¹, *act.*

DÉPONENT. *Verbe déponent.* Verbum deponens, g. verbi² deponentis³, *n.*

DÉPORTATION. Deportatio, g. deportationis¹, *f.*

DEPORTEMENT, *manière d'agir.* Vivendi ratio, g. vivendi rationis³, *f.*

DÉPORTER. Deportare, deporto, deportas, deportavi, deportatum¹, *act.*

SE DÉPORTER, *se désister.* Discedĕre, discedo, discedis, discessi, discessum³, *n. de par* à *ou* ab, *avec l'abl.*

DÉPOSER. Depellĕre, depello, depellis, depuli, depulsum³, *act.* | *D'une charge.* Magistratu, *à l'abl.*

DÉPOSER, *mettre en dépôt.* Deponĕre, depono, deponis, deposui, depositum³, *act.*

DÉPOSER, *ou témoigner.* Testificari, testificor, testificaris, testificatus sum¹, *dép. acc.* Contre *par* in, *avec l'acc.*

DÉPOSITAIRE. Sequester, *m. f.* sequestre, *n. gén.* sequestris³. | *Être dépositaire, confident.* Voyez *Confident.*

DÉPOSITION, *ou témoignage.* Testimonium, g. testimonii², *n.*

DÉPOSITION, *privation d'office.* Spoliatio, g. spoliationis³, *f.*

DÉPOSSÉDÉ Dimotus, a, um, *adj.* de, *se rend par* de, *avec l'abl.*

DÉPOSSÉDER. Dimovēre, dimoveo, dimoves, dimovi, dimotum², *act. acc.* rég. ind. abl. *avec* de.

DÉPOSTER, *chasser d'un poste.* Ejicĕre, ejicio, ejicis, ejeci, ejectum³, *act.*

DÉPÔT. Depositum, g. depositi², *n.* | *Mettre en dépôt, déposer.* Deponĕre, depono, deponis, deposui, depositum³, *act.* | *Entre les mains de.* Apud, *avec l'acc.* | *Qui est en dépôt, déposé.* Depositus, a, um, *part. pass.*

DÉPOUILLE. Spolium, g. spolii², *n.*

DÉPOUILLÉ. Spoliatus, a, um, *part. pass. Le nom de la chose à l'abl.*

DÉPOUILLEMENT. Spoliatio, g. spoliationis³, *f.*

DÉPOUILLER. Spoliare, spolio, spolias, spoliavi, spoliatum¹, *act. acc.* rég. ind. abl.

Se depouiller, se déshabiller. Vestem exuĕre, exuo, exuis, exui, exutum³, *act.*

Se dépouiller de tout sentiment d'humanité. Humanitatem exuĕre, exuo, exuis, exui, exutum³, *act.*

DÉPOURVOIR. Nudare, nudo,

DÉR

nudas, nudavi, nudatum[1], *act. acc. rég. ind. abl.*

DÉPOURVU *de.* Destitutus, a, um, *avec l'abl. de la chose.* | *Au dépourvu.* Ex improviso.

DÉPRAVATION. Depravatio, g. depravationis[3], *f.*

DÉPRAVÉ. Depravatus, a, um, *part. pass.*

DÉPRAVER. Depravare, depravo, depravas, depravavi, depravatum[1], *act.*

DÉPRÉCATION. Deprecatio, g. deprecationis[3], *f.*

DÉPRÉDATEUR. Expilator, g. expilatoris[3], *m.*

DÉPRÉDATION. Expilatio, g. expilationis[3], *f.*

DÉPRESSION. Abjectio, g. abjectionis[3], *f.*

DÉPRIMER, *abaisser.* Deprimere, deprimo, deprimis, depressi, depressum[3], *act.*

DÉPRISER, *diminuer du mérite.* Verbis extenuare, extenuo, extenuas, extenuavi, extenuatum[1], *act.*

DEPUIS. A *ou* è *devant une consonne;* ab *ou* ex *devant une voyelle, avec l'abl.* | *Depuis un mois.* Ab uno mense. | *Depuis le jour que.* Ex eo die quo, *avec l'ind.* | *Depuis que.* Ex quo, *avec l'ind.* | *Depuis deux ans que.* A duobus annis, ex quo (*sous entendu* tempore.) | *Depuis quand!* Ex quonam tempore? | *Depuis long-temps.* Jampridem. | *Depuis peu.* Paucis abhinc diebus.

DEPUIS, *ou ensuite.* Posteà, *adv.*

DÉPUTATION. Legatio, g. legationis[3], *f.* | *Faire une députation. c. à. d. envoyer une députation.* Legationem mittere[3].

DÉPUTÉ. Legatus, g. legati[2], *masc.*

DÉPUTER. Legare, lego, legas, legavi, legatum[1], *act. Vers.* Ad, *avec l'acc.*

DÉRACINÉ. Exstirpatus, a, um, *part. pass.*

DÉRACINEMENT. Exstirpatio, g. exstirpationis[3], *f.*

DÉR

DÉRACINER. Exstirpare, exstirpo, exstirpas, exstirpavi, exstirpatum[1], *act. acc. rég. ind. ablat. avec* è *ou* ex.

DÉRAISONNABLE, *en parlant des choses.* Iniquus, a, um, *adj.* | *En parlant des personnes.* Rationis expers, g. rationis expertis[3], *m. et f.*

DÉRAISONNABLEMENT. Iniquè, *adv.*

DÉRAISONNER. Insipienter loqui, loquor, loqueris, locutus sum[3], *dép.*

DÉRANGÉ, *peu réglé dans sa conduite.* Dissolutus, a, um, *adj.*

DÉRANGÉ, *en désordre.* Perturbatus, a, um, *part. pass.*

DÉRANGEMENT. Perturbatio, g. perturbationis[3], *f.*

DÉRANGER, *mettre en désordre.* Turbare, turbo, turbas, turbavi, turbatum[1], *act.*

DÉRANGER, *rompre.* Disturbare, disturbo, disturbas, disturbavi, disturbatum[1], *act.*

SE DÉRANGER. Voyez *se Dérégler.*

DERECHEF. Iterùm, *adv.*

DÉRÉGLÉ, *qui est en désordre.* Perturbatus, a, um, *part. pass.*

DÉRÉGLÉ, *sans retenue.* Effrenatus, a, um. | *Une vie déréglée.* Vita solutior, g. vitæ[1] solutioris[3], *f.* | *Jeune homme déréglé.* Adolescens dissolutus.

DÉRÈGLEMENT, *subst.* Immoderatio, g. immoderationis[3], *f.*

DÉRÈGLEMENT, *excès de débauche.* Libido solutior, g. libidinis solutioris[3], *f.*

DÉRÈGLEMENT, *ou désordre.* Perturbatio, g. perturbationis[3], *f.*

DÉRÈGLEMENT, *avec excès, adv.* Immoderatè, *adv.*

DÉRÈGLEMENT, *sans ordre.* Inordinatè, *adv.*

DÉRÉGLER, *mettre en désordre.* Pervertere, perverto, pervertis, perverti, perversum[3], *act.*

SE DÉRÉGLER, *se débaucher.* A virtute deflectere, deflecto, deflectis, deflexi, deflexum[3], *n. c. à. d. s'éloigner de la vertu.*

DÉRIDÉ, *sans ride.* Erugatus, a, um, *part. pass.* | *Un front déridé.* Frons passa.

DÉRIDER. Erugare, erugo, erugas, erugavi, erugatum[1], *act.*

Se dérider. Frontem explicare, explico, explicas, explicavi, explicatum[1], *act. c. à. d. déployer le front.*

DÉRISION. Irrisio, *g.* irrisionis[3], *f.* | *Être tourné en dérision.* Irrisui esse, *c. à. d. être à dérision.*

DÉRIVATION. Derivatio, *g.* derivationis[3], *f.*

DÉRIVÉ. Deductus, a, um, *part. pass. Le de par* à *ou* ab *avec l'ablat.*

DÉRIVER, ou *faire venir.* Ducĕre, deduco, deducis, deduxi, deductum[3], *act. Le de par* à *ou* ab, *avec l'ablat.*

DÉRIVER, ou *venir.* Deduci, deducor, deduceris, deductus sum[3], *pass. Le de par* à *ou* ab, *avec l'ablat.*

DÉRIVER, *sortir de sa route.* De viâ deflectĕre, deflecto, deflectis, deflexi, deflexum[3], *n.*

DERNIER. Ultimus, a, um, *adj.* | *En dernier lieu, ou pour la dernière fois.* Ultimùm *ou* ultimò, *adv.* | *Il veut avoir le dernier, c. à. d. il ne veut jamais céder.* Cedĕre nescius est.

DERNIÈREMENT. Nuper, *adv.*

DÉROBÉ. Subreptus, a, um, *part. pass.*

DÉROBÉ, *caché.* Occultus, a, um, *adj.* | *A la dérobée.* Furtim, *adv.* | *Ce qui se fait à la dérobée.* Furtivus, a, um, *adj.*

DÉROBER, *voler.* Subripĕre, subripio, subripis, subripui, subreptum[3], *act. acc. rég. ind. dat.* | *Dérober du temps aux affaires.* Subripĕre tempus rebus.

SE DÉROBER, *se sauver sans être aperçu.* Subterfugĕre, subterfugio, subterfugis, subterfugi, subterfugitum[3], *n.* | *Se dérober aux châtimens.* Subterfugĕre pœnam.

DÉROGATION. Derogatio, *g.* derogationis[3], *f.*

DÉROGER à. Derogare, derogo, derogas, derogavi, derogatum[1], *n. dat.*

DÉROUILLER. Rubiginem detergĕre, detergo, detergis, detersi, detersum[3], *act. acc. rég. ind. dat. c. à. d. ôter la rouille à.*

DÉROULÉ. Evolutus, a, um, *part. pass.*

DÉROULER. Evolvĕre, evolvo, evolvis, evolvi, evolutum[3], *act.*

DÉROUTE. Clades, *g.* cladis[3], *f.* | *Mettre en déroute.* Fundĕre, fundo, fundis, fudi, fusum[3], *act.*

DERRIÈRE, *adv.* Ponè, *adv.*

DERRIÈRE, ou *après*, *préposit.* Post, *avec l'acc.* | *Par derrière.* A tergo.

LE DERRIÈRE. Tergum, *g.* tergi[2], *neut.*

DERVICHE, ou DERVIS, *moine Turc.* Turcicus cœnobita, *g.* turcici[2] cœnobitæ[1], *m.*

DÈS, ou *depuis.* A ou è *devant une consonne*; ab *ou* ex *devant une voyelle, avec l'abl.* | *Dès le commencement.* Ab initio. | *Dèslors.* Jam tunc. | *Dès que.* Ut primùm, *et l'indic.*

DÉSABUSÉ. Errore solutus, a, um, *part. pass. c. à. d. tiré de l'erreur.*

DÉSABUSER. Ab errore eripĕre, eripio, eripis, eripui, ereptum[3], *act. c. à. d. tirer de l'erreur.*

SE DÉSABUSER. Errorem deponĕre, depono, deponis, deposui, depositum[3], *act. c. à. d. déposer, quitter son erreur.*

DÉSACCORD. Dissensio, *g.* dissensionis[3], *f.*

DÉSACCOUTUMANCE. Desuetudo, *g.* desuetudinis[3], *f.*

DÉSACCOUTUMÉ. Desuefactus, a, um, *part. pass. de par* à *ou* ab *et un ablat., ou bien un gérond. en* do.

DÉS

DÉSACCOUTUMER. Desuefacĕre, desuefacio, desuefacis, desuefeci, desuefactum[3], *act. acc. rég. ind abl. avec à ou ab.*

SE DÉSACCOUTUMER. Desuescĕre, desuesco, desuescis, desuevi, desuetum[3], *n. de par à ou ab avec l'abl., ou un gérond. en* do.

DÉSAGRÉABLE. Injucundus, a, um, *adj.*

DÉSAGRÉABLEMENT. Injucundè, *adv.*

DÉSAGRÉER, ou *déplaire.* Displicēre, displiceo, displices, displicui, displicitum[2], *n. dat. de la personne.*

DÉSAGRÉER. Voyez *Dégréer.*

DÉSAGRÉMENT. Injucunditas, g. injucunditatis[3], *f.*

DÉSAJUSTER. Conturbare, conturbo, conturbas, conturbavi, conturbatum[1], *act.*

DÉSALTÉRER. Sitim restinguĕre, restinguo, restinguis, restinxi, restinctum[3], *act. c. à. d. étancher la soif.*

SE DÉSALTÉRER. Sitim sedare, sedo, sedas, sedavi, sedatum[1], *act. c. à. d. étancher la soif.*

DÉSAPPOINTÉ, *en parlant d'un soldat privé de sa paye.* Stipendio privatus, a, um, *part. pass.*

DÉSAPPOINTER. Stipendio privare, privo, privas, privavi, privatum[1], *act.*

DÉSAPPRENDRE. Dediscĕre, dedisco, dediscis, dedidici[3], *sans sup. act.*

DÉSAPPROUVÉ. Improbatus, a, um, *part. pass.*

DÉSAPPROUVER. Improbare, improbo, improbas, improbavi, improbatum[1], *act.*

DÉSARÇONNER, *faire perdre les arçons.* Excutĕre, excutio, excutis, excussi, excussum[3], *act.*

DÉSARMÉ, *sans armes.* Inermis, *m. f.* inerme, *n. gén.* inermis, *adj.*

DÉSARMÉ, *à qui on a ôté les armes.* Dearmatus, a, um, *part. pass.*

DES 179

DÉSARMEMENT. Exarmatio, g. exarmationis[3], *f.*

DÉSARMER. Exarmare, exarmo, exarmas, exarmavi, exarmatum[1], *act.*

DÉSARROI, *trouble.* Confusio, g. confusionis[3], *f.*

DÉSASSEMBLER. Dissolvĕre, dissolvo, dissolvis, dissolvi, dissolutum[3], *act.*

DÉSASTRE, *affliction ou malheur.* Calamitas, g. calamitatis[3], *fém.*

DÉSASTREUX. Calamitosus, a, um, *adj.*

DÉSATTELER, *en parlant des bœufs, des chevaux qui sont attelés.* Abjungĕre, abjungo, abjungis, abjunxi, abjunctum[3], *act.*

DÉSAVANTAGE. Incommodum, g. incommodi[2], *n.* | *Parler au désavantage.* Detrectare, detrecto, detrectas, detrectavi, detrectatum[1], *act.* | *De quelqu'un.* Aliquem. | *Combattre avec désavantage.* Malè pugnare[1], *n. c. à. d. combattre mal.*

DÉSAVANTAGER. Detrimentum afferre, affero, affers, attuli, allatum[3], *act. dat. de la personne.*

DÉSAVANTAGEUSEMENT. Incommodè, *adv.* Damnosè, *adv.*

DÉSAVANTAGEUX. Incommodus, a, um, *adj.*

DÉSAVEU. Negatio, g. negationis[3], *f.*

DÉSAVOUER. Negare, nego, negas, negavi, negatum[1], *act.*

DÉSAVOUER *pour.* Abdicare, abdico, abdicas, abdicavi, abdicatum[1], *act.* | *Désavouer pour son fils.* Abdicare filium.

DESCENDANCE, *extraction.* Genus, g. generis[3], *n.*

DESCENDANT, *qui descend.* Descendens, *m. f. et n. gén.* descendentis. *Le de par à ou ab, avec l'ablat.* | *Lieu qui va en descendant.* Locus proclivis, g. loci proclivis[3], *m.*

LES **DESCENDANS**, *la postérité.*

Posteri, *g.* posterorum[2], *m. plur.*

DESCENDRE. Descendĕre, descendo, descendis, descendi, descensum[3], *n. Le de par* è *ou* ex, *et l'ablat. du lieu; le* dans *ou en par* in, *et un acc.* | *Il est descendu de cheval.* Ex equo descendit.

Descendre, *tirer son origine.* Originem ducĕre, duco, ducis, duxi, ductum[3], *act.* Ex. *Il est descendu de Priam.* A Priamo originem duxit.

Descendre, *ou porter plus bas.* Demittĕre, demitto, demittis, demisi, demissum[3], *act. Le de par* è *ou* ex, *et l'abl. ; le* dans *ou en par* in, *et un accus.*

Descendre *la rivière, descendre par eau.* Prono amne invehi, invehor, inveheris, invectus sum[3], *pass.*

DESCENDU *du ciel.* A cœlo delapsus, a, um, *part. pass.* | *Descendu par eau.* Prono amne vectus, a, um, *part. pass.*

Descendu, *issu.* Oriundus, a, um. | *D'Ulysse.* Ab Ulysse.

DESCENTE. Descensus, *gén.* descensûs[4], *m.*

Descente, *ou penchant.* Declivitas, *g.* declivitatis[3], *f.*

Descente, *irruption des ennemis.* Irruptio, *g.* irruptionis[3], *f.*

DESCRIPTION. Descriptio, *g.* descriptionis[3], *f.* | *Faire la description de.* Describĕre, describo, describis, descripsi, descriptum[3], *act.*

DÉSEMPARÉ, *en parlant d'un navire qui n'a plus ses agrès.* Exarmata navis, *g.* exarmatæ[2] navis[3], *f.*

DÉSEMPARER, *verb. n. quitter un lieu.* E loco discedĕre, discedo, discedis, discessi, discessum[3], *neut.*

DÉSEMPLI. Depletus, a, um, *part. pass.*

DÉSEMPLIR *un vase.* Deplēre, depleo, deples, deplevi, depletum[2], *act.*

DÉSENCHANTER. Fascinatione liberare, *act. acc. c. à. d. délivrer de l'enchantement.*

DÉSENFLÉ. Extenuatus, a, um, *part. pass.*

DESENFLER, *ou faire désenfler.* Extenuare, extenuo, extenuas, extenuavi, extenuatum[1], *act.*

se Désenfler. Extenuari, extenuor, extenuaris, extenuatus sum[1], *pass.*

DÉSENNUYER. Recreare, recreo, recreas, recreavi, recreatum[1], *act.*

se Désennuyer, *se récréer.* Se recreare, me recreo, te recreas, me recreavi, se recreatum[1], *act.*

DÉSENSORCELER. Voyez *Désenchanter.*

DÉSENIVRER. Ebrietatem discutĕre, discutio, discutis, discussi, discussum[3], *act. dàt. de la personne, c. à. d. ôter l'ivresse.*

se Désenivrer. Crapulam exhalare, exhalo, exhalas, exhalavi, exhalatum[1], *act. c. à. d. exhaler la fumée du vin.*

DÉSERT, *adj.* Desertus, a, um, *adj. comp.* Desertior, *m. f.* desertius, *n. gén.* desertioris; *superl.* desertissimus, a, um.

un Désert. Solitudo, *g.* solitudinis[3], *f.*

DÉSERTE. Derelictus, a, um, *part. pass.*

DÉSERTER. Deserĕre, desero, deseris, deserui, desertum[3], *act.*

DÉSERTEUR. Desertor, *g.* desertoris[3], *m.*

DÉSERTION. Desertio, *g.* desertionis[3], *f.*

DÉSESPÉRÉ, *dont on n'espère plus.* Desperatus, a, um, *p. p.*

Desespere, *en parlant d'une personne qui a perdu toute espérance.* Omni spe orbatus, a, um, *adj.*

en Desespéré. Desperanter, *adv.*

DÉSESPÉRÉMENT, *en désespéré.* Desperanter, *adv.*

DÉSESPÉRER *quelqu'un.* In desperationem adducĕre, adduco, adducis, adduxi, adductum[3], *act.*

DESESPERER *de.* Desperare, despero, desperas, desperavi, desperatum[1], *act. avec l'acc. Ou bien le de s'exprime par de avec l'ablat. S'il suit un verbe, on se sert du futur de l'infinitif, comme: Vous désespérez de voir, c. à. d. vous désespérez que vous verrez.* Desperas te visurum esse.

SE DESESPERER. Desperare, *n.*

DÉSESPOIR. Desperatio, *g.* desperationis[3], *f.* | *Etre au desespoir, ou tomber dans le désespoir.* In desperationem venire, venio, venis, veni, ventum[4], *n.* | *Etre au désespoir, être fâché.* Dolēre, doleo, doles, dolui, dolitum[2], *n. Le de suivi d'un verbe, s'exprime par quòd, avec un subjonctif, comme: Je suis au désespoir d'être venu, c. à. d. de ce que je suis venu.* Doleo quòd venerim. | *Mettre, ou jeter dans le désespoir.* In desperationem adducĕre, adduco, adducis, adduxi, adductum[3], *act. c. à. d. amener au désespoir.*

DÉSHABILLÉ, *habit que les femmes portent dans la chambre.* Vestis cubicularis, *g.* vestis cubicularis[3], *f.*

DÉSHABILLÉ, *qui n'a pas d'habits.* Vestibus exutus, a, um, *part. pass. c. à. d. dépouillé de ses habits.*

DÉSHABILLER. Veste exuĕre, exuó, exuis, exui, exutum[3], *act.*

SE DÉSHABITUER, *quitter l'habitude qu'on avoit prise.* Desuescĕre, desuesco, desuescis, desuevi, desuetum[3]. *de se rend par le dat.*

DÉSHÉRITÉ. Exhæredatus, a, um, *part. pass.*

DÉSHÉRITER. Exhæredare, exhæredo, exhæredas, exhæredavi, exhæredatum[1], *act.*

DÉSHONNÊTE. Inhonestus, a, um *adj.*

DÉSHONNÊTE, *impudique.* Impurus, a, um, *adj.*

DÉSHONNÊTEMENT. Inhonestè, *adv. comp.* Inhonestiùs; *superl.* inhonestissimè.

DÉSHONNÊTETÉ. Turpitudo, *g.* turpitudinis[3], *f.*

DÉSHONNÊTETÉ, *impureté.* Impuritas, *g.* impuritatis[3], *f.*

DÉSHONNEUR. Dedecus, *g.* dedecoris[3], *n.*

DÉSHONORABLE. Turpis, *m. f.* turpe, *n. gén.* turpis, *adj.*

DÉSHONORÉ. Dedecoratus, a, um, *part. pass.*

DÉSHONORER. Dedecorare, dedecoro, dedecoras, dedecoravi, dedecoratum[1], *act.* | *Se déshonorer.* Dedecorare se.

DÉSIGNATION *pour faire connoître quelque chose.* Indicium, *g.* indicii[2], *n.*

DÉSIGNATION, *destination à.* Destinatio, *g.* destinationis[3], *f.*

DÉSIGNÉ. Designatus, a, um, *part. pass.*

DÉSIGNER. Designare, designo, designas, designavi, designatum[1], *act.*

DÉSINFECTER. Purgare, purgo, purgas, purgavi, purgatum[1], *act.*

DÉSINTÉRESSÉ. Abstinens, *m. f. et n. gén.* abstinentis, *adj.*

DÉSINTÉRESSEMENT. Abstinentia, *g.* abstinentiæ[1], *f.*

DÉSIR. Cupiditas, *g.* cupiditatis[3], *f.*

DÉSIRABLE. Optandus, a, um, *part. fut. pass.*

DÉSIRÉ. Optatus, a, um, *p. p.*

DÉSIRER. Optare, opto, optas, optavi, optatum[1], *act.* | *Obtenir ce qu'on désire.* Adipisci, adipiscor, adipisceris, adeptus sum[3], *dép. acc.*

DÉSIREUX. Cupidus, a, um. *On met ensuite un gén. ou un gérond. en di.*

DÉSISTEMENT. Discessio, *g.* discessionis[3], *f. de par à ou ab, et l'abl.*

DÉSISTER, *se désister.* Desistĕre, desisto, desistis, destiti, destitum[3], n. de *par* à *ou* ab , *et l'ablat.*

DÉS-LORS. Jam tunc.

DÉSOBÉIR. Non obedire , non obedio , non obedis , non obedivi , non obeditum[4], n. dat.

DÉSOBÉISSANCE. Contumacia , g. contumaciæ[1], f.

DÉSOBÉISSANT. Non obediens , g. non obedientis , *des 3 genres.*

DÉSOBLIGEAMMENT. Inofficiosè , *adv.*

DÉSOBLIGEANT. Inofficiosus, a , um , *adj.*

DÉSOBLIGER. Malè mereri, mereor, mereris, meritus sum[2], *dép. Le nom de la personne qu'on désoblige se met à l'abl. avec* de. *Ex. Je ne veux point vous désobliger.* Nolo de te malè mereri.

DÉSŒUVRÉ. Desidiosus , a , um , *adj.*

DÉSŒUVREMENT. Desidia, g. desidiæ[1], f.

DÉSOLANT. Luctuosus, a, um, *adj.*

DÉSOLATION, ou *tristesse.* Mœror, g. mœroris[3], m.

Desolation, ou *ravage.* Vastatio, g. vastationis[3], f.

DÉSOLÉ, ou *affligé.* Afflictus, a , um , *part. pass.*

Désolé, ou *ravagé.* Vastatus, a , um , *part. pass.*

DÉSOLER, ou *affliger.* Affligere , affligo , affligis , afflixi , afflictum[3], *act.*

Desoler, ou *ravager.* Vastare , vasto, vastas, vastavi, vastatum[1], *act.*

se Desoler. Animo angi, angor , angeris[3], *sans prét. pass.*

DÉSORDONNÉ, *déréglé.* Dissolutus , a , um , *adj.*

Desordonné, *excessif.* Immoderatus , a , um, *part. pass.*

DÉSORDONNÉMENT. Immoderatè , *adv.*

DÉSORDRE , *défaut d'ordre.* Perturbatio , g. perturbationis[3], f. | *Mettre en désordre.* Turbare, turbo , turbas , turbavi , turbatum[1], *act.* | *Avec*, ou *en désordre.* Confusè , *adv.* | *Qui est en désordre.* Confusus , a , um , *adj.*

Desordre , *libertinage.* Voy. *Libertinage.*

DÉSORGANISER. Perturbare , perturbo, perturbas, perturbavi , perturbatum[1], *act.*

DÉSORIENTER. Ab oriente abducĕre , abduco , abducis , abduxi , abductum[3], *act.* c. à. d. *détourner de l'orient.*

Desorienter , *troubler.* Disturbare, disturbo, disturbas , disturbavi , disturbatum[1], *act.*

DÉSORMAIS. Deinceps , *adv.*

DÉSOSSÉ. Exossatus , a , um , *part. pass.*

DÉSOSSER. Exossare , exosso , exossas, exossavi , exossatum[1], *act.*

DESPOTIQUE, *absolu, souverain. Pouvoir despostique.* Potestas summa, g. potestatis[3] summæ[1], *fém.*

DESPOTIQUEMENT , *absolument.* Summo cum imperio , *ou bien* summo jure , *à l'ablat.*

se DESSAISIR. De manibus deponĕre , depono , deponis , deposui , depositum[3], *act.* c. à. d. *laisser aller de ses mains.*

DESSAISISSEMENT. E manibus amissio , g. amissionis[3], f. *On met à tous les cas* è manibus, c. à. d. *l'action de laisser aller de ses mains.*

DESSALÉ , *dont on a ôté la salure.* Aquâ maceratus, a, um, *part.* c. à. d. *trempé dans l'eau.*

DESSALER. Aquâ macerare , macero , maceras , maceravi , maceratum[1], *act.* c. à. d. *faire tremper dans l'eau.*

DESSÉCHÉ, *rendu sec.* Siccatus, a, um, *part. pass.*

Desséché, *maigre.* Macie torridus, a , um , *adj.*

DESSÈCHEMENT. Siccatio , g. siccationis[3], f.

DESSÉCHER. Siccare , sicco ,

siccas, siccavi, siccatum¹, act.

se Dessécher. Siccari, *pass.* de Sicco.

DESSEIN. Consilium, *g.* consilii², *n.*

Former un dessein. Consilium, suscipĕre, suscipio, suscipis, suscepi, susceptum³, *act.* | *Avoir, faire* ou *former de grands desseins.* Magna moliri, molior, moliris, molitus sum⁴, *dép.* | *Avoir de grands desseins sur...* Grandia cogitare, cogito, cogitas, cogitavi, cogitatum¹, *act.* c. à. d. *penser de grandes choses. Sur se rend par* de *avec l'abl.* | *A quel dessein?* Quonam consilio? *à l'abl.* | *A dessein,* ou *de dessein formé.* Consultò, *adv.* | *Sans dessein.* Inconsultò, *adv.*

A dessein de, suivi d'un verbe. Eo consilio, *ou* eâ mente ut, *avec le subjonctif.*

DESSELLÉ. Ephippio solutus, a, um, *part. pass.*

DESSELLER, *ôter la selle.* Ephippium detrahĕre, detraho, detrahis, detraxi, detractum³, *act. Un cheval.* Equo, *au dat.*

DESSERRÉ, *relâché.* Laxatus, a, um, *part. pass.*

DESSERRER, *relâcher.* Laxare, laxo, laxas, laxavi, laxatum¹, *act.*

DESSERT. Bellaria, *g.* bellariorum², *n. plur.*

DESSERVIR, *nuire.* Nocēre, noceo, noces, nocui², *sans supin. n. dat.*

Desservir *une table.* Mensam removēre, removeo, removes, removi, remotum², *act.*

Desservir *une cure, etc.* Administrare, administro, administras, administravi, administratum¹, *act. Ajoutez* parœciam.

DESSILLER. Voyez *Déciller.*

le DESSIN, ou *l'art de dessiner,* Graphis, *g.* graphidis³, *f.*

un Dessin *au crayon.* Delineatio, *g.* delineationis³, *f.*

Dessin, *plan d'un bâtiment.* Ichnographia, *g.* ichnographiæ¹, *f.*

DESSINATEUR. Peritus, *g.* periti², *m. Ajoutez* graphidis, *c.* à. d. *savant dans le dessin.*

DESSINÉ. Delineatus, a, um, *part. pass.*

DESSINER. Delineare, delineo, delineas, delineavi, delineatum¹, *act.*

DESSOLER *un cheval.* Ungulam detrahĕre, detraho, detrahis, detraxi, detractum³, *act.* Equo, *au dat.* c. à. d., *ôter la sole à un cheval.*

DESSOUDÉ. Dissolutus, a, um, *part. pass.*

DESSOUDER. Dissolvĕre, dissolvo, dissolvis, dissolvi, dissolutum³, *act.*

DESSOUS, *mis seul.* Subter ou infrà, *adv. acc.* | *Dessous, au-dessous, par-dessous, suivis d'un nom.* Sub, *avec l'ablatif lorsqu'il n'y a pas de mouvement.* Sub, *avec l'acc. lorsqu'il y a mouvement.* | *Ci-dessous.* Infrà, *adv.* | *De dessous.* De sub, *avec l'abl.*

le Dessous. Pars inferior, *g.* partis inferioris³, *f.*

DESSUS, *mis seul.* Suprà, *adv.* | *Ci-dessus.* Anteà, *adv.* | *Là-dessus, ou touchant cela.* Super hâc re. | *Dessus, suivi d'un nom.* Super, *avec l'acc. et quelquefois avec l'abl. pour indiquer le repos.* | *Au dessus de.* Super, *avec l'acc.* | *Par-dessus, ou outre.* Præter, *avec l'acc.* | *De dessus, avec les verbes* tomber, *etc.* E ou ex *avec l'abl.*

le Dessus. Pars superior, *g.* partis superioris³, *f.* | *Avoir le dessus ou l'avantage.* Voyez *Surpasser.*

le Dessus, *l'inscription.* Inscriptio, *g.* inscriptionis³, *f.*

le Dessus, *dans la musique.* Vox acutissima, *g.* vocis³ acutissimæ¹, *f.*

le Par-Dessus. Corollarium, *g.* corollarii², *n.*

DESTIN, ou *destinée.* Fatum, *g.* fati², *n.* | *Qui est du destin ou fatal.* Fatalis, *m. f.* fatale, *n. gén.* fatalis, *adj.*

148 DÉT

DESTINATION. Destinatio, *g.* destinationis³, *f.*

DESTINÉ. Destinatus, a, um, *part. pass.* à *par* ad, *avec l'acc.*, ou *avec un gérond. en* dum.

DESTINÉE. Voyez *Destin.*

DESTINER. Destinare, destino, destinas, destinavi, destinatum¹, *act.* à *par* ad, *avec l'acc.*, ou *avec un gérond. en* dum.

DESTITUÉ, *privé d'une charge.* Munere depulsus, a, um, *part. pass.*

DESTITUÉ, *manquant de.* Egens, *g.* egentis, *des 3 genres, avec l'ablatif.*

DESTITUÉ, *dépouillé.* Orbatus, a, um, *avec l'abl.*

DESTITUER *quelqu'un d'une charge.* Munere depellere, depello, depellis, depuli, depulsum³, *act.*

DESTITUTION. Muneris ademptio, *g.* muneris ademptionis³, *fém.*

DESTRUCTEUR. Eversor, *g.* eversoris³, *m.*

DESTRUCTIF. Destruens, *g.* destruentis, *part. prés.*

DESTRUCTION. Excidium, *g.* excidii², *n.*

DESTRUCTRICE. Deletrix, *g.* deletricis³, *f.*

DÉSUÉTUDE. Desuetudo, *g.* desuetudinis³, *f.* | *Tomber en désuétude.* Obsolescere, obsolesco, obsolescis, obsolevi, obsoletum¹, *neut.*

DÉSUNI. Disjunctus, a, um, *part. pass. de* ou *d'avec s'exprime par* à *ou* ab, *avec l'abl.*

DÉSUNION, *discorde.* Dissidium, *g.* dissidii², *n.*

DÉSUNIR. Disjungere, disjungo, disjungis, disjunxi, disjunctum³, *act. acc. de* ou *d'avec s'exprime par* à *ou* ab, *et l'abl.*

DÉTACHÉ, *délié.* Solutus, a, um, *part. pass.*

DÉTACHÉ, *séparé.* Seductus, a, um. | *De l'armée.* Ex acie.

DÉTACHÉ *de, n'ayant plus d'affection.* Abstractus, a, um. *Ajoutez* ab amore. *de se rend par le gén. du nom qui suit.*

DÉTACHEMENT, *l'action de se détacher de.* Abalienatio, *g.* abalienationis³, *f. de par* à *ou* ab, *avec l'abl.*

DÉTACHEMENT, *terme de guerre.* Manus expedita, *g.* manûs⁴ expeditæ¹, *f.*

DÉTACHER, ou *délier.* Solvere, solvo, solvis, solvi, solutum³, *act.*

Détacher des soldats. Emittere, emitto, emittis, emisi, emissum³, *act.*

DÉTACHER *quelqu'un de.* Abjungere, abjungo, abjungis, abjunxi, abjunctum³, *act. de par* à *ou* ab, *et l'abl.*

SE DÉTACHER, *se délier.* Solvi, *pass. de* Solvere.

SE DÉTACHER, *quitter l'affection.* Divelli, divellor, divelleris, divulsus sum³, *pass. de par* à *ou* ab, *et l'abl.*

DÉTAIL. Singula capita, *g.* singulorum² capitum³, *n. pl.* | *Faire le détail de quelque chose, en parler tout au long.* Singulatim enarrare, enarro, enarras, enarravi, enarratum¹, *act.* | *En détail.* Singulatim, *adv.*

DÉTAILLER, *vendre en détail.* Venditare, vendito, venditas, venditavi, venditatum¹, *act. Ajoutez* singulatim, *adv.* | *Raconter en détail.* Voyez *Détail.*

DÉTALER *sa boutique.* Merces recondere, recondo, recondis, recondidi, reconditum³, *act. c. à. d. resserrer ses marchandises.*

DÉTALER, *fuir.* Fugere, fugio, fugis, fugi, fugitum³, *n.*

DÉTEINDRE. Decolorare, decoloro, decoloras, decoloravi, decoloratum¹, *act.*

SE DÉTEINDRE. Decolorari, decoloror, decoloraris, decoloratus sum¹, *pass.*

DÉTEINT. Decoloratus, a, um, *part. pass.*

DÉT   DÉT   185

DÉTELER. Equos abjungĕre, abjungo, abjungis, abjunxi, abjunctum[3], *act.*

DÉTENDRE. Detendĕre, detendo, detendis, detendi, detensum[2], *act.*

DÉTENDRE, *débander.* Remittĕre, remitto, remittis, remisi, remissum[3], *act.*

DÉTENDU. Detensus, a, um, *part. pass.*

DÉTENIR. Detinēre, detineo, detines, detinui, detentum[2], *act. Quelqu'un prisonnier.* Aliquem captivum.

DÉTENTION, *captivité.* Captivitas, g. captivitatis[3], *f.*

DÉTENTION, *l'action de retenir le bien d'autrui.* Injusta possessio, g. injustæ[1] possessionis[3], *f.*

DÉTENU. Detentus, a, um, *p. p.*

DÉTÉRIORATION. Depravatio, g. depravationis[3], *f.*

DÉTÉRIORER. Depravare, depravo, depravas, depravavi, depravatum[1], *act.*

DÉTERMINATION. Propositum, g. propositi[2], n. | *Détermination d'un mot.* Addictio, g. addictionis[3], *f.* à par ad avec l'acc. ou *le gérond. en* dum.

DÉTERMINÉ, *résolu.* Constitutus, a, um, *part. pass.*

DÉTERMINÉ A, *qui a formé le projet de.* Audax, g. audacis, *adj. avec un gén. ou un gérond. en* di.

ÊTRE DÉTERMINÉ A. Statutum habēre, habeo, habes, habui, habitum[2], *act. avec l'infin.*

DÉTERMINÉMENT. Asseveranter, *adv.*

DÉTERMINER, *décider.* Constituĕre, constituo, constituis, constitui, constitutum[3], *act.*

DÉTERMINER à. Impellĕre, impello, impellis, impuli, impulsum[3], *act.* à *s'exprime par* ad *avec l'accus. ou le gérondif en* dum.

SE DÉTERMINER à. Statuĕre, statuo, statuis, statui, statutum[3], *act. avec un accus. ou un infinitif.*

DÉTERRÉ. Effossus, a, um, *adj.*

DÉTERRER, *tirer de la terre.* Effodĕre, effodio, effodis, effodi, effossum[3], *act.*

DÉTERRER, *trouver, découvrir.* E tenebris cruĕre, eruo, eruis, erui, erutum[3], *act.*

DÉTERSIF. Smeticus, a, um, *adj.*

DÉTESTABLE. Detestandus, a, um. Magis *pour le comp.* maximè *pour le superl.*

DÉTESTABLEMENT. Abominandum in modum.

DÉTESTATION. Detestatio, g. detestationis[3], *f.*

DÉTESTÉ. Detestatus, a, um, *part. pass.*

DÉTESTER. Detestari, detestor, detestaris, detestatus sum[1], *dép. acc.*

DÉTONATION, *inflammation subite avec du bruit.* Fragosa deflagratio, g. fragosæ[1] deflagrationis[3], *f.*

DÉTONNATION, *l'action de sortir du ton.* Absona inflexio, g. absonæ[1] inflexionis[3], *f.*

DÉTONNER, *sortir du ton.* A tono deflectĕre, deflecto, deflectis, deflexi, deflexum[3], *n.* | *Celui ou celle qui détonne.* Voce absonus, a, um.

DÉTORSE. Distorsio, g. distorsionis[3], *f.*

DÉTORTILLÉ. Evolutus, a, um, *part. pass.*

DÉTORTILLER. Evolvĕre, evolvo, evolvis, evolvi, evolutum[3], *act.*

DÉTOUR, *sinuosité.* Diverticulum, g. diverticuli[2], *n.* | *Plein de détours.* Flexuosus, a, um, *adj.*

DÉTOUR, *prétexte.* Circuitus, g. circuitûs[4], *m.*

DÉTOUR *de corps.* Corporis declinatio, g. corporis declinationis[3], *f.*

DÉTOURNÉ, *écarté.* Devius, ia, ium, *adj.*

DÉTOURNÉ, *interrompu.* Interpellatus, a, um, *part. pass.*

DÉTOURNÉ de, *ou à qui l'on a fait quitter.* Avocatus, a, um,

24

part. pass. Le de s'exprime par à ou ab, et l'ablat.

DÉTOURNÉ, tourné d'un autre côté. Aversus, a, um, part. pass. | Une somme d'argent détournée. Aversa pecunia.

DÉTOURNER, interrompre. Interpellare, interpello, interpellas, interpellavi, interpellatum[1], act.

DÉTOURNER de, ou faire quitter. Avocare, avoco, avocas, avocavi, avocatum[1], act. de par à ou ab, et l'ablat.

DÉTOURNER, tourner d'un autre côté. Avertĕre, averto, avertis, averti, aversum[3], act.

SE DÉTOURNER de son chemin. È viâ deflectĕre, deflecto, deflectis, deflexi, deflexum[3], n.

DÉTRACTER. Voyez Médire.

DÉTRACTEUR. Maledicus, a, um, adj.

DÉTRACTION. Voyez Médisance.

DÉTRAQUER, déranger, dérégler. Perturbare, perturbo, perturbas, perturbavi, perturbatum[1], act.

SE DÉTRAQUER. Perturbari, pass.

DÉTREMPÉ. Dilutus, a, um, part. pass.

DÉTREMPER. Diluĕre, diluo, diluis, dilui, dilutum[3], act. On met à l'abl. la chose dans laquelle on détrempe.

DÉTRESSE, affliction. Angor, g. angoris[3], m.

DÉTRIMENT, perte. Detrimentum, g. detrimenti[2], n.

DÉTROIT, passage serré. Angustiæ, gén. angustiarum[1], f. plur.

DÉTROIT, bras de mer. Fretum, g. freti[2], n.

DÉTROMPER. Errore liberare, libero, liberas, liberavi, liberatum[1], act. c. à. d. délivrer de l'erreur.

SE DÉTROMPER. Errorem deponĕre, depono, deponis, deposui, depositum[3], act. c. à. d. quitter son erreur.

DÉTRONÉ. Solio pulsus, a, um, adj. c. à. d. chassé du trône.

DÉTRONER. De solio dejicĕre, dejicio, dejicis, dejeci, dejectum[3], act. c. à. d. renverser du trône.

DÉTROUSSÉ. Demissus, a, um, part. pass.

DÉTROUSSER. Demittĕre, demitto, demittis, demisi, demissum[3], act.

DÉTRUIRE. Destruĕre, destruo, destruis, destruxi, destructum[3], act.

SE DÉTRUIRE, se perdre. Perire, pereo, peris, perivi[4], sans sup. n. | En parlant d'un bruit, etc. Exstingui, exstinguor, exstingueris, exstinctus sum, pass.

DÉTRUIT. Destructus, a, um, part. pass.

DETTE. Debitum, g. debiti[2], n. | Avoir des dettes. Debēre, debeo, debes, debui, debitum, ou in ære alieno esse, sum, es, fui. | Etre chargé de dettes. Ære alieno premi, premor, premeris, pressus sum[3]. | Faire, contracter des dettes. Voyez s'Endetter.

DEUIL, habit de deuil. Vestis lugubris, g. vestis lugubris[3], f. | De son père, c. à. d. à cause de la mort de son père. Ob mortem patris. | Prendre le deuil. Lugubria induĕre, induo, induis, indui, indutum[3], act. | Le porter. Lugubribus indui, induor, indueris, indutus sum[3], pass. | Le quitter. Lugubria exuĕre, exuis, exui, exutum[3].

DEUIL, ou tristesse. Luctus, g. luctûs[4], m.

DEUX. Duo m. duæ f. duo n. gén. duorum, duarum, duorum. | Deux à deux, ou deux à la fois. Bini m. binæ f. bina n. | Tous deux. Uterque m. utraque f. utrumque n. gén. utriusque, dat. utrique, pour les 3 genr. | L'un des deux. Alteruter m. tra f. trum n. gén. alterutrius, dat. alterutri, pour les 3 genres. | Qui des

DEV

deux, lequel des deux. Uter m. utra *f.* utrum *n. gén.* utrius, *dat.* utri, *pour les 3 genres.* | *De deux jours l'un*, c. à. d. *chaque second jour.* Altero quoque die, *à l'abl.* | *Deux fois.* Bis, *adv.* | *Deux fois plus grand.* Duplò major, *g.* duplò majoris, *pour le m. et pour le f.*; duplò majus, *pour le neut.* | *Deux fois le jour.* Bis die. | *L'espace de deux jours.* Biduum, *g.* bidui[2], *n.* | *L'espace de deux nuits.* Binoctium, *g.* binoctii[2], *n.* | *L'espace de deux ans.* Biennium, *g.* biennii[2], *n.* | *L'an deux*, tournez: *L'an deuxième.* Annus secundus.

DEUXIÈME. Secundus, a, um, *adj.* | *Pour la deuxième fois.* Secundò, *adv.*

DEUXIÈMEMENT. Secundò, *adv.*

DÉVALISER, *voler.* Spoliare, spolio, spolias, spoliavi, spoliatum[1], *act.*

DEVANCEMENT, *l'action de devancer.* Antecessio, *g.* antecessionis[3], *f.*

DEVANCER, *passer devant, ou surpasser.* Antecedĕre, antecedo, antecedis, antecessi, antecessum[3], *act.*

DEVANCIER, *celui qui a précédé.* Decessor, *g.* decessoris[3], *masc.*

DEVANCIERS, *ancêtres.* Majores, *g.* majorum[3], *m. plur.*

DEVANT, *mis seul.* Antè, *adv.* | *Par-devant.* A fronte. | *Devant, suivi d'un nom.* Antè, *préposition, avec l'acc.* | *Devant, ou en présence de.* Coram, *avec un ablat.* | *De devant quelqu'un.* E conspectu alicujus. | *Au devant de.* Obviàm, *avec un dat.*

LE DEVANT. Pars prior, *g.* partis prioris[3], *f.* | *Prendre les devants.* Præire, præeo, præis, præivi, præitum[4], *n.*

DÉVASTATEUR. Vastator, *g.* vastatoris[3], *m.*

DÉVASTATION. Vastatio, *g.* vastationis[3], *f.*

DEV 187

DÉVASTER. Devastare, devasto, devastas, devastavi, devastatum[1], *act.*

DÉVELOPPÉ. Explicatus, a, um, *part. pass.*

DÉVELOPPEMENT. Explicatio, *g.* explicationis[3], *f.*

DÉVELOPPER. Explicare, explico, explicas, explicavi, explicatum[1], *act.*

DEVENIR. Fieri, fio, fis, factus sum[3], *n. pass.* | *Que deviendrai-je*, c. à. d. *que sera-t-il fait de moi?* Quid de me fiet?

DEVERS, *prép.* Versus, *accus.*

DEVÊTIR. Voyez *Déshabiller.*

DÉVIDÉ. In orbes glomeratus, a, um, *part. pass.* c. à. d. *mis en pelotons.*

DÉVIDER. In orbes glomerare, glomero, glomeras, glomeravi, glomeratum[1], *act. acc.* c. à. d. *mettre en pelotons.*

DÉVIDOIR. Rhumbus, *g.* rhumbi[2], *m.*

DÉVIER *de.* Aberrare, aberro, aberras, aberravi, aberratum[1], *n. de par* à *ou* ab.

DEVIN. Vates, *g.* vatis[3], *m. gén. plur.* vatum.

DEVINER. Conjicĕre, conjicio, conjicis, conjeci, conjectum[3], *.*

DEVINERESSE. Vates, *g.* vatis[3], *f. gén. pl.* vatum.

DEVIS, *description de ce qu'on doit faire.* Descriptio, *g.* descriptionis[3], *f.*

DEVISE. Inscriptio, *g.* inscriptionis[3], *f.*

DÉVOILÉ. Detectus, a, um, *part. pass.*

DÉVOILER. Detegĕre, detego, detegis, detexi, detectum[3], *act.*

DEVOIR, *verbe.* Debēre, debeo, debes, debui, debitum[2], *act.*

DEVOIR, *nom.* Officium, *g.* officii[2], *n.* | *Devoir qu'on donne aux enfans.* Pensum, *g.* pensi[2], *n.*

DEVOIRS, *civilités.* Officia, *g.* officiorum[2], *n. plur.* | *Les derniers devoirs.* Justa, *g.* justorum[2], *n. plur.* | *Rendre les devoirs.* Facĕre justa. *Le nom de la personne se met au dat.*

DÉVOLU, *acquis par droit.* Devolutus, a, um, *part. pass.*

DÉVORANT. Edax, g. edacis, *adj.* | *Faim dévorante.* Edendi rabies, g. edendi rabiei³, c. à. d. *rage de manger.*

DÉVORER. Vorare, voro, voras, voravi, voratum¹, *act.* Dévorer *des yeux.* Oculis comedere, comedo, comedis, comedi, comesum³, *act.* | *Dévorer les livres.* Libros devorare. | *Dévorer ses chagrins.* Molestias devorare.

DÉVOT. Pius, pia, pium, *adj.*

DÉVOTEMENT. Piè, *adv.*

DÉVOTION. Pietas, g. pietatis³, *f.* | *Faire ses dévotions.* Voy. Communier.

DÉVOUÉ à, ou *qui est à la dévotion de.* Devotus, a, um, *adj.* à *se rend par le datif.*

DÉVOUEMENT, *l'action de se dévouer.* Devotio, g. devotionis³, *f.*

DÉVOUEMENT, *attachement.* Studium, g. studii², *n.* pour *par in,* avec *l'acc.*

DÉVOUER. Devovēre, devoveo, devoves, devovi, devotum², *act.*

SE DÉVOUER. Devovēre se. Pour, par pro, *avec l'ablatif* ; à par le *datif.*

SE DÉVOYER. Voyez *s'Egarer.*

DEXTÉRITÉ. Dexteritas, g. dexteritatis³, *f.* | *Avoir de la dextérité,* c. à. d. *être habile.* Voyez Habile. | *Avec dextérité.* Dextère, *adv.*

DEXTRE, *la main droite.* Dextera, g. dexteræ¹, *f.*

DIABLE. Diabolus, g. diaboli², *masc.*

DIABLE, *méchant.* Nequissimus, a, um, *adj.* | *Faire le diable à quatre.* Voyez Tempéter.

DIABLEMENT, *excessivement.* Mirum in modum. Immoderatè, *adv.*

DIABLERIE, *sortilége.* Veneficium, g. veneficii², *n.*

DIABLESSE. Baccha, g. bacchæ¹, *f.*

DIABOLIQUE. Nequissimus, a, um, *adj.*

DIACONAT. Diaconatus, gén. diaconatûs⁴, *m.*

DIACONESSE. Diaconissa, g. diaconissæ¹, *f.*

DIACRE. Diaconus, g. diaconi², *masc.*

DIADÈME. Diadema, g. diadematis³, *n.*

DIAGONAL. Diagonalis, *m. f.* diagonale, *n.* gén. diagonalis, *adj.*

DIALECTE, *différence de langage dans un même pays.* Dialectus, g. dialecti², *m.*

DIALECTICIEN. Dialecticus, g. dialectici², *m.*

DIALECTIQUE, *l'art de bien raisonner.* Dialectice, g. dialectices¹, *f.*

DIALOGUE. Dialogus, g. dialogi², *m.*

DIAMANT. Adamas, g. adamantis³, *m.* | *Qui est de diamant.* Adamantinus, a, um, *adj.*

DIAMÉTRAL. *Ligne diamétrale.* Diametros, g. diametri², *f.*

DIAMÉTRALEMENT *opposé.* Ex diametro oppositus, a, um, *part. pass.*

DIAMÈTRE. Diametros, g. diametri², *f.*

DIANE. Diana, g. Dianæ¹, *f.*

DIANE, *quatrième veille dans un camp.* Quarta vigilia, g. quartæ vigiliæ¹, *f.*

DIAPASON. Diapason, *n.* indéclinable.

DIAPHANE, *transparent.* Perlucidus, a, um, *adj.*

DIAPHRAGME, *membrane.* Diaphragma, g. diaphragmatis³, *n.*

DIAPRÉ, *bigarré de différentes couleurs.* Versicolor, g. versicoloris³, *adj. des 3 genres.*

DIARRHÉE, *flux de ventre.* Alvi profluvium, g. alvi profluvii², *neut.*

DICTAME, *herbe.* Dictamnum, g. dictamni², *n.*

DICTATEUR. Dictator, g. dictatoris³, m.

DICTATURE. Dictatura, gén. dictaturæ¹, f.

DICTÉE, ce qu'on dicte. Dictata, gén. dictatorum², n. plur. | Ecrire sous la dictée. Altero dictante scribere, c. à. d. écrire un autre dictant.

DICTER. Dictare, dicto, dictas, dictavi, dictatum¹, act. acc. rég. ind. dat.

DICTION. Dictio, g. dictionis³, fém.

DICTIONNAIRE. Vocabulorum index, g. vocabulorum indicis³, m.

DICTON, proverbe, sentence. Dictum, g. dicti², n.

DIDACTIQUE, instructif. Præceptivus, a, um, adj.

DIÈSE, terme de musique. Diesis, g. diesis³, f.

DIÈTE, abstinence que l'on fait pour la santé. Diæta, g. diætæ¹, fém.

DIÈTE, assemblée générale. Conventus, g. conventûs⁴, m.

DIEU, l'Etre souverain. Deus, g. Dei², m. Au voc. Deus. | Dieu veuille que, Utinam, avec le subj. | Bon Dieu ! Bone Deus ! | Dieu nous en garde. Deus avertat.

LES DIEUX. Dii, g. Deorum², m. plur.

DIFFAMANT, qui noircit la réputation. Probrosus, a, um, adj. comp. Probrosior, m. f. probrosius, n. gén. probrosioris ; superl. probrosissimus, a, um.

DIFFAMATEUR. Obtrectator, g. obtrectatoris³, m.

DIFFAMATION. Detrectatio, g. detrectationis³, f.

DIFFAMATOIRE. Famosus, a, um, adj.

DIFFAMER. Infamare, infamo, infamas, infamavi, infamatum¹, act.

DIFFÉRÉ. Dilatus, a, um, part. pass. à par in, avec l'acc.

DIFFÉREMMENT. Diversè, adv.

DIFFÉRENCE. Discrimen, gén. discriminis³, n. | Il y a de la différence entre médire et accuser, c. à. d. c'est autre chose de médire, autre chose d'accuser. Aliud est maledicere, aliud accusare.

DIFFÉRENCIER. Distinguere, distinguo, distinguis, distinxi, distinctum³, act.

DIFFÉREND. Controversia, g. controversiæ¹, f.

DIFFÉRENT, ou dissemblable. Dissimilis, m. f. dissimile, n. gén. dissimilis, adj. comp. Dissimilior, m. f. dissimilius, n. gén. dissimilioris ; superl. dissimillimus, a, um.

DIFFÉRER, ou être différent. Differre, differo, differs, distuli, dilatum³, n. de par à ou ab, et l'ablat.

DIFFÉRER, ou remettre. Differre, differo, differs, distuli, dilatum³, act. à par in et l'acc. | Sans différer. Sinè, ou absque mora.

DIFFICILE. Difficilis, m. f. difficile, n. gén. difficilis, adj. comp. Difficilior, m. f. difficilius, n. gén. difficilioris ; superl. difficillimus, a, um.

DIFFICILE, chagrin, de mauvaise humeur. Morosus, a, um, adj.

DIFFICILEMENT. Difficilè, adv. comp. Difficiliùs ; superl. difficillimè.

DIFFICULTÉ. Difficultas, g. difficultatis³, f.

DIFFICULTÉ, question difficile à entendre, etc. Nodus, g. nodi², m. | Faire difficulté, suivi d'un verbe. Dubitare, dubito, dubitas, dubitavi, dubitatum¹, n. et l'infinitif. | Ne faire aucune difficulté de, suivi d'un verbe. Non dubitare, avec l'infinitif. | Sans difficulté. Haud difficulter, adv.

DIFFICULTUEUX, qui forme toujours de nouvelles difficultés. Scrupulosus, a, um, adj.

DIFFORME. Deformis, m. f. deforme, n. gén. deformis, adj. | Rendre difforme quelqu'un. Afferre deformitatem alicui, *au dat.* *c. à. d. causer la difformité à.*

DIFFORMITÉ. Deformitas, *g.* deformitatis[3], *f.*

DIFFUS. Diffusus, a, um, *adj. comp.* Diffusior, *m. f.* diffusius, *n. gén.* diffusioris; *superl.* diffusissimus, a, um.

DIFFUSÉMENT, *d'une manière diffuse.* Fusè, *adv.*

DIFFUSION. Diffusio, *g.* diffusionis[3], *f.*

DIGÉRÉ. Concoctus, a, um, *part. pass.*

Digéré, *mis en ordre.* Ordinatè dispositus, a, um, *part. pass.*

DIGÉRER. Concoquĕre, concoquo, concoquis, concoxi, concoctum[3], *act.*

Digérer, *souffrir.* Voy. ce mot.

Digérer, *mettre en ordre.* Ordinatè disponĕre, dispono, disponis, disposui, dispositum[3], *act.*

Le DIGESTE, *livre du droit civil.* Digesta, *g.* digestorum[2], *neut. plur.*

DIGESTION. Digestio, *g.* digestionis[3], *f.* | *Faire digestion.* Voy. *Digérer.*

DIGNE. Dignus, a, um, *avec l'ablat.* | *Digne de louange.* Dignus laude.

DIGNEMENT. Dignè, *adv. comp.* Digniùs; *superl.* dignissimè.

DIGNITÉ. Dignitas, *g.* dignitatis[3], *f.*

DIGRESSION. Digressio, *g.* digressionis[3], *f.* | *Faire des digressions.* Digredi, digredior, digrederis, digressus sum[3], *dépon.*

DIGUE. Agger, *g.* aggeris[3], *m.* | *Faire des digues.* Jacĕre moles; jacio, jacis, jeci, jactum[3], *act.*

DILAPIDATION, *folle dépense.* Inanes sumptus, *g.* inanium[3] sumptuum[4], *m. plur.*

DILAPIDER. Dilapidare, dilapido, dilapidas, dilapidavi, dilapidatum[1], *act.*

DILATATION. Extensio, *g.* extensionis[3], *f.*

DILATER. Dilatare, dilato, dilatas, dilatavi, dilatatum[1], *act.*

se Dilater. Dilatari, *pass.*

DILECTION. Caritas, *g.* caritatis[3], *f.*

DILEMME. Dilemma, *g.* dilemmatis[3], *n.*

DILIGEMMENT. Diligenter, *adv. comp.* Diligentiùs; *superl.* diligentissimè.

DILIGENCE. Diligentia, *g.* diligentiæ[1], *f.*

Diligence, *coche par eau.* Navicula vectoria, *g.* naviculæ vectoriæ[1], *f.* | *Diligence par terre.* Rheda vectoria, *g.* rhedæ vectoriæ[1], *f.*

DILIGENT. Diligens, *m. f.* et *n. gén.* diligentis. à *par in avec l'ablat.* ou *un gérond.* en do.

DILIGENTER. Accelerare, accelero, acceleras, acceleravi, acceleratum[1], *act.*

se Diligenter. Festinare, festino, festinas, festinavi, festinatum[1], *n.*

DIMANCHE. Dies dominica, *g.* diei[5] dominicæ[1], *f.*

DIME. Decuma, *g.* decumæ[1], *f.*

DIMENSION. Mensura, *g.* mensuræ[1], *f.* | *Prendre les dimensions.* Voyez *Mesurer.* | *Prendre ses dimensions, prendre ses mesures.* Rationibus suis consulĕre, consulo, consulis, consului, consultum[3], *n.*

DIMER. Decimare, decimo, decimas, decimavi, decimatum[1], *act.*

DIMEUR. Decumanus, *g.* decumani[2], *m.*

DIMINUER. Minuĕre, minuo, minuis, minui, minutum[3], *act.*

Diminuer *de, verbe neut.* Submittĕre, submitto, submittis, submisi, submissum[3], *n. de se rend par* de *avec l'abl.*

Diminuer, ou *devenir moindre.* Minui, minuor, minueris, minutus sum[3], *pass.*

DIMINUTIF. Diminutivus, a, um, *adj.*

DIMINUTION. Imminutio, *g.* imminutionis[3], *f.*

DIMISSOIRE, *lettres de l'évêque diocésain pour recevoir les ordres.* Litteræ dimissoriæ, *gén.* litterarum dimissoriarum[1], *f. pl.*

DINDON, dindonneau. Gallus indicus, g. galli indici², m.

LE DÎNER, ou le dîné. Prandium, g. prandii³, n.

DÎNÉE, lieu où l'on dîne en voyage. Locus pransorius, g. loci pransorii², m.

DÎNER, verbe. Prandĕre, prandeo, prandes, prandi, pransum², n. | Donner à dîné. Prandium apponĕre, appono, apponis, apposui, appositum³, act. avec le dat. de la personne. | Qui a dîné. Pransus, pransa, pransum. | Qui n'a pas dîné. Impransus, a, um, p.

DIOCÈSE, Diœcesis, g. diœcesis³, f. Il se décline sur hæresis.

DIOCÉSAIN. Diœcesanus, a, um, adj.

DIPHTHONGUE. Diphthongus, g. diphthongi², f.

DIPLOMATIE. Gentium juris scientia, g. gentium juris scientiæ¹, fém.

DIPLÔME. Diploma, g. diplomatis³, n.

DIRE. Dicĕre, dico, dicis, dixi, dictum³, act. acc. rég. ind. dat. | Au dire de. Judicio, à l'abl. On met ensuite un gén. | C'est-à-dire. Id est. Hoc est. | Ouï dire à. Audire, audio, audis, audivi, auditum⁴, act. à se rend par ab avec l'ablat. c. à. d. apprendre de. | Aussitôt dit, aussitôt fait. Dictum factum. | Se dire citoyen. Gerĕre se pro cive; gero, geris, gessi, gestum³, act. | Dire que non. Negare, nego, negas, negavi, negatum¹, n.

DIRECT. Directus, a, um, adj.

DIRECTEMENT. Rectè, adv.

DIRECTEUR. Rector, g. rectoris³, masc.

DIRECTION. Rectio, g. rectionis³, f. | Être sous la direction. Regi, regor, regeris, rectus sum³, pass. Le de par à ou ab, et l'ablat. | Mettre sous la direction de. Committĕre, committo, committis, commisi, commissum³, act. De se rend par le dat. du nom qui suit;

c. à. d. confier à. | Avoir la direction de quelque chose. Administrare, administro, administras, administravi, administratum¹, act. Le nom qui suit de se met à l'acc. c. à. d. administrer. | Avoir la direction de quelqu'un. V. Diriger.

DIRECTRICE, celle qui dirige. Moderatrix, g. moderatricis³, f.

DIRIGÉ. Rectus, recta, rectum, part. pass.

DIRIGER. Regĕre, rego, regis, rexi, rectum³, act.

DIRIMANT, qui emporte nullité. Dirimens, g. dirimentis, p. p.

DISCERNEMENT. Judicium, g. judicii², neut. | Discernement du vrai d'avec le faux. Veri à falso distinctio, g. distinctionis³, fém. Ajoutez veri à falso à tous les cas.

DISCERNER. Discernĕre, discerno, discernis, discrevi, discretum³, act. de ou d'avec par à ou ab, et l'ablat.

DISCIPLE. Discipulus, g. discipuli², m. Au fém. Discipula, gén. discipulæ¹.

DISCIPLINABLE, docile. Docilis, m. f. docile, neut. gén. docilis, adj.

DISCIPLINE. Disciplina, gén. disciplinæ¹, f.

DISCIPLINE, ou fouet. Flagellum, g. flagelli², neut. | Prendre, se donner la discipline. Voyez se Discipliner.

DISCIPLINÉ, instruit. Institutus, a, um, part. pass. | Soldats bien disciplinés. Bonâ disciplinâ exercitati milites, g. exercitatorum² militum³, m. plur.

DISCIPLINER, instruire, régler. Instituĕre, instituo, instituis, institui, institutum³, act.

SE DISCIPLINER, se donner la discipline. Castigare corpus flagro, à l'ablat., c'est-à dire, châtier son corps avec la discipline ; castigo, castigas, castigavi, castigatum¹, act.

DISCONTINUATION. Intermissio, g. intermissionis³, f.

DISCONTINUÉ. Intermissus, a, um, *part. pas.*

DISCONTINUER. Intermittĕre, intermitto, intermittis, intermisi, intermissum³, *act.* | *Sans discontinuer.* Sinè intermissione.

DISCONVENANCE. Discrepantia, *g.* discrepantiæ¹, *f.*

DISCONVENIR *de.* Discrepare, discrepo, discrepas, discrepui, discrepitum, *neut. de par in avec l'ablat.*

DISCORDANCE. Discrepantia, *g.* discrepantiæ¹, *f.*

DISCORDANT. Dissonus, a, um, *adj.*

DISCORDE. Discordia, *g.* discordiæ¹, *f.*

DISCORDER, ou *être discordant.* Dissonare, dissono, dissonas, dissonui, dissonitum¹, *n.*

DISCOUREUR, *homme qui parle beaucoup.* Garrulus, *g.* garruli², *m.*

DISCOUREUSE, *femme qui parle beaucoup.* Garrula, *g.* garrulæ¹, *f.*

DISCOURIR. Disserĕre, dissero, disseris, disserui, dissertum³, *neut. Le de par de, et l'abl.*

DISCOURS, *entretien.* Sermo, *g.* sermonis³, *m.*

Discours, *harangue.* Oratio, *g.* orationis³, *f.*

DISCRÉDIT. Fidei lapsus, *g.* fidei lapsûs⁴, *m.*

DISCRÉDITÉ. Auctoritate imminutus, a, um, *part. pass.*

DISCRÉDITER. Auctoritatem imminuĕre, imminuo, imminuis, imminui, imminutum³, *act. avec un génit.*; c. à. d. *diminuer le crédit de.*

DISCRET. Consideratus, a, um. *comp.* Consideratior, *m. f.* consideratius, *n. gén.* consideratioris; *sup.* consideratissimus, a, um, *adj.*

DISCRÉTEMENT. Consideratè, *adv. comp.* Consideratiùs; *superl.* consideratissimè.

DISCRÉTION. Prudentia, *gén.* prudentiæ¹, *f.* | *A discrétion,* ou *sans aucune condition.* Sinè ullâ conditione. | *Laisser quelque chose à la discrétion de quelqu'un.* Permittĕre, permitto, permittis, permisi, permissum³, *act. Le nom de la personne au dat. Le nom de chose à l'accus.* | *Se rendre à la discrétion du vainqueur.* Permittĕre se victori.

DISCULPER. Purgare, purgo, purgas, purgavi, purgatum¹, *act. acc. rég. ind. ablat. avec de,* | *Se disculper d'une faute.* Purgare culpam.

DISCUSSION. Accurata inquisitio, *g.* accuratæ¹ inquisitionis³, *f.*

DISCUTER. Accuratè inquirĕre, inquiro, inquiris, inquisivi, inquisitum³, *act.*

DISERT. Disertus, a, um, *adj.*

DISERTEMENT. Disertè, *adv.*

DISETTE. Inopia, *g.* inopiæ¹, *f.* | *Etre dans la disette, avoir disette de.* Egĕre, egeo, eges, egui², *sans supin. neut. avec l'abl. de la chose.*

DISEUR. Narrator, *g.* narratoris³, *m.* | *Diseur de bons mots.* Facetus, *g.* faceti², *m.* | *Diseuse de bons mots.* Faceta, *g.* facetæ¹, *f.*

DISEUSE *de bonne aventure.* Præstigiatrix, *g.* præstigiatricis³, *f.*

DISGRÂCE, *perte de l'amitié d'un grand, etc.* Offensa, *g.* offensæ¹, *f.* | *Encourir la disgrâce du prince.* In offensam principis incurrĕre, incurro, incurris, incurri, incursum³, *n.*

DISGRÂCE, ou *malheur.* Calamitas, *g.* calamitatis³, *f.*

DISGRACIÉ. Invisus, a, um, *adj. avec un datif.*

DISGRACIÉ *de la cour.* Ab aulâ remotus, a, um, *part. pass.*

DISGRACIÉ *de la nature.* Naturæ donis destitutus, a, um, *part. pass.*

DISGRACIER, *priver quelqu'un de ses bonnes grâces.* Alienare, alieno, alienas, alienavi, alienatum¹, *act.*

DISJOINDRE. Disjungĕre, dis-

DIS — DIS

jungo, disjungis, disjunxi, disjunctum³, *act.*

DISJONCTIF. Disjunctivus, a, um, *adj.*

DISJONCTION. Disjunctio, g. disjunctionis³, *f.*

DISLOCATION. Luxatio, *gén.* luxationis³, *f.*

DISLOQUÉ. Luxatus, a, um, *adj.*

DISLOQUER. Luxare, luxo, luxas, luxavi, luxatum¹, *act.*

SE DISLOQUER *un pied*. Luxare pedem.

SE DISLOQUER, *en parlant des os*. Luxari, *pass.*

DISPARITÉ, *différence*. Discrimen, g. discriminis³, *n.*

DISPARITION. E conspectu remotio, g. e conspectu remotionis³, *fém.*

DISPAROITRE. Evanescere, evanesco, evanescis, evanui³, *sans supin. n. de se rend par* è *ou* ex, *avec l'abl.*

DISPENDIEUX. Sumptuosus, a, um, *adj.*

DISPENSATEUR. Dispensator, g. dispensatoris³, *m.*

DISPENSATION, *administration*. Dispensatio, g. dispensationis³, *f.*

DISPENSATRICE, *celle qui distribue*. Dispensatrix, g. dispensatricis³, *f.*

DISPENSE. Immunitas, g. immunitatis³, *f.*

DISPENSÉ. Immunis, *m. f.* immune, *n. gén.* immunis, *adj.* On met ensuite un *gén.* ou bien à *ou* ab, *avec l'ablat.*

DISPENSER. Voyez *Exempter*.

DISPERSÉ. Dispersus, a, um, *part. pass.* en *ou* dans *par* in, *avec l'ablat.*

DISPERSER. Dispergere, dispergo, dispergis, dispersi, dispersum³, *act.* en *ou* dans *par* in, *avec l'acc.*

SE DISPERSER, *aller les uns d'un côté, les autres de l'autre*. Passim dilabi, dilabor, dilaberis, dilapsus sum³, *dép.*

DISPERSION. Dispersus, gén. dispersûs⁴, *f.*

DISPOS. Voyez *Agile*.

DISPOSÉ, *mis en ordre*. Dispositus, a, um, *part. pass.*

DISPOSÉ à, *prêt*. Paratus, a, um. à *par* ad *et l'acc.*, ou *le gér.* en dum.

DISPOSER, *ou ranger*. Disponere, dispono, disponis, disposui, dispositum³, *act.*

DISPOSER *de, ou se servir*. Uti, utor, uteris, usus sum³, *dépon. avec l'abl.*

DISPOSER à. Voy. *Préparer*.

SE DISPOSER *à quelque chose*. Voy. se *Préparer*.

DISPOSITIF *d'un arrêt*. Scitum, g. sciti², *n.*

DISPOSITION, *arrangement*. Dispositio, g. dispositionis³, *f.*

DISPOSITION, *état de la santé*. Valetudo, g. valetudinis³, *f.*

DISPOSITION, *pouvoir*. Potestas, g. potestatis³, *f.*

DISPOSITION, *aptitude, talent*. Habilitas, g. habilitatis³, *f.* | Qui a de la disposition. Aptus, a, um pour *ou* à *par* ad, *avec l'acc.*

DISPROPORTION. Inæqualitas, g. inæqualitatis³, *f.*

DISPROPORTIONNÉ. Inæqualis, *m. f.* inæquale, *n. gén.* inæqualis, *adj. ensuite un dat.*

DISPUTE, *contestation*. Contentio, g. contentionis³, *f.*

DISPUTE, *ou différend*. Controversia, g. controversiæ¹, *f.*

DISPUTER, *être en contestation*. Contendere, contendo, contendis, contendi, contentum³, *n.* Le nom de la chose dont on dispute se met à l'ablat. avec de, et le nom de la personne avec qui on dispute, à l'abl. avec cum. | Disputer à quelqu'un le commandement. De imperio dimicare, dimico, dimicas, dimicavi, dimicatum¹, *n.* La personne à l'abl. avec cum.

SE DISPUTER. Voyez se *Quereller*.

DISQUE, *palet*. Discus, g. disci², *m.*

25

DISSECTION. Sectio, g. sectionis³, f.

DISSEMBLABLE. Dissimilis, m. f. dissimile, n. gén. dissimilis, adj. comp. Dissimilior, m. f. dissimilius, n. gén. dissimilioris; superl. dissimillimus, a, um. Ensuite un datif.

DISSEMBLANCE. Dissimilitudo, g. dissimilitudinis³, f.

DISSÉMINER, répandre çà et là. Disseminare, dissemino, disseminas, disseminavi, disseminatum¹, act.

DISSENSION. Dissensio, gén. dissensionis³, f. | Etre en dissension. Voy. Etre en discorde. | Mettre en dissension. Voyez Diviser.

DISSÉQUÉ. Dissectus, a, um, part. pass.

DISSÉQUER. Dissecare, disseco, dissecas, dissecui, dissectum¹, act.

DISSERTATION. Dissertatio, g. dissertationis³, f.

DISSERTER. Disserere, dissero, disseris, disserui, dissertum³, n. sur par de, avec l'ablat.

DISSIDENCE. Dissidentia, g. dissidentiæ¹, f.

DISSIDENT. Dissidens, g. dissidentis, adj.

DISSIMULATION. Dissimulatio, g. dissimulationis³, f.

DISSIMULÉ, ou feint. Dissimulatus, a, um, part. pass.

UN DISSIMULÉ. Dissimulator, g. dissimulatoris³, m.

DISSIMULER. Dissimulare, dissimulo, dissimulas, dissimulavi, dissimulatum¹, act.

DISSIPATEUR. Decoctor, g. decoctoris³, m.

DISSIPATION, action de disperser. Dissipatio, g. dissipationis³, f. | Dissipation de l'esprit. Aberratio, g. aberrationis³, f.

DISSIPÉ, dispersé. Dissipatus, a, um, part. pass. | Un esprit dissipé. Vagus animus, g. vagi animi², m. | Etre dissipé. Animo vago esse, sum, es, fui.

DISSIPÉ, dépensé. Profusus, a, um, adj.

DISSIPER. Dissipare, dissipo, dissipas, dissipavi, dissipatum¹, act. | Dissiper son bien. Rem suam dissipare.

SE DISSIPER, se perdre. Dilabi, dilabor, dilaberis, dilapsus sum³, dépon.

SE DISSIPER, se distraire. Animum relaxare, relaxo, relaxas, relaxavi, relaxatum¹, act.

DISSOLU. Dissolutus, a, um, adj.

DISSOLUBLE, qui peut se dissoudre. Dissolubilis, m. f. dissolubile, n. gén. dissolubilis, adj.

DISSOLUMENT. Dissolute, adv. comp. Dissolutius; superl. dissolutissime.

DISSOLUTION, séparation. Dissolutio, g. dissolutionis³, f.

DISSOLUTION, débauche. Intemperantia, g. intemperantiæ¹, f.

DISSOLVANT, qui dissout. Vim dissolvendi habens, g. vim dissolvendi habentis, part. prés.

DISSONNANCE, faux accord. Dissonans sonus, g. dissonantis³ soni², m. c. à. d. son dissonnant.

DISSONNANT. Dissonus, a, um, adj.

DISSOUDRE. Dissolvere, dissolvo, dissolvis, dissolvi, dissolutum³, act.

SE DISSOUDRE. Dissolvi, dissolvor, dissolveris, dissolutus sum³, pass.

DISSOUS. Dissolutus, a, um, part. pass.

DISSUADER. Dissuadere, dissuadeo, dissuades, dissuasi, dissuasum², act. acc. de la chose, et le datif de la personne.

DISSUASION. Dissuasio, g. dissuasionis³, f.

DISSYLLABE, qui n'a que deux syllabes. Dissyllabus, a, um, adj.

DISTANCE. Distantia, g. distantiæ¹, f.

DISTANT. Distans, m. f. et n.

gén distantis. | *Etre distant.* Abesse, absum, abes, abfui. *Le nom de la distance à l'abl. sans prép., le nom de lieu à l'abl. avec* à *ou* ab.

DISTENSION *de nerfs.* Distensio, *g.* distensionis[3], *f.*

DISTILLATION. Expressio, *g.* expressionis[3], *f.*

DISTILLER, *tirer le suc.* Succos extrahĕre, extraho, extrahis, extraxi, extractum[3], *act. avec un génitif.*

Distiller, *tomber goutte à goutte.* Stillare, stillo, stillas, stillavi, stillatum[1]. *act.*

DISTINCT, *différent.* Distinctus, a, um, *part. pass.*

Distinct, *net et clair.* Clarus, a, um, *part. pass.*

DISTINCTEMENT. Distinctè, *adv.*

DISTINCTIF. Proprius, ia, ium, *adj.*

DISTINCTION. Distinctio, *g.* distinctionis[3], *f.* | *Qui est de distinction.* Conspicuus, ua, uum, *adj.*

DISTINGUÉ, *séparé.* Distinctus, a, um, *part. pass. de par* à *ou* ab, *avec un ablat.*

Distingué, *peu commun.* Egregius, ia, ium, *adj.*

Distingué par. Clarus, a, um, *adj. Ablat. du nom qui suit* par.

DISTINGUER. Distinguĕre, distinguo, distinguis, distinxi, distinctum[3], *act. de par* à *ou* ab, *et l'ablat.*

se Distinguer. Eminēre, emineo, emines, eminui[2], *sans sup. n.*

DISTIQUE. Distichum, *g.* distichi[2], *n.*

DISTRACTION. Aberratio, *g.* aberrationis[3], *f.*

DISTRAIRE. Avocare, avoco, avocas, avocavi, avocatum[1], *act. de par* à *ou* ab, *et l'abl.*

se Distraire *de.* Avocare mentem ab, *et l'ablat.* c. à. d. *détourner son esprit de.*

DISTRAIT, *séparé.* Distractus, a, um, *part. pass.*

Distrait, *peu attentif.* Animo vagans, *g.* animo vagantis[3], *part. prés.* | *Etre distrait.* Animo vagari, vagor, vagaris, vagatus sum[1], *dép.*

DISTRIBUER. Distribuĕre, distribuo, distribuis, distribui, distributum[3], *act.*

DISTRIBUTEUR. Distributor, *g.* distributoris[3], *m.*

DISTRIBUTIF, *la justice distributive.* Justitia suum cuique tribuens, *g.* justitiæ[1] suum cuique tribuentis[3], *f.* c. à. d. *rendant à chacun le sien.*

DISTRIBUTION. Distributio, *g.* distributionis[3], *f.*

DISTRICT, *étendue de juridiction.* Jurisdictionis fines, *g.* jurisdictionis finium[3], *f. plur.*

DIT. Dictus, a, um, *part. pass.*

Dit, *surnommé.* Cognomine, *abl.* Ex. *Louis XIV, dit le Grand.* Ludovicus decimus quartus, cognomine magnus.

DIVAGUER. Divagari, divagor, divagaris, divagatus sum[1], *dép.*

DIURNAL. Diurnale, *g.* diurnalis[3], *neut.*

DIVAN, *lieu où l'on rend la justice en Orient.* Judiciale forum, *g.* judicialis[3] fori[2], *n.*

DIVERS, Diverse, *adj.* Diversus, a, um, *adj.*

DIVERSEMENT. Diversè, *adv.*

DIVERSIFIER. Variare, vario, varias, variavi, variatum[1], *act.*

DIVERSION, *action de détourner.* Distractio, *g.* distractionis[3], *f.* | *Faire diversion,* c. à. d. *faire plusieurs attaques pour obliger l'ennemi à partager ses troupes.* Hostiles copias distrahĕre, distraho, distrahis, distraxi, distractum[3], *act.* | *Faire diversion à son chagrin.* A mœrore animum abducĕre, abduco, abducis, abduxi, abductum[3], *act.*

DIVERSITÉ. Varietas, *g.* varietatis[3], *f.*

DIVERTIR. Oblectare, oblecto, oblectas, oblectavi, oblectatum[1], *act.*

SE DIVERTIR à, se récréer. Oblectare se. à par l'abl. ou le gérond. en do.

DIVERTISSANT. Jucundus, a, um, adj.

DIVERTISSEMENT. Oblectatio, g. oblectationis[3], f.

DIVERTISSEMENS d'enfans. Puerorum oblectamenta, g. puerorum oblectamentorum[2], n. plur.

DIVIN. Divinus, a, um, adj.

DIVINATION. Divinatio, g. divinationis[3], f.

DIVINEMENT. Divinitùs, adv.

DIVINISER, mettre au nombre des Dieux. Deorum numero adscribĕre, adscribo, adscribis, adscripsi, adscriptum[3], act.

DIVINITÉ, nature divine. Divinitas, g. divinitatis[3], f.

DIVINITÉ, Dieu. Deus, g. Dei[2], m.

Les Divinités chez les Païens. Dii, g. deorum, dat. diis, acc. deos, m. plur.

DIVISER. Dividĕre, divido, dividis, divisi, divisum[3], act.

DIVISER, mettre le trouble. Dissociare, dissocio, dissocias, dissociavi, dissociatum[2], act.

DIVISIBLE. Dividuus, ua, uum, adj.

DIVISION, l'action de séparer. Divisio, g. divisionis[3], f.

DIVISION. Voyez Discorde.

DIVORCE, séparation du mari et de la femme. Divortium, g. divortii[2], neut.

DIVORCER. Divortium facĕre, facio, facis, feci, factum[3], act.

DIVULGATION. Evulgatio, g. evulgationis[3], f.

DIVULGUÉ. Divulgatus, a, um, part. pass.

DIVULGUER. Divulgare, divulgo, divulgas, divulgavi, divulgatum[1], act. | Se divulguer, en parlant des choses. In vulgus emanare, emano, emanas, emanavi, emanatum[1], neut. par se rend par per, avec l'acc.

DIX. Decem. plur. indéclin. et de tout genre. | Qui est de dix, ou qui contient dix. Denarius, ia, ium, adj. | L'espace de dix ans. Decennium, g. decennii[2], n. | Chariot tiré par dix chevaux de front. Decem jugis currus, g. decem jugis currûs[4] m. | De dix en dix. Decimus quisque m. decima quæque f. decimum quodque neut. gén. decimi cujusque, decimæ cujusque, decimi cujusque. L'un et l'autre se déclinent. | De dix jours l'un. Decimo quoque die, à l'ablat. c. à. d. chaque dixième jour. | Dix fois. Decies, adv.

DIXIÈME. Decimus, a, um, adj. | Pour la dixième fois. Decimùm, adv. | Dixièmement. Decimò, adv.

DIX-SEPT. Decem et septem pl. indécl. | Dix-sept fois. Decies et septies, adv.

DIX-SEPTIÈME. Septimus decimus, septima decima, septimum decimum, adj.

DIX-HUIT. Decem et octo, indéclin. | Dix-huit fois. Decies et octies.

DIX-HUITIÈME. Decimus octavus, decima octava, decimum octavum, adj.

DIX-NEUF. Decem et novem, indéclin. | Dix-neuf fois. Decies et novies, adv.

DIX-NEUVIÈME. Decimus nonus, decima nona, decimum nonum, adj.

DIZAIN, dix vers. Decem versus, g. decem versuum[4], m. plur.

DIZAINE. Decem. | Une dizaine d'hommes. Decem homines.

DIZENIER. Decurio, g. decurionis[3], m.

DOCILE. Docilis, m. f. docile, n. gén. docilis. comp. Docilior, m. f. docilius, n. gén. docilioris; sup. docilissimus, a, um, adj. à par ad et l'acc. ou le gér. en dum.

DOCILEMENT. Cum docilitate.

DOCILITÉ. Docilitas, g. docilitatis[3], f.

DOCTE. Doctus, a, um, adj.

DOCTEMENT. Doctè, *adv.*

DOCTEUR. Doctor, *g.* doctoris[3], *m.* | *En théologie.* Theologiæ, *au gén.* | *Recevoir quelqu'un docteur.* Creare aliquem doctorem, *c. à. d. le créer docteur.* | *Passer docteur, prendre, recevoir le degré, le bonnet de docteur* ou *le doctorat.* Obtinēre gradum doctoris.

DOCTORAL, *de docteur.* Doctoris proprius, ia, ium. | *Bonnet doctoral.* Doctoris insigne, *gén.* doctoris insignis[3], *n. c. à. d. la marque de docteur.*

DOCTORAT. Doctoris gradus, *g.* doctoris gradûs[4]. *c. à. d. degré de docteur.*

DOCTRINE. Doctrina, *g.* doctrinæ[1], *f.* | *Doctrine chrétienne.* Doctrinæ christianæ elementa, *g.* doctrinæ christianæ elementorum[2], *neut. plur.*

DOCTRINE, *précepte.* Documentum, *g.* documenti[2], *n.*

DOCUMENT. Documentum, *g.* documenti[2], *n.*

DODU, *gras.* Adiposus, a, um, *adj.*

DOGE, *magistrat souverain.* Dux, *g.* ducis[3], *m.*

DOGMATIQUEMENT. Secundùm præcepta.

DOGMATISER. Dogmata spargēre, spargo, spargis, sparsi, sparsum[3], *act. c. à. d. répandre des dogmes.* | *En chaire,* è pulpito.

DOGME. Dogma, *g.* dogmatis[3], *n.*

DOGUE, *gros chien.* Molossus, *g.* molossi[2], *m.*

DOIGT. Digitus, *g.* digiti[3], *m.* | *Au doigt,* ou *avec le doigt.* Digito, *à l'abl.* | *Du bout des doigts.* Extremis digitis, *à l'abl.* | *Savoir sur le bout du doigt.* Percallēre, percalleo, percalles, percallui[2], *sans sup. act. avec l'accus.*

DOL, *finesse, tromperie.* Dolus, *g.* doli[2], *m.*

DOLÉANCE. Questus, *g.* questûs[4], *masc.*

DOLENT. Voyez *Triste.*

DOLOIRE, *outil de tonnelier.* Dolabra, *g.* dolabræ[1], *f.* | *Poli avec la doloire.* Dolabratus, a, um, *adj.*

DOMAINE, *droit de propriété.* Dominium, *g.* dominii[2], *n.*

DOMAINE, *fonds de terre.* Prædium, *g.* prædii[2], *n.*

DOME. Tholus, *g.* tholi[2], *m.*

DOMESTIQUE, *qui est de la maison.* Domesticus, a, um, *adj.*

UN **DOMESTIQUE.** Servus, *g.* servi[2], *m.*

DOMICILE. Domicilium, *g.* domicilii[2], *n.*

DOMICILIÉ. Habitans, *g.* habitantis, *part. prés.*

DOMINANT, *qui domine.* Dominans, *m. f. et n. gén.* dominantis.

DOMINATEUR. Dominator, *g.* dominatoris[3], *m. Au fém.* Dominatrix, *g.* dominatricis[3].

DOMINATION. Dominatus, *g.* dominatûs[4], *m.*

DOMINER. Dominari, dominor, dominaris, dominatus sum[1], *dépon. sur, s'exprime par* in, *et l'abl.* | *Dominer ses passions.* Imperare cupiditatibus, *c. à. d. leur commander; de* Impero, imperas, imperavi, imperatum[1], *neut.* *Être dominé par ses passions.* Parēre cupiditatibus, *c. à. d. leur obéir;* pareo, pares, parui, paritum[2], *n.*

DOMINICAIN, *religieux.* Dominicanus, *g.* dominicani[2], *m.*

DOMINICAL. Dominicus, a, um, *adj.*

DOMMAGE. Damnum, *g.* damni[2], *neut.*

DOMMAGEABLE. Exitiosus, a, um, *adj.*

DOMPTABLE. Domabilis, *m. f.* domabile, *n. gén.* domabilis, *adj.*

DOMPTER. Domare, domo, domas, domui, domitum[1], *act.*

DOMPTEUR. Domitor, *g.* domitoris[3], *m.*

DON. Donum, *g.* doni[2], *n.*

DONATAIRE. Donatorius, *g.* donatorii[2], *m.*

DONATION. Donatio, g. donationis³, f.

DONC. Ergò. Igitur, conj.

DONJON. Arcis vertex, g. arcis verticis³, m.

DONNER Dare, do, das, dedi, datum¹, act. acc. rég. ind. dat. | *Se faire donner par force.* Extorquēre, extorqueo, extorques, extorsi, extortum², act. de par ab avec l'ablat. | *Le vent donne.* Ventus flat; flo, flas, flavi, flatum, flare¹, n.

Donner *sur.* Irruĕre, irruo, irruis, irrui, irrutum³, n. | *Sur l'ennemi*, in hostem. | *Donner dans l'erreur.* Duci errore, c. à. d. être conduit par l'erreur. Duci, pass. de Ducĕre, duco, ducis, duxi, ductum³. | *Donner dans une embuscade.* In insidias incidĕre, incido, incidis, incidi³, sans sup.ⁿ. c, à. d. y entrer. | *Donner dix sous d'une chose.* Voyez Acheter. | *Donner une chose pour dix sous.* Voyez Vendre. | *Se donner à quelqu'un.* Voyez s'Attacher. | *Se donner bien du mouvement pour.* Voy. s'Efforcer.

se Donner *pour.* Se perhibēre, me perhibeo, te perhibis, me perhibui, se perhibitum², act. Le nom qui vient ensuite se met à l'accus. Ex.: Il se donne pour bon poète. Se perhibet optimum poetam.

DONNEUR. Dator, g. datoris³, masc.

DONT. (*Voyez la règle du Qui relatif.*)

DORADE, *poisson.* Aurata, g. auratæ¹, f.

DORÉ. Auratus, a, um, part. pass.

DORÉNAVANT. Deinceps. In posterùm, adv.

DORER. Inaurare, inauro, inauras, inauravi, inauratum¹, act.

se Dorer. Aurescĕre, auresco, aurescis³, sans supin, n.

DOREUR. Inaurator, g. inauratoris³, m.

DORLOTER, ou *traiter mollement.* Molliter habēre, habeo, habes, habui, habitum², act.

DORMANT. Dormiens, g. dormientis, part. prés. | *Eau dormante.* Aqua reses, g. aquæ¹, residis³, f.

DORMEUR. Somniculosus, a, um, adj.

DORMIR, *verbe.* Dormire, dormio, dormis, dormivi, dormitum⁴, n. | *En dormant.* Per somnum.

le Dormir. Somnus, g. somni², m.

DORMITIF, *en parlant d'un remède.* Somnificus, a, um, adj.

DORTOIR. Dormitorium, g. dormitorii², n.

DORURE. Auratura, g. auraturæ¹, f.

DOS. Tergum, g. tergi², n. | *A dos*, ou *par derrière.* A tergo. | *Avoir à dos.* Habēre² adversum, c. à. d. avoir contraire; de Adversus, a, um, adj. qui s'accorde avec le nom de la personne que l'on a à dos. Ex. *Vous avez tous vos camarades à dos.* Habes adversos omnes tuos condiscipulos. | *Tourner le dos, prendre la fuite.* Terga vertĕre, verto, vertis, verti, versum³, act. | *Dos d'une chaise*, etc. Voyez Dossier.

DOSE. Modus, g. modi², m.

DOSSIER. Dorsum, g. dorsi², n.

la DOT, *le bien d'une femme.* Dos, g. dotis³, f.

DOTATION. Dotis largitio, g. dotis largitionis³, f.

DOTER. Dotare, doto, dotas, dotavi, dotatum¹, act. acc. de la personne, et l'abl. de la chose.

DOUAIRE. Viduæ ususfructus, g. viduæ ususfructûs⁴, m.

DOUAIRIÈRE. Usufructuaria, g. usufructuariæ¹, f.

DOUANE. Portorium, g. portorii², n.

DOUANIER, *celui qui visite les marchandises à la douane.* Portitor, g. portitoris³, m.

DOUBLE, *qui est double.* Du-

DOU — DRA

plex, m. f. et n. gén. duplicis³, adj.
Le Double. Duplum, g. dupli², n.
Au double. Duplo, à l'ablat.
Double, copie d'un écrit. Exemplar, g. exemplaris³, n.
DOUBLEMENT. Dupliciter, adv.
DOUBLER. Duplicare, duplico, duplicas, duplicavi, duplicatum¹, act. | Doubler le pas. Voy. Hâter. | Doubler un cap, le passer. Promontorium superare, supero, superas, superavi, superatum¹, act.
Doubler les rangs. Ordines densare, denso, densas, densavi, densatum¹, act.
DOUBLURE. Pannus assutus, g. panni assuti², m.
DOUCEÂTRE. Subdulcis, m. f. subdulce, n. gén. subdulcis, adj.
DOUCEMENT, avec douceur. Blandè, adv.
Doucement, sans bruit. Tacitè, adv.
Doucement, lentement. Lentè, adv.
DOUCEREUX. Dulciculus, a, um, adj.
DOUCEUR au goût. Suavitas, g. suavitatis³, f. | Douceur de caractère. Mansuetudo, g. mansuetudinis³, f. | Douceurs de la vie. Vitæ delinimenta, g. vitæ delinimentorum², n. plur.
DOUÉ. Præditus, a, um, adj. avec un ablat.
DOUER. Instruĕre, instruo, instruis, instruxi, instructum¹, act. acc., et l'ablat. de la chose.
DOUILLET. Delicatus, a, um, adj.
DOUILLETTEMENT. Delicatè, adv.
DOULEUR. Dolor, g. doloris³, m.
DOULOUREUX. Acerbus, a, um, adj.
DOULOUREUSEMENT. Dolenter, adv.
DOUTE. Dubitatio, g. dubitationis³, f. | Sans doute. Sinè dubio. | Il n'y a pas de doute. Non est dubium. Le que qui suit, s'exprime par quin, avec le subjonct.

DOUTER, ou être en doute. Dubitare, dubito, dubitas, dubitavi, dubitatum¹, n. On met le nom de la chose à l'ablat. avec de.
se Douter de. Suspicari, suspicor, suspicaris, suspicatus sum¹, dép. acc.
DOUTEUSEMENT, avec doute. Dubiè, adv.
Douteusement, ambigument. Ambiguè, adv.
DOUTEUX. Dubius, ia, ium, adj.
DOUVE de tonneau. Axis, g. axis³, m.
DOUX, au goût, à l'odorat. Suavis, m. f. suave, n. gén. suavis, adj.
Doux, au toucher. Lenis, m. f. lene, n. gén. lenis, adj. | Doux à l'ouïe. Suavis, m. f. suave, n. gén. suavis, adj.
Doux, agréable. Dulcis, m. f. dulce, n. gén. dulcis, adj.
Doux de caractère. Mansuetus, a, um, adj.
DOUZAINE, ou douze. Duodecim, plur. indéclin. de tout genre. | Douze fois. Duodecies, adv. | De douze en douze ans, c. à. d. chaque douzième année. Duodecimo quoque anno, à l'abl. | Demi-douzaine. V. Six. | Douze cents, c. à. d. mille et deux cents. Mille ducenti, æ, a.
DOUZIÈME. Duodecimus, a, um, adi.
DOUZIÈMEMENT. Duodecimo loco, à l'ablat.
DOYEN d'un chapitre. Decanus, g. decani², m. | Doyen des conseillers, des médecins, etc. Antiquissimus, g. antiquissimi², m. Ajoutez senatorum, medicorum, etc.
DOYENNÉ, dignité de doyen. Decanatus, g. decanatûs⁴, m.
DRAGÉES. Cupediæ, g. cupediarum¹, f. plur.
DRAGME, sorte de monnoie. Drachma, g. drachmæ¹, f.
DRAGON. Draco, g. draconis³, masc.

DRAGON, *soldat*. Dimacha, g. dimachæ¹, m.

DRAMATIQUE, ou *poésie dramatique*. Dramaticus, a, um, adj.

DRAP, *étoffe*. Pannus, g. panni², m.

DRAP *de lit*. Linteum, g. lintei², neut.

DRAPÉ *de noir*. Atratus, a, um, adj.

DRAPEAU, *enseigne d'infanterie*. Vexillum, gén. vexilli², n. | *Se rendre, se ranger sous le drapeau*. Ad vexillum convolare, convolo, convolas, convolavi, convolatum¹, n.

DRAPEAU, *linge usé*. Panniculus, g. panniculi², m.

DRAPER, *couvrir une voiture de deuil*. Lugubri ornatu rhedam vestire, vestio, vestis, vestivi, vestitum⁴, act.

DRAPER, *se moquer*. Vellicare, vellico, vellicas, vellicavi, vellicatum¹, act.

DRAPERIE. Pannorum textura, g. pannorum texturæ¹, f. c. à. d. *manufacture de draps*.

DRAPERIE, *terme de peinture*. Vestium picturæ, g. vestium picturarum¹, f. plur. c. à. d. *peinture d'habits*.

DRAPIER, ou *marchand de draps*. Pannorum mercator, g. pannorum mercatoris³, m.

DRESSÉ, *debout*. Erectus, a, um, part. pass.

DRESSÉ, ou *instruit*. Instructus, a, um, p. p. à par ad avec l'acc.

DRESSÉ, *dompté, en parlant d'un cheval*. Domitus, a, um, part. pass.

DRESSER, *rendre droit ce qui est tortu*. Corrigĕre, corrigo, corrigis, correxi, correctum³, act.

DRESSER, *mettre droit ce qui est renversé*. Erigĕre, erigo, erigis, erexi, erectum³, act. | *Dresser des autels*. Aras ponĕre, pono, ponis, posui, positum³, act. Le nom de la pers. au dat.

SE DRESSER *sur ses pieds*. Erigi, pass. de Erigo. Ajoutez in digitos.

DRESSER, ou *instruire*. Instituĕre, instituo, instituis, institui, institutum³, act. à par ad et l'acc.

DRESSER, *préparer*. Apparare, apparo, apparas, apparavi, apparatum¹, act.

DRESSER *un cheval*. Equum domare, domo, domas, domui, domitum¹, act.

DRESSER *à la tête, de peur ou de honte*. Horrescĕre, horresco, horrescis, horrui³, sans supin, n. | *Les cheveux lui dressent à la tête*. Capilli horrescunt illi, au datif.

DROGUE. Medicamentum, g. medicamenti², n.

DROGUER. Purgare, purgo, purgas, purgavi, purgatum¹, act.

SE DROGUER. Medicamentis uti, utor, uteris, usus sum³, dép. c. à. d. *user de drogues*.

DROGUISTE. Pharmacopola, g. pharmacopolæ¹, m.

DROIT, *droite*. Rectus, a, um, adj. | *En droite ligne*. Rectâ lineâ, à l'ablat. | *Se tenir droit*. Stare, sto, stas, steti, statum¹, n. | *Droit, ou tout droit*. Rectè adv.

DROIT, *opposé à gauche*. Dexter, dextera, dexterum, adj. | *A droite*. Dextrâ, à l'ablat.

LE DROIT, Jus, g. juris³, n. | *A droit et à tort*. Jure et injuriâ, ablat. | *A bon droit*. Meritò adv.

DROITEMENT, *équitablement*. Sincerè, adv. ou ut æquum est.

DROITURE. Integritas, g. integritatis³, f. | *En droiture*. Rectâ viâ, à l'ablat.

DROLE, ou *plaisant*. Lepidus, a, um, adj.

DROLEMENT. Lepidè, adv.

DROLERIE, *plaisanterie*. Vernilitas, g. vernilitatis³, f.

DROMADAIRE, *espèce de chameau*. Camelus dromas, g. cameli² dromadis³, m.

DRU, *épais*. Densus, a, um, adj.

DRUIDE, *prêtre gaulois.* Druida, g. druidæ¹, m.

DRYADE, *nymphe des bois.* Dryas, g. dryadis³, f.

DÛ, *part. passé du verbe Devoir.*

DUBITATIF. Dubitativus, a, um, adj.

DUC. Dux, g. ducis³, m.

Duc, *oiseau de nuit.* Asio, g. asionis¹, m.

DUCAL, ou *de duc.* Ducalis, m. f. ducale, n. gén. ducalis, adj.

DUCAT. Ducatus, g. ducatûs⁴, masc.

DUCATON, *monnoie de moindre valeur que le ducat.* Minor ducatus, gén. minoris³ ducatûs⁴, masc.

DUCHÉ. Ducatus, g. ducatûs⁴, masc.

DUCHESSE. Ducissa, g. ducissæ¹, fém.

DUCTILE, *en parlant des métaux qui s'étendent.* Ductilis, m. f. ductile, n. gén. ductilis, adj.

DUEL. Certamen singulare, g. certaminis singularis³, n. | *Appeler en duel.* Ad certamen singulare provocare, provoco, provocas, provocavi, provocatum¹, act. | *Se battre en duel.* Viritim dimicare, dimico, dimicas, dimicavi, dimicatum¹, n. avec *se* rend par cum, et l'ablat.

EN DUEL. Singulari certamine, ablatif.

DÛMENT, *comme il est juste.* Ut par est. | *Dûment, dans les formes.* Rite, adv.

DUNES. Aggeres, g. aggerum³, m. plur.

DUPE, ou *niais.* Stolidus, a, um, adj. | *Prendre quelqu'un pour dupe.* Fallere, fallo, fallis, fefelli, falsum³, act. c à. d. *tromper.*

Être pris pour dupe. Falli, fallor, falleris, falsus sum³, pass.

DUPÉ, *pris pour dupe.* Elusus, a, um, adj.

DUPER. Voyez *Tromper.*

DUPERIE. Fraus, g. fraudis³, f.

DUPLICITÉ. Perfidia, g. perfidiæ¹, fém.

DUQUEL, ou *de laquelle, desquels,* ou *desquelles,* s'expriment comme dont. Ainsi voyez *Dont.*

DUR. Durus, a, um, adj.

DURABLE. Durabilis, m. fém. durabile, n. gén. durabilis, adj.

DURANT. Per, *avec l'acc.*

Durant que. Dùm, *avec l'indic.*

DURCIR, *rendre dur.* Durare, duro, duras, duravi, duratum¹, actif.

DURCIR, ou *devenir dur.* Durescere, duresco, durescis, durui³, *sans sup.* n.

DURE, *la dure.* Nuda humus, g. nudæ¹ humi², f. | *Coucher sur la dure.* Nudâ humo cubare, cubo, cubas, cubui, cubitum¹, n.

DURÉE. Spatium, g. spatii², n. | *Qui est de longue durée.* Diuturnus, a, um, adj. | *De courte durée.* Brevis, m. f. breve, n. gén. brevis, adj.

DUREMENT. Durè, adv.

DURER. Durare, duro, duras, duravi, duratum¹, n. | *Faire durer.* Producere, produco, producis, produxi, productum³, act.

DURETÉ. Duritia, g. duritiæ¹, f.

AVEC DURETÉ. Durè, adv.

Dureté d'oreille. Auditûs gravitas, g. auditûs gravitatis³, f. | *Dureté d'esprit.* Animi stupor, g. animi stuporis¹, m.

DURILLON. Callum, g. calli², neut.

DUVET, *plume menue.* Mollior pluma, g. mollioris³ plumæ¹, f.

DUVET, *poil follet.* Lanugo, g. lanuginis¹, f.

DYNASTIE, *lignée des rois qui ont régné les uns après les autres.* Dynastia, g. dynastiæ¹, fém.

DYSSENTERIE. Dysenteria, g. dysenteriæ¹, fém.

E.

EAU. Aqua, g. aquæ¹, f. | Eau claire. Lympha, g. lymphæ¹, f. | Par eau, ou en bateau. Navicula, à l'abl. | Porteur d'eau. Aquarius, g. aquarii², m. | Faire eau, en parlant d'un vaisseau dans lequel l'eau entre. Accipĕre aquam, c à. d. recevoir l'eau. | Mettre de l'eau dans son vin. Miscēre vinum aquā; c. à. d. mêler.

EAU, ou sueur. Sudor, g. sudoris³, m. | Etre tout en eau, ou suer. Sudare, sudo, sudas, sudavi, sudatum¹, n.

EAUX minérales. Aquæ salubres, g. aquarum¹ salubrium³, f. plur. | Prendre les eaux. Aquas salubres potare, poto, potas, potavi, potatum¹, act.

EAU BÉNITE. Aqua lustralis, g. aquæ¹ lustralis³, f.

s'ÉBAHIR. Obstupescĕre, obstupesco, obstupescis, obstupui¹, n.

ÉBARBER, couper à l'entour. Circumtondēre, circumtondeo, circumtondes, circumtotondi, circumtonsum², act.

ÉBAT. Prendre ses ébats. Lætitiam agitare, agito, agitas, agitavi, agitatum¹, act.

ÉBAUCHE. Adumbratio, gén. adumbrationis³, f.

ÉBAUCHER. Adumbrare, adumbro, adumbras, adumbravi, adumbratum¹, act.

ÉBÈNE, bois. Ebenus, g. ebeni², f. | D'ébène. Ex ebeno.

ÉBÉNIER, arbre. Ebenus, g. ebeni², f.

ÉBÉNISTE. Ex ebeno operis artifex, g. ex ebeno operis artificis³, m. Mot à mot, ouvrier d'ouvrage d'ébène.

ÉBLOUI. Caligans, g. caligantis, part. prés. | Etre ébloui. Caligare, caligo, caligas, caligavi, caligatum¹, n.

ÉBLOUIR. Oculos perstringĕre, perstringo, perstringis, perstrinxi, perstrictum³, act. Le nom qui vient ensuite, se met au génit. | Etre ébloui, se laisser éblouir à, ou par. Capi, capior, caperis, captus sum³, pass. avec l'ablat.

ÉBLOUISSEMENT. Caligatio, g. caligationis³, fém.

ÉBORGNÉ. Oculo captus, a, um, adj.

ÉBORGNER, rendre borgne. Oculum eruĕre, eruo, eruis, erui, erutum³, act. dat. de la personne; c. à. d. tirer un œil à.

ÉBOULEMENT. Ruina, g. ruinæ¹, fém.

s'ÉBOULER. Corruĕre, corruo, corruis, corrui, corrutum³, n.

ÉBOURGEONNÉ. Pampinatus, a, um, part. pass.

ÉBOURGEONNER. Pampinare, pampino, pampinas, pampinavi, pampinatum¹, act.

ÉBRANCHER. Detruncare, detrunco, detruncas, detruncavi, detruncatum¹, act.

ÉBRANLÉ. Concussus, a, um, part. pass.

ÉBRANLEMENT. Concussio, g. concussionis³, f.

ÉBRANLER. Concutĕre, concutio, concutis, concussi, concussum³, act.

s'ÉBRANLER, se mettre en mouvement pour marcher à l'ennemi. In hostem ferri, ferror, ferris, latus sum³, pass. de Fero.

s'ÉBRANLER pour fuir. In fugam nutare, nuto, nutas, nutavi, nutatum¹, n.

ÉBRECHER. Labefacĕre, labefacio, labefacis, labefeci, labefactum[3], act.

ÉBRUITER. Vulgare, vulgo, vulgas, vulgavi, vulgatum[1], act.

ÉBULLITION. Ebullitio, gén. ebullitionis[3], f.

ÉCACHER. Obterĕre, obtero, obteris, obtrivi, obtritum[3], act.

ÉCAILLE de poisson. Squama, g. squamæ[1], f. | Ecaille de tortue. Testudinis cortex, g. testudinis corticis[3], f. | Couvert d'écaille. Squameus, ea, eum, adj.

ÉCAILLÉ, à qui on a ôté les écailles. Desquamatus, a, um, p. p.

ÉCAILLER. Desquamare, desquamo, desquamas, desquamavi, desquamatum[1], act.

ÉCAILLEUX. Squamosus, a, um, adj.

ÉCALE, la première enveloppe des noix. Nucis cortex, g. nucis corticis[3], m.

ÉCARLATE. Coccinum, g. coccini[2], n. | Qui est d'écarlate. Coccineus, ea, eum, adj.

ÉCART, l'action de s'écarter. Declinatio, g. declinationis[3], f. | Un lieu à l'écart. Locus secretus, g. loci secreti[2], m. | A l'écart. Secretò, adv. Lorsqu'il y a mouvement, secretum in locum.

ÉCARTÉ, ou éloigné. Amotus, a, um, part. pass.

ÉCARTÉ de son chemin. Devius, ia, ium, adj.

ÉCARTELÉ. Quadrifariàm dissectus, a, um, part. pass. c. à. d. mis en quatre parties.

ÉCARTELER. Quadrifariàm dissecare, disseco, dissecas, dissecui, dissectum[1], act.

ÉCARTER. Amovēre, amoveo, amoves, amovi, amotum[2], act. Le de par à ou ab, et l'abl.

s'ÉCARTER. Recedĕre, recedo, recedis, recessi, recessum[3], n. Le de par à ou ab, et l'abl.

ECCLÉSIASTE, livre de l'écriture sainte. Ecclesiastes, g. ecclesiastæ[1], m.

ECCLÉSIASTIQUE. Ecclesiasticus, a, um, adj.

ÉCERVELÉ. Amens, m. f. et n. gén. amentis, adj.

ÉCHAFAUD. Patibulum, g. patibuli[2], n.

ÉCHAFAUDAGE. Tabulati constructio, g. tabulati constructionis[3], fém.

ÉCHAFAUDER. Tabulatum exstruĕre, exstruo, exstruis, exstructum[3], act. c. à. d. construire un échafaud.

ÉCHALAS. Palus, g. pali[2], m.

ÉCHALOTTE. Cæpa, g. cæpæ[1], fém.

ÉCHANCRER. Introrsùm incidĕre, incido, incidis, incidi, incisum[3], act. c. à. d. couper en dedans.

ÉCHANCRURE. Introrsùm incisio, g. incisionis[3], f. Ajoutez Introrsùm à tous les cas.

ÉCHANGE. Permutatio, g. permutationis[1], f. | Faire l'échange. Voy. Echanger.

ÉCHANGER. Permutare, permuto, permutas, permutavi, permutatum[1], act. pour, contre, ou avec, par cum avec l'abl.

ÉCHANSON. Pincerna, g. pincernæ[1], m.

ÉCHANTILLON. Specimen, g. speciminis[3], n.

ÉCHAPPATOIRE. Effugium, g. effugii[2], n.

ÉCHAPPÉ. Liberatus, a, um, avec l'abl.

ÉCHAPPER, ou s'Echapper. Evadĕre, evado, evadis, evasi, evasum[3], n. Le de ou à s'exprime par è ou ex, et l'ablat. | Echapper aux ennemis. Evadĕre è manibus hostium. | Echapper à la médisance. Linguas hominum vitare, vito, vitas, vitavi, vitatum[1], act. c. à. d. éviter la langue des hommes. | Echapper à la vue. Aciem oculorum fugĕre, fugio, fugis, fugi, fugitum[3], act. c. à. d. fuir la pointe des yeux. | Faire échapper. Aperire, aperio, aperis, aperui, apertum⁴, act. Ajoutez viam ad fugam, et le dat, de la personne, o. à. d. donner à quelqu'un le moyen de s'enfuir. | Laisser échapper l'occasion. Occasionem Prætermittĕre, prætermitto, prætermittis, prætermisi, prætermissum³, act. | Laisser échapper un prisonnier, un oiseau. È manibus amittĕre, amitto, amittis, amisi, amissum³, act.

ÉCHARDE, piquant de bois qui entre dans la chair Ligneus aculeus, g. lignei aculei², m.

ECHARPE. Ornement d'homme ou de femme. Fascia, gén. fasciæ¹, f. | Echarpe d'un homme de guerre. Balteus, gén. baltei², m. | Echarpe pour soutenir un bras blessé. Mitella, g. mitellæ¹, f. | Bras en écharpe. Brachium mitellâ suspensum. c. à. d. bras suspendu par une écharpe.

ÉCHASSES. Grallæ, g. grallarum¹, f. plur. | Qui va sur des échasses. Grallator, g. grallatoris¹, m.

ÉCHAUBOULURE. Papula, g. papulæ¹ f.

ÉCHAUDÉ, sur qui on a jeté de l'eau bouillante. Aquâ calidâ perfusus, a, um, part. pass.

UN ÉCHAUDÉ, sorte de pâtisserie. Crustulum, g. crustuli², n.

ECHAUDER, jeter de l'eau bouillante. Aquâ calidâ perfundĕre, perfundo, perfundis, perfudi, perfusum³, act. c. à. d. arroser d'eau chaude.

ÉCHAUFFÉ. Calefactus, a, um, part. pass.

ÉCHAUFFER. Calefacĕre, calefacio, calefacis, calefeci, calefactum³, act.

S'ÉCHAUFFER. Incalescĕre, incalesco, incalescis, incalui¹, sans sup. neut.

ÉCHAUFFER, animer. Voyez Inciter.

S'ÉCHAUFFER, s'emporter. Voy. S'Emporter de colère.

ÉCHÉANCE d'une rente, d'un paiement. Solutionis dies, g. solutionis diei³, f.

ÉCHEC, perte, défaite. Clades, g. cladis³, f. | Tenir l'ennemi en échec. Hostibus imminēre, immineo, immines, imminui², sans supin. n.

ÉCHECS, jeu. Latrunculi, g. latrunculorum², m. plur. | Jouer aux échecs. Latrunculis ludĕre, ludo, ludis, lusi, lusum³, n.

ÉCHELLE. Scalæ, g. scalarum¹, f. plur.

ÉCHELON. Gradus, g. gradûs⁴, masc.

ECHEVEAU de fil. Filum in spiram convolutum, g. fili in spiram convoluti², n.

ÉCHEVELÉ, ou ayant les cheveux épars. Passis crinibus, à l'ablat. | Femme échevelée. Passis crinibus mulier.

ÉCHEVIN. Scabinus, g. scabini². m.

ÉCHINE. Spina, g. spinæ¹, f.

ÉCHIQUIER. Alveolus, g. alveoli², m.

ÉCHO. Echo. f. Il n'y a que ce nominatif d'usité.

ECHOIR. Obtingĕre, obtingo, obtingis, obtigi³, n. datif de la personne.

ÉCHOPE, petite boutique. Taberna, g. tabernæ¹, f.

ÉCHOUER sur mer. Allidi, allidor, allideris, allisus sum³, pass. sur par l'ablat. du nom.

ÉCHOUER, ne pas réussir, (en parlant des personnes.) Hærēre, hæreo, hæres, hæsi, hæsum², n. dans ou en par in, avec l'ablat. | En parlant des choses. Cadĕre in irritum; cadĕre, cado, cadis, cecidi, casum³, n. c. à. d. tomber en choses inutiles.

ÉCLABOUSSER. Luto conspurcare, conspurco, conspurcas, conspurcavi, conspurcatum¹, act. c. à. d. salir avec la boue.

ÉCLABOUSSURE. Luti aspergo, g. luti asperginis³, f.

ÉCLAIR. Fulgur, g. fulguris³,

ÉCL

n. | *Il fait des éclairs*, ou *il éclaire*. Fulgurat, fulgurabat, fulguravit, fulgurare¹, *n. imperson.* | *Jeter des éclairs*. Fulgurare, fulguro, fulguras, fulguravi, fulguratum¹, *n.*

ÉCLAIRCI. Illustratus, a, um ; *part. pass.* Voy. *Éclaircir*.

ÉCLAIRCIR, *rendre clair*. Illustrare, illustro, illustras, illustravi, illustratum¹, *a. n.* | *Éclaircir ce qui est trop épais*. Disrarare, disraro, disraras, disraravi, disraratum¹, *act.* | *Éclaircir les rangs*. Ordines laxare, laxo, laxas, laxavi, laxatum¹, *act.*

s'ÉCLAIRCIR, *en parlant des choses*. Clarescĕre, clares o, clarescis³, *sans prétér. et sans sup. n.*

s'ÉCLAIRCIR, *en parlant des personnes*. Explorare, exploro, exploras, exploravi, exploratum¹, *act. De quelque chose*, à l'acc.

ÉCLAIRCIR, *polir*. Detergĕre, detergo, detergis, detersi, detersum³, *act.*

ÉCLAIRCIR, *rendre clair, en parlant des liqueurs*. Diluĕre, diluo, diluis, dilui, dilutum³, *act.*

ÉCLAIRCIR *quelqu'un de quelque chose*. Certiorem facĕre, facio, facis, feci, factum³, *act. Le nom de la chose au génit.*

ÉCLAIRCISSEMENT, *explication*. Explicatio, *g.* explicationis³, *fém.*

ÉCLAIRÉ, *où il fait clair*. Lucidus, a, um, *adj.*

ÉCLAIRÉ, *intelligent*. Intelligens, *m. f.* et *n. gén.* intelligentis. en *par* in, avec l'ablat.

ÉCLAIRER. Illustrare, illustro, illustras, illustravi, illustratum¹, *act.*

ÉCLAIRER *quelqu'un, porter le flambeau devant lui*. Lumen præferre, præfero, præfers, prætuli, prælatum³, *act. Le nom de la personne au datif.*

ÉCLAIREUR, *qui va à la découverte*. Explorator, *g.* exploratoris³, *m.*

ÉCL 205

ÉCLAT, ou *lueur, splendeur*. Splendor, *g.* splendoris³, *m.*

Avoir de l'éclat. Fulgēre, fulgeo, fulges, fulsi², *sans sup. n.*

ÉCLAT, ou *bruit*. Fragor, *g.* fragoris³, *m.*

ÉCLATS *de rire*. Cachinnus, *g.* cachinni², *m.*

ÉCLAT, ou *morceau*. Fragmentum, *g.* fragmenti², *n.* | *En éclats*. Assulatim, *adv.*

ÉCLATANT, *distingué*. Illustris, *m. f.* illustre, *n. gén.* illustris, *adj.*

ÉCLATANT, *sonore*. Sonorus, a, um, *adj.* | *Voix éclatante*. Vox clarisona, *g.* vocis³ clarisonæ¹, *f.* | *Bruit éclatant*. Fragor, *g.* fragoris³, *m*

ÉCLATER, ou *reluire*. Splendēre, splendeo, splendes, splendui², *sans supin. n.*

ÉCLATER, ou *faire du bruit*. Fragorem edĕre, edo, edis, edidi, editum³, *act.* | *Eclater de rire*. Cachinnari, cachinnor, cachinnaris, cachinnatus sum¹, *dép.*

ÉCLATER, ou *devenir public*. Erumpĕre, erumpo, erumpis, erupi, eruptum³, *n.*

ÉCLATER, *se fendre par éclats*. In fragmina ire, eo, is, ivi, itum⁴, *n.* | *Faire éclater sa joie*. Gaudium erumpĕre³, *act.* | *Faire éclater sa colère, sa haine, sa vengeance*. Iram, odium, ultionem effundĕre, effundo, effundis, effusi, effusum¹, *act.* contre *par* in, *et l'acc.*

ÉCLIPSE. Eclipsis, *g.* eclipsis³, *f.*

ÉCLIPSÉ. Obscuratus, a, um, *part. pass.*

ÉCLIPSER. Obscurare, obscuro, obscuras, obscuravi, obscuratum³, *act.*

s'ÉCLIPSER, *en parlant du soleil, etc.* Deficĕre, deficio, deficis, defeci, defectum³, *n.*

s'ÉCLIPSER, *se dérober aux yeux, en parlant des personnes*. Voyez *Disparoître*.

ÉCLIPTIQUE. Eclipticus, *gén.* ecliptici², *m.*

ÉCLOPÉ. Claudus, a, um, *adj.*

ÉCLORE, *sortir dehors.* Excludi, excludor, excluderis, exclusus sum³, *pass.* | *Faire éclore.* Excludĕre, excludo, excludis, exclusi, exclusum³, *act.*

ÉCLOS. Eclusus, a, um, *p. p.*

ÉCLUSE. Moles, g. molis³, *f.*

ÉCOLE. Schola, g. scholæ¹, *f.*

ÉCOLIER. Discipulus, g. discipuli², *m.*

ÉCOLIÈRE. Discipula, g. discipulæ¹, *f.*

ÉCONDUIRE *quelqu'un.* Repellĕre, repello, repellis, repuli, repulsum³, *act.*

ÉCONOME. Administrator, g. administratoris³, *m.*

Écoɴoᴍᴇ, *ménager.* Parcus, a, um, *adj.*

ÉCONOMIE, *administration.* Administratio, g. administrationis³, *f.*

Écoɴoᴍɪᴇ, *épargne.* Frugalitas, g. frugalitatis³, *f.* | *Avec économie.* Parcè, *adv.*

ÉCONOMIQUE. Œconomicus, a, um, *adj.*

ÉCONOMIQUEMENT. Parcè, *adv.*

ÉCONOMISER. Parcè uti, utor, uteris, usus sum³, *dép. avec l'abl.*

ÉCORCE. Cortex, g. corticis³, *m. et f.*

Écoʀᴄᴇ, *apparence.* Voy. ce mot.

ÉCORCHÉ. Pelle exutus, a, um, *part. pass.* c. à. d. *dépouillé de sa peau.*

ÉCORCHER. Pelle exuĕre, exuo, exuis, exui, exutum³, *act.* | *Ecorcher une langue, la mal parler.* Linguâ inscitè uti, utor, uteris, usus sum³, *dép.* c. à. d. *user en ignorant d'une langue.*

ÉCORCHERIE. Laniena, g. lanienæ¹, *f.*

ÉCORCHURE. Pellis avulsio, g. pellis avulsionis³, *f.* c. à. d. *l'action d'arracher la peau.*

ÉCORNER. Cornibus mutilare, mutilo, mutilas, mutilavi, mutilatum¹, *act.*

ÉCORNIFLER. Parasitari, parasitor, parasitaris, parasitatum sum¹, *dép.*

ÉCORNIFLEUR. Parasitus, g. parasiti², *m.*

ÉCORNIFLEUSE. Parasita, g. parasitæ¹, *f.*

ÉCOSSER. Excutĕre, excutio, excutis, excussi, excussum³, *act.* Écosser *des fèves.* Excutĕre fabas.

ÉCOT, *ce qu'on paie par tête.* Collecta, g. collectæ¹. Symbola, g. symbolæ¹, *f.*

ÉCOULEMENT. Fluxus, gén. fluxûs⁴, *m.*

ÉCOULER *et* s'Écouʟᴇʀ. Effluĕre, effluo, effluis, effluxi, effluxum³, *n.* | *Faire écouler.* Emittĕre, emitto, emittis, emisi, emissum³, *act.* | *De l'eau.* Aquam.

ÉCOURTER *un cheval.* Curtare, curto, curtas, curtavi, curtatum¹, *act.*

ÉCOUTER. Audire, audio, audis, audivi, auditum⁴, *act.*

Écoᴜᴛᴇʀ, *obéir, suivre.* Obsequi, obsequor, obsequeris, obsecutus sum³, *dép. avec le datif.*

ÉCOUTES. Auditorium, g. auditorii², *n.*

Etre aux écoutes. Voyez Écouter.

ÉCRAN. Umbella, g. umbellæ¹, *fém.*

ÉCRASER. Obterĕre, obtero, obteris, obtrivi, obtritum³, *act.*

ÉCREVISSE. Astacus, g. astaci², *masc.*

s'ÉCRIER. Exclamare, exclamo, exclamas, exclamavi, exclamatum¹, *act.*

ÉCRIN. Scrinium, g. scrinii², *neut.*

ÉCRIRE. Scribĕre, scribo, scribis, scripsi, scriptum³, *act. acc. rég. ind. dat.* ou *à l'acc. avec ad.*

s'Écʀɪʀᴇ, *avoir commerce de lettres.* Colloqui per litteras; colloquor, colloqueris, collocutus sum³, *dép.* c. à. d. *s'entretenir souvent par lettres.*

s'ÉCRIRE, ou *être écrit*. Scribi, pass.

UN ÉCRIT. Scriptum, g. scripti[2], neut. | *Mettre par écrit*. Scribĕre, icc., c. à. d. *écrire*.

Par écrit. Ex scripto.

ÉCRITEAU. Proscriptio, gén. proscriptionis[3], f.

ÉCRITOIRE. Graphiarium, g. graphiarii[2], n.

ÉCRITURE. Scriptura, gén. scripturæ[1], f.

ÉCRITURE *de main*. Manus, g. manûs[4], f.

ÉCRIVAIN, *maître à écrire*. Scribendi magister, g. scribendi magistri[2], m.

ÉCRIVAIN, *auteur*. Auctor, gén. auctoris[3], m.

ÉCROU, *trou dans lequel tourne une vis*. Striatum receptaculum, g. striati receptaculi[2], n.

ÉCROU, *registre du geolier des prisons*. Custodis commentarius, g. custodis commentarii[2], m.

ÉCROUELLES. Strumæ, gén. strumarum[3], f. plur.

ÉCROULEMENT *d'une maison*. Ruina, g. ruinæ[1], f.

s'ÉCROULER. Corruĕre, corruo, corruis, corrui, corrutum[3], neut.

ÉCRU. Crudus, a, um, adj.

ÉCU. Nummus, g. nummi[2], m. | *Ecu d'or*. Nummus aureus, g. nummi aurei[2], m.

ÉCU, *bouclier*. Scutum, g. scuti[2], n.

ÉCUEIL. Scopulus, g. scopuli[2], m. | *Heurter contre un écueil*, *donner contre un écueil*. Scopulum offendĕre, offendo, offendis, offendi, offensum[3], act.

ÉCUELLE. Scutella, g. scutellæ[1], f.

ÉCUELLÉE. Scutella, g. scutellæ[1], f.

ÉCULER *un soulier*. Calcei talum deformare, deformo, deformas, deformavi, deformatum[1], act.

ÉCUME. Spuma, g. spumæ[1], f.

Plein d'écume. Spumeus, ea, eum, adj.

ÉCUMER, ou *jeter de l'écume*. Spumare, spumo, spumas, spumavi, spumatum[1], act.

ÉCUMER, *ôter l'écume*. Despumare, despumo, despumas, despumavi, despumatum[1], act.

ÉCUMER *les mers*. Piraticam facĕre, facio, facis, feci, factum[3], act. c. à. d. *faire le métier de pirate*.

ÉCUMEUR *de mer*, *pirate*. Pirata, g. piratæ[1], m.

ÉCUMEUX. Spumosus, a, um, adj.

ÉCUMOIRE. Cochleare, g. cochlearis[3], neut.

ÉCURER. Detergĕre, detergo, detergis, detersi, detersum[3], act.

ÉCUREUIL, *animal sauvage*. Sciurus, g. sciuri[2], m.

ÉCURIE. Equile, g. equilis[3], neut.

ÉCUSSON. Scutum, g. scuti[2], neut.

ÉCUYER, *qui porte les armes*. Armiger, g. armigeri[2], m. | *Grand écuyer du roi*. Armiger regius, g. armigeri regii[2], m.

ÉCUYER TRANCHANT. Scissor, g. scissoris[3], m.

ÉCUYER, *maître de manége*. Equitandi magister, g. equitandi magistri[2], m.

ÉDENTÉ, *à qui il manque des dents*. Edentulus, a, um, adj.

ÉDENTER, *ôter les dents*. Edentare, edento, edentas, edentavi, edentatum[1], act.

ÉDIFIANT, *en parlant des personnes*. Pietate egregius, ia, ium, adject. | *En parlant des choses*. Exemplo utilis, m. fém. utile, n. gén. utilis, adj.

ÉDIFICATION. Exemplum bonum, g. exempli boni[2], n. c. à. d. *bon exemple*.

ÉDIFICE, *bâtiment*. Ædificium, g. ædificii[2], n. | *Petit édifice*. Ædificatiuncula, g. ædificatiunculæ[3], fém.

ÉDIFIER, ou *être de bon exemple.* Esse bono exemplo; sum, es, fui, *avec le datif de la personne.* | *Être édifié de ou par.* Commoveri, commoveor, commoveris, commotus sum[2], *pass. de ou par, se rend par l'abl. du nom.*

Édifier, ou *bâtir.* Ædificare, ædifico, ædificas, ædificavi, ædificatum[1], *act.*

ÉDILE, *magistrat qui a soin des bâtimens publics.* Ædilis, *gén.* ædilis[3], *m.*

ÉDILITÉ, *charge ou fonction d'édile.* Ædilitas, *g.* ædilitatis[1], *f.*

ÉDIT, *ordonnance.* Edictum, *g.* edicti[3], *n.*

ÉDITEUR. Editor, *g.* editoris[3], *masc.*

ÉDITION. Editio, *g.* editionis[3], *f.*

ÉDUCATION. Educatio, *g.* educationis[3], | *Donner de l'éducation.* Voyez *Elever, instruire.*

EFFACER. Delēre, deleo, deles, delevi, deletum[2], *act.* de *par è* ou *ex, et l'abl.*

EFFAÇURE, *rature.* Litura, *g.* lituræ[1], *f.*

EFFARÉ. Efferatus, efferata, efferatum, *adj. comp.* Efferatior, *m. et fém.* efferatius, *n. gén.* efferatioris; *superl.* efferatissimus, a, um.

EFFAROUCHER. Efferare, effero, efferas, efferavi, efferatum[1], *act.*

s'Effaroucher. Expavescere, expavesco, expavescis, expavi[3], *sans sup. n.*

EFFECTIF. Verus, a, um, *adj.*

EFFECTIVEMENT. Reipsâ, *à l'ablat.*

EFFECTUER. Voyez *Exécuter.*

EFFÉMINÉ. Effeminatus, a, um, *part. pass.*

EFFÉMINER. Effeminare, effemino, effeminas, effeminavi, effeminatum[1], *act.*

s'Efféminer. Enervari, enervor, enervaris, enervatus sum[1], *pass.*

EFFERVESCENCE, *bouillonnement.* Æstus, *g.* æstûs[4], *m.*

EFFET. Effectus, *g.* effectûs[4], | *Qui est sans effet.* Irritus, a, um, *adj.*

En effet. Reipsâ, *à l'ablat.*

Effets, *actions.* Facta, *g.* factorum[2], *n. plur.*

Effets, *biens.* Bona certa, *g.* bonorum certorum[2], *n. plur.*

EFFEUILLER. Foliis nudare, nudo, nudas, nudavi, nudatum[1]. *c. à. d. dépouiller de ses feuilles.* | *Un arbre.* Arborem.

s'Effeuiller. Frondibus exui, exuor, exueris, exutus sum[3], *pass.*; *c. à. d. être dépouillé de ses feuilles.*

EFFICACE. Efficax, *m. f. et n. gén.* efficacis, *adj. comp.* Efficacior, *m. et f.* efficacius, *n. gén.* efficacioris; *superl.* efficacissimus, a, um.

EFFICACEMENT. Efficaciter, *adv.*

EFFICACITÉ, ou *efficace, subst.* Virtus, *g.* virtutis[3], *f.*

EFFICIENT, *qui produit son effet.* Efficiens, *m. f. et n. gén.* efficientis, *adj.*

EFFIGIE. Effigies, *g.* effigiei[5], *f.* *Exécuter en effigie*, ou

EFFIGIER. Effigiem patibulo suspendere, suspendeo, suspendes, suspendi, suspensum[2], *act.* *Le nom de la personne au génit.: c. à. d. suspendre au gibet l'effigie de.* | *Brûler en effigie*, tournez *Brûler l'effigie de.* Effigiem comburere, comburo, comburis, combussi, combustum[3], *act.*

EFFILÉ, *long. Un homme effilé.* Longurio, *g.* longurionis[3], *m.* | *Une femme.* Juncea mulier, *g.* junceæ[1] mulieris[3], *f.*

EFFILER, *défiler fil à fil.* Filatim dissolvēre, dissolvo, dissolvis, dissolvi, dissolutum[3], *act.*

EFFLANQUÉ. Ilia trahens, *g.* ilia trahentis, *part. prés.*

EFFLEURÉ. Perstrictus, a, um *part. pass.*

EFFLEURER. Perstringěre, perstringo, perstringis, perstrinxi

ÉGA

perstrictum³, *act.* | *Effleurer une matière, la traiter légèrement.* Leviter attingĕre, attingo, attingis, attigi, attactum³, *act.*

s'EFFORCER. Niti, nitor, niteris, nisus sum *ou* nixus sum³, *dép. Le de qui suit s'exprime par* ut, *avec le subjonct.*

EFFORT. Conatus, g. conatûs⁴, *m.* | *Avec effort.* Summâ contentione, *à l'ablat.* | *Faire tous ses efforts.* Eniti, enitor, eniteris, enisus sum *ou* enixus sum³, *dép.*

EFFRACTION. Effractura, g. effracturæ¹, *f.*

EFFRAYANT, *qui effraie.* Horrificus, a, um, *adj.*

EFFRAYÉ. Perterritus, a, um, *part. pass.*

EFFRAYER. Perterrēre, perterreo, perterres, perterrui, perterritum², *act.*

s'EFFRAYER. Terreri, terreor, terreris, territus sum², *pass. de par l'ablat.*

EFFRÉNÉ, *que rien ne peut retenir.* Effrenatus, a, um, *p. p*

EFFROI. Terror, g. terroris¹, *m.* | *Prendre l'effroi; c. à. d. être saisi d'effroi.* Terrore corripi, corripior, corriperis, correptus sum³, *pass.*

EFFRONTÉ. Impudens, *m. f. et n. gén.* impudentis, *adj.*

EFFRONTÉMENT. Impudenter, *adv. comp.* Impudentius; *superl.* impudentissimè.

EFFRONTERIE. Impudentia, g. impudentiæ¹, *f.*

EFFROYABLE. Horribilis, *m. f.* horribile, *n. gén.* horribilis, *adj*

EFFROYABLEMENT. Horrendum in modum.

EFFUSION. Effusio, g. effusionis³, *f.*

ÉGAL, *pareil.* Æqualis, *m. f.* æquale, *n. gén.* æqualis, *adj.* | *A forces égales.* Æquo marte.

ÉGAL, *ou uni.* Planus, a, um, *comp.* Planior, *m. f.* planius, *n. gén.* planioris; *superl.* planissimus, a, um.

ÉGL

ÉGALEMENT. Æqualiter, *adv.*

ÉGALER. Æquare, æquo, æquas, æquavi, æquatum¹, *act.* | *En quelque chose.* Aliquâ re, *à l'abl.*

ÉGALISER, *aplanir.* Complanare, complano, complanas, complanavi, complanatum¹, *act.*

ÉGALITÉ. Æqualitas, g. æqualitatis³, *f.* | *Égalité d'ame.* Æquanimitas, g. æquanimitatis³, *f.*

ÉGARD. Ratio, g. rationis³, *f.* | *Avoir égard à.* Rationem habēre, habeo, habes, habui, habitum², *act. Le nom qui suit à se met au génit.* | *A l'égard, ou en comparaison de.* Præ, *avec un ablat.* | *Eu égard à.* Pro, *avec l'ablat.* | *A l'égard de, ou envers.* Erga, *avec l'acc.* | *A mon égard.* Erga me; c. à. d. *envers moi.*

ÉGARD, *déférence.* Observantia, g. observantiæ¹, *f.*

ÉGARÉ *de son chemin.* Devius, ia, ium, *adj.*

ÉGARÉ, *perdu par négligence.* Amissus, a, um, *part. pass.* | *Yeux égarés.* Errantes oculi, g. errantium oculorum², *m. plur.*

ÉGAREMENT. Error, g. erroris³, *m.*

ÉGARER *par négligence.* Incuriâ amittĕre, amitto, amittis, amisi, amissum³, *act. c. à. d. perdre par négligence.*

ÉGARER, *ou faire égarer.* Deducĕre, deduco, deducis, deduxi, deductum³, *act.* | *Du chemin.* A viâ.

s'ÉGARER. Deerrare, deerro, deerras, deerravi, deerratum², *n. de par à ou ab, et l'ablat.*

ÉGAYER. Hilarare, hilaro, hilaras, hilaravi, hilaratum¹, *act.*

s'ÉGAYER. Hilarari, *pass. de* Hilarare.

ÉGIDE, *cuirasse que les poëtes donnent à Minerve.* Ægis, g. ægidis¹, *f.*

ÉGLANTIER, *sorte de ronce.* Cynosbatos, g. cynosbati², *f.*

ÉGLANTINE, *fleur de l'églantier.* Aquilegia, g. aquilegiæ¹, *f.*

27

210 ÉLA

L'ÉGLISE, *l'assemblée des fidèles.* Ecclesia, *g.* ecclesiæ[1], *f.* | *De l'église.* Ecclesiasticus, ecclesiastica, ecclesiasticum, *adj.* UNE ÉGLISE. Templum, *g.* templi[2], *n.*

ÉGLOGUE, *pièce de poésie.* Egloga, *g.* eglogæ[1], *f.*

ÉGOISME. Nimius suî amor, *g.* nimii[2] suî amoris[3], *m.*

ÉGOISTE. Nimius suî amator, *g.* nimii[2] suî amatoris[3], *m.*

ÉGORGER, *couper la gorge.* Jugulare, jugulo, jugulas, jugulavi, jugulatum[1], *act.*

ÉGORGER, *massacrer.* Trucidare, trucido, trucidas, trucidavi, trucidatum[1], *act.*

s'ÉGOSILLER. Vociferari, vociferor, vociferaris, vociferatus sum[1], *dép.*

ÉGOUT. Cloaca, *g.* cloacæ[1], *f.*

ÉGOUTTER, *tirer goutte à goutte.* Exhaurire, exhaurio, exhauris, exhausi, exhaustum[4], *act.*

s'ÉGOUTTER, *tomber goutte à goutte.* Stillare, stillo, stillas, stillavi, stillatum[1], *n.*

ÉGRATIGNER. Lacerare, lacero, laceras, laceravi, laceratum[1], *act.*

ÉGRATIGNURE. Laceratio, *g.* lacerationis[3], *f.*

ÉGRILLARD, *éveillé, subtil.* Alacer, alacris, alacre, *adj.*

ÉGRUGER, *broyer, émier.* Friare, frio, frias, friavi, friatum[1], *act.*

EH! *exclamation.* Eheu!

ÉLAGUÉ, *dont on a coupé les branches.* Collucatus, a, um, *p. p.*

ÉLAGUER. Collucare, colluco, collucas, collucavi, collucatum[1], *act.*

ÉLAN, *animal.* Alcis, *g.* alcis[3], *fem.*

ÉLAN, *mouvement subit avec effort.* Impetus, *g.* impetûs[4], *m.* | *Elans de dévotion.* Ardentes pietatis affectus, *g.* ardentium[3] pietatis affectuum[4], *m. plur.*

ÉLANCÉ, *ou maigre.* Strigosus,

ÉLE

a, um, *adj.* | *Taille élancée.* Procerum corpus, *gén.* proceri corporis[3], *n.*

ÉLANCÉ, *poussé avec violence.* Emissus, a, um, *part. pass.*

ÉLANCEMENT *d'une chose qu'on avance.* Projectio, *g.* projectionis[3], *f.*

ÉLANCEMENT *d'une douleur.* Stimulus, *g.* stimuli[2], *m.*

s'ÉLANCER, *se jeter sur.* Involare, involo, involas, involavi, involatum[1], *n.* sur *par* in, *et l'acc.*

s'ÉLANCER *dans.* Insilire, insilio, insilis, insilui, insultum[4], *n.* dans *par* in, *et l'acc.*

s'ÉLANCER *au milieu des ennemis.* In mediam aciem irruere, irruo, irruis, irrui, irrutum, *n.*

s'ÉLANCER *hors de.* Prosilire, prosilio, prosilis, prosilui, prosultum[4], *n.* hors de, *se rend par* è *ou* ex, *avec l'abl.*

ÉLARGIR, *étendre.* Dilatare, dilato, dilatas, dilatavi, dilatatum[1], *act.*

ÉLARGIR, *ou délivrer de prison.* Emittere, emitto, emittis, emisi, emissum[3], *act.* | *De prison.* E carcere.

s'ÉLARGIR, *devenir plus large.* Latescere, latesco, latescis[3], *sans prét. ni sup. n.*

ÉLARGISSEMENT, *ou extension.* Explicatio, *g.* explicationis[3], *fém.*

ÉLARGISSEMENT, *ou délivrance.* Emissio, *g.* emissionis[3], *f.* | *De prison.* E carcere.

ÉLARGISSURE, *augmentation de largeur.* Amplitudo, *g.* amplitudinis[3], *f.*

ÉLASTICITÉ. Renixus, *g.* renixûs[4], *m.*

ÉLASTIQUE. Elasticus, a, um, *adj.*

ÉLECTEUR. Elector, *g.* electoris[3], *m.*

ÉLECTIF. Eligendus, a, um, *adj.*

ÉLECTION. Electio, *g.* electionis[3], *f.*

ÉLE   ÉLO

ÉLECTORAT, *dignité d'électeur*. Electoris dignitas, g. electoris dignitatis³, f. | *Etats d'un électeur*. Electoris ditio, g. electoris ditionis³, f.

ÉLECTRICE, *femme d'un électeur*. Electoris uxor, g. electoris uxoris³, f.

ÉLÉGAMMENT. Eleganter, *adv*.

ÉLÉGANCE. Elegantia, g. elegantiæ¹, f.

ÉLÉGANT. Elegans, m. f. et n. gén. elegantis, *adj*.

ÉLÉGIAQUE, *qui concerne l'élégie*. Elegiacus, a, um, *adj*.

ÉLÉGIE, *sorte de poésie*. Elegia, g. elegiæ¹, f. | *Une petite élégie*. Elegidium, g. elegidii², n.

ÉLÉMENT. Elementum, gén. elementi², n.

ÉLÉMENTAIRE. Ad elementa pertinens, m. f. et n. gén. ad elementa pertinentis, *adj*.

ÉLÉPHANT. Elephas, g. elephantis³, m.

ÉLÉVATION, ou *hauteur*. Altitudo, g. altitudinis³, f.

ÉLÉVATION *de l'ame*. Animi altitudo, g. animi² altitudinis³, f.

ÉLÉVATION, *l'action d'élever*. Elevatio, g. elevationis³, f. | *Élévation aux honneurs*. Ad honores promotio, g. promotionis³, f. | *Élévation de la voix*. Vocis contentio, g. vocis contentionis³, f. | *Élévation de cœur à Dieu*. Mentis ad Deum ascensus, g. ascensûs⁴, m.

UN ÉLÈVE. Alumnus, g. alumni², m.

ÉLEVE, ou *haut*. Altus, a, um, *adj*. | *Etre élevé au-dessus de*. Eminēre, emineo, emines, eminui², *sans sup*. n. dat. | *Élevé à*. Provectus, a, um, part. pass. à par ad, *et l'acc*. | *Aux honneurs*. Ad honores.

ÉLEVÉ, ou *instruit*. Educatus, a, um, part. pass. | *Bien*. Benè. | *Mal*. Malè.

ÉLEVÉ, *sublime*. Sublimis, m. f. sublime, n. gén. sublimis, *adj*.

ÉLEVER *en haut*. Erigĕre, erigo, erigis, erexi, erectum³, *act*. | *Elever à*. Provehĕre, proveho, provehis, provexi, provectum³, *act*. à par ad, *et l'acc*. | *Aux honneurs*. Ad honores.

ÉLEVER, ou *instruire*. Educare, educo, educas, educavi, educatum¹, *act*.

ÉLEVER *une statue*. Statuam ponĕre, pono, ponis, posui, positum³, *act*. acc. rég. ind. dat.

ÉLEVER *quelqu'un jusqu'au ciel, en le louant*. In cœlum laudibus efferre, effero, effers, extuli, elatum³, *act*.

s'ÉLEVER, *en parlant d'une tempête, etc*. Cooriri, coorior, cooriris, coortus sum⁴, *dép*.

s'ÉLEVER, ou *monter*. Assurgĕre, assurgo, assurgis, assurrexi, assurrectum³, n.

s'ÉLEVER *à un emploi*. Pervenire, pervenio, pervenis, perveni, perventum⁴, n. à par in, *et l'acc*.

s'ÉLEVER, *se récrier contre*. Reclamare, reclamo, reclamas, reclamavi, reclamatum¹, n. contre, par le dat. du nom qui suit.

ÉLIDER. Elidĕre, elido, elidis, elisi, elisum³, n.

ÉLIMINER. Expellĕre, expello, expellis, expuli, expulsum³, *act*.

ÉLIRE. Eligĕre, eligo, eligis, elegi, electum³, *act*. | *Pour roi*. Regem. | *Pour un emploi*. Ad munus.

ÉLISION, *retranchement de quelque lettre*. Elisio, g. elisionis³, f.

ÉLITE. Delectus, g. delectûs⁴, m. | *Gens d'élite*. Electi viri, g. electorum virorum², m. pl. c. à. d. *hommes choisis*.

ÉLIXIR, *quintessence*. Subtilissimus succus, g. subtilissimi succi², m.

ELLE. Illa, g. illius, dat. illi, f.

ELLÉBORE. Helleborum, g. hellebori², n.

ELLIPSE, *mot sous-entendu*. Ellipsis, g. ellipsis³, f.

ÉLOCUTION. Elocutio, g. elocutionis³, f.

ÉLOGE. Elogium, g. elogii², n.

ÉMA

ÉLOIGNÉ. Remotus, a, um. de par à ou ab, et l'abl. comp. Remotior, m. f. remotius, n. gén. remotioris ; superl. remotissimus, a, um.

Etre éloigné. Voy. au mot *Distant, Etre distant.*

ÉLOIGNEMENT, *départ.* Discessus, g. discessûs[4], m. | Eloignement d'un lieu. Longinquitas, gén. longinquitatis[3], f.

ÉLOIGNEMENT, *aversion.* Voy. ce mot.

ÉLOIGNEMENT, *perspective.* Prospectus, g. prospectûs[4], m.

ÉLOIGNER. Removēre, removeo, removes, removi, remotum[2], act. de par à ou ab, et l'abl.

s'ÉLOIGNER. Recedēre, recedo, recedis, recessi, recessum[3], n. Le de par à ou ab, et l'ablat.

ÉLOQUEMMENT. Eloquenter, adv.

ÉLOQUENCE. Eloquentia, g. eloquentiæ[1], f.

ÉLOQUENT. Eloquens, m. f. et n. gén. eloquentis, adj.

ÉLU, *choisi.* Electus, a, um, adj.

ÉLUDER, *éviter.* Eludēre, eludo, eludis, elusi, elusum[3], act.

ÉLYSÉES, ou *Elysiens.* Elysii, g. elysiorum[2], m. plur.

EMAIL, *sorte de peinture.* Encaustum, g. encausti[2], n.

EMAIL *des fleurs.* Florum varius color, g. florum varii[2] coloris[3], m.

ÉMAILLÉ, *embelli avec de l'émail.* Encaustus, a, um, adj.

Prairie émaillée de fleurs. Pratum variis coloribus distinctum, g. prati variis coloribus distincti[2], neut.

ÉMAILLER. Encausto pingĕre, pingo, pingis, pinxi, pictum[3], c. à. d. *peindre sur l'émail.*

ÉMAILLEUR, *qui travaille en émail.* Encaustes, g. encaustæ[1], masc.

ÉMANATION. Effluvium, g. effluvii[2], f.

ÉMANCIPATION, *l'action d'é-*

EMB

manciper. Emancipatio, g. emancipationis[3], f.

ÉMANCIPÉ. Emancipatus, a, um, part. pass.

ÉMANCIPER. Emancipare, emancipo, emancipas, emancipavi, emancipatum[1], act.

s'ÉMANCIPER, *se donner trop de liberté.* Licentius audēre, audeo, audes, ausus sum[2], n.

ÉMANÉ. Ortus, a, um, part. pass. avec è ou ex. de par l'ablat.

ÉMANER. Emanare, emano, emanas, emanavi, emanatum[1], n. de par è ou ex, et l'abl.

EMBALLAGE. Consarcinatio, g. consarcinationis[3], f.

EMBALLER. Consarcinare, consarcino, consarcinas, consarcinavi, consarcinatum[1], act.

EMBARQUEMENT. In navem conscensio, g. in navem conscensionis[3], f.

EMBARQUER *dans un vaisseau.* In navem imponĕre, impono, imponis, imposui, impositum[3], act.

EMBARQUER, *engager.* Voy. *Engager.*

s'EMBARQUER *dans une affaire.* Voy. *s'embarrasser.*

s'EMBARQUER. Conscendĕre, conscendo, conscendis, conscendi, conscensum[3], n. | *Dans un vaisseau.* Navem, à l'acc.

EMBARRAS, *obstacle.* Impedimentum, g. impedimenti[2], n.

EMBARRAS, *inquiétude.* Sollicitudo, g. sollicitudinis[3], f.

EMBARRASSANT. Incommodus, a, um, adj.

EMBARRASSER. Impedire, impedio, impedis, impedivi, impeditum[4], act.

s'EMBARRASSER. Se implicare, me implico, te implicas, me implicui, se implicitum[1], act. | *De quelque affaire.* Aliquo negotio, à l'ablat.

s'EMBARRASSER, *se mettre en peine.* Curare, curo, curas, curavi, curatum[1], act.

EMBAUCHER *des soldats.* Mili-

EMB

les furtivè conscribĕre, conscribo, conscribis, conscripsi, conscriptum[3], *act.*

EMBAUMER. Condire, condio, condis, condivi, conditum[5], *act.*

EMBELLIR, ou *orner*. Ornare, orno, ornas, ornavi, ornatum[1], *act. de se rend par l'abl. du nom.*

EMBELLIR, ou *s'embellir, devenir plus beau.* Fieri pulchriorem, fio pulchrior, factus sum pulchrior. *Le comparatif* pulchrior *s'accorde avec le nominatif du verbe* Fieri. Ex. *La campagne s'embellit chaque jour.* In dies rus fit pulchrius.

EMBELLISSEMENT. Ornamentum, *g.* ornamenti[2], *n.*

D'EMBLÉE. Primo aditu, *à l'ablatif.*

EMBLÉMATIQUE. Ad emblema pertinens, *g.* ad emblema pertinentis, *part. prés.*

EMBLÈME. Emblema, *g.* emblematis[3], *n.*

EMBOITEMENT. Commissura, *g.* commissuræ[1], *f.* | *Des os.* Ossium.

EMBONPOINT. Corpulentia, *g.* corpulentiæ[1], *f.*

EMBOUCHER, *instruire quelqu'un de ce qu'il faut dire.* Subornare, suborno, subornas, subornavi, subornatum[1], *act.*

EMBOUCHER, *mettre dans sa bouche, etc.* Inflare, inflo, inflas, inflavi, inflatum[1], *act.* | *Emboucher une flûte.* Inflare tibiam.

S'EMBOUCHER, *en parlant des rivières, etc.* Influĕre, influo, influis, influxi, influxum[3], *n. dans par* in, *et l'acc.*

EMBOUCHURE *d'une rivière.* Ostium, *g.* ostii[2], *n.*

EMBOUCHURE *de canon, d'un instrument de musique.* Os, *g.* oris[3], *neut.*

EMBOURBÉ. Luto immersus, a, um, *part. pass. c. à. d. enfoncé dans la boue.*

S'EMBOURBER. In cœno immergi, immergor, immergeris,

EMB 213

immersus sum[3], *pass. c. à. d. s'enfoncer dans la boue.*

EMBOURRER. Tormento farcire, farcio, farcis, farsi, fartum[4], *act. c. à. d. garnir de bourre.*

EMBRASÉ. Incensus, a, um, *part. pass.*

EMBRASEMENT. Incendium, *g.* incendii[2], *n.*

EMBRASER. Incendĕre, incendo, incendis, incendi, incensum[3], *act.*

S'EMBRASER. Incendi, incendor, incenderis, incensus sum[3], *pass.*

EMBRASSADE, *embrassement.* Amplexus, *g.* amplexûs[4], *m.*

EMBRASSER. Amplecti, amplecto, amplecteris, amplectus sum[3], *dép. acc.*

EMBRASSER *un état.* Ad genus vitæ se conferre, me confero, te confers, me contuli, se collatum[3], *act.*

S'EMBRASSER. Se invicem complecti. | *Nous nous sommes embrassés.* Nos invicem complexi sumus.

EMBRASURE, *ouverture dans le mur pour tirer le canon.* Fenestra, *g.* fenestræ[1], *f.*

EMBRASURE *de fenêtre.* Obliquata latera, *g.* obliquatorum[2] laterum[3], *n.*

EMBRION, *le fétus dans le sein de la mère.* Fetus, *g.* fetûs[4], masc.

EMBROCHÉ. Veru transfixus, a, um, *part. pass.*

EMBROCHER. Veru transfigĕre, transfigo, transfigis, transfixi, transfixum[3], *act.*

EMBROUILLÉ. Intricatus, a, um, *part. pass.* | *D'une manière embrouillée.* Implicitè, *adv.*

EMBROUILLER. Permiscĕre, permisceo, permisces, permiscui, permistum *ou* permixtum[2], *act.*

S'EMBROUILLER. Implicari, implicor, implicaris, implicatus sum[1], *pass.*

EMBÛCHES *ou* EMBUSCADE. Insidiæ, *g.* insidiarum[1], *f. plur.*

| *En embuscade.* Ex insidiis. | *Dresser une embuscade; dresser, ou tendre des embûches.* Insidias parare, paro, paras, paravi, paratum¹, *act.* | *Attirer dans l'embuscade.* In insidias elicĕre, elicio, elicis, elicui, elicitum³, *act.* | *Donner dans l'embuscade.* In insidias incidĕre, incido, incidis, incidi, *sans sup. n.* | *Etre en embuscade.* In insidiis esse, sum, es, fui.

s'EMBUSQUER. In insidiis stare, sto, stas, steti, statum¹, *n.*

ÉMERAUDE. Smaragdus, *gén.* smaragdi², *m.*

ÉMERI, *pierre pour couper le verre.* Smyris, *g.* smyridis³, *f.*

ÉMERILLON, *oiseau de proie.* Æsalon, *g.* æsalonis³, *m.*

s'ÉMERVEILLER. Voyez *s'Etonner.*

ÉMÉTIQUE. Remedium vomitorium, *g.* remedii vomitorii², *n.*

ÉMETTRE. Emittĕre, emitto, emittis, emisi, emissum³, *act.*

ÉMEUTE. Seditio, *g.* seditionis³, *f.*

ÉMIER. Friare, frio, frias, friavi, friatum¹, *act.*

ÉMIGRATION. Migratio, *gén.* migrationis³, *f.*

ÉMINEMMENT. Eminenter, *adv.*

ÉMINENCE, ou *lieu élevé.* Clivus, *g.* clivi², *m.*

ÉMINENCE, ou *excellence.* Excellentia, *g.* excellentiæ¹, *f.*

ÉMINENT, ou *élevé.* Editus, a, um, *adj. comp.* Editior, *m. f.* editius, *n. gén.* editioris; *superl.* editissimus, a, um.

ÉMINENT, *excellent.* Excellens, *m. f.* et *n. gén.* excellentis, *adj.* | *Danger éminent.* Imminens periculum, *g.* imminentis³ periculi², *neut.*

ÉMINENTISSIME. Eminentissimus, a, um, *adj.*

ÉMISSAIRE, *envoyé pour découvrir ce qui se passe.* Emissarius, *g.* emissarii², *m.*

ÉMISSION. Emissio, *g.* emissionis³, *f.*

EMMAILLOTTÉ. Fasciis involutus¹, a, um, *part. pass. c. à. d. enveloppé de langes.*

EMMAILLOTTER. Fasciis involvĕre, involvo, involvis, involvi, involutum³, *act. c. à. d. envelopper de langes.*

EMMANCHER. Manubrio instruĕre, instruo, instruis, instruxi, instructum³, *act. c. à. d. munir d'un manche.*

EMMENER. Abducĕre, abduco, abducis, abduxi, abductum³, *act.*

EMMIELLÉ. Melitus, a, um, *adj.*

EMMUSELLER, *mettre une muselière.* Capistrare, capistro, capistras, capistravi, capistratum¹, *act.*

ÉMOLLIENT, *en parlant d'un remède.* Anodinus, a, um, *adj.*

ÉMOLUMENT, *profit.* Emolumentum, *g.* emolumenti², *n.*

ÉMONDER. Interlucare, interluco, interlucas, interlucavi, interlucatum¹, *act.*

ÉMOTION. Commotio, *g.* commotionis³, *f.* | *Légère commotion.* Commotiuncula, *g.* commotiunculæ¹, *f.*

ÉMOUDRE. Voyez *Aiguiser.*

ÉMOUSSÉ. Obtusus, a, um, *part. pass.*

ÉMOUSSER. Obtundĕre, obtundo, obtundis, obtudi, obtusum³, *act.*

s'ÉMOUSSER. Hebetari, hebetor, hebetaris, hebetatus sum¹, *pass.*

ÉMOUVOIR. Commovĕre, commoveo, commoves, commovi, commotum², *act.*

s'ÉMOUVOIR, ou *être ému.* Commoveri, commoveor, commoveris, commotus sum², *pass.*

EMPAILLER, *garnir de paille.* Tortili paleâ instruĕre, instruo, instruis, instruxi, instructum³, *act.*

EMPALER. Stipite transfigĕre, transfigo, transfigis, transfixi, transfixum³, *act.*

EMPAQUETER. Colligare, colligo, colligas, colligavi, colligatum[1], *act.*

s'**EMPARER** *de*. Occupare, occupo, occupas, occupavi, occupatum[1], *act.*

EMPAUMER. Inescare, inesco, inescas, inescavi, inescatum[1], *act.*

EMPÊCHÉ. Impeditus, a, um, *part. pass.*

EMPÊCHEMENT. Impedimentum, *g.* impedimenti[2], *n.*

EMPÊCHER. Impedire, impedio, impedis, impedivi, impeditum[4], *act.*

s'**Empêcher.** *Voy. la Gramm. lat.*

EMPEIGNE *de soulier.* Obstragulum, *g.* obstraguli[2], *n.*

EMPENNÉ, *se dit d'un trait qui a ses plumes.* Pennatus, a, um, *adj.*

EMPEREUR. Imperator, *g.* imperatoris[3], *m.* | *D'empereur, ou impérial.* Imperatorius, ia, ium, *adj.*

EMPESÉ, *affecté.* Affectatus, a, um, *adj.*

EMPESTÉ, *infecté de peste.* Pestilentiâ affectus, a, um, *adj.* | *Air empesté.* Aër pestilens, *g.* aëris pestilentis[1], *m.* | *Empeste, qui sent mauvais.* Malè olens, *g.* malè olentis, *adj. de tout genre.*

EMPESTER, *donner la peste.* Peste afficere, afficio, afficis, affeci, affectum[3], *act.*

Empester, *donner mauvaise odeur.* Voy. *Infecter.*

EMPÊTRER, s'**Empêtrer.** Voyez *Embarrasser*, *s'Embarrasser.*

EMPHASE. Emphasis, *g.* emphasis[3], *f.* sur Poesis.

Avec Emphase. Turgidè, *adv.*

EMPHATIQUE. Turgidus, a, um, *adj.*

EMPHATIQUEMENT, *avec emphase, d'une manière emphatique.* Turgidè, *adv.*

EMPHYTÉOSE, *bail à longues années.* Emphyteusis, *g.* emphyteuseos[3], *f.* (*Amphyteusis se décline sur* poesis.)

EMPHYTÉOTE. Emphyteuta, *g.* emphyteutæ[1], *m.*

EMPHYTÉOTIQUE. Emphyteuticus, a, um, *adj.*

EMPIETER *sur, usurper.* Usurpare, usurpo, usurpas, usurpavi, usurpatum[1], *act.*

EMPILER, *mettre en pile.* Struere, struo, struis, struxi, structum[3], *act.*

EMPIRE. Imperium, *g.* imperii[2], *n.* | *Avoir de l'empire sur.* Voyez *Dominer.*

EMPIRÉE, *l'empirée.* Supernum cœlum, *g.* superni cœli[2], *neut.*

EMPIRER. Ingravescere, ingravesco, ingravescis[3], *n. Il n'a ni prétérit ni supin.*

EMPIRIQUE, *médecin qui se conduit par l'expérience.* Empiricus, *g.* empirici[2], *m.* | *Médecine empirique.* Empirice, *g.* empirices[1], *f.*

EMPLÂTRE. Emplastrum, *g.* emplastri[2], *n.*

EMPLETTE. Coemptio, *gén.* coemptionis[3], *f.*

EMPLI. Impletus, a, um, *part. pass. Le nom de la chose à l'abl.*

EMPLIR. Implere, impleo, imples, implevi, impletum[2], *act. acc. rég. ind. ablat.*

s'**Emplir** *d'eau, en parlant d'un vaisseau.* Aquam trahere, traho, trahis, traxi, tractum[3], *act.*

EMPLOI, *fonction.* Munus, *g.* muneris[3], *n.*

Emploi, *usage.* Usus, *g.* usûs[4], *m.* | *Faire un bon emploi d'une chose.* Benè uti, utor, uteris, usus sum[3], *dép. c. à. d. user bien de. Le nom qui suit se met à l'ablat.*

Emploi, *commission.* Provincia, *g.* provinciæ[1], *f.*

EMPLOYÉ, ou *consumé.* Consumptus, a, um, *part. pass.*

EMPLOYER, *passer.* Consumere, consumo, consumis, consumpsi, consumptum[3], *act. à s'exprime par le gérondif en* do, *ou par in, avec l'acc.*

EMPLOYER, *faire usage.* Impendĕre, impendo, impendis, impendi, impensum³, *act.*

EMPLOYER, *ou occuper.* Voy. *ce dernier mot.*

s'EMPLOYER *pour*, ou *à.* Operam dare, do, das, dedi, datum¹, *act. dat. du nom qui suit* pour *ou* à.

EMPOCHER, *mettre en poche.* In crumenam condĕre, condo, condis, condidi, conditum³, *act.*

EMPOIGNER. Comprehendĕre, comprehendo, comprehendis, comprehendi, comprehensum³, *act.*

EMPOIS *pour le linge.* Amylum, g. amyli², *n.*

EMPOISONNÉ, *en parlant des choses.* Venenatus, a, um. | *En parlant d'une personne.* Veneno necatus, a, um. c. à. d. *tué par le poison.*

EMPOISONNEMENT. Veneficium, *g.* veneficii², *n.*

EMPOISONNER, *donner du poison à quelqu'un.* Venenum dare, do, das, dedi, datum¹, *act.* Le *nom de la personne au dat.*

EMPOISONNER, *rempli de poison.* Veneno inficĕre, inficio, inficis, infeci, infectum³, *act. accus. de la chose qu'on empoisonne.*

EMPOISONNER, *donner un tour malin à.* Malignè detorquēre, detorqueo, detorques, detorsi, detortum². c. à. d. *interpréter malicieusement.*

s'EMPOISONNER. Venenum haurīre, haurio, hauris, hausi, haustum⁴, *act.* c. à. d. *avaler du poison.*

EMPOISONNEUR. Veneficus, g. venefici², *m.*

EMPOISONNEUSE. Venefica, g. veníficæ¹, *f.*

EMPOISSONNER *un étang.* Stagnum piscibus instruĕre, instruo, instruis, instruxi, instructum³, *act.*

EMPORTÉ, ou *violent.* Iracundus, a, um, *adj. comp.* Iracundior, *m. f.* iracundius, *n. gén.* iracundioris; *sup.* iracundissimus, a, um.

EMPORTÉ, *enlevé.* Ablatus, a um, *part. pass.*

EMPORTÉ *d'assaut.* Expugnatus a, um, *part. pass.*

EMPORTÉ, *entraîné.* Abreptus, a, um, *part. pass.*

EMPORTEMENT. Impotens animi motus, *g.* impotentis³ animi motûs⁴. | *Par*, ou *avec emportement.* Impotenti animo, à *l'abl.* | *Les emportemens de la jeunesse.* Adolescentiæ intemperantia, *g* adolescentiæ intemperantiæ¹, *f.*

EMPORTER, *porter dans un autre lieu.* Auferre, aufero, aufers, abstuli, ablatum³, *act.* | *L'emporter sur.* Superare, supero, superas, superavi, superatum¹, *act.* | *L'emporter en science.* Superare scientiâ, *à l'abl. Le nom de la personne à l'acc.*

EMPORTER *d'assaut.* Expugnare, expugno, expugnas, expugnavi, expugnatum¹, *act.*

EMPORTER, *entraîner.* Abripĕre, abripio, abripis, abripui, abreptum³, *act.*

SE LAISSER EMPORTER. Rapi, rapior, raperis, raptus sum³, *pass.* | *A la colère.* Irâ, *à l'abl.* c. à d. *être emporté par la colère.*

s'EMPORTER, *se mettre en colère.* Iracundiâ efferri, efferor, efferis elatus sum³, *pass.* c. à. d. *être emporté par la colère.* contre par in, *avec l'acc.*

EMPOURPRER. Tinctus, a, um, *part. pass.* | *De sang.* Cruore ablat.

EMPREINDRE. Voy. *Imprimer.*
EMPREINT. Voyez *Imprimé.*
EMPREINTE, *marque.* Signum, *g.* signi², *n.*

EMPREINTE *du pied.* Impressum vestigium, *g.* impressi vestigii², *n*

EMPRESSÉ. Sollicitus, a, um, *adj.*

EMPRESSEMENT. Sollicitudo, *g.* sollicitudinis³, *f.* | *Avec empressement.* Sollicitè, *adv.*

s'EMPRESSER, *suivi d'un infinitif.* Certare, certo, certas, cer tavi, certatum², n. | *Chacun s'empresse de venir.* Undiquè concurritur³.

s'EMPRESSER, *suivi d'un nom.* Incumbĕre, incumbo, incumbis, incubui, incubitum³, n. à *s'exprime par in, avec l'accus.*

EMPRISONNÉ. Inclusus, a, um, *part. pass.*

EMPRISONNEMENT. Inclusio, g. inclusionis¹, f.

EMPRISONNER. Includĕre, includo, includis, inclusi, inclusum³, act.

EMPRUNT. Mutuatio, g. mutuationis³. f. | *D'emprunt*, ou

EMPRUNTÉ. Commodatus, a, um, *part. pass.* | *Nom emprunté.* Lusorium nomen, g. lusorii² nominis³, n. | *Mot emprunté.* Verbum absumptum, g. verbi assumpti², n.

EMPRUNTER. Mutuari, mutuor, mutuaris, mutuatus sum¹, *dép. acc. rég. ind. abl. avec* à *ou* ab.

ÉMU. Commotus, a, um, *part. pass.* | *Être ému.* Commoveri, commoveor, commoveris, commotus sum², *pass.*

ÉMULATEUR. Emulator, g. emulatoris³, m.

ÉMULATION. Æmulatio, g. æmulationis¹, f.

ÉMULE. Æmulus, g. æmuli², m. *Au fém.* Æmula. g. æmulæ¹.

EN, *sans mouvement.* In, *avec l'abl. S'il y a mouvement.* In, *avec l'acc.* V. *la règle des quest. de lieu.*

EN, ou *dans l'espace de.* Intrà, *avec l'acc.* | *En dix jours.* Intrà decem dies.

En même temps. Eodem tempore, *à l'ablat.*

EN, *joint à un adject. comme : En honnête homme.* Honestè, *adv.*

ENCADRER, *mettre dans un cadre.* In quadro includĕre, includo, includis, inclusi, inclusum³, act.

ENCAGER, *mettre en cage.* In caveâ includĕre, includo, includis, inclusi, inclusum³, act.

ENCAISSER. In capsam condĕre, condo, condis, condidi, conditum³, act. c. à. d. *mettre dans une caisse.*

ENCAN, *vente publique au plus offrant.* Auctio, g. auctionis³, f. | *Vendre*, ou *mettre à l'encan.* Sub hastâ vendĕre, vendo, vendis, vendidi, venditum³, act.

s'ENCANAILLER, *ne hanter que de la canaille.* Infimis hominibus consuescĕre, consuesco, consuescis, consuevi³, *sans sup.* n.

ENCAVER. In cellam demittĕre, demitto, demittis, demisi, demissum³, act. | *Du vin.* Vinum, *à l'acc.*

ENCEINDRE. Cingĕre, cingo, cingis, cinxi, cinctum³, act.

ENCEINT, *environné.* Cinctus, a, um, *adj. abl.*

ENCEINTE, *adj. Femme enceinte.* Gravida, *fém. de l'adj.* Gravidus, a, um.

ENCEINTE, *subst.* ou le tour. Ambitus, g. ambitûs⁴, m.

ENCENS. Thus, g. thuris³, n. | *Brûler de l'encens.* Incendĕre, incendo, incendis, incendi, incensum¹, act.

D'encens. Thureus, ea, eum, *adj.*

ENCENS, *louange.* Voy. *Louange.*

ENCENSEMENT. Suffitus, g. suffitûs⁴, m.

ENCENSER. Suffire, suffio, suffis, suffivi, suffitum⁴, act.

ENCENSER, *louer.* Voy. *Louer.*

s'ENCENSER. Voyez *se vanter, se glorifier.*

ENCENSOIR. Thuribulum, g. thuribuli², n.

ENCHAÎNÉ. Catenatus, a, um, *part. pass.*

ENCHAINEMENT, *l'action d'enchaîner.* Catenatio, g. catenationis³, f.

ENCHAINEMENT, *suite de choses.* Series, g. seriei⁵, f.

ENCHAINER. Vincire, vincio, vincis, vinxi, vinctum⁴, act.

ENCHANTÉ, *ensorcelé.* Incan-

ENC

latus, incantata, incantatum, p. p.

ENCHANTÉ de, charmé de. Captus, a, um, part. pass. avec l'abl.

ENCHANTÉ, charmant, délicieux. Amœnissimus, a, um, adj.

ENCHANTEMENT. Incantamentum, g. incantamenti², n.

ENCHANTER, ensorceler. Incantare, incanto, incantas, incantavi, incantatum³, act.

ENCHANTER, plaire. Voyez Charmer, plaire.

SE LAISSER ENCHANTER, être enchanté. Voyez au mot Charmer, se laisser Charmer.

ENCHANTERESSE. Saga, g. sagæ¹, f.

ENCHANTEUR, subst. Magus, g. magi², m.

ENCHANTEUR, EUSE, adj. Illecebrosus, a, um, adj.

ENCHASSER, mettre dans une chasse. In capsam includere, includo, includis, inclusi, inclusum³, act.

ENCHÈRE. Licitatio, g. licitationis³, f. | Mettre à l'enchère. Præconis voci subjicere, subjicio, subjicis, subjeci, subjectum³, act. | Les biens de quelqu'un. Bona alicujus. c. à. d. assujettir à la voix du crieur public.

ENCHÉRIR, ou devenir cher. Ingravescere, ingravesco, ingraveseis³, sans prétérit et sans supin. n. | Faire enchérir, ou augmenter. Incendere, incendo, incendis, incendi, incensum³, act.

ENCHÉRIR, mettre l'enchère. Liceri, liceor, liceris, licitus sum², dép. accus.

ENCHÉRISSEUR. Licitator, g. licitatoris³, m.

ENCLAVÉ. Insertus, a, um, adj.

ENCLAVEMENT. Procursus, g. procursûs⁴, m. | Enclavement d'un champ dans les terres d'autrui. Agri in solum alienum procursus.

ENCLAVER. Includere, includo, includis, inclusi, inclusum³, act.

ENCLIN, si c'est au bien. Propensus, a, um, adj. à par ad, avec l'accus. ou le gérond. en dum. | Si c'est au mal. Proclivis, m. f. proclive, n. gén. proclivis, adj. à par ad, avec l'acc. ou le gér. en dum.

ENCLORE. Claudere, claudo, claudis, clausi, clausum³, act. | Enclore d'une muraille. Claudere muro, à l'ablat.

ENCLOS, ou fermé. Clausus, a, um, part. pass. | Enclos d'une muraille. Clausus muro, à l'abl.

UN ENCLOS. Septum, g. septi², neut.

ENCLOUÉ, cheval encloué. Clavo vulneratus, a, um, adj. c. à. d. blessé par un clou. | Canon encloué. Tormentum clavo obstructum, g. tormenti clavo obstructi², n. c. à. d. bouché par un clou.

ENCLOUER un cheval. Equum clavo vulnerare, vulnero, vulneras, vulneravi, vulneratum⁴, act.

ENCLOUER un canon. Tormentum clavo obstruere, obstruo, obstruis, obstruxi, obstructum³, act. c. à. d. boucher un canon avec un clou.

ENCLUME. Incus, g. incudis³, fem.

ENCOFFRER. Arcâ condere, condo, condis, condidi, conditum³, act. c. à. d. mettre dans un coffre.

ENCOIGNURE, coin. Angulus, g. anguli², m.

ENCOLURE. Cervix, g. cervicis³, f.

ENCOMBRE. Impedimentum, g. impedimenti², n.

ENCOMBREMENT. Obstructio, g. obstructionis³, f.

ENCOMBRER. Impedire, impedio, impedis, impedivi, impeditum⁴, act.

A L'ENCONTRE de. Contrà, avec un accus.

ENCORE, jusqu'à présent. Adhuc, adv. | Non pas encore. Non

dùm, *adv.* | *Non-seulement, mais encore.* Non solùm, verùm etiam. | *Encore que.* Quamvis, *avec le subjonct.* | *Encore, de plus.* Quin etiam, *adv.*

ENCOURAGEMENT. Incitamentum, *g.* incitamenti[2], *n.*

ENCOURAGER. Excitare, excito, excitas, excitavi, excitatum[1], *act. à par ad, avec l'acc. ou avec le gérond. en* dum.

ENCOURIR. Subire, subeo, subis, subivi, subitum[4], *act.* | *Encourir une peine.* Subire pœnam, *acc.*

ENCOURIR *l'inimitié.* Suscipĕre inimicitias ; suscipio, suscipis, suscepi, susceptum[1], *act.*

ENCRE. Atramentum, *g.* atramenti[2], *n.*

ENCRIER, *cornet à mettre de l'encre.* Atramentarium, *g.* atramentarii[2], *n.*

ENDÉMIQUE, *particulier à une nation.* Proprius, ia, ium, *adj. avec le datif.*

ENDETTÉ. Obæratus, a, um, *part. pass.* | *Etre endetté.* Ære alieno premi, premor, premeris, pressus sum[2], *pass.*

ENDETTER. Ære alieno obstringĕre, obstringo, obstringis, obstrinxi, obstrictum[3], *act. acc. de la personne. c. à. d. engager dans des dettes.*

s'ENDETTER. Æs alienum contrahĕre, contraho, contrahis, contraxi, contractum[3], *act. c. à. d. contracter des dettes.*

ENDOMMAGER. Nocēre, noceo, noces, nocui, nocitum[2], *m. dat.* | *Etre endommagé.* Detrimentum accipĕre, accipio, accipis, accepi, acceptum[3], *act. mot à mot, recevoir du dommage.*

ENDORMI. Sopitus, a, um, *adj.* | *A demi endormi.* Semi sopitus.

ENDORMIR, *faire dormir.* Sopire, sopio, sopis, sopivi, sopitum[4], *act.*

ENDORMIR, *engourdir.* Tempore afficĕre, afficio, afficis, affeci, affectum[3], *act.*

s'ENDORMIR, *se laisser aller au sommeil.* Obdormiscĕre, obdormisco, obdormiscis, obdormivi, obdormitum[3], *n.*

s'ENDORMIR *dans une affaire, la négliger.* Indormire, indormio, indormis, indormivi, indormitum[4], *n. avec le datif.*

ENDOSSER. Induĕre, induo, induis, indui, indutum[3], *act.*

ENDROIT, *lieu.* Locus, *g.* loci[2], *m. Au plur.* loca, *g.* locorum[2], *neut.*

ENDROIT, *côté.* Pars, *g.* partis[3], *f.*

ENDROIT *d'une étoffe.* Facies exterior, *g.* faciei[5] exterioris[3], *f.*

ENDUIRE. Linire, linio, linis, linivi, linitum[4], *act. acc. rég. ind. ablat.*

ENDUIT, *subst.* Tectorium, *g.* tectorii[2], *n.*

ENDURANT. Patiens, *m. f.* et *n. gén.* patientis, *adj.*

ENDURCI. Duratus, a, um, *part. pass. à se rend par le dat. du nom.* | *Endurci au travail.* Duratus labore.

ENDURCIR. Durare, duro, duras, duravi, duratum[1], *act. à se rend par le dat. du nom.* | *Endurcir au travail.* Durare labore.

s'ENDURCIR à. Durari, duror, duraris, duratus sum[1], *pass.* | *S'endurcir au travail.* Durari labore.

ENDURCISSEMENT. Durities, *g.* duritiei[5], *f.*

ENDURER. Pati, patior, pateris, passus sum[3], *dép. acc.*

ÉNÉIDE, *poëme de Virgile.* Æneis, *g.* æneidis ou æneïdos[3], *f.*

ÉNERGIE, *force d'un mot.* Vis, *g.* vis, *acc.* vim, *abl.* vi, *f.* | *Avec énergie.* Nervosè, *adv.*

ÉNERGIE, *fermeté d'ame.* Animi robur, *g.* animi roboris[3], *n.*

ÉNERGIQUE, *qui a de l'énergie, de la force.* Vim habens, *g.* vim habentis, *pour les 3 genres. Mot à mot : Ayant de la force. comp.* Majorem vim habens ; *c. à. d. ayant une plus grande force. sup.* Maximam vim habens ; *c. à.*

ENF

d. *ayant un très-grande force.* | *Etre énergique.* Habēre vim ; mot à mot. *Avoir de la force :* Ex. *Démosthène étoit très-énergique.* Demosthenes maximam vim habebat ; c. à. d. *avoir une très-grande force.*

ÉNERGIQUE, *qui exprime très-bien.* Significans , g. significantis³, adj.

D'une manière énergique , ou ÉNERGIQUEMENT. Significanter, adv.

ÉNERGUMÈNE , *possédé du démon.* A dæmone insessus , a, um, *part. pass.*

ÉNERVÉ , *affoibli.* Enervatus, a , um , *part. pass.*

ÉNERVER, *affoiblir.* Enervare, enervo, enervas , enervavi , enervatum¹, *act.*

ENFANCE. Infantia , g. infantiæ¹, f. | *Dès l'enfance.* A pueritiâ. | *Au sortir de l'enfance.* Extremâ pueritiâ.

ENFANT. Puer , g. pueri², m. | *Si c'est une fille.* Puella, g. puellæ¹, f.

ENFANTÉ. Partus , a , um, adj.

ENFANTEMENT. Partus ; gén. partûs⁴, m.

ENFANTER. Parĕre , pario, paris , peperi , partum³, *act.*

ENFANTILLAGE. Puerilitas , g. puerilitatis³, f.

ENFANTIN. Puerilis , m. f. puerile , n. gén. puerilis, adj.

ENFARINER. Farinâ aspergĕre ; aspergo , aspergis , aspersi , aspersum³, *act.* c. à. d. *couvrir de farine.*

ENFER. Inferi , g. inferorum², m. plur. | *De l'enfer*, ou *infernal.* Infernus , a , um , adj.

ENFERMER. Includĕre , includo , includis , inclusi , inclusum³, act. | *Enfermer de murailles*, etc. Voyez *Environner de.*

ENFERMER, *contenir.* Complecti , complector , complecteris , complexus sum³, *dép. acc.*

ENFILADE. Series, g. seriei⁵, f.

ENF

ENFILER , *passer un fil par le trou d'une aiguille.* Filum in acu trajicĕre , trajicio , trajicis , trajeci , trajectum³, *act.*

ENFILER *des grains.* Grana inserĕre , insero , inseris , inserui , insertum³, *act.*

ENFILER *droit un chemin.* Iter in rectum agĕre , ago , agis , egi , actum³, *act.*

ENFIN. Denique , adv.

ENFLAMMÉ. Accensus, a , um , part. pass. | *Yeux enflammés.* Ardentes³ oculi².

ENFLAMMER. Inflammare, inflammo , inflammas , inflammavi , inflammatum¹, *act.*

S'ENFLAMMER, *s'allumer.* Ardēre, ardeo , ardes, arsi , arsum², *act.*

S'ENFLAMMER *d'amour.* Amore ardēre. *Pour quelqu'un*, au génit.

S'*Enflammer de colère.* Irâ exardescĕre , exardesco , exardescis³, *sans parf. ni supin.*

ENFLÉ. Inflatus , a , um , *part. pass.* | *Enflé d'orgueil.* Inflatus superbiâ , à *l'ablat.*

ÊTRE ENFLÉ. Tumēre , tumeo , tumes , tumui², sans sup. n.

ENFLER. Inflare , inflo , inflas , inflavi , inflatum¹, *act.*

S'ENFLER. Tumescĕre , tumesco , tumescis , tumui³, *sans sup. n. de se rend par l'abl. du nom.*

ENFLURE. Tumor, g. tumoris³, masc.

ENFLURE *de style.* Ventosa loquacitas , g. ventosæ¹ loquacitatis³, f.

ENFONCÉ. Depressus, a , um , *part. pass.* | *Yeux enfoncés.* Oculi concavi², m. plur.

ENFONCÉ, *rompu.* Perreptus, a , um , *part. pass.*

ENFONCEMENT , *l'action de faire aller au fond.* Depressio, g. depressionis³, f.

ENFONCEMENT, *action d'enfoncer en brisant.* Effractura , g. effracturæ¹, f.

ENFONCEMENT, *creux.* Lacuna, g. lacunæ¹, f.

ENFONCER, *faire aller vers le fond*. Demittĕre, demitto, demitis, demisi, demissum³, *act.*

Enfoncer *dans la terre*. In terram defigĕre, defigo, defigis, defixi, defixum³, *act.*

Enfoncer *dans l'eau*. In aquam mergĕre, mergo, mergis, mersi, mersum³, *act.*

Enfoncer *son épée dans le corps*. Ferrum in pectus infigĕre, infigo, infigis, infixi, infixum³, *act.*

Enfoncer, *rompre*. Voyez *Rompre*. | *Enfoncer les bataillons ennemis*. Hostium acies perrumpĕre, perrumpo, perrumpis, perrupi, perruptum³, *act.*

s'Enfoncer *dans l'eau*. Mergi aquâ, à *l'abl.* Mergi est le pass. du verbe Mergĕre.

s'Enfoncer *dans le bois*. In silvam se abstrudĕre, me abstrudo, te abstrudis, me abstrusi, se abstrusum³, *act.*

s'Enfoncer *dans l'étude*. Litteris se involvĕre, me involvo, te involvis, me involvi, se involutum³, *act.*

ENFOUIR. In terram defodĕre, defodio, defodis, defossi, defossum³, *act.* c. à. d. *cacher dans la terre*.

Enfouir *les talens de la nature*. Celare dotes naturæ; celo, celas, celavi, celatum¹, *act.* c. à. d. *les cacher*.

ENFOURNER. In furnum immittĕre, immitto, immittis, immisi, immissum³, *act.* c. à. d. *mettre au four*.

ENFREINDRE, *violer un traité, une loi, etc.* Infringĕre, infringo, infringis, infregi, infractum³, *act.*

faire Enfuir, *mettre en fuite*. Fugare, fugo, fugas, fugavi, fugatum¹, *act.*

ENFUMÉ. Infumatus, a, um, *part. pass.*

ENFUMER. Infumare, infumo, infumas, infumavi, infumatum¹, *act.*

ENGAGÉ, *donné en gage*. Pigneratus, a, um, *partic. pass.*

Engagé, *ou embarrassé*. Implicitus, a, um, *part. pass.* avec l'ablat. de la chose.

Engagé, *porté à faire quelque chose*. Impulsus, a, um, *part. pass.*

Engagé *par serment*. Sacramento adactus, a, um, *part. pass.*

ENGAGEANT. Placens, m. f. et n. gén. placentis, *adj.*

ENGAGEMENT, *obligation*. Obligatio, g. obligationis³, *f.*

Engagemens, *liens qui nous retiennent*. Vincula, g. vinculorum³, n. plur.

ENGAGER, ou *donner en gage*. Pignerare, pignero, pigneras, pigneravi, pigneratum¹, *act.*

Engager *quelqu'un à faire*. Voy. *Porter, pousser*.

Engager *sa foi, sa parole*. Dare fidem; c. à. d. *la donner*.

Engager *dans quelque affaire*. Voyez *Embarrasser*.

Engager *un soldat*. Voy. *Enrôler*.

Engager *le combat*. Prælium committĕre, committo, committis, commisi, commissum³, *act.*

s'Engager *à faire quelque chose*. Voyez *Promettre*.

s'Engager *dans une affaire*. Voy. *s'Embarrasser*.

s'Engager, *s'enrôler*. Voyez ce mot.

ENGEANCE. Genus, g. generis³, n.

ENGELURE, *aux pieds, aux mains*. Pernio, g. pernionis³, m.

ENGENDRÉ. Genitus, a, um, *part. pass.*

ENGENDRER. Gignĕre gigno, gignis, genui, genitum³, *act.*

s'Engendrer. Gigni, gignor, gigneris, genitus sum³, *pass.* Le de par à ou ab, et l'abl.

ENGLOUTI. Absorptus, a, um, *part. pass.* | *Dans les eaux*. Aquis, à l'ablat. | *Englouti dans la terre*. Terræ hiatu absorptus.

ENGLOUTIR. Absorbĕre, absorbeo, absorbes, absorbui, absorptum², *act.*

ENGLUÉ. Visco implicitus, a, um.

ENGLUER. Visco illinĕre, illino, illinis, illevi, illitum[3], act. c. à. d. enduire de glu.

s'ENGLUER. In visco inhærescĕre, inhæresco, inhærescis, inhæsi, inhæsum[3], n. c. à. d. se prendre à la glu.

ENGORGEMENT. Interclucio, g. interclucionis[3], f.

s'ENGORGER de viandes. Cibis se ingurgitare, me ingurgito, te ingurgitas, me ingurgitavi, se ingurgitatum[1], act.

s'ENGORGER, en parlant d'un tuyau. Obstrui, obstruor, obstrueris, obstructus sum[3], pass.

ENGOUEMENT, entêtement. Pertinax studium, g. pertinacis[3] studii[2], n. pour se rend par le gén. du nom qui suit.

s'ENGOUER pour, s'enthousiasmer. Capi, capior, caperis, captus sum[3], pass. avec l'ablat. du nom.

s'ENGOUFFRER, en parlant des vents. Æstuare, æstuo, æstuas, æstuavi, æstuatum[1], n. l'abl. avec in. | En parlant des rivières. Absorberi, absorbeor, absorberis, absorptus sum[2], pass. | Dans une ouverture de la terre. Hiatu terræ.

ENGOURDI. Torpens, m. f. et n. gén. torpentis, adj.

ENGOURDIR. Stupefacĕre, stupefacio, stupefacis, stupefeci, stupefactum[3], act.

s'ENGOURDIR. Torpescĕre, torpesco, torpescis, torpui[3], sans sup. n.

ENGOURDISSEMENT. Torpor, g. torporis[3], m. | Etre dans l'engourdissement. Torpĕre, torpeo, torpes, torpui[2], sans sup. n.

ENGRAIS, l'action d'engraisser les animaux. Saginatio, g. saginationis[3], f.

ENGRAIS, amendement qu'on met dans les terres. Stercoratio, g. stercorationis[3], f.

ENGRAISSER, ou rendre gras. Pinguefacĕre, pinguefacio, pinguefacis, pinguefeci, pinguefactum[3], act.

s'ENGRAISSER. Pinguescĕre, pinguesco, pinguescis[3], sans prétérit et sans sup. n.

ENGRAISSER, amender une terre. Stercorare, stercoro, stercoras, stercoravi, stercoratum[1], act.

ENGRAISSER, salir. Inquinare, inquino, inquinas, inquinavi, inquinatum[1], act.

ENGRANGER du blé. Frumentum condĕre, condio, condis, condidi, conditum[3], act.

ENGRAVER, un bateau. Arenæ impingĕre, impingo, impingis, impegi, impactum[3], act.

s'ENGRUMELER, se former en grumeaux. Globari, globor, globaris, globatus sum[1], dép.

ENHARDIR. Animos addĕre, addo, addis, addidi, additum[3], act. avec le dat. de la personne, c. à. d. donner du courage à quelqu'un.

s'ENHARDIR à. Audēre, audeo, audes, ausus sum[2]. Le nom qui suit à se met à l'acc. et le verbe à l'infinitif.

ENHARNACHER. Ornatu instruĕre, instruo, instruis, instruxi, instructum[3], act. | Cheval richement enharnaché. Equus splendido ornatu instructus; c. à. d. cheval paré d'un riche ornement.

EN HAUT, en un lieu haut. Supernè, adv. | D'en haut. Desuper, adv. | D'en haut, du ciel. Divinitùs, adv. | Qui est en haut ou d'en haut, Supernus, a, um, adj.

ENJAMBER. Transilire, transilio, transilis, transilii[4], sans sup. n.

ENJEU, l'argent qu'on met au jeu. Pignus, g. pignoris[3], n.

ÉNIGMATIQUE. Obscurus, a, um, adj.

ÉNIGMATIQUEMENT. Obscurè, adv.

ÉNIGME, chose obscure. Ænigma, g. ænigmatis[3], n.

ENJOINDRE, ordonner. Imperare, impero, imperas, impera-

, imperatum¹, act. avec l'acc. de
la chose et le dat. de la personne.
ENJOINDRE *une pénitence.* Voyez
nposer.
ENJOINT, *ordonné.* Impera-
us, a, um, *adj.*
ENJOLÉ. Delinitus, a, um,
art. pass.
ENJOLER. Delinire, delinio,
elinis, delinivi, delinitum⁴, *act.*
ENJOLEUR. Delinitor, g. deli-
nitoris³, *m.*
ENJOLIVÉ, *orné.* Ornatus, a,
m, *part. pass.*
ENJOLIVEMENT. Ornatus, g.
rnatûs⁴, *m.*
ENJOLIVER. Ornare, orno,
rnas, ornavi, ornatum¹, *act. acc.*
g. ind ablat.
ENJOLIVURE. Ornatus, g. or-
atûs⁴, *m.*
ENJOUÉ. Jocosus, a, um,
dj.
ENJOUEMENT. Festivitas, g.
stivitatis³, f. | *Avec enjouement.*
Festivè, adv.
ENIVRÉ. Ebrius, ia, ium, *adj.*
ablat. du nom qui suit de.
ENIVREMENT. Ebrietas, g.
brietatis³, f.
ENIVRER. Inebriare, inebrio,
nebrias, inebriavi, inebriatum¹,
act.
s'ENIVRER. Inebriari, inebrior,
nebriaris, inebriatus sum¹, *pass.*
S'enivrer à force de boire. Inebriari multo vino, *à l'abl.*
ENLACEMENT. Implexus, g.
implexûs⁴, *m.*
ENLACER. Illaqueare, illa-
queo, illaqueas, illaqueavi, illa-
queatum¹, *act.*
ENLAIDIR, *rendre laid.* Defor-
nare, deformo, deformas, deformavi, deformatum¹, *act.*
ENLAIDIR, *devenir laid.* Fieri de-
formem, fio deformis, fis deformis, factus sum deformis. Deformis *s'accorde avec le sujet de* fio,
par la règle Deus est sanctus.
ENLAIDISSEMENT. Fœditas,
g. fœditatis³, *f.*

ENLEVÉ. Raptus, a, um, *part.*
pass.
ENLÈVEMENT. Raptus, g. raptûs⁴, *m.*
ENLEVER. Rapere, rapio, ra-
pis, rapui, raptum³, *act. acc. rég.*
ind. dat.
ENLEVER, *charmer.* Movēre, moveo, moves, movi, motum², *act.*
ENLEVER *la peau.* Cutem detrahĕre, detraho, detrahis, detraxi, detractum³, *act. dat. de la*
personne.
ENLUMINÉ. Illuminatus, a,
um, *part. pass. ablat. de la couleur.*
ENLUMINER. Colorare, colo-
ro, coloras, coloravi, coloratum¹,
act. ablat. de la couleur.
ENLUMINURE, *art d'enlumi-*
ner. Colorandi ars, g. colorandi
artis³, *f.*
ENNEMI, ou *adversaire.* Inimicus, g. inimici, *m. avec le dat.*
du nom qui suit. | *En ennemi.* Ini-
micè, *adv.*
ENNEMIE. Inimica, g. inimicæ¹, *f.*
ENNEMI, ENNEMIE. Inimicus, a,
um, *adj. dat.*
ENNEMI *de guerre.* Hostis, g.
hostis³, *m.* | *D'ennemi.* Hostilis,
m. f. hostile, *n. gén.* hostilis, *adj.*
ENNOBLIR, *rendre plus illus-*
tre. Commendare, commendo,
commendas, commendavi, com-
mendatum¹, *act.*
s'ENNOBLIR, *s'illustrer.* Inclarescĕre, inclaresco, inclarescis, in-
clarui³, *sans sup. n.*
ENNOBLISSEMENT. Illustra-
tio, g. illustrationis³, *f.*
ENNUI. Tædium, g. tædii², *n.*
ENNUYÉ *de.* Pertæsus, a, um,
avec un gén. | *De ce que.* Quòd,
avec le subjonct.
ENNUYER. Tædium afferre, affero, affers, attuli, allatum¹, *act.*
dat. de la personne, c. à. d. causer
de l'ennui à.
s'ENNUYER. Tædēre, tædet, tæ-
duit¹, *impers. On met à l'accus.*
le nom de la personne qui s'en-
nuie, et le nom de la chose ou

de la personne dont on s'ennuie est mis au gén., ou l'on met un infinit. (Voy. la règle des verbes impers. Pœnitet, pudet, tædet, etc. dans Lhomond.)

ENNUYEUX. Molestus, a, um, adj.

ÉNONCÉ, subst. Exposition. Enunciatum, g. enunciati[2], n.

ÉNONCER, déclarer. Denunciare, denuncio, denuncias, denunciavi, denunciatum[1], act. acc. rég. ind. dat.

s'Énoncer. Eloqui, eloquor, eloqueris, elocutus sum[3], dép. sur, ne s'exprime pas, et le nom qui suit se met à l'accus.

ÉNONCIATION. Enunciatio, g. enunciationis[3], f.

ENORGUEILLIR. Inflare, inflo, inflas, inflavi, inflatum[1], act.

s'Enorgueillir. Superbire, superbio, superbis, superbivi[4], sans sup. n. | De quelque chose, à l'ablat. avec de.

ÉNORME. Immanis, m. f. immane, n. gén. immanis, adj.

ÉNORMÉMENT, démesurément. Suprà modum, ou enormiter, adv.

ÉNORMITÉ. Immanitas, g. immanitatis[3], f.

s'ENQUÉRIR. Percontari, percontor, percontaris, percontatus sum[1], dépon. acc. de la chose et l'ablat. de la personne à qui l'on s'enquiert, avec è ou ex.

ENQUÊTE. Inquisitio, g. inquisitionis[3], f.

s'ENQUÊTER. Voy. s'Enquérir.

ENQUÊTEUR. Inquisitor, g. inquisitoris[3], m.

ENQUIS, interrogé. Interrogatus, a, um, adj. de par de, avec l'abl.

ENRACINÉ, qui a ses racines en terre. Radicatus, a, um, adj.

Enraciné, invétéré. Inveteratus, a, um, adj.

s'ENRACINER, prendre racine. Radicari, radicor, radicaris, radicatus sum[1], dép.

s'Enraciner, s'invétérer. Inveterascere, inveterasco, inveterascis, inveteravi[3], n.

ENRAGÉ. Rabidus, a, um, adj.

ENRAGER. Furere, furo, furis, furit[3], n. sans parf. ni sup. | Faire enrager. Urere, uro, uris, ussi, ustum[3], act.

ENRAYER, arrêter les roues d'une charrette, d'un carrosse. Sufflaminare, sufflamino, sufflaminas, sufflaminavi, sufflaminatum[1], act.

ENREGISTRÉ. Inscriptus, a, um, part. pass.

ENREGISTREMENT. Inscriptio, g. inscriptionis[3], f.

ENREGISTRER. Inscribere, inscribo, inscribis, inscripsi, inscriptum[3], act.

ENRHUMÉ. Gravedine affectus, a, um, adj. c. à. d. affecté de rhume. | Etre enrhumé. Gravedine tentari, tentor, tentaris, tentatus sum[1], pass. c. à. d. être éprouvé par le rhume.

ENRHUMER. Gravedinem afferre, affero, affers, attuli, allatum[3], act. dat. de la personne c. à. d. causer le rhume à.

s'Enrhumer. Gravedinem contrahere, contraho, contrahis, contraxi, contractum[3], act. c. à. d. gagner le rhume.

ENRICHI. Locupletatus, a, um, part. pass.

Enrichi, orné. Exornatus, a, um, part. pass.

ENRICHIR. Locupletare, locupleto, locupletas, locupletavi, locupletatum[1], act.

Enrichir, orner. Exornare, exorno, exornas, exornavi, exornatum[1], act.

s'Enrichir. Locupletari, locupletor, locupletaris, locupletati sum[2], pass.

ENRICHISSEMENT, embellissement. Ornamentum, g. ornamenti[3], n.

ENROLÉ. Conscriptus, a, um, part. pass.

ENROLEMENT. Militum dele

tus, *g.* delectûs[4], *m. c. à. d. levée de soldats.*

ENROLER. Conscribĕre, conscribo, conscribis, conscripsi, conscriptum[1], *act.*

s'ENRÔLER. Nomen militiæ dare, *c. à. d. donner son nom pour la milice.* Do, das, dedi, datum[1], *act.*

ENROUÉ. Raucus, a, um, *adj.*

ENROUEMENT. Raucitas, *g.* raucitatis[1], *f.*

s'ENROUER. Raucire, raucio, raucis[4], *sans sup. n.*

s'ENROUER *à force de crier.* Ravire, ravio, ravis[4], *sans sup. n.*

ENROUILLÉ. Rubiginosus, a, um, *adj.*

ENROUILLER. Rubiginem obducĕre, obduco, obducis, obduxi, obductum[3], *act. et un datif, c. à. d. faire venir la rouille à.* | *Le fer.* Ferro.

s'ENROUILLER. Rubiginem trahĕre, traho, trahis, traxi, tractum[3], *act. c. à. d. amasser la rouille.* | *L'esprit s'enrouille faute de culture.* Ingenium incultu torpescit, *de* Torpescĕre, torpesco, torpescis, torpui[3], *sans sup. n.*

ENSANGLANTÉ. Cruentatus, a, um, *part. pass.*

ENSANGLANTER. Cruentare, cruento, cruentas, cruentavi, cruentatum[1], *act.*

ENSEIGNE, *ou marque.* Indicium, *g.* indicii[2], *n.* | *A telles enseignes que.* Eo argumento quòd, *avec l'indic.* | *Enseigne d'un logis.* Signum, *g.* signi[2], *n.* | *A l'enseigne du lion d'or.* Sub signo leonis aurei.

ENSEIGNE, *ou drapeau.* Vexillum, *g.* vexilli[2], *n.*

ENSEIGNE, *ou porte-enseigne.* Vexillarius, *g.* vexillarii[2], *m.*

ENSEIGNÉ. Doctus, a, um, *p. p.*

ENSEIGNEMENT. Præceptum, *g.* præcepti[2], *n.*

ENSEIGNER. Docēre, doceo, doces, docui, doctum[2], *act. avec deux acc.* | *Pour de l'argent.* Mercede. | *Pour rien.* Sine mercede ullâ. | *Enseigner à lire.* Docēre legĕre, *à l'infin.* Quand le verbe *Enseigner* est au passif en français, il faut consulter la *Grammaire latine.*

ENSEIGNER, *ou indiquer.* Indicare, indico, indicas, indicavi, indicatum[1], *act. acc. rég. ind. dat.*

ENSEMBLE. Simul. Unà, *adv.*

ENSEMENCÉ. Consitus, a, um, *part. pass. ablat. de la chose.*

ENSEMENCER. Conserĕre, consero, conseris, conservi, consitum[3], *act.* | *De blé.* Frumento, *à l'ablat.*

ENSEVELI, *enterré.* Sepultus, a, um, *part. pass.* | *Enseveli sous les ruines, etc.* Ruinâ oppressus, a, um, *part. pass.*

ENSEVELI *dans l'oubli.* Oblivione obrutus, a, um, *part. pass.*

Enseveli dans le sommeil. Obrutus somno, *à l'ablat.*

ENSEVELIR. Sepelire, sepelio, sepelis, sepelivi, sepultum[4], *act.* | *Ensevelir dans un éternel oubli.* Æternâ oblivione obruĕre, obruo, obruis, obrui, obrutum[3], *act. La chose à l'acc.*

s'ENSEVELIR *dans la solitude.* Abdĕre se in solitudinem; abdo, abdis, abdidi, abditum[3], *act. c. à. d. se cacher dans la solitude.*

ENSORCELER. Fascinare, fascino, fascinas, fascinavi, fascinatum[1], *act.*

ENSORCELLEMENT. Fascinatio, *g.* fascinationis[1], *f.*

ENSOUFRER. Sulphurare, sulphuro, sulphuras, sulphuravi, sulphuratum[1], *act.*

ENSUITE. Deindè

s'ENSUIVRE. Consequi, consequor, consequeris, consecutus sum[3], *dép.* | *La mort s'ensuivit.* Mors consecuta est. | *Il s'ensuit que.* Indè sequitur. *Le que se retranche, et le verbe se met à l'infinit.* | *S'ensuit-il que?* Continuòne? *avec l'indicat.,* ou mieux an idcircò? *avec l'indic.* | *Que s'ensuit-il de là?* Quid indè?

ENTABLEMENT, *terme d'architecture.* Coronis, g. coronidis[3], *fem.*

ENTACHER. Contaminare, contamino, contaminas, contaminavi, contaminatum[1], *act.*

ENTAILLE, *entaillure.* Incisio, g. incisionis[3], *f.*

ENTAILLER. Incidĕre, incido, incidis, incidi, incisum[3], *act.*

ENTAMER, *commencer.* Exordiri, exordior, exordiris, exorsus sum[4], *dépon. acc.*

EN TANT QUE. Ut. Prout, *avec l'indic.*

ENTASSER. Coacervare, coacervo, coacervas, coacervavi, coacervatum[1], *act.*

ENTASSER *crime sur crime.* Scelus scelere cumulare, cumulo, cumulas, cumulavi, cumulatum[1], *act.*

ENTE, *greffe.* Insitum, g. insiti[2], *n.*

ENTÉ *sur.* Insitus, a, um, *adj. avec le dat.*

ENTENDEMENT. Mens, gén. mentis[3], *f.*

ENTENDRE, *ou ouïr.* Audire, audio, audis, audivi, auditum[4], *act.* | *Entendre dire.* Audire, *acc. La personne à qui l'on entend dire, à l'ablat. avec à ou ab.* | *Entendre Cicéron parler, ou parlant.* Audire Ciceronem loquentem.

ENTENDRE, *concevoir.* Intelligĕre, intelligo, intelligis, intellexi, intellectum[3], *act.*

FAIRE ENTENDRE, *ou expliquer.* Explicare, explico, explicas, explicavi, explicatum[1], *act. acc. rég. ind. dat.*

FAIRE ENTENDRE, *donner à entendre.* Significare, significo, significas, significavi, significatum[1], *act.*

ENTENDRE *parler de quelque chose.* Audire[4], *act.* de se rend par de *avec l'ablat.*

ENTENDRE, *vouloir prétendre.* Jubēre, jubeo, jubes, jussi, jussum[2], *act. Le* que *qui suit se retranche.*

s'ENTENDRE, *ou s'accorder.* Consentire, consentio, consentis, consensi, consensum[4], *n.*

s'ENTENDRE *en quelque chose, entendre bien une chose, y être habile.* Percallēre, percalleo, percalles, percallui[2], *sans sup. n. avec l'acc.*

ENTENDU, *ou ouï.* Auditus, a, um, *part. pass.*

ENTENDU, *ou conçu.* Intellectus, a, um, *part. pass.*

ENTENDU, *ou intelligent.* Peritus, a, um, *adj. avec le génit.*

ENTENTE, *parole ambiguë.* Ambiguum dictum, g. ambigui dicti[2], *n.* | *A double entente.* Ambiguus, ua, uum, *adj.* | *Parler à double entente.* Ambiguè loqui, loquor, loqueris, locutus sum[3], *dépon.*

ENTER, *faire des entes.* Inserĕre, insero, inseris, insevi, insitum[3], *act. sur par* in, *et l'acc.*

ENTÉRINEMENT, *ratification.* Approbatio, g. approbationis[3], *f.*

ENTERRÉ. Humatus, a, um, *part. pass.*

ENTERRÉ, *enfoui.* Terrâ obrutus, a, um, *part. pass.*

ENTERREMENT. Funus, g. funeris[3], *n.*

ENTERRER. Humare, humo, humas, humavi, humatum[1], *act.*

ENTERRER, *enfouir.* In terram obruĕre, obruo, obruis, obrui, obrutum[3], *act.*

ENTÊTÉ, *opiniâtre.* Pertinax, g. pertinacis, *adj. des 3 genres.*

ENTÊTEMENT. Pertinacia, g. pertinaciæ[1], *f.*

ENTÊTER, *en parlant des odeurs.* Caput tentare, tento, tentas, tentavi, tentatum[1], *act. gén. de la personne.*

s'ENTÊTER, *s'attacher opiniâtrément.* Pertinaciter adhærēre, adhæreo, adhæres, adhæsi, adhæsum[2], *n. avec le datif.*

ENTHOUSIASME, *inspiration divine.* Divinus afflatus, g. divini afflatûs[4], *m.*

ENTHOUSIASME, *admiration outrée*. Nimia admiratio, *g.* nimiæ[1] admirationis[3], *f.*

s'ENTHOUSIASMER *de*. Capi, capior, caperis, captus sum[3], *pass.* de se rend par l'ablat.

ENTHYMÈME, *argument*. Enthymema, *g.* enthymematis[3], *n.*

ENTICHÉ, *imbu de*. Laborans, *g.* laborantis, *part. prés.* de se rend par l'abl. du nom.

ENTIER. Integer, integra, integrum, *g.* integri, integræ, integri, *adj.*

ENTIER, *opiniâtre*. Pertinax, *m. f. et n. gén.* pertinacis, *adj.*

ENTIÈREMENT. Omninò, *adv.*

ENTONNER, *chanter le premier*. Præcinĕre, præcino, præcinis, præcinui, præcentum[3], *act.*

ENTONNOIR. Infundibulum, *g.* infundibuli[2], *n.*

ENTORSE. Distortio, *g.* distortionis[3], *f.*

ENTORTILLÉ. Circumvolutus, a, um, *adj.*

ENTORTILLÉ *de*. Circumplicatus, a, um, *adj.* avec l'ablat.

ENTORTILLEMENT. Circumplexus, *g.* circumplexûs[4], *m.*

ENTORTILLER. Convolvĕre, convolvo, convolvis, convolvi, convolutum[3], *act.* antour de se rend par le datif du nom qui suit.

s'ENTORTILLER *autour de*. Circumvolvi, circumvolvor, circumvolveris, circumvolutus sum[3], *pass.* dat. du nom qui suit autour.

A L'ENTOUR, *adv.* Circùm, *adv.*

ENTOURER. Cingĕre, cingo, cingis, cinxi, cinctum[3], *act. acc. rég. ind. abl.*

s'ENTRAIDER. Mutuam operam sibi dare, do, das, dedi, datum[1], *act.* c. à. d. *se donner un secours mutuel.* Ex. *Nous devons nous entraider.* Nobis mutuam operam dare debemus.

ENTRAILLES. Viscera, *g.* viscerum[3], *n. pl.*

s'ENTR'AIMER. Amare se invicem, c. à. d. *s'aimer mutuellement.*

ENTRAINANT. Rapiens, *g.* rapientis, *part. prés.*

ENTRAINÉ. Abstractus, a, um, *part. pass.*

ENTRAINER. Trahĕre, traho, trahis, traxi, tractum[3], *act.* dans *ou* en par in, avec l'acc.

ENTRAÎNER *quelqu'un à sa ruine.* In exitium præcipitare, præcipito, præcipitas, præcipitavi, præcipitatum[1], *art. acc.* de la pers.

ENTRAVER, *empêcher*. Impedire, impedio, impedis, impedivi, impeditum[4], *act.*

ENTRAVES, *liens pour les pieds des chevaux.* Compedes, *g.* compedum[3], *f. pl.*

ENTRAVE, *obstacle.* Impedimentum, *g.* impedimenti[2], *n.*

ENTRE. Inter, avec un accus. | *Entre les mains.* In *ou* præ manibus, *sans mouvement* | *D'entre.* È *ou* ex. avec l'ablat.

s'ENTRE-BATTRE. Concertare, concerto, concertas, concertavi, concertatum[1], *n.*

s'ENTRE-CHOQUER. Inter se concurrĕre, concurro, concurris, concurri, concursum[3], *n.*

ENTRECOUPER. Interrumpĕre, interrumpo, interrumpis, interrupi, interruptum[3], *act.* Le nom qui suit par *ou* de, se met à l'abl. sans préposit.

UN ENTRE-DEUX. Medium, *g.* medii[2], *n.*

s'ENTE-DONNER. Sibi mutuò dare[1], *act.* c. à. d. *se donner mutuellement.*

ENTRÉE. Aditus, *g.* aditûs[4], *m.* | *A l'entrée de.* In ipso aditu, avec un génit. | *Faire son entrée dans.* Ingredi, ingredior, ingrederis, ingressus sum[3], *dép. acc.*

ENTRÉE *de table.* Promulsis, *g.* promulsidis[3], *f.*

ENTRÉE, *commencement.* Initium, *g.* initii[2], *n.* | *A l'entrée de janvier.* Ineunte januario, c. à. d. *janvier commençant.*

ENTREFAITES, *sur ces entrefaites.* Intereà.

ENTRELACÉ. Implexus, a, um; *adj.*

ENTRELACEMENT. Implexus, g. implexûs[4], *m.*

ENTRELACER. Intexĕre, intexo, intexis, intexui, intextum[3], *act.*

ENTREMÊLER. Miscēre, misceo, misces, miscui, mistum *ou* mixtum[2], *act. acc. rég. ind. dat.*

s'ENTREMÊLER *de.* Immiscēre, *avec le dat. du nom qui suit.*

ENTREMETS. Media fercula, g. mediorum ferculorum[2], *n. pl.*

ENTREMETTEUR. Conciliator, g. conciliatoris[3], *m.*

ENTREMETTRE. Interponĕre, interpono, interponis, interposui, interpositum[3], *act.*

s'ENTREMETTRE *pour.* Operam præbēre, præbeo, præbes, præbui, præbitum[2], *act. avec le datif du nom qui suit pour. c. à. d. donner son entremise.*

ENTREMISE. Opera, g. operæ[1], *f.*

s ENTREPARLER. Inter se colloqui, colloquor, colloqueris, collocutus sum[3], *dépon. c. à. d. s'entretenir mutuellement.*

ENTREPOSER. Ad tempus deponĕre, depono, deponis, deposui, depositum[3], *act. c. à. d. déposer pour un temps.*

ENTREPOT. Mercium statio, g. mercium stationis[3], *f.*

s'ENTRE-POUSSER. Mutuò se impellĕre, impello, impellis, impuli, impulsum[3], *act. c. à. d. se pousser mutuellement.*

ENTREPRENANT. Audax, *m. f.* et *n. gén.* audacis, *adj.*

ENTREPRENDRE. Suscipĕre, suscipio, suscipis, suscepi, susceptum[3], *act. acc. ou infinit.*

ENTREPRENDRE *sur.* Invadĕre, invado, invadis, invasi, invasum[3], *act.* | *Entreprendre sur la vie de.* Vitam petĕre, peto, petis, petivi, petitum[3], *act. gén. de la personne.*

ENTREPRENEUR. Conductor, g. conductoris[3], *m.*

ENTREPRISE, *dessein.* Consilium, g. consilii[2], *n.*

ENTREPRISE, *chose qui a été commencée.* Inceptum, g. incepti[2], *n.* | *Poursuivre son entreprise.* Inceptum persequi, persequor, persequeris, persecutus sum[3], *dép.*

ENTREPRISE, *effort.* Conatus, g. conatûs[4], *m.*

ENTRER. Intrare, intro, intras, intravi, intratum[1], *n. dans par in, avec l'acc.*

ENTRER *au service, terme de guerre.* Nomen militiæ dare, do, das, dedi, datum[1], *act. c. à. d. donner son nom pour la milice.*

ENTRER *en charge.* Magistratum inire, ineo, inis, inivi, initum[4], *act.*

ENTRER *en discours.* Sermonem instituĕre, instituo, instituis, institui, institutum[3], *act.*

ENTRER *en matière.* Rem ordiri, ordior, ordiris, orsus sum[4], *dép.*

ENTRER *en guerre.* Bellum incipĕre, incipio, incipis, incepi, inceptum[3], *act.*

FAIRE ENTRER. Introducĕre, introduco, introducis, introduxi, introductum[3], *act.* dans *par* in, *avec l'acc.*

s'ENTRE-REGARDER. Inter se aspicĕre, aspicio, aspicis, aspexi, aspectum[3], *act. c. à. d. se regarder entre soi.*

s'ENTRE-SALUER. Inter se consalutare, consaluto, consalutas, consalutavi, consalutatum[1], *act.*

ENTRE-SOL. Interstitium, g. interstitii[2], *n.*

ENTRETENIR, *nourrir.* Alĕre, alo, alis, alui, alitum[3], *act.*

ENTRETENIR, *conserver.* Tueri tueor, tueris, tuitus sum[2], *dép acc.*

s'ENTRETENIR, c. à. d. *discourir* Colloqui, colloquor, colloqueris collocutus sum[3], *dép. La personne avec qui l'on s'entretient à l'ablat avec* cum, *et la chose dont o s'entretient à l'abl. avec* de.

s'ENTRETENIR *dans*. Versari, versor, versaris, versatus sum[1], *dép*. | *Dans une pensée*. In cogitatione.

ENTRETENU, ou *nourri*. Alitus, a, um, *part. pass.*

ENTRETENU, ou *cultivé*. Cultus, a, um, *part. pass.*

ENTRETIEN, ou *discours*. Sermo, g. sermonis[3], *m*.

s'ENTRE-TUER. Se invicem trucidare, trucido, trucidas, trucidavi, trucidatum[1], *act*.

ENTREVOIR. Persentiscĕre, persentisco, persentiscis[3], *sans prétérit ni supin*. *act*.

ENTREVUE. Congressus, g. congressûs[4], *m*. | *Avoir une entrevue avec*. Venire in colloquium; venio, venis, veni, ventum[4], *n*. *Le nom à l'ablat. avec* cum.

ENTR'OUVERT. Semiapertus, a, um, *adj*.

ENTR'OUVRIR. Semiaperire, semiaperio, semiaperui, semiapertum[4], *act*. *c'est-à-dire*, *ouvrir à moitié*.

s'ENTR'OUVRIR. Dehiscĕre, dehisco, dehiscis[3], *sans prétérit et sans sup*. *n*.

ÉNUMÉRATION. Enumeratio, g. enumerationis[3], *f*.

ENVAHIR. Invadĕre, invado, invadis, invasi, invasum[3], *act*.

ENVAHISSEMENT. Occupatio, g. occupationis[3], *f*.

ENVELOPPE. Involucrum, g. involucri[2], *n*.

ENVELOPPER. Obvolvĕre, obvolvo, obvolvis, obvolvi, obvolutum[3], *act. rég. ind. ablat. sans prépos.*

ENVELOPPER, *entourer*. Circumvenire, circumvenio, circumvenis, circumveni, circumventum[4], *act*.

ENVENIMÉ. Venenatus, a, um, *part. pass.*

ENVENIMER. Venenare, veneno, venenas, venenavi, venenatum[1], *act*.

ENVERS, ou *à l'égard de*. Erga[a], *avec l'acc*. In, *avec l'accus*.

L'ENVERS *d'une étoffe*. Facies interior, g. faciei[5] interioris[3], *f*. | *Tourner*, *mettre à l'envers*. Voy. Renverser.

A L'ENVI, *à qui mieux mieux*. Certatim, *adv*.

ENVIE, ou *désir*. Cupiditas, g. cupiditatis[3], *f*. | *Avoir envie*. Cupĕre, cupio, cupis, cupivi, cupitum[4], *act*.

ENVIE, ou *jalousie*. Invidia, g. invidiæ[1], *f*. | *Porter envie*. Voyez Envier.

ENVIE, *à qui l'on porte envie*. Invidiosus, a, um, *adj. comp*. Invidiosior, *m. f.* invidiosius, *n. gén.* invidiosioris; *superl*. invidiosissimus, a, um. *Le nom qui suit se met au datif.*

ENVIER, *porter envie*. Invidēre, invideo, invides, invidi, invisum[2], *act*. *Le nom de la personne au datif; le nom de la chose à l'accus.*

ENVIER, *désirer*. Cupĕre, cupio, cupis, cupivi, cupitum[3], *act*.

ENVIEUX. Invidus, a, um, *adj. avec le génit.*

ENVIRON, *prép. devant un nom*. Circa, *avec l'acc*. | *Environ ce temps-là*. Circa illud tempus.

ENVIRON, *adv*. Circiter, *adv*. | *A midi, ou environ*. Meridie aut circiter.

LES ENVIRONS, *les lieux environnans*. Loca circumjecta, g. locorum circumjectorum[2], *n. pl*. | *D'une ville*. Urbi, *au dat*.

ENVIRONNÉ. Cinctus, a, um, *part. pass.*

ENVIRONNER. Cingĕre, cingo, cingis, cinxi, cinctum[3], *act. acc. rég. ind. abl.*

ENVISAGER. Intueri, intueor, intueris, intuitus sum[2], *dép. acc.*

s'ENVOLER. Evolare, evolo, evolas, evolavi, evolatum[1], *n*. *Le de par à ou* ex, *et l'abl.*; *dans par* in, *et l'acc.*

ENVOI. Missio, g. missionis[3], *fém*.

ENVOYÉ. Missus, a, um, part. pass. à par ad, et l'accus. de la personne.

UN ENVOYÉ. Nuncius, g. nuncii[2], m.

ENVOYER. Mittĕre, mitto, mittis, misi, missum[3], act. acc. rég. iud. acc. avec ad, ou bien le dat. simplement.

ENVOYER chercher. Accersĕre, accerso, accersis, accersivi, accersitum[3], act.

ÉOLE, dieu des vents. Æolus, g. Æoli[2], m.

ÉPACTE. Epacta, g. epactæ[1], fém.

ÉPAGNEUL, espèce de chien. Cirratus canis, g. cirrati[2] canis[3], masc.

ÉPAIS, qui a de l'épaisseur. Densus, a, um, adj.

ÉPAIS, grossier. Crassus, a, um, adj.

ÉPAISSEUR. Densitas, g. densitatis[3], f.

ÉPAISSI. Densatus, a, um, part. pass.

ÉPAISSIR. Densare, denso, densas, densavi, densatum[1], act.

s'ÉPAISSIR. Densari, densor, densaris, densatus sum[1], pass.

ÉPAISSISSEMENT. Densatio, g. densationis[3], f.

ÉPAMPREMENT de vigne. Pampinatio, g. pampinationis[3], fém.

ÉPAMPRER. Pampinare, pampino, pampinas, pampinavi, pampinatum[1], act.

ÉPANCHEMENT. Effusio, g. effusionis[3], f.

ÉPANCHER. Effundĕre, effundo, effundis, effudi, effusum[3], act.

ÉPANCHER son cœur. Sensus intimos aperire, aperio, aperis, aperui, apertum[4], act. la personne au dat.

s'ÉPANCHER. Effundi, effundor, effunderis, effusus sum[3], pass.

ÉPANDRE. Voyez Répandre.

ÉPANOUI. Explicatus, a, um, part. pass.

ÉPANOUI de joie. Diffusus, a, um, part. pass.

s'ÉPANOUIR, en parlant des fleurs. Se explicare, me explico, te explicas, me explicavi, se explicatum[1], act.

s'ÉPANOUIR le cœur. s'épanouir de joie. Lætitiâ gestire, gestio, gestis, gestivi, gestitum[4], n.

ÉPANOUISSEMENT de cœur. Animi diffusio, g. animi[2] diffusionis[3], f. | D'une fleur. Floris explicatio, g. floris explicationis[3], f.

ÉPARGNANT. Parcus, a, um, adj.

ÉPARGNE. Parcimonia, g. parcimoniæ[2], f. | Avec épargne. Parcè, adv. comp. Parciùs; superl. parcissimè.

L'ÉPARGNE, trésor royal. Ærarium, g. ærarii[2], n.

ÉPARGNER. Parcĕre, parco, parcis, peperci, parcitum[3], n. dat.

s'ÉPARGNER, se refuser. Sibi denegare, denego, denegas, denegavi, denegatum[1], act. acc.

s'ÉPARGNER une peine. Effugĕre, effugio, effugis, effugi, effugitum[3], act.

ÉPARPILLÉ. Dispersus, a, um, part. pass.

ÉPARPILLER. Dispergĕre, dispergo, dispergis, dispersi, dispersum[3], act.

ÉPARS. Dispersus, a, um, adj. | Les cheveux épars. Crines passi, g. crinium[3] passorum[2], m. plur.

ÉPATÉ, en parlant du nez. Patulus, a, um, adj.

ÉPAULE de l'homme. Humerus, g. humeri[2], m. | Epaule des animaux. Armus, g. armi[2], m.

ÉPAULEMENT, hauteur qui couvre le soldat. Lorica, g. loricæ[1], f.

ÉPAULEMENT, appui. Fulcrum, g. fulcri[2], n.

ÉPAULER, soutenir. Fulcire, fulcio, fulcis, fulsi, fultum[4], act.

ÉPAULETTE. Humerale, g. humeralis[3], n.

ÉPÉE. Ensis, g. ensis[3], m.

| *Mettre l'épée à son côté.* Gladio accingĕre, accingo, accingis, accinxi, accinctum[3], *act.* | *Mettre l'épée à la main.* Gladium stringĕre, stringo, stringis, strinxi, strictum[2], *act.* | *L'épée à la main.* Gladio stricto, *abl. absolu.*

ÉPELER. Appellare, appello, appellas, appellavi, appellatum[1], *act.*

ÉPERDU, Attonitus, a, um, *adj.*

ÉPERDUMENT. Perditè, *adv.*

ÉPERLAN, *poisson.* Eperlanus, g. eperlani[2], *m.*

ÉPERON. Calcar, g. calcaris[3], *n.* | *Donner de l'éperon.* Calcaribus incitare, incito, incitas, incitavi, incitatum[1], *act.*

ÉPERON *de navire.* Rostrum, g. rostri[2], *n.*

ÉPERONNER, *donner de l'éperon.* Calcaribus incitare, incito, incitas, incitavi, incitatum[1], *act.*

ÉPERVIER, *oiseau de proie.* Accipiter, g. accipitris[3], *m.*

ÉPHÉMÈRE, *qui ne dure qu'un jour.* Diarius, ia, ium, *adj.*

ÉPHÉMÉRIDES. Ephemerides, g. ephemeridum[3], *f. plur.*

ÉPHORE, *magistrat de l'ancienne Lacédémone.* Ephorus, g. ephori[2], *m.*

ÉPI. Spica, g. spicæ[1], *f.*

ÉPICERIES. Aromata, g. aromatum[3], *n. plur.*

ÉPICES. Aromata, g. aromatum[3], *n. plur.*

ÉPICES, *droit alloué aux juges.* Sportula judiciaria, g. sportulæ judiciariæ[1], *f.*

ÉPICIER. Aromatarius, g. aromatorii[2], *m.*

ÉPICURE, *nom d'homme.* Epicurus, g. Epicuri[2], *m.*

ÉPICURIEN. Epicureus, g. epicurei[2], *m.*

ÉPIDÉMIE, *maladie populaire.* Voyez *Épidémique.*

ÉPIDÉMIQUE. *Maladie épidémique.* Publicè morbus grassans, g. publicè morbi[2] grassantis[3], *m.* c. à. d. *maladie qui se répand parmi le peuple.*

ÉPIDERME, *la première peau.* Cuticula, g. cuticulæ[1], *f.*

ÉPIER. Observare, observo, observas, observavi, observatum[1], *act.*

Épier l'occasion, le temps. Captare, capto, captas, captavi, captatum[1], *act.*

ÉPIERRER, *ôter des pierres.* Elapidare, elapido, elapidas, elapidavi, elapidatum[1], *act.*

ÉPIEU, *arme d'un chasseur.* Venabulum, g. venabuli[2], *n.*

ÉPIGLOTTE. Epiglossis, g. epiglossis[3], *f.*

ÉPIGRAMME. Epigramma, g. epigrammatis[3], *n.*

ÉPIGRAPHE. Inscriptio, *gén.* inscriptionis[3], *f.*

ÉPILEPSIE, *mal caduc.* Comitialis morbus, g. comitialis[3] morbi[2], *m.*

ÉPILEPTIQUE. Comitialis, *m.* et *f.* comitiale, *n.* g. comitialis, *adj.*

ÉPILOGUE. Epilogus, g. epilogi[2], *m.*

ÉPILOGUER, *trouver à redire.* Carpĕre, carpo, carpis, carpsi, carptum[3], *act.*

ÉPILOGUEUR. Molestus carptor, g. molesti[2] carptoris[3], *m.*

ÉPINARD. Spinacium, g. spinacii[2], *n.*

ÉPINE. Spina, g. spinæ[1], *f.* | *Qui est d'épine.* Spineus, ea, eum, *adj.* | *Plein d'épines.* Spinosus, a, um, *adj.*

ÉPINEUX. Spinosus, a, um, *adj.*

ÉPINGLE. Acicula, g. aciculæ[1], *fém.*

ÉPIPHANIE, *la fête des rois.* Epiphania, g. Epiphaniæ[1], *f.*

ÉPIPHONÈME, *exclamation qu'on ajoute à la fin d'une narration.* Epiphonema, g. epiphonematis[3], *n.*

ÉPIQUE. Epicus, a, um, *adj.*

ÉPISCOPAL. Episcopalis, *m. f.* episcopale, *n. gén.* episcopalis, *adj.*

ÉPISCOPAT. Episcopatus, g. episcopatûs[4], m.

ÉPISODE. Digressio, g. digressionis[3], f.

ÉPISODIQUE. Adventitius, ia, ium, adj.

ÉPISTOLAIRE. Voyez Épître.

ÉPITAPHE. Epitaphium, g. epitaphii[2], n.

ÉPITHALAME, *vers pour le mariage*. Epithalamium, g. epithalamii[2], n.

ÉPITHÈTE. Epithetum, g. epitheti[2], n.

ÉPITOME, *abrégé*. Epitome, g. epitomes[3], f.

ÉPITRE. Epistola, g. epistolæ[1], f. | *D'épître, ou épistolaire*. Epistolaris, m. f. epistolare, n. gén. epistolaris, adj.

ÉPLORÉ. Lacrymabundus, a, um, adj.

ÉPLUCHER, *les herbes*. Purgare, purgo, purgas, purgavi, purgatum[1], act.

ÉPLUCHER, *examiner*. Excutĕre, excutio, excutis, excussi, excussum[3], act.

ÉPLUCHEUR. Scrutator, g. scrutatoris[3], m.

ÉPODE, *poésie*. Epodus, g. epodi[2], m.

ÉPOINTÉ. Hebetatus, a, um, part. pass.

ÉPOINTER. Hebetare, hebeto, hebetas, hebetavi, hebetatum[1], act.

ÉPONGE. Spongia, g. spongiæ, f.

ÉPOPÉE, *poème épique*. Epos, n. *Ce mot n'a que le nominatif, l'accusatif et le vocatif*.

ÉPOQUE, *point fixe dans l'histoire*. Epocha, g. epochæ[1], f.

ÉPOUSAILLES. Nuptiæ, gén. nuptiarum[1], f. plur.

ÉPOUSE. Uxor, g. uxoris[3], f.

ÉPOUSÉE. Nupta, g. nuptæ[1], fém.

ÉPOUSER, *ou prendre pour femme*. Uxorem ducĕre, duco, ducis, duxi, ductum[3], act.

ÉPOUSER, *prendre pour mari*. Nubĕre, nubo, nubis, nupsi, nuptum[3], n. dat.

s'ÉPOUSER. Connubio jungi, jungor, jungeris, junctus sum[3], pass.

ÉPOUSER *les intérêts de*. Commodis servire, servio, servis, servii, servitum[4], n. *datif du nom qui suit de*.

ÉPOUSSETÉ. Detersus, a, um, part. pass.

ÉPOUSSETER. Detergēre, detergo, detergis, detersi, detersum[3], act.

ÉPOUVANTABLE. Horrendus, a, um. comp. Magis horrendus; sup. maximè horrendus.

ÉPOUVANTABLE, *excessif*. Immanis, m. f. immane, n. gén. immanis, adj.

ÉPOUVANTABLEMENT. Horrendùm in modum.

ÉPOUVANTABLEMENT, *excessivement*. Immanèm in modum.

ÉPOUVANTAIL. Terriculum, g. terriculi[2], n.

ÉPOUVANTE. Terror, g. terroris[3], m. | *Prendre l'épouvante*. Terreri, terreor, terreris, territus sum[2], pass. | *Donner l'épouvante*. Voyez Epouvanter.

ÉPOUVANTER. Terrēre, terreo, terres, terrui, territum[2] act.

s'ÉPOUVANTER. Terreri, terreor, terreris, territus sum[2], pass. abl

ÉPOUX. Maritus, g. mariti[2] masc.

LES ÉPOUX, *le mari et la femme* Conjuges, g. conjugum[3], m. plur

ÉPREUVE. Specimen, g. speciminis[3], n.

ÉPREUVE, *l'action d'éprouver* Tentatio, g. tentationis[3], f. | *Faire épreuve, ou l'épreuve de*. Voye Eprouver. | *Valeur à l'épreuve* Virtus experta, g. virtutis[3] expertæ[1], f. | *Courage à toute épreuve*. Paratissimus animus, g. paratissimi animi[2], m.

ÉPRIS. Captus, a, um, adj. ave un ablat.

ÉPROUVÉ. Expertus, a, um part. pass.

ÉPROUVER. Experiri, experior, experiris, expertus sum[4], *dép. accus.*

ÉPUISÉ. Exhaustus, a, um, *part. pass.*

Épuisé *de forces.* Viribus defectus, a, um, *adj.* | *Forces épuisées.* Effetæ vires, g. effetarum[1] virium[2], *f. plur.*

ÉPUISEMENT. Exinanitio, g. exinanitionis[3], *f.*

ÉPUISER. Exhaurire, exhaurio, exhauris, exhausi, exhaustum[4], *act.*

s'Épuiser *de forces.* Fatiscĕre, fatisco, fatiscis[3], *sans prétér. et sans supin. n.*

s'*Epuiser en frais.* Sumptu absumi, absumor, absumeris, absumptum[3], *pass.*

ÉPURER. Expurgare, expurgo, expurgas, expurgavi, expurgatum[1], *act.*

s'Épurer. Expurgari, *pass. de* Expurgo.

ÉPURGE, *herbe.* Lathyris, g. lathyridis[1], *f.*

ÉQUARRIR. Quadrare, quadro, quadras, quadravi, quadratum[1], *act.*

ÉQUARRISSEMENT *de bois.* Quadratio, g. quadrationis[3], *f.*

ÉQUATEUR. Circulus æquinoctialis, g. circuli[2] æquinoctialis[3], *masc.*

ÉQUERRE, *instrument qui sert à mesurer.* Norma, g. normæ[1], *f.*

ÉQUESTRE. Equestris, *m. f.* equestre, *n. gén.* equestris, *adj.*

ÉQUILIBRE. Æquilibrium, g. æquilibrii[2], *n.* | *Qui est en équilibre.* Paribus ponderibus examinatus, a, um, *adj.*

ÉQUINOXE. Æquinoctium, g. æquinoctii[2], *n.*

ÉQUINOXIAL. Æquinoctialis, *m. f.* æquinoctiale, *n. gén.* æquinoctialis, *adj.*

ÉQUIPAGE, *train.* Instrumentum, g. instrumenti[2], *n.* | *Equipage de seigneur.* Comitatus, g. comitatûs[4], *m.*

ÉQUIPAGE, *tous ceux qui composent un vaisseau.* Classiarii, g. classiariorum[2], *m. plur.*

ÉQUIPÉ. Instructus, a, um, *part. pass. ablat. de la chose.*

ÉQUIPÉE, *action étourdie.* Inconsiderata molitio, g. inconsideratæ[1] molitionis[3], *f.*

ÉQUIPER. Instruĕre, instruo, instruis, instruxi, instructum[3], *act.* | *D'une chose.* Aliquâ re, *à l'ablat.*

ÉQUIPOLLENCE. Æquabilitas, g. æquabilitatis[3], *f.*

ÉQUITABLE. Æquus, æqua, æquum, g. æqui, æquæ, æqui. *comp.* Magis æquus; *superl.* maximè æquus.

ÉQUITABLEMENT. Ex æquo.

ÉQUITATION. Equitatio, g. equitationis[3], *f.*

ÉQUITÉ. Æquitas, g. æquitatis[3], *f.* | *Avec équité.* Ex æquo.

ÉQUIVALENT. Æqualis, *m. f.* æquale, *n. gén.* æqualis, *adj.*

ÉQUIVOQUE. Ambiguus, ua, um, g. ambigui, ambiguæ, ambigui, *adj.* | *D'une manière équivoque.* Ambiguè, *adv.*

une Équivoque, *mot à double sens.* Verbum ambiguum, g. verbi ambigui[2], *n.*

Équivoque, *méprise.* Error, g. erroris[3], *m.*

ÉRABLE. Acer, g. aceris[3], *n.* | *Qui est d'érable.* Acernus, a, um, *adj.*

ÈRE, *époque.* Æra, g. æræ[1], *f.*

ÉRECTION, *institution.* Constitutio, g. constitutionis[3], *f.*

ÉREINTÉ, *qui a les reins rompus.* Delumbatus, a, um, *p. p.*

ÉREINTER. Delumbare, delumbo, delumbas, delumbavi, delumbatum[1], *act.*

ERGOT *de coq, etc.* Radius, g. radii[2], *m.*

ERGOTER, *disputer.* Vitiligare, vitiligo, vitiligas, vitiligavi, vitiligatum[1], *n.*

ÉRIGÉ, *institué.* Constitutus, a, um, *avec l'abl.*

ÉRIGÉ, ou *dressé*. Collocatus, a, um, *part. pass.*

ÉRIGER, ou *dresser*. Collocare, colloco, collocas, collocavi, collocatum[1], *act.*

ÉRIGER, ou *établir*. Constituĕre, constituo, constituis, constitui, constitutum[3], *act. acc.* en par *in*, et *l'accus*.

s'ÉRIGER en. Sibi vindicare[1] munus. *Le nom qui suit se met au génit.* Ex. *s'Ériger en censeur*. Sibi vindicare munus censoris. c. à. d. *s'attribuer les fonctions de censeur*.

ERMITAGE. Solitudo, g. solitudinis[3], *f.*

ERMITE. Solitarius, g. solitarii[2], *m.* | *Vivre en ermite*. Segregem vitam agĕre, ago, agis, egi, actum[3], *act.* c. à. d. *mener une vie retirée*.

ERRANT. Errabundus, a, um, *adj.* | *Étoiles errantes*. Stellæ errantes, g. stellarum[1] errantium[3], *f. plur.*

ERRATA, *fautes des livres*. Errata, g. erratorum[2], *n. plur.*

ERRE, ou *allure*. Incessus, g. incessûs[4], *m.*

ERRER, *se tromper*. Errare, erro, erras, erravi, erratum[1], *n.*

ERRER, *courir çà et là*. Vagari, vagor, vagaris, vagatus sum[1], *dépon.*

ERREUR. Error, g. erroris[3], *m.* | *Induire en erreur*. In errorem inducĕre, induco, inducis, induxi, inductum[3], *act.*

ERRONNÉ. Errans, *m. f.* et *n. gén.* errantis, *adj.*

ERS, *sorte de légume*. Ervum, g. ervi[2], *n.*

ÉRUDIT. Eruditus, a, um, *adj.*

ÉRUDITION. Eruditio, g. eruditionis[3], *f.* | *Homme d'une grande érudition*. Vir præclarâ eruditione.

ÉRUPTION. Eruptio, g. eruptionis[3], *f.*

ÉRYSIPÈLE. Erysipelas, g. erysipelatis[3], *n.*

ESCABEAU, ou *Escabelle*. Scabellum, g. scabelli[2], *n.*

ESCADRE. Classis, g. classis[3], *fém.*

ESCADRON. Turma, g. turmæ[1], *f.*

ESCALADE. Scalarum applicatio, g. scalarum applicationis[3], *f.* | *Prendre par escalade*. Scalis capĕre, capio, capis, cepi, captum[3], *act.* | *Monter par escalade*. Voy. *Escalader*.

ESCALADER, *monter à l'escalade*. Scalis ascendĕre, ascendo, ascendis, ascendi, ascensum[3], *n.* | *Escalader des murs*. Muros scalis ascendĕre, c. à. d. *monter avec des échelles sur des murs*. | *Facile à escalader*. Scalis superabilis, *m. f.* superabile, *n. gén.* superabilis, *adj.*

ESCALIER. Scalæ, g. scalarum[1], *f. plur.*

ESCALIER *dérobé*. Scalæ occultæ[1], *f. plur.*

ESCAMOTER, *voler subtilement*. Suppilare, suppilo, suppilas, suppilavi, suppilatum[1], *act. acc. de la chose, et le dat. de la personne*.

ESCAMOTEUR. Præstigiator, g. præstigiatoris[3], *m.*

ESCAPADE, *échappée*. Inconsiderantius factum, g. inconsiderantioris[3] facti[2], *n.*

ESCARBOT, *insecte*. Scarabeus, g. scarabei[2], *m.*

ESCARBOUCLE. Carbunculus, g. carbunculi[2], *m.*

ESCARGOT, *limaçon*. Cochlea, g. cochleæ[1], *f.*

ESCARMOUCHE. Levis pugna, g. levis[3] pugnæ[1], *f. Tout se décline.* | *Engager une escarmouche*. Levem pugnam inire, ineo, inis, inivi, initum[4], *act.*

ESCARMOUCHER, *faire une escarmouche*. Leviter præliari, prælior, præliaris, præliatus sum[1], *dépon.*

ESCARMOUCHEUR. Veles, g. velitis[3], *m.*

ESCARPE. Muri declivitas, g. muri declivitatis³, f. c. à. d. *pente d'une muraille.*

ESCARPÉ. Præruptus, a, um, *part. pass.*

ESCARPIN, *sorte de souliers.* Calceolus, g. calceoli², m.

ESCARPOLETTE, *balançoire.* Oscilla, g. oscillorum², n. plur. | *Jeu de l'escarpolette.* Oscillatio, g. oscillationis³, f.

ESCLAVAGE. Servitus, g. servitutis³, f.

ESCLAVE. Servus, g. servi¹, m. | *Une esclave.* Serva, g. servæ¹, f. dat. et abl. pl. servabus. | *D'esclave*, ou *servile.* Servilis, m. f. servile, n. gén. servilis, adj.

Être esclave de. Servire, servio, servis, servii, servitum⁴, n. dat.

Esclave de guerre. Captivus, g. captivi², m.

ESCOMPTE, *rabais sur une somme.* De summâ decessio, g. de summâ decessionis³, f.

ESCOMPTER, *rabattre, diminuer d'une somme.* Ex summâ detrahĕre, detraho, detrahis, detraxi, detractum³, act.

ESCORTE, *soldats qui accompagnent un convoi.* Præsidium, g. præsidii², n.

Escorte, *troupe d'amis qui accompagnent quelqu'un.* Comitatus, g. comitatûs⁴, m.

ESCORTÉ. Stipatus, a, um, *part. pass. avec un ablat.*

ESCORTER. Stipare, stipo, stipas, stipavi, stipatum¹, act.

ESCOUADE. Manipulus, g. manipuli², m.

ESCOUSSE, *sorte de saut.* Impetus, g. impetûs⁴, m.

ESCRIME, *l'art d'escrimer.* Lanistarum ars, g. lanistarum artis³, fém.

Escrime, *l'action d'escrimer, ou de faire des armes.* Exercitatio ludicra, g. exercitationis³ ludicræ, f. | *Maître d'escrime, escrimeur.* Lanista, g. lanistæ¹, m. | *Salle d'escrime.* Lanistæ ludus, g. lanistæ ludi², m.

ESCRIMER. Digladiari, digladior, digladiaris, digladiatus sum¹, dép.

ESCROC, ou *escroqueur.* Æruscator, g. æruscatoris³, m.

ESCROQUER, *attraper quelque chose à quelqu'un.* Expalpare, expalpo, expalpas, expalpavi, expalpatum³, act. acc. *de la chose*, ablat. *de la personne avec* à ou ab. | *De l'argent.* Argento Emungĕre, emungo, emungis, emunxi, emunctum³, accus. *de la personne.*

ESPACE. Spatium, g. spatii², n. | *Dans l'espace de.* Intra, avec l'accus.

ESPACER. Certis intervallis disponĕre, dispono, disponis, disposui, dispositum³, act. c. à. d. *ranger d'espace en espace.*

ESPADON, *large épée.* Rhomphæa, g. rhomphææ¹, f.

ESPALIER. Parieti arbusculæ applicatæ, g. parieti arbuscularum applicatarum¹, f. plur. c. à. d. *arbrisseaux attachés à la muraille.*

ESPÈCE. Genus, g. generis³, neut.

Espèce, *image.* Species, g. speciei⁵, f.

ESPÈCES, *monnoies.* Nummi, g. nummorum², m. plur.

ESPÉRANCE. Spes, g. spei⁵, f. | *Avoir espérance.* Voyez *Espérer.* | *Perdre espérance.* Voyez *Désespérer.* | *Donner espérance, de l'espérance, faire espérer.* Adducĕre in spem ; adduco, adducis, adduxi, adductum³, et l'acc. *de la personne. Le* que *se retranche selon la règle :* Diis me legĕre.

ESPÉRÉ. Speratus, a, um, *part. pass.*

ESPÉRER. Sperare, spero, speras, speravi, speratum¹, act. acc. rég. ind. à l'ablat. avec à ou ab, *si c'est un nom de personne ;* par è ou ex, *si c'est un nom de chose.*

FAIRE ESPÉRER. V. à *Espérance.*

ESPIÈGLE, subtil, fripon. Improbulus, g. improbuli[2], m.

ESPIÈGLERIE, petites malices. Lepida procacitas, g. lepidæ[1] procacitatis[3], f.

ESPION. Explorator, g. exploratoris[3]. m.

ESPIONNER, faire l'espion. Observare, observo, observas, observavi, observatum[1], act.

ESPLANADE, le glacis d'une place. Æquata planities, g. æquatæ[1] planitiei[5], f.

ESPOIR, Voyez Espérance.

ESPRIT, ou entendement. Ingenium, g. ingenii[2], n. | Qui a de l'esprit. Ingeniosus, a, um, adj.

Esprit, ou ame. Anima, g. animæ[1], f.

Esprit, ou l'usage des facultés de l'ame. Mens, g. mentis[3], f. | Perdre l'esprit. Mente deficĕre, deficio, deficis, defeci, defectum[3], n. | Rendre l'esprit. Animam agĕre, ago, agis, egi, actum[3], act.

Esprit, ou Substance spirituelle. Spiritus, g. spiritûs[4], m.

LE SAINT-ESPRIT. Sanctus Spiritus, g. Sancti[2] Spiritûs[4], m.

ESPRIT de vin. Spiritus vini.

ESQUIF. Scapha, g. scaphæ[1], f.

ESQUINANCIE, maladie au gosier. Angina, g. anginæ[1], f.

ESQUISSE, Ebauche d'un dessin. Levis adumbratio, g. levis adumbrationis[3], f. | Faire l'esquisse. Voyez Esquisser.

ESQUISSER, ébaucher un tableau. Delineare, delineo, delineas, delineavi, delineatum[1], act.

ESQUIVER. Eludĕre, eludo, eludis, elusi, elusum[3], act.

s'ESQUIVER. Voyez s'Enfuir.

ESSAI. Periclitatio, g. periclitationis[3], f. | Coup d'essai. Specimen, g. speciminis[3], n. | Faire essai de. Voyez Essayer.

ESSAIM, peloton d'abeilles. Examen, g. examinis[3], n.

ESSARTER, arracher jusqu'aux racines. Stirpitus evellĕre, evello, evellis, evulsi, evulsum[3], act.

ESSAYER, faire l'essai. Experiri, experior, experiris, expertus sum[4], dép acc.

ESSAYER, s'efforcer. Conari, conor, conaris, conatus sum[1], dép.

s'ESSAYER à quelque chose. Experiri opes suas in, et l'ablat. de la chose, c. à. d. éprouver ses forces en...

ESSAYEUR de monnoie. Inspector, g. inspectoris[3], m.

ESSENCE, ou nature. Natura, g. naturæ[1], f.

ESSENCES, huiles odoriférantes. Liquidi odores, g. liquidorum[2] odorum[3], m. plur.

ESSENTIEL, adj. absolument nécessaire. Præcipuus, ua, uum, adj.

ESSENTIEL, de grande importance. Magnus, a, um, adj.

ESSENTIEL, qui tient à l'essence. Ad naturam pertinens, g. ad naturam pertinentis, adj.

ESSENTIEL, susbt. la chose principale. Caput, g. capitis[3], n.

ESSENTIELLEMENT, dans l'essence. Naturâ, à l'ablat.

ESSENTIELLEMENT, gravement. Graviter, adv.

ESSIEU. Axis, g. axis[3], m.

ESSOR, vol dans l'air. Volatus, g. volatûs[4], m. | Prendre l'essor. Evolare[1] in aera, c. à. d. s'envoler dans l'air. | Donner l'essor à son esprit. Vela ingenio dare, do, das, dedi, datum[1], act. | Donner l'essor à des oiseaux. Volucres emittĕre, emitto, emittis, emisi, emissum[3], act.

ESSORILLER, couper les oreilles. Auribus mutilare, mutilo, mutilas, mutilavi, mutilatum[1], act. accus. de la personne.

ESSOUFFLÉ. Anhelus, a, um, adj.

ÊTRE ESSOUFFLÉ. Anhelare, anhelo, anhelas, anhelavi, anhelatum[1], n.

ESSUIE-MAIN. Mantile, gén. mantilis[3], n.

ESSUYER. Detergĕre, detergo, detergis, detersi, detersum[3], act.

ESSUYER, *supporter*, *souffrir*. Perferre, perfero, perfers, pertuli, perlatum³, *act.*

EST, *vent d'Orient*. Eurus, *g.* euri², *m.*

ESTAFETTE. Cursor; *g.* cursoris³, *m.*

ESTAFIER, *valet de pied*. Stipator, *g.* stipatoris³, *m.*

ESTAFILADE. Plaga, *g.* plagæ¹, *fém.*

ESTAMPE, ou *Image*. Imago, *g.* imaginis¹, *f.*

EST-CE, ou *est-ce que*, *sans négation*. An. Ne. Ne se met toujours après un mot, comme : Est-ce moi ! Ego-ne ? S'il y a des négations, au lieu de an, on se sert de nonne, comme : Est-ce que tu n'étudies pas ! Nonne studes ? N'est-il pas honteux ! Nonne turpe est ?

ESTIMABLE. Æstimabilis, *m. f.* æstimabile, *n. gén.* æstimabilis, *adj.*

ESTIMATEUR. Æstimator, *g.* æstimatoris³, *m.*

ESTIMATION. Æstimatio, *g.* æstimationis³, *f.*

ESTIME. Existimatio, *g.* existimationis³, *f.* | *Faire estime de*, *avoir de l'estime pour*. Voyez Estimer. | *S'acquérir de l'estime*, ou *se faire estimer*. Existimationem colligere, colligo, colligis, collegi, collectum³, *act.* de se rend par le génitif du nom qui suit. | *Mettre en estime*, *faire estimer* In honorem adducere, adduco, adducis, adduxi, adductum³, *act.*

ESTIMER. Æstimare, æstimo, æstimas, æstimavi, æstimatum¹, *act.* Avec le verbe æstimo, on se sert des génit. suivans, tanti, quanti, *autant que*, magni, ou multi, *beaucoup*; pluris, *plus*, ou *davantage*; plurimi, *fort*, ou *le plus*; parvi, *peu*; minoris, *moins*; minimi, *très-peu*, ou *le moins*; nihili, *point du tout*. | *Il est autant estimé qu'aimé*. Tanti æstimatur, quantum amatur. On met quantùm *avec* amatur, *parce que ce n'est pas un verbe d'estime*.

Se faire estimer. Voy. Estime, *s'acquérir de l'estime*.

ESTIMER, ou *penser*. Existimare, existimo, existimas, existimavi, existimatum¹, *act.*

s'ESTIMER. Existimare benè de se, c. à. d. *penser*, *juger bien de soi*.

ESTOC, *pointe*. Mucro, *g.* mucronis³, *m.* | *D'estoc et de taille*, *de la pointe et du tranchant*. Punctim ac cæsim, *adv.*

ESTOMAC. Stomachus, *g.* stomachi², *m.*

ESTRADE, *chemin*. Via, *g.* viæ¹, *f.* | *Battre l'estrade*, *aller et venir*. Vagari, vagor, vagaris, vagatus sum¹. *dép.*

ESTRADE, *élévation faite avec des ais*. Suggestum, *g.* suggesti², *n.*

ESTRAGON, *herbe qu'on mange en salade*. Dracunculus, *g.* dracunculi², *m.*

ESTROPIÉ de. Captus, a, um *avec l'ablat. du membre dont on est estropié.*

ESTROPIÉ, *sans régime*, *qui a un membre cassé*, *ou coupé*. Mutilus, a, um, *adj.*

ESTROPIER. Mutilare, mutilo, mutilas, mutilavi, mutilatum¹, *act.*

ESTURGEON, *poisson*. Silurus, *g.* silari², *m.*

ET. Et. Ac. Atque. *Après ces conjonctions*, *on met toujours le même cas que devant.*

ÉTABLE. Stabulum, *g.* stabuli², *neut.*

ÉTABLER *les bœufs*, *les fermer dans l'étable*. Boves stabulare, stabulo, stabulas, stabulavi, stabulatum¹, *act.*

ÉTABLI. Constitutus, a, um, *part. pass.*

ÉTABLI de menuisier. Tabula, *g.* tabulæ¹, *f.*

ÉTABLIR. Constituere, constituo, constituis, constitui, constitutum³, *act.*

ÉTABLIR, *marier.* Locare, loco, locas, locavi, locatum¹, *act.* | *Dans une puissante maison.* In luculentam familiam.

ÉTABLIR *sa demeure, s'établir en quelque lieu.* Collocare¹ domicilium, *dans* ou *en par* in, *et l'abl.*

S'ÉTABLIR, *en parlant d'un usage, etc.* Convalescĕre, convalesco, convalescis, convalui, convalitum³, *n.*

ÉTABLISSEMENT. Constitutio, *g.* constitutionis³, *f.*

ÉTABLISSEMENT, *fortune.* Res, *g.* rei⁵, *f.*

ÉTAGE. Tabulatum, *g.* tabulati², *n.* | *A quatre étages.* Quatuor tabulatorum, *au gén.*

ÉTAGER. Quadratim ordinare, ordino, ordinas, ordinavi, ordinatum¹, *act.*

ÉTAIN. Plumbum album, *g.* plumbi albi², *n.*

ÉTALAGE, *exposition.* Expositio, *g.* expositionis³, *f.*

ÉTALAGE, *ostentation.* Ostentatio, *g.* ostentationis³, *f.*

ÉTALER, *exposer.* Exponĕre, expono, exponis, exposui, expositum³, *act.*

ÉTALER, *déployer.* Explicare, explico, explicas, explicavi, explicatum¹, *act.*

ÉTALER, *montrer avec ostentation.* Ostentare, ostento, ostentas, ostentavi, ostentatum¹, *act.*

ÉTALON, *cheval.* Admissarius, *g.* admissarii², *m.*

ÉTAMÉ. Plumbo albo illitus, a, um, *part. pass.* c. à. d. *enduit d'étain.*

ÉTAMER. Plumbo albo illinĕre, illino, illinis, illevi, illitum³, *act.*

ÉTAMINE. Textum cilicinum, *g.* texti cilicini², *n.*

ÉTAMINES, *terme de botanique.* Stamina, *g.* staminum³, *n. plur.*

ÉTANCHEMENT. Suppressio, *g.* suppressionis³, *f.*

ÉTANCHER. Supprimĕre, supprimo, supprimis, suppressi, suppressum³, *act.*

ÉTANCHER *la soif.* Sitim sedare, sedo, sedas, sedavi, sedatum¹, *act.*

ÉTANÇON, *appui.* Fultura, *g.* fulturæ¹, *f.*

ÉTANÇONNER, *appuyer avec des étançons.* Fulcire, fulcio, fulcis, fulsi, fultum⁴, *act.*

ÉTANG. Stagnum, *g.* stagni², *n.*

ÉTANT, *participe présent du verbe* Être. (*Voyez la règle du part. prés. dans la Grammaire latine.*

ÉTAPE. Cibaria, *g.* cibariorum², *n. plur.*

ÉTAT, ou *situation.* Status, *g.* status⁴, *m.* | *Être en état, en parlant d'une chose.* Se habēre². | *Si l'état est bon, on ajoute* benè ; *s'il est mauvais,* malè. Ex. *L'affaire est en bon état.* Benè res se habet. | *Tenir une chose en état.* Apparare, apparo, apparas, apparavi, apparatum¹, *act.* | *Mettre une ville en état de défense.* Oppidum præsidiis munire, munio, munis, munivi, munitum⁴, *act.*

ÉTAT, ou *condition.* Conditio, *g.* conditionis³, *f.* | *Prendre un état.* Institutum vitæ capĕre, capio, capis, cepi, captum³ *act.*

Homme qui est en état de. Paratus, a, um. *de par* ad *avec un gérond. en* dum.

Se mettre en état de. Se comparare, comparo, comparas, comparavi, comparatum¹. *de par* ad *avec l'acc. ou le gérond. en* dum.

ÉTAT, ou *ordre.* Ordo, *g.* ordinis³, *m.*

LES ÉTATS, *l'assemblée des états.* Comitia, *g.* comitiorum², *n. plur.*

ÉTAT, ou *royaume.* Regnum, *g.* regni², *n.* | *Les états d'un prince,* se tourne par *le royaume.*

ÉTAT, *liste.* Index, *g.* indicis³, *masc.*

ÉTAU *de serrurier.* Forceps, *g.* forcipis³, *f.*

ÉTAYÉ. Fultus, a, um, *part. pass. sur se rend par le dat. du nom.*

ÉTAYER. Fulcire, fulcio, fulcis, fulsi, fultum⁴, *act.*

ÉTE

ÉTÉ. Æstas, g. æstatis[3], f. | Qui est d'été. Æstivus, a, um, adj.

ÉTEINDRE. Exstinguĕre, exstinguo, exstinguis, exstinxi, exstinctum[3], act.

s'ÉTEINDRE. Exstingui, pass. de Exstinguĕre.

ÉTEINT. Exstinctus, a, um, part. pass.

ÉTENDARD. Vexillum, g. vexilli[2], n. | Se ranger sous l'étendard de. Ad signa convenire, convenio, convenis, conveni, conventum[4], n. avec un génit. | Lever l'étendard de la révolte. Rebellare, rebello, rebellas, rebellavi, rebellatum[1], n.

ÉTENDRE. Extendĕre, extendo, extendis, extendi, extensum[3], act.

ÉTENDRE ses branches, en parlant d'un arbre. Ramos diffundĕre, diffundo, diffudis, diffudi, diffusum[3], act.

ÉTENDRE mort. Prosternĕre, prosterno, prosternis, prostravi, prostratum[3], act.

s'ÉTENDRE, s'accroître. Crescĕre, cresco, crescis, crevi, cretum[3], n.

s'ÉTENDRE, aller. Patēre, pateo, pates, patui[2], sans supin. n. jusqu'à s'exprime par usquè ad, avec l'acc.

s'ÉTENDRE sur un sujet, en parler au long. Copiosè disserĕre, dissero, disseris, disserui, dissertum[3], n. sur par de, avec l'abl.

ÉTENDU, déployé. Extensus, a, um, part. pass.

ÉTENDU à terre. Jacens, g. jacentis, part. prés. | Etre etendu à terre. Jacēre, jaceo, jaces, jacui[2], sans sup. n.

ÉTENDU, spacieux. Amplus, a, um, adj. comp. Amplior, m. f. amplius, n. gén. amplioris; sup. amplissimus, a, um.

ÉTENDUE, ou espace. Spatium, g. spatii[2], n. | Qui est d'une grande étendue. Amplus, a, um, adj.

ÉTO

ÉTERNEL. Æternus, a, um, adj.

L'ÉTERNEL, Dieu. Deus, g. Dei[2], masc. voc. ô Deus !

ÉTERNELLEMENT. In æternum.

ÉTERNISER. V. Immortaliser.

ÉTERNISER, faire durer longtemps. Producĕre, produco, producis, produxi, productum[3], act.

ÉTERNITÉ. Æternitas, g. æternitatis[3], f.

ÉTERNUER. Sternuĕre, sternuo, sternuis, sternui[3], sans sup. n.

ÉTERNUMENT. Sternutamentum, g. sternutamenti[2], n.

ÉTHER. Æther, g. ætheris[3], m.

ÉTHÉRÉE, ou la région éthérée. Æther, g. ætheris[3], m.

D'ÉTHÉRÉE. Æthereus, ea, eum, adj.

ÉTINCELANT. Scintillans, g. scintillantis, adj.

ÉTINCELER. Scintillare, scintillo, scintillas, scintillavi, scintillatum[1], n.

ÉTINCELLE. Scintilla, g. scintillæ[1], f.

ÉTIQUE. Hecticus, a, um, adj.

ÉTIQUETTE. Inscriptio, gén. inscriptionis[3], f.

ÉTIQUETER. Inscribĕre, inscribo, inscribis, inscripsi, inscriptum[3], act.

ÉTIRER. Producĕre, produco, producis, produxi, productum[3], act.

ÉTISIE. Hectica febris, g. hecticæ[1] febris[3], f. acc. febrim, abl. febri.

ÉTOFFE. Pannus, g. panni[2], m.

ÉTOFFÉ, bien vêtu, bien meublé. Ornatus, a, um, part. pass.

ÉTOFFER. Ornare, orno, ornas, ornavi, ornatum[1], act.

ÉTOILE. Stella, g. stellæ[1], f. | A la belle étoile. Sub diô.

ÉTOILÉ. Stellatus, a, um, adj.

ÉTOLE, ornement sacerdotal. Stola, g. stolæ[1], f.

ÉTONNAMMENT. Mirè, adv.

ÉTONNANT. Mirabilis, m. f.

mirabile, *n. gén.* mirabilis. *comp.* Mirabilior, *m. f.* mirabilius, *n. gén.* mirabilioris, *sup.* mirabilissimus, a, um.

ÉTONNÉ, Obstupefactus, um, *part. pass.*

Être étonné. Stupēre, stupeo, stupes, stupui[2], *n.*

ÉTONNEMENT, *admiration.* Admiratio, *g.* admirationis[3], *f.*

ÉTONNEMENT, *épouvante.* Terror, *g.* terroris[3], *m.*

ÉTONNER, *causer de l'admiration.* Admirationem movēre, moveo, moves, movi, motum[2], *act. Le nom de personne se met au datif.*

ÉTONNER, *épouvanter.* Terrēre, terreo, terres, terrui, territum[2], *act.*

s'ÉTONNER, *se troubler.* Perturbari, perturbor, perturbaris, perturbatus sum[1], *pass.*

s'ÉTONNER *de, être étonné, ou admirer.* Mirari, miror, miraris, miratus sum[1], *dép. acc. de la chose. Après* Miror, *le* que *ou de ce que s'exprime par* quòd *avec le subj.; et si s'exprime par si, avec le subjonctif aussi.*

ÉTOUFFANT, *pesant.* Gravis, *m. f.* grave, *n. gén.* gravis.

ÉTOUFFEMENT, *difficulté de respirer.* Suffocatio, *g.* suffocationis[3], *fém.*

ÉTOUFFER, *ou suffoquer.* Suffocare, suffoco, suffocas, suffocavi, suffocatum[1], *act.*

ÉTOUFFER, *ou être étouffé.* Suffocari, suffocor, suffocaris, suffocatus sum[1], *pass.*

ÉTOUFFER, *arrêter, éteindre.* Comprimēre, comprimo, comprimis, compressi, compressum[3], *act.*

s'ÉTOUFFER *de rire.* Risu disrumpi, disrumpor, disrumperis, disruptus sum[3], *pass.*

ÉTOUPE. Stupa, *g.* stupæ[1], *f.* | *Qui est d'étoupe.* Stupens, ea, eum, *adj.*

ÉTOUPER, *boucher.* Obturare, obturo, obturas, obturavi, obturatum[1], *act.*

ÉTOURDERIE, *action d'étourdi.* Inconsiderantia, *g.* inconsiderantiæ[1], *f.*

ÉTOURDI, *ou imprudent.* Inconsideratus, a, um, *adj.*

En étourdi. Voyez *Étourdiment.*

ÉTOURDI, *ou troublé.* Attonitus, a, um, *adj.*

ÉTOURDIMENT, *en étourdi.* Inconsideratè, *adv.*

ÉTOURDIR *quelqu'un à force de faire du bruit.* Obtundēre, obtundo, obtundis, obtudi, obtusum[3], *act.*

ÉTOURDIR, *causer de l'étourdissement.* Stupefacēre, stupefacio, stupefacis, stupefeci, stupefactum[3], *act.*

s'ÉTOURDIR, *se faire illusion.* Sibi fucum facēre, mihi fucum facio[3], *etc.*

ÉTOURDISSEMENT. Stupor, *g.* stuporis[3], *m.*

ÉTOURNEAU, *oiseau.* Sturnus, *g.* sturni[2], *m.*

ÉTRANGE, *ou étonnant.* Mirus, a, um, *adj.* | *Trouver étrange.* Mirari, miror, miraris, miratus sum[1], *dép. acc. de la chose. Le* que *ou de ce que s'exprime par* quòd *avec le subjonct.*

ÉTRANGE, *extraordinaire.* Insolitus, a, um, *adj.*

ÉTRANGEMENT, *excessivement.* Mirum in modum.

ÉTRANGER, *en parlant des choses.* Externus, a, um, *adj. En parlant des hommes.* Advena, *g.* advenæ[1], *m. et f.* | *Aller en pays étranger.* Peregrè abire, abeo, abis, abivi, abitum[4], *n.*

ÉTRANGLER. Strangulare, strangulo, strangulas, strangulavi, strangulatum[1], *act.*

s'ÉTRANGLER. Exanimare se, me exanimo, te exanimas, me exanimavi, se exanimatum[1], *act.* | *S'étrangler en se pendant.* Exanimare se laqueo, *à l'ablat.*

ÊTRE. Esse, sum, es, fui, *verbe subst. qui veut le même cas*

ÉTR   ÉVA

après que devant. | *Etre pour quelqu'un, être de son sentiment.* Esse ab aliquo. | *Etre bien auprès de*, c. à. d. *être agréable à.* Esse acceptum, *avec le dat. de la personne.* Acceptus, a, um, *s'accorde avec le nomin.* Ex. *Je suis bien auprès du roi.* Regi sum acceptus.

L'ÊTRE, ou *l'existence.* Voyez *ce dernier mot.*

ÊTRE *animé.* Animans, g. animantis[3], n.

ÊTRE *inanimé.* Inanimans, g. inanimantis[3], n.

ÉTRÉCIR. Voyez *Rétrécir.*

ÉTREINDRE, *serrer.* Constringěre, constringo, constringis, constrinxi, constrictum[3], *act.*

ÉTREINTE, *action de serrer.* Adstrictio, g. adstrictionis[3], f.

ÉTREINTE, *embrassade.* Amplexus, g. amplexûs[4], m.

ÉTRENNE, *présent que l'on fait sur-tout le jour de l'an.* Strena, g. strenæ[1], f.

ÉTRENNER, *c'est-à-dire, donner des étrennes.* Dare strenas, *act. datif de la personne.*

ÉTRIER, *pour aider à monter à cheval.* Scansile, g. scansilis[3], *neut.*

ÉTRILLE *pour les chevaux.* Strigilis, g. strigilis[3], f. *acc.* strigilem; *ablat.* strigili, g. *plur.* strigilum.

ÉTRILLER. Defricare, defrico, defricas, defricui, defrictum[1], *act.*

ÉTRIVIÈRE, *courroie.* Lorum, g. lori[2], n.

ÉTRIVIÈRE, *fouet de cuir.* Lorum, g. lori[2], n. | *Donner les étrivières à.* Loris cædère, cædo, cædis, cecidi, cæsum[3], *act. acc. de la personne.*

ÉTROIT. Arctus, a, um, *adj. comp.* Arctior, *m. f.* arctius, *n. gén.* arctioris; *superl.* arctissimus, a, um.

A L'ÉTROIT. Augustè, *adj. comp.* angustiùs; *superl.* angustissimè.

ÉTROITEMENT. Augustè, *adv.*

ÉTUDE. Studium, g. studii[2], n.

ÉTUDIANT. Auditor, g. auditoris[3], m.

ÉTUDIÉ, ou *médité.* Meditatus, a, um, *part. pass.*

ÉTUDIÉ, *fait avec soin.* Elaboratus, a, um, *part. pass.*

ÉTUDIÉ, *recherché.* Compositus, a, um, *part. pass.*

ÉTUDIER. Studēre, studeo, studes, studui[2], *sans sup. n. dat.*

ÉTUDIER *sous quelqu'un.* Audire, audio, audis, audivi, *ou* audii, auditum[4], *act. acc. du nom qui suit sous.*

s'ÉTUDIER *à.* Studēre, *avec un infin. ou le dat.*

ÉTUI, *ce qui sert à conserver quelque chose.* Theca, g. thecæ[1], *fém.*

ÉTUVE. Thermæ, g. thermarum[1], f. plur.

ÉTUVÉE, *viande cuite dans son jus.* Pulmentum, g. pulmenti[2], n.

ÉTUVER, ou *faire étuver.* Fovēre, foveo, foves, fovi, fotum[2], *act.*

ÉTYMOLOGIE, *origine des mots.* Etymologia, g. etymologiæ[1], *fém.*

ÉTYMOLOGIQUE. Etymologicus, a, um, *adj.*

ÉTYMOLOGISTE. Etymologiæ peritus, g. etymologiæ periti[2], m. c. à. d *habile en étymologie.*

EUCHARISTIE. Eucharistia, g. eucharistiæ[1], f.

EUNUQUE. Eunuchus, g. eunuchi[2], m.

ÉVACUATION. Egestio, *gén.* egestionis[3], f.

ÉVACUER, *faire sortir du corps les humeurs.* Evacuare, evacuo, evacuas, evacuavi, evacuatum[1], *act.*

ÉVACUER *une place.* Arcem deserĕre, desero, deseris, deserui, desertum[3], *act.*

s'ÉVADER. Evadĕre, evado, evadis, evasi, evasum[3], n. *de par* è *ou* ex, *et l'ablat.* | *Faire évader.* Dare effugium, c. à. d. *donner moyen de s'enfuir à. Le nom de la personne au dat.*

ÉVALUATION, *estimation.* Æstimatio, *g.* æstimationis[3], *f.*

ÉVALUER, *estimer.* Æstimare, æstimo, æstimas, æstimavi, æstimatum[1], *act.*

ÉVANGÉLIQUE. Evangelicus, a, um, *adj.*

ÉVANGÉLISER, *prêcher l'Évangile.* Voyez *Prêcher.*

ÉVANGÉLISTE. Evangelista, *g.* evangelistæ[1], *m.*

ÉVANGILE. Evangelium, *g.* evangelii[2], *n.*

ÉVANOUI. Intermortuus, ua, um, *adj.*

s'ÉVANOUIR *de foiblesse.* Animo linqui, linquor, linqueris, lictus sum[3], *pass.*

s'ÉVANOUIR, *disparoître.* Evanescere, evanesco, evanescis, evanui[3], *sans supin. n.*

ÉVANOUISSEMENT. Deliquium, *g.* deliquii[2], *n.* | *Faire revenir d'un évanouissement.* Linquentem animum revocare, revoco, revocas, revocavi, revocatum[1], *act. dat. de la personne.*

ÉVAPORATION. Vaporatio, *g.* vaporationis[3], *f.*

ÉVAPORÉ, *inconsidéré.* Vanus, a, um, *adj.*

ÉVAPORÉ, *éventé.* In vapores solutus, a, um, *part.*

ÉVAPORER *sa bile.* Bilem effundere, effundo, effundis, effudi, effusum[3], *act. dat. de la personne.*

s'ÉVAPORER. In vapores abire, abeo, abis, abivi, *ou* abii, abitum[4], *n. c. à. d. s'en aller en vapeurs.*

ÉVASION. Fuga, *g.* fugæ[1], *f.*

ÉVÊCHÉ, *épiscopat.* Episcopatus, *g.* episcopatûs[4], *m.*

ÉVÊCHÉ, *l'étendue d'un diocèse.* Diœcesis, *g.* diœcesis[3], *f.*

ÉVEILLÉ, *ou qui ne dort plus.* Experrectus, a, um, *adj.*

ÉVEILLÉ, *ou vif.* Acer, *m.* acris, *f.* acre, *n. gén.* acris. *comp.* Acrior, *m. f.* acrius, *n. gén.* acrioris; *superl.* acerrimus, a, um, *adj.*

ÉVEILLER. Excitare, excito, excitas, excitavi, excitatum[1], *act.*

s'ÉVEILLER. Expergisci, expergiscor, expergisceris, experrectus sum[3], *dép.*

ÉVÉNEMENT. Eventus, *g.* eventûs[4], *m.*

ÉVENT, *trou pour donner passage à l'air.* Spiramentum, *g.* spiramenti[2], *n.*

Tête à l'Event. Mobile ingenium, *g.* mobilis[3] ingenii[2], *n.*

ÉVENTAIL, *pour rafraîchir le visage.* Flabellum, *g.* flabelli[2], *n.*

ÉVENTÉ, *dont la force est perdue.* Evanidus, a, um, *adj.*

ÉVENTÉ *avec un éventail.* Ventilatus, a, um, *part. pass.*

ÉVENTÉ, *léger.* Vanus, a, um, *adj.*

ÉVENTÉ, *divulgué.* Divulgatus, a, um, *adj.*

ÉVENTÉ, *exposé au vent.* Vento expositus, a, um, *part. pass.*

ÉVENTER, *rafraîchir avec un éventail.* Ventilare, ventilo, ventilas, ventilavi, ventilatum[1], *act.*

ÉVENTER, *mettre au vent.* Exponere vento, *au dat., c. à. d. exposer au vent quelque chose.* Expono, exponis, exposui, expositum[3], *act.*

ÉVENTER *les mines.* Aperire cuniculos, *c. à. d. les ouvrir.* Aperio, aperis, aperui, apertum[4], *act.*

ÉVENTER, *divulguer.* Evulgare, evulgo, evulgas, evulgavi, evulgatum[1], *act.*

s'ÉVENTER. Voyez *s'Évaporer.*

ÉVENTRER. Eviscerare, eviscero, evisceras, evisceravi, evisceratum[1], *act.*

ÉVÊQUE. Episcopus, *g.* episcopi[2], *m.* | *D'évêque.* Voyez *Episcopal.*

ÉVERSIF, *destructif,* Eversivus, a, um, *adj.*

ÉVERSION, *ruine, renversement.* Eversio, *g.* eversionis[3], *f.*

s'ÉVERTUER, *s'efforcer.* Eniti, enitor, eniteris, enixus sum[3], *dép.*

ÉVIDEMMENT. Evidenter, *adv.*

EXA

comp. Evidentius ; *superl.* evidentissimè.

ÉVIDENCE. Evidentia, g. evidentiæ[1], f.

Avec évidence. Evidenter.

ÉVIDENT. Manifestus, a, um, *adj.*

ÉVITABLE, *qu'on peut éviter.* Evitabilis, m. f. evitabile, n. gén. evitabilis, *adj.*

ÉVITER. Vitare, vito, vitas, vitavi, vitatum[1], *act.*

ÉVOCATION. Translatio, g. translationis[3], f. | *D'une cause.* Litis, au gén. à par ad, avec l'acc.

ÉVOCATION *pour faire venir les esprits, etc.* Evocatio, g. evocationis[3], f.

ÉVOLUTION, *mouvement de troupes qui changent de positions.* Decursio, g. decursionis[3], fém.

Faire des évolutions. In armis decurrere, decurro, decurris, decurri, decursum[3], n.

ÉVOQUER. Evocare, evoco, evocas, evocavi, evocatum[1], *act.*

EUX. Illi, g. illorum, m. plur. de ille, illa, illud.

EXACT, *en parlant des personnes.* Diligens, m. f. et n. gén. diligentis, *adj.* | *A faire.* Ad faciendum.

EXACT, *en parlant des choses.* Accuratus, a, um, *adj.*

EXACTEMENT. Accuratè, *adv.* *comp.* Accuratius ; *superl.* accuratissimè.

EXACTEUR, *qui exige.* Exactor, g. exactoris[1], m.

EXACTION. Exactio, g. exactionis[3], f.

EXACTITUDE. Diligentia, g. diligentiæ[1], f. | *A faire.* ad, avec le gérond. en dum.

Avec exactitude. Accuratè, *adv.*

EXAGÉRATION. Exaggeratio, g. exaggerationis[3], f.

EXAGÉRER. Exaggerare, exaggero, exaggeras, exaggeravi, exaggeratum[1], *act.*

EXALTATION *de la sainte*

EXC 243

croix, fête. Sanctæ crucis exaltatio, g. sanctæ crucis exaltationis[3], fém.

EXALTATION, *élévation.* Promotio, g. promotionis[3], f. à par ad, avec l'acc.

EXALTER, *louer hautement.* Laudibus extollere, extollo, extollis, extuli, elatum[3], *act.* c. à. d. *élever par les louanges.*

EXAMEN. Examen, g. examinis[3], *neut.*

Examen de conscience Sui recognitio, g. recognitionis, f.

Faire son examen de conscience. Conscientiam excutere, excutio, excutis, excussi, excussum[1], *act.*

EXAMINATEUR. Judex, g. judicis[3], m.

EXAMINER. Examinare, examino, examinas, examinavi, examinatum[1], *act.*

EXAMINER *sa conscience.* Voy. *Examen.*

EXARQUE. Exarcha, g. exarchæ[1], n.

EXASPÉRATION. Exasperatio, g. exasperationis[3], f.

EXASPÉRER. Exasperare, exaspero, exasperas, exasperavi, exasperatum[1], *act.*

EXAUCÉ. Auditus, a, um.

EXAUCER. Exaudire, exaudio, exaudis, exaudivi, *ou* exaudii, exauditum[4], *act.*

EXCAVATION, *action de creuser.* Excavatio, g. excavationis[3], f.

EXCAVATION, *ou Creux.* Cavum, g. cavi[2], n.

EXCÉDANT, *adj.* Reliquus, ua, uum, *adj.*

L'EXCÉDANT, *le surplus.* Reliquum, g. reliqui[2], n.

EXCÉDER, *aller au-delà.* Excedere, excedo, excedis, excessi, excessum[3], *act.*

EXCÉDER, *fatiguer.* Enecare, eneco, enecas, enecavi, enecatum[1], *act.*

EXCELLEMMENT, *par excellence.* Excellenter, *adv.*

EXCELLENCE. Excellentia,

excellentiæ[1], *f.* | *Par excellence.* Voyez *Excellemment.*

EXCELLENT. Excellens, *m. f.* et *n. gén.* excellentis, *adj. comp.* Excellentior, *m. f.* excellentius, *n. gén* excellentioris; *sup.* excellentissimus, a, um.

EXCELLER. Præstare, præsto, præstas, præstiti, præstitum[1], *act.* avec *l'ablat. de la personne*, et *l'ablat. de la chose en quoi on excelle.*

EXCEPTÉ, ou *hormis.* Præter, avec *l'acc.* | *Excepté que.* Excepto quòd.

EXCEPTER. Excipĕre, excipio, excipis, excepi, exceptum[3], *act.* de *par de et l'ablat.* | *Sans excepter personne.* Excepto nemine, *à l'abl.*

EXCEPTION. Exceptio, *g.* exceptionis[3], *f.* | *A l'exception de.* Præter, *avec l'acc.*

EXCÈS, *superflu,* ou *de trop.* Superfluitas, *g.* superfluitatis[3], *f.*

Excès *de joie.* Profusa hilaritas, *g.* profusæ[1] hilaritatis[3], *f.*

Excès *de débauche.* Intemperantia, *g.* intemperantiæ[1], *f.*

Excès, *dérèglement,* Libidines, *g.* libidinum[3], *f. pl.* | *Se livrer à toutes sortes d'excès.* In omnes libidines ruĕre, ruo, ruis, rui, rutum[3], *n.*

A l'excès, jusqu'à l'excès, avec excès. Nimium, *adv.*

EXCESSIF. Nimius, ia, ium, *adj.*

EXCESSIVEMENT, *avec excès.* Immoderatè, *adv.*

EXCITATION. Excitatio, *g.* excitationis[3], *f.*

EXCITER. Excitare, excito, excitas, excitavi, excitatum[1], *act.* à *par* ad *avec un acc. ou un gér.* en dum.

EXCLAMATION. Exclamatio, *g.* exclamationis[3], *f.*

EXCLURE. Excludĕre, excludo, excludis, exclusi, exclusum[3], *act.* | *Des charges.* Honoribus, *à l'abl.*

EXCLUS. Exclusus, a, um, *p. p.*

EXCLUSIF. Exclusorius, ia, ium, *adj.*

EXCLUSION. Exceptio, *g.* exceptionis[3], *f.*

A l'exclusion de. Præter, avec *l'acc.*

EXCLUSIVEMENT. Exclusoriè.

EXCOMMUNICATION. Excommunicatio, *g.* excommunicationis[3], *f.* | *Lever l'excommunication.* Absolvĕre ab excommunicatione; absolvo, absolvis, absolvi, absolutum[3], *act. c. à. d. absoudre de l'excommunication.*

EXCOMMUNIÉ. Excommunicatus, a, um, *part. pass.*

EXCOMMUNIER. Excommunicare, excommunico, excommunicas, excommunicavi, excommunicatum[1], *act.*

EXCORIATION, *écorchure.* Cutis revulsio, *g.* cutis revulsionis[3], *f.*

EXCRÉMENT. Excrementum, *g.* excrementi[2], *n.*

EXCROISSANCE *de chair.* Caro supercrescens, *g.* carnis supercrescentis[3], *f.*

EXCUSABLE, *en parlant des personnes.* Excusatione dignus, a, um, *adj.* | *En parlant des choses.* Excusabilis, *m. f.* excusabile, *n. gén.* excusabilis, *adj.*

EXCUSE. Excusatio, *g.* excusationis[3], *f.*

EXCUSER. Excusare, excuso, excusas, excusavi, excusatum[1], *act.* auprès de *se rend par le dat. du nom qui suit. Le* de ou de ce que, *suivi d'un verbe, s'exprime par* quòd, *avec le subj.*

s'EXCUSER *de, suivi d'un nom.* Excusare[1], *acc. de la chose.* Auprès de, *par le datif.*

s'EXCUSER *sur quelque chose, rejeter la faute sur quelque chose.* Causari, causor, causaris, causatus sum[1], *dép. acc. c. à. d. Alléguer. Ex. Il s'excuse sur sa jeunesse.* Suam causatur juventutem. | *S'excuser sur quelqu'un, rejeter la faute sur quelqu'un.* Culpam transferre, transfero, transfers, transtuli, translatum³, *act.* sur par in *avec l'acc.*

Excusez-moi si je vous dis. Pace tuâ dixerim. *Si l'on parle à plusieurs, au lieu de* tuâ, *il faut mettre* vestrâ.

EXÉCRABLE. Exsecrandus, a, um, *adj.* Magis, *pour le comp.* maximè, *pour le superl. avec le posit.*

EXÉCRABLEMENT. Exsecrandum in modum.

EXÉCRATION. Exsecratio, *g.* exsecrationis³, *f.* | *Avoir en exécration.* Exsecrari, exsecror, exsecraris, exsecratus sum¹, *dép. acc.*

EXÉCUTÉ, ou *achevé.* Perfectus, a, um, *part. pass.*

EXÉCUTER, *achever.* Perficere, perficio, perficis, perfeci, perfectum³, *act.*

EXÉCUTER *un dessein, le mettre à exécution.* Consilium exsequi, exsequor, exsequeris, exsecutus sum³, *dép.*

EXÉCUTER, ou *faire mourir.* Obtruncare, obtrunco, obtruncas, obtruncavi, obtruncatum¹, *act.*

EXÉCUTEUR *d'un testament.* Testamenti curator, *g.* testamenti curatoris³, *m.*

EXÉCUTEUR. Voyez *Bourreau.*

EXÉCUTION *d'une affaire, etc.* Exsecutio, *g.* exsecutionis³, *f.*

EXÉCUTION *d'un criminel.* Extremum supplicium, *g.* extremi supplicii², *n.*

UN EXEMPLAIRE. Exemplar, *g.* exemplaris³, *n.*

EXEMPLAIRE, *adj.* Ad imitandum propositus, a, um. | *D'une manière exemplaire.* Voyez *Exemplairement.*

Vie exemplaire. Integerrima vita, *g.* integerrimæ vitæ¹, *f.*

EXEMPLAIREMENT. Ad exemplum.

EXEMPLE, *m.* Exemplum, *gén.* exempli², *n.* | *Servir d'exemple.* Esse exemplo; sum, es, fui, *avec un datif de la personne.* | *A l'exemple de.* Exemplo, *avec le gén. du nom qui suit.* | *Par exemple.* Exempli gratiâ.

EXEMPLE, *s. f. d'un maître d'écriture.* Exemplum, *g.* exempli², *n.*

EXEMPT *de.* Immunis, *m. f.* immune, *n. gén.* immunis, *adj.* ensuite un ablat. ou un gén. de la chose.

EXEMPT *des gardes, officier.* Apparitor, *g.* apparitoris³, *m.*

EXEMPTER. Liberare, libero, liberas, liberavi, liberatum¹, *act.* de par à ou ab, et un abl. Remarquez qu'après libero, on n'exprime pas le verbe qui suit; on met seulement la chose à l'ablat. avec à ou ab. Ex. *Je t'exempte d'avoir le fouet.* c. à. d. *du fouet.* Te libero à flagro.

EXEMPTION. Immunitas, *g.* immunitatis³, *f.*

EXERCÉ. Exercitus, a, um, *part. pass.* à *ou* dans *s'exprime par* in, *et un abl.*

EXERCER. Exercēre, exerceo, exerces, exercui, exercitum², *act.* à, dans *ou* sur *par* in, *et un abl.* ou un gérond. en do.

s'EXERCER. Exercēre se; à *s'exprime comme après* Exercer.

EXERCICE. Exercitatio, *gén.* exercitationis³, *f.* | *Exercice militaire.* Campestris exercitatio, *g.* campestris exercitationis³, *f.* | *Faire faire l'exercice aux soldats.* Milites in armis exercēre. | *Faire l'exercice, en parlant des soldats qui le font.* In armis exerceri, exerceor, exerceris, exercitus sum², *pass.*

EXHALAISON, *vapeur.* Exhalatio, *g.* exhalationis³, *f.*

EXHALER, *pousser dehors des vapeurs.* Exhalare, exhalo, exhalas, exhalavi, exhalatum³, *act.*

EXHALER *sa colère.* Stomachum erumpēre, erumpo, erumpis, erupi, eruptum³, *act.* contre par in, *avec l'acc.*

s'EXHALER. Voyez *s'Evaporer.*

EXHAUSSEMENT *d'un bâti-*

ment, etc. In majorem altitudinem exstructio, *g.* in majorem altitudinem exstructionis³, c. à. d. *élévation à une plus grande hauteur.*

EXHAUSSER. Extollĕre, extollo, extollis, extuli, elatum³, act.

EXHÉRÉDATION, *l'action de déshériter.* Exhæredatio, *g.* exhæredationis³, *f.*

EXHÉRÉDER. Voy. *Déshériter.*

EXHIBER, *montrer.* Exhibēre, exhibeo, exhibes, exhibui, exhibitum², act.

EXHIBITION. Exhibitio, *gén.* exhibitionis³, *f.*

EXHORTATION. Hortatio, *g.* hortationis³, *f.*

EXHORTER. Hortari, hortor, hortaris, hortatus sum³, *dép.* à par ad, *avec un acc. ou un gérond.* en dum.

EXHUMER. Effodĕre, effodio, effodis, effodi, effossum³, act.

EXIGEANT, *qui exige des soins, des attentions.* Officiorum exactor, *g.* officiorum exactoris³, *masc.*

EXIGEANCE. Conditio, *g.* conditionis³, *f.*

EXIGER. Exigĕre, exigo, exigis, exegi, exactum³, act. acc. rég. ind. abl. avec à ou ab.

EXIGU. Exiguus, ua, uum, *adj.*

EXIGUITÉ. Exiguitas, *g.* exiguitatis³, *f.*

EXIL. Exsilium, *g.* exsilii², *n. Etre en exil* Exsulare, exsulo, exsulas, exsulavi, exsulatum¹, *neut.*

EXILÉ. Exsul, *g.* exsulis³, *m. et f. Etre exilé ou en exil.* Voyez *Exil.*

EXILER. In exsilium mittĕre, mitto, mittis, misi, missum³, act. s'EXILER Voy. *se Bannir.*

EXISTENCE. Exsistentia, *g.* exsistentiæ¹, *f.*

EXISTER. Exsistĕre, exsisto, exsistis, exstiti, exstitum³, *n.*

EXODE. Exodus, *g.* exodi², *f.*

EXORBITAMMENT, *excessivement.* Immodicè, *adv.*

EXORBITANT. Nimius, ia, ium, *adj.*

EXORCISER. Dæmones expellĕre, expello, expellis, expuli, expulsum³, act. *Le nom de la personne a l'abl. avec* à *ou* ab, c. à. d. *chasser les démons de.*

EXORCISME. Exorcismus, *g.* exorcismi², *m.*

EXORCISTE. Exorcista, *g.* exorcistæ¹, *m.*

EXORDE. Exordium, *g.* exordii², *n.*

EXOTIQUE, *étranger.* Exoticus, a, um, *adj.*

EXPANSIF, *ame expansive.* Animus apertus, *g.* animi aperti², *masc.*

s'EXPATRIER. Regiones exteras petĕre, peto, petis, petivi, petitum³, act. c. à. d. *gagner des pays étrangers.*

EXPECTORER. Exscreare, exscreo, exscreas, exscreavi, exscreatum¹, act.

EXPÉDIENT, ou *utile.* Utilis, *m. f.* utile, *n. gén.* utilis, *adj. comp.* utilior, *m. f.* utilius, *n. gén.* utilioris; *superl.* utilissimus, a, um. | *Il est expédient.* Expedit, expediebat, expediit, expedire⁴, *impersonn. datif, et un infinitif.*

UN EXPÉDIENT, ou *moyen.* Ratio, *g.* rationis³, *f.*

EXPÉDIER, *terminer promptement.* Celeriter conficĕre, conficio, conficis, confeci, confectum³, act.

EXPÉDIER, *envoyer.* Mittĕre, mitto, mittis, misi, missum³, act.

EXPÉDITIF. Strenuus, ua, uum, *adj.*

EXPÉDITION. Expeditio, *g.* expeditionis³, *f.* | *Homme d'expédition,* ou *diligent.* Strenuus, ua, uum, *adj.*

EXPÉRIENCE, *connoissance acquise par un long usage.* Experientia, *g.* experientiæ¹, *f.*

EXPÉRIENCE, *épreuve*. Experimentum, *g.* experimenti[2], *n.*

EXPÉRIMENTAL. Usu comparatus, a, um, *adj.*

EXPÉRIMENTÉ, *habile, en parlant d'une personne*. Peritus, a, um, *adj. le gén. de la chose. comp.* Peritior, *m. f.* peritius, *n. gén.* peritioris; *superl.* peritissimus, a, um.

EXPÉRIMENTÉ, *éprouvé, en parlant d'une chose*. Expertus, a, um, *part. pass.*

EXPÉRIMENTER. Experiri, experior, experiris, expertus sum[4], *dépon.*

EXPERT, *qui a de l'expérience*. Peritus, a, um, *adj.* dans *ou* en, *s'exprime par le gén.*

EXPIATION. Expiatio, *g.* expiationis[3], *f.*

EXPIATOIRE. Piacularis, *m. f.* piaculare, *n. gén.* piacularis, *adj*

EXPIER. Expiare, expio, expias, expiavi, expiatum[1], *act.*

EXPIRATION, *échéance*. Exitus, *g.* exitûs[4], *m.*

EXPIRER, *rendre l'ame*. Animam reddĕre, reddo, reddis, reddidi, redditum[3], *act.*

EXPIRER, *en parlant du temps qui est à sa fin*. Exire, exeo, exis, exivi, exitum[4], *n.* | *Le temps étant expiré*. Tempore exacto, *ablat. absolu.*

EXPLICABLE. Explicabilis, *m. f.* explicabile, *n. gén.* explicabilis, *adj.*

EXPLICATION. Explicatio, *g.* explicationis[3], *f.*

EXPLICATION *des devoirs de classe*. Prælectio, *g.* prælectionis[3], *f.*

EXPLICITE. Explicitus, a, um, *adj.*

EXPLICITEMENT. Explicitè, *adv.*

EXPLIQUER. Explicare, explico, explicas, explicavi, explicatum[1], *act. acc. rég. ind. dat.*

s'EXPLIQUER. Voyez *s'Enoncer*.

EXPLOIT, *ou action*. Facinus, *g.* facinoris[3], *n.*

EXPLOIT, *assignation*. Dica, *g.* dicæ[1], *f.*

EXPLOITATION, *culture*. Cultura, *g.* culturæ[1], *f.*

EXPLOITER *un champ*. Colĕre, colo, colis, colui, cultum[3], *act.*

EXPLOSION. Eruptio, *gén.* eruptionis[3], *f.*

EXPORTATION. Exportatio, *g.* exportationis[3], *f.*

EXPORTER. Exportare, exporto, exportas, exportavi, exportatum[1], *act.*

EXPOSÉ. Expositus, a, um, *adj.*

EXPOSÉ *au soleil*. Apricus, a, um, *adj.*

EXPOSER. Exponĕre, expono, exponis, exposui, expositum[3], *act.*

EXPOSER *à un danger*. Voy. *Danger, mettre en danger*.

s'EXPOSER *au danger*. Voy. *Courir le danger*.

EXPOSITION. Expositio, *g.* expositionis[3], *f.*

EXPRÈS, EXPRESSE, *adj.* Clarus, a, um, *adj.*

Termes exprès. Verbis conceptis, *à l'abl.*

EXPRÈS, *à dessein, ou expressément*. De industriâ.

EXPRÈS, *subst. messager*. Nuncius, *g.* nuncii[2], *m.*

EXPRESSÉMENT, *d'une manière expresse*. Expressè, *adv.*

EXPRESSÉMENT, *nommément*. Nominatim, *adv.*

EXPRESSIF. Significans, *m. f.* et *n. gén.* significantis, *adj.* | *D'une manière expressive*. Significanter, *adv.*

EXPRESSION, *manière de s'exprimer*. Elocutio, *g.* elocutionis[3], *f.*

EXPRIMABLE. Enarrabilis, *m. f.* enarrabile, *n. gén.* enarrabilis. | *Qui n'est pas exprimable*. Inenarrabilis, *m. f.* inenarrabile, *n. gén.* inenarrabilis, *adj.*

EXPRIMER. Exprimĕre, exprimo, exprimis, expressi, expressum[3], *act.*

s'EXPRIMER, *s'énoncer.* Eloqui, eloquor, eloqueris, elocutus sum[3], *dép.*

EXPROPRIATION. Spoliatio, *g.* spoliationis[3], *f.*

EXPULSER. Expellĕre, expello, expellis, expuli, expulsum[3], *act.* de *par* è *ou* ex, *et l'abl.*

EXPULSION. Expulsio, *g.* expulsionis[3], *f.*

EXQUIS. Exquisitus, a, um, *adj. comp.* Exquisitior, *m. f.* exquisitius, *n. gén.* exquisitioris; *superl.* exquisitissimus, a, um.

EXTASE. Mentis excessus, *g.* mentis excessûs[4], *m.* | *Etre en extase.* Voyez *être Extasié.*

EXTASIÉ A sensibus alienatus, a, um, *part. pass.* | *Etre extasié.* Extra se rapi, rapior, raperis, raptus sum[3], *pass.* c. à. d. *être entraîné hors de soi.*

EXTASIÉ *d'admiration.* Admiratione stupens, *g.* admiratione stupentis, *adj.*

S'EXTASIER, *admirer.* Admirari, admiror, admiratus sum[1], *dép.*

s'EXTASIER *de joie.* Nimiâ lætitiâ efferri, efferor, efferris, elatus sum[3], *pass.*

EXTENSION. Extensio, *g.* extensionis[3], *f.*

EXTÉNUATION. Extenuatio, *g.* extenuationis[3], *f.*

EXTÉNUÉ. Attenuatus, a, um, *part. pass.*

EXTÉNUER. Attenuare, attenuo, attenuas, attenuavi, attenuatum[1], *act.*

EXTÉRIEUR, *qui est en dehors.* Externus, a, um, *adj.*

L'EXTÉRIEUR *d'une chose, le dehors.* Extima facies, *g.* extimæ[1] faciei[5], *f.*

A l'extérieur. Extrinsecùs, *adv.*

L'EXTÉRIEUR, *substant. l'air, le maintien.* Habitus, *g.* habitûs[4], *m.*

EXTÉRIEUREMENT, *à l'extérieur.* Extrinsecùs, *adv.*

EXTERMINATEUR. Eversor, *g.* eversoris[3], *m.*

EXTERMINATION. Exitium, *g.* exitii[2], *n.*

EXTERMINÉ. Exstinctus, a, um, *part. pass.*

EXTERMINER. Exstinguĕre, exstinguo, exstinguis, exstinxi, exstinctum[3], *act.* | *Exterminer une ville.* Urbem delēre, deleo, deles, delevi, deletum[2], *act.*

EXTERNE. Externus, a, um, *adj.*

EXTINCTION, *action par laquelle on éteint.* Exstinctio, *g.* exstinctionis[3], *f.*

EXTIRPATEUR, *qui détruit.* Eversor, *g.* eversoris[3], *m.*

EXTIRPATION. Exstirpatio, *g.* exstirpationis[3], *f.*

EXTIRPER. Exstirpare, exstirpo, exstirpas, exstirpavi, exstirpatum[1], *act.*

EXTORQUER. Extorquēre, extorqueo, extorques, extorsi, extortum[2], *act. acc. rég. ind. abl. avec* à *ou* ab.

EXTORSION. Rapina, *g.* rapinæ[1], *f.* | *Celui qui fait des extorsions.* Extortor, *gén.* extortoris[3], *masc.*

Faire des extorsions. Pecunias extorquēre, extorqueo, extorques, extorsi, extortum[2], *act.* sur, *se rend par* à *ou* ab, *et l'ablat.*

EXTRACTION, *action par laquelle on tire.* Evulsio, *g.* evulsionis[3], *f.*

EXTRACTION, *origine.* Genus, *g.* generis[3], *n.* | *Qui est de noble extraction.* Nobili genere natus, a, um, *adj.*

EXTRAIRE. Excerpĕre, excerpo, excerpis, excerpsi, excerptum[3], *act.* de *par* è *ou* ex, *et l'ablat.*

EXTRAIRE, *exprimer.* Exprimĕre, exprimo, exprimis, expressi, expressum[3], *act.* de *par* è *ou* ex, *et l'ablat.*

EXTRAIT, *substantif.* Excerptum, *g.* excerpti[2], *n.*

EXTRAORDINAIRE, *qui n'est*

FAB

pas commun. Extraordinarius, ia, ium, *adj.*

EXTRAORDINAIRE, *inusité.* Insolitus, a, um, *adj.*

EXTRAORDINAIRE, *singulier, rare.* Singularis, m. f. singulare, n. gén. singularis, *adj.*

EXTRAORDINAIREMENT. Præter solitum.

EXTRAORDINAIREMENT, *extrêmement.* Magnopere, *adv.*

EXTRAVAGAMMENT. Inepte, *adv. comp.* Ineptius; *superl.* ineptissime.

EXTRAVAGANCE. Amentia, g. amentiæ[1], f.

EXTRAVAGANCES. Ineptiæ, g. ineptiarum[1], f. plur.

EXTRAVAGANT *en parlant des personnes.* Amens, m. f. et n. gén. amentis, *adject.* | *En parlant des choses.* Ineptus, a, um, *adj.*

EXTRAVAGUER. Delirare, deliro, deliras, deliravi, deliratum[1], *n.*

EXTRÊME. Summus, a, um, ou maximus, a, um, *adj.*

EXTRÊME, *en parlant des personnes.* Vehemens, m. f. et n. gén. vehementis. *comp.* Vehementior, m. f. vehementius, n. gén. vehementioris; *sup.* vehementissimus, a, um. Dans *se rend par* in *avec l'abl.*

LES EXTRÊMES. Extrema, g. extremorum[2], n. plur.

EXTRÊMEMENT. Valde. Summopere, *adv.*

EXTRÊME-ONCTION, *sacrement de l'église.* Extrema unctio, g. extremæ[1] unctionis[3] f. | *Donner l'extrême-onction.* Sacro oleo inungere, inungo, inungis, inunxi, inunctum[3], *act.* | *La recevoir.* Sacro oleo inungi[3], *pass. de* Inungere.

EXTRÉMITÉ, *ou le bout.* Extremum, g. extremi[2], neut.

EXTRÉMITÉ, *derniers momens de la vie.* Extrema, g. extremorum[2], n. plur. | *Être à l'extrémité.* In extremis esse, sum, es, fui. | *Être malade à l'extrémité.* Morbo periculoso teneri, teneor, teneris, tentus sum[2], *pass.*

EXTRÉMITÉ, *ou nécessité extrême.* Summæ angustiæ, g. summarum angustiarum[1], f. plur. | *Réduire à l'extrémité.* In summas angustias adducere, adduco, adducis, adduxi, adductum[3], *act.* | *En venir aux dernières extrémités.* Ad extrema venire, venio, venis, veni, ventum[4], *n.*

EXTRINSÈQUE, *qui vient de dehors.* Extraneus. Externus. Extrinsecus, a, um, *adj.*

~~~~~~

F.

FABLE. Fabula, g. fabulæ[1], f. | *Petite fable.* Fabella, g. fabellæ[1], f.

FABRICATEUR *de fausse monnoie.* Monetæ adulterator, g. adulteratoris[3], m.

FABRICATEUR *de faux actes.* Subjector, g. subjectoris[3], m.

FABRIQUE, *lieu où l'on fabrique.* Fabrica, g. fabricæ[1], f.

FABRIQUE, *l'action de fabriquer.* Fabricatio, g. fabricationis[3], f.

FABRIQUÉ. Fabricatus, a, um, *part. pass.*

FABRIQUER. Fabricare, fabrico, fabricas, fabricavi, fabricatum[1], *act.*

FABRIQUER, *imaginer.* Fingere, fingo, fingis, finxi, fictum[3], *act.*

FABULEUSEMENT, *d'une manière fabuleuse.* Fabulose, *adv.*

FABULEUX. Fabulosus, a, um, *adj.*

FABULISTE. Fabularum scriptor, g. fabularum scriptoris³, m.

FAÇADE, frontispice. Frons, g. frontis¹, f.

FACE. Facies, g. faciei⁵, f.
Regarder en face. Intueri, intueor, intueris, intuitus sum², dép. acc. | *Faire face à, résister.* Resistĕre, resisto, resistis, restiti, restitum², a. | *Face à face.* Adversis frontibus, à l'ablat.

En face de, ou *à la face de.* Coram, avec l'ablat.

Faire volte face, faire face à l'ennemi Signa in hostem convertĕre, converto, convertis, converti, conversum³, act. c. à. d. *tourner ses étendards contre l'ennemi.* | *Faire faire volte face aux troupes.* Legiones circumagĕre, circumago, circumagis, circumegi, circumactum³, act.

Faire face de tout côté. Orbes facĕre, facio, facis, feci, factum³, act.

FACE, *état, situation.* Situs, g. sitûs⁴, m.

Changer de face. Situm mutare, muto, mutas, mutavi, mutatum¹, act.

FACÉTIE. Cavillatio, g. cavillationis³, f.

FACÉTIEUSEMENT. Facetè, adv. comp. Facetiùs; superl. facetissimè.

FACÉTIEUX. Facetus, a, um, adj.

FACETTE, *superficie d'un corps taillé en plusieurs angles.* Facies, g. faciei⁵, f. | *A facettes.* Multiplici facie.

FÂCHÉ *contre.* Iratus, a, um, dat. de la personne.

FÂCHÉ *de, chagrin.* Ægrè ferens, g. ægrè ferentis, part. prés. acc. du nom qui suit de. | *Etre fâché de.* Ægrè ferre, fero, fers, tuli, latum³, act. acc. de la chose, c. à. d. *supporter avec peine.*

FÂCHER. Stomachum movēre, moveo, moves, movi, motum², act. dat. de la personne, c. à. d. *exciter la colère à.*

SE FÂCHER *contre.* Irasci, irascor, irasceris, iratus sum³, dép. dat. de la personne.

SE FÂCHER *de.* Dolēre, doleo, doles, dolui, dolitum², n. acc. | *Qui se fâche aisément.* In iram præceps, m. f. et neut. g. præcipitis, adj. c. à. d. *porté à la colère.*

FÂCHERIE. Molestia, g. molestiæ¹, f.

FÂCHEUX, *qui cause du déplaisir.* Molestus, a, um, adj.

FÂCHEUX, *difficile, de mauvaise humeur.* Morosus, a, um, adj.

UN FÂCHEUX, *un importun.* Homo molestus, g. hominis molesti², m.

FACILE. Facilis, m. f. facile, n. gén. facilis. comp. Facilior, m. f. facilius, n. gén. facilioris; superl. facillimus, facillima, facillimum, adj. | *Il est facile de.* Facile est, avec un infin.

FACILEMENT. Facilè, adverb. comp. Faciliùs; superl. facillimè.

FACILITÉ. Facilitas, g. facilitatis³. | *A faire*, ou *pour faire.* Ad faciendum.

FACILITER. Facilitatem afferre, affero, affers, attuli, allatum³, act. datif en latin du régime direct français, c. à. d. *donner de la facilité à.*

FAÇON, *manière.* Ratio, g. rationis³, f.

De quelle façon? Quonam modo? | *De cette façon* ou *ainsi.* Sic. Ita, adv. | *De quelque façon que ce soit.* Quoquomodo, à l'abl. | *De façon que.* Ita ut, et le subjonct. | *De sa façon.* Ex instituto suo. | *En aucune façon.* Nullo modo, à l'ablat. | *A la façon de.* More, à l'ablat. qui veut après soi un gén. | *En plusieurs façons.* Multis modis, à l'ablat.

Sans façon ou *simplement.* Simpliciter, adv.

Sans façon, familièrement. Familiariter, adv.

FAÇON, *cérémonie.* Voyez Cérémonie.

FAÇON, ou *mine.* Facies, g. fa-

FAD   FAI

ciei[5], f. | De bonne façon, ou qui a bonne mine. Eximiâ facie, ablat.

Façon, travail de l'ouvrier. Artificium, g. artificii[2], n. | Façon que l'on donne à une vigne. Cultura, g. culturæ[1], f.

FAÇONNÉ, ou formé. Informatus, a, um, part. pass. à par ad, et l'acc.

Façonné. Voyez Orné.

FAÇONNER, ou former. Informare, informo, informas, informavi, informatum[1], act. à par ad, et l'acc.

Façonner. Voyez Orner.

FACTEUR, ou commis. Institor, g. institoris[3], m.

Facteur, porteur de lettres. Epistolarum lator, g. latoris[3], m.

FACTICE. Factitius, ia, um, adj.

FACTIEUX, qui forme des factions. Seditiosus, a, um, adj.

FACTION, ou ligue. Factio, g. factionis[3], f. | Etre à la tête d'une faction. Principatum factionis tenere, teneo, tenes, tenui, tentum[2], act. c. à. d. tenir le premier rang d'une faction.

Faction de soldat. Statio, g. stationis[3], f. | Soldat en faction. Miles excubans, g. militis excubantis[3], m. | Etre en faction. Stationem agere, ago, agis, egi, actum[3], act.

FACTIONNAIRE, soldat qui est en faction. Voyez Faction.

FACTOTUM, homme qui se mêle de tout dans une maison. Ardelio, g. ardelionis[3], m.

FACTURE, état et le prix des marchandises. Index, g. indicis[3], m. Ajoutez pretiorum.

FACULTÉ. Facultas, g. facultatis[3], f.

Faculté, se dit des biens et des richesses que possède un particulier. Facultates, g. facultatum[3], f. plur.

FACULTÉ, corps de professeurs. Collegium, g. collegii[2], n.

FADAISES. Nugæ, g. nugarum[1], f. plur.

FADE, sans saveur. Insipidus, a, um, adj.

Fade, où il n'y a pas d'esprit. Insulsus, a, um, adj.

FADEMENT. Fatuè, adv.

FADEUR, stupidité au goût. Fatuus sapor, g. fatui[2] saporis[3], m.

Fadeur, manque d'agréments. Insulsitas, g. insulsitatis, f.

FAGOT. Fascis, g. fascis[3], m.

FAGOTÉ, mal arrangé. Inconcinnus, a, um, adj.

FAIENCE, vaisselle de faïence. Vasa faventina, g. vasorum faventinorum[2]. n. plur.

FAIENCIER, marchand de faïence. Vasorum faventinorum propola, g. propolæ[1], m.

Faiencier, celui qui fait la faïence. Figulus faventinus, g. figuli faventini[2], m.

FAILLIR, se tromper. Errare, erro, erras, erravi, erratum[1], n.

Faillir, manquer; comme: Il a failli à être tué, c. à. d. peu s'en est fallu qu'il ne fût tué. Non multùm abfuit quin interficeretur.

FAILLITE. Voyez Banqueroute.

FAIM. Fames, g. famis[3], f. | Avoir faim. Esurire, esurio, esuris, esurivi ou esurii, esuritum[4], n. | Laisser, ou faire mourir de faim, nourrir mal. Fame necare, neco, necas, necavi, necatum[1], act. | Se laisser mourir de faim, se nourrir mal. Fame jugulare se, jugulo, jugulas, jugulavi, jugulatum[1], act. | Se laisser mourir de faim exprès, terminer ainsi sa vie. Inediâ consumi, consumor, consumeris, consumptus sum[3], pass.

FAINÉANT. Desidiosus, a, um, adj. | Etre fainéant. Desidiâ torpere, torpeo, torpes, torpui[2], sans supin. neut.

FAINÉANTISE. Desidia, g. desidiæ[1], f.

FAIRE. Facere, facio, facis, feci, factum[3], act. | Etre fait. Fieri, fio, fis, factus sum[3], pass. | Faire en sorte que. Facere ut, avec le subj. | *Faire semblant*, ou *contrefaire*. Simulare, simulo, simulas, simulavi, simulatum³, *act*. | *Faire le malade*, c. à. d. *contrefaire le malade*. Simulare morbum. | *Faire le triste*, c. à. d *feindre la tristesse*. Simulare mœstitiam.

Faire, *user*, *disposer*. *Homme dont on peut faire tout ce qu'on veut*. Regi homo aptus, *g.* hominis³ apti², *m.* Regi *est à l'infin. pass. du verbe* Regĕre; *comme si l'on disoit*: *un homme propre à être gouverné*.

Faire, *acquérir*, *amasser*. *Faire argent de tout*. Pecuniam de omnibus conficĕre, conficio, conficis, confeci, confectum³, *act*.

Le verbe Faire, *joint à un infinit. français*, *signifie* Pousser, inciter, *etc.*; *ou bien il signifie* Commander, avoir soin, *etc. Si* Faire *signifie* pousser, inciter, *etc.*, *il s'exprime par* Cogĕre, cogo, cogis, coegi, coactum³, *act. ou* Impellĕre, impello, impellis, impuli, impulsum³, *act. et la préposition à qui suit*, *se traduit par* ut, *avec le subjonct. Exemple*: *Ton honnêteté m'a fait implorer ton secours*, c. à. d. *m'a porté à implorer ton secours*, *ou afin que j'implorasse ton secours*. Tua humanitas coegit *ou* impulit, ut implorarem tuam opem.

Si Faire *signifie commander*, *il s'exprime par* Jubēre, jubeo, jubes, jussi, jussum², *act.*; *s'il signifie* avoir soin, *il s'exprime par* Curare, curo, curas, curavi, curatum¹, *n. et après ces deux verbes on met l'infin. Exemples*: *Le roi a fait bâtir une citadelle*, c. à. d. *a commandé qu'une citadelle fût bâtie*. Rex jussit arcem ædificari. | *Notre maître nous fait travailler*, c. à. d. *a soin que nous travaillions*. Noster præceptor curat nos laborare *ou* ut laboremus.

Faire Faire, *ou porter à*. Impellĕre, impello, impellis, impuli, impulsum³, *act. Le régime direct de* Faire *se met à l'acc. avec* ad. *Ex.*: *La colère lui a fait faire cela*. Ira illum impulit ad hoc.

Faire, *représenter*, *contrefaire*. Personam gerĕre, gero, geris, gessi, gestum³, *act. avec le gén. du nom que l'on contrefait*. c. à. d. *faire le personnage de*. *Ex. Faire le médecin*. Gerĕre personam medici.

Faire, *créer*, *élire*. Creare, creo, creas, creavi, creatum¹, *act*. | *Faire des consuls*. Consules creare.

Faire, *mettre au monde*. Parĕre, pario, paris, peperi, partum³, *act*.

se Faire *riche*. *Voy. s'*Enrichir.

se Faire *à quelque chose*. *Voyez s'*Accoutumer.

se Faire, *être fait*. *Ex. Cela peut se faire*. Id fieri potest.

Il y a d'autres manières d'exprimer en latin le verbe Faire. *Voy. la Gramm. lat. sur ce mot*.

Faire, *pour* Etre. *Il fait beau temps*, c. à. d. *le temps est beau*. Cœlum est serenum; esse, sum, es, fui. | *Il faisoit beaucoup de vent*, c. à. d. *le vent étoit grand*. Ventus erat vehemens.

Faire, *pour estimer et dire le prix des choses*. *Comme*: *Combien faites-vous votre livre?* Quanti facis tuum librum?

Qu'en fera-t-on? ou que fera-t-on de lui? Quid fiet de illo? c. à. d. *que sera-t-il fait de lui?* (Fiet *vient du verbe* Fio, *pass. de* Facio.) *C'en est fait de moi*. Actum est de me. (Actum est *vient du verbe* Agor, *pass. de* Ago.

FAISABLE. Factu facilis, *m. f.* facile, *n. gén.* facilis, *adj*.

FAISAN, *oiseau*. Phasiana avis, *g.* phasianæ¹ avis³, *f*.

FAISCEAU. Fascis, *g.* fascis³, *fém*.

FAISEUR, *qui fait*. Effector, *g.* effectoris³, *m*.

FAISEUSE, *femme qui fait*. Effectrix, *g.* effectricis³, *f*.

FAM

FAIT, adj. Factus, a, um, part. pass.

Fait pour, né pour. Aptus, a, um, adj. pour, par ad, avec l'acc. ou le gérond en dum.

Fait, ou accoutumé à. Assuefactus, a, um, part. pass. datif.

bien Fait, en parlant d'une personne. Liberali specie, à l'ablat. | Mal fait. Illiberali specie, à l'abl.

C'en est fait, V. le verbe Faire.

C'est bien fait. Benè factum.

un Fait, action, subst. Factum, g. facti[2], n. | Prendre sur le fait. In ipso articulo deprehendere, deprehendo, deprehendis, deprehendi, deprehensum[3], act.

De fait, ou en effet. Re verâ, à l'ablat.

Sur le fait. In manifesto scelere.

FAITE, sommet. Fastigium, g. fastigii[2], n.

FAIX, fardeau. Onus, g. oneris[3], n. | Sous le faix. Sub onere.

FALLOIR. Oportere, oportet, oportebat, opportuit[2], imperson. Après Oportet on met un infin. ou bien on exprime le que par ut, avec le subj. | Peu s'en faut, tant s'en faut, il s'en faut de beaucoup, combien s'en faut-il que, etc. Voyez la Grammaire latine où sont consignées toutes ces façons de parler, appelées idiotismes.

Falloir, être besoin. Opus esse, sum, es, fui. Ex. Il lui faut un cheval. Illi opus est equo.

FALLOT, lanterne. Laterna, laternæ[1], f.

FALOURDE, gros fagot de bois. Fascis, g. fascis[3], m.

FALSIFICATEUR. Falsarius, g. falsarii[2], m.

FALSIFICATION. Corruptio, g. corruptionis[3], f.

FALSIFIER. Corrumpere, corrumpo, corrumpis, corrupi, corruptum[3], act.

FAMÉLIQUE, qui est affamé. Famelicus, a, um, adj.

FAN

FAMEUX, pris en bonne part. Clarus, a, um, adj. | En mauvaise part. Famosus, a, um, adjectif.

se FAMILIARISER avec quelqu'un. Familiariter agere, ago, agis, egi, actum[3], n. c. à. d. agir familièrement. avec se rend par cum, et l'abl.

se Familiariser avec quelque chose. Voyez s'Accoutumer.

FAMILIARITÉ. Familiaritas, g. familiaritatis[3], f.

FAMILIER. Familiaris, m. f. familiare, n. gén. familiaris, adj. | Etre fort familier avec. Esse perfamiliarem. Avec se rend par le datif du nom qui suit. Sum perfamiliaris m. f. perfamiliare, n. gén. perfamiliaris, adj. Cet adjectif s'accorde avec le sujet de Sum par la règle Deus est sanctus.

FAMILIÈREMENT. Familiariter, adv. comp. Familiarius; sup. familiarissimè.

FAMILLE. Familia, g. familiæ[1], f.

Père de famille. Pater familiâs, g. patris[3] familiâs.

Famille, race. Genus, g. generis[3], n.

FAMINE. Fames, g. famis[3], f.

FANAL. Fax, g. facis[3], f.

FANATIQUE. Fanaticus, a, um, adj.

FANATISME. Fanaticus furor, g. fanatici[2] furoris[3], m.

FANÉ. Flaccidus, a, um, adj. | Etre fané. Marcere, marceo, marces, marcui[2], sans sup. n.

FANER. Voyez Flétrir.

se Faner, se flétrir. Flaccescere, flaccesco, flaccescis, flaccui[3], sans sup. n.

FANFARE. Tubæ clangor, g. tubæ clangoris[3], m.

FANFARON. Thraso, g. thrasonis[3], m. | Faire le fanfaron. Magnificè se jactare, jacto, jactas, jactavi, jactatum[1], act.

FANFARONNADE, vanterie. Ostentatio, g. ostentationis[3], f.

FANGE. Lutum, g. luti[2], n.

FANGEUX. Lutosus, a, um, adj.

FANON, *la peau qui pend sous la gorge d'un bœuf.* Palearia, g. palearium[3], n. plur.

FANTAISIE. Arbitrium, g. arbitrii[2], n. | *A ma fantaisie*, ou *selon ma fantaisie*. Arbitrio meo, à l'abl.

FANTAISIE, *caprice.* Libido, g. libidinis[3], f.

FANTASQUE. Morosus, a, um, adj.

FANTASSIN. Pedes, g. peditis[3], masc.

FANTASTIQUE, *imaginaire.* Imaginarius, ia, ium, adj.

FANTOME, *spectre.* Spectrum, g. spectri[2], n.

FANTÔME, *ombre.* Umbra, g. umbræ[1], f.|

FAON. Hinnuleus, g. hinnulei[2], m.

FAQUIN. Voyez *Fat*.

FARCE *de théâtre.* Joci mimici, g. jocorum mimicorum[2], m. plur.

FARCE, *mélange de viandes ou d'herbes hachées.* Fartum, g. farti[2], n.

FARCEUR, ou *baladin.* Mimus, g. mimi[2], m.

FARCI. Fartus, a, um, part. pass. ablat. de la chose.

FARCIR. Infarcire, infarcio, infarcis, infarsi, infartum[4], act. acc. rég. ind. ablat.

SE FARCIR, *de viandes.* Ventrem farcire[4].

FARD. Fucus, g. fuci[2], m.

FARDÉ. Fucatus, a, um, part. pass.

FARDEAU. Onus, g. oneris[3], n. | *Mettre à quelqu'un un fardeau sur les épaules.* Onus imponĕre, impono, imponis, imposui, impositum[3], act. dat. de la personne. | *Décharger quelqu'un d'un fardeau.* Onere levare, levo, levas, levavi, levatum[1], act. acc. de la personne.

FARDER. Fucare, fuco, fucas, fucavi, fucatum[1], act.

SE FARDER *le visage.* Fucare os, à l'acc.

FARIBOLES, *contes en l'air.* Nugæ, g. nugarum[1], f. plur.

FARINE. Farina, g. farinæ[1], fém.

FARINEUX. Farinâ conspersus, a, um, part. pass. c. à. d. *couvert de farine.*

FARINIER, *qui vend la farine.* Farinarius, g. farinarii[2], m.

FAROUCHE. Ferus, a, um, adj.

FASCINATION, *charme.* Fascinatio, g. fascinationis[3], f.

FASCINE. Fascis, g. fascis[3], masc.

FASCINER, *enchanter, ensorceler.* Effascinare, effascino, effascinas, effascinavi, effascinatum[1], act.

FASÉOLE, *espèce de légumes.* Faselus, g. faseli[2], m.

FASTE, *ostentation.* Fastus, g. fastûs[4], m.

FASTES, *calendrier des Romains.* Fasti, g. fastorum[2], m. plur.

FASTIDIEUX, *qui cause du dégoût.* Fastidiosus, a, um, adj.

FASTUEUX. Fastuosus, a, um, adj.

FASTUEUSEMENT, *d'une manière fastueuse.* Jactanter, adv.

FAT, *sot, impudent.* Fatuus, ua, uum, adj.

FATAL, *réglé par le destin.* Fatalis, m. f. fatale, n. gén. fatalis, adj.

FATAL, *malheureux.* Funestus, a, um, adj.

FATALEMENT. Fataliter, adv.

FATALITÉ. Fatum, g. fati[2], n.

FATIGANT. Operosus, a, um, adj.

FATIGUE. Labor, g. laboris[3], masc.

FATIGUÉ. Fatigatus, a, um, part. pass.

FATIGUER. Fatigare, fatigo, fatigas, fatigavi, fatigatum[1], act.

SE FATIGUER, *en parlant du corps.*

FAU   FAU   255

Fatigare sc. | *En parlant de l'esprit.* Fatigare animum.

FATRAS. Farrago, g. farraginis[3], f.

FATUITÉ, *sottise, impertinence.* Insulsitas, g. insulsitatis[3], f.

FAUBOURG. Suburbium, g. suburbii[2], n. | *Qui est du faubourg.* Suburbanus, a, um, *adj.*

FAUCHAGE, *l'action de faucher.* Fenisecia, g. feniseciæ[1], f.

FAUCHER. Demetĕre, demetto, demetis, demessui, demessum[3], *act.*

FAUCHET, *râteau à dents.* Rastellum, g. rastelli[2], n.

FAUCHEUR. Feniseca, g. fenisecæ[1], m.

FAUCILLE. Falcula, g. falculæ[1], f.

FAUCON. Falco, g. falconis[3], *masc.*

FAUCONNERIE. Accipitrum institutio, g. accipitrum institutionis[3], f. c. à. d. *l'art d'élever des faucons.*

FAUCONNIER. Accipitrum curator, g. accipitrum curatoris[3], m. c. à. d. *celui qui a soin des faucons.*

FAUCONNIÈRE, *sorte de sac.* Vidulus, g. viduli[2], m.

FAUFILER, *coudre de loin en loin.* Consuĕre, consuo, consuis, consui, consutum[3], *act.*

SE FAUFILER *auprès de, se lier avec quelqu'un.* In consuetudinem venire, venio, venis, veni, ventum[4], n. gén. *de la personne qui suit auprès de.*

FAUNE, *dieu des forêts.* Faunus, g. Fauni[2], m.

FAUSSAIRE. Falsarius, g. falsarii[2], m.

FAUSSE alarme. Inanis ad arma conclamatio, g. inanis ad arma conclamationis[3], f.

FAUSSEMENT. Falsò, *adv. comp.* Falsiùs; *superl.* falsissimè.

FAUSSE-PORTE. Pseudothyrum, g. pseudothyri[2], n.

FAUSSER. Fallĕre, fallo, fallis, fefelli, falsum[3], *act.* | *Sa foi, ou sa parole.* Fidem, *accus.*

FAUSSER *une clef, etc.* Clavem distorquēre, distorqueo, distorques, distorsi, distortum[2], *act.*

FAUSSET, *voix qui contrefait le dessus dans un concert.* Vox tinnula, g. vocis[3] tinnulæ[1], f.

FAUSSETÉ. Falsum, g. falsi[2], *neut.*

FAUTE, *ou erreur.* Error, g. erroris[3], m. | *Faute d'orthographe.* Paragramma, g. paragrammatis[3], *neut.*

FAUTE, *ou péché.* Culpa, gén. culpæ[1], f. | *Par ma faute.* Meâ culpâ, *à l'ablat.* | *Être en faute.* Esse in culpâ.

FAUTE *d'écriture, d'impression.* Mendum, g. mendi[2], n.

Sans faute, immanquablement. Certò, *adv.*

FAUTE, *disette.* Inopia, g. inopiæ[1], f.

On exprime en latin avoir faute de *par* Carēre, *avec un ablat. ensuite.*

Faute de, suivi d'un nom. Inopiâ, *abl. et un gén ensuite.* Ex. *Il est mort, faute de secours.* Mortuus est, opis inopiâ.

Faute de, suivi d'un verbe. Quòd non, *avec le subj.* Ex. *Il a été vaincu, faute d'avoir écouté mes conseils.* Victus fuit, quòd mea non audierit consilia.

FAUTEUIL, *chaise à bras.* Sella honoraria, g. sellæ honorariæ[1], fém. Voy. *Manquer de.*

FAUTEUR, *qui favorise.* Fautor, g. fautoris[3], m.

FAUTIF, *plein de fautes.* Mendosus, a, um, *adj.*

FAUTIF, *sujet à faire des fautes.* Errori obnoxius, ia, ium, *adj.*

FAUTRICE, *celle qui favorise.* Fautrix, g. fautricis[3], f.

FAUVE. Fulvus, a, um, *adj.*

FAUVETTE. Curruca, g. currucæ[1], f.

FAUX *à faucher les prés.* Falx, g. falcis[3], f. | *Soldats armés de faux.* Falcarii, *g.* falcariorium², *m. plur.*

FAUX, FAUSSE, *adj.* Falsus, a, um, *adj.* | *Homme faux.* Homo fraudulentus.

FAUX, *vain.* Vanus, a, um, *adj.*

A FAUX, *faussement.* Falsò, *adv.*

A FAUX, *sans effet.* Incassùm, *adv.*

FAUX-BOND. Repercussus non justus, *g.* repercussûs⁴ non justi², *m.* | *Faire faux-bond.* Fraudare, fraudo, fraudas, fraudavi, fraudatum¹, *act.*

FAUX-FUYANT. Diverticulum, *g.* diverticuli², *n.*

FAUX-JOUR. Obliqua lux, *g.* obliquæ¹ lucis³, *f.*

FAUX-SEMBLANT. Simulatio, *g.* simulationis³, *f.*

FAVEUR. Gratia, *g.* gratiæ¹, *f.* | *En faveur de.* Gratiâ, *ablat.* qui veut un *gén.* | *A la faveur d'un grand vent.* Secundo vento, à l'*ablat.* | *A la faveur de la nuit.* Noctis interventu. | *Etre en faveur auprès de.* Valēre, valeo, vales, valui, valitum², *n.* auprès de *par apud*, avec l'*accus.*

FAVORABLE à, ou *qui favorise.* Æquus, ua, uam, *adj. comp.* Magis æquus, et quelquefois æquior; *superl.* maximè æquus, *dat.* | *Etre favorable à.* Favēre, faveo, faves, favi, fautum², *n. dat.*

FAVORABLE, ou *avantageux.* Secundus, a, um, *adj.* | *Vent favorable.* Ventus secundus, *g.* venti secundi², *m.*

FAVORABLEMENT. Benignè, *adv. comp.* Benigniùs; *superl.* Benignissimè.

FAVORI. Gratiosus, a, um, *adj.* avec un *dat.* Ex. *Le favori du Roi.* Regi gratiosus. | *Ton favori.* Tibi gratiosus. | *Le favori de la fortune.* Fortunæ filius, *g.* fortunæ filii², *m.*

FAVORISER. Favēre, faveo, faves, favi, fautum², *n. dat.*

FAVORITE, *la plus chérie.*

Gratiosa, *g.* gratiosæ¹, *f.* | *De la reine.* Reginæ, au *dat.* | *Ma favorite.* Mihi gratiosa.

FÉAL, *fidèle.* Fidelis, m. *f.* fidele, *n. gén.* fidelis, *adj.*

FÉBRICITANT, *qui a la fièvre.* Febriens, m. *f.* et *n. gén.* febrientis, *adj.*

FÉBRIFUGE, *remède contre la fièvre.* Contra febrim remedium, *g.* contra febrim remedii², *n.*

FÉCOND, *en parlant des animaux.* Fecundus, a, um, *adj.* | *En parlant de la terre.* Ferax, *g.* feracis, *adj. comp.* Feracior, m. *f.* feracius, *n. gén.* feracioris; *superl.* feracissimus, a, um. En se rend par le *gén.* du *nom.*

FÉCONDER. Fecundare, fecundo, fecundas, fecundavi, fecundatum¹, *act.*

FÉCONDITÉ. Fecunditas, *g.* fecunditatis³, *f.*

FÉDÉRATION. Fœdus, *g.* fœderis³, *n.*

FÉDÉRÉ. Fœderatus, a, um, *adj.*

FÉE, *devineresse, enchanteresse.* Mulier fatidica, *g.* mulieris³ fatidicæ¹, *f.*

FÉERIE. Magice, *g.* magices¹, *fém.*

FEINDRE. Fingĕre, fingo, fingis, finxi, fictum³, *act.* S'il suit un *de* et un *infinit.* français, on retranche ce *de*, et l'on met comme s'il y avoit un *que* retranché. Ex. *Tu feins d'être savant,* c. à. d. *que tu es savant.* Fingis te esse doctum.

FEINT. Fictus, a, um, *part.* pass.

FEINTE. Simulatio, *g.* simulationis³, *f.*

Avec feinte. Fictè, *adv.*

FÊLÉ. Fissus, a, um, *p. p.*

FÊLER. Findĕre, findo, findis, fidi, fissum³, *act.*

FÉLICITATION. Congratulatio, *g.* congratulationis³, *f.*

FÉLICITÉ. Felicitas, *g.* felicitatis³, *f.*

FEN   FER

FÉLICITER. Gratulari, gratulor, gratularis, gratulatus sum[1], *dépon. On met au datif le nom de la personne, à l'acc. le nom de la chose.*

FÉLON, *qui viole la foi due au seigneur.* Cliens perfidus, g. clientis[3] perfidi[2], m.

FÉLONIE, *foi de vassal violée.* Perfidia, g. perfidiæ[1], f.

FELOUQUE, *petit bâtiment de mer.* Phaselus, g. phaseli[2], m.

FÊLURE. Rimula, g. rimulæ[1], fém.

FEMELLE. Femina, g. feminæ[1], fém.

FÉMININ. Femininus, a, um, adj.

FEMME. Femina, g. feminæ[1], f.

Femme *mariée.* Uxor, g. uxoris[3], f.

A la manière des femmes. Muliebriter, adv.

FEMMELETTE, *petite femme.* Muliercula, g. mulierculæ[1], f.

FENAISON, *la saison de faucher le foin.* Fenisecium, g. fenisecii[2], n.

FENDRE. Findĕre, findo, findis, fidi, fissum[3], act.

Fendre *la presse, la foule, l'air.* Perrumpĕre, perrumpo, perrumpis, perrupi, perruptum[3], act.

Fendre *la tête à quelqu'un.* Aperire caput alicui; c. à. d. *ouvrir*, etc.

se Fendre. Dehiscĕre, dehisco, dehiscis[3], *sans prét. ni sup.* n.

FENDU. Fissus, a, um, p. p.

FENÊTRE. Fenestra, g. fenestræ[1], f. | *Regarder par les fenêtres, jeter par les fenêtres.* Par *les fenêtres, s'exprime par* E fenestris.

FÉNIL, *lieu à mettre du foin.* Fenile, g. fenilis[3], n.

FENOUIL, *herbe.* Feniculum, g. feniculi[2], n.

FENTE. Rima, g. rimæ[1], f.

Petite fente. Rimula, g. rimulæ[1], f.

FÉODAL, *de fief.* Clientaris, m. f. clientare, n. gén. clientaris, adj.

FER. Ferrum, g. ferri[2], n. | *Qui est de fer.* Ferreus, ea, eum, adj.

Fer *de cheval.* Solea, g. soleæ[1], f.

Fer *d'une pique, d'une lance.* Cuspis, g. cuspidis[3], f.

Fers, *ou chaînes.* Catenæ, g. catenarum[1], f. plur. | *Mettre aux fers, jeter dans les fers.* In vincula conjicĕre, conjicio, conjicis, conjeci, conjectum[3], act.

FÉRIE. Feria, g. feriæ[1], f.

FÉRIR, *on ne le dit qu'en ce sens. Sans coup férir.* Sine vi, ou sine ullo labore, *à l'abl.*

FERLER *les voiles, les plier.* Vela complicare, complico, complicas, complicavi, complicatum[1], act.

FERME, adj. Firmus, a, um, adj. | *Rendre ferme, ou affermir.* Firmare, firmo, firmas, firmavi, firmatum[1], act. | *Tenir*, ou *demeurer ferme.* Perstare, persto, perstas, perstiti, perstitum[1], n. dans par in, *avec l'abl.* | *Combattre de pied ferme.* Pede presso pugnare.

La terre ferme. Voy. Continent.

Ferme, *ou avec fermeté.* Firmè, adv.

une **FERME.** Villa, g. villæ[1], f. *Donner à ferme.* Locare, loco, locas, locavi, locatum[1], act. acc. *de la chose; le prix, à l'ablat.* | *Prendre à ferme.* Conducĕre, conduco, conducis, conduxi, conductum[3], act. acc. *de la chose.* | *De quelqu'un.* Ab aliquo.

FERMÉ. Clausus, a, um, part. pass.

FERMEMENT. Firmè, adv. comp. Firmiùs; superl. firmissimè.

FERMENT, *levain.* Fermentum, g. fermenti[2], n.

FERMENTATION. Fermentatio, g. fermentationis[3], f.

FERMENTER. Fermentescĕre, fermentesco, fermentescis[3], *sans prét. ni s.p.* n.

FERMER. Claudĕre, claudo, claudis, clausi, clausum[3], *act.* | *De murailles.* Muris. | *A la clef.* Serâ, *abl.*

Fermer la marche. Agmen claudĕre.

SE FERMER, *en parlant d'une plaie.* Coïre, coeo, coïs, coïvi, coïtum[4], *n.*

FERMETÉ, *solidité.* Firmitas, *g.* firmitatis[3], *f.*

FERMETÉ, *constance.* Constantia, *g.* constantiæ[1], *f.*

Avec fermeté, avec solidité. Firmiter, *adv.*

Avec fermeté, avec constance. Constanter, *adv.*

FERMETURE, *ce qui sert à fermer.* Claustrum, *g.* claustri[2], *neut.*

FERMIER. Villicus, *g.* villici[2], *masc.*

FERMIÈRE *d'une métairie.* Colona, *g.* colonæ[1], *f.*

FERMOIR. Uncinus, *g.* uncini[2], *m.*

FÉROCE. Immanis, *m. f.* immane, *n. gén.* immanis, *adj.*

FÉROCITÉ. Immanitas, *g.* immanitatis[3], *f.*

FERRAILLER, *s'escrimer.* Rudibus certare, certo, certas, certavi, certatum[1], *n.*

FERRÉ, *en parlant d'un bâton, etc.* Ferratus, a, um, *part. pass.* | *Si l'on parle d'un cheval, etc.* Calceatus, a, um, *part. pass.*

FERRER *un cheval.* Calceare, calceo, calceas, calceavi, calceatum[1], *act.*

FERRER, *ou garnir de fer.* Ferro munire, munio, munis, munivi, munitum[4], *act.* c. à. d. *munir de fer.*

FERRUGINEUX. Ferrugineus, ea, eum, *adj.*

FERRURE. Ferrum, *g.* ferri[2], *neut.*

FERTILE. Fertilis, *m. f.* fertile, *n. gén.* fertilis, *adj. comp.* Fertilior, *m. f.* fertilius, *n. gén.* fertilioris; *superl.* fertilissimus, a, um. *en se rend par le gén. du nom qui suit.*

FERTILEMENT. Fertiliter, *adv. comp.* Fertiliùs; *superl.* fertilissimè.

FERTILISER. Fecundare, fecundo, fecundas, fecundavi, fecundatum[1], *act.*

FERTILITÉ. Fertilitas, *g.* fertilitatis[3], *f.*

FERVEMMENT, *avec ferveur.* Ferventer. Fervidè, *adv.*

FERVENT. Fervens, *m. f.* et *n. gén.* ferventis, *adj.*

FERVEUR. Fervor, *g.* fervoris[3], *m.*

Avec ferveur. Fervidè, *adv.*

FÉRULE. Ferula, *g.* ferulæ[1], *fém.*

FESSE. Clunis, *g.* clunis[3], *f.* | *Les fesses.* Clunes, *g.* clunium[3], *f. plur.*

FESTIN. Convivium, *g.* convivii[2], *n.*

Faire un festin. Convivium agĕre, ago, egi, actum[3], *act.*

FESTON, *ornement composé de fleurs, de fruits et de feuilles.* Encarpus, *g.* encarpi[2], *m.*

FÊTE. Festum, *g.* festi[2], *n.* | *La Fête-Dieu.* Corporis Christi festum, *g.* corporis Christi festi[2], *n.* | *Jour de fête.* Dies festus, *gén.* diei[5] festi[2], *m.*

FÉTIDE, *qui sent mauvais.* Fetidus, a, um, *adj.*

LE **FEU.** Ignis, *gén.* ignis[3], *m.* | *Qui est de feu.* Igneus, ea, eum, *adj.* | *Mettre le feu à, ou mettre en feu.* Incendĕre, incendo, incendis, incendi, incensum[3], *act.* | *Être en feu.* Ardēre, ardeo, ardes, arsi, arsum[2], *n.* | *Menacer de mettre à feu et à sang.* Ferrum et ignem minitari, minitor, minitaris, minitatus sum[1], *dép.* | *Une ville.* Urbi; c. à. d. *menacer le fer et le feu à une ville.* (*Règle* Minari mortem alicui.)

Mettre à feu et à sang. Igne et ferro vastare, vasto, vastas, vastavi, vastatum[1], *act.* c'est-à-

FEU FIE 259

tiré, ravager par le fer et le feu.

Feu *de joie.* Ignis festivi, g. ignis³ festivi², m. | *Feu d'artifice.* Ignis artificiosus, g. ignis³ artificiosi², m.

A petit feu. Lento igne.

Feu, *ardeur, vivacité.* Ardor, g. ardoris³, m. | *Yeux pleins de feu.* Ardentes oculi, g. ardentium³ oculorum², m. pl.

Feu, *ou maison, famille.* Domus, g. domûs⁴, f. Voy. *Maison.* | *Qui n'a ni feu ni lieu.* Errabundus, a, um, adj.

Feu, c. à. d. *défunt.* Defunctus, a, um, adj.

FEUILLAGE. Frondes, g. frondium³, f. plur.

FEUILLAISON, *renouvellement des feuilles.* Frondescentia, g. frondescentiæ¹, f.

FEUILLE. Folium, g. folii², n. | *Pousser des feuilles.* Frondescere, frondesco, frondescis, frondui³, sans sup. n.

Feuille, *en parlant du vin. Vin de deux feuilles.* Vinum bimum. | *De trois.* Trimum. | *De quatre.* Quadrimum.

Feuille *de papier.* Charta, g. chartæ¹, f.

Feuille *d'or, ou d'autre métal.* Bractea, g. bracteæ¹, f.

FEUILLÉE, *ombrage que font des feuilles d'arbre.* Umbraculum ramosum, g. umbraculi ramosi², neut.

FEUILLET. Folium, g. folii², neut.

FEUILLETÉ. Evolutus, a, um, part. pass.

Feuilleté, *gâteau feuilleté.* Foliacea placenta, g. foliaceæ placentæ¹, f.

FEUILLETER. Evolvere, evolvo, evolvis, evolvi, evolutum³, act.

FEUILLETTE, *demi-muid de vin.* Semimodius, g. semimodii², masc.

FEUILLU. Frondosus, a, um, adj.

FEUTRE. Subcoacta, g. subcoactorum², n. plur.

FÈVE. Faba, g. fabæ¹, f.

FÉVEROLE, *petite fève.* Fabulum, g. fabuli², n.

FÉVRIER. Februarius, g. februarii², m.

FI. Apage, *impératif.* | *Fi donc!* Procul hinc!

FIACRE. Rheda, g. rhedæ¹, f.

FIANÇAILLES. Sponsalia, g. sponsalium³, n. plur.

LE FIANCÉ. Sponsus, g. sponsi², m.

LA FIANCÉE. Sponsa, g. sponsæ¹, f.

FIANCER, *promettre d'épouser.* Spondēre, spondeo, spondes, spopondi, sponsum², act.

FIBRE, *petit filament.* Fibra, g. fibræ¹, f.

FIBREUX. Fibratus, a, um, adj.

FIC, *ulcère.* Ficus, g. fici², m.

FICELLE, *petite corde déliée.* Funiculus, g. funiculi², m.

FICHE. Fibula, g. fibulæ¹, f.

FICHÉ. Fixus, a, um, part. pass. dans *par in*, et *l'abl.*

FICHER. Figere, figo, figis, fixi, fixum³, act. dans *par in*, et *l'ablat.*

FICHU, *sorte de mouchoir.* Strophium, g. strophii², n.

FICTION. Commentum, g. commenti², m.

FIDÉICOMMIS, *legs qu'on fait à quelqu'un, à la charge de le remettre à un autre.* Fideicommissum, g. fideicommissi², n.

FIDÈLE, adj. Fidelis, m. f. fidele, n. gén. fidelis, adj. comp. Fidelior, m. f. fidelius, n. gén. fidelioris; superl. fidelissimus, a, um.

FIDÈLEMENT. Fideliter, adv. comp. Fideliùs; superl. fidelissimè.

FIDÉLITÉ. Fides, g. fidei⁵, f.

FIEF. Prædium beneficiarum, g. prædii beneficiarii², n.

FIEL. Fel, g. fellis³, n. | *Qui*

est de fiel. Felleus, ea, eum, *adj.*

FIENTE. Stercus, *g.* stercoris³, *neut.*

SE FIER à. Confide̅re, confido, confidis, confisus sum³, *n. dat. de la personne* ou *de la chose à laquelle on se confie.*

FIER, *orgueilleux.* Superbus, a, um, *adj.*

Etre fier. Superbire, superbio, superbis, superbivi, superbitum⁴, *n.* de se rend par l'ablat. du nom qui suit.

FIER (*pris en bonne part*) *élevé.* Ferox, *g.* ferocis, *adj.*

FIÈREMENT. Superbè, *adv. comp.* Superbiùs; *superl.* superbissimè.

FIÈREMENT (*pris en bonne part*). Excelso animo.

FIERTÉ. Superbia, *g.* superbiæ¹, *f.*

AVEC FIERTÉ. Voy. *Fièrement.*

FIERTÉ, *élévation d'ame.* Magnitudo, *g.* magnitudinis³, *f.*

FIÈVRE. Febris, *g.* febris³, *f. acc.* febrim, *abl.* febri. | *Accès de fièvre.* Febris accessio, *g.* febris accessionis³, *f.* | *Prendre la fièvre.* Febri corripi, corripior, corriperis, correptus sum³, *pass.* | *Qui a la fièvre.* Febricitans, *m. f.* et *n. gén.* febricitantis, *adj.*

FIÉVREUX. Febriculosus, a, um, *adj.*

FIFRE. Fistula, *g.* fistulæ¹, *f.* | *Qui joue du fifre.* Tibicen, *g.* tibicinis³, *m.*

FIGÉ. Congelatus, a, um, *adj.*

FIGER, *condenser, épaissir par le froid.* Densare, denso, densas, densavi, densatum¹, *act.*

SE FIGER. Concrescĕre, concresco, concrescis, concrevi, concretum³, *n.*

FIGUE. Ficus, *g.* ficûs⁴, *f.*

FIGUERIE, *lieu planté de figuiers.* Ficetum, *g.* ficeti², *n.*

FIGUIER. Ficus, *g.* ficûs⁴, *f.* | *De figuier.* Ficulnus, a, um, *adj.*

FIGUIER *sauvage.* Caprificus, *g.* caprifici², *f.*

FIGURE. Figura, *g.* figuræ¹, *f.*

FIGURE, *représentation en peinture.* Effigies, *gén.* effigiei⁵, *f.* | *Prendre la figure de quelqu'un.* Imaginem induĕre, induo, induis, indui, indutum³, *act. gén. du nom dont on prend la figure.*

FIGURE *de rhétorique.* Schema, *g.* schematis³, *n.*

FIGURÉMENT, *dans un sens figuré.* Per metaphoram.

FIGURER. Figurare, figuro, figuras, figuravi, figuratum¹, *act.*

SE FIGURER. Animo fingĕre, fingo, fingis, finxi, fictum³, *act. acc. du nom qu'on se figure. c. à. d. imaginer dans son esprit.*

FIL *pour coudre.* Filum, *g.* fili², *neut.*

FIL *d'archal.* Stamen æreum, *g.* staminis³ ærei², *n.* | *Fil d'or.* Stamen aureum. | *D'argent.* Argenteum.

FIL, *tranchant d'une épée.* Gladii acies, *g.* gladii aciei⁵, *f.* | *Donner le fil.* Voyez *Aiguiser.* | *Passer, ou faire passer au fil de l'épée.* Ferro necare, neco, necas, necavi, necatum¹, *act.*

FIL *d'un discours.* Contextus, *g.* contextûs⁴, *m.*

FIL, ou *cours d'une rivière, etc.* Cursus, *g.* cursûs⁴, *m.* | *Au fil de l'eau.* Prono flumine. | *Contre le fil de l'eau.* Adverso flumine.

FILAMENT. Fibra, *g.* fibræ¹, *f.*

FILASSE. Cannabis depexa, *g.* cannabis³ depexæ¹, *f.*

FILATURE *de coton.* Filorum conficiendorum officina, *g.* filorum conficiendorum officinæ¹, *f.*

FILE, ou *suite.* Ordo, *g.* ordinis³, *m.* | *A la file.* Ordine, *à l'ablat.*

FILER. Nēre, neo, nes, nevi, netum², *n.* ou *act.*

FILET. Filum, *g.* fili², *n.*

FILET *de la langue.* Vena, *g.* venæ¹, *f.*

FILET *de vinaigre.* Aceti stilla, *g.* aceti stillæ¹, *f.* | *D'eau, etc.* Aquæ.

FIL FIS

FILET *à prendre du poisson, des oiseaux*. Rete, g. retis[3], n. | *Coup de filet.* Retium jactus, g. retium jactûs[4], m.

FILEUR, ou FILEUSE. Nens, m. f. et n. gén. nentis, *part. prés. du verbe Nere*.

FILIAL, *de fils*. In parentes ; c. à. d. *envers les parens.* Ex. *La piété filiale.* Pietas in parentes.

FILIÈRE, *morceau de fer percé de trous pour tirer l'or, etc.* Lamina multiforis, g. laminæ[1] multiforis[3], f.

FILLE. Virgo, g. virginis[3], f.

JEUNE FILLE. Puella, g. puellæ[1], f.

FILLE, *à l'égard du père et de la mère.* Filia, g. filiæ[1], f. dat. et ablat. plur. filiabus.

BELLE-FILLE, *femme du fils*. Nurus, g. nurûs[4], f.

BELLE-FILLE, *fille d'un autre lit.* Privigna, g. privignæ[1], f.

PETITE-FILLE, *par rapport au grand-père et à la grand-mère.* Neptis, g. neptis[3], f.

FILLETTE. Puellula, g. puellulæ[1], f.

FILLEUL. Filius spiritualis, g. filii[2] spiritualis[3], m.

FILLEULE. Filia spiritualis, g. filiæ[1] spiritualis[3], f.

FILOU, *fripon subtil.* Latro, g. latronis[3], f.

FILOUTER, *voler finement.* Suppilare, suppilo, suppilas, suppilavi, suppilatum[1], *act.*

FILOUTERIE. Latrocinium, g. latrocinii[2], n.

FILS. Filius, g. filii[2], m. *Ce nom fait au vocat. singul.* Fili.

PETIT-FILS, *à l'égard du grand-père ou de la grand-mère.* Nepos, g. nepotis[3], m.

BEAU-FILS, *gendre.* Gener, g. generi[2], m.

BEAU-FILS, *enfant d'un autre lit.* Privignus, g. privigni[2], m.

FILTRATION. Stillatio, gén. stillationis[3], f.

LA FIN. Finis, g. finis[3], m. | *Mettre fin à*, Finem imponĕre,

impono, imponis, imposui, impositum[3], *avec un dat.* | *A la fin ou sur la fin de.* Sub finem, *avec un gén.* | *A quelle fin ?* Ad quem finem ? Quorsùm ? | *A la fin, ou enfin.* Tandem, *adv.* | *Qui n'a pas de fin.* Infinitus, a, um, *adj.* c. à. d. *infini*.

Arriver à ses fins. Propositum assequi, assequor, assequeris, assecutus sum[3], *dép.*

FIN, *ou rusé.* Callidus, callida, callidum, *adj. comp.* Callidior, m. f. callidius, n. gén. callidioris; *sup.* callidissimus, a, um.

FIN, *délicat, délié, subtil.* Subtilis, m. f. subtile, n. gén. subtilis, *adj.*

FINAL. Extremus, a, um, *adj.*

FINALEMENT. Deniquè, *adv.*

LES FINANCES. Ærarium, g. ærarii[2], n.

FINANCIER. Publicanus, g. publicani[2], m.

FINEMENT. Callidè, *adv. comp.* Callidiùs; *superl.* callidissimè.

FINESSE, *adresse.* Calliditas, g. calliditatis[3], f. | *Finesse d'esprit.* Ingenii acumen, g. ingenii acuminis[3], n.

FINI, *qui est borné, limité.* Finitus, a, um, *part. pass.*

FINI, *achevé.* Peractus, a, um, *part. pass.*

FINI, *accompli.* Perfectus, a, um, *part. pass.*

FINIR. Finire, finio, finis, finivi, finitum[4], *act.*

FINIR, *cesser de faire et d'être.* Desinĕre, desino, desinis, desivi, desitum[3], n.

FINIR, ou *mourir.* Interire, intereo, interis, interivi, interitum[4], n.

FINIR *en, se terminer en.* Desinĕre[3], *etc.* | *En pointe.* In mucronem.

FIOLE. Ampulla, g. ampullæ[1], f.

FIRMAMENT. Cœlum g. cœli[2], *neut.*

FISC. Fiscus, g. fisci[2], m.

FISCAL. Fiscalis, m. f. fiscale, n. gén. fiscalis, *adj.*

FISTULE. Fistula, g. fistulæ, f.
FIXE, *ferme*. Fixus, a, um, *adj.*

FIXÉ, *arrêté, déterminé*. Statutus, a, um, *part. pass.*

FIXEMENT. Defixis oculis, *à l'ablat.*

FIXER, *rendre fixe*. Stabilire, stabilio, stabilis, stabilivi, stabilitum[4], *act.*

FIXER, *déterminer*. Constituĕre, constituo, constituis, constitui, constitutum[3], *act.*

FIXER *ses regards sur*. Oculos defigĕre, defigo, defigis, defixi, defixum[3], *act.* sur *se rend par* in *avec l'acc.*

SE FIXER, *s'arrêter à une chose*. Adhærēre, adhæreo, adhæres, adhæsi, adhæsum[2], *n. à par* in, *avec l'ablat.*

FLACON, *sorte de bouteille*. Lagena, g. lagenæ[1], f.

PETIT FLACON. Laguncula[1], g. lagunculæ[1], f.

FLAGELLATION. Flagellorum supplicium, g. flagellorum supplicii[2], n. c. à. d. *supplice des verges.*

FLAGELLER. Flagellis cædĕre, cædo, cædis, cecidi, cæsum[3], *act.* c. à. d. *frapper de verges.*

FLAGEOLET. Fistula, g. fistulæ[1], f.

EN FLAGRANT *délit*. In manifesto scelere.

FLAIRER. Odorari, odoror, odoraris, odoratus sum[1], *dép. acc.*

FLAMANT, ou FLAMMANT, *gros oiseau*. Phœnicopterus, *gén.* phœnicopteri[2], m.

FLAMBE, *fleur*. Iris, g. iridis[3], f.

FLAMBEAU. Fax, g. facis[3], f.

FLAMBEAU, *chandelier*. Candelabrum, g. candelabri[2], n.

FLAMBER. Flammas jactare, jacto, jactas, jactavi, jactatum[1], *act.*, c. à. d. *jeter des flammes.*

FLAMBOYANT. Flammeus, ea, eum, *adj.* | *Epée flamboyante.* Gladius fulgens, g. gladii[2] fulgentis[3], m.

FLAMBOYER. Coruscare, coruscas, coruscavi, coruscatum[1], n.

FLAMME. Flamma, g. flammæ[1], f. | *Qui est de flamme*. Flammeus, ea, eum, *adj.*

FLANC, *côté*. Latus, g. lateris[3], n. | *Les flancs*. Ilia, g. ilium[3], n. plur. | *Battre des flancs*. Ilia ducĕre, duco, ducis, duxi, ductum[3], *act.*

EN FLANC, *de côté*. A latere.

LES FLANCS, *en parlant d'une femme, comme quand on dit : Votre mère vous a porté dans ses flancs*. Uterus, g. uteri[2], m.

FLANELLE, *étoffe légère de laine*. Laneus pannus tenuis, g. lanei panni[2] tenuis[3], m.

FLANQUER. Munire, munio, munis, munivi, munitum[4], *act.* | *Flanquer une muraille de tours*. Munire murum turribus, *à l'abl.*

FLASQUE, *sans vigueur et sans force*. Flaccidus, a, um, *adj.*

FLATTER, *caresser*. Blandiri, blandior, blandiris, blanditus sum[4], *dép. dat.*

FLATTER, *approuver*. Assentari, assentor, assentaris, assentatus sum[1], *dép. avec le dat.*

FLATTER, *avoir une basse complaisance*. Adulari, adulor, adularis, adulatus sum[1], *dép. dat.*

SE FLATTER. Assentari sibi.

SE FLATTER *dans ses espérances*. Spei suæ indulgēre, indulgeo, indulges, indulsi, indultum[2].

FLATTERIE, *basse complaisance*. Adulatio, g. adulationis[3], f. *Par flatterie*. Adulatoriè, *adv.*

FLATTEUR, FLATTEUSE, *qui sent la flatterie*. Adolatorius, ia, ium, *adj.*

FLATTEUR, *doux, agréable*. Blandus, a, um, *adj.* comme : *Paroles flatteuses*. Verba blanda.

UN FLATTEUR. Adulator, g. adulatoris[3], m.

UNE FLATTEUSE. Adulatrix, g. adulatricis[3], f.

FLÉAU *à battre le blé*. Flagellum, g. flagelli[2], n.

FLÉAU de balancier. Scapus, g. scapi[2], m.

FLÉAU, châtiment du ciel. Calamitas, g. calamitatis[3], f.

FLÈCHE. Sagitta, g. sagittæ[1], f.

FLÉCHI. Flexus, a, um, p. p.

FLÉCHIR. Flectĕre, flecto, flectis, flexi, flexum[3], act.

SE LAISSER FLÉCHIR. Flecti, flectŏr, flecteris, flexus sum[3], pass.

FLÉCHISSEMENT. Flexio, g. flexionis[3], f.

FLEGMATIQUE, pituiteux. Pituitosus, a, um, adj.

FLEGMATIQUE, qui ne s'émeut pas. Æquabilis, m. f. æquabile, n. gén. æquabilis.

FLEGME, humeur. Pituita, g. pituitæ[1], f.

FLEGME, sang-froid. Animus sedatus, g. animi sedati[2], m.

FLÉTRI, en parlant des fleurs. Flaccidus, a, um, adj.

FLÉTRIR, en parlant des fleurs. Marcorem afferre, affero, affers, attuli, allatum[3], act. dat. de la fleur que l'on flétrit.

FLÉTRIR, diminuer la beauté d'une chose. Deflorare, defloro, defloras, defloravi, defloratum[1], act.

FLÉTRIR, déshonorer. Dedecorare, dedecoro, dedecoras, dedecoravi[1], act.

FLÉTRIR la réputation. Famæ notam inurĕre, inuro, inuris, inussi, inustum[3], act.

SE FLÉTRIR. Flaccescĕre, flaccesco, flaccescis, flaccui[3], sans sup. neut.

FLÉTRISSANT. Infamis, m. f. infame, n. gén. infamis, adj.

FLÉTRISSURE, altération. Marcor, g. marcoris[3], m.

FLÉTRISSURE, marque d'ignominie. Turpitudinis nota, g. turpitudinis notæ[1], f.

FLEUR. Flos, g. floris[3], m. gén. plur. florum. | Qui est de fleurs. Floreus, ea, eum, adj. | Etre en fleur. Florēre, floreo, flores, florui[2], sans sup. neut. | Qui est dans la fleur de l'âge. Etate florens, m. f. et neut. g. florentis, part. prés. | A fleur de. Summo, ablat. m. Summâ, abl. f. Summo, abl. neut. | A fleur d'eau. Summâ aquâ, abl.

FLEUR de lis, en parlant d'armoiries. Lilium gentilitium, g. lilii gentilitii[2], n.

FLEUR, élite. Flos, g. floris[3], m.

FLEURAISON. Florescentia, g. florescentiæ[1], f.

FLEURET. Gladius præpilatus, g. gladii præpilati[2], m. | Se battre au fleuret. Præpilatis gladiis batuĕre, batuo, batuis[3], n. sans prétér. ni sup.

FLEURETTE, cajolerie. Blanditiæ, g. blanditiarum[1], f. plur.

FLEURI. Floridus, a, um, adj.

FLEURIR. Florēre, floreo, flores, florui[2], sans sup. neut.

FLEURON. Flosculus, g. flosculi[2], m.

FLEUVE. Fluvius, g. fluvii[2], m.

FLEXIBILITÉ. Flexibilitas, g. flexibilitatis[3], f.

FLEXIBLE. Flexibilis, m. fém. flexibile, n. gén. flexibilis, adj.

FLOCON. Floccus, g. flocci[2], masc.

FLIBUSTIER. Pirata, g. piratæ[1], m.

FLORAUX. Jeux floraux. Floralia, g. floralium[3], n. plur.

FLORISSANT. Florens, m. f. et n. gén. florentis. comp. Florentior, m. f. florentius, n. gén. florentioris ; superl. florentissimus, a, um.

FLOT. Fluctus, g. fluctûs[4], m.

FLOTTANT. Fluctuans, m. f. et n. gén. fluctuantis, adj.

FLOTTE. Classis, g. classis[3], fém.

FLOTTEMENT. Fluctuatio, g. fluctuationis[3], f.

FLOTTER. Fluctuare, fluctuo, fluctuas, fluctuavi, fluctuatum[1], neut.

FLUCTUATION. Voyez Flottement.

FLUER, *couler*. Fluĕre, fluo, fluis, fluxi, fluxum³, n.

FLUET. Gracilis, m. f. gracile, n. gén. gracilis, adj. comp. Gracilior, m. f. gracilius, n. gén. gracilioris; superl. gracillimus, a, um.

FLUIDE. Fluidus, a, um, adj.

FLUIDITÉ. Fluida natura, g. fluidæ naturæ¹, f.

FLUTE. Tibia, g. tibiæ¹, fém. | *Joueur de flûte*. Tibicen, g. tibicinis³, m. | *Jouer de la flûte*. Tibiâ canĕre, cano, canis, cecini, cantum³, n.

FLUX. Æstus, g. æstûs⁴, m. | *Le flux et le reflux*. Æstus reciprocus, g. æstûs⁴ reciproci², m.

FLUX *de ventre, etc*. Profluvium, g. profluvii², n.

FLUX *de paroles*. Immodica loquacitas, g. immodicæ¹ loquacitatis³, f.

FLUXION. Epiphora, g. epiphoræ¹, f. | *Sur les yeux*. Oculorum.

FOI. Fides, g. fidei³, f.

A la bonne foi, de bonne foi. Bonâ fide, adv.

Garder la foi. Fidem præstare, præsto, præstas, præstiti, præstitum¹. dat. de la personne. | *La violer*. Fidem violare¹. | *L'engager*. Fidem obligare¹. datif de la personne. | *Ajouter foi à*. Fidem adhibēre, adhibeo, adhibes, adhibui, adhibitum², act. acc. rég. ind. dat.

En bonne foi, en vérité. Certè, adv.

FOIBLE. Imbecillis, m. f. imbecille, n. gén. imbecillis. comp. Imbecillior, m. f. imbecillius, n. gén. imbecillioris; superl. imbecillimus, a, um, adj.

FOIBLEMENT. Infirmè, adv. comp. Infirmiùs; superl. infirmissimè.

FOIBLESSE. Imbecillitas, g. imbecillitatis³, f. | *La foiblesse humaine*. Humana fragilitas, g. humanæ¹ fragilitatis³, f.

LE FOIE. Jecur, g. jecoris³, n.

FOIN. Fenum, g. feni², n. | *De foin*. Feneus, ea, eum, adj.

FOIRE, ou *marché*. Nundinæ, g. nundinarum¹, f. plur.

FOIRE, *lieu où elle se tient*. Emporium, g. emporii², n.

Une fois. Semel, adv.

Deux fois. Bis, adv.

Trois fois. Ter, adv.

Quatre fois. Quater, adv.

Cinq fois. Quinquies, adv.

Six fois. Sexies, adv.

Sept fois. Septies, adv.

Huit fois. Octies, adv.

Neuf fois. Novies, adv.

Dix fois. Decies, adv.

Onze fois. Undecies, adv.

Douze fois. Duodecies, adv.

Treize fois. Tredecies, adv.

Quatorze fois. Quatuordecies, adv.

Quinze fois. Quindecies, adv.

Seize fois. Sexdecies, adv.

Dix-sept fois. Decies et septies, adv.

Dix-huit fois. Decies et octies, adv.

Dix-neuf fois. Decies et novies, adv.

Vingt fois. Vicies, adv.

Vingt et une fois. Vicies et semel, adv. *Et ainsi des autres, en ajoutant le nombre qui suit*.

Trente fois. Tricies, adv.

Quarante fois. Quadragies, adv.

Cinquante fois. Quinquagies, adv.

Soixante fois. Sexagies, adv.

Soixante et dix fois. Septuagies, adv.

Quatre-vingts fois. Octogies, adv.

Quatre-vingt-dix fois. Nonagies, adv.

Cent fois. Centies, adv. V. Cent.

Mille fois. Millies, adv.

Deux mille fois. Bis millies, adv.

Trois mille fois. Ter millies, adv. *Et ainsi des autres*.

Pour la première fois. Primùm, adv.

Pour la seconde fois. Secundùm, *adv. Les autres se forment aisément en changeant l'us de l'adjectif en* um; *comme de* tertius, *troisième*; *on forme* tertiùm; *pour la troisième fois, etc.*

Pour la dernière fois. Postremùm, *adv.*

Une autre fois, *ou en autre temps.* Aliàs, *adv.*

Encore une fois, *ou une seconde fois*, *de nouveau.* Iterùm, *adv.*

A une autre fois. In aliud tempus, *adv.*

De fois à autre. Identidem, *adv.*

A la fois. Simul, *adv.*

Plusieurs fois. Sæpè, *adv.*

Tant de fois. Toties, *adv.*

Une bonne fois, *une fois pour toutes.* Semel, *adv.*

Pour cette fois. Nunc quidem, *adv.*

Toutes les fois que. Quoties, *avec le subj.*

Autant de fois que. Toties quoties, *adv.*

La première fois que. Cùm primùm, *avec l'indicat.*

C'est la première fois que. Nunc primùm, *avec l'indic.*

FOISON, *abondance.* Abundantia, *g.* abundantiæ¹, *f.* | *A foison.* Abundanter, *adv.*

FOISONNER, *abonder.* Abundare, abundo, abundas, abundavi, abundatum¹, *n. ablat.*

FOL. Voyez Fou.

FOLÂTRE. Lascivus, a, um, *adj.*

FOLÂTRER. Lascivire, lascivio, lascivis, lascivivi, lascivitum⁴, *n.*

FOLÂTRERIE. Lascivia, *g.* lasciviæ¹, *f.*

FOLIE. Stultitia, *g.* stultitiæ¹, *f.*

Aimer à la folie. Insanè amare¹, *act.*

FOLLE, *féminin de* Fou. | *Une femme folle.* Insana mulier, *g.* insanæ¹ mulieris³, *f.* | *Faire de folles dépenses.* Impendere pecuniam in res vanas; impendo, impendis, impendi, impensum³, *act.*

c. à. d. dépenser de l'argent en choses inutiles.

FOLLEMENT. Stultè, *adverb. comp.* Stultiùs; *superl.* stultissimè.

POIL FOLLET. Lanugo, *g.* lanuginis³, *f.* | *Esprit follet.* Lemures, *g.* lemurum³, *m. plur.* | *Feux follets.* Ignes fatui, *g.* ignium³ fatuorum², *m. plur.*

FOLLICULE. Folliculus, *g.* folliculi², *m.*

FOMENTATION. Fomentum, *g.* fomenti², *n.*

FOMENTÉ. Fotus, a, um, *p. p.*

FOMENTER. Fovēre, foveo, foves, fovi, fotum², *act.*

FONCÉ, *couleur foncée.* Color satur, *g.* coloris³ saturi², *m.*

FONCIER, *qui regarde les biens de la terre.* È fundo proveniens, *g.* è fundo provenientis, *adj.*

RENTE FONCIÈRE. Solarium, *g.* solarii², *n.*

FONCIÈREMENT. Funditùs, *adv.*

FONCTION. Munus, *g.* muneris³, *n.* | *Faire la fonction de.* Munia obire, obeo, obis, obivi, obitum⁴, *act. gén. du nom qui suit de.*

FONCTIONNAIRE. Munere fungens, *g.* fungentis, *part. prés.*

LE FOND. Fundus, *g.* fundi², *m.* | *Couler un vaisseau à fond, le faire périr.* Navem demergere, demergo, demergis, demersi, demersum³, *act.* | *Couler, aller à fond.* Demergi, *pass. de* Demergo.

Un fond, ou une vallée. Vallis, *g.* vallis³, *f.*

Le fond du cœur. Intimus animus, *g.* intimi animi², *m.* | *Du fond du cœur.* Ex animo.

Au fond de la Macédoine. In ultimâ Macedoniâ.

Du fond de l'Arabie. Ex penitissima Arabiâ.

A fond, entièrement. Penitùs, *adv.*

De fond en comble. Funditùs, *adv.*

Au fond, ou en effet. Reipsâ, *à l'ablat.*

Faire fond sur. Fidĕre, fido;

fidis, fisus sum³, n. dat. du nom qui suit sur.

FONDAMENTAL. Præcipuus, ua, uum, adj.

Loi fondamentale d'un état. Lex regni fundamentum, g. legis³ regni fundamenti², n. c. a. d. *Loi fondement d'un état.*

FONDATEUR. Conditor, g. conditoris³, m.

FONDATION. Fundatio, g. fundationis³, f. | *Depuis la fondation de Rome.* Ab urbe conditâ.

FONDATRICE. Conditrix, g. conditricis³, f.

FONDÉ, *dont on a jeté les fondemens.* Fundatus, a, um, p. p.

Fondé, *institué.* Institutus, a, um, *part. pass.*

Fondé, *appuyé.* Firmatus, a, um, *part. pass. avec l'abl.*

Espérance bien fondée. Spes solida, g. spei⁵ solidæ¹, f. | *Espérance mal fondée.* Spes caduca, g. spei⁵ caducæ¹, f.

FONDEMENT. Fundamentum, g. fundamenti², n.

FONDER, *jeter les fondemens.* Fundĕre, fundo, fundas, fundavi, fundatum¹, act.

Fonder, *ou instituer.* Instituĕre, instituo, instituis, institui, institutum³, act.

Fonder *son espérance sur.* Spem reponĕre, repono, reponis, reposui, repositum³, act. sur se rend par in avec l'accus.

se Fonder, *ou être fondé sur.* Niti, nitor, niteris, nixus sum¹, dép. ablat. du nom qui suit sur.

FONDERIE. Metalli fundendi officina, g. officinæ¹, f.

FONDEUR. Metalli fundendi opifex, g. metalli fundendi opificis³, m.

FONDRE, *ou faire fondre.* Liquare, liquo, liquas, liquavi, liquatum¹, act.

Fondre, *se fondre.* Liquari, liquor, liquaris, liquatus sum¹, pass.

Fondre *sur.* Irruĕre, irruo, irruis, irrui³, sans supin. n. sur par in, et l'acc.

Fondre, *ou se fondre en larmes.* In lacrymis effundi, effundor, effunderis, effusus sum³, pass.

FONDRIÈRE, *ouverture faite en terre par des ravines.* Vorago, g. voraginis³, f.

FONDS, *terre, domaine.* Fundus, g. fundi², m.

Fonds, *sol, terrain.* Solum, g. soli², n.

Fonds *de marchandises.* Mercimonium, g. mercimonii², n.

FONDU. Liquefactus, a, um, *part. pass.*

FONTAINE. Fons, g. fontis³, m. | *Qui est de fontaine.* Fontanus, a, um, adj. | *Fontaine de vin.* Fons vino scatens, g. fontis vino scatentis³, m.

FONTE, *ou action de fondre.* Fusura, g. fusuræ¹, f.

LA Fonte *des neiges.* Nivium resolutio, g. nivium resolutionis³, fém.

Fonte, *métal.* Æs, g. æris³, n.

de Fonte. Ex ære. | *Jeter en fonte.* Ex ære fundĕre, fundo, fundis, fudi, fusum³, act.

FONTS BAPTISMAUX. Sacrum baptisterium, g. sacri baptisterii², n. Voyez *Baptême.*

FORAIN, *étranger.* Extraneus, ea, eum, adj.

FORÇAT. Remex, g. remigis³, masc.

FORCE, *ou générosité.* Fortitudo, g. fortitudinis³, f.

Force, *ou violence.* Vis, g. vis³, dat. vi, acc. vim, abl. vi, f.

Par force. Vi, à l'ablat.

Forces. Vires, g. virium³, f. pl. *De toutes ses forces.* Pro viribus.

Force, *énergie.* Vis, g. vis³.

Force, *beaucoup; comme : Force argent.* Voy. *Beaucoup.*

FORCÉMENT. Vi.

FORCENÉ. Voyez *Furieux.*

FORCER, *ou contraindre.* Cogĕre, cogo, cogis, coegi, coactum³, act. acc. rég. ind. à l'acc. avec ad, *ou le gérond.* en dum avec ad.

FORCER, ou *prendre par force*. Expugnare, expugno, expuguas, expugnavi, expugnatum[1], *act*.

FORCER *une porte, etc*. Effringere, effringo, effringis, effregi, effractum[3], *act*.

FORCES, *ciseaux*. Forfices, *g.* forficum[1], *f. plur*.

FORCES, *troupes*. Copiæ, *g.* copiarum[1], *f. plur*.

FORER, *percer*. Terebrare, terebro, terebras, terebravi, terebratum[1], *act*.

FORESTIER, *qui garde les forêts*. Saltuarius, *g.* saltuarii[2], *m.*

FORÊT, *bois*. Silva, *g.* silvæ[1], *f.* | *De forêt*. Silvestris, *m. f.* silvestre, *n. gen.* silvestris, *adj*.

FORET, *outil pour percer*. Terebella, *g.* terebellæ[1], *f.*

FORFAIT, *crime*. Crimen, *g.* criminis[3], *n*.

FORFANTERIE. Vaniloquentia, *g.* vaniloquentiæ[1], *f.*

FORGE, *lieu où l'on travaille le fer*. Fabrica ferraria, *g.* fabricæ ferrariæ[1], *f.*

FORGES *des Cyclopes*. Cyclopum officinæ, *g.* officinarum[1], *f. plur*.

FORGE, *fourneau*. Ustrina, *g.* ustrinæ[1], *f.*

FORGÉ. Fabricatus, a, um, *p. p.*

FORGER. Fabricare, fabrico, fabricas, fabricavi, fabricatum[1], *act*.

SE FORGER *des chimères*. Fingere sibi somnia; fingo, fingis, finxi, fictum[3], *act*.

FORGERON. Faber ferrarius, *g.* fabri ferrarii[2], *m*.

FORGEUR. Fabricator, *g.* fabricatoris[3], *m*.

FORMALISER. Offendere, offendo, offendis, offendi, offensum[3], *act*.

SE FORMALISER *de*. Offendi, offendor, offenderis, offensus sum[3], *pass. abl*.

FORMALITÉ. Formula, *g.* formulæ[1], *f.*

Selon les formalités. Rite, *adv*.

FORMAT. Dimensio, *g.* dimensionis[3], *f.*

FORMATION. Constructio, *g.* constructionis[3], *f.*

FORME. Forma, *g.* formæ[1], *f.* | *Qui est dans les formes, en bonne et due forme*. Justus, a, um, *adj*.

EN FORME, *dans les formes*. Rite, *adv*. | *Sans forme de procès*. Indictâ causâ. | *Sous la forme de*. In figurâ, *et un gen*.

FORME, *manière d'être*. Ratio, *g.* rationis[3], *f.* | *Par forme de*. Causâ, *et un gen*.

FORME, *banc long et étroit*. Scamnum, *g.* scamni[2], *n*.

FORMÉ. Informatus, a, um, *part. pass.* à *par ad, avec l'acc*.

FORMEL Clarus, a, um, *adj*.

En termes formels, ou

FORMELLEMENT. Distinctè, *adv*.

FORMER. Formare, formo, formas, formavi, formatum[1], *act. acc. rég. ind. acc. avec ad*.

FORMER à *la vertu*. Ad virtutem informare, informo, informas, informavi, informatum[1], *act. acc. de la personne*.

FORMER *un dessein ou le dessein de*. Consilium capere, capio, capis, cepi, captum[3], *act. Si de est suivi d'un nom, on met le génitif; s'il est suivi d'un verbe, le gérondif en* di.

SE FORMER à *quelque chose*. Exercere se ad; exerceo, exerces, exercui, exercitum[2], *act. et un acc. c. à. d. s'exercer à*.

SE FORMER, *s'imaginer, inventer*. Fingere, fingo, fingis, finxi, fictum[3], *act*.

SE FORMER *sur, imiter*. Imitari, imitor, imitaris, imitatus sum[1], *dépon*.

SE FORMER, *ou être formé*. Formari, *pass. de* Formo. *Le* de *qui suit se rend par l'ablat. du nom*.

FORMIDABLE. Formidabilis, *m. f.* formidabile, *n. gen.* formidabilis, *adj. comp*. Formidabilior, *m. f.* formidabilius, *n. gen.* formidabilioris; *superl*. formidabilissimus, a, um.

FORMULE. Formula, g. formulæ¹, f.

FORNICATEUR. Stuprator, g. stupratoris³, m.

FORNICATION. Stuprum, g. stupri², n.

FORT, ou *robuste*. Robustus, a, um, adj. | *Voix forte*. Vox plenior, g. vocis plenioris³, f.

Fort, ou *assuré*. Firmus, a, um, adj. | *Raison forte*. Ratio firma, g. rationis³ firmæ¹, f.

A plus forte raison. Multò magis.

Fort, ou *bien fortifié*. Munitissimus, a, um, superl. de Munitus.

Fort, *violent*. Vehemens, g. vehementis, adj. | *Pluie très-forte*. Imber densissimus, g. imbris³ densissimi², m.

Fort, *en parlant d'une odeur*, etc. Gravis, m.f. grave, n. gén. gravis, adj.

Se faire fort de. Confidere, confido, confidis, confisus sum³, neut. *Si c'est un nom qui suit, on le met au datif; si c'est un verbe, on met le futur de l'infin., comme: Je me fais fort de vous donner de la satisfaction*. Confido me tibi satisfacturum esse.

Fort. Multùm, adv.

Lorsque Fort est joint à un verbe, il signifie beaucoup, et s'exprime par multùm; *et avec les verbes d'estime et de prix, par* multi. Ex. *Je l'aime fort*. Illum amo multùm. *J'estime fort Lentulus*. Æstimo multi Lentulum.

Si Fort est joint à un adverbe ou à un adjectif, on l'exprime par le superl., *lorsque cet adv. ou cet adj. a un superl. Si cet adjectif ou cet adverbe n'en a pas, on exprime Fort par* maximè, *avec le posit*. Ex. *Fort souvent*. Sæpissimè, adv. | *Fort agréable*. Gratissimus, a, um. | *Fort pieux*. Maximè pius. | *Si fort, ou tellement*. Adeò, conj. *Avec un verbe d'estime*, tanti: *le* que *qui suit, s'exprime toujours par* ut, *avec le subjonct*.

Fort et ferme. Acriter, adv.
Fort peu. Valdè parùm, adv.

Au Fort *de, s'exprime en latin par* in medio, *pour le masc. et le neut*. in mediâ, *pour le fém*. Ex. *Au fort de la douleur*. In medio dolore. | *Au fort du combat*. Sæviente marte, *à l'abl*.

FORT, subst. Arx, g. arcis³, fém.

FORTEMENT. Validè, adv. comp. Validiùs; superl. validissimè.

FORTERESSE. Arx, g. arcis³, f.

FORTIFICATION. Munimentum, g. munimenti², n.

FORTIFIÉ. Munitus, a, um, part. pass.

FORTIFIER *une ville*, etc. Munire, munio, munis, munivi, munitum⁴, act. acc. rég. ind. abl.

Fortifier, ou *donner de la force*. Corroborare, corroboro, corroboras, corroboravi, corroboratum¹, act.

se Fortifier. Invalescere, invalesco, invalescis, invalui³, sans sup. n.

FORTUIT. Fortuitus, a, um, adj.

Par cas fortuit, ou

FORTUITEMENT. Casu, à *l'ablat*.

FORTUNE. Fortuna, g. fortunæ¹, f. | *Faire fortune*. Rem amplificare, amplifico, amplificas, amplificavi, amplificatum¹, act. | *Tenter fortune*. Facere periculum fortunæ, c. à. d. *faire l'épreuve de la fortune*. | *Bonne fortune*. Secunda fortuna, g. secundæ fortunæ¹, f. | *Mauvaise fortune*. Adversa fortuna, g. adversæ fortunæ¹, f. | *Homme de grande fortune*. Fortunæ filius, g. fortunæ filii², m.

FORTUNÉ. Fortunatus, a, um, adj.

FOSSE. Fovea, g. foveæ¹, f.

Fosse *pour mettre des arbres*, etc. Scrobs, gén. scrobis³, m.

Fosse *pour un mort*. Scrobs, g.

FOU — FOU

scrobis³, m. | Qui est sur le bord de sa fosse. Capularis, m. f. capulare, n. gén. capularis, adj.

FOSSÉ. Fossa, g. fossæ¹, f.

FOSSETTE. Fossula, g. fossulæ¹, f.

FOSSETTE, au milieu des joues. Gelasinus, g. gelasini², m.

FOSSILE, qu'on trouve en fouillant la terre. Fossilis, m. f. fossile, n. gén. fossilis, adj.

FOSSOYER, fouir. Fodĕre, fodio, fodis, fodi, fossum³, act.

FOSSOYEUR. Fossor, g. fossoris³, m.

FOU. Insanus, a, um, adj. Etre fou. Insanire, insanio, insanis, insanivi, insanitum⁴, n. Devenir fou. Amittĕre mentem; amitto, amittis, amisi, amissum³, act. c. à. d. perdre l'esprit. | Faire devenir fou. Cerebrum exoutĕre, excutio, excutis, excussi, excussum³, act. dat. de la personne. c. à. d. faire perdre la cervelle à.

Etre fou de, aimer passionnément. Adamare, adamo, adamas, adamavi, adamatum¹, act.

FOUDRE. Fulmen, g. fulminis³, neut.

FOUDROYANT. Fulminans, m. f. et n. gén. fulminantis, adj.

FOUDROYER. Fulmine percutĕre, percutio, percutis, percussi, percussum³, act. c. à. d. frapper de la foudre.

FOUDROYER avec l'artillerie. Tormentis quatĕre, quatio, quatis, quassi, quassum³, act.

FOUET. Flagrum, g. flagri², neut.

Donner le fouet. Voy. Fouetter.

Avoir le fouet. Flagro cædi, pass. du verbe Cædo, cædis, cecidi, cæsum³, act. c. à. d. être frappé du fouet.

FOUETTER. Flagro cædĕre, cædo, cædis, cecidi, cæsum³, act.

FOUETTEUR. Virgator, g. virgatoris³, m.

FOUGERAIE, lieu où il croît beaucoup de fougères. Filictum, g. filicti², n.

FOUGERE. Filix, g. filicis³, f.

FOUGUE. Impetus, g. impetûs⁴, m.

FOUGUEUX. Violentus, a, um, adj. | Cheval fougueux. Equus asper, gén. equi asperi², masc.

FOUILLE, action de fouiller la terre. Terræ fossio, g. terræ fossionis³, f.

FOUILLER. Scrutari, scrutor, scrutaris, scrutatus sum¹, dép.

FOUILLER, creuser. Effodĕre, effodio, effodis, effodi, effossum³, act.

FOUILLER une mine. Metallum effodĕre.

FOUINE. Martes, g. martis³, f.

FOUIR. Fodĕre, fodio, fodis, fodi, fossum³, act.

FOULE. Turba, g. turbæ¹, f. Le mot Foule signifie quelquefois abondance, beaucoup; quelquefois multitude, etc. Il s'exprime alors selon le sens auquel il est mis.

En foule. Magno concursu, abl.

Venir en foule. Concurrĕre, concurro, concurris, concurri, concursum³, n.

FOULER aux pieds. Calcare, calco, calcas, calcavi, calcatum¹, act.

FOULER, se fouler un nerf. Nervum oblidĕre, oblido, oblidis, oblidi, oblisum³, act.

FOULER, opprimer. Opprimĕre, opprimo, opprimis, oppressi, oppressum³, act.

FOULER les draps. Stipare, stipo, stipas, stipavi, stipatum¹, act.

FOULERIE, lieu où l'on foule la vendange. Calcatorium, g. calcatorii², n.

FOULERIE, lieu où travaillent les foulons. Taberna fullonia, g. tabernæ fulloniæ¹, f.

FOULON, qui foule les draps. Fullo, g. fullonis³, m.

FOULQUE, *poule d'eau.* Fulica, *g.* fulicæ¹, *f.*

FOULURE, *blessure.* Contusio, *g.* contusionis¹, *f.*

FOUR *pour cuire.* Furnus, *g.* furni², *m.* | *Cuit au four.* Fornaceus, ea, eum, *adj.*

Four *à chaux.* Calcaria, *g.* calcariæ¹, *f.*

FOURBE. Fallax, *m. f.* et *n. gén.* fallacis, *adj. comp.* Fallacior, *m. f.* fallacius, *n. gén.* fallacioris; *superl.* fallacissimus, a, um.

UN Fourbe. Veterator, *g.* veteratoris³, *m.*

En fourbe. Fallaciter, *adv.*

UNE FOURBE, *ou fourberie.* Fraus, *g.* fraudis³, *f.*

FOURBER. Voyez *Tromper.*

FOURBIR. Tergere, tergo, tergis, tersi, tersum³, *act.*

FOURBISSEUR. Politor, *g.* politoris³, *m.*

FOURBISSURE, *l'action de fourbir.* Politura, *g.* politura¹, *fém.*

FOURBU, *en parlant d'un cheval qui a les nerfs roides.* Vexatus, a, um, *part. pass.*

FOURCHE. Furca, *g.* furcæ¹, *fém.*

FOURCHETTE. Fuscina, *g.* fuscinæ¹, *f.*

FOURCHON. Dens, *g.* dentis³, *masc.*

FOURCHU. Bifidus, a, um, *adj.*

FOURGON, *charrette pour la guerre.* Castrense carrum, *g.* castrensis³ carri², *n.*

FOURMI. Formica, *g.* formicæ¹, *f.*

FOURMILLER *de.* Scatere, scateo, scates, scatui², *n. sans sup. abl.*

UNE FOURMILLIÈRE, *lieu plein de fourmis.* Formicarum cubile, *g.* formicarum cubilis³, *n.*

FOURNAISE. Fornax, *g.* fornacis³, *f. gén. pl.* fornacium.

FOURNEAU. Fornacula, *g.* fornaculæ¹, *f.*

FOURNÉE *de pain.* Coctura, *g.* cocturæ, *f.*

QUI EST FOURNI *de.* Instructus, a, um, *adj.*

FOURNIR. Suppeditare, suppedito, suppeditas, suppeditavi, suppeditatum¹, *act. acc. rég. ind. dat.*

FOURNIR *sa carrière.* Curriculum conficere, conficio, conficis, confeci, confectum¹, *act.*

FOURNITURE Suppeditatio, *g.* suppeditationis³, *f.*

FOURRAGE. Pabulum, *g.* pabuli², *n.*

FOURRAGER, *ou aller au fourrage.* Pabulari, pabulor, pabularis, pabulatus sum¹, *dep.*

FOURRAGEUR. Pabulator, *g.* pabulatoris³, *m.*

FOURRÉ, *inséré.* Insertus, a, um, *adj.* dans *ou* en *par in,* avec *l'acc.*

FOURRÉ, *doublé d'une fourrure.* Pellitus, a, um, *adj.*

FOURREAU. Vagina, *g.* vaginæ¹, *f.*

Tirer l'épée du fourreau. Gladium è vaginâ educere, educo, educis, eduxi, eductum³, *act.*

Remettre l'épée dans le fourreau. Gladium in vaginâ recondere, recondo, recondis, recondidi, reconditum³, *act.*

FOURRER, *ou insérer.* Inserere, insero, inseris, inserui, insertum³, *act.* dans *par in,* avec *l'acc.*

FOURRER, *ou doubler d'une fourrure.* Pelliculare, pelliculo, pelliculas, pelliculavi, pelliculatum¹, *act.*

SE FOURRER *dans.* Voy. *se Glisser dans.*

FOURREUR. Pellio, *g.* pellionis³, *m.*

FOURRIER, *officier qui marque les logis.* Hospitiorum designator, *g.* hospitiorum designatoris³, *m.*

FOURRURE. Pellis villosa, *g.* pellis³ villosæ¹, *f.*

SE FOURVOYER, *s'égarer.*

FRA

Deerrare, deerro, deerras, deerravi, deerratum¹, n.

FOYER. Focus, g. foci², m.

FOYER, le siége, le centre. Fomes, g. fomitis³, m.

FRACAS. Fragor, g. fragoris³, m.

AVEC FRACAS. Fragosè, adv.

Faire du fracas. Fragorem edĕre, edo, edis, edidi, editum³, act.

FRACASSER. Confringĕre, confringo, confringis, confregi, confractum³, act.

FRACTION, *rupture.* Fractura, g. fracturæ¹, f.

FRACTURE. Fractura, g. fracturæ¹, f.

FRACTURÉ. Fractus, a, um, *part. pass.*

FRAGILE. Fragilis, m. f. fragile, n. gén. fragilis, adj. comp. Fragilior, m. f. fragilius, n. gén. fragilioris; superl. fragilissimus, a, um.

FRAGILITÉ. Fragilitas, g. fragilitatis³, f.

FRAGMENT. Fragmentum, g. fragmenti², n.

FRAGMENT, *reste.* Reliquiæ, g. reliquiarum¹, f. plur.

FRAICHEMENT, ou *nouvellement.* Recèns, adv.

FRAÎCHEMENT, ou *à la fraîcheur.* Frigidâ in aurâ.

FRAICHEUR. Frigus, g. frigoris³, n.

A la fraîcheur, ou à l'ombre. Frigidâ in umbrâ.

FRAÎCHEUR *du teint, des fleurs.* Vividus color, g. vividi² coloris³, masc.

FRAICHIR, *en parlant du vent, lorsqu'il devient plus fort.* Increbrescĕre, increbresco, increbrescis, increbui³, sans sup. n.

FRAIS, ou *qui a de la fraîcheur.* Frigidus, a, um, adj.

Boire frais. Bibĕre potum frigidum.

FRAIS, ou *nouveau.* Recèns, m. f. et n. gén. recentis, adj.

FRAIS *débarqué.* Recèns devectus, a, um, p. p. Recèns *est adv.*

FRA 271

Teint frais. Vividus color, g. vividi² coloris³, m.

LE FRAIS, *la fraîcheur.* Frigus, g. frigoris³, n.

Prendre le frais. Frigora captare, capto, captas, captavi, captatum¹, act.

AU FRAIS. Sub umbrâ.

FRAIS, ou *dépens.* Sumptus, g. sumptûs⁴, m.

A grands frais. Magno sumptu, à l'abl.

FRAISE, *fruit.* Fragum, g. fragi², n.

FRAISIER, *plante qui porte les fraises.* Fragorum planta, g. fragorum plantæ¹, f.

FRAMBOISE. Idæi morum, g. idæi mori², n.

FRAMBOISIER, *arbrisseau.* Idæus rubus, g. idei rubi², m.

FRANC, ou *libre, exempt.* Liber, a, um, adj. de *par à* ou *ab*, et l'ablat.

FRANC, ou *sincère.* Ingenuus, ua, uum, adj.

FRANC, *tout franc, franchement.* Liberè, adv.

FRANC, *monnoie.* Francus argenteus, g. franci argentei², m.

FRANCHEMENT. Liberè, adv. comp. Liberiùs; sup. liberrimè.

FRANCHIR *en sautant.* Transilire, transilio, transilis, transilui, transultum⁴, act.

FRANCHIR, *passer.* Superare, supero, superas, superavi, superatum¹, act.

FRANCHISE, *exemption.* Libertas, g. libertatis³, f.

FRANCHISE, ou *sincérité.* Ingenuitas, g. ingenuitatis³, f.

AVEC FRANCHISE. Liberè, adv.

FRANCISQUE, *hache que portoient les Francs.* Bipennis, g. bipennis³, f. acc. bipennem ou bipennim, abl. bipenni.

FRANÇOIS, *nom propre.* Franciscus, g. Francisci², m.

FRANGE. Fimbria, g. fimbriæ¹, fém.

FRANGÉ, *garni de franges.*

Fimbriatus, a, um, *part. pass.*

FRAPPANT, *qui étonne vivement.* Mirus, a, um, *adj.*

FRAPPANT, *qui ressemble.* Verissimus, a, um, *adj.*

FRAPPÉ, *battu.* Percussus, a, um, *part. pass.*

FRAPPÉ, *étonné.* Perculsus, a, um, *part. pass.* | *D'un accident.* Casu.

FRAPPER, *battre.* Percutĕre, percutio, percutis, percussi, percussum[3], *act.*

FRAPPER *à la porte.* Januam pulsare, pulso, pulsas, pulsavi, pulsatum[1], *act.*

FRAPPER, *étonner.* Percellĕre, percello, percellis, perculi, perculsum[3], *act. acc. rég. ind. à l'abl.*

FRAPPER *monnoie.* Nummos cudĕre, cudo, cudis, cudi, cusum[3], *act.*

FRATERNEL. Fraternus, a, um, *adj.*

FRATERNELLEMENT. Fraternè, *adv.*

FRATERNISER. Fraternè vivĕre, vivo, vivis, vixi, victum[3], *n.*

FRATERNITÉ. Fraternitas, *g.* fraternitatis[3], *f.*

FRATRICIDE, *meurtre d'un frère.* Fraternum parricidium, *g.* fraterni parricidii[2], *n.*

FRATRICIDE, *meurtrier de son frère.* Fratricida, *g.* fratricidæ[1], *m.*

FRAUDE. Fraus, *g.* fraudis[3], *f.*

FRAUDER. Fraudare, fraudo, fraudas, fraudavi, fraudatum[1], *act.* en *par* in, *avec l'abl.*

FRAUDULEUX. Fraudulentus, a, um, *adj.*

FRAUDULEUSEMENT. Fraudulenter, *adv. comp.* Fraudulentiùs; *superl.* fraudulentissimè.

FRAYÉ. Tritus, a, um, *part. pass.*

FRAYER. Sternĕre, sterno, sternis, stravi, stratum[3], *act.*

FRAYEUR. Terror, *g.* terroris[3], *m.*

FREDAINES. Errores, *g.* errorum[3], *m. plur.*

FREDON, *modulation de la voix.* Modulatus, *g.* modulatûs[4], *masc.*

FREDONNEMENT. Tremula modulatio, *g.* tremulæ[1] modulationis[3], *f.*

FREDONNER, *faire des fredons.* Tremulè modulari, modulor, modularis, modulatus sum[1]. *dép. Si Fredonner a un régime, il se met à l'acc.*

FREIN. Frenum, *g.* freni[2], *n. Au plur. on dit* Freni, *g.* frenorum[2], *m.*

Donner, mettre un frein au désordre. Frenos licentiæ injicĕre, injicio, injicis, injeci, injectum[3], *act.*

FRELATER. Adulterare, adultero, adulteras, adulteravi, adulteratum[1], *act.*

FRÊLE. Voyez *Fragile.*

FRELON, *grosse mouche.* Crabro, *g.* crabronis[3], *m.*

FRÉMIR. Fremĕre, fremo, fremis, fremui, fremitum[3], *n.* | *D'horreur.* Horrescĕre, horresco, horrescis, horrui[3], *n. sans sup.* | *De rage.* Frendĕre, frendeo, frendes, frendui[2], *sans sup. n.*

FRÉMISSEMENT. Fremitus, *g.* fremitûs[4], *m.*

FRÊNE. Fraxinus, *g.* fraxini[2], *f.* | *Qui est du frêne.* Fraxineus, ea, eum, *adj.*

FRÉNÉSIE. Phrenesis, *g.* phrenesis[3], *f.*

FRÉNÉTIQUE. Phreneticus, a, um, *adj.*

FRÉQUEMMENT. Sæpè, *adv. comp.* Sæpiùs; *sup.* sæpissimè.

FRÉQUENT, *ordinaire.* Frequens, *m. f. et n. gén.* frequentis, *adj.*

FRÉQUENTATIF, *verbe qui marque une action souvent réitérée.* Frequentativum verbum, *g.* frequentativi verbi[2], *n.*

FRÉQUENTATION, *commerce avec quelqu'un.* Consuetudo, *g.* consuetudinis[3], *f.*

FRÉQUENTATION, *usage fréquent,*

FRI   FRI   273.

Assiduus usus, *g.* assidui² usûs⁴, *masc.*

FRÉQUENTÉ, *en parlant d'un lieu.* Celeber, *m.* celebris, *f.* celebre, *n. gén.* celebris, *adj. comp.* Celebrior, *m. f.* celebrius, *n. gén.* celebrioris; *superl.* celeberrimus, a, um.

FRÉQUENTER. Frequentare, frequento, frequentas, frequentavi, frequentatum¹, *act.*

FRÈRE. Frater, *g.* fratris³, *m.*
| *Frère de lait.* Collactaneus, *g.* collactanei², *m.*

EN FRÈRE. Fraternè, *adv.*

FRET, *louage d'un vaisseau.* Conductio, *g.* conductionis³, *f.*

FRÉTER *un vaisseau, le louer.* Navem conducĕre, conduco, conducis, conduxi, conductum³, *act.*

FRÉTEUR. Navis locator, *g.* navis locatoris³, *m.*

FRÉTILLANT. Inquies, *m. f.* et *n. gén.* inquietis, *adj.*

FRÉTILLEMENT, *remuement continuel.* Motus inquies, *g.* motûs⁴ inquietis³, *m.*

FRÉTILLER. Agitare se; agito, agitas, agitavi, agitatum¹, *act. c. à. d. s'agiter.*

FRETIN, *rebut des marchandises.* Quisquiliæ, *g.* quisquiliarum¹, *f. plur.*

FRETIN, *petit poisson.* Pisciculus, *g.* pisciculi², *m.*

FRIAND, *en parlant des personnes.* Cupediarum appetens, *m. f.* et *n. gén.* cupediarum appetentis, *adj.*

Si Friand a un régime, ce régime se met au gén. à la place de Cupediarum.

FRIAND, *en parlant d'un morceau, etc.* Delicatus, a, um, *adj.*

FRIANDISE, *gourmandise.* Cupedia, *g.* cupediæ¹, *f.*

FRIANDISES, *mets délicats.* Cupediæ, *g.* cupediarum¹, *f. plur.*

FRICANDEAU, *ragoût de veau.* Vitula offa condita, *g.* vitulæ offæ conditæ¹, *f.*

UNE FRICASSÉE. Frictum, *g.* fricti², *n.*

FRICASSER. Frigĕre, frigo, frigis, frixi, frixum³, *act.*

FRICHE, *qui est en friche.* Incultus, a, um, *adj.*

FRICTION. Frictio, *g.* frictionis³, *f.*

FRILEUX, FRILEUSE. Alsiosus, a, um, *adj.*

FRIMAS. Pruinæ, *g.* pruinarum¹, *f. plur.*

FRINGANT, *qui est toujours en action.* Acer, *m.* acris, *f.* acre, *n. gén.* acris, *adj. comp.* Acrior, *m. f.* acrius, *n. gén.* acrioris; *sup.* acerrimus, a, um.

FRIPÉ. Tritus, a, um, *p. p.*

FRIPER. Terĕre, tero, teris, trivi, tritum³, *act.*

FRIPIER. Interpolator, *g.* interpolatoris³, *m.*

FRIPIÈRE. Interpolatrix, *g.* interpolatricis³, *f.*

FRIPON. Nebulo, *g.* nebulonis³, *m.*

FRIPONNER. Voy. *Dérober.*

FRIPONNERIE. Nequitia, *g.* nequitiæ¹, *f.*

FRIRE, *faire frire.* Frigĕre, frigo, frigis, frixi, frixum³, *act.*

FRISE, *pièce d'architecture.* Zophorus, *g.* zophori², *m.* | *Cheval de frise, terme de fortification.* Ericcius, *g.* ericcii², *m.*

FRISÉ. Crispus, a, um, *adj.*

FRISER. Crispare, crispo, crispas, crispavi, crispatum¹, *act.*

FRISER, *effleurer.* Stringĕre, stringo, stringis, strinxi, strictum³, *act.*

FRISSON. Horror, *g.* horroris³, *m.*

FRISSONNEMENT. Levis horror, *g.* levis horroris³, *m.*

FRISSONNER, *commencer d'avoir, de sentir du frisson.* Inhorrescĕre, inhorresco, inhorrescis, inhorrui³, *sans supin. n.*

FRISURE. Cincinnus, *g.* cincinni², *m.*

FRIT. Frixus, a, um, *p. p.*

35

FRIVOLE, *de peu de valeur.* Frivolus, a, um, adj.

FRIVOLITÉ. Futilitas, g. futilitatis[1], f.

FROC *de moine.* Cucullus, g. cuculli[2], m.

FROID, Froide. Frigidus, a, um, adj. | *De sang-froid.* Sedatè, adv.

LE Froid, *subst.* Frigus, g. frigoris[3], n. | *Avoir froid.* Frigēre, frigeo, friges, frigui[2], *sans sup.* n. | *Aux mains.* Manibus, à l'abl. | *Il fait froid,* c. à. d. *le froid est.* Frigus est, sum, es, fui, esse. | *Geler de froid.* Algēre, algeo, alges, alsi[2], *sans sup.* n. | *Etre roide de froid.* Frigore obrigescěre, obrigesco, obrigescis, obrigui[3], *sans sup.* n.

FROIDEMENT. Frigidè, adv. *comp.* Frigidiùs; *superl.* frigidissimè.

FROIDEUR, *état de ce qui est froid.* Frigedo, g. frigedinis[3], f.

Froideur, *indifférence.* Minus studium, g. minoris[3] studii[2], n.

FROIDIR, *perdre sa chaleur.* Frigescěre, frigesco, frigescis[3], *sans prét. ni supin.* n.

FROIDURE, ou *le froid.* Frigus, g. frigoris[3], n.

FROISSE. Contusus, a, um, *part. pass.*

FROISSEMENT. Collisus, g. collisûs[4], m.

FROISSER. Contundĕre, contundo, contundis, contudi, contusum[3], *act.*

FROMAGE. Caseus, g. casei[2], *masc.*

FROMENT. Triticum, g. tritici[2], n. | *Qui est de froment.* Triticeus, ea, eum, adj. | *Farine de pur froment.* Far, g. farris[3], n. abl. farre.

FRONCER. *Voyez* Rider.

FRONCIS. Rugæ, g. rugarum[1], f. *plur.*

FRONDE. Funda, g. fundæ[2], *fém.*

FRONDER, *critiquer.* Carpěre, carpo, carpis, carpsi, carptum[3], *act.*

FRONDEUR, *qui se sert de la fronde.* Funditor, g. funditoris[3], *masc.*

FRONT. Frons, g. frontis[3], f. DE Front, ou *à la fois.* Uno ordine, *à l'abl.* | *De front,* ou *par devant.* A fronte.

Avoir le front de, ou *oser.* Audēre, audeo, audes, ausus sum[2], n. infinit.

LA **FRONTIÈRE.** Fines, g. finium[3], f. | *Ville frontière.* Urbs extrema, g. urbis[3] extremæ[1], f.

FRONTISPICE. Frons, *gén.* frontis[3], f.

FRONTON. Fastigium, g. fastigii[2], n.

FROTTÉ. Frictus, a, um, *part. pass.*

FROTTEMENT, *choc de deux corps.* Collisus, g. collisûs[4], m.

FROTTER, *passer la main.* Fricare, frico, fricas, fricui, frictum[1], *act. acc., et l'abl. de la chose dont on frotte.*

Frotter, *battre.* Percutěre, percutio, percutis, percussi, percussum[3], *act.*

Frotter, *nettoyer.* Detergĕre, detergo, detergis, detersi, detersum[3], *act.*

Frotter, *oindre.* Illiněre, illino, illinis, illevi, illitum[3], *act.*

SE Frotter *les yeux.* Detergĕre oculos.

SE Frotter *les dents.* Fricare dentes.

FROTTEUR. Tractator, g. tractatoris[3], m.

FROTTOIR. Peniculum, g. peniculi[2], n.

FRUCTIFIER, c. à. d. *porter du fruit. Cherchez ces mots.*

FRUCTUEUSEMENT, *d'une manière fructueuse et utile.* Utiliter, adv.

FRUCTUEUX, *profitable, utile.* Fructuosus, a, um, adj.

FRUGAL, *en parlant des personnes.* Frugalis, m. f. frugale, n. *gén.*

frugalis, *adj. comp.* Frugalior, *m. f.* frugalius, *n. gén.* frugalioris; *sup.* frugalissimus, a, um. | *En parlant d'une table frugale,* ou *d'un repas.* Tenuis mensa, *g.* tenuis³ mensæ¹, *f. Tous deux se déclinent.* | *Mener une vie frugale,* c. à. d. *vivre frugalement.*

FRUGALEMENT. Frugaliter, *adv. comp.* Frugaliùs; *superl.* frugalissimè.

FRUGALITÉ. Frugalitas, *gén.* frugalitatis³, *f.*

FRUIT *des arbres.* Fructus, *g.* fructûs⁴, *m.*

FRUIT *de la terre.* Fruges, *g.* frugum³, *f. plur.* | *Qui porte des fruits abondans,* ou *abondant en fruits.* Pomosus, a, um, *adj.*

FRUIT, *profit.* Fructus, *g.* fructûs⁴, *m.*

FRUITERIE, *lieu où l'on serre les fruits.* Pomarium, *g.* pomarii², *neut.*

FRUITIER, *adj. qui produit des fruits.* Fructifer, ra, rum, *adj.* | *Jardin fruitier.* Pomarium, *g.* pomarii², *n.*

FRUITIER, ou *vendeur de fruits.* Pomarius, *g.* pomarii², *m.*

FRUITIÈRE. Pomaria, *g.* pomariæ¹, *f.*

FRUSTRÉ. Dejectus, a, um, *part. pass.* | *De son espérance.* Spe, *à l'ablat.* | *Être frustré de son espérance.* Spe labi, labor, laberis, lapsus sum³, *dép.*

FRUSTRER. Frustrari, frustror, frustraris, frustratus sum¹, *dép. acc. rég. ind. abl.*

FUGITIF, *qui s'enfuit.* Fugitivus, a, um, *adj.*

FUIR. Fugĕre, fugio, fugis, fugi, fugitum³, *n.* ou *act.*

FAIRE FUIR. Fugare, fugo, fugas, fugavi, fugatum¹, *act.*

FUITE. Fuga, *g.* fugæ¹, *fém.* | *Prendre la fuite.* Voyez FUIR. | *Mettre en fuite.* Voy. *Faire fuir.*

FUITE, *l'action d'éviter.* Vitatio, *g.* vitationis³, *f.*

FULMINANT, *adj.* Fulminans, *g.* fulminantis, *adj.* | *Jeter des regards fulminans.* Oculis fulminare¹, *n.*

FULMINER. Intorquēre, intorqueo, intorques, intorsi, intortum², *acc.* contre *par in, et l'acc.*

FULMINER, *tempêter contre quelqu'un.* Debacchari, debacchor, debaccharis, debacchatus sum¹, *dép.* contre *par in, avec l'acc.*

FUMANT, *qui fume.* Fumidus, a, um, *adj.*

FUMÉ, *qui a été exposé à la fumée.* Infumatus, a, um, *part. pass.*

FUMÉ, *engraissé en parlant d'une terre.* Stercoratus, a, um, *adj.*

FUMÉE. Fumus, *g.* fumi², *m.* | *Qui jette de la fumée.* Fumidus, a, um, *adj.* | *S'en aller en fumée.* Evanescĕre, evanesco, evanescis, evanui³, *sans sup. neut.*

FUMÉE *de la cuisine.* Nidor, *g.* nidoris³, *m.*

FUMÉE *de vin.* Vini vapor, *g.* vini vaporis³, *m.*

FUMER, ou *jeter de la fumée.* Fumare, fumo, fumas, fumavi, fumatum¹, *n.*

FUMER *un champ, etc.* Stercorare, stercoro, stercoras, stercoravi, stercoratum¹, *act.*

FUMER, *aspirer du tabac.* Tabaci fumum haurire, haurio, hauris, hausi, haustum⁴, *act.*

FUMET, *petite fumée qui chatouille l'odorat.* Odor, *g.* odoris³, *masc.*

FUMETERRE, *herbe.* Capnos, *g.* capni², *f.*

FUMEUX. Fumosus, a, um, *adj.*

FUMIER. Fimus, *g.* fimi², *m.*

FUMIGATION. Suffimentum, *g.* suffimenti², *n.*

FUNÈBRE. Funebris, *m. fém.* funebre, *n. gén.* funebris, *adj. Oraison funèbre.* Oratio funebris, *g.* orationis funebris³, *f.*

FUNÉRAILLES. Funus, *g.* funeris³, *n.* | *Faire les funérailles de.* Funerare, funero, funeras, funeravi, funeratum[1], *avec l'accus.* | *Assister aux funérailles de.* Exsequias prosequi, prosequor, prosequeris, prosecutus sum[3], *dép. gén.*

FUNÉRAIRE, *adj.* Funereus, ea, eum, *adj.*

FUNESTE. Funestus, a, um, *adj. comp.* Funestior, *m. f.* funestius, *n. gén.* funestioris; *sup.* funestissimus, a, um.

FUNESTEMENT. Funestè, *adv. comp.* Funestiùs; *superl.* funestissimè.

FURET, *petit animal.* Viverra, *g.* viverræ[1], *f.*

FURETER. Scrutari, scrutor, scrutaris, scrutatus sum[1], *dép.*

FUREUR. Furor, *g.* furoris[3], *m.* | *Entrer, ou se mettre en fureur.* Furias concipĕre, concipio, concipis, concepi, conceptum[3], *act.* | *Etre en fureur.* Furĕre, furo, furis[3], *sans parf. ni sup. n.* | *Avec fureur.* Furenter, *adv.* | *Mettre en fureur.* Efferare, effero, efferas, efferavi, efferatum[1], *act.* | *Aimer à la fureur.* Adamare, adamo, adamas, adamavi, adamatum[1], *act.*

FURIBOND, *plein de fureur.* Furibundus, a, um, *adj.*

FURIE, ou *fureur.* Furor, *g.* furoris[3], *m.* | *En furie.* V. Fureur.

FURIE *d'enfer.* Furia, *g.* furiæ[1], *f.*

FURIE, *impétuosité.* Impetus, *g.* impetûs[4], *m.*

FURIEUSEMENT, *avec fureur.* Furiosè, *adv.*

FURIEUX. Furiosus, a, um, *adj.*
UN FURIEUX. Vecors, *g.* vecordis[3], *m.*

FURTIF. Furtivus, a, um, *adj.*

FURTIVEMENT. Furtim, *adv.*

FUSEAU. Fusus, *g.* fusi[2], *m.*

FUSÉE *de poudre.* Nitrato pulvere tubulus fartus, *gén.* tubuli farti[2], *m. c. à. d. petit tuyau rempli de poudre.*

FUSIBLE, *qui peut être fondu.* Fusilis, *m. f.* fusile, *n. gén.* fusilis, *adj.*

FUSIL *à faire du feu.* Igniarium, *g.* igniarii[2], *n.* | *Faire du feu avec le fusil.* Conflictu lapidum ignem elicĕre, elicio, elicis, elicui, elicitum[3], *act.* Mot à mot, *tirer du feu par le choc des pierres.*
Pierre à fusil. Pyrites, *g.* pyritæ[1], *m.*

FUSIL, *arme à feu.* Catapulta, *g.* catapultæ[1], *f.*

FUSILIER. Fistulator, *g.* fistulatoris[3], *m.*

FUSILLER. Ictu igniarii prosternĕre, prosterno, prosternis, prostravi, prostratum[3], *act.*

FUSION, *fonte.* Fusura, *g.* fusuræ[1], *f.*

FUSTE, *sorte de vaisseau.* Phaselus, *g.* phaseli[2], *m.*

FUSTIGATION. Verbera, *g.* verberum[3], *n. plur.*

FUSTIGER. Cædĕre, cædo, cædis, cecidi, cæsum[3], *act. Le nom d'instrument et de la manière dont on fustige, se met à l'ablat.* comme : *A coups de verges.* Virgis, *à l'ablat.*

FÛT, *bâton de pique.* Hastile, *g.* hastilis[3], *n.*
FÛT *d'une colonne.* Truncus, *g.* trunci[2], *m.*

FUTAIE, *bois de haute futaie.* Silva alta, *g.* silvæ altæ[1], *f.*

FUTAILLE, *vaisseau pour mettre le vin.* Dolium, *g.* dolii[2], *n.*

FUTAINE, *sorte d'étoffe.* Xylinum, *g.* xylini[2], *n.* | *Qui est de futaine.* Xylinus, a, um, *adj.*

FUTÉ, *rusé.* Astutus, a, um, *part. pass.*

FUTILE, *qui n'est pas estimé.* Frivolus, a, um, *adj.*

FUTILITÉ. Futilitas, *g.* futilitatis[3], *f.*

FUTILITÉS, *bagatelles.* Nugæ, *g.* nugarum[1], *f. plur.*

FUTUR, *ce qui doit arriver.* Futurus, a, um, *part. futur.*
LE FUTUR. Futurum, *g.* futuri[2], *neut.*

FUYARD, *sujet à fuir.* Fugax, *m. f. et n. gén.* fugacis, *adj.*

G.

Gabelle, *impôt sur le sel*. Tributum salarium, g. tributi salarii[2], n. | *Frauder la gabelle.* Portoria fallĕre, fallo, fallis, fefelli, falsum[3], *act.*

Gabelle, ou *grenier à sel.* Cella salaria, g. cellæ salariæ[1], f.

GABION, *grand panier.* Terrâ repleta corbis, g. terrâ repletæ[1] corbis[3], f.

GAGE, ou *salaire.* Merces, g. mercedis[3], f. | *A gage.* Mercede, à l'ablat.

Etre aux gages de quelqu'un. Mercedem accipĕre, accipio, accipis, accepi, acceptum[3], *act.* de se rend par à ou ab, avec l'abl.

Gage, *chose mise en gage.* Pignus, g. pignoris[3], n.

Donner en gage. Oppignerare, oppignero, oppigneras, oppigneravi, oppigneratum[1], *act.*

En gage. Pro pignore.

Sur des gages. Pignore dato, *abl.*

Gage, *marque, témoignage.* Pignus, g. pignoris[3], n.

GAGER. Sponsionem facĕre. *Le gén. du nom de la chose que l'on gage. Ex. Je gage cent écus.* Centum nummorum sponsionem facio, facis, feci, factum[3], *act.* c. à. d. *Je fais la gageure de cent écus.*

GAGEUR. Sponsor, g. sponsoris[3], m.

GAGEURE. Sponsio, g. sponsionis[3], f.

Faire une gageure. Voy. *Gager.*

GAGISTE. Mercenarius, g. mercenarii[2], m.

GAGNANT. Victor, g. victoris[3], *masc.*

GAGNÉ, *remporté.* Relatus, a, um, *part. pass.*

Gagné, *corrompu.* Corruptus, a, um, *part. pass.*

Gagné, *fléchi.* Flexus, a, um, *adj.*

Gagné, ou *acquis.* Partus, a, um, *part. pass.*

Argent gagné. Pecunia lucrifacta, g. lucrifactæ[1], f.

GAGNER, ou *faire du gain.* Lucrari, lucror, lucraris, lucratus sum[1], *dép. acc.*

Gagner *sa vie.* Vitam sustentare, sustento, sustentas, sustentavi, sustentatum[1], *act.* à, *suivi d'un nom, se rend par l'ablat.; suivi d'un verbe, par le gérond. en* do.

Gagner *l'affection, les bonnes grâces de quelqu'un.* Sibi gratiam conciliare, concilio, concilias, conciliavi, conciliatum[1], *act.* avec le *génit.*

Gagner, ou *remporter.* Referre, refero, refers, retuli, relatum[3], *act.*

Gagner *un procès.* Causam obtinĕre, obtineo, obtines, obtinui, obtintum[2], *act.*

Gagner *la bataille.* Victoriam referre.

Gagner *au jeu.* Vincĕre, vinco, vincis, vici, victum[3], *act.*

Gagner *une maladie, etc.* Contrahĕre, contraho, contrahis, contraxi, contractum[3], *act.*

Gagner, ou *fléchir.* Flectĕre, flecto, flectis, flexi, flexum[3], *act.*

Se laisser gagner, ou *fléchir par.* Cedĕre, cedo, cedis, cessi, cessum[3], *n. dat.*

Gagner *quelqu'un par ses bienfaits.* Beneficiis sibi conjungĕre, conjungo, conjungis, conjunxi, conjunctum[3], *act. acc. de la pers.*

Gagner *du temps.* Tempus ducĕre, duco, ducis, duxi, ductum[3], *act.*

Gagner, ou *corrompre.* Corrumpĕre, corrumpo, corrumpis, corrupi, corruptum[3], *act.*

GAGNER, *aller.* Petĕre, peto, petis, petivi, petitum[3], *act.*

GAI. Hilaris, *m. f.* hilare, *n. gén.* hilaris. *comp.* Hilarior, *m. f.* hilarius, *n. gén.* hilarioris; *superl.* hilarissimus, a, um.

GAIEMENT. Hilarè, *adv. comp.* Hilariùs; *superl.* hilarissimè.

GAIETÉ. Hilaritas, g. hilaritatis[3], *f. Avec gaieté.* Hilarè, *adv.*

GAILLARD. Hilaris, *m. f.* hilare, *n. gén.* hilaris, *adj.*

GAILLARDEMENT. Hilarè, *adv. comp.* Hilariùs; *superl.* hilarissimè.

GAILLARDISE. Hilaritas, g. hilaritatis[3], *f.* | *Par gaillardise.* Animi causâ.

GAIN. Lucrum, g. lucri[2], *n.*

GAIN *de bataille.* Parta victoria, g. partæ victoriæ[1], *f.*

GAIN *de cause.* Causa superior, g. causæ[1] superioris[3], *f.* | *Avoir gain de cause.* Vincĕre causam; vinco, vincis, vici, victum[3], *acc.*

Donner gain de cause. Causam adjudicare[1], *act. dat. de la person.*

GAINE. Vagina, g. vaginæ[1], *f.*

GALAMMENT. Urbanè, *adv. comp.* Urbaniùs; *superl.* urbanissimè.

GALANT, *poli.* Urbanus, a, um, *adj.*| *Galant homme.* Vir urbanissimus, g. viri urbanissimi[2], *m.*

GALANT, *en parlant des choses.* Festivus, a, um, *adj.*

GALANTERIE. Urbanitas, g. urbanitatis[3], *f.*

GALANTERIE, *enjouement.* Lepor, g. leporis[3], *m.*

GALBANUM, *sorte de gomme.* Galbanum, g. galbani[2], *n.*

GALE. Scabies, g. scabiei[5], *f.*

GALÈRE. Triremis, g. triremis[3], *f.*

Aux galères. Ad triremes.

GALERIE. Porticus, g. porticûs[4], *f.*

GALÉRIEN. Remex, g. remigis[3], *m.*

GALETAS, *logement pauvre.* Sordidæ ædiculæ, g. sordidarum ædicularum[1], *f. plur.*

GALETTE, *pâte mince.* Crustulum, g. crustuli[2], *n.*

GALEUX. Scabiosus, a, um, *adj.*

GALIMATIAS. Farrago, g. farraginis[3], *f.*

GALION, *sorte de vaisseau de mer.* Gaulus major, g. gauli[2] majoris[3], *m.*

GALIOTE, *petite galère.* Lembus, g. lembi[2], *m.*

GALLE, *noix de galle.* Galla, g. gallæ[1], *f.*

GALLICANE, *en parlant de l'église de France.* Ecclesia gallicana, g. ecclesiæ gallicanæ[1], *f.*

GALOCHES, *sorte de chaussure.* Gallicæ, g. gallicarum[1], *f. plur.*

GALON. Limbus, g. limbi[2], *m.*

GALONNER. Limbis ornare, orno, ornas, ornavi, ornatum[1], *act. acc. c. à. d. orner de galons.* | *Habit galonné en or.* Vestis ornata limbis aureis.

GALOP. Cursus, g. cursûs[4], *m.* | *Au grand galop.* Cursu incitatissimo, *à l'ablat.*

GALOPER, *aller au galop.* Cursu equi ferri, feror, ferris, fertus sum[3], *pass. S'il y a au grand galop, ajoutez* incitatissimo.

GALOPER, *en parlant du cheval.* Currĕre, curro, curris, cucurri, cursum[3], *n.*

GALOPIN, *petit marmiton.* Sublingio, g. sublingionis[3], *m.*

GAMBADE. Saltus; g. saltûs[4], *masc.*

GAMBADER. Saltare, salto, saltas, saltavi, saltatum[1], *n.*

GAMELLE. Camella, g. camellæ[1], *f.*

GAMME, *table pour les notes de musique.* Musicum diagramma, g. musici[2] diagrammatis[3], *n.*

GANGRÈNE. Gangrena, *gén.* gangrenæ[1], *f.*

GAR   GAR

GANGRENÉ. Gangrenâ vitiatus, a, um, *adj. c. à. d. altéré par la gangrène.*

se GANGRENER. Vitiari, vitior, vitiaris, vitiatus sum¹, *pass.*

GANT. Manica, g. manicæ¹, *f.*

GANTELET *de fer.* Cestus, g. cestûs³, *m.*

GANTIER, *qui fait des gants.* Manicarum opifex, g. manicarum opificis³, *m.*

GARANT, *répondant.* Sponsor, g. sponsoris³, *m.*

GARANT, *appui.* Defensor, g. defensoris³, *m.*

GARANTIE. Auctoritas, *gén.* auctoritatis³, *f.*

GARANTIR, *défendre.* Tueri, tueor, tueris, tuitus sum², *dép. acc.* contre ou de *par* à *ou* ab, *et un ablat. comme :* Contre ses ennemis. Ab inimicis.

GARANTIR *une chose, l'assurer.* Affirmare, affirmo, affirmas, affirmavi, affirmatum¹, *act. acc. dat. de la personne.*

GARANTIR, *se rendre garant.* Spondēre, spondeo, spondes, spopondi, sponsum², *act. L'abl. avec* de, *de la chose que l'on garantit.*

se GARANTIR *de.* Arcēre, arceo, arces, arcui, arcitum², *act.*

GARÇON. Mas, g. maris³, *m.* | *Petit garçon.* Puer, g. pueri², *m.* | *Garçon hors de l'enfance.* Adolescens, g. adolescentis³, *m.*

GARÇON, *qui n'est pas marié.* Cœlebs, g. cœlibis³, *m.*

GARÇON, *serviteur.* Famulus, g. famuli², *m.*

GARDE, *ou protection.* Tutela, g. tutelæ¹, *f.* | *Donner en garde.* Committēre, committo, committis, commisi, commissum³, *act. acc. de la chose donnée en garde, et le datif de la personne, c. à. d. confier une chose à.*

Sous la garde de. In tutelâ, *avec un génit.*

LA GARDE, *ou le guet.* Custodia, g. custodiæ¹, *f.*

Etre de garde. Excubare, excubo, excubas, excubui, excubitum¹, *n.* | *Etre de garde la nuit.* Vigilias agēre, ago, agis, egi, actum³, *act.*

Monter la garde. In stationem succedēre, succedo, succedis, successi, successum³, *n.*

Descendre la garde, sortir de la garde. De statione decedēre, decedo, decedis, decessi, decessum³, *n.*

Relever la garde. Vigilias deducēre, deduco, deducis, deduxi, deductum³, *act.*

GARDE *avancée.* Proxima ab hoste statio, g. proximæ¹ ab hoste stationis³, *f.*

Prendre garde à, observer. Observare, observo, observas, observavi, observatum¹, *act.*

Prendre garde à soi. Sibi cavēre.

Etre sur ses gardes, se tenir sur ses gardes, être en garde. Cavēre, caveo, caves, cavi, cautum², *n.* de *ou* contre *par* à *ou* ab, *avec l'abl.*

Prendre garde, ou se donner de garde. Cavēre², *n.*

S'il y a un que *ou de après* Prendre garde, *il faut consulter la Grammaire latine.*

N'avoir garde de. Voy. *la Grammaire latine.*

Sans y prendre garde. Imprudenter, *adv.* | *Qui se tient sur ses gardes.* Cautus, a, um, *adj.*

GARDE, *action de garder.* Custodia, g. custodiæ¹, *f.*

UN GARDE. Custos, g. custodis³, *m.*

UNE GARDE. Custos, g. custodis³, *f.*

Garde-du-corps. Corporis custos.

Garde des sceaux. Majorum sigillorum custos.

GARDE *d'épée, la poignée.* Capulus, g. capuli², *m.*

GARDE-COTE Custos maritimus, g. custodis³ maritimi², *m.*

GARDE-FOU *de pierre.* Lorica, g. loricæ¹, *f.* | *S'il est de bois.* Repagula, g. repagulorum², *n. pl.*

GARDE-MANGER, *lieu à serrer la viande*. Carnarium, g. carnarii[2], n.

GARDE-ROBE. Vestiarium, g. vestiarii[2], n.

GARDÉ, *défendu*. Custoditus, a, um, *part. pass.*

GARDÉ, *observé*. Observatus, a, um, *part. pass.*

GARDÉ, *conservé*. Servatus, a, um, *part. pass.*

GARDER. Custodire, custodio, custodis, custodivi, custoditum[4], act.

GARDER, ou *observer*. Observare, observo, observas, observavi, observatum[1], act.

GARDER, *conserver*. Servare, servo, servas, servavi, servatum[1], act.

SE GARDER *de*, *suivi d'un verbe*. Cavēre, caveo, caves, cavi, cautum[2], n. On met ensuite ne, avec le subjonct. Ex. *Gardez-vous de dire*. Cave ne dicas. *Si c'est un nom qui suit de*, on le met à l'abl. avec ab.

GARDEUR *de cochons*. Suarius, g. suarii[2], m.

GARDEUR *de bœufs*. Bubulcus, g. bubulci[2], m.

GARDIEN. Custos, g. custodis[3], masc.

GARDIENNE. Custos, g. custodis[3], f.

GARDON, *petit poisson de rivière*. Cardio, g. cardionis[3], m.

GARE, *prenez garde*. Cave, au plur. cavete.

GARENNE. Leporarium, gén. leporarii[2], n.

SE **GARGARISER**. Guttur gargarizare, gargarizo, gargarizas, gargarizavi, gargarizatum[1], act. abl. *de la chose dont on se gargarise le gosier*.

GARGOTE, *mauvaise auberge*. Cauponula, g. cauponulæ[1], f.

GARGOTIER. Popinarius, g. popinarii[2], m.

GARNEMENT, *fripon*. Nebulo, g. nebulonis[3], m.

GARNI *de*. Instructus, a, um, *part. pass. avec l'abl.* | *Bourse bien garnie*. Benè nummatum marsupium[2], n.

GARNIR Instruĕre, instruo, instruis, instruxi, instructum[3], act. | *D'argent*. Argento, à l'abl.

GARNISON. Præsidium, gén. præsidii[2], n. | *Être en garnison*. Præsidium agitare, agito, agitas, agitavi, agitatum[1], act. | *Mettre une garnison dans une place*. Munire arcem præsidio; munio, munis, munivi, munitum[4], act. c. à. d. *fortifier une place d'une garnison*.

GARNITURE. Ornatus, g. ornatûs[4], m.

GARROTTÉ. Vinctus, a, um, *part. pass.*

GARROTTER. Vincire, vincio, vincis, vinxi, vinctum[4], act.

GASCONNADE, *fanfaronnade*. Inanis jactatio, g. inanis jactationis[3], f. | *Dire des gasconnades*. Inania jactare. Inania *pour res inanes, à l'acc. plur.* n.

GASCONISME, *phrase gasconne*. Vasconismus, g. vasconismi[2], m.

GASTRONOME. Ventri devotus, a, um, *adj.*

GÂTÉ, ou *corrompu*. Corruptus, a, um, *part. pass.*

GÂTÉ, ou *sali*. Infectus, a, um, *part. pass. de*, et l'abl.

GÂTEAU. Placenta, g. placentæ[1], f.

GÂTER, *rendre mauvais*. Corrumpĕre, corrumpo, corrumpis, corrupi, corruptum[3], act.

GÂTER *une affaire*. Negotium evertĕre, everto, evertis, everti, eversum[3], act.

GÂTER, *endommager*. Detrimentum afferre, affero, affers, attuli, allatum[3], act. dat. *de la chose que l'on gâte*.

SE GÂTER. Corrumpi, corrumpor, corrumperis, corruptus sum[3], pass.

GÂTER, *salir*. Inficĕre, inficio, inficis, infeci, infectum[3], act. de, et l'abl.

GEL

GAUCHE. Sinister, sinistra, sinistrum, g. sinistri, adj.

A GAUCHE, *du côté gauche, ou à main gauche.* A sinistrâ.

GAUCHE, *qui n'est pas droit.* Pravus, a, um, adj.

GAUCHE, *mal-adroit.* Ineptus, a, um, adj.

GAUCHEMENT, *mal-adroitement.* Ineptè, adv.

UN GAUCHER. Scæva, g. scævæ[1], m.

GAUCHERIE. Ineptia, g. ineptiæ[1], f.

GAUCHIR, *se détourner.* Declinare, declino, declinas, declinavi, declinatum[1], act.

GAUFRE. Crustulum, g. crustuli[2], n.

UNE GAULE, ou *perche.* Virga, g. virgæ[1], f.

GAUSSER. Voyez *Railler.*

GAZE. Textum perlucidum, g. texti perlucidi[2], n.

GAZELLE, *animal.* Dorcas, g. dorcadis[1], f.

GAZETTE. Nuntii publici, g. nuntiorum publicorum[2], n. plur.

GAZON. Cespes, g. cespitis[3], m. | *Qui est de gazon.* Cespititius, ia, ium, adj.

GAZOUILLEMENT *des oiseaux.* Garrulitas, g. garrulitatis[3], f.

GAZOUILLEMENT *des ruisseaux.* Susurrus, g. susurri[2], m.

GAZOUILLER, *en parlant des oiseaux.* Garrire, garrio, garris, garrivi, garritum[4], neut.

GAZOUILLER, *en parlant d'un ruisseau.* Susurrare, susurro, susurras, susurravi, susurratum[1], neut.

GÉANT. Gigas, g. gigantis[3], m.

DE GÉANT. Giganteus, ea, eum, adj.

GÉANTE. Collossa mulier, g. collossæ[1] mulieris[3], f.

GEAI. Graculus, g. graculi[2], masc.

GELÉ. Concretus, a, um, part. pass.

Etre gelé de froid. Frigore

GÉN

obrigescere, obrigesco, obrigescis, obrigui[3], *sans sup.* n.

GELÉE. Gelu, n. *indéclinable, sans plur.*

GELÉE *blanche.* Pruina, g. pruinæ[1], f.

GELER. Congelare, congelo, congelas, congelavi, congelatum[1], act.

SE GELER, *geler.* Congelari, congelor, congelaris, congelatus sum[1], pass. | *Il gèle.* Gelat, gelabat, gelavit, gelare[1], impers.

GELINE, *poule.* Gallina, g. gallinæ[1], f.

GELINOTTE, *petite poule sauvage.* Pullastra, g. pullastræ[1], f.

GÉMEAUX. Gemini, g. geminorum[2], m. plur.

GÉMIR. Gemere, gemo, gemis, gemui, gemitum[3], n. *sur par de, avec l'ablat.*

GÉMISSANT, GÉMISSANTE. Gemebundus, a, um, adj.

GÉMISSEMENT. Gemitus, g. gemitûs[4], m.

GÊNANT. Molestus, a, um, adj. comp. Molestior, m. f. molestius, n. gén. molestioris; sup. molestissimus, a, um.

GENCIVE. Gingiva, g. gingivæ[1], f.

GENDARME. Eques cataphractus, g. equitis[3] cataphracti[2], m.

GENDARMERIE. Gravior equitatus, g. gravioris[3] equitatûs[4], m.

GENDRE. Gener, g. generi[2], masc.

GÊNE. Tormentum, g. tormenti[2], n. | *Se donner la gêne, se mettre l'esprit à la gêne.* Ingenium torquere, torqueo, torques, torsi, tortum[2], act.

GÊNÉ. Coactus, a, um, part. pass.

Etre gêné. Cogi, cogor, cogeris, coactus sum[3], pass.

GÉNÉALOGIE. Genealogia, g. genealogiæ[1], f.

GÉNÉALOGIQUE. Ad genealogiam pertinens, m. f. et n. gén. ad genealogiam pertinentis. c. à d.

qui regarde la généalogie. | *Arbre généalogique, ou de généalogie.* Stemma, *gén.* stemmatis³, *n.*

GÊNER, *incommoder.* Angĕre, ango, augis, anxi³, *sans sup. act.*

GÊNER, *tenir dans la contrainte.* Angustius continēre, contineo, contines, continui, contentum², *act.*

GÉNÉRAL, *adj.* Generalis, *m. f.* generale, *n. gén.* generalis, *adj.*

En général. Generatìm, *adv.*

UN GÉNÉRAL *d'armée.* Dux, *g.* ducis³, *m.* | *Faire quelqu'un général d'armée.* Præficĕre, præficio, præficis, præfeci, præfectum³, *act. acc. de la personne ; dat. de la chose.* | *Etre général d'armée.* Præesse, præsum, præes, præfui, *sans sup. dat.*

GÉNÉRAL *d'un ordre religieux.* Generalis, *g.* generalis³, *f.*

GÉNÉRALAT *d'armée.* Munus imperatorium, *g.* muneris³ imperatorii², *n.*

GÉNÉRALAT *d'un ordre religieux.* Ordinis religiosi summa præfectura, *g.* ordinis religiosi summæ præfecturæ¹, *f.*

GÉNÉRALE, *battre la générale.* Tympanis milites vocare, voco, vocas, vocavi, vocatum¹, *act.*

GÉNÉRALEMENT, *en général.* Generatìm, *adv.*

GÉNÉRALISSIME, *général en chef.* Summus dux, *g.* summi² ducis³, *m.*

GÉNÉRALITÉ. Universitas, *g.* universitatis³, *f.*

GÉNÉRATION, *action de produire.* Generatio, *g.* generationis³, *f.*

GÉNÉRATION, *les hommes qui vivent dans le même temps.* Ætas, *g.* ætatis³, *f.*

GÉNÉREUSEMENT. Generosè, *adv. comp.* Generosiùs ; *superl.* generosissimè.

GÉNÉREUX, *magnanime.* Generosus, a, um, *adj.*

GÉNÉREUX, *courageux.* Fortis, *m. f.* forte, *n. gén.* fortis, *adj.*

GÉNÉREUX, *libéral.* Munificus, a, um, *adj. comp.* Munificentior, *m. f.* munificentius, *n. gén.* munificentioris ; *sup.* munificentissimus, a, um.

GÉNÉROSITÉ, *magnanimité.* Fortitudo, *g.* fortitudinis³, *f.*

GÉNÉROSITÉ, *bienfaisance.* Liberalitas, *g.* liberalitatis³, *f.*

GÉNÉROSITÉ, *courage.* Fortitudo, *g.* fortitudinis³, *f.*

GENÈSE. Genesis, *g.* genesis³, *fém. acc.* genesim *ou* genesin.

GENÊT, *arbrisseau.* Genista, *g.* genistæ¹, *f.*

GÉNIE, *divinité des païens.* Genius, *g.* genii², *m.*

GÉNIE, *ou esprit.* Ingenium, *g.* ingenii², *n.*

GENIÈVRE, *arbrisseau.* Juniperus, *g.* juniperi², *f.*

GÉNISSE, *jeune vache.* Juvenca, *g.* juvencæ¹, *f.*

GÉNITAL. Genitalis, *m. f.* genitale, *n. gén.* genitalis, *adj.*

GÉNITIF. Genitivus, *g.* genitivi², *m.*

GENOU. Genu, *n. indéclin. Au plur.* Genua, *g.* genuum, *dat.* genibus, *n.* | *Se mettre à genoux.* Genua flectĕre, flecto, flectis, flexi, flexum³, *act.* | *Etre à genoux.* Genibus niti, nitor, niteris, nixus sum³, *dépon. c. à. d.* s'appuyer sur ses genoux, se tenir à genoux. | *Se jeter aux genoux de quelqu'un.* Ad pedes provolvi, provolvor, provolveris, provolutus sum³, *pass. et un gén.*

A genoux. Flexis genibus.

GENOUILLÈRE, *armure des genoux.* Genualia, *g.* genualium³, *n. plur.*

GENRE. Genus, *g.* generis³, *n.*

GENS. Homines, *g.* hominum³, *m. plur.*

GENS *de lettres.* Viri litterati, *g.* virorum litteratorum², *m. pl.*

GENS *de bien.* Viri probi, *g.* virorum proborum², *m. pl.*

GENS *d'affaires.* Publicani, *g.* publicanorum², *m. pl.*

GENS, *domestiques.* Servi, g. servorum², *m. pl.*

GENT, *nation.* Gens, g. gentis³, *f.*

GENTIANE, *herbe médicinale.* Gentiana, g. gentianæ¹, *f.*

GENTIL, ou *beau.* Venustus, a, um, *adj.*

GENTIL, *paien.* Falsorum numinum cultor, g. falsorum numinum cultoris³, *m.*

GENTILHOMME. Nobilis vir, g. nobilis³ viri², *m.*

GENTILITÉ, *fausse religion des païens.* Gentilitas, g. gentilitatis³, *f.*

GENTILLESSE. Lepor, g. leporis³, *m.*

GENTIMENT. Venustè, *adv. comp.* Venustiùs ; *superl.* venustissimè.

GÉNUFLEXION. Genuum flexio, g. genuûm flexionis³, *f.* c. à. d. *flexion des genoux.*

GÉOGRAPHE. Geographus, g. geographi², *m.*

GÉOGRAPHIE. Geographia, g. geographiæ¹, *f.*

GÉOGRAPHIQUE. Geographicus, a, um, *adj.*

GEOLE, *prison.* Carcer, *gén.* carceris³, *m.*

GEOLIER. Carceris custos, g. carceris custodis³, *m.*

GÉOLOGIE, *description de la terre.* Geologia, g. geologiæ¹, *f.*

GÉOMÈTRE. Geometres, g. geometræ¹, *m.*

GÉOMÉTRIE. Geometria, g. geometriæ¹, *f.*

GÉOMÉTRIQUE. Geometricus, a, um, *adj.*

GÉOMÉTRIQUEMENT. Geometricè. *adv.*

LES GÉORGIQUES de *Virgile.* Georgica, g. georgicorum², *n. pl.*

GERBE. Fascis, g. fascis³, *m.*

GERCÉ. Fissus, a, um, *part. pass.* | *De froid.* Frigore, *à l'abl.*

GERCER. Findere, findo, findis, fidi, fissum³, *act.*

GERCER, *se gercer.* V. *se Fendre.*

GERÇURE, *crevasse de froid.* Fissus, g. fissûs⁴, *m.*

GÉRER. Gerere, gero, geris, gessi, gestum³, *act.*

GERMAIN, *cousin germain.* Patruelis frater, g. patruelis fratris³, *masc.*

GERMAINE, *cousine germaine.* Patruelis soror, g. patruelis sororis³, *f.*

GERME. Germen, g. germinis³, *neut.*

Monter en germe, ou

GERMER. Germinare, germino, germinas, germinavi, germinatum¹, *n.*

GÉRONDIF. Gerundium, g. gerundii², *n.*

GÉSIER, ou *jabot des oiseaux.* Stomachus, g. stomachi², *m.*

GESTE, *mouvement des mains et des bras.* Gestus, g. gestûs⁴, *m.*

GESTE, *signe de tête.* Nutus, g. nutûs⁴, *m.*

GESTICULATEUR. Gesticulator, g. gesticulatoris³, *m.*

GESTICULATION, *l'action de gesticuler.* Gesticulatio, g. gesticulationis³, *f.*

GESTICULER, *faire trop de gestes.* Gesticulari, gesticulor, gesticularis, gesticulatus sum¹, *dép.*

GESTION, *administration.* Gestio, g. gestionis³, *f.*

GIBECIÈRE *pour la chasse.* Marsupium, g. marsupii², *n.*

GIBERNE. Pera militaris, g. peræ¹ militaris³, *f.*

GIBET. Patibulum, g. patibuli², *n.* | *Attacher à un gibet.* Patibulo affigere, affigo, affigis, affixi, affixum³, *act.*

GIBIER. Venatio, g. venationis³, *f.*

GIBOULÉE, *petite pluie froide.* Nimbus, g. nimbi², *m.*

GIBOYER. Venari, venor, venaris, venatus sum¹, *dép.*

GIGANTESQUE, *qui tient du géant.* Giganteus, ea, eum, *adj.*

GIGANTOMACHIE, *combat de géans.* Gigantum prælium, g. gigantum prælii², *n.*

GIGOT. Vervecis femur, g. vervecis femoris³, n.

GILET. Brevior subucula, g. brevioris³ subuculæ¹, f.

GILLE, niais. Sannio, g. sannionis, f.

GINGEMBRE. Zingiberi, n. indéclinable.

GIRANDOLE, chandelier à plusieurs branches. Candelabrum brachiatum, g. candelabri brachiati², n.

GIROFLE, sorte d'épice. Cariophyllum, g. cariophylli², n.

GIROFLÉE, fleur. Leucoium, g. leucoii³, n.

GIRON. Gremium, g. gremii², neut.

GIROUETTE. Pinnula versatilis, g. pinnulæ¹ versatilis³, f.

GISANT, adj. Jacens, g. jacentis, anj.

GIT, ci-gît. Hic jacet; de Jacēre, jaceo, jaces, jacui², sans sup. n. Gésir, infinit.

GITE, pour les personnes. Diversorium, gén. diversorii², n. | Pour les animaux. Cubile, g. cubilis³, n.

GIVRE, espèce de verglas qui s'attache aux arbres. Pruina, g. pruinæ¹, f.

GLAÇANT. Glacians, g. glaciantis, adj.

GLACE, ou eau gelée. Glacies, g. glaciei⁵, f.

A la glace. Cum glacie. | Mettre l'eau à la glace. Aquam hiemare, hiemo, hiemas, hiemavi, hiematum¹, act. | Boire à la glace. Gelidè bibĕre, bibo, bibis, bibi, bibitum³, act.

GLACE de miroir. Speculum, g. speculi², n.

GLACÉ, figé par le froid. Glaciatus, a, um, part. pass.

GLACÉ, froid, sévère. Severus, a, um, adj.

GLACER. Glaciare, glacio, glacias, glaciavi, glaciatum¹, act.

SE GLACER. Glaciari, glacior, glaciaris, glaciatus sum¹, pass.

GLACIAL. Glacialis, m. f. glaciale, n. gén. glacialis, adj.

GLACIÈRE, où l'on serre la glace. Glaciei officina, g. glaciei officinæ¹, f.

GLACIERS, amas de glaces. Glacierum strues, g. glacierum struis³, f.

GLACIS, pente. Declivitas, g. declivitatis³, f.

GLAÇON. Glaciei fragmentum, g. glaciei fragmenti², n.

GLADIATEUR. Gladiator, g. gladiatoris³, m.

GLAIRE d'œuf, etc. Albumen, g. albuminis³, n.

GLAISE, terre grasse. Argilla, g. argillæ¹, f.

GLAIVE. Gladius, g. gladii², masc.

GLANAGE, l'action de glaner. Spicilegium, g. spicilegii², n.

GLAND, fruit du chêne. Glans, g. glandis³, f.

GLANDE, petite grosseur. Glandula, g. glandulæ¹, f.

GLANDÉE, récolte des glands. Glandium perceptio, g. glandium perceptionis³, f.

GLANDULE, petite glande. Glandula, g. glandulæ¹, f.

GLANDULEUX, plein de glandes. Glandulus, a, um, adj.

GLANER. Spicas omissas legere, lego, legis, legi, lectum³, act. c. à. d. ramasser les épis laissés.

GLANEUR, GLANEUSE. Spicilegus, g. spicilegi², m. Au fém. Spicilega, g. spicilegæ².

GLAPIR, comme les renards. Gannire, gannio, gannis, gannivi, gannitum⁴, n.

GLAPISSANT, voix glapissante. Vox acuta, g. vocis¹ acutæ¹, fém.

GLAPISSEMENT. Gannitus, g. gannitûs⁴, m.

GLÈBE, terre, fonds. Solum, g. soli², n.

GLÈBE, motte de terre. Gleba, g. glebæ¹, f.

GLO GLU

GLISSADE. Prolapsio, g. prolapsionis[3], f.

GLISSANT. Lubricus, a, um, adj. | *Pas glissant.* Locus lubricus, g. loci lubrici[2], m.

GLISSER, ou *faire une glissade.* In lubrico vacillare, vacillo, vacillas, vacillavi, vacillatum[1], m. | *Le pied lui a glissé.* Lapsus est pede. Pede *est à l'abl.* Lapsus *est de* Labi, labor, laberis, lapsus sum[3], *dép.*

G<small>LISSER</small> *à dessein sur une glissoire.* Glaciatum stadium decurrere, decurro, decurris, decurri, decursum[3], *act.*

G<small>LISSER</small> *sur la surface des eaux, passer légèrement.* Summas aquas perlabi, perlabor, perlaberis, perlapsus sum[3], *dépon.*

G<small>LISSER</small>, ou *être glissant.* Lubricum esse, sum, es, fui. Lubricus, a, um, adj. s'accorde avec le *sujet de* Sum. (*Règle* Deus est Sanctus.)

G<small>LISSER</small> *de.* Elabi, elabor, elaberis, elapsus sum[3], *dép.* | *Des mains.* E manibus.

GLISSER, *faire entrer.* Voyez *Insinuer.*

S<small>E</small> G<small>LISSER</small> *dans.* Subrepere, subrepo, subrepis, subrepsi, subreptum[3], n. dans ou en par in, et *l'acc.*

GLISSOIRE. Stadium glaciatum, g. stadii glaciati[2], n.

GLOBE. Globus, g. globi[2], m.

GLOBULE, *petit corps sphérique.* Globulus, g. globuli[2], m.

GLOIRE. Gloria, g. gloriæ[1], f. | *Faire,* ou *se faire gloire de.* Voyez se *Glorifier.*

G<small>LOIRE</small>, ou *ornement.* Decus, g. decoris[3], n.

G<small>LOIRE</small>, *le bonheur céleste.* Cœlestis felicitas, g. felicitatis[3], f.

G<small>LOIRE</small>. Voyez *Vanité.*

GLORIEUSEMENT. Gloriosè, adv. comp. Gloriosiùs; superl. gloriosissimè.

GLORIEUX, *qui a acquis de la gloire.* Gloriâ circumfluens, g. gloriâ circumfluentis, adj.

G<small>LORIEUX</small>, *orgueilleux.* Superbus, a, um, adj.

G<small>LORIEUX</small>, *qui procure de la gloire.* Honorificus, a, um, adj. comp. Honorificentior, m. f. honorificentius, n. gén. honorificentioris; *sup.* honorificentissimus, a, um, adj.

GLORIFIER. Collaudare, collaudo, collaudas, collaudavi, collaudatum[1], act. *de se rend par de, avec l'ablat.*

S<small>E</small> G<small>LORIFIER</small> *de.* Gloriari, glorior, gloriaris, gloriatus sum[1], *dép. ablat. de la chose, avec de.*

GLORIOLE. Gloriola, g. gloriolæ[1], f.

GLOSE. Interpretatio, g. interpretationis[3], f.

GLOSER. Interpretari, interpretor, interpretaris, interpretatus sum[1], *dép. acc.*

G<small>LOSER</small>, *trouver à redire.* Carpĕre, carpo, carpis, carpsi, carptum[3], *act.*

GLOSEUR. Vituperator, g. vituperatoris[3], m.

GLOSSAIRE, *dictionnaire des termes obscurs d'une langue.* Glossarium, g. glossarii[2], n.

GLOSSATEUR, *qui glose le texte d'un auteur.* Interpres, g. interpretis[3], m.

GLOTTE, *petite fente au-devant du gosier.* Glottis, g. glottidis[3], f.

GLOUGLOU *d'une bouteille.* Singultus, g. singultûs[4], m.

GLOUSSEMENT *de la poule.* Singultus, g. singultûs[4], m.

GLOUSSER. Glocire, glocio, glocis, glocivi, glocitum[4], n.

GLOUTON, *gourmand.* Helluo, g. helluonis[3], m.

GLOUTONNEMENT, adv. Gulosè, adv.

GLOUTONNERIE. Ingluvies, g. ingluviei[5], f.

GLU. Viscum, g. visci[2], neut. | *Prendre à la glu, aux gluaux.* Viscatâ virgâ fallere, fallo, fallis, fefelli, falsum[3], *act.* | *Se prendre* à la glu. In visco inhærescĕre, inhæresco, inhærescis, inhæsi³, sans supin. n.

GLUANT. Glutinosus, a, um, adj.

GLUAU, petite verge enduite de glu. Viscata virga, g. viscatæ virgæ¹, f.

GLUÉ. Viscatus, a, um, part. pass.

GLUER, enduire de glu. Visco illinĕre, illino, illinis, illevi, illitum³, act.

GNOMONIQUE, la science des cadrans. Gnomonice, g. gnomonices¹, f.

GOBELET. Cucullus, g. cululli², masc.

Gobelets de joueur. Acetabula, g. acetabulorum², n. plur. | Joueur de gobelets. Præstigiator, g. præstigiatoris³, m.

GOBER, avaler tout d'un coup. Haurire, haurio, hauris, haüsi, haustum⁴, act.

A GOGO, avec abondance. Affatim, adv.

A Gogo, à discrétion. Luxuriosè.

GOGUENARD. Jocosus, a, um, adj.

GOGUENARDER, babiller. Jocari, jocor, jocaris, jocatus sum¹, dép.

GOGUENARDERIE. Jocatio, g. jocationis³, f.

GOGUETTES, propos joyeux. Jocularia, g. jocularium², n. plur.

Chanter goguettes à quelqu'un, lui dire des injures. Conviciari, convicior, conviciaris, conviciatus sum¹, dép. datif.

GOINFRE, gourmand. Helluo, g. helluonis³, m.

GOINFRER. Helluari, helluor, helluaris, helluatus sum¹, dép.

GOINFRERIE. Helluatio, g. helluationis³, f.

GOITRE. Guttur tumidum, g. gutturis³ tumidi³, n.

GOITREUX. Gutturosus, a, um, adj.

GOLFE, bras de mer qui s'étend dans la terre ferme. Sinus, g. sinûs⁴, m.

GOMME. Gummi, n. indécl.

GOMMER. Gummi illinĕre, illino, illinis, illevi, illitum³, act.

GOMMEUX. Gommosus, a, um, adj.

GOND. Cardo, g. cardinis³, m.

GONDOLE. Cymbula, g. cymbulæ¹, f.

GONDOLIER. Cymbulæ rector, g. cymbulæ rectoris³, m.

GONFALONNIER. Vexillarius, g. vexillarii², m.

GONFLEMENT. Inflatio, g. inflationis³, f.

GONFLER. Voyez Enfler.

GORDIEN, nœud gordien. Nodus inexplicabilis, g. nodi² inexplicabilis³, m.

GORGE. Fauces, g. faucium³, f. plur. | Prendre quelqu'un à la gorge. Fauces invadĕre, invado, invadis, invasi, invasum³, avec un génit.

Rire à gorge déployée. Cachinnari, cachinnor, cachinnaris, cachinnatus sum¹, dép. | Couper la gorge. Jugulare, jugulo, jugulas, jugulavi, jugulatum¹, act. acc. du nom qui suit à.

Gorge, ou sein. Pectus, g. pectoris³, n.

Gorge, passage étroit entre deux montagnes. Angustiæ, g. angustiarum¹, f. pl.

GORGÉE. Haustus, g. haustûs⁴, masc.

se GORGER. Se ingurgitare, ingurgito, ingurgitas, ingurgitavi, ingurgitatum¹, act. | Se gorger de viandes. Cibis, à l'ablat.

GOSIER. Jugulum, g. juguli², neut.

GOUDRON. Pix nautica, gén. picis³ nauticæ¹, f.

GOUFFRE. Gurges, g. gurgitis³, m.

GOUJAT. Calo, g. calonis³, m.

GOUJON, poisson. Gobio, g. gobionis³, m.

GOULOT de bouteille. Amphoræ guttur, g. amphoræ gutturis³, n.

GOULU. Vorax, m. f. et n. gén. voracis, adj.

GOULUMENT. Avidè, adv. comp. Avidiùs; sup. avidissimè.

GOUPILLE, petite clavette. Acicula, g. aciculæ¹, f.

GOUPILLON, aspersoir. Aspergillum, g. aspergilli², n.

GOURDE, courge. Cucurbita, g. cucurbitæ¹, f.

GOURDIN, gros bâton. Fustis, g. fustis³, m.

GOURMADE, coups de poings. Pugni ictus, g. pugni ictûs⁴, m.

GOURMAND. Voyez Goulu.

GOURMANDER. Objurgare, objurgo, objurgas, objurgavi, objurgatum¹, act.

GOURMANDER ses passions. Imperare cupiditatibus; c. à. d. commander. Impero, imperas, imperavi, imperatum¹, dat.

GOURMANDISE. Gula, g. gulæ¹, f. | Se laisser aller à la gourmandise. Duci ventre; c. à. d. être conduit par son ventre. Duci est le passif de Ducĕre, duco, ducis, duxi, ductum³, act.

GOURMET. Prægustator, gén. prægustatoris³, m.

GOURMETTE, chaînette de fer attachée à la bride. Fræni catenula, g. freni catenulæ¹, f.

GOUSSE. Siliqua, g. siliquæ¹, f.

GOUSSET. Crumena, g. crumenæ¹, f.

LE GOÛT, l'un des cinq sens. Gustus, g. gustûs⁴, m.

GOÛT, ou saveur, en parlant des choses. Sapor, gén. saporis³, masc.

Prendre GOÛT, ou plaisir à. Delectari, delector, delectaris, delectatus sum¹, pass. ablat. de la chose, c. à. d. être réjoui par.

GOÛT, jugement. Judicium, g. judicii², n.

GOÛTER, verbe. Degustare, degusto, degustas, degustavi, degustatum¹, act.

GOÛTER de, essayer. Degustare, avec l'accus.

GOÛTER, approuver. Probare, probo, probas, probavi, probatum¹, act.

GOÛTER, prendre plaisir. Delectari, delector, delectaris, delectatus sum¹, pass. abl de la chose.

GOÛTER, prendre le goûter. Merendam sumere, sumo, sumis, sumpsi, sumptum³, act.

LE GOÛTER, ou collation. Merenda, g. merendæ¹, f.

GOUTTE d'eau, etc. Gutta, g. guttæ¹, f. | Goutte à goutte. Guttatim, adv. | Tomber goutte à goutte. Stillare, stillo, stillas, stillavi, stillatum¹, n.

GOUTTE, adv. Point du tout. Nihil omninò, adv. | Je n'y vois goutte. Nihil omninò video², act.

GOUTTE, maladie. Articularis morbus, g. articularis³ morbi², m.

GOUTTE aux pieds. Podagra, g. podagræ¹, f. | Si c'est aux mains. Chiragra, g. chiragræ¹, f. | Avoir la goutte. Podagrâ laborare, laboro, laboras, laboravi, laboratum¹, n.

GOUTTEUX. Arthriticus, a, um, adj.

GOUTTIÈRE. Colliquiæ, gén. colliquiarum¹, f. pl.

GOUVERNAIL. Gubernaculum, g. gubernaculi², n.

GOUVERNANTE. Educatrix, g. educatricis³, f. | D'un prince. Principis.

GOUVERNANTE, femme du gouverneur. Gubernatoris uxor, g. gubernatoris uxoris³, f.

GOUVERNANTE, qui gouverne. Gubernatrix, g. gubernatricis³, f.

GOUVERNEMENT. Administratio, g. administrationis³, f.

GOUVERNEMENT d'une province. Provincia, g. provinciæ¹, f. | Avoir le gouvernement. Præesse, præsum, præes, præfui, avec le dat.

GOUVERNER. Gubernare, guberno, gubernas, gubernavi, gubernatum¹, act.

SE GOUVERNER, ou *se conduire*. Agère, ago, agis, egi, actum³, *n*. | *Bien*. honestè. | *Mal*. pravè, *adv*. | *Se laisser gouverner par*. Regi, regor, regeris, rectus sum³, *pass*. | *Par quelqu'un*. Ab aliquo.

GOUVERNEUR. Gubernator, g. gubernatoris³, *m*.

GRABAT, *méchant lit*. Grabatus, g. grabati², *m*.

GRABUGE, *querelle*. Rixæ, g. rixarum¹, *f. plur*.

GRÂCE, *faveur*. Gratia, *gén*. gratiæ¹, *f*. Benevolentia, g. benevolentiæ¹, *f*. | *Gagner les bonnes grâces de*. Sibi conciliare benevolentiam; concilio, concilias, conciliavi, conciliatum¹, *act*. *avec le génit*. | *De grâce*. Amabo te, *si l'on parle à une seule personne*, ou vos, *si l'on parle à plusieurs*. Amabo *est le futur du verbe* Amo; *c'est comme s'il y avoit*: je vous aimerai.

GRACE, *secours de Dieu*. Gratia, g. gratiæ¹, *f*.

Par la grâce de Dieu. Beneficio Dei. Beneficio *est à l'ablat*.

Avec la grâce de Dieu. Deo favente, *à l'ablat*.

GRACE, *bon air, bonne grâce*. Venustas, g. venustatis³, *f*. | *Qui a bonne grâce, ou de la grâce*. Venustus, a, um, *adj*. | *Qui a mauvaise grâce*. Invenustus, a, um, *adj*. | *Avec grâce*. Venustè, *adv*. | *De mauvaise grâce*. Invenustè, *adv*.

GRACE, ou *pardon*. Venia, g. veniæ¹, *f*.

GRACES, ou *remercîment*. Gratiæ, g. gratiarum¹, *f. plur*.

LES GRACES *de la fable*. Charites, g. charitum³, *f. plur*.

GRACIABLE, *rémissible, pardonnable*. Ignoscendus, a, um, *part. pass*.

GRACIEUSEMENT. Comiter, *adv*.

GRACIEUSETÉ, *honnêteté*. Comitas, g. comitatis³, *f*.

GRACIEUSETÉ, *petit présent*. Munusculum, g. munusculi², *neut*.

GRACIEUX, *qui est poli et civil*. Comis, *m. f*. come, *n. gén*. comis.

GRADATION. Gradatio, *gén*. gradationis³, *f*.

GRADE. Gradus, g. gradûs⁴, *masc*.

GRADIN. Gradus, g. gradûs⁴, *masc*.

GRADUER, *diviser par degrés*. Gradatim distribuere, distribuo, distribuis, distribui, distributum³, *act*.

GRADUELLEMENT. Gradatim, *adv*.

GRAIN. Granum, g. grani², *n*.

GRAIN *de raisin*. Acinus, g. acini², *m*.

GRAIN, *petite parcelle*. Mica, g. micæ¹, *f*.

GRAIN *de sable*. Arenula, *gén*. arenulæ¹, *f*.

GRAINE. Semen, g. seminis³, *n*.

GRAISSE, *matière huileuse et qui se fond*. Adeps, g. adipis³, *m. et f*.

GRAISSE, *embonpoint*. Obesitas, g. obesitatis³, *fém*. | *Chargé de graisse*. Obesus, a, um, *adj*.

GRAISSER Adipe ungere, ungo, ungis, unxi, unctum³, *act*.

GRAMEN, *herbe*. Gramen, g. graminis³, *n*.

GRAMINÉ, *adj*. Gramineus, ea, eum, *adj*.

GRAMMAIRE. Grammatica, g. grammaticæ¹, *f*.

GRAMMAIRIEN. Grammaticus, g. grammatici², *m*.

GRAMMATICAL. Grammaticus, a, um, *adj*.

GRAMMATICALEMENT, *en grammairien*. Grammaticè, *adv*.

GRAMME. Gramma, g. grammatis³, *n*.

GRAND. Magnus, a, um, *adj*. comp. Major, *m. f*. majus, *n. gén*. majoris; *superl*. Maximus, a, um, *adj*. | *Si grand que*. Tantus, a, um, *adj*. Le que *par* ut, *et le subjonct*. | *Aussi grand que*. Tantus, a, um, *adj*. Le que *par*

GRA

quantus, a, um, adj. On les fait accorder en genre, en nombre et en cas avec le subst. auquel ils se rapportent. Exemple : *Ta vertu est aussi grande que ton esprit.* Tua virtus est tanta, quantum tuum ingenium.

GRAND, *excellent.* Eximius, ia, ium, adj.

GRAND *de taille.* Procerus, a, um, adj. comp. Procerior, m. f. procerius, n. gén. procerioris ; superl. procerissimus. | *Se faire grand,* ou *devenir grand.* Voyez *Grandir.*

GRAND, *violent.* Vehemens, g. vehementis, adj.

LES GRANDS *d'un royaume, etc.* Primates, g. primatum[3], m. plur.

LES GRANDS *d'une ville.* Principes, g. principum[3], m. plur.

GRANDEMENT. Magnopere, adv. Voyez *Beaucoup.*

GRANDEUR. Magnitudo, gén. magnitudinis[3], f.

GRANDEUR *de corps.* Proceritas, g. proceritatis[3], f.

GRANDEUR, *excellence.* Præstantia, g. præstantiæ[1], f.

LES GRANDEURS. Honores, g. honorum[3], m. plur.

GRANDIR, *devenir grand.* Adolescĕre, adolesco, adolescis, adolevi[3], adultum[3], n.

GRAND-MAITRE *de France.* Voyez *Maître.*

GRAND-MERE. Voyez *Mère.*

GRAND-MERCI, *je vous remercie.* Gratias ago ; au pl. gratias agimus.

GRANGE. Horreum, g. horrei[2], n.

GRANIT, *marbre.* Sienites, g. sienitæ[1], m.

GRAPPE *de raisin.* Racemus, g. racemi[2], m.

GRAPPILLER, *ramasser les grappes de raisin que les Vendangeurs ont laissées.* Uvas sublegĕre, sublego, sublegis, sublegi, sublectum[3], act.

GRAPPIN, *sorte de croc.* Harpago, g. harpaginis[3], m.

GRA 289

GRAS, *grasse.* Pinguis, m. f. pingue, n. gén. pinguis. comp. Pinguior, m. f. pinguius, n. gén. pinguioris ; superl. pinguissimus.

La grasse matinée. Totum mane, n. | *Le gras de jambe.* Sura, g. suræ[1], f. | *Terre grasse, argile.* Argilla, g. argillæ[1], f. | *Devenir gras.* Pinguescĕre, pinguesco, pinguescis[3], sans parf. ni supin. n.

GRASSEYER, *parler gras.* Balbutire, balbutio, balbutis, balbutivi, balbutitum[4], n.

GRASSEMENT. Lautè, adv.

GRASSET, *un peu gras.* Subpinguis, m. f. subpingue, n. gén. subpinguis, adj.

GRATIFICATION. Gratificatio, g. gratificationis[3], f.

GRATIFIER. Gratificari, gratificor, gratificaris, gratificatus sum[1], dép. (*La personne au dat., la chose à l'ablat.* avec de.

GRATIS, *sans intérêt.* Gratuitò, adv.

GRATITUDE. Animus gratus, g. animi grati[2], m.

GRATTER. Scabĕre, scabo, scabis, scabi[3], sans sup. acc. | *Se gratter.* Scabĕre se. | *Se gratter la tête.* Scabĕre caput.

GRATTER *la terre.* Terram radĕre, rado, radis, rasi, rasum[3], act.

GRATTOIR, *outil.* Radula, g. radulæ[1], f.

GRATUIT. Gratuitus, a, um, adj.

GRATUITEMENT. Gratuitò, adv.

GRAVE. Gravis, m. f. grave, n. gén. gravis, comp. Gravior, m. f. gravius, n. gén. gravioris ; sup. gravissimus, a, um.

GRAVÉ. Sculptus, a, um, part. pass.

GRAVÉ *dans l'esprit.* In animo impressus, a, um, part. pass. | *Dans la mémoire.* In memoriâ.

GRAVELEUX, *plein de gravier.* Calculosus, a, um, adj.

GRAVELLE. Calculus, g. calculi[2], m.

37

GRAVEMENT. Graviter, *adv. comp.* Graviùs ; *superl.* gravissimè.

GRAVER. Sculpĕre, sculpo, sculpis, sculpsi, sculptum³, *act.* sur *ou* dans *par* in, *et l'abl.*

GRAVER *dans l'esprit.* In animo imprimĕre, imprimo, imprimis, impressi, impressum³, *act.*

GRAVEUR. Sculptor, *g.* sculptoris³, *m.*

GRAVIER. Glarea, *g.* glareæ¹, *f.* | *Plein de gravier.* Glareosus, a, um, *adj.*

GRAVIR, *grimper en se traînant.* Adrepĕre, adrĕpo, adrepis, adrepsi, adreptum³, *n.* | *En quelque endroit.* Aliquò. sur *par* in, *avec l'acc.*

GRAVITÉ. Gravitas, *g.* gravitatis³, *f.*

Avec gravité. Graviter, *adv.*

GRAVOIS, *débris de murs.* Rudera, *g.* ruderum³, *n. plur.*

GRAVURE. Sculptura, *g.* sculpturæ¹, *f.*

GRÉ. Arbitrium, *g.* arbitrii², *n.* | *De bon gré.* Ultrò, *adv.* Contre mon, ton, son, notre, votre gré, *s'exprime par l'adject.* Invitus, a, um, *que l'on fait accorder avec le nom.* Ex. *Je l'ai fait contre mon gré.* Ego invitus feci. | *Il est venu contre son gré.* Ille invitus venit. | *Il est venu contre mon gré.* Venit, me invito, *ablat. absolu.* | *De gré à gré.* Mutuo consensu. | *Au gré de.* Ex voluntate, *avec un génit.* | *Etre au gré de.* Placēre, placeo, places, placui, placitum², *n. dat.* | *Savoir gré à quelqu'un de quelque chose.* Gratulari, gratulor, gratularis, gratulatus sum¹, *dat. de la person. acc. de la chose. Si c'est un verbe qui suit, on exprime* de *par* quòd, *avec le subj.* Ex. *Je vous sais gré d'être venu,* c. à. d. *de ce que vous êtes venu.* Tibi gratulor quòd veneris. | *Se savoir gré de,* changez *par, se réjouir de.* Voyez *Se réjouir.*

LE GREC, ou *la langue grecque.* Lingua græca, *g.* linguæ græcæ¹, *f.* | *En grec.* Græcè, *adv.*

GREDIN, *gueux.* Bliteus, *g.* blitei², *m.*

UN GREFFE *où l'on écrit.* Tabulatum forense, *g.* tabulati² forensis³, *n.*

UNE GREFFE *d'arbre.* Surculus, *g.* surculi², *m.*

GREFFÉ *sur.* Insitus, a, um, *part. pass. avec un dat.*

GREFFER. Surculum inserĕre, insero, inseris, insevi, insitum³, *act.* | *Un arbre.* Arbori, *au datif.*

GREFFIER. Scriba, *g.* scribæ¹, *masc.*

GRÉGEOIS, *feu grégeois.* Ignis græcanicus, *g.* ignis³ græcanici², *m.*

GRÊLE. Grando, *g.* grandinis³, *f.*

GRÊLE, ou *grande quantité.* Imber, *g.* imbris³, *m.*

GRÊLER. Grandinare, *n. Il grêle.* Grandinat, grandinabat, grandinavit, grandinare¹, *impers.* | *Etre grêlé.* Grandine verberari, verberor, verberaris, verberatus sum¹, *pass.* c. à. d. *être battu,* ou *frappé de la grêle.*

GRELOT, *jouet d'enfant.* Crepitaculum, *g.* crepitaculi², *n.*

GRELOTTER, *trembler de froid.* Tremulo frigore quati, quatior, quateris, quassus sum³, *pass.* c. à. d. *être tourmenté d'un froid qui fait trembler.*

GRENADE, *fruit.* Malum punicum, *g.* mali punici², *n.*

GRENADE *de guerre.* Granatum bellicum, *g.* granati bellici², *n.*

GRENADIER, *arbre.* Malus punica, *g.* mali² punicæ¹, *f.*

GRENADIER, *soldat d'élite.* Miles delectus, *g.* militis³ delecti², *m.*

GRENIER. Horreum, *g.* horrei², *n.*

GRENOUILLE. Rana, *g.* ranæ¹, *fém.*

GRENOUILLÈRE, *lieu où il y a beaucoup de grenouilles.* Lacuna

GRI

ranis abundans, g. lacunæ¹ ranis abundantis³, f.

GRENU, plein de grains. Granosus, a, um, adj.

GRÈS, pierre formée de sable fin. Silex, g. silicis³, m.

DE GRÈS. Siliceus, ea, eum, adj.

GRÉSIL, menue grêle. Grando minutula, g. grandinis³ minutulæ², f.

GRÈVE. Glarea, g. glareæ¹, f.

GREVER, incommoder. Gravare, gravo, gravas, gravavi, gravatum¹, act.

GREVER d'impôts. Tributis onerare, onero, oneras, oneravi, oneratum¹, act.

GRIÈCHE, rude, piquant. Asper, aspera, asperum, adj.

PIE-GRIÈCHE, oiseau. Pica græca, g. picæ græcæ¹, f.

GRIEF, adj. Gravis, m. f. grave, n. gén. gravis³, adj.

UN GRIEF, sujet de plainte. Querela, g. querelæ¹, f.

GRIÈVEMENT. Graviter, adv. comp. Gravius; sup. gravissimè.

GRIÈVETÉ. Gravitas, g. gravitatis³, f.

GRIFFE. Unguis, g. unguis³, masc.

GRIFFON. Gryphus, g. gryphi⁴, m.

GRIFFONNAGE, mauvaise écriture. Deformis litteratura, g. deformis³ litteraturæ¹, f.

GRIFFONNER, ou écrire mal. Ineptè scribère, scribo, scribis, scripsi, scriptum³, act.

GRIGNON de pain. Panis crustulum, g. panis crustuli², n.

UN GRIL. Craticula, g. craticulæ¹, f.

GRILLE, ou barreaux. Clathri, g. clathrorum², m. plur.

GRILLER, ou faire griller sur le gril. Torrère, torreo, torres, torrui, tostum², act.

GRILLER avec des barreaux. Clathrare, clathro, clathras, clathravi, clathratum¹, act.

GRI 291

GRILLON, sorte d'insecte. Gryllus, g. grylli², m.

GRIMACE. Contorsio, g. contorsionis³, f.

GRIMACER, faire des grimaces. Os distorquère, distorqueo, distorques, distorsi, distortum², act.

GRIMAUD. Pusio, g. pusionis³, fém.

GRIMOIRE, livre de magie. Liber magicus, g. libri magici², masc.

GRIMOIRE, discours obscur. Sermo obscurus, g. sermonis³ obscuri², m.

GRIMPER. Adrepère, adrepo, adrepis, adrepsi, adreptum³, n. sur par in, et l'acc.

GRINCEMENT. Crepitus, g. crepitûs⁴, m.

GRINCER. Stridère, strideo, strides, stridui², sans sup. neut.

GRINCER des dents. Stridère dentibus, à l'ablat.

GRIOTTE, sorte de cerise. Cerasum acidulum, g. cerasi aciduli², n.

GRIOTTIER. Cerasus acidula cerasa ferens, g. cerasi² acidula cerasa ferentis³, f.

GRIS, qui est gris. Leucophæus, æa, æum, adj. | Barbe grise. Barba canescens, g. barbæ¹ canescentis³, f. | Cheveux gris. Cani, g. canorum², m. plur.

GRISÂTRE, approchant du gris. Leucophæo proximus, a, um, adj.

GRISON, dont les cheveux blanchissent. Canescens, g. canescentis³, m.

GRISONNER. Canescère, canesco, canescis, canui³, sans sup. neut.

GRIVE, oiseau. Turdus, g. turdi², m.

GRIVELÉ, tacheté de blanc et de noir. Albo et atro sparsus, a, um, part. pass.

GRIVELER, faire de petits profits illicites. Compilare, compilo, compilas, compilavi, compilatum[1], *act.*

GRIVELEUR. Depeculator, g. depeculatoris[3], m.

GROGNEMENT. Grunnitus, g. grunnitûs[4], m.

GROGNER, *se dit des pourceaux.* Grunnire, grunnio, grunnis, grunnivi, grunnitum[4], n.

GROIN. Rostrum, *gén.* rostri[2], *neut.*

GROMMELER. Mutire, mutio, mutis, mutivi, mutitum[4], n.

GRONDEMENT. Murmur, g. murmuris[3], n.

GRONDER, ou *murmurer.* Murmurare, murmuro, murmuras, murmuravi, murmuratum[1], n.

GRONDER, *en parlant du tonnerre.* Strepĕre, strepo, strepis, strepui, strepitum[3]. n.

GRONDER, ou *réprimander.* Objurgare, objurgo, objurgas, objurgavi, objurgatum[1], *act.*

GRONDEUR. Querulus, a, um, *adj.*

GROS, *grand, épais.* Crassus, a, um, *adj.*

Devenir gros. Voyez Grossir.

Une femme grosse, enceinte. Gravida, g. gravidæ[1], f.

GROSSE *voix.* Plenissima vox, g. plenissimæ[1] vocis[3]. f.

GROSSE *lettre.* Grandis littera, g. grandis[3] litteræ[1], f.

GROS *yeux.* Eminentes oculi, g. eminentium[3] oculorum[2], m. plur.

Rivière grosse. Fluvius inflatus, g. fluvii inflati[2], m.

GROS, *subst. Un gros de cavalerie.* Equitatûs agmen, g. equitatûs agminis[3], n. | *Le gros de l'armée.* Exercitûs summa, g. exercitûs summæ[1], f.

EN GROS. Summatim, *adv.*

GROSEILLE, *fruit du groseillier.* Grossulariæ acinus, g. grossulariæ[1] acini[2], m.

GROSEILLIER. Grossularia, g. grossulariæ[1], f.

UNE GROSSE, ou *douze douzaines.* Duodeciès duodeni, duodenæ, duodena, *adj. qui s'accorde avec le subst.*

GROSSESSE. Graviditas, g. graviditatis[3], f.

GROSSEUR. Crassitudo, *gén.* crassitudinis[3], f.

De la grosseur de. Ad crassitudinem, *avec un gén.*

GROSSIER, *en parlant des personnes.* Rusticus, a, um, *adj.*

GROSSIER, *épais, en parlant des choses.* Crassus, a, um, *adj.*

GROSSIER, *travaillé sans art.* Invenustus, a, um, *adj.*

GROSSIÈREMENT. Rusticè, *adv. comp.* Rusticiùs ; *superl.* rusticissimè.

GROSSIÈREMENT, *sans art.* Crassè, *adv.*

GROSSIÈRETÉ. Rusticitas, g. rusticitatis[3], f.

GROSSIR, ou *rendre gros.* Augēre, augeo, auges, auxi, auctum[2], *act.*

GROSSIR, ou *devenir gros.* Crescĕre, cresco, crescis, crevi, cretum[3], n.

GROTESQUE. Ridiculus, a, um, *adj.*

Peinture grotesque. Pictura multigenis figuris variata, g. picturæ multigenis figuris variatæ[1], f.

GROTESQUEMENT. Ridiculè, *adv.*

GROTTE. Spelunca, g. speluncæ[1], f.

GROUPPE, *assemblage.* Globus, g. globi[2], m.

GRUAU, *farine d'avoine.* Polenta, g. polentæ[1], f.

GRUAU, *petit d'une grue.* Vipio, g. vipionis[3], f.

GRUE, *oiseau.* Grus, g. gruis[3], f. gén. plur. gruum.

GRUE, *machine à lever.* Grus, g. gruis[3], f.

GRUGER, *réduire en petites parties.* Friare, frio, frias, friavi, friatum[1], *act.*

GRUMEAU. Grumus, g. grumi[2], m.

GUÉ. Vadum, g. vadi², n. | A gué. Vado, à l'ablat.

GUÉABLE. Vadosus, a, um, adj.

GUÈDE, *pastel, herbe*. Glastum, g. glasti², n.

GUENILLE. Voyez Haillon.

GUENON, *femelle du singe*. Simia, g. simiæ¹, f.

GUENUCHE. Simiola, g. simiolæ¹, f.

GUÊPE. Vespa, g. vespæ¹, f.

GUÊPIER. Alveare, g. alvearis³, n.

GUÈRE, *accompagné d'une négation, peu*. Parùm, adv. Avec les verbes Estimer, Priser, Importer, etc., on se sert de parvi. L'on n'exprime pas en latin la négation. | Il n'est guère sage. Parum est sapiens. | Tu n'estimes guère les richesses. Parvi facis divitias.

GUÉRET, *terre nouvellement labourée*. Novalis, g. novalis³, f.

GUÉRIDON, *pour mettre un chandelier*. Columella, g. columellæ¹, f.

GUÉRIR, ou *rendre la santé*. Sanare, sano, sanas, sanavi, sanatum¹, act.

Guérir, ou *se guérir*. Consanescĕre, consanesco, consanescis, consanui³, *sans sup*. n.

Aisé à guérir. Sanabilis, m. f. sanabile, n. gén. sanabilis, adj.

GUÉRISON. Sanatio, g. sanationis³, f.

GUÉRISSABLE. Sanabilis, m. f. sanabile, n. gén. sanabilis, adj.

GUÉRITE. Specula, g. speculæ¹, f.

GUERRE. Bellum, g. belli², n.

De guerre, qui concerne la guerre. Bellicus, a, um, adj.

Faire la guerre. Belligerare, belligero, belligeras, belligeravi, belligeratum¹, neut. à ou contre, à l'abl. avec cum. | *Gens de guerre*. Milites, g. militum³, m. plur. | *Qui ne respire que la guerre*. Ad bellandum arrectus, a, um, adj.

Faire la guerre à quelqu'un pour quelque chose. Voy. Gronder.

GUERRIER, *vaillant*. Bellicosus, a, um, adj.

Guerrier, *subst*. Bellator, g. bellatoris³, m.

GUERRIÈRE. Bellatrix, g. bellatricis³, f.

GUERROYER, *faire la guerre*. Belligerare, belligero, belligeras, belligeravi, belligeratum¹, n.

GUET. Excubiæ, g. excubiarum¹, f. plur.

Faire le guet. Excubare, excubo, excubas, excubui, excubitum¹, n. | *Qui fait le guet*. Excubitor, g. excubitoris³, m. | *Le mot du guet*. Tessera, g. tesseræ¹, f.

LE GUET, *ceux qui font la ronde de nuit*. Circuitores, gén. circuitorum³, m. plur.

Avoir l'œil au guet. Circumspectare, circumspecto, circumspectas, circumspectavi, circumspectatum¹, act.

GUET-APENS Insidiæ meditatæ, g. insidiarum meditatarum¹, f. plur.

DE GUET-APENS. Datâ operâ, à l'ablat. consultò, adv.

GUÊTRE, *sorte de bas*. Pero, g. peronis³, m.

GUETTER. Observare, observo, observas, observavi, observatum¹, act.

GUEULE. Os, g. oris³, m.

GUEUSE, *mendiante*. Mendica, g. mendicæ¹, f.

GUEUSER, *mendier*. Mendicare, mendico, mendicas, mendicavi, mendicatum¹, n.

GUEUSERIE. Mendicitas, g. mendicitatis³, f.

GUEUX, *mendiant*. Mendicus, g. mendici², m.

GUI, *plante parasite*. Viscum, g. visci², n.

GUICHET, *petite porte*. Ostiolum, g. ostioli², n.

GUICHETIER. Janitor, g. janitoris³, m. | *D'une prison*. Carceris.

GUIDE. Dux, g. ducis³, m., et en parlant d'une femme, fém.

GUIDES, rênes pour conduire les chevaux. Habenæ, g. habenarum¹, f. plur.

GUIDER. Ducĕre, duco, ducis, duxi, ductum³, act.

GUIDON, étendard. Vexillum, g. vexilli², n.

GUIDON, celui qui porte le guidon. Vexillarius, gén. vexillarii², masc.

GUIGNE, sorte de cerise. Dulce cerasum, g. dulcis³ cerasi², n.

GUIMAUVE, herbe. Hibiscus, g. hibisei², m.

GUIMPE, morceau de toile dont les religieuses se couvrent la gorge. Mamillare, g. mamillaris³, neut.

GUINDÉ. Inflatus, a, um, adj.

GUINDER, lever en haut. In altum tollere; tollo, tollis, sustuli, sublatum³, act.

GUINGUETTE. Popina, g. popinæ¹, f.

GUIRLANDE, couronne de fleurs. Sertum, g. serti², n.

GUISE, ou manière. Modus, g. modi², m.

A la guise de. Modo, ablat. de Modus, et un gén. | A ma guise. Modo meo, à l'abl. | En guise de. Pro, avec l'ablat.

GUITARE, instrument de musique. Cithara, g. citharæ¹, f.

GUTTURAL, qui se prononce du gosier. Gutturalis, m. f. gutturale, n. gén. gutturalis, adj.

GYMNASE. Gymnasium, gén. gymnasii², n.

GYMNASTIQUE, adj. Gymnasticus, a, um, adj.

LA GYMNASTIQUE, l'art d'exercer le corps. Ars gymnastica, g. artis³ gymnasticæ¹, f.

GYPSE, plâtre. Gypsum, g. gypsi², n.

H.

HA ! interjection. Ah ! Ha ! que je suis misérable ! c. à. d. ha moi misérable ! Ah me miserum ! proh me miserum ! acc.

HABILE, savant. Peritus, a, um, adj. (Le régime de cet adj. se met au génit.) comp. Peritior, m. f. peritius, n. gén. peritioris; superl. peritissimus, a, um.

Un habile homme dans les affaires. Vir rerum gerendarum peritus, g. viri², m.

HABILE, prompt. Celer, m. celeris, f. celere, n. gén. celeris, adj. comp. Celerior, m. f. celerius, n. gén. celerioris ; superl. celerrimus, a, um.

HABILE, propre à une chose. Aptus, a, um, adj. à s'exprime par ad, avec l'acc. ou le gérond. en dum. comp. Aptior, m. f. aptius, n. gén. aptioris; superl. aptissimus, a, um.

HABILE, adroit. Solers, m. f. et n. gén. solertis, adj. comp. Solertior, m. f. solertius, n. gén. solertioris ; superl. solertissimus, a, um.

HABILEMENT, adroitement. Solerter, adv. comp. Solertiùs ; superl. solertissimè.

HABILEMENT, savamment. Peritè, adv.

HABILEMENT, promptement. Celeriter, adv. comp. Celeriùs; sup. celerrimè.

HABILETÉ, industrie. Solertia, g. solertiæ¹, f.

HABILETÉ, science. Peritia, g. peritiæ¹, f.

HABILLÉ. Vestitus, a, um, part. pass. | En femme. Muliebri

HAB

ornata. | *A la persienne.* Ornata persico.

HABILLEMENT. Vestimentum, g. vestimenti², n.

HABILLER *quelqu'un, le vêtir.* Vestire, vestio, vestis, vestivi, vestitum⁴, act.

HABILLER, *mettre à quelqu'un ses habits.* Vestem induĕre, induo, induis, indui, indutum³, act. dat. de la personne.

s'HABILLER, *prendre ses habits.* Vestem induĕre.

HABILLER, *faire des habits.* Vestes conficĕre, conficio, conficis, confeci, confectum³, act.

HABILLER *du poisson, etc. le vider.* Purgare, purgo, purgas, purgavi, purgatum¹, act.

HABIT. Vestis, g. vestis³, f.

HABITABLE. Habitabilis, m. f. habitabile, n. gén. habitabilis, adj.

HABITANT. Incola, g. incolæ¹, masc.

HABITANT *de la campagne.* Ruricola, g. ruricolæ¹, m. | *De la ville.* Civis, g. civis³, m. | *Des bois.* Silvicola, g. silvicolæ¹, m.

HABITATION. Habitatio, g. habitationis³ f.

HABITER. Habitare, habito, habitas, habitavi, habitatum¹, n. | *Lieu qui n'est point habité.* Voy. *Lieu désert.*

HABITUDE, *coutume.* Consuetudo, g. consuetudinis³, f.

HABITUDE, *facilité.* Habitus, g. habitûs⁴, m.

HABITUDE, *connoissance.* Consuetudo, g. consuetudinis³, f.

HABITUÉ. Assuefactus, a, um. *part. pass. dat. de la chose.*

HABITUEL, *tourné en habitude.* Inveteratus, a, um, adj. | *La grâce habituelle.* Animo inhærens divina gratia, g. animo inhærentis³ divinæ gratiæ¹, f.

HABITUELLEMENT, *par habitude.* Ex consuetudine.

HABITUELLEMENT, *très-souvent.* Sæpissimè, adv.

HAI 295

HABITUER. Assuefacĕre, assuefacio, assuefacis, assuefeci, assuefactum³, act. acc. rég. ind. dat. ou gérond. en do.

s'HABITUER *en quelque endroit, y demeurer.* Sedem ponĕre, pono, ponis, posui, positum³, act. Mettez le lieu selon la question *Ubi*; c. à. d. établir sa demeure.

s'HABITUER *à quelque chose.* Voy. *s'Accoutumer.*

HÂBLER. Fabulari, fabulor, fabularis, fabulatus sum¹, dép.

HÂBLERIE. Loquacitas, g. loquacitatis³, f.

HÂBLEUR. Loquax, m. f. et n. gén. loquacis, adj.

HÂBLEUSE, *celle qui hâble.* Nugivenda, g. nugivendæ¹, f.

HACHE. Securis, g. securis³, f. acc. securim, abl. securi.

HACHÉ. Concisus, a, um, part. pass.

HACHER. Concidĕre, concido, concidis, concidi, concisum³, act.

HACHIS. Minutal, g. minutalis³, n.

HAGARD, *farouche.* Truculentus, a, um, adj.

HAI *de.* Invisus, a, um, adj. avec un datif.

Être haï de, c. à. d. *être à haine à.* Esse odio, *et le dat. de la personne.*

UNE HAIE Sepes, g. sepis³, f.

HAIE, *rang.* Ordo, g. ordinis³, masc.

EN HAIE. Longo ordine, *à l'abl.*

HAILLON. Panniculus lacer, g. panniculi laceri², m. Lacer, a, um, *est un adj.*

HAINE. Odium, gén. odii², n. | *Pour quelqu'un.* In aliquem.

EN HAINE *de.* In odium, *avec un gén.*

HAINEUX, *porté à la haine.* Ad odium proclivis, m. f. proclive, n. gén. proclivis, adj.

HAIR, *avoir de la haine pour.* Odisse; prés. de l'ind. odi; parf. osus sum, verbe irrég. avec l'acc.

FAIRE HAÏR. Odium concitare,

concito, concitas, concitavi, concitatum[1], *act. c. à. d. exciter la haine de... contre. Le nom qui suit de, au génit. ; le nom qui suit contre, à l'acc. avec* in.

SE FAIRE HAÏR *de quelqu'un.* Contrahĕre odium alicujus ; contraho, contrahis, contraxi, contractum[3], *act. c. à. d. contracter la haine de.*

HAÏR, *avoir de l'aversion pour les choses.* Abhorrēre, abhorreo, abhorres, abhorrui[2], *sans supin. n. La chose à l'abl. avec* à *ou* ab.

HAIRE, *cilice.* Cilicium, g. cilicii[2], *n.*

HAÏSSABLE. Odiosus, a, um, *adj.*

LE HÂLE. Æstus, g. æstûs[4], *masc.*

HÂLÉ. Adustus, a, um, *adj.* | *Du soleil.* Æstu solis.

HALEINE. Anima, g. animæ[1], *fém.*

Tout d'une haleine. Uno spiritu, *à l'ablat.* | *A perte d'haleine.* Ad interclusionem animæ. | *Être hors d'haleine, ou perdre haleine.* Anhelare, anhelo, anhelas, anhelavi, anhelatum[1], *n.* | *Mettre, ou rendre hors d'haleine, ou faire perdre haleine.* Anhelitum movēre, moveo, moves, movi, motum[2], *act. datif de la personne.* | *Prendre haleine.* Animam ducĕre, duco, ducis, duxi, ductum[3], *act.* | *Reprendre haleine.* Animam recipĕre, recipio, recipis, recepi, receptum[3], *act.*

De longue haleine. Diuturnus, a, um, *adj.*

HALENÉE. Anhelitus, g. anhelitûs[4], *m.*

HALENER, *sentir le gibier.* Odorari, odoror, odoraris, odoratus sum[1], *dép.*

HÂLER, *noircir le teint.* Infuscare, infusco, infuscas, infuscavi, infuscatum[1], *act.*

SE HÂLER, *devenir basané.* Colorari, coloror, coloraris, coloratus sum[1], *pass.* | *Au soleil.* Sole, *à l'ablat.*

HALETANT. Anhelus, a, um, *adj.*

HALLE. Forum, g. fori[2], *n.*

HALLEBARDE. Hasta, g. hastæ[1], *f.*

HALLEBARDIER. Spiculator, g. spiculatoris[3], *m.*

HALLIER, *buisson.* Dumus, g. dumi[2], *m.*

HALTE. Statio, g. stationis[3], *m.*

Faire halte. Subsistĕre, subsisto, subsistis, substiti[3], *sans sup. neut.*

Faire faire halte à l'armée. Aciem sistĕre, sisto, sistis, stiti, stitum[3], *act.*

HALTE, *halte-là, adv.* Sta, *au sing.* State, *au plur.*

HAMAC, *lit suspendu.* Pensilis lectus, g. pensilis[3] lecti[2], *m.*

HAMADRYADE. Hamadryas, g. hamadryadis[3], *f.*

HAMEAU. Viculus, g. viculi[2], *masc.*

HAMEÇON. Hamus, g. hami[2], *m.* | *A l'hameçon.* Hamo, *à l'abl.*

HAMPE. Hastile, g. hastilis[3], *neut.*

HANCHE. Coxa, g. coxæ[1], *f.*

HANGAR. Appendix, g. appendicis[3], *f.*

HANNETON. Scarabæus stridulus, g. scarabæi striduli[2], *m.*

HANTER. Frequentare, frequento, frequentas, frequentavi, frequentatum[1], *act.*

HAPPER. Prehendĕre, prehendo, prehendis, prehendi, prehensum[3], *act.*

HAQUENÉE. Asturco, g. asturconis[3], *m.*

HARANGUE. Oratio, g. orationis[3], *f.*

Petite harangue. Oratiuncula, g. oratiunculæ[1], *f.*

Faire une harangue, ou HARANGUER. Concionari, concionor, concionaris, concionatus sum[1], *dép.*

HARANGUER *quelqu'un.* Concionari ad aliquem. | *Sur quelque chose.* De aliquâ re.

HARANGUEUR. Concionator, g. concionatoris³, m.

HARAS. Armentum, g. armenti², n.

HARASSÉ. Fatigatus, a, um, part. pass. | *Du travail.* Labore, à l'ablat.

HARASSER. Fatigare, fatigo, fatigas, fatigavi, fatigatum¹, act. *A force de travail.* Labore³, abl.

HARCELER. Lacessĕre, lacesso, lacessis, lacessivi, lacessitum³, act.

HARDES, *bagage.* Sarcinæ, g. sarcinarum¹, f. plur.

HARDI. Audax, m. f. et n. gén. audacis. comp. Audacior, m. f. audacius, n. gén. audacioris; superl. audacissimus, a, um.

HARDIESSE, *audace.* Audacia, g. audaciæ¹, f.

Avoir la hardiesse de. Audēre, audeo, audes, ausus sum², n. infin.

HARDIESSE, *assurance.* Libertas, g. libertatis³, f.

Parler avec hardiesse. Liberè loqui³, dép.

HARDIMENT, *avec audace.* Audacter, adv. comp. Audaciùs; superl. audacissimè. adv.

HARDIMENT. Liberè.

HARENG, *poisson.* Harengus, g. harengi², m.

HARGNEUX. Rixosus, a, um, adj.

HARICOT, *espèce de fève.* Phaselus, g. phaseli², m.

HARIDELLE. Equus strigosus, g. equi strigosi², m.

HARMONIE. Harmonia, g. harmoniæ¹, f.

HARMONIEUSEMENT. Modulatè, adv.

HARMONIEUX. Modulatus, a, um, adj.

HARMONIQUE. Harmonicus, a, um, adj.

HARNACHÉ, *en parlant des chevaux.* Stratus, a, um, adj.

HARNOIS. Stratum, g. strati¹, neut.

HARNOIS, *armure complète d'un homme d'armes.* Arma, g. armorum², n. plur. | *Endosser le harnois.* Arma induĕre³. | *Blanchir sous le harnois.* Sub armis consenescĕre, consenesco, consenescis, consenui³, sans supin. n.

HARPE. Lyra, g. lyræ¹, f.

HARPIE. Harpya, g. harpyæ¹, f.

HARPON, *croc.* Harpago, g. harpagonis³, m.

HASARD, *cas fortuit.* Casus, g. casûs⁴, m. | *Par hasard.* Casu, à l'ablat. | *A tout hasard.* Utcunquè erit. | *Qui dépend du hasard.* Fortuitus, a, um, adj.

Porter des coups au hasard. Cæcos ictus inferre, infero, infers, intuli, illatum³, act.

Jeu de HASARD. Alea, g. aleæ¹, fém.

HASARD, *péril.* Periculum, g. periculi², n.

HASARD *d'un combat.* Certaminis alea, g. certaminis aleæ¹, f.

HASARDER *quelque chose, exposer à un danger.* In discrimen adducĕre, adduco, adducis, adduxi, adductum³, act.

HASARDER, *tenter.* Tentare, tento, tentas, tentavi, tentatum¹, act.

HASARDER, ou *se Hasarder, oser.* Audēre, audeo, audes, ausus sum², dépon.

HASARDEUX, *dangereux.* Periculosus, a, um, adj.

HASARDEUX, *hardi.* Audens, g. audentis, adj.

HÂTE. Properatio, g. properationis³, f.

A la hâte, ou *à grande hâte.* Properè, adv.

Ouvrage fait à la hâte. Opus properatum, g. operis³ properati², neut.

HÂTÉ, *qui est pressé.* Properus, a, um, adj.

HÂTÉ, *fait à la hâte.* Properatus, a, um, part. pass.

HÂTER, *presser, avancer.* Accelerare, accelero, acceleras, acceleravi, acceleratum¹, act.

SE HÂTER. Properare, propero, properas, properavi, properatum[1], n.

HÂTIF. Præcox, m. f. et n. gén. præcocis, adj.

HAUSSÉ, élevé en haut. Sublatus, a, um, part. pass.

HAUSSÉ, ou augmenté. Auctus, a, um, part. pass.

HAUSSE-COL, petite plaque de cuivre ordinairement doré, que les officiers portent à leur cou. Lamna ærea, g. lamnæ æreæ[1], f.

HAUSSEMENT d'un mur. Muri exstructio, g. exstructionis[3], f.

HAUSSER en haut. Tollere, tollo, tollis, sustuli, sublatum[3], act.

HAUSSER le cœur. Animum erigere, erigo, erigis, erexi, erectum[3], act.

HAUSSER, augmenter. Voy. Augmenter.

Se hausser sur le bout des pieds. In digitos erigi, erigor, erigeris, erectus sum[3], pass.

HAUT, ou élevé. Altus, a, um, g. alti. comp. Altior, m. f. altius, n. gén. altioris; superl. altissimus, a, um.

Qui a cinq pieds de haut; tournez: Haut de cinq pieds. Altus quinque pedibus.

Le haut bout. Princeps locus, g. principis[3] loci[2], m.

A haute voix. Magnâ voce.

HAUT, en parlant d'une ville, d'une province. Haut s'exprime par superior, m. f. superius, n. gén. superioris.

HAUT, sublime, éminent. Excelsus, a, um, adj.

LE HAUT, ou la cime. Fastigium, g. fastigii[2], n. | Par le haut. A summo.

HAUT, adv. Altè. comp. Altius; superl. altissimè.

En haut. Sursùm, adv. | D'en haut. Supernè. | D'en haut, du ciel. Divinitùs, adv. | Qui est d'en haut ou en haut. Supernus, a, um, adj. | De haut en bas. A summo ad imum.

HAUTAIN. Superbus, a, um, adj. comp. Superbior, m. f. superbius, n. gén. superbioris; superl. superbissimus, a, um.

D'un air hautain, ou

HAUTAINEMENT. Arroganter, adv.

HAUTBOIS. Tibia major, g. tibiæ[1] majoris[3], f.

HAUT-DE-CHAUSSES. Bracæ, g. bracarum[2], f. plur.

HAUTE-CONTRE, partie de musique entre le dessus et la taille. Alter ab acuto sonus, g. alterius ab acuto soni[2], m.

HAUTEMENT, ouvertement. Apertè, adv.

HAUTEMENT, fièrement. Superbè, adv.

HAUTESSE, titre du sultan. Celsitudo, g. celsitudinis[3], f.

HAUTEUR. Altitudo, g. altitudinis[3], f.

UNE HAUTEUR, ou un lieu élevé. Tumulus, g. tumuli[2], m.

LES HAUTEURS. Summa cacumina, summarum[2] cacuminorum[3], n.

Tomber de sa hauteur. Labi, labor, laberis, lapsus sum[3], dép.

HAUTEUR, fierté. Ferocitas, g. ferocitatis[3], f.

Avec hauteur. Ferociter, adv.

HAUT-MAL. Morbus comitialis, g. morbi[2] comitialis[3], m. | Qui tombe du haut-mal. Epilepticus, a, um, adj.

HAVE, hideux de maigreur. Macie horridus, a, um, part. pass.

HAVRE, port. Portus, g. portûs[4], m. dat. et abl. pl. portubus.

HAVRESAC. Sacciperium, g. sacciperii[2], n.

HÉ! interjection. Ah!

HEAUME, espèce de casque. Galea, g. galeæ[1], f.

HEBDOMADAIRE, qui se renouvelle chaque semaine. Hebdomarius, ia, ium, adj.

HÉBÉTÉ. Stupidus, a, um, adj.

HÉBÉTER. Facere hebetem, c'est-à-dire, rendre hébété. Hebes, m. f. et n. gén. hebetis

HEP

adj. qui s'accorde avec le régime du verbe Facio, facis, feci, factum[3], *act.*

HÉBRAIQUE. Hebraïcus, a, um, *adj.*

HÉBREU. Hebræus, æa, æum, *adj.*

En hébreu. Hebraïcè, *adv.*

HÉCATOMBE, *sacrifice de cent victimes.* Hecatombe, g. hecatombes[1], *f.*

HÉGIRE, *époque.* Æra, gén. æræ[1], *f.*

HÉLAS ! *interjection.* Heu ! *On met après* heu *un acc. sans exprimer le verbe qui suit ; comme :* Hélas ! que je suis misérable, *c. à. d.* hélas moi misérable ! Heu me miserum !

HÉLIOTROPE, *tournesol, fleur.* Heliotropium, g. heliotropii[2], *n.*

HELLÉBORE. Helleborum, g. hellebori[2], *n.*

HELLÉNISME, *phrase grecque.* Hellenismus, g. hellenismi[2], *m.*

HEM ! *interjection pour appeler.* Heus !

HÉMICYCLE, *demi-cercle.* Hemicyclus, g. hemicycli[2], *m.*

HÉMINE, *mesure des anciens.* Hemina, g. heminæ[1], *f.*

HÉMISPHÈRE, *moitié du globe.* Hemispherium, g. hemispherii[2], *n.*

HÉMISTICHE, *la moitié d'un vers.* Dimidius versus, g. dimidii[2] versûs[4], *m.*

HÉMORRAGIE, *perte de sang.* Sanguinis profluvium, g. sanguinis profluvii[2], *n.*

HÉMORROIDES. Hemorroïdes, g. hemorroïdum[3], *f. plur.*

HENDÉCASYLLABE, *vers phaleuce de onze syllabes.* Hendecasyllabus, g. hendecasyllabi[2], *m.*

HENNIR. Hinnire, hinnio, hinnis, hinnivi, hinnitum[4], *n.*

HENNISSEMENT, *cri du cheval.* Hennitus, g. hennitûs[4], *m.*

HÉPATIQUE, *qui concerne le foie.* Hepaticus, a, um, *adj.*

HEPTAGONE, *qui a sept angles.* Heptagonus, a, um, *adj.*

HÉR 299

HÉRAUT d'armes. Caduceator, g. caduceatoris[3], *m.*

HÉRAUT, *crieur public.* Præco, g. præconis[3], *m.*

HERBAGES. Olera, g. olerum[3], *n. plur.*

HERBE. Herba, g. herbæ[1], *f.*

Venir en herbe. Herbescĕre, herbesco, herbescis[3], *sans prét. ni supin. n.*

HERBETTE. Herbula, g. herbulæ[1], *f.*

HERBIER, *collection de plantes.* Herbarium, g. herbarii[2], *n.*

HERBIÈRE, *celle qui vend des herbes.* Herbaria, g. herbariæ[1], *fém.*

HERBORISER, *aller chercher des herbes.* Herbas medicas perquirĕre, perquiro, perquiris, perquisivi, perquisitum[3], *act.*

HERBORISTE. Herbarius, g. herbarii[2], *m.*

HERBU, *garni d'herbes.* Herbosus, a, um, *adj.*

HÉRÉDITAIRE. Hæreditarius, ia, ium, *adj.*

HÉRÉDITÉ, *succession.* Hæreditas, g. hæreditatis[3], *f.*

HÉRÉSIARQUE. Hæresis architectus, g. hæresis architecti[2], *m.* c. à. d. *auteur d'hérésie.*

HÉRÉSIE. Hæresis, g. hæresis, ou hæreseos[3], *f. acc.* hæresim, *abl.* hæresi.

HÉRÉTIQUE. Hæreticus, a, um, *adj.*

HÉRISSÉ. Hirsutus, a, um, *part. pass.*

se HÉRISSER. Horrescĕre, horresco, horrescis, horrui[3], *sans supin. n.*

HÉRISSON, *animal.* Herinaceus, g. herinacei[2], *m.*

HÉRITAGE. Hæreditas, g. hæreditatis[3], *f.* | *Si c'est une terre.* Hæredium, g. hæredii[2], *n.*

HÉRITER. Hæreditate adipisci, adipiscor, adipisceris, adeptus sum[3], *dépon. acc. de la chose dont on hérite, ablat. de la personne de laquelle on hérite, avec* à ou ab; c. à. d. obtenir par héritage quelque chose de quelqu'un. | J'hérite de lui, c. à. d. je suis son héritier. Sum hæres illius.

HÉRITIER. Hæres, g. hæredis[3], masc.

HÉRITIÈRE. Hæres, g. hæredis[3], f.

HERMAPHRODITE, des deux sexes. Hermaphroditus, g. hermaphroditi[2], m.

HERMÉTIQUEMENT. Hermeticè, adv.

HERMINE. Mustela, g. mustelæ[1], f.

HERMITAGE. Voy. Ermitage.

HERMITE. Voyez Ermite.

HERNIE. Hernia, g. herniæ[1], fem.

HÉROINE. Heroïna, g. heroïnæ[1], f.

HÉROIQUE. Heroïcus, a, um, adj.

HÉROIQUEMENT, en héros. Heroum more.

HÉROISME. Excelsitas, g. excelsitatis[3], f.

HÉRON, oiseau. Ardea, g. ardeæ[1], f.

HÉROS. Heros, g. herois[3], m. | De héros, ou héroïque. Heroïcus, heroïca, heroïcum, adj.

HERSE, instrument de bois à rompre les mottes. Occa, g. occæ[1], fém.

HERSER. Occare, occo, occas, occavi, occatum[1], act.

HÉSITATION. Hæsitantia, g. hæsitantiæ[1], f.

HÉSITER, être incertain, s'arrêter en parlant. Hæsitare, hæsito, hæsitas, hæsitavi, hæsitatum[1], n.

HÉTÉROCLITE, irrégulier. Heteroclitus, a, um, adj.

HÉTÉRODOXE, qui erre contre la foi. Heterodoxus, a, um, adj.

HÉTÉROGÈNE, d'une nature différente. Genere similis, m. f. simile, n. gén. similis, adj.

HÊTRE, arbre. Fagus, g. fagi[2], f. | Qui est de hêtre. Faginus, a, um, adj.

HEURE. Hora, g. horæ[1], f. Une demi-heure. Semi hora, g. semi horæ[1], f. | Une heure et demie. Sesquihora, g. sesquihoræ[1], f. | Quelle heure est-il ? Quota hora est ? | Il est une heure, ou l'heure première. Prima hora. On sous-entend est. | Il est une heure et demie. Est hora sesqui prima. | Il est deux heures, ou l'heure deuxième. Est hora secunda. | Il est deux heures et demie. Est hora sesqui secunda. | Il y a une heure que, c. à. d. depuis une heure. Ab unâ horâ, avec l'indic. le que ne s'exprime pas. Exemple : Il y a une heure que je suis venu. Ab unâ horâ veni. Il y a plus de trois heures que, c. à. d. depuis trois heures et plus. A tribus horis et ampliùs ; le que ne s'exprime pas, l'on met l'indic. | Sur l'heure, ou à l'heure même. Extemplò, adv. | A cette heure. Nunc, adv. | Jusqu'à cette heure. Hactenùs, adv. | Tout à l'heure. Mox, adv. | A toute heure. Omni tempore. | De bonne heure. Maturè, adv. | De meilleure heure. Matùriùs, comp. adv. | De trop bonne heure. Præmaturè, adv. | A heure indue. Intempestivè, adv. | D'heure en heure. In horas. | A la bonne heure, ou à propos. Opportunè, adv. | A la bonne heure, heureusement. Feliciter, adv. | La dernière heure. Hora suprema, g. horæ supremæ[1], fém. | Etre à sa dernière heure. In ultimis esse.

HEURES, livre de prières. Sacrarum precum libellus, g. sacrarum precum libelli[2], m.

HEUREUSEMENT. Feliciter, adv. comp. Felicius ; superl. felicissimè.

HEUREUX. Felix, m. f. et n. gén. felicis. comp. Felicior, m. f. felicius, n. gén. felicioris ; superl. felicissimus, a, um.

HEUREUX, *favorable*. Faustus, a, um, adj.

HEUREUX, *avantageux*, *distingué*. Egregius, ia, ium, adj.

HEURTER, *choquer rudement*. Offendĕre, offendo, offendis, offendi, offensum³, act. | *Du pied contre une pierre*. Pedem ad lapidem.

HEURTER *contre un rocher*. Incidĕre in scopulos; c. à. d. *tomber sur des rochers*. Incido, incidis, incidi, incasum³, n.

HEURTER, *frapper à la porte*. Fores percutĕre, percutio, percutis, percussi, percussum³, act.

HEURTER, *être contraire*. Adversari, adversor, adversaris, adversatus sum¹, *dép. dat.* | *La raison*. Rationi.

SE HEURTER, *en parlant de deux vaisseaux, de deux armées*. Concurrĕre, concurro, concurris, concurri, concursum³, n.

HEXAGONE, *qui a six angles*. Hexagonus, a, um, adj.

HEXAMÈTRE. Hexameter, hexametra, hexametrum, g hexametri, hexametræ, hexametri, adj.

HIATUS, *rencontre de deux voyelles qui rendent dure la prononciation*. Hiatus, g. hiatûs⁴, m.

HIBOU, *oiseau de nuit*. Bubo, g. bubonis³, m.

HIDEUSEMENT, *d'une manière hideuse*. Horridè, adv.

HIDEUX. Horridus, a, um, adj.

HIE, *instrument pour enfoncer les pavés*. Fistuca, g. fistucæ¹, f.

HIÈBLE, *plante*. Ebulus, g. ebuli², m.

HIER, *enfoncer*. Fistucare, fistuco, fistucas, fistucavi, fistucatum¹, act. | *Le pavé*. Solum, à *l'accus*.

HIER. Heri, adv. | *Qui est d'hier*. Hesternus, a, um, adj. | *Avant-hier*. Nudius tertius, *indéclin*.

HIÉRARCHIE. Hierarchia, g. hierarchiæ¹, f.

HIÉRARCHIQUE. Hierarchicus, a, um, adj.

HIÉROGLYPHE, *symbole mystérieux dont se servoient les Egyptiens*. Symbolum hieroglyphicum, g. symboli hieroglyphici², neut.

HIÉROGLYPHIQUE. Hieroglyphicus, a, um, adj.

HILARITÉ. Hilaritas, g. hilaritatis³, f.

HIPPOCENTAURE, *monstre fabuleux, demi-homme et demi-cheval*. Hippocentaurus, g. hippocentauri², m.

HIPPOCRÈNE, *fontaine*. Hippocrene, g. hippocrenes¹, f.

HIPPODROME, *place destinée aux courses des chevaux*. Hippodromus, g. hippodromi², m.

HIPPOGRIPHE, *monstre*. Equivultur, g. equivulturis³, m.

HIPPOPOTAME, *quadrupède amphibie très-gros*. Hippopotamus, g. hippopotami², m.

HIRONDELLE. Hirundo, g. hirundinis³, f.

HISSER, *hausser*. Attollere, attollo, attollis³; *sans prét. ni sup.* act.

HISTOIRE. Historia, g. historiæ¹, f.

HISTORIEN. Historicus, g. historici², m.

HISTORIER, *orner*. Ornare, orno, ornas, ornavi, ornatum¹, act.

HISTORIETTE. Fabella, g. fabellæ¹, f

HISTORIOGRAPHE. Historiographus, g. historiographi², m.

HISTORIQUE. Historicus, a, um, adj.

HISTORIQUEMENT. Historicâ fide, *à l'ablat*.

HISTRION. Histrio, g. histrionis³, f.

HIVER. Hiems, g. hiemis³, f. *Sur la fin de l'hiver*. Extremâ hieme, *ablat*.

D'hiver. Hibernus, a, um, adj. *Quartier d'hiver*. Hiberna, g. hibernorum², n. plur.

Etre en quartier d'hiver, ou HIVERNER, *passer l'hiver*, son *quartier d'hiver.* Hiemare, hiemo, hiemas, hiemavi, hiematum[1], *n.*

HOBEREAU, *oiseau de proie.* Pygargus, g. pygargi[2], *m.*

HOCHE, *entaillure.* Crena, g. crenæ[1], *f.*

HOCHEMENT *de tête.* Capitis motus, g. capitis motus[4], *m.*

HOCHER *la tête, la remuer.* Caput quatere, quatio, quatis, quassi, quassum[3], *act.*

HOCHET, *jouet d'enfant.* Crepitaculum, g. crepitaculi[2], *n.*

HOIRIE, *succession.* Hæreditas, g. hæreditatis[3], *f.*

HOLA ! *interjection.* Heus ! *holà ! c'est assez.* Ohe ! jam satis est. | *Holà ! venez ici.* Heus ! ades.

HOLOCAUSTE, *sacrifice.* Holocaustum, g. holocausti[2], *n.*

HOMBRE, *jeu.* Hominis ludus, g. hominis ludi[2], *m.*

HOMÉLIE, *discours sur l'évangile.* Homelia, g. homeliæ[1], *f.*

HOMICIDE, *meurtre.* Homicidium, g. homicidii[2], *n.*

HOMICIDE, *meurtrier.* Homicida, g. homicidæ[1], *m.*

HOMICIDE, *au féminin.* Interfectrix, g. interfectricis[3].

Fer homicide. Lethale ferrum, g. lethalis[3] ferri[2], *n.*

HOMMAGE. Reverentia, g. reverentiæ[1], *f.*

Rendre hommage à quelqu'un. Reverentiam præstare, præsto, præstas, præstiti, præstitum[1], *act. dat. de la personne.*

Rendre hommage à Dieu. Deo debitum honorem præstare.

Rendre hommage, reconnoître la supériorité de quelqu'un. Fasces submittere, submitto, submittis, submisi, submissum[3], *act. à par ante avec l'accus.*

HOMME, *en général.* Homo, g. hominis[3], *m.*

HOMME, *pour le distinguer de la femme.* Vir, gén. viri[2], *m.* | *Homme de cœur.* Vir magnanimus, g. viri magnanimi[2], *masc.* | *Homme de bien.* Vir probus, g. viri probi[2], *m.* | *Il est homme, ou femme à.* (Voyez *la Grammaire latine.*)

D'HOMME, *ou qui concerne l'homme.* Humanus, a, um, *adj.*

D'HOMME, *pour l'âge, ou le courage.* Virilis, m. f. virile, n. gén. virilis, *adj.* | *Habit d'homme.* Toga virilis, g. togæ[1] virilis[3], *f.* | *En homme de cœur.* Viriliter, *adv.* | *D'homme à homme.* Viritim, *adv.*

HOMOGÈNE. Congener, gén. congeneris, *adj. des 3 genres.*

HOMONYME, *de même nom.* Homonymus, a, um, *adj.*

HONGRE, *cheval hongre.* Cantherius, g. cantherii[2], *m.*

HONNÊTE, *conforme à la probité.* Honestus, a, um, *adj.*

HONNÊTE, *civil.* Urbanus, a, um, *adj.*

HONNÊTE, *décent.* Decens, g. decentis, *des 3 genres, adj.*

HONNÊTEMENT, *avec probité.* Honestè, *adv. comp.* Honestiùs ; *superl.* honestissimè.

HONNÊTEMENT, *avec civilité.* Urbanè, *adv.*

HONNÊTEMENT, *avec décence.* Decenter, *adv.*

HONNÊTETÉ. Honestas, *gén.* honestatis[3], *f.*

HONNÊTETÉ, *civilité.* Urbanitas, g. urbanitatis[3], *f.* | *Avec honnêteté.* Urbanè, *adv.*

HONNEUR, *vertu, probité.* Virtus, g. virtutis[3], *f.*

Homme d'honneur. Vir honestus, g. viri honesti[2], *m.*

HONNEUR, *gloire.* Honor, gén. honoris[3], *m.*

Par honneur. Honoris causâ. | *Tenir à honneur, ou se faire honneur de.* Honori ducere, duco, ducis, duxi, ductum[3], *act. acc. de la chose, ou un infin.* | *Faire honneur à ses parens.* Esse honori propinqui, *au dat.* | *En l'honneur de.* In honorem, *avec un gén. de la personne.* | *Sauf l'honneur que je vous dois.* Pace tuâ. *Si l'on parle à plusieurs,* pace vestrâ, *à l'ablatif.*

| *Faire à quelqu'un l'honneur de*, ou *daigner*. Dignari, dignor, dignaris, dignatus sum[1], *dépon. avec un infinit.* | *Il me fera l'honneur de m'écrire*, c. à. d. *il daignera écrire à moi.* Dignabitur scribĕre ad me.

AVEC HONNEUR. Honorificè, *adv.*

SANS HONNEUR, *qui n'a point d'honneur.* Inglorius, ia, ium, *adj.* | *Aux dépens de l'honneur de.* Per dedecus, *avec un gén.* | *Aux dépens de mon honneur.* Per meum dedecus.

Le point d'honneur. Existimatio, g. existimationis[3], f.

HONNEUR, *chasteté.* Pudicitia, g. pudicitiæ[1], f.

LES HONNEURS, *les dignités.* Honores, g. honorum[3], m. pl.

Honneurs funèbres. Exsequiæ, g. exsequiarum[1], f. plur.

HONNI, *couvert de honte.* Ignominiâ affectus, a, um, *adj.*

HONORABLE, *en parlant des personnes.* Honoratus, a, um, *comp.* Honoratior, m. f. honoratius, n. gén. honoratioris; *sup.* honoratissimus, a, um. | *En parlant des choses.* Honorificus, a, um[1], *adj. compar.* Honorificentior, m. fém. honorificentius, n. gén. honorificentioris; *sup.* honorificentissimus, a, um.

HONORABLEMENT. Honorificè, *adv.*

HONORAIRE. Honorarius, ia, ium, *adj.*

HONORAIRE, *rétribution.* Honorarium, g. honorarii[2], n.

HONORÉ ou *respecté.* Cultus a, um, *part. pass.*

HONORÉ *d'une charge.* Munere donatus, a, um, *adj.*

HONORER, *respecter, révérer.* Colĕre, colo, colis, colui, cultum[3], *act.*

Honorer quelqu'un de sa confiance, se tourne *par faire quelqu'un participant de ses desseins.* Ex. *Il m'a honoré de sa confiance.* Me socium et conscium consiliorum suorum fecit.

Honorer de sa présence une assemblée, se tourne par *assister à une assemblée*. Comitia obire.

Honorer quelqu'un de ses commandemens, se tourne par *commander à quelqu'un.* Jubēre, jubeo, jubes, jussi, jussum[2], *act.*

HONORIFIQUE, *d'honneur*. Honorificus, a, um, *adj. comp.* Honorificentior, m. f. honorificentius, n. gén. honorificentioris; *superl.* honorificentissimus, a, um.

HONTE ou *pudeur.* Pudor, g. pudoris[3], m. | *Avoir honte.* Pudēre, pudet, puduit, *impers.* Voyez dans la Grammaire latine la règle me pœnitet culpæ meæ. | *Faire honte à.* Pudorem incutĕre, incutio, incutis, incussi, incussum[3], *act. dat. de la personne.* | *Rougir de honte.* Erubescĕre, erubesco, erubescis, erubui[3], *sans supin. n.*

HONTE ou *déshonneur.* Dedecus, g. dedecoris[3], n. | *A la honte.* Cum dedecore, *et un gén.*

N'est-ce pas une honte! tournez, *n'est-il pas honteux!* Nonne turpe est? *avec un infin.*

HONTEUSEMENT. Turpiter, *adv. comp.* Turpiùs; *superl.* turpissimè.

HONTEUX, *en parlant des personnes.* Pudens, g. pudentis, *des 3 genres.*

HONTEUX, *en parlant des choses.* Turpis, m. f. turpe, n. gén. turpis. *comp.* Turpior, m. f. turpius, n. gén. turpioris; *sup.* turpissimus, a, um.

HÔPITAL, *pour les pauvres.* Ptochotrophium, g. ptochotrophii[2], n.

HÔPITAL *pour les malades.* Nosocomium, g. nosocomii[2], n.

HOQUET. Singultus, g. singultûs[4], m.

HORDE, *troupe.* Turba, g. turbæ[1], f.

HORIZON. Horizon, g. horizontis[3], m.

HORIZONTAL. Horizonti respondens, m. f. et n. gen. respondentis.

HORIZONTALEMENT. Situ horizonti respondens:i.

HORLOGE. Horologium, g. horologii[2], n.

HORLOGER. Horologiorum opifex, g. horologiorum opificis[3], m.

HORMIS. Præter, avec l'acc.

HOROSCOPE, ou bonne aventure. Horoscopus, g. horoscopi[2], m. Dresser, tirer, dire l'horoscope de quelqu'un, c. à. d. prédire à quelqu'un sous quelle destinée il est né. Prædicere[3] alicui quo falto natus sit.

Tireur d'horoscope. Chaldæus, g. chaldæi[2], m.

HORREUR. Horror, g. horroris[3], m.

Etre saisi d'horreur. Cohorrescere, cohorresco, cohorrescis, cohorrui[3], sans supin. n. | Avoir horreur de, ou avoir en horreur. Abhorrere, abhorreo, abhorres, abhorrui[2], sans supin. n. Le nom de ce que l'on a en horreur, se met à l'abl. avec à ou ab.

HORREUR, saisissement de crainte ou de respect. Pavor, g. pavoris[3], masc.

HORRIBLE. Horrendus, a, um, adj.

HORRIBLE, excessif. Immanis, m. fem. immane, n. gen. immanis, adj.

HORRIBLEMENT. Horrendum in modum.

HORRIBLEMENT, excessivement. Præter modum.

HORS, préposition de lieu. Extrà, avec l'acc. | Hors de saison. Intempestivè, adv. | Hors de soi. Impotenti animo, à l'abl. | Hors de propos. Inopportunus, a, um, adj.

HORS, excepté. Præter, avec l'acc.

HOSPICE. Hospitium, g. hospitii[2], n.

HOSPITALIER. Hospitalis, m. f. et n. gen. hospitalis, adj.

HOSPITALITÉ. Hospitalitas, g. hospitalitatis[3], f. | Exercer l'hospitalité. Hospitium præstare, præsto, præstas, præstiti, præstitum[1], dat. de la personne.

HOSTIE, victime. Hostia, g. hostiæ[1], f.

HOSTILE, qui annonce un ennemi. Hostilis, m. f. hostile, n. gen. hostilis, adj.

HOSTILEMENT. Hostiliter, adv.

HOSTILITÉ. Hostilitas, g. hostilitatis[3], f.

Faire des hostilités, des actions d'hostilité. Facere hostilia, à l'acc. n. plur.

HOTE, qui reçoit chez soi, ou qui est reçu. Hospes, g. hospitis[3], masc.

HÔTE, maître d'hôtellerie. Caupo, g. cauponis[3], m.

HÔTEL, palais. Palatium, g. palatii[2], n.

HÔTEL de ville. Basilica, g. basilicæ[1], f.

Maître d'hôtel. Structor, g. structoris[3], m.

HÔTEL ou hôtellerie. Voyez ce mot.

HOTEL-DIEU. Voyez Hôpital.

HOTELIER. Caupo, g. cauponis[3], m.

HOTELLERIE. Diversorium, g. diversorii[2], n.

HOTESSE. Caupona, g. cauponæ[1], f.

HOTTE, instrument à porter derrière le dos. Sporta, g. sportæ[1], f.

HOUBLON, herbe. Lupus salictarius, g. lupi salictarii[2], m.

HOUE, sorte de pioche. Ligo, g. ligonis[3], m.

HOUER. Pastinare, pastino, pastinas, pastinavi, pastinatum[1], act.

HOUILLE. Fossilis carbo, g. fossilis carbonis[3], m.

HOULE, vague. Fluctuum æstus, g. æstûs[4], m.

HOULETTE, bâton de berger.

HUI · HUM

Pastorale pedum, *g.* pastorale pedi², *n.*

HOULEUX, *agité.* Æstuosus, a, um, *adj.*

HOUPE. Apex, *g.* apicis³, *m.*

HOUSSE, *sorte de couverture de lit.* Stragulum, *g.* straguli², *n.*

Housse de cheval. Stratum, *g.* strati², *n.*

HOUSSINE. Virgula, *g.* virgulæ¹, *f.*

HOUX, *plante.* Aquifolium, *g.* aquifolii², *n.*

HOYAU, *sorte de pioche.* Ligo, *g.* ligonis³, *m.*

HUÉE. Vociferatio, *g.* vociferationis³, *f.*

HUER, *ou poursuivre avec des huées.* Sibilo consectari, consector, consectaris, consectatus sum¹, *dép. acc. de la personne.*

Être hué. Clamoribus excipi, excipior, exciperis, exceptus sum³, *pass.*

HUILE. Oleum, *g.* olei², *n.*

HUILER. Oleo ungere, ungo, ungis, unxi, unctum¹, *act. c. à. d. oindre, frotter d'huile.*

HUILEUX. Oleosus, a, um, *adj.*

HUILIER, *vase.* Olearium vasculum, *g.* olearii vasculi², *n.*

HUIS, *ou porte.* Ostium, *g.* ostii², *n.* | *A huis clos.* Clausâ januâ.

HUISSIER, *ou Sergent.* Accensus, *g.* accensi², *m.*

HUIT, *nombre.* Octo, *plur. indéclinable de tout genre.*

Huit fois. Octiès, *adv.* | *Huit cents.* Octingenti, octingentæ, octingenta. | *Huit centième.* Octingentesimus, a, um, *adj.*

Huit cents fois. Octingentiès, *adv.*

HUIT, *en parlant de l'année, comme :* L'an huit. *Voy.* Huitième.

HUIT, *joint à un nom propre, se tourne par* Huitième. | *Louis huit, dites* Louis huitième. Ludovicus octavus.

HUITAINE. Octo dies, *g.* octo dierum⁵, *m. plur.*

Dans la huitaine. Intra octo dies.

HUITIÈME. Octavus, a, um, *adj.*

Pour la huitième fois. Octavùm, *adv.*

HUITIÈMEMENT. Octavò, *adv.*

HUÎTRE. Ostrea, *g.* ostreæ¹, *f.* | *Abondant en huîtres.* Ostreosus, a, um, *adj.*

HUMAIN, *qui concerne l'homme.* Humanus, a, um, *adj.*

Les humains. Homines, *g.* hominum³, *m. plur.*

HUMAIN, *sensible à la pitié.* Humanus, a, um, *adj.*

HUMAINEMENT, *avec sensibilité.* Humanè, *adv. comp.* Humaniùs ; *superl.* humanissimè.

HUMAINEMENT, *à la manière des hommes.* Humano more.

HUMANISER, *rendre traitable.* Ad humanitatem informare, informo, informas, informavi, informatum¹, *act. c. à. d. former à la douceur.*

S'HUMANISER, *devenir plus traitable.* Humaniorem fieri ; humanior fio, fis, factus sum³, *pass.* Humanior, *comp. de* Humanus, *s'accorde avec le sujet de* Fio, *par la règle* Deus est sanctus.

HUMANISTE, *écolier d'humanité.* Litteris humanioribus studens, *g.* litteris humanioribus studentis³, *m.*

HUMANITÉ, *la nature humaine.* Humanitas, *g.* humanitatis³, *f.*

HUMANITÉ, *bonté.* Humanitas, *g.* humanitatis.

Avec humanité. Humanè, *adv.*

LES HUMANITÉS. Humaniores litteræ, *g.* humaniorum³ litterarum¹, *f. plur.*

HUMBLE, *bas, pauvre.* Humilis, *m. f.* humile, *n. gén.* humilis, *adj. comp.* Humilior, *m. f.* humilius, *n. gén.* humilioris ; *superl.* humillimus, a, um.

HUMBLE, *modeste.* Modestus, a, um, *adj.*

Humbles prières. Infimæ preces, *g.* infimarum¹ precum³, *f.*

HUMBLE, soumis. Submissus, a, um, adj.

HUMBLEMENT. Humiliter, adv. comp. Humiliùs ; superl. humillimè.

HUMBLEMENT, modestement. Modestè, adv.

HUMBLEMENT, avec soumission. Submissè, adv.

HUMECTER. Humectare, humecto, humectas, humectavi, humectatum³, act.

s'HUMECTER. Humescere, humesco, humescis³, sans parf. ni sup. n.

HUMER. Sorbēre, sorbeo, sorbes, sorbui, sorptum², act.

HUMEUR du corps, etc. Humor, g. humoris³, m.

HUMEUR, ou le naturel. Indoles, g. indolis³, f.

Suivre son humeur. Genio indulgēre, indulgeo, indulsi, indulsum², neut.

Etre d'humeur à, suivi d'un verbe. Esse eâ indole ut, avec le subjonct. (Voyez la Grammaire latine.) Etre de l'humeur de, ou être de même humeur que. Congruēre, congruo, congruis, congrui³, sans sup. n. Que s'exprime par cum, avec l'abl.

Bonne humeur. Hilaritas, g. hilaritatis³, f.

Etre en belle humeur. Esse hilari animo, à l'ablat.

Se mettre en bonne humeur. Hilarescēre, hilaresco, hilarescis³, sans prét. ni supin. n. | Prendre de la mauvaise humeur, ou se mettre en mauvaise humeur contre quelqu'un. Irasci, irascor, irasceris, iratus sum³, dép. contre ne s'exprime pas; le nom qui suit se met au dat.

Mauvaise humeur. Morositas, g. morositatis³, f. | Mettre de mauvaise humeur. Voyez Fâcher.

Je suis en humeur de. Lubet mihi; lubet, lubuit, lubēre², imp. dat. de la personne qui est en humeur, et le verbe à l'infin.

HUMEUR chagrine, noire. Tetricitas, g. tetricitatis³, f.

HUMIDE. Humidus, a, um, adj.

Devenir humide. Humescēre, humesco, humescis³, sans parf. ni supin. n.

HUMIDEMENT. Humidè, adv.

HUMIDITÉ. Humor, g. humoris³, m.

HUMILIANT, bas. Abjectus, a, um, adj.

HUMILIATION, l'action de s'humilier. Voluntaria demissio, g. voluntariæ¹ demissionis³, f.

HUMILIATION, événement par lequel on est humilié. Inustum dedecus, g. inusti² dedecoris³, n.

LES HUMILIATIONS, les mépris que l'on reçoit. Contemptiones, g. contemptionum³, f. plur.

HUMILIÉ. Depressus, a, um, adj.

HUMILIER. Deprimēre, deprimo, deprimis, depressi, depressum³, act.

s'HUMILIER. Se abjicēre, abjicio, abjicis, abjeci, abjectum³, act.

HUMILITÉ, vertu chrétienne. Humilitas, g. humilitatis³, f.

HUMILITÉ, modestie. Modestia, g. modestiæ¹, f.

HUNE d'un vaisseau. Carchesium, g. carchesii², n.

HUPPE, oiseau. Upupa, gén. upupæ¹, f.

HUPPE, crête d'oiseau. Crista, g. cristæ¹, f.

HUPPÉ. Cristatus, a, um, part. pass.

HURE d'un sanglier, d'un brochet. Caput, g. capitis³, n.

HURLEMENT. Ululatus, g. ululatûs⁴, m.

HURLER. Ululare, ululo, ululas, ululavi, ululatum¹, n.

HUSSARD. Eques expeditus, g. equitis³ expediti², m.

HUTTE, chaumière. Casa, g. casæ¹, f.

HUTTER, se hutter, faire une

hutte. Casam sibi parare, paro, paras, paravi, paratum[1], *act.*

HYACINTHE, *fleur.* Hyacinthus, *g.* hyacinthi[2], *m.* | *Qui est d'hyacinthe.* Hyacinthinus, a, um, *adj.*

HYADES, *étoiles.* Hyades, *g.* hyadum[3], *f. pl.*

HYDRAULIQUE. Hydraulicus, a, um, *adj.*

HYDRE. Hydra, *g.* hydræ[1], *f.*

HYDROCÈLE. Hydrocele, *g.* hydroceles[1], *f. sur Musice.*

HYDROMEL. Hydromeli, *neut. indécl.*

HYDROPIQUE. Hydropicus, a, um, *adj.*

HYDROPISIE. Hydrops, *g.* hydropis[3], *m.*

HYÈNE, *animal sauvage.* Hyæna, *g.* hyænæ[1], *f.*

HYMEN, HYMÉNÉE. Hymenæus, *g.* hymenæi[2], *m.*

HYMNE. Hymnus, *g.* hymni[2], *masc.*

HYPERBOLE. Hyperbole, *g.* hyperboles[1], *f.*

HYPERBOLIQUE. Exaggeratus, a, um, *adj.*

HYPERBOLIQUEMENT. Ultrà fidem.

HYPPOCONDRES. Hypocondria, *g.* hypocondriorum[2], *n. pl.*

HYPOCONDRIAQUE. Atrâ bile percitus, a, um, *adj.*

HYPOCRISIE. Virtutis simulatio, *g.* virtutis simulationis[3], *f.*

HYPOCRITE. Virtutis simulator, *g.* virtutis simulatoris[3], *m.*

HYPOTHÈQUE. Hypotheca, *g.* hypothecæ[1], *f.*

HYPOTHÉQUER. Oppignerare, oppignero, oppigneras, oppigneravi, oppigneratum[1], *act.*

HYPOTHÈSE, *figure de rhétorique.* Hypothesis, *g.* hypothesis[3], *f. acc.* hypothesim.

HYPOTHÉTIQUE. Hypotheticus, a, um, *adj.*

HYPOTHÉTIQUEMENT. Conditionaliter, *adv.*

HYSOPE, *herbe.* Hyssopum, *g.* hyssopi[2], *n.*

I.

IAMBE, *pied de vers.* Iambus, *g.* iambi[2], *m.*

IAMBIQUE. Iambicus, a, um, *adj.*

IBIS, *oiseau d'Egypte.* Ibis, *g.* ibis[3], *f.*

ICHNEUMON, *animal d'Egypte.* Ichneumon, *g.* ichneumonis[3], *m.*

ICHNOGRAPHIE, *dessin, ou plan d'un édifice.* Ichnographia, *g.* ichnographiæ[1], *f.*

ICI. Hic, *à la question* Ubi, *sans mouvement.* Hùc, *à la question* Quò, *avec mouvement.* | *D'ici.* Hinc. *Il est natif d'ici.* Hinc natus est. *Par ici.* Hàc. | *D'ici-là.* Hinc eò. | *De là ici.* Illinc hùc. | *D'ici près.* Ex propinquo. | *Jusqu'ici.* Hactenùs, *adv.* | *D'ici à huit jours, on tourne: Après huit jours.* Post octo dies, *à l'acc.*

ICONOCLASTE, *qui brise les images.* Sacrarum imaginum eversor, *g.* sacrarum imaginum eversoris[3], *m.*

ICONOGRAPHIE, *connoissance des peintures, etc.* Iconographia, *g.* iconographiæ[1], *f.*

IDÉAL, *qui n'est qu'en idée.* In animo effictus, a, um, *adj.*

IDÉAL, *chimérique.* Commentitius, ia, ium, *adj.*

IDÉE. Idea, *g.* ideæ[1], *f.*

Se former l'idée de. Effingĕre, effingo, effingis, effinxi, effictum[3], *act. acc. de la chose dont on se forme l'idée.*

IDÉE, opinion. Opinio, g. opinionis³, f.

Avoir une haute idée de. Maximi facĕre, facio, facis, feci, factum³, act.

IDENTIFIER. In unum redigĕre, redigo, redigis, redegi, redactum³, act.

s'IDENTIFIER. Coalescĕre, coalesco, coalescis, coalui, coalitum³, neut.

IDENTITÉ. Eadem natura, g. ejusdem naturæ¹, f.

IDES. Idus, g. iduum, dat. idibus³, f. plur.

IDIOME, langage propre. Idioma, g. idiomatis³, n.

IDIOT, stupide, bête. Stupidus, a, um, adj.

IDIOTISME. Idiotismus, g. idiotismi², m.

IDOLÂTRE. Falsorum numinum cultor, g. falsorum numinum cultoris³, m. c. à. d. adorateurs des faux dieux.

Une IDOLÂTRE. Deorum inanium cultrix, g. cultricis³, f.

Être IDOLÂTRE de. Aimer éperdument. Voyez Idolâtrer.

IDOLÂTRER, aimer éperdument. Deperire, depereo, deperis, deperivi, deperitum⁴, acc.

IDOLÂTRIE. Falsorum numinum cultus, g. falsorum numinum cultûs⁴, m.

Aimer quelqu'un jusqu'à l'idolâtrie. Amore insanire, insanio, insanis, insanivi, insanitum⁴, n. gén. de la personne qu'on aime. c. à. d. devenir fou par l'amour de.

IDOLE. Simulacrum, g. simulacri², n. Ajoutez ficti numinis s'il n'y a qu'une idole, et s'il y en a plusieurs, fictorum numinum.

LES IDOLES, les faux dieux. Falsi dii, g. falsorum deorum², m. pl.

Se faire une idole de. Sibi deum dare. acc. de la chose ou de la personne dont on se fait une idole.

IDYLLE, petit poëme. Idyllium, g. idyllii², n.

IF, arbre. Taxus, g. taxi², f.

Qui est d'if. Taxeus, ea, eum, adj.

IGNARE. Ignarus, a, um, adj.

IGNÉ, adj. qui tient de la nature du feu. Igneus, ea, eum, adj.

IGNOBLE. Ignobilis, m. f. ignobile, n. gén. ignobilis. comp. Ignobilior, m. f. ignobilius, n. gén. ignobilioris; sup. ignobilissimus, a, um.

IGNOBLEMENT. Ignobiliter, adv.

IGNOMINIE. Ignominia, g. ignominiæ¹, f.

Couvrir d'ignominie. Ignominiâ afficĕre, afficio, afficis, affeci, affectum³, act.

Avec ignominie, ou

IGNOMINIEUSEMENT. Cum ignominiâ et dedecore.

IGNOMINIEUX. Ignominiosus, a, um, adj.

IGNORANCE. Ignorantia, g. ignorantiæ¹, f.

IGNORANT. Ignarus, a, um, adj. comp. Ignarior, m. fém. ignarius, n. gén. ignarioris; sup. ignarissimus, a, um. | Ignorant dans. Rudis, m. f. rude, n. dans se rend par le génitif du nom qui suit.

En ignorant. Imperitè, adv.

IGNORÉ. Ignoratus, a, um, part. pass. | Ignoré de. Ignotus, a, um, avec le dat.

IGNORER. Ignorare, ignoro, ignoras, ignoravi, ignoratum¹, act.

IL, ELLE, pronom. Ille, m. illa, f. illud, n. gén. illius. | Il y a, il y avoit, se tournent par il est, il étoit. Est, erat.

ILE. Insula, g. insulæ¹, f.

ILIADE, livre d'Homère. Ilias, g. iliadis³, f.

ILLÉGAL, contre les lois. Legibus repugnans, g. legibus repugnantis, des 5 genres.

ILLÉGITIME. Non legitimus, non legitima, non legitimum, adj.

ILLÉGITIMEMENT. Non legitimè, adv.

IMA

ILLICITE. Illicitus, a, um, *adj*.

ILLICITEMENT. Illicitè, *adv*.

ILLIMITÉ, *sans bornes*. Nullis terminis circumscriptus, a, um, *adj*.

ILLUMINATION, *action d'éclairer*. Illustratio, *g*. illustrationis[3], *f*.

Faire des illuminations. Festos ignes accendĕre, accendo, accendis, accendi, accensum[3], *act*.

ILLUMINÉ, *éclairé*. Illuminatus, a, um, *part. pass*.

La ville est illuminée. Urbs festis ignibus collucet; collucēre, colluceo, colluces, colluxi[2], *n. sans sup*.

ILLUMINER, *éclairer*. Illuminare, illumino, illuminas, illuminavi, illuminatum[1], *act*.

ILLUMINER, *faire une illumination*. Voyez ce mot.

ILLUSION, *erreur*. Error, *g*. erroris[3], *m*.

Se faire illusion. Sibi fucum facĕre, facio, facis, feci, factum[3], *act*.

ILLUSION, *vaine apparence*. Vana imago, *g*. vanæ[1] imaginis[3], *f*.

ILLUSOIRE, *qui sert à tromper*. Fallax, *m. f.* et *n. gén*. fallacis, *adj*.

ILLUSTRATION. Exornatio, *g*. exornationis[3], *f*.

ILLUSTRE. Illustris, *m. fém*. illustre, *n. gén*. illustris. *comp*. Illustrior, *m. fém*. illustrius, *n. gén*. illustrioris; *superl*. illustrissimus, a, um.

ILLUSTRER, *rendre illustre*. Illustrare, illustro, illustras, illustravi, illustratum[1], *act*.

s'ILLUSTRER, *devenir illustre*. Inclarescĕre, inclaresco, inclarescis, inclarui[3], *sans supin. n*.

ILLUSTRISSIME. Illustrissimus, a, um, *adj*.

IMAGE. Imago, *g*. imaginis[3], *f*.

IMAGINABLE. Cogitabilis, *m. f.* cogitabile, *n. gén*. cogitabilis, *adj*.

IMAGINAIRE. Imaginarius, ia, ium, *adj*.

IMM 309

IMAGINATION, *action d'imaginer*. Imaginatio, *g*. imaginationis[3], *f*.

IMAGINATION, *faculté d'imaginer*. Imaginandi vis, *g*, imaginandi vis[3], *f*.

IMAGINATION, *pensée*. Agitatio, *g*. agitationis[3], *f*.

IMAGINATION, *vision, chimère*. Visio, *g*. visionis[3], *f*.

IMAGINER, *inventer*. Excogitare, excogito, excogitas, excogitavi, excogitatum[1], *act*.

s'IMAGINER, *se figurer*. Animo fingĕre, fingo, fingis, finxi, fictum[3], *act*.

s'IMAGINER, *croire*. Putare, puto, putas, putavi, putatum[1], *n*.

IMBÉCILE. Imbecillus, a, um, *adj*.

IMBÉCILITÉ. Imbecillitas, *g*. imbecillitatis[3], *f*.

IMBERBE, *sans barbe*. Imberbis, *m. f.* imberbe, *n. gén*. imberbis, *adj*.

IMBIBER, *mouiller, pénétrer*. Imbuĕre, imbuo, imbuis, imbui, imbutum[3], *act. acc. rég. ind. abl*.

s'IMBIBER *de*. Ebibĕre, ebibo, ebibis, ebibi, ebibitum[3], *act*.

IMBU. Imbutus, a, um, *et l'abl*.

IMITABLE. Imitabilis, *m. f.* imitabile, *n. gén*. imitabilis, *adj*.

IMITATEUR. Imitator, *g*. imitatoris[3], *m*.

IMITATION. Imitatio, *g*. imitationis[3], *f*.

A l'imitation de. Ad exemplum, avec un *gén*.

A votre imitation. Ad tuum exemplum.

IMITATRICE. Imitatrix, *g*. imitatricis[3], *f*.

IMITÉ. Imitatione expressus, a, um, *part. pass*.

IMITER. Imitari, imitor, imitaris, imitatus sum[1], *dép. acc*.

IMMACULÉ. Purissimus, a, um, *superl*.

IMMANQUABLE. Certus, a, um, *adj*.

IMMANQUABLEMENT. Certò, adv.

IMMATÉRIEL. Materiæ expers, m. f. et n. gén. expertis, adj.

IMMÉDIAT, *qui suit sans interruption.* Proximus, a, um, adj. dat.

IMMÉDIATEMENT. Proximè, adv.

IMMÉDIATEMENT *après, en parlant d'une personne.* Proximè, et l'acc. de la personne.

Immédiatement après, en parlant du temps. Statim post, et l'acc.

IMMÉMORIAL. Omni memoriâ antiquior, m. f. antiquius, n. gén. antiquioris, adj. au comp.

De temps immémorial. Ab omni vetustate.

IMMENSE. Immensus, a, um, adj.

IMMENSÉMENT. Immensùm, adv.

IMMENSITÉ. Immensitas, g. immensitatis[3], f.

IMMERSION. Immersio, g. immersionis[3], f.

IMMEUBLE. Prædium, g. prædii[2], n.

IMMINENT. Imminens, g. imminentis, adj. des 3 genres.

s'IMMISCER *dans.* Se immiscēre, immisceo, immisces, immiscui, immixtum[2], n. | *Dans une affaire.* Negotio, au dat.

IMMISÉRICORDIEUX. Immisericors, g. immisericordis, adj. des 3 genres.

IMMOBILE. Immotus, a, um, adj.

Etre immobile d'étonnement. Obstupescēre, obstupesco, obstupescis, obstupui[3], *sans sup.* n.

IMMOBILITÉ, *stabilité.* Stabilitas, g. stabilitatis[3], f.

IMMODÉRÉ. Immoderatus, a, um, adj. comp. Immoderatior, m. f. immoderatius, n. gén. immoderatioris; superl. immoderatissimus, a, um.

IMMODÉRÉMENT. Immoderatè, adv. comp. Immoderatiùs, superl. immoderatissimè.

IMMODESTE. Immodestus, a, um, adj.

IMMODESTEMENT. Immodestè, adv. comp. Immodestiùs, sup. immodestissimè.

IMMODESTIE. Immodestia, g. immodestiæ[1], f.

IMMOLATION, *sacrifice des victimes.* Immolatio, g. immolationis[3], f.

IMMOLER, *offrir en sacrifice.* Mactare, macto, mactas, mactavi, mactatum[1], act.

Immoler à sa vengeance. Ultioni mactare, acc. de la personne.

Immoler ses ressentimens à. Inimicitias condonare, condono, condonas, condonavi, condonatum[1], act. acc. rég. ind. dat.

s'IMMOLER, *se dévouer.* Se devovēre, devoveo, devoves, devovi, devotum[2], act.

s'IMMOLER *pour le salut de la patrie.* Se devovēre pro salute patriæ.

IMMONDE. Immundus, a, um, adj.

IMMONDICES. Sordes, g. sordium[3], f. plur.

IMMORAL, *sans mœurs.* Moribus destitutus, a, um, adj.

IMMORAL, *contraire aux mœurs.* Moribus repugnans, g. moribus repugnantis, adj.

IMMORALITÉ. Morum depravatio, g. morum depravationis[3], f.

IMMORTALISÉ. Æternitate donatus, a, um, part. pass.

IMMORTALISER. Immortalitati commendare, commendo, commendas, commendavi, commendatum[1], act.

s'IMMORTALISER. Immortalitatem consequi, consequor, consequeris, consecutus sum[3], dép. c. à d. *obtenir l'immortalité.*

IMMORTALITÉ, *le souvenir des hommes.* Immortalitas, g. immortalitatis[3], f.

IMMORTALITÉ, *la vie éternelle.*

Vita æterna, *g.* vitæ æternæ[1], *f.*

IMMORTEL. Immortalis, *m. f.* immortale, *n. gén.* immortalis, *adj.*

IMMUABLE. Immutabilis, *m. f.* immutabile, *n. gén.* immutabilis, *adj.*

IMMUABLEMENT. Immutabiliter, *adv.*

IMMUNITÉ. Immunitas, *g.* immunitatis[3], *f.*

IMMUTABILITÉ. Immutabilitas, *g.* immutabilitatis[3], *f.*

IMPAIR. Impar, *m. f.* et *n. gén.* imparis, *adj.*

IMPALPABLE, *qu'on ne peut toucher.* Intactilis, *m. f.* intactile, *n. gén.* intactilis, *adj.*

IMPARDONNABLE. Veniâ indignus, a, um, *adj.*

IMPARFAIT. Imperfectus, a, um, *adj.*

IMPARFAITEMENT. Imperfectè, *adv.*

IMPARTIAL. Neutri favens, *g.* neutri faventis[3], *part. prés.* c. à. d. *ne favorisant ni l'un ni l'autre.*

IMPARTIALITÉ. Animus neutri favens, *g.* animi neutri[2] faventis[3], *m.*

IMPARTIALEMENT. Nullo partium animo.

IMPASSIBILITÉ. Dolorum immunitas, *g.* dolorum immunitatis[3], *f.* c. à. d. *exemption des souffrances.*

IMPASSIBLE. Nulli dolori obnoxius, ia, ium, *adj.* c. à. d. *sujet à aucune souffrance.*

IMPATIEMMENT. Ægrè, *adv. comp.* Ægrius; *superl.* ægerrimè.

IMPATIENCE, *manque de patience.* Impatientia, *g.* impatientiæ[1], *f.*

IMPATIENCE, *colère.* Iracundia, *g.* iracundiæ[1], *f.*

IMPATIENCE, *désir.* Cupiditas, *g.* cupiditatis[3], *f.*

Être dans l'impatience de. Esse cupidum, *avec un gén.* ou bien *un gérond. en* di; sum, es, fui cupidus, a, um, *adj.* c. à. d. *être désireux de.*

Avec impatience. Avidè, *adv.*

IMPATIENT, *qui ne peut souffrir la douleur.* Impatiens, *m.f.* et *n. gén.* impatientis, *adj.*

IMPATIENT, *qui s'ennuie d'attendre.* Moræ impatiens, *m. f.* et *n. gén.* moræ impatientis, *adj.*

IMPATIENT, *colère.* Iracundus, a, um, *adj.*

IMPATIENT, *qui désire avec impatience.* Cupidissimus, a, um, *adj. avec un gérond. en* di, *ou un gén.*

IMPATIENTER. Patientiam excutěre, excutio, excutis, excussi, excussum[3], *act. et le datif de la personne.* c. à. d. *faire perdre patience.*

s'IMPATIENTER, *ou se fácher.* Irasci, irascor, irasceris, iratus sum[3], *dépon. dat.*

s'IMPATIENTER, *perdre patience.* Patientiam rumpěre, rumpo, rumpis, rupi, ruptum[3], *act.*

s'IMPATIENTER, *en attendant.* Impatienter exspectare, exspecto, exspectas, exspectavi, exspectatum[1], *act.*

IMPAYABLE, *hors de prix.* Extra pretium. *Ces mots restent tels.* Ex. *Ce livre est impayable.* Hic liber est extra pretium.

IMPECCABILITÉ, *impuissance de pécher.* Peccandi immunitas, *g.* peccandi immunitatis[3], *f.*

IMPECCABLE, *qui ne peut pécher.* Impeccabilis, *m. f.* impeccabile, *n. gén.* impeccabilis, *adj.*

IMPÉNÉTRABLE. Impenetrabilis, *m. f.* impenetrabile, *n. gén.* impenetrabilis, *adj.*

IMPÉNÉTRABLEMENT. Modo impenetrabili.

IMPÉNITENCE, *obstination dans le péché.* Obstinatus in peccatis animus, *g.* obstinati in peccatis animi[2], *m.*

IMPÉNITENT, *obstiné dans le péché.* In peccatis obstinatus, a, um, *adj.*

IMPÉRATIF, *mode d'un verbe.* Imperativus, *g.* imperativi[2], *m.*
IMPÉRATIF, *impérieux.* Imperiosus, a, um, *adj.*
IMPÉRATIVEMENT, *d'un ton impérieux.* Imperialiter, *adv.*
IMPÉRATRICE. Imperatrix, *g.* Imperatricis[3], *f.*
IMPERCEPTIBLE. Insensibilis, *m. f.* insensibile, *n. gén.* insensibilis, *adj.*
IMPERCEPTIBLEMENT. Sensim, *adv.*
IMPERFECTION. Vitium, *g.* vitii[2], *n.*
IMPÉRIAL, *ou d'empereur.* Imperatorius, ia, ium, *adj.*
IMPÉRIALE *de carrosse.* Camera, *g.* cameræ[1], *f.*
IMPÉRIALE, *fleur.* Lilium persicum, *g.* lilii persici[2], *n.*
LES IMPÉRIAUX, *les troupes de l'armée de l'empereur.* Cæsariani, *g.* cæsarianorum[2], *m. pl.*
IMPÉRIEUSEMENT. Superbè, *adv.*
IMPÉRIEUX. Imperiosus, a, um, *adj.*
IMPÉRISSABLE. Sempiternus, a, um, *adj.*
IMPÉRITIE, *défaut d'habileté.* Imperitia, *g.* imperitiæ[1], *f.*
IMPERSONNEL, *qui n'a pas de personnes, en parlant d'un verbe.* Personâ carens, *g.* personâ carentis, *part.*
IMPERTINEMMENT, *sottement.* Ineptè, *adv.*
IMPERTINEMMENT, *insolemment.* Protervè, *adv.*
IMPERTINENCES, *sottises.* Ineptiæ, *g.* ineptiarum[1], *f. pl.*
IMPERTINENCE, *insolence.* Protervia, *g.* proterviæ[1], *f.*
IMPERTINENT, *sot.* Insulsus, a, um, *adj.*
IMPERTINENT, *insolent.* Protervus, a, um, *adj.*
IMPERTURBABLE. Imperturbatus, a, um, *adj.*
IMPERTURBABLEMENT. Quietissimè, *adv.*

IMPÉTRABLE, *qui peut être obtenu.* Impetrabilis, *m. f.* impetrabile, *n. gén.* impetrabilis, *adj.*
IMPÉTRATION, *l'action d'obtenir.* Impetratio, *g.* impetrationis[3], *f.*
IMPÉTRER. Voyez *Obtenir.*
IMPÉTUEUSEMENT. Vehementi impetu, *à l'abl. comp.* Vehementiori impetu; *superl.* vehementissimo impetu.
IMPÉTUEUX, *en parlant des choses.* Violentus, a, um, *adj.*
IMPÉTUEUX, *en parlant des personnes.* Acer, *m.* acris, *f.* acre, *n. gén.* acris, *adj. comp.* Acrior, *m. f.* acrius, *n. gén.* acrioris; *superl.* acerrimus, a, um.
IMPÉTUOSITÉ. Impetus, *g.* impetus[4], *m.*
Avec impétuosité. Voyez *Impétueusement.*
IMPIE. Impius, ia, ium, *adj.*
IMPIÉTÉ. Impietas, *g.* impietatis[3], *f.*
Avec impiété. Impiè, *adv.*
IMPITOYABLE. Inhumanus, a, um, *adj.*
IMPITOYABLEMENT. Inhumanè, *adv.*
IMPLACABLE. Implacabilis, *m. f.* implacabile, *n. gén.* implacabilis, *adj.*
IMPLANTATION, *action d'implanter.* Insertatio, *g.* insertationis[3], *f.*
IMPLANTER. Inserĕre, insero, inseris, inserui, insertum[3], *act. acc. rég. ind. dat.*
IMPLICITE. Implicitus, a, um, *adj.*
IMPLICITEMENT. Tacitè, *adv.*
IMPLIQUER, *engager.* Implicare, implico, implicas, implicui, implicitum[1], *act. acc. de la personne, et abl. de la chose.*
IMPLORER. Implorare, imploro, imploras, imploravi, imploratum[1], *act. acc. rég. ind. ablat., avec* à *ou* ab.
IMPOLI, *grossier.* Rusticus, a, um, *adj.*

IMP

IMPOLIMENT, *sans politesse.* Rusticè , *adv.*

IMPOLITESSE , *grossièreté.* Rusticitas, *g.* rusticitatis³, *f.*

IMPORTANCE. Momentum, *g.* momenti², *n.*

IMPORTANT , ou *de grande importance.* Magni momenti, *au génit.*

Plus important , ou *de plus grande importance.* Majoris momenti. | *Très* , ou *fort important*, ou *de très-grande importance.* Maximi momenti. | *Peu important,* ou *de peu d'importance.* Parvi momenti , *toujours au gén.*

Etre important de , suivi d'un infin., *et Etre important à* , suivi d'un nom , *s'exprime comme* Importer.

IMPORTATION. Illatio , *g.* illationis³, *f.*

IMPORTER , *apporter dans son pays.* Importare, importo, importas, importavi , importatum¹, *act.*

IMPORTER , *être important.* Referre, refert, referebat, retulit³, *impers.* ou Interesse, interest, interest, intererat, interfuit, *impers. Avec ces deux verbes* refert *et* interest , *on se sert des gén.* magni, *beaucoup ;* parvi , *peu ;* pluris , *plus ;* minoris, *moins ;* tanti quanti, *autant que ;* minimi, *très-peu, etc.* Voyez *dans la Grammaire latine la règle* Refert regis.

IMPORTUN. Importunus , a, um , *adj.*

IMPORTUNÉMENT. Importunè , *adv.*

IMPORTUNER. Molestum esse, sum , es, fui; molestus, a , um , *adj. avec un dat. de la personne*, c. à. d. *être importun à.* (*Règle* Deus est sanctus.)

IMPORTUNITÉ. Importunitas, *g.* importunitatis³, *f.*

IMPOSANT , *qui inspire du respect.* Venerandus, a, um , *adj.*

IMPOSÉ. Impositus , a, um , *part. pass.*

IMP 313

IMPOSER. Imponĕre , impono, imponis , imposui , impositum³, *act. acc.* rég. ind, *dat.*

IMPOSER *silence.* Silentium imperare , impero , imperas , imperavi, imperatum¹, *act. dat. de la personne.*

IMPOSER , ou *imposer du respect*, ou encore, *Imposer.* Reverentiam imperare¹, *act.*

EN IMPOSER, *tromper.* Fucum facĕre , facio , facis , feci , factum³, *act. dat. de la personne.*

IMPOSITION, *l'action d'imposer.* Impositio, *g.* impositionis⁸, *f.*

IMPOSITION, *taxe.* Tributum , *g.* tributi², *n.*

IMPOSSIBILITÉ. Repugnantia, *g.* repugnantiæ¹, *f.*

IMPOSSIBLE. Impossibilis , *m. f.* impossibile , *n. gén.* impossibilis, *de tout genre.* | *Cela est impossible*, ou *ne peut être fait.* Illud non potest fieri. | *Il est impossible de*, ou *que.* Fieri non potest ut , *avec le subjonct.* | *Il m'est impossible de*, on tourne : *je ne puis.* Non possum, *avec un infin. ensuite.* Possum , potes , potui , posse.

IMPOSTEUR , *qui trompe.* Deceptor, *g.* deceptoris³, *m.*

IMPOSTEUR , *qui calomnie.* Calumniator, *g.* calumniatoris³, *m.*

IMPOSTURE. *fourberie.* Fraus, *g.* fraudis³, *fém.*

IMPOSTURE , *calomnie.* Calumnia, *g.* calumniæ¹, *f.*

IMPOT. Tributum , *g.* tributi², *neut.*

IMPOTENT. Membris captus , a , um , *adj.*

IMPRATICABLE , *difficile.* Difficilis , *m. f.* difficile , *n. gén.* difficilis³, *adj.*

IMPRATICABLE , *en parlant d'un chemin.* Impervius, ia, ium , *adj.*

IMPRÉCATION. Imprecatio, *g.* imprecationis³, *f.* | *Faire des imprécations contre.* Malè precari , precor, precaris, precatus sum¹, *dép. dat.*

40

IMPRENABLE. Inexpugnabilis, *m. f.* inexpugnabile, *n. gén.* inexpugnabilis, *adj.*

IMPRESSION, *l'action d'imprimer.* Impressio, *g.* impressionis[3], *fém.*

IMPRESSION, *marque imprimée.* Impressum vestigium, *g.* impressi vestigii[2], *n.*

IMPRESSION *que les objets font sur les sens.* Affectus, *g.* affectûs[4], *m.*

Faire impression, toucher. Movēre, moveo, moves, movi, motum[2], *act.*

IMPRÉVOYANCE. Impræscientia, *g.* impræscientiæ[1], *f.*

IMPRÉVOYANT. Improvidus, a, um, *adj.*

IMPRÉVU. Improvisus, a, um, *part. pass.*

IMPRIMER. Imprimĕre, imprimo, imprimis, impressi, impressum[3], *act. acc.* dans *ou* sur par in, *et l'ablat.*

IMPRIMER *la crainte, la terreur.* Metum, terrorem incutĕre, incutio, incutis, incussi, incussum[3], *act. acc. rég. ind. au dat.*

Imprimer le respect. Reverentiam injicĕre, injicio, injicis, injeci, injectum[3], *act. dat. de la personne.*

IMPRIMERIE, *l'art de l'imprimerie.* Typographia, *g.* typographiæ[1], *f.*

IMPRIMERIE, *le lieu où l'on imprime.* Officina typographica, *g.* officinæ typographicæ[1], *f.*

IMPRIMEUR. Typographus, *g.* typographi[2], *m.*

IMPROBATEUR. Improbator, *g.* improbatoris[3], *m.*

IMPROBATION. Improbatio, *g.* improbationis[3], *f.*

IMPROMPTU, *impromptu en vers.* Carmen extemporale, *g.* carminis extemporalis[3], *n.*

IMPROPRE. Non proprius, ia, ium, *adj.*

IMPROPREMENT. Non propriè, *adv.*

IMPROUVER, *désapprouver.* Improbare, improbo, improbas, improbavi, improbatum[1], *act.*

IMPROVISER. Ex improviso fundĕre, fundo, fundis, fudi, fusum[3], *act.*

A L'IMPROVISTE. Ex improviso.

IMPRUDEMMENT. Imprudenter, *adv. comp.* Imprudentiùs ; *superl.* imprudentissimè.

IMPRUDENCE. Imprudentia, *g.* imprudentiæ[1], *f.*

Par imprudence. Per imprudentiam. Imprudenter, *adv.*

IMPRUDENT. Inconsideratus, a, um, *adj.*

IMPUBÈRE, *qui n'a pas l'âge de puberté.* Impuber, *g.* impuberis, *des 3 genres, adj.*

IMPUDEMMENT. Impudenter, *adv. comp.* Impudentiùs ; *superl.* impudentissimè.

IMPUDENCE. Impudentia, *g.* impudentiæ[1], *f.*

IMPUDENT. Impudens, *m. f. et n. gén.* impudentis, *adj.*

IMPUDICITÉ. Impudicitia, *g.* impudicitiæ[1], *f.*

IMPUDIQUE. Impudicus, a, um, *adj.*

IMPUDIQUEMENT. Obscenè, *adv.*

IMPUISSANCE. Impotentia, *g.* impotentiæ[1], *f.* | *Etre dans l'impuissance de ;* on tourne : *ne pouvoir pas.* Non posse, non possum, non potes, non potui, *avec un infinit.*

IMPUISSANT, *adj.* Impotens, *m. f. et n. gén.* impotentis, *adj.*

IMPULSION. Impulsio, *g.* impulsionis[3], *f.*

IMPUNÉMENT. Impunè, *adv.*

IMPUNI. Impunitus, a, um, *adj.*

IMPUNITÉ. Impunitas, *g.* impunitatis[3], *f.*

IMPUR, *impudique.* Impurus, a, um, *adj.*

IMPUR, *où il y a du mélange.* Spurcus, a, um, *adj.*

IMPURETÉ. Impudicitia, g. impudicitiæ¹, f.

IMPUTER. Tribuĕre, tribuo, tribuis, tribui, tributum³, act. acc. rég. ind. dat.

INABORDABLE. Inaccessus, a, um, adj.

INACCESSIBLE. Inaccessus, a, um, adj.

INACCOUTUMÉ. Insolitus, a, um, adj.

INACTION, *cessation d'action*. Cessatio, g. cessationis³, f.

INACTION *causée par paresse*. Desidia, g. desidiæ¹, f.

INADMISSIBLE. Rejiciendus, a, um, adj.

INADVERTANCE. Imprudentia, g. imprudentiæ¹, f. | *Par inadvertance*. Per imprudentiam. Imprudenter, adv.

INALTÉRABLE, *qui ne peut être altéré*. Incorruptus, a, um, adj.

INALTÉRABLE, *qui ne s'étonne point*. Imperturbatus, a, um, adj.

INAMOVIBLE, *qui ne peut être ôté d'une place*. E munĕre non dejiciendus, a, um, adj.

INANIMÉ. Inanimatus, a, um, part. pass.

INANITION. Inedia, g. inediæ¹, f.

Mort d'**INANITION.** Inediâ necatus, a, um, adj.

INAPPLICATION, *défaut d'application*. Indiligentia, g. indiligentiæ¹, f.

INAPPLIQUÉ. Minimè attentus, a, um, adj.

INAPPRÉCIABLE, *sans prix*. Extra pretium. Ces deux mots restent toujours tels.

INARTICULÉ. Inarticulatus, a, um, adj.

INATTAQUABLE. Inexpugnabilis, m. f. inexpugnabile, n. adj.

INATTENDU. Inopinatus, a, um, adj.

INATTENTIF. Attentione carens, g. attentione carentis, adj.

INATTENTION, *manque d'attention*. Non attentus animus, g. non attenti animi², m.

INAUGURATION, *cérémonie au couronnement d'un souverain*. Sacra inunctio, g. sacræ¹ inunctionis³, f.

INAUGURATION *d'une statue*. Statuæ consecratio, g. statuæ consecrationis³, f.

INAUGURER, *consacrer*. Dicare, dico, dicas, dicavi, dicatum¹, act.

INCALCULABLE. Innumerabilis, m. f. innumerabile, n. gén. innumerabilis, adj.

INCAPABLE *de*, *ou qui n'est pas propre à*. Non aptus, non apta, non aptum, adj. Le de s'exprime par ad, avec un acc. ou un gérond. en dum.

INCAPABLE *de garder un secret*. Nullius secreti capax, g. capacis, adj. Je suis incapable de tromper ; tournez : Je ne suis pas tel, que je trompe. Non is sum qui decipiam.

INCAPABLE, *ou ignorant*. Imperitus, a, um, adj.

INCAPACITÉ. Imperitia, g. imperitiæ¹, f.

INCARCÉRATION. Incarceratio, g. incarcerationis³, f.

INCARCÉRER. In carcerem mittĕre, mitto, mittis, misi, missum³, act.

INCARNAT, adj. Roseus, ea, eum, adj.

INCARNAT, *couleur*. Color roseus, g. coloris³ rosei², m.

L'**INCARNATION** *du Fils de Dieu*. Incarnatio, g. incarnationis³, f.

INCARNÉ. Homo factus, g. hominis³ facti², m.

*s'***INCARNER.** Humanitatem assumĕre, assumo, assumis, assumpsi, assumptum³, act. c. à. d. se revêtir de l'humanité.

INCARTADE, *insulte*. Contumelia, g. contumeliæ¹, f.

INCARTADE, *étourderie*. Petulantia, g. petulantiæ¹, f.

INCENDIAIRE, *auteur d'un in-*

cendie. Incendiarius , g. incendiarii², m.

INCENDIAIRE , *adj. propre à exciter à la révolte.* Incendiarius , ia, ium , *adj.*

INCENDIE. Incendium , g. incendii², n.

INCENDIER, *brûler par le feu.* Comburĕre, comburo , comburis, combussi , combustum³, *act.*

INCERTAIN. Incertus , a , um, *adj. de avec l'abl.*

INCERTAIN *de ce qu'on doit faire.* Consilii dubius , ia , ium , *adj.*

INCERTAINEMENT. Incertè , *adv. comp.* Incertiùs ; *superl.* incertissimè.

INCERTITUDE. Incertum , g. incerti², n.

Etre dans l'incertitude. Incertum esse , sum , es , fui. Incertus , a , um , *adj. de par de,* avec l'abl.

Tenir quelqu'un dans l'incertitude. Suspensum tenēre , teneo , tenes , tenui , tentum², *act. acc. de la personne.* Suspensum *s'accorde en genre et en nombre avec le nom de la personne.*

Tirer d'incertitude. Fluctuationem tollĕre , tollo ; tollis , sustuli, sublatum³, *act. dat. de la personne.*

INCESSAMMENT. Mox, *adv.*

INCESTE. Incestus , g. incestûs⁴, m.

INCESTUEUSEMENT. Incestè, *adv.*

INCESTUEUX. Incestus, a, um, *adj.*

INCIDEMMENT. Per accessionem.

INCIDENT , INCIDENTE , Incidens , g. incidentis , *adj.*

Un INCIDENT. Casus , g. casûs⁴, m.

INCIRCONCIS. Non recutitus , non recutita , non recutitum, *adj.*

INCISER , *couper , faire une incision.* Incidĕre , incido , incidis, incidi , incisum³, *act.*

INCISIF, *qui a la vertu de dissoudre.* Oxyporus, a , um, *adj.*

INCISION. Incisio, g. incisionis³, f. | *Faire une incision à.* Incidĕre, incido , incidis , incidi , incisum³, *act.*

Par incision. Incisim , *adv.*

INCITATION , *instigation.* Impulsio , g. impulsionis³, f.

INCITER. Incitare , incito , incitas , incitavi , incitatum¹, *act. acc.* avec ad , ou *le gérondif en* dum *avec* ad.

INCIVIL. Inurbanus , a , um, *adj.*

INCIVILEMENT. Inurbanè , *adv. comp.* Inurbaniùs ; *superl.* inurbanissimè.

INCIVILITE. Inurbanitas , g. inurbanitatis³, f.

INCLÉMENCE. Inclementia , g. inclementiæ¹, f.

INCLINATION, *pente naturelle.* à *ou pour.* Propensio , g. propensionis³, f. à *ou* pour par ad, avec *l'acc. ou le gérond. en* dum.

Qui a de l'inclination à ou *pour.* Propensus , a , um , *adj.* à *ou* pour pur ad, avec l'acc. ou un gérond. en dum.

Qui n'a point d'inclination pour. Aversus , a , um, *adj.* pour par à *ou* ab, *avec l'abl.*

Bonnes inclinations. Egregia indoles , g. egregiæ¹ indolis³, f.

Mauvaises inclinations. Prava indoles , g. pravæ¹ indolis³, f.

INCLINATION , *volonté , goût.* Ingenium , g. ingenii²,

Suivre son inclination. Ingenio suo indulgēre , indulgeo , indulges, indulsi , indultum², n.

Combattre son inclination. Cum ingenio depugnare , depugno , depugnas, depugnavi , depugnatum¹, neut.

INCLINATION, *mouvement du corps.* Inclinatio , g. inclinationis³, f.

INCLINER , ou *baisser.* Inclinare , inclino , inclinas , inclinavi , inclinatum¹, *act.* | *La tête.* Caput. *acc.*

INCLINER à , *avoir de l'inclination pour ,* ou *être porté par inclination* à. Propendēre , propendeo , pro-

INC   INC   317

pendes, propendi, propensum[2], *n.* à *ou* pour *par* ad, *avec* l'acc. *ou le gérond. en* dum.

INCLUS, *enfermé.* Inclusus, a, um, *part. pass.*

INCLUSIVEMENT. Inclusivè, *adv.*

INCOGNITO, *sans être connu.* Clanculùm, *adv.*

INCOHÉRENCE. Cohæsionis defectus, *g.* cohæsionis defectûs[4], *m.*

INCOHÉRENT. Non cohærens, *g.* non cohærentis, *adj.*

INCOMBUSTIBLE. Ignem respuens, *g.* ignem respuentis, *part.* c. à. d. *qui ne craint pas le feu.*

INCOMMODE. Molestus, a, um, *adj.*

INCOMMODÉ, *ou malade.* Ægrotus, a, um, *adj.*

Etre incommodé de quelque chose. Laborare, laboro, laboras, laboravi, laboratum[1], *n:* de *par l'abl.* | *A la tête.* Capite.

INCOMMODÉMENT. Incommodè, *adv.*

INCOMMODER, Incommodare, incommodo, incommodas, incommodavi, incommodatum[1], *n. dat. de la personne.*

Sans vous incommoder ; on tourne : *à votre commodité.* Tuo commodo, *à l'abl.*

Il est venu sans s'incommoder. Venit suo commodo.

INCOMMODITÉ. Incommodum, *g.* incommodi[2], *n.*

INCOMPARABLE. Eximius, ia, ium, *adj.*

Etre incomparable. Parem non habēre, habeo, habes, habui, habitum[1], *act.*

INCOMPARABLEMENT. Longè, *adv. On met ensuite un comp.*

INCOMPATIBILITÉ. Repugnantia, *g.* repugnantiæ[1], *f.*

INCOMPATIBLE. Alienus, a, um, *adj. On exprime avec par à ou ab, et l'ablat.*

Humeurs incompatibles. Mores discrepantes, *g.* morum discrepantium[3], *m. pl.*

Ces choses sont incompatibles. Hæ res non possunt sociari. c. à. d. *ces choses ne peuvent être unies.* Sociari, *pass. de* Socio, socias, sociavi, sociatum[1], *act.*

INCOMPÉTENCE. Non legitima potestas, *g.* non legitimæ[1] potestatis[3], *f.*

INCOMPÉTENT. Non legitimus, a, um, *adj.*

INCOMPRÉHENSIBLE. Incomprehensibilis, *m. f.* incomprehensibile, *n. gén.* incomprehensibilis, *adj. comp.* Incomprehensibilior, *m. f.* incomprehensibilius, *n. gén.* incomprehensibilioris ; *sup.* incomprehensibilissimus, a, um.

INCOMPLET. Incompletus, a, um, *adj.*

INCONCEVABLE. Voy. *Incompréhensible.*

INCONCEVABLE, *étonnant.* Immanis, *m. f.* immane, *n. gén.* immanis, *adj.*

INCONDUITE, *mauvaise conduite.* Vita licentior, *g.* vitæ[1] licentioris[3], *f.*

INCONGRUITÉ, *faute contre le langage.* Barbarismus, *g.* barbarismi[2], *m.*

INCONGRUITÉ, *incivilité.* Inurbanitas, *g.* inurbanitatis[3], *f.*

INCONNU. Ignotus, a, um, *avec le dat.*

INCONSÉQUENCE. Inconsequentia, *g.* inconsequentiæ[1], *f.*

INCONSÉQUENT, *qui se contredit.* Sibi non constans, *g.* sibi non constantis, *part.*

INCONSIDÉRATION. Inconsiderantia, *g.* inconsiderantiæ[1], *f.*

INCONSIDÉRÉ. Inconsideratus, a, um, *comp.* Inconsideratior, *m. f.* inconsideratius, *n. gén.* inconsideratioris ; *superl.* inconsideratissimus, a, um.

INCONSIDÉRÉMENT. Inconsideratè, *adv. comp.* Inconsideratius ; *superl.* inconsideratissimè.

INCONSOLABLE. Inconsolabilis, *m. f.* inconsolabile, *n. gén.* inconsolabilis, *adj.*

Etre inconsolable. Nullo solatio levari posse. Mot à mot : *ne pouvoir être soulagé par aucune consolation.*

INCONSOLABLEMENT. Inconlabiliter, *adv.*

INCONSTAMMENT. Inconstanter, *adv. comp.* Inconstantius ; *superl.* inconstantissimè.

INCONSTANCE. Inconstantia, g. inconstantiæ², *f.*

INCONSTANT. Inconstans, *m. f.* et *n. gén.* inconstantis, *adj.*

INCONTESTABLE. Certus, a, um, *comp.* Certior, *m. f.* certius, *n. gén.* certioris ; *superl.* certissimus, a, um.

INCONTESTABLEMENT. Sine ullâ controversiâ.

INCONTINENCE. Incontinentia, g. incontinentiæ¹, *f.*

INCONTINENT, *qui n'est pas chaste*, *adj.* Incontinens, *m. f.* et *n. gén.* incontinentis.

Incontinent, *aussitôt.* Statim, *adv.*

INCONVÉNIENT. Incommodum, g. incommodi², *n.*

INCORPORATION, *union de différentes choses.* Coagmentatio, g. coagmentationis³, *f.*

INCORPORÉ. Cooptatus, a, um, *part. p.* dans *par in*, *et l'acc.*

INCORPOREL. Incorporeus, ea, eum, *adj.*

INCORPORER. Cooptare, coopto, cooptas, cooptavi, cooptatum¹, *act.* dans *par in*, *et un acc.*

Incorporer, ou *unir une province à la couronne.* Adjungere provinciam regno ; adjungo, adjungis, adjunxi, adjunctum³, *act. acc. rég. ind. dat.*

INCORRECT. Incorrectus, a, um, *adj.*

INCORRIGIBLE. Inemendabilis, *m. f.* inemendabile, *n. gén.* inemendabilis, *adj.*

INCORRUPTIBILITÉ. Incorruptela, g. incorruptelæ¹, *f.*

Incorruptibilité, *intégrité.* Integritas, g. integritatis³, *f.*

INCORRUPTIBLE. Incorruptus, a, um, *adj.*

INCRÉDULE. Incredulus, a, um, *adj.*

INCRÉDULITÉ. Incredulitas, g. incredulitatis³, *f.*

INCRÉÉ. Non creatus, a, um, *part. pass.*

INCROYABLE. Incredibilis, *m. f.* incredibile, *n. gén.* incredibilis, *adj.*

INCROYABLEMENT. Incredibiliter, *adv.*

INCRUSTATION. Incrustatio, g. incrustationis³, *f.*

INCRUSTER. Incrustare, incrusto, incrustas, incrustavi, incrustatum¹, *act.*

Incruster *une muraille de marbre.* Parietem marmore incrustare. Marmore *à l'abl.*

INCULPATION. Criminatio, g. criminationis³, *f.*

INCULPER. Accusare, accuso, accusas, accusavi, accusatum¹, *act.*

INCULQUER. Inculcare, inculco, inculcas, inculcavi, inculcatum¹, *act. acc. de la chose, et le datif de la personne.*

INCULTE. Incultus, a, um, *adj.*

INCURABLE. Insanabilis, *m. f.* insanabile, *n. gén.* insanabilis, *adj.*

INCURSION. Incursio, g. incursionis³, *f.*

Faire des *incursions.* Incursiones facere, facio, facis, feci, factum³, *act.* dans *par in*, avec *l'acc.*

INDÉCEMMENT. Indecorè, *adv.*

INDÉCENCE. Indecorum, g. indecori², *n.*

INDÉCENT. Indecorus, a, um, *adj.*

INDÉCHIFFRABLE. Inexplicabilis, *m. f.* inexplicabile, *n. gén.* inexplicabilis, *adj.*

INDÉCIS, *en parlant des choses.* Injudicatus, a, um, *adj.* | En

IND

parlant des personnes. Incertus, a, um, *adj.*

INDÉCISION. Fluctuatio, gén. fluctuationis[3], *f.*

INDÉCLINABLE. Indeclinabilis, *m. f.* indeclinabile, *n.* gén. indeclinabilis, *adj.*

INDÉFINI. Non definitus, a, um, *adj.*

INDÉFINIMENT. Non definitè, *adv.*

INDÉLÉBILE, *ineffaçable.* Indelebilis, *m. f.* indelebile, *n.* gén. indelebilis, *adj.*

INDEMNISER *quelqu'un, donner une indemnité à quelqu'un.* Indemnitatem præstare, præsto, præstas, præstiti, præstitum[1], *act. datif de la personne.*

Promettre d'indemniser. Indemnitatem promittere[3], *datif de la personne.*

INDEMNITÉ. Indemnitas, g. indemnitatis[3], *f.*

INDÉPENDAMMENT, *liberté.* Liberè, *adv.*

Indépendamment de. Citra subjectionem, *et un gén. ensuite.*

INDÉPENDANCE. Summa libertas, g. summæ[1] libertatis[3], *f.*

INDÉPENDANT. Nulli subjectus, a, um, *adj. c. à. d. qui n'est sujet à personne, à rien.* | *Je suis tout-à-fait indépendant de vous.* Tibi subjectus non sum.

Indépendant *des lois.* Legibus non subjectus.

INDESTRUCTIBLE. Perennis, *m. f.* perenne, *n.* gén. perennis, *adj.*

INDÉTERMINÉ. Incertus, a, um, *adj.*

Etre indéterminé, en parlant des personnes. Animi pendère, pendeo, pendes, pependi, pensum[2], *n.*

D'une manière indéterminée, ou INDÉTERMINÉMENT. Incertè, *adv.*

INDÉVOT. Parùm pius, ia, ium, *adj.*

INDÉVOTION. Pietatis neglectio, g. pietatis neglectionis[3], *f. c. à. d.* indifférence pour la piété.

INDEX, *table d'un livre.* Index, g. indicis[3], *m.*

INDICATEUR. Index, g. indicis[3], *m.*

INDICATIF. Indicativus, g. indicativi[2], *m.*

INDICATION, *l'action d'indiquer.* Indicatio, g. indicationis[3], *fém.*

INDICE. Indicium, g. indicii[2], *neut.*

INDICIBLE, *qui ne peut pas se dire.* Ineffabilis, *m. f.* ineffabile, *n.* gén. ineffabilis, *adj.*

INDICTION, *époque.* Indictio, g. indictionis[3], *f.*

INDIENNE, *toile teinte.* Tela catagrapha, g. telæ catagraphæ[1], *fém.*

INDIFFÉREMMENT. Indifferenter, *adv.*

INDIFFÉRENCE. Remissius studium, g. remissioris[3] studii[2], *n.* S'il y a *pour, on l'exprime par* in, *avec l'acc.* | *Pour l'étude.* In litteras.

Avoir de l'indifférence pour, Etre dans l'indifférence pour, ou Etre indifférent pour, suivi d'un nom de chose. Non curare, non curo, non curas, non curavi, non curatum[1], *act. accusat. de la chose.*

Etre dans l'indifférence pour, suivi d'un nom de personne. Minùs benevolo animo esse; *c. à. d. être d'un cœur indifférent.* pour *s'exprime par* in, *avec l'acc.*

INDIFFÉRENT, *en parlant des choses.* Indifferens, *m. f.* et *n.* gén. indifferentis, *adj.*

Etre indifférent pour. Voyez *Avoir de l'indifférence pour.*

INDIGENCE. Egestas, g. egestatis[3], *f.* | *Qui est dans l'indigence.* Voyez *Indigent.*

INDIGÈNE, *né dans un même pays.* Indigenus, a, um, *adj.*

INDIGENT. Inops, *m. f.* et *n.* gén. inopis, *adj.*

INDIGESTE. Crudus, a, um, adj.

INDIGESTION. Cruditas, g. cruditatis[3], f.

INDIGNATION. Indignatio, g. indignationis[3], f.

Donner de l'indignation. Voyez *Fâcher.*

Avoir, ou concevoir de l'indignation. Indignari, indignor, indignaris, indignatus sum[1], dép. | *Pour une chose.* Rem, à l'acc.

Avec indignation, c. à. d. *indigné*. Voyez ce mot. | *Il répondit indigné, ou avec indignation.* Indignabundus respondit.

INDIGNE. Indignus, a, um, adj. avec un ablat. comp. Indignior, m. f. indignius, n. gén. indignioris ; superl. indignissimus, a, um.

D'une manière indigne. Indignè, adv.

INDIGNÉ. Indignabundus, a, um, adj.

Etre indigné, Voyez *Avoir de l'indignation.*

INDIGNEMENT. Indignè, adv. comp. Indignius ; superl. indignissimè.

INDIGNEMENT, ou *sans le mériter.* Immeritò, adv.

INDIGNER, *exciter l'indignation.* Stomachum movēre, moveo, moves, movi, motum[2], act. la personne au datif.

S'INDIGNER. Indignari, indignor, indignaris, indignatus sum[1], dép. de se rend par l'acc. du nom qui suit.

INDIGNITÉ. Indignitas, g. indignitatis[3], f.

INDIGO, *sorte de plante.* Indicum, g. indici[2], n.

INDIQUER, *montrer.* Indicare, indico, indicas, indicavi, indicatum[1], act. acc. rég. ind. dat.

INDIQUER, *assigner.* Indicère, indico, indicis, indixi, indictum[3], act.

INDIRECT. Obliquus, ua, uum, adj.

INDIRECTEMENT. Obliquè, adv.

INDISCIPLINABLE. Indocilis, m. f. indocile, n. gén. indocilis, adj.

INDISCIPLINÉ. Nulli disciplinæ parens, g. nulli disciplinæ parentis, part. prés.

Etre indiscipliné. Nulli disciplinæ parēre, pareo, pares, parui, paritum[2], n.

INDISCRET. Inconsideratus, a, um, adj. comp. Inconsideratior, m. f. inconsideratius, n. gén. inconsideratioris ; superl. inconsideratissimus, a, um.

INDISCRET, *qui ne sait pas garder un secret.* Arcani non tenax, g. arcani non tenacis, adj. des 3 genres.

INDISCRETEMENT. Inconsideratè, adv. comp. Inconsideratius ; superl. inconsideratissimè.

INDISCRÉTION. Inconsiderantia, g. inconsiderantiæ[1], f.

INDISPENSABLE. Necessarius, ia, ium, adj.

INDISPENSABLEMENT. Necessariò, adv.

INDISPOSÉ, *aigri contre quelqu'un.* Malè affectus, a, um, part. pass. contre par in, et l'acc.

INDISPOSÉ, *malade.* Ægrotus, a, um, adj.

INDISPOSER, *fâcher.* Alienare, alieno, alienas, alienavi, alienatum[1], act. contre, par à ou ab, avec l'abl.

INDISPOSITION. Invaletudo, g. invaletudinis[8], f.

INDISSOLUBLE. Indissolubilis, m. f. indissolubile, n. gén. indissolubilis, adj.

INDISSOLUBLEMENT. Indissolubili nodo, abl. absolu.

INDISTINCT, *qui n'est pas assez marqué.* Indistinctus, a, um, adj.

INDISTINCTEMENT. Indistinctè, adv.

INDIVIDU. Individuum, gén. individui[2], n.

IND

INDIVIDUEL, *qui concerne l'individu*. Individuus, ua, um, *adj.*

INDIVIS. Indivisus, a, um, *adj.* | *Par indivis*, *en commun*. Indivisè, *adv.*

INDIVISIBLE. Individuus, ua, uum, *adj.*

INDIVISIBLEMENT. Indivisè, *adv.*

INDOCILE. Indocilis, *m. f.* indocile, *n. gén.* indocilis, *adj. comp.* Indocilior, *m. f.* indocilius, *n. gén.* indocilioris; *superl.* indocilissimus, a, um.

INDOCILITÉ. Ingenium indocile, *g.* ingenii[2] indocilis[3], *n.*

INDOLENCE. Segnities, *g.* segnitiei[5], *f.*

INDOLENT. Segnis, *m. fém.* segne, *n. gén.* segnis, *adj. comp.* Segnior, *m. f.* segnius, *n. gén.* segnioris, *sup.* segnissimus, a, um.

INDOMPTABLE. Indomabilis; *m. f.* indomabile, *n. gén.* indomabilis, *adj.*

INDOMPTÉ. Indomitus, a, um, *part. pass.*

INDU, *qui est contre la règle*, *l'usage*. Intempestivus, a, um, *adj.* | *A heure indue*. Intempestivè, *adv.*

INDUBITABLE. Indubitatus, a, um, *adj.*

INDUBITABLEMENT. Sinè dubio. Indubitanter, *adv.*

INDUCTION. Inductio, *g.* inductionis[3], *f.*

INDUIRE. Inducĕre, induco, inducis, induxi, inductum[3], *act.* | *En erreur*. In errorem.

INDULGENCE. Indulgentia, *g.* indulgentiæ[1], *f.* envers ou pour s'exprime par in, *avec l'acc.*

Avec indulgence. Indulgenter, *adv.*

INDULGENT. Indulgens, *g.* indulgentis, *m. f.* et *neut. comp.* Indulgentior, *m. f.* indulgentius, *n. gén.* indulgentioris; *sup.* indulgentissimus, a, um. | *Pour ou envers quelqu'un.* In aliquem.

INÉ 321

INDUSTRIE. Industria, *g.* industriæ[1], *f.*

Avec industrie, ou

INDUSTRIEUSEMENT. Industriè, *adv.*

INDUSTRIEUX. Industrius, ia, ium, *adj.*

INÉBRANLABLE. Firmus, a, um, *adj. comp.* Firmior, *m. f.* firmius, *n. gén.* firmioris; *superl.* firmissimus, a, um.

Courage inébranlable. Infractus animus, *g.* infracti animi[2], *m.*

INÉBRANLABLEMENT. Obfirmato animo.

INEFFABLE. Ineffabilis, *m. f.* ineffabile, *n. gén.* ineffabilis, *adj.*

INEFFAÇABLE. Indelebilis, *m. f.* indelebile, *n. g.* indelebilis, *adj.*

INEFFICACE, *adj. sans force*. Inefficax, *m. f.* et *n. gén.* inefficacis, *adj.*

INÉGAL. Inæqualis, *m. f.* inæquale, *n. gén.* inæqualis, *adj. avec un datif.*

INÉGALEMENT. Inæqualiter, *adv.*

INÉGALITÉ. Inæqualitas, *g.* inæqualitatis[3], *f.*

INEPTE. Ineptus, a, um, *adj.* à par ad *avec l'acc.*

INEPTIE, *sottise*. Ineptia, *g.* ineptiæ[1], *f.*

INÉPUISABLE. Inexhaustus, a, um, *part. pass.*

INERTIE, *inaction*. Inertia, *g.* inertiæ[1], *f.*

INESPÉRÉ. Insperatus, a, um, *part. pass.*

INESTIMABLE. Inæstimabilis, *m. f.* inæstimabile, *n. gén.* inæstimabilis, *adj.*

INÉVITABLE, *adj.* Inevitabilis, *m. f.* inevitabile, *n. gén.* inevitabilis, *adj. comp.* Inevitabilior, *m. f.* inevitabilius, *n. gén.* inevitabilioris; *superl.* inevitabilissimus, a, um.

INÉVITABLEMENT. Ineluctabili modo.

INEXACT. Indiligens, *m. f.* et *n. gén.* indiligentis, *adj.*

INEXACTITUDE. Indiligentia, g. indiligentiæ[1], f.

INEXCUSABLE. Inexcusabilis, m. f. inexcusabile, n. gén. inexcusabilis, adj.

INEXECUTION. Omissa exsecutio, g. omissæ[1] exsecutionis[3], fém.

INEXORABLE. Inexorabilis, m. f. inexorabile, n. gén. inexorabilis, adj.

INEXORABLEMENT. Inexorabili modo.

INEXPÉRIENCE. Imperitia, g. imperitiæ[1], f.

INEXPÉRIMENTÉ. Imperitus, a, um, adj. dans se rend par le génit. du nom.

INEXPIABLE. Inexpiabilis, m. f. inexpiabile, n. gén. inexpiabilis, adj.

INEXPLICABLE. Inexplicabilis, m. f. inexplicabile, n. gén. inexplicabilis, adj.

INEXPRIMABLE. Ineffabilis, m. f. ineffabile, n. gén. ineffabilis, adj.

INEXPUGNABLE. Inexpugnabilis, m. f. inexpugnabile, n. gén. inexpugnabilis, adj.

INEXTINGUIBLE. Inexstinctus, a, um, part. pass.

INFAILLIBILITÉ. Erroris immunitas, g. immunitatis[3], adj.

INFAILLIBLE. Erroris expers, m. f. et n. gén. erroris expertis, adj. c. à. d. exempt d'erreur.

INFAILLIBLE, en parlant des choses. Certus, a, um, adj.

INFAILLIBLEMENT. Certissimè, adv.

INFAMANT. Probrosus, a, um, adj.

INFÂME. Infamis, m. f. infame, n. gén. infamis, adj.

Rendre quelqu'un infâme, le couvrir d'infamie. Voyez Déshonorer.

Se rendre infâme, se couvrir d'infamie. Voyez Se déshonorer.

INFAMIE. Infamia, g. infamiæ[1], fém.

Couvrir d'infamie. Voy. Déshonorer.

INFANT. Infans, g. infantis[3], m. et f.

INFANTERIE. Peditatus, g. peditatûs[4], m.

INFATIGABLE. Indefessus, a, um, adj.

INFATIGABLEMENT. Indefesso labore, à l'ablat.

INFATUER. Infatuare, infatuo, infatuas, infatuavi, infatuatum, act.

s'INFATUER, ou être infatué de quelqu'un. Amore insanire, insanio, insanis, insanivi, insanitum[4], n. avec le génit. c. à. d. devenir fou de l'amour de quelqu'un.

INFÉCOND. Voyez Infertile.

INFÉCONDITÉ. V. Infertilité.

INFECT. Fœtidus, a, um, adj.

INFECTÉ, sentant mauvais. Pestilens, m. f. et n. gén. pestilentis, adj.

INFECTÉ, imbu, Imbutus, a, um, adj. avec l'ablat.

INFECTER, rendre infect. Fetore inficere, inficio, inficis, infeci, infectum[3], act. c. à. d. remplir d'une mauvaise odeur.

INFECTER, s'emparer. Invadere, invado, invadis, invasi, invasum[3], act.

INFECTION. Fœtor, g. fœtoris[3], m.

INFÉRER, tirer une conséquence. Inferre, infero, infers, intuli, illatum[3], act. de s'exprime par e ou ex, avec l'ablat. de la chose de laquelle on infére.

INFÉRIEUR. Inferior, m. f. inferius, n. gén. inferioris. Ce comp. veut l'ablat. de la personne, et de la chose en laquelle on est inférieur.

INFÉRIEUREMENT. Inferiùs, adv.

INFÉRIORITÉ, degré inférieur. Gradus inferior, g. gradûs[4] inferioris[3], m.

Je connois mon infériorité. Meæ tenuitatis sum conscius, ia., ium,

INF

adj. qui s'accorde avec le sujet de Sum.

INFERNAL. Infernus, a, um, *adj.*

INFERTILE. Voyez *Stérile*.

INFESTER. Infestare, infesto, infestas, infestavi, infestatum[1], *act.*

INFIDÈLE. Infidelis, *m. f.* infidele, *n. gén.* infidelis, *adj. comp.* Infidelior, *m. f.* infidelius, *neut. gén.* infidelioris; *superl.* infidelissimus, a, um.

INFIDÈLE, *qui n'a pas la vraie foi.* A fide christianâ alienus, a, um, *adj.*

INFIDÈLEMENT. Infideliter, *adv. comp.* Infidelius; *superl.* infidelissimè.

INFIDÉLITÉ. Infidelitas, *g.* infidelitatis[3], *f.*

INFINI, *adj.* Infinitus, a, um, *adj.*

L'INFINI, *subst.* Infinitum, *g.* infiniti[1], *n.*

A L'INFINI. In infinitum.

INFINIMENT, *beaucoup.* Multùm, *adv.* avec les verbes de prix et d'estime, *on met* magni; avec les comp. *on met* multò *ou* longè.

INFINITÉ. Infinita multitudo, *g.* infinitæ[1] multitudinis[3], *f.* | *Il y a une infinité de gens qui;* tournez: *plusieurs sont qui.* Permulti sunt qui.

INFINITIF. Infinitivus. *g.* infinitivi[2], *m.*

INFIRME. Infirmus, a, um, *adj.*

INFIRMER *une sentence, la casser.* Infirmare, infirmo, infirmas, infirmavi, infirmatum[1], *act.*

INFIRMERIE. Valetudinarium, *g.* valetudinarii[2], *n.*

INFIRMIER. Valetudinario præpositus, *g.* valetudinario præpositi[2], *m.*

INFIRMIÈRE. Valetudinario præposita, *g.* valetudinario præpositæ[1], *f.*

INFIRMITÉ. Infirmitas, *g.* infirmitatis[3], *f.*

Les infirmités de la vie. Vitæ incommoda, *g.* vitæ incommodorum[2], *n. plur.*

INF 323

INFLAMMABLE. Concipiendo igni aptus, a, um, *adj.*

INFLAMMATION. Inflammatio, *g.* inflammationis[3], *f.*

INFLEXIBILITÉ. Rigiditas, *g.* rigiditatis[3], *f.*

INFLEXIBLE. Rigidus, a, um, *adj.*

INFLEXIBLEMENT. Obfirmatè, *adv.*

INFLEXION. Inflexio, *g.* inflexionis[1]. *f.*

INFLICTION. Irrogatio, *g.* irrogationis[3], *f.*

INFLIGER *une peine.* Pœnam irrogare, irrogo, irrogas, irrogavi, irrogatum[1], *act. dat. de la personne.*

INFLUENCE. Vis, *g.* vis, *dat.* vi, *acc.* vim, *ablat.* vi.

INFLUENCER. Regĕre, rego, regis, rexi, rectum[3], *act.*

INFLUER. Influĕre, influo, influis, influxi, influxum[3], *n.* dans, sur, *par* in, *et l'acc.*

INFORMATION. Inquisitio, *g.* inquisitionis[3], *f.*

INFORME. Informis, *m. f.* informe, *n. gén.* informis, *adj.*

INFORMER, *avertir.* Monēre, moneo, mones, monui, monitum[2], *act. acc. de la personne, et ablat. de la chose, avec* de.

INFORMER, *faire une information.* Inquirĕre, inquiro, inquiris, inquisivi, inquisitum[3], *act.* contre *par* in, *avec l'accus.;* de *par* de, *avec l'ablat.*

s'INFORMER, *s'enquérir.* Percontari, percontor, percontaris, percontatus sum[1], *dép. à par l'acc. du nom; de par* de, *avec l'ablat.*

INFORTUNE. Infortunium, *g.* infortunii[2], *n.*

INFORTUNÉ. Infelix, *m. f. et n. gén.* infelicis, *adj. comp.* Infelicior, *m. f.* infelicius, *n. gén.* infelicioris; *sup.* infelicissimus, a, um.

INFRACTEUR. Violator, *gén.* violatoris[3], *m.*

INFRACTION. Violatio, *g.* violationis[3], *f.*

INFRUCTUEUSEMENT, *adv.* Sine fructu.

INFRUCTUEUX. Infructuosus, a, um, *adj.*

INFUS. Infusus, a, um, *adj.* dans *par in*, *et l'acc.*

Science infuse. Divinitùs indita scientia.

INFUSER. Infundĕre, infundo, infundis, infudi, infusum³, *act.* dans *par in*, *et l'acc.*

INFUSION. Infusio, *g.* infusionis³, *f.*

INGAMBE. Expeditus, a, um, *adj.*

INGÉNIEUR. Machinator, *g.* machinatoris³, *m.*

INGÉNIEUSEMENT. Ingeniosè, *adv. comp.* Ingeniosiùs; *sup.* ingeniosissimè.

INGÉNIEUX, *qui a de l'esprit.* Ingeniosus, a, um, *adj. comp.* Ingeniosior, *m. f.* ingeniosius, *n. gén.* ingeniosioris; *sup.* ingeniosissimus, a, um, pour *par ad*, *et l'acc.*, *ou le gérond. en dum.*

INGÉNU. Ingenuus, ua, uum, *adj.*

INGÉNUITÉ. Ingenuitas, *gén.* ingenuitatis³, *f.*

Avec ingénuité, ou **INGÉNUMENT**. Ingenuè, *adv.*

s'INGÉRER *dans.* Se immiscere, immisceo, immisces, immiscui, immixtum², *act. dat. du nom qui suit dans.*

INGRAT. Ingratus, a, um, *adj.*

INGRATITUDE. Ingratus animus, *g.* ingrati animi², *m.*

Avec ingratitude. Ingratè, *adv.*

INGRÉDIENT. Medicamentum, *g.* medicamenti², *n.*

INHABILE. Inhabilis, *m. f.* inhabile, *n. gén.* inhabilis, *adj.* à ou pour *par ad et l'acc.*, ou *le gérond. en dum.*

INHABILETÉ. Imperitia, *g.* imperitiæ¹, *f.*

INHABITABLE. Inhabitabilis, *m. f.* inhabitabile, *n. gén.* inhabitabilis, *adj.*

INHABITÉ, *désert.* Desertus, a, um, *adj.*

INHÉRENT. Inhærens, *g.* inhærentis, *adj.*

INHOSPITALIER. Inhospitalis, *m. f.* inhospitale, *n. gén.* inhospitalis, *adj.*

INHOSPITALITÉ. Inhospitalitas, *g.* inhospitalitatis³, *f.*

INHUMAIN. Inhumanus, a, um, *adj.*

INHUMAINEMENT. Inhumanè, *adv. comp.* Inhumaniùs; *superl.* inhumanissimè.

INHUMANITÉ. Inhumanitas, *g.* inhumanitatis³, *f.*

INHUMATION, *action de donner la sépulture à un corps.* Humatio, *g.* humationis³, *f.*

INHUMER. Humare, humo, humas, humavi, humatum¹, *act.*

INIMITABLE. Inimitabilis, *m. f.* inimitabile, *n. gén.* inimitabilis, *adj.*

INIMITIÉ. Inimicitia, *g.* inimicitiæ¹, *f.*

ININTELLIGIBLE. Incomprehensibilis, *m. f.* incomprehensibile, *n. gén.* incomprehensibilis, *adj.*

INIQUE. Iniquus, ua, uum, *adj.*

INIQUEMENT. Iniquè, *adv.*

INIQUITÉ. Iniquitas, *g.* iniquitatis³, *f.*

INITIAL, *lettre initiale.* Littera grandior, *g.* litteræ¹ grandioris³, *f.*

INITIATION. Initiatio, *g.* initiationis³, *f.*

INITIÉ. Initiatus, a, um, *part. pass.* à ou dans, *au dat.*

INITIER. Initiare, initio, initias, initiavi, initiatum¹, *act. acc. de la personne.* à ou dans, *au dat.*

INJECTION. Injectus, *g.* injectûs⁴, *m.*

INJONCTION, *commandement.* Jussum, *g.* jussi², *n.*

INJURE. Convicium, *g.* convicii², *n.*

Dire des injures à quelqu'un,

INO

Conviciari, convicior, conviciaris, conviciatus sum[1], *dép. dat.*

INJURE, *ou tort.* Injuria, *g.* injuriæ[1], *f.*

INJURE *de l'air, du temps.* Intemperies, *g.* intemperiei[5], *f.*

INJURIER. Voyez *Dire des injures à quelqu'un.*

INJURIEUSEMENT. Contumeliosè, *adv. comp.* Contumeliosiùs; *superl.* contumeliosissimè.

INJURIEUX, *offensant.* Contumeliosus, a, um, *adj.*

INJURIEUX *à.* Iniquus, ua, uum, *adj. avec un dat.*

INJUSTE. Injustus, a, um, *adj. comp.* Injustior, *m. f.* injustius, *n. gén* injustioris; *superl.* injustissimus, a, um.

INJUSTEMENT. Injustè, *adv. comp.* Injustiùs; *superl.* injustissimè.

INJUSTICE. Injustitia, *g.* injustitiæ[1], *f.*

Faire injustice, ou injure à. Facère injuriam; facio, facis, feci, factum[3], *act. dat. de la personne.*

INNÉ, *né avec nous.* A naturâ insitus, a, um, *adj. avec un dat.*

INNOCEMMENT, *ou sans crime.* Citrà scelus. Innocenter, *adv.*

INNOCEMMENT, *par mégarde.* Imprudenter, *adv.*

INNOCENCE. Innocentia, *g.* innocentiæ[1], *f.*

INNOCENT, *qui n'est pas coupable.* Insons, *m. f. et n. gén.* insontis[3], *adj. On met la chose au génitif.*

INNOMBRABLE. Innumerabilis, *m. f.* innumerabile, *n. gén.* innumerabilis, *adj.*

INNOMBRABLEMENT, *sans nombre.* Innumerabiliter, *adv.*

INNOVATEUR. Novator, *gén.* novatoris[3], *m.*

INNOVATION. Immutatio, *g.* immutationis[3], *f.*

INNOVER. Novare, novo, novas, novavi, novatum[1], *act.*

INS 325

INOBSERVATION. Neglectio, *g.* neglectionis[3], *f.*

INOCULATION. Variolarum inoculatio, *g.* variolarum inoculationis[3], *f.*

INODORE, *sans odeur.* Inodorus, a, um, *adj.*

INONDATION *d'eau.* Inundatio, *g.* inundationis[3], *f.*

INONDATION *de troupes, de peuples.* Effusio, *g.* effusionis[3], *f.*

INONDÉ, *couvert d'eau.* Mersus, a, um, *part. pass.*

INONDER. Inundare, inundo, inundas, inundavi, inundatum[1], *act. acc. rég. ind. abl.*

INOPINÉ. Inopinatus, a, um, *adj.*

INOPINÉMENT. Inopinatè, *adv.*

INOUI. Inauditus, a, um, *part. pass.*

IN-PROMPTU, *ou mieux* IMPROMPTU. Extemporalis, *m. f.* extemporale, *n. gén.* extemporalis, *adj.*

INQUIET, *qui a de l'inquiétude.* Anxius, a, um, *adj.*

INQUIET, *remuant.* Inquies, *g.* inquietis, *adj. des 3 genres.*

INQUIÉTÉ. Sollicitatus, a, um, *part. pass.*

INQUIÉTER. Sollicitare, sollicito, sollicitas, sollicitavi, sollicitatum[1], *act.*

S'INQUIÉTER. Animo angi, angor, angeris[3], *sans parf. pass.*

INQUIÉTUDE. Sollicitudo, *g.* sollicitudinis[3], *f.*

INQUISITEUR. Inquisitor, *g.* inquisitoris[3], *m.*

INQUISITION. Inquisitio, *g.* inquisitionis[3], *f.*

INSALUBRE. Insalubris, *m. f.* Insalubre, *n. gén.* insalubris, *adj. comp.* Insalubrior, *m. f.* insalubrius, *n. gén.* insalubrioris; *sup.* insaluberrimus, a, um.

INSALUBRITÉ. Intemperies, *g.* intemperiei[3], *f.*

INSATIABILITÉ, *gourmandise.* Ingluvies, *g.* ingluviei[5], *f.*

INSATIABILITÉ, grande avidité. Inexhausta aviditas, g. inexhaustæ[1] aviditatis[3], f.

INSATIABLE. Insatiabilis, m. f. insatiabile, n. gén. insatiabilis, adj.

INSATIABLEMENT. Insatiabiliter, adv.

INSCIEMMENT. Inscienter, adv.

INSCRIPTION. Inscriptio, g. inscriptionis[3], f.

INSCRIRE. Inscribere, inscribo, inscribis, inscripsi, inscriptum[3], act.

S'INSCRIRE à faux contre. Falsi arguere, arguo, arguis, argui, argutum[3], act. contre ne s'exprime pas; le nom qui suit se met à l'acc.

INSCU, à l'insçu de. Inscio. Le nom qui suit se met à l'ablat. Si le nom est féminin, on met Insciâ; s'il est du plur. on met Insciis. Ex. A l'insçu de mon père. Inscio meo patre. Mot à mot: Mon père ne sachant pas. S'il y a à mon ton, son, notre, votre, leur insçu, on met le pronom personnel. Ex. A mon insçu, Me inscio. A leur insçu. Illis insciis. Mot à mot: moi ne sachant pas; eux ne sachant pas.

INSECTE, petit animal. Insectum, g. insecti[2], n.

INSENSÉ. Insanus, a, um, adj. comp. Insanior, m. f. insanius, n. gén. insanioris; superl. insanissimus, a, um.

INSENSIBILITÉ. Stupor, g. stuporis[3], m.

INSENSIBILITÉ, dureté de cœur. Duritas, g. duritatis[3], f.

INSENSIBLE, qui ne se laisse pas fléchir. Immisericors, m. f. et n. gén. immisericordis, adj.

INSENSIBLE à. Inexpugnabilis, m. f. inexpugnabile, n. gén. inexpugnabilis, adj. avec le dat.

INSENSIBLE, qui ne sent point. Sensûs expers, m. f. et n. gén. sensûs expertis, adj.

INSENSIBLE, imperceptible, qui ne tombe pas sous les sens. Insensilis, m. f. insensile, n. gén. insensilis, adj.

INSENSIBLEMENT. Sensim, adv.

INSÉPARABLE, en parlant des choses. Individuus, ua, uum. Le de par à ou ab, et l'ablat.

INSÉPARABLE de quelqu'un. Lateri affixus, a, um, avec le gén. c. à. d. attaché au côté de quelqu'un.

INSÉPARABLEMENT. Nodo indissolubili, abl.

INSÉRÉ. Insertus, a, um, part. pass. Parmi ou dans, par le dat. du nom.

INSÉRER. Inserere, insero, inseris, inserui, insertum[3], act. parmi ou dans, par le datif du nom.

INSERTION. Insertio, g. insertionis[3], f.

INSIDIEUSEMENT. Insidiosè, adv.

INSIDIEUX. Insidiosus, a, um, adj.

INSIGNE. Insignis, m. f. insigne, n. gén. insignis, adj.

INSIGNIFIANT. Insulsus, a, um, adj.

INSINUANT, qui insinue dans les esprits. Animos subiens, g. animos subeuntis, participe de Subeo.

Manières insinuantes. Conciliatura, g. conciliaturæ[1], f.

INSINUATION. Insinuatio, g. insinuationis[3], f.

INSINUER, faire entrer. Insinuare, insinuo, insinuas, insinuavi, insinuatum[1], act. dans par in, et l'acc.

Chercher à s'insinuer dans les bonnes grâces de. Gratiam aucupari, aucupor, aucuparis, aucupatus sum[1], dép.

INSINUER quelque chose dans l'esprit. In animum infundere, infundo, infundis, infudi, infusum[3], act.

INSIPIDE, sans goût. Sapore carens, g. sapore carentis, adj.

INSIPIDITÉ, goût insipide. In-sulsitas, g. insulsitatis[3], f.

INSISTER sur. Insistĕre, insisto, insistis. institi, institutum[3], n. dat.

INSOCIABLE. Insociabilis, m. f. insociabile, n. gén. insociabilis, adj.

INSOLEMMENT, avec insolence. Protervè.

INSOLENCE. Protervitas, g. protervitatis[3], f.

Avoir l'insolence de, ou oser. Audĕre, audeo, audes, ausus sum[2], n. avec l'infin.

INSOLENT. Protervus, a, um, adj.

Faire l'insolent. Procaciter se gerĕre, me gero, te geris, me gessi, se gestum[3], act.

INSOLVABLE. Solvendo impar, g. solvendo imparis, adj. c. à. d. impuissant pour payer.

INSOMNIE. Insomnia, g. insomniæ[1], f.

INSOUCIANCE. Incuria, g. incuriæ[1], f.

INSOUCIANT. Omni curâ vacuus, ua, num, adj.

INSPECTER. Inspiscĕre, inspicio, inspicis, inspexi, inspectum[4], act.

INSPECTEUR. Inspector, g. inspectoris[3], m.

INSPECTION. Inspectio, g. inspectionis[3], f.

INSPIRATION. Afflatus, g. afflatûs[4], m. Si elle vient de Dieu, Ajoutez l'adj. divinus, a, um.

INSPIRÉ. Afflatus, a, um. Du Saint-Esprit. Divino Spiritu, à l'ablat.

INSPIRER, suggérer. Suggerĕre, suggero, suggeris, suggessi, suggestum[3], act. acc. rég. indir. dat.

Être inspiré. Afflari, afflor, afflaris, afflatus sum[1], pass. Du St-Esprit. Sancto Spiritu, à l'abl.

Inspirer de l'amour. Amorem inspirare, inspiro, inspiras, inspiravi, inspiratum[1], act. dat de la personne.

INSTABILITÉ, inconstance. Instabilitas, g. instabilitatis[3], f.

INSTABLE. Instabilis, m. f. instabile, n. gén. instabilis, adj.

INSTALLATION, l'action de placer quelqu'un. Constitutio, g. constitutionis[3], f.

INSTALLER. Constituĕre, constituo, constituis, constitui, constitutum[3], act.

INSTAMMENT. Enixè, adv.

INSTANCE, sollicitation. Efflagitatus, g. efflagitatûs[4], m.

A l'instance de. Efflagitatu. Le nom qui suit se met au gén.

A mon instance. Efflagitatu meo.

A ton instance. Efflagitatu tuo.

Avec instance. Enixè, adv.

Faire instance. Instare, insto, instas, institi, institutum[1], n.

INSTANCE, demande en justice. Dica, g. dicæ[1], f.

INSTANT. Momentum, g. momenti[2], n.

En un instant. Momento, à l'abl.

Au même instant que. Eodem puncto temporis quo, avec le même mode et le même temps qu'en français.

A l'instant. Confestim, adv.

A chaque instant. Singulis momentis, abl.

Un instant, pour un instant, pendant un instant. Aliquantisper, adv.

INSTANT, INSTANTE. Enixus, a, um, adj.

A L'INSTAR, à l'exemple. Instar, avec le gén.

A l'instar des anciens. Antiquorum instar.

INSTAURATION, établissement de quelque chose. Instauratio, g. instaurationis[3], f.

INSTIGATEUR. Stimulator, g. stimulatoris[3], m.

INSTIGATION. Instigatio, g. instigationis[3], f.

A l'instigation de. Impulsu, avec un gén.

INSTIGATRICE. Concitatrix, g. concitatricis³, f.

INSTINCT. Instinctus, g. instinctus⁴, m.

INSTITUER. Instituĕre, instituo, instituis, institui, institutum³, act.

INSTITUTEUR, qui établit. Auctor, g. auctoris³, m.

INSTITUTEUR, qui est chargé de l'éducation. Institutor, g. institutoris³, m.

INSTITUTION. Institutio, g. institutionis³, f.

INSTRUCTIF. Præceptorum plenus, a, um; c. à. d. plein de préceptes.

INSTRUCTION, éducation. Institutio, g. institutionis³, f.

INSTRUCTION, précepte. Præceptum, g. præcepti², n.

INSTRUCTION d'un procès. Litis ordinatio, g. litis ordinationis³, f.

INSTRUIRE, enseigner. Docēre, doceo, doces, docui, doctum², act. acc. de la personne et de la chose.

INSTRUIRE un procès. Litem ordinare, ordino, ordinas, ordinavi, ordinatum¹, act.

INSTRUIRE, informer. Certiorem facĕre, facio, facis, feci, factum², act. acc. de la personne, ablat. de la chose avec de. Certiorem s'accorde en genre et en nombre avec le nom de la personne. Exemple: J'ai instruit vos frères de l'évènement. Tuos fratres certiores feci de eventu.

ÊTRE INSTRUIT, ou informé. Certiorem fieri, certior fio, fis, factus sum³, pass. Certior s'accorde en genre et en nombre avec le sujet de Fio.

S'INSTRUIRE de, ou apprendre. Discĕre, disco, discis, didici³, sans supin. act. acc. de la chose. | Par les autres. Ex aliis.

INSTRUMENT. Instrumentum, g. instrumenti², n.

INSTRUMENT de musique. Musicum instrumentum, gén. musici instrumenti², n. | Instrument à cordes. Fides, g. fidium³, f. plur.

Un joueur d'instrument à cordes. Fidicen, g. fidicinis³, m.

INSTRUMENTAL, musique. Musicorum organorum concentus, g. musicorum organorum concentus⁴, masc.

INSUBORDINATION. Contumacia, g. contumaciæ¹, f.

INSUBORDONNÉ. Contumax, des 3 genres, g. contumacis, adj.

INSUFFISAMMENT, d'une manière qui n'est pas suffisante. Non sufficienter, adv.

INSUFFISANCE, incapacité. Inscitia, g. inscitiæ¹, f.

INSUFFISANT, qui ne suffit pas. Non sufficiens, des 3 genres, gén. non sufficientis, adj.

INSUFFISANT, ignorant. Imperitus, a, um, adj.

INSULAIRE. Insulæ incola, g. insulæ incolæ¹, m. et f. c. à. d. habitant d'une île.

INSULTANT. Contumeliosus, a, um, adj.

INSULTE. Contumelia, g. contumeliæ¹, f.

Faire insulte, ou

INSULTER. Insultare, insulto, insultas, insultavi, insultatum¹, neut. à se rend par le dat. du nom.

INSUPPORTABLE, en parlant des choses. Intolerabilis, m. f. intolerabile, n. gén. intolerabilis, adj. comp. Intolerabilior, m. f. intolerabilius, n. gén. intolerabilioris, superl. intolerabilissimus, a, um.

INSUPPORTABLE, en parlant des personnes. Prægravis, m. f. prægrave, n. gén. prægravis, adj. comp. Prægravior, m. f. prægravius, n. gén. prægravioris, superl. prægravissimus, a, um.

INTACT. Intactus, a, um, adj.

INTARISSABLE. Inexhaustus, a, um, part. pass.

INTÈGRE. Integer, integra, integrum, adj. comp. Integrior

m. f. integrius, n. gén. integrioris; superl. integerrimus, a, um.

INTÉGRITÉ. Integritas, g. integritatis[3], f.

Avec intégrité. Integrè, adv.

INTELLECT, *entendement.* Intellectus, g. intellectûs[4], m.

INTELLECTUELLE, *faculté intellectuelle.* Intelligendi vis, g. vis[3], f. acc. vim, ablat. vi; plur. vires, g. virium, dat. et ablat. viribus.

INTELLIGENCE, *entendement.* Intelligentia, g. intelligentiæ[1], f.

Avec intelligence. Intelligenter, adv.

INTELLIGENCE, ou *bonne intelligence, union.* Concordia, g. concordiæ[1], f. | *Mauvaise intelligence.* Discordia, g. discordiæ[1], f.

INTELLIGENCE, *pénétration d'esprit.* Perspicacitas, g. perspicacitatis[3], f.

INTELLIGENCES, *correspondance secrète.* Clandestinum commercium, g. clandestini commercii[2], neut.

Etre d'intelligence. Inter se consentire, consentio, consentis, consensi, consensum[4], n.

Avoir des intelligences avec l'ennemi. Clandestina consilia cum hoste inire, ineo, inis, inivi, initum[4], act.

LES INTELLIGENCES, *les Anges.* Mentes cœlestes, g. mentium cœlestium[3], f.

INTELLIGENT. Intelligens, m. f. et n. gén. intelligentis, adject. avec le gén. comp. Intelligentior, m. f. intelligentius. n. gén. intelligentioris; sup. intelligentissimus, a, um.

INTELLIGIBLE. Perspicuus, ua, uum, adj.

D'une manière intelligible, ou INTELLIGIBLEMENT. Perspicuè, adv.

INTEMPÉRANCE. Intemperantia, g. intemperantiæ[1], f.

INTEMPÉRANT. Intemperans, m. f. et n. gén. intemperantis, adj.

INTEMPÉRIE. Intemperies, g. intemperiei[5], f.

INTENDANCE. Præfectura, g. præfecturæ[1], f.

INTENDANT, *administrateur d'une province.* Præfectus, g. præfecti[2], m. avec un gén.

INTENDANT *d'une maison.* Dispensator, g. dispensatoris[3], m.

INTENTER. Intendĕre, intendo, intendis, intendi, intentum[3], act. acc. rég. ind. dat.

INTENTION. Mens, g. mentis[3], f. Consilium, g. consilii[2], n.

A quelle intention. Quonam consilio, à l'ablat.

Dans l'intention de. Eo consilio ut, et le subjonct.

Avec bonne intention. Bono consilio, à l'ablat.

Avoir l'intention de. In animo habēre[2], act.

INTENTIONNÉ. Affectus, a, um, adj. | *Bien*, benè; *mal*, malè. pour *par in*, et l'acc.

INTERCALAIRE, *qui est inséré dans un autre.* Intercalaris, m. f. intercalare, n. gén. intercalaris, adj.

INTERCALATION *d'un jour dans l'année bissextile.* Intercalatio, g. intercalationis[3], f.

INTERCALER. Inserĕre, insero, inseris, inserui, insertum[3], act.

INTERCÉDER Deprecari, deprecor, deprecaris, deprecatus sum[1], dépon. pour *par* pro, et l'abl. | *Auprès de.* Apud, avec l'accus.

INTERCEPTER. Intercipĕre, intercipio, intercipis, intercepi, interceptum[3], act.

INTERCEPTION. Interceptio, g. interceptionis[3], f.

INTERCESSEUR. Deprecator, g. deprecatoris[3], m.

INTERCESSION. Deprecatio, g. deprecationis[3], f.

INTERDICTION, *défense.* Interdictio, g. interdictionis[3], f.

INTERDIRE. Interdicĕre, interdico, interdicis, interdixi, interdictum[3]. *Le nom de la person. au datif, et le nom de la chose à l'abl.*

Interdire une personne, une ville, etc., par voie de censure. Sacris interdicĕre, avec l'acc.

INTERDIRE, *déconcerter.* Obstupefacĕre, obstupefacio, obstupefacis, obstupefeci, obstupefactum[3], *act.*

INTERDIT, ou *étonné.* Stupefactus, a, um, *adj.*

INTERDIT, ou *privé de.* Privatus, a, um, *avec l'ablat.*

INTERDIT *par censure ecclésiastique.* Sacris interdictus, a, um, *part.*

INTERDIT, *subst. censure ecclésiastique.* Interdictio, g. interdictionis[3], *f.*

Mettre, jeter un interdit sur. Voy. *Interdire.*

INTÉRESSANT, *important; il est intéressant à, il importe.* Refert. à *se rend par le génit.*

INTÉRESSANT, *de grande importance.* Prægravis, *m. f.* prægrave, *n. gén.* prægravis. *comp.* Prægravior, *m. f.* prægravius, *n. gén.* prægravioris; *sup.* prægravissimus, a, um.

INTÉRESSANT, *recommandable, en parlant des personnes.* Commendabilis, *m. f.* commendabile, *n. gén.* commendabilis, *adj. comp.* Commendabilior, *m. f.* commendabilius, *n. gén.* commendabilioris; *superl.* commendabilissimus, a, um.

INTÉRESSANT, *agréable.* Jucundus, a, um, *adj.*

INTÉRESSANT, *amusant.* Oblectatorius, ia, ium, *adj.*

INTÉRESSANT, *attachant.*

Histoire intéressante. Lectorem tenens historia; *mot à mot, histoire attachant le lecteur.*

INTÉRESSÉ, *qui a part dans quelque affaire.* Consors, *m. f.* et *n. gén.* consortis, *ensuite un gén.* Alicujus negotii.

INTÉRESSÉ, *attaché à ses intérêts.* Ad rem attentior, *m.* et *f. gén.* attentioris, *comp.*

Être intéressé. Suæ utilitati inservire, inservio, inservis, inservii, inservitum[4], *n.*

Je suis intéressé à cela; c. à. d. *cela m'importe.* Hoc meâ interest.

Pierre y est beaucoup intéressé. Hoc magni interest Petri; c. à. d. *cela importe beaucoup à Pierre.*

INTÉRESSER, *importer.* Interesse, intersum, interes, interfui. Voyez *la règle* Refert, Interest regis.

INTÉRESSER *dans, engager.* Inducĕre, induco, inducis, induxi, inductum[3], *act.* dans *par in, avec l'acc.*

INTÉRESSER, *donner part du gain dans un commerce.* Ad actiones adjungĕre, adjungo, adjungis, adjunxi, adjunctum[3], *act. acc. de la personne.*

INTÉRESSER *le jeu.* Ludum lucri illecebrâ acuĕre, acuo, acuis, acui, acutum[3], *act.* c. à. d. *animer le jeu par l'appât du gain.*

INTÉRESSER, *blesser.* Lædĕre, lædo, lædis, læsi, læsum[3], *act.*

INTÉRESSER, *émouvoir.* Commovēre, commoveo, commoves, commovi, commotum[2], *act.*

INTÉRESSER, *attacher.* Detinēre, detineo, detines, detinui, detentum[2], *act.*

s'INTÉRESSER *pour une chose.* Studēre, studeo, studes, studui[2], *sans supin. n. avec le datif.*

s'INTÉRESSER *pour une personne.* Commodis inservire, inservio, inservis, inservii, inservitum[4], *n. gén. de la pers.*

INTÉRÊT, ou *utilité.* Commodum, *g.* commodi[2], *n.*

J'ai intérêt à cela, tournez: cela importe à moi. Illud meâ refert.

Mon père a intérêt, tournez: il importe à mon père. Refert mei patris, *et un infin.* Voyez *Importer.*

Il y va de votre intérêt, tournez: il vous importe. Refert tuâ.

INTÉRÊT, ou *usure.* Usura, g. usuræ[1], *f.*

A intérêt. Fœnore, *à l'abl.*

INT INT 331

INTÉRIEUR, *adj.* Interior, *m. f.* interius, *n. gén.* interioris.

L'INTÉRIEUR *d'une personne*. Intimus sensus, g. intimi² sensûs⁴, *masc.*

L'INTÉRIEUR, *le dedans.* Pars interior, *g.* partis interioris³, *fém.*

INTÉRIEUREMENT. Intùs, *adverbe.*

INTÉRIM, *par intérim.* Interìm, *adv.*

INTERJECTION. Interjectio, g. interjectionis³, *f.*

INTERLIGNE, *écrit entre deux lignes.* Verba interjecta, *g.* verborum interjectorum², *n. plur.*

INTERLINÉAIRE, *adj.* Interscriptus, a, um, *adj.*

INTERLOCUTEUR. Dialogi actor, *g.* dialogi actoris³, *m.*

INTERLOCUTION. Interlocutio, *g.* interlocutionis³, *f.*

INTERMÈDE. Intermedii ludi, *g.* intermediorum ludorum², *m. pl.*

INTERMÉDIAIRE. Intermedius, ia, ium, *adj.*

INTERMISSION. Intermissio, *g.* intermissionis³, *f.*

INTERMITTENCE. V. *Intermission.*

INTERMITTENT, *fièvre intermittente.* Febris intervallata, *g.* febris³ intervallatæ¹, *f. acc.* febrem *ou* febrim, *abl.* febri.

INTERNE. Intestinus, a, um, *adj.*

INTERPELLATION. Interpellatio, *g.* interpellationis³, *f.*

INTERPELLER. Interpellare, interpello, interpellas, interpellavi, interpellatum¹, *act.*

INTERPOSER. Interponěre, interpono, interponis, interposui, interpositum³, *act.*

INTERPOSITION. Interpositio, *g.* interpositionis³, *f.*

INTERPRÉTATION. Interpretatio, *g.* interpretationis³, *f.*

INTERPRÈTE. Interpres, *g.* interpretis³, *m.*

INTERPRÉTÉ. Explicatus, a, um, *part. pass.*

INTERPRÉTER. Interpretari, interpretor, interpretaris, interpretatus sum¹, *dép. acc.*

INTERPRÉTER *en bien.* Interpretari benè. | *En mal.* Perversè.

INTERRÈGNE. Interregnum, *g.* interregni², *n.*

INTERROGATIF. Interrogativus, a, um, *adj.*

INTERROGATION. Interrogatio, *g.* interrogationis³, *f.*

INTERROGATOIRE, *ce sur quoi on interroge un criminel.* Quæstio, *g.* quæstionis³, *f.*

INTERROGÉ. Interrogatus, a, um, *part. pass.* sur *ou* touchant par de, *et l'abl.*

INTERROGER. Interrogare, interrogo, interrogas, interrogavi, interrogatum¹, *act. acc. de la personne, et l'abl. de la chose* avec de.

INTERROMPRE *quelqu'un qui parle.* Interpellare, interpello, interpellas, interpellavi, interpellatum¹, *act.*

INTERROMPRE, *suspendre.* Interrumpěre, interrumpo, interrumpis, interrupi, interruptum³, *act.*

INTERROMPU, *en parlant.* Interpellatus, a, um, *part. pass.*

INTERROMPU, *suspendu.* Interruptus, a, um, *part. pass.*

INTERRUPTION. Intermissio, *g.* intermissionis³, *f.*

Sans interruption. Sinè intermissu.

INTERSTICE, *intervalle de temps.* Interstitium, *g.* interstitii², *neut.*

INTERVALLE. Intervallum, *g.* intervalli², *n.*

Par intervalle. Intervallis, *ablat.*

INTERVENIR. Intervenire, intervenio, intervenis, interveni, interventum⁴, *n.*

INTERVENIR *en un procès.* Liti intervenire. Liti *est au dat.*

INTERVENTION, *l'action d'intervenir.* Interventus, *g.* interventûs⁴, *m.*

INTERVERTIR, *déranger.* Intervertĕre, interverto, intervertis, interverti, interversum³, *act.*

INTESTAT, *qui n'a pas fait de testament.* Intestatus, a, um, *adj.*

INTESTIN, *adj.* Intestinus, a, um.

LES INTESTINS. Intestina, *g.* intestinorum², *n. plur.*

INTIMATION, *ajournement.* Denuntiatio, *g.* denuntiationis³, *f.*

INTIME. Intimus, a, um, *adj.*

INTIME *de quelqu'un.* Intimus alicui, *au dat.*

INTIMEMENT. Intimè, *adv.*

INTIMER, *dénoncer, faire savoir.* Denuntiare, denuntio, denuntias, denuntiavi, denuntiatum¹, *act. acc. rég. ind. datif.*

INTIMIDER. Terrēre, terreo, terres, terrui, territum², *act.*

INTIMITÉ. Arctissima amicitia, *g.* arctissimæ amicitiæ¹, *f.*

UN INTITULÉ, *subst.* Inscriptio, *g.* inscriptionis³, *f.*

INTITULER. Inscribĕre, inscribo, inscribis, inscripsi, inscriptum³, *act.*

INTOLÉRABLE. Intolerandus, a, um, *adj.* Magis *pour le comp.* maximè *pour le superl.*

INTOLÉRANCE. Intolerantia, *g.* intolerantiæ¹, *f.*

INTOLÉRANT. Intolerans, *g.* intolerantis, *adj.*

INTRAITABLE. Intractabilis, *m. f.* intractabile, *n. gén.* intractabilis, *adj.*

INTRÉPIDE. Intrepidus, a, um, *adj. comp.* Intrepidior, *m. f.* intrepidius, *n. gén.* intrepidioris; *sup.* intrepidissimus, a, um.

INTRÉPIDITÉ. Animus intrepidus, *g.* animi intrepidi², *m.*

Avec intrépidité, ou

INTRÉPIDEMENT. Intrepidè, *adv.*

INTRIGANT. Ardelio, *g.* ardelionis³, *m.*

INTRIGUE. Artes, *g.* artium³, *fém. plur.*

INTRIGUE *d'une pièce.* Nodus, *g.* nodi², *m.*

INTRIGUER, *inquiéter.* Angĕre, ango, angis, anxi, anctum³, *act.*

INTRIGUER, *faire des intrigues.* Multa moliri, molior, moliris, molitus sum⁴, *dép.* pour *par ad,* avec *l'acc.* ou *le gérondif en* dum.

S'INTRIGUER, *se donner de la peine.* Multa moliri⁴.

INTRINSÈQUE. Intrinsecus, a, um, *adj.*

INTRODUCTION. Introductio, *g.* introductionis³, *f.*

INTRODUIRE. Introducĕre, introduco, introducis, introduxi, introductum³, *act.* dans *par in,* et *l'accus.* | Auprès de *ou* chez, *par ad,* et *l'acc.*

S'INTRODUIRE *auprès des grands.* In consuetudinem optimatum se insinuare, insinuo, insinuas, insinuavi, insinuatum¹, *act.*

INTRODUIT. Introductus, a, um, *part. pass.* dans *ou* en *par in,* et *l'acc.* | Auprès de *ou* chez *par ad,* et *l'acc.*

INTRUS. Intrusus, a, um, *part.* dans *par in,* avec *l'acc.*

INTRUSION. Obreptio, *g.* obreptionis³, *f.*

INUSITÉ. Inusitatus, a, um, *adj. comp.* Inusitatior, *m. f.* inusitatius, *n. gén.* inusitatioris; *sup.* inusitatissimus, a, um.

INUTILE. Inutilis, *m. f.* inutile, *n. gén.* inutilis, *adj. comp.* Inutilior, *m. f.* inutilius, *n. gén.* inutilioris; *superl.* inutilissimus, a, um.

INUTILEMENT. Inutiliter, *adv. comp.* Inutilius; *superl.* inutilissimè.

INUTILITÉ. Inutilitas, *g.* inutilitatis³, *f.*

INVAINCU. Invictus, a, um, *adj.*

INVALIDE. Invalidus, a, um, *adj.*

Les soldats invalides. Invalidi milites, *g.* invalidorum² militum³, *m. plur.*

INV INV 333

INVALIDER, *annuler*. Abrogare, abrogo, abrogas, abrogavi, abrogatum¹, *act*.

INVALIDITÉ. Invalentia, *g.* invalentiæ¹, *f.*

INVARIABLE. Immutabilis, *m. f.* immutabile, *n. gén.* immutabilis, *adj. comp.* Immutabilior, *m. f.* immutabilius, *n. gén.* immutabilioris; *superl.* immutabilissimus, a, um.

INVARIABLEMENT. Immutabiliter, *adv.*

INVASION. Occupatio, *g.* occupationis³, *f.*

Faire une invasion. Invadĕre, invado, invadis, invasi, invasum³, *act.* dans *par* in, *avec l'acc.*

INVECTIVE. Objurgatio, *g.* objurgationis³, *f.*

INVECTIVER *contre*. Invehi, invehor, inveheris, invectus sum³, *dép.* contre *par* in, *avec l'acc.*

INVENTAIRE. Recensio, *g.* recensionis³, *f.*

INVENTER, *découvrir.* Invenire, invenio, invenis, inveni, inventum⁴, *act.*

INVENTER, *feindre.* Fingĕre, fingo, fingis, finxi, fictum³, *act.*

INVENTEUR. Inventor, *g.* inventoris³, *m.*

INVENTIF. Ad excogitandum acutus, a, um, *adj.* c. à. d. *ingénieux à inventer.*

INVENTION, *action d'inventer.* Inventio, *g.* inventionis³, *f.*

INVENTION, *chose inventée.* Inventum, *g.* inventi², *n.*

INVENTION, *artifice.* Ars, *g.* artis³, *f.*

INVENTORIER, *faire l'inventaire.* Recensēre, recenseo, recenses, recensui, recensitum², *act.*

INVENTRICE, *celle qui a inventé.* Inventrix, *g.* inventricis³, *f.*

INVERSE, *dans un ordre renversé.* Inversus, a, um, *adj.*

INVERSION. Inversio *g.* inversionis³, *f.*

INVESTIR. Cingĕre, cingo, cingis, cinxi, cinctum³, *act.*

INVESTIR, *revêtir d'un pouvoir.* Instruĕre, instruo, instruis, instrui, instructum³, *act. acc. de la personne, abl. de la chose.*

INVESTISSEMENT *d'une place.* Urbis interclusio, *g.* urbis interclusionis³, *f.*

INVESTITURE. In possessionem missio, *g.* in possessionem missionis³, *f.*

Donner l'investiture. Possessionem tradĕre, trado, tradis, tradidi, traditum³, *act. dat. de la personne, gén. de la chose.*

INVÉTÉRÉ. Inveteratus, a, um, *adj.*

INVÉTÉRER, *vieillir.* Inveterascĕre, inveterasco, inveterascis, inveteravi¹, *sans sup. n.*

INVINCIBLE. Invictus, a, um, *adj.*

INVINCIBLEMENT, *nécessairement.* Necessariò.

INVINCIBLEMENT, *évidemment.* Evidentissimè, *adv.*

INVIOLABLE. Inviolatus, a, um, *adj.*

INVIOLABLEMENT. Inviolatè, *adj.*

INVISIBLE. Oculos fugiens, *g.* oculos fugientis, *adj. des 3 genr.* c. à d. *échappant aux yeux.*

INVISIBLEMENT. Citrà visum.

INVITATION. Invitatio, *g.* invitationis³, *f.*

INVITER. Invitare, invito, invitas, invitavi, invitatum¹, *act. rég. ind. à l'acc. avec* ad, *ou gér. en* dum, *avec* ad.

INVOCATION. Invocatio, *g.* invocationis³, *f.*

INVOLONTAIRE. Non voluntarius, ia, ium, *adj.*

INVOLONTAIREMENT, *adv.* Præter voluntatem.

INVOQUÉ. Invocatus, a, um, *part. pass.*

INVOQUER. Invocare, invoco, invocas, invocavi, invocatum¹, *act.*

INVRAISEMBLABLE. Non verisimilis, *m. f.* non verisimile, *n. gén.* non verisimilis, *adj.*

INVRAISEMBLANCE. Verisimilitudinis defectus, g. verisimilitudinis defectûs[4], masc.

INVULNÉRABLE, qui ne peut être blessé. Invulnerabilis, m. f. invulnerabile, n. gén. invulnerabilis, adj.

IRASCIBLE. Ad iracundiam proclivis, m. f. proclive, n. gén. proclivis, adj.

IRE, colère. Ira, g. iræ[1], f.

IRIS. Voyez Arc-en-ciel.

IRIS, déesse chez les païens. Iris, g. iridis[3], f. acc. iridem, ou irin, ablat. iride.

IRIS, fleur et pierre précieuse. Iris, g. iridis[3], f.

IRONIE. Ironia, g. ironiæ[1], f.

IRONIQUE. Ironiâ plenus, a, um, adj. c. à. d. plein d'ironie.

D'un ton ironique, ou
IRONIQUEMENT. Ironicè, adv.

IRRAISONNABLE, sans raison. Rationis expers, des 3 genres, g. rationis expertis[3], adj.

IRRÉCONCILIABLE. Implacabilis, m. f. implacabile, n. gén. implacabilis[3], adj.

IRRÉCONCILIABLEMENT. Sinè ullâ spe reconciliationis.

IRRÉCUSABLE. Non recusandus, a, um, adj.

IRRÉFLÉCHI. Inconsideratus, a, um, adj.

IRRÉFRAGABLE. Certissimus, a, um, adj. superl. de Certus.

IRRÉGULARITÉ, contre les règles. Abnormitas, g. abnormitatis[3], f.

IRRÉGULARITÉ, inégalité. Inæqualitas, g. inæqualitatis[3], f.

Irrégularité dans les mœurs, dans la conduite. Morum depravatio, g. morum depravationis[3], f.

IRRÉGULIER, contre les règles. Abnormis, m. f. abnorme, n. gén. abnormis, adj.

IRRÉGULIER, inégal. Inæqualis, m. f. inæquale, n. gén. inæqualis, adj.

IRRÉGULIÈREMENT, adv. contre les règles. Contrà regulam.

IRRÉGULIÈREMENT, inégalement. Inæqualiter, adv.

IRRÉGULIÈREMENT, en parlant des mœurs. Perversè, adv.

IRRÉLIGIEUX. Irreligiosus, a, um, adj.

IRRÉLIGION. Impietas, g: impietatis[3], f.

IRRÉMÉDIABLE. Irremediabilis, m. f. irremediabile, n. gén. irremediabilis, adj.

IRRÉMÉDIABLEMENT. Sinè spe remedii.

IRRÉMISSIBLE. Inexpiabilis, m. f. inexpiabile, n. gén. inexpiabilis, adj.

IRRÉMISSIBLEMENT. Citrà veniæ spem.

IRRÉPARABLE. Irreparabilis, m. f. irreparabile, n. gén. irreparabilis, adj.

IRRÉPARABLEMENT. Extrà spem damni reparandi.

IRRÉPRÉHENSIBLE. Irreprehensus, a, um, adj.

D'une manière irrépréhensible, ou
IRRÉPRÉHENSIBLEMENT. Extrà culpam.

IRRÉPROCHABLE. Integerrimus, a, um, adj. sup. d'Integer.

D'une manière irréprochable, ou
IRRÉPROCHABLEMENT. Modo probatissimo.

IRRÉSISTIBLE, à quoi rien ne peut résister. Cui resisti non potest. Cui se met quand le nom est singulier; on met quibus quand le nom est pluriel.

D'une manière irrésistible, ou
IRRÉSISTIBLEMENT. Modo ineluctabili.

IRRÉSOLU. Dubius, ia, ium, adj.

Etre irrésolu. Animi pendere, pendeo, pendes, pependi, pensum[2], n. Le si qui suit s'exprime par an ou utrùm, avec le subj. S'il y a dans, on l'exprime par in avec l'ablat.

D'une manière irrésolue, ou
IRRÉSOLUMENT. Dubitanter, adv.

IRRÉSOLUTION. Dubitatio, g. dubitationis[3], f.

IRRÉVÉRENCE. Irreverentia, g. irreverentiæ[1], f.

IRRÉVÉRENT. Inverecundus, a, um, adj.

IRRÉVOCABLE, qu'on ne peut révoquer. Irrevocabilis, m. f. irrevocabile, n. gén. irrevocabilis, adj.

IRRÉVOCABLEMENT. Immutabiliter, adv.

IRRISION. Irrisio, g. irrisionis[3], f.

IRRITABLE. Irritabilis, m. f. irritabile, n. gén. irritabilis, adj.

IRRITATION des humeurs. Irritatio, g. irritationis[3], f.

IRRITÉ contre. Iratus, a, um, adj. contre ne s'exprime pas, on met le dat. du nom qui suit.

IRRITER, mettre en colère. Irritare, irrito, irritas, irritavi, irritatum[1], act.

IRRITER ou exciter. Voyez ce mot.

IRRITER les passions. Animorum motus inflammare, inflammo, inflammas, inflammavi, inflammatum[1], act.

S'IRRITER, se mettre en colère. Irasci, irascor, irasceris, iratus sum[3], dép. contre par le dat. du nom qui suit.

IRRUPTION. Irruptio, g. irruptionis[3], f.

Faire irruption dans. Irrumpĕre, irrumpo, irrumpis, irrupi, irruptum[3], n. dans par in avec l'acc.

ISLE et mieux ÎLE. Insula, g. insulæ[1], f.

ISOLÉ, séparé des autres. A cæteris sejunctus, a, um, adj.

Maison isolée. Domus nulli contigua, g. domûs[4] nulli contiguæ[1], fém.

ISOLÉ, vie isolée. Vita segrex, g. vitæ[1] segregis[3], f.

ISOLER, séparer des autres. A cæteris sejungĕre, sejungo, sejungis, sejunxi, sejunctum[3], act.

S'ISOLER, se séparer de la société. Societate se segregare, segrego, segregas, segregavi, segregatum[1], act.

ISOLEMENT, subst. Cet homme vit dans l'isolement. Hic homo ducit vitam segregem. Voyez au mot Isolé : vie Isolée.

ISOLÉMENT, adv. D'une manière isolée. Segregatim, adv.

ISSU, sorti de. Ortus, a, um. Le de s'exprime par à ou ab, et l'ablat. de la personne ; mais le nom de la chose est à l'ablat. sans préposit. Ex. Issu de bas lieu. Ortus obscuro loco.

ISSUE, sortie. Exitus, g. exitûs[4], m.

ISTHME, langue de terre entre deux mers. Isthmus, gén. isthmi[2], m.

ITÉRATIF, réitéré. Iteratus, a, um, adj.

ITINÉRAIRE. Itinerarium, g. itinerarii[2], n.

IVOIRE. Ebur, g. eboris[3], n. Qui est d'ivoire. Eburneus, ea, eum, adj. | Blanc comme l'ivoire. Eburneus, ea, eum, adj.

IVRAIE. Lolium, g. lolii[2], n.

IVRE. Ebrius, ia, ium, adj.

Rendre ivre ou Enivrer. Inebriare, inebrio, inebrias, inebriavi, inebriatum[1], act.

Devenir ivre. Inebriari[1], pass.

Etre ivre. Vino madēre, madeo, mades, madui[2], sans supin. n.

Ivre de joie. Gaudio elatus, a, um, adj.

IVRESSE. Ebrietas, g. ebrietatis[3], f.

IVRESSE des passions. Cupiditatum æstus, g. cupiditatum æstûs[4], m.

L'ivresse de la joie. Gestientis animi motus, g. gestientis animi motûs[4], m.

IVROGNE. Ebriosus, a, um, adj.

IVROGNESSE. Mulier ebriosa, g. mulieris[3] ebriosæ[1], f.

IVROGNERIE. Ebriositas, g. ebriositatis[3], f.

J.

JABOT, *poche de l'oiseau.* Ingluvies, g. ingluviei[5], f.

JACHÈRE, *terre en jachère, terre labourable qu'on laisse reposer.* Vervactum, g. vervacti[2], n.

Mettre en jachère. Agrum novare, novo, novas, novavi, novatum[1], act.

JACTANCE, *vanterie.* Jactantia, g. jactantiæ[1], f.

JACULATOIRE, *oraison jaculatoire.* Brevis et ardens precatio, g. brevis et ardentis precationis[3], fém.

JADIS. Olim, adv.

JAILLIR. Salire, salio, salis, salui, saltum[4], n.

JAILLISSANT. Saliens, m. f. et n. gén. salientis, part. prés.

JAILLISSEMENT. Saltus, gén. saltûs[4], m.

JAIS, ou JAYET, *minéral.* Gagates, g. gagatæ[1], m.

JALON, *bâton pour aligner.* Pertica, g. perticæ[1], f.

JALOUSIE, *entre amans et époux.* Zelotypia, g. zelotypiæ[1], f.

JALOUSIE, *envie.* Invidia, g. invidiæ[1], f.

JALOUSIE *de fenêtres*, etc. Transenna, g. transennæ[1], f.

JALOUX *en amour.* Zelotypus, g. zelotypi[2], m. | *Au fém.* Zelotypa, g. zelotypæ[1].

JALOUX, *ou envieux.* Invidus, a, um, adj. avec un gén.

JALOUX, *attaché à.* Tenax, m. f. et n. gén. tenacis, adj. et le gén.

JALOUX, *désireux de.* Cupidus, a, um, adj. avec le gén. ou le géron. en di.

JAMAIS, *lorsqu'il n'y a pas de négation.* Unquàm, adv. *Lorsqu'il y a une négation.* Nunquàm, adv. qui emporte la négation.

Jamais je n'irai. Nunquàm ibo.

A jamais, ou *pour jamais.* In æternum.

JAMBAGE *de porte.* Postis, g. postis[3], m.

JAMBE. Crus, gén. cruris[3], n. gén. plur. crurum.

A toutes jambes. Accerrimo cursu.

JAMBON. Perna, g. pernæ[1], f.

JANISSAIRE. Janissarius, g. janissarii[2], m.

JANTE *de roue.* Apsis, g. apsidis[3], f.

JANVIER, *premier mois de l'année.* Januarius, g. januarii[2], m.

JAPPEMENT, *cri des chiens.* Latratus, g. latratûs[4], m.

JAPPER. Latrare, latro, latras, latravi, latratum[1], n.

JAQUETTE. Puerilis vestis, g. puerilis vestis[3], f.

JARDIN. Hortus, g. horti[2], m.

Petit jardin. Hortulus, g. hortuli[2], m. | *Qui est de jardin.* Hortensis, m. f. hortense, n. gén. hortensis, adj.

Jardin potager. Hortus olitorius, g. horti olitorii[2], m.

JARDINAGE. Hortorum cultura, g. hortorum culturæ[1], f.

JARDINER, *travailler au jardin.* Hortum colere, colo, colis, colui, cultum[3], act.

JARDINIER. Olitor, g. olitoris[3], m.

JARDINIÈRE. Horti cultrix, g. horti cultricis[3], f.

JARGON, *langage du peuple.* Proletarius sermo, g. proletarii[2] sermonis[3], m.

JARGON, *langage étranger.* Alienus sermo, g. alieni[2] sermonis[3], masc.

JARGON *de petits enfans.* Balba verba, g. balborum verborum[2], n. plur.

JEA

JARRE, *grand vase.* Hydria, g. hydriæ¹, *f.*

JARRET. Poples, g. poplitis³, *masc.*

JARRETIÈRE. Periscelis, g. periscelidis³, *f.*

JARS, *vie mâle.* Anser masculus, g. anseris³ masculi², *m.*

JASER. Garrire, garrio, garris, garrivi, garritum⁴, *n.*

JASEUR. Loquax, *m. f. et n. gén.* loquacis, *adj.*

JASMIN. Jelsiminum, g. jelsimini², *n.*

JASPE, *pierre précieuse.* Jaspis, g. jaspidis³, *f.*

Qui est de jaspe. Jaspideus, ea, eum, *adj.*

JASPÉ Jaspideo colore variatus, a, um, *part. pass.*

JASPER. Jaspideo colore variare, vario, varias, variavi, variatum¹, *act.*

JATTE, *vase.* Gabata, g. gabatæ¹, *fém.*

JAUNÂTRE. Subflavus, a, um, *adj.*

JAUNE. Flavus, a, um, *adj.*

UN JAUNE *d'œuf.* Ovi vitellus, g. ovi vitelli², *m.*

JAUNIR, *ou rendre jaune.* Flavo colore inficĕre, inficio, inficis, infeci, infectum³, *act.*

JAUNIR, *ou devenir jaune.* Flavescĕre, flavesco, flavescis³, *sans prét. ni sup. n.*

JAUNISSANT. Flavens, g. flaventis, *des 3 genres.*

JAUNISSE. Icterus, g. icteri², *masc.*

Qui a la jaunisse. Ictericus, a, um, *adj.*

JAVELINE. Hasta, g. hastæ¹, *fém.*

JAVELLE, *petit monceau d'épis.* Merges, g. mergitis³, *f.*

JAVELOT. Spiculum, g. spiculi², *n.*

JE, ou *moi.* Ego, g. meî, *dat.* mihi.

JEAN, *nom d'homme.* Joannes, g. Joannis³, *m.*

JEU 337

JÉSUS, *le Sauveur du monde.* Jesus, g. Jesu, *m. dat.* Jesu, *acc.* Jesum, *voc.* Jesu, *abl.* Jesu.

JET. Jactus, g. jactûs⁴, *m.*

Un jet d'eau. Aqua saliens, g. aquæ¹ salientis³, *f.*

Jet d'arbre. Germen, g. germinis³, *n.*

JETÉ. Jactus, a, um, *p. p.*

Le sort en est jeté. Jacta est alea.

JETÉ *par terre.* Prostratus, a, um, *part. pass.*

JETÉE, *digue qu'on fait dans la mer.* Moles, g. molis³, *f.*

JETER. Jacĕre, jacio, jacis, jeci, jactum³, *act.* sur *ou* dans *par* in, *et l'acc.*

JETER *dans* ou *sur.* Injicĕre, injicio, injicis, injeci, injectum³, *act.* dans *ou* sur *par* in, *avec l'acc.*

JETER *une statue en bronze.* Statuam ex ære fundĕre, fundo, fundis, fudi, fusum³, *act.*

JETER, *pousser des feuilles, des racines.* Profundĕre, profundo, profundis, profudi, profusum³, *act.*

SE JETER *par terre.* Humi se abjicĕre, abjicio, abjicis, abjeci, abjectum³, *act.* | *Aux pieds de quelqu'un.* Ad pedes alicujus se abjicĕre. sur *par* in, *avec l'acc.*

SE JETER *sur quelqu'un.* Irruĕre, irruo, irruis, irrui, irrutum³, *n.* | *Au milieu des ennemis.* In mediam aciem.

SE JETER *au cou.* In collum insilire, insilio, insilis, insilui, insultum⁴, *n.*

SE JETER, *en parlant des rivières.* Voyez se Rendre.

JETON. Calculus, g. calculi², *masc.*

JEU. Ludus, g. ludi², *m.* | *Qui concerne le jeu.* Lusorius, ia, ium, *adj.*

Jeu de hasard. Alea, g. aleæ¹, *fém.*

Jeu de cartes. Foliorum pictorum lusus, g. foliorum pictorum lusûs⁴, *m.*

538 JEU

Jeu de paume. Sphæristerium, g. sphæristerii², n.

Jeu, badinage. Jocus, g. joci², masc.

Jeux de mots. Facetiæ, g. facetiarum¹, f. plur.

Jeux, spectacles publics. Spectacula, g. spectaculorum², n. pl.

JEUDI. Jovis dies, g. Jovis diei⁵, m. c. à d. jour de Jupiter.

qui est a JEUN. Jejunus, a, um, adj. qui s'accorde avec la personne qui est à jeun.

Jeune, adj. en parlant des personnes. Juvenis, m. f. juvene, n. gén. juvenis; adj. comp. Junior, g. junioris; superl. maximè juvenis. Juvenis fait au gén. plur. juvenum.

Un Jeune enfant. Teneræ ætatis puer, g. pueri², m. Pour le fém. Teneræ ætatis puella¹.

Un Jeune homme. Adolescens, g. adolescentis³, m.

Une jeune fille. Puella, g. puellæ¹, f.

Plus jeune que, ou le plus jeune de, en parlant de deux. Natu minor, m. f. natu minus, n. gén. natu minoris.

Le plus jeune de, en parlant de plusieurs. Natu minimus, a, um, avec un gén.

En jeune homme. Juveniliter, adv.

JEUNE, ou abstinence. Jejunium, g. jejunii², n.

JEUNER, ou s'abstenir de manger. Cibo abstinēre, abstineo, abstines, abstinui, abstentum², n. c. à. d. s'abstenir de nourriture.

Faire jeûner quelqu'un. Cibo abstinēre, acc. de la personne.

JEUNESSE. Adolescentia, g. adolescentiæ¹, f.

Dès ma plus tendre jeunesse. A teneris annis.

Dès sa jeunesse. Ab juventâ.

la Jeunesse, ou les jeunes gens. Juventus, g. juventutis³, f.

La déesse de la jeunesse. Juventa, g. juventæ¹, f.

JOU

JEUNEUR, grand jeûneur. Multi jejunii homo, g. multi jejunii hominis³, m.

JOAILLIER, qui fait des joyaux. Gemmarum artifex, g. gemmarum artificis³, masc.

JOIE. Lætitia, g. lætitiæ¹, f.

Avoir de la joie de. Voyez Se réjouir.

Etre au comble de la joie. Gaudio exsultare, exsulto, exsultas, exsultavi, exsultatum¹, n.

Faire éclater sa joie. Gaudium erumpēre, erumpo, erumpis, erupi, eruptum³, act.

JOIGNANT, qui est proche. Proximus, a, um, adj. dat.

Joignant, ou auprès de. Juxtà, et un acc.

JOINDRE. Jungēre, jungo, jungis, junxi, junctum³, act. acc. rég. ind. dat.

Joindre, ou atteindre. Assequi, assequor, assequeris, assecutus sum³, dép. acc.

se Joindre, s'assembler en un même lieu. In unum locum convenire, convenio, convenis, conveni, conventum⁴, n.

se Joindre à quelqu'un. Se jungēre ad aliquem.

se Joindre, en parlant des choses. Inter se jungi³, pass. de Jungēre.

JOINT. Junctus, a, um, part. pass.

A mains jointes. Manibus supplicibus.

JOINTURE. Junctura, g. juncturæ¹, f.

JOLI. Lepidus, a, um, adj.

JOLIMENT. Lepidè, adverb. comp. Lepidiùs; superl. lepidissimè.

JONC. Juncus, g. junci², m.

Qui est de jonc. Junceus, ea, eum, adj.

Pein de joncs. Juncosus, a, um, adj.

Lieu où naissent les joncs. Juncetum, g. junceti³, n.

Jonc marin. Paliurus, g. paliuri², m.

JOU

JONCHÉE, *de fleurs, d'herbes, etc.* Stratura, *g.* straturæ[1], *f.* florum, herbarum, etc.

JONCHER. Conspergĕre, conspergo, conspergis, conspersi, conspersum[3], *act.* | *De fleurs.* Floribus.

JONCHER *la terre de morts.* Campum cadaveribus consternĕre, consterno, consternis, constravi, constratum[3], *act.*

JONCTION. Junctio, *g.* junctionis[3], *f.*

JONGLEUR. Præstigiator, *g.* præstigiatoris[3], *m.*

JONQUILLE. Jonquilla, *g.* jonquillæ[1], *f.*

JOUE. Gena, *g.* genæ[1], *f.*

JOUER *à quelque jeu.* Ludĕre, ludo, ludis, lusi, lusum[3], *n.* On met à *l'abl.* le jeu auquel on joue, comme : *à la paume*, pilâ ; *une partie*, unâ lusione.

JOUER *d'un instrument, etc.* Canĕre, cano, canis, cecini, cantum[3], *n. avec l'ablat. de l'instrument.*

Apprendre à jouer d'un instrument. Discĕre, disco, discis, didici[3], *sans sup. ablat. de l'instrument.*

Savoir jouer d'un instrument. Scire, scio, scis, scivi, scitum[4], *n. ablat. de l'instrument.*

Jouer des airs. Carmina cantare[1]. | *Sur la flûte.* Tibiâ, *à l'abl.*

JOUER *quelque chose, mettre en jeu.* Deponĕre, depono, deponis, deposui, depositum[3], *act.*

JOUER, *ou représenter.* Agĕre, ago, agis, egi, actum[3], *act.* | *Une comédie.* Comœdiam.

JOUER *un mauvais personnage.* Gerĕre, gero, geris, gessi, gestum[3], *act.* Indignam personam.

Faire jouer publiquement une comédie. Exhibēre, exhibeo, exhibes, exhibui, exhibitum[3], *act.*

SE JOUER, *s'amuser.* Ludĕre.

Le poisson joue dans l'eau. Piscis ludit in aquâ.

SE JOUER *ensemble.* Colludĕre, colludo, colludis, collusi, collusum[3], *n.*

SE JOUER *de.* Deludĕre, deludo, deludis, delusi, delusum[3], *act.*

En se jouant. Per jocum.

SE JOUER *à quelqu'un, l'attaquer.* Aggredi, aggredior, aggrederis, aggressus sum[3], *dép. acc.*

JOUET, *objet de dérision.* Ludibrium, *g.* ludibrii[2], *n.*

JOUET *de la fortune.* Fortunæ ludibrium, *g.* fortunæ ludibrii[3], *n.*

Etre le jouet de, ou servir de jouet à. Ludibrio esse, sum, fui, *dat. du nom dont on est le jouet.*

JOUET *d'enfant.* Crepundia, *g.* crepundiorum[2], *n. plur.*

JOUEUR, Lusor, *g.* lusoris[3], *m.*

JOUEUR. *Qui a la passion du jeu.* Ludi deditus, a, um, *adj.*

JOUEUR *de flûte.* Tibicen, *g.* tibicinis[3], *m. Au fém.* Tibicina, *g.* tibicinæ[1].

JOUEUR *d'instrument à cordes.* Fidicen, *g.* fidicinis[3], *m. Au fém.* Fidicina, *g.* fidicinæ[1].

JOUEUR *de farce.* Mimus, *gén.* mimi[2], *m. Au fém.* Mima, *g.* mimæ[1].

JOUEUR *de gobelets, ou de tours de passe-passe.* Præstigiator, *g.* præstigiatoris[3], *m. Au fém.* Præstigiatrix, *g.* præstigiatricis[3].

JOUFLU. Buccalentus, a, um, *adj.*

JOUG. Jugum, *g.* jugi[2], *n.*

Faire passer sous le joug. Sub jugum mittĕre, mitto, mittis, misi, missum[3], *act.*

JOUJOU, *jouet d'enfant.* Crepundia, *g.* crepundiorum[2], *n. pl.*

JOUIR *de, posséder.* Frui, fruor, frueris, fruitus sum[3], *dép. abl.*

Faire jouir quelqu'un d'une chose. Compotem facĕre, facio, facis, feci, factum[3], *act. gén. de la chose, acc. de la personne, avec laquelle s'accorde l'adj.* Compos.

JOUISSANCE, *possession.* Possessio, *g.* possessionis[3], *f.*

JOUISSANCE, *avantage.* Commodum, *g.* commodi[2], *n.*

JOUR. Dies, g. diei[5], masc. ou fém. au singulier; mais au plur. il est toujours masc.

De jour, ou *pendant le jour.* De die, ou diu. | *En plein jour.* Multo die, à l'abl. | *De jour*, ou *qui se fait de jour.* Diurnus, a, um, adj. | *Jour et nuit.* Diu noctuque, ou bien Die ac nocte, à l'abl. | *L'espace d'un jour.* Spatium diurnum, g. spatii diurni[2], neut. | *Deux jours*, ou *l'espace de deux jours.* Biduum, g. bidui[2], neut. | *Trois jours*, ou *l'espace de trois jours.* Triduum, g. tridui[2], neut. | *Quatre jours*, ou *l'espace de quatre jours.* Quatriduum, g. quatridui[2], n. | *Au jour le jour.* In diem. | *De jour en jour.* In dies. | *Chaque jour.* Singulis diebus, à l'abl. | *Tous les jours.* Quotidiè, adv. | *De deux en deux jours*, c. à. d. *chaque second jour.* Altero quoque die, à l'abl. | *De trois en trois jours*, c. à. d. *chaque troisième jour.* Tertio quoque die, à l'abl., *et ainsi des autres expressions semblables.*

Au premier jour. Propè diem. | *En un jour.* Uno die, à l'ablat. | *Deux jours après*, on tourne *après deux jours.* Post duos dies. | *Le jour de devant.* Pridiè, avec un gén. | *Le jour d'après.* Postridiè, avec le gén. | *Un jour*, ou *autrefois.* Quondàm. | *Un jour*, ou *à l'avenir.* Olim, adv. | *Un jour, pour un certain jour.* Quâdam die, à l'abl. | *De nos jours.* Nostrâ memoriâ. Nostrâ ætate, à l'abl.

Les savans de nos jours. Nostræ ætatis periti.

BONJOUR. Salve, *au plur.* salvete.

Donner le bonjour. Salutem dare, do, das, dedi, datum[3], act. dat. de la personne.

JOUR, ou *lumière.* Lux, g. lucis[3], f.

Au point, ou à la pointe du jour. Primâ luce. | *Il fait jour*, ou *il est jour.* Lucet, lucebat, luxit, lucēre[2], imperson.

Il commence à faire jour. Lucescit[3].

Il fait grand jour, ou *il est grand jour.* Multùm lucet. | *Etant déja grand jour.* Multo jam die, à l'abl. | *En plein jour.* Luce palàm. | *Au déclin du jour.* Die vesperascente.

Mettre au jour. Edĕre, edo, edis, edidi, editum[3], act.

Mettre une chose en son jour, c'est-à-dire, l'éclaircir. Rem illustrare, illustro, illustras, illustravi, illustratum[1], act.

Mettre une pensée dans tout son jour. Sententiam perspicuè explicare, explico, explicas, explicavi, explicatum[1], act.

JOUR, *ouverture.* Rima, g. rimæ[1], f.

Chose au travers de laquelle on voit du jour. Translucidus, a, um, adj.

JOUR, *passage. Se faire jour l'épée à la main.* Ferro iter sibi aperire, aperio, aperis, aperui, apertum[4], n. c. à. d. *s'ouvrir un chemin avec l'épée.* | *A travers les ennemis.* Per medios hostes.

JOURNAL. Ephemeris, gén. ephemeridis[3], f.

JOURNALIER, *ordinaire*, ou *qui se fait tous les jours.* Quotidianus, a, um, adj.

JOURNALIER, *inconstant.* Varius, ia, ium, adj.

JOURNÉE, *durée d'un jour.* Dies, g. diei[5], m. ou f.

JOURNÉE, *travail d'un jour.* Opera, g. operæ[1], f.

JOURNÉE, *ce qu'on donne par jour à un ouvrier.* Diurna merces, g. diurnæ[1] mercedis[3], f.

JOURNÉE, *jour de chemin.* Iter, g. itineris[3], n.

A grandes journées. Magnis itineribus, à l'abl.

Etre à une journée de. Abesse iter unius diei. *de se rend par* à ou ab, *avec l'abl.* | *A deux journées.* Iter bidui. | *A trois.* Tridui. | *A quatre.* Quatridui. | *A cinq.* Quinque dierum, *et ainsi de suite, en prenant le nombre cardinal.* Ex.

JUC   JUI

Il étoit éloigné de sept journées de la ville. Aberat ab urbe iter septem dierum.

JOURNÉE, *jour de combat.* Prælium, g. prælii², n.

JOURNELLEMENT. Quotidiè, *adv.*

JOUTE, *combat à la lance.* Pugna lanceæ ludicra, g. pugnæ lanceæ ludicræ¹, f.

JOUTE *sur l'eau.* Naumachia, g. naumachiæ¹, f.

JOUTER, *combattre à la joute.* Ludicris hastis pugnare, pugno, pugnas, pugnavi, pugnatum¹, n. *contre ou avec* par cum, *avec l'abl.*

JOUTER *sur l'eau.* Naumachiam committĕre, committo, committis, commisi, commissum³, *act.*

JOUTEUR. Hasta ludicra pugnans, g. hastâ ludicrâ pugnantis³, *masc.*

JOUTEUR *sur l'eau.* Naumachiarius, g. naumachiarii², m.

JOUVENCEAU, *jeune homme.* Adolescentulus, g. adolescentuli², *masc.*

JOVIAL, *gai, joyeux.* Festivus, a, um, *adj.*

JOYAUX. Gemmæ, g. gemmarum¹, f. plur.

JOYEUSEMENT. Lætè, *adv. comp.* Lætiùs; *superl.* lætissimè.

JOYEUX. Lætus, a, um, *adj. comp.* Lætior, m. f. lætius, n. gén. lætioris; *superl.* lætissimus, a, um.

JOYEUX, *qui cause de la joie.* Faustus, a, um, *adj.*

Etre joyeux. Voyez *se Réjouir.*

JUBÉ, *tribune.* Odeum, g. odei², *neut.*

JUBILATION, *joie.* Lætatio, g. lætationis³, f.

JUBILÉ. Jubileus, g. jubilei², *masc.*

SE JUCHER *sur.* Insidēre, insideo, insides, insedi, insessum², *n. dat.*

JUCHOIR, *lieu où se juchent les poules, etc.* Sedile, g. sedilis³, n.

JUDAIQUE. Judaïcus, a, um, *adj.*

JUDAISER. Judaïcos ritus sequi, sequor, sequeris, secutus sum³, *dép. c. à. d. suivre les rits judaïques.*

JUDAISME. Judæorum religio, g. judæorum religionis³, f. *c. à. d. religion des Juifs.*

JUDICATURE, *ce qui concerne le juge.* Judiciarium munus, g. judiciarii² muneris³, n.

JUDICIAIRE. Judiciarius, ia, ium, *adj.*

JUDICIAIREMENT, *selon les formes de justice.* Ex judiciorum formulis.

JUDICIEUSEMENT. Consideratè, *adv. comp.* Consideratiùs, *superl.* consideratissimè.

JUDICIEUX, *en parlant des personnes. Qui a le jugement sain.* Sano judicio; *c. à. d. d'un jugement sain.* (*Ces mots sont à l'abl. et y restent toujours.*) Ex. *Homme judicieux, femme judicieuse.* Vir, mulier sano judicio. *Au comp. on met* majori judicio; *au sup.* maximo judicio.

JUDICIEUX, *en parlant des choses.* Sapiens, g. sapientis, *adj.*

JUGE. Judex, g. judicis³, m.

Avoir pour juge. Habēre judicem. Judex *s'accorde avec le régime du verbe qui se met à l'acc.*

JUGEMENT. Judicium, g. judicii², n.

A mon jugement. Meo judicio.

Porter un jugement sur. Voyez *Juger de.*

JUGER. Judicare, judico, judicas, judicavi, judicatum¹, *act.*

JUGER *de quelque chose.* Judicare de, *avec l'abl.* | *Je juge à propos de.* Mihi videtur, *avec un infinit.* Voy. *Sembler.* | *Si tu le juges à propos.* Si tibi videtur.

JUGULAIRE, *en parlant des veines.* Jugularis, m. f. jugulare, n. gén. jugularis, *adj.*

JUIF. Judæus, æa, æum, *adj.*

JUILLET. Julius, g. julii², m.

JUIN, Junius, g. junii[2], m.

JUJUBE, *fruit*, Ziziphum, g. ziziphi[2], n.

JUJUBIER, *arbre*, Ziziphus, g. ziziphi[2], f.

JULEP, *sorte de potion*. Zulapium, g. zulapii[2], n.

JUMEAU. Geminus, g. gemini[2], m.

JUMELLE. Gemina, g. geminæ[1], f.

JUMENT, Equa, g. equæ[1], f. *dat. et ablat. plur.* Equabus.

JUNON, *déesse*. Juno, g. Junonis[3], f.

JUPITER, *dieu des païens*. Jupiter, g. Jovis, *dat*. Jovi, *acc*. Jovem, *abl*. Jove.

JUPE. Tunica, g. tunicæ[1], f.

JUPON, *petite jupe*. Tunicula, g. tuniculæ[1], f.

JURÉ, *promis avec serment*. Jurejurando firmatus, a, um, *part. pass*.

JURÉ, *à qui l'on a fait prêter serment*. Juratus, a, um, *part. pass*.

Ennemi juré. Inimicus infensissimus, g. inimici infensissimi[2], m. *avec un dat.*

JUREMENT, Juramentum, g. juramenti[2], n.

JURER. Jurare, juro, juras, juravi, juratum[2], n. *ablat. de la chose dont on jure, avec de.*

Faire jurer quelqu'un. Jurejurando adigere, adigo, adigis, adegi, adactum[3], *act*. *acc. de la personne, de se rend par* ad, *avec l'acc., ou un gérond. en* dum.

JURER *faux*, Jurare falsum.

JURER *la perte, la mort de quelqu'un*. Jurare in, *avec l'acc*.

JURER *fidélité à*. Fidem sacramento obstringere, obstringo, obstringis, obstrinxi, obstrictum[3], *act. datif de la personne à qui on jure fidélité*.

JURER *Dieu, ou le nom de Dieu*. Dicere verba impia in Deum. c. à. d. *dire des paroles impies contre Dieu*.

JURER, *se jurer amitié*. Sibi sacramento polliceri mutuam amicitiam; polliceor, polliceris, pollicitus sum[2], *dép*. c. à. d. *se promettre avec serment une mutuelle amitié*.

JUREUR. Dejerans, g. dejerantis[3], m.

JURI, *ou* JURY. Juratus cœtus, g. jurati[2] cœtûs[4], m.

JURIDICTION. Jurisdictio, g. jurisdictionis[3], f.

JURIDIQUE. Juridicus, a, um, *adj*.

JURIDIQUEMENT. Juridicè, *adv*.

JURISCONSULTE. Jurisconsultus, g. jurisconsulti[2], m.

JURISPRUDENCE. Jurisprudentia, g. jurisprudentiæ[1], f.

JURISTE. Jurisperitus, g. jurisperiti[2], m.

JUS. Succus, g. succi[2], m.

JUSQU'A, *avec un nom, se rend par* Tenus, *qui se met après son régime; si le nom est singul. il veut l'ablat.; s'il est plur. le génit*. Ex. *Jusqu'à la bouche*. Ore tenus. | *Jusqu'aux oreilles*. Aurium tenus.

JUSQUES *à, ou jusqu'à. Avec les noms et adverbes de temps et de lieu*, Usquè ad, *avec l'acc. Lorsqu'après* jusques *il y a un nom de ville, ou un de ces adv. de lieu*, huc, istuc, illuc, *on exprime* jusques *par* usquè *sans* ad, *comme: Jusqu'à Rome*. Usquè Romam. | *Jusqu'ici*. Huc usquè | *Jusqu'à présent*. Hactenus, *adv*. | *Jusques alors*. Ad illud tempus. | *Jusqu'à quand?* Quousquè? *adv. avec l'indicat*. | *Jusqu'à ce que*. Donec, *adv. avec le subj*. | *Jusques où?* Quousquè, *adv. avec l'indic*.

Jusqu'à ce point que, ou jusques-là que. Usquè eò, ut, *et le subjonct*.

JUSQUIAME, *plante*. Hyoscyamum, g. hyoscyami[2], n.

JUSTAUCORPS, *habit*. Sagum

astrictiùs, *g.* sùgi[2] astrictioris[3], *neut.*

JUSTE, *en parlant des personnes.* Justus, a, um, *adj. comp.* Justior, *m. f.* justius, *n. gén.* justioris; *superl.* justissimus, a, um.

JUSTE, *en parlant des choses.* Æquus, a, um, *adj. Pour le comp. on met* magis, *et pour le superl.* maximè.

Il est juste que. Est æquum, *et un* que *retranché.*

JUSTE, ou *convenable.* Aptus, a, um, *adj.*

Parler juste, ou *justement.* Loqui aptè.

Chanter juste. Ad harmoniam canĕre, cano, canis, cecini, cantum[3], *n.*

Au juste. Certò, *adv.*

JUSTEMENT, ou *avec justice.* Justè, *adv. comp.* Justiùs; *sup.* justissimè.

JUSTEMENT, ou *à propos.* Aptè, *adv.*

JUSTESSE. Concinnitas, *gén. g.* concinnitatis[3], *f.*

AVEC JUSTESSE. Aptè, *adv. comp.* Aptiùs; *superl.* aptissimè.

JUSTICE, ou *équité.* Justitia, *g.* justitiæ[1], *f.*

Avec Justice. Meritò, *adv.*

JUSTICE, *le droit,* ou *le barreau.* Jus, *g.* juris[3], *n.*

Appeler en justice. In jus vocare. | *Poursuivre en justice.* Judicio persequi, persequor, persequeris, persecutus sum[3], *dépon.*

JUSTICE, ou *exécution.* Supplicium, *g.* supplicii[2], *n.*

Faire justice de, ou *faire mourir.* Supplicium sumĕre, sumo, sumis, sumpsi, sumptum[3], *act.*

Se faire justice, venger ses propres injures. Injurias suas persequi, persequor, persequeris, persecutus sum[3], *dép.*

Rendre, ou *faire justice à tout le monde.* Suum cuique tribuĕre, tribuo, tribuis, tribui, tributum[3], *act. c. à. d. rendre à chacun le sien,* ou *ce qui lui appartient.*

LA JUSTICE, ou *les gens de justice.* Judices, *g.* judicum[3], *m. plur.*

JUSTICIABLE. Jurisdictioni obnoxius, ia, ium, *adj. et un gén. ensuite ; c. à. d. sujet à la juridiction.*

JUSTICIER, *qui rend justice.* Equi observantissimus, a, um, *adj.*

JUSTIFICATION. Purgatio, *g.* purgationis[3], *f.*

JUSTIFIÉ, ou *disculpé.* Purgatus, a, um, *part. pass. ablat. du crime,* ou *de la faute dont on est justifié.*

JUSTIFIÉ, ou *prouvé.* Probatus, a, um, *part. pass.*

JUSTIFIER, ou *disculper.* Purgare, purgo, purgas, purgavi, purgatum[1], *act. acc. rég. ind. abl. avec* de.

JUSTIFIER, ou *prouver.* Probare, probo, probas, probavi, probatum[1], *act. acc. rég. ind. dat.*

SE JUSTIFIER, *se disculper.* Se purgare. | *Auprès de.* Apud, *avec l'acc.*

KAN *des Tartares.* Tartarorum princeps, *gén.* Tartarorum principis[3], *m.*

L.

LÀ, *adv. sans mouvement.* Ibi, *adv. S'il y a mouvement.* Eò, *adv.* | *Çà et là, avec mouvement.* Hùc illùc, *adv.* | *Çà et là, sans mouvement.* Hinc illinc, *adv.* | *De là* Indè, *adv.* | *De là vient que.* Inde fit ut, *avec le subjonct.* | *Là dessus*, ou *touchant cette chose*. De eâ re. | *Là dessus, où sur ces entrefaites.* Intereà, *adv.*

LABEUR. Labor, *g.* laboris³, *masc.*

LABIALE, *une lettre qui se prononce du bout des lèvres.* Littera labialis, *g.* litteræ¹ labialis³, *f.*

LABORATOIRE. Officina, *gén.* officinæ¹, *f.*

LABORIEUSEMENT, *avec beaucoup de travail.* Operosè, *adv.*

LABORIEUX, *en parlant des personnes.* Laboriosus, a, um, *adj.*

LABORIEUX, *en parlant des choses.* Operosus, a, um, *adj.*

LABOUR. Aratio, *g.* arationis³, *fém.*

LABOURABLE. Arabilis, *m. f.* arabile, *n. gén.* arabilis, *adj.*

LABOURAGE, *art de labourer la terre.* Agricultura, *g.* agriculturæ¹, *f.*

LABOURAGE, *l'action de labourer.* Aratio, *g.* arationis³, *f.*

LABOURER. Arare, aro, aras, aravi, aratum¹, *act.*

LABOUREUR. Arator, *g.* aratoris³, *m.*

LABYRINTHE. Labyrinthus, *g.* labyrinthi², *m.*

LAC. Lacus, *g.* lacûs⁴, *m. dat. et abl. plur.* lacubus.

LACÉRATION. Laceratio, *g.* lacerationis³, *f.*

LACÉRER, *déchirer.* Lacerare, lacero, laceras, laceravi, laceratum¹, *act.*

LACET, *cordon à lacet.* Funiculus, *g.* funiculi², *m.*

LACET *à prendre les oiseaux, etc.* Laqueus, *g.* laquei², *m.*

LÂCHE, *qui n'a pas de courage.* Ignavus, a, um, *adj. comp.* Ignavior, *m. f.* ignavius, *n. gén.* ignavioris; *superl.* ignavissimus, a, um.

LÂCHE, *sans cœur.* Imbellis, *m. f.* imbelle, *n. gén.* imbellis, *adj.*

LÂCHE, *paresseux.* V. ce mot.

LÂCHE, *qui n'est pas tendu.* Laxus, a, um, *adj.*

LÂCHEMENT, *sans cœur.* Ignavè, *adv.*

LÂCHEMENT, *négligemment.* Segniter, *adv.*

LÂCHEMENT, *bassement.* Demissè, *adv.*

LÂCHER, *détendre.* Laxare, laxo, laxas, laxavi, laxatum¹, *act.*

LÂCHER *après, ou contre.* Immittere, immitto, immittis, immisi, immissum³, *act.* après *ou* contre *par* in, *et l'acc.*

LÂCHER *une parole.* Mittere vocem; mitto, mittis, misi, missum³, *act.*

LÂCHER *ce que l'on tient.* Demittere, demitto, demittis, demisi, demissum³, *act.*

LÂCHER *le pied.* Voyez Fuir.

LÂCHER *les écluses, c. à d. répandre les eaux.* Effundere aquas; effundo, effundis, effudi, effusum³, *act.*

LÂCHETÉ, *manque de courage.* Ignavia, *g.* ignaviæ¹, *f.*

LÂCHETÉ, *bassesse d'ame.* Animi abjectio, *g.* animi abjectionis³, *fém.*

LÂCHETÉ, *ou action lâche.* Flagitium, *g.* flagitii², *n.*

LACONIQUE, *concis, court.* Laconicus, a, um, *adj.*

LACONIQUEMENT, *en style laconique.* Compressè, *adv.*

LACONISME, *manière de s'exprimer concise et serrée.* Breviloquentia, *g.* breviloquentiæ¹, *f.*

LACS. Laqueus, *g.* laquei², *m.*

LACTÉE, *couleur de lait.* Lacteus, ea, eum, *adj.*

La voie-lactée, amas d'étoiles. Via lactea, *g.* viæ lacteæ¹, *f.*

LACUNE, *omission.* Lacuna, *g.* lacunæ¹, *f.*

Plein de lacunes. Lacunosus, a, um, *adj.*

LADRE, *lépreux.* Affectus, a, um, *part. pass.*

Cochon ladre. Insincerus porcus, *g.* insinceri porci², *m.*

LADRERIE, *lèpre.* Lepra, *g.* lepræ¹, *f.*

LAGUNE, *lac.* Voyez ce mot.

LAI. Voyez *Laïque.*

LAID, *difforme.* Deformis, *m. f.* deforme, *n. gén.* deformis, *adj. comp.* Deformior, *m. f.* deformius, *n. gén.* deformioris; *superl.* deformissimus, a, um.

Rendre laid. Deformare, deformo, deformas, deformavi, deformatum¹, *act.*

LAIDEMENT. Deformiter, *adv.*

LAIDEUR. Deformitas, *g.* deformitatis³, *f.*

LAIE, *femelle du sanglier.* Sus fera, *g.* suis³ feræ¹, *f.*

LAINAGE. Lanicium, *g.* lanicii², *n.*

LAINE. Lana, *g.* lanæ¹, *f.*

Qui est de laine. Laneus, ea, eum, *adj.*

Ouvrage de laine. Lanificium, *g.* lanificii², *n.*

LAIQUE. Laïcus, a, um, *adj.*

LAISSE, *lien pour conduire les chiens de chasse.* Lorum, *g.* lori², *n.*

Mener en laisse. Loro ducĕre, duco, ducis, duxi, ductum³, *act.*

LAISSER, ou *abandonner.* Relinquĕre, relinquo, relinquis, reliqui, relictum³, *act. acc. rég. ind. datif.*

LAISSER *perdre.* Amittĕre, amitto, amittis, amisi, amissum³, *act.*

LAISSER *échapper une chose, ou la laisser passer.* Prætermittĕre, prætermitto, prætermittis, prætermisi, prætermissum³, *act.* | *Une occasion.* Occasionem.

LAISSER *aller, partir, ou s'échapper une personne.* Dimittĕre, dimitto, dimittis, dimisi, dimissum³, *act.*

LAISSER *le crime impuni.* Crimen inultum dimittere.

LAISSER *aller, laisser tomber une chose.* Dimittĕre, dimitto, dimittis, dimisi, dimissum², *act.*

LAISSER, *souffrir.* Permittĕre, permitto, permittis, permisi, permissum³, *act.*

Ne pas laisser de. Voyez *dans la Méthode de Lhomond.*

LAISSER, ou *permettre, souffrir.* Sinĕre, sino, sinis, sivi, situm³, *act.*

SE LAISSER *aller à.* Se permittĕre, permitto, permittis, permisi, permissum³, *act.* | *A la débauche.* Libidini, *dat.*

LAIT. Lac, *g.* lactis³, *n.* | *Qui est de lait.* Lacteus, ea, eum, *adj.* | *Qui a du lait.* Lactarius, ia, ium, *adj.*

Cochon de lait. Porcus lactens *g.* porci² lactentis³, *m.*

PETIT LAIT. Serum, *g.* seri², *n.*

POT AU LAIT. Sinum, *g.* sini², *n.*

LAITAGE. Lactaria, *g.* lactariorum², *n. plur.*

LAITE, ou *laitance de poisson.* Lactea pulpa, *g.* lacteæ pulpæ¹, *f.*

LAITERIE, *lieu où l'on serre le lait.* Caseale, *g.* casealis², *n.*

LAITEUX, *qui a du lait, ou du suc semblable au lait.* Lectarius, ia, ium, *adj.*

LAITIÈRE, *femme qui vend du lait.* Mulier quæ vendit lac.

LAITON. Orichalcum, *g.* orichalci², *n.*

LAITUE, *plante.* Lactuca, *g.* lactucæ¹, *f.*

LAMBEAU. Segmen, *g.* segminis³, *n.* | *Qui tombe en lambeaux.* Dilabidus, a, um, *adj.*

LAMBIN. Lentus, a, um, *adj.*

LAMBINER. Lentè agĕre, ago, agis, egi, actum³, *n. c. à. d. agir lentement.*

LAMBRIS, *le dessus d'un plancher.* Laquear, *g.* laquearis³, *n.*

LAMBRISSER. Lacunare, lacuno, lacunas, lacunavi, lacunatum¹, *act.*

LAME. Lamina, *g.* laminæ¹, *f.*

LAMENTABLE. Lamentabilis, *m. f.* lamentabile, *n. gén.* lamentabilis, *adj.*

LAMENTABLEMENT. Voce lamentabili, *à l'ablat.*

LAMENTATION. Lamentatio, g. lamentationis¹, f.

LAMENTER, se lamenter. Lamentari, lamentor, lamentaris, lamentatus sum¹, dép.

LAMIE, monstre. Lamia, g lamiæ¹, f.

LAMPE. Lychnus, g lychni², m.

LAMPION Lucernula, g. lucernulæ¹, f.

LAMPROIE. Muræna, g. murænæ¹, f.

LANCE. Lancea, g. lanceæ¹, fém.

LANCER. Jacĕre, jacio, jacis, jeci, jactum³. sur ou dans par in, et l'accus.

LANCER à l'eau un vaisseau. In mare devolvĕre, devolvo, devolvis, devolvi, devolutum³, act.

LANCER un cerf, le faire sortir du fort. Latebris excitare, excito, excitas, excitavi, excitatum¹, act.

LANCER des regards affreux sur. Oculos truces intendĕre, intendo, intendis, intendi, intentum³, act. sur par in. avec l'accus.

SE LANCER. Voyez Se jeter sur.

LANETTE. Scalpellum, gén. scalpelli², n.

LANCIER. Lancearius, g. lancearii², m.

LANDE, terre sablonneuse et stérile. Sabuletum, g. sabuleti², neut.

LANDGRAVE. Landgravius, g. landgravii², m.

LANDGRAVIAT. Landgraviatus, g. landgraviatûs⁴, m.

LANGAGE, ou langue. Lingua, g. linguæ¹, f.

LANGAGE, manière de s'énoncer. Sermo, g. sermonis³, m.

LANGE. Fascia, g. fasciæ¹, f.

LANGOUREUSEMENT. Languidè, adv.

LANGOUREUX. Languens, m. f. et n. gén. languentis, adj.

LANGUE. Lingua. g linguæ¹, f.

Retenir sa langue Linguæ temperare, tempero, temperas, temperavi, temperatum¹, a.

LANGUE de terre. Lingua, g. linguæ¹, f.

LANGUEUR. Langor, g. langoris¹, m.

Etre en langueur, ou

LANGUIR. Languēre, langueo, langues, langui¹, sans supin. n.

Faire languir dans les supplices. Longo cruciatu torquēre, torqueo, torques, torsi, tortum², act.

LANGUISSAMMENT. Languidè, adv.

LANGUISSANT Languens, m. f. et n. gén. languentis, adj.

Etre languissant. Voy. Languir.

LANIÈRE. Lorum, g. lori², n.

LANTERNE. Laterna, g. laternæ¹, f.

LANUGINEUX. Lanuginosus, a, um, adj.

LAPER, boire comme les chiens. Lambĕre, lambo, lambis, lambi³, sans supin. n.

LAPEREAU. Cuniculus tener, g. cuniculi teneri², m.

LAPIDAIRE Gemmarum scalptor. g. gemmarum scalptoris³, m.

LAPIDATION, supplice de ceux qu'on lapide. Lapidatio, g. lapidationis³, f.

LAPIDER. Lapidare, lapido, lapidas, lapidavi, lapidatum¹, act.

LAPIN. Cuniculus, g. cuniculi², m.

LAPINE. Cuniculus femina, g. cuniculi² feminæ¹, f.

LAPS, espace de temps. Temporis decursus, g. temporis decursûs⁴, m.

LAQUAIS. Puer, g. pueri², m.

LARCIN. Furtum, g. furti², n.

Faire un larcin. Voyez Dérober.

LARD Lardum, g. lardi², n.

LARDER. Lardo figĕre, figo, figis, fixi, fixum³, act.

LARDOIRE. Acus, g. acûs⁴, f.

LARDON Lardi segmen, g. lardi segminis³, n.

LARDON, mot piquant. Dicterium, g. dicterii², n.

LARES, dieux des foyers. Lares, g. larium³, m. plur.

LAS

LARGE. Latus, a, um, adj. comp. Latior, m. f. latius, n. gén. latioris; superl. latissimus, a, um.

Au large. Latè, adv. comp. Latiùs; superl. latissimè.

Au long et au large. Longè latèque.

LE LARGE, *la haute mer.* Altum, g. alti², n.

Prendre, gagner le large. In altum navigare¹, n.

Tenir le large. Altum tenēre².

LARGEMENT. Largè, adv. comp. Largiùs; superl. largissimè.

LARGESSE. Largitas, g. largitatis³, f.

Faire des largesses. Largiri, largior, largiris, largitus sum⁴, dép. acc. rég. ind. dat.

LARGEUR. Latitudo, g. latitudinis³, f.

De largeur, ou en largeur. In latitudinem

LARME. Lacryma, g. lacrymæ¹, fém.

Donner, jeter, répandre, verser des larmes. Voyez *Pleurer.*

LES LARMES *aux yeux.* Lacrymabundus, a, um, adj. qui s'accorde avec la personne qui a les larmes aux yeux.

LARME, *petite goutte.* Stilla, g. stillæ¹, f.

LARMOYANT. Lacrymabundus, a, um, adj.

LARRON. Fur, g. furis³, m. gén. pl. furum.

PETIT LARRON. Furunculus, g. furunculi², m.

LARVE, *en parlant des insectes.* Larva, g. larvæ¹, f.

LARVES, *les âmes des méchans.* Larvæ, g. larvarum¹, f. pl.

LAS. Fessus, a, um, adj.

LAS *du chemin.* Fessus itinere, à l'abl.

Etre las, être fatigué. Esse fessum, sum fessus, es fessus, fui fessus, etc. Si après Las suit un de joint à un infin. français, on se sert du gérondif en do, comme : *Las d'écrire.* Fessus scribendo.

LAU

Etre las, ou ennuyé. Tædēre. Ex. : *Je suis las de vivre.* Me tædet vitæ. Tædet est un des cinq verbes compris dans la règle : Me pœnitet culpæ meæ.

LASCIF. Lascivus, a, um, adj.

LASCIVEMENT, *d'une manière lascive.* Libidinosè. adv.

LASCIVETÉ. Lascivia, g. lasciviæ¹, f.

LASSANT. Operosus, a, um, adj.

LASSER. Fatigare, fatigo, fatigas, fatigavi, fatigatum¹, act.

SE LASSER. Fatigari, fatigor, fatigaris, fatigatus sum¹, pass. | *Du travail.* Labore, à l'abl. Si après se Lasser il y a un autre verbe on met ce second verbe au gérondif en do, comme : *Se lasser d'écrire, ou en écrivant.* Fatigari scribendo.

LASSITUDE. Defatigatio, g. defatigationis¹, f.

LATÉRAL, *qui concerne les côtés.* Lateralis, m. f. laterale, n. gén. lateralis, adj.

LATÉRALEMENT. A latere.

LATIN. Latinus, a, um, adj.

LA LATIN. Lingua latina, g. linguæ latinæ¹, f

En Latin. Latinè, adv.

LATINISER *un mot.* Efficere latinum verbum ; efficio, efficis, effeci, effectum³, act. c. à. d. rendre latin un mot.

LATINITÉ. Latinitas, g. latinitatis⁴, f.

LATITUDE. Latitudo, g. latitudinis¹, f.

LATRIE, *culte que l'on ne rend qu'à Dieu.* Latria, g. latriæ¹, f.

LATRINE. Latrina, g. latrinæ², fém.

LATTE, *petite planche pour couvrir les toits.* Tegula, g. tegulæ¹, f.

LAURIER. Laurus, g. lauri², f.

Feuilles de laurier. Laurea, g. laureæ¹, f.

De laurier. Laureus, ea, eum, adj.

Couronne de laurier. Laurea, g. laureæ¹, f.

Lieu planté de lauriers. Lauretum, g. laureti², n.

Couronné de laurier. Laureatus, a, um, *adj.*

LAVANDE, *herbe.* Lavendula, g. lavendulæ¹, f.

LAVANDIÈRE. Lotrix, g. lotricis³, f.

LAVE, *matière fondue qui sort des volcans.* Igneus torrens, g. ignei² torrentis³, m.

LAVEMENT, ou *l'action de laver.* Lavatio, g. lavationis³, f.

LAVEMENT. Clyster, g. clysteri³, *masc.*

LAVER. Lavare, lavo, lavas, lavi, lotum¹, *act.*

Se laver les mains. Lavare manus, à *l'acc.*

SE LAVER *d'un crime.* Crimen depurgare, depurgo, depurgas, depurgavi, depurgatum¹, *act.*

LAVOIR. Emissarium, g. emissarii², n.

LAXATIF. Resolvens, m. f. et n. gén. resolventis, *adj.*

LAYETTE, *petit coffret de bois.* Scrinium, g. scrinii², n.

LE, *ne s'exprime pas quand il est placé devant un subst.*, comme : *le père, le ciel, etc. Il s'exprime en latin, lorsqu'il est pronom,* comme : *Je le vois ;* c. à. d., *je vois lui. Lorsque le signifie* cela, *il se traduit en latin par* illud, comme : *Je te le promets ;* c. à. d. *je te promets* cela. Tibi polliceor illud. *Si je le savois.* Si scirem illud.

LÉCHÉ. Linctus, a, um, *part. pass.*

LÉCHER. Lambĕre, lambo, lambis, lambi, *sans sup. act.*

SE LÉCHER *les doigts.* Digitos lingĕre, lingo, lingis, linxi, linctum³, *act.*

LEÇON, ou *ce qu'on apprend par cœur.* Memoriter ediscenda, gén. memoriter ediscendorum², n. pl.

LEÇON *qu'un maître explique.* Prælectio, g. prælectionis³, f.

LEÇON, ou *instruction.* Præceptum, g. præcepti², n.

LECTEUR. Lector, g. lectoris³, *masc.*

LECTURE. Lectio, g. lectionis³, *fém.*

Faire la lecture de. Legĕre³, *act.* c. à. d. *lire.*

LÉGAL, *qui concerne les lois.* Legalis, m. f. legale, n. gén. legalis, *adj.*

LÉGALEMENT, *selon les lois.* Ex legibus.

LÉGALISER, *rendre un acte authentique par un témoignage public.* Auctoritate publicâ firmare, firmo, firmas, firmavi, firmatum¹, *act.* c. à. d. *assurer par l'autorité publique.*

LÉGAT, *envoyé.* Legatus, g. legati², m.

LÉGATAIRE. Legatarius, g. legatarii², m.

LÉGATION, *envoi d'un légat.* Legatio, g. legationis³, f.

LÉGENDAIRE. Qui vitas sanctorum perlegendas scripsit⁹.

LÉGENDE, *inscription.* Inscriptio, g. inscriptionis³, f.

LÉGER, *qui n'est pas pesant.* Levis, m. f. leve, n. gén. levis, comp. Levior, m. f. levius, n. gén. levioris ; superl. levissimus, a, um.

A la légère. Voyez *Légèrement.*

Soldats armés à la légère. Levis armaturæ milites, g. levis armaturæ militum³, m. pl.

LÉGER, *agile.* Agilis, m. f. agile, n. gén. agilis, comp. Agilior, m. f. agilius, n. gén. agilioris ; superl. agilissimus, a, um.

LÉGER *à la course.* Levipes, *des 3 genres,* g. levipedis, *adj.*

LÉGER, *inconstant.* Inconstans, *des 3 genres,* g. inconstantis, *adj.*

LÉGÈREMENT. Leviter, *adv.* compar. Leviùs ; sup. levissimè.

LÉGÈREMENT, *inconsidérément.* Temerè, *adv.*

LÉGÈRETÉ. Levitas, *g.* levitatis³, *f.*

LÉGÈRETÉ, *inconstance.* Inconstantia, *g.* inconstantiæ¹, *f.*

LÉGION. Legio, *g.* legionis³, *fém.*

LÉGIONNAIRE, *soldat d'une légion.* Legionarius, *g.* legionarii², *m.*

LÉGISLATEUR. Legislator, *g.* legislatoris³, *m.*

LÉGISLATION. Leges, *g.* legum³, *f. plur.*

LÉGISTE, *qui enseigne les lois.* Legum interpres, *g.* legum interpretis³, *m.*

LÉGISTE, *qui étudie ou fait les lois.* Leguleius, *g.* leguleii², *m.*

LÉGITIMATION. Adoptio, *g.* adoptionis³, *f.*

LÉGITIME. Legitimus, a, um, *adj.*

LÉGITIMEMENT. Legitimè, *adv.*

LÉGITIMER. Facĕre legitimum; Facio, facis, feci, factum³, *act.* legitimum *doit s'accorder en genre et en nombre avec le régime du verbe* Légitimer.

LÉGITIMITÉ, *justice.* Jus, *g.* juris³, *n.*

LEGS. Legatum, *gén.* legati², *neut.*

LÉGUER. Legare, lego, legas, legavi, legatum¹, *act. acc. rég. ind. dat.*

LÉGUME. Legumen, *g.* leguminis³, *n.*

LE LENDEMAIN. Dies posterus, *g.* diei posteri², *m.*

LE LENDEMAIN *de.* Postridiè, *avec le gén.*

LÉNITIF, *qui adoucit.* Mitigatorius, ia, ium, *adj.*

LÉNITIF, *substant.* Lenimentum, *g.* lenimenti², *n.*

LENT. Lentus, a, um, *adj. comp.* Lentior, *m. f.* lentius *n. gén.* lentioris; *sup.* lentissimus, a, um.

LENTE, *œuf de vermine.* Lens, *g.* lendis³, *f.*

LENTEMENT. Lentè, *adv. comp.* Lentiùs; *superl.* lentissimè.

LENTEUR. Tarditas, *g.* tarditatis³, *f.*

LENTILLE, *légume.* Lens, *g.* lentis³, *f.*

LÉOPARD, *animal féroce.* Pardus, *g.* pardi², *m.*

LÈPRE. Lepra, *g.* lepræ¹, *f.*

LÉPREUX. Leprâ affectus, a, um, *adj. e. à. d. attaqué de la lèpre.*

LEQUEL *s'exprime par* qui, *ou* quis, *ou* uter, *ou* uterlibet. *C'est aux élèves à faire l'application de leurs règles.*

LERNE, *marais.* Lerne, *g.* lernes¹, *f.*

LÉSÉ, *à qui l'on fait tort.* Læsus, a, um, *part. pass.*

LÈSE-MAJESTÉ, *crime de lèse-majesté.* Perduellio, *g.* perduellionis³, *f.*

Commettre un crime de lèse-majesté. Lædĕre majestatem, lædo, lædis, lædi, læsum³, *act.*

LÉSER, *porter dommage.* Lædĕre, lædo, lædis, læsi, læsum³, *act.*

LÉSION, *perte, dommage.* Læsio, *g.* læsionis³, *f.*

LÉSINE, *épargne sordide.* Sordes, *g.* sordium³, *f. plur.*

LÉSINER, *épargner trop.* Nimiò plus parcĕre, parco, parcis, peperci³, *n.*

LÉSINERIE. Voyez *Lésine.*

LESSIVE. Lixivia, *g.* lixiviæ¹, *fém.*

LEST, *poids que l'on met au fond d'un vaisseau pour l'affermir contre les vagues.* Saburra, *gén.* saburræ¹, *f.*

LESTE, *dégagé, dispos.* Agilis, *m. f.* agile, *n. gén.* agilis, *adj. comp.* Agilior, *m. f.* agilius, *n. gén.* agilioris; *superl.* agilissimus, a, um.

LESTEMENT, *promptement.* Agiliter, *adv.*

LESTER. Saburrare, saburro, saburras, saburravi, saburratum¹, actif.

LÉTHARGIE. Lethargus, g. lethargi², m.

LÉTHARGIE, nonchalance. Veternus, g. veterni², m.

LÉTHARGIQUE, atteint de léthargie. Lethargicus, a, um, adj.

LETTRE de l'alphabet. Littera, g. litteræ¹, f.

A la lettre. Ad verbum.

Lettre qu'on écrit à un autre. Litteræ, g. litterarum¹, f. plur. Epistola, g. epistolæ¹, f.

Lettre de recommandation Litteræ commendatitiæ, g. litterarum commendatitiarum¹, f. plur.

Lettres de consolation. Litteræ consolatoriæ¹, f. pl.

Lettres patentes. Diploma, g. diplomatis¹, n.

Les belles-lettres. Humaniores litteræ, g. humaniorum¹ litterarum¹, f. plur. (Humaniores est le comp. plur. de l'adj. Humanus.)

Un homme de lettres. Litteratus, a, um, adj.

Un homme sans lettres. Illiteratus. a, um, adj.

LETTRÉ. Litteratus, a, um, adj.

LEUR, se traduit en latin par à eux, à elles; autrement il appartient au pronom Son, sa, ses, leur, leurs. Voyez la règle Son, sa, ses, dans la Grammaire latine.

LEURRE, appât. Illicium, g. illicii², n.

LEURRER, attirer par un appât. Illicĕre, illicio, illicis, illexi, illectum³, act.

LEURRER, tromper. Decipĕre, decipio, decipis, decepi, deceptum³, act.

LEVAIN. Fermentum, g. fermenti², n.

LE LEVANT. Oriens, g. orientis³, m.

Du levant au couchant. Ab oriente ad occidentem.

Soleil levant. Sol oriens, g. solis orientis³, m

LES LEVANTINS, les peuples de l'Orient. Populi orientales, g. populorum² orientalium¹, m. plur.

LEVÉ, ou dressé. Erectus, a, um, part. pass.

LEVÉ, ou ramassé. Collectus, a, um, part. pass.

LEVÉE à la hâte, en parlant des soldats. Subitarius, ia, ium, adj.

LEVÉ, ou ôté. Sublatus, a, um, part. pass.

LEVÉ, en parlant d'une séance. Dimissus, a, um, adj.

LEVÉ, sorti du lit. E lecto surrectus, a, um, adj.

LEVÉ, en parlant des astres. Ortus, a, um, part. pass.

LEVÉ, pain levé. Fermentatus panis. g. fermentati⁵ panis¹, m.

UNE LEVÉE, ou une chaussée. Agger, g. aggeris¹, m.

LEVÉE, ou collection. Exactio, g. exactionis¹, f.

LEVÉE de soldats, etc. Delectus, g. delectûs⁴, m.

Faire une levée. Delectum habēre², act.

LEVÉE d'un siège. Obsidio soluta, g. o¹ sidionis³ solutæ¹, f.

LEVÉE d'une séance. Cœtûs dimissio, g. cœtûs dimissionis¹, f.

LEVER en haut. Extollĕre, extollo, extollis, extuli, elatum³, act.

LEVER le siège d'une ville. Obsidionem solvĕre, solvo, solvis, solvi, solutum³, act.

LEVER les obstacles. Impedimenta solvĕre, solvo, solvis, solvi, solutum³, act.

LEVER, ou établir. Instruĕre, instruo, instruis, instruxi, instructum³, act. | Une boutique. Officinam.

LEVER, ramasser, rassembler. Colligĕre, colligo, colligis, collegi, collectum³, act.

LEVER, ou ôter. Tollĕre, tollo, tollis, sustuli, sublatum³, act.

SE LEVER. Surgĕre, surgo, sur-

LIA

gis, surrexi, surrectum³, n. | *Du lit*. È lecto. | *De son siège*. È sellâ.

Faire lever du lit. Lecto excitare, excito, excitas, excitavi, excitatum¹, *act*.

Faire lever des bêtes. Feras excitare.

Faire lever le siége d'une ville. Urbem obsidione liberare¹, c. à. d. délivrer une ville d'un siège.

SE LEVER, *en parlant des astres*. Oriri, orior, oriris, ortus sum⁴, *dépon*.

LE LEVER, *l'action de se lever du lit*. È lecto egressus, g. è lecto egressûs⁴, *m*.

A ton lever ; il faut tourner : lorsque tu te lèveras. Cùm surges.

LE LEVER *des astres*. Ortus, g ortûs⁴, *m*.

LEVIER, *barre pour lever*. Vectis, g. vectis³, *m*. *ablat*. vecti.

LEVIS (*Pont-levis*). Pons suspensus, g. pontis³ suspensi², *m*.

LÉVITE, *sacrificateur des Hébreux*. Levita, g. levitæ¹, *m*.

LÉVITIQUE. Leviticus, g. levitici², *m*.

LEVRAUT, *jeune lièvre*. Lepusculus, g. lepusculi², *m*.

LÈVRE. Labrum, g. labri², *n*.

Du bout des lèvres. Labris primoribus, *à l'abl*.

Sur le bout des lèvres. In labris primoribus.

LEVRETTE, *chienne de chasse*. Vertagus femina, g. vertagi femiæ¹, *f*.

LEVRIER. Vertagus, g. vertagi², *m*.

LEVRON, *jeune levrier*. Junior vertagus, g. junioris³ vertagi², *m*.

LÉZARD. Lacertus, g. lacerti², *masc*.

LÉZARDE, *fente dans un mur*. Muri rima, g. muri rimæ¹, *f*.

LÈZE-MAJESTÉ. Voyez *Lèse-Majesté*.

LIAISON, *union d'amitié*. Amicitiæ conjunctio, gén. amicitiæ conjunctionis³, *f*.

LIB 351

LIAISON, *ce qui sert à lier les choses matérielles*. Coagulum, g. coaguli², *n*.

LIARD, *sorte de monnoie*. Teruncius, g. teruncii², *m*.

Deux liards. Semissis, g. semissis³, *m*.

LIASSE *de papier*. Chartarum fasciculus, g. chartarum fasciculi², *masc*.

LIBATION, *sorte de sacrifice*. Libamen, g. libaminis³, *n*.

LIBELLE. Libellus, g. libelli², *masc*.

LIBÉRAL. Munificus, a, um, *adj. comp*. Munificentior, *m. f*. munificentius, *n. gén*. munificentioris ; *superl*. munificentissimus, a, um.

LIBÉRAL, *noble, généreux*. Liberalis, *m. f*. liberale, *n. gén*. liberalis, *adj*.

Les arts libéraux. Artes liberales, g. artium liberalium³, *f. plur*.

LIBÉRALEMENT. Munificè, *adv*.

LIBÉRALITÉ. Liberalitas, g. liberalitatis³, *f*.

LIBÉRALITÉ, *largesses*. Largitio, g. largitionis³, *f*.

LIBÉRATEUR. Liberator, g. liberatoris³, *m*.

LIBÉRATRICE. Servatrix, g. servatricis³, *f*.

LIBÉRER. Liberare, libero, liberas, liberavi, liberatum³, *act*. *acc. rég. ind. abl*.

SE LIBÉRER *de ses dettes*. Liberare se ære alieno, *à l'abl*. c. à. d. se délivrer de, etc.

LIBERTÉ, *état opposé à la servitude*. Libertas, g. libertatis³, *f*.

Mettre quelqu'un en liberté. In liberalitatem vindicare, vindico, vindicas, vindicavi, vindicatum¹, *act. acc. de la personne*.

Mettre en liberté un esclave, lui donner la liberté. Manumittere, manumitto, manumittis, manumisi, manumissum³, *act*.

LIBERTIN. Libidinosus, a, um, *adj.*

LIBERTINAGE. Libido solutior, *g.* libidinis solutioris[3], *f.*

LIBRAIRE. Bibliopola, *g.* bibliopolæ[1], *m.*

LIBRAIRIE. Res libraria, *g.* rei[5] librariæ[1], *f.*

LIBRATION, *mouvement de libration.* Libratio, *g.* librationis[3], *fém.*

LIBRE. Liber, era, erum, *adj. comp.* Liberior, *m. f.* liberius, *n. gén.* liberioris; *superl.* liberrimus, a, um.

LIBRE *de faire*, *ou pour faire.* Liber ad faciendum.

LIBRE, *licentieux.* Obscenus, a, um, *adj.*

LIBREMENT. Liberè, *adv.*

LICE. Curriculum, *g.* curriculi[2], *n.*

De haute lice. Supremi licii, au *gén.*

Entrer en lice. Certamen inire, ineo, inis, inivi, initum[4], *act.*

LICE, *chienne.* Canis, *g.* canis[3], *fém.*

LICENCE. Licentia, *g.* licentiæ[1], *f.*

LICENCIÉ, *congédié.* Dimissus, a, um, *part. pass.*

UN LICENCIÉ. Docter designatus, *g.* doctoris[3] designati[2], *m.*

LICENCIEMENT *des gens de guerre.* Dimissio, *g.* dimissionis[3], *fém.*

LICENCIER *les soldats*, *les congédier.* Dimittĕre, dimitto, dimittis, dimisi, dimissum[3], *act.*

LICENCIEUSEMENT. Licentius, *comp. adv.*

LICENCIEUX. Dissolutus, a, um, *adj. comp.* Dissolutior, *m. f.* dissolutius, *n. gén.* dissolutioris; *superl.* dissolutissimus, a, um.

LICITE. Licitus, a, um, *adj.*

LICITEMENT. Licitè, *adv.*

LICORNE, *animal.* Monoceros, *g.* monocerotis[3], *m.*

LICOU, *ou licol.* Capistrum, *g.* capistri[2], *n.*

LICTEUR. Lictor, *g.* lictoris[3], *masc.*

LIE. Fex, *g.* fecis[3], *f.*

LIÉ à. Ligatus, a, um, *part. pass. avec un dat.*

LIÉ, *attaché.* Vinctus, a, um, *part. pass.*

LIÉ *par son serment.* Sacramentis obstrictus, a, um, *part. pass. du verbe* Obstringĕre.

LIÉ *d'amitié*; c. à. d. *uni par l'amitié.* Amicitiâ conjunctus, a, um, *part. pass. du verbe* Conjungĕre.

LIÉ, *cohérent.* Cohærens, *gén.* cohærentis, *adj.*

LIÉGE. Suber, *g.* suberis[3], *n. De liége*, *fait de liége.* Subereus, ea, eum, *adj.*

LIEN. Vinculum, *g.* vinculi[2], *neut.*

LIER. Vincire, vincio, vincis, vinxi, vinctum[4], *act.*

LIER à. Alligare, alligo, alligas, alligavi, alligatum[1], *act.* à *par ad, avec l'acc.* comme: *Lier quelqu'un à un poteau.* Alligare aliquem ad palum.

LIER, *joindre*, *unir.* Conjungĕre, conjungo, conjungis, conjunxi, conjunctum[3], *act.*

LIER *amitié avec.* Amicitiam jungĕre cum, *et un ablat.*

LIER *conversation avec.* In colloquium venire cum, *et un abl.* Venire, venio, venis, veni, ventum[4], *n.*

SE LIER *d'amitié avec.* Voy. LIER *amitié.*

LIERRE. Hedera, *g.* hederæ[1], *fém.*

Qui est de lierre. Hederaceus, ea, eum, *adj.*

LIESSE. Lætiæ, *g.* letiarum[1], *f. pl.* | *Notre-Dame de Liesse.* Virgo letiensis, *g.* Virginis letiensis[3], *fém.*

LIEU. Locus, *g.* loci[2], *m. plur.* loca, *n.*

Sur les LIEUX, *sans mouvement.* In re præsenti. | *S'il y a mouvement.* In rem præsentem.

LIG

En ce lieu. Hìc, *sans mouvement.* | *Avec mouvement.* Hùc.

En premier lieu. Primo loco, à l'abl.

En second lieu. Secundo loco, à l'abl. | *En temps et lieu.* Tempore ac loco. | *Il me tient lieu de père,* tournez : *Il est à moi au lieu de père.* Est mihi loco patris. | *Les prières n'ont plus lieu.* Locus jam precibus non est ; c. à. d. *lieu n'est plus aux prières.*

Au lieu de, au lieu que... Voy. la Grammaire latine.

Lieu, *occasion.* Locus, g. loci^2, masc.

LIEUE. Leuca, g. leucæ^1, f.

LIEUTENANCE *d'une compagnie de soldats.* Subcenturionis munus, g. subcenturionis muneris^3, n.

LIEUTENANT, *qui commande en l'absence d'un général en chef.* Legatus, g. legati^2, m.

Lieutenant *dans une compagnie de soldats.* Subcenturio, g. subcenturionis^3, m.

Lieutenant *colonel.* Subtribunus, g. subtribuni^2, m.

Lieutenant *de police.* Prætor urbanus, g. prætoris^3 urbani^2, m.

Lieutenant *de roi dans une province.* Regius legatus, g. regii legati^2, m.

LIÈVRE. Lepus, g. leporis^3, masc. | *Petit lièvre.* Lepusculus, g. lepusculi^2, m | *De lièvre.* Leporinus, a, um, adj.

LIGAMENT. Ligamen, g. ligaminis^3, n.

LIGATURE. Voy. *Ligament.*

LIGNAGE, *parenté.* Genus, g. generis^1, n.

LIGNE. Linea, g. lineæ^1, f.

Ligne *de pêcheur.* Linea, g. lineæ^1, f.

Ligne *de circonvallation.* Obsidionales fossæ, g. obsidionalium^3 fossarum^1, f. plur.

Ligne *de communication.* Brachia, g. brachiorum^2, n. plur.

Ligne, *raie.* Linea, g. lineæ^1, f.

LIN

En ligne droite. Rectâ lineâ.

La LIGNE, *l'équateur.* Circulus æquinoctialis, g. circuli^2 æquinoctialis^3, m.

LIGNÉE Proles, g. prolis^3, f.

LIGUE, *confédération.* Fœdus, g. fœderis^3, n.

Faire ligue, ou *se liguer.* Fœdus inire, ineo, inis, inivi, initum^4, act. | *Avec.* Cum, *et l'abl.*

LIGUE, *complot.* Factio, gén. factionis^3, f.

LIGUEUR. Factiosus, a, um, adj.

se LIGUER. Voyez *Faire ligue.*

LILAS. Liliacum, g liliaci^2, n.

LIMACE et LIMAÇON. Limax, g. limacis^1, masc.

LIMAILLE. Scobis, g. scobis^3, fém.

LIMANDE, *poisson plat.* Solea, g. soleæ^1, f.

LIMBE. Limbus, g. limbi^2, m.

LIME. Lima, g. limæ^1, f.

LIMER. Limare, limo, limas, limavi, limatum^1, act.

LIMIER, *chien de chasse.* Canis indagator, g. canis indagatoris^3, m.

LIMITES, *bornes.* Fines, g. finium^3, m. pl.

LIMITER. Circumscribĕre, circumscribo, circumscribis, circumscripsi, circumscriptum^3, act.

LIMITROPHE. Finitimus, a, um, adj. avec un dat.

LIMON *de charrette, etc.* Temo, g. temonis^3, m.

Limon, ou *bourbe.* Limus, g. limi^2, m.

Limon, *espèce de citron.* Malum citreum, g. mali citrei^2, n.

LIMONEUX, *où il y a du limon.* Limosus, a, um, adj.

LIMONIER, *arbre.* Malum limonia, g. mali^2 limoniæ^1, f.

LIMPIDE. Limpidus, a, um, adj.

LIMPIDITÉ. Limpiditas, g. limpiditatis^3, f.

LIN, *plante.* Linum, g. lini^2, neut.

Qui est de lin. Lineus, ea, eum, adj.

LINCEUL, *drap d'un lit.* Linteum, g. lintei², masc.

LINCEUL, *drap pour ensevelir les morts.* Sindon, g. sindonis³, f.

LINÉAMENT. Lineamentum, g. lineamenti², n.

LINGE. Linteum, g. lintei², neut.

Qui est de linge. Linteus, ea, eum, adj.

LINGÈRE, *qui fait du linge.* Lintearia mulier, g. lineariæ¹ mulieris³, f.

LINGERIE, *lieu où l'on serre le linge.* Taberna lintearia, g. tabernæ lineariæ¹, f.

LINGOT. Massula, g. massulæ¹, fém.

LINIMENT, *remède pour adoucir.* Linimentum, g. linimenti², neut.

LINON, *toile de lin.* Linum byssinum, g. lini byssini², n.

LINOTTE, *oiseau.* Linaria, g. linariæ¹, f.

LINTEAU *de porte.* Superliminare, g. superliminaris³, n.

LION, *animal.* Leo, g. leonis³, masc.

Qui est du lion. Leonus, a, um, adj.

LIONCEAU, *jeune lion.* Leonis catulus, g. leonis catuli², n.

LIONNE. Leæna, g. leænæ¹, f.

LIPÉE, *franche lipée.* Mensa gratuita, g. mensæ gratuitæ¹, f.

Chercheurs de franches lipées. Parasitus, g. parasiti², m.

LIQUÉFACTION, *l'action de rendre liquide.* Fusura, g. fusuræ¹, fém.

LIQUÉFIER. Liquefacere, liquefacio, liquefacis, liquefeci, liquefactum³, act.

SE LIQUÉFIER. Liquefieri, liquefio, liquefis, liquefactus sum³, pass.

LIQUEUR. Liquor, g. liquoris³, masc.

LIQUIDE. Liquidus, a, um, adj.

LIQUIDER. Expedire, expedio, expedis, expedivi, expeditum⁴, act.

LIQUIDER *ses dettes.* Sua nomina expedire.

LIQUIDITÉ. Liquiditas, g. liquiditatis³, f.

LIRE. Legere, lego, legis, legi, lectum³, act.

LIRE *souvent.* Lectitare, lectito, lectitas, lectitavi, lectitatum¹, act.

LIRE *dans l'avenir.* Prævidere, prævideo, prævides, prævidi, prævisum², act.

LIS, *fleur.* Lilium, g. lilii², n.

LISIBLE. Legibilis, m. f. legibile, n. gén. legibilis, adj.

LISIBLEMENT. Modo legibili, à *l'abl. absolu.*

LISIÈRE, *extrémité de l'étoffe.* Limbus, g. limbi², m.

LISIÈRE, *bornes d'un pays, etc.* Fines, g. finium³, m. pl.

LISIÈRE, *cordons attachés à la robe d'un enfant pour le conduire.* Lorum, g. lori², n. *Au plur.* Lori, g. lororum², m.

LISSE. Levis, m. f. leve, n. gén. levis, adj.

LISSER. Levigare, levigo, levigas, levigavi, levigatum¹, act.

LISTE. Recensio, g. recensionis³, f.

LIT, *où l'on couche.* Lectus, g. lecti², m.

Être au lit. Cubare, cubo, cubas, cubui, cubitum¹, n., c. à. d. *être couché.*

Mettre au lit quelqu'un. In cubili collocare, colloco, collocas, collocavi, collocatum¹, act.

Se mettre au lit. Cubile inire, ineo, inis, inivi, initum⁴, act.

LIT *de rivière, etc.* Alveus, g. alvei², m.

LIT *de justice.* Judiciarium tribunal, g. judiciarii² tribunalis³, neut.

LITANIES, *invocation des Saints.* Litaniæ, g. litaniarum¹, f. plur.

LITEAU, *lieu où se tient le loup.* Cubile, g. cubilis³, n.

LITIÈRE, *où l'on se fait porter.* Lectica, g. lecticæ[1], f.

Aller en litière. Lecticâ ferri, feror, ferris, latus sum[3], *pass.*

L<small>ITIÈRE</small> *pour les chevaux, etc.* Stramentum, g. stramenti[2], n.

LITIGE. Litigium, g. litigii[2], n.

LITIGIEUX, *qui peut être contesté.* Litigiosus, a, um, adj.

LITRE, *mesure.* Litrum, g. litri[2], n.

LITTÉRAIRE. Litterarius, ia, ium, adj.

LITTÉRAL. Proprius, ia, ium, adj.

LITTÉRALEMENT, adv. Ad litteram.

LITTÉRATURE. Litteratura, g. litteraturæ[1], f.

LITURGIE, *cérémonie de l'église.* Liturgia, g. liturgiæ[1], f.

LIVIDE. Lividus, a, um, adj.

Devenir livide. Livescĕre, livesco, livescis[3], *sans parfait ni supin.* n.

LIVRAISON, *action de livrer.* Traditio, g. traditionis[3], f.

U<small>N</small> LIVRE. Liber, g. libri[2], m.

U<small>NE</small> LIVRE, *poids.* Libra, gén. libræ[1], f. dat. et abl. pl. librabus.

Demi-livre. Semilibra, g. semilibræ[1], f.

Une livre et demie. Sesquilibra, g. sesquilibræ[1], f.

Une L<small>IVRE</small>, *vingt sous.* Libra francica, g. libræ francicæ[1], f.

LIVRÉE, *couleur qui distingue les maisons des princes.* Insignia, g. insignium[3], n. pl.

LIVRER. Tradĕre, trado, tradis, tradidi, traditum[3], *act. acc. rég. ind. dat.*

Se livrer à. Se tradĕre, *et le datif.*

L<small>IVRER</small> *bataille.* Prælium committĕre, committo, committis, commisi, commissum[3], *act.* | *A l'ennemi*, cum hoste.

LIVRET. Libellus, g. libelli[2], m.

LOCAL, *subst. emplacement.* Status, g. status[4], m.

LOCAL, *qui regarde le lieu.* Ad locum pertinens, m. f. et n. gén. pertinentis, *part. prés.*

LOCATAIRE. Inquilinus, g. inquilini[2], m.

LOCATION. Locatio, g. locationis[3], f.

LOCUTION, *manière de parler.* Locutio, g. locutionis[3], f.

LOGE. Casa, g. casæ[1], f.

LOGEABLE. Habitabilis, m. f. habitabile, n. gén. habitabilis, adj.

LOGEMENT. Habitatio, g. habitationis[3], f.

Donner à quelqu'un le logement. Voyez *Loger quelqu'un.*

LOGER, *demeurer, être logé.* Habitare. Voy. *Habiter.*

L<small>OGER</small> *quelqu'un.* Hospitio excipĕre, excipio, excipis, excepi, exceptum[3], *act. c. à. d. recevoir quelqu'un dans sa maison.*

LOGICIEN. Dialecticus, g. dialectici[2], m.

LOGIQUE. Dialectica, g. dialecticæ[1], f.

LOGIS. Domus, g. domûs[4], f. ablat. domo.

Au logis. Sans mouvement, domi; *avec mouvement,* domum.

LOGOGRIPHE. Logogriphus, g. logogriphi[2], m.

LOI. Lex, g. legis[3], f. gén. plur. legum.

Faire des lois, les établir. Leges ferre, fero, fers, tuli, latum[3], *act.*

Qui est sans loi. Exlex, m. f. et n. gén. exlegis, adj.

LOIN. Longè, adv. *bien loin.* Longissimè. | *De loin.* Eminùs,

Venir de loin. Venire è longinquo. | *Loin de, suivi d'un nom.* Longè à ou ab, *avec l'ablat.* | *Loin de ta maison.* Longè à domo tuâ. | *Au loin.* In longinquum.

De loin en loin. Longis intervallis.

L<small>OIN</small> *de, bien loin de ; se tourne par* tant s'en faut que. Tantùm abest. *Le* que *s'exprime par* ut *avec le subjonctif.*

LOINTAIN, L<small>OINTAINE</small>. Longinquus, qua, quum, adj.

LOINTAIN, *subst.* Recessus, *g.* recessûs[4], *m.*

LOISIBLE. Licitus, a, um, *adj.*

LOISIR. Otium, *g.* otii[2], *n.*

Heures de loisir. Horæ subsecivæ, *g.* horarum subsecivarum[1], *f. plur.*

A loisir. Otiosè, *adv.* | *Avoir du loisir,* ou *le loisir de.* Habēre otium, *avec un gén. ou un gérond.* en di.

LONG. Longus, a, um, *adj. comp.* Longior, *m. f.* longius, *n. gén.* longioris; *superl.* longissimus, a, um.

De longue-main. Dudùm, *adv.*

Long, ou *lent.* Lentus, a, um, *adj.*

Long à faire quelque chose, le verbe se met au gérondif en do, *comme : long à écrire des lettres.* Scribendo epistolas lentus. | *Tu es long à faire.* Tu es lentus faciendo.

Le long de. Secundùm, *avec l'accusat.* Exemple : *Le long de la rivière.* Secundùm fluvium.

LE *Long de,* ou *durant* Per, *avec un accus.* Exemple : *Le long du jour.* Per diem.

Au long. Fusè, *adv. comp.* Fusiùs; *superl.* fusissimè.

A LA **LONGUE.** Diuturnitate temporis, *à l'ablat.*

LONG-TEMPS Diù, *adj. comp.* Diutiùs; *superl.* diutissimè.

Depuis long-temps, ou *il y a long-temps que.* Jàm pridem. | *Il n'y a pas long-temps que.* Non pridem. *Le* que *ne s'exprime pas, et le verbe se met en latin, au même mode que dans le français.*

Long-temps après. Multò post.

Long-temps avant Multò antè.

LONGANIMITÉ, *constance.* Longanimitas, *g.* longanimitatis[3], *féminin.*

LONGE, ou *attache.* Lorum, *g.* lori[2], *n. Plur.* Lori, *g.* lororum[2], *m.*

LONGÉVITÉ, *longue durée de la vie.* Longævitas, *g.* longævitatis[3], *f.*

LONGITUDE. Longitudo, *g.* longitudinis[3], *f.*

LONGUEMENT. Diù, *adv.*

LONGUEUR, *étendue en long.* Longitudo, *g.* longitudinis[3], *f.*

LONGUEUR, ou *retardement.* Mora, *g.* moræ[1], *f.*

Tirer en longueur. Voyez Prolonger.

LOQUACITÉ, *babil.* Loquacitas, *g.* loquacitatis[3], *f.*

LOQUET *d'une porte.* Pessulus, *g.* pessuli[2], *m.*

LORIOT, *oiseau.* Galbulus, *g.* galbuli[2], *m.*

LORS *de.* Sub tempus, *et le génit.*

Pour lors, alors. Tunc. | *Dès-lors.* Ex tempore. que, *se rend par* quo, *avec l'indicat.*

LORSQUE. Cùm, *avec l'indic.*; *devant l'imparfait, toujours le subjonct.* Voyez dans Lhomond, *la Syntaxe des conjonct.*

LOT. Pars, *g.* partis[3], *f.*

LOT, *sort.* Sors, *g.* sortis[3], *f.*

LOTE, *poisson de rivière.* Lota, *g.* lotæ[1], *f.*

LOTERIE. Schedularum sortitio, *g.* schedularum sortitionis[3], *f.*

LOUABLE. Laudandus, a, um, *adj.*

Plus louable. Magis laudandus. | *Très-louable.* Maximè laudandus.

LOUABLEMENT. Laudabiliter, *adv.*

LOUAGE, *ce qu'on donne à louage.* Locatio, *g.* locationis[3], *f.* | *Ce qu'on prend à louage.* Conductio, *g.* conductionis[3], *f.* | *De louage.* Conductitius, ia, ium, *adj.*

Donner à louage. Voyez Louer.

LOUANGE. Laus, *g.* laudis[3], *f. g. plur.* laudum.

A la louange de Dieu. Ad laudem Dei.

LOUANGEUR. Laudator, *gén.* laudatoris[3], *m. Au fém.* Laudatrix, *g.* laudatricis[3].

LOUCHE. Strabo, *g.* strabonis[3], *m. Au fém.* Lusca, *g.* luscæ[1].

Etre louche, ou
LOUCHER. Limis oculis intueri, intueor, intueris, intuitus sum[2], *dép. c. à. d. regarder avec des yeux de travers.*

LOUÉ, *à qui on donne des louanges.* Laudatus, a, um, *p. p.*

LOUÉ, ou *pris à louage.* Conductus, a, um, *adj.*

Donné à louage. Locatus, a, um, *part. pass.*

LOUER, *donner des louanges.* Laudare, laudo, laudas, laudavi, laudatum[1], *act.*

Se louer de quelqu'un. Probare, probo, probas, probavi, probatum[1], *act.*

SE LOUER *des services de quelqu'un.* Ex officia prædicare, prædico, prædicas, prædicavi, prædicatum[1], *act. génit. de la person.*

Tâcher de se faire louer. Laudes captare, capto, captas, captavi, captatum[1], *act. avec un gén. c. à. d. rechercher les louanges de.*

Cela vous fera louer, c. à. d. *cela apportera à vous la louange.* Illud afferet tibi laudem. Affero, affers, attuli, allatum[3], *act. de vos amis*, tuorum amicorum, *au génitif.*

SE LOUER, *se glorifier.* Voyez ce mot.

LOUER, ou *donner à louage.* Locare, loco, locas, locavi, locatum[1], *act. acc. rég. ind. dat.*

LOUER, ou *prendre à louage.* Conducĕre, conduco, conducis, conduxi, conductum[3], *act. acc. rég. ind. ablat.*

LOUEUR, *qui donne des louanges.* Laudator, g. laudatoris[3], m.

LOUEUR, *qui donne à louage.* Locator, g. locatoris[3], m.

LOUIS, *nom d'homme.* Ludovicus, g. Ludovici[2], m.

LOUIS D'OR, *pièce de monnoie.* Nummus aureus, g. nummi aurei[2], m.

LOUP. Lupus, g. lupi[2], m.

Qui est de loup. Lupinus, a, um, *adj.*

LOUP-CERVIER. Lupus cervarius, g. lupi cervarii[2], m.

LOUP-GAROU. Versipellis, g. versipellis[3], m.

LOUPE, *tumeur.* Ganglion, g. ganglii[2], *neut.*

LOURD. Prægravis, m. f. prægrave, n. gén. prægravis, *adj. comp.* Prægravior, m. f. prægravius, n. gén. prægravioris; *sup.* prægravissimus, a, um.

LOURD, *stupide.* Stupidus, a, um, *adj.*

LOURDAUD. Stolidus, a, um, *adj.*

LOURDEMENT, *grossièrement.* Stolidè, *adv.*

LOURDEMENT, *pesamment.* Graviter, *adv.*

LOUTRE, *animal.* Lutra, g. lutræ[1], f.

LOUVE. Lupa, g. lupæ[1], f.

LOUVETEAU. Lupæ catulus, g. lupæ catuli[2], m. c. à. d. *petit d'une louve.*

LOUVOYER. Hùc et illùc deflectĕre, deflecto, deflectis, deflexi, deflectum[3], n.

LE LOUVRE, *palais royal.* Lupara, g. Luparæ[1], f.

LOYAL. Fidus, a, um, *adj.*

LOYALEMENT. Cum fide.

LOYAUTÉ. Fides, g. fidei[5], f.

LOYER. Locationis pretium, g. locationis pretii[2], n. c. à. d. *prix de louage.*

LUBRICITÉ. Impudicitia, g. impudicitiæ[1], f.

LUBRIQUE. Impudicus, a, um, *adj.*

LUCARNE. In tecto fenestra aperta, g. in tecto fenestræ apertæ[1], f. c. à. d. *fenêtre ouverte sur un toit.*

LUCIDE. Lucidus, a, um, *adj.*

LUCIFER, *nom d'une étoile et du diable.* Lucifer, g. luciferi[2], *masc.*

LUCRATIF. Quæstuosus, a, um, *adj.*

LUCRE. Lucrum, g. lucri[2], n.

LUETTE. Uva, g. uvæ[1], f.

LUEUR, *clarté.* Fulgor, gén. fulgoris[3], m.

LUEUR, *apparence.* Species, g. speciei[5], f.

LUGUBRE. Lugubris, m. f. lugubre, n. gén. lugubris, adj. comp. Magis lugubris; superl. maximè lugubris.

LUGUBREMENT. Flebiliter, adv.

LUI. Ille, illa, illud, g. illius, dat. illi, *pronom.*

LUIRE. Lucēre, luceo, luces, luxi[2], *sans supin. neut.*

LUISANT. Lucens, m. f. et n. gén. lucentis, adj.

LUMIÈRE. Lumen, g. luminis[3], *neut.*

LUMIÈRE *de canon, etc.* Foramen, g. foraminis[3], n.

LUMIÈRE, *connoissance.* Notitia, g. notitiæ[1], f.

LUMINAIRE. Luminare, g. luminaris[3], n.

LUMINEUX. Luminosus, a, um, adj.

LUNAIRE. Lunaris, m. f. lunare, n. gén. lunaris, adj.

LUNAISON. Lunæ menstruus cursus, g. lunæ menstrui[2] cursûs[3], m. c. à. d. *cours de chaque mois de la lune.*

LUNATIQUE. Lunaticus, a, um, adj.

LUNDI. Lunæ dies, g. lunæ diei[5], m. c. à. d. *jour de la lune.*

LUNE. Luna, g. lunæ[1], f.

DEMI-LUNE, *fortification.* Propugnaculum lunatum, g. propugnaculi lunati[2], n.

LUNETTE. Conspicillum, g. conspicilli[2], n.

LUPERCALES, *fêtes des Païens en l'honneur du dieu Pan.* Lupercalia, g. lupercalium[3], n. plur.

LUPIN, *sorte de légume.* Lupinum, g. lupini[2], n.

LUSTRALE, *eau lustrale.* Aqua lustralis, g. aquæ[1] lustralis[3], f.

LUSTRATION, *l'action de purifier.* Lustratio, g. lustrationis[3], fém.

LUSTRE, *ou éclat.* Fulgor, g. fulgoris[3], m.

Donner du lustre à un discours. Voyez *Embellir.*

LUSTRE, *chandelier de cristal.* Multifidum candelabrum crystallinum, g. multifidi candelabri crystallini[2], n.

LUSTRE, *espace de cinq ans.* Lustrum, g. lustri[2], n.

LUTH. Cithara, g. citharæ[1], f.

LUTHER, *nom d'homme.* Lutherus, g. Lutheri[2], m.

LUTHÉRIEN. Lutheri sectator, g. lutheri sectatoris[3], m. c. à. d. *sectateur de Luther.*

LUTIN, *esprit follet.* Larva, g. larvæ[1], f.

LUTIN, *enfant espiègle.* Improbulus, g. improbuli[2], m.

LUTINER, *tourmenter.* Vexare, vexo, vexas, vexavi, vexatum[1], act.

LUTRIN. Pluteus, g. plutei[2], masc.

LUTTE, *combat.* Luctatio, g. luctationis[3], f.

LUTTER. Luctari, luctor, luctaris, luctatus sum[1], dép. avec ou contre *par cum, et l'abl.*

LUTTEUR. Luctator, g. luctatoris[3], m.

LUXATION, *en parlant des os démis.* Luxatio, g. luxationis[3], f.

LUXE. Luxus, g. luxûs[4], m.

Vivre dans le luxe. Vivere luxuriosè; vivo, vivis, vixi, victum[3], n.

LUXURE. Impudicitia, g. impudicitiæ[1], f.

LUXURIEUX. Impudicus, a, um, adj.

LUZERNE, *sorte de foin.* Medica, g. medicæ[1], f.

LYCÉE, *lieu consacré à l'instruction.* Lycæum, g. lycæi[2], n.

LYNX. Lynx, g. lincis[3], f.

DE LYNX. Lynceus, ea, cum, adj.

LYRE. Lyra, g. lyræ[1], f.

LYRIQUE. Lyricus, a, um, adj.

M.

MA, *pronom.* Voyez *Mon*.

MACÉRATION *du corps.* Afflictatio, *g.* afflictationis³, *f.*

MACÉRER *son corps.* Corpus macerare, macero, maceras, maceravi, maceratum¹, *act.*

MÂCHER. Mandĕre, mando, mandis, mandi, mansum³, *act.*

MACHINATEUR. Molitor, *g.* molitoris³, *m.*

MACHINE. Machina, *g.* machinæ¹, *f.*

MACHINER. Moliri, molior, moliris, molitus sum⁴, *dép. acc.*

MACHINISTE, *qui invente et conduit des machines.* Machinator, *g.* machinatoris³, *m.*

MÂCHOIRE. Maxilla, *g.* maxillæ¹, *f.*

MAÇON, *ouvrier.* Structor, *g.* structoris³, *m.*

MAÇONNER. Struĕre, struo, struis, struxi, structum³, *act.*

MAÇONNERIE. Structura, *g.* structuræ¹, *f.*

MACREUSE, *oiseau aquatique.* Anaticula marina, *g.* anaticulæ marinæ¹, *f.*

MACULE, *tache.* Macula, *gén.* maculæ¹, *f.*

MACULER. Maculare, maculo, maculas, maculavi, maculatum¹, *act.*

MADAME. Domina, *g.* dominæ¹, *f. dat. et oblat. plur.* dominabus.

MADEMOISELLE. Domina, *g.* dominæ¹, *f. dat. et abl. pl.* dominabus.

MADRÉ, *fin, rusé.* Astutus, a, um, *adj.*

MADRIER, *planche épaisse.* Tabula, *g.* tabulæ¹, *f.*

MAGASIN. Apotheca, *g.* apothecæ¹, *f.*

MAGASIN *d'armes.* Armamentarium, *g.* armamentarii¹, *n.*

MAGASIN *de blé.* Horreum, *g.* horrei², *n.*

MAGE. Magus, *g.* magi², *m.*

MAGICIEN. Magus, *g.* magi², *masc.*

MAGICIENNE. Saga, *g.* sagæ¹, *fém.*

MAGIE. Magice, *g.* magices¹, *f.*

MAGIQUE. Magicus, a, um, *adj.*

MAGISTER, *maître d'école de village.* Ludimagister, *g.* ludimagistri², *m.*

MAGISTRAL, *de maître.* Imperiosus, a, um, *adj.*

MAGISTRALEMENT. Arrogantiùs, *adv.*

MAGISTRAT. Magistratus, *g.* magistratûs⁴, *m.*

MAGISTRATURE. Magistratus, *g.* magistratûs⁴, *m.*

Etre dans la magistrature. Magistratum gerĕre, gero, geris, gessi, gestum³, *act.*

MAGNANIME. Magnanimus, a, um, *adj. comp.* Magis magnanimus; *superl.* maximè magnanimus.

MAGNANIMEMENT. Fortiter, *adv.*

MAGNANIMITÉ. Magnanimitas, *g.* magnanimitatis³, *f.*

MAGNÉTIQUE, *qui a la vertu de l'aimant.* Magneticus, a, um, *adj.*

MAGNÉTISME. Vis magnetica, *g.* vis³ magneticæ¹, *f.*

MAGNIFICENCE. Magnificentia, *g.* magnificentiæ¹, *f.*

MAGNIFIQUE. Magnificus, a, um, *adj. comp.* Magnificentior, *m. f.* magnificentius, *n. gén.* magnificentioris; *superl.* magnificentissimus, a, um.

MAGNIFIQUEMENT. Magnificè, *adv. comp.* Magnificentiùs; *superl.* magnificentissimè.

MAGOT, *amas d'argent caché*. Thesaurus absconditus, g. thesauri absconditi[2], m.

MAGOT, *gros singe*. Cercopithecus, g. cercopitheci[2], m.

MAI, *mois*. Maius, g. maii[2], masc.

MAIGRE. Macilentus, a, um, adj.

MAIGRE *chère*. Victus tenuis, g. victûs[4] tenuis[3], m.

Faire maigre chère. Parcè et sobriè vivĕre, vivo, vivis, vixi, victum[3], n. c. à. d. *vivre avec épargne et sobriété*.

MAIGRE, *abstinence de chair*. Carnium abstinentia, g. carnium abstinentiæ[1], f.

MAIGREMENT. Parcè, adv. comp. Parciùs; superl. parcissimè.

MAIGREUR. Macies, g. maciei[5], fém.

MAIGRIR, *devenir maigre*. Macrescĕre, macresco, macrescis, macrui[3], *sans sup.* n.

MAIL, *avec quoi on joue*. Tudes lusorius, g. tuditis[3] lusorii[2], masc.

MAIL, *le lieu où l'on joue*. Stadium malleare, g. stadii[2] mallearis[3], n.

Le jeu de mail. Sphæromachia mallearis, g. sphæromachiæ[1] mallearis[3], f.

MAILLE *de filet*. Macula, g. maculæ[1], f.

MAILLET. Malleus; g. mallei[2], masc.

MAILLOT, *langes d'enfans*. Fasciæ, g. fasciarum[1], f. plur.

MAIN. Manus, g. manûs[4], f.

A la main. Manu, à l'ablat.

Entre les mains, *sans mouvement*. In manibus. | *S'il y a mouvement*. In manus. | *Baiser les mains à*, ou *saluer*. Salutare, saluto, salutas, salutavi, salutatum[1], act.

A mains jointes. Suppliciter, adv.

Sous main, ou *secrètement*. Occultè, adv. | *A pleines mains*. Plenâ manu.

Faire main basse sur. Cædĕre, cædo, cædis, cecidi, cæsum[3], act.

Prêter la main à, ou *aider*. Adjuvare, adjuvo, adjuvas, adjuvi, adjutum[1], act. *à se rend par l'acc. du nom qui suit*.

En venir aux mains, *se battre*. Manus conserĕre, consero, conseris, conserui, consertum[3], act. avec par cum, et l'abl.

Se toucher la main. Dextras jungĕre, jungo, jungis, junxi, junctum[3], act.

Mettre l'épée à la main. Gladium stringĕre, stringo, stringis, strinxi, strictum[3], act. | *A main armée*. Vi et armis.

MAIN *de papier*. Scapus, g. scapi[2], m.

MAIN *de fer*. Harpago, g. harpaginis[3], m.

MAINT, MAINTE, *plusieurs*. Multi, multæ, multa, adj. plur.

MAINTES *fois*. Sæpè, adv.

MAINTENANT. Nunc, adv. que par cùm, avec l'indicatif. | *Dès maintenant*. Jàm nunc.

MAINTENIR, ou *défendre*. Tueri, tueor, tueris, tuitus sum[2], dépon. acc.

MAINTENIR *dans le devoir*. In officio retinēre, retineo, retines, retinui, retentum[2], act.

SE MAINTENIR. Stare, sto, stas, steti, statum[1], n.

MAINTENU. Defensus, a, um, part. pass.

MAINTIEN, *contenance*. Habitus, g. habitûs[4], m.

MAINTIEN, *affermissement*. Firmamentum, g. firmamenti[2], n.

MAIRE *d'une ville*. Urbis præfectus, g. urbis præfecti[2], m.

MAIRE *du palais*. Prætorii præfectus, g. prætorii præfecti[2], m.

MAIRIE. Urbis præfectura, g. urbis præfecturæ[1], f. c. à. d. *préfecture de la ville*.

MAIS, *blé de Turquie*. Sesama, g. sesamæ[1], f.

MAI MAJ 361

MAIS. Sed, Verùm, adv. | Mais encore, ou mais aussi. Sed etiam.

MAISON. Domus, f. g. domûs, dat. domui, acc. domum, voc. domus, abl. domo. Le gén. domi, ne s'emploie qu'à la question Ubi.

A la maison, sans mouvement. Domi. S'il y a mouvement, domum. Voyez les questions de lieu.

MAISON des champs, ou de campagne. Villa, g. villæ¹, f.

MAISON, ou famille. Genus, g. generis³, n.

De bonne maison. Nobili genere, à l'abl.

MAISON de ville. Civilis consilii basilica, g. civilis consilii basilicæ¹, f. c. à. d. maison du conseil des citoyens.

Les petites MAISONS. Amentium valetudinarium, g. amentium valetudinarii², n. c. à. d. hôpital des fous.

MAISONNETTE. Domuncula, g. domunculæ¹, f.

MAITRE, ou précepteur. Præceptor, g. præceptoris³, m.

En maître, ou savamment. Peritè, adv.

MAÎTRE d'école. Ludimagister, g. ludimagistri², m.

MAÎTRE d'armes. Lanista, g. lanistæ¹, m.

MAÎTRE à danser. Saltandi magister, g. saltandi magistri², m.

MAÎTRE, Seigneur. Dominus, g. domini², m.

En maître, ou en seigneur. Cum imperio.

MAÎTRE, en parlant des domestiques et des animaux. Herus, g. heri², m.

MAÎTRE des requêtes. Libellorum suplicum magister, g. libellorum suplicum magistri², m.

MAÎTRE-ès-arts. Artium magister, g. artium magistri², m.

MAÎTRE d'hôtel. Dispensator, g. dispensatoris³, m.

LE MAÎTRE, ou le grand autel. Ara præcipua, g. aræ præcipuæ¹, f.

Etre maître de sa colère, de ses passions. Iræ, cupiditatibus imperare, impero, imperas, imperavi, imperatum¹, n.

MAÎTRE de soi, qui est maître de son esprit. Mentis potens, m. f. n. gén. mentis potentis, adj. des 3 genres.

Se rendre maître de. Redigere in suam potestatem, avec un acc., c. à. d. réduire sous son pouvoir. Redigo, redigis, redegi, redactum³, act.

Etre maître de. Potiri, potior, potiris, potitus sum⁴, dép. abl.

Petit MAÎTRE. Trossulus, g. trossuli², m.

MAITRESSE, qui enseigne. Magistra, g. magistræ¹, f.

MAITRESSE, dame. Domina, g. dominæ¹, f. dat. et abl. pl. dominabus.

MAITRESSE, qui a des domestiques. Hera, g. heræ¹, f.

MAITRISE. Magisterium, g. magisterii², n.

MAITRISER. Dominari, dominor, dominaris, dominatus sum¹, dép. | quelqu'un, ou quelque chose. in, avec l'acc.

MAJESTÉ. Majestas, g. majestatis³, f.

MAJESTÉ, dignité du visage. Oris dignitas, g. oris dignitatis³, fém.

Sa MAJESTÉ, le roi. Rex, g. regis³, m.

MAJESTUEUSEMENT. Cum majestate.

MAJESTUEUX. Augustus, a, um, adj. comp. Augustior, m. f. augustius, n. gén. augustioris; superl. augustissimus, a, um.

MAJEUR, plus grand, plus considérable. Major, m. f. majus, n. gén. majoris.

MAJEUR, hors de tutelle. E tutelâ egressus, a, um; c. à. d. qui est sorti de tutelle.

MAJOR, officier de guerre. Major, g. majoris³, m.

MAJORITÉ, le plus grand nombre. Major numerus, g. majoris³ numeri², m.

46

MAJORITÉ, *âge où l'on est majeur*. Sui juris ætas, g. sui juris ætatis³, f.

Atteindre l'âge de majorité. È tutelâ egredi, egredior, egrederis, egressus sum³, *dép.*

MAJUSCULE, *lettre majuscule*. Littera grandior, g. litteræ¹ grandioris³, f.

MAL, *subst., l'opposé du bien*. Malum, g. mali², n.

Dire du mal de quelqu'un. Maledicĕre, maledico, maledicis, maledixi, maledictum³, *n. dat.*

MAL, ou *douleur*. Dolor, g. doloris³, m.

MAL, ou *maladie*. Morbus, g morbi², m.

MAL, *malheur, disgrâce*. Infortunium, g. infortunii², n.

MAL, *inconvénient*. Incommodum, g. incommodi², n.

MAL, *crime, faute*. Malum, g. mali², n.

MAL, *adv.* Malè, *adv. comp:* Pejus; *superl.* pessimè.

Aller mal, mal réussir. Malè geri, geror, gereris, gestus sum³, *pass.*

MALADE. Æger, ægra, ægrum, *adj. sup.* ægerrimus. *Pour le comp. on se sert de* magis, *avec le posit.*

Etre malade. Ægrotare, ægroto, ægrotas, ægrotavi, ægrotatum¹, n.

Tomber malade. In morbum incidĕre, incido, incidis, incidi, incisum³, *n. c. à. d. tomber dans une maladie.*

MALADIE. Morbus, g. morbi², *masc.*

Gagner, prendre une maladie. Morbum contrahĕre, contraho, contrahis, contraxi, contractum³, *act.*

MALADIF. Valetudinarius, ia, ium, *adj.*

MALADRESSE. Ineptia, g. ineptiæ¹, f.

MALADROIT. Ineptus, a, um, *adj.*

MALADROITEMENT. Ineptè, *adv.*

MAL-A-PROPOS. Voy. **Propos**.

MALAISÉ. Difficilis, m. f. difficile, n. gén. difficilis. Voy. *Difficile, pour le comp. et le superl.*

MALAISÉMENT. Difficilè, *adv.*

MALAVISÉ. Inconsideratus, a, um, *part. pass.*

MALBÂTI, *qui n'est pas bien fait.* Malè constitutus, a, um, *part. pass.*

MALCONTENT. V. **Mécontent**.

Un MÂLE. Mas, g. maris³, m.

MÂLE, *ferme, courageux.* Virilis, m. f. virile, n. gén. virilis, *adj.*

MALÉDICTION. Exsecratio, g. exsecrationis³, f.

Donner des malédictions à. Exsecrari, exsecror, exsecraris, exsecratus sum¹, *dép. acc.*

MALÉFICE, *sorcellerie.* Veneficium, g. veneficii², n.

MALENCONTRE, *cas fortuit et désavantageux.* Infortunium, g. infortunii², n.

MALENCONTREUX. Infortunatus, a, um, *adj.*

MALENTENDU, *erreur, faute, méprise.* Error, g. erroris³, m.

MALENTENDU, *adj. mal conçu.* Inconditus, a, um, *adj.*

MALFAISANT. Maleficus, a, um, *adj. comp.* Maleficentior, m. f. maleficentius, n. gén. maleficentioris; *sup.* maleficentissimus, a, um.

MALFAIT. Deformis, m. f. deforme, n. gén. deformis, *adj.*

MALFAITEUR. Maleficus, g. malefici², m.

MALGRÉ, *devant un nom de personne s'exprime par* invitus, a, um, *que l'on fait accorder avec le nom de la personne, comme*: *Il est parti malgré César.* Profectus est, invito Cæsare. Malgré, *devant un nom de chose, se tourne par* quoique. *Ex.*: *Malgré mes efforts*, tournez: *quoique je m'efforce.* Quamvis enitor.

MALHABILE, *peu habile.* Ineptus, a, um, *adj.*

MAL

MALHEUR. Calamitas, g. calamitatis[3], f.

Porter malheur. Afferre calamitatem ; c. à. d. *causer malheur.* Affero, affers, attuli, allatum[3], act. acc. rég. ind. dat.

Malheur à! Væ! *et le dat.*

MALHEUREUSEMENT, ou *par malheur.* Infeliciter, adv.

MALHEUREUX, *en parlant des personnes.* Infelix, m. f. et n. gén. infelicis, adj. comp. infelicior, m. f. infelicius, n. gén. infelicioris ; superl. infelicissimus, a, um.

Malheureux, *en parlant des choses.* Infaustus, a, um, adj. comp. Infaustior, m. f. infaustius, n. gén. infaustioris ; superl. infaustissimus, a, um.

Malheureux, scélérat. Scelestus, a, um, adj.

MALHONNÊTE, *en parlant des choses.* Turpis, m. f. turpe, n. gén. turpis, adj.

Malhonnête, *en parlant des personnes.* Inurbanus, a, um, adj.

MALHONNÊTEMENT. Inhonestè, adv.

MALHONNÊTETÉ. Inurbanitas, g. inurbanitatis[3], f.

MALICE. Militia, g. militiæ[1], fém.

MALICIEUSEMENT, *par malice, avec malice.* Nequiter, adv.

MALICIEUX, *méchant.* Improbus, a, um, adj.

Malicieux, rusé. Astutus, a, um, adj.

MALIGNEMENT, *d'une manière maligne.* Malignè, adv.

MALIGNITÉ. Malignitas, gén. malignitatis[3], f.

MALIN. Malignus, a, um, adj. sans comp. ni sup.

MALINTENTIONNÉ, *qui a mauvais dessein.* Malevolus, a, um, adj. *pour ou envers, par* ergà, *et l'acc.*

MALLE, *sorte de coffre.* Arca, g. arcæ[1], f.

MALLÉABLE, *qui souffre le marteau.* Mallei patiens, m. f. et

MAN 363

n. gén. mallei patientis[3], *adjectif.*

MALPROPRE. Sordidus, a, um, adj.

MALPROPREMENT. Sordidè, adv. Squalidè, adv.

MALPROPRETÉ. Spurcitia, g. spurcitiæ[1], f.

MALSAIN, *en parlant des personnes.* Valetudinarius, ia, ium, adj. | *En parlant des choses.* Insalubris, m. f. insalubre, n. gén. insalubris, adj. comp. Insalubrior, m. f. insalubrius, n. gén. insalubrioris ; superl. insaluberrimus, a, um.

MALSÉANT. Dedecorus, a, um, adj.

MALTRAITER *de paroles.* Verbis malè accipere, accipio, accipis, accepi, acceptum[3], act.

Maltraiter de coups. Malè mulctare, mulcto, mulctas, mulctavi, mulctatum[3], act.

MALVEILLANCE. Malevolentia, g. malevolentiæ[1], f.

MALVEILLANT. Malevolus, a, um, adj. comp. Malevolentior, m. f. malevolentius, n. gén. malevolentioris ; superl. malevolentissimus, a, um.

MALVERSATION. Concussio, g. concussionis[3], f.

MALVERSER *dans.* Malè administrare, administro, administras, administravi, administratum[1], act. | *Dans une affaire.* Rem, c. à. d. *administrer mal une affaire.*

MALVOISIE, *vin de malvoisie.* Vinum arvisium, g. vini arvisii[2], neut.

MAMELLE. Mamma, g. mammæ[1], f.

Enfant à la mamelle. Puer lactens, g. pueri[2] lactentis[3], m.

MAMELON, *le bout de la mamelle.* Papilla, g. papillæ[1], f.

MANANT, *paysan.* Rusticus, g. rustici[2], m.

un **MANCHE.** Manubrium, g. manubrii[2], n.

un **Manche** *de charrue.* Buris,

g. buris³, f. acc. burim, *ablat.* buri.

UNE MANCHE. Manica, g. manicæ¹, f.

MANCHETTE. Limbus linteus, g. limbi lintei², m.

MANCHON. Manica pellita, g. manicæ pellitæ¹, f.

MANCHOT. Mancus, a, um, *adj.*

MANDEMENT. Mandatum, g. mandati¹, n.

MANDER, *faire savoir.* Nunciare, nuncio, nuncias, nunciavi, nunciatum¹, *act.* | *Si c'est par lettres.* Scribĕre, scribo, scribis, scripsi, scriptum³, *act. acc. rég. ind. acc. avec* ad.

MANDER, *faire venir quelqu'un.* Accersĕre, accerso, accersis, accersivi, accersitum³, *act.*

MANDILLE. Penula, g. penulæ¹, f.

MANDRAGORE, *herbe.* Mandragora, g. mandragoræ¹, f.

MANÉGE, *lieu où l'on exerce les chevaux.* Hippodromus, *gén.* hippodromi², m.

MANÉGE, *l'art de dresser les chevaux.* Equitandi disciplina, g. equitandi disciplinæ¹, f.

MANES. Manes, g. manium³, m. *plur.*

MANGÉ. Esĕsus, a, um, *p. p.*

MANGEABLE. Esculentus, a, um, *adj.*

MANGEAILLES. Cibaria, g. cibariorum², *n. plur.*

MANGER, *verbe.* Edĕre, edo, edis, edi, esum *ou* estum³, *act.*

Donner à manger à. Cibum præbēre, præbeo, præbes, præbui, præbitum², *act. acc. rég. dir. dat.*

Préparer à manger. Cibum parare, paro, paras, paravi, paratum¹, *act. acc. rég. ind. dat.*

S'abstenir de manger. Cibo abstinēre, abstineo, abstines, abstinui, abstentum², n.

Bon à manger. Esculentus, a, um, *adj.*

MANGER, *ou dissiper.* Dissipare, dissipo, dissipas, dissipavi, dissipatum¹, *act.*

LE MANGER. Cibus, g. cibi², *masc.*

MANGEUR. Edax, m. f. et n. *gén.* edacis, *adj.*

MANIABLE, *qu'on manie aisément.* Tractabilis, m. f. tractabile, n. *gén.* tractabilis, *adj.*

MANIAQUE, *furieux.* Furiosus, a, um, *adj.*

MANICLES, *fers qu'on met aux mains des criminels.* Manicæ, g. manicarum¹, *f. plur.*

MANIE. Furor, g. furoris³, m.

MANIÉ. Tractatus, a, um, *part. pass.*

MANIEMENT. Usus, g. usûs⁴, *masc.*

LE MANIEMENT *des affaires, des finances.* Administratio, g. administrationis³, f.

Avoir le maniement de. Voyez *Administrer.*

MANIER, *toucher.* Tractāre, tracto, tractas, tractavi, tractatum¹, *act.*

MANIER, *administrer.* Voyez *Administrer.*

MANIÈRE. Ratio, g. rationis³, *fém.*

De quelle manière. Quâ ratione, *à l'abl.* | *De quelque manière que.* Quoquo modo, *avec le subj.*

De manière que. Ita ut, *et le subjonct.* | *A la manière de.* More, *avec un gén.*

MANIÈRE, *usage, coutume.* Mos, g. moris³, m.

Prendre les manières, se faire aux manières de quelqu'un. Induĕre mores alicujus, induo, induis, indui, indutum³, *act.*

MANIÈRES *enjouées, agréables.* Lepos, g. leporis³, m.

MANIÈRES *rebutantes.* Rusticitas, g. rusticitatis³, f.

MANIFESTATION. Patefactio, g. patefactionis³, f.

MANIFESTE, *adj.* Manifestus, a, um, *adj.*

UN MANIFESTE, *écrit pour justifier*

MAN-   MAR·   365

quelque chose. Vulgata defensio, *g.* vulgatæ¹ defensionis³, *f.*

MANIFESTEMENT. Manifestè, *adv.*

MANIFESTER. Patefacĕre, patefacio, patefacis, patefeci, patefactum³, *act.*

MANIVELLE, *poignée à faire tourner une roue.* Manubrium, *g.* manubrii², *n.*

MANNE. Manna, *n. indécl.*

MANNEQUIN, *statue de bois, ou de cire.* Simulacrum versatile, *g.* simulacri² versatilis³, *n.*

UN MANŒUVRE. Operarius³, *g.* operarii², *m.*

LA MANŒUVRE, *les fonctions d'un matelot dans un vaisseau.* Apparatus nauticus, *g.* apparatûs⁴ nautici², *m.*

MANŒUVRE *militaire.* Exercitatio militaris, *g.* exercitationis militaris³, *f.*

MANŒUVRES, *complots.* Machinationes, *g.* machinationum³, *f. plur.*

MANOIR, *demeure.* Domicilium, *g.* domicilii², *n.*

MANQUE, ou *défaut.* Defectus, *g.* defectûs⁴, *m.*

MANQUE, ou *faute de.* Inopiâ, *à l'abl. avec un génitif ensuite. Manque d'argent.* Inopiâ pecuniæ¹, *fém.*

MANQUÉ, *coup manqué.* Ictus irritus, *g.* ictûs⁴ irriti², *m.*

MANQUEMENT, ou *disette.* Inopia, *g.* inopiæ¹, *f.*

MANQUEMENT, ou *péché.* Peccatum, *g.* peccati², *n.*

MANQUER *de.* Carēre, careo, cares, carui, caritum², *n. abl. du nom qui suit* de.

MANQUER *à. Deesse,* desum, dees, defui, *avec un dat.*

Les paroles me manquent, ou *manquent à moi.* Verba mihi desunt.

MANQUER *à son devoir.* Deesse officio. | *A sa parole,* ou *à sa promesse.* Promissis deesse.

MANQUER, ou *laisser échapper une occasion.* Occasionem amittĕre, amitto, amittis, amisi, amissum³, *act.*

MANQUER *son coup.* Operam perdĕre, perdo, perdis, perdidi, perditum³, *act.*

MANQUER, ou *faire une faute.* Peccare, pecco, peccas, peccavi, peccatum¹, *n.*

MANQUER *à quelqu'un.* Peccare in, *et l'acc.*

MANSUÉTUDE, *douceur.* Mansuetudo, *g.* mansuetudinis³, *f.*

MANTE, *manteau de grosse laine.* Gausape, *g.* gausapis³, *n. ablat.* gausape; *nomin. pl.* gausapa.

MANTEAU. Pallium, *g.* pallii², *neut.*

MANTEAU, *prétexte.* Species, *g.* speciei⁵, *f.*

MANTELET, *terme de guerre.* Pluteus, *g.* plutei², *m.*

MANUEL, *qui concerne les mains.* Manualis, *m. f.* manuale, *n. gén.* manualis, *adj.*

UN MANUEL. Manuale, *g.* manualis³, *n.*

MANUELLEMENT, *de la main à la main.* De manu ad manum.

MANUFACTURE, *lieu de la manufacture.* Officina, *g.* officinæ¹, *f.*

MANUFACTURE, *fabrication.* Opificium, *g.* opificii², *n.*

MANUSCRIT. Manuscriptus, a, um, *part. pass. c. à. d. écrit avec la main.*

UN MANUSCRIT. Manuscriptus, *g.* manuscripti², *m.*

MAPPEMONDE, *carte générale du monde.* Totius orbis tabula, *g.* totius orbis tabulæ¹, *f.*

MAQUIGNON. Mango, *g.* mangonis³, *m.*

MARAIS. Palus, *g.* paludis³, *f. g. pl.* paludium.

Qui est de marais. Palustris, *m. f.* palustre, *n. gén.* palustris, *adj.*

Plein de marais. Paludosus, a, um, *adj.*

MARÂTRE. Noverca, *g.* novercæ¹, *f.*

MARAUD. Nebulo, g. nebulonis[3], m.

MARAUDE, *pillage des soldats qui se dérobent du camp.* Prædatio, g. prædationis[3], f.

Aller en maraude. Voyez Marauder.

MARAUDER. Prædatum ire, eo, is, ivi, itum[4], n. c. à. d. *aller piller.*

MARAUDEUR, *soldat qui va à la maraude.* Erro, g. erronis[3], masc.

MARBRE. Marmor, g. marmoris[3], n.

Qui est de marbre. Marmoreus, ea, eum, adj.

MARBRÉ. In modum marmoris variatus, a, um, part. pass. c. à. d. *varié à façon de marbre.*

Papier marbré. Charta multicolor, g. chartæ[1] multicoloris[3], c. à. d. *papier de plusieurs couleurs.*

MARBRER. In modum marmoris variare, vario, varias, variavi, variatum[1], act. c. à. d. *varier à façon de marbre.*

MARBRIER, *ouvrier en marbre.* Marmorarius, g. marmorarii[2], m.

MARBRIÈRE, *carrière de marbre.* Marmoris fodina, g. marmoris fodinæ[1], f.

MARBRURE. Marmoriarum, g. marmoriari[2], n.

MARC, *ce qui reste après qu'on a tiré la substance d'une chose.* Fex, g. fecis[3], f.

Marc de raisin, etc. Vinacea, g. vinaceæ[1], f.

MARC, *le poids de huit onces.* Bes, g. bessis[3], m.

MARCASSIN, *petit d'un sanglier.* Nefrens, g. nefrendis[3], m.

MARCHAND. Mercator, g. mercatoris[3], m.

MARCHAND, adj. *Un vaisseau marchand.* Navis onerata, g. navis[3] oneratæ[1], f.

Une rivière marchande. Flumen navigabile, g. fluminis navigabilis[1], n.

Une ville marchande. Urbs commercio florens, g. urbis[3] commercio florentis[3], f. c à. d. *une ville florissante par le commerce.*

MARCHANDE. Mercatrix, g. mercatricis[3], f.

MARCHANDER. Pretium percontari, percontor, percontaris, percontatus sum[1], dép. *La chose marchandée, se met au gén.* c. à. d. *demander le prix de quelque chose.*

MARCHANDISE. Merx, g. mercis[3], f. g. plur. mercium.

MARCHÉ, ou *prix.* Pretium, g. pretii[2], n.

A bon marché. Vili pretio, *à l'ablat.*

A meilleur marché. Minoris, *au gén. Le* que *par* quàm.

A très bon marché. Minimi, *au gén.*

Qui est à bon marché. Vilis, m. f. vile, n. gén. vilis.

MARCHÉ, ou *accord pour l'achat.* Pactio, g. pactionis[3], f.

MARCHÉ, ou *place.* Forum, g. fori[2], n.

MARCHE, ou *degré.* Gradus, g. gradûs[4], m.

MARCHE, ou *route, chemin.* Iter, g. itineris[3], n.

Etre en marche. Incedĕre, incedo, incedis, incessi, incessum[3], neut.

En neuf jours de marche, en parlant des troupes. Nonis castris. | *En six jours de marche.* Sextis castris. *Ainsi des autres, en prenant le nombre ordinal et faisant accorder avec* castris *à l'abl. pl.*

MARCHE, *pompe.* Pompa, g. pompæ[1], f.

MARCHEPIED. Scabellum, g. scabelli[2], n.

MARCHER, *verbe.* Incedĕre, incedo, incedis, incessi, incessum[3], neut.

MARCHER *le premier.* Præire, præo, præis, præivi, præitum[4], n.

MARCHER *devant quelqu'un.* Præire. *Le nom de la pers. au dat.*

MARCHER sur, *fouler aux pieds.* Calcare, calco, calcas, calcavi, calcatum[1], *act.*

MARCHER *sur les pas*, ou *sur les traces de quelqu'un*, imiter. Vestigiis ingredi, ingredior, ingrederis, ingressus sum[3], *dép. avec le gén.*

LE MARCHER, *la démarche.* Incessus, *g.* incessûs[4], *m.*

MARCOTTER. Propagare, propago, propagas, propagavi, propagatum[1], *act.*

MARDI, *jour de Mars.* Martis, dies, *g.* Martis diei[5], *m.*

MARDI *gras*, ou *le dernier jour du carnaval.* Bacchanalium dies, *g.* bacchanalium diei[5], *m.*

MARE, *où l'eau s'amasse.* Lacus, *g.* lacûs[4], *m.* dat. et ablat. pl. lacubus.

MARÉCAGE. Locus paludosus, *g.* loci paludosi[2], *n.*

MARÉCAGEUX. Paludosus, a, um, *adj.*

MARÉCHAL-FERRANT. Faber ferrarius, *g.* fabri ferrarii[2], *m.*

MARÉCHAL *de camp.* Castrorum præfectus, *g.* castrorum præfecti[2], *masc.*

MARÉCHAL *de France.* Franciæ marescallus, *g.* Franciæ marescalli[2], *masc.*

MARÉCHAL *des logis.* Hospitiorum designator, *g.* hospitiorum designatoris[3], *m.*

MARÉE, ou *flux et reflux.* Æstus, *g.* ætûs[4], *m.*

MARÉE, ou *les poissons de mer.* Pisces marini, *g.* piscium[3] marinorum[2], *m. plur.*

Vendeur de marée. Cetarius, *g.* cetarii[2], *m.*

MARGE. Margo, *g.* marginis[3], *m.*

MARGELLE. Margo, *g.* marginis[3], *m.*

MARGUERITE, *fleur.* Bellis, *g.* bellidis[3], *f.*

MARGUERITE, *nom de femme.* Margarita, *g.* Margaritæ[1], *f.*

MARGUILLIER. Æditus, *g.* æditui[2], *m.*

MARI. Maritus, *g.* mariti[2], *m.*

Prendre mari. Nubĕre, nubo, nubis, nupsi, nuptum[3], *n.*

Prendre quelqu'un pour mari. Nubĕre, *avec le dat.*

MARIAGE. Matrimonium, *g.* matrimonii[2], *n.*

Rechercher, ou *demander en mariage.* Petĕre connubium, *avec un gén. de la personne;* c. à. d. *demander le mariage de.* Peto, petis, petii, petitum[1], *act.*

Promettre en mariage. Despondĕre, despondeo, despondes, despondi, desponsum[2]. *Sa fille*, filiam; *à quelqu'un*, alicui.

Donner en mariage. Uxorem committĕre, committo, committis, commisi, commissum[3], *act. à quelqu'un, au dat.*

MARIÉ. Matrimonio junctus, a, um, *part. pass.* c. à. d. *uni par le mariage.*

Nouvelle MARIÉE. Nova nupta, *g.* novæ nuptæ[1], *f.*

MARIER. Matrimonio conjungĕre, conjungo, conjungis, conjunxi, conjunctum[3], *act.* à *ou avec par* cum, *et l'abl.* c. à. d. *unir par le mariage quelqu'un à ou avec.*

SE MARIER, *en parlant d'un homme.* Uxorem ducĕre, duco, ducis, duxi, ductum[3], *act.*

SE MARIER, *en parlant d'une fille.* Nubĕre, nubo, nubis, nupsi, nuptum[3], *n. dat.*

MARIER, *joindre deux choses ensemble.* Adjungĕre, adjungo, adjungis, adjunxi, adjunctum[3], *act.*

MARIN, *qui est de la mer.* Marinus, a, um, *adj.*

LA MARINE. Res maritima, *g.* rei[5] maritimæ[1], *f.*

Soldats de marine. Classiarii, *g.* classiariorum[2], *m. pl.*

MARINIER. Nauta, *g.* nautæ[1], *masc.*

MARIONNETTE. Neurospaton, *g.* neurospati[2], *n.*

MARITAL. Maritus, a, um, *adj.*

MARITIME. Maritimus, a, um, *adj.*

Forces maritimes. Navales copiæ, g. navalium³ copiarum¹, f. plur

MARJOLAINE, *herbe odoriférante.* Amaracus, g. amaraci², m.

MARMAILLE, *troupe de petits enfans.* Turba puerilis, g. turbæ¹ puerilis³, f.

MARMITE. Cacabus, g. cacabi², masc.

MARMITON. Mediastinus, g. mediastini², m.

MARMOT, *singe à longue queue.* Cercopithecus, g. cercopitheci², m.

MARMOT, *petit garçon.* Pusio, g. pusionis³, m.

MARMOTTE, *petit animal.* Mus montanus, g. muris³ montani², masc.

MARMOTTER. Mutire, mutio, mutis, mutivi, mutitum⁴, n.

MARMOUSET, *figure ridicule.* Effigies ridicula, g. effigiei⁵ ridiculæ¹, f.

MARMOUSET, *petit homme mal bâti.* Homuncio, g. homuncionis³, masc.

MARNE, *terre grasse.* Marga, g. margæ¹, f.

MARNER *une terre.* Margâ alĕre, alo, alis, alui, alitum³, act.

DU MAROQUIN, *peau.* Caprina aluta, g. caprinæ alutæ¹, f.

MARQUANT, *distingué.* Clarus, a, um, adj.

MARQUE. Signum, g. signi², neut.

Un homme de marque. Vir illustris, g viri² illustris³, m.

Les marques de la royauté. Regni insignia, g. regni insignium³, n. plur.

Donner des marques de bienveillance à quelqu'un. Benevolentiam navare, navo, navas, navavi, navatum¹, act. dat. de la personne.

MARQUER, *faire une marque pour reconnoître.* Notare, noto, notas, notavi, nŏtatum¹, act.

MARQUER *un criminel.* Notam inurĕre, inuro, inuris, inussi, inustum³, act. dat. de la personne que l'on marque.

MARQUER, *désigner, indiquer.* Indicare, indico, indicas, indicavi, indicatum¹, act.

MARQUER *à quelqu'un de l'affection.* Amorem testificari, testificor, testificaris, testificatus sum¹, dépon. dat. de la personne.

MARQUER *de la joie, de la douleur, de la colère.* Gaudium, dolorem, iram testari, testor, testaris, testatus sum¹, dép.

MARQUETER. Variare, vario, varias, variavi, variatum¹, act.

MARQUETERIE, *ouvrage de marqueterie.* Vermiculatum opus, g. vermiculati² operis³, n.

MARQUEUR. Adnotator, *gén.* adnotatoris³, m.

MARQUIS. Marchio, g. marchionis³, m.

MARQUISAT. Marchionatus, g. marchionatûs⁴, m.

MARQUISE. Marchionissa, g. marchionissæ¹, f.

MARRAINE. Matrina, g. matrinæ¹, f.

MARRI, *fâché.* Dolens, m. f. et n. gén. dolentis, adj.

Etre marri d'une chose, tournez : *Se repentir.* Voyez ce mot.

Etre marri que. Dolēre, doleo, doles, dolui, dolitum², n. que par quòd, *avec le subj.*

MARRON. Balanus, g. balani², fém.

Nègre marron, fugitif. Nigrita fugitivus, g. nigritæ¹ fugitivi², m.

MARRONIER, *arbre qui porte des marrons.* Castanea, g. castaneæ¹, f.

MARRUBE, *plante.* Marrubium g. marrubii², n.

MARS, *dieu de la guerre.* Mars, g. Martis³, m.

MARS, *mois.* Martius, g. martii², m.

MARSOIN, *poisson.* Tursio, g. tursionis³, m.

MARTEAU. Malleus, g. mallei², m.

MARTELER. Malleo tundĕre, tundo, tundis, tutudi, tunsum³, act. c. à. d. battre avec le marteau.

MARTIAL, ou guerrier. Bellicosus, a, um, adj.

MARTINET, oiseau. Cypselus, g. cypseli², m.

MARTRE, animal. Martes, g. martis³, f.

MARTYR, qui a souffert le martyre. Martyr, g. martyris³, m. et f.

MARTYR de l'ambition. Ambitionis miser, misera, miserum, adj.

LE MARTYRE. Martyrium, g. martyrii², n.

MARTYRISER, faire souffrir le martyre. Martyrio afficĕre, afficio, afficis, affeci, affectum³, act.

MARTYRISER, tourmenter. Cruciare, crucio, crucias, cruciavi, cruciatum¹, act.

MARTYROLOGE. Martyrum album, g. martyrum albi², n. c. à. d. liste des martyrs.

MASCARADE Caterva personata, g. catervæ personatæ¹, f. c. à. d. troupe masquée.

S'habiller en mascarade. Voyez Se masquer.

MASCULIN. Masculinus, a, um, adj.

MASQUE, faux visage. Persona, g. personæ¹, f.

MASQUE, apparence. Species, g. speciei⁵, f.

Lever le masque. Personam deponĕre, depono, deponis, deposui, depositum³, act.

UN MASQUE, une personne masquée. Personatus, g. personati², masc.

MASQUER, mettre un masque sur le visage de quelqu'un. Personam inducĕre, induco, inducis, induxi, inductum³, act. dat. de la personne.

MASQUER, cacher, dissimuler. Tegĕre, tego, tegis, texi, tectum³, act. ablat. de la chose dont on masque.

SE MASQUER. Personam induĕre, induo, induis, indui, indutum³, act. c. à. d prendre un masque.

SE MASQUER de, prendre l'apparence de. Speciem ferre, fero, fers, tuli, latum, act. gén. de la chose qui suit de.

MASSACRE. Cædes, g. cædis³, f.

Faire un grand massacre. Stragem edĕre, edo, edis, edidi, editum³, act.

Il se fit un grand massacre. Maxima cædes edita est.

MASSACRER. Trucidare, trucido, trucidas, trucidavi, trucidatum¹, act.

MASSE. Massa, g. massæ¹, f.

MASSE de pierres. Saxorum moles, g. saxorum molis³, f.

MASSE d'armes. Militaris clava, g. militaris³ clavæ¹, f.

MASSEPAIN. Cupedia, g. cupediorum², n. plur.

MASSIER, qui porte la masse. Clavator, g. clavatoris³, m.

MASSIF, solide. Solidus, a, um, adj.

MASSIF, stupide. Stupidus, a, um, adj.

MASSUE. Clava, g. clavæ¹, f.

MASTIC. Mastiche, g. mastiches¹, f.

MASURE. Parietinæ, g. parietinarum¹, f. plur.

MÂT de navire. Malus, g. mali², m.

MAT, MATE, qui n'est par bruni. Impolitus, a, um, adj.

MATELAS. Culcita, g. culcitæ¹, fém.

MATELOT. Nauta, g. nautæ¹, masc.

MATELOTE, poisson préparé à la manière des matelots. Nautico more pisces conditi, g. nautico more piscium³ conditorum², m. plur.

MATER, dompter. Domare, domo, domas, domui, domitum¹, act.

MATÉRIAUX. Materia, g. materiæ¹, f.

47

MATÉRIEL, *formé de matière.* Corporeus, ea, eum, *adj.*

MATÉRIEL, *grossier.* Tardus, a, um, *adj.*

MATÉRIELLEMENT. Materialiter, *adv.*

MATERNEL. Maternus, a, um, *adj.*

MATERNELLEMENT. Materno animo.

MATERNITÉ, *qualité de mère.* Materna dignitas, g maternæ[1] dignitatis[3], *f.*

MATHÉMATICIEN. Mathematicus, g. mathematici[2], *m.*

MATHÉMATIQUE, *adj.* Mathematicus, a, um, *adj.*

MATHÉMATIQUES. Mathematica, g. mathematicæ[1], *f.*

MATHÉMATIQUEMENT. Evidenter, *adv.*

MATIÈRE. Materia, g. materiæ[1], *f.*

MATIÈRE, *occasion.* Locus, g. loci[2], *m.*

LE MATIN. Mane, *n. indécl.*

De grand matin. Multo mane, à *l'abl.*

Bien matin. Benè manè, *adv.*

Tous les matins. Quotidiè manè.

Qui se fait le matin. Matutinus, a, um, *adj.*

Depuis le matin jusqu'au soir. A mane usque ad vesperum.

MÂTIN, *chien.* Molossus, g. molossi[2], *m.*

MATINAL, ou MATINEUX. Matutinus, a, um, *adj.*

MATINÉE. Tempus matutinum, g. temporis[3] matutini[2], *n.*

La grasse matinée. In multam lucem.

MATINES. Preces matutinæ, g. precum[3] matutinarum[1], *f. plur.*

MATOIS, *rusé, fin.* Astutus, a, um, *adj.*

MATOU, *chat.* Feles, g. felis[3], *f.*

MATRICE, *moule dans lequel on fond les lettres d'imprimerie.* Archetypum, g. archetypi[2], *n.*

MATRICULE, *registre.* Album, g. albi[2], *n.*

MATRIMONIAL, *de mariage.* Conjugalis, *m.f.* conjugale, *n. gén.* conjugalis, *adj.*

MATRONE, *dame romaine.* Matrona, g. matronæ[1], *f.*

MATRONE, *sage-femme.* Obstetrix, g. obstetricis[3], *f.*

MATURITÉ. Maturitas, g. maturitatis[3], *f.*

Qui est en maturité. Voy. *Mûr.*

Qui est dans la maturité de l'âge. Ævi maturus, a, um, *adj.*

MATUTINAL. Voy. *Matinal.*

MAUDIRE *une personne.* Malè precari, precor, precaris, precatus sum[1], *dépon. La personne au datif. c. à. d. souhaiter du mal à quelqu'un.*

Maudire quelque chose. Exsecrari, exsecror, exsecraris, exsecratus sum[1], *dépon. acc.*

MAUDIT. Exsecrandus, a, um, *adj.*

MAUSOLÉE. Mausoleum, g. mausolei[2], *n.*

MAUSSADE, *bourru.* Morosus, a, um, *adj.*

MAUSSADEMENT, *sans grâce.* Invenustè, *adv.*

MAUVAIS, *méchant.* Malus, a, um, *adj. comp.* Pejor, *m. f.* pejus, *n. génit.* pejoris ; *superl.* pessimus, a, um.

Trouver mauvais. Improbare, improbo, improbas, improbavi, improbatum[1], *act.*

Sentir mauvais. Malè olēre, oleo, oles, olui, olitum[2], *n.*

MAUVAIS, *dépravé.* Pravus, a, um, *adj.*

MAUVAIS, *sinistre.* Infelix, *m.f.* et *n. gén.* infelicis, *adj.*

MAUVAIS, *nuisible.* Noxius, ia, ium, *adj.*

MAUVAIS *temps.* Incommodum tempus, g. incommodi[2] temporis[3], *n.*

MAUVE, *plante.* Malva, g. malvæ[1], *f.*

MAXIME. Effatum, g. effati[2], *n.*

Les maximes de l'Evangile. Evangelii præcepta, g. evangelii præceptorum[2], *n. plur.*

MÉC   MÉD   371

MAZETTE, *mauvais cheval.* Equus strigosus, g. equi strigosi[2], masc.

ME *vient du pronom* moi; *il est régime direct ou indirect du verbe qui suit.*

LA MÉCANIQUE, *la science de la mécanique.* Scientia machinalis, g. scientiæ[1] machinalis[3], f.

MÉCANIQUE, *adj. art mécanique.* Ars mechanica, g. artis[3] mechanicæ[1], f.

MÉCANIQUEMENT. Mechanicòs, *adv.*

MÉCHAMMENT, *avec méchanceté.* Improbè, *adv.*

MÉCHANCETÉ. Improbitas, g. improbitatis[3], f.

MÉCHANT. Improbus, a, um, *adj. comp.* Improbior, m. f. improbius, n. *gén.* improbioris; *superl.* improbissimus, a, um.

MÉCHANT, *scélérat.* Scelestus, a, um, *adj.*

MÉCHANT, *qui ne vaut rien, qui est de rebut en parlant des choses.* Vilis, m. f. vile, n. *gén.* vilis, *adj.*

MÉCHANT, *en parlant des personnes.* Ineptus, a, um, *adj.*

MÈCHE *d'une chandelle, etc.* Ellychnium, g. ellychnii[2], n.

Mèche de mousquet, etc. Fomes stupeus, g. fomitis[3] stupei[2], masc.

MÉCOMPTE, *méprise, erreur dans un compte.* Error, g. erroris[3], m.

MÉCONNOISSABLE. Vix agnoscendus, vix agnoscenda, vix agnoscendum, *part.*

MÉCONNOISSANT. V. Ingrat.

MÉCONNOITRE. Non agnoscĕre, non agnosco, non agnoscis, non agnovi, non agnitum[3], *act.*

Méconnoître les bienfaits. Beneficiorum oblivisci, obliviscor, oblivisceris, oblitus sum[3], *dép.*

SE MÉCONNOITRE, *s'oublier.* Suæ conditionis oblivisci[3]; c. à. d. oublier sa condition.

MÉCONTENT. Malè contentus, malè contenta, malè contentum, *et un ablat.*

Etre mécontent de quelque chose. Graviter ferre, fero, fers, tuli, latum[3], *act. acc. de la chose.*

MÉCONTENT, *offensé.* Offensus, a, um, *avec l'ablat.*

MÉCONTENTEMENT. Molestia, g. molestiæ[1], f.

MÉCONTENTER. Non satisfacĕre, non satisfacio, non satisfacis, non satisfeci, non satisfactum[3], n. *dat. de la personne.*

MÉCRÉANT. Incredulus, a, um, *adj.*

MÉDAILLE. Numisma, g. numismatis[3], n.

MÉDAILLON, *grande médaille.* Numisma grandius, g. numismatis grandioris[3], n.

MÉDECIN. Medicus, g. medici[2], m.

MÉDECINE, ou *breuvage.* Medicamentum, g. medicamenti[2], n.

Prendre médecine. Medicamentum sumĕre, sumo, sumis, sumpsi, sumptum[3], *act.*

Faire prendre, donner une médecine à quelqu'un. Medicamentum dare, do, das, dedi, datum[1], *act. datif de la personne.*

LA MÉDECINE, *l'art de la médecine.* Medicina, g. medicinæ[1], f.

MÉDIANOCHE, *repas qui se fait au milieu de la nuit.* Antelucana cœna, g. antelucanæ cœnæ[1], f.

MÉDIATEUR. Reconciliator, g. reconciliatoris[3], m.

MÉDIATION. Opera, g. operæ[1], f.

MÉDIATRICE. Deprecatrix, g. deprecatricis[3], f.

MÉDICAL. Medicinus, a, um, *adj.*

MÉDICAMENT. Medicamentum, g. medicamenti[2], n.

MÉDICINAL. Medicus, a, um, *adj.*

MÉDIOCRE. Mediocris, m. f. mediocre, n. *gén.* mediocris, *adj.*

MÉDIOCREMENT, *avec médiocrité.* Mediocriter, *adv.*

MÉDIOCRITÉ. Mediocritas, g. mediocritatis[1], f.

MÉDIRE de. Maledicĕre, maledico, maledicis, maledixi, maledictum[1], n. dat.

MÉDISANCE. Maledictio, gén. maledictionis[3], f.

MÉDISANT. Maledicus, a, um, adj. comp. Maledicentior, m. f. maledicentius, n. gén. maledicentioris; superl. maledicentissimus, a, um.

MÉDITATIF, qui médite souvent. Meditationi additus, a, um, adj. c. à. d. adonné à la méditation.

MÉDITATION. Meditatio, g. meditationis[3], f.

MÉDITÉ. Cogitatus, a, um, part.

MÉDITER. Meditari, meditor, meditaris, meditatus sum[1], dép. acc de la chose.

MÉFIANCE. Diffidentia, g. diffidentiæ[1], f.

Avec méfiance. Diffidenter, adv.

MÉFIANT. Suspiciosus, a, um, adj.

SE MÉFIER de. Diffidĕre, diffido, diffidis, diffisus sum[3], n. dat.

PAR MÉGARDE. Per imprudentiam.

MÉGÈRE, femme méchante. Megæra, g. megæræ[1], f.

MEILLEUR, comp. de l'adject. Bon. Melior, m. f. melius, n. gén. melioris.

LE MEILLEUR, superl. de Bon. Optimus, a, um.

MÉLANCOLIE. Mœstitia, gén. mœstitiæ, f.

MÉLANCOLIQUE. Mœstus, a, um. adj.

MÉLANCOLIQUEMENT. Mœstè, adv.

MÉLANGE. Permistio, g. permistionis[3], f.

MÉLANGÉ, ou MÊLÉ. Mistus, a, um, adj. à, avec, parmi, s'expriment par le dat.

LA MÊLÉE, le combat. Pugna, g. pugnæ[1], f.

Se jeter au milieu de la mêlée. In mediam aciem irruĕre, irruo, irruis, irrui, irrutum[3], n.

MÊLER, ou MÉLANGER. Miscēre, misceo, misces, miscui, mixtum, ou mistum[2], act. à par le dat.; avec par cum, et l'ablat.

SE MÊLER de quelque chose Satagĕre, satago, satagis, sategi[3], n. avec un gén.

Se mêler dans la conversation. Colloquio se immiscēre[2], n.

MELILOT, herbe. Meliloton, g. meliloti[2], n.

MÉLÈSE, arbre. Larix, g. laricis[3]. m.

MÉLISSE, herbe. Melissophyllum, g. melissophylli[2], n.

MÉLODIE. Melos, indéclin.

MÉLODIEUSEMENT, MÉLODIEUX. Voyez Harmonieusement et Harmonieux.

MELON, sorte de courge. Pepo, g. peponis[3], m.

MELONNIÈRE. Peponum ager, g. peponum agri[2], m.

MEMBRANE. Membrana, gén. membranæ[1], f.

MEMBRE. Membrum, g. membri[2], n.

MEMBRU. Corpulentus, a, um, adj.

MEMBRURE, grosse pièce de bois. Axis crassior, g. axis crassioris[3], f.

LE MÊME devant un nom. Idem, eadem, idem, g. ejusdem, dat. eidem, pronom. Voyez la règle Le même, dans la Grammaire latine.

MÊME, après un nom ou un pronom, s'exprime par ipse, a, um, g. ipsius, dat. ipsi.

Moi-même, ego ipse; toi-même, te ipse; lui-même, ipse; elle-même, ipsa. | Cela même. Illud ipsum.

MÊME, conjonct. Etiàm, adv. Je l'aime et même je l'estime. Illum amo, et etiàm æstimo.

Non pas même. Ne quidem.

Non pas même de jour. Ne de

MÉN MEN 373

die quidem. Voyez *Demême*, dans la Méthode.

LA MÉMOIRE. Memoria, *gén.* memoriæ[1], *f.*

Avoir de la mémoire, l'avoir bonne. Memoriâ vigēre, vigeo, viges, vigui[2], *sans supin. n.*

N'en avoir pas, ou en manquer. Memoriâ defici, deficior, deficeris, defectus sum[3], *pass.*

De mémoire d'homme. Post hominum memoriam.

UN MÉMOIRE. Commentarius, *g.* commentarii[2], *m.*

MÉMORABLE. Memorabilis, *m. f.* memorabile, *n. gén.* memorabilis, *adj.*

MÉMORIAL, *un mémoire.* Voyez ce mot.

MENAÇANT. Minax, *m. f. et n. gén.* minacis, *adj.*

D'un air menaçant. Minaciter, *adv.*

Jeter des regards menaçans. Oculis fulminare, fulmino, fulminas, fulminavi, fulminatum[1], *n.*

MENACER, *faire des menaces.* Minari, minor, minaris, minatus sum[1], *dépon. La personne au datif, la chose dont on menace à l'accus.*

MENACER, *être près d'arriver, de fondre sur nous, en parlant des maux.* Impendēre, impendeo, impendes, impendi, impensum[2], *dat.*

Nous sommes menacés de la guerre ; tournez : *la guerre nous menace.* Bellum impendet nobis.

Qui menace ruine. Ruinosus, a, um, *adj.*

MENACES. Minæ, *g.* minarum[1], *f. plur.*

Avec menaces. Minaciter, *adv.*

MÉNADES, *bacchantes.* Mænades, *g.* Mænadum[3], *f. plur.*

LE MÉNAGE. Res domestica, *g.* rei domesticæ[1], *f.*

UN MÉNAGE, *ou une famille.* Familia, *g.* familiæ[1], *f.*

MÉNAGEMENT, *égard.* Respectus, *g.* respectûs[4], *m.*

Avoir du ménagement pour. Respectum habēre[2], *act.* pour par *in et l'accus.*

MÉNAGER, *conduire sagement une affaire, son bien.* Prudenter administrare, administro, administras, administravi, administratum[1], *act. c'est-à-dire,* administrer sagement.

MÉNAGER, *épargner.* Parcēre, parco, parcis, peperci, parcitum[3], *neut. datif.*

MÉNAGER *avec soin.* Consulēre, consulo, consulis, consului, consultum[3], *n. dat.*

MÉNAGER *les esprits.* Animos permulcēre, permulceo, permulces, permulsi, permulsum[2], *act.*

MÉNAGER, *avoir des égards.* Rationem habēre[2], *act. pour se rend par le génitif du nom.*

MÉNAGER, *économe.* Parcus, a, um. *On se sert encore du mot* Frugi, *indéclinable et de tout genre. C'est une femme ménagère.* Est mulier frugi.

Ménager de. Parcus, *avec le gén.*

MÉNAGERIE, *où l'on nourrit des animaux.* Palatium pecorosum, *g.* palatii pecorosi[2], *n.*

MENDIANT. Mendicus, *g.* mendici[2], *m. Au f.* Mendica, *g.* mendicæ[1].

MENDICITÉ. Mendicitas, *gén.* mendicitatis[3], *f.*

MENDIER. Mendicare, mendico, mendicas, mendicavi, mendicatum[1], *act.*

MENDIER *la faveur.* Gratiam aucupari, aucupor, aucuparis, aucupatus sum[1], *dép.*

MENÉE, *intrigue secrète.* Clandestinum consilium, *g.* clandestini consilii[2], *n.*

MENER. Ducēre, duco, ducis, duxi, ductum[3], *act. acc. rég. ind. à l'accus. avec* ad.

Se laisser mener à, ou par. Duci, *passif du verbe* Ducēre.

MENER *une vie sainte.* Vivēre probè ; Vivo, vivis, vixi, victum[3], *n. c. à. d. vivre saintement.*

MÉNÉTRIER, *joueur d'instrumens.* Fidicen, g. fidicinis[3], m.

MENEUR, *qui mène, qui conduit.* Ductor, g. ductoris[3], m.

MENOTES. Manicæ, g. manicarum[1], f. plur.

MENSONGE. Mendacium, gén. mendacii[2], n.

MENSONGER, adj. Fallax, *des 3 genres,* g. fallacis, adj.

MENTAL, adj. Mente conceptus, a, um, adj.

MENTALEMENT, *par la pensée.* Mente, *à l'ablat.*

MENTEUR. Mendax, m. f. et n. gén. mendacis, adj.

MENTHE, *plante.* Menta, g. mentæ[1], f.

MENTION. Mentio, g. mentionis[3], f.

Faire mention de quelque chose. Facĕre mentionem; *de par l'ablat.* Facio, facis, feci, factum[3], act.

MENTIONNÉ, *dont on a fait mention.* Memoratus, a, um, part. pass.

MENTIONNER. Memorare, memoro, memoras, memoravi, memoratum[1], act.

MENTIR. Mentiri, mentior, mentiris, mentitus sum[4], dép.

Sans mentir. Verè, adv.

MENTON. Mentum, g. menti[2], neut.

MENU. Tenuis, m. f. tenue, n. gén. tenuis, adj.

MENU *peuple.* Plebecula, g. plebeculæ[1], f.

MENU, adv. Minutatim, adv.

Hacher menu. Concidĕre[3] minutatim.

MENUISERIE. Opus ligneum politius, g. operis[3] lignei[2] politioris[3], n.

MENUISIER. Operis politioris lignei artifex, g. operis politioris lignei artificis[3], m. c. à. d. *ouvrier de menuiserie.*

MÉPHITISME. Mephitis, g. mephitis[3], f.

MÉPHITIQUE. Mephiticus, a, um, adj.

se MÉPRENDRE. Errare, erro, erras, erravi, erratum[1], n.

MÉPRIS. Contemptus, g. contemptûs[4], m.

Etre dans le mépris. Contemni, c. à. d. *étre méprisé.* Contemni *est le passif du verbe* Contemnĕre, contemno, contemnis, contempsi, contemptum[3], act.

Avoir du mépris pour quelqu'un. Contemnĕre aliquem ; c. à. d. *mépriser quelqu'un.*

Au mépris de. Contemptu, *avec le génit.*

MÉPRISABLE. Contemnendus, a, um ; magis *pour le comp.* maximè *pour le superl.*

MÉPRISANT. Fastidiosus, a, um, adj.

D'un air méprisant. Fastidiosè, adv.

MÉPRISE. Error, g. erroris[3], masc.

Par méprise. Per errorem.

MÉPRISÉ. Contemptus, a, um, part. pass.

Très-méprisé. Contemptissimus, a, um, adj.

MÉPRISER. Contemnĕre, contemno, contemnis, contempsi, contemptum[3], act.

Qui est à mépriser Contemnendus, a, um, part.

Faire mépriser. In contemptum adducĕre, adduco, adducis, adduxi, adductum[3], act.

se MÉPRISER. Humiliter sentire de se ; c. à. d. *avoir de bas sentimens de soi.* Sentio, sentis, sensi, sensum[4], n.

Se faire mépriser. Venire in contemptionem ; venio, venis, veni, ventum[4], n. c. à. d. *venir, tomber dans le mépris.*

LA MER. Mare, g. maris[3], n.

Qui est de la mer. Marinus, a, um, adj.

Se mettre à la mer, en mer, sur mer. Credĕre se mari ; credo, credis, credidi, creditum[3], act. c. à. d. *confier soi-même à la mer.*

MÉR

Par terre et par mer. Terrâ marique.

La haute mer, la pleine mer. Altum, g. alti², n.

Combat sur mer. Navalis pugna, g. navalis³ pugnæ¹, f.

Combattre sur mer. Navibus confligere, confligo, confligis, conflixi, conflictum³, n.

MERCENAIRE. Mercenarius, ia, ium, adj.

MERCERIE. Minutæ merces, g. minutarum¹ mercium³, f. plur.

MERCI, *actions de graces.* Gratiæ, g. gratiarum¹, f. plur.

Dieu merci. Divinâ ope, à l'abl.

A LA MERCI de. Arbitrio, *datif qui veut ensuite un gén.* | *Etre à la merci des vagues.* Ferri incerto mari ; c. à. d. *être porté sur la mer.* Ferri, *passif du verbe* Fero, fers, tuli, latum³, act.

Etre à la merci des vents. Ventorum vi agitari, *pass. de* Agitare, agito, agitas, agitavi, agitatum¹, act.

MERCREDI. Mercurii dies, g. Mercurii diei⁵, m.

MERCIER, *qui vend de la mercerie.* Propola, g. propolæ¹, m.

MERCURE, *dieu des anciens*, ou *Mercure, planète.* Mercurius, g. Mercurii², m.

MERCURE, *vif-argent.* Hydrargyrum, g. hydrargyri², n.

MERCURIALE, *réprimande.* Animadversio, g. animadversionis³, fém.

Faire une mercuriale. Objurgare, objurgo, objurgas, objurgavi, objurgatum¹, *act. acc. de la personne.*

MÈRE Mater, g. matris³, f.

De mère, ou maternelle. Maternus, a, um, adj. | *Grand'mère.* Avia, g. aviæ¹, f. | *Belle-mère du mari, ou de la femme.* Socrus, g. socrûs⁴, f. | *Belle-mère ou marâtre, à l'égard des enfans d'un autre lit.* Noverca, g. novercæ¹, f.

MÉRIDIEN, *cercle de la sphère.* Meridianus, g. meridiani², m.

MÉRIDIONAL. Meridianus, a, um, adj.

MÉS 375

MÉRISIER. Cerasus silvestri, g. cerasi² silvestris³, f.

MÉRITE. Virtus, g. virtutis³, f. | *Avoir du mérite.* Virtute eminere, emineo, emines, eminui², *sans supin.* n.

Un homme de mérite. Præstanti virtute homo, g. præstanti virtute hominis³, masc.

Se faire un mérite. Sibi honori tribuere, tribuo, tribuis, tribui, tributum³, *act. acc. de la chose dont on se fait mérite.*

MÉRITE, *ce qui est dû à chacun.* Meritum, g. meriti², n. | *Selon son mérite.* Pro meritis.

MÉRITER. Mereri, mereor, mereris, meritus sum², *dép. acc. du nom. S'il est suivi d'un verbe, on exprime de par ut, avec le subj.*

BIEN MÉRITER de. Benè mereri. *de se rend par de, et un ablat*

Sans l'avoir mérité. Immeritò, adv.

MÉRITOIRE. Præmio dignus, a, um ; c. à. d. *digne de récompense.*

MERLAN. Apua, g. apuæ¹, f.

MERLE. Merula, g. merulæ¹, f.

MERLUCHE. Asellus, g. aselli², masc.

MERVEILLE. Mirum, g. miri², neut.

A merveille. Mirum in modum.

Promettre monts et merveilles. Maria montesque polliceri², dep.

MERVEILLEUSEMENT. Mire, adv.

MERVEILLEUX. Mirificus, a, um, adj. comp. Mirificentior, m. f. mirificentius, n. g. mirificentioris; sup. mirificentissimus, a, um.

MÉSALLIANCE. Connubium impar, g. connubii² imparis³, n.

Se MÉSALLIER. Inæquale conubium inire, ineo, inis, inivi, initum⁴, act. c. à. d. *faire un mariage inégal.*

MÉSANGE, *petit oiseau.* Ægithalus, gén. ægithali², m.

MÉSAVENTURE, *malheur.* Infelix casus, g. infelicis³ casûs⁴, masc.

MÉSESTIMER. Parvi facĕre, facio, facis, feci, factum³, act. c. à d. *estimer peu.*

MÉSINTELLIGENCE. Discordia, *gén.* discordiæ¹, *f.*

MESQUIN, *avare.* Sordidus, a, um, *adj.*

Mesquin, *de mauvais goût.* Invenustus, a, um, *adj.*

MESQUINEMENT. Sordidè, *adv.*

MESQUINERIE. Sordes, g. sordium³, *f. plur.*

MESSAGE. Mandatum, g. mandati², *n.*

MESSAGER, *qui porte un message.* Nuncius, g. nuncii², *masc.*

Messager, *avant-coureur.* Prænuncius, g. prænuncii², *m.*

MESSAGÈRE. Nuncia, g. nunciæ¹, *f.*

Messagère, *avant-coureuse.* Prænuncia, g. prænunciæ¹, *f.*

MESSAGERIE, *bureau de messagerie.* Veredariorum domicilium, g. veredariorum domicilii², *n.*

Messagerie, *voiture publique.* Rheda publica, g. rhedæ publicæ¹, *f.*

MESSE. Sacrum, g. sacri², *n.* *Messe basse.* Sacrum privatum, g. sacri privati², *n.* | *Grand'Messe.* Sacrum solemne, g. sacri² solemnis³, *n.* | *Dire la messe.* Sacra facĕre, facio, facis, feci, factum³, *act.* | *Ouïr la messe, y assister.* Sacro interesse, intersum, interes, interfui. | *Servir la messe.* Sacerdoti sacrificanti ministrare, ministro, ministras, ministravi, ministratum¹, *act.*

MESSÉANCE. Indecorum, *gén.* indecori², *neut.*

MESSÉANT. Indecorus, a, um, *adj.*

MESSIE, *le Christ promis.* Messias, *gén.* Messiæ¹, *m.*

MESSIEURS, *titre que l'on donne à plusieurs personnes en leur adressant la parole.* Viri ornatissimi², *m. plur.* | *En parlant à des écoliers.* Juniores³ discipuli², *m. p.*

MESSIRE. Dominus, g. domini², *masc.*

MESTRE *de camp.* Militum tribunus, g. militum tribuni², *m.*

MESURE. Mensura, g. mensuræ¹, *f.* | *Prendre la mesure.* Mensuram agere, ago, agis, egi, actum³, *act.*

Mesure, *moyen.* Ratio, g. rationis¹, *f.*

Prendre ses Mesures. Prospicĕre, prospicio, prospicis, prospexi, prospectum³, *act.* pour *se rend par l'acc. du nom, ou par* ut *avec le subjonct., si c'est un verbe.*

Mesure, *modération.* Modus, g. modi², *masc.*

Avec mesure. Compositè, *adv.*

Outre mesure. Supra modum.

Garder des mesures. Modum tenēre, teneo, tenes, tenui, tentum², *act.*

Mesure *dans les vers.* Numerus, g. numeri², *masc.*

Mesure, *dans la musique.* Modus, g. modi², *m.*

Battre la mesure. Cantum moderari, moderor, moderaris, moderatus sum¹, *dép.*

A Mesure que. Prout, *avec l'indic.* | *A mesure que j'étudie.* Prout studeo.

MESURÉ. Mensus, a, um, *part. pass.*

MESURER. Metiri, metior, metiris, mensus sum⁴, *dép. acc.* | *Mesurer à son aune.* Metiri suo modulo.

Se Mesurer *avec quelqu'un, se battre.* Congredi, congredior, congrederis, congressus sum³, *dép.* avec *se rend par* cum, *et l'ablat.*

MESUREUR. Mensor, g. mensoris³, *masc.*

MESUSER *de.* Abuti, abutor, abuteris, abusus sum³, *dép. abl.*

MÉTAIRIE. Villa, g. villæ¹, *f.*

MÉTAL. Metallum, g. metalli², *neut.*

De métal, ou

MÉTALLIQUE. Metallicus, a, um, *adj.*

MÉTAMORPHOSE. Metamorphosis, g. metamorphoseos³, *f.* Ce mot se décline sur Hæresis, g. hærescos.

MET   MEU

MÉTAMORPHOSÉ. Transformatus, a, um. *part. pass.* en *par in*, *et l'acc.*

MÉTAMORPHOSER. Transformare, transformo, transformas, transformavi, transformatum[1], *act.* en *par in*, *et l'acc.*

MÉTAPHORE. Metaphora, *g.* metaphoræ[1], *f.*

MÉTAPHORIQUE. Metaphoricus, a, um, *adj.*

MÉTAPHORIQUEMENT, ou *par métaphore*. Metaphoricè, *adv.*

La MÉTAPHYSIQUE. Metaphysica, *g.* metaphysicæ[1], *f.*

MÉTAPHYSIQUE, *adj. qui appartient à la métaphysique.* Metaphysicus, a, um, *adj.*

MÉTAPHYSIQUEMENT. Metaphysicè, *adv.*

MÉTAYER. Villicus, *g.* villici[2], *masc.*

MÉTEMPSYCOSE. Metempsycosis, *g.* metempsycosis[3], *f. acc.* metempsycosim, *ablat.* metempsycosi.

MÉTÉORE, *ce qui se forme en l'air.* Meteorum, *g.* meteori[2], *n.*

MÉTHODE. Methodus, *g.* methodi[2], *f.*

MÉTHODIQUE. Ratione et viâ procedens, *m. f. et n. gén.* ratione et viâ procedentis[3].

MÉTHODIQUEMENT. Ratione et viâ, *à l'ablat.*

MÉTIER. Ars, *g.* artis[3], *f.*

Faire, ou *exercer un métier.* Artem exercēre, exerceo, exerces, exercui, exercitum[2], *act.*

Le métier de la guerre. Ars bellica, *g.* artis[3] bellicæ[1], *f.*

MÉTIS. Bigener, bigenera, bigenerum, *adj.*

MÈTRE, *mesure.* Metrum, *g.* metri[2], *n.*

MÉTROPOLE, ou *capitale.* Princeps, *g.* principis[3], *f.*

MÉTROPOLITAIN, *qui concerne une métropole.* Metropolitanus, a, um, *adj.*

METS, *ce qu'on sert à manger.* Ferculum, *g.* ferculi[2], *n.*

METTRE. Ponĕre, pono, ponis, posui, positum[3], *act.*

Mettre à part. Seponĕre, sepono, seponis, seposui, sepositum[3], *act.*

METTRE *sur.* Imponĕre, impono, imponis, imposui, impositum[3], *act. Le nom qui suit sur au datif.*

METTRE *en la place.* In locum substituĕre, substituo, substituis, substitui, substitutum[3], *act.*

METTRE *bas, déposer.* Deponĕre, depono, deponis, deposui, depositum[3], *n.*

METTRE *bas, en parlant des animaux.* Parĕre, pario, paris, peperi, partum[3], *act.*

SE METTRE *à quelque chose.* Aggredi, aggredior, aggrederis, aggressus sum[3], *dépon. acc. de la chose, sans exprimer le verbe qui suit à; comme :* Se mettre au travail ; c. à. d. *commencer le travail.* Aggredi laborem.

SE METTRE *à*, ou *commencer.* Cœpisse, cœpi, cœpisti, *verbe défectueux. Exemple : il se mit à courir.* Currĕre cœpit.

METTRE *la tête à prix.* Caput proscribĕre, proscribo, proscribis, proscripsi, proscriptum[3], *act.*

Mettre à mort. Neci dare, do, das, dedi, datum[1], *act.*

Mettre à feu et à sang. Voy. *Feu.*

Se mettre en chemin. Se in viam dare, do, das, dedi, datum[1], *act.*

Se mettre en mer. Navem conscendĕre, conscendo, conscendis, conscendi, consensum[3], *n.*

MEUBLE Supellex, *g.* supellectilis[3], *f. Au plur.* supellectilia, *g.* supellectilium[3], *n.*

Biens meubles. Res mobiles, *g.* rerum[5] mobilium[3], *f. plur.*

MEUBLÉ. Supellectile instructus, a, um ; c. à. d. *garni de meubles.* | *Richement meublé ;* vous tournerez : *garni de riches meubles.* Pretiosâ supellectile instructus.

MEUBLER. Supellectile instruc-

48

re, instruo, instruis, instruxi, instructum¹, act.

MEUGLEMENT et MEUGLER. Voyez *Mugissement* et *Mugir*.

MEULE. Mola, g. molæ, f.

Meule, *pile de foin*. Feni meta, g. feni metæ¹, f.

MEUNIER. Pistrinarius, g. pistrinarii², masc.

MEURTRE. Cædes, g. cædis³, fém.

MEURTRI. Contusus, a, um, part. pass. du verbe Contundĕre.

MEURTRIER, *celui qui a tué*. Interfector, g. interfectoris³, m.

MEURTRIER, Meurtrière, adj. *qui sert à donner la mort*. Lethifer, lethifera, lethiferum, adj.

Meurtrier, *où il y a eu beaucoup de morts*. Multâ cæde cruentus, a, um, adj.

MEURTRIÈRE, *celle qui a tué*. Interfectrix, g. interfectricis³, f.

MEURTRIR. Contundĕre, contundo, contundis, contudi, contusum³, act.

MEURTRISSURE. Contusio, g. contusionis³, f.

MEUTE. Venaticorum canum grex, g. venaticorum canum gregis³, m. c. à. d. *troupe de chiens de chasse*.

MI. Medius, ia, ium, adj. g. medii², m.

La mi-août. Medius augustus, g. medii augusti², m.

A mi-chemin. Medio itinere, *à l'abl.*

A mi-côte. In medio clivo.

MIAULEMENT, *cri des chats*. Vox felina, g. vocis³ felinæ¹, f.

MIAULER. Vocem felinam edĕre, edo, edis, edidi, editum³, act.

MICHE. Panis candidus, g. panis³ candidi², m.

MICROSCOPE. Microscopium, g. microscopii², neut.

MIDI. Meridies, g. meridiei⁵, f.

A midi ou *sur le midi*. Meridie, *à l'abl.* | *Après midi*. Post meridiem.

Le Midi, *le pays situé au midi*. Australis regio, g. australis regionis, f.

Vent du midi. Auster, g. austri², masc.

MIE, ou *ma Mie*. Amica, g. amicæ¹, f.

MIEL. Mel, g. mellis³, n.

Qui est de miel. Melleus, ea, eum, adj.

Rayon de miel. Favus, g. favi², masc.

MIELLEUX. Mellitus, a, um, adj.

MIEN. Meus, mea, meum. *Ce pronom fait au vocat. sing. masc.* ô mi.

MIETTE, *petit morceau*. Mica, g. micæ¹, f.

Miettes *qui tombent de la table*. Analecta, g. analectorum², n. plur.

MIEUX. Meliùs, adv. comp. *Le* que *qui suit se rend par* quàm, *avec même cas après que devant, et l'on n'exprime pas la négation, comme :* Mieux que je ne pensais. Meliùs quàm putabam | *A qui mieux mieux*. Certatim, adv. | *De mieux en mieux*. In meliùs. | *Le mieux qu'il est possible*. Quàm optimè, adv.

De mon mieux ; tournez : Le mieux que je pourrai. Quàm optimè potero.

Aimer mieux. Voy. *Aimer*.

MIGNARD. Delicatus, a, um, adj.

MIGNARDEMENT. Delicatè ac molliter, adv.

MIGNARDER, *traiter avec délicatesse*. Molliùs tractare, tracto, tractas, tractavi, tractatum¹, act.

MIGNARDISE. Blandimenta, g. blandimentorum², n. plur.

MIGNON ou *gentil*. Venustulus, a, um, adj.

Mignon, ou *bien-aimé*. Carissimus, a, um, adj. superl.

MIGNONEMENT. Venustè, adv.

MIL

MIGRAINE, *mal de tête*. Hemicrania, g. hemicraniæ[1], *f.*

MIGRATION. Migratio, g. migrationis[1], *f.*

MIL. *Adjectif numéral, en parlant des années : l'an mil ;* tournez, *l'an millième*. Annus millesimus, millesimus, a, um, *adj.*

Salomon bâtit le temple, l'an trois mil de la création du monde. Salomon ædificavit templum anno ter millesimo ab orbe condito.

MILAN, *oiseau*. Milvius, g. milvii[2], *masc.*

MILICE. Militia, g. militiæ[1], *f.* Milices, *soldats*. Milites, g. militum[1], *m. plur.*

Le MILIEU. Medius, ia, ium, *adj. Cet adjectif s'accorde avec le nom qui suit en genre, en nombre et en cas. Exemple : Au milieu du marché.* In medio foro, à l'abl. | *Il est venu au milieu de la ville.* Venit in mediam urbem. | *Par le milieu.* Medius, ia, ium. On le fait aussi accorder avec le substantif qui suit en genre, en nombre et en cas. | *Rompre par le milieu un bâton.* Frangere baculum medium ; frango, frangis, fregi, fractum[3], *act.*

MILITAIRE. Militaris, m. *f.* militare, n. gén. militaris, *adj.*

MILITAIREMENT. Militariter, *adv.*

MILLE. Mille, *indéclinable et de tout genre.* | *Mille cavaliers.* Mille equites. | *Deux mille fantassins.* Bis mille pedites. *Lorsqu'il y a plusieurs mille, on peut se servir de* millia, g. millium, *dat.* millibus, *qui est un substantif et veut après lui le génitif, puisque proprement il signifie* milliers ; *ainsi* deux mille hommes, *c. à. d.* deux milliers d'hommes. Duo millia hominum. | *Trois mille hommes.* Tria millia hominum.

Remarquez que *deux mille* se rend par bis mille, c. à. d. *deux fois mille, ce qui se fait pour les autres nombres ; ainsi* trois mille,

MIN

tournez ; *trois fois mille.* En cherchant au mot fois, vous trouverez ces adverbes. | *Devant* millia *on met le nombre cardinal. Ex. Quatre mille.* Quatuor millia. *Cent mille.* Centum millia.

Mille fois. Millies, *adv.*

Un **MILLE**, *en parlant des pas de chemin.* Milliarium, g. milliarii[2], n. | *Deux mille.* Duo milliaria.

MILLE-FEUILLES, *plante*. Myriophyllum, g. myriophylli[2], n.

MILLENAIRE, *qui contient mille*. Millenarius, ia, ium, *adj.*

MILLEPERTUIS, *plante*. Hypericon, g. hyperici[2], *neut.*

MILLET, *mil, grain.* Milium, g. milii[2]. *neut.*

MILLIARD, *mille millions.* Millies mille millia. Millia *se décl.*

MILLIÈME. Millesimus, a, um, *adj.*

MILLIER. Voyez *Mille.*

MILLION. Mille millia, g. mille millium, *neut. pl. avec un gén. ensuite. On ne décline que* millia.

MINCE. Tenuis, m. *f.* tenue, n. gén. tenuis, *adj.*

MINE, *ou l'extérieur.* Species, g. speciei[5], *f.* | *Bonne mine.* Species præclara, g. speciei[5] præclaræ[1], *f.* | *Mauvaise mine.* Mala facies, gén. malæ[1] faciei[5], *f.* | *A la mine.* Ex facie. | *A ta mine.* Ex facie tuâ. | *Faire bonne mine à.* Benignè accipĕre, act. c. à. d. *recevoir, traiter avec bonté.* Accipio, accipis, accepi, acceptum[3], *act.* | *Faire mauvaise mine à.* Malè accipĕre, act. c. à. d. *recevoir mal.*

Mine, *ou souterrain d'où l'on tire les métaux.* Metallum, g. metalli[2], n.

Mine d'or. Aurarium metallum[2], *neut.*

Mine d'argent. Argentarium metallum, n.

Mine, *ou fosse sous terre pour faire sauter des remparts.* Cuniculus, g. cuniculi[2], m. | *Faire jouer une mine.* Ignem admovĕre, admoveo, admoves, admovi, admotum¹, act. c. à. d. mettre le feu à la mine. | Éventer la mine. Cuniculum aperire, aperio, aperis, aperui, apertum⁴, act.

Mine, sorte de mesure. Medimnus g. medimni², m.

MINER ou creuser. Suffodĕre, suffodio, suffodis, suffodi, suffossum³, act.

Miner, ou détruire peu-à-peu. Atterĕre, attero, atteris, attrivi, attritum³, act.

MINÉRAL ou métallique. Metallicus, a, um, adj.

Les Minéraux, Metalla, gén. metallorum², n. plur.

MINERVE, la déesse des sciences et des beaux arts. Minerva, gén. Minervæ¹, fém.

MINEUR, pupille. Pupillus, g. pupilli², m. Au fém. Pupilla, g. pupillæ¹.

Mineur, adj. plus petit. Minor, m. f. minus, n. gén. minoris.

MINEUR, celui qui creuse des mines. Fossor, g. fossoris³, m.

Mineur, celui qui tire les métaux des mines. Metallicus, g. metallici², m.

MINIATURE. Minutula pictura, g. minutulæ picturæ¹, f.

MINIME, religieux. Minimus, g. Minimi². masc.

MINISTÈRE, fonction. Ministerium, g. ministerii², neut.

Ministère, entremise. Opera, g. operæ¹, f. | Par le ministère de. Opera, et un génit.

MINISTRE. Minister, g. ministri², masc. Au fém. Ministra, g. ministræ¹.

Ministre d'état. Reipublicæ administrator, g. reipublicæ administratoris³, masc.

MINOIS. Voyez Visage.

MINORITÉ, âge de mineur. Ætas pupillaris, g. ætatis pupillaris³, f.

Minorité, petit nombre. Minor numerus, g. minoris³ numeri², masc.

MINUIT. Media nox, g. mediæ¹ noctis³, f. | Sur le minuit. Sub mediam noctem.

MINUSCULE. Minusculus, a, um, adj.

MINUTE, ou moment. Momentum, g. momenti², n.

Minute, soixantième partie de l'heure. Horæ sexagesima pars, g. horæ sexagesimæ partis³, f.

Minute d'un contrat, etc. Perscriptio prima, g. perscriptionis³ primæ¹, f.

MINUTIES, bagatelles. Tricæ, g. tricarum¹, f. plur.

MIRACLE. Miraculum, g. miraculi², m.

MIRACULEUSEMENT, par miracle. Divinitùs, adv.

MIRACULEUX. Prodigiosus, a, um, adj.

MIRER, viser. Voyez Viser à.

se Mirer, se regarder dans un miroir. Speculum consulĕre, consulo, consulis, consului, consultum³, act. c. à. d. consulter un miroir.

MIROIR. Speculum, g. speculi², n. | Au miroir, ou devant un miroir. Ad speculum.

MIS, part. du verbe Mettre.

Bien mis, bien habillé. Optimè vestitus, a, um, part. | Mal mis. Malè vestitus.

MISAINE, mât de misaine. Anticus malus, g. antici mali², m.

MISANTHROPE, qui fuit la compagnie des hommes. Hominum osor, g. hominum osoris³, m.

MISANTHROPIE, dégoût de la société. In homines odium, g. in homines odii², n.

Misanthropie, humeur chagrine. Morositas, g. morositatis³, f.

MISE, ce qu'on met au jeu. Expensum, g. expensi², n.

Mise, enchère. Auctio, g. auctionis³, f.

Mise, usage. Usus, g. usûs⁴, m. | Qui est de mise, qui est en usage. Receptus, a, um, adj.

MISÉRABLE. Miser, ra, rum, adj. comp. Miserior; m. f. miserius, *n. gén.* miserioris ; *sup.* miserrimus, a , um.

MISÉRABLEMENT. Miserè , *adv.*

MISÈRE. Miseria , *g.* miseriæ[1], *f.* | *Etre à la misère.* Miseriâ premi, premor, premeris, pressus sum[3], *pass.* | *La misere des temps.* Temporum acerbitas , *g.* temporum acerbitatis[3], *f.*

MISÉRICORDE. Misericordia, *g.* misericordiæ[1], *f.* | *Demander miséricorde.* Misericordiam implorare, imploro, imploras, imploravi, imploratum[1], *act.*

Sans miséricorde. Immisericorditer. | *Qui est sans miséricorde.* Immisericors, *m. f. et n. gén.* immisericordis , *adj.*

MISÉRICORDIEUSEMENT. Miseranter , *adv.*

MISÉRICORDIEUX. Misericors, *g.* misericordis , *adj.*

MISSEL, *livre pour dire la messe.* Missale, *g.* missalis[1], *n.*

MISSION , *envoi.* Missus, *g.* missûs[4], *m.*

MISSIONNAIRE, *homme qui va prêcher en mission.* Evangelii præco , *g.* evangelii præconis[1], *m.* c. à. d. *prédicateur de l'évangile.*

MITAINE. Manica, *g.* manicæ[1], *fém.*

MITTE, *petit ver.* Blatta , *g.* blattæ[1], *f.*

MITHRIDATE, *roi.* Mithridates, *g.* Mithridatis[3], *m.*

Du **MITHRIDATE**, *contrepoison.* Mithridaticum , *g.* mithridatici*, n.*

MITIGATION. Temperatio, *g.* temperationis[3], *f.*

MITIGER. Mitigare , mitigo, mitigas, mitigavi, mitigatum[2], *act.*

MITONNER, *cajoler quelqu'un.* Blandiri , blandior, blandiris , blanditus sum[4], *dép. datif.*

MITOYEN. Intermedius , ia , ium , *adj.*

MITRAILLE, *vieille ferraille.* Scruta, *g.* scrutorum[2], *n. plur.*

MITRE. Mitra, *g.* mitræ[1], *f.*

MITRÉ. Mitra ornatus , a , um , *part. pass.*

MITRON, *garçon boulanger.* Puer pistorius , *g.* pueri pistorii[2], *m.*

MIXTE Mistus , a , um , *p. p.*

MIXTION. Mistura, *g.* misturæ[1], *f.*

MIXTIONNER. Medicare , medico, medicas, medicavi, medicatum[1], *act.*

MOBILE. Mobilis, *m. f.* mobile, *n. gén.* mobilis , *adj.*

MOBILE, *subst. Motif d'agir.* Incitamentum , *g.* incitamenti[2], *n.*

MOBILE, *premier moteur d'une chose.* Motor, *g.* motoris[3], *m.*

MOBILIER , *biens - mobiliers.* Voyez *Meubles.*

MOBILITÉ. Mobilitas , *g.* mobilitatis[3], *f.*

La **MODE.** Mos , *g.* moris[3], *m.*

A la mode. More , *à l'abl.*

Etre à la mode. Esse in usu ; sum, es, fui.

Qui n'est plus à la mode. Desuetus, a , um , *adj.*

A la mode de. More , avec le génit.

Mode d'un verbe. Modus , *g.* modi[2], *m.*

MODÈLE. Exemplar , *g.* exemplaris[3], *n.*

Servir de modèle à. Exemplo esse, sum , es , fui , *dat. de la personne qui suit à.*

MODELER. Typum facere , facio, facis, feci, factum[3], *act. gén. de la chose que l'on modèle ;* c. à. d. *faire le moule de.*

Se modeler sur. Imitari, imitor, imitaris , imitatus sum[1], *dép.*

MODÉRATEUR. Moderator, *g.* moderatoris[3], *masc.*

MODÉRATION. Temperantia , *g.* temperantiæ[1], *f.*

Avec modération. Moderatè , *adv.* | *Sans modération.* Immoderatè , *adv.*

MODÉRÉ, *sage, retenu.* Moderatus , a , um , *part. pass.*

MODÉRÉ, *qui n'est pas excessif.*

Modicus, modica, modicum, adj.

Modéré, adouci. Mitigatus, a, um, part. pass.

MODÉRÉMENT. Moderatè, adv.

MODÉRER, adoucir. Moderari, moderor, moderaris, moderatus sum[1], dép. acc.

Modérer, réprimer. Comprimere, comprimo, comprimis, compressi, compressum[3], act.

se Modérer. Imperare sibi; c. à. d. se commander; impero, imperas, imperavi, imperatum[1], n.

MODERNE. Recens, m. f. et n. gén. recentis, adj.

MODESTEMENT. Modestè, adv.

MODESTE. Modestus, a, um, adj. comp. Modestior, m. f. modestius, n. gén. modestioris; sup. modestissimus, a, um.

MODESTIE. Modestia, g. modestiæ[1], f.

MODICITÉ. Paucitas, g. paucitatis[3], f.

MODIFICATION, restriction. Temperamentum, g. temperamenti[2], n.

Modification, manière d'être. Modus, g. modi[2], m.

MODIFIER, restreindre. Temperare, tempero, temperas, temperavi, temperatum[1], act.

Modifier, donner une manière d'être. Modum dare, do, das, dedi, datum[1], act. dat. de la chose modifiée.

MODIQUE. Modicus, a, um, adj.

MODULATION. Modulatio, g. modulationis[3], f.

MOELLE. Medulla, g. medullæ[1], f.

MOELLEUX, plein de moelle. Medullosus, a, um, adj.

Moelleux, doux au manier. Mollis, m. f. molle, n. gén. mollis.

MOELLON. Cæmentum, g. cæmenti[2], n.

MŒURS. Mores, g. morum[3], m. plur.

MOI. Ego, g. meî, dat. mihi. | Moi-même. Ego ipse, g. meî ipsius, etc. | C'est moi. Ego sum. | C'est moi qui dis, c. a. d. je dis.

Ego dico. | Avec moi. Mecum. | De moi-même. Ex me. | En moi-même. Mecum.

C'est un autre moi-même. Ille est alter ego.

MOINDRE. Minor, m. f. minus, n. gén. minoris.

le Moindre, s'il s'agit de plusieurs. Minimus, a, um, et un gén. Si on ne parle que de deux, on se sert du comp. Minor.

MOINE. Monachus, g. monachi[2], m.

MOINEAU. Passer, g. passeris[3], m.

MOINS. Minùs, adv. comp. Avec un verbe de prix ou d'estime, Minoris. Voyez dans la Grammaire latine, les differentes manières d'exprimer le moins, d'autant moins, etc.

Moins souvent. Rariùs, adv.

En moins de rien. Puncto temporis. | Ni plus ni moins. Nihilò seciùs, adv.

Moins, suivi de que. Perindè ac, avec le subj.

Au moins, du moins. Saltem, adv.

Pour le moins. Minimùm, adv.

A moins que. Nisi, avec le subj.

MOIRE, étoffe de soie ondée. Bombycinus, g. bombycini[2], m.

Moiré, adj. Undulatus, a, um, adj.

MOIS. Mensis, g. mensis[3], m. Un mois et demi. Sesquimensis.

MOISI. Mucidus, a, um, adj.

MOISIR, se moisir. Mucescère, mucesco, mucescis[3], sans prét. ni sup. n.

MOISISSURE. Mucor, g. mucoris[3], m.

MOISSON. Messis, g. messis[3], f.

MOISSONNER. Metère, meto, metis, messui, messum[3], act.

MOISSONNEUR. Messor, g. messoris[3], m.

MOITE. Humidus, a, um, adj.

MOITEUR. Mador, g. madoris[3], m.

MOITIÉ. Dimidium, g. dimidii[2], n.

MOM

MOL ou mou. Mollis, m. f. molle, n. gén. mollis³, adj. | Devenir mol ou mou. Mollescĕre, mollesco, mollescis³, sans prét. ni supin. n.

MOLAIRE, en parlant des dents. Molaris, m. f. molare, n. gén. molaris, adj.

MOLE, jetée de grosses pierres en forme de digue. Moles, g. molis³, f.

MOLÉCULE. Mica, g. micæ¹, fém.

MOLESTER. Vexare, vexo, vexas, vexavi, vexatum¹, act.

MOLLASSE. Mollior, m. f. mollius, n. gén. mollioris, comp.

MOLLEMENT, tendrement. Molliter, adv.

MOLLEMENT, lâchement. Segniter, adv.

MOLLESSE. Mollities, g. mollitiei⁵, f.

Vivre dans la mollesse. Mollitiâ affluĕre, affluo, affluis, affluxi, affluxum³, n.

MOLLET, doux au toucher. Molliculus, a, um, adj.

MOLLET, gras de la jambe. Sura, g. suræ¹, f.

MOLLIR, devenir mou. Mollescĕre, mollesco, mollescis³, sans prét. ni supin. n.

MOLLIR, céder lâchement. Labascĕre, labasco, labascis³, sans prét. ni supin. n.

MOMENT. Momentum, g. momenti², n.

En ce moment. Momento, à l'abl. Un moment, pour un moment. Paulisper. | En un moment, en un instant. Temporis momento. | A tout moment, sans cesse. Sine intermissu. | A chaque moment. Singulis momentis.

MOMENTANÉ. Unius momenti. Ces mots sont au génit. et ne changent pas.

MOMENTANÉMENT, pour un moment. Aliquantisper, adv.

MOMERIE, hypocrisie. Simulatio, g. simulationis³, f.

MON

MOMIE. Corpus medicatum, g. corporis³ medicati², n. c. à. d. corps embaumé.

MON, MA, MES. Meus, mea, meum, pronom.

MONACAL. Monachicus, a, um, adj.

MONARCHIE. Imperium, g. imperii², n.

MONARCHIQUE, où un seul commande. Unius imperio subjectus, a, um, adj.

État monarchique. Unius imperium, g. unius imperii², n.

MONARQUE. Rex, g. regis³, masc.

MONASTÈRE. Monasterium, g. monasterii², n.

MONASTIQUE. Monasticus, a, um, adj.

MONCEAU. Acervus, g. acervi², masc.

Par monceaux. Acervatim, adv. Mettre en monceau. Voyez Amonceler.

MONDAIN, séculier. Profanus, a, um, adj.

MONDAIN, attaché aux choses du monde. Vitæ deliciis deditus, a, um, adj.

MONDANITÉ. Vitæ delinimenta, g. vitæ delinimentorum², n. plur.

MONDE, l'univers. Mundus, g. mundi², m.

LE MONDE, le globe de la terre. Terrarum orbis, gén. terrarum orbis³, m.

Venir au monde. Nasci, nascor, nasceris, natus sum³, dép. Part. fut. Nasciturus, a, um.

Mettre au monde. Gignĕre, gigno, gignis, genui, genitum³, act.

Tout le monde, pour tous les hommes. Omnes, g. omnium³, m. plur. | Tout le monde l'aime. Omnes illum amant. | Devant tout le monde. Coràm omnibus. | Le plus méchant homme du monde ou de tous. Longè improbissimus omnium. | Rien du monde. Nihil omninò. | Beaucoup de monde.

Multitudo infinita, *g.* multitudinis³ infinitæ¹.

Monde, *société.* Societas, *g.* societatis³ *f.*

Entrer dans le monde. In sceam prodire, prodeo, prodis, prodivi, proditum⁴, *n.* | *S'avancer dans le monde.* Ad honores provehi, provehor, proveheris, provectus sum³, *pass.* | *Se retirer du monde.* In secreta se removere, removeo, removes, removi, remotum², *act.*

Les gens du monde, ceux qui suivent les maximes du monde. Homines vitæ deliciis dediti, *g.* hominum³ vitæ deliciis deditorum², *m. plur.* c. à. d. *hommes attachés aux vanités de la vie.*

Les vanités du monde. Mundi deliciæ, *g.* mundi deliciarum¹, *fém. plur.*

Le grand monde; c à. d. *les gens de qualité.* Viri primarii, *g.* virorum primariorum², *m. plur.*

Le beau monde. Lectissimi viri, *g.* lectissimorum virorum², *masc. plur.*

MONDER. Purgare, purgo, purgas, purgavi, purgatum¹, *act.*

MONITEUR. Monitor, *g.* monitoris³, *m.*

MONITION. Admonitio, *g.* admonitionis³, *f.*

Un MONITOIRE. Monitorium, *g.* monitorii², *n.*

MONNOIE. Moneta, *g.* monetæ¹, *f.*

PIÈCE DE MONNOIE. Nummus, *g.* nummi², *m.*

MONNOYÉ. Signatus, a, um, *part. pass.*

MONNOYEUR. Monetarius, *g.* monetarii², *m.*

Faux monnoyeur. Monetæ adulterator, *g.* monetæ adulteratoris³, *masc.*

MONOLOGUE. Monologia, *g.* monologiæ¹ *f.*

MONOPOLE. Monopolium, *g.* monopolii², *n.*

MONOPOLEUR. Qui exercet monopolium; c. à. d. *qui fait le monopole.*

MONOSYLLABE, *qui n'est que d'une syllabe.* Monosyllabus, a, um, *adj.*

MONOTONE, *d'un même ton de voix.* Uno vocis tenore, *abl.* Ces mots restent toujours tels.

MONOTONIE. Unus vocis tenor, *g.* unius² vocis tenoris³, *m.*

MONSEIGNEUR, *titre d'honneur.* Illustrissimus, *g.* illustrissimi², *m. sup. de l'adj.* Illustris.

MONSIEUR. Dominus, *g.* domini², *m.*

MONSTRE. Monstrum, *g.* monstri², *n.*

MONSTRUEUSEMENT. Monstrosè, *adv.*

MONSTRUEUX. Monstrosus, a, um, *adj.*

MONSTRUOSITÉ. Deformitas, *g.* deformitatis³, *f.*

MONT ou *montagne.* Mons, *g.* montis³, *m.*

MONTAGNARD. Montanus, a, um, *adj.*

MONTAGNE. Mons, *g.* montis³, *masc.*

MONTAGNEUX. Montosus, a, um, *adj.*

MONTANT, *adj. Marée montante.* Æstus accessus, *g.* æstus accessûs⁴, *m.*

LE MONTANT, *le total.* Summa, *g.* summæ¹, *f.*

MONTÉ *à cheval.* Equo insidens, *m. f. et n. gén.* equo insidentis, *adj.* | *Monté en croupe.* Post equitem sedens; c. à. d. *assis derrière le cavalier.*

MONTÉ *au faîte des honneurs.* In summum fastigium evectus, a, um, *adj.*

MONTÉ de, *muni de.* Instructus, a, um, *part. pass. avec un abl.*

MONTÉE, *lieu qui va en montant.* Clivus, *g.* clivi², *m.*

MONTÉE, *escalier.* Scalæ, *g.* scalarum¹, *f. plur.*

MONTER. Ascendere, ascendo, ascendis, ascendi, ascensum³, *n.*

En quelque lieu, in, *avec l'acc.* | *Aux honneurs*. Ad honores. | *Sur un arbre*. In arborem.

Monter à cheval. Ascendĕre in equum.

Monter *un cheval*, *être monté sur un cheval*. Equo insidĕre, insideo, insides, insedi, insessum², *neut*.

Monter *un vaisseau*. Navi imperare, impero, imperas, imperavi, imperatum¹, *n*.

Monter, *s'élever, en parlant des plantes*. Assurgĕre, assurgo, assurgis, assurrexi, assurrectum¹, *n*.

Monter, *s'accroître*. Crescĕre, cresco, crescis, crevi, cretum³, *n*.

Monter, *porter en haut*. Efferre, effero, effers, extuli, elatum³, *act*.

Monter, *en parlant d'un nombre*. Conficĕre, conficio, conficis, confeci, confectum³, *act*. | *L'argent monte à cent livres*, ou *fait cent livres*. Pecunia conficit centum libras.

Monter *une horloge*. Horologium aptare, apto, aptas, aptavi, aptatum¹, *act*.

MONTICULE, *petite montagne*. Clivus, *e*. clivi², *m*.

MONTRE ou *apparence*. Species, *g*. speciei³, *f*.

une Montre, *petite horloge portative*. Manuale horologium, *gén*. manualis¹ horologii², *n*.

MONTRER, *faire voir*. Ostendĕre, ostendo, ostendis, ostendi, ostensum¹, *act*.

Montrer, *indiquer*. Indicare, indico, indicas, indicavi, indicatum¹, *act. acc. rég. ind. dat*.

Montrer ou *enseigner*. Docēre, doceo, doces, docui, doctum², *avec deux acc*.

Montrer, *faire connoître*. Significare, significo, significas, significavi, significatum¹, *act. acc. rég. ind. dat*.

Montrer, *prouver*. Probare, probo, probas, probavi, probatum¹, *act. acc. rég. ind. dat*.

Se Montrer, *venir en présence*. In conspectum prodire, prodeo, prodis, prodivi, proditum⁴, *n*.

Se Montrer, *se faire voir*. Se præbēre, præbeo, præbes, præbui, præbitum², *act*.

Je me montrerai digne de mes ancêtres. Me præbebo dignum meis majoribus.

MONTUEUX, *plein de montagnes*. Montuosus, a, um, *adj*.

MONTURE, *bête qui sert à porter un homme*. Jumentum, *g*. jumenti², *n*.

MONUMENT. Monumentum, *g*. monumenti², *n*.

MOQUÉ. Irrisus, a, um.

Être moqué. Derideri, derideor, derideris, derisus sum², *pass*.

Se Moquer *de*. Irridēre, irrideo, irrides, irrisi, irrisum², *act*.

Sans se moquer. Remoto joco à *l'abl*.

Se faire moquer de soi. Ludos præbēre, præbeo, præbes, præbui, præbitum², *act*. c. à. d. *fournir un sujet de raillerie. Le nom qui suit* par *se met au dat*.

MOQUERIE. Ludibrium, *g*. ludibrii², *n*.

Par moquerie. Per ludibrium.

MOQUEUR. Irrisor, *g*. irrisoris³, *masc*.

MOQUEUSE, *celle qui raille*. Nasuta, *g*. nasutæ¹, *fém*.

MORAL, *qui concerne les mœurs*. Moralis, *m f*. morale, *n. gén*. moralis, *adi*.

La MORALE, *la doctrine des mœurs*. Morum disciplina, *g*. morum disciplinæ¹, *f*.

Morale, *philosophie morale*. Philosophia moralis, *g*. philosophiæ moralis¹, *f*.

MORALEMENT. Rectè, *adv*.

MORALISER, *disputer sur la morale*. De moribus disputare, disputo, disputas, disputavi, disputatum¹, *neut*.

Moraliser, *faire le dogmatiseur*. Philosophari, philosophor, philosopharis, philosophatus sum¹, *dép*.

MORALISEUR. Objurgator, g. objurgatoris³, masc.

MORALITÉ, sens moral. Morale documentum, g. moralis³ documenti², n.

MORCEAU. Frustum, g. frusti², n.
Bons MORCEAUX, mets délicats. Scitamenta, g. scitamentorum², n. plur.
MORCEAU d'une chose rompue. Fragmentum, g. fragmenti², neut.
Par morceaux. Frustatim, adv.
Par petits morceaux. Frustillatim, adv.

MORDANT. Mordax, m. f. et n. gén. mordacis, adj.

MORDICUS, avec opiniâtreté. Mordicùs, adv.

MORDRE. Mordēre, mordeo, mordes, momordi, morsum², act.
MORDRE sur quelqu'un. Mordēre aliquem.
MORDRE à l'hameçon. Hamum vorare, voro, voras, voravi, voratum¹, act.

MORDU, part. pass. de Mordre.

MORE, nom donné aux hommes qui sont de couleurs. Maurus, g. mauri², masc.

MORELLE, plante. Solanum, g. solani², n.

MORFONDRE. Nimio æstu lædēre, lædo, lædis, læsi, læsum³, act. c. à. d. incommoder par une trop grande chaleur.
Se MORFONDRE. Nimio calore Intercipi, intercipior, interciperis, interceptus sum³, pass.

MORFONDU. Nimio æstu fractus, a, um, part.

MORGUE, mine dédaigneuse. Supercilium, g. supercilii², neut.

MORGUER. Minaciter insultare, insulto, insultas, insultavi, insultatum¹, n. dat.

MORIBOND. Moribundus, a, um, adj.

MORIGÉNÉ. Moratus, a, um, adj.

MORIGÉNER, rappeler au devoir. Ad bonam frugem revocare, revoco, revocas, revocavi, revocatum¹, act.

MORILLE, sorte de champignon spongieux. Fistulosus fungus, g. fistulosi fungi², masc.

MORNE. Voyez Triste.

MORS, frein. Frenum, g. freni², n. | Prendre le mors aux dents. Frenum mordicùs apprehendēre, apprehendo, apprehendis, apprehendi, apprehensum³, act.

MORSURE. Morsus, g. morsûs⁴, masc.

MORT, la mort. Mors, g. mortis³, fém.
A l'article de la mort. In extremo spiritu.
Se donner la mort. Sibi violentas manus afferre, affero, affers, attuli, allatum³. | Etre à l'article de la mort. Animam agēre, ago, agis, egi, actum³, act. c. à. d. rendre l'âme.
Mettre à mort, ou tuer. Necare, neco, necas, necavi, necatum¹, act. | Blesser à mort, ou dangereusement. Vulnerare mortiferè, adv.
MORT violente. Nex, g. necis³, fém.
Condamner à mort. Capite damnare, damno, damnas, damnavi, damnatum¹, act.
Haïr à mort, ou à la mort. Capitali odio prosequi, prosequor, prosequeris, prosecutus sum³, dép. acc.
MORT ou défunt. Mortuus, ua, uum, adj.

MORTAISE. Cavus, g. cavi², m.

MORTALITÉ, condition de l'homme. Mortalitas, g. mortalitatis³, fém.
MORTALITÉ, maladie qui emporte bien du monde. Magna strages, g. magnæ¹ stragis³, fém.

MORTEL ou sujet à la mort. Mortalis, m. f. mortale, n. gén. mortalis, adj.
MORTEL, ou qui cause la mort. Mortiferus, a, um, adj.
MORTEL, en parlant d'une haine, d'un ennemi. Capitalis, m. f. capitale, n. gén. capitalis, adj.

MORTELLEMENT, ou d'une

haine mortelle. Odio capitali, d l'abl.

MORTELLEMENT, *dangereusement.* Mortiferè, *adv.*

Pécher mortellement. Letaliter peccare, pecco, peccas, peccavi, peccatum[1], *neut.* | *Offenser grièvement.* Summâ injuriâ afficĕre, afficio, afficis, affeci, affectum[3], *act.*

MORTIER, *vase.* Mortarium, g. mortarii[2], *n.*

MORTIER *de président.* Cudo honorarius, g. cudouis[3] honorarii[2], *masc.*

Président à mortier. Præses cudone insignis, g. præsidis cudone insignis[3], *m. c. à. d. président orné du mortier.*

MORTIER *de chaux et de sable.* Arenatum, g. arenati[2], *n.*

MORTIFÈRE, *qui cause la mort.* Mortifer, mortifera, mortiferum, *adj.*

MORTIFIANT, *fâcheux.* Molestus, a, um, *adj.*

MORTIFICATION, *action de mortifier son corps.* Afflictatio, g. afflictationis[3], *fém.*

MORTIFICATION, *austérité.* Austeritas, g. austeritatis[3], *fém.*

MORTIFICATION ou *déplaisir.* Dolor, g. doloris[3], *m.*

MORTIFIÉ, *affligé.* Afflictus, a, um, *adj.* | *Être mortifié, être fâché.* Dolēre, doleo, doles, dolui[2], *sans sup. abl.*

MORTIFIER *son corps.* Afflictare, afflicto, afflictas, afflictavi, afflictatum[1], *act.*

MORTIFIER, *donner du chagrin.* Ægrè facĕre, facio, facis, feci, factum[3], *neut. dat. de la personne.*

MORTUAIRE. Funebris, *m. f.* funebre, *n. gén.* funebris, *adj.*

MORUE. Morua, g. moruæ[1], *fém.*

MORVE. Muccus, g. mucci[2], *masc.*

MORVEUX. Muccosus, a, um, *adj.*

MOSAIQUE, *ouvrage à la mo-*saïque. Tessellatum opus, g. tessellati[2] operis[3], *n.*

MOSQUÉE. Fanum mahometanum, g. fani mahometani[2], *n.*

MOT. Verbum, g. verbi[2], *n.*

Mot pour mot, ou mot à mot. Ad verbum. | *En un mot.* Uno verbo, à l'abl. | *En peu de mots.* Paucis, à l'abl. | *A demi-mot.* Uno verbo, à l'abl. | *Ne dire mot, ou se taire.* Tacēre, taceo, taces, tacui, tacitum[2], *n.* | *Sans dire mot.* Tacitè, *adv.* | *Prendre au mot.* Conditionem accipĕre, accipio, accipis, accepi, acceptum[3], *act. La personne se met au génit. c. à. d. accepter la condition de.*

MOT *du guet.* Tessera, g. tesseræ[1], *f.*

BON MOT. Sales, g. salium[3], *m. plur.*

MOTET. Canticum, g. cantici[2], *neut.*

MOTEUR. Motor, g. motoris[3], *masc.*

MOTIF, *raison.* Ratio, g. rationis[3], *f.*

MOTIF, *ce qui pousse à faire une chose.* Incitamentum, g. incitamenti[2], *n.*

MOTION. Motio, g. motionis[3], *fém.*

MOTRICE, *force motrice.* Virtus motrix, g. virtutis motricis[3], *fém.*

MOTTE *de terre.* Gleba, g. glebæ[1], *f.*

MOTIVER, *donner les raisons de quelque chose.* Rationem afferre, affero, affers, attuli, allatum[3], *act. génit. de la chose.*

MOU. *Voyez Mol.*

MOUCHARD, *espion.* Conspicillo[1], g. conspicillonis[3], *m.*

MOUCHE. Musca, g. muscæ[1], *f.*

MOUCHE *à miel.* Apis, g. apis[3], *f.*

MOUCHER. Emungĕre, emungo, emungis, emunxi, emunctum[3], *act.*

SE MOUCHER. Emungĕre se.

MOUCHERON. Culex, g. culicis[3], *m.*

MOUCHETÉ. Maculosus, a, um, *adj.*

MOUCHETER. Maculis distinguĕre, distinguo, distinguis, distinxi, distinctum³, *act.* c. à. d. *marquer de petites taches.*

MOUCHETTES. Forfices, g. forficum³, *f. plur.*

MOUCHETURES. Maculæ, g. macularum¹, *f. plur.*

MOUCHOIR. Muccinium, g. muccinii², *n.*

MOUCHOIR *de cou.* Strophium, g. strophii², *n.*

MOUDRE. Molĕre, molo, molis, molui, molitum³, *act.*

MOUE. Sanna, g. sannæ¹, *f.*

Faire la moue à quelqu'un. Sannâ irridēre, irrideo, irrides, irrisi, irrisum², *act. acc. de la personne.*

MOUETTE, *oiseau, poule d'eau.* Gavia, g. gaviæ¹, *f.*

MOUILLAGE, *abordage.* Appulsus, g. appulsûs⁴, *m.*

MOUILLÉ. Madidus, a, um, *adj.*

Yeux mouillés de larmes. Oculi lacrymis madentes, g. oculorum² lacrymis madentium³, *m. plur.*

Etre mouillé. Madēre, madeo, mades, madui², *sans supin. n.*

MOUILLER. Madefacĕre, madefacio, madefacis, madefeci, madefactum³, *act.*

MOUILLER, *jeter l'ancre.* Anchoras jacĕre, jacio, jacis, jeci, jactum³, *act.* c. à. d. *jeter l'ancre.*

MOUILLURE. Mador, g. madoris³, *m.*

MOULE. Typus, g. typi², *m.*

Jeter au moule. Voyez *Mouler.*

MOULER. Typo effingĕre, effingo, effingis, effinxi, effictum³, *act.*

MOULES, *petits poissons à coquille.* Mutili, g. mutilorum², *masc. plur.*

MOULIN. Pistrinum, g. pistrini², *n.*

MOULINET. Sucula, g. suculæ¹, *f.*

MOULU. Molitus, a, um, *p. p.*

MOULURE. Torus, g. tori², *m.*

MOURANT. Moribundus, a, um, *adj.*

MOURANT, *languissant.* Languens, g. languentis, *part.*

MOURIR. Mori, morior, moreris, mortuus sum³, *dép.* Ce verbe fait au participe futur Moriturus, a, um.

Je suis mort, ou *c'est fait de moi.* Perii, prét. de Perire, pereo, peris, *qui signifie* mourir. | *Mourir au monde.* Voyez Renoncer. | *Faire mourir.* Interficĕre, interficio, interficis, interfeci, interfectum³, *act.*

Faire mourir de faim. Fame necare, neco, necas, necavi, necatum¹, *act.*

Se laisser mourir de faim. Inediâ consumi, consumor, consumeris, consumptus sum³, *pass.*

Je me meurs. Sum in ultimis; c. à. d. *je suis à mon dernier moment.*

Mourir de rire. Risu emori.

MOURON, *herbe.* Anagallis, g. anagallidis³, *f.*

MOUSQUET. Sclopetus, g. sclopeti², *m.*

MOUSQUETAIRE. Sclopetarius, g. sclopetarii², *m.*

MOUSQUETON. Sclopetus, g. sclopeti², *m.*

MOUSSE *de vaisseau.* Nauticus tirunculus, g. nautici tirunculi², *m.*

MOUSSE, *plante.* Muscus, g. musci², *m.*

Couvert de mousse. Muscosus, a, um, *adj.*

MOUSSE, *écume.* Spuma, g. spumæ¹, *f.*

MOUSSER, *jeter de la mousse.* Spumas agĕre, ago, agis, egi, actum³, *act.*

MOUSSELINE, *toile très-claire.* Nebula linea, g. nebulæ lineæ¹, *f.*

MOUSSEUX. Spumosus, a, um, *adj.*

MOUSTACHE, *au-dessus des lèvres.* Labiorum superiorum pili, g. labiorum superiorum pilorum², *m. plur.*

MOUTARDE. Sinapis, g. sinapis³, f.

MOUTARDIER, vase à mettre de la moutarde. Sinapis vasculum, g. sinapis vasculi², n.

MOUTARDIER, qui fait ou qui vend de la moutarde. Sinapiarius, g. sinapiarii², m.

MOUTON. Vervex, g. vervecis³, m. | Qui est de mouton. Vervecinus, a, um, adj.

MOUTONS, troupeau de moutons. Oves, g. ovium³, fém. plur.

MOUTON, machine de bois qu'on élève et qu'on laisse retomber. Fistuca, g. fistucæ¹, f.

MOUVANT. Mobilis, m. f. mobile, n. gén. mobilis, adj.

MOUVEMENT. Motus, g. motûs⁴, m. | Se donner bien du mouvement, se donner tous les mouvemens possibles. Multam operam adhibēre, adhibeo, adhibes, adhibui, adhibitum², act. pour par ad, avec l'acc. ou un gérond. en dum.

Toute la ville est en mouvement. Civitas tota trepidat, de Trepidare, trepido, trepidas, trepidavi, trepidatum¹, n.

De mon propre mouvement. Meâ sponte, à l'abl. | De votre mouvement. Tuâ sponte, à l'abl. | De son mouvement. Suâ sponte, à l'ablat.

MOUVOIR. Movēre, moveo, moves, movi, motum², act.

Faire mouvoir. Movēre. | Se mouvoir. Moveri, pass. de Movēre.

MOYEN. Ratio, g. rationis³, f.

Par le moyen de. Ope, abl. f. avec un génit. ensuite. | Par le moyen de Pierre. Ope Petri. | Par notre moyen. Nostrâ ope, à l'abl. | Au moyen de. Voyez Moyennant.

MOYENS ou richesses. Facultates, g. facultatum³, f. plur.

MOYEN, faculté. Facultas, g. facultatis³, f.

MOYEN, MOYENNE, adj. ni trop grand ni trop petit. Mediocris, m. f. médiocre, n. gén. mediocris, adj.

MOYEN, intermédiaire. Medius, ia, ium, adj.

LE MOYEN âge. Media ætas, g. mediæ¹ ætatis³, f.

MOYENNANT, ou avec. Cum, et l'abl.

MOYEU. Modiolus, g. modioli², masc.

MUABLE. Mutabilis, m. f. mutabile, n. gén. mutabilis, adj.

MU, MUE, partic. du verbe Mouvoir.

MUE, changement de plumes, de poil. Defluvium, g. defluvii², neut.

Temps de la mue. Vernatio, g. vernationis³, f.

MUER, changer de plume ou de poil. Vernare, verno, vernas, vernavi, vernatum¹, n.

MUET. Mutus, a, um, adj.

Devenir muet. Obmutescēre, obmutesco, obmutescis, obmutui³, sans supin, n.

MUFLE. Rostrum, g. rostri², neut.

MUGE, poisson de mer. Mugil, g. mugilis³, m.

MUGIR, ou meugler. Mugire, mugio, mugis, mugii, mugitum⁴, neut.

MUGISSEMENT, ou meuglement. Mugitus, g. mugitûs⁴, m.

MUGISSEMENT de la mer. Maris fremitus, gén. maris fremitûs⁴, masc.

MUGUET. Ephemerum, g. ephemeri², n.

MUID de liqueurs. Dolium, g. dolii², n.

MUID de grains, etc. Modius, g. modii², m.

MULE, animal. Mula, g. mulæ, f. dat. et abl. plur. Mulabus.

MULE, ou pantoufle. Crepida, g. crepidæ¹, f.

MULET. Mulus, g. muli², m.

MULETIER. Mulio, g. mulionis³, m.

MULOT, petit rat de cam-

pagne. Mus rusticus, g. muris[3] rustici[2], n.

MULTIPLICATION. Multiplicatio, g. multiplicationis[3], *fém.*

MULTIPLICITÉ. Multitudo, g. multitudinis[3], f.

MULTIPLIER, *augmenter le nombre.* Multiplicare, multiplico, multiplicas, multiplicavi, multiplicatum[1], *act.*

Multiplier, ou *se multiplier, en parlant de peuples, d'oiseaux, de familles, etc.* Propagari, propagor, propagaris, propagatus sum[1], *pass.*

MULTITUDE. Multitudo, g. multitudinis[3], f.

La Multitude, *le peuple.* Vulgus, g. vulgi[2], n.

MUNI. Munitus, a, um. *p. pass. abl. de la chose dont on est muni.*

MUNICIPAL, *qui jouit des droits de citoyen.* Municipalis, m. f. municipale, n. *gén.* municipalis, *adj.*

MUNIFICENCE. Munificentia, g. munificentiæ[1], f.

Avec munificence. Munificè, *adv.*

MUNIR. Munire, munio, munis, munivi, munitum[4], *act. et l'abl. de la chose dont on munit.* | *Se munir.* Munire se.

MUNITIONS de guerre. Bellicum instrumentum, g. bellici instrumenti[2], n.

Munitions de bouche. Commeatus, g. commeatûs[4], m.

Pain de munition. Panis castrensis, g. panis castrensis[3], m.

MUR, *muraille.* Murus, *gén.* muri[2], m.

MÛR, Mûre, *qui est en maturité.* Maturus, a, um, *adj.*

Mûr, *avant le temps.* Præcox, g. præcocis, *adj.*

MURALE, *couronne murale.* Corona muralis, g. coronæ[1] muralis[3], f.

MURAILLE. Mœnia, g. mœnium, *dat.* mœnibus[3], n. *plur.*

MURÉ, *entouré de murs.* Muris cinctus, a, um, *part.*

Muré, *bouché.* Obstructus, a, um, *part.*

MÛRE, *fruit.* Morum, g. mori[2], n.

MÛREMENT. Considerate, *adv.*

MURÈNE, *poisson.* Murena, g. murenæ[1], f.

MURER. Mœnibus cingĕre, cingo, cingis, cinxi, cinctum[3], *act.* | *Une ville.* Urbem; c. à. d. ceindre de murailles.

Murer, *boucher.* Obstruĕre, obstruo, obstruis, obstraxi, obstructum[3], *act.*

MÛRIER. Morus, g. mori[2], f.

MÛRIR, ou *devenir mûr.* Maturescĕre, maturesco, maturescis, maturui[3], *sans supin. neut.*

Mûrir, *rendre mûr.* Maturare, maturo, maturas, maturavi, maturatum[1], *act.*

MURMURATEUR. Murmurator, g. murmuratoris[3], m.

MURMURE, ou *plainte.* Querela, g. querelæ[1], f.

Murmure, *bruit, etc.* Murmur, g. murmuris[3], n.

MURMURER, *se plaindre contre quelqu'un.* Queri, queror, quereris, questus sum[3], *dép. contre par de, avec l'abl.*

Murmurer *entre ses dents.* Secum murmurare, murmuro, murmuras, murmuravi, murmuratum[1], *neut.*

Murmurer, *en parlant des eaux et des vents, etc.* Susurare, susurro, susurras, susurravi, susurratum[1], *n.*

MUSARAIGNE, *sorte de petit rat.* Mus araneus, g. muris[3] aranei[2], m.

MUSARD, *qui s'amuse à tout.* Cessator, g. cessatoris[3], m.

MUSC. Moschus, g. moschi[2], *masc.*

Sentir le musc. Moschum redolēre, redoleo, redoles, redolui, redolitum[2], *act.*

MUSCADE. Nux aromatica, g. nucis[3] aromaticæ[1], f. Nux, *fait au génit. plur.* nucum.

MUT — MYT

MUSCAT. Apianus, a, um, adj.

MUSCLE. Musculus, g. musculi², masc.

MUSCLÉ, adj. Musculosus, a, um, adj.

MUSCULEUX. Musculosus, a, um, adj.

MUSE. Musa, g. musæ¹, f.

MUSEAU. Rostrum, g. rostri², neut.

MUSÉE. Museum, g. musei², n.

MUSELIÈRE. Fiscella, g. fiscellæ¹, f.

MUSETTE. Utriculus, g. utriculi², m.

Joueur de la musette. Utricularius, g. utricularii², m.

MUSICAL. Musicus, a, um, adj.

MUSICALEMENT. Modulatè, adv.

MUSICIEN. Musicus, g. musici², m.

MUSICIENNE. Musica, g. musicæ¹, f.

MUSIQUE. Musice, g. musices¹, fém.

EN MUSIQUE. Musicè, adv.

MUSQUÉ. Moschum redolens, m. f. et n. gén. moschum redolentis, part.

MUSQUER. Moscho inodorare, inodoro, inodoras, inodoravi, inodoratum¹, act. c. à. d. *parfumer de musc.*

MUTABILITÉ, *inconstance.* Mutabilitas, g. mutabilitatis³, f.

MUTATION. Mutatio, g. mutationis³, f.

MUTILATION. Detruncatio, g. detruncationis³, f.

MUTILER. Mutilare, mutilo, mutilas, mutilavi, mutilatum¹, act.

MUTIN, *opiniâtre.* Pertinax, m. f. et n. gén. pertinacis, adj.

MUTIN, *séditieux.* Seditiosus, a, um, adj.

SE **MUTINER**, *se soulever.* Facere seditionem; c. à. d., *faire une sédition.* Facio, facis, feci, factum³, act.

SE MUTINER, *se fâcher.* Indignari, indignor, indignaris, indignatus sum¹, dép.

MUTINERIE. Pervicacia, g. pervicaciæ¹, f.

MUTUEL, *réciproque.* Mutuus, ua, uum, adj.

MUTUELLEMENT, *réciproquement.* Mutuò, adv.

MYRRHE, *liqueur et arbre.* Myrrha, g. myrrhæ¹, f.

MYRTE, *arbrisseau.* Myrtus, g. myrti², f. | *Qui est de myrte.* Myrteus, ea, eum, adj. | *Couronne de myrte.* Corona myrtea, g. coronæ myrteæ¹, f.

MYSTÈRE, *chose secrète.* Mysterium, g. mysterii², n.

MYSTÈRES, *les sacremens.* Sacramenta, g. sacramentorum², n. pl.

LES MYSTÈRES *de la nature.* Naturæ abdita, g. naturæ abditorum², n. plur.

MYSTÉRIEUSEMENT, *d'une façon mystérieuse.* Tectè, adv.

MYSTÉRIEUX. Tectus, a, um, part. pass. de Tegère.

MYSTIQUE. Mysticus, a, um, adj.

MYSTIQUEMENT, *dans un sens mystique.* Mystico modo.

MYTHOLOGIE, *l'histoire des dieux de la fable.* Mythologia, g. mythologiæ¹, f.

MYTHOLOGIQUE. Mythologicus, a, um, adj.

N.

NABOT, *espèce de nain.* Pumilio, g. pumilionis[3], m. et f.

NACELLE. Navicula, g. naviculæ[1], f.

NACRE, *coquille.* Concha, g. conchæ[1], f.

NAGE, *l'action de nager.* Natatus, g. natatûs[4], m. | *A la nage.* Natatu, à l'abl.

Se jeter à la nage; c. à. d. *sauter dans l'eau.* In undas insilire, insilio, insilis, insilui, insultum[4], n.

Se sauver à la nage. Enatare, enato, enatas, enatavi, enatatum[1], act.

Être tout en nage, être tout trempé de sueur. Sudore diffluĕre, diffluo, diffluis, diffluxi, diffluxum[3], neut.

NAGEOIRE *de poisson.* Pinna, g. pinnæ[1], f.

NAGER. Natare, nato, natas, natavi, natatum[1], n.

NAGER, *abonder.* Affluĕre, affluo, affluis, affluxi, affluxum[3], n. dans *se rend par l'abl. du nom.*

NAGER *dans le sang.* Inundari sanguine; c. à. d. *être inondé de sang.* Idundari, *passif du verbe* Inundare, inundo, inundas, inundavi, inundatum[1], act.

NAGEUR. Natator, g. natatoris[3], m.

NAGUÈRE. Nuper, adv.

NAIADE. Naïas, g. Naïadis[3], f.

NAIF. Ingenuus, ua, uum, adj.

NAIN. Pumilus, g. pumili[2], m.

NAINE, *nabote.* Pygmea, g. pygmeæ[1], f.

NAISSANCE, *action de naître.* Ortus, g. ortûs[4], m.

NAISSANCE, *ou extraction.* Genus, g. generis[3], n.

Qui est de grande naissance. Amplissimâ familiâ natus, a, um.

| *De basse naissance.* Loco infime natus, a, um.

Jour de naissance. Dies natalis, g. diei[5] natalis[3], m.

NAISSANT, NAISSANTE. Exoriens, m. f. n. gén. exorientis, adj.

NAITRE. Nasci, nascor, nasceris, natus sum[3], dép. *Ce verbe fait au participe futur*, Nasciturus, a, um.

Qui ne fait que de naître. Recèns natus, nata, natum, adj.

Faire naître. Parĕre, pario, paris, peperi, partum[3], act. | *Faire naître l'occasion.* Occasionem offerre[3]. | *Faire naître le désir.* Cupiditatem injicĕre, injicio, injicis, injeci, injectum[3]. act. dat. de la pers.

NAIVEMENT. Ingenuè, adv.

NAÏVETÉ, *sincérité.* Ingenuitas, g. ingenuitatis[3], f.

NAÏVETÉ, *simplicité.* Simplicitas, g. simplicitatis[3], f.

NANTIR, *donner des assurances.* Pignus dare, do, das, dedi, datum[1], act. *datif de la personne.*

SE NANTIR, *se saisir.* Occupare, occupo, occupas, occupavi, occupatum[1], act. avec l'acc.

NANTISSEMENT, *gage.* Pignus, g. pignoris[3], n.

NAPPE. Mappa, g. mappæ[1], f.

Mettre la nappe. Mappâ mensam sternĕre, sterno, sternis, stravi, stratum[3], act. c. à. d. *couvrir la table de la nappe.*

NAPPE *d'eau.* Aquæ mappa.

NARCISSE, *fleur.* Narcissus, g. narcissi[2], m.

NARCOTIQUE, *qui a la vertu d'endormir.* Soporifer, soporifera, soporiferum, adj.

NARD, *arbrisseau.* Nardus, g. nardi[2], f.

NARGUER, *faire nargue à quelqu'un.* Apolactizare, apolactizo,

NAT

apolactizas, apolactizavi, apolactizatum[1], *act.*

NARINE. Naris, g. naris[3], *f.*

NARRATEUR. Narrator, g. narratoris[3], *m.*

NARRATIF. Narrativus, a, um, *adj.*

NARRATION. Narratio, g. narrationis[3], *f.*

NARRER, *raconter.* Narrare, narro, narras, narravi, narratum[1], *act.*

NASAL. Voyez *Nasillard.*

NASEAUX, *les narines des animaux.* Nares, g. narium[3], *f. plur.*

NASILLARD. Nasiloquus, qua, quum, *adj.*

NASILLER. Balbè loqui, loquor, loqueris, locutus sum[3], *dépon.*

NATAL. Natalis, *m. f.* natale, *n. gén.* natalis, *adj.*

Pays natal. Patria, g. patriæ[1], *fém.*

NATATION. Natatio, g. natationis[3], *f.*

NATIF. Natus, a, um, *adj.* | *Natif de Paris*; c. à. d. *né à Paris.* Parisiis ortus. | *Natif de Lyon.* Natus Lugduni. *C'est la question* Ubi.

NATION. Gens, g. gentis[3], *f.*

NATIONAL, *qui concerne une nation.* Gentilitius, ia, ium, *adj.*

NATIVITÉ. Nativitas, g. nativitatis[3], *f.*

NATTE, *tissu de joncs et de paille.* Matta, g. mattæ[1], *f.*

NATTER, *couvrir de nattes.* Mattis vestire, vestio, vestis, vestivi, vestitum[4], *act.*

NATURALISATION. Civitatis donatio, g. civitatis donationis[3], *f.*

NATURALISER. Civitate donare, dono, donas, donavi, donatum[1], *act.*

Naturaliser une plante. Solo assuefacĕre, assuefacio, assuefacis, assuefeci, assuefactum[3], *act.* Ex. *la pêche a été naturalisée en France*; tournez: *la pêche a été accoutumée au sol de la France.*

NAU

Galliæ solo assuefactum est malum persicum.

NATURALISTE. Naturæ investigator, g. naturæ investigatoris[3], *masc.*

NATURALITÉ. Civitatis jus, g. civitatis juris[3], *n.*

NATURE. Natura, g. naturæ[1], *f.*

NATURE, *sorte.* Genus, g. generis[3], *n.*

NATUREL, *d'après les lois de la nature, adj.* Naturalis, *m. f.* naturale, *n. gén.* naturalis, *adj.*

NATUREL, *ce qui est propre.* Insitus, a, um, *adj. dat.*

NATUREL, *franc.* Candidus, a, um, *adj.*

NATUREL, *qui n'est point mélangé.* Merus, a, um, *adj.*

NATUREL, *qui n'est point forcé.* Ex. *Vers naturels.* Versus suâ sponte nati; c. à. d. *vers nés d'eux-mêmes.*

Enfant naturel. Nothus, g. nothi[2], *m. Au fém.* Notha, g. nothæ[1].

AU NATUREL, ou *parfaitement*, parlant d'un portrait. Perfectè, *adv.*

Les Naturels d'un pays. Indigenæ, g. indigenarum[1], *f.*

NATUREL, *substantif*, c. à. d. *le caractère.* Indoles, g. indolis[3], *fém.*

Etre d'un bon naturel. Esse bonâ indole, *ablat.*

NATURELLEMENT. Naturâ, à *l'abl.*

NAUFRAGE. Naufragium, *gén.* naufragii[2], *n.*

Faire naufrage. Facĕre naufragium.

Périr, se perdre dans un naufrage. Naufragio perire, pereo, peris, perivi, peritum[4], *n.*

Echapper, ou se sauver d'un naufrage. E naufragio enatare, enato, enatas, enatavi, enatatum[1], *n.*

NAUFRAGÉ, *qui a fait naufrage.* Naufragus, a, um, *adj.*

NAULAGE, *ce qu'on paye pour passer la mer.* Naulum, g. nauli[2], *neut.*

50

NAUMACHIE, *spectacle où l'on représente un combat naval.* Naumachia, *g.* naumachiæ[1], *f.*

NAUSÉABOND. Nauseabundus, a, um, *adj.*

NAUSÉE, *envie de vomir.* Nausea, *g.* nauseæ[1], *f.*

Avoir des nausées. Nauseare, nauseo, nauseas, nauseavi, nauseatum[1], *n.* | *Ce qui cause ou donne des nausées.* Voyez *Nauséabond.*

NAUTONIER. Nauta, *g.* nautæ[1], *m.*

NAVAL. Navalis, *m. f.* navale, *n. gén.* navalis, *adj.*

Armée navale. Classis, *g.* classis[3], *f.*

NAVET. Napus, *g.* napi[2], *m.*

NAVETTE, *graine.* Napum, *g.* napi[2], *n.*

NAVETTE *de tisserand.* Radius, *g.* radii[2], *m.*

NAVETTE, *où l'on met de l'encens.* Cymbium, *g.* cymbii[2], *n.*

NAVIGABLE. Navigabilis, *m. f.* navigabile, *n. gén.* navigabilis, *adj.*

NAVIGATEUR. Navigator, *g.* navigatoris[3], *m.*

NAVIGATION. Navigatio, *g.* navigationis[3], *f.* | *Faire une heureuse navigation;* tournez : *naviguer heureusement.* Prosperè navigare.

NAVIGUER. Navigare, navigo, navigas, navigavi, navigatum[1], *n.*

Naviguer à pleines voiles. Plenissimis velis navigare.

NAVIRE. Navis, *g.* navis[3], *f.*

NAVRÉ *de douleur.* Dolore maximo affectus, a, um, *part.*

NE, *suivi de pas ou de point, s'exprime par* Non. *Je ne l'aime point.* Illum non amo.

NE, *devant un impératif français, s'exprime par* ne, *avec le subjonctif.* Ex. *Ne faites pas cela.* Ne facias illud.

NE, *dans l'interrogation, s'exprime par* nonne, *comme : Ne voyez-vous point ?* Nonne vides ? *N'y a-t-il pas quelque faute ?* Nonne est aliquis error ?

NE, *joint au mot personne, s'exprime par* nemo : *s'il est joint au mot rien, il s'exprime par* nihil; *et joint à jamais, il s'exprime par* nunquàm.

Personne ne parle. Nemo loquitur.

Tu n'auras rien. Nihil habebis. *Je ne croirai jamais.* Nunquàm credam.

NÉ. Natus, a, um. *pour ou à par* ad, *avec l'acc* | *Bien né.* Benè moratus, a, um, *adj.* | *Mal né.* Malè moratus, a, um, *adj.*

NÉANMOINS. Tamen, *adv.*

NÉANT. Nihilum, *g.* nihili[2], *n.*

LE NÉANT *des choses humaines.* Mortalium vanitas, *g.* mortalium vanitatis[3], *f.*

Homme de néant. Homo obscurus, *g.* hominis[3] obscuri[2], *m.*

NÉBULEUX. Nebulosus, a, um, *adj.*

NÉCESSAIRE. Necessarius, ia, ium, *adj. comp.* Magis necessarius ; *superl.* maximè necessarius.

Il est nécessaire de. Necesse est ut., *avec le subjonctif.*

LE NÉCESSAIRE. Ad victum necessaria, *g.* ad victum necessariorum[2], *n. plur.*

NÉCESSAIREMENT. Necessariò, *adv.*

NÉCESSITÉ. Necessitas, *g.* necessitatis[3], *f.*

NÉCESSITÉ, *pauvreté.* Voy. *Pauvreté.*

Nécessités de la vie. Ad vitam necessaria, *g.* ad vitam necessariorum[2], *n. plur.*

NÉCESSITER, *rendre nécessaire.* Facere necessarium ; facio, facis, feci, factum[3], *act. L'adj.* necessarium *s'accorde avec le régime du verbe* Nécessiter, *en genre et en nombre.*

NÉCESSITEUX. Inops, *m. f.* et *n. gén.* inopis, *adj. gén. plur.* inopum.

NÉCROMANCIE, *l'art d'évo-*

quer les morts. Necromantia, g. necromantiæ¹, f.

NÉCROMANCIEN. Mortuorum evocator, g. mortuorum evocatoris³, m.

NECTAR. Nectar, g. nectaris³, n. Ce nom à l'ablat. fait nectare. Qui est de nectar. Nectareus, ea, eum, adj.

NEF d'église. Pronaon, g. pronai², m.

NÈFLE, fruit. Mespilum, g. mespili², n.

NÉFLIER, arbre. Mespilus, g. mespili², f.

NÉGATIF. Negativus, a, um, adj.

NÉGATION, l'action de nier. Negatio, g. negationis¹, f.

NÉGATIVE, refus. Inficiatio, g. inficiationis³, f.

NÉGATIVEMENT. Negando.

NÉGLIGÉ. Neglectus, a, um, part. pass.

NÉGLIGEMMENT. Negligenter, adv.

NÉGLIGENCE. Negligentia, g. negligentiæ¹, f.

NÉGLIGENT. Negligens, m. f. et n. gén. negligentis, adj. comp. Negligentior, m. f. negligentius, n. gén. negligentioris; superl. negligentissimus, a, um. à s'exprimer par ad, avec l'acc. ou le gérondif en dum.

NÉGLIGÉ, fait sans soin. Voy. Négliger.

NÉGLIGÉ, sans art. Incultus, a, um, adj.

NÉGLIGER. Negligere, negligo, negligis, neglexi, neglectum³, act.

SE NÉGLIGER dans, ou en. Claudicare, claudico, claudicas, claudicavi, claudicatum¹, n. dans, ou en par in, avec l'ablat.

NÉGOCE. Mercatura, g. mercaturæ¹, f.

NÉGOCIANT. Negociator, g. negociatoris³, m.

NÉGOCIATEUR, entremetteur. Procurator, g. procuratoris³, m.

NÉGOCIATION, l'action de négocier. Procuratio, g. procurationis¹, f.

NÉGOCIATIONS, conférences, pourparlers. Colloquium, g. colloquii², neut.

Entrer en négociations. In colloquium venire, venio, venis, veni, ventum⁴, n.

Être en négociations. Capita conferre, confero, confers, contuli, collatum¹, act.

NÉGOCIER. Negotiari, negotior, negotiaris, negotiatus sum¹, dép. acc.

NÉGOCIER quelque affaire. Agere de re aliquâ, ablat. c. à. d. traiter de quelque affaire. Ago, agis, egi, actum³, n.

NÈGRE, habitant de la Nigritie. Nigrita, g. nigritæ¹, m.

NEIGE. Nix, g. nivis³, f. | Qui est de neige. Niveus, ea, eum, adj.

Blanc comme la neige. Niveus, ea, eum, adj.

La blancheur de la neige. Niveus candor, g. nivei² candoris³, masc.

NEIGER, il neige. Ningĕre, ningit, ninxit³, impersonnel.

NEIGEUX, abondant en neige. Nivosus, a, um, adj.

NÉNUFAR. Nymphæa, g. nymphææ¹, f.

NÉOMÉNIE, nouvelle lune. Neomenia, g. neomeniæ¹, f.

NÉOPHYTE, nouveau chrétien. Neophytus, g. neophyti², m.

NÉPHRÉTIQUE, douleur. Renum dolor, g. renum doloris³, m. c. à. d. douleur des reins.

NEPTUNE. Neptunus, g. Neptuni², masc.

NÉRÉIDES, divinités de la mer. Nereides, g. Nereidum¹, f. plur.

NERF. Nervus, g. nervi², m.

NERVEUX. Nervosus, a, um, adj.

NET, poli. Nitidus, a, um, adj.

NET, propre. Mundatus, a, um, part.

NEU

NET, clair. Perspicuus, ua, uum, adj.

Voix nette. Vox clara, g. vocis³ claræ³, f.

NET, *exempt de faute.* Purus, a, um, adj.

NET, *tout net, sans détour.* Aperte, adv. Emendate, adv.

AU NET, *mettre au net.* Exscribere, exscribo, exscribis, exscripsi, exscriptum³, act.

NETTEMENT, *clairement.* Nitide, adv.

NETTEMENT, *franchement.* Aperè, adv.

NETTETÉ. Munditia, g. munditiæ, f.

NETTETÉ, *ou clarté.* Perspicuitas, g. perspicuitatis³, f.

NETTOYER. Mundare, mundo, mundas, mundavi, mundatum¹, act.

NEUF, *ou nouveau.* Novus, a, um, adj.

A NEUF, *remettre, refaire à neuf.* Reficere, reficio, reficis, refeci, refectum³, act.

NEUF, *qui ne sait pas, apprenti.* Rudis, m. f. rude, n. gén. rudis, adj. Si neuf est suivi de dans, on n'exprime pas dans, et le nom qui suit se met au génit.

NEUF, *nombre.* Novem, plur. indéclinable, de tout genre. | *Neuf fois.* Novies, adv. | *Neuf cents.* Nongenti, nongentæ, nongenta, adj. plur.

Neuf mille. Novies mille, ou Novem millia. Millia se décline, mille est indéclinable. Si neuf est joint à un nom propre, on le tourne par le nombre ordinal. Exemple : *Louis neuf, Louis neuvième.* Ludovicus nonus.

NEUTRALISER. Irritum facere, facio, facis, feci, factum³, act. On fait accorder Irritum en genre et en nombre avec le rég. direct. Ex. *Il neutralisa les forces de l'ennemi.* Fecit irritas hostis vires.

NEUTRALITÉ. Neutrius partis studium, g. neutrius partis studii³, neut.

NIC

Garder la neutralité, ou demeurer. Neutram partem amplecti, à d. *n'embrasser aucun parti.* Amplector, amplecteris, amplexus sum³, dép.

NEUTRE. Neuter, neutra, neutrum, g. neutrius, dat. neutri.

Se tenir, demeurer neutre. Voy. *Garder la neutralité.*

Genre neutre. Genus neutrum, g. generis³ neutrius², n.

UNE NEUVAINE, *prière que l'on fait pendant neuf jours.* Preces novendiales, g. precum novendialium³, f. plur.

UNE NEUVAINE, *l'espace de neuf jours.* Novendium, g. novendii², n.

NEUVIÈME. Nonus, a, um, adj.

NEUVIÈMEMENT. Nono loco, à l'ablat.

NEVEU, *fils du frère ou de la sœur.* Fratris ou sororis filius, g. fratris, ou sororis filii³, m.

Nos neveux. Nepotes, g. nepotum³, m. plur.

NEZ, *organe de l'odorat.* Nasus, g. nasi², n.

Avoir bon nez, être fin, prévoyant. Nasutum esse, sum nasutus, a, um, adj.

Chien de haut nez. Canis sagax, g. canis sagacis³, m. Ces deux mots se déclinent. Canis fait au g. plur. canum.

NI. Nec, ou neque. Cette conjonction veut le même cas après que devant.

Ni plus, ni moins. Nihilò secius.

NIAIS. Ineptus, a, um, adj.

NIAISEMENT. Inepte, adv.

NIAISER. Ineptire, ineptio, ineptis, ineptii⁴, sans sup. n.

NIAISERIE. Ineptiæ, g. ineptiarum¹, f. plur.

NICHE, *enfoncement pour une statue.* Loculamentum, g. loculamenti², n.

NICHE, *petite malice.* Ludificatio, g. ludificationis³, f.

Faire niche à. Ludificari, ludificor, ludificaris, ludificatus sum, dép. aca.

NICHÉE d'oiseaux. Pullatio, g. pullationis[3], f.

NICHER. Nidificare, nidifico, nidificas, nidificavi, nidificatum[1], n.

SE NICHER, se cacher. Se abdĕre, me abdo, te abdis, me abdidi, se abditum[3], act.

NID. Nidus, g. nidi[2], m. | Petit nid. Nidulus, g. niduli[2], m.

NIÈCE, fille du frère ou de la sœur. Fratris ou sororis Filia, g. filiæ[1], f. Filia, fait au dat. et abl. plur. filiabus.

NIELLE, corruption des blés. Rubigo, g. rubiginis[3], f.

NIELLER. Rubigine corrumpĕre, corrumpo, corrumpis, corrupi, corruptum[3], act.

Blés niellés. Frumentum rubigine corruptum[2], n.

NIER. Negare, nego, negas, negavi, negatum[1], act.

NIGAUD. Ineptus, a, um, adj.

NIMBE, cercle de lumière autour de la tête d'un saint. Nimbus, g. nimbi[2], m.

NIPPES. Vestes, g. vestium[3], f. plur.

NIQUE, moquerie. Sanna, g. sannæ[1], f.

Faire la nique à. Sannâ irridĕre, irrideo, irrides, irrisi, irrisum[2], act. acc. de la pers.

NITRE, sel fossile et minéral. Nitrum, g. nitri[2], n.

NITREUX, où il y a du nitre. Nitrosus, a, um, adj.

NIVEAU, instrument. Libella, g. libellæ[1], f.

Au niveau. Ad libellam.

Etre au niveau de quelque chose. Esse pari librâ cum, et un ablat. c. à. d. être de niveau avec, etc. | Mettre de niveau. Ad libellam collocare, colloco, collocas, collocavi, collocatum[1], act.

LE NIVEAU, l'égalité. Æqualitas, gén. æqualitatis[3], f.

NIVELER, mesurer avec le niveau. Perlibrare, perlibro, perlibras, perlibravi, perlibratum[1], act.

NIVELER, égaliser. Exæquare, exæquo, exæquas, exæquavi, exæquatum[1], act.

NIVELEUR. Librator, g. libratoris[3], m.

NIVELLEMENT, l'action de prendre le niveau. Libratio, g. librationis[3], f.

NOBLE, distingué par sa naissance. Nobilis, m. f. nobile, n. gén. nobilis, adj.

NOBLE, élevé, grand. Præstans, m. f. et n. gén. præstantis, adj. comp. Præstantior, m. f. præstantius, n. gén. præstantioris; sup. præstantissimus, a, um.

NOBLE, distingué. Egregius, ia, ium, adj.

NOBLEMENT. Eximiè, adv.

NOBLESSE. Nobilitas, g. nobilitatis[3], f.

NOCES. Nuptiæ, g. nuptiarum[1], f. plur.

De noces. Nuptialis, m. f. nuptiale, n. gén. nuptialis, adj.

Repas de noces. Nuptiale convivium, g. nuptialis[3] convivii[2], n.

NOCHER, pilote. Nauclerus, g. naucleri[2], m.

NOCTURNE. Nocturnus, a, um. adj.

NOËL, fête. Christi natale, g. Christi natalis[3], n.

NŒUD. Nodus, g. nodi[2], m.

Plein de nœuds. Nodosus, a, um, adj.

Nœud-coulant. Nodus fluens, g. nodi[2] fluentis[3], m.

Nœud de roseau, de tuyau de blé. Articulus, g. articuli[2], m.

Défaire un nœud. Voyez Délier.

NŒUD, lien, liaison. Vinculum, g. vinculi[2], n.

Le nœud d'une affaire, le point important. Negotii caput, g. negotii capitis[3], n.

NOIR, de couleur noire. Niger, nigra, nigrum, adj.

NOIR, sombre. Umbrosus, a, um, adj.

NOIR de coups. Ictibus livens, des 3 genres, g. ictibus liventis, adj.

Noir, *triste.* Tristis, m. f. triste, n. gén. tristis, *adj.*

Noir, *affreux, scélérat.* Nefandus, a, um, *adj.*

Le Noir, *la couleur noire.* Niger color; g. nigri[2] coloris[3], *masc.*

Vêtu, tendu de noir. Atratus, a, um, *adj.*

NOIRÂTRE, *qui tire sur le noir.* Subniger, gra, grum, *adj.*

NOIRAUD. Atricolor, m. f. et n. gén. atricoloris, *adj.*

NOIRCEUR. Nigror, g. nigroris[3], m.

Noirceur, *scélératesse.* Atrocitas, g. atrocitatis[3], f.

NOIRCI, *teint en noir.* Nigro colore infectus, a, um, *adj.*

Noirci, *diffamé.* Infamis, m. f. infame, n. gén. infamis, *adj.*

NOIRCIR, ou *rendre noir.* Denigrare, denigro, denigras, denigravi, denigratum[1], *act.*

Noircir, ou *devenir noir.* Nigrescere, nigresco, nigrescis[3], *sans prét. ni supin.* n.

Noircir *la réputation.* Voy. *Diffamer.*

NOIRCISSURE, *tache de noir.* Nigra macula, g. nigræ maculæ[1], *fém.*

NOISE. Rixa, g. rixæ[1], f.

NOISETTE. Avellana, g. avellanæ[1], f.

NOISETIER. Corylus, g. coryli[2], m.

NOIX. Nux, g. nucis[3], f, *génit. plur.* nucum.

Noix de galle. Galla, g. gallæ[1], *fém.*

NOM. Nomen, g. nominis[3], n.

Appeler quelqu'un par son nom. Nomen nominare[1], *act. génitif de la personne.*

Changer à quelqu'un son nom. Transnominare[1], *act. acc. de la personne.*

Paroître sous le nom de quelqu'un. In nomine alicujus apparere, appareo, appares, apparui, apparitum[2], n.

Par son nom. Nominatim, *adv.*

Avoir nom, ou être appelé. Vocari, vocor, vocaris, vocatus sum[2], *pass.*

Mon frère a nom Pierre. Meus frater vocatur Petrus.

Au nom de. Nomine, *ablat. avec un génit.* | *Au nom de mon père.* Nomine patris mei. | *En mon nom.* Nomine meo.

Nom, *réputation.* Fama, g. famæ[1], f.

NOMADES, *errans.* Nomades, g. nomadum[3], m. *plur.*

NOMBRE. Numerus, g. numeri[2], m.

Être au nombre. Esse in numero.

Mettre au nombre. In numerum referre, refero, refers, retuli, relatum[3], *act.*

Au nombre de dix-sept. Decem septem numero; c. à. d. *dix-sept en nombre.* | *Sans nombre.* Innumerabiliter, *adv.* | *Qui est sans nombre.* Innumerabilis, m. f. innumerabile, n. gén. innumerabilis, *adj.*

Grand nombre. Multitudo, g. multitudinis[3], f.

Qui est en grand nombre. Multi, multæ, multa, *adj.*

Petit nombre. Paucitas, g. paucitatis[3], f.

Qui est en petit nombre. Pauci, paucæ, pauca, *adj. plur. Ces deux adjectifs s'accordent avec les personnes ou les choses qui sont en grand ou en petit nombre.* Ex. *les auditeurs étoient en petit nombre.* Pauci erant auditores *Étoient en grand nombre.* Erant multi.

NOMBRER. Numerare, numero, numeras, numeravi, numeratum[1], *act.*

NOMBREUX. Numerosus, a, um, *adj.*

NOMBRIL. Umbilicus, g. umbilici[2], m.

NOMENCLATURE. Nomenclatio, g. nomenclationis[3], f.

NOMINATIF. Nominativus, g. nominativi[2], m.

NON

NOMINATION. Nominatio, g. nominationis[3], f.

NOMMÉ. Nominatus, a, um, part.

A point nommé, à propos. Opportunè, adv.

A point nommé, au jour marqué. Die dictâ.

NOMMÉMENT. Nominatìm, adv.

NOMMER. Nominare, nomino, nominas, nominavi, nominatum[1], act.

se Nommer, se tourne par *être appelé*. Vocari, vocor, vocaris, vocatus sum[1], pass. | *Je me nomme Louis.* Vocor Ludovicus.

Nommer *quelqu'un à*. Nominare act. acc. rég. ind. à l'acc. avec ad.

Nommer quelqu'un à la place d'un autre. Nominare aliquem in locum alterius.

Nommer des ambassadeurs. Designare legatos; c. à. d. *désigner.* Designo, designas, designavi, designatum[1], act.

NON, *particule négative*. Non. | *Est-ce lui, ou non ?* Isne est, an non ? | *Et non pas.* Non autem. | *Non pas même.* Nequidem, adv. | *Non que.* Non quòd, avec le subj. | *Non que je veuille.* Non quòd velim. | *Non-seulement, mais même, mais encore.* Non solum, sed etiam. | *Non pas encore.* Nondum, adv.

NONAGÉNAIRE, qui a quatre-vingt-dix ans. Nonagenarius, ia, ium, adj.

NONANTE, quatre-vingt-dix. Nonagenta, *indéclinable, de tout genre.*

NONCE, *ambassadeur du pape.* Pontificis legatus, g. pontificis legati[2]. masc.

NONCHALAMMENT. Negligenter, adv.

NONCHALANCE. Negligentia, g. negligentiæ[1], f.

Avec nonchalance. Negligenter, adv.

NONCHALANT. Negligens, m. et f. gén. negligentis, adj.

NOT 399

NONES. Nonæ, g. nonarum[1], fém. plur.

NONOBSTANT. Nihilominus, adv. | Nonobstant *suivi d'un nom de chose, se tourne par quoique, en ajoutant un verbe que le sens de la phrase indiquera. Quoique s'exprime par* licet *avec le subjonctif.* Ex. *Nonobstant nos résolutions, nous commettons toujours des fautes ;* tournez *quoique nous prenions des résolutions,* etc.

Nonobstant le danger, il est parti, quoiqu'il y eût dû danger, etc. Licet ut periculum esset, profectus est.

NONPAREIL, *sans égal.* Eximius, ia, ium, adj.

NORD, *un des points cardinaux.* Septentrio, g. septentrionis[3], m.

le Nord, *vent.* Aquilo, g. aquilonis[3], masc.

NOTABLE. Insignis, m. f. insigne, n. gén. iusignis, adj | *Les notables du pays.* Optimates, g. optimatum[3], masc. plur.

NOTABLEMENT. Insigniter, adv.

NOTAIRE. Tabularius, g. tabularii[2], masc.

NOTAMMENT, *particulièrement.* Præsertìm, adv.

NOTE. Nota, g. notæ[1], fém.

NOTER. Notare, noto, notas, notavi, notatum[1], act.

Noter quelqu'un d'infamie. Notare aliquem ignominiâ.

NOTICE. Index, g. indicis[3], m.

NOTIFICATION. Declaratio, g. declarationis[3], fém.

NOTIFIER, *déclarer.* Declarare, declaro, declaras, declaravi, declaratum[1], act. acc. rég. ind. dat.

NOTION. Notio, g. notionis[3], fém.

NOTOIRE. Manifestus, a, um, adj.

NOTOIREMENT. Manifestè, adv.

NOTORIÉTÉ, *connoissance.* Evidentia, gén. evidentiæ[1], fém.

NOTRE. Noster, nostra, nostrum, *pron.*

NOUER. Nodare, nodo, nodas, nodavi, nodatum[1], *act.*

Nouer amitié. Amicitiam jungere, jungo, jungis, junxi, junctum[3], *act.*

NOUEUX. Nodosus, a, um, *adj.*

NOURRICE. Nutrix, *g.* nutricis[3], *fém.*

NOURRICIER, *mari d'une nourrice.* Nutritius, *g.* nutritii[2], *masc.*

NOURRICIER, NOURRICIÈRE, *adj.* Vitalis, *m. f.* vitale, *n. gén.* vitalis, *adj.*

NOURRIR. Nutrire, nutrio, nutris, nutrivi, nutritum[4], *act. acc. rég. ind. abl.*

SE NOURRIR *de.* Vesci, vescor, vesceris[3], *dép. ablat.*

NOURRISSANT. Alibilis, *m. f.* alibile, *n. gén.* alibilis, *adj.*

NOURRISSON. Alumnus, *gén.* alumni[2], *m.* | *Si c'est une fille.* Alumna, *g.* alumnæ[1], *fém.*

NOURRITURE, *aliment.* Alimentum, *g.* alimenti[2], *n.*

NOURRITURE *des animaux.* Pabulum, *g.* pabuli[2], *n.*

NOUS. Nos, *g.* nostri ou nostrûm, *dat.* nobis, *pronom. On se sert de* nostrûm, *seulement avec un nom partitif. Ex. Qui de nous.* Quis nostrûm.

Avec nous. Nobiscum.

C'est nous qui lisons, tournez : nous lisons. Legimus.

C'est de nous que tu parles, tournez : tu parles de nous. Loqueris de nobis.

NOUVEAU, NOUVELLE. Novus, a, um, *adj.*

NOUVEAU, *adv.* Recèns. | *Nouveau né.* Recèns natus.

DE NOUVEAU, *récemment.* Recèns, *adv.*

DE NOUVEAU, *une seconde fois.* Denuò, *adv.*

NOUVEAUTÉ. Novitas, *g.* novitatis[3], *f.* | *Introduire des nouveautés.* Novos mores inducere, induco, inducis, induxi, inductum[3], *act.*

c. à. d. de nouvelles coutumes.

NOUVEL. Voy. Nouveau.

NOUVELLE, *subst.* Nuntius, *g.* nuntii[2], *masc.*

Donner, porter de bonnes nouvelles, des nouvelles agréables. Nuntiare læta, *à l'acc. neut. pl., c. à. d. annoncer des choses agréables.*

Donner de mauvaises nouvelles. Infausta nuntiare; *c. à. d. annoncer des choses mauvaises.*

Demander des nouvelles de quelqu'un. Multa rogitare, rogito, rogitas, rogitavi, rogitatum[1], *act. de, se rend par* super, *avec l'abl.*

NOUVELLEMENT. Recèns, *adv.*

NOUVELLISTE. Rumorum auceps, *g.* rumorum aucupis[3], *m.*

NOVATEUR. Novator, *g.* novatoris[3], *masc.*

NOVATION. Novatio, *g.* novationis[3], *fém.*

NOVEMBRE. November, *gén.* novembris[3], *m. abl.* novembri.

NOVICE. Tiro, *g.* tironis[3], *m.*

NOVICIAT. Tirocinium, *g.* tirocinii[2], *n.* | *Faire son noviciat.* Agere tirocinium. Ago, agis, egi, actum[3], *act.*

NOYAU. Nucleus, *g.* nuclei[2], *m.*

NOYÉ. Aquis mersus, a, um, *part. pass.*

NOYÉ *dans le vin.* Vino obrutus, a, um, *part.*

NOYÉ *de dettes.* Ære alieno obrutus, a, um, *part.*

NOYER. Submergere, submergo, submergis, submersi, submersum[3], *act.* | *Dans l'eau,* aquâ, *à l'abl.*

SE NOYER *par accident.* Submergi, submergor, submergeris, submersus sum[3], *pass.*

Si c'est volontairement. Se Mergere, mergo, mergis, mersi, mersum[3], *acc.* dans *par* in, *avec l'acc.*

NOYER, *arbre qui porte des noix.* Nux, *g.* nucis[3], *f. gén. plur.* nucum.

De noyer. Nuceus, ea, eum, *adj.*

NU. Nudus, a, um, *adjectif.*

Mettre nu ou **tout nu**. Nudare, nudo, nudas, nudavi, nudatum¹, *act.*

Tête nue. Nudato capite, *à l'abl.*

Nu-pieds. Nudis pedibus, *à l'abl.*

A nu. Nudè, *adv.*

NUAGE. Nubes, *g.* nubis³, *fém.*

Qui est sans nuages. Innubilis, *m. f.* innubile, *n. gén.* innubilis, *adj.*

NUANCE, *assemblage de couleurs dans une étoffe*. Harmoge, *g.* harmoges¹, *fém.*

NUANCER. Aptè colores nectere, necto, nectis, nexui, nexum³, *act.*

NUBILE. Nubilis, *m. f.* nubile, *n. gén.* nubilis, *adj.*

NUDITÉ. Nudatio, *g.* nudationis³, *f.*

NUE, NUÉE ou NUAGE. Nubes, *g.* nubis³, *f.*

NUÉE, *ou multitude*. Caterva, *g.* catervæ¹, *f.*

NUIRE *à*. Nocēre, noceo, noces, nocui, nocitum², *n. dat.*

NUISIBLE. Noxius, ia, ium, *adj. avec un dat. comp.* magis, *sup.* maximè, *avec le positif.*

NUIT. Nox, *g.* noctis³, *fém.*

Qui se fait pendant la nuit. Nocturnus, a, um, *adj.* | *De nuit*, ou *la nuit*, ou *pendant la nuit*. Nocte, *à l'abl.* | *A l'entrée de la nuit*. Obscurâ jam nocte. | *A l'approche de la nuit*. Appetente nocte. | *Bien avant dans la nuit*. Multâ nocte, *à l'abl.* | *De jour et de nuit*, ou *nuit et jour*. Nocte ac die, *à l'abl.* | *Il se fait nuit*, ou *la nuit vient*. Nox appetit; appetĕre, appeto, appetis, appetivi, appetitum⁴, *neut.*

NUITAMMENT. Noctè, *abl.*

NUL. Nullus, a, um, *g.* nullius, *dat.* nulli, *n. Il se décline comme* unus, a, um.

En nul lieu, ou *nulle part*. Nusquàm, *adv.*

Rendre nul. Facĕre irritum. *Il faut faire accorder l'adj.* irritum *avec le régime du verbe* Rendre.

NULLEMENT. Nullo modò, *à l'abl.*

NULLE PART. *Voyez au mot* Nul.

NULLITÉ. Vitium, *g.* vitii², *n.*

NUMENT. Simpliciter, *adv.*

NUMÉRAL. Numeralis, *m. f.* numerale, *n. gén.* numeralis, *adj.*

NUMÉRATION. Numeratio, *g.* numerationis³, *f.*

NUMÉRO. Nota arithmetica, *g.* notæ arithmeticæ¹, *f.*

NUMÉROTER. Numeris notare, noto, notas, notavi, notatum¹, *act.*

NUPTIALE. Nuptialis, *m. f.* nuptiale, *n. gén.* nuptialis, *adj.*

NUQUE *du cou* Ima cervix, *g.* imæ¹ cervicis³, *f.*

NUTRITIF, *qui a la vertu de nourrir* Alibilis, *m. f.* alibile, *n. gén.* alibilis, *adj.*

NUTRITION. Nutricatio, *g.* nutricationis³, *f.*

NYMPHE. Nympha, *g.* nymphæ¹, *f.*

O.

O, *interjection*. O! *qui veut le* vocat. *ou l'acc.* | *O mon cher Lentulus!* O mi Lentule! | *O l'homme admirable!* O virum admirabilem! | *O que*. Quàm, *avec l'indic.* | *O qu'il est savant!* Quàm est doctus!

OBÉDIENCE, *congé donné à un religieux*. Commeatus, *g.* commeatûs⁴, *m.*

OBÉIR. Obedire, obedio, obedis, obedivi, obeditum⁴, *n. ou* Parēre, pareo, pares, parui², *n. sans supin.*

Se faire obéir de, ou *par quelqu'un*, tournez, *forcer à l'obéissance quelqu'un.* Ad obsequium adigĕre, adigo, adigis, adegi, adactum[3], *act. acc. de la personne.*

Refuser d'obéir, tournez, *rejeter le commandement de.* Imperium recusare, recuso, recusas, recusavi, recusatum[1], *act. g. de la personne à qui l'on refuse d'obéir.*

OBÉIR *à la nécessité, aux circonstances.* Necessitati, tempori parēre.

OBÉISSANCE. Obedientia, *g.* obedientiæ[1], *f.*

Etre sous l'obéissance de quelqu'un. Esse sub imperio, *génit. de la personne; c. à. d. être sous la puissance de, etc.*

Réduire sous son obéissance. Redigĕre in potestatem suam; *c. à. d. réduire sous son pouvoir.* Redigo, redigis, redegi, redactum[3], *act. acc. de la personne.*

AVEC OBÉISSANCE. Obedienter, *adv.*

OBÉISSANT. Obediens, *m. f. n. gén.* obedientis, *adj.*

OBÉLISQUE. Obeliscus, *g.* obelisci[2], *m.*

OBÉRÉ. Obæratus, a, um, *adj.*

Etre obéré. Obrui ære alieno; *c. à. d. être accablé de dettes.* Obrui *est le passif du verbe* obruēre, obruo, obruis, obrui, obrutum[3].

OBJECTER. Objicĕre, objicio, objicis, objeci, objectum[3], *act. acc. rég. ind. datif.*

OBJECTION. Objecta, *g.* objectorum[2], *n. pl.*

Répondre aux objections, les réfuter. Argumenta confutare, confuto, confutas, confutavi, confutatum[1], *act.*

OBJET, *ce qui frappe les sens.* Res objecta, *g.* rei[5] objectæ[1], *f.*

Les objets de la vue. Res objectæ oculis; *c. à. d. choses offertes aux yeux.*

OBJET *horrible à voir.* Res horribilis visu.

OBJET *de l'espérance.* Spei scopus, *g.* spei scopi[2], *m.*

Votre salut est l'objet, ou *fait l'objet de mes soins.* Tua salus est mearum curarum scopus[2], *n.*

OBJET *de l'envie.* Invidiæ objectus, a, um, *part. c. à. d. exposé à l'envie.*

OBJET *de la haine.* Odio objectus, a, um. | *Faire l'objet de la haine.* Esse odio, *dat. de la personne.* | *Devenir l'objet de la haine.* Odium incurrĕre, incurro, incurris, incurri, incursum[3], *act. génit. de la personne.*

OBJET, *matière d'une science.* Materia, *g.* materiæ[1], *f.*

OBJET, *fin qu'on se propose.* Finis, *g.* finis[3], *m. et f.*

Avoir pour objet. Sibi propoñere, mihi propono, tibi proponis, mihi proposui, sibi propositum[3], *act. acc. de la chose que l'on se propose* ou *infinit. du verbe.*

OBLATION. *Voyez* Offrande.

OBLIGATION *pour quelque grâce reçue.* Gratiarum debitio, *g.* gratiarum debitionis[3], *f.*

Avoir de grandes obligations. Multùm debēre alicui; *c. à. d. devoir beaucoup à quelqu'un.* Debeo, debes, debui, debitum[3], *act.*

Les obligations que je vous ai. Tua in me merita, *g.* tuorum in me meritorum[2], *n. plur. c. à d. vos services envers moi.*

OBLIGATION, *engagement, devoir.* Officium, *g.* officii[2], *n.*

OBLIGEAMMENT. Officiosè, *adv.*

OBLIGEANT. Officiosus, a, um, *adj. comp.* Officiosior, *m. f.* officiosius, *n. gén.* officiosioris; *sup.* officiosissimus, a, um, *adj.*

Humeur obligeante. Benignitas, *g.* benignitatis[3], *f.*

D'une manière obligeante. V. Obligeamment.

Paroles obligeantes. Verba amantissima[2], *n. plur.*

OBLIGER, ou *contraindre.* Cogĕre, cogo, cogis, coegi, coactum³, act. acc. rég. ind. acc. avec ad, ou gérondif en dum avec ad.

Etre OBLIGÉ *de.* Teneri, teneor, teneris, tentus sum², *pass. avec l'infin.*

OBLIGER *à, ou engager.* Inducĕre, induco, inducis, induxi, inductum³, *act. à par ad, avec l'acc. ou le gér. en* dum.

OBLIGER, *ou rendre service.* Benè mereri, benè mereor, benè mereris, benè meritus sum², *dép. La personne qu'on oblige se met à l'abl avec de; c. à d. bien mériter de quelqu'un.*

Vous m'obligerez beaucoup, si. Pergratum mihi feceris, si.

Etre beaucoup obligé à quelqu'un. Multùm debēre alicui, c. à. d. *devoir beaucoup à quelqu'un.* Debēo, debes, debui, debitum², act.

s'OBLIGER, *donner sa parole* Fidem obligare, obligo, obligas, obligavi, obligatum¹, *act. à se rend par* ad, *avec l'acc. ou le géron en* dum.

s'OBLIGER *mutuellement.* Inter se officiis certare, certo, certas, certavi, certatum¹, *n.*

OBLIQUE, *qui est de biais.* Obliquus, qua, quum, *adj.*

OBLIQUEMENT. Obliquè, *adv.*
OBLIQUITÉ, *Situation oblique.* Obliquitas, *g.* obliquitatis³, *f.*

OBLONG. Oblongus, a, um, *adj.*

OBOLE. Obolus, *g* oboli², *m.*
OBREPTICE. Dolo obtentus, a, um; *c. à. d. obtenu par surprise.*

OBREPTION, *surprise pour obtenir.* Obreptio, *g.* obreptionis³, *f.*

OBSCÈNE, *déshonnête, impudique.* Obscenus, a, um, *adj.*

OBSCÉNITÉ. Obscenitas, *g.* obscenitatis³, *f.*

OBSCUR. Obscurus, a, um, *adj.*

OBSCURCIR, *rendre obscur.* Obscurare, obscuro, obscuras, obscuravi, obscuratum¹, *act.*

s'OBSCURCIR, *devenir obscur.* Obscurari, *pass. du verbe* Obscurare.

OBSCURCISSEMENT. Obscuratio, *g.* obscurationis³, *f.*

OBSCURÉMENT. Obscurè, *adv.*
OBSCURITÉ. Obscuritas, *g.* obscuritatis¹, *f.*

OBSÉCRATION. Obsecratio, *g.* obsecrationis³, *f.*

OBSÉDER, *être sans cesse auprès de quelqu'un.* Obsidēre, obsideo, es, obsedi, obsessum², *act.*

OBSÈQUES. Exsequiæ, *g.* exsequiarum¹, *f.*

OBSERVANCE. Obtemperatio, *g.* obtemperationis³, *f.*

OBSERVATEUR *qui obéit.* Observans, *m. f. n. gén.* observantis, *avec le génit.*

OBSERVATEUR, *qui examine.* Contemplator, *g.* contemplatoris³, *m. Au fém.* contemplatrix, *g.* contemplatricis³, *f.*

OBSERVATION. Observatio, *g.* observationis¹, *f.*

OBSERVATION, *remarque.* Notatio, *g.* notationis³, *f.*

OBSERVATOIRE, *lieu pour observer les astres.* Sideralis specula, *g.* sideralis³ speculæ¹ *f.*

OBSERVER. Observare, observo, observas, observavi, observatum¹, *act.*

s'OBSERVER. Sibi cavēre; c. à. d. *prendre garde à soi.* Caveo, caves, cavi, cautum², *n.*

OBSESSION, *l'action d'obséder.* Obsessio, *g.* obsessionis³, *f.*

OBSTACLE. Impedimentum, *g.* impedimenti¹, *n.*

Mettre obstacle. Afferre impedimentum, *avec le datif; c. à. d. apporter obstacle.* Affero, affers, attuli, allatum¹, *act.*

Lever les obstacles. Removēre impedimenta; removeo, removes, removi, remotum², *act.*

OBSTINATION. Pertinacia, *g.* pertinaciæ¹, *f.*

OBSTINÉ. Pertinax, *m. f. n. gén.* pertinacis, *adj.*

OBSTINÉ à. Obstinatus, a, um. à se rend par ad, avec l'acc. ou par le gérond, en dum.

OBSTINÉMENT. Pertinaciter, adv.

OBSTINER. Se obstinare, me obstino, te obstinas, me obstinavi, se obstinatum[1], act. à par ad avec l'acc. ou le géron. en dum.

s'OBSTINER dans. Perstare, persto, perstas, perstiti, perstitum[1], n. dans se rend par in avec l'abl.

OBSTRUCTION, ce qui bouche les conduits dans les corps. Obstructio, g. obstructionis[3], f.

OBSTRUER. Voyez Fermer.

OBTEMPÉRER. Voyez Obéir.

OBTENIR. Obtinēre, obtineo, obtines, obtinui, obtentum[2], act. acc. rég. ind. abl. avec à ou ab.

OBTENU. Impetratus, a, um, part. pass. | de quelqu'un, à ou ab, avec l'abl.

OBTUS, en parlant d'un angle. Obtusus, a, um, adj.

OBVIER à. Occurrĕre, occurro, occurris, occurri, occursum[3], n. dat.

OCCASION. Occasio, g. occasionis[3], f.

Par occasion. Datâ occasione.

Occasion ou cause, sujet. Causa, g. causæ[1], f.

Donner occasion à. Causam dare, do, das, dedi, datum[1], act. acc. rég. ind. au dat.

OCCASIONER. Voyez donner occasion.

OCCIDENT. Occidens, g. occidentis[3], m.

Depuis l'Orient jusqu'à l'Occident. Ab Oriente ad Occidentem.

OCCIDENTAL. Occidentalis, m. f. occidentale, n. gén. occidentalis[3], adj.

OCCIPUT, derrière de la tête. Occiput, g. occipitis[3], n.

OCCULTE. Occultus, a, um, adj.

OCCUPANT, au premier occupant. Primo occupanti.

OCCUPATION. Occupatio, g. occupationis[3], f.

OCCUPÉ, qui a de l'occupation. Occupatus, a, um, part.

OCCUPER, tenir, être maître. Occupare, occupo, occupas, occupavi, occupatum[1], act.

OCCUPER, donner de l'occupation. Exercēre, exerceo, exerces, exercui, exercitum[2], act. à, se rend par in avec l'abl. ou le gér. en do.

OCCUPER son temps. Tempus consumĕre, consumo, consumis, consumpsi, consumptum[3], act.

s'OCCUPER à. Operam navare, navo, navas, navavi, navatum[1], act. dat. du nom qui suit à.

OCCURRENCE. Casus, g. casûs[4], m.

OCÉAN. Oceanus, g. Oceani[2], masc.

UNE OCTAVE Octava, g. octavæ[1], f.

OCTOBRE. October, g. octobris, m. à l'abl. octobri.

OCTOGÉNAIRE, qui a quatre-vingts ans. Octogenarius, ia, ium, adj.

OCTOGONE, qui a huit angles. Octogonus, a, um, adj.

OCTROI, concession de quelque privilége. Concessio, g. concessionis[3], f.

OCTROYER, accorder. Concedĕre, concedo, concedis, concessi, concessum[3], act. acc. rég. ind. dat.

OCULAIRE. Oculatus, a, um, adj.

OCULISTE, qui traite les maladies des yeux. Medicus ocularius, g. medici ocularii[2], m.

ODE, pièce de poésie. Ode, g. odes[1], f.

ODEUR. Odor, g. odoris[3], m.

Avoir de l'odeur, avoir bonne ou mauvaise odeur. Voyez Sentir bon, mauvais.

Sans odeur. Inodorus, a, um adj. | Qui a beaucoup d'odeur,

odoratus, a, um, adj.] *Qui a bonne odeur.* Odore gratus, a, um, *adj.* | *Qui a mauvaise odeur.* Gravè olens, m. f. gén. gravè olentis³, *adj.*

ODEUR, *réputation.* Fama, g. famæ¹, f.

Etre en odeur de sainteté. Sanctimoniæ famam præ se ferre, præ me fero, præ te fers, præ se fert, præ me tuli, præ se latum³, *act.* c. à. d. *porter devant soi la réputation de sainteté.* | *Mourir en odeur de sainteté,* tournez, *laisser après soi une réputation de sainteté.*

ODIEUX. Odiosus, a, um, *adj.* | *A tout le monde.* Omnibus, *au dat.*

Etre odieux; rendre odieux; se rendre odieux. V. *au mot* Haïr; *être haï; faire haïr; se faire haïr.*

D'une manière odieuse. Odiosè, *adv.*

ODORANT. Odoratus, a, um, *adj.*

ODORAT. Odoratus, g. odoratûs⁴, m.

ODORIFÉRANT. Odorifer, a, um, *adj.*

ŒCUMÉNIQUE. Œcumenicus, a, um, *adj.*

ŒIL, *au pl.* YEUX. Oculus, g. oculi², m.

De bon œil. Æquis oculis, *à l'abl.* | *De mauvais œil.* Iniquis oculis, *à l'abl.* | *D'un coup d'œil, en un clin d'œil.* Uno conjectu oculorum. | *Œil de travers.* Oculus distortus, g. oculi distorti³, m. | *Qui a un œil de travers.* Strabo, g. strabonis³, m.

Petits yeux. Ocelli, g. ocellorum², m. plur.

Qui n'a qu'un œil, borgne. Onoculus, a, um, *adj.*

Qui a perdu les deux yeux. Luminibus orbus, a, um, *adj.*

ŒIL *de bœuf, plante.* Buphthalmus, g. buphthalmi², n.

ŒIL *de bœuf, lucarne.* Fenestella orbiculata, g. fenestellæ orbiculatæ¹, f.

ŒIL *de cep de vigne.* Gemma, g. gemmæ¹, f.

ŒILLADE. Contuitus, g. contuitûs⁴, m.

ŒILLET. Ocellus, g. ocelli², m.

ŒUF. Ovum, g. ovi², n.

Œuf frais. Ovum recens, *gén.* ovi² recentis³, n.

ŒUVRE, *ouvrage.* Opus, g. operis³, n.

Mettre la main à l'œuvre. Opus aggredi, aggredior, aggrederis, aggressus sum, *dépon.*; c. à. d. *commencer l'ouvrage.*

Mettre tout en œuvre, faire tout son possible. Tentare omnia; c. à. d. *tenter toutes choses.* Tento, tentas, tentavi, tentatum¹, *act.*

Mettre en œuvre une chose. Adhibēre, adhibeo, adhibes, adhibui, adhibitum², *act.*

ŒUVRE, *action bonne, ou mauvaise.* Factum, g. facti², n.

HORS D'ŒUVRE, *ce qui n'a point rapport au sujet.* Ad rem non pertinens, m. f. et n. *gén.* ad rem non pertinentis.

OFFENSANT, *injurieux.* Contumeliosus, a, um, *adj.*

OFFENSE, ou *injure.* Offensa, g. offensæ¹, f.

OFFENSE, ou *péché.* Peccatum, g. peccati², n.

OFFENSÉ. Offensus, a, um, *part. pass.*

OFFENSER. Offendĕre, offendo, offendis, offendi, offensum³, *act.*

OFFENSER *Dieu.* Peccare in Deum; c. à. d. *pécher contre Dieu.* Pecco, peccas, peccavi, peccatum¹, *neut.*

s'OFFENSER *de.* Offendi, offendor, offenderis, offensus sum³, *pass. ablat. du nom qui suit* de.

OFFENSEUR. Offensor, g. offensoris³, m.

OFFENSIF, *armes offensives.* Ad nocendum arma, g. ad nocendum armorum², n. plur.

Ligue offensive et défensive. Armorum societas, g. armorum societatis³, f. c, à. d. *union des armes.*

Faire ligue *offensive et défensive.* Arma consociare, consocio, consocias, consociavi, consociatum¹, act. c. à. d. *unir ses armes.*

OFFERT. Oblatus, a, um, *part. pass.*

OFFERTOIRE. Offertorium, g. offertorii², n.

OFFICE, ou *charge.* Munus, g. muneris³, n.

OFFICE, *service.* Officium, gén. officii², n.

OFFICE, *devoir.* Officium, g. officii², n.

L'OFFICE *divin.* Res divina, g. rei⁵ divinæ¹, f.

OFFICE *des prêtres.* Horæ canonicæ, g. horarum canonicarum¹, f. plur.

OFFICE *où l'on serre les fruits, etc.* Cella, g. cellæ¹, f.

OFFICIER, *celui qui a un emploi dans une maison chez un prince.* Minister, g. ministri², m.

OFFICIER *d'armée.* Dux, g. ducis³, m.

OFFICIER, ou *faire l'office divin* Facere rem divinam.

OFFICIEUSEMENT. Officiosè, adv.

OFFICIEUX. Officiosus, a, um, adj. comp. Officiosior, m. f. officiosius, n. gén. officiosioris ; sup. officiosissimus, a, um.

OFFRANDE. Donum, g. doni², neut.

OFFRANT. Licitator, g. licitatoris³, m.

Le plus *offrant et le dernier enchérisseur.* Ultimus licitator, g. ultimi² licitatoris³, m.

OFFRE. Oblatum, g. oblati², n. Faire offre. Voyez Offrir.

OFFRIR. Offerre, offero, offers, offert, obtuli, oblatum³, act. acc. rég. ind. dat.

OFFUSQUER. Offuscare, offusco, offuscas, offuscavi, offuscatum¹, act.

OH ! *interjection.* Oh !

OIE. Anser, g. anseris³, m.

Qui *est d'oie.* Anserinus, a, um, adj.

OIGNON. Cepa, g. cepæ¹, f.

OINDRE. Ungere, ungo, ungis, unxi, unctum³, act. acc. rég. ind. abl.

OING, *graisse de porc.* Axungia, g. axungiæ¹, f.

OINT. Unctus, a, um, *part. pass.* D'huile. Oleo, à l'ablat.

OISEAU. Avis, g. avis³, f.

Petit *oiseau.* Avicula, g. aviculæ¹, f.

Oiseau-Mouche. Trochilus, g. trochili¹, m.

OISELEUR. Auceps, g. aucupis³, m.

OISELIER, *qui vend des oiseaux.* Aviarius, g. aviarii², m.

OISEUX. Inutilis, m. f. inutile, n. gén. inutilis, adj.

OISIF. Otiosus, a, um, adj.

Être *oisif.* Otiari, otior, otiaris, otiatus sum¹, dép.

OISILLON. Avicula, g. aviculæ¹, f.

OISIVETÉ, *loisir.* Otium, g. otii², n.

OISIVETÉ, ou *fainéantise.* Desidia, g. desidiæ¹, f.

Vivre *dans l'oisiveté.* Desidiosè vivere, vivo, vivis, vixi, victum³, n.

OISON, *petite oie.* Anserculus, g. anserculi², m.

OLÉAGINEUX, *huileux.* Oleosus, a, um, adj.

OLIGARCHIE, *gouvernement entre les mains de peu de personnes.* Oligarchia, g. oligarchiæ¹, f.

OLIVAISON, *le temps de la récolte des olives.* Olivitas, g. olivitatis³, f.

OLIVÂTRE, *de couleur olive.* Oleagiuus, a, um, adj.

OLIVE. Oliva, g. olivæ¹, f.

OLIVIER. Olea, g. oleæ¹, f.

OLIVIER *sauvage.* Oleaster, g. oleastri², m.

Lieu *planté d'oliviers.* Olivetum, g. oliveti², m.

OMB   ONÉ

OLYMPIADE, *espace de quatre années révolues.* Olympias, gén. olympiadis[3], *f.*

OLYMPIEN, OLYMPIQUE. Olympicus, a, um, *adj.*

Jeux olympiques. Olympia, g. olympiorum[2], *n. plur.*

OMBRAGE, ou *ombre.* Umbra, g. umbræ[1], *f.*

A l'ombrage. In umbrâ.

OMBRAGE, *lieu ombragé.* Umbraculum, g. umbraculi[2], *n.*

OMBRAGE, ou *soupçon.* Suspicio, g. suspicionis[3], *f.*

Donner ombrage, ou soupçon. Afferre suspicionem, et le datif de la personne ; c. à. d. *causer de l'ombrage.* Affero, affers, attuli, allatum[3], *act.*

Prendre ombrage d'une personne, tournez, soupçonner une personne.

OMBRAGER. Inumbrare, inumbro, inumbras, inumbravi, inumbratum[1], *act.*

OMBRAGEUX, *en parlant des hommes.* Suspiciosus, a, um, *adj.*

OMBRAGEUX, *défiant, se dit des chevaux, etc.* Pavidus, a, um, *adj.*

OMBRE. Umbra, g. umbræ[1], *f.* | *A l'ombre.* In umbrâ. | *Où il y a de l'ombre.* Umbrosus, a, um, *adj.*

OMBRE, *prétexte.* Species, g. speciei[5], *f.*

OMBRE, *apparence.* Imago, g. imaginis[3], *f.*

OMBRE, *faveur, protection.* Præsidium, g. præsidii[2], *n.*

A l'ombre de son innocence. Sub innocentiæ suæ præsidio.

OMBRER. Inumbrare, inumbro, inumbras, inumbravi, inumbratum[1], *act.*

OMBRES *des morts.* Manes, g. manium[3], *f. plur.*

OMELETTE. Ovorum intrita, g. ovorum intritæ[1], *f.*

OMETTRE. Omittere, omitto, omittis, omisi, omissum[3], *act.*

OMIS. Omissus, a, um, *p. p.*

OMISSION. Prætermissio, g. prætermissionis[3], *f.*

OMOPLATES, *les os larges des épaules.* Omoplatæ, g. omoplatarum[1], *f. plur.*

ON, *l'ON.* Voyez la Grammaire latine.

ONCE, *partie de la livre.* Uncia, g. unciæ[1], *f.* | *Once et demie.* Sescuncia, g. sescunciæ[1] *f.* | *Demionce.* Semuncia, g. semunciæ[1], *f.*

ONCLE, *du côté du père.* Patruus, g. patrui[2], *m.*

Oncle du côté de la mère. Avunculus, g. avunculi[2], *m.*

ONCTION, *l'action d'oindre.* Unctio, g. unctionis[3], *f.*

L'EXTRÊME-ONCTION. Voyez Extrême.

ONCTUEUX. Unguinosus, a, um, *adj.*

ONCTUEUX, *persuasif.* Persuasorius, ia, ium, *adj.*

ONCTUOSITÉ, *humeur grasse et onctueuse.* Unguen, g. unguinis[3], *n.*

ONDE. Unda, g. undæ[1], *f.*

ONDÉ. Undatus, a, um, *part. du verbe* Undo.

ONDÉE, *grosse pluie.* Nimbus, g. nimbi[2], *m.*

ONDOYANT. Undans, *m. f. et n. gén.* undantis, *part. prés.*

ONDOYER *un enfant.* Aquâ lustrali abluere, abluo, ablais, ablui, ablutum[3], *act.*

ONDOYER, *flotter par ondes.* Undare, undo, undas, undavi, undatum[1], *act.*

ONDULATION. Tremula agitatio, g. tremulæ[1] agitationis[3], *f.*

ONÉREUX. Onerosus, a, um, *adj.*

ONGLE. Unguis, g. unguis[3], *m.*

ONGLÉ. Unguibus instructus, a, um ; c. à. d. *muni d'ongles.*

ONGUENT. Unguentum, *gén.* unguenti[2], *n.*

ONYX, *pierre précieuse.* Onyx, g. onychis[3], *f.*

ONZE. Undecim, *plur. indécl.* et de tout genre. | *Onze fois.* Undecies, *adv.* | *Onze mille.* Undecies mille ; c. à. d. *onze fois mille, ou* undecim millia, *onze milliers.*

ONZIÈME. Undecimus, a, um, *adj.*

ONZIÈMEMENT, *en onzième lieu.* Undecimo loco.

OPACITÉ. Opacitas, g. opacitatis³, *f.*

OPALE, *pierre précieuse.* Opalus, g. opali², *m.*

OPAQUE. Opacus, a, um, *act.*

OPÉRATEUR. Circulator, g. circulatoris³, *m.*

OPÉRATION, *action.* Actio, g. actionis³, *f.*

OPÉRATION de Médecin. Operatio, g. operationis³, *f.*

Par l'opération de. Virtute, *ablat. f.*

OPÉRER, *faire.* Agĕre, ago, agis, egi, actum³, *act.*

OPÉRER, *en parlant d'un remède.* Valēre, valeo, vales, valui, valitum², *n.*

OPIAT. Opiatum, g. opiati², *n.*

OPINER. Dicĕre sententiam. *sur se rend par de, avec l'ablatif; c. à. d. dire son avis touchant.* Dico, dicis, dixi, dictum³, *acc.*

OPINER *à la mort.* Sententiam capitis dicĕre.

OPINIÂTRE. Pertinax, *m. f. et n. gén.* pertinacis, *adj. comp.* Pertinacior, *m. f.* pertinacius, *n. g.* pertinacioris; *sup.* pertinacissimus, a, um.

OPINIÂTREMENT. Pertinaciter, *adv.*

s'OPINIÂTRER, *s'obstiner.* Animum obfirmare, obfirmo, obfirmas, obfirmavi, obfirmatum¹, *act.* | A faire, *au présent de l'infinit.*

s'OPINIÂTRER *à une chose.* Perseverare¹ in, *avec l'ablat.; c. à. d. persévérer.*

OPINIÂTRETÉ. Pertinacia, g. pertinaciæ¹, *f.*

Avec opiniâtreté. Pertinaciter, *adv.*

OPINION. Opinio, g. opinionis³, *f.* Sententia, g. sententiæ¹, *f.* | *Selon mon opinion.* Meâ sententiâ, *à l'ablat.* | *Etre de l'opinion de.* Assentiri, assentior, assentiris, assensus sum³, *dép. dat. de la personne.* | *Avoir bonne opinion.* Benè existimare; *mauvaise,* malè existimare; *de quelqu'un, de aliquo; c. à. d. penser bien, ou mal de.* Existimo, existimas, existimavi, existimatum¹, *act.*

OPIUM. Opium, g. opii², *n.*

OPPORTUN. Opportunus, a, um, *adj.*

OPPORTUNITÉ. Voyez *Commodité.*

OPPOSANT. Intercessor, *gén.* intercessoris³, *m.*

OPPOSÉ *à.* Adversus, a, um, *part. pass. avec le dat.*

OPPOSER. Opponĕre, oppono, opponis, opposui, oppositum³, *act. acc. rég. ind. dat.*

s'OPPOSER *à.* Obsistĕre, obsisto, obsistis, obstiti, obstitum³, *n. dat.*

L'OPPOSITE, *ou l'opposé, le contraire.* Contrarium, g. contrarii², *n.*

A L'OPPOSITE. È regione, *avec un gén.* | *Qui est à l'opposite.* Oppositus, a, um, *adj. avec le dat. c. à. d. opposé.*

OPPOSITION. Oppositio, g. oppositionis³, *f.*

Former opposition. Intercedĕre, intercedo, intercedis, intercessi, intercessum³, *n.*

OPPRESSER. Opprimĕre, opprimo, opprimis, oppressi, oppressum³, *act.*

OPPRESSEUR. Oppressor, *g.* oppressoris³, *m.*

OPPRESSIF. Opprimens, *gén.* opprimentis³, *part.*

OPPRESSION. Oppressio, g. oppressionis³, *f.*

OPPRESSION *de poitrine.* Suffocatio, g. suffocationis³, *f.*

OPPRIMER. Opprimĕre, opprimo, opprimis, oppressi, oppressum³, *act.*

OPPROBRE. Opprobrium, *gén.* opprobrii², *n.*

Etre l'opprobre de sa famille. Dedecorare familiam; *c. à. d. dés-*

ORA

honorer. Dedecoro, dedecoras, dedecoravi, dedecoratum[1], act.

OPTATIF, *mode d'un verbe*. Optativus modus, g. optativi modi[2], m.

OPTER. Eligĕre, eligo, eligis, elegi, electum[4], act.

OPTION, *choix*. Optio, gén. optionis[3], f.

OPTIQUE. Optice, g. optices[1], fém.

OPULEMMENT, *richement*. Opulenter, adv.

OPULENCE. Opulentia, g. opulentiæ[1], f.

OPULENT. Opulentus, a, um, adj.

OPUSCULE, *petit ouvrage*. Opusculum, g. opusculi[2], n.

OR, *métal*. Aurum, g. auri[2], n. *D'or, ou qui est d'or.* Aureus, ea, eum, adj.

OR, *conjonct*. Porrò; ou autem, verò, *qu'on met toujours après un mot*.

ORACLE. Oraculum, g. oraculi[2], m.

Prononcer, faire des oracles. Dare oracula; c. à. d. *donner des oracles.* Do, das, dedi, datum[1], act.

ORAGE. Tempestas, g. tempestatis[3], f.

ORAGEUX. Procellosus, a, um, adj.

ORAISON, ou *prière*. Preces, g. precum[3], f. plur.

ORAISON, *discours public*. Oratio, g. orationis[3], m.

ORANGE, *fruit*. Aureum malum, g. aurei mali[2], n.

ORANGÉ, ou *de couleur d'orange*. Aureus, ea, eum, adj.

UN ORANGER, *arbrisseau*. Malus aurea, g. mali[2] aureæ[1], f.

ORANGERIE, *serre à mettre les orangers*. Cella, g. cellæ[1], f. *Ajoutez* condendis malis aureis. *Ces trois derniers mots sont invariables.*

ORANG-OUTANG, *gros singe*. Satyrus, g. satyri[2], m.

ORD

ORATEUR. Orator, g. oratoris[3], masc.

ORATOIRE, ou *d'orateur*. Oratorius, ia, ium, adj.

ORATOIRE, ou *chapelle*. Sacellum, g. sacelli[2], n.

ORATOIREMENT, *en orateur*. Oratoriè, adv.

ORBE *d'une planète*. Orbis, g. orbis[1], m.

ORBICULAIRE. Orbiculatus, a, um, adj.

ORBITE. Orbita, g. orbitæ[1], f.

ORCHESTRE. Orchestra, g. orchestræ[1], f.

ORDINAIRE, ou *accoutumé*. Solitus, a, um, part.

ORDINAIRE, *commun*. Vulgaris, m. f. vulgare, n. gén. vulgaris, adj.

ORDINAIRE, *subst.*, *ce qu'on fait habituellement*. Mos, g. moris[3], m.

C'étoit l'ordinaire des anciens de. Mos erat veteribus ut, *avec le subjonctif*.

D'ORDINAIRE, ou *pour l'ordinaire*. V. *Ordinairement*.

A l'ordinaire. De more. | *Contre l'ordinaire*. Præter morem. | *A mon ordinaire*. Meo more. | *En la manière ordinaire*. More solito.

L'ORDINAIRE, *substantif*, *ce qu'on a à dîner et à souper*. Victus, g. victûs[4], m.

ORDINAIREMENT. Plerumquè, adv.

ORDINAL. Ordinem indicans, g. ordinem indicantis, *des 5 genres*, adj.

ORDINATION, *l'action de conférer les ordres sacrés*. Sacra ordinatio, g. sacræ[1] ordinationis[3], f.

ORDONNANCE, *loi*. Decretum, g. decreti[2], n.

ORDONNANCE *de médecin*. Præscriptum, g. præscripti[2], n.

ORDONNANCE, *arrangement*. Ordo, g. ordinis[3], m.

ORDONNATEUR. Ordinator, g. ordinatoris[3], m.

ORDONNÉ, ou *commandé*. Præscriptus, a, um, part. pass.

ORDONNÉ, *arrangé*. Dispositus, a, um, *part. pass.*

ORDONNÉ, *fait prêtre*. Factus sacerdos, *g.* facti² sacerdotis³, *m.*

ORDONNER, *commander, prescrire*. Præscribĕre, præscribo, præscribis, præscripsi, præscriptum³, *act. acc. rég.* ind. dat.

ORDONNER, *faire une ordonnance*. Indicĕre, indico, indicis, indixi, indictum³, *act.*

ORDONNER, *ranger*. Voy. *Ranger*.

ORDONNER, *faire prêtre*. Facĕre sacerdotem. Facio, facis, feci, factum³, *act.*

ORDRE, ou *disposition*. Ordo, *g.* ordinis³, *m.*

Qui est en ordre. Ordine dispositus, a, um, *part. pass.*

Qui est mal en ordre. Confusus, a, um, *part. pass.*

Par ordre, en ordre, avec ordre. Ordinatè, *adv.*

Ranger une armée en ordre de bataille. Aciem instruĕre, instruo, instruis, instruxi, instructum³, *act.* | *Sans ordre, sans garder aucun ordre.* Confusè, *adv.*

Mettre, ou ranger par ordre. Ordinatè disponĕre, dispono, disponis, disposui, dispositum³, *act.*

ORDRE, *classe des citoyens*. Ordo, *g.* ordinis³, *m.*

Les ordres sacrés. Sacri ordines, *g.* sacrorum² ordinum³, *masc. plur.*

ORDRE, ou *commandement*. Jussum, *g.* jussi², *n.*

Donner ordre, ou commander. Jubĕre, jubeo, jubes, jussi, jussum², *act. La personne à qui l'on ordonne, se met à l'acc. et le verbe qui suit se met au présent de l'inf. Ex. Je vous donne ordre de chanter.* Jubeo te canĕre. | *Avoir, ou recevoir ordre de, suivi d'un infinit.* Juberi, *pass.* de Jubeo. *Mettez ensuite un infinit. c. à. d. être commandé de.*

Par ordre de. Jussu, *avec un génitif.*

ORDRE, ou *commission*. Mandatum, *g.* mandati², *n.* | *Donner ordre, ou commission à quelqu'un de.* Mandare, mando, mandas, mandavi, mandatum¹, *act. dat. de la personne, et l'acc. de la chose. S'il suit un infinit. on exprime de par ut, avec le subjonct.*

Mettre ordre à ses affaires. Res suas componĕre, compono, componis, composui, compositum³, *actif.*

ORDURE. Sordes, *g.* sordium³, *f. plur.*

ORÉADES. Oreades, *g.* oreadum¹, *f. pl.*

OREILLE. Auris, *g.* auris³, *f.* | *A l'oreille.* Ad aurem.

Petite oreille. Auricula, *g.* auriculæ¹, *f.*

Prêter l'oreille. Aures patefacĕre, patefacio, patefacis, patefeci, patefactum³, *act. acc. rég.* ind. dat.

OREILLER. Pulvinar, *g.* pulvinaris³, *n.*

ORFÉVRE. Aurifex, *g.* aurificis³, *m.*

ORFÉVRERIE, *l'art de l'orfévre*. Aurificis ars, *g.* aurificis artis³, *f.*

ORFÉVRERIE, *ouvrage d'orfévre*. Aurificis opus, *g.* aurificis operis³, *neut.*

ORGANE. Organum, *g.* organi², *n.*

ORGANE, *entremise*. Opera, *g.* operæ¹, *f.*

ORGANIQUE. Organicus, a, um, *adj.*

ORGANISATION. Dispositio, *g.* dispositionis³, *f.*

ORGANISER, *former les organes d'un corps.* Efformare, efformo, efformas, efformavi, efformatum¹, *act.*

Tête bien organisée, homme bien organisé. Homo felix cerebri, *g.* hominis felicis³ cerebri.

ORGANISER, *régler*. Disponĕre, dispono, disponis, disposui, dispositum³, *act.*

ORGANISTE. Organicus, *g.* organici², *m.*

ORGE, *grain.* Hordeum, *gén.* hordei², *n.*

Qui est d'orge. Hordeaceus, ea, eum, *adj.*

ORGIES, *fêtes de Bacchus.* Orgia, g. orgiorum², *n. plur.*

ORGUE. Organum pneumaticum, g. organi pneumatici², *n.*

ORGUEIL. Superbia, g. superbiæ¹, *f.*

Avoir de l'orgueil. Superbire, superbio, superbis, superbii, superbitum⁴, *n.*

Avec orgueil. Superbè, *adv.*

ORGUEILLEUSEMENT. Superbè, *adv.*

ORGUEILLEUX. Superbus, a, um, *adj.*

Etre orgueilleux. Voyez *Avoir de l'orgueil.*

ORIENT. Oriens, g. orientis³, *masc.*

ORIENTAL. Orientalis, *m. f.* orientale, *n. gén.* orientalis, *adj.*

LES ORIENTAUX. Orientis populi, g. orientis populorum², *m. plur.*

S'ORIENTER. Vertère se ad orientem; verto, verti, versum³, *act. c. à. d. se tourner du côté de l'orient.*

ORIFICE, *ouverture.* Orificium, g. orificii², *n.*

ORIFLAMME, *étendard.* Labarum flammeum, g. labari flammei², *n.*

ORIGINAIRE. Oriundus, a, um, *adj. Le de s'exprime par* è *ou* ex, *et l'abl.*

ORIGINAIREMENT. Origine, à l'ablat.

Il vient originairement de. ou il est originaire de. Est oriundus ex, avec l'abl.

ORIGINAL, *modèle.* Exemplar, g. exemplaris³, *n.*

UN ORIGINAL, *un homme original.* Homo à communi usu abhorrens, g. hominis à communi usu abhorrentis³, *m.* Mot à mot, *homme s'écartant des usages ordinaires.*

ORIGINAL, *adj. primitif.* Primigenitus, a, um, *adj.*

Esprit original. Ingenium felix, g. ingenii² felicis³, *n.*

ORIGINALEMENT. Morosè, *adv.*

ORIGINALITÉ, *bizarrerie.* Morositas, g. morositatis³, *f.*

ORIGINE. Origo, g. originis³, *fém.*

Tirer son origine. Originem ducère, duco, ducis, duxi, ductum³, de par è ou ex, avec l'abl.

ORIGINEL. Ingenitus, a, um, *part. pass.*

ORIGINELLEMENT, *dès l'origine.* Ab origine.

ORME, *ou* ORMEAU. Ulmus, g. ulmi², *f.*

ORMOIE, *lieu planté d'ormes.* Ulmarium, g. ulmarii², *n.*

ORNÉ. Ornatus, a, um, *part. pass. et l'ablat. de la chose dont on est orné.*

ORNEMENT. Ornamentum, g. ornamenti², *n.*

ORNER. Ornare, orno, ornas, ornavi, ornatum¹, *act. acc. rég. ind. ablat.*

ORNIÈRE. Orbita, g. orbitæ¹, *f.*

ORPHELIN. Pupillus, g. pupilli², *m.*

ORPHELINE. Pupilla, g. pupillæ¹, *f.*

ORTEIL, *doigt du pied.* Pedis digitus, g. pedis digiti², *m.*

ORTHODOXE. Orthodoxus, a, um, *adj.*

ORTHOGRAPHE. Orthographia, g. orthographiæ¹, *f.*

ORTHOGRAPHIER Rectè scribère, scribo, scribis, scripsi, scriptum³, *act.*

ORTIE, *herbe piquante.* Urtica, g. urticæ¹, *f.*

ORTOLAN, *oiseau.* Avis miliaria, g. avis miliariæ¹, *f.*

ORVIÉTAN, *sorte de contrepoison.* Antidotum, g. antidoti², *n.*

OS. Os, g. ossis³, *n. plur.* ossa, g. ossium, *dat.* ossibus.

Oter les os, désosser. Exossare,

exosso, exossas, exossavi, exossatum, act. | Qui est d'os. Osseus, ea, eum, adj.

Il n'a que la peau et les os. Ossa atque pellis totus est. Mot à mot, il est tout os et peau.

OSCILLATION. Oscillatio, g. oscillationis³, f.

OSEILLE. Rumex, g. rumicis³, fém.

OSER. Audere, audeo, audes, ausus sum², n. acc. ou un infinit.

OSIER. Vimen, g. viminis³, n. | Qui est d'osier. Vimineus, ea, eum, adj.

Lieu planté d'osiers. Viminetum, g. vimineti², n.

OSSELET. Talus, g. tali², m.

OSSEMENT. Os, g. ossis³, n. au plur. ossa, g. ossium.

OSSEUX, qui tient de la nature des os. Osseus, ea, eum, adj.

OSTENTATION. Ostentatio, g. ostentationis³, f. | Faire ostentation de. Ostentare, ostento, ostentas, ostentavi, ostentatum¹, act. acc. de la chose.

OSTRACISME, exil pour dix ans. Ostracismus, g. ostracismi², masc.

OTAGE, personne laissée pour assurance. Obses, g. obsidis³, m. et fém.

Donner en otage. Obsidio dare, do, das, dedi, datum¹, act.

OTÉ, Ablatus, a, um, part. pass.

OTER. Auferre, aufero, aufers, abstuli, ablatum³, act. de ou d'entre, suivi d'un nom de chose, par e ou ex, avec l'abl. | D'entre les mains. E manibus. | Oter à quelqu'un. Auferre ab aliquo.

OÙ, adv. de lieu, sans mouvement, Ubi; s'il y a mouvement, Quò. | D'où. Unde, adv. | Par où. Quâ, adv.

OU, signifiant ou bien. Vel. Aut, conjonctions qui veulent le même cas après que devant, comme : Fais ton devoir, ou va-t-en. Fun-

gere officio, aut abi. | C'est un honnête homme, ou un coquin. Vir probus est, aut nequam.

OUAILLE. Ovis, g. ovis³, f.

OUAIS. Hem !

OUATE, bourre de soie. Sericum tomentum, g. sericitomenti², neut.

OUATER, remplir d'ouate. Serico tomento interfarcire, interfarcio, interfarcis, interfarsi, interfartum⁴, act.

OUBLI. Oblivio, g. oblivionis³, f. | Mettre en oubli. Voyez Oublier.

Par oubli. Ex oblivione.

OUBLIÉ, mis en oubli. Oblivioni datus, a, um, part. ; c. à. d. livré à l'oubli.

UNE OUBLIE, petite pâtisserie. Crustulum, g. crustuli², n.

OUBLIER. Oblivisci, obliviscor, oblivisceris, oblitus sum³, dépon. gén.

J'ai oublié d'écrire. Oblitus sum scribere.

Faire oublier quelque chose à quelqu'un. Oblivionem afferre, affero, affers, attuli, allatum³, act. dat. de la personne à qui on fait oublier ; génit. de la chose que l'on fait oublier.

OUBLIER, omettre. Prætermittere, prætermitto, prætermittis, prætermisi, prætermissum³, act.

s'OUBLIER, sortir de la mémoire. E memoriâ elabi, elabor, elaberis, elapsus sum³, dép.

s'OUBLIER à l'égard de quelqu'un. Reverentiam exuere, exuo, exuis, exui, exutum³, act. | A l'égard de, se rend par in, avec l'acc.

s'OUBLIER, ne pas penser à ses intérêts. Sibi non consulere, consulo, consulis, consului, consultum³, n.

Ne pas s'oublier. Sibi consulere; c. à. d. penser à soi.

OUBLIEUX, qui oublie. Obliviosus, a, um, adj.

OUEST, l'occident. Occidens, g. occidentis³, m.

OUÏ, *part. du verbe* Ouïr, *entendu.* Auditus, a, um, *part. pass.*

OUI, *adv.* Ita. Etiàm, *adv.* Ouida. Planè, *adv.* | *Dire oui.* Aio, ais, ait. Voyez ce verbe dans Lhomond.

OUI DIRE, *subst. Par ouï-dire.* Auditione.

OUIE, *faculté d'ouïr.* Auditus, g. auditûs[4], m.

OUIES *de poissons.* Branchiæ, g. branchiarum[1], f. plur.

OUÏR. Audire, audio, audis, audivi, auditum[4], act.

Ouïr dire. Audire, *act.* | *A quelqu'un*, à ou ab *avec l'abl.*| *De quelque chose*, de *avec l'abl.* | *Je n'ai rien ouï dire de cette chose.* Nihil audivi de hâc re, à *l'abl.* | *Etre condamné sans avoir été ouï.* Indictâ causâ damnari ; *c. à. d. être condamné*, *la cause n'ayant point été plaidée.*

OURAGAN, *tempête violente.* Turbo, g. turbinis[3], m.

OURDIR, *disposer des fils pour faire de la toile.* Ordiri, ordior, ordiris, orsus sum[4], *dép. acc.*

OURDIR, *tramer.* Moliri, molior, moliris, molitus sum[4], *dép. acc.*

OURS, *animal sauvage.* Ursus, g. ursi[2], m.

OURSE, *femelle de l'ours.* Ursa, g. ursæ[1], f.

OURSE, *constellation.* Ursa, g. ursæ[1], f.

La grande ourse. Ursa major, g. ursæ[1] majoris[3], f.

La petite ourse. Ursa minor, g. ursæ[1] minoris[3], f.

OURSON, *petit d'une ourse.* Ursæ catulus, g. ursæ catuli[2], masc.

OUTARDE, *oiseau.* Otis, g. otidis[3], f.

OUTIL. Instrumentum, g. instrumenti[2], n.

OUTRAGE. Contumelia, g. contumeliæ[1]. f.

OUTRAGEANT. Contumeliosus, a, um, *adj.*

OUTRAGER, *faire outrage.* Contumeliam imponere, impono, imponis, imposui, impositum[3], act. acc. rég. ind. dat.

OUTRAGEUSEMENT, *avec outrage.* Contumeliosè, *adv.*

OUTRAGEUX. Contumeliosus, a, um, *adj.*

A OUTRANCE. Extrà modum. *Se battre à outrance.* Sine missione pugnare, pugno, pugnas, pugnavi, pugnatum[1], n.

OUTRE, *peau cousue.* Uter, g. utris[3], m. gén. plur. utrium.

OUTRE, *prépos. Plus avant.* Ultrà, *acc.* | *En outre.* Insuper, *adv.*

OUTRE, *par dessus.* Præter, *et l'acc.* | *Outre ces raisons.* Præter has rationes. | *Outre que.* Præter quàm quòd, *avec l'indicat.* | *Percer tout outre*, ou *d'outre en outre.* Trajicere, trajicio, trajicis, trajeci, trajectum[3], act.

D'OUTREMER, *qui est*, *qui vient d'outremer.* Transmarinus, a, um, *adj.*

OUTRE-MESURE, *avec excès.* Præter modum.

OUTRÉ, *excessif.* Nimius, ia, ium, *adj.* | *D'une manière outrée.* Plus æquo.

OUTRÉ *de.* Percitus, a, um, *part. pass. avec l'abl.*

OUTRER. Modum excedere, excedo, excedis, excessi, excessum[3], act. *Le nom de la chose se met à l'ablat. avec* in; *c. à. d. passer les bornes dans quelque chose.*

OUTRER *quelqu'un, piquer au vif.* Exacerbare, exacerbo, exacerbas, exacerbavi, exacerbatum[n], act.

OUVERT, *qui n'est pas fermé.* Patens, g. patentis, *des 3 genres.*

Etre ouvert. Patēre, pateo, pates, patui[2], *sans supin*, n. | *A guerre ouverte.* Aperto marte. | *A force ouverte.* Ex aperto. | *Bouche ouverte.* Os hians, g. oris hiantis[3], neut.

OUVERT, *gai.* Lætus, a, um, *adj.*

PAC

Ouvert, *sincère*. Candidus, a, um, *adj.*

Recevoir à bras ouverts. Ampliter excipere, excipio, excipis, excepi, exceptum[3], *act.*

A cœur ouvert. Apertè, *adv.*

OUVERTEMENT. Apertè, *adv.*

OUVERTURE, *passage pour entrer*. Aditus, *g.* aditûs[4], *m.*

Ouverture, ou *l'action d'ouvrir*. Apertio, *g.* apertionis[3], *f.*

A l'ouverture du livre. Aperto libro.

Faire l'ouverture de. Aperire, aperio, aperis, aperui, apertum[4], *act.*

Ouverture, *jour donné à un bâtiment*. Apertura, *g.* aperturæ[1], *f.*

Ouverture dans la terre. Hiatus, *g.* hiatûs[4], *m.*

Ouverture de la bouche. Rictus, *g.* rictûs[4], *m.*

Ouverture, *franchise*. Candor, *g.* candoris[3], *m.*

Ouverture, ou *commencement des classes*. Instauratio, *g.* instaurationis[3], *f.*

Ouverture de la campagne. Belli initium, *g.* belli initii[2], *n.*

A l'ouverture de la campagne. Ineunte bello. c. à. d. *la guerre commençant.*

OUVRABLE, *jour ouvrable*. Profestus dies, *g.* profesti[2] diei[5], *m.*

OUVRAGE. Opus, *g.* operis[3], *neut.*

OUVRAGÉ. Variatus, a, um, *p.p.*

PAC

OUVRÉ, *en parlant du linge*. Variatus, a, um, *adj.*

Jour OUVRIER. V. *Ouvrable*.

OUVRIER. Opifex, *g.* opificis[3], *masc.*

OUVRIÈRE. Operaria, *g.* operariæ[1], *f.*

OUVRIR. Aperire, aperio, aperis, aperui, apertum[4], *act.*

Ouvrir l'esprit. Formare mentem; c. à. d. *le former*. Formo, formas, formavi, formatum[1], *act.*

Ouvrir l'appétit. Cibi appetentiam excitare, excito, excitas, excitavi, excitatum[1], *act.*

Ouvrir, *commencer*. Inire, ineo, inis, inivi, initum[4], *act.*

s'Ouvrir à quelqu'un, *lui déclarer ses sentimens*. Aperire animum, *dat. de la personne*; c. à. d. *ouvrir son cœur à.*

s'Ouvrir un chemin. Aperire iter; à coups d'épée, ferro; c. à. d. *ouvrir le chemin avec l'épée.*

s'Ouvrir, *en parlant de la terre, des fruits*. Hiare, hio, hias, hiavi, hiatum[1], *n.*

s'Ouvrir, *en parlant d'une porte*. Patefieri, patefio, patefis, patefactus sum[4], *pass.*

OUVROIR, *lieu où l'on travaille*. Officina, *g.* officinæ[1], *f.*

OVALE. Ovatus, a, um, *adj.*

OVATION. Ovatio, *g.* ovationis[3], *f.*

OVIPARE. Oviparus, a, um, *adj.*

~~~~~~

P.

PACAGE, *pâturage*. Pascuum, *g.* pascui[2], *n.*

PACIFICATEUR. Pacificator, *g.* pacificatoris[3], *m.*

Pacificateur de l'univers. Orbis pacator, *g.* orbis pacatoris[3], *m.*

PACIFICATION, *l'action d'apaiser les troubles*. Pacificatio, *g.* pacificationis[3], *f.*

PACIFIER, *rétablir la paix*. Pacare, paco, pacas, pacavi, pacatum[1], *act.*

Pacifier, *apaiser*. Voyez ce mot.

PACIFIQUE. Pacificus, a, um, *adj.*

PACIFIQUEMENT, *paisiblement*. Placidè, *adv.*

PACOTILLE de marchandises.

PAI

Mercium fasciculus, g. mercium fasciculi[2], m.

PACTE. Pactum, g. pacti[2], n. | *Faire un pacte avec quelqu'un.* Facĕre pactionem cum, *et l'ablat.*

PAGANISME, *religion des païens.* Numinum cultus, g. numinum cultûs[2], m.

UNE PAGE. Pagina, g. paginæ[1], *fém.*

UN PAGE. Puer, g. pueri[2], m.

PAGODE, *idole.* Idolum, g. idoli[2], n.

PAIEN, PAÏENNE, *celui qui adore les idoles.* Idolorum cultor, g idolorum cultoris[3], m. *Au fém.* Idolorum cultrix, g. idolorum cultricis[3].

PAIEN, PAÏENNE, *avec un nom de chose.* Gentilis, m. f. gentile, n. gén. gentilis, adj.

PAILLE. Palea, g. paleæ[1], f.

PAILLER, *cour de ferme.* Chors, g. chortis[3], f.

PAILLETTE, *parcelle.* Bracteola, g. bracteolæ[1], f.

PAIN. Panis, g. panis[3], m. panis, *fait au génitif plur.* panum. *Faire le pain.* Panem fingĕre, fingo, fingis, finxi, fictum[3], act.

PAIN, ou *masse.* Massa, g. massæ[1], f.

PAIR, ou *pareil.* Par, m. f. et n. gén. paris, adj.

Jouer à pair ou non pair. Ludĕre par impar. | *Pair à pair.* Par, m. f. et n. gén. paris, adj.

Aller de pair avec; c. à. d. égaler. Æquare, æquo, æquas, æquavi, æquatum[1], act.

Vouloir aller de pair avec quelqu'un. Se æquare cum, *et l'abl.*

Traiter de pair avec. Ex æquo agĕre, ago, agis, egi, actum[3], n. avec *par* cum, *et l'abl.*

PAIR de France. Franciæ par, g. Franciæ paris[3], m.

UNE PAIRE, *une couple.* Par, g. paris[3], n. | *Une paire de ciseaux.* Forfex, g. forficis[3], m.

Une paire de poulets. Pullorum par, g. pullorum paris[3], n.

PAL 415

Une paire de bœufs. Boum jugum, g. boum jugi[2], n.

Une paire de bas. Tibialia, g. tibialium[3], n. *plur.*

PAIRIE, *dignité de pair de France.* Paris Franciæ dignitas, g. paris Franciæ dignitatis[3], f.

PAISIBLE. Placidus, a, um, adj.

PAISIBLEMENT. Placidè, adv.

PAITRE, ou *manger.* Pascĕre, pasco, pascis, pavi, pastum[3], act.

Faire paître les troupeaux. Pascĕre, etc.

PAIX. Pax, g. pacis[3], f.

En paix, ou tranquillement. Tranquillè, adv.

Avoir la paix, jouir de la paix. Esse in pace.

Mettre, rétablir la paix. Pacem conciliare, concilio, concilias, conciliavi, conciliatum[1], act.

PAIX, PAIX-LÀ, *taisez-vous.* Silete, *en parlant de plusieurs.* Sile, *en parlant à un seul.*

PAL, *pièce.* Palus, g. pali[2], m.

PALAIS *de prince.* Palatium, g. palatii[2], n. | *Palais, où l'on rend la justice.* Forum, g. fori[2], n.

De palais. Forensis, m. f. forense, n. gén. forensis, adj.

PALAIS *de la bouche.* Palatum, g. palati[2], n.

PALANQUIN, *chaise à porteur dans l'Inde.* Lectica indica, gén. lecticæ indicæ[1], f.

PALATIN, *seigneur palatin.* Palatinus, g. palatini[2], m.

UNE PALATINE. Strophium pellitum, g. strophii pelliti[2], n.

PÂLE. Pallidus, a, um, adj. comp. Pallidior, m. f. pallidius, n. gén. pallidioris; superl. pallidissimus, a, um.

Être pâle. Pallēre, palleo, palles, pallui[2], *sans supin.* n.

Pâles couleurs. Voy. *Jaunisse.*

Devenir pâle. Voyez *Pâlir.*

PALEFRENIER. Agaso, g. agasonis[3], m.

PALEFROI. Phaleratus equus, g. phalerati equi[2], m.

PALESTRE, *lieu où les jeunes gens s'exerçoient.* Palæstra, g. palæstræ¹, f.

PALET. Discus, g. disci², m. *Jouer au palet.* Ludĕre disco, à l'ablat.

PALETTE *à jouer.* Palmula, g. palmulæ¹, f.

PALETTE, *petit plat.* Scutella, g. scutellæ¹, f.

PALETTE *de peintre.* Asserculus pigmentarius, g. asserculi pigmentarii², m.

PÂLEUR. Pallor, g. palloris³, masc.

PALIER, *plate-forme sur un escalier.* Diazoma, g. diazomatis³, n.

PALINODIE. Palinodia, g. palinodiæ¹, f.

Chanter la palinodie. Palinodiam recantare, recanto, recantas, recantavi, recantatum¹, act.

PÂLIR. Pallescĕre, pallesco, pallescis, pallui³, *sans sup.* n.

PALISSADE. Valli, g. vallorum², m. plur.

PALISSADÉ, *fortifié d'une palissade.* Vallatus, a, um, p.p.

PALISSADER. Vallare, vallo, vallas, vallavi, vallatum¹, act.

PALLADIUM, *statue de Minerve.* Palladium, g. palladii², n.

PALLIATION, *prétexte.* Prætextus, g. prætextûs⁴, m.

PALLIER, *déguiser.* Fucare, fuco, fucas, fucavi, fucatum¹, act.

PALME. Palma, g. palmæ¹, f.

PALME, *mesure.* Palmus, g. palmi², m.

PALMIER. Palma, g. palmæ¹, f.

PALPABLE. Tractabilis, m. f. tractabile, n. gén. tractabilis, adj.

PALPABLE, *évident.* Perspicuus, ua, uum, adj.

PALPITANT, PALPITANTE. Palpitans, g. palpitantis³, *des 3 genres* adj.

PALPITATION. Palpitatio, g. palpitationis³, f.

PALPITER. Palpitare, palpito, palpitas, palpitavi, palpitatum¹, n.

PÂMÉ. Animâ defectus, a, um, adj.

PÂMER, *se pâmer.* Animâ defici, deficior, deficeris, defectus sum³, pass.

Se pâmer de joie. Risu solvi, solvor, solveris, solutus sum³, pass.

PÂMOISON. Animi defectio, g. animi defectionis³, f.

Tomber en pâmoison. Voyez *Pâmer.*

PAMPHLET. Libellus, g. libelli², m.

PAMPRE, *feuille de vigne.* Pampinus, g. pampini², m. | *De pampre.* Pampineus, ea, eum, adj.

PAN, *dieu des bergers.* Pan, g. Panos³, m. acc. Pana.

PAN *de muraille.* Muri pars, g. muri partis³, f.

PAN *de robe.* Vestis lacinia, g. vestis laciniæ¹, f.

PANACÉE, *herbe.* Panacea, g. panaceæ¹, f.

PANACHE. Crista, g. cristæ¹, fém.

Casque surmonté d'un panache. Galea cristis decora, g. galeæ cristis decoræ¹, f.

PANACHÉ. Variis coloribus distinctus, a, um, adj.

SE PANADER. Voy. *se Pavaner.*

PANAIS, *racine.* Pastinaca, g. pastinacæ¹, f.

PANARIS, *mal douloureux.* Paronychia, g. paronychiæ¹, f.

PANCARTE, *affiche.* Tabulæ, g. tabularum¹, f. plur.

PANDECTES, *recueil de lois compilées sous Justinien.* Pandectæ, g. pandectarum¹, f. plur.

PANÉE, *eau panée.* Aqua pane temperata, g. aquæ pane temperatæ¹, f.

PANÉGYRIQUE. Panegyricus, g. panegyrici², m.

Faire le panégyrique de quelqu'un. Laudes memorare, memoro, memoras, memoravi, memoratum¹, act. *génitif de la personne.*

PAN

PANÉGYRISTE, *qui fait un panégyrique.* Laudator, g. laudatoris[3], m.

PANETERIE. Panarium, g. panarii[2], n.

PANETIER. Panis promus, g. panis promi[2], m.

PANETIÈRE, *petit sac où les bergers portent leur pain.* Panariolum, g. panarioli[2], n.

PANIER. Calathus, g. calathi[2], masc.

PETIT **PANIER.** Quasillus, g. quasilli[2], m.

PANIQUE, *terreur panique.* Terror inanis, g. terroris inanis[3], masc.

PANNE, ou *drap velu.* Pannus villosus, g. panni villosi[2], m.

PANNEAU, *piége.* Laqueus, g. laquei[2], m.

Donner dans le panneau, se laisser tromper. Irretiri, irretior, irretiris, irretitus sum[4], pass.

Faire donner dans le panneau. Irretire, irretio, irretis, irretivi, irretitum[4], act.

LA **PANSE**, *le ventre.* Abdomen, g. abdominis[3], n.

PANSEMENT. Curatio, g. curationis[3], f.

PANSER, *en parlant des plaies des chevaux, etc.* Curare, curo, curas, curavi, curatum[1], act.

PANSU. Ventrosus, a, um, adj.

PANTALON, *baladin.* Ludio, g. ludionis[3], m.

PANTALON, *culotte longue.* Femoralia longiora, g. femoralium longiorum[2], n. plur.

PANTHÉON. Pantheon, g. panthei[2], n.

PANTHÈRE, *animal.* Panthera, g. pantheræ[1], f.

PANTOMIME, *acteur qui représente par des gestes une action.* Pantomimus, g pantomimi[2], masc. | *Jouer la pantomime.* Gestibus fabulam exprimere, exprimo, exprimis, expressi, expressum[3], act.

PAR 417

PANTOUFLE. Crepida, g. crepidæ[1], f.

PAON, *oiseau.* Pavo, g. pavonis[3], m. | *Femelle du paon.* Pava, g. pavæ[1], f.

PAPA. Pater, g. patris[3], m.

PAPAL. Pontificius, ia, ium, adj.

PAPAUTÉ. Dignitas pontificia, g. dignitatis[3] pontificiæ[1], f.

PAPE. Summus pontifex, g. summi[2] pontificis[3], m.

PAPERASSE. Veteres chartæ, g. veterum[3] chartarum[1], f. plur.

PAPETERIE Chartaria officina, g. chartariæ officinæ[1], f.

PAPETIER, *faiseur de papier.* Chartarum opifex, g. chartarum opificis[3], m.

PAPETIER, *marchand de papier.* Chartarum mercator, g. chartarum mercatoris[3], m.

PAPIER. Charta, g. chartæ[1], f. | *Qui est de papier.* Chartaceus, ea, eum, adj.

PAPILLON. Papilio, g. papilionis[3], m.

PAPILLOTTE. Glomus chartaceus, g. glomi chartacei[2], m.

PAQUE, *fête solennelle.* Pascha, g. paschæ[1], f. ou Pascha, g. paschatis[4], n. | *Le temps de Pâques.* Tempus paschale, g. temporis paschalis[3], n. | *Faire ses pâques.* Pascha celebrare, celebro, celebras, celebravi, celebratum[1], act.

PAQUEBOT, *vaisseau.* Navis tabellaria, g. navis[3] tabellariæ[1], fem.

PAQUET. Fascis, g. fascis[3], m.

PETIT PAQUET. Fasciculus, g. fasciculi[2], m. | *Paquet de hardes.* Sarcinæ, g. sarcinarum[1], f. pl. | *Faire son paquet.* Sarcinas colligere, colligo, colligis, collegi, collectum[3], act.

PAR, *marquant la manière, la cause et le temps, veut l'ablat. sans préposition,* comme : *Par le travail.* Labore. | *Par ma valeur.* Meâ fortitudine. | *Par accident.* Casu. | *Par finesse.* Dolo. | *Par terre et par mer.* Terrâ marique.

53

Par un beau temps. Cœlo sereno.
| *Quelquefois au lieu de l'ablat.* on exprime Par *par* per, *avec l'acc.* comme : *Par douceur.* Per gratiam. | *Par envie.* Per invidiam. | *Je vous prie par notre amitié.* Te rogo per nostram amicitiam.

Par, *signifiant* de, *s'exprime en latin par* à *ou* ab, *avec l'abl.* comme : *Par le côté, ou de côté.* A latere.

Par, *après un verbe pass. s'exprime par* à *ou* ab, *si c'est un nom de personne, et ne s'exprime pas si c'est un nom de chose.* Exemple : *Il est loué par le maître.* Laudatur à præceptore. | *Être accablé par les neiges.* Nivibus obrui.

Quelquefois Par, *signifiant* de, *s'exprime par* è *ou* ex, *avec l'abl.* comme : *Par l'autorité du sénat.* Ex auctoritate senatûs. | *J'ai connu par vos lettres.* Cognovi ex tuis litteris.

Par, *joint au verbe* Commencer, *s'exprime par* à *ou* ab, *et l'abl.* comme : *Commencer par les choses les plus faciles.* Incipere à rebus facillimis.

Mais avec le verbe Finir, Par *veut l'abl. sans prép.* comme : *Finir par ce discours.* Finire eo sermone.

Par où. Quâ. *Voyez à la question* Quâ, *le tableau des adverbes de cette question.*

Par-ci, par-là. Passim, *adv.* | *Par bonheur.* Feliciter, *adv.* | *Par dehors.* Extrinsecùs, *adv.* | *Par dedans.* Intrinsecùs, *adv.* | *Par tête.* In capita. | *Par jour.* In singulos dies. | *Par an.* In singulos annos. | *De par le roi ; c. à. d. de la part du roi.* Regis nomine.

PARABOLE. Parabola, *g.* parabolæ[1], *f.*

PARACHEVER *Voy.* Achever.

PARADE, *étalage.* Apparatus, *g.* apparatûs[4], *m.* | *Lit de parade.* Lectus ornatus, *g.* lecti ornati[2], *masc.*

Parade, *ostentation.* Ostentatio,

g. ostentationis[3], *f.* | *Faire parade de quelque chose.* Ostentare, ostento, ostentas, ostentavi, ostentatum[1], *act.*

PARADIS. Cœlum, *g.* cœli[2], *neut.*

Le Paradis *terrestre.* Paradisus terrestris, *g.* paradisi[2] terrestris[3], *masc.*

PARADOXE, *proposition contraire à l'opinion commune.* Paradoxum, *g.* paradoxi[2], *n.*

PARAPHE. Tessera chirographaria, *g.* tesseræ chirographariæ[1], *f.*

Mettre son paraphe, ou

PARAPHER. Tesseram chirographariam subjicere, subjicio, subjicis, subjeci, subjectum[3], *act. dat.*

PARAGE. Plaga, *g.* plagæ[1], *f.*

PARAGRAPHE. Paragraphus, *g.* paragraphi[2], *m.*

PARALLÈLE, *comparaison.* Comparatio, *g.* comparationis[3], *fém.*

| *Mettre en parallèle.* Æquare, æquo, æquas, æquavi, æquatum[1], *act.* | *Une chose, à l'acc. avec une autre,* cum, *et l'abl.*

Faire le parallèle de. Conferre, confero, confers, contuli, collatum[3], *act.* | *Les deux mots qui suivent de se mettent au génit.*

Entrer en parallèle avec, si c'est une personne. Se conferre[3] cum, *et l'abl.* | *Entrer en parallèle, si c'est une chose.* Conferri, conferor, conferris, collatus sum[3], *pass. de* Conferre.

PARALLÈLE, *adj. qui est à égale distance.* Parallelus, a, um, *adj.*

PARALOGISME, *faux raisonnement.* Paralogismus, *g.* paralogismi[2], *m.*

PARALYSIE. Paralysis, *g.* paralysis[3], *f.*

PARALYSÉ, *privé de l'usage des membres.* Membrorum usu privatus, a, um, *adj.*

PARALYSER, *rendre paralytique.* Membrorum usu privare,

PAR

privo, privas, privavi, privatum[1], act.

PARALYSER, *rendre inutile.* Irritum facĕre, facio, facis, feci, factum, *act. Irritum s'accorde en genre et en nombre avec le rég. de* Facere.

PARALYTIQUE. Paralyticus, a, um, *adj.*

PARAPET, *élévation au dessus d'un mur.* Lorica, g. loricæ[1], f.

PARAPET *d'un pont.* Peribolus, g. periboli[2], m.

PARAPHERNAL, *biens paraphernaux.* Parapherna, g. paraphernorum[2], n. plur.

PARAPHRASE. Paraphrasis, g. paraphrasis[1], f.

PARAPHRASER. Paraphrási explicare; c. à. d. *expliquer par une paraphrase.* Explico, explicas, explicavi, explicatum[1], act.

PARAPLUIE. Ad imbres munimen, g. ad imbres muniminis[3], n. c. à. d. *préservatif contre la pluie.*

PARASITE. Parasitus, g. parasiti[2], n.

PARASOL, *pour se défendre du soleil.* Umbella, g. umbellæ[1], fém.

PARC. Septum, g. septi[2], n.

PARC, *où l'on nourrit des bêtes sauvages.* Vivarium, g. vivarii[2], neut.

PARCELLE. Particula, g. particulæ[1], f. | *Par parcelles.* Particulatim, *adv.*

PARCE QUE. Quia, *avec l'indic.* Quòd, *avec l'indic. ou le subj.*

PARCHEMIN. Membrana, g. membranæ[1], f. | *Qui est de parchemin.* Membraneus, ea, eum, *adj.*

PARCIMONIE. Parcimonia, g. parcimoniæ[1], f.

PARCOURIR. Percurrĕre, percurro, percurris, percurri, percursum[3], act.

PARCOURIR *des yeux.* Oculis emetiri, emetior, emetiris, emensus sum[1], dép. acc.

PARCOURU. Percursus, a, um, part. pass.

PAR-DERRIÈRE. A tergo.

PAR-DESSOUS, Subter, *avec l'accus.*

PAR-DESSUS Suprà, *avec l'acc.*

PAR-DEVANT. A fronte.

PARDON Venia, g. veniæ[1], f.

PARDONNABLE. Veniâ dignus, a, um, *adj. c. à. d. digne de pardon.*

PARDONNER, *faire grâce.* Parcĕre, parco, parcis, peperci, parcitum[1], n. dat.

PARDONNER *quelque chose à quelqu'un.* Condonare, condono, condonas, condonavi, condonatum[1], act. acc. de la chose et datif de la personne à qui l'on pardonne. | *Vous me pardonnez, ou pardonnez-moi, si je dis.* Pace tuâ dixerim[1] *Et si l'on parle à plusieurs,* pace vestrâ dixerim.

PARÉ *ou orné.* Ornatus, a, um, part. pass. avec l'abl.

PARÉ, *détourné.* Aversus, a, um, part. pass.

PAREIL *ou égal.* Par, m. f. n. gén. paris, *adj. avec le génit. ou le dat.*

LA PAREILLE. Par, g. paris[3], n. | *Rendre la pareille.* Par pari referre, refero, refers, retuli, relatum[1], act. le dat. de la person.

PAREILLEMENT. Pariter, *adv.*

PARÉLIE, *image du soleil dans une nuée.* Parelion, g. parelii[2], n.

PAREMENT. Ornamentum, g. ornamenti[2], n.

PARENT. Propinquus, qua, quum, *adj. S'il y a de, on le rend par le datif du nom.*

LES PARENS; c. à. d. *le père et la mère.* Parentes, g. parentum[3], masc. plur. | *Né de parens illustres* Nobili genere natus, a, um, *adj.* | *Il est mon proche parent; tournez, il est lié à moi par le sang.* Mihi est conjunctus sanguine.

PARENTÉ. Consanguinitas, g. consanguinitatis[3], f.

PARENTHÈSE. Parenthesis, g. parenthesis[3], f.

PARER ou *orner*. Ornare, orno, ornas, ornavi, ornatum[1], *act. acc. rég. ind. abl.*

PARER, ou *détourner*. Avertĕre, averto, avertis, averti, aversum[2], *act. Le de* par *à ou* ab, *avec l'abl.*

PARESSE. Pigritia, g. pigritiæ[1], *fém.*

PARESSEUX. Piger, gra, grum, *adj. comp.* Pigrior, *m. f.* pigrius, *n. gén.* pigrioris; *sup.* pigerrimus, a, um, *adj.* | *à écrire*, ad scribendum.

Etre PARESSEUX. Pigritiâ laborare, laboro, laboras, laboravi, laboratum[1], *n.* | *Rendre paresseux.* Pigritiam incutĕre, incutio, incutis, incussi, incussum[3], *act. dat. de la personne; c. à. d. causer la paresse à.*

PARFAIRE, *achever.* Perficĕre, perficio, perficis, perfeci, perfectum[3], *act.*

PARFAIT. Perfectus, a, um, *adj.*

UN PARFAIT *honnête homme.* Vir apprimè probus, g. viri apprimè probi[2], *m.*

PARFAITEMENT. Perfectè, *adv.*

PARFUM. Odor, g. odoris[3], *masc.*

PARFUMÉ. Odoratus, a, um, *part. pass.*

PARFUMER. Odorare, odoro, odoras, odoravi, odoratum[1], *act.*

PARFUMEUR. Myropola, g. myropolæ[1], *m.*

Une PARFUMEUSE. Unguentaria, g. unguentariæ[1], f.

PARI, *gageure.* Sponsio, g. sponsionis[3], f.

Faire un pari. Voyez Parier.

PARIER, *faire gageure.* Sponsionem facĕre, facio, facis, feci, factum[3], *act.*

PARIER *cent pistoles.* Centum duplionum sponsionem facere; *c. à. d. faire le pari de cent pis-* toles. Duplionum est au génit. pl. de Duplio, g. duplionis.

PÂRIS, *nom d'homme.* Paris, g. Paridis[3], *m.*

PARITÉ. Parilitas, g. parilitatis[3], f.

PARJURE, *faux serment.* Perjurium, g. perjurii[2], *n.*

PARJURE, *celui, celle qui viole son serment.* Perjurus, a, um, *adj.*

Se PARJURER. Perjurare, perjuro, perjuras, perjuravi, perjuratum[1], *n.*

PARLEMENT. Supremus senatus, g. supremi[2] senatûs[4], *m.*

PARLEMENTAIRE. Internuncius, g. internuncii[2], *m.*

PARLEMENTER. Colloqui, colloquor, colloqueris, collocutus sum[3], *dép.*

PARLER. Loqui, loquor, loqueris, locutus sum[3], *dép.* | *à quelqu'un*, cum, *et l'abl.* | *de quelque chose*, de, *et l'abl.*

PARLER *à quelqu'un, lui adresser la parole.* Alloqui, alloquor, alloqueris, allocutus sum[3], *dép. acc.*

Ouir, entendre parler quelqu'un de quelque chose; c. à. d. entendre quelqu'un sur quelque chose. Audire, audio, audis, audivi, auditum[4], *act. la personne à l'acc. la chose à l'abl. avec* de. *Ex. Je l'ai entendu parler de cette affaire.* Illum audivi de hoc negotio. | *Ouir, ou entendre parler de quelque chose; c. à. d. entendre toucher quelque chose.* Audire; *le nom de chose à l'abl. avec* de. *Ex. J'ai entendu parler de cette affaire.* Audivi de hoc negotio.

Faire parler de soi. In sermonem hominum venire, venio, venis, veni, ventum[4], *n.*

Faire parler dans un dialogue. Sermonem tribuĕre, tribuo, tribuis, tribui, tributum[3], *act. dat. de la personne que l'on fait parler.* | *Faire parler un méchant homme en homme de bien.* Probum sermonem tribuĕre im-

PAR

probo homini. Mot à mot, *donner un discours d'honnête homme à un homme méchant.* | *Faire parler quelqu'un, lui arracher un secret.* Vocem elicĕre, elicio, elicis, elicui, elicitum³, *act. dat. de la pers.*

PARLER mal de. Voy. *Médire.*

PARLER en public. Concionari, concionor, concionaris, concionatus sum¹, *dép.* | *de quelque chose,* de *avec l'abl.*

PARLER, *en parlant des oiseaux qui parlent.* Humanam vocem imitari, imitor, imitaris, imitatus sum¹, *dép.*

Le PARLER. Sermo, *g.* sermonis³, *m.*

PARLEUR. Loquax, *m. f* et *n. gén.* loquacis, *adj.*

PARLEUSE, *femme qui parle beaucoup.* Garrula, *g.* garrulæ¹, *f.*

PARLOIR. Ad loquendum locus, *g.* ad loquendum loci², *m.*

PARMI. Inter, *avec l'acc.*

PARODIE, *imitation ridicule.* Parodia, *g.* parodiæ¹, *f.*

PARODIER. In ridiculum detorquēre, detorqueo, detorques, detorsi, detortum², *act.*

PAROI. Paries, *g.* parietis³, *m.*

PAROISSE. Parœcia, *g.* parœciæ¹, *f.*

PAROISSIAL. Parochialis, *m. f.* parochiale, *n. gén.* parochialis, *adj.*

PAROISSIEN. Parochianus, a, um, *adj.*

PAROITRE, *ou se présenter.* Apparēre, appareo, appares, apparui, apparitum², *n.* | *Paroître en public.* Prodire, prodeo, prodis, prodivi, proditum⁴, *n.* | *Paroître devant quelqu'un.* In conspectum venire, venio, venis, veni, ventum⁴, *n. gén. de la personne qui suit devant.*

PAROITRE, *sembler.* Videri, videor, videris, visus sum², *pass. datif de la pers. à qui l'on paroît.*

Faire PAROITRE, ou *montrer.* Ostendĕre, ostendo, ostendis, ostendi, ostensum³, *act.*

Faire PAROITRE, *présenter quelqu'un.* Producĕre, produco, producis, producit, produxi, productum³, *m.*

PAROLE, ou *mot.* Verbum, *g.* verbi², *n.*

PAROLE, ou *faculté de parler.* Vox, *g.* vocis, *f.* | *La parole lui manqua tout-à-coup.* Vox eum subitò defecit, *de* Deficĕre, deficio, deficis, defeci, defectum³, *act.*

PAROLE, *discours.* Sermo, *g.* sermonis³, *m.* | *Prendre la parole.* Sermonem suscipĕre, suscipio, suscipis, suscepi, susceptum³, *act.*

Porter la parole au nom de. c. à. d. *parler.* Loqui, loquor, loqueris, locutus sum¹, *dép.* | *Au nom de.* Nomine, *avec le génit.*

Couper la parole. Voyez *Interrompre.*

PAROLE, ou *promesse* Fides, *g.* fidei⁵, *f.* | *Sur votre parole.* Fide tuâ, *à l'abl.* | *Tenir sa parole.* Fidem servare, servo, servas, servavi, servatum¹, *act. avec le dat. de la personne.* | *Manquer de parole, ou à sa parole.* Fidem violare, violo, violas, violavi, violatum¹, *act.* | *Un homme de parole.* Vir spectatâ fide. | *Homme sans parole, qui n'a point de parole.* Fide nullâ vir.

PARQUE, *divinité fabuleuse.* Parca, *g.* parcæ¹, *f.*

PARQUET, *compartiment en bois qui forme un plancher.* Tessellatum pavimentum, *g.* tessellati pavimenti³, *n.*

PARQUETAGE, *ouvrage de parquet.* Tessellatum opus, *g.* tessellati operis³, *n.*

PARQUETÉ. Tessellatus, a, um, *adj.*

PARRAIN. Patrinus, *g.* patrini², *masc.*

PARRICIDE, *crime de celui qui tue son père.* Parricidium, *g.* parricidii², *n.*

PARRICIDE, *celui, celle qui tue son père.* Parricida, *g.* parricidæ¹, *m. et f.*

PARSEMER. Spargĕre, spargo, spargis, sparsi, sparsum³, act. | la terre, humum. | de fleurs, floribus; à l'abl.

PART. Pars, g. partis³, f.

Faire PART à quelqu'un de quelque chose. Participem facĕre, facio, facis, feci, factum³, la personne à l'acc., la chose au gén. Participem s'accorde en genre et en nombre avec le rég. de Facere. Exemple : Il nous a fait part de ses biens. Fecit nos participes suorum bonorum ; c. à. d. il nous a fait participans de ses biens. | Avoir part à, prendre part à, c. à. d. être participant de. Esse participem, et un gén. Sum, es, fui. Particeps, m. f. et n. gén. participis. | Je prends part à votre douleur, ou je suis participant de votre douleur. Sum particeps tui doloris. | En bonne part. In bonam partem. | En mauvaise part. In malam partem. | De la part de, à ou ab, avec l'abl. de la personne. | De la part de mon père. A meo patre. | De ma part. A me. | De ta part. A te.

A PART, ou séparément. Separatim, adv. | Raillerie à part. Remoto joco, à l'abl. | Mettre à part Seponĕre, sepono, seponis, seposui, sepositum³, act.

PART, lieu, endroit, côté, quelque part. Alicubi, sans mouvement ; avec mouvement, Quopiàm, adv. | Autre part Alibi, sans mouvement ; avec mouvement, Aliò. | D'autre part. Aliundè.

Nulle part. Nusquàm, adv. | Nulle autre part. Nusquàm alibi, adv. S'il y a mouvement. Nusquàm aliò, adv. | De toute part. Undiquè, adv. | De part et d'autre. Utrinquè, adv. | De part en part, transpercer de part en part. Transfodĕre, transfodio, transfodis, transfodi, transfossum³, act.

PARTAGE. Partitio, g. partitionis³, f.

Avoir, recevoir en partage. Sortiri, sortior, sortiris, sortitus sum⁴, dép. acc. | Donner en partage. Donare, dono, donas, donavi, donatum¹, act acc. de la personne, abl. de la chose. | Echoir en partage. Obtingĕre, obtingo, obtingis, obtigi¹, sans sup. n.

PARTAGE, récompense. Præmium, g. præmii², n. | La gloire est le partage de la vertu. Gloria est virtutis præmium.

PARTAGE, ou le propre, ne s'exprime pas. Exemple : La témérité est le partage de la jeunesse. Temeritas est juventutis ; c. à d. est, ou appartient à la jeunesse.

PARTAGÉ, divisé en parts. Divisus, a, um, part.

Etre PARTAGÉ de sentiment. Discrepare, discrepo, discrepas, discrepui, discrepitum¹, n. sur par de, avec l'abl.

PARTAGER, faire plusieurs parts. Dividĕre, divido, dividis, divisi, divisum³, act. en, se rend par in avec l'acc.

PARTAGER, séparer en partis opposés, en parlant d'une opinion. In varias partes distrahĕre, distraho, distrahis, distraxi, distractum³, act.

PARTAGER, ou prendre part à la joie, à la douleur. Voyez Prendre part.

SE PARTAGER, Distrahi, distrahor, distraheris, distractus sum³, pass. en par in, avec l'acc. | Se partager entre la crainte et l'espérance. Inter metum et spem hæsitare, hæsito, hæsitas, hæsitavi, hæsitatum¹, n.

PARTANCE, le départ d'un navire. Profectio, g. profectionis³, fém.

PARTANT, par conséquent. Itaquè, conjonct.

PARTERRE, partie d'une salle de spectacle. Solum, g. soli², n.

PARTERRE, où il y a des fleurs. Floralia, g. floralium³, n. plur.

PARTI, qui s'en est allé. Profectus, a, um, part.

PAR

PARTI, *faction.* Partes, g. partium³ f. plur.

Etre du parti, suivre le parti de quelqu'un. Stare, sto, stas, steti, statum¹, n. *de se rend par* à *ou* ab, *avec l'abl Exemple :* il étoit du parti de Sylla. Stabat à Syllâ. | *Se mettre, se ranger du parti, prendre, ou embrasser le parti de quelqu'un.* Partes suscipere, suscipio, suscipis, suscepi, susceptum³, *act. gén. de la personne.*

PARTI, *condition.* Conditio, g. conditionis³, f.

Tirer parti. Voyez Profiter.

PARTI, *résolution, dessein.* Consilium, g. consilii², n.

Prendre son parti sur-le-champ. Consilium subitò sibi reperire, mihi reperio, tibi reperis, mihi reperi, repertum⁴, *act.*

Ne savoir quel parti prendre. Consilii esse dubium; consilii dubius sum, es, fui. Dubius, *est un adj. qui s'accorde avec le sujet de* Sum. | *Mon parti est pris, c'est une chose décidée.* Fixum est mihi. | *Prendre le parti de la douceur.* Lenitatis partes agĕre, ago, agis, egi, actum³, *act.*

PARTI, *état de vie.* Vitæ institutum, g. vitæ instituti², n.

Prendre le parti des armes. Militiam eligĕre, eligo, eligis, elegi, electum³, act. | *du barreau, de la robe.* Forum.

PARTI, *troupe de soldats.* Militum manus, g. militum manûs¹. f.

PARTI, *mariage. Un bon parti, en parlant d'une fille.* Filia ditissima ; *en parlant d'un garçon.* Adolescens ditissimus ; c. à. d. *une fille très-riche, un garçon très-riche.*

PARTIAL, *attaché à un parti.* Partium fautor, g. partium fautoris⁴, m. *Au fém.* partium fautrix, g. partium fautricis³.

PARTIALITÉ. Partium studium, g. partium studii². n. | *Avec partialité.* Partium studio.

PAR 423

PARTICIPANT. Particeps, m. f. n. *gén.* participis, *adj avec le génit.*

PARTICIPATION. Communicatio, g. communicationis³, f. | *Sans ma participation, à mon insu.* Me inscio, *abl. absolu* ; c. à. d. *moi ne sachant pas.*

PARTICIPE. Participium, g. participii², n.

PARTICIPER *à quelque chose.* Esse participem, *et le génit. du nom ;* c. à. d *être participant de quelque chose.* Particeps, m. f. et n. *gén.* participis, *s'accorde avec le nominat.f de* Sum.

PARTICULARISER. Distinctè persequi, persequor, persequeris, persecutus sum¹, *dép. acc.*

PARTICULARITÉ. Circumstantia, g. circumstantiæ¹, f.

PARTICULE. Particula, g. particulæ¹, f.

PARTICULIER, *singulier.* Singularis, m. f. singulare, n. *gén.* singularis, *adj.* | *Une amitié particulière pour quelqu'un, ou envers quelqu'un.* Amor singularis in aliquem.

PARTICULIER, *ou qui est propre à quelqu'un.* Proprius, ia, ium, *adj. avec le génit.*

EN PARTICULIER, *séparément.* Seorsùm, *adv.*

EN PARTICULIER, *sans témoins.* Secretò, *adv.* | *En son particulier.* Privatim, *adv.*

UN PARTICULIER, *simple particulier.* Privatus, a, um, *adj.*

PARTICULIEREMENT, *d'une façon particulière.* Singulariter, *adv.*

PARTICULIÈREMENT, *ou principalement.* Præcipuè, *adv.*

PARTIE. Pars, g. partis³, f. | *En partie.* Partìm, *adv.* | *Diviser en parties, ou par parties.* Dividĕre in partes, *du verbe* Divido, dividis, divisi, divisum³, *act.* | *Une bonne partie, ou une grande partie de.* Magna pars, *gén.* magnæ¹ partis³, f. *On met ensuite un gén.*

| La plus grande partie. Maxima pars, g. maximæ[1] partis[3], f. avec un gén. ensuite.

EN PARTIE, ou partie. Partim, adv.

PARTIE, ou adversaire. Adversarius, ia, ium, adj.

PARTIE de jeu. Lusoria certatio, g. lusoriæ[1] certationis[3], f.

Faire, jouer une partie. Certamen ludicrum agĕre, ago, agis, egi, actum[3], act. | Gagner la partie à quelqu'un. Vincĕre; c. à. d. vaincre quelqu'un, de Vinco, vincis, vici, victum[3], act. | Perdre la partie. Vinci, avec à ou ab et l'abl. de la personne contre qui l'on joue, c. à. d. être vaincu par. Vinci est le pass. de Vincere.

PARTIE, projet. Partie de promenade, de chasse. Ad ambulandum, ad venandum conditio, g. conditionis[3], f.

PARTIES, qualités, dons naturels. Dotes, g. dotium[3], f. plur.

PARTIR, s'en aller. Proficisci, proficiscor, proficisceris, profectus sum[3], dép.

PARTIR, en parlant des choses inanimées. Erumpĕre, erumpo, erumpis, erupi, eruptum[3], n.

UN PARTISAN, pour la levée des deniers publics. Publicanus, g. publicani[2], m.

PARTISAN de, attaché au parti de. Fautor, g. fautoris[3], m. | Etre partisan de quelqu'un. Studēre, studeo, studes, studui[2], sans sup. neut. avec le datif.

PARTOUT, en tout lieu, sans mouvement. Ubiquè. Avec mouvement, Quocumquè.

PARURE. Ornatus, g. ornatûs[4], masc.

PARVENIR à, obtenir. Assequi, assequor, assequeris, assecutus sum[3], dép. acc.

PARVENIR, arriver au terme proposé. Pervenire, pervenio, pervenis, perveni, perventum[4], n.

UN PARVENU, qui a fait une fortune subite. Homo repentinus, g. hominis[3] repentini[2], m.

PARVIS, place devant une église. Atrium, g. atrii[2], n.

PAS avec le ne qui précède, s'exprime par non, comme : Je ne l'ai pas vu. Non vidi illum.

Mais lorsque ne pas sert à interroger, il s'exprime par annon, ou nonne, comme : N'avez-vous pas dit? Annon ou nonne dixisti? | Ne pas même. Ne quidem, adv. | Ne pas encore. Nondùm, adv.

UN PAS. Passus, g. passûs[4], m. | A grand pas. Magno passu, à l'abl. | A petit pas. Lento passu, à l'abl. | A chaque pas. Singulis vestigiis, à l'abl. | Pas à pas. Gradatim. Pedetentim, adv. | Revenir ou retourner sur ses pas. Iter relegĕre, relego, relegis, relegi, relectum[3], act. | Suivre quelqu'un pas à pas, marcher sur ses pas. Vestigia persequi, persequor, persequeris, persecutus sum[3], dép. gén. de la personne; c. à. d. suivre les traces de quelqu'un. | Faux pas. Fallens vestigium, g. fallentis[3] vestigii[2], n. | Faire un faux pas. Vestigio falli, fallor, falleris, falsus sum[3], pass.

PAS, marque du pied. Vestigium, g. vestigii[2], n.

PAS, ou mesure. Passus, g. passûs[4], m.

LE PAS d'une porte, etc. Limen, g. liminis[3], n.

LE PAS, la préséance. Locus prior, g. loci[2] prioris[3], m. | Disputer le pas à quelqu'un. De honore contendĕre, contendo, contendis, contendi, contentum[3] n. à se rend par cum, avec l'abl. c. à. d. disputer de l'honneur avec quelqu'un. | Céder le pas à quelqu'un. Partes cedĕre, cedo, cedis, cessi, cessum[3], act. | à quelqu'un, au dat.

PAS, ou démarches. Officium, g. officii[2], n.

Faire les premiers pas. Officiis provocare, provoco, provocas, provocavi, provocatum[1], act.

PAS, passage étroit et difficile

entre des montagnes. Fauces, g. faucium³, f. plur.

Pas, mauvais pas, lieu par où il est difficile et dangereux de passer. Salebra, g. salebræ¹, f.

PASCAL. Paschalis, m. f. paschale, n. gén. paschalis, adj.

PASQUINADE, mot piquant, vers satirique. Dicterium, g. dicterii², n.

PASSABLE. Voyez Médiocre.

PASSABLEMENT. Tolerabiliter, adv.

PASSAGE. Transitus, g. transitûs⁴, m. | Arrêter quelqu'un au passage d'une rivière; c. à. d. écarter quelqu'un du passage d'une rivière. Amnis transitu arcēre, arceo, arces, arcui², sans supin. act. la personne à l'acc.

Laisser le passage libre, donner passage. Dare transitum; à quelqu'un, au dat. | Refuser le passage à, ou s'opposer au passage de. Transitum prohibēre, prohibeo, prohibes, prohibui, prohibitum², act. avec le génit. de la personne. | Se faire passage, s'ouvrir un passage. Aperire iter. | L'épée à la main, ferro; c. à. d. ouvrir le chemin. Aperio, aperis, aperui, apertum⁴, act.

Garder les passages. Itinera insidēre, insideo, insides, insedi, insessum², act.

Passage d'un livre. Locus, g. loci², masc. Au plur. loca, g. locorum², neut.

Oiseau de passage. Peregrina, avis, g. peregrinæ avis³, f.

PASSAGER, Passagère. Fugitivus, a, um, adj.

Oiseau passager, ou de passage. Voyez Passage.

UN PASSAGER. Vector, g. vectoris³, m.

PASSAGÈREMENT. Modo fugaci.

PASSANT, ou voyageur. Viator, g. viatoris³, m.

En passant. Obiter, adv.

PASSE, terme de billard. Portula, g. portulæ¹, f.

Être en passe de. Facilem rationem habēre, habeo, habes, habui, habitum², act. avec le gér. en di.

PASSÉ, qui n'est plus. Præteritus, a, um, part. pass.

Ces jours passés, ou dernièrement. Nuper, adv.

Au temps passé, autrefois. Quondam, adv.

Passé, avec un nom qui exprime un espace déterminé, comme, l'an passé, le mois passé, la semaine passée. Proximè elapsus, a, um, adj.

Passé, employé. Actus, a, um, part.

Vie passée dans l'innocence. Vita integerrimè acta.

LE PASSÉ, le temps passé. Tempus præteritum, g. temporis³ præteriti², neut.

Fleur passée, flétrie. Flos flaccidus, g. floris³ flaccidi², m.

Passé, franchi, en parlant d'une rivière. Transmissus, a, um, part. pass. | En parlant d'une montagne. Superatus, a, um, part. pass.

Passé, hors d'usage. Obsoletus, a, um, part. pass.

PASSE-DROIT, grâce accordée contre le droit. Prærogativa, g. prærogativæ¹, f.

PASSEFLEUR, fleur. Anemone, g. anemones¹, f.

PASSEMENT, sorte de ruban. Tænia, g. tæniæ¹, f.

PASSEMENTIER. Tæniarum textor, g. tæniarum textoris³, m.

PASSE-PARTOUT. Clavis translatitia, g. clavis³ translatitiæ¹, f.

PASSE-PASSE, tour de passe-passe. Præstigiæ, g. præstigiarum¹, f. plur. | Qui fait des tours de passe-passe. Præstigiator, g. præstigiatoris³, m.

PASSE-PORT. Commeatus, g. commeatûs⁴, m.

PASSER par. Transire, transeo, transis, transivi, transitum⁴, n. Ou bien. Iter habēre, habeo, habes, habui, habitum², act.

54

Avec transire, par *ne s'exprime point*; avec Iter habere, on l'exprime par *per*, avec l'acc.

PASSER *par dessus.* Transilire, transilio, transilis, transilui, transultum³, act. | *Passer au delà.* Transire.

PASSER, *en parlant d'une rivière.* Praeterire, praetereo, praeteris, praeterivi, praeteritum⁴, n.

PASSER, *ou s'écouler, en parlant du temps.* Praeterire.

PASSER, *cesser.* Desinĕre, desino, desinis, desivi, desitum³, n.

PASSER *par*, ou *remplir.* Perfungi, perfungor, perfungeris, perfunctus sum³, dép. abl.

PASSER *en coutume, en proverbe.* In morem, in proverbium cedĕre, cedo, cedis, cessi, cessum³, n.

PASSER, *mourir.* Voy. Mourir.

PASSER, *surpasser.* V. Surpasser.

Faire passer, ou *transporter.* Traducĕre, traduco, traducis, traduxi, traductum³, act. | *Faire passer une rivière.* Traducĕre fluvium, act. | *à des troupes.* Copias, à l'acc.

Remarquez que le rég. dir. de Traducĕre est copias, et que fluvium, est à l'acc, à cause de la prép. trans, renfermée dans traducĕre, mis pour transducĕre.

PASSER *à la nage.* Tranatare, tranato, tranatas, tranatavi, tranatatum¹, act.

Faire passer une chose dans une autre, l'y faire entrer. Inserĕre, insero, inseris, inserui, insertum³, act. | *Passer une épée au travers du corps.* Corpus transfodĕre, transfodio, transfodis, transfodi, transfossum³, act. | *Passer au fil de l'épée.* Ferro necare, neco, necas, necavi, necatum¹, act. Mot à mot, *tuer par le fer.*

PASSER *les bornes.* Modum transire.

PASSER *la main sur la barbe.* Barbam permulcēre, permulceo, permulces, permulsi, permulsum², act.

PASSER *un contrat.* Pactionem facĕre, facio, facis, feci, factum³, act.

PASSER, *en parlant du temps qu'on passe ou qu'on emploie.* Consumĕre, consumo, consumis, consumpsi, consumptum³, act. | *sa vie.* Ætatem, | *à étudier.* Studendo. | *au jeu.* In ludo.

PASSER *sa vie à la campagne.* In agro vitam agĕre, ago, agis, egi, actum³, act.

PASSER *sous silence, ou omettre.* Praetermittĕre, praetermitto, praetermittis, praetermisi, praetermissum³, act.

PASSER, *ou pardonner.* Voyez ce mot.

PASSER *pour.* Haberi, habeor, haberis, habitus sum², pass. | *Cela me fait passer pour cruel, ou cela fait que je passe pour cruel.* Illud facit ut ego habear crudelis. | *Se faire passer pour.* Se prohibēre, prohibeo, prohibes, prohibui, prohibitum², act.

SE PASSER, *ou être fait.* Agi, agor, ageris, actus sum³, pass. | *Je te dirai comment la chose s'est passée.* Tibi dicam quemadmodum res acta sit.

SE PASSER, *ou s'écouler.* Voyez *Passer, en parlant du temps.*

SE PASSER *de*, ou *s'abstenir.* Abstinēre, abstineo, abstines, abstinui, abstentum², n. abl. de la chose.

Laisser passer. Voyez *Laisser.*

PASSER, *traverser.* Transire, act. | *Passer la rivière.* Transire amnem.

PASSER *son chemin.* Ire via, à l'abl.

PASSEREAU, *moineau.* Passer, g. passeris³, m.

PASSE-TEMPS. Oblectatio, g. oblectationis³, f.

PASSIBLE, *capable de souffrir.* Patibilis, m. f. patibile, n. gén. patibilis, adj.

PASSIF. Passivus, a, um, adj.

PASSION, *mouvement de l'âme*

PAS

Animi motus, g. animi motûs⁴, m.

PASSION, désir immodéré. Cupiditas, g. cupiditatis³, f. | pour le jeu. Ludi, au génit. ou bien un gérond. en di. | Par passion, ou avec passion, de colère. Impotenti animo, à l'abl. | Avec passion ou désir. Ardenter, adv.

PASSION pour la gloire. Gloriæ aviditas, g. gloriæ aviditatis³, f.

Avoir une grande passion pour. Studio flagrare, flagro, flagras, flagravi, flagratum¹, n. avec un gén. ou le gérondif en di. Mot à mot, être embrasé du désir de. | Résister à ses passions, les réprimer, les dompter, etc. Cupiditatibus imperare, impero, imperas, imperavi, imperatum¹, n. c. à. d. commander à ses passions. | Se laisser aller à ses passions, se laisser dominer, maîtriser par elles. Cupiditatibus parère, pareo, pares, parui², n. c. à. d. obéir à ses passions.

Homme qui n'est pas maître de ses passions. Homo animi impos, g. hominis animi impotis³, m. | Qui est maître de ses passions. Animi compos, g. animi compotis, adj.

LA PASSION de J. C. Christi cruciatûs, g. Christi cruciatûs⁴, m.

PASSIONNÉ pour, qui désire avec passion. Cupidus, a, um, adj. avec un gén. ou un gér. en di.

PASSIONNÉ pour la gloire. Gloriæ avidus, a, um. | Passionné pour les arts. Artium perstudiosus, a, um, adj. | pour la guerre. Belli studiosus. | pour l'argent. Pecuniæ studiosus. | pour le gain. Quæstûs avidus.

Etre passionné pour quelqu'un, aimer éperdument. Ardere, ardeo, ardes, arsi, arsum², act.

PASSIONNÉ, animé d'une passion. Impotens, g. impotentis, adj.

Discours passionné. Vehemens oratio, g. vehementis orationis³, f.

PASSIONNÉMENT. Ardenter, adv. | Aimer passionnément. Voy. Aimer.

PAT

PASSIONNER, animer ce qu'on dit. Movere, moveo, moves, movi, motum², act.

SE PASSIONNER pour une chose. Flagrantissimè capere, cupio, cupis, cupivi, cupitum³, act.

PASSIVEMENT. Passivè, adv.

PASSOIRE. Colum, g. coli², n.

PASTEL, herbe pour la teinture. Glastum, g. glasti², n.

PASTEL dont se servent les peintres. Color tritus, g. coloris³ triti², masc.

PASTENADE. Sorte de racine. Pastinaca, g. pastinacæ¹, f.

PASTEUR. Pastor, g. pastoris³, masc.

PASTILLE, pâte odoriférante. Pastillus, g. pastilli², m.

PASTORAL. Pastoralis, m. f. pastorale, n. gén. pastoralis, adj.

PASTORALE, poésie. Poema bucolicum, g. poematis³ bucolici², neut.

PATE, pied de certains animaux. Pes, g. pedis³, m.

PÂTE, farine pétrie. Farina subacta, g. farinæ subactæ¹, f.

PÂTÉE, ce qu'on donne aux chiens. Turunda, g. turundæ¹, f.

PATELIN, fourbe, qui trompe en flattant. Palpator, g. palpatoris³, m.

PATELINAGE. Palpatio, g. palpationis³, f.

PATELINER. Callidè blandiri, blandior, blandiris, blanditus sum⁴, dép. dat.

PATÈNE, ce qui couvre le lice. Patena, g. patenæ¹, f.

Lettres PATENTES du Roi. Regium diploma, g. regii² diplomatis³, n.

PATERNEL. Paternus, a, um, adj.

PATERNELLEMENT. Paterno animo, à l'abl.

PATERNITÉ. Paternitas, g. paternitatis³, f.

PÂTEUX. Glutinosus, a, um, adj.

PATHÉTIQUE, propre à tou-

PAT

cher. Excitatorius, ia, ium, *adj.*

Orateur pathétique. In affectibus potens orator, *g.* in affectibus potentis oratoris[3], *m.*

PATHÉTIQUEMENT, Modo excitatorio.

PATIBULAIRE. Cruciarius, ia, ium, *adj.*

PATIEMMENT. Patienter, *adv. comp.* Patientius; *superl.* patientissime.

PATIENCE. Patientia, *g.* patientiæ[1], *f.* | *Prendre patience, ou souffrir patiemment.* Ferre patienter, fero, fers, tuli, latum[3], *act.* | *Perdre patience, ou souffrir avec impatience.* Ægrè ferre, *act. de la chose dans laquelle on perd patience.*

AVEC PATIENCE. V. *patiemment.*

Pousser à bout la patience. Patientiam evincere, evinco, evincis, evici, evictum[3], *act.*

PATIENCE, *herbe.* Lapathum, *g.* lapathi[2], *n.*

PATIENT. Patiens, *m. f. et n. gén.* patientis, *adj.*

UN PATIENT, *qu'on va exécuter.* Cruciarius, *g.* cruciarii[2], *m.*

PATIENTER, *ou prendre patience.* Voyez *Patience.*

PATIN, *pour glisser.* Calopodium, *g.* calopodii[2], *n.*

PATINER *sur la glace.* Calopodiis stadium glaciatum decurrere, decurro, decurris, decurri, decursum[3], *act.* Mot à mot, *parcourir avec des patins, un espace glacé.*

PÂTIR. Perpeti, perpetior, perpeteris, perpessus sum[3], *dépon. acc.* | *Pâtir du vent et de la pluie.* Ventos et imbres perpeti.

PÂTISSERIE, *ouvrage de pâtissier.* Pistorium opus, *g.* pistorii[2] operis[3], *n.*

PÂTISSIER. Dulciarius pistor, *g.* dulciarii[2] pistoris[3], *m.*

PATOIS. Sermo plebeius, *g.* sermonis[3] plebeii[2], *m.*

PÂTRE, *berger.* Pastor, *gén.* pastoris[3], *m.*

PAT

PATRIARCAL, Patriarchalis, *m. f.* patriarchale, *n. gen.* patriarchalis, *adj.*

PATRIARCAT, *dignité de patriarche.* Patriarchatus, *g.* patriarchatûs[4], *m.*

PATRIARCHE. Patriarcha, *gén.* patriarchæ[1], *m.*

PATRICE, *titre de dignité dans l'empire romain.* Patricius, *g.* patricii[2], *m.*

PATRICIEN. Patricius, ia, ium, *adj.*

PATRIE. Patria, *g.* patriæ[1], *f. Qui appartient à la patrie.* Patrius, ia, ium, *adj.*

PATRIMOINE. Patrimonium, *g.* patrimonii[2], *n.*

PATRIMONIAL. Paternus, a, um, *adj.*

PATRON, *modèle.* Exemplar, *g.* exemplaris[3], *n.*

PATRON, *patronne, protecteur.* Patronus, *g.* patroni[2], *m. Au fém.* Patrona, *g.* patronæ[1], *f.*

PATRONAGE. Patronatus, *g.* patronatûs[4], *m.*

PATROUILLE. Excubiæ, *g.* excubiarum[1], *f. plur.*

Les gens de la patrouille. Excubitores, *g.* excubitorum[3], *m. plur.*

PATU, *en parlant de quelques pigeons.* Plumipes, *g.* plumipedis[3], *m. et fém.*

PÂTURAGE. Pascua, *g.* pascuarum[2], *n. plur.*

PÂTURE, *la nourriture des bêtes.* Pastus, *g.* pastûs[4], *m.*

PÂTURER. Voyez *Paître.*

PAUME *de la main.* Vola, *g.* volæ[1], *f.*

LA PAUME, *jeu.* Pilæ ludus, *g.* pilæ ludi[2], *m.*

Un jeu de paume, le lieu où l'on joue. Sphæristerium, *g.* sphæristerii[2], *n.*

LA PAUME, *la balle.* Pila, *gén.* pilæ[1], *f.*

Jouer à la paume. Pilâ ludere, ludo, ludis, lusi, lusum[3], *n.*

PAUPIÈRE *des yeux.* Palpebra, *g.* palpebræ[1], *f.*

PAU

PAUSE, *en musique.* Cantûs intermissio, *g.* cantûs intermissionis³, *f.*

PAUSE, *cessation d'une action.* Pausa, *g.* pausæ¹, *f.*

Faire une pause en lisant. Legendo spiritum suspendĕre, suspendo, suspendis, suspendi, suspensum³, *act.*

PAUVRE, *sans biens.* Pauper, *m. f. et n. gén.* pauperis, *adj. comp.* Pauperior, *m. f.* pauperius, *n. gén.* pauperioris; *superl.* pauperrimus, a, um.

PAUVRE, *malheureux.* Miser, misera, miserum; *adj. comp.* Miserior, *m. f.* miserius, *n. gén.* miserioris; *sup.* miserrimus, a, um.

UN PAUVRE, *un mendiant.* Mendicus, *g.* mendici², *m.*

PAUVREMENT. Miserè, *adv. comp.* Miserius; *superl.* miserrimè.

PAUVRETÉ, *indigence.* Paupertas, *g.* paupertatis³, *f.*

PAUVRETÉ, *mendicité.* Mendicitas, *g.* mendicitatis³, *f.*

SE PAVANER, *marcher d'un air fier.* Arroganter incedĕre, incedo, incedis, incessi, incessum³, *n.*

PAVÉ, *pierre qui sert à paver.* Pavimentum, *g.* pavimenti², *n.*

PAVÉ, *adj.* Pavimentatus, a, um, *adj.* | *De cailloux.* Silicibus, *à l'ablat.*

PAVER. Pavimentare, pavimento, pavimentas, pavimentavi, pavimentatum¹, *act.*

PAVEUR. Pavimentorum structor, *g.* pavimentorum structoris³, *masc.*

PAVILLON, *tente.* Tabernaculum, *g.* tabernaculi², *n.*

PAVILLON, *petit bâtiment carré.* Ædicula quadrata, *g.* ædiculæ quadratæ¹, *f.*

PAVILLON, *bannière de vaisseau.* Vexillum, *g.* vexilli², *n.*

Arborer le pavillon. Vexillum erigĕre, erigo, erigis, erexi, erectum³, *act.* | *Le baisser.* Submit-

PAY

tĕre, submitto, submittis, submisi, submissum³, *act.*

PAVOT. Papaver, *g.* papaveris³, *n.*

Qui est de pavot. Papavereus, ea, eum, *adj.*

PAYABLE. Solvendus, a, um, *part. futur.*

PAYE. Stipendium, *g.* stipendii², *n.*

PAYEMENT. Solutio, *g.* solutionis³, *f.*

Faire un payement. Voy. *Payer.*

PAYER. Solvĕre, solvo, solvis, solvi, solutum³, *act.* accus. rég. ind. dat.

Avoir de quoi payer. Esse solvendo, sum solvendo, es solvendo, fui solvendo.

Je n'ai pas été payé de mon frère; c. à. d. je n'ai pas reçu d'argent de mon frère. Non accepi pecuniam à meo fratre. Accipio, accipis, accepi, acceptum³, *act.* | *Payer argent comptant.* Præsentem pecuniam solvĕre, *dat. de la personne.*

Payer quelqu'un de ses peines. tournez, *donner à quelqu'un le prix de ses peines.* Operæ pretium dare¹, *la personne au datif.*

Payer de belles paroles. Docta verba pro datis dare, do, das, dedi, datum¹, *act. le nom de la personne au datif.*

Payer de sa tête. Capite luĕre, luo, luis, lui³, *act.*

Payer sa sottise. Pretium stultitiæ ferre, fero, fers, tuli, latum³, *act.*

SE PAYER, *prendre ce qui est dû.* Sibi sumĕre suum; mihi sumo meum; tibi sumis tuum; nobis sumimus nostrum; vobis sumitis vestrum; sibi sumunt suum; sumpsi, sumptum³.

Se payer d'excuses, s'en contenter. Accipĕre³ excusationes; c. à. d. *recevoir des excuses.* | *Se faire payer; c. à. d. exiger les dettes.* Nomina exigĕre, exigo, exigis, exegi, exactum³, *act.*

PÉC

la personne de qui l'on se fait payer se met à l'ablatif, avec à ou ab.

PAYEUR, *bon payeur.* Bonum nomen, n. | *Mauvais payeur.* Malum nomen, n.

PAYS, *ou région.* Regio, g. regionis³, f.

PAYS, *ou patrie.* Patria, g. patriæ¹, f. | *Qui est du même pays que, en parlant des personn.* Popularis, g. popularis, *pour le masc. et le fem. On met un gén. ensuite.*

Je suis du même pays que Fabius, ou je suis du pays de Fabius. Sum popularis Fabii.

Il est de mon pays. Est meus popularis.

Vous êtes de son pays. Es popularis ejus ; c. à. d. *vous êtes du pays de lui.*

De quel pays ? Cujas, g. cujatis, *pour le masc. et le fém.* | *De notre pays.* Nostras, g. nostratis, adj. *qui s'accorde avec le nom.*

L'orme de notre pays. Ulmus nostras, f.

Qui est du pays, en parlant des choses. Patrius, ia, ium, adj. | *Qui n'est pas du pays.* Externus, a, um, adj.

Courir le pays. Peragrare regiones ; peragro, peragras, peragravi, peragratum, act.

PAYSAGE, *paysage agréable.* Loci amœnitas, g. loci amœnitatis³, f.

Paysage peint. Picta ruris facies, g. pictæ¹ ruris faciei⁵, f.

PAYSAN, PAYSANNE. Rusticus, g. rustici², m. *Au fém.* Rustica, g. rusticæ¹, f.

Qui est de paysan. Rusticanus, a, um, adj.

PÉAGE, *droit qui se paye.* Portorium, g. portorii², n.

PÉAGER, *qui exige le péage.* Portitor, g. portitoris³, m.

PEAU. Pellis, g. pellis³, f.

PETITE PEAU. Pellicula, g. pelliculæ¹, f.

Habillé de peau. Pellitus, a, um, adj.

PÉC

PECCADILLE, *faute légère.* Levis noxa, g. levis³ noxæ¹, f.

PÊCHE, *fruit.* Persicum, gen. persici², n.

LA PÊCHE *des poissons.* Piscatus, g. piscatûs⁴, m.

PÉCHÉ. Peccatum, g. peccati², n.

Péché mortel. Peccatum mortiferum, g. peccati mortiferi², n.

Péché véniel. Peccatum leve, g. peccati² levis³, n.

Péché originel. Peccatum ingeneratum, g. peccati ingenerati², n.

PÊCHER, *arbre.* Persicus, g. persici², f.

PÊCHER *du poisson.* Piscari, piscor, piscaris, piscatus sum, dép. acc. | *La manière, ou l'instrument se met à l'ablat. comme : à la ligne,* hamo.

PÉCHER, *transgresser la loi divine.* Peccare in Deum ; pecco, peccas, peccavi, peccatum¹, n.

PÉCHER, *manquer en, ou contre quelque chose.* Peccare in, *avec l'accusatif.*

PÉCHERESSE. Peccatrix, g. peccatricis³, f.

PÊCHERIE, *lieu où l'on pêche.* Piscaria, g. piscariæ¹, f.

PÊCHEUR *de poisson.* Piscator, g. piscatoris³, m.

De pêcheur. Piscatorius, ia, ium, adj.

PÉCHEUR, *sujet à commettre des péchés.* Peccator, g. peccatoris³, m.

PÉCORE, *terme injurieux.* Pecus, g. pecudis³, f.

PECTORAL. Pectori utilis, m. f. utile, n. gén. utilis, adj. c. à. d. *utile pour la poitrine.*

PECTORAL, *ornement que portoit le grand-prêtre chez les Juifs.* Pectorale, g. pectoralis³, n.

PÉCULAT. Peculatus, g. peculatûs⁴, m.

Accusé de péculat. Peculatûs reus, g. peculatûs rei², m.

PÉCULE. Peculium, g. peculii, masc.

PÉCUNIAIRE. Pecuniarius, ia, ium, adj.

PÉCUNIEUX. Pecuniosus, a, um, *adj.*

PÉDAGOGUE. Pædagogus, g. pædagogi[2], *m.*

PÉDANT. Ineptus eruditionis ostentator, g. inepti[2] eruditionis ostentatoris[3], *m.*

PÉDANTERIE. Putida eruditionis ostentatio, g. putidæ[1] eruditionis ostentationis[3], *f.*

PÉDANTESQUE, *doctrine pédantesque.* Insulsæ litteræ, g. insulsarum litterarum[1], *f. plur.*

Manières pédantesques. Putidi mores, g. putidorum[2] morum[3], *m. plur.*

PÉDANTESQUEMENT, *en pédant.* Inepti litteratoris more.

PÉDANTISME. Voyez *Pédanterie.*

PÉDESTRE, *une statue posée sur ses pieds.* Pedestris statua, g. pedestris[3] statuæ[1], *f.*

PÉDESTREMENT. Pedibus, *abl. plur.*

PÉDICULAIRE, *maladie pédiculaire.* Pedicularis morbus, g. pedicularis[3] morbi[2], *m.*

PÉGASE, *cheval fabuleux.* Pegasus, g. Pegasi[2], *m.*

PEIGNE. Pecten, g. pectinis[3], *masc.*

PEIGNÉ. Pexus, a, um, *part. pass.*

PEIGNER. Pectere, pecto, pectis, pexui, pexum[3], *act.*

SE PEIGNER. Pectere capillos.

Se faire peigner. Capillos pectendos præbēre, præbeo, præbes, præbui, præbitum[2], *act.* par quelqu'un, *au datif.*

PEIGNOIR. Linteum humerale, g. lintei[2] humeralis[3], *n.*

PEINDRE. Pingĕre, pingo, pingis, pinxi, pictum[3], *act.*

Se faire peindre. Jubēre se pingi ; c. à. d. *commander soi être peint.*

PEINE, ou *punition.* Pœna, g. pœnæ[1], *f.*

Sous peine de. Pœnâ, *ablat.* un *gén. ensuite.* S'il y a un verbe,

on ne l'exprime point, comme : *sous peine d'être fouetté ;* c. à. d. *sous peine du fouet.* Pœna flagri.

La peine de mort. Caput, g. capitis[3], *n.*

Être condamné à la peine de mort. Capite damnari.

PEINE, ou *travail.* Labor, gén. laboris[3], *m.*

Mettre, prendre, se donner bien de la peine à. Consumĕre multum laboris ; à *par in, avec l'abl.* ou *le gérond.* en do; c. à. d. *employer beaucoup de peine en.* | *Avec beaucoup de peine.* Summo labore, à *l'ablat.* | *Chose qui demande beaucoup de peine,* Operosus, a, um, *adj.*

PEINE, ou *difficulté.* Difficultas, g. difficultatis[3], *f.*

Avec peine, difficilement. Difficilè, *adv.*

Sans peine, facilement. Facilè, *adv.*

Avec peine, à regret. Gravatè, *adv.*

Sans peine, volontiers. Haud gravatè, *adv.*

J'ai de la peine à croire, tournez : *je crois difficilement.*

Il avoit de la peine à retenir ses larmes, tournez : *il retenoit difficilement.*

PEINE *d'esprit,* ou *inquiétude.* Sollicitudo, g. sollicitudinis[3], *f.*

Mettre en peine, donner, ou *faire de la peine à.* Sollicitare, sollicito, sollicitas, sollicitavi, sollicitatum[1], *act.*

Être en peine. Esse sollicitum ; sum, es, fui. Sollicitus, a, um, *le de s'exprime par* de, *et l'abl.* Sollicitus *s'accorde avec le sujet de* Sum.

Se mettre en peine de. Curare, curo, curas, curavi, curatum[1], *act.*

A peine, presque pas. Haud fermè.

A peine trouverez-vous un homme fidèle. Haud fermè invenies virum fidelem.

PÉL

Il est à peine connu de ses voisins. Haud fermè notus vicinis.

A peine suivi de que. Vix, le que par cùm, avec l'indicatf. | *A peine fut-il arrivé, qu'il tomba malade.* Vix advenerat, cùm in morbum incidit.

PEINÉ, *travaillé avec peine.* Elaboratus, a, um, *part. pass.*

PEINER, *causer de la fatigue, du chagrin.* Sollicitare. Voyez *Mettre en peine.*

PEINER, *ou se peiner, avoir de la peine à faire quelque chose.* Desudare, desudo, desudas, desudavi, desudatum[1], n. à *par* in, *avec l'ablat. ou le gérondif en* do.

PEINT. Pictus, a, um, *p. p.*

PEINTRE. Pictor, g. pictoris[3], *masc.*

PEINTURE. Pictura, g. picturæ[1], *f.*

PEINTURE, *description.* Descriptio, g. descriptionis[3], *f.*

PÊLE-MÊLE. Promiscuè, *adv.*

Mettre pêle-mêle avec. Permiscere, permisceo, permisces, permiscui, permistum[2], *act.* avec *par le dat.*

Etre pêle-mêle. Permisceri, *pass. de* Permisceo. avec *par le datif du nom.*

PELÉ, *sans poil.* Glaber, glabra, glabrum, *adj.*

PELÉ, *chauve.* Calvus, a, um, *adj.*

PELÉ, *dépouillé de la peau.* Cute exutus, a, um, *adj.*

PELER, *dépouiller de la peau.* Cute exuere, exuo, exuis, exui, exutum[3], *act.*

PELER, *ôter le poil.* Pilos vellere, vello, vellis, vulsi; vulsum[3], *act. dat. de la personne à qui on ôte le poil.*

SE PELER. Cute exui, *pass. de* Exuere.

PÈLERIN. Peregrinus, g. peregrini[2], *m.*

PÈLERINE. Peregrina, g. peregrinæ[1], *f.*

PÈLERINAGE. Peregrinatio, g. peregrinationis[3], *f.*

PEN

PÉLICAN. Pelicanus, g. pelicani[2], *m.*

PELISSE, *robe.* Vestis pellita, g. vestis[3] pellitæ[1], *f.*

PELLE, *instrument.* Pala, g. palæ[1], *f.*

PELLETERIE, *fourrures.* Pelles, g. pellium[3], *f. plur.*

PELLETERIE, *l'art de préparer les peaux.* Pelles concinnandi ars, g. pelles concinnandi artis[3], *f.*

PELLETIER. Pellio, g. pellionis[3], *m.*

PELLICULE, *petite peau fort déliée.* Pellicula, g. pelliculæ[1], *f.*

PELOTE. Globus, g. globi[2], *m.*

PELOTON. Glomus, g. glomeris[3], *n.*

PELOTON *de soldats.* Manipulus, g. manipuli[2], *m.*

Se mettre en peloton. In orbem volvi, volvor, volveris, volutus sum[3], *pass.*

Par pelotons. Manipulatim, *adv.*

PELOTONNER. Conglomerare, conglomero, conglomeras, conglomeravi, conglomeratum[1], *act.*

SE PELOTONNER. Conglobari, conglobor, conglobaris, conglobatus sum[1], *pass.*

PELOUSE. Gramineus cespes, g. graminei[2] cespitis[3], *m.*

PELUCHE. Villosus pannus, g. villosi panni[2], *m.*

PELURE. Exuviæ, g. exuviarum[2], *f. plur.*

PELURE *d'une poire.* Pyri exuviæ.

PÉNATES, *les dieux pénates.* Penates, g. penatum[3], *m. plur.*

PENCHANT, *adj. ou qui penche.* Devexus, a, um, *adj.*

PENCHANT, *pente.* Devexitas, g. devexitatis[3], *f.*

Empire qui est sur le penchant de sa ruine. Labans imperium, g. labantis[3] imperii[2], *n.*

PENCHANT, *ou inclination naturelle.* Propensio, g. propensionis[3], *f. | pour quelque chose,* ad, *avec l'accus.*

Avoir, ou se sentir du penchant. Propendère, propendo, propendés, propendi, propensum², n. pour *par* ad, *avec l'accus.*

PENCHÉ. Devexus, a, um. *sur ou vers* par in, *avec l'accus.*

PENCHEMENT. Inclinatio, g. inclinationis³, f.

PENCHER, ou *aller en penchant.* Esse devexum; sum, es, fui. Devexus, a, um, *adj.* Devexus *s'accorde avec le sujet de* Sum.

PENCHER, *tomber d'un côté.* Inclinari, inclinor, inclinaris, inclinatus sum¹, *pass.*

Pencher du côté de. Inclinari in partem, *avec le génitif.*

PENCHER, ou *courber.* Inclinare, inclino, inclinas, inclinavi, inclinatum¹, *act.* | *La tête.* Caput, *à l'accus.*

PENCHER *pour, par inclination.* Propendere, propendeo, propendes, propendi, propensum², n. pour *par* ad, *avec l'accus.*

PENDABLE. Suspendio dignus, a, um, *adj.* c. à. d. *digne du supplice.*

Faire un cas pendable. Dignè cruce peccare, pecco, peccas, peccavi, peccatum¹, n.

PENDANT, ou *qui pend.* Pendulus, a, um, *adj.*

PENDANT *d'oreille.* Inauris, g. inauris³, f.

PENDANT, ou *durant.* Per, *avec l'accus.* | *Pendant l'été.* Per æstatem. | *Pendant que.* Dùm, *avec l'indicat.* | *Pendant que j'étudiois.* Dùm studebam.

PENDARD, *méchant.* Furcifer, g. furciferi², m.

PENDRE, *attacher en haut.* Suspendere, suspendo, suspendis, suspendi, suspensum³, *act.* à, *par le dat. du nom.*

PENDRE, ou *attacher à une potence.* Patibulo affigere, affigo, affigis, affixi, affixum³, *act.*

PENDRE, *être suspendu.* Pendere, pendeo, pendes, pependi, pensum², n. | *A un arbre, ou d'un arbre.* Ab arbore.

PENDRE *sur, menacer.* Impendere, impendeo, impendes, impendi, impensum², n. *dat.*

SE PENDRE *à un figuier.* Suspendere se de ficu.

PENDU. Suspensus, a, um, *part. pass.* à, *se rend par* è *ou* ex, *avec l'ablat.*

Pendu à la potence. Patibulatus, a, um, *adj.*

Etre pendu à. Pendere, pendeo, pendes, pependi, pensum², n. à, *se rend par* è *ou* ex, *avec l'ablatif.*

PENDULE. Horologium, g. horologii², n.

PÊNE. Pessulus, g. pessuli², m.

PÉNÉTRABLE. Penetrabilis, m. f. penetrabile, n. gén. penetrabilis, *adj.*

PÉNÉTRANT, *subtil.* Acutus, a, um, *adj.*

PÉNÉTRANT, *vif.* Acer, m. acris, f. acre, n. *comp.* Acrior; *sup.* acerrimus, a, um.

PÉNÉTRATION, *action par laquelle un corps en pénètre un autre.* Immissio, g. immissionis³, f.

PÉNÉTRATION *d'esprit.* Perspicacia, g. perspicaciæ¹, f.

PÉNÉTRÉ *de joie.* Lætitiâ perfusus, a, um, *adj.*

PÉNÉTRÉ *de douleur.* Dolore percitus, a, um, *adj.*

PÉNÉTRÉ *de respect.* Reverens, g. reverentis, *adj.* pour *ou* envers, *par* in, *avec l'accus.*

PÉNÉTRÉ *de, affecté, touché.* Affectus, a, um, *part. de se rend par l'ablat. du nom.*

PÉNÉTRER. Penetrare, penetro, penetras, penetravi, penetratum¹, n. dans *par* in, *et l'acc.*

PÉNÉTRER *les desseins de l'ennemi.* Hostis consilia pervidere, pervideo, pervides, pervidi, pervisum², *act.*

Pénétrer dans l'avenir. Prævidere, prævideo, prævides, prævidi, prævisum², *act.*

Pénétrer dans le fond des cœurs, dans la pensée d'un autre. Men-

55

tem introspicĕre, introspicio, introspicis, introspexi, introspectum³, *act. génit. de la personne.*

Pénétrer de joie, de douleur. Lætitiâ, dolore afficĕre, afficio, afficis, affeci, affectum³, *act.*

Se pénétrer de quelque chose. Pectori infigĕre, infigo, infigis, infixi, infixum³, *act. acc. de la chose.*

Pénétrez-vous de mes conseils. Pectori infige mea consilia.

PÉNIBLE. Operosus, a, um, *adj.*

PÉNIBLEMENT. Laboriosè, *adv.*

PÉNINSULE. Peninsula, g. peninsulæ¹, *f.*

PÉNITENCE. Pœnitentia, g. pœnitentiæ¹, *f.*

Pénitence ordonnée par un confesseur. Pœna, g. pœnæ², *f.*

S'approcher du sacrement de pénitence, ou le recevoir. Delēre confessione peccata ; c. à. d. *effacer par la confession les péchés.* Deleo, deles, delevi, deletum², *act.*

PÉNITENCE, *austérité.* Corporis afflictatio, g. corporis afflictationis³, *f.*

Faire des pénitences. Sævire in corpus suum ; c. à. d. *sévir contre son corps.* Sævio, sævis, sævii, sævitum⁴, *n.*

PÉNITENCIER. Pœnitentiarius, g. pœnitentiarii², *m.*

PÉNITENT. Pœnitens, *m. f.* et *n. gén.* pœnitentis, *adj.*

Les psaumes pénitentiaux. Pœnitentiæ psalmi, g. pœnitentiæ psalmorum², *m.*

PENSÉE, *action de penser.* Cogitatio, g. cogitationis³, *f.*

PENSÉE, *ce que l'on pense.* Cogitatum, g. cogitati², *n.* | *Venir en pensée.* In mentem venire, venio, venis, veni, ventum⁴, *n.*

PENSÉE, *fleur.* Viola, g. violæ¹, *f.*

PENSER à. Cogitare, cogito, cogitas, cogitavi, cogitatum¹, *n.* à *s'exprime par de, avec un ablat.* ou *bien l'on met un infinit.*

Penser à quelqu'un. Cogitare de aliquo. | *Sans y penser, ou par mégarde.* Imprudenter, *adv.*

Penser à soi, chercher ses intérêts. Sibi consulĕre, mihi consulo, tibi consulis, mihi consului, sibi consultum³, *n.*

PENSER, ou *juger, croire.* Existimare, existimo, existimas, existimavi, existimatum¹, *act.*

PENSER, ou *réfléchir.* Meditari, meditor, meditaris, meditatus sum¹, *dépon. accus.*

Penser juste. Sapĕre, sapio, sapui³, *sans sup. n.*

PENSEUR. Meditator, g. meditatoris³, *m.*

PENSIF. Cogitabundus, a, um, *adj.*

PENSION *qu'on donne pour être nourri.* Pactum pro mensâ pretium, g. pacti pro mensâ pretii², *neut.*

PENSION, *revenu annuel donné par le prince.* Annua pensio, g. annuæ¹ pensionis³, *f.*

PENSION, *où l'on met les petits enfans pour les instruire.* Pædagogium, g. pædagogii², *n.*

Être en pension. Esse convictorem ; c. à. d. *être pensionnaire.*

Mettre un enfant en pension. Puerum alendum et erudiendum tradĕre, trado, tradis, tradidi, traditum³, *act.* | *Chez quelqu'un, par le datif. Mot à mot, donner un enfant devant être nourri et élevé à quelqu'un.*

PENSIONNAIRE, *qui est en pension.* Convictor, g. convictoris³, *m.*

PENSIONNAIRE, *qui reçoit une pension.* Beneficiarius, g. beneficiarii², *masc.*

PENSUM, *devoir qu'on donne à faire.* Pensum, g. pensi², *n.*

PENTAGONE. Pentagonus, a, um, *adj.*

PENTAMÈTRE. Versus pentameter, g. versûs⁴ pentametri², *masc.*

PENTE. Declivitas, g. declivitatis³, *f.*

Petite pente. Clivulus, g. clivuli², *m.*

PENTE, ou *inclination naturelle,*

PER PER 435

Propensio, g. propensionis³, f. | *Pente au mal.* Ad malum proclivitas, g. ad malum proclivitatis³, f.

PENTECOTE. Pentecoste, g. pentecostes¹, f.

PÉNULTIÈME. Penultimus, a, um, *adj.*

PÉNURIE, *disette*. Penuria, g. penuriæ¹, f.

PEPIE. Pituita, g. pituitæ¹, f.

PEPIN. Granum, g. grani², *neut.*

PÉPINIÈRE. Seminarium, g. seminarii², n.

PERÇANT. Acer, m. acris, f. acre, n. gén. acris. *comp.* Acrior, m. f. acrius, n. gén. acrioris; *sup.* acerrimus, a, um.

PERCE, *mettre en perce*. Pertundĕre, pertundo, pertundis, pertudi, pertusum³, *act.*

PERCÉ, *avec une pointe*. Foratus, a, um, *part. pass.* | *Percé de part en part.* Perfossus, a, um, *adj.* | *Percé de coups.* Vulneribus confossus, a, um. | *Percé de pluie.* Imbre madens, g. imbre madentis, *part.* | *Etre percé de pluie.* Imbre madēre, madeo, mades, madui², *sans sup.* n.

PERCE-PIERRE, *plante*. Saxifraga, g. saxifragæ¹, f.

PERCE-OREILLE, *insecte*. Auricularia, g. auriculariæ¹, f.

PERCEPTEUR. Exactor, g. exactoris³, m.

PERCEPTION. Perceptio, g. perceptionis³, f.

PERCER, *faire une ouverture*. Perforare, perforo, perforas, perforavi, perforatum¹, *act.* | *Percer quelqu'un de part en part.* Transfigĕre, transfigo, transfigis, transfixi, transfixum³, *act.* | *D'une lance.* Lanceâ. | *D'un coup d'épée.* Gladio.

Percer *la foule*. Turbam perrumpĕre, perrumpo, perrumpis, perrupi, perruptum³, *act.*

Percer *de douleur.* Dolore fodĕre, fodio, fodis, fodi, fossum³, *act.*

PERCEVOIR. Percipĕre, percipio, percipis, percepi, perceptum³, *act.*

PERCHE, *mesure*, Pertica, g. perticæ¹, f.

Perche, *poisson*. Perca, g. percæ¹, f.

PERCHÉ *sur.* Insidens, g. insidentis, *adj.*

Etre perché sur. V. *Se Percher.*

se PERCHER *sur.* Insidēre, insideo, insides, insedi, insessum², *n. dat.*

PERCLUS. Captus, a, um. | *De ses membres.* Membris, *à l'abl.*

PERÇOIR, *outil à percer.* Terebra, g. terebræ¹, f.

PERCUSSION, *l'action d'un corps qui en choque un autre.* Percussio, g. percussionis³, f.

PERDANT, *qui perd au jeu.* Victus, a, um, *part. pass.*

PERDITION, *ruine.* Exitium, g. exitii², n.

Perdition, *damnation.* Sempiterna infelicitas, g. sempiternæ¹ infelicitatis³, f.

PERDRE, *être privé de ce qu'on possédoit.* Perdĕre, perdo, perdis, perdidi, perditum³, *act.*

Faire perdre à quelqu'un son bien. Fortunas conturbare, conturbo, conturbas, conturbavi, conturbatum¹, *act. génit. de la personne.*

Perdre *la bataille*; tournez, *être vaincu*, passif de Vaincre.

Perdre *de vue.* A conspectu amittĕre, amitto, amittis, amisi, amissum³, *act.*

Perdre, *causer la perte.* Perdĕre.

Perdre *de réputation, ou faire perdre la réputation.* Famâ spoliare, spolio, spolias, spoliavi, spoliatum¹, *act.*

Perdre *son temps à jouer, ou en jouant.* Perdĕre suum tempus ludendo.

se Perdre, *ou périr.* Perire, pereo, peris, perii, peritum⁴, n. | *Je suis perdu.* Perii. | *Ma peine est perdue.* Meus labor periit. | *C'est peine perdue*; c. à. d. *cela se fait inutilement*. Illud fit frustrà.

SE PERDRE, ou *s'égarer*. Decrrare, decrro, deerras, deerravi, deerratum[1], *n*. | *Dans le chemin*. Viâ, abl.

PERDREAU. Perdicis pullus, g. perdicis pulli[2], *m*. c. à. d. *le petit d'une perdrix*.

PERDRIX. Perdix, g. perdicis[3], *fém*.

PERDU. Perditus, a, um, *part. pass*. | *Je suis perdu*. Pereo, *du verbe* perire, pereo, peris, perivi, peritum[4], *n*. | *A corps perdu*. Omni impetu. | *Tout est perdu*. Actum est.

PERDU *de dettes*. Ære alieno obrutus, a, um, *part*. | *Perdu de débauche*. Deliciis perditus. | *Perdu d'honneur et de biens*. Famâ et fortunis spoliatus, a, um, *part*.

PÈRE. Pater, g. patris[3], *m*. | *De père ou paternel*. Paternus, a, um, *adj*. | *Grand-père*. Avus, g. avi[2], *m*. | *Beau-père, père de la femme ou du mari*. Socer, g. soceri[2], *m*. | *Beau-père, mari de la mère*. Vitricus, g. vitrici[2], *m*. | *En père*. Patriè, *adv*. | *Nos pères, nos ancêtres*. Patres, g. patrum[3], *plur*.

PÉREMPTOIRE, *clair et décisif*. Peremptorius, ia, ium, *adj*.

PERFECTION. Perfectio, g. perfectionis[3], *f*. | *Etre dans la perfection*. Esse perfectum; c. à. d. *être parfait*. Perfectus, a, um, *s'accorde avec le nominatif de* Sum. | *En perfection*. Perfectè, *adv*.

PERFECTION, *accomplissement*. Perfectio, g. perfectionis[3], *f*.

PERFECTION, *bonne qualité*. Eximia dos, g. eximiæ[1] dotis[3], *f*. | *Homme qui a toutes sortes de perfections*. Vir planè perfectus, g. viri planè perfecti[2], *m*.

LA PERFECTION, *la vertu au souverain degré*. Veritatis cumulus, g. veritatis cumuli[2], *m*.

PERFECTIONNEMENT, *action de perfectionner*. Perfectio, g. perfectionis[3], *f*.

PERFECTIONNÉ. Perfectus, a, um, *part pass. comp*. Perfectior, *m. f*. perfectius, *n. gén*. perfectioris; *superl*. perfectissimus, a, um.

PERFECTIONNER. Perficĕre, perficio, perficis, perfeci, perfectum[3], *act*.

SE PERFECTIONNER. Tournez, *devenir meilleur*.

PERFIDE. Perfidus, a, um, *adj*.

PERFIDEMENT. Perfidiosè, *adv*.

PERFIDIE. Perfidia, g. perfidiæ[1], *fém*.

PÉRICLITER, *être en danger*. Periclitari, periclitor, periclitaris, periclitatus sum[1], *dép*.

PÉRIL. Periculum, g. periculi[2], *neut*.

Au péril de ma vie. Periculo meæ vitæ.

PÉRILLEUSEMENT. Periculosè, *adv*.

PÉRILLEUX. Periculosus, a, um, *adj. comp*. Periculosior, *m. f*. periculosius, *n. gén*. periculosioris; *sup*. periculosissimus, a, um.

UNE PÉRIODE, *arrangement de mots*. Periodus, g. periodi[2], *f*.

UN PÉRIODE, *le plus haut point où une chose peut arriver*. Culmen, g. culminis[3], *n*.

Le dernier période de la vie. Extremus vitæ dies.

PÉRIODIQUE, *qui vient à des temps marqués*. Periodicus, a, um, *adj*.

PÉRIODIQUE, *cadencé*. Numerosus, a, um, *adj*.

PÉRIODIQUEMENT, *à des époques fixes*. Statis temporibus.

PÉRIPATÉTICIEN, *philosophe*. Peripateticus, g. peripatetici[2], *m*.

PÉRIPHRASE. Periphrasis, g. periphrasis[3], *f*.

PÉRIPHRASER. Uti circuitione; c. à. d. *se servir de circonlocution*. Utor, uteris, usus sum[3], *dép*.

PÉRIR. Perire, pereo, peris, perivi, peritum⁴, n.

PÉRISSABLE. Fluxus, a, um, adj.

PÉRISTYLE, galerie soutenue par des colonnes. Peristylium, g. peristylii², n.

PERLE. Margarita, g. margaritæ¹, f. | Collier de perle. Baccatum monile, g. baccati² monilis³, neut.

PERMANENCE. Permansio, g. permansionis³, f. | Assemblée en permanence. Continuata sessio, g. continuatæ¹ sessionis³, f.

PERMANENT. Constans, m. f. et n. gén. constantis, adj.

PERMETTRE. Permittĕre, permitto, permittis, permisi, permissum³, act. accusat. rég. ind. dat.

Le que ou de, accompagné d'un infin. français, s'exprime par ut, avec le subjonct. comme: Le maître nous avoit permis de jouer, ou avoit permis que nous jouassions. Magister nobis permiserat ut luderemus, ou magister permiscrat ut luderemus, sans mettre nobis.

PERMIS ou accordé. Permissus, a, um, part. pass.

PERMIS ou licite. Licitus, a, um, adj. | Qui n'est pas permis. Illicitus, a, um, adj. | Il est permis de. Licet, licebat, licuit, licēre², impers. avec un infinit. ensuite. | Il m'est permis de dire. Mihi licet dicĕre. On met au dat. la personne à qui il est permis.

Se croire permis. Proficio judicare, judico, judicas, judicavi, judicatum¹, act. acc. du nom, infin. du verbe.

PERMISSION. Potestas, g. potestatis³, f.

Avec votre permission, ou par votre permission. Potestate tuâ, à l'abl.

PERMUTATION. Permutatio, g. permutationis³, f.

PERMUTER, changer. Permutare, permuto, permutas, permutavi, permutatum¹, act. acc. de la chose qu'on permute, et l'abl. de la chose contre laquelle on permute.

PERNICIEUSEMENT. Perniciosè, adv.

PERNICIEUX. Perniciosus, a, um, adj.

PÉRONNELLE, terme de mépris, sotte femme. Inepta mulier, g. ineptæ¹ mulieris³, f.

PÉRORAISON. Peroratio, g. perorationis³, f.

PERPENDICULAIRE, qui tombe en droite ligne. Ad perpendiculum exactus, a, um, part.

Ligne perpendiculaire. Cathetus, g. catheti², m.

PERPENDICULAIREMENT. Ad perpendiculum.

PERPÉTUEL. Perpetuus, ua, uum, adj.

PERPÉTUELLEMENT. Perpetuò, adv.

PERPÉTUER, rendre perpétuel. Perpetuare, perpetuo, perpetuas, perpetuavi, perpetuatum¹, act.

PERPÉTUITÉ. Perpetuitas, g. perpetuitatis³, f.

A perpétuité, pour toujours. In perpetuum.

PERPLEXITÉ, irrésolution. Hæsitatio, g. hæsitationis³, f.

PERQUISITION. Inquisitio, g. inquisitionis³, f.

PERRON. Podium, g. podii², neut.

PERROQUET. Psittacus, gén. psittaci², m.

PERRUQUE. Galericulus, g. galericuli², m.

PERRUQUIER. Comarum concinnator, g. comarum concinnatoris³, m.

PERSÉCUTION. Vexatio, gén. vexationis³, f.

PERSÉCUTER. Vexare, vexo, vexas, vexavi, vexatum¹, act.

PERSÉCUTEUR. Vexator, g. vexatoris³, m.

PERSÉVÉRANCE. Perseverantia, g. perseverantiæ¹, f.

Avec persévérance. Perseveranter, *adv.*

PERSÉVÉRANT. Constans, g. constantis, *adj.*

PERSÉVÉRER. Perseverare, persevero, perseveras, perseveravi, perseveratum^1, n. On met ensuite un gérond. en do, ou bien in, avec l'abl. de la chose dans laquelle on persévère.

PERSIENNE. Transenna persica, g. transennæ persicæ^1, f.

PERSIL, *herbe.* Apium, g. apii^2, *neut.*

PERSISTER, Persistère, persisto, persistis, perstiti, perstitum^3, n. avec un infin. ensuite, ou bien in, avec l'abl. de la chose.

PERSONNAGE, *homme.* Vir, g. viri^2, m.

PERSONNAGE *dans une tragédie.* Persona, g. personæ^1, f.

Faire le personnage de juge. Personam judicis gerère, gero, geris, gessi, gestum^3, *act.*

Faire toutes sortes de personnages. Vultus omnes fingère, fingo, fingis, finxi, fictum^3. | *Donner un personnage à faire à quelqu'un, ou le lui faire faire.* Imponère alicui personam, *ensuite un gén. c. à. d. imposer à quelqu'un personnage, etc.* Impono, imponis, imposui, impositum^3, *act.*

PERSONNALITÉ, *caractère, qualité de ce qui est personnel.* Personalitas, g. personalitatis^3, f.

UNE PERSONNE, *en parlant d'un homme.* Homo, g. hominis^3, m. *En parlant d'une femme.* Mulier, g. mulieris^3, f. | *Toute sorte de personnes.* Omne hominum genus, g. omnis hominum generis^3, n. | *Une infinité de personnes.* Plurimi, g. plurimorum^2, m. plur.

PERSONNE, *pour quelqu'un, sans négation.* Aliquis, m. aliqua, f. gén. alicujus, *pour tous les genres,* dat. alicui. | *Y a-t-il personne qui ?* Estne aliquis qui ? | *Si personne ou si quelqu'un.* Si quis. | *Ma personne ou moi.* Ego, g. meî, etc. | *Ta personne ou toi.* Tu, g. tuî, etc. | *Sa personne ou lui.* Ipse, ipsa, ipsum, g. ipsius, etc. | *Qui est en personne, ou qui est présent.* Præsens, m. f. et n. gén. præsentis. | *Personne, joint à une négation.* Nemo, g. neminis^3, m. f. | *Personne n'est venu.* Nemo venit. *On n'exprime pas la négation.*

PERSONNE, *terme de grammaire.* Persona, g. personæ^1, f.

PERSONNEL. Proprius, ia, ium, *adj. avec le génit.*

PERSONNELLEMENT, *se tourne par* moi-même, toi-même, lui-même, nous-mêmes, vous-mêmes, eux-mêmes, *selon la personne.* Ex. *Il m'a attaqué personnellement, il a attaqué moi-même.*

PERSONNIFIER *une chose inanimée.* Animare, animo, animas, animavi, animatum^2, *act.*

PERSPECTIVE, *objet vu de loin.* Prospectus, g. prospectûs^4, m. | *Ce coteau fait une belle perspective; tournez, la perspective de ce coteau est belle.* Hujus collis prospectus præclarus est.

PERSPECTIVE, *état à venir.* *Il a devant lui une belle perspective.* Illi arridet fortuna. Mot à mot, la fortune lui sourit. | *Il a une triste perspective.* Nihil nisi luctuosa augurare potest. Mot à mot, il ne peut rien prévoir si ce n'est des choses sinistres. Il n'y a que Potest qui change, les autres mots restent tels. Potest vient de posse, possum, potes, potui.

PERSPICACITÉ. Perspicacitas, g. perspicacitatis^3, f.

PERSPICUITÉ, *clarté d'un discours.* Perspicuitas, g. perspicuitatis^3, f. | *Avec perspicuité.* Perspicuè, *adv.*

PERSUADÉ. Persuasus, a, um. Ratus, a, um, *part. passé du verbe* Reri, reor.

PERSUADER. Persuadère, persuadeo, persuades, persuasi, persuasum^2, *act. acc. rég. ind.*

PER

dat. de *suivi d'un verbe s'exprime par ut*, avec le subj. Ex. *Persuadez-lui de venir.* Persuade illi ut veniat.

Etre persuadé. Persuasum habēre, persuasum habeo, habes, habui, habitum[2]. Ex. *Mon frère est persuadé.* Meus frater persuasum habet, ou mieux : *Il est persuadé à mon frère.* Persuasum est meo fratri. | *de cette chose*, de hâc re. *Le* que *se retranche*.

SE PERSUADER. In animum inducĕre, induco, inducis, induxi, inductum[3], *act.* quelque chose à *l'acc.*

PERSUASIF, *puissant pour persuader.* Persuasorius, ia, ium, *adj.*

PERSUASION. Persuasio, g. persuasionis[3], *f.*

PERTE ou *dommage.* Jactura, g. jacturæ[1], *f.*

PERTE *du sentiment.* Sensuum amissio, g. sensuum amissionis[3], *f.*

PERTE, *privation.* Orbitas, g. orbitatis[3], *f.*

PERTE *d'une bataille.* Clades, g. cladis[3], *f.*

PERTE, *ruine.* Pernicies, g. perniciei[3], *f.*

Etre cause de la perte de quelqu'un; tournez, être à perte à quelqu'un. | *Courir à sa perte.* In interitum ruĕre, ruo, ruis, rui, rutum[3], *n.*

A perte d'haleine. Ad anhelationem | *A perte de vue.* Extra visum.

PERTINEMMENT Aptè, *adv.*

PERTINENT, *convenable.* Congruens, *m. f. et n. gén.* congruentis, *adj.*

PERTUISANE. Hasta, g. hastæ[1], *fém.*

PERTURBATEUR. Turbator, g. turbatoris[1], *m.*

PERTURBATRICE. Perturbatrix, g. perturbatricis[3], *f.*

PERVENCHE, *herbe* Pervinca, g. pervincæ[1], *f.*

PERVERS. Pravus, a, um, *adj.*

PES

PERVERSITÉ. Pravitas, g. pravitatis[3], *f.*

PERVERTIR. Depravare, depravo, depravas, depravavi, depravatum, *act.*

SE PERVERTIR. Ad nequitiam abduci, abducor, abduceris, abductus sum[1], *pass.* c. à. d. *être entraîné à la méchanceté.*

PESAMMENT. Graviter, *adv.*

Soldats pesamment armés. Gravis armaturæ milites, g. gravis armaturæ militum[3], *m. plur.*

PESANT. Gravis, *m. f.* grave, *n. gén.* gravis. *comp.* Gravior, *m. f.* gravius, *n. gén.* gravioris; *sup.* gravissimus, a, um.

PESANT, *en parlant de l'esprit.* Tardus, a, um, *adj.*

PESANTEUR. Gravitas, g. gravitatis[3], *f.* | *d'esprit.* Tarditas, g. tarditatis[3], *f.*

PESER, *juger avec des poids combien une chose est lourde.* Ponderare, pondero, ponderas, ponderavi, ponderatum[1], *act.*

PESER, *examiner, etc.* Expendĕre, expendo, expendis, expendi, expensum[3], *act.*

PESER, *ou être pesant.* Esse ponderosum; sum, es, fui. Ponderosus, a, um, *adj. comp.* Ponderosior, *m. f.* ponderosius, *n. gén.* ponderosioris; *sup.* ponderosissimus, a, um. Ponderosus *s'accorde avec le sujet de* Sum.

PESER, *ou être d'un certain poids.* Pendēre, pendeo, pendes, pependi, pensum[2], *n. acc. du nom qui signifie le poids.* | *Cela pèse deux livres.* Illud pendet duas libras.

PESER, *être à charge.* Ponderi esse, sum, es, fui, *dat. de la personne.*

PESEUR. Pensator, g. pensatoris[3], *masc.*

PESTE. Pestis, g. pestis[3]. *f.* | *Etre frappé de peste.* Peste percelli, percellor, percelleris, perculsus sum[3], *pass.*

PESTER *contre.* Malè precari

malè precor, malè precaris, malè precatus sum[1], *dép. dat.*

PESTIFÉRÉ. Peste contactus, a, um; c. à. d. *infecté de la peste.*

PESTILENT, PESTILENTIEL, et PESTILENTIEUX. Pestilens, *m. f. et n. gén.* pestilentis, *adj.*

PET. Crepitus, *gén.* crepitûs[4], *masc.*

PÉTALE, *pièce qui compose le calice des fleurs.* Petalum, *g.* petali[2], *n.*

PETARD. Pyloclastrum, *g.* pyloclastri[2], *n.*

PETER. Pedĕre, pedo, pedis, pepedi[3], *sans sup. n.*

Peter, *craquer.* Crepitare, crepito, crepitas, crepitavi, crepitatum[1], *n.*

PÉTILLANT, *vif.* Acer, acris, âcre, *adj.* | *Vin pétillant.* Vinum scintillans, *g.* vini[2] scintillantis[3], *neut.*

PÉTILLEMENT. Crepitus, *g.* crepitûs[4], *m.*

PÉTILLER. Crepitare, crepito, crepitas, crepitavi, crepitatum[1], *neut.*

Pétiller, *en parlant des yeux.* Scintillare, scintillo, scintillas, scintillavi, scintillatum[1], *n.*

Pétiller, *en parlant du vin, etc.* Salire, salio, salis, salii, saltum[4], *n.*

Pétiller d'esprit. Ingenii scintillas spargĕre, spargo, spargis, sparsi, sparsum[3], *act.*

PETIT, *peu volumineux.* Parvus, a, um, *adj. comp.* Minor, *m. f.* minus, *n.* | *Moindre, ou plus petit, superl.* Minimus, a, um, *adj.*

Le plus petit de tous. Omnium minimus. | *Le plus petit des deux.* Minor. | *Quelque petit qu'il soit, ou si petit qu'il soit.* Quantuluscunque, quantulacunque, quantulumcunque, *avec le subjonct. On ne décline que* quantulus.

les Petits. Humiles, *g.* humilium[3], *m. plur.*

Petit, *étroit.* Angustus, a, um, *adj.*

PETIT-A-PETIT. Sensim, *adv.*

le PETIT *d'un animal.* Catulus, *g.* catuli[2], *m.* Si c'est d'un oiseau. Pullus, *g.* pulli[2], *m.* | *Faire des petits.* Fetum edĕre, edo, edis, edidi, editum[3], *act.*

PETITEMENT. Exiguè, *adv.*

PETITESSE. Parvitas, *g.* parvitatis[3], *f.*

Petitesse *de taille.* Brevitas, *g.* brevitatis[3], *f.*

Petitesse *de cœur.* Abjectio, *g.* abjectionis[3], *f.* | *Petitesse d'esprit.* Pusillum ingenium, *g.* pusilli ingenii[2], *n.*

PÉTITION. Petitio, *g.* petitionis[3], *f.*

PÉTRI. Pistus, a, um, *p. p.*

Pétri *d'orgueil.* Superbiâ tumens, *g.* superbiâ tumentis, *adj.*

PÉTRIFICATION. In lapidem conversio, *g.* in lapidem conversionis[3], *f.*

PÉTRIFIÉ. In lapidem conversus, a, um, *part. pass.*

PÉTRIFIER. In lapidem convertĕre, converto, convertis, converti, conversum[3], *act. c. à. d. convertir en pierre.*

se Pétrifier. Lapidescĕre, lapidesco, lapidescis[3], *n. sans prét. ni sup.*

PÉTRIN. Mactra, *g.* mactræ[1], *fém.*

PÉTRIR. Pinsĕre, pinso, pinsis, pensui, pinsitum *ou* pistum[3], *act.*

PÉTULANCE, *insolence.* Petulantia, *g.* petulantiæ[1], *f.*

Avec pétulance. Petulanter, *adv.*

PÉTULANT. Petulans, *m. f. et n. gén.* petulantis, *adj.*

PEU. Parùm, *adv.* Parvi, paulò, pauci, etc. *selon les mots auxquels est joint le mot* Peu. Voyez la règle de *Peu* dans la Grammaire latine.

En peu de temps. Intra paucos

PEU

dies. | *Un peu de temps.* Perumpér, *adv.* | *En peu de mots.* Breviter, *adv.* | *Parler peu.* Verbis parcè uti, utor, uteris, usus sum³, *dép.*| *Peu auparavant.* Paulò antè, *adv.*

Un peu, devant un *adj.* se rend par sub, *que l'on joint à l'adj. avec lequel il ne fait plus qu'un mot.* Ex. *Un peu doux.* Subdulcis, *m. f.* subdulce, *n.* gén. subdulcis, *adj.* | *Un peu arrogant.* Subarrogans, *adj.*

Un peu, *tant soit peu*, devant un nom. Aliquantulùm, *adv.* avec le génit. | *Un peu de blé.* Aliquantulum frumenti.

LE PEU de, *subst.* Exiguitas, g. exiguitatis³, *f.* | *Le peu d'orateurs.* Oratorum exiguitas.

PEU A PEU. Paulatim, *adv.* | *Dans peu.* Mox. | *A peu près.* Propemodùm, *adv.*

PEUPLADE, *colonie.* Colonia, g. coloniæ¹, *f.*

PEUPLE. Populus, g. populi², *masc.*

Le petit peuple. Plebs, g. plebis³, *fém.*

DE PEUPLE, ou *populaire.* Voyez ce mot.

PEUPLÉ. Frequens, *m. f.* et *n.* gén. frequentis, *adj.* de par l'*abl.* sans *prep.*

PEUPLER. Frequentare, frequento, frequentas, frequentavi, frequentatum¹, *act. acc.* avec l'*abl.* du nom dont on peuple.

PEUPLIER, *arbre.* Populus, g. populi², *f.*

De peuplier. Populeus, ea, eum, *adj.*

PEUR. Metus, g. metûs⁴, *m.* | *Avoir peur* ou *craindre.* Timēre, timeo, times, timui², sans sup. *n. acc.* de ce que l'on craint. | *Pour quelqu'un*, alicui, au *dat.*

Le de *ou* le que, *suivi d'un verbe, s'exprime, après* Avoir peur, *comme il s'exprime après* Craindre. *Ainsi voyez* Craindre.

Etre saisi de peur. Expavescēre,

PRE

expavesco, expavescis, expavi³, sans sup. *n.*

Sans peur. Impavidè, *adv.* | *Qui est sans peur.* Impavidus, a, um, *adj.*

Faire peur, *donner de la peur à*, ou *épouvanter.* Terrēre, terreo, terres, terrui, territum², *act.* | *Revenir*, ou *se remettre de sa peur.* Timorem abjicĕre, abjicio, abjicis, abjeci, abjectum³, *act.*

Qui fait peur. Voyez *Terrible.*

De peur de ou *que.* Ne, avec le *subj.* lorsqu'il n'y a qu'une négation. Ex. *J'étudie, de peur d'être blâmé*, ou *de peur que je ne sois blâmé.* Studeo ne vituperer. *Lorsqu'il suit deux négations, on exprime* de peur de *ou* que, par ne non, ou bien par ut, avec le *subj.* comme : *Ils étudient de peur de ne pas devenir savans.* Student ut, ou bien, ne non fiant docti. | *De peur.* Metu, à l'*abl.* | *Trembler de peur.* Metu contremiscĕre, contremisco, contremiscis³, *n.* sans parfait ni *sup.*

PEUREUX. Timidus, a, um, *adj.*

PEUT-ÊTRE. Fortassè, *adv.*

PHALANGE, *corps d'infanterie.* Phalanx, g. phalangis³, *f.*

PHARE, *tour au haut de laquelle on allume des feux.* Pharus, g. phari², *m.*

PHARISAÏQUE. Pharisaicus, a, um, *adj.*

PHARISIEN. Pharisæus, g. pharisæi², *masc.*

PHARMACIE. Medicamentaria, g. medicamentariæ¹, *f.*

PHARMACIEN. Medicamentarius, g. medicamentarii², *m.*

PHASE de la lune. Phasis, g. phasis, *f.*

PHÉBUS, *le Soleil et Apollon.* Phœbus, g. Phœbi², *m.*

PHÉNIX. Phœnix, g. phœnicis³, *masc.*

PHÉNOMÈNE. Phœnomenon, g. phœnomeni², *n.*

PIERRE PHILOSOPHALE. Lapis

philosophicus, g. lapidis³ philosophici², m.

PHILOSOPHE. Philosophus, g. philosophi², m.

PHILOSOPHER. Philosophari, philosophor, philosopharis, philosophatus sum¹, dép.

PHILOSOPHIE. Philosophia, g. philosophiæ¹, f.

PHILOSOPHIQUE. Philosophicus, a, um, adj.

PHILOSOPHIQUEMENT. Philosophico more.

PHILTRE, ou FILTRE, breuvage. Philtrum, g. philtri², n.

PHLEGMATIQUE, ou FLEGMATIQUE, difficile à émouvoir. Motu difficilis; g. motu difficilis³, m.

PHLEGME, ou FLEGME, humeur. Pituita, g. pituitæ¹, f.

Homme d'un grand phlegme. Homo admodùm æquabilis, gén. hominis admodùm æquabilis³, m.

PHLEGME, ou *égalité d'ame.* Moderatio, g. moderationis³, f.

PHOSPHORE, matière lumineuse. Phosphorus, g. phosphori², masc.

PHRASE. Phrasis, g. phrasis³, fém.

PHRÉNÉSIE, ou FRÉNÉSIE. Phrenesis, g. phrenesis³, f.

PHRÉNÉTIQUE, ou FRÉNÉTIQUE. Phreneticus, a, um, adj.

PHTHISIE, maladie qui dessèche tout le corps. Phthisis, g. phthisis³, f.

PHTHISIQUE. Phthisicus, a, um, adj.

PHYSICIEN. Physicus, g. physici², m.

LA PHYSIONOMIE. Facies, g. faciei⁵, f.

Belle physionomie. Liberalis facies, g. liberalis³ faciei⁵, f. | *A la physionomie.* Ex vultu.

PHYSIONOMISTE. Physiognomon, g. physiognomonis³, m.

PHYSIQUE, adj. Physicus, a, um, adj.

LA PHYSIQUE, *partie de la philosophie.* Physica, g. physicæ², f.

PHYSIQUEMENT. Physicè, adv.

PIACULAIRE, *qui regarde l'expiation.* Piacularis, m. f. piaculare, n. gén. piacularis, adj.

PIAULER. Pipire, pipio, pipis, pipivi, pipitum⁴, n.

PIC, *instrument pour fouir la terre.* Ligo unidens, g. ligonis unidentis³, m.

PIC, *montagne très-haute.* Mons, g. montis³, m.

A PIC. Abruptè, adv.

PICORÉE, *espèce de maraude.* Prædatio, g. prædationis³, f.

Aller à la picorée. Prædatum ire, eo, is, ivi, itum⁴, n.

PICOREUR, *maraudeur.* Prædator, g. prædatoris³, m.

PICOTÉ. Punctus, a, um, part. pass.

PICOTEMENT. Punctio, gen. punctionis³, f.

PICOTER. Pungĕre, pungo, pungis, pupugi, punctum⁶, act.

PICOTIN *d'avoine.* Avenæ modiolus, g. avenæ modioli², m.

UNE PIE. Pica, g. picæ¹, f.

PIE, ou *pieux.* Pius, ia, ium, adj.

PIE-GRIECHE. Pica græca, g. picæ græcæ¹, f.

PIÈCE, ou *partie.* Pars, g. partis³, f.

Par pièces. Particulatim, adv.

En pièces. In partes.

Mettre en pièces. Conscindĕre, conscindo, conscindis, conscidi, conscissum³, act.

Tailler en pièces. Concidĕre, concido, concidis, concidi, concisum³, act.

Fait de plusieurs pièces. Structilis, m. f. structile, n. gén. structilis, adj.

D'une seule pièce. Perpetuus, ua, uum, adj.

Emporter la pièce. Mordēre, mordeo, mordes, momordi, morsum², act.

PIÈCE, ou *ouvrage.* Opus, g. operis³, n.

PIÈCE *de théâtre.* Fabula, g. fabulæ[1], f.

PIÈCE *de monnoie.* Nummus, g. nummi[2], m.

PIÈCE *d'artillerie.* Tormentum bellicum, *gén.* tormenti bellici[2], *neut.*

PIÈCE *de drap.* Pannus, g. panni[2], m.

PIÈCE, *ruse, finesse.* | *Faire, ou jouer une pièce à.* Ludificari, ludificor, ludificaris, ludificatus sum[1], *dép. acc. de la personne.*

PIED. Pes, g. pedis[3], m. | *A pieds.* Pedibus, *à l'ablat.*

Qui a deux pieds. Bipes, *gén.* bipedis, *adj.*

Qui a quatre pieds. Quadrupes, g. quadrupedis, *adj.*

Pied à pied. Gradatim, *adv.*

Depuis le bout des pieds jusqu'à la tête. A capite ad calcem.

De pied ferme. Intrepidè, *adv.*

Mettre pied à terre. Descendĕre, descendo, descendis, descendi, descensum[3], n. | *de cheval.* Ex equo.

Gagner du pied. Voyez *Fuir.*

Se jeter aux pieds de. Ad pedes se prosternĕre, prosterno, prosternis, prostravi, prostratum[3]. *de, par le gén.*

Fouler aux pieds. Conculcare, conculco, conculcas, conculcavi, conculcatum[1], *act.*

Au pied de la lettre. Ad verbum.

Prendre quelque chose au pied de la lettre. Rigidiùs interpretari, interpretor, interpretaris, interpretatus sum[1], *dép. accus. de la chose.*

Coups de pied. Calx, g. calcis[3], *masc.*

Donner à quelqu'un des coups de pieds. Calce petĕre, peto, petis, petivi, petitum[3], *act. acc. de la personne.*

Recevoir des coups de pieds. Accipĕre calcem.

Mettre à quelqu'un les fers aux pieds. Compedes indĕre, indo, indis, indidi, inditum[3], *act. dat. de la personne.*

Perdre pied. Solo destitui, destituor, destitueris, destitutus sum[3], *passif.*

Mettre sur pied. Parare, paro, paras, paravi, paratum[1], *act.* | *Une armée.* Exercitum, *à l'acc.*

Les gens de pied. Pedites, g. peditum[1], m. *plur.*

Sur ce pied-là, ou ainsi. Ità, *adv.*

Pied d'un arbre, d'une montagne, d'un rocher. Radices, g. radicum[3], f. *plur.*

PIED, *mesure.* Pes, g. pedis[3], *masc.*

PIED *et demi.* Sesquipes.

Pied du mur. Imus murus, g. imi muri[2], m.

Il s'endormit au pied d'un mur. In imo muro obdormivit. | *Pied de table, de lit, etc.* Pes, g. pedis[1], *masc.*

Pied de vers. Pes, g. pedis[3], m.

PIÉDESTAL, *sur lequel on pose des statues ou des colonnes.* Stylobates, g. stylobatæ[1], m.

PIÉGE, *filet.* Laqueus, g. laquei[2], m.

PIÉGE, *embûche.* Insidiæ, g. insidiarum[1], f. *plur.*

Donner, ou tomber dans le piége. In laqueum incidĕre, incido, incidis, incidi[3], *sans sup. n.*

Dresser, ou tendre des piéges. Insidias parare, paro, paras, paravi, paratum[1], *act. dat. de la personne.*

Faire donner dans le piége; tournez, attirer dans le piége. In insidias illicĕre, illicio, illicis, illexi, illectum[3], *act.*

Se prendre au piége. Voyez *Donner, ou tomber dans le piége.*

UNE PIERRE. Lapis, g. lapidis[3], *masc.*

Petite pierre. Lapillus, g. lapilli[2], m. | *Grosse pierre.* Saxum, g. saxi[2], n.

Qui est de pierre. Lapideus, ea, eum, *adj.*

Pierre précieuse. Gemma, g. gemmæ¹, f. | *Garni de pierres précieuses.* Gemmatus, a, um, adj.

Pierre à feu, ou à fusil. Pyrites, g. pyritæ¹, m.

Pierre à aiguiser. Cos, g. cotis³, fém. | *Pierre ponce, Pierre de touche.* Voyez Ponce et Touche.

Pierre, maladie. Calculus, g. calculi², m.

Pierre de taille. Lapis sectilis, g. lapidis sectilis³, m.

Cœur de pierre, insensible. Homo siliceus, g. hominis³ silicei², m.

Pierre d'achoppement. Offendiculum, g. offendiculi², n.

Lancer, ou jeter des pierres à quelqu'un. Lapidibus appetĕre, appeto, appetis, appetivi, appetitum³, act. acc. de la personne.

Coup de pierres. Lapidum ictus, g. lapidum ictûs⁴, m.

Assommer à coups de pierres. Lapidibus obruĕre, obruo, obruis, obrui, obrutum³, act.

PIERRERIES. Gemmæ, g. gemmarum¹, f. plur.

PIERREUX. Lapidosus, a, um, adj.

PIERRIÈRE, *carrière.* Lapicidina, g. lapicidinæ¹, f.

PIÉTÉ. Pietas, g. pietatis³, f.

Avec piété. Piè, adv.

PIÉTON. Pedes, g. peditis³, m.

UN PIEU. Palus, g. pali², m.

PIEUSEMENT. Piè, adv.

PIEUX, ou *dévot.* Pius, ia, ium, adj. *Ajoutez* magis, *pour le comp.* maximè, *pour le superl.*

PIGEON. Columbus, g. columbi², m.

Qui est de pigeon. Columbinus, a, um, adj.

Pigeon pattu. Voy. Pattu.

Pigeon ramier. Palumbus, gén. palumbi², m.

PIGEONNEAU. Columbulus, g. columbuli², m.

PIGEONNIER. Columbarium, g. columbarii², n.

PIGMÉE, *nain.* Nanus, a, um, adj.

PIGNON. Voyez Faîte.

PILASTRE. Parastata, g. parastatæ¹, f.

PILE, ou *tas.* Strues, g. struis³, f.

PILE, *revers d'une pièce de monnoie.* Adversa facies, g. adversæ faciei⁵, f.

PILER. Pinsĕre, pinso, pinsis, pinsui, pinsitum³, act.

PILIER. Pila, g. pilæ¹, f.

PILIER *de l'état.* Reipublicæ firmamentum, g. reipublicæ¹ firmamenti², n.

Pilier de cabaret. Popino, g. popinonis³, m.

PILLAGE. Direptio, g. direptionis³, f.

Livrer, mettre, abandonner une ville au pillage. Tradĕre urbem diripiendam; c. à. d. *livrer une ville pour être pillée.* Diripiendus, a, um, *s'accorde avec le régime direct de* Trado, tradis, tradidi, traditum³, act.

PILLARD. Direptor, g. direptoris³, m.

PILLER. Diripĕre, diripio, diripis, diripui, direptum³, act.

PILLER, *s'approprier les pensées.* Furari, furor, furaris, furatus sum¹, dép. acc. de la chose, abl. de la personne avec à ou ab.

PILLERIE. Rapina, g. rapinæ¹, fém.

PILLEUR. Voyez Pillard.

PILON, *pour piler.* Pilum, g. pili², n.

PILORI, *poteau pour les criminels.* Cippus, g. cippi², m.

Mettre au pilori. Ad palum alligare, alligo, alligas, alligavi, alligatum¹, act.

PILOTE. Navarchus, g. navarchi², m.

PILOTER, *enfoncer des pieux.* Palos defigĕre, defigo, defigis, defixi, defixum³, act. dans par in, avec l'accus.

PILOTIS. Pali, g. palorum², m. plur.

PILULE. Pilula, g. pilulæ¹, f.

PIMPANT, *superbe, magnifi-*

PIO   PIQ   445

que en habits. Cultu superbus, a, um, *adj.*

Faire le pimpant, ou être pimpant. Esse superbum cultu. Superbus, s'accorde en genre, en nombre et en cas avec le sujet de Sum.

PIMPRENELLE, *herbe.* Pimpinella, g. pimpinellæ¹, f.

PIN. Pinus, g. pini², f. dat. pino, acc. pinum, voc. pinus, abl. pino et pinu. Au plur. nom. acc. et vocat. pinus, gén. pinorum, datif et ablat. pinis.

Qui est de pin. Pineus, ea, eum, *adj.*

PINACLE. Fastigium, g. fastigii², n.

PINASSE, *petit navire.* Gaulus, g. gauli², m.

PINCE, *levier de fer.* Vectis, g. vectis³, m. ablat. vecti.

PINCE, *espèce de tenailles.* Forficula, g. forficulæ¹, f.

Pinces d'écrevisse. Denticulatæ forcipes, g. denticulatarum¹ forcipum³, f. plur.

PINCEAU. Penicillus, g. penicilli², m.

PINCER. Vellicare, vellico, vellicas, vellicavi, vellicatum¹, act.

Pincer les cordes d'un instrument. Pulsare, pulso, pulsas, pulsavi, pulsatum¹, act.

PINCETTES. Forcipes, g. forcipum³, f. plur.

PINÇON, *oiseau.* Frigilla, g. frigillæ¹, f.

PINTE, *mesure.* Pinta, g. pintæ¹, f.

PIOCHE. Ligo, g. ligonis³, m.

PIOCHER, *travailler avec la pioche.* Ligone fodere, fodio, fodis, fodi, fossum³, act.

PION, *aux échecs.* Pedes, g. peditis³, m.

PIONNIER. Fossor, g. fossoris³, m.

PIPE, *futaille d'un muid et demi.* Dolium majus, g. dolii² majoris³, n.

Pipe à tabac. Siphon, g. siphonis¹, m.

PIPEAU. Calamus, g. calami², masc.

PIPÉE, *chasse.* Aucupatorium illicium, g. aucupatorii illicii², n.

Prendre les oiseaux à la pipée. Illice calamo captare, capto, captas, captavi, captatum¹, act.

PIPER, *tromper au jeu.* Voyez *Tromper.*

PIPERIE. Voyez *Tromperie.*

PIPEUR. Voyez *Trompeur.*

PIQUANT, ou *qui pique.* Pungens, g. pungentis³, part. prés.

PIQUANT *au goût.* Acer, acris, acre, *adj.*

PIQUANT, ou *pointu.* Aculeatus, a, um, *adj.*

Yeux piquans. Acuti oculi, g. acutorum oculorum², m. plur.

Air piquant, mine piquante. Vultus gratiosus, g. vultûs⁴ gratiosi², m.

PIQUANT, *attrayant.* Illecebrosus, a, um, *adj.*

PIQUANT, ou *offensant.* Acerbus, a, um, *adj.*

PIQUANT, *subst. pointe.* Aculeus, g. aculei², m.

PIQUE. Hasta, g. hastæ¹, f.

PIQUE, *querelle.* Rixa, g. rixæ¹, fém.

PIQUÉ, *percé légèrement.* Punctus, a, um, *part. pass.*

PIQUÉ, *offensé.* Offensus, a, um, *part.* | *Contre quelqu'un, au datif.*

Piqué au vif. Dolore incensus, a, um, *part.*

Piqué d'honneur. Amore laudis perculsus, a, um, *part.*

Piqué, viande piquée. V. *Lardé.*

PIQUER, *percer légèrement.* Pungere, pungo, pungis, pupugi, punctum³, act.

PIQUER, *offenser, blesser.* Lædere, lædo, lædis, læsi, læsum³, act.

Piquer un cheval, avec l'éperon. Calcaribus concitare, concito, concitas, concitavi, concitatum¹, act.

Piquer d'honneur. Laudis amore percellere, percello, percellis, perculi, perculsum³, act.

PIQUER d'émulation. Æmulationis stimulo excitare, excito, excitas, excitavi, excitatum[1], act.

SE PIQUER, s'offenser de. Voyez S'offenser.

SE PIQUER, ou se glorifier, se vanter. Gloriari, glorior, gloriaris, gloriatus sum[1], dépon. abl. de la chose dont on se pique, avec de.

SE PIQUER d'honneur. Gloriæ studio incendi, incendor, incenderis, incessus sum[3], pass.

PIQUET. Paxillus, g. paxilli[2], m.

PIQUEUR, qui anime les chiens à la chasse. Subsessor, g. subsessoris[3], m.

PIQÛRE. Punctus, g. punctûs[4], masc.

PIRATE. Pirata, g. piratæ[1], m.

Le métier de pirate. Piratica, g. piraticæ[1], f.

Chef de pirates. Archipirata, g. archipiratæ[1], m.

Vaisseau de pirate. Navis prædatoria, g. navis[3] prædatoriæ[1], f.

PIRATER. Piraticam facere, facio, facis, feci, factum[3], act.

PIRATERIE, métier de pirate. Piratica, g. piraticæ[1], f.

PIRE. Pejor, m. f. pejus, n. gén. pejoris. Ce comp. suivi de que, veut un abl. ou bien on exprime le que par quàm, avec le même cas après que devant; comme : Il est pire que l'autre. Est pejor altero, ou est pejor quàm alter. | Le pire, en parlant des deux. Pejor. | Le pire de, à l'égard de plusieurs. Pessimus, a, um, adj. avec un génit. | Devenir pire. In deterius mutari, mutor, mutaris, mutatus sum[1], pass.

PIROUETTE. Verticillus, gén. verticilli[2], m.

PIROUETTER, ou faire des pirouettes. In morbem versari, versor, versaris, versatus sum[1], pass.

Faire pirouetter un cheval. Equum circumagere, circumago, circumagis, circumegi, circumactum[3], act.

PIS, ou pire. Pejus, g. pejoris, n. le que par quàm. | Pis, quelque chose de pis. Pejus. | Ce qui est pis. Quod pejus. | Au pis aller. Quocumque res cadant. | De mal en pis. In pejus est. | Aller pis, ou être en pire état. Esse pejore loco. Sum, es, fui.

PISCINE. Piscina, g. piscinæ[1], f.

PISSAT. Urina, g. urinæ[1], f.

PISSER. Meïere, meio, meis, minxi, mictum[3], n.

PISTACHE, fruit. Pistachium, g. pistachii[2], n.

PISTACHIER, arbre. Pistacha, g. pistachæ[1], f.

PISTE. Vestigium, g. vestigii[2], neut.

A la piste. Vestigiis, à l'ablat.

Suivre à la piste, en parlant d'une bête. Vestigia persequi, persequor, persequeris, persecutus sum[3], dép. | En parlant des personnes. Vestigiis insistere, iusisto, insistis, institi, institutum[3], n. la personne au génit.

PISTOLE. Duplio, g. duplionis[3], m.

PISTOLET. Brevior sclopetus, g. brevioris[3] sclopeti[2], m.

PISTON. Embolus, g. emboli[2], masc.

PITANCE. Diarium, g. diarii[2], n.

PITEUX. Voyez Pitoyable.

PITEUSEMENT. Miserabiliter, adv.

PITIÉ. Misericordia, g. misericordiæ[1], f.

Avoir pitié de. Misereri, misereor, misereris, misertus sum[2], passif, avec un gén. Ou bien Miserere, miseret, misertum est[2], impers. Avec ce verbe, le nominatif français devient en latin régime direct, et partant se met à l'accus. Voy. d'ailleurs la règle : Me pœnitet culpæ meæ.

Donner de la pitié, exciter la pitié, toucher de pitié, faire pitié, etc. Movere misericordiam, avec le génit. de la personne ; c. à. d. émouvoir la pitié de, etc. Moveo, moves, movi, motum[2], act.

PLA

Qui fait pitié. Miserandus, a, um, *adj.*

Qui n'a point de pitié. Immisericors, *g.* immisericordis, *adj.*

Avec pitié, par pitié. Præ commiseratione. | *Sans pitié.* Immisericorditer, *adv.*

PITON, *clou.* Clavus annulatus, *g.* clavi annulati[2], *m.*

PITOYABLE, *digne de pitié.* Miserandus, a, um, *adj.* Magìs, *pour le comp.* maximè, *pour le superl.*

PITOYABLE, *enclin à la pitié.* Misericors, *g.* misericordis, *adj.*

PITOYABLEMENT. Miserabiliter, *adv.*

PITTORESQUE, *agréable aux yeux.* Oculis arridens, *g.* oculis arridentis, *des 3 genres, adj.*

PITUITE. Pituita, *g.* pituitæ[1], *fém.*

PITUITEUX. Pituitosus, a, um, *adj.*

PIVERT, *oiseau.* Picus, *g.* pici[2], *m.*

PIVOINE, *herbe.* Pæonia, *gén.* pæoniæ[1], *f.*

PIVOINE, *petit oiseau qui a la gorge rouge et le chant agréable.* Rubicilla, *g.* rubicillæ[1], *f.*

PIVOT. Cardo, *g.* cardinis[3], *m.*

PLACAGE. Tessella, *g.* tessellæ[1], *f.*

PLACARD, *affiche.* Libellus, *g.* libelli[2], *masc.*

PLACE. Locus, *g.* loci[2], *m. au plur.* loca, *g.* locorum[2], *n.*

En la place de. Loco, *abl. avec un génit.* | *Mettre quelqu'un à la place d'un autre.* In locum sufficĕre, sufficio, sufficis, suffeci, suffectum[3], *act. la personne que l'on met à la place d'une autre, se met l'accusatif; la personne qui suit* place, *se met au génit.* | *De sa place.* De loco.

Place publique, le marché. Forum, *g.* fori[2], *neut.*

Faire place à. Succedĕre, succedo, succedis, successi, successum[3], *n. dat. du nom qui suit à.* | *Changer de place.* Locum mutare, muto, mutas, mutavi, mutatum[1], *act.*

Etre à la première place. Primam sedem occupare, occupo, occupas, occupavi, occupatum[1], *act.*

Faire place à un autre. Locum dare, do, das, dedi, datum[1], *act. dat. de la personne.*

PLACE, *rang, emploi.* Munus, *g.* muneris[3], *n.*

PLACE, *ville fortifiée.* Oppidum, *g.* oppidi[2], *n.*

PLACE *d'armes.* Diribitorium, *g.* diribitorii[2], *n.*

PLACER. Collocare, colloco, collocas, collocavi, collocatum[1], *act.*

PLACEMENT. Collocatio, *g.* collocationis[3], *f.*

PLACET, *ou requête.* Libellus supplex, *g.* libelli[2] supplicis[3], *m.*

Présenter un placet. Libellum supplicem porrigĕre, porrigo, porrigis, porrexi, porrectum[3], *act. dat. de la personne.*

PLAFOND. Laquear, *g.* laquearis[3], *n.*

PLAGE. Plaga, *g.* plagæ[1], *f.*

PLAGIAIRE, *qui pille les ouvrages des autres.* Plagiarius, *g.* plagiarii[2], *masc.*

PLAGIAT. *Vol littéraire.* Scriptorium furtum, *g.* scriptorii furti[2], *neut.*

PLAIDER, *ou être en procès.* Litigare, litigo, litigas, litigavi, litigatum[1], *n.*

PLAIDER *une cause.* Causam agĕre, ago, agis, egi, actum[3], *act.*

Qui aime à plaider. Litigiosus, a, um, *adj.*

PLAIDEUR. Litigator, *g.* litigatoris[3], *m. Au fém.* Litigatrix, *g.* litigatricis[3], *f.*

PLAIDOIRIE, *l'action de plaider.* Forensis opera, *g.* forensis[3] operæ[1], *f.*

PLAIDOYER. Oratio, *g.* orationis[3], *fém.*

PLAIE. Vulnus, *g.* vulneris[3], *n.*

PLAIN, ou *plat*. Planus, a, um, *adj.* | *De plain pied*. Plano pede, *à l'abl.*

En pleine campagne. In æquo campo.

PLAINDRE *quelqu'un*. Miserari, miseror, miseraris, miseratus sum[1], *dép. acc.*

Qui est à plaindre. Miserandus, a, um, *part.*

SE PLAINDRE *de*. Queri, queror, quereris, questus sum[1], *dép. La personne à qui l'on se plaint, à l'acc. avec* apud, *et le nom de la chose ou de la personne dont on se plaint à l'abl. avec la préposition* de. *Ex. Je me plaindrai à mon père de mes maux.* Querar apud meum patrem de meis malis. *Le* de, *ou de ce que, suivi d'un verbe, s'exprime par* quòd, *avec le subjonct. comme, il se plaint à moi de ce que vous méprisez Lentulus.* Queritur apud me, quòd contemnas Lentulum. | *Tu te plains d'être blâmé, ou de ce que tu es blâmé.* Quereris quòd vituperis.

PLAINDRE *sa peine*. Operæ parcĕre, parco, parcis, peperci, parcitum[3], *n.*

PLAINE. Planities, *g.* planitiei[5], *f.*

PLAINT, *que l'on a plaint*. Deploratus, a, um, *part. pass.*

PLAINTE. Querela, *g.* querelæ[1], *fém.*

PLAINTE *formée en justice*. Querimonia, *g.* querimoniæ[1], *f.*

Faire des plaintes de. Voy. Se plaindre.

PLAINTIF. Querelus, a, um, *adj.*

PLAIRE *à.* Placēre, placeo, places, placui, placitum[2], *n. dat.*

Qui plaît, ou agréable. Gratus, a, um, *adj.*

Qui cherche à plaire. Placendi studiosus, a, um, *adj.*

SE PLAIRE *à.* Delectari, delector, delectaris, delectatus sum[1], *pass.*

Si après à, c'est un nom, on le met *à l'abl.; si c'est un verbe, au gérond. en* do. *Ex. Je me plais à la lecture des bons livres.* Delector lectione bonorum librorum. | *Tu te plaisois à lire les auteurs.* Delectabaris legendo auctores, *ou mieux,* legendis auctoribus. | *S'il plaît à Dieu.* Deo volente, *à l'abl.* | *A Dieu ne plaise que ce malheur arrive! c. à. d. que Dieu détourne ce malheur.* Deus avertat hanc calamitatem. | *Plut à Dieu que.* Utinam, *avec le subj.*

PLAISAMMENT. Festivè, *adv.*

PLAISAMMENT, *ridiculement*. Ridiculè, *adv.*

DE PLAISANCE, *en parlant d'une maison, d'un lieu.* Amœnus, a, um, *adj.*

PLAISANT, *agréable.* Lepidus, a, um, *adj.*

Plaisant, en parlant d'un lieu. Amœnus, a, um, *adj.* | *Un conte plaisant.* Acroama, *g.* acroamatis[3], *neut.*

UN PLAISANT, *un bouffon.* Scurra, *g.* scurræ[1], *m.*

PLAISANTER *quelqu'un.* Cavillari, cavillor, cavillaris, cavillatus sum[1], *dép. acc. de la personne.* | *Sur une chose,* in, *avec l'abl.*

PLAISANTER, *faire le bouffon.* Scurrari, scurror, scurraris, scurratus sum[1], *dép.*

EN PLAISANTANT, *en raillant.* Per jocum.

PLAISANTERIE. Facetiæ, *g.* facetiarum[1], *f. plur.*

PLAISANTERIE *à part*. Remoto joco.

PLAISIR, *ou divertissement.* Voluptas, *g.* voluptatis[3], *f.* | *Par plaisir, ou pour le plaisir.* Delectationis causâ, *à l'abl.* | *Donner, faire, causer du plaisir à.* Delectare, delecto, delectas, delectavi, delectatum[1], *act.* | *Prendre plaisir à.* Delectari. *Voy. Se plaire.* | *Fait à plaisir, ou feint.* Fictus, a, um, *part. pass.*

PLAISIR, *volonté.* Voluntas, *g.*

PLA   PLA   449

voluntatis[3], *f.* | *Tel est mon plaisir* ; tournez : *Je veux ainsi.* | *Si c'est ton bon plaisir* ; tournez : *S'il plaît à toi.* Si tibi libet, de libēre, libet, libuit[2], *impers.*

PLAISIR, ou *service, bienfait.* Officium, g. officii[2], *n.* | *Faire plaisir, rendre service à.* Benè mereri, benè mereor, benè mereris, benè meritus sum[2], *dép. abl. de la personne à qui l'on fait plaisir,* avec de; comme : *à un ami,* de amico. | *Vous me ferez un grand plaisir, si.* Pergratum mihi feceris, si, *avec le subjonct.* c. à. d. *vous me ferez une chose agréable.*

PLAN, *dessin d'un édifice.* Ichnographia, g. ichnographiæ[1], *f.*

PLAN *de discours.* Informatio, g. informationis[3], *f.*

Plan de vie. Vivendi genus, g. vivendi generis[3], *n.* | *Se faire, se proposer un plan de vie.* Sibi constituĕre genus vivendi; constituo, constituis, constitui, constitutum[3], *act.* c. à. d. *établir pour soi un genre de vie.*

PLANCHE. Tabula, g. tabulæ[1], *fém.*

PLANCHE *de jardin.* Area, g. areæ[1], *fém.*

UN PLANCHER. Tabulatum, g. tabulati[2], *n.*

PLANCHETTE, *petite planche.* Axiculus, g. axiculi[2], *m.*

PLANÇON, *branche que l'on met en terre, et qui vient de bouture.* Talea, g. taleæ[1], *f.*

PLANE, *arbre.* Voyez *Platane.*

PLANER, *en parlant des oiseaux.* Supervolitare, supervolito, supervolitas, supervolitavi, supervolitatum[1], *n.*

PLANETTE. Planeta, g. planetæ[1], *m.*

PLANT. Plantarium, g. plantarii[2], *n.*

PLANT *de vigne.* Novella vinea, g. novellæ vineæ[1], *f.*

PLANTAGE ou *plantation.* Plantatio, g. plantationis[3], *f.*

PLANTAIN, *herbe.* Plantago, g. plantaginis[3], *f.*

PLANTE. Planta, g. plantæ[1], *f.*

PLANTE *du pied.* Planta.

PLANTÉ. Satus, a, um, *part. pass.*

Lieu planté d'arbres. Arboretum, g. arboreti[2], *n.* | *Si ce sont des arbres fruitiers.* Pomarium, g. pomarii[2], *n.*

PLANTÉ, ou *fiché.* Fixus, a, um, *part. pass.*

PLANTER, *pour faire prendre racine.* Serĕre, sero, seris, sevi, satum[3], *act.*

PLANTER, *ficher.* Figĕre, figo, figis, fixi, fixum[3], *act.* | *En terre.* Humi ou humo. | *A,* ou *contre la muraille.* In parietem. | *A la porte.* In poste.

PLANTER *les échelles.* Scalas applicare, applico, applicas, applicavi, applicatum[1], *act.* | *Contre les murs.* Muris, *au dat.*

PLAQUE. Lamina, g. laminæ[1]. *fém.*

PLAQUER, *appliquer quelque chose sur du bois.* Incrustare, incrusto, incrustas, incrustavi, incrustatum[1], *act.*

PLASTRON. Thorax, g. thoracis[3], *f.*

PLASTRONNER. Thorace munire, munio, munis, munivi, munitum[4], *act.*

PLAT, *uni.* Planus, a, um, *adj.* | *De plat* ou *à plat.* In planum. | *A plate terre.* Humi, *au gén.*

PLAT, *qui n'est pas élégant.* Humilis, *m. f.* humile, *n. gén.* humilis. *comp.* Humilior, *m. f.* humilius, *n. gén.* humilioris; *superl.* humillimus, a, um.

LE PLAT *de la main.* Plana manus, g. planæ[1] manûs[4], *f.* | *Donner des coups de plat d'épée à.* Plano gladio percutĕre, percutio, percutis, percussi, percussum[3], *act.* acc *de la personne.*

PLAT, ou *mets.* Cibus, g. cibi[2], *masc.*

57

UN PLAT, *vaisselle creuse.* Lanx, g. lancis³, *f.*

PLATANE, *arbre.* Platanus, g. platani², *f.*

Lieu planté de platanes. Platanon, g. platanonis³, *m.* acc. platanona.

PLATE-BANDE, *dans les jardins.* Florum pulvinus, g. florum pulvini², *m.*

PLATE-FORME. Solarium, g. solarii², *n.*

PLATEMENT. Modo objecto.

PLATINE, *métal.* Platinum, g. platini², *n.*

PLATITUDE, *bassesse.* Abjectio, g. abjectionis³, *f.*

Dire des platitudes. Ineptias dicere.

PLÂTRE. Gypsum, g. gypsi², *neut.*

PLÂTRER. Gypso inducĕre, induco, inducis, induxi, inductum³, *act.*

PLAUSIBLE. Plausibilis. *m. f.* plausibile, *n. gén.* plausibilis, *adj.*

PLAUSIBLEMENT. Probabiliter, *adv.*

PLÉBÉIEN, *du peuple.* Plebeius, ia, ium, *adj.*

PLÉIADES, *constellations.* Pléiades, g. pleiadum³, *f. plur.*

PLEIN. Plenus, a, um, *adj.* *Cet adj. veut le génit. ou l'abl.* *A pleines mains.* Plenâ manu. | *A pleines voiles.* Plenissimis velis. | *Plein de vie.* Vivus, a, um, *adj.* | *Pleine, en parlant de la femelle des animaux.* Gravis, g. gravis³.

De mon plein gré. Ultrò. | *De plein droit.* Legitimo jure.

La pleine mer. Altum, g. alti², *neut.*

En plein jour. Luce palàm. | *En plein midi.* Meridie ipso, *à l'abl.* | *En pleine rue.* Mediâ viâ. | *En plein minuit.* Mediâ nocte. | *En plein sénat.* Medio senatu.

PLEINE-LUNE. Plenilunium, g. plenilunii², *n.*

PLEINEMENT. Planè, *adv.*

PLÉNIÈRE, *indulgence plénière.* Omnium delictorum venia, *gén.* omnium delictorum veniæ¹, *fém.*

PLÉNIPOTENTIAIRE. Summâ auctoritate indutus legatus, g. summâ auctoritate induti legati², *masc.*

PLÉNITUDE. Plenitudo, *gén.* plenitudinis⁴, *f.*

PLÉONASME. Verborum redundantia, g. verborum redundantiæ¹, *f.*

PLEURANT. Lacrymabundus, a, um, *adj.*

PLEURÉ, *regretté.* Defletus, a, um, *part.*

Digne d'être pleuré. Lugendus, a, um, *part.*

PLEURER, *sans régime.* Lacrymari, lacrymor, lacrymaris, lacrymatus sum¹, *dép.* | *De joie.* Gaudio, *à l'abl.* | *Pleurer avec un rég.* Lugēre, lugeo, luges, luxi, luctum², *act.*

Faire pleurer. Lacrymas movēre, moveo, moves, movi, motum², *le dat. de la personne.* | *Se mettre à pleurer.* Dedĕre se lacrymis; dedo, dedis, dedidi, deditum³, *act. c. à. d. s'abandonner aux larmes.*

PLEURÉSIE. Pleuritis, g. pleuritidis³, *f.* | *Qui a une pleurésie.* Pleuriticus, a, um, *adj.*

PLEUREUR. Plorator, g. ploratoris³, *masc.*

PLEUREUSE, *femme gagée pour pleurer.* Præfica, g. præficæ¹, *f.*

PLEURS. Lacrymæ, g. lacrymarum², *f. plur.*

Tout en pleurs. Lacrymabundus, a, um, *adj.*

PLEUVOIR. Pluĕre. | *Il pleut.* Pluit. | *Il a plu.* Pluit³, *verbe impersonnel.*

PLI, *un ou plusieurs doubles que l'on fait à une étoffe, à du linge.* Sinus, g. sinûs⁴, *m.*

Avoir des plis. Rugare, rugo, rugas, rugavi, rugatum¹, *n.*

PLO

Plis et replis du cœur. Animi latebræ, g. animi latebrarum¹, f. plur.

Qui prend toutes sortes de plis. Flexibilis, m. f. flexibile, n. gén. flexibilis, adj.

PLIABLE. Flexibilis, m. f. flexibile, n. gén. flexibilis, adj.

PLIAGE, la manière de faire des plis. Plicatura, g. plicaturæ¹, fém.

PLIANT. Voyez Pliable.

PLIER, mettre par plis le linge, etc. Complicare, complico, complicas, complicavi, complicatum¹, act.

PLIER les voiles. Vela legĕre, lego, legis, legi, lectum³, act.

PLIER, courber, fléchir. Flectĕre, flecto, flectis, flexi, flexum³, act.

Se plier à la volonté d'un autre. Ad nutum alterius se accommodare, accommodo, accommodas, accommodavi, accommodatum¹, act.

PLIER, ou céder. Cedĕre, cedo, cedis, cessi, cessum³, n. dat.

L'armée plie. Acies cedit.

PLIER bagage, décamper. Vasa colligĕre, colligo, colligis, collegi, collectum³, act.

PLINTHE, terme d'architecture. Plinthis, g. plinthidis³, f.

PLISSER. Corrugare, corrugo, corrugas, corrugavi, corrugatum¹, act.

PLISSURE. Rugæ, g. rugarum¹, fém. plur.

PLOMB. Plumbum, g. plumbi², neut.

Qui est de plomb. Plumbeus, ea, eum, adj.

A-PLOMB. Ad perpendiculum.

PLOMBÉ. Plumbatus, a, um, part. pass.

Teint plombé. Vultus lividus, g. vultûs⁴ lividi², m.

PLOMBER. Plumbare, plumbo, plumbas, plumbavi, plumbatum¹, act.

PLONGÉ dans l'eau. In aquâ mersus, a, um, part.

PLU 451

PLONGÉ dans la débauche. Libidinibus perditus, a, um, part.

PLONGEON, oiseau. Mergus, g. mergi², m.

PLONGER. Immergĕre, immergo, immergis, immersi, immersum³, act. | Dans l'eau. In aquam.

PLONGER, faire le plongeon. Urinari, urinor, urinaris, urinatus sum¹, dép.

PLONGER quelqu'un dans un abîme de malheurs. Malis mergĕre, mergo, mergis, mersi, mersum³, act.

PLONGER à quelqu'un le poignard dans le sein. Pugione confodĕre, confodio, confodis, confodi, confossum³, act. c. à. d. percer quelqu'un avec un poignard.

SE PLONGER. Se immergĕre. | Dans l'eau. In aquam.

SE PLONGER son épée dans le corps. Se gladio transigĕre, transigo, transigis, transegi, transactum; c. à. d. se percer avec son épée.

SE PLONGER dans la débauche, etc. Libidinibus tradĕre se totum; trado, tradis, tradidi, traditum³, act. c. à. d. s'abandonner à la débauche.

PLONGEUR. Urinator, g. urinatoris², masc.

PLOYER. Voy. Plier.

PLUIE. Pluvia, g. pluviæ¹, f.

Qui est de pluie. Pluvius, ia, ium, adj.

PLUMAGE. Plumæ, g. plumarum¹, f. plur.

PLUME. Pluma, g. plumæ¹, f.

Qui est de plume. Plumeus, ea, eum, adj.

Qui est sans plumes. Implumis, m. f. implume, n. gén. implumis, adj.

PLUME à écrire. Calamus, g. calami², m.

PLUMER. Plumis nudare, nudo, nudas, nudavi, nudatum¹, act. c. à. d. dépouiller de ses plumes.

PLUMET. plumes qu'on met au chapeau. Crista, g. cristæ¹, f.

LA PLUPART. Plerique, pleræque, pleraque, *adj. plur.*

LA PLUPART *des jeunes gens.* Plerique adolescentes. | *La plupart du temps.* Plerùmque, *adv.*

PLURALITÉ, *le plus grand nombre.* Major numerus, *g.* majoris³ numeri², *m.*

PLURALITÉ, *multitude.* Multitudo, *g.* multitudinis³, *f.*

NOMBRE PLURIEL. Pluralis, *g.* pluralis³, *m.*

AU PLURIEL. Pluraliter, *adv.*

PLUS. Plus *s'exprime de différentes manières, selon le nom auquel il est joint.* Voy. la règle de *Plus* dans la Grammaire latine. Si plas *est répété, ou s'il est précédé de* d'autant, *consultez la règle* D'autant, *suivi de* Plus.

PLUS, *signifiant cessation d'action, s'exprime par* Jam, *adv. ou* Ampliùs. Ex. *Je ne pécherai plus.* Non jam peccabo. | *Je n'ai plus d'argent.* Jam careo pecuniâ. | *Je n'en puis plus,* ou *je n'ai plus de forces.* Vires me deficiunt; c. à. d. *les forces me manquent.* | *Je ne m'étonne plus.* Jam mirari desino, *ou* non miror ampliùs ; c. à. d. *Je cesse de m'étonner, ou je ne m'étonne pas davantage.* | *Je ne dirai plus rien.* Nihil ampliùs dicam ; c. à d. *je ne dirai rien davantage.*

PLUS ou MOINS. Plus aut minus.

DE PLUS EN PLUS. Magis ac magis.

DE PLUS, *outre cela.* Prætereà.

Rien de plus. Nihil præterea.

Non plus que si. Non secùs ac si, *avec le subjonctif.*

Et qui PLUS *est.* Adde quòd, *avec le subjonctif.*

PLUS, *signifiant au delà.* Ampliùs. | *Ils étoient plus de cent.* Centum ampliùs erant.

De plus, en outre. Præterea, *adv.*

PLUS ou MOINS. Plus minùs-ve, *adv.*

Ni plus ni moins. Nihilominùs, *adv.*

Au plus, tout au plus, ou pour le plus. Ad summum.

LE PLUS. Voyez la Grammaire latine, où toutes les manières d'exprimer *le plus, le moins,* suivis ou non suivis d'un *que,* sont prévues et suffisamment expliquées.

PLUSIEURS. Multi, multæ, multa, *g.* multorum, *adj. plur.*

PLUSIEURS FOIS. Persæpè, *adv.*

PLUT A DIEU *que.* Utinam, *et le subjonctif.*

PLUS TÔT, ou *plus promptement.* Priùs, *adv.*

PLUS TÔT, *de meilleure heure.* Maturiùs, *comp. adv.* Le *que* par quàm, *qui emporte la négation, et qui veut le même cas après que devant, comme :* Il est venu plus tôt que je ne pensois. Venit priùsquàm existimabam.

Au plus tôt. Quamprimùm, *adv.* | *Le plus tôt que je pourrai.* Quàm celerrimè potero.

PLUTÔT, *par préférence.* Potiùs, *adv.* Le *que par* quàm. Ex. *J'admire plutôt ta vertu que ta science.* Admiror potiùs tuam virtutem, quàm scientiam tuam.

PLUTON, *dieu des enfers.* Pluto, *g.* Plutonis³, *m.*

PLUVIER, *sorte d'oiseau.* Pluvialis, *g.* pluvialis³, *f.*

PLUVIEUX. Pluviosus, a, um, *adj.*

PNEUMATIQUE, *qui se meut par le moyen de l'air.* Pneumaticus, a, um, *adj.*

POCHE *d'habit.* Perula, *g.* perulæ¹, *f.*

POCHE, *jabot d'un oiseau.* Ingluvies, *g.* ingluviei³, *f.*

POCHÉ, *yeux pochés.* Oculi suggillati, *g.* oculorum suggillatorum², *m. plur.*

POCHER *les yeux à quelqu'un.* Oculos elidĕre, elido, elidis, elisi, elisum³, *act. génit. de la personne.*

POCHETTE, *petite poche.* Perula, *g.* perulæ¹, *f.*

UNE POÊLE à frire. Sartago, g. sartaginis³, f.

UN POÊLE pour échauffer. Hypocaustum, g. hypocausti², n.

UN POÊLE ou dais. Umbella, g. umbellæ¹, f.

POÊLE, drap mortuaire. Palla sepulcralis, g. pallæ¹ sepulcralis³, fém.

POÊLON, petite poêle. Pultarius, g. pultarii², m.

POEME. Poema, g. poëmatis³, neut.

POÉSIE. Poesis, g. poesis³, f. Pièce de poésie. Carmen, g. carminis³, n.

POÈTE. Poeta, g. poetæ¹, m. Au fém. Poetis, g. poetidis¹.

POÈTEREAU, mauvais poète. Ineptus poeta.

POÉTIQUE, ou de poète. Poeticus, a, um, adj.

POÉTIQUEMENT. Poeticè, adv.

POIDS. Pondus, g. ponderis³, neut.

Par poids et par mesure. Ad rationem et normam. | Être du poids de, ou peser. Pendĕre, pendo, pendis, pependi, pensum³, act. acc. du nom du poids. | d'une livre. Libram. | Une couronne d'or du poids d'une livre. Corona aurea pondere libræ.

Homme de poids. Vir magnæ auctoritatis, g. viri² magnæ auctoritatis, m.

POIGNARD. Pugio, g. pugionis³, m.

POIGNARDÉ. Pugione percussus, a, um ; c. à. d. frappé avec un poignard.

POIGNARDER. Pugione percutĕre, percutior, percutis, percussi, percussum³, act. c. à. d. frapper avec un poignard.

POIGNÉE, ce qu'on peut tenir avec la main. Manipulus, g. manipuli², m.

POIGNÉE de soldats. Militum parva manus, g. militum parvæ manûs⁴, f.

POIGNÉE d'épée, de pistolet, etc. Capulus, g. capuli², m.

POIGNET, endroit où le poing se joint à la main. Carpus, g. carpi², m.

POIL des hommes. Pilus, g. pili², m. | Couvert de poil. Pilosus, a, um, adj. | Qui n'a point de poil. Glaber, glabra, glabrum, adj.

POIL follet. Lanugo, g. lanuginis³, fém.

POIL de bêtes. Villus, g. villi², m. | Couvert de ce poil. Villosus, a, um, adj.

POILU. Pilosus, a, um, adj.

POINÇON, pour percer. Veruculum, g. veruculi², n.

POINÇON de graveur. Scalpellum, g. scalpelli², n.

POINDRE, en parlant du jour. Oriri, orior, oriris, ortus sum⁴, dép.

Commencer à poindre. Dilucescĕre, dilucesco, dilucescis³, n.

POINDRE, en parlant des herbes. Enasci, enascor, enasceris, enatus sum³, dép.

LE POING. Pugnus, g. pugni², masc.

Donner des coups de poing. Pugnis contundĕre, contundo, contundis, contudi, contusum³, act. | A quelqu'un. Aliquem. | Recevoir des coups de poing. Ferre pugnos ; c. à. d. porter les coups. | A coups de poing. Pugnis, à l'abl.

UN POINT. Punctum, g. puncti², neut.

LE POINT D'HONNEUR, ce en quoi on fait consister l'honneur. Honor, g. honoris³, m.

Disputer sur le point d'honneur. De honore contendĕre, contendo, contendis, contendi, contentum³, n.

Le plus haut point de, le faîte. Fastigium, g. fastigii², n.

POINT, article, partie d'un discours. Caput, g. capitis³, n.

De point en point. Articulatim, adv.

Point, *question. Un point d'histoire.* Historiæ locus, g. historiæ loci², m.

Point, *l'important d'une affaire.* Summa, g. summæ¹, f. | *Vous ne touchez pas le point de l'affaire.* Rei summam non attingis.

Point *du jour, le temps où le jour commence à paroître.* Diluculum, g. diluculi², n. | *Au point du jour.* Primo diluculo, à *l'abl.*

Point *de vue.* Prospectus, g. prospectûs⁴, m.

Point, *instant, moment.* | *Etre sur le point de ; pour un temps futur.* Jamjam, *avec le verbe* Sum, *et le part. futur, qu'on fait accorder avec le subst. en genre, en nombre et en cas. Ex. Il étoit sur le point de partir.* Jam profecturus erat. *Mot à mot. Il étoit devant partir bientôt.*

Au dernier point. Summoperè *ou* maximè. | *A un tel point que, jusqu'à ce point que.* Usque eò ut, *avec le subj.* | *A un tel point de.* Eò usquè, *avec le génit. du nom qui suit de.* | *A point nommé, ou tout à point.* Opportunè, *adv.*

POINT, *négation.* Non. | *Point du tout.* Minimè, *adv.* | *Pour ne point.* Ne, *avec le subj.* | *Pour ne pas mentir.* Ne mentiar. | *Ne voyez-vous point ?* Nonne vides ?

POINTE, *bout aigu, la pointe d'un pieu, du nez, etc.* Acumen, g. acuminis³, n.

Pointe *d'une épée, d'un couteau.* Mucro, g. mucronis³, m. | *Pointe d'un dard, d'une pique, d'un javelot.* Cuspis, g. cuspidis³, f. | *Pointe d'une flèche, d'un dard.* Aculeus, g. aculei², m. | *Qui se termine en pointe.* Mucronatus, a, um, *adj.* | *Se terminer en pointe.* In acumen desinere, desino, desinis, desii, desitum⁴, n. | *Armé de pointes.* Aculeatus, a, um, *adj.*

Pointe, *la cime d'une montagne, d'une maison, etc.* Cacumen, g. cacuminis³, f.

Pointe *d'esprit.* Ingenii acumen, g. ingenii acuminis³, n.

Pointe, *bon mot.* Argutia, g. argutiæ¹, f.

A la pointe de l'épée. Armis, à *l'abl.*

A la pointe du jour. Primâ luce, à *l'abl.*

Se lever, se dresser sur la pointe des pieds. In digitos erigi, erigor, erigeris, erectus sum³, *pass.* | *Marcher sur la pointe du pied.* Suspenso gradu ire, eo, is, ivi, itum⁴, n.

Pointe *de terre.* Terræ lingua, g. terræ linguæ¹, f.

POINTER, *diriger contre.* Dirigere, dirigo, dirigis, direxi, directum³, *act.* contre *par* in, *avec l'acc.*

POINTILLE, *vaine subtilité.* Argutiola, g. argutiolæ¹, f.

POINTILLER, *s'amuser à faire des pointes.* Argutari, argutor, argutaris, argutatus sum¹, *dép.*

POINTILLEUX, *qui conteste sur la moindre chose.* Vitilitigator, g. vitilitigatoris³, m.

POINTU. Acutus, a, um, *part.*

POIRE. Pyrum, g. pyri², n.

POIRÉE, *herbe.* Beta, g. betæ¹, *fém.*

POIRIER. Pyrus, g. pyri², f.

POIS, *légume.* Pisum, g. pisi², n. | *Pois chiche.* Cicer, g. ciceris³, *neut.*

POISON. Venenum, g. veneni², n. | *Poison lent.* Venenum torpens. | *De poison, ou par le poison.* Veneno, à *l'abl.*

Faire mourir par le poison. Veneno interimere, interimo, interimis, interemi, interemptum³, n.

POISSON. Piscis, g. piscis³, m. *Petit poisson.* Pisciculus, g. pisciculi², m.

POISSONNEUX. Piscosus, a, um, *adj.*

POITRAIL. Pectus, g. pectoris³, n.

POITRINE. Pectus, g. pectoris³, n.

Se frapper la poitrine. Pectus

POL

manu percutĕre, percutio, percutis, percussi, percussum³, *act.*

POIVRADE. Piperatum, *g.* piperati², *n.*

POIVRE. Piper, *g.* piperis³, *n.* *Grain de poivre.* Piperis bacca, *г.* piperis baccæ¹, *f.*

POIVRÉ. Piperatus, a, um, *adj.*

POIVRER. Pipere aspergĕre, aspergo, aspergis, aspersi, aspersum³, *act.*

POIVRIÈRE, *petit vase à tenir du poivre.* Triti piperis vasculum, *г.* triti piperis vasculi², *n.*

POIX. Pix, *g.* picis³, *f.* *Qui est de poix.* Piceus, ea, eum, *adj.*

POIX-RÉSINE. Resina, *g.* resinæ¹, *fem.*

POLAIRE, *près du pôle.* Polo proximus, a, um, *adj.*

POLE. Polus, *g.* poli², *m.*

POLÉMIQUE, *en parlant du style des critiques.* Bellatorius, a, ium, *adj.*

POLI, *luisant.* Politus, a, um, *part.*

POLI, *en parlant d'un discours, ou du langage.* Elegans, *m. f.* et *s. gén.* elegantis, *adj.*

POLI, *civilisé, honnête.* Urbanus, a, um, *adj.*

Manières polies. Urbanitas, *g.* urbanitatis³, *f.*

POLI, *subst. lustre.* Nitor, *g.* nitoris³, *m.*

POLICE, *ordre établi dans un état, dans une ville.* Disciplina politica, *g.* disciplinæ politicæ¹, *f.*

Commissaire de police. Urbanus quæsitor, *g.* urbani² quæsitoris³, *m.*

Lieutenant de police. Urbanus prætor, *g.* urbani² prætoris³, *m.*

POLICÉ. Moratus, a, um, *adj.*

POLICER. Legibus temperare, tempero, temperas, temperavi, temperatum¹, *act.*

POLIMENT. Urbanè, *adv.*

POLIR, *rendre luisant.* Polire, polio, polis, polivi, politum⁴, *act.*

POL 455

POLIR *un discours, l'embellir.* Expolire orationem.

POLIR *quelqu'un, le civiliser.* Expolire aliquem.

SE POLIR, *devenir luisant.* Nitescĕre, nitesco, nitescis, nitui³, *sans sup.*

SE POLIR. Se expolire, expolio, expolis, expolivi, expolitum⁴, *act.*

POLISSEUR, *qui polit.* Politor, *g.* politoris³, *m.*

POLISSOIR, *instrument pour polir.* Levigatorium instrumentum, *g.* levigatorii instrumenti², *n.*

POLISSON. Nebulo, *g.* nebulonis³, *m.*

POLISSONNER. Nugari, nugor, nugaris, nugatus sum¹, *dépon.*

POLISSURE. Politura, *g.* politura¹, *f.*

POLITESSE. Urbanitas, *g.* urbanitatis³, *f.*

Avec politesse. Eleganter. Urbanè, *adv.*

LA POLITIQUE, *l'art de gouverner.* Politica scientia, *g.* politicæ scientiæ¹, *f.*

POLITIQUE, *ruse, adresse.* Calliditas, *g.* calliditatis³, *f.*

UN POLITIQUE, *qui entend l'art de gouverner.* Scientiæ politicæ peritus, a, um, *adj.*

POLITIQUE, *adroit.* Callidus, a, um, *adj.*

POLITIQUE, *adj. qui concerne le gouvernement.* Politicus, a, um, *adj.*

POLITIQUEMENT. Juxta politicæ scientiæ leges.

POLITIQUEMENT, *adroitement.* Callidè, *adv.*

POLLUER. Polluĕre, polluo, polluis, pollui, pollutum³, *act.*

POLLUTION. Pollutio, *g.* pollutionis³, *f.*

POLTRON. Ignavus, a, um, *adj.*

En poltron. Ignavè, *adv.*

POLTRONNERIE. Ignavia, *g.* ignaviæ¹, *f.*

POLYGAME. Vir plurium uxorum, g. viri², m. On ne décline que Vir.

POLYGAMIE, état d'un homme marié à plusieurs femmes vivantes. Uxorum multitudo, g. uxorum multitudinis³, f.

POLYGONE Polygonus, a, um, adj.

POLYPE. Polypus, g. polypi², m.

POLYPODE, herbe. Polypodion, g. polypodii², n.

POMMADE. Unguentum, g. unguenti², n.

POMME. Malum, g. mali², m. | Pomme de pin. Nux pinea, g. nucis³ pineæ¹, f. génit. plur. nucum.

POMMÉ, fait en forme de pomme. Capitatus, a, um, part. pass.

POMMEAU. Pila, g. pilæ¹, f.

POMMELÉ. Scutulatus, a, um, adj.

POMMETTE, ornement fait en forme de petite pomme ou boule. Globulus, g. globuli², m.

POMMIER. Malus, g. mali², f.

POMONE, déesse. Pomona, g. Pomonæ¹, f.

POMPE, ou magnificence. Pompa, g. pompæ¹, f.

Pompe du triomphe. Triumphi apparatus, g. triumphi apparatûs⁴, m. | *Avec pompe.* Apparatè, adv.

POMPE, machine. Antlia, g. antliæ¹, f.

POMPER. Antliâ tollere, tollo, tollis, sustuli, sublatum³, act. c. à d. élever avec la pompe.

POMPEUSEMENT. Mirificè, adv. comp. Mirificentiùs; superl. mirificentissimè.

POMPEUX. Magnificus, a, um, adj. comp. Magnificentior, gén. magnificentioris; sup. magnificentissimus, a, um.

PIERRE PONCE. Pumex, g. pumicis³, m.

PONCEAU. Puniceus, ea, eum, adj.

PONCTION. Punctio, g. punctionis³, f.

PONCTUALITÉ. Voyez *Exactitude.*

PONCTUATION. Interpunctio, g. interpunctionis³, f.

PONCTUEL. Voyez *Exact.*

PONCTUELLEMENT. Voyez *Exactement.*

PONCTUER. Interpungere, interpungo, interpungis, interpunxi, interpunctum³, act.

PONDRE. Edere, edo, edis, edidi, editum³, act. | *Des œufs.* Ova, à l'accus.

PONT. Pons, g. pontis³, m. *Construire, bâtir, jeter un pont sur une rivière.* Pontem flumini imponere, impono, imponis, imposui, impositum³, act.

PONT *de bois.* Pons sublicius, g. pontis³ sublicii², m.

PONT *de bateaux.* Pons conjunctis navibus. Mot à mot. *Pont de bateaux réunis.* Pons seulement se décline.

PONT *volant.* Pons vectibilis, g. pontis vectibilis³, m.

PONT *de vaisseau.* Tabulatum, g. tabulati², n.

PONTE *des oiseaux.* Ovatio, g. ovationis³, f.

PONTIFE. Pontifex, g. pontificis³, m.

PONTIFICAL. Pontificius, ia, ium, adj.

PONTIFICALEMENT. Pontificali habitu.

PONTIFICAT. Pontificatus, g. pontificatûs⁴, m.

PONT-LEVIS. Pons arrectarius, g. pontis³ arrectarii², m.

PONTON, bac pour passer les chevaux. Ponto, gén. pontonis³, masc.

POPULACE. Plebecula, g. plebeculæ¹, f.

POPULAIRE. Popularis, m. f. populare, n. gén. popularis, adj.

POPULAIREMENT. Populariter, adv.

POPULARITÉ. Popularitas, g. popularitatis³, f.

POPULATION, *nombre des ha-*

bitans. Incolarum numerus, gén. incolarum numeri[2], m.

POPULEUX. Populo frequens, des 2 genres, g. populo frequentis, adj.

PORC. Porcus, g. porci[2], m.

Qui est de porc. Porcinus, a, um, adj.

DU PORC, *de la chair de pourceau.* Porcina, g. porcinæ[1], f.

PORCELAINE. Porcellanæ, g. porcellanarum[1], f. plur.

Vase de porcelaine. Vas porcellanum, g. vasis[3] porcellani[2], n. *Au plur.* Vas fait vasa, g. vasorum, dat. et abl. plur. vasis; ainsi au sing. il est de la troisieme déclinaison, et au plur. de la seconde.

PORC-ÉPIC. Hystrix, g. hystricis[3], f.

PORCHE Propylæum, g. propylai[2], n.

PORCHER, *gardeur de porcs.* Subulcus, g. subulci[2], m.

PORE. Occultum foramen, g. occulti[2] foraminis[3], m.

PORPHYRE, *marbre.* Porphyrites, g. porphyritæ[1], m.

PORREAU, *herbe.* Porrus, g. porri[2], m.

UN PORT *pour les vaisseaux.* Portus, g. portûs[4], m. dat. et abl. plur. portubus.

Prendre port, entrer au port, ou dans le port, arriver à bon port. Intrare portum; intro, intras, intravi, intratum[1], n.; c. à. d. *entrer au port.* | *Sortir du port.* E portu solvĕre, solvo, solvis, solvi, solutum[3], neut.

Faire naufrage au port. Navem in portu evertĕre, everto, evertis, everti, eversum[3], act.

PORT, *ou transport.* Vectura, g. vecturæ[1], f.

PORT, *prix que l'on paie pour le transport.* Vecturæ pretium, g. vecturæ pretii[2], n.

PORT *de lettre.* Allatæ epistolæ merces, g. allatæ epistolæ mercedis[3], fém.

PORT, *maintien d'une personne.* Corporis habitus, g. corporis habitûs[4], m.

PORTAIL. Porta, g. portæ[1], f.

PORTANT, *qui porte.* Ferens, m. f. et n. gén. ferentis, part. prés.

A bout portant. Cominùs, adv.

PORTATIF, *facile à porter.* Gestu facilis, m. f. facile, n. gén. facilis, adj.

PORTE *d'une ville.* Porta, g. portæ[1], f.

Porte d'une maison, etc. Janua, g. januæ[1], f.

De porte en porte. Ostiatìm, adv.

A quatre portes. Quadriforis, m. f. quadrifore, n. gén. quadriforis, adj.

Petite porte. Portula, g. portulæ[1], f.

PORTÉ *à, ou enclin à, en bonne part.* Propensus, a, um, adj.; *en mauvaise part.* Pronus, a, um, adj. *à s'exprime par* ad, *avec l'accus. ou le gérond.* en dum, comme : *Je suis porté à l'étude.* Sum propensus ad studium.

PORTÉ, *soutenu.* Fultus, a, um, adj.

Loi, peine PORTÉE. Lex, pœna lata; de latus, a, um, part.

PORTÉE, *intelligence.* Captus, g. captûs[4], m.

Qui est à la portée de. Ad captum accommodatus, a, um, adj. *avec le génit. du nom qui suit. Exemple : Discours à la portée du peuple.* Oratio ad populi captum accommodata. Mot-à-mot, *discours accommodé à l'intelligence du peuple.*

PORTÉE, *distance où peut porter un trait, la main, la vue.* Jactus, g. jactûs[4], m.

A la portée de. Intrà jactum, *avec un génitif.*

Hors de la portée de. Extrà jactum, *avec un génit.*

PORTÉE, *ventrée.* Fetura, g. feturæ[1], f.

PORTE-ENSEIGNE, *qui porte une enseigne.* Signifer, g. signiferi[2], m.

PORTE-FAIX, *crocheteur.* Bajulus, *g.* bajuli[2], *m.*

PORTE-FEUILLE. Scrinium, *g.* scrinii[2], *n.*

PORTE-MANTEAU, *valise.* Hippopera, *g.* hippoperæ[1], *f.*

PORTER. Ferre, fero, fers, tuli, latum[3], *act. acc. rég. ind. dat. ou acc. avec* ad.

Porter, *produire.* Ferre, *act.*

Porter *les armes.* Sequi militiam ; sequor, sequeris, secutus sum[1], *dép.*

Porter les armes contre. Arma ferre contrà, *avec l'acc.*

Porter *un coup.* Ferre plagam.

Porter *la parole.* Verba facere, facio, facis, feci, factum[1], *act.* à *se rend par* apud, *avec l'accusatif.* | *Au nom de.* Nomine, *avec le génitif.*

Porter *la terreur.* Voy. *Terreur.*

Porter *les regards sur.* Oculos injicere, injicio, injicis, injeci, injectum[3], *act.* sur, *par* in *avec l'accus.*

Porter *la peine de sa faute.* Culpæ pœnam pendere, pendo, pendis, pependi, pensum[1], *act.*

Porter, *ou pousser, ou exciter à.* Impellere, impello, impellis, impuli, impulsum[3], *act. acc. de la personne.* à *s'exprime par* ad, *avec l'accus. ou le gérond. en* dum.

Etre porté naturellement, ou d'affection à. Propendere, propendeo, propendes, propendi, propensum[3], *n.* à *s'exprime par* ad, *avec l'accus. ou le gérond. en* dum.

Porter *amitié, ou aimer.* Amare, amo, amas, amavi, amatum[1], *act.*

L'amitié que tu me portes, il faut tourner : ton amitié envers moi. Tuus in me amor.

Porter *envie, ou envier.* Invidere, invideo, invides, invidi, invisum[2], *n. dat.*

se Porter *bien, ou mal.* Valēre, valeo, vales, valui, valitum[2], *n.* bien, benè ; mieux, meliùs ; fort, ou très-bien, optimè, *adv.* ; mal, malè ; plus mal, pejùs ; fort mal, ou très-mal, pessimè, *adv.*

Tâchez, ou ayez soin de vous bien porter. Cura ut valeas.

se Porter *en quelque endroit.* Se conferre, confero, confers, contuli, collatum[1]. *Si ce verbe marque mouvement, en ou dans, s'exprimera comme à la question* Quò.

Se faire porter en litière. Lecticâ ferri, *pass. c. à. d. être porté en litière.*

se Porter *au bien.* Ad recta tendere. tendo, tendis, tetendi, tensum[3], *n. c. à. d. tendre aux choses bonnes.*

se Porter *au mal.* In malum deflectere, deflecto, deflectis, deflexi, deflexum[3], *n.*

se Porter, *se donner pour.* Se gerere, me gero, te geris, me gessi, se gestum[3], *act.* pour, *par* pro *avec l'ablat.*

PORTEUR. Lator, *g.* latoris[3], *masc.*

Porteur de lettres. Tabellarius, *g.* tabellarii[2], *m.*

Porteur de chaises. Lecticarius, *g.* lecticarii[2], *m.*

Porteur d'eau. Aquarius, *gén.* aquarii[2], *m.*

PORTIER. Janitor, *g.* janitoris[3], *m.*

PORTIÈRE. Janitrix, *g.* janitricis[3], *f.*

PORTIÈRE *de carrosse.* Foris, *g.* foris[3], *f.*

PORTION, *partie d'une chose.* Portio, *g.* portionis[3], *f.*

Portion, *ce qu'on donne à chacun pour son repas.* Sportella, *g.* sportellæ[1], *f.*

PORTIQUE. Porticus ; *g.* porticûs[4], *f.*

PORTRAIT. Imago, *g.* imaginis[3], *f.*

Faire le portrait de, ou tirer le portrait. Imaginem exprimere, exprimo, exprimis, expressi, expressum[3], *act. génit. de la personne dont on fait le portrait.*

Portrait, *caractère de quel-*

POS

qu'un. Ethologia, *g.* ethologiæ¹, *f.*

Faire le portrait, le caractère de quelqu'un. Depingĕre aliquem ; depingo, depingis, depinxi, depictum³, *act.*

POSÉ, ou *modéré.* Moderatus, a, um, *part. pass.*

Posé, ou *placé.* Positus, a, um, *part. pass.* | *Être posé sur, en parlant d'un oiseau.* Insidēre, insideo, insides, insedi, insessum², *n. dat. du nom qui suit* sur.

POSÉMENT. Moderatè, *adv. comp.* Moderatiùs ; *superl.* moderatissimè.

POSER. Ponĕre, pono, ponis, posui, positum³, *act.*

Poser *à côté.* Apponĕre³, *act. rég. ind. dat.*

Poser *sur.* Imponĕre³, *act. rég. ind. dat.*

Poser *sous.* Supponĕre³, *act. rég. ind. dat.*

se Poser *sur.* Sedēre, sedeo, sedes, sedi, sessum², *n.* sur *par* in, *avec l'ablat.*

POSITIF, *vrai, réel.* Certus, a, um, *adj.*

L' Positif, *nom.* Absolutum, *g.* absoluti², *n.*

POSITION, *situation.* Situs, *g.* sitûs⁴, *m.*

POSITIVEMENT. Reipsà, *adv.*

POSSÉDÉ. Possessus, a, um, *p. p.*

Possédé *du démon.* A dæmone possessus.

POSSÉDER. Possidēre, possideo, possides, possedi, possessum², *act.*

se POSSÉDER. Imperare sibi, mihi impero, tibi imperas, mihi imperavi, sibi imperatum¹, *n. c. à. d. se commander.*

Ne pas se posséder de joie. Lætitiâ efferri, efferor, efferris, elatus sum³, *pass.*

POSSESSEUR. Possessor, *g.* possessoris³, *m.*

POSSESSIF, *se dit des pronoms.* Possessivus, a, um, *adj.*

POSSESSION. Possessio, *gén.* possessionis³, *f.*

POS 459

Être en possession, avoir en possession, ou la possession de. Esse in possessione. *de se rend par le génit. du nom qui suit.* | *Entrer en possession, prendre possession.* In possessionem inire, ineo, inis, inivi, initum⁴, *n.*

Mettre quelqu'un en possession. Possessionem tribuĕre, tribuo, tribuis, tribui, tributum³, *act. dat. de la personne ; c. à. d. donner la possession à.*

POSSESSOIRE. Possessorius, ia, ium, *adj.*

POSSIBILITÉ. Possibilitas, *g.* possibilitatis³, *f.*

POSSIBLE, *avec le verbe* Être, *se tourne par le verbe* Pouvoir. | *Ces choses sont possibles, ou peuvent être.* Hæ res possunt esse. *Il ne lui fut pas possible de parler;* tournez, *il ne put pas parler.* Loqui non potuit.

De tout son possible. Pro viribus.

Autant qu'il est possible. Quantùm fieri potest.

Il n'est pas possible que, ou de, on tourne : *il ne peut pas être fait que.* Non potest fieri ut, *avec le subjonct.*

Est-il possible qu'il ait dit cela! tournez : *peut-il se faire qu'il ait dit.* Fierine potest, ut illud dixerit? | *Faire tout son possible pour.* Omni ope eniti, enitor, eniteris, enixus sum³, *dép.* pour par ut, *avec le subjonctif.*

POSTE, ou *cheval de poste.* Veredus, *g.* veredi², *m.*

Courir la poste, ou en poste. Incitato equo currĕre, curro, curris, cucurri, cursum³, *n.*

Prendre la poste, ou des chevaux de poste. Uti veredis; utor, uteris, usus sum³, *dépon. c. à. d. se servir de chevaux de poste.*

Poste, *bureau où l'on envoie les lettres pour la poste.* Litterarum diribitorium, *g.* litterarum diribitorii², *n.*

la Poste, *lieu où l'on tient les*

POS

chevaux. Veredorum stabulum, g. veredorum stabuli², *neut.*

LA POSTE ou *le courrier.* Veredarius, g. veredarii², *m.*

UN POSTE ou *un lieu où campent des troupes.* Locus, g. loci, *masc. Au plur.* Loca, g. locorum, *neut.*

POSTE, *lieu assigné par un commandant.* Statio, *gén.* stationis³, *fém.*

Se saisir d'un poste, l'occuper. Capĕre locum; c. à. d. *le prendre;* capio, capis, cepi, captum³, *act.* | *Garder son poste, s'y maintenir.* Tueri stationem, tueor, tueris, tuitus sum², *dép.* | *Quitter son poste.* De statione decedĕre, decedo, decedis, decessi, decessum³, *n.*

POSTE ou *emploi.* Munus, *gén.* muneris³, *n.*

POSTER, *mettre dans un poste des soldats.* Collocare, colloco, collocas, collocavi, collocatum¹, *act. dans ou en s'exprime par* in, *avec l'abl.*

SE POSTER *en, dans, sur, s'emparer de.* Occupare, occupo, occupas, occupavi, occupatum¹, *act. La préposition ne s'exprime pas, et le nom qui suit se met à l'acc.* Ex. *L'ennemi se posta sur la montagne.* Hostis montem occupavit.

SE POSTER *sur un arbre, en parlant d'un oiseau.* Arbori insidēre insideo, insides, insedi, insessum², *n.*

POSTÉRIEUR. Posterior, *m. f.* posterius, *n. gén.* posterioris, *adj. comp.*

POSTÉRIEUREMENT. Posteriùs, *adv.*

POSTÉRIORITÉ. Posterioritas, g. posterioritatis³, *f.*

POSTÉRITÉ, *le temps à venir.* Posteritas, g. posteritatis³, *f.*

POSTÉRITÉ, *descendans.* Posteri, g. posterorum², *m. plur.*

POSTHUME. Posthumus, a, um, *adj.*

POU

POSTICHE. Adventitius, ia, ium, *adj.*

POSTILLON. Veredarius, g. veredarii², *m.*

POSTULANT. Candidatus, g. candidati², *m.*

POSTULER. Postulare, postulo, postulas, postulavi, postulatum¹, *act.*

POSTURE. Habitus, g. habitûs⁴, *masc.*

En posture de suppliant. Suppliciter, *adv.*

POT. Vas, g. vasis³, *n. Au plur.* vasa, g. vasorum², *n.*

POT *à l'eau.* Vas aquarium, *gén.* vasis³ aquarii², *n.*

POT *à cuire la viande, etc.* Olla, g. ollæ¹, *f.*

POT *de chambre.* Matula, g. matulæ¹, *f.*

POT *au lait.* Lactis sinum, *gén.* lactis sini², *n.*

POTABLE, *qu'on peut boire.* Poculentus, a, um, *adj.*

POTAGE. Puls, g. pultis³, *f.*

POTAGER, ou *jardin potager.* Hortus olitorius, g. horti olitorii², *masc.*

Herbe, ou plante potagère. Olus, g. oleris³, *n.*

POTEAU. Palus, g. pali², *m.*

POTELÉ. Obesus, a, um, *adj.*

POTENCE, ou *gibet.* Patibulum, g. patibuli², *n.*

POTENTAT. Rex, g. regis³, *m.*

POTERIE, *vase de terre.* Vasa fictilia, g. vasorum² fictilium³, *n. plur.*

POTERIE, *lieu où se font les vases de terre.* Figlina, g. figlinæ¹, *f.*

POTERNE, *fausse porte.* Pseudothyrum, g. pseudothyri², *n.*

POTIER. Figulus, g. figuli², *masc.*

POTION, *breuvage.* Potio, g. potionis³, *f.*

POU, *vermine.* Pediculus, g. pediculi², *m.* | *Plein de poux.* Pediculosus, a, um, *adj.*

POUCE. Pollex, g. pollicis³, *masc.*

POUCE, mesure. Uncia, g. unciæ¹, f.

POUDRE, poussière. Pulvis, g. pulveris³, m.

Réduire en poudre. In pulverem resolvěre, resolvo, resolvis, resolvi, resolutum³, act.

Jeter de la poudre aux yeux. Fucum facěre³, dat. de la person.

POUDRE à canon. Pulvis sulphureus, g. pulveris³ sulphurei², masc.

POUDRER les cheveux. Crines pulvere cyprio aspergěre, aspergo, aspergis, aspersi, aspersum³, act.

POUDREUX. Pulverulentus, a, um, adj.

POUILLEUX. Pediculosus, a, um, adj.

POULAILLE. Gallinæ, g. gallinarum¹, f. plur.

POULAILLER, où se retirent les poules. Gallinarium, g. gallinarii², m.

POULAIN. Equulus, g. equuli², masc.

POULARDE, jeune poule engraissée. Pullastra, g. pullastræ¹, fém.

POULE. Gallina, g. gallinæ¹, fém.

POULE D'INDE. Gallina indica, g. gallinæ indicæ¹, f. | Poule d'eau. Fulica, g. fulicæ¹, f.

POULET. Pullus gallinaceus, g. pulli gallinacei², m.

POULETTE. Pullastra, g. pullastræ¹, f.

POULICHE, cavale nouvellement née. Equula, g. equulæ¹, f. dat. et ablat. plur. equulabus.

POULIE. Trochlea, g. trochleæ¹, fém.

LE POULS. Venæ pulsus, g. venæ pulsûs⁴, m.

POUMON ou POULMON. Pulmo, g. pulmonis³, m.

POUPARD, petit enfant au maillot. Pupus, g. pupi², m.

POUPE de vaisseau. Puppis, g. puppis³, f. acc. puppim, et abl. puppi. | Avoir le vent en poupe. Habēre secundos ventos; c. à. d. avoir les vents favorables.

POUPÉE, jouet d'enfant. Pupa g. pupæ¹, f.

POUPON, jeune garçon à visage plein et potelé. Pupus, g. pupi², m.

Petit Poupon Pupulus, g. pupuli², m.

POUR. Pro. Préposition qui veut l'abl. Pour, joint à un infin. français, s'exprime ordinairement par ad, avec un gérond. en dum, ou par ut, avec un subj. comme : Pour étudier. Ad studendum. | J'étudie pour devenir savant, ou afin que je devienne savant. Studeo ut fiam doctus. Voy. dans la Grammaire latine les différentes manières de traduire en latin la préposition Pour.

POUR ce qui est de. Quod attinet ad, avec l'acc. ou avec un gérond. en dum. Attinet, attinuit, attinēre², neut.

POUR l'amour de. Causâ, abl. f. qui veut un génit. | Pour l'amour de mon père. Causâ patris.

Pour l'amour de soi. Propter se.

POUR, signifiant envers, s'exprime par in avec l'acc.

L'amour pour la patrie. Amor in patriam.

POUR ne pas dire. Ne dicam. | Pour abréger. Ne multa dicam.

Quelquefois pour se rapporte à un temps futur ; alors il s'exprime par in avec l'acc. comme : Pour dix ans. In decem annos. Pour l'année prochaine. In annum proximum. Pour un moment. In unum temporis punctum.

POURCEAU. Porcus, g. porci², masc. | De pourceau. Porcinus, a, um, adj.

POURCHASSER, poursuivre. Acriùs persequi, persequor, persequeris, persecutus sum³, dép. acc.

POUR LORS. Tùm, adv.

UN POURPARLER, conférence. Colloquium, g. colloquii², n.

En venir à un pourparler. In colloquium venire⁴, *n.* | *Etre en pourparler.* Capita conferre, confero, confers, contuli, collatum³, *act.*

POUR PEU QUE, *conjonct.* V. *Pour peu que* dans la Grammaire latine.

POURPIER. Portulaca, *g.* portulacæ¹, *f.*

POURPOINT. Thorax, *g.* thoracis⁴, *masc.*

LA POURPRE, *étoffe teinte en pourpre.* Purpura, *g.* purpuræ¹, *f.*

Qui est de pourpre, ou de couleur de pourpre. Purpureus, ea, eum, *adj.*

Vêtu de pourpre. Purparatus, a, um, *adj.*

LE POURPRE, *maladie.* Maculæ purpureæ, *g.* macularum purpurearum¹, *f. plur.*

POUR que. Ut, *avec le subj.*; et Ne, *s'il est suivi d'une négation.*

POURQUOI. Quarè. Cur, *adv.* *Lorsque* Quarè *ou* Cur *sont entre deux verbes, on met le second au subjonct.*| *Pourquoi cela?* Quid ità ? *Pourquoi non ?* Cur non ? *C'est pourquoi.* Quapropter, *adv.* | *Pour quoi que ce soit.* Nullâ de causâ.

POURRI. Putridus, a, um, *adj.*

POURRIR ou *faire pourrir.* Putrefacĕre, putrefacio, putrefacis, putrefeci, putrefactum⁵, *act.*

SE POURRIR ou *pourrir.* Putrescĕre, putresco, putrescis, putrui³, *sans supin, n.*

POURRITURE. Putredo, *g.* putredinis³, *f.*

POURSUITE. Persecutio, *g.* persecutionis³, *f.*

Etre à la poursuite de. Voyez *Poursuivre.*

POURSUIVRE. Persequi, persequor, persequeris, persecutus sum¹, *dép. acc.*

Poursuivre l'épée à la main. Gladio districto insequi³. | *Poursuivre en justice.* Judicio persequi.

POURSUIVRE ou *continuer.* Pergĕre, pergo, pergis, perrexi, perrectum¹, *act.* ou *n.*

POURTANT. Attamen, *adv.*

POURTOUR. Circuitus, *g.* circuitûs⁴. *m.*

POURVOIR à. Providēre, provideo, provides, providi, provisum², *n. dat.*

POURVOIR ou *munir de.* Instruĕre, instruo, instruis, instruxi, instructum³, *act. acc. rég. ind. ablat.*

SE POURVOIR *de.* Sibi parare, mihi paro, tibi paras, mihi paravi, paratum¹, *act. c. à. d. se préparer. La chose dont on se pourvoit à l'acc.*

POURVOYEUR. Obsonator, *g.* obsonatoris³, *masc.*

POURVU ou *muni de.* Instructus, a, um, *part. pass. abl. de la chose.*

POURVU que. Dummodò, *avec le subjonctif.*

POUSSE *des plantes.* Germinatio, *g.* germinationis³, *f.*

POUSSER, *faire effort pour ôter de sa place une personne ou une chose.* Pellĕre, pello, pellis, pepuli, pulsum³, *act.*

Pousser son cheval contre. Equum incitare, incito, incitas, incitavi, incitatum¹, *act.* contre *par* in, *avec l'acc.*

POUSSER à, *exciter à.* Impellĕre, impello, impellis, impuli, impulsum³, *act. acc. rég. ind. acc. avec* ad *ou un gérond. en* dum. | *Je l'ai poussé à étudier.* Illum impuli ad studendum.

POUSSER *aux honneurs, élever.* Promovēre, promoveo, promoves, promovi, promotum², *act. acc. de la personne. à par* ad, *avec l'acc.*

POUSSER à bout, à toute extrémité. Ad incitas redigĕre, redigo, redigis, redegi, redactum³, *act.*

POUSSER *la patience à bout.* Patientiam exhaurire, exhaurio, exhauris, exhausi, exhaustum⁴, *act.*

POUSSER *jusqu'au bout.* Acriter persequi, persequor, persequeris, persecutus sum³, *dép. acc.*

POUSSER *les ennemis; tournez, faire fuir.* Voy. FUIR.

POUSSER *des cris, la voix, etc.* Clamores, vocem, etc. tollere, tollo, tollis, sustuli, sublatum³, *act.*

POUSSER, *étendre des retranchemens, une chaussée.* Munitiones, molem proferre. profero, profers, protuli, prolatum³, *act.* | *Bien avant.* Longiùs.

POUSSER, *en parlant des fleurs.* Florescere, floresco, florescis, florui³, *sans supin, n.*

POUSSER, *en parlant des plantes.* Germinare, germino, germinas, germinavi, germinatum², *n.*

POUSSER *des bourgeons.* Gemmare, gemmo, gemmas, gemmavi, gemmatum¹, *n.*

POUSSER *des feuilles.* Frondescere, frondesco, frondescis, frondui³, *sans sup. n.*

Les feuilles poussent. Enascuntur frondes; *de* Enasci, enascor, enasceris, enatus sum³, *dép.*

POUSSER *des rejetons.* Fruticescere, fruticesco, fruticescis³, *sans parf. ni sup.*

SE POUSSER, *s'élever à.* Se promovere ad, *avec l'acc.* Voy. ÉLEVER.

POUSSIÈRE. Pulvis, *g.* pulveris³, *m.* | *Aller en poussière, se résoudre en poussière.* In pulverem resolvi, resolvor, resolveris, resolutus sum³, *pass.* | *Tirer quelqu'un de la poussière.* Epulvere excitare, excito, excitas, excitavi, excitatum¹, *act.*

Réduire en poussière. Voyez au mot POUDRE, *réduire en poudre.*

POUSSIF. Anhelus, a, um, *adj.* | *Etre poussif.* Anhelare, anhelo, anhelas, anhelavi, anhelatum¹, *n.*

POUSSIN. Pullus, *g.* pulli², *masc.*

POUTRE. Trabs, *g.* trabis³, *f.*

POUVOIR, *verbe.* Posse, possum, potes, potui, *avec un infin. ensuite.* | *N'en pouvoir plus.* Viribus deficere, deficio, deficis, defeci, defectum³, *n. c. à. d.* manquer de forces.

POUVOIR, *avoir de la force, de l'efficacité.* Valere, valeo, vales, valui, valitum², *n.* | *Cet homme peut beaucoup auprès du roi.* Hic vir multùm valet apud regem.

POUVOIR ou *puissance.* Potestas, *g.* potestatis³, *f.* | *Selon mon pouvoir, ou de tout mon pouvoir.* Pro viribus. | *Etre en pouvoir de, c. à. d. pouvoir.* Posse, possum, potes, potui. | *Avoir plein pouvoir.* Esse cum summo imperio; c. à. d. *être avec un pouvoir absolu.* | *Avoir pouvoir sur.* Habere potestatem in, *avec l'acc.*

POUVOIR ou *crédit.* Auctoritas, *g.* auctoritatis³, *f.* | *Avoir du pouvoir sur.* Valere, valeo, vales, valui, valitum², *n.* | *sur l'esprit de, ou sur, ou auprès de.* Apud, *avec l'acc. de la personne.*

Etre sous le pouvoir de quelqu'un. In potestate esse, sum, es, fui, *avec le génit.* | *Tomber au pouvoir de.* In potestatem venire, venio, venis, veni, ventum⁴, *n. avec le génit.*

PRAIRIE. Pratum, *g.* prati², *n.*

PRALINE, *dragée.* Amygdala saccharea, *g.* amygdalæ saccharæ¹, *f.*

PRATICABLE. *Chemin praticable.* Pervium iter, *g.* pervii² itineris³, *n.*

PRATIQUE. Usus, *g.* usûs⁴, *masc.*

Réduire ou mettre en pratique, ou exécuter. Exsequi, exsequor, exsequeris, exsecutus sum³, *dép. acc.*

PRATIQUES *de piété.* Piæ exercitationes, *g.* piarum¹ exercitationum³, *f. plur.*

PRATIQUE, *intrigue.* Clandestina consilia, *g.* clandestinorum consiliorum², *n. plur.*

PRATIQUER, ou *exercer.* Exercēre, exerceo, exerces, exercui, exercitum², act.

PRATIQUER, ou *mettre en pratique*. Exsequi, exsequor, exsequeris, exsecutus sum³, *dépon.* *acc.*

PRATIQUER, ou *cultiver*. Colĕre, colo, colis, colui, cultum³, *act.* | *La vertu.* Virtutem, à *l'acc.*

PRATIQUER, *ménager, faire*. Aptè disponĕre, dispono, disponis, disposui, dispositum³, *act.* | *Une porte dans un mur.* Portulam in muro.

SE PRATIQUER, *être pratiqué*. Fieri, fio, fis, factus sum³, *pass.*

PRÉ. Pratum, *g.* prati², *n.*

PRÉALABLE, *qui se dit ou fait avant*. Prævius, ia, ium, *adj.*

AU PRÉALABLE, PRÉALABLEMENT. Antè omnia.

PRÉAMBULE. Præfatio, *g.* præfationis³, *f.*

Sans préambule. Abruptè, *adv.*

PRÉBENDE. Præbenda, *g.* præbendæ¹, *f.*

PRÉCAIRE, *ce qu'on possède comme par emprunt, ou par tolérance*. Precarius, ia, ium, *adj.*

A titre précaire, ou

PRÉCAIREMENT. Precariò, *adv.*

PRÉCAUTION. Cautio, *g.* cautionis¹, *f.*

User de précautions, ou prendre des précautions. Cautiones adhibēre, adhibeo, adhibes, adhibui, adhibitum², *act.*

PRÉCAUTIONNER. Præmunire, præmunio, præmunis, præmunivi, præmunitum⁴, *act.* contre *par* adversùs, *avec l'acc.*

SE PRÉCAUTIONNER. Præcavēre, præcaveo, præcaves, præcavi, præcautum², *n.* contre *s'exprime par* à *ou* ab, *avec l'abl.*

PRÉCÉDEMMENT. Antè.

PRÉCÉDENT. Superior, *m. f.* superius, *n. gén.* superioris, *adj. comp.*

PRÉCÉDER. Antecedĕre, antecedo, antecedis, antecessi, antecessum³, *n. ou act.*

PRÉCEPTE. Præceptum, *g.* præcepti², *n.*

PRÉCEPTEUR. Præceptor, *g.* præceptoris³, *m.*

PRÊCHER *la parole de Dieu*. Concionari, concionor, concionaris, concionatus sum¹, *dép.* | *Au peuple.* Ad populum.

PRÊCHER, ou *recommander*. Præcipĕre, præcipio, præcipis, præcepi, præceptum³, *act. acc.* régi ind. *dat.*

PRÉCIEUSEMENT. Pretiosè *adv.*

PRÉCIEUX. Pretiosus, a, um, *adj. comp.* Pretiosior, *m. f.* pretiosius, *n. gén.* pretiosioris; *sup.* pretiosissimus, a, um.

Pierre précieuse. Gemma, *g.* gemmæ¹, *f.*

UNE PRÉCIEUSE, *femme affectée dans ses manières ou son langage*. Putida elegantiarum consectatrix, *g.* putidæ² elegantiarum consectatricis³, *f.*

PRÉCIPICE. Præcipitium, *gén.* præcipitii², *n.*

Être sur le bord d'un précipice. In præcipitio versari, versor, versaris, versatus sum¹, *dép.*

PRÉCIPITAMMENT. Præproperè, *adv.*

PRÉCIPITATION. Festinatio præpropera, *g.* festinationis³ præproperæ¹, *f.*

AVEC PRÉCIPITATION. Voyez *Précipitamment*.

PRÉCIPITÉ, ou *qui agit avec précipitation*. Præproperus, a, um, *adj.*

PRÉCIPITÉ ou *fait avec précipitation*. Properatus, a, um, *part.*

PRÉCIPITÉ *du haut en bas*. Voy. *Précipiter*.

PRÉCIPITER *du haut en bas*. Præcipitare, præcipito, præcipitas, præcipitavi, præcipitatum¹, *act.* dans *par* in, *avec l'acc.*

PRÉCIPITER *du trône*. E solio detrudĕre, detrudo, detrudis, detrusi, detrusum³, *act.*

PRÉCIPITER *quelqu'un dans un*

PRÉ

malheur. In calamitate demittĕre, demitto, demittis, demisi, demissum³, *act.*

PRÉCIPITER *une affaire, etc.* Præproperè agĕre, ago, agis, egi, actum³, *act.* c. à. d. *faire précipitamment.*

SE PRÉCIPITER, *ou agir précipitamment.* Agĕre præproperè.

SE PRÉCIPITER *dans la rivière.* Se præcipitare in flumen.

SE PRÉCIPITER, *en parlant d'un fleuve, d'un torrent.* Se præcipitare, præcipito, præcipitas, præcipitavi, præcipitatum², *n.*

SE PRÉCIPITER *au milieu des dangers.* Per pericula ruĕre, ruo, ruis, rui, rutum³, *neut.* | *Se précipiter au milieu des ennemis.* Ruĕre per medios hostes. | *Dans toutes sortes de crimes.* Ruĕre per omne fas et nefas.

UN PRÉCIS. Summarium, *g.* summarii², *n.*

PRÉCIS, PRÉCISE, *fixé.* Præfinitus, a, um, *adj.* | *A l'heure précise.* Horâ præfinitâ.

PRÉCIS, *juste. A deux heures précises.* Ipsâ horâ secundâ.

En termes précis. Circumscriptè, *adv.*

PRÉCIS, *concis.* Concisus, a, um, *adj.*

PRÉCISÉMENT, *ou au même moment.* Eo ipso tempore, *à l'abl.* | *Précisément comme il partoit.* Eo ipso tempore quo proficiscebatur.

PRÉCISÉMENT *ou certainement.* Certò, *adv. comp.* Certiùs; *sup.* certissimè.

PRÉCISION. Præcisio, *g.* præcisionis³, *f.* | *Avec précision.* Præcisè, *adv.*

PRÉCOCE, *mûr avant le temps.* Præcox, *m. f. et n. g.* præcocis, *adj.*

PRÉCOCITÉ. Præmaturitas, *g.* præmaturitatis³, *f.*

PRÉCONISER, *louer hautement.* Laudibus extollĕre, extollo, extollis, extuli, elatum³, *act. acc. de la personne.*

PRÉ 463

PRÉCURSEUR. Præcursor, *g.* præcursoris³, *m.*

PRÉDÉCESSEUR. Antecessor, *g.* antecessoris³, *m.*

NOS PRÉDÉCESSEURS. Majores, *g.* majorum³, *m.*

PRÉDESTINATION. Prædestinatio, *g.* prædestinationis³, *f.*

PRÉDESTINÉ. Prædestinatus, a, um, *part. pass.*

PRÉDESTINER. Prædestinare, prædestino, prædestinas, prædestinavi, prædestinatum¹, *act.*

PRÉDICATEUR. Concionator sacer, *g.* concionatoris³ sacri², *m.*

PRÉDICATION. Concio sacra, *g.* concionis³ sacræ¹, *f.*

PRÉDICTION, *l'action de prédire.* Prædictio, *g.* prædictionis³, *fem.* | *Chose prédite.* Vaticinium, *g.* vaticinii², *n.*

PRÉDILECTION. Amor præcipuus, *g.* amoris³ præcipui², *m.* | *Avoir de la prédilection pour quelqu'un.* Eximiè diligĕre, diligo, diligis, dilexi, dilectum³, *act.*

PRÉDIRE. Prædicĕre, prædico, prædicis, prædixi, prædictum³, *act. acc. rég. ind. dat.*

PRÉDIRE *par conjecture.* Conjicĕre, conjicio, conjicis, conjeci, conjectum³, *act.*

PRÉDOMINANT. Prævalens, *m. f. et n. gén.* prævalentis, *adj.*

PRÉDOMINER. Prævalĕre, prævaleo, prævales, prævalui, prævalitum², *n. dat.*

PRÉÉMINENCE. Præstantia, *g.* præstantiæ¹, *f.*

Avoir la prééminence. Præeminĕre, præemineo, præemines, præeminui², *sans sup. n.*

PRÉFACE. Præfatio, *g.* præfationis³, *f.*

PRÉFECTURE. Præfectura, *g.* præfecturæ¹, *f.*

PRÉFÉRABLE. Præferendus, a, um, *adj. dat.*

PRÉFÉRABLEMENT, *par préférence.* Præ omnibus.

PRÉFÉRABLEMENT *à.* Præter, *prép. avec l'acc.*

PRÉFÉRENCE, s'il s'agit de deux. Priores partes, g. priorum partium³, f. plur. S'il s'agit de plusieurs. Primæ partes, g. primarum¹ partium³, f. plur.

Donner la préférence à quelqu'un. Primas deferre, defero, defers, detuli, delatum³, act. dat. de la personne. | Donner à quelqu'un la préférence sur un autre; tournez, préférer quelqu'un à un autre.

PAR PRÉFÉRENCE. Præ omnibus.

PRÉFÉRER. Anteponĕre, antepono, anteponis, anteposui, antepositum³, act. acc. rég. ind. dat.

PRÉFET. Præfectus, g. præfecti², m.

PRÉFIX. Constitutus, a, um, part. pass.

PRÉJUDICE. Damnum, g. damni², n. | Porter, faire, causer du préjudice à. Damnum afferre, affero, affers, attuli, allatum³, act. dat. de la personne. | Recevoir ou souffrir du préjudice. Detrimentum accipĕre, accipio, accipis, accepi, acceptum³, act. | A mon préjudice. Meo damno. | Sans préjudice de mes droits. Salvo meo jure. Mot à mot, mon droit étant intact. Si le nom étoit du fém. on mettroit salvâ, et s'il étoit du plur. salvis.

PRÉJUDICIABLE. Damnosus, a, um, adj.

PRÉJUDICIER à. Damnum afferre, affero, affers, attuli, allatum³, act. dat. c. à. d. causer du préjudice. | Sans préjudicier à; c. à. d. sans préjudice de. Voyez Préjudice.

PRÉJUGÉ. Præjudicium, g. præjudicii², n.

PRÉJUGER, prévoir, conjecturer. Prævidēre, prævideo, prævides, prævidi, prævisum², act.

PRÉLAT. Præsul, g. præsulis³, masc.

PRÉLATURE. Præsulis dignitas, g. præsulis dignitatis³, f. c. à. d. dignité de prélat.

PRÉLEVER. Deducĕre, deduco, deducis, deduxi, deductum³, act. acc. rég. ind. abl. avec de.

PRÉLIMINAIRE, adj. qui précède la matière principale. Antecedens, g. antecedentis, adj. | Discours préliminaire. Prœmium, g. prœmii². n.

PRÉLIMINAIRE, subst. Antecessio, g. antecessionis³, f. | Les préliminaires de la paix. Pacis prolusiones, g. pacis prolusionum³, f. pl.

PRÉLUDE. Præludium, g. præludii². n.

PRÉLUDER, jouer un prélude. Præludĕre, præludo, præludis, prælusi, prælusum³, n.

PRÉMATURÉ, qui arrive avant le temps. Præmaturus, a, um, adj.

PRÉMATURÉMENT, avant le temps. Præmaturè, adv.

PRÉMÉDITATION. Præmeditatio, g. præmeditationis³, f.

PRÉMÉDITÉ. Præmeditatus, a, um, part. pass. | De dessein prémédité. Ex composito.

PRÉMÉDITER. Præmeditari, præmeditor, præmeditaris, præmeditatus sum¹, dép. acc.

PRÉMICES. Primitiæ, g. primitiarum¹, f. plur.

PREMIER, en parlant de plusieurs. Primus, a, um, adj. | En parlant de deux. Prior, m. f. prius, n. gén. prioris, adj.

PREMIER né. Primogenitus, a, um, adj. | La première place ou le premier rang. Principatus, g. principatûs⁴, m. | Le premier en quelque chose. Eminentissimus, a, um. | En naissance. Genere. | En premier lieu. Primò, adv. | Pour la première fois. Primùm, adv. | La première fois que. Cùm primùm, avec l'indic. | La tête la première. A capite. | Au premier jour. Propè diem.

LES PREMIERS d'un pays. Proceres, g. procerum³, m. pl. Au sing. Princeps, g. principis³, m. et f.

PREMIER ou ancien, qu'on a eu

PRE   PRÉ   467

autrefois. Pristinus, a, um, *adj.*

PREMIÈREMENT. Primò, *adv.*

PRÉMUNIR *contre.* Præmunire, præmunio, præmunis, præmunivi, præmunitum[4], *act.* contre, se rend par adversùs, avec l'acc.

PRENABLE, *qu'on peut prendre.* Expugnabilis, *m. f.* expugnabile, *n. gén.* expugnabilis, *adj.*

PRENDRE, *empoigner.* Capĕre, capio, capis, cepi, captum[3], *act.* | *A la main, avec la main.* Manu. | *Prendre racine.* Capĕre radicem. | *Prendre quelqu'un par la main.* Aliquem manu prehendĕre, prehendo, prehendis, prehendi, prehensum[3], *act.*

PRENDRE *de force, d'assaut une ville.* Expugnare, expugno, expugnas, expugnavi, expugnatum[1], *act.*

PRENDRE, *embrasser un état, une profession.* Amplecti, amplector, amplecteris, amplexus sum[3], *dép. acc.*

PRENDRE *ses habits.* Vestes induĕre, induo, induis, indui, indutum[3], *act.*

PRENDRE *sur le fait.* In manifesto scelere deprehendĕre, deprehendo, deprehendis, deprehendi, deprehensum[3], *act.*

PRENDRE, *ou s'attacher à, en parlant du feu, etc.* Invadĕre, invado, invadis, invasi, invasum[3], *act.*

PRENDRE *pour.* Credĕre, credo, credis, credidi, creditum[3], *act.* c. à. d. *croire.* | *Tu me prends pour un sot.* Me stolidum credis; c. à. d. *tu crois que je suis un sot,* ou *tu me crois sot.*

PRENDRE, *manger.* Sumĕre, sumo, sumis, sumpsi, sumptum[3], *act.*

Faire prendre un autre cours à une rivière. Flumen deflectĕre, deflecto, deflectis, deflexi, deflexum[3], *act.*

PRENDRE *terre.* E nave descendĕre, descendo, descendis, descendi, descensum[3], *n.*

PRENDRE *feu.* Ignem concipĕre, concipio, concipis, concepi, conceptum[3], *act.*

PRENDRE *à part.* Seducĕre, seduco, seducis, seduxi, seductum[3], *act.*

PRENDRE, *contracter une maladie.* Morbum contrahĕre, contraho, contrahis, contraxi, contractum[3], *act.*

PRENDRE *bien son temps.* Opportunitate uti, utor, uteris, usus sum[3], *dép.*

SE PRENDRE *à, comme font ceux qui se noient.* Arripĕre, arripio, arripis, arripui, arreptum[3]. | *A quelque chose.* Aliquid, à l'acc.

SE PRENDRE, *en parlant du lait.* Voyez *se Cailler.*

S'Y PRENDRE *bien.* Solerter aggredi, aggredior, aggrederis, aggressus sum[3], *dép. acc.* | *Si l'on s'y prend mal, au lieu de* Solerter, *on met* Malè.

S'EN PRENDRE *à quelqu'un, l'attaquer.* Provocare, provoco, provocas, provocavi, provocatum[1], *act.*

S'EN PRENDRE *à quelqu'un, lui imputer quelque chose.* Accusare, accuso, accusas, accusavi, accusatum[1], *act. de se rend par le génit.*

SE PRENDRE, *se laisser prendre, ou être pris dans des filets.* In casses decidĕre, decido, decidis, decidi[3], *sans sup. n. c. à. d. tomber dans les filets.*

PRENEUR, *qui prend, qui reçoit.* Acceptor, *g.* acceptoris[3], *m.*

PRÉNOM. Prænomen, *g.* prænominis[3], *n.*

PRÉNOTION, *connoissance anticipée d'une chose.* Prænotio, *g.* prænotionis[3], *f.*

PRÉOCCUPATION. Opinio præjudicata, *g.* opinionis[3] præjudicatæ[1], *f.*

PRÉOCCUPÉ *de.* Præoccupatus, a, um, *part. pass.* de, par l'abl.

PRÉOCCUPER. Præoccupare, præoccupo, præoccupas, præoccupavi, præoccupatum[1], *act.*

PRÉPARATIF. Apparatus, gén. apparatûs[4], m. | Faire des preparatifs de, ou pour - Voyez se Préparer à.

PRÉPARATION, l'action de préparer. Præparatio, g. præparationis[3], f.

PRÉPARATOIRE. Præparatorius. ia, ium, adj.

PRÉPARÉ, apprêté. Apparatus, a, um, part. | Discours préparé. Apparata oratio, g. apparatæ[1] orationis, f.

PRÉPARER. Parare, paro, paras, paravi, paratum[1], act. acc. de ce qu'on prépare. à, pour, s'expriment par ad, avec l'acc. de la chose, ou avec un gérond. en dum. | Se préparer à la guerre. Parare bellum. | Se préparer à la mort. Comparare se ad mortem. | à un combat, ad pugnam.

PRÉPONDÉRANCE. Prævalens auctoritas, g. prævalentis auctoritatis[3], f.

PRÉPONDÉRANT. Præponderans, m. f. et n. gén. præponderantis, adj.

PRÉPOSER. Præponĕre, præpono, præponis, præposui, præpositum[3], act. acc. rég. ind. dat.

PRÉPOSITION. Præpositio, g. præpositionis[3], f.

PRÉROGATIVE. Prærogativa, g. prærogativæ[1], f.

PRÈS de, ou proche. Propè, avec l'acc. Cette préposition forme un comp. Propiùs, plus près; et un sup. proximè, fort près, auxquels on donne aussi un acc.

DE PRÈS. E proximo. | Combattre de près. Cominùs pugnare. Suivre de près. Vestigiis instare, insto, instas, institi, institutum[1], n. la personne que l'on suit au gén.

PRÈS de, ou presque. Ferè, adv. | Ils sont près de deux cents. Sunt ferè ducenti.

A PEU PRÈS. Ferè, adv.

PRÉSAGE. Omen, g. ominis[3], n. Qui est de mauvais présage. Ominosus, a, um, adj.

PRÉSAGER, annoncer. Portendere, portendo, portendis, portendi, portentum[3], act.

PRÉSAGER. prévoir. Voy. ce mot.

PRESBYTÉRAL, qui regarde les prêtres ou les curés. Sacerdotalis, m. f. sacerdotale, n. gén. sacerdotalis, adj.

PRESBYTÈRE, maison du curé. Parochi ædes, g. parochi ædium[3], f. plur.

PRESCIENCE. Præscientia, g. præscientiæ[1], f.

PRESCRIPTION. Præscriptio, g. præscriptionis[3], f.

PRESCRIRE. Præscribĕre, præscribo, præscribis, præscripsi, præscriptum[3], act. acc. rég. ind. dat.

PRÉSÉANCE. Primæ partes, g. primarum[1] partium[3], f. plur. | Avoir la préséance. Primas partes habēre. | La donner. Primas partes concedĕre, concedo, concedis, concessi, concessum[3], act. acc. rég. ind. dat.

PRÉSENCE. Præsentia, g. præsentiæ[1], f.

EN PRÉSENCE de. Coràm, avec l'abl. | Etre en présence de. Esse in conspectu.

PRÉSENCE d'esprit. Animi præsentia.

PRÉSENT, adj. Præsens, m. f. et n. gén. præsentis[3].

ÊTRE PRÉSENT à. Adesse, adsum, ades, adfui, dat.

LE PRÉSENT, le temps présent. Tempus præsens, g. temporis præsentis[3], n.

A PRÉSENT, ou maintenant. Nunc, adv. | Dès à présent. Jam nunc, adv.

Pour le présent. Ad præsens. Jusqu'à présent. Hactenùs, adv.

UN PRÉSENT. Donum, g. doni[2], n. ou Munus, g. muneris[3], n. Faire un présent à quelqu'un, Dare munus alicui.

PRÉSENTATION. Oblatio, g. oblationis[3], f. | La Présentation de Notre-Dame. Beatæ Virginis præsentatio, g. Beatæ Virginis præsentationis[3], f.

PRÉSENTEMENT. Nunc, adv.

PRÉSENTER. Offerre, offero, offers, obtuli, oblatum[3], act. acc. rég. ind. dat.

SE PRÉSENTER à quelqu'un, paroître devant lui. In conspectum venire, venio, venis, veni, ventum[4], n. à ou devant, par le génitif du nom.

Se présenter, se rencontrer. Occurrere, occurro, occurris, occurri, occursum[3], n.

PRÉSERVATIF. Antidotum, g. antidoti[2], n.

PRÉSERVÉ. Defensus, a, um, part. pass. Le de s'exprime par à ou ab, et l'abl.

PRÉSERVER. Defendĕre, defendo, defendis, defendi, defensum[3], act. acc. rég. ind. abl. avec à ou ab.

PRÉSIDENT. Præses, g. præsidis[3], m.

PRÉSIDER à. Præesse, præsum, præes, præfui, neut. dat.

PRÉSOMPTIF, héritier présomptif. Hæres proximus, g. hæredis[3] proximi[2], m.

PRÉSOMPTION, conjecture fondée sur des apparences. Conjectura, g. conjecturæ[1], f.

PRÉSOMPTION, opinion trop avantageuse de soi-même. Confidentia, g. confidentiæ[1], f.

Plein de présomption. Voy. Présomptueux.

PRÉSOMPTUEUSEMENT. Confidenter, adv.

PRÉSOMPTUEUX. Confidens, m. f. et n. gén. confidentis, adj.

PRESQUE, à peu près. Ferè, adv.

PRESQU'ISLE. Peninsula, g. peninsulæ[1], f.

PRESSANT, en parlant des personnes. Acriùs instans, g. acriùs instantis, adj. des 3 genres. | D'une manière pressante. Instanter. | En parlant des choses. Urgens, gén. urgentis, adj.

PRESSE, ou foule. Turba, g. turbæ[1], f.

PRESSE d'imprimerie. Prelum, g. preli[2], n.

Mettre un livre sous la presse. Librum prelo subjicĕre, subjicio, subjicis, subjeci, subjectum[3], act.

PRESSÉ, serré. Pressus, a, um, part.

PRESSÉ, accablé. Oppressus, a, um, part.

PRESSÉ par la faim. Oppressus fame.

Être PRESSÉ. Opprimi, opprimor, opprimeris, oppressus sum[3], pass. de, par l'abl.

PRESSÉ, hâté. Properus, a, um, adj.

PRESSEMENT. Compressio, g. compressionis[3], f.

PRESSENTIMENT. Præsensio, g. præsensionis[3], f.

PRESSENTIR. Præsentire, præsentio, præsentis, præsensi, præsensum[4], act.

PRESSER, hâter. Urgēre, urgeo, urges, ursi, ursum[2], act. | De faire, ou pour faire. Ad faciendum. | Le temps me presse. Tempus me urget.

PRESSER, serrer. Premĕre, premo, premis, pressi, pressum[3], act.

PRESSER les rangs. Ordines densare, denso, densas, densavi, densatum[1], act.

Presser les ennemis. Hostibus acriter instare, insto, instas, institi, institum[1], n.

PRESSER, mettre en presse. Premĕre, etc.

SE PRESSER, se hâter. Properare, propero, properas, properavi, properatum[1], n.

PRESSION, l'action de presser. Compressio, g. compressionis[3], f.

PRESSOIR, machine à presser le vin, etc. Torcular, g. torcularis[3], neut.

PRESSURER. Prelo premĕre, premo, premis, pressi, pressum[3], act.

PRESTANCE. Corporis dignitas, g. corporis dignitatis³, f.

PRESTATION de serment. Sacramenti dictio, gén. sacramenti dictionis³, f.

PRESTIGES, tromperie. Præstigiæ, g. præstigiarum¹, f. plur.

PRÉSUMER quelque chose. V. Conjecturer.

Présumer de soi-même. Sibi nimis confidĕre, confido, confidis, confidi. On dit aussi confisus sum³, n. c. à. d. se confier trop en soi-même.

PRÉSUPPOSER. Ponĕre, pono, ponis, posui, positum³, act.

PRÉSURE, pour faire cailler le lait. Coagulum, g. coaguli², n.

PRÊT à. Paratus, a, um, part. de Paro. à s'exprime par ad, avec l'acc. ou le gérond. en dum, comme : Je suis prêt à étudier. Sum paratus ad studendum.

UN PRÊT, argent prêté. Mutuum, g. mutui², n.

Prêt à usure. Feneratio, g. fenerationis³, f.

Prêt, ou paye des troupes. Stipendium, g. stipendii², n.

PRÉTENDANT aux charges. Candidatus, g. candidati², m. Au consulat. Consulatûs, au génit.

Prétendant avec un autre. Competitor, g. competitoris³, m.

PRÉTENDRE à, aspirer à. Aspirare, aspiro, aspiras, aspiravi, aspiratum¹, n. à par ad, avec l'acc.

Prétendre à la couronne. Regnum affectare, affecto, affectas, affectavi, affectatum¹, act.

Prétendre, ou avoir dessein. Intendĕre, intendo, intendis, intendi, intentum³, act.

Prétendre, soutenir, affirmer. Affirmare, affirmo, affirmas, affirmavi, affirmatum¹, act.

PRÉTENDU. Falsò habitus, a, um, adj.

PRÉTENTION, droit que l'on croit avoir. Jus animo præscriptum, g. juris³ animo præscripti², n. sur par in, avec l'acc.

Avoir des prétentions sur. Sibi jura vindicare, vindico, vindicas, vindicavi, vindicatum¹, act. sur par in, avec l'acc.

Prétention, espérance. Spes, g. spei⁵, f.

Prétention, dessein, volonté. Consilium, g. consilii², n.

PRÊTER. Commodare, commodo, commodas, commodavi, commodatum¹, act. acc. règ. ind. dat.

Prêter à usure. Fenori dare, do, das, dedi, datum¹, act.

Se prêter aux désirs de. Morem gerĕre, gero, geris, gessi, gestum³, act. dat. de la personne.

PRÉTÉRIT. Præteritum, g. præteriti², n.

PRÉTEUR. Prætor, g. prætoris³, m.

PRÊTEUR, celui qui prête. Commodator, g. commodatoris³, masc.

PRÊTEUSE, celle qui prête. Creditrix, g. creditricis³, f.

PRÉTEXTE, ou raison. Causa, g. causæ¹, f. | Sous prétexte de. Sub specie, avec le gén.

Prendre prétexte, couvrir d'un prétexte. Voyez Prétexter.

PRÉTEXTE, robe des jeunes Romains. Prætexta, g. prætextæ¹, fém.

PRÉTEXTER. Prætexĕre, prætexo, prætexis, prætexui, prætexum³, act.

PRÉTOIRE. Prætorium, g. prætorii², n.

PRÉTORIEN, qui concerne le préteur. Prætorius, ia, ium, adj.

PRÊTRE. Sacerdos, g. sacerdotis³, m.

PRÊTRESSE. Sacerdos, g. sacerdotis³, f.

PRÊTRISE. Sacerdotium, g. sacerdotii², n.

PRÉTURE. Prætura, g. præturæ¹, f.

PREUVE, raison. Argumentum, g. argumenti², n.

Preuve, témoignage, marque. Specimen, g. speciminis³, n.

PRÉ — PRI

PRÉVALOIR sur, *l'emporter sur un autre.* Vincĕre, vinco, vincis, vici, victum³, *act. acc. du nom qui doit l'emporter sur.*

SE **PRÉVALOIR** *de, tirer avantage d'une chose.* Fructum capĕre, capio, capis, cepi, captum³, *act. de par è ou ex, et l'ablat.*

SE PRÉVALOIR, *s'autoriser d'une chose.* Niti, nitor, niteris, nisus sum³, *dép. avec l'ablat.*

SE PRÉVALOIR, *tirer vanité.* Gloriari, glorior, gloriaris, gloriatus sum¹, *dép. avec l'ablat.*

PRÉVARICATEUR. Prævaricator, *g.* prævaricatoris³, *m.*

PRÉVARICATION. Prævaricatio, *g.* prævaricationis³, *f.*

PRÉVARIQUER. Prævaricari, prævaricor, prævaricaris, prævaricatus sum¹, *dép.*

PRÉVENANCE. Obsequium, *g.* obsequii², *n.*

PRÉVENANT. Obsequiosus, a, um, *adj.*

PRÉVENIR, *devancer.* Prævertĕre, præverto, prævertis, præverti, præversum³, *act.*

PRÉVENIR, *anticiper.* Prævenire, prævenio, prævenis, præveni, præventum⁴, *act.*

PRÉVENIR, *aller au-devant. Prévenir un malheur.* Malo occurrĕre, occurro, occurris, occurri, occursum³, *n. avec le dat.*

Prévenir les desseins. Consilia prævenire.

Prévenir contre, donner de la prévention contre. Abalienare, abalieno, abalienas, abalienavi, abalienatum¹, *n.* contre *par* ab, *avec l'ablatif.*

Prévenir en faveur de. Inclinare, inclino, inclinas, inclinavi, inclinatum¹, *act.* | *En faveur de,* in *avec l'accus.*

PRÉVENIR, *informer.* Certiorem facĕre, facio, facis, feci, factum³, *act.* certiorem, *s'accorde en genre et en nombre avec le régime direct de* Prévenir.

PRÉVENTION. Opinio antecapta, *g.* opinionis³ antecaptæ¹, *f.*

PRÉVISION. Provisio, *g.* provisionis³, *f.*

PRÉVOIR. Providēre, provideo, provides, providi, provisum², *act.* | *Sans qu'on l'ait prévu.* Ex improviso.

Prévoir de longue main. Longè antè providēre.

PRÉVOT, *juge.* Capitalis tribunus, *g.* capitalis³ tribuni², *m.*

PRÉVOT *des marchands.* Urbis præfectus; *g.* urbis præfecti², *m.*

PRÉVOYANCE. Providentia, *g.* providentiæ¹, *f.*

Avec prévoyance. Providè, *adv.* | *Sans prévoyance.* Incautè. | *Qui a de la prévoyance.* Voy. *Prévoyant.*

PRÉVOYANT. Providens, *gén.* providentis, *adj. des 3 genres.*

PRÉVU. Provisus, a, um, *p. p.*

PRIER. Rogare, rogo, rogas, rogavi, rogatum¹, *act. avec deux acc.*

PRIÈRE *que l'on adresse à Dieu.* Preces, *g.* precum³, *f. plur.*

Prière publique. Supplicatio, *g.* supplicationis³, *f.*

PRIÈRE, *demande.* Rogatio, *g.* rogationis³, *f.* | *A ma demande.* Rogatu meo. | *A votre demande.* Rogatu tuo. | *J'ai une prière à vous faire, ou je vous prie d'une chose que.* Te unum rogo, ut, *avec le subjonctif.*

PRIEUR, *d'un couvent.* Prior, *g.* prioris³, *m.*

PRIEURE. Priorissa, *g.* priorissæ¹, *f.*

PRIMAT, *prélat au-dessus des archevêques.* Primas, *g.* primatis³, *m.*

PRIMATIE. Primatia, *g.* primatiæ¹, *f.*

PRIMAUTÉ. Principatus, *gén.* principatûs⁴, *m.*

PRIME, *partie de l'office divin.* Prima, *g.* primæ², *f.*

PRIME, *premier. De prime abord.* Primo aditu, *à l'ablat.*

PRIMER, *être le premier, tenir la première place, le premier rang.* Primum locum tenēre, teneo, tenes, tenui, tentum², *act.*

PRIMEVÈRE, *fleur.* Veris primula, g. veris primulæ¹. *f.*
PRIMITIF. Primigenius, ia, ium, *adj.*
PRIMITIVEMENT. Primitùs, *adv.*
PRIMOGÉNITURE, *droit d'aînesse.* Ætatis prærogativa, g. ætatis prærogativæ¹, *f.* c. à. d. *prérogative d'age.*
PRIMORDIAL. Authenticus, a, um, *adj.*
PRINCE. Princeps, g. principis³, *m.*
Prince du sang. Princeps è regiâ stirpe.
PRINCESSE. Princeps femina, g. principis³ feminæ¹, *f.* | *Si c'est une reine,* Regina, g. reginæ¹, *f.*
PRINCIPAL, *le premier, le plus considérable.* Præcipuus, ua, uum, *adj.*
Les principaux d'une ville, etc. Principes, g. principum³, *m. plur.*
UN PRINCIPAL *de collége.* Gymnasiarchus, g. gymnasiarchi², *m.*
LE PRINCIPAL, *ou la somme principale.* Sors, g. sortis³, *f.*
PRINCIPALEMENT. Præsertim, *adv.*
PRINCIPAUTÉ. Principatus, g principatûs⁴, *m.*
PRINCIPE, *origine.* Principium, g. principii², *n.*
Principe d'une science, d'un art, etc. Elementa, g. elementorum², *n. plur.*
PRINCIPE, *maxime.* Effatum, g. effati², *n.*
PRINCIPE, *règle de morale.* Institutum, g. instituti², *n.*
PRINTANIER, *ou du printemps.* Vernus, a, um, *adj.*
PRINTEMPS. Ver, g. veris³, *neut.*
Au printemps. Vere, à l'ablat.
Le printemps de l'âge. Ætatis flos, g. ætatis floris³, *m.*
PRIORITÉ. Antecessio, g. antecessionis³, *f.*
PRIS, PRISE, *participe du verbe* Prendre. Captus, a, um.

PRISE, *l'action de prendre.* Captura, g. capturæ¹, *f.*
Lâcher prise. Capturam amittĕre, amitto, amittis, amisi, amissum³, *act.*
Faire lâcher prise. Capturam eripĕre, eripio, eripis, eripui, ereptum³, *act. acc. rég. ind. dat.*
PRISE *de corps.* Comprehensio, g. comprehensionis³, *f.*
Prise d'une ville, etc. Expugnatio, g. expugnationis³, *f.*
PRISE, *querelle.* Rixa, g. rixæ¹, *fém.*
PRISE, *action de se battre. En venir aux prises.* Confligĕre, confligo, confligis, conflixi, conflictum³, *n.* avec *par cum,* et *l'abl.*
PRISE, *ou butin.* Præda, g. prædæ¹, *f.*
Prise de tabac. Tabaci captus, g. tabaci captûs⁴, *m.*
Donner prise à la médisance. Dare locum obtrectationi.
PRISE, *ou dose, terme de médecine.* Potio medica, g. potionis³ medicæ¹, *f.*
PRISÉE, *estimation.* Æstimatio, g. æstimationis³, *f.*
PRISER, *estimer.* Æstimare, æstimo, æstimas, æstimavi, æstimatum¹, *act.* avec *un acc.*
PRISER, *mettre le prix.* Pretium statuĕre, statuo, statuis, statui, statutum³, *act. génit.* de la chose que l'on prise.
PRISEUR. Æstimator, g. æstimatoris¹, *m.*
PRISME. Prisma, g. prismatis³, *neut.*
PRISON. Carcer, g. carceris³, *masc.*
Envoyer, ou faire mettre en prison. In carcerem conjicĕre, conjicio, conjicis, conjeci, conjectum¹, *act.*
PRISONNIER. In carcere detentus, a, um, *adj.*
Prisonnier de guerre. Captivus, g. captivi², *m.*
Prisonnière de guerre. Captiva, g. captivæ¹, *f.*

PRO

PRIVATIF. Privativus, a, um, adj.

PRIVATION. Privatio, g. privationis^3, f.

PRIVAUTÉ, ou *familiarité*. Familiaritas, g. familiaritatis^3, f.

PRIVÉ, ou *particulier*. Privatus, a, um, adj.

Privé de. Privatus, a, um, part. pass. avec l'ablat.

Privé, ou *apprivoisé*. Cicuratus, a, um, part. pass.

PRIVÉMENT, *familièrement*. Familiariter, adv.

PRIVER, *dépouiller*. Privare, privo, privas, privavi, privatum^1, act. acc. rég. ind. ablat.

Priver. Voyez *Apprivoiser*.

se Priver de. V. *S'abstenir de*.

PRIVILÉGE, *grâce accordée*. Privilegium, g. privilegii^2, n.

PRIVILÉGIÉ. Privilegio donatus, a, um, adj.

Ville privilégiée. Urbs immunis, g. urbis immunis^3, f.

PRIVILÉGIER. Privilegio donare, dono, donas, donavi, donatum^1, act. c. à. d. gratifier quelqu'un d'un privilège.

PRIX, *valeur*. Pretium, g. pretii^2, n.

A vil prix. Vili pretio. | *A prix d'argent*. Pretio. | *A plus bas prix*. Minoris. *Au plus bas prix*. Minimi. | *A plus haut prix*. Pluris. | *Au plus haut prix*. Plurimi. | *A quel prix?* Quanti? | *A un prix honnête, raisonnable, médiocre*. Pretio non vili. | *A prix fait*. Pacto pretio. | *A quelque prix que ce soit*. Quoquo pretio.

Au prix de, ou *en comparaison de*. Præ, avec l'ablat.

un Prix, ou *récompense*. Præmium, g. præmii^2, n.

PROBABILITÉ. Verisimilitudo, g. verisimilitudinis^3, f.

PROBABLE. Probabilis, m. f. probabile, n. gén. probabilis, adj. comp. Probabilior, m. f. probabilius, n. gén. probabilioris; sup. probabilissimus, a, um.

PRO 473

PROBABLEMENT. Probabiliter, adv.

PROBE, *qui a de la probité*. Probus, a, um, adj.

PROBITÉ. Probitas, g. probitatis^3, f.

Un homme de probité, homme honnête. Vir probus, g. viri probi^2, m.

PROBLÉMATIQUE. Anceps, m. f. et n. gén. ancipitis, adj.

PROBLÈME. Problema, g. problematis^3, n.

PROCÉDÉ. Ratio, g. rationis^3, fém.

PROCÉDER de, *provenir*. Oriri, orior, oriris, ortus sum^4, dép. de par è ou ex, avec l'ablat.

Procéder, *agir*. Voyez ce mot.

PROCÉDURE, *pièces d'un procès*. Actio, g. actionis^3, f.

PROCÈS. Lis, g. litis^3, f.

Etre en procès, avoir procès. Habere litem. | *Gagner son procès*. Causam obtinere, obtineo, obtines, obtinui, obtentum^2, act. | *Perdre son procès*. Causâ cadere, cado, cadis, cecidi, casum^3, n. | *Faire le procès à*. Damnare, damno, damnas, damnavi, damnatum^1, act.

PROCÈS-VERBAL. Rei gestæ acta, g. rei gestæ actorum^2, n. pl.

PROCESSION. Supplicantium agmen, g. supplicantium agminis^3, n. si c'est pour demander une grâce; mais si c'est pour rendre grâces, Gratulantium agmen, g. gratulantium agminis^3, n.

Faire une procession, aller en procession. Instructo supplicantium, ou gratulantium agmine procedere, procedo, procedis, processi, processum^3, n.

PROCESSIONNELLEMENT. Instructo supplicantium ordine.

PROCHAIN, *en parlant du temps*. Proximè sequens, g. proximè sequentis, adj.

L'année prochaine. Anno proximè sequenti.

Prochain, *qui est proche, voisin*.

60

Propinqnus, na, uum, adjectif comp. Propinquior, m. f. propinquius, n. gén. propinquioris; sup. proximus, a, um. On met ordinairement un dat. après ces adj.

PROCHAIN, les hommes. Alius, alia, aliud, g. aliûs, dat. alii, adj.

PROCHAINEMENT. Proximò, adv.

PROCHE, adj. voisin. Voyez Prochain.

Proche de, ou auprès. Propè, prép. qui veut un acc. comp. Propiùs; superl. proximè.

PROCHES, parens. Affines, g. affinium[3], m. plur.

PROCLAMATION. Promulgatio, g. promulgationis[3], f.

PROCLAMER. Denunciare, denuncio, denuncias, denunciavi, denunciatum[1], act.

PROCONSUL. Proconsul, gén. proconsulis[3], m.

PROCONSULAT, la dignité de proconsul. Proconsulatus, g. proconsulatûs[4], m.

PROCRÉATION, génération. Procreatio, g. procreationis[3], f.

PROCRÉER. Procreare, procreo, procreas, procreavi, procreatum[1], act.

PROCURATION. Delegatio, g. delegationis[3], f.

PROCURER, faire venir. Accersĕre, accerso, accersis, accersivi, accersitum[3], act. rég. ind. dat.

Procurer, apporter, causer. Afferre, affero, affers, attuli, allatum[3], act. acc. rég. ind. dat. ou bien Esse, sum, es, fui, avec deux dat.

Procurer, ou faire obtenir un emploi. Ad munus producĕre, produco, producis, produxi, productum[3], act.

Procurer le bien d'un autre. Alterius commodis consulĕre, consulo, consulis, consului, consultum[3], n. Au lieu du génit. Alterius, on met le nom de la personne de qui on procure le bien. Exemple: J'ai procuré le bien de mon frère. Mei fratris commodis consului.

PROCUREUR. Procurator, gén. procuratoris[3], m.

PRODIGALEMENT. Profusè, adv.

PRODIGALITÉ. Effusio, g. effusionis[1], f.

Avec prodigalité. Effusè, adv.

PRODIGE. Prodigium, g. prodigii[2], n.

PRODIGIEUSEMENT. Prodigiosè, adv.

PRODIGIEUX! Prodigiosus, a, um, adj.

PRODIGUE. Prodigus, a, um, adj.

Prodigue de sa vie. Animæ prodigus

PRODIGUER. Prodigĕre, prodigo, prodigis, prodegi[3], sans sup. act.

Prodiguer sa vie. Vitam prodĕre, prodo, prodis, prodidi, proditum[3], act.

Prodiguer les caresses. Blandimenta largiri, largior, largiris, largitus sum[4], dép.

PRODUCTIF. Fructuosus, a, um, adj.

PRODUCTION, action de produire. Procreatio, g. procreationis[3], f.

Production, ouvrage de l'esprit. Fetus, g. fetûs[4], m.

PRODUIRE. Producĕre, produco, producis, produxi, productum[3], act.

Produire, ou causer. Afferre, affero, affers, attuli, allatum[3], act.

Produire, mettre au jour. In lucem proferre, profero, profers, protuli, prolatum[3], act.

se Produire en public. In publicum prodire, prodeo, prodis, prodii, proditum[4], n.

PROFANATEUR. Violator, g. violatoris[3], m.

PROFANATION. Violatio, gén. violationis[3], f.

PROFANE, qui n'est pas sacré. Profanus, a, um, adj.

PROFANER. Violare, violo, violas, violavi, violatum[1], act.

PRO

PROFÉRER. Edĕre, edo, edis, edidi, editum[3], *act.*

PROFESSER, *reconnoître publiquement.* Profiteri, profiteor, profiteris, professus sum[2], *dép. acc.*

Professer, ou *exercer un art.* Exercēre, exerceo, exerces, exercui, exercitum[2], *act.*

PROFESSEUR. Professor, *gén.* professoris[3], *m.*

PROFESSION, *genre de vie.* Vitæ genus, *g.* vitæ generis[3], *n.*

Choisir un genre de vie. Genus vitæ capĕre.

Embrasser la profession des armes. Militiam capessĕre, capesso, capessis, capessivi, capessitum[3], *act.*

Profession, *métier.* Ars, *g.* artis[3], *f.*

Être d'une profession, faire, exercer une profession, ou faire profession. Voyez Professer.

La profession que je fais, ou dont je suis. Ars quam profiteor.

Joueur de profession. Aleator, *g.* aleatoris[3], *m.*

Profession *d'un religieux.* Solemnis votorum nuncupatio, *gén.* solemnis[3] votorum nuncupationis[3], *fém.*

Profession, *déclaration publique.* Professio, *g.* professionis[3], *f.*

Faire profession de vertu, d'une religion. tournez : professer la vertu, une religion.

PROFIL, *figure qui n'est vue que d'un côté.* Catagraphum, *gén.* catagraphi[2], *n.*

en Profil, *de profil.* Obliquè, *adv.*

PROFIT, ou *gain.* Lucrum, *g.* lucri[2], *n.*

Profit, ou *progrès.* Progressus, *g.* progressûs[4], *m.*

PROFITABLE. Utilis, *m. fém.* utile, *n. gén.* utilis, *adj.*

PROFITER, *tirer de l'utilité de quelque chose.* Utilitatem percipĕre, percipio, percipis, percepi, perceptum[3], *act. De quelque chose,*

PRO 475

à l'ablat. avec è ou ex. *Si c'est du gain que l'on tire, au lieu de* Utilitatem, *on mettra* Quæstum.

Profiter *de l'occasion,* tournez, *se servir de l'occasion.* Occasione uti.

Profiter *à,* ou *être utile.* Prodesse, prosum, prodes, profui, *datif de la personne.*

Profiter, ou *faire des progrès.* Proficĕre, proficio, proficis, profeci, profectum[3], *neut.* | *Dans les sciences.* In scientiis.

PROFOND. Altus, a, um, *adj. comp.* Altior, *m. f.* altius, *n. gén.* altioris; *sup.* altissimus, a, um.

Profond, *grand, extrême.* Summus, a, um, *adj.*

Science profonde. Summa eruditio, *g.* summæ[1] eruditionis[3], *fém.*

PROFONDÉMENT. Altè, *adv.*

PROFONDEUR. Altitudo, *g.* altitudinis[3], *f.*

Profondeur, ou *longueur.* Longitudo, *g.* longitudinis[3], *f.*

PROFUSÉMENT, ou *avec profusion.* Profusè, *adv.*

PROFUSION, *prodigalité, dépense excessive.* Nimia largitas, *g.* nimiæ[1] largitatis[3], *f.*

Avec profusion. Profusè, *adv.*

PROGRAMME. Programma, *g.* programmatis[3], *n.*

PROGRÈS. Progressus, *g.* progressûs[4], *m.*

PROGRESSIF. Progrediens, *m. f.* et *n. gén.* progredientis, *adj.*

PROHIBER, *défendre.* Prohibēre, prohibeo, prohibes, prohibui, prohibitum[2], *act.*

PROHIBITION, *défense.* Interdictio, *g.* interdictionis[3], *f.*

PROIE. Præda, *g.* prædæ[1], *f.*

Oiseau de proie. Avis rapax, *g.* avis rapacis[3], *f.*

Être en proie à la calomnie. Detrectationibus subjici, subjicior, subjiceris, subjectus sum[2], *pass.*

Être en proie à la douleur. Dolori se tradĕre, trado, tradis, tradidi, traditum[3], *act.*

PROJET. Consilium, g. consilii[2], n.

PROJETER. Meditari, meditor, meditaris, meditatus sum[1], *dépon. act.*

PROLIXE. Longior, *m. f.* longius, *n. gén.* longioris.

PROLIXEMENT. Verbosè, *adv.*

PROLIXITÉ. Diffusio, g. diffusionis[3], *f.*

PROLOGUE. Prologus, g. prologi[2], *m.*

PROLONGATION. Productio, g. productionis[3], *f.*

PROLONGER. Producĕre, produco, producis, produxi, productum[3], *act.*

SE PROLONGER, *en parlant d'un terrain.* Procurrĕre, procurro, procurris, procurri, procursum[3], *n.* | *Jusque*, usque ad, *avec l'acc.*

PROMENADE. Ambulatio, gén. ambulationis[3], *f.*

PROMENER. Circumducĕre, circumduco, circumducis, circumduxi, circumductum[3], *act.*

PROMENER *sa vue de tous côtés.* Oculis omnia perlegĕre, perlego, perlegis, perlegi, perlectum[3], *act.*

SE PROMENER, *faire une promenade.* Ambulare, ambulo, ambulas, ambulavi, ambulatum[1], *n.*

PROMENOIR. Ambulacrum, g. ambulacri[2], *n.*

PROMESSE. Promissum, gén. promissi[2], *n.* | *Tenir*, ou *accomplir*, ou *garder ses promesses*, ou *sa promesse.* Promissis stare, sto, stas, steti, statum[1], *n.* | *S'acquittes de sa promesse.* Promissum persolvĕre, persolvo, persolvis, persolvi, persolutum[3], *act.* | *Manquer à sa promesse.* Non stare promissis.

PROMESSE *de mariage.* Connubii sponsio, g. connubii sponsionis[3], *f.*

PROMESSE, *obligation par écrit.* Syngrapha, g. syngraphæ[1], *f.*

PROMETTEUR. Promissis largus, a, um, *adj.*

PROMETTRE. Promittĕre, promitto, promittis, promisi, promissum[3], *act. acc. rég. ind. dati* Avec Promitto, *on met le futur de l'infinitif*, comme : *Je vous promets d'etre sage* ; c. à. d. *que je serai sage.* Tibi promitto me fore, ou futurum esse sapientem.

PROMETTRE *monts et merveilles.* Montes auri promittĕre.

PROMETTRE *une fille en mariage.* Filiam uxorem despondĕre, despondeo, despondes, despondi, desponsum[2], *act.*

Jeune homme qui promet beaucoup; tournez, *de grande espérance.* Eximiâ spe adolescens.

SE PROMETTRE, *espérer.* Sperare, spero, speras, speravi, speratum[1], *act.*

PROMONTOIRE, *éminence qui s'avance dans la mer.* Promontorium, g. promontorii[2], *n.*

PROMOTEUR. Promotor, gén. promotoris[3], *m.*

PROMOTION. Promotio, gén. promotionis[3], *f.*

PROMOUVOIR, *élever.* Promovĕre, promoveo, promoves, promovi, promotum[2], *act.* à par ad, *avec l'accus.*

PROMPT, ou *vite.* Celer, *m.* celeris, *f.* celere, *n. gén.* celeris. *comp.* Celerior, *m. f.* celerius ; *n. gén.* celerioris ; *superl.* celerrimus, a, um. *On met le verbe suivant au gérond. en do*, comme : *Prompt à écrire.* Celer scribendo, ou ad scribendum.

Prompt à se fâcher. Iracundus, a, um, *adj.*

PROMPTEMENT. Celeriter, *adv. au comp.* Celerius ; *super.* celerrimè.

PROMPTITUDE, ou *vitesse.* Celeritas, g. celeritatis[3], *f.* On met ensuite un gérondif en do; comme : *à parler*, loquendo.

PROMPTITUDE, ou *humeur colère.* Iracundia, g. iracundiæ[1], *f.*

PROMU, *élevé aux charges.* Promotus, a, um, *part. pass.* à par ad, *avec l'accus.*

PRONE. Concio, g. concionis[3], *f.*

PRONER, *vanter.* Laudibus efferre, effero, effers, extuli, elatum³, *act.*

PRONEUR. Præco, *g.* præconis³, *m.*

PRONOM. Pronomen, *g.* pronominis³, *n.*

PRONONCER, ou *réciter.* Pronunciare, pronuncio, pronuncias, pronunciavi, pronunciatum¹, *act.*

Prononcer *une sentence.* Judicium pronunciare.

Prononcer *en faveur de quelqu'un.* Decernere, decerno, decernis, decrevi, decretum³, *neut.* | *En faveur de.* Secundùm, avec *l'acc.*

Prononcer *un discours, une harangue.* Orationem habere, habeo, habes, habui, habitum², *act.*

PRONONCIATION. Pronunciatio, *g.* pronunciationis³, *f.*

PRONOSTIC. Prognosticum, *g.* prognostici², *n.*

PRONOSTIQUER. Portendere, portendo, portendis, portendi, portentum³, *act.*

PRONOSTIQUEUR. Conjector, *g.* conjectoris³, *m.*

PROPAGATION. Propagatio, *g.* propagationis³, *f.*

PROPAGER. Propagare, propago, propagas, propagavi, propagatum¹, *act.*

Se Propager. Propagari, *pass.*

PROPENSION. Propensio, *g.* propensionis³, *f.* à par ad, avec *l'accus.*

PROPHÈTE. Propheta, *g.* prophetæ¹, *m.*

PROPHÉTESSE. Vates, *g.* vatis³, *f.* Ce nom fait au génit. plur. vatum.

PROPHÉTIE. Vaticinium, *g.* vaticinii², *n.*

PROPHÉTIQUE. Propheticus, a, um, *adj.*

PROPHÉTIQUEMENT, *adv.* Vaticinando.

PROPHÉTISER. Vaticinari, vaticinor, vaticinaris, vaticinatus sum¹, *dép. acc.*

PROPICE à. Propitius, ia, ium, *adj. avec un dat.*

PROPITIATION. Propitiatio, *g.* propitiationis³, *f.*

PROPORTION. Proportio, *g.* proportionis³, *f.*

A proportion. Æquâ proportione. | *A proportion de,* ou *selon.* Pro, avec *l'ablat.* | *A proportion que.* Prout, avec *l'indic.*

PROPORTIONNÉ, *fait avec proportion. Homme bien proportionné.* Homo benè figuratus, *gén.* hominis³ benè figurati², *m.*

Grandeur proportionnée. Justa magnitudo, *g.* justæ¹ magnitudinis³, *f.*

Proportionné à. Consentaneus, ea, eum, *adj. avec le dat.* | *Peine proportionnée à la faute;* c. à. d. *peine égale à la faute.*

PROPORTIONNÉMENT, *avec proportion.* Servatâ proportione.

Proportionnément à. Pro, avec *l'ablatif.*

PROPORTIONNER. Accommodare, accommodo, accommodas, accommodavi, accommodatum¹, *act.* à par ad, avec *l'accus.*

PROPOS, ou *discours.* Sermo, *g.* sermonis³, *m.*

Propos de table. Sermo epularis, *g.* sermonis epularis³, *m.*

Propos, ou *dessein.* Propositum, *g.* propositi², *n.*

Hors de propos. Abs proposito. | *Faire un ferme propos,* ou *résoudre de.* Statuere, statuo, statuis, statui, statutum³, *act.* avec *un infin.* | *A propos, bien à propos, tout à propos,* ou *dans le temps qu'il faut.* Opportunè, *adv.*

A propos, ou *selon le sujet.* Aptè, *adv.* | *Mal-à-propos.* Perperam, *adv.* | *A quel propos!* Quorsùm ? *adv.* | *Il est à propos de,* ou *il convient.* Decet, decuit, decere², *impers. avec l'infin.* | *Comme tu le jugeras à propos;* tournez, *comme il semblera à toi.* Ut videbitur tibi; videtur, videbatur, visus sum, videri, *impers. qui veut un datif*

478   PRO

de la personne à qui il semble.
DE PROPOS *délibéré.* De industriâ. Consultò, *adv.*

A TOUT PROPOS. Quâlibet occasione datâ, *à l'ablat.*

PROPOSER. Proponĕre, propono, proponis, proposui, propositum³, *act. acc. rég. ind. dat.*

SE PROPOSER *de.* Animo proponĕre, *avec l'acc. ou l'infin.*

PROPOSITION. Propositio, g. propositionis³, *f.*

PROPOSITION, *ou condition.* Conditio, g. conditionis³, *f.*

PROPRE, *qui appartient, en parlant des personnes.* Meus, tuus, suus, *etc. selon la personne qui parle.* | *Mon propre fils.* Meus filius. | *De mon propre mouvement.* Meâ sponte. | *De son propre mouvement.* Suâ sponte.

PROPRE, *ou qui appartient, en parlant des choses.* Proprius, ia, ium, *adj.*

Propre à l'homme. Proprius hominis. | *Amour propre, se rend par* Amor, g. amoris³, *m. avec le génit. d'un pronom personnel. Ex. Mon amour propre.* Meî ipsius amor. | *Ton amour propre.* Tuî ipsius amor. | *Son amour propre.* Suî ipsius amor. | *Notre amour propre.* Nostrî ipsorum amor, *etc.*

PROPRE *pour*, *ou à.* Aptus, a, um, *adj.* pour *ou à par* ad, *avec l'acc. ou avec le gérondif en* dum.

PROPRE, *ou bien ajusté.* Elegans, *m. f. et n. gén.* elegantis, *adj.*

PROPRE, *net.* Mundus, a, um, *adj.*

C'est le propre de. Est, *avec le génit. de la personne, et l'infin. du verbe.*

PROPREMENT, *d'une manière soignée.* Eleganter, *adv.*

PROPREMENT, *nettement.* Nitidè, *adv.*

PROPREMENT, *en termes propres.* Propriè, *adv.*

PROPRETÉ *dans les ajustemens.* Elegantia, g. elegantiæ¹, *f.*

PROPRETÉ, *netteté.* Munditia, g. munditiæ¹, *f.*

PROPRIÉTAIRE. Dominus, g. domini², *m. avec un gén.*

PROPRIÉTÉ, *ou qualité propre.* Proprietas, g. proprietatis³, *fém.*

PROPRIÉTÉ, *ou domaine.* Dominium, g. dominii², *n.*

PROROGATION. Voy. *Prolongation.*

PROROGER, *différer.* Differre, differo, differs, distuli, dilatum³, *act.*

PROSAÏQUE, *qui tient de la prose.* Prosaïcus, a, um, *adj.*

PROSCRIPTION. Proscriptio, g. proscriptionis³, *f.*

PROSCRIRE. Proscribĕre, proscribo, proscribis, proscripsi, proscriptum³, *act.*

PROSCRIT. Proscriptus, a, um, *part. pass.*

PROSE. Prosa, g. prosæ¹, *f.*

Composer en prose. Oratione solutâ componĕre.

PROSÉLYTE, *nouveau converti au christianisme.* Verâ religione initiatus, a, um, *adj.*

PROSÉLYTE, *sectateur.* Sectator, g. sectatoris³, *m.*

PROSERPINE, *déesse.* Proserpina, g. proserpinæ¹, *f.*

PROSODIE, *la mesure des syllabes.* Prosodia, g. prosodiæ¹, *f.*

PROSOPOPÉE. Prosopopæia, g. prosopopæiæ¹, *f.*

PROSPÈRE, *favorable, propice.* Prosper, prospera, prosperum, *adj. comp.* Prosperior, *m. f.* prosperius, *n. gén.* prosperioris; *sup.* prosperrimus, a, um.

PROSPÉRER, *avoir la fortune favorable.* Prosperâ fortunâ uti, utor, uteris, usus sum³, *dép.*

Faire prospérer. Prosperare, prospero, prosperas, prosperavi, prosperatum¹, *act.*

PROSPÉRER, *ou réussir en parlant des choses.* Prosperè succedĕre, succedo, succedis, successi, successum³, *n.* | *Tout lui prospère.*

PRO

Omnia illi prosperè succedunt.

PROSPÉRITÉ. Prosperitas, g. prosperitatis[3], f. | Être en prospérité, ou dans la prospérité, tournez, prospérer.

SE PROSTERNER. Se prosternere, prosterno, prosternis, prostravi, prostratum[3], act. | Aux pieds de. Ad pedes, avec le génit. | Aux pieds des autels. Ante aras.

PROSTITUÉE, Meretrix, gén. meretricis[3], f.

PROSTITUER. Prostituère, prostituo, prostituis, prostitui, prostitutum[3], act.

PROSTITUTION. Prostitutio, g. prostitutionis[3], f.

PROTECTEUR, qui protège. Defensor, g. defensoris[3], m.

PROTECTION. Tutela, g. tutelæ[1], f.

Prendre quelqu'un sous sa protection. In fidem suam recipere, recipio, recipis, recepi, receptum[3], act.

Mettre sous la protection de quelqu'un. Fidei committere, committo, committis, commisi, commissum[3], act. rég. dir. à l'accus. de, par le génit du nom.

Être sous la protection de quelqu'un. Esse in fide alicujus.

PROTECTRICE. Patrona, gén. patronæ[1], f.

PROTÉGÉ. Defensus, a, um. part. pass.

PROTÉGER. Defendere, defendo, defendis, defendi, defensum[3], act. contre s'exprime par à ou ab, avec l'ablat.

PROTESTATION d'amitié. Officiosa pollicitatio, g. officiosæ pollicitationis[3], f.

Faire mille protestations d'amitié et de services à quelqu'un. Officiosis promissis onerare, onero, oneras, oneravi, oneratum[1], act.

PROTESTATION, déclaration par quelque acte. Contestata denuntiatio, g. constestatæ[1] denuntiationis[3], f.

PROTESTER, ou assurer. Af-

PRO 479

firmare, affirmo, affirmas, affirmavi, affirmatum[1], act.

PROTESTER contre. Abjurare, abjuro, abjuras, abjuravi, abjuratum[1], act. contre ne s'exprime pas; le nom qui suit se met à l'accus.

PROTESTER devant Dieu. Deum contestando denunciare, denuncio, denuncias, denunciavi, denunciatum[1], act. | De quelque chose, à l'acc. S'il est suivi d'un que, on le retranche.

PROTOCOLE, formulaire. Formularum liber, g. formularum libri[2], m.

PROTOTYPE, original. Archetypum, g. archetypi[2], n.

PROUE. Prora, g. proræ[1], f.

PROUESSE, action remarquable. Audax facinus, g. audacis facinoris[3], n.

PROUVER Probare, probo, probas, probavi, probatum[1], act.

PROVENIR. Oriri, orior, oriris, ortus sum[4], dépon. de par è ou ex, avec l'ablat.

PROVENU, qui vient de. Ortus, a, um, part. de par è ou ex.

PROVERBE. Proverbium, gén. proverbii[2], n.

Passer en proverbe. In proverbium cedere, cedo, cedis, cessi, cessum[3], n.

PROVERBIAL, qui tient du proverbe. Proverbium redolens, gén. proverbium redolentis, adj. Mot à mot, sentant le proverbe; ainsi proverbium reste toujours à l'acc.

PROVERBIALEMENT. Vulgò, adv.

PROVIDENCE. Divina providentia, g. divinæ providentiæ[1], fém.

PROVIGNEMENT. Propagatio, g. propagationis[3], f. | De la vigne. Vitis, au gén.

PROVIGNER. Propagare, propago, propagas, propagavi, propagatum[1], act.

UN PROVIN. Propago, g. propaginis[3], f.

PROVINCE. Provincia, g. provinciæ[1], f.

PROVINCIAL, *qui est de province.* Provincialis, m. f. provinciale, n. gén. provincialis, *adj.*

PROVISEUR *de lycée.* Provisor, g. provisoris[3], m.

PROVISION. Comparatio, gén. comparationis[3], f. | *Provisions de bouche.* Cibaria annona, g. cibariæ annonæ[1], f. | *Faire provision de.* Comparare, comparo, comparas, comparavi, comparatum[1], *act.*

Par provision. Jure fiduciario, à *l'ablat.*

PROVISIONNEL. Fiduciarius, ia, ium, *adj.*

PROVISOIRE. Fiduciarius, ia, ium, *adj.*

PROVISOIREMENT. Jure fiduciario.

PROVOCATION. Provocatio, g. provocationis[3], f.

PROVOQUER. Provocare, provoco, provocas, provocavi, provocatum[1], *act.* à *s'exprime par ad avec l'accus.* ou *avec le gérondif en* dum.

PROXIMITÉ. Vicinia, g. viciniæ[1], f.

Proximité *de sang.* Propinquitas, g. propinquitatis[3], f.

PRUDE. Simulatè modestus, simulatè modesta, simulatè modestum, *adj.*

Faire la prude. Modestam simulare, simulo, simulas, simulavi, simulatum[1], *act.*

PRUDEMMENT. Prudenter, *adv.*

PRUDENCE. Prudentia, gén. dentiæ[1], f.

Avec prudence. Prudenter, *adv.*

PRUDENT. Prudens, m. f. et n. gén. prudentis, *adj.* | *Dans les conseils.* Prudens ad consilia. | *Dans les dangers.* In periculis cautus, a, um, *adj.*

Prudent, *conforme à la prudence.* Prudentiæ consentaneus, ea, eum, *adj.*

PRUDERIE, *fausse sagesse d'une prude.* Assimulata virtus, g. assimulatæ[1] virtutis[3], f.

PRUD'HOMME. Vir probus, g. viri probi[2], m.

PRUD'HOMMIE. Probitas, g. probitatis[3], f.

PRUNE, *fruit.* Prunum, gén. pruni[2], n.

PRUNEAU, *prune sèche.* Prunum passum, g. pruni passi[2], n.

PRUNELLE *de l'œil.* Pupilla, g. pupillæ[1], f.

PRUNIER, *arbre.* Prunus, g. pruni[2], f.

PSALMISTE. Psalmorum scriptor, g. psalmorum scriptoris[3], m.

PSALMODIE. Psalmorum cantus, g. psalmorum cantûs[4], m. c. à. d. *chant des psaumes.*

PSALMODIER. Psalmos canere, cano, canis, cecini, cantum[3], *act* c. à. d. *chanter des psaumes.*

PSALTÉRION, *instrument de musique.* Psalterium, g. psalterii[2], *neut.*

PSAUME. Psalmus, g. psalmi[2], *masc.*

PSAUTIER. Psalmorum liber, g. psalmorum libri[2], m. c. à. d. *livre des psaumes.*

PUANT. Fetidus, a, um, *adj.*

PUANTEUR. Fetor, g. fetoris[3], *masc.*

PUBÈRE, *qui a l'âge de puberté.* Pubes, g. puberis, *adj.* | *Impubère, qui n'est pas en âge de puberté.* Impubes, gén. impuberis, *adj.* | *Entrer dans l'âge de puberté.* Pubescère, pubesco, pubescis, pubui[3], sans sup. n.

PUBERTÉ. Pubertas, g. pubertatis[3], f. | *Qui est en âge de puberté.* Voyez *Pubère.*

PUBLIC, *commun, qui appartient à tout un peuple.* Publicus, a, um, *adj.*

En public. Palàm. Publicè, *adv.*

Public, *ou connu de tout le monde.* Pervulgatus, a, um, *part. pass.* | *Devenir public.* Pernotescère, pernotesco, pernotescis, pernotui[3], sans supin, n. | *Rendre*

PUI

public. Patefacĕre, patefacio, patefacis, patefeci, patefactum³, *act.*

PUBLIC, *subst. le peuple.* Vulgus, *g.* vulgi², *n.* | *Donner au public, mettre en public.* Edĕre, edo, edis, edidi, editum³, *act.*

PUBLICAIN. Publicanus, *gén.* publicani², *m.*

PUBLICATION. Promulgatio, *g.* promulgationis³, *f.*

PUBLICITÉ. Publica notitia, *g.* publicæ notitiæ¹, *f.*

PUBLIER. Divulgare, divulgo, divulgas, divulgavi, divulgatum¹, *act.*

PUBLIQUEMENT, *en public.* Palàm. Publicè, *adv.*

PUCE. Pulex, *g.* pulicis³, *m.*

PUCELLE. Virgo, *g.* virginis³, *fém.*

PUDEUR. Pudor, *g.* pudoris³, *m.* | *Qui a de la pudeur.* Verecundus, a, um, *adj.* | *Tu as de la pudeur.* Tu es verecundus.

PUDICITÉ, *chasteté.* Pudicitia, *g.* pudicitiæ¹, *f.*

PUDIQUE, *chaste.* Pudicus, a, um, *adj.*

PUDIQUEMENT. Pudicè, *adv.*

PUER, *sentir mauvais.* Putēre, puteo, putes, putui², *sans sup. n.*

PUÉRIL. Puerilis, *m. f.* puerile, *n. gén.* puerilis, *adj.*

PUÉRILEMENT. Pueriliter, *adv.*

PUÉRILITÉ. Puerilitas, *g.* puerilitatis³, *f.*

PUGILAT, *combat à coups de poing.* Pugilatus, *g.* pugilatûs⁴, *m.*

PUÎNÉ, *né après.* Natu minor, *m. f. gén.* Nati minoris; *adject. comparat.*

PUIS, ou *ensuite.* Tùm. Deindè, *adv.*

PUISER. Haurire, haurio, hauris, hausi, haustum⁴, *act. acc. de la chose qu'on puise, et l'ablat. avec* è *ou* ex, *du lieu d'où l'on puise.*

PUISQUE. Quandoquidem, *avec l'indicat.*

PUISSAMMENT, *avec force.* Vehementer, *adv.*

PUN 481

PUISSAMMENT, *extrêmement.* Admodùm, *adv.*

PUISSANCE. Potestas, *g.* potestatis³, *f.*

Etre sous la puissance de quelqu'un. Esse in potestate alicujus.

Mettre, ou réduire sous la puissance. In ditionem redigĕre, redigo, redigis, redegi, redactum³, *act.*

LES PUISSANCES, *les souverains.* Terrarum domini, *g.* terrarum dominorum², *m. plur.*

PUISSANT, ou *qui a de la puissance.* Potens, *m. f.* et *n. gén.* potentis, *adj.*

Puissant en amis. Amicis valens, *g.* valentis, *adj.*

Puissant en richesses. Divitiis præpollens, *g.* præpollentis, *adj.*

PUISSANT, ou *fort robuste.* Valens, *m. f.* et *n. gén.* valentis, *adj. comp.* Valentior *m. f.* valentius, *n. gén.* valentioris; *superl.* valentissimus, a, um.

Puissante armée. Ingentissimus exercitus, *gén.* ingentissimi exercitûs⁴, *m.*

PUITS. Puteus, *g.* putei², *m.*

PULLULER. Pullulare, pullulo, pullulas, pullulavi, pullulatum¹, *neut.*

PULMONIE, *maladie des poumons.* Pulmonis morbus, *g.* pulmonis morbi², *m.*

PULMONIQUE. Pulmonarius, ia, ium, *adj.*

PULPE, *substance charnue des fruits.* Pulpa, *g.* pulpæ¹, *f.*

PULSATION, *du pouls.* Venæ percussus, *g.* venæ percussûs⁴, *m.*

PULVÉRISER. In pulverem redigĕre, redigo, redigis, redegi, redactum³, *act. c. à. d. réduire en poussière.*

PUNAISE, *insecte.* Cimex, *g.* cimicis³, *m.*

PUNI, *qu'on a châtié.* Pœnâ multatus, a, um, *part. pass.*

Puni de mort. Multatus morte, à *l'ablat.*

Etre puni d'une faute. Culpæ

61

pœnas dare, do, das, dedi, datum[1], act.

Etre puni de mort. Capite plecti, plector, plecteris, plexus sum[3], pass.

PUNIQUE. Punicus, a, um, adj.

PUNIR *quelqu'un.* Punire, punio, punis, punivi, punitum[4], act.

PUNIR *d'une faute quelqu'un.* Pœnas repetĕre, repeto, repetis, repetivi, repetitum[4], act. Le nom de la faute au génit.; la personne à l'ablat. avec à ou ab. Exemple: *Le maître punit les écoliers de leur paresse.* Magister pigritiæ pœnas repetit à discipulis.

PUNIR *de mort, d'exil.* Morte, exilio multare, multo, multas, multavi, multatum[1], act.

PUNISSABLE. Puniendus, a, um, adj.

PUNITION. Pœna, g. pœnæ[1], fém.

UN PUPILLE. Pupillus, g. pupilli[2], m. | *Une pupille.* Pupilla, g. pupillæ[1], f.

PUPITRE. Pluteus, g. plutei[2], masc.

PUR, *sans mélange.* Purus, a, um, adj.

Vin pur. Vinum merum.

Pure vérité. Simplex veritas, g. simplicis veritatis[3], f.

PUR, *correct.* Accuratus, a, um, adj.

PUREMENT, *sans mélange.* Purè, adv.

PUREMENT. Voy. *Simplement.*

PURETÉ, ou *netteté.* Munditia, g. munditiæ[1], f.

Pureté de langage. Sermonis incorrupta integritas, g. sermonis incorruptæ[1] integritatis[3], f.

PURETÉ, *ou chasteté.* Castitas, g. castitatis[3], f.

Pureté d'intention. Recta mens, g. rectæ[1] mentis[3], f.

PURGATIF. Catharticus, a, um, adj.

PURGATION. Purgatio, g. purgationis[3], f.

LE PURGATOIRE. Purgatorium, g. purgatorii[2], n.

PURGER. Purgare, purgo, purgas, purgavi, purgatum[1], act. acc. rég. ind. *ablat.*

SE PURGER, *en prenant quelque remède.* Purgare se.

SE PURGER, *se justifier de quelque chose.* Purgare aliquid, acc.

PURIFICATION, *action de purifier.* Purificatio, g. purificationis[3], f.

PURIFIÉ. Purgatus, a, um, part. pass.

PURIFIER. Purgare, purgo, purgas, purgavi, purgatum[1], act.

PUS. Pus, g. puris[3], n.

Jeter du pus. Pus emittĕre, emitto, emittis, emisi, emissum[3], act.

PUSILLANIME, *timide.* Meticulosus, a, um, adj.

PUSILLANIMITÉ, *timidité.* Timiditas, g. timiditatis[3], f.

PUSTULE. Pustula, g. pustulæ[1], f.

PUTATIF. Habitus, a, um, part. pass.

PUTRÉFACTION. Corruptio, g. corruptionis[3], f.

PUTRIFIER. Voyez *Pourrir.*

PUTRIDE. Putridus, a, um, adj.

PYGMÉE. Pygmæus, gén. pygmæi[2], m.

PYRAMIDAL. Pyramidatus, a, um, adj.

PYRAMIDE. Pyramis, g. pyramidis[3], f.

PYRRHIQUE, *danse armée.* Pyrrhicha, g. pyrrhichæ[1], f.

PYRRHONIEN, *qui doute de tout.* Pyrrhonius, g. pirrhonii[2], m.

PYTHIE, *prêtresse d'Apollon.* Pythia, g. pythiæ[1], f.

PYTHIQUES, *jeux en l'honneur d'Apollon.* Pythia, g. pythiorum[2], n. plur.

PYTHON. Python, g. pythonis[3], masc.

PYTHONISSE, *devineresse.* Saga, g. sagæ[1], f.

Q.

QUADRAGÉNAIRE, *qui a quarante ans.* Quadragenarius, ia, ium, *adj.*

QUADRAGÉSIMAL, *qui concerne le carême.* Quadragesimus, a, um, *adj.*

LA QUADRAGÉSIME, *premier dimanche de carême.* Quadragesimale tempus, g. quadragesimalis temporis[3], *n.*

QUADRATURE. Quadratio, g. quadrationis[3], *f.*

QUADRER. Quadrare, quadro, quadras, quadravi, quadratum[1], *n.* à *ou avec par ad, et l'acc.*

QUADRUPÈDE, *bête à quatre pates.* Quadrupes, g. quadrupedis, *de tout genre.*

QUADRUPLE. Quadruplum, g. quadrupli[2], *n.*

QUADRUPLE, *adj.* Quadruplus, a, um, *adj.*

QUADRUPLER, *augmenter au quadruple.* Quadruplicare, quadruplico, quadruplicas, quadruplicavi, quadruplicatum[1], *act.*

QUAI. Crepido, g. crepidinis[3], *fém.*

QUALIFICATION. Attributio, g. attributionis[3], *f.*

QUALIFIÉ, *distingué.* Insignis, m. fém. insigne, n. gén. insignis, *adj.*

Homme qualifié par sa naissance. Vir genere insignis.

QUALIFIER, *spécifier.* Descriptiùs designare, designo, designas, designavi, designatum[1], *act.*

QUALIFIER, *donner un titre.* Titulo insignire, insignio, insignis, insignivi, insignitum[4], *act. La personne à l'acc., la chose au génit.* Ex. *Ils le qualifièrent d'empereur.* Illum insigniverunt imperatoris titulo. | *Il fut qualifié d'empereur.* Insignitus est imperatoris titulo.

SE QUALIFIER *de.* Se profiteri, me profiteor, te profiteris, me professus sum[2], *dép. acc. du nom qui suit* de. Ex. *Se qualifier de médecin.* Se medicum profiteri.

QUALITÉ, *ce qui modifie l'essence des choses.* Qualitas, gén. qualitatis[3], *f.*

QUALITÉ, *état de la marchandise.* Mercis probitas, g. mercis probitatis[3], *f.*

QUALITÉ, *talent.* Dos, g. dotis[3], *fém.*

Qualités de l'esprit. Ingenii facultates, g. ingenii facultatum[3], *f. plur.* | *Qualités du cœur.* Animi virtutes, g. animi virtutum[3], *f. pl.* | *Qualités du corps.* Corporis dotes, g. corporis dotum[3], *f. pl.* | *Qui a toutes sortes de belles qualités.* Omnibus naturæ dotibus præditus, a, um, *adj.* | *Mauvaises qualités.* Vitia, g. vitiorum[2], *n. plur.*

QUALITÉ, *ou noblesse.* Nobilitas, g. nobilitatis[3], *f.* | *Qui est de qualité.* Genere clarus, a, um, *adj. c. à. d. illustre par sa naissance.*

QUALITÉS, *ou titres d'honneur.* Tituli, g. titulorum[2], *m. plur.*

En qualité de. c. à. d. comme. Ut.

QUAND. Quando. *Jusqu'à quand?* Quousque, *adv.*

Quand, quand bien, quand même. Quamvis, *avec le subj.*

QUANT à. Quod attinet ad, *et l'acc.* | *Quand à Métellus.* Quod attinet ad Metellum. | *Quant à moi, pour moi.* Ego verò. | *Quant à moi, j'aurois honte d'être paresseux.* Me verò puderet esse pigrum.

LE QUANTIÈME. Quotas, a, um, *adj.* | *Quel quantième avons-nous?* tournez, *quel est le jour du mois ?* Quotus est mensis dies ?

QUANTITÉ, *tout ce qu'on peut compter, ou mesurer.* Quantitas, g. quantitatis³, f.

QUANTITÉ, *multitude.* Multitudo, g. multitudinis³, f.

Quantité de gens. Multi homines, m. plur. c. à. d. *plusieurs gens.*

QUANTITÉ, *abondance.* Magna vis, g magnæ vis, dat. magnæ vi, accus. magnam vim, ablat. magnâ vi.

LA QUANTITÉ, *la mesure des syllabes, etc.* Quantitas, g. quantitatis³, f.

QUARANTAINE, *que font les vaisseaux arrivant dans un port.* Quadrageni dies, g. quadragenorum² dierum³, m. plur.

UNE QUARANTAINE *de*, ou QUARANTE. Quadraginta, pl. indéclin. de tout genre. | *Quarante fois.* Quadragiès, adv.

QUARANTIÈME. Quadragesimus, a, um. adj

QUARRÉ. *Voyez* Carré.

QUART. Quarta pars, g. quartæ partis³. f.

QUARTE, *fièvre quarte.* Quartana, g. quartanæ¹, f. *On sous entend* Febris.

QUARTIER, *ou quatrième partie.* Quarta pars, g. quartæ¹ partis³, fém.

En quatre quartiers. Quadrifariàm, adv. | *En parlant de la lune, le premier quartier.* Luna prima ; *le second.* Luna secunda ; *le troisième* Luna plena ; *le dernier.* Luna extrema.

QUARTIER, *morceau de fromage.* Casei quadra, g. casei quadræ¹, f.

QUARTIER *de rocher.* Saxi moles, g. saxi molis³, f.

QUARTIER *d'hiver. Voy.* Hiver.

QUARTIER *d'une ville, etc.* Regio, g. regionis³, f.

QUARTIER, *traitement favorable.* | *Demander quartier.* Poscere vitam ; posco, poscis, poposci. poscitum³, act. c. à. d. *demander la vie.* | *Donner, ou faire quartier.* Parcere, parco, parcis, peperci, parcitum³, n. dat. c. à. d. *pardonner.* | *Ne faire aucun quartier.* Nemini parcere ; c. à. d. *ne pardonner à personne.*

A QUARTIER, *à part.* Seorsùm, adv. | *Se retirer à quartier.* Secedere, secedo, secedis, secessi, secessum³, n.

QUASI Ferè, adv.

QUATORZE. Quatuordecim, plur. indéclin. et de tout genre. | *Quatorze fois.* Quatuordeciès, adv.

QUATORZIÈME. Decimus quartus, decima quarta, decimum quartum, adj

QUATRAIN, *pièce de quatre vers.* Tetrastichum, g. tetrastichi², neut

QUATRE. Quatuor, plur. ind. et de tout genre. | *Quatre fois.* Quater, adv.

QUATRE A QUATRE. Quaterni, quaternæ, quaterna, adj. plur. | *Divisé en quatre.* Quadripartitus, a, um, part. | *Chevaux attelés quatre de front.* Quadrigæ, g. quadrigarum¹, f plur.

L'espace de quatre jours. Quatriduum, g. quatridui², n. | *L'espace de quatre an.* Quadriennium, g. quadriennii², n. | *Tous les quatre ans, de quatre en quatre ans.* Quarto quoque anno.

LES QUATRE TEMPS *de l'année.* Quatuor anni tempestatum jejunium solemne, g jejunii² solemnis¹, n. *On décline seulement* jejunium *et* solemne

QUATRE - VINGT. Octoginta. | *Quatre vingt fois.* Octogiès, adv.

QUATRE-VINGTIÈME. Octogesimus, a, um, adj.

QUATRE-VINGT-DIX, *autrement.* nonante. Nonaginta.

QUATRE - VINGT - DIXIÈME, *autrement* NONANTIÈME. Nonagesimus, a, um, adj.

QUATRE CENTS. Quadringenti, quadringentæ, quadringenta, adj. plur.

QUATRE - CENTIÈME. Quadringentesimus, a, um, adj.

QUATRE MILLE. Quatuor millia, g. quatuor millium, dat. et ablat. Quatuor millibus[3], neut. On met le nom qui suit au gén. Ex. Quatre mille hommes. Quatuor millia hominum. | L'an quatre mille. Annus quater millesimus, gén. anni quater millesimi[2], f.

QUATRIÈME. Quartus, a, um, adj.

Pour la quatrième fois. Quartùm, adv.

QUATRIÈMEMENT. Quartò, adv.

QUE, est quelquefois relat. quelquefois interrogatif, d'autres fois adverbe, quelquefois il se retranche, quelquefois il exprime l'admiration, et quelquefois il est conjonction. C'est à l'élève à distinguer ces différentes acceptions qui sont toutes dans la Grammaire latine.

QUEL, Quelle, interrogatif. Voyez la Grammaire latine.

QUELCONQUE. Quicunque, quæcunque, quodcunque, g. cujuscunque, dat. cuicunque.

QUELQUE. Aliquis, aliqua, aliquod ou aliquid, g. alicujus, dat. alicui.

En quelque façon. Quodammodò, adv.

Quelque chose. Aliquid, n. gén. alicujus, dat. alicui.

Quelque, devant un nom pluriel. Aliquot.

Quelque peu de. Aliquantùm, adv. avec un gén. comme : Quelque peu d'argent. Aliquantùm, ou aliquantulùm pecuniæ. Devant les comparatifs, et devant antè et post, on met aliquantò, comme : Quelque peu plus grand. Aliquantò major. | Pour quelque peu de temps. Aliquantisper, adv. | Quelque temps, ou pendant quelque temps. Aliquandiù, adv.

Quelque jour, marquant l'avenir. Aliquandò, adv.

QUELQUEFOIS. Aliquandò, adv.

QUELQUE PART, sans mouvement. Alicubi, adv. Avec mouvement. Quopiàm. | De quelque part. Alicundè, adv. | Quelque autre part, sans mouvement. Alibi; avec mouvement. Aliò, adv. | De quelqu'autre part, aliundè, adv.

QUELQU'UN. Aliquis, aliqua, aliquod, ou aliquid, gén. alicujus, dat. alicui, etc. Après si on met quis, quæ, quod ou quid; comme : Si quelqu'un. Si quis.

QUENOUILLE. Colus, g. coli[2], m.

QUERELLE. Rixa, g. rixæ[1], f. | Etre en querelle. Rixari, rixor, rixaris, rixatus sum[1], dép. avec s'exprime par cum, et l'abl. | Chercher querelle. Jurgii causam inferre, infero, infers, intuli, illatum[3], act.

QUERELLER. Objurgare, objurgo, objurgas, objurgavi, objurgatum[1], act.

se Quereller. Rixari. Voy. Etre en querelle.

QUERELLEUR. Rixosus, a, um, adj.

QUÉRIR, aller quérir, envoyer quérir quelqu'un. Accersère, accerso, accersis, accersivi, accersitum[3], act.

QUESTEUR. Quæstor, g. quæstoris[3], m.

QUESTION, ou interrogation. Interrogatio, g. interrogationis[3], fém. | Faire une question à quelqu'un. Interrogare aliquem ; c. à. d. interroger quelqu'un.

Question, ou dispute. Quæstio, g. quæstionis[3], f. | Il est question de, ou il s'agit de. Agitur; agebatur, actum est, agi[3], impers. pass. Le de s'exprime par de, avec l'ablat. Mais si c'est un verbe qui suit, on ne se sert pas de Agi, mais du gérond. en dum du verbe suivant, avec les troisièmes personnes du singulier de Sum. Ex. Il est question de savoir. Sciendum est; c. à. d. il est devant être su.

Mettre en question. In contentionem ponĕre, pono, ponis, posui, positum³, act.

Question, ou *torture*. Tormenta, g. tormentorum², n. plur.

Donner, ou faire souffrir la question à quelqu'un, l'y mettre, l'y appliquer. Equuleo torquēre, torqueo, torques, torsi, tortum², act. | *Souffrir, endurer la question.* Vim tormentorum perferre, perfero, perfers, pertuli, perlatum³, act. c. à. d. *supporter la violence des tourmens.* | *Avouer tout à la question.* Propter vim doloris omnia enunciare, enuncio, enuncias, enunciavi, enunciatum¹, act. c. à. d. *déclarer tout à cause de la violence de la douleur.* | *Ne rien avouer à la question.* Tormentis non vinci, non vincor, non vinceris, non victus sum³, pass. c. à. d. *n'être pas vaincu par la question.*

QUESTIONNAIRE, *celui qui donne la question aux criminels.* Tortor, g. tortoris³, m.

QUESTIONNER. Interrogare, interrogo, interrogas, interrogavi, interrogatum¹, act. *La personne que l'on questionne à l'acc. et la chose sur quoi l'on questionne, à l'ablat., avec* de.

QUESTIONNEUR. Percontator, g. percontatoris³, m. *Au fém.* Percontatrix, g. percontatricis³.

QUESTURE, *charge publique.* Quæstura, g. quæsturæ¹, f.

QUÊTE, *recherche.* Indagatio, g. indagationis³, f.

Etre à la quête de. Indagare, indago, indagas, indagavi, indagatum¹, act.

Quête *pour les pauvres.* Stips, g. stipis³, f.

Faire la quête, ou

QUÊTER. Stipem colligĕre, colligo, colligis, collegi, collectum³, act.

QUÊTEUR. Rogator, g. rogatoris³, m.

QUÊTEUSE. Rogatrix, g. rogatricis³, f.

QUEUE *d'un animal.* Cauda, g. caudæ¹, f.

Queue *d'armée.* Postrema acies, g. postremæ¹ aciei⁵, f.

Charger l'ennemi en queue. Tergo hostem impugnare, impugno, impugnas, impugnavi, impugnatum¹, act.

Queue *d'une robe.* Togæ tractus, g. togæ tractûs⁴, m.

Robe à longue queue. Syrma, g. syrmatis³, n.

Queue *d'un fruit.* Pediculus, g. pediculi², m.

QUI, *lequel.* Qui, quæ, quod, g. cujus. | *Avec qui, ou avec lequel.* Quocum, *pour le masc. et le neut.* quâcum, *pour le fém. Si c'est au plur. on dit* quibuscum, *pour tous les genres.*

Qui ? *en interrogation.* Quis, quæ, quod *ou* quid, *pourvu que l'on parle de plusieurs. Lorsque l'on ne parle que de deux, on exprime* qui *par* uter, utra, utrum, n. utrius, *dat.* utri, *etc. Exemples :* Qui de vous deux ? Uter vestrûm ? Vestrûm *est au gén.* Qui que ce soit. Quilibet, quælibet, quodlibet, *ou* quidlibet, g. cujuslibet, dat. cuilibet, *etc.* | *Il n'y a qui que ce soit, ou personne.* Nemo est.

QUICONQUE. Quicunque, quæcunque, quodcunque, g. cujuscunque, *dat.* cuicunque.

QUIÉTUDE. Animi tranquillitas, g. animi tranquillitatis³, f.

QUIGNON. Amplum frustum, g. ampli frusti², n. De pain, panis, *gén.*

QUILLE *à jouer.* Metula, gén. metulæ¹, f. | *Jouer aux quilles.* Metulis ludĕre, ludo, ludis, lusi, lusum³, n. Metulis *est à l'abl. comme nom d'instrument.*

Quille *de navire.* Carina, g. carinæ¹, f.

QUINCAILLIER. Miscellaneæ mercis propola, g. miscellaneæ mercis propolæ¹, m.

QUINCAILLERIE. Miscellanea

merx, g. miscellanea[1] mercis[3], f.

QUINCONCE. Quincunx, gén. quincuncis[3], m.

QUINQUAGÉNAIRE, âgé de cinquante ans. Quinquaginta annos natus, a, um, adj.

QUINQUENNAL, qui se fait de cinq en cinq ans. Quinquennalis, m. f. quinquennale, n. gén. quinquennalis, adj.

QUINQUINA, écorce d'arbre. Kina, g. kinæ[1], f.

QUINT, cinquième. Quintus, a, um, adj.

QUINTAL, poid de cent livres. Centumpondo, indéclin. | D'un quintal. Centenarius, ia, ium, adj.

QUINTE, caprice, fantaisie subite. Repentinus animi impetus, g. repentini[2] animi impetûs[4], m.

QUINTE, redoublement de toux. Tussis anhela, g. tussis[3] anhelæ[1], fém. acc. tussim.

QUINTESSENCE, le suc le plus subtil. Subtilissimus succus, gén. subtilissimi succi[2], m.

QUINTEUX, capricieux. Morosus, a, um, adj.

QUINZAINE de, ou
QUINZE. Quindecim, indéclin. plur. et de tout genre | Quinze fois. Quindecies, adv. | Dans la quinzaine, ou dans quinze jours. Intra quindecim dies.

QUINZIÈME. Decimus quintus, decima quinta, decimum quintum, g. decimi quinti[2], adj.

QUIPROQUO. Error, g. erroris[3], m.

QUITTANCE. Apocha, g. apochæ[1], f.

QUITTE, délivré de. Liberatus, a, um, avec l'abl. | Nous sommes quitte à quitte. Pares sumus. Pares, vient de Par, g. paris, adj.

QUITTER, ou laisser. Relinquere, relinquo, relinquis, reliqui, relictum[3], act. | Quitter son entreprise. Consilium abjicere, abjicio, abjicis, abjeci, abjectum[3], act.

Ses études. Studia omittere, omitto, omittis, omisi, omissum[3], act. | Quitter les armes. Ab armis discedere, discedo, discedis, discessi, discessum[3], n. | Quitter une mauvaise habitude. Pravam consuetudinem exuere, exuo, exuis, exui, exutum[3], act. | Quitter le chemin de la vertu. Virtutis viam deserere, desero, deseris, deserui, desertum[3], act. | Quitter son poste. De statione decedere, decedo, decedis, decessi, decessum[3], n. | Faire quitter son poste à un autre. Loco exturbare, exturbo, exturbas, exturbavi, exturbatum[1], act. acc. de la personne. | Faire quitter une mauvaise habitude. Pravâ consuetudine abducere, abduco, abducis, abduxi, abductum[3], act. acc. de la personne.

QUOI ? interrogatif. Quid, n. gén. cujus, dat. cui, etc.

Quoi, relatif. Qui, quæ, quod, g. cujus, dat. cui, etc. Je ne sais quoi. Nescio quid. | Avoir de quoi payer. Esse solvendo, sum solvendo, es solvendo, fui solvendo. | A quoi bon ? Quorsùm, adv. De quoi vous plaignez-vous ? De quâ re quereris ?

QUOIQUE. Quamvis, avec le subjonctif. Quanquàm, avec l'ind. le plus souvent. | Quoi qu'il en soit. Utcunque res se habent. | Quoi qu'il arrive, ou quoi qu'il puisse arriver. Quidquid sit futurum. | Quoi qu'il en coûte. Quantilibet.

QUOLIBET, méchante raillerie. Vernile dictum, g. vernilis[3] dicti[2], n.

QUOTE-PART, portion contingente. Rata portio, g. ratæ[1] portionis[3], f.

QUOTIDIEN. Quotidianus, a, um, adj.

QUOTITÉ, somme fixe à laquelle monte chaque quote-part. Quota pars, g. quotæ[1] partis[3], f. ou Quotæ partis certa summa, g. summæ[1], f.

R.

RABAIS. Diminutio, g. diminutionis[3], f.

RABAISSÉ, abaissé. Depressus, a, um, part. pass.

RABAISSÉ, ou diminué. Minutus, a, um, part. pass.

RABAISSEMENT, ou abaissement. Dignitatis imminutio, g. dignitatis imminutionis[3], f.

RABAISSER, ou abaisser. Deprimĕre, deprimo, deprimis, depressi, depressum[3], act.

RABAISSER, diminuer. Imminuĕre, imminuo, imminuis, imminui, imminutum[3], act.

RABAT, ou collet. Cæsitium, g. cæsitii[2], n.

RABAT-JOIE. Lætitiarum perturbator, g. lætitiarum perturbatoris[3], m.

RABATTRE, ou réprimer. Reprimĕre, reprimo, reprimis, repressi, repressum[3], act.

RABATTRE, ou diminuer. Remittĕre, remitto, remittis, remisi, remissum[3], act. La chose qu'on rabat, à l'accus.; la somme dont on rabat, à l'ablat. avec de; comme: Je rabattrai dix sous sur cent, ou de cent. Remittam decem asses de centum.

RABATTRE la fierté. Superbiam frangĕre, frango, frangis, fregi, fractum[3], act.

RABATTRE le caquet. V. Caquet.

RABBIN, docteur juif. Rabbinus, g. rabbini[2], m.

RABOT. Runcina, g. runcinæ[1], fém.

RABOTER. Runcinâ polire, polio, polis, polivi, politum[4], act.

RABOTEUX. Asper, era, erum, adj.

RABOUGRI, en parlant d'un arbre. Retortus, a, um, adj. | En parlant d'un homme. Deformis, m. f. deforme, n. gén. deformis, adj.

RACAILLE, lie du peuple. Plebeia fex, g. plebeiæ[1] fecis[3], f.

RACAILLE, chose de peu de valeur. Quisquiliæ, g. quisquiliarum[1], f. plur.

RACCOMMODAGE. Interpolatio, g. interpolationis[3], f.

RACCOMMODÉ. Reconcinnatus, a, um, part. pass.

RACCOMMODÉ, réconcilié. Reconciliatus, a, um, part. avec, par le dat. du nom.

RACCOMMODEMENT, réconciliation. Voy. ce dernier mot.

RACCOMMODER. Reconcinnare, reconcinno, reconcinnas, reconcinnavi, reconcinnatum[1], act.

RACCOMMODER, réconcilier. Voy. ce dernier mot.

RACCOMMODEUR. Concinnator, g. concinnatoris[3], m. Au fém. Interpolatrix, g. interpolatricis[3], fém.

RACCORDER. V. Réconcilier.

RACCOURCI, adj. abrégé. Contractus, a, um, part. pass.

RACCOURCI, rendu plus court en coupant, etc. Decurtatus, a, um, part. pass.

UN RACCOURCI, subst. Epitome, g. epitomes[1], f.

En raccourci. Breviter, adv.

RACCOURCIR, abréger. Contrahĕre, contraho, contrahis, contraxi, contractum[3], act.

RACCOURCIR en coupant. Resecare, reseco, resecas, resecui, resectum[1], act.

RACCOURCISSEMENT, en abrégeant. Contractio, g. contractionis[3], f.

RACCOURCISSEMENT, en coupant. Resectio, g. resectionis[3], f.

RACE. Stirps, g. stirpis[3], f.

RAD

Être de la race de. Genus ducere, duco, ducis, duxi, ductum³, act. de par à ou ab, avec l'ablat.

RACE, famille. Gens, g. gentis³, f. | Toute la race a péri. Gens tota consumpta est.

RACHAT. Redemptio, g. redemptionis³, f.

RACHETER. Redimere, redimis, redemi, redemptum³, act. acc. rég. ind. abl. avec à ou ab.

RACINE. Radix, g. radicis³, f. Prendre racine. Radicari, radicor, radicaris, radicatus sum¹, dép. Arracher jusqu'à la racine. Radicitùs evellere, evello, evellis, evelli, evulsum³, act. | Couper le mal par la racine. Malum exstirpare, exstirpo, exstirpas, exstirpavi, exstirpatum¹, act.

RACLEMENT. Rasura, g. rasurae, f.

RACLER. Radere, rado, radis, rasi, rasum³, act.

RACLOIR. Radula, g. radulae, fem.

RACLURE. Ramentum, g. ramenti², n.

RACONTER. Narrare, narro, narras, narravi, narratum¹, act. acc. rég. ind. datif.

RACONTEUR. Narrator, gén. narratoris³, m.

RACORNIR. Durare, duro, duras, duravi, duratum¹, n.

SE RACORNIR. Durescere, duresco, durescis, durui³, n. sans sup.

RADE. Statio, g. stationis³, f. Être en ou à la rade. Anchoram jacere, jacio, jacis, jeci, jactum³, act. Ex. Notre vaisseau étoit à la rade non loin du port. Anchoram jeceramus non procul à portu. Mot à mot, nous avions jeté l'ancre, etc.

RADEAU. Ratis, g. ratis³, f.

RADIATION. Radiatio, g. radiationis³, f.

RADICAL, primitif. Primigenius, ia, ium, adj.

RADICALEMENT. Penitùs, adv.

RAF 469

RADIEUX, rayonnant. Radians, g. radiantis, adj.

RADOTAGE. Deliratio, g. delirationis³, f.

RADOTER. Delirare, deliro, deliras, deliravi, deliratum¹, n.

RADOTEUR. Delirus, a, um, adj.

RADOUB d'un vaisseau. Refectio, g. refectionis³, f.

RADOUBER. Reficere, reficio, reficis, refeci, refectum³, act.

RADOUBEUR. Refector, g. refectoris³, m.

RADOUCI, devenu plus doux. Mitior, m. f. mitius, n. gén. mitioris, adj. comp.

RADOUCIR quelqu'un, le rendre plus doux. Lenire, lenio, lenis, lenivi, lenitum⁴, act.

Radoucir, en parlant des choses. Temperare, tempero, temperas, temperavi, temperatum¹, act.

SE RADOUCIR, en parlant des personnes. Mansuefieri, mansuefio, mansuefis, mansuefactus sum³, pass.

Se radoucir, en parlant des choses. Mitescere, mitesco, mitescis, sans prét. ni sup. n.

RADOUCISSEMENT, Remissio, g. remissionis³, f.

RADOUCISSEMENT, en parlant de la colère. Placatio, g. placationis³, fém.

RADOUCISSEMENT dans les maux. Levamen, g. levaminis³, n.

RAFFERMIR. Firmare, firmo, firmas, firmavi, firmatum¹, act.

SE RAFFERMIR, en parlant des personnes. Animum confirmare, confirmo, confirmas, confirmavi, confirmatum¹, act. | En parlant des choses. Corroborari, corroboror, corroboraris, corroboratus sum¹, pass.

RAFFERMISSEMENT, Firmamentum, g. firmamenti², n.

RAFFINAGE. Coctura, g. cocturae¹, f.

RAFFINÉ, délicat. Solers, g. solertis, adj.

62

RAFFINÉ, *fin, rusé*. Callidus, a, um, *adj*.

RAFFINÉ, *rendu plus pur*. Purgatus, a, um, *part. pass.*

RAFFINEMENT, ou *subtilité*. Nimia subtilitas, g. nimiæ¹ subtilitatis³, *f*.

Raffinement de malice. Malitiæ artificium, g. malitiæ artificii², *n*.

RAFFINER, *rendre plus pur*. Purgare, purgo, purgas, purgavi, purgatum¹, *act*.

RAFFINER *sur*, *subtiliser*. Affectare, affecto, affectas, affectavi, affectatum¹, *act. Sur une chose, à l'acc. sans prépos.*

RAFFOLER *de*. Insano amore incendi, incendor, incenderis, incensus sum³, *pass. génit. de la chose, ou de la personne dont on raffole. Mot à mot, être brûlé par le fol amour de.*

RAFRAICHIR, ou *rendre moins chaud*. Refrigerare, refrigero, refrigeras, refrigeravi, refrigeratum¹, *act*.

RAFRAICHIR, ou *délasser*. Reficere, reficio, reficis, refeci, refectum³, *act*.

RAFRAICHIR, ou *renouveler*. Renovare, renovo, renovas, renovavi, renovatum¹, *act*.

RAFRAICHISSANT. Refrigeratorius, ia, ium, *adj*.

RAFRAICHISSEMENT, *action de refroidir*. Refrigeratio, g. refrigerationis³, *f*.

RAGE. Rabies, g. rabiei⁵, *f*.

Avec rage. Rabidè, *adv*.

Transporté de rage. Furore percitus, a, um, *adj*.

Avoir la rage de. Furere, furo, furis³, *sans parf. ni sup. n*.

RAGOUT. Condimentum, *gén.* condimenti², *n*.

RAGOUTANT. Palatum acuens, *m. f. et n. gén.* acuentis, *adj*.

RAGOUTER, *remettre en appétit*. Palatum acuere, acuo, acuis, acui, acutum³, *act*.

RAIE, *ligne*. Linea, g. lineæ², *fém.*

RAIE, *sillon que fait une charrue*. Sulcus, g. sulci², *m*.

RAIE, *poisson*. Raia, g. raiæ², *fém.*

RAIFORT, *racine*. Raphanus g. raphani², *m*.

RAILLER. Jocari, jocor, jocaris, jocatus sum¹, *dép.*

RAILLER, ou *se railler de quelqu'un*. Aliquem irridere, irrideo, irrides, irrisi, irrisum², *act*.

RAILLERIE. Jocus, g. joci², *m*.

En raillerie, ou *par raillerie*. Per jocum. | *Raillerie à part*, ou *sans raillerie*. Joco remoto, à *l'ablat*. | *Entendre raillerie*. Jocos admittere, admitto, admittis, admisi, admissum³, *act*.

Trait de raillerie. Dicterium, g. dicterii², *n*.

RAILLERIE *piquante*. Jocus venenatus, g. joci venenati², *m*.

RAILLEUR. Joculator, g. joculatricis³, *f*.

RAILLEUSE. Jocosa, g. jocosæ¹, *fém.*

RAIS, *rayons*. Radii, g. radiorum², *m. plur.*

RAISIN. Uva, g. uvæ¹, *f*.

RAISINÉ, *confiture de raisin*. Defrutum, g. defruti², *n*.

Faire un raisiné. Defrutare, defruto, defrutas, defrutavi, defrutatum¹, *n*.

RAISON, *faculté qui distingue l'homme de la bête*. Ratio, g. rationis³, *f*.

RAISON, *motif*. Causa, g. causæ¹, *f*. | *Avec raison*. Meritò, *adv*. | *Sans raison*. Immeritò, *adv*. | *Apporter pour raison, alléguer*. Causari, causor, causaris, causatus sum¹, *dép. acc*.

Pour cette raison. Ob eam causam. | *C'est pour cette raison que*, ou *c'est pourquoi*. Quamobrem, *adv*. | *Pour quelle raison ?* Cur ? | *Avoir raison de dire, de faire*, *tournez*, *dire, faire avec raison. Ainsi Avoir ne s'exprime pas, et le verbe français qui suit se prend le temps, le nombre et la per-*

RAI

sonne où étoit le verbe Avoir. | Exemple : *Vous avez eu raison de rejeter cette offre ;* c. à. d. *avec raison vous avez rejeté,* etc. | *A plus forte raison.* Multò magis. | *A combien plus forte raison.* Quantò magis.

Raison, *satisfaction sur ce qu'on demande*. Satisfactio, g. satisfactionis[3], *f*. | *Faire raison à*, ou *satisfaire*. Satisfacĕre, satisfacio, satisfacis, satisfeci, satisfactum[3], n. *datif de la personne*. | *Demander raison d'une injure*. De injuriâ experiri, experior, experiris, expertus sum[4], *dép*. | *Tirer raison d'une injure*. Injuriam persequi, persequor, persequeris, persecutus sum[3], *dép*.

RAISON, ou *preuve*. Argumentum, g. argumenti[2], n.

Raison, *équité*. Ratio, g. rationis[3], *f*.

Se mettre à la raison. Æquum et bonum facere, facio, facis, feci, factum[3], act. c. à. d. *faire ce qui est juste et bien*. | *Mettre à la raison*. Ad bonum et æquum adducĕre, adduco, adducis, adduxi, adductum[3], act. acc. *de la personne*.

Plus que de raison. Suprà modum.

A raison de. Pro, *avec l'ablat*.

RAISONNABLE, ou *doué de raison*. Ratione præditus, a, um, *adj*.

Raisonnable, ou *juste*. Æquus, æqua, æquum, *adj. comp*. Æquior, *m. f*. æquius, *n. gén*. æquioris ; *sup*. æquissimus, a, um.

RAISONNABLEMENT, *selon l'équité*. Justè, *adv. comp*. Justius ; *superl*. justissimè.

Raisonnablement, *selon le bon sens*. Prudenter, *adv*.

RAISONNÉ, *prouvé par raisons*. Rationibus firmatus, a, um, *part. pass*.

RAISONNEMENT, *action de raisonner*. Ratiocinatio, g. ratiocinationis[3], *f*.

RAL 491

Raisonnement, *argument*. Argumentum, g. argumenti[2], n.

RAISONNER. Ratiocinari, ratiocinor, ratiocinaris, ratiocinatus sum[1], *dép*. | *De quelque chose*. De, *avec l'ablat*.

RAISONNEUR. Oblocutor, g. oblocutoris[3], m.

RAJEUNIR, ou *devenir jeune*. Juvenescĕre, juvenesco, juvenescis[3], *sans prét. et sans supin*. n.

Rajeunir, ou *faire rajeunir*. Juventuti restituĕre, restituo, restituis, restitui, restitutum[3], act. acc. *de la personne*. Mot à mot, *rendre à la jeunesse*.

RAJEUNISSEMENT. Ad juventutem reditus, g. ad juventutem reditûs[4], m.

RAJUSTER, *ajuster de nouveau*. Reconcinnare, reconcinno, reconcinnas, reconcinnavi, reconcinnatum[3], act.

RALE, *oiseau*. Ortygometra, g. ortygometræ[1], *f*.

RÂLE, ou *râlement*, *son enroué d'une personne qui est à l'agonie*. Singultus, g. singultûs[4], *masc*.

RALENTIR. Tardare, tardo, tardas, tardavi, tardatum[1], act.

se Ralentir, *aller plus lentement*. Tardari, *pass. de* Tardare.

se Ralentir, *se diminuer*. Defervescĕre, defervesco, defervescis, deferbui[3], *sans supin*. n.

RALENTISSEMENT. Remissio, g. remissionis[3], *f*.

RÂLER, *rendre un son enroué comme un agonisant*. Animam singultare, singulto, singultas, singultavi, singultatum[1], act.

RALLIEMENT, *l'action de rallier des troupes*. Ad signa revocatio, g. ad signa revocationis[3], *f*.

Ralliement, *l'action de se rallier*. Ad signa concursus, g. ad signa concursûs[4], m.

RALLIER *des troupes*. Ad signa revocare, revoco, revocas, revocavi, revocatum[1], act.

se Rallier. Ad ordines redire,

redeo, redis, redivi, reditum[4], neut.

RALLUMER. Suscitare, suscito, suscitas, suscitavi, suscitatum[1], act.

SE RALLUMER. Rursùs exardescĕre, exardesco, exardescis, exarsi, exarsum[3], n.

RAMAGE. Concentus, g. concentûs[4], m.

RAMAIGRI, redevenu maigre. Ematiatus, a, um, part. pass.

RAMAIGRIR. Emacrescĕre, emacresco, emacrescis, emacrui[3], sans sup. neut.

RAMAS. Congeries, g. congeriei[5], f.

RAMASSE, traîneau. Sella tractoria, g. sellæ tractoriæ[1], f.

RAMASSER, rassembler. Colligĕre, colligo, colligis, collegi, collectum[3], act.

RAMASSER, rassembler en un monceau. Congerĕre, congero, congeris, congessi, congestum[3], act.

RAMASSER, relever de terre. È pulvere recolligĕre, recolligo, recolligis, recollegi, recollectum[3], act.

SE RAMASSER, se rassembler. Coire, coco, cois, coivi, coitum[4], n.

RAME, ou aviron. Remus, gén. remi[3], m.

A rames. Remis, à l'abl. | Aller à rames. Navigare remis; c. à. d. naviguer avec des rames.

Faisseau à deux rangs de rames. Biremis, g. biremis, f. A trois. Triremis, g. triremis, f. A quatre. Quadriremis, g. quadriremis, f. A cinq. Quinqueremis, g. quinqueremis[3], f.

Faire force de rames. Remis incumbĕre, incumbo, incumbis, incubui, incubitum[3], n.

RAME de papier. Viginti scapi, g. viginti scaporum[2], m. plur. Viginti est indéclinable.

RAMEAU, branche d'arbre. Ramus, g. rami[2], m.

Le dimanche des rameaux. Palmarum dominica, g. palmarum dominicæ[1], f.

RAMÉE, branches d'arbre coupées. Rami, g. ramorum[2], m. plur.

RAMENER. Reducĕre, reduco, reducis, reduxi, reductum[3], act.

RAMER. Remigare, remigo, remigas, remigavi, remigatum[1], n.

RAMEUR. Remex, g. remigis[3], masc.

RAMEUX, qui a beaucoup de branches. Ramosus, a, um, adj.

RAMIER, pigeon. Palumbus, g. palumbi[2], m.

RAMOLLIR. Mollire, mollio, mollis, mollivi ou mollii, mollitum[4], act.

SE RAMOLLIR. Molliri, mollior, molliris, mollitus sum[4], pass.

RAMONER, une cheminée. Caminum purgare, purgo, purgas, purgavi, purgatum[1], act.

RAMONEUR de cheminées. Caminorum purgator, g. caminorum purgatoris[3], m.

RAMPANT, qui rampe. Repens, m. f. et n. gén. repentis, part. prés.

RAMPANT, bas, adj. Abjectus, a, um, adj.

RAMPE, balustrade d'escalier. Clathri, g. clathrorum[2], m. plur.

RAMPER. Repĕre, repo, repis, repsi, reptum[3], n. | A terre, ou sur terre. Humi.

RAMURE, en parlant des cornes du cerf. Cervi cornua, g. cervi cornuum[3], n. plur.

RANCE. Rancidus, a, um, adj.

RANCISSURE. Rancor, g. rancoris[3], m.

RANÇON. Pretium, g. pretii[2], neut.

Sans rançon. Sine pretio.

RANÇONNEMENT, pillerie. Exactio, g. exactionis[3], f.

RANÇONNEMENT, ou rançon. Voy. ce mot.

RANÇONNER, mettre à rançon. Pro redemptione pretium imponere, impono, imponis, imposui, impositum³, act. acc. de la personne.

RANÇONNER, exiger de l'argent. Pecuniam imperare, impero, imperas, imperavi, imperatum¹, act. dat. de la personne.

RANÇONNER, commettre des exactions. Pecuniam extorquere, extorqueo, extorques, extorsi, extortum², act. Le nom de la personne à l'ablat., avec à ou ab.

RANCUNE. Simultas, g. simultatis³, f.

Avoir de la rancune. Male velle, male volo, vis, volui, n. Contre quelqu'un, au dat.

RANG, ou ordre. Ordo, gén. ordinis³, m.

Un rang de soldats. Ordo militum. | En rang, ou de rang, ou à son rang. Ex ordine. | Aller de rang en rang; tournez, parcourir les rangs.

RANG, ou nombre. Numerus, g. numeri², m.

Mettre au rang de. In numerum referre, refero, refers, retuli, relatum³, act. Le nom qui suit de, au génit. et la personne à l'accus.

RANG, ou place. Locus, g. loci², masc.

RANG, ou dignité. Dignitas, g. dignitatis³, f.

Tenir son rang. Dignitatem tueri, tueor, tueris, tuitus sum, dépon.

RANGÉ, mis par ordre. Ordinatus, a, um, part. pass.

Armée rangée en bataille. Acies ordinata, g. aciei⁵ ordinatæ¹, f.

En bataille rangée. Instructâ acie, ablat. absolu.

UNE RANGÉE. Ordo, g. ordinis³, masc.

RANGER. Ordinare, ordino, ordinas, ordinavi, ordinatum¹, act.

Ranger au devoir. Ad officium revocare, revoco, revocas, revocavi, revocatum¹, act.

Ranger une armée en bataille. Aciem instruere, instruo, instruis, instruxi, instructum³, act.

RANGER sous son obéissance. V. Soumettre.

SE RANGER à son devoir. Munus suum obire, obeo, obis, obivi, obitum⁴, act.

SE RANGER du côté, du parti de quelqu'un. Partes suscipere, suscipio, suscipis, suscepi, susceptum³, act. La personne qui suit de, au génit.

RANGER, cotoyer. Legere, lego, legis, legi, lectum³, act.

RANIMER, rappeler à la vie. Ad vitam revocare, revoco, revocas, revocavi, revocatum¹, act.

RANIMER, réchauffer. Refovere, refoveo, refoves, refovi, refotum², act.

RANIMER le courage, ou simplement ranimer. Animum relevare, relevo, relevas, relevavi, relevatum¹, act. dat. de la personne.

RAPACITÉ, inclination à prendre. Rapacitas, g. rapacitatis³, f.

RÂPE, instrument pour râper. Scobina, g. scobinæ¹, f.

RÂPER. Radere, rado, radis, rasi, rasum³, act.

RAPETISSER, rendre petit. Minuere, minuo, minuis, minui, minutum³, act.

RAPHAEL, nom d'ange. Raphael, g. Raphaelis³, m.

RAPIDE. Rapidus, a, um, adj. comp. Rapidior, m. f. rapidius, n. gén. rapidioris; superl. rapidissimus, a, um.

RAPIDEMENT. Rapidè, adv.

RAPIDITÉ. Rapiditas, g. rapiditatis³, fem.

Avec rapidité. Rapidè, adv.

RAPIÉCER. Resarcire, resarcio, resarcis, resarcivi, resartum⁴, act.

RAPINE. Rapina, g. rapinæ¹, fem.

Vivre de rapine. Rapto vivere, vivo, vivis, vixi, victum³, n.

RAPINER. Rapere, rapio, rapis, rapui, raptum³, act.

RAPPEL. Revocatio, g. revocationis³, f.

RAPPELER. Revocare, revoco, revocas, revocavi, revocatum¹, act. en par in, avec l'accus.; à, par ad, avec l'acc.; de par è ou ex, avec l'ablat.

RAPPELER à quelqu'un le souvenir de quelque chose; tournez, rappeler dans l'esprit de quelqu'un le souvenir de quelque chose. Comme : J'ai rappelé à mon ami le souvenir de notre enfance. Revocavi in animum mei amici memoriam nostræ pueritiæ.

SE RAPPELER quelque chose, se ressouvenir de quelque chose. Recordari, recordor, recordaris, recordatus sum¹, dép. gén.

RAPPELER ses esprits, revenir à soi. Animum recipĕre, recipio, recipis, recepi, receptum³, act.

RAPPORT ou récit. Narratio, g. narrationis³, f. | Faire le rapport de. Renunciare, renuncio, renuncias, renunciavi, renunciatum¹, act.

Sur le rapport de. Ex auditu, avec un génit.

RAPPORT, relation indiscrète. Delatio, g. delationis³, f. | Faux rapport. Falsa delatio, g. falsæ¹ delationis³, f. | Faire un faux rapport. Falso deferre, defero, defers, detuli, delatum³, act. contre, par de, avec l'ablat.

RAPPORT ou convenance. Convenientia, g. convenientiæ¹, f. | Avoir du rapport. Convenire, convenio, convenis, conveni, conventum⁴, n. à ou avec par cum, et l'ablatif. | Avoir rapport à. Spectare, specto, spectas, spectavi, spectatum¹, n. à par ad, avec l'accus.

RAPPORT ou revenu. Fructus, g. fructûs⁴, m. | Qui est d'un grand rapport. Ferax, m. f. et n. gén. feracis; c. à. d. fertile.

RAPPORT d'un procès. Expositio, g. expositionis³, f.

Par rapport à, pour ce qui regarde. Quod attinet ad, avec l'acc.

RAPPORTÉ. Relatus, a, um, part. pass. Fait de pièces rapportées. Tessellatus, a, um, part.

RAPPORTER Referre, refero, refers, retuli, relatum³, act.

RAPPORTER, produire. Reddĕre, reddo, reddis, reddidi, redditum³, act.

RAPPORTER, dire, raconter. Narrare, narro, narras, narravi, narratum¹, act.

RAPPORTER, faire des rapports contre quelqu'un. V. Rapport.

SE RAPPORTER à, ou convenir. Convenire, convenio, convenis, conveni, conventum⁴, n. à s'exprime par cum, et l'abl.

SE RAPPORTER à, avoir rapport à. Voyez au mot Rapport.

S'EN RAPPORTER à. Credĕre, credo, credis, credidi, creditum³, 4. dat. de la personne.

RAPPORTEUR, qui fait des rapports. Delator, g. delatoris³, m.

RAPPORTEUR d'un procès. Causæ explicator, g. causæ explicatoris³, masc.

RAPPRENDRE ce qu'on a oublié. Rursus discĕre, disco, discis, didici, discitum³, act.

RAPPRENDRE aux autres. Rursus docĕre², avec deux accus.

RAPPROCHEMENT, l'action de rapprocher. Admotio, g. admotionis³, f.

RAPPROCHEMENT, réconciliation. Reconciliatio, g. reconciliationis³, fém.

RAPPROCHER. Admovēre, admoveo, admoves, admovi, admotum², act. acc. rég. ind. dat.

SE RAPPROCHER de. Propiùs accedĕre, accedo, accedis, accessi, accessum³, n. de par ad, avec l'acc.

RAPSODE. Homerista, g. homeristæ¹, m.

RAPSODIE, mauvais ramas de vers ou de prose. Farrago, g. farraginis³, f.

RAPT. Raptus, g. raptûs⁴, m.

RAQUETTE. Reticulum, g. reticuli², n.

RAS — RAT

RARE. Rarus, a, um, *adj. comp.* Rarior, *m. f.*; rarius, *n. gén.* rarioris; *superl.* rarissimus, a, um.

RARÉFACTION. Rarefactio, g. rarefactionis³, *f.*

RARÉFIER. Rarefacĕre, rarefacio, rarefacis, rarefeci, rarefactum³, *act.*

SE RARÉFIER. Rarefieri, rarefio, rarefis, rarefactus sum³, *pass.*

RAREMENT. Rarè, *adv.*

RARETÉ. Raritas, g. raritatis³ *f.*

DES RARETÉS. Rara, g. rarorum², *n. plur.*

RAS, RASE. *adj.* Rasus, a, um, *adj.*

En rase campagne. In æquo campo.

RASADE. Vino plenus cyathus, g. vino pleni cyathi², *m.*

Boire une rasade. Plenum vino cyathum haurire, haurio, hauris, hausi, haustum⁴, *act.* | *Verser des rasades.* Vina coronare, corono, coronas, coronavi, coronatum¹, *act.*

RASEMENT *d'une maison, d'une place.* Excidium, g. excidii², *n.*

RASER, *faire la barbe.* Barbam tondĕre, tondeo, tondes, totondi, tonsum², *act.* Quelqu'un, *au datif.* | *Se faire raser la barbe.* Barbam tondendam præbĕre, præbeo, præbes, præbui, præbitum², *act. dat. de la personne par qui on se fait raser.* Mot à mot, donner sa barbe devant être rasée à quelqu'un.

RASER ou *démolir.* Excidĕre, excido, excidis, excidi, excisum³, *act.*

RASER, *passer très-près.* Perstringĕre, perstringo, perstringis, perstrinxi, perstrictum³, *act.*

RASER *la côte, en parlant d'un vaisseau.* Oram legĕre.

RASOIR. Novacula, g. novaculæ¹, *fém.*

RASSASIEMENT, *l'action de rassasier.* Saturitas, g. saturitatis³, *fém.*

RASSASIER. Satiare, satio, satias, satiavi, satiatum¹, *act. acc.* rég. ind. abl. | *Se rassasier de sang.* Sanguine se satiare.

SE RASSASIER, *satisfaire sa faim.* Famem explere, expleo, exples, explevi, expletum², *act.* | *Sans se rassasier.* Citrà satietatem. | *Sans pouvoir se rassasier.* Insatiabiliter, *adv.*

RASSEMBLEMENT, *l'action de rassembler.* Congregatio, g. congregationis³, *f.*

RASSEMBLEMENT, *attroupement.* Coitio, g. coitionis³, *f.*

RASSEMBLER. Colligĕre, colligo, colligis, collegi, collectum³, *act.*

SE RASSEMBLER. Convenire, convenio, convenis, conveni, conventum⁴, *n.*

SE RASSEOIR. Iterùm sedĕre, sedeo, sedes, sedi, sessum², *n.*

RASSURER. Confirmare, confirmo, confirmas, confirmavi, confirmatum¹, *act.*

RAT, *animal.* Mus, g. muris³, *masc.* | *Petit rat.* Musculus, *gén.* musculi², *m.*

RATE, *viscère.* Lien, g. lienis³, *masc.*

RÂTEAU. Rastrum, g. rastri², *neut.*

RÂTELER, *ramasser avec le râteau.* Rastro eradĕre, erado, eradis, erasi, erasum³, *act.*

RÂTELIER. Faliscæ, g. faliscarum¹, *f. plur.*

RATIÈRE *pour prendre les rats.* Muscipula, g. muscipulæ¹, *f.*

RATIFICATION. Approbatio, g. approbationis³, *f.*

RATIFIER. Approbare, approbo, approbas, approbavi, approbatum¹, *act.*

RATINE, *étoffe.* Pannus laneus crispus, g. panni lanei crispi², *masc.*

RATION. Diarium, *gén.* diarii², *neut.*

RATISSER. Radĕre, rado, radis, rasi, rasum³, *act.*

RATISSOIRE, *instrument à ratisser.* Radula, g. radulæ¹, *f.*

RATISSURE. Ramentum, g. ramenti², n.

RATTACHER, attacher de nouveau. Denuò alligare, alligo, alligas, aligavi, alligatum¹, act. à par ad, avec l'acc.

RATTRAPER, atteindre. Assequi, assequor, assequeris, assecutus sum¹, dép. acc.

RATTRAPER, ou recouvrer. Recipère, recipio, recipis, recepi, receptum³, act.

RATURER. Expungĕre, expungo, expungis, expunxi, expunctum³, act.

RAUCITÉ, enrouement. Raucitas, g. raucitatis³, f.

RAUQUE. Raucus, a, um, adj.

RAVAGE Depopulatio, g. depopulationis³, f. | Faire ravage. Voy. Ravager.

RAVAGER. Vastare, vasto, vastas, vastavi, vastatum¹, act.

RAVALEMENT, abaissement. Abjectio, g. abjectionis³, f.

RAVALER, rabaisser. Abjicĕre, abjicio, abjicis, abjeci, abjectum³, act.

RAVALER, avaler une seconde fois ce qu'on avoit rejeté. Resorbĕre, resorbeo, resorbes, resorbui, resorptum², act.

RAVAUDAGE, raccommodage de méchantes hardes à l'aiguille. Interpolatio, g. interpolationis³, fém.

RAVAUDER, raccommoder. Interpolare, interpolo, interpolas, interpolavi, interpolatum¹, act.

RAVAUDEUR. Interpolator, g. interpolatoris³, m.

RAVAUDEUSE. Interpolatrix, g. interpolatricis³, f.

RAVE. Rapa, g. rapæ¹, f.

RAVI, enlevé. Raptus, a, um, part. pass.

RAVI d'admiration. Admiratione affectus, a, um, part. pass.

Etre ravi d'admiration. Admiratione affici, afficior, afficeris, affectus sum³, pass. | Ravi de joie. Gaudio exsultans, g. gaudio exsultantis, part. | Etre ravi de joie. Gaudio exsultare, exsulto, exsultas, exsultavi, exsultatum¹, neut. | Ravi à la fleur de l'âge. Immaturâ morte præreptus, a, um, part.

RAVILI, devenu méprisable. V. Avili.

RAVILIR. V. Avilir.

RAVIN. Lacuna, g. lacunæ¹, f. | Plein de ravins. Lacunosus, a, um, adj.

RAVINE, débordement d'eau de pluie. Diluvies, g. diluviei⁵, f.

RAVIR ou enlever. Rapĕre, rapio, rapis, rapui, raptum³, act.

RAVIR d'admiration. Admirationem movĕre, moveo, moves, movi, motum², act. dat. de la personne. | Ravir de joie. Gaudio perfundĕre, perfundo, perfundis, perfudi, perfusum³, act. acc. de la personne.

Etre ravi de joie, d'admiration. Voyez Ravi.

A RAVIR. Mirum in modum:

SE RAVISER. Resipiscĕre, resipisco, resipiscis, resipui³, n. sans supin.

RAVISSANT ou admirable. Mirificus, a, um, adj. comp. Mirificentior, m. f. mirificentius, n. gén. mirificentioris; superl. mirificentissimus, a, um.

RAVISSANT ou qui emporte tout. Rapax, m. f. et n. gén. rapacis. adj.

RAVISSEMENT ou enlèvement. Raptus, g. raptûs⁴, m.

RAVISSEMENT, transport d'admiration. Summa admiratio, g. summæ¹ admirationis³, f.

RAVISSEMENT, transport de joie. Summum gaudium, g. summi gaudii², n.

RAVISSEMENT, extase. Mentis excessus, g. mentis excessûs⁴, m.

RAVISSEUR. Raptor, g. raptoris³, m.

RAVITAILLEMENT. Commeatus, g. commeatûs⁴, m.

RAVITAILLER, jeter des vivres

REB

dans une place. Commeatibus instruere, instruo, instruis, instruxi, instructum³, *act. acc. de la ville que l'on ravitaille.*

RAVOIR. Recuperare, recupero, recuperas, recuperavi, recuperatum³, *act.*

RAYÉ ou *marqué de raies.* Lineis distinctus, a, um, *part. pass.*

Rayé ou *effacé.* Deletus, a, um, *part. pass.*

RAYER ou *marquer de raies.* Lineis distinguëre, distinguo, distinguis, distinxi, distinctum³, *act.*

Rayer ou *effacer.* Delēre, deleo, deles, delevi, deletum², *act.*

RAYON *de lumière.* Radius, g. radii², m. | *Rayon d'espérance.* Specula, g. speculæ¹, *f.*

Rayon *de miel.* Favus, g. favi², m.

RAYONNANT. Radians, *m. f. et n. gén.* radiantis, *adj.*

RAYONNEMENT. Radiatio, g. radiationis³, *f.*

RAYONNER. Radiare, radio, radias, radiavi, radiatum¹, *n.*

RAYURE. Lineæ, g. linearum¹, *f. plur.*

RÉACTION. Repulsus, g. repulsûs⁴, *m.*

RÉALISER, *accomplir.* Exsequi, exsequor, exsequeris, exsecutus sum³, *dép. acc.*

RÉALITÉ. Veritas, g. veritatis³, *fém.*

REBARBATIF, *rude, rebutant.* Asper, aspera, asperum, *adj.*

REBÂTIR. Reficĕre, reficio, reficis, refeci, refectum³, *act.*

REBATTRE ou *redire.* Dictitare, dictito, dictitas, dictitavi, dictitatum¹, *act.*

REBATTU, *avoir les oreilles rebattues de.* Tundi, tundor, tunderis, tunsus sum³, *pass. avec l'ablat.*

REBELLE. Rebellis, m. f. rebelle, n. gén. rebellis, *adj.*

se REBELLER. V. *se Révolter.*

REBELLION. Rebellio, g. rebellionis³, *f.*

REBLANCHIR. Iterùm dealbare,

REC 497

dealbo, dealbas, dealbavi, dealbatum¹, *act.*

REBONDI, *arrondi par embonpoint.* Obesus, a, um, *adj.*

REBONDIR. Resilire, resilio, resilis, resilui, resultum⁴, *n.*

REBONDISSEMENT. Repercussus, g. repercussûs⁴, *m.*

REBORD. Ora eminens, g. oræ¹ eminentis³, *f.*

le REBOURS. Inversa pars, g. inversæ¹ partis³, *f.*

A REBOURS ou *au rebours.* Præposterè, *adv.* | *Il fait tout à rebours des autres.* Facit contrà quàm alii.

REBROUSSER *chemin.* Iter relegĕre, relego, relegis, relegi, relectum³, *act.*

REBROYER. Voyez *Broyer*, et *ajoutez* Iterùm, *adv.*

RÉBUS, *espèce d'énigme.* Rebus, *indéclinable.*

REBUT, *action de rebuter.* Contemptus, g. contemptûs⁴, *masc.* | *Etre le rebut de.* tournez : *être à rebut à.* Contemptui esse, sum, es, fui. *dat. de la personne dont on est le rebut.*

le Rebut, ou *ce qu'on rebute.* Rejectanea, g. rejectaneorum², *n. pl.*

REBUTANT, *choquant.* Injucundus, a, um, *adj.* | *D'une manière rebutante.* Odiosè, *adv.*

REBUTER. Rejicĕre, rejicio, rejicis, rejeci, rejectum³, *act.*

se Rebuter *de,* ou *être rebuté par.* Absterreri, absterreor, absterreris, absterritus sum², *pass.* de ou *par par l'abl. du nom.* | *Etre rebuté par les difficultés.* Absterreri difficultatibus, *à l'abl.* | *Ne pas se rebuter.* Animum obfirmare, obfirmo, obfirmas, obfirmavi, obfirmatum¹, *act.*

RECACHETER, *cacheter de nouveau.* Voyez *Cacheter*, et *ajoutez* Rursùs, *adv.*

RÉCALCITRANT. Contumax, g. contumacis, *adj.* | *Humeur récalcitrante.* Ingenium indocile, *gén.* ingenii² indocilis³, *n.*

63

RÉCAPITULATION. Enumeratio, g. enumerationis³, f.

RÉCAPITULER. Repetĕre, repeto, repetis, repetii, repetitum³, act.

RECÈLEMENT. Receptio, gén. receptionis³, f.

RECÉLER. Occultare, occulto, occultas, occultavi, occultatum¹, act.

RECÉLEUR. Furtorum receptor, g. furtorum receptoris³, m.

RECÉLEUSE. Furtorum receptrix, g. furtorum receptricis³, f.

RÉCEMMENT. Recens, adv. comp. recentiùs; sup. recentissimè.

RECENSEMENT. Recensio, g. recensionis³, f.

RÉCENT. Recens, m. f. et n. gén. recentis, adj. comp. Recentior, m. f. recentius, n. gén. recentioris; superl. recentissimus, a, um.

RÉCEPTACLE. Receptaculum, g. receptaculi², n.

RÉCEPTION. Acceptio, g. acceptionis³, f. | Faire une bonne réception à. Benigno vultu accipĕre, accipio, accipis, accepi, acceptum³, act. acc. de la personne.

RECETTE, l'action de recevoir de l'argent. Coactio pecuniaria, g. coactionis³ pecuniariæ¹, f.

RECETTE, ce qui est reçu. Receptum, g. recepti², n. | Livre de recette. Accepti codex, g. accepti codicis³, m.

RECEVABLE. Admittendus, a, um, part. fut. pass.

RECEVEUR. Quæstor, g. quæstoris³, m.

RECEVOIR. Accipĕre, accipio, accipis, accepi, acceptum³, act. | Recevoir au nombre de ses amis. In suorum amicorum numerum adscribĕre, adscribo, adscribis, adscripsi, adscriptum³, act. acc. de la personne.

RECHANTER. Recinĕre, recino, recinis, recinui³, sans sup. act.

RÉCHAPPER. Evadĕre, evado, evadis, evasi, evasum³, n. de s'exprime par e ou ex, avec l'abl.

RECHARGER. Voy. Charger, et ajoutez Iterùm, adv.

RECHASSER. Voy. Chasser, et ajoutez Iterùm, adv.

RÉCHAUD. Foculus, g. foculi², masc.

RÉCHAUFFÉ. Recalfactus, a, um, part. pass.

RÉCHAUFFER. Recalfacĕre, recalfacio, recalfacis, recalfeci, recalfactum³, act.

SE RÉCHAUFFER. Recalescĕre, recalesco, recalescis, recalui³, sans sup. n.

RECHERCHE. Inquisitio, g. inquisitionis³, f.

RECHERCHE, affectation dans le langage. Nimia concinnitas, g. nimiæ¹ concinnitatis³, f. | Dans l'ajustement. Nimius cultus, gén. nimii² cultûs⁴, m.

RECHERCHER. Exquirĕre, exquiro, exquiris, exquisivi, exquisitum³, act. | Rechercher l'amitié, les bonnes grâces, les honneurs. Ambire, ambio, ambis, ambivi, ambitum⁴, act.

RECHERCHER, affecter. Affectare, affecto, affectas, affectavi, affectatum¹, act.

RECHIGNÉ, air rechigné. Frons caperata, g. frontis³ caperatæ¹, f.

RECHIGNER. Ringi, ringor, ringeris³, sans prét. dép.

EN RECHIGNANT. Invitè, adv.

RECHUTE. Lapsus recidivus, g. lapsûs⁴ recidivi², m. | Dans une maladie. In morbum. | Dans une faute. In culpam.

RÉCIDIVE. Voyez Rechute.

RÉCIDIVER. Voyez Retomber.

RÉCIPIENT, vase propre à recevoir les liqueurs qui distillent. Excipulum, g. excipuli², n.

RÉCIPROCITÉ. Mutuatio, gén. mutuationis³, f.

RÉCIPROQUE. Mutuus, ua, uum, adj.

RÉCIPROQUEMENT. Mutuò, adv.

RÉCIT. Narratio, g. narrationis³, f.

REC

Fuire le récit de, *raconter.* Narrare, narro, narras, narravi, narratum[1], *act. acc. rég. ind. dat.*

RÉCITATEUR. Declamator, *g.* declamatoris[3], *m.*

RÉCITATION. Declamatio, *g.* declamationis[3], *f.*

RÉCITER. Recitare, recito, recitas, recitavi, recitatum[1], *act.*
Par cœur. Memoriter, *adv.*

RÉCLAMATION. Reclamatio, *g.* reclamationis[3], *f.*

RÉCLAMER, *s'opposer.* Reclamare, reclamo, reclamas, reclamavi, reclamatum[1], *n.*

RÉCLAMER, *implorer.* Implorare, imploro, imploras, imploravi, imploratum[1], *act.*

RÉCLAMER, ou *revendiquer.* Rem ut suam repetĕre, repeto, repetis, repetivi, repetitum[3], *act.* Mot à mot, *demander une chose comme sienne. Ainsi l'on voit que* suam *doit s'accorder en genre et en nombre, avec le nom de la chose que l'on revendique.*

RECLUS. Solitarius, ia, ium, *adj.*

RECOIN. Angulus, *g.* anguli[2], *masc.*

RÉCOLTE, *l'action de recueillir les biens de la terre.* Frugum perceptio, *g.* frugum perceptionis[3], *f.*
Récolte pour les blés. Messis, *g.* messis[3], *f.*
Récolte pour les fruits. Fruges, *g.* frugum[3], *f. pl.*

RÉCOLTER. Colligĕre, colligo, colligis, collegi, collectum[3], *act.*

RECOMMANDABLE. Commendabilis, *m. f.* commendabile, *n. gén.* commendabilis, *adj.*
Rendre recommandable. Commendare, commendo, commendas, commendavi, commendatum[1], *act.*
Se rendre recommandable. Se commendandum præstare, præsto, præstas, præstiti, præstitum[1].
Etre recommandable par. Pollēre, polleo, polles[2], *sans parf.* ni sup. *n.* par *se rend par l'abl. du nom.*

RECOMMANDATION. Commendatio, *g.* commendationis[3], *fém.*
Lettre de recommandation. Commendatitiæ litteræ, *g.* commendatitiarum litterarum[1], *f.*
Digne de recommandation. Voy. *Recommandable.*

RECOMMANDER, *prier d'être favorable.* Commendare, commendo, commendas, commendavi, commendatum[1], *act. acc. rég. ind. dat.*

RECOMMANDER, *enjoindre expressément.* Præcipĕre, præcipio, præcipis, præcepi, præceptum[3], *act. rég. ind. dat.*

RECOMMANDER, *rendre recommandable.* Commendare[1].

SE RECOMMANDER *à.* Se commendare. *dat. du nom qui suit à.*

RECOMMENCER. Redintegrare, redintegro, redintegras, redintegravi, redintegratum[1], *act.*

RÉCOMPENSE. Merces, *gén.* mercedis[3], *f.*

RÉCOMPENSER *quelqu'un.* Remunerare, remunero, remuneras, remuneravi, remuneratum[1], *act.*
Récompenser quelqu'un de quelque chose; c. à. d. *donner à quelqu'un la récompense de quelque chose.* Mercedem tribuĕre, tribuo, tribuis, tribui, tributum[3], *act. gén. de la chose dont on récompense.*
Etre récompensé de son travail; tournez, *recevoir la récompense de son travail.* Laboris mercedem accipĕre, accipio, accipis, accepi, acceptum[3], *act.*

RECOMPOSER. Voy. *Composer, et ajoutez* Iterùm, *adv.*

RECOMPTER. Renumerare, renumero, renumeras, renumeravi, renumeratum[1], *act.*

RÉCONCILIATEUR. Reconciliator, *g.* reconciliatoris[3], *m.*

RÉCONCILIATION. Reconciliatio, *g.* reconciliationis[3], *f.*

RÉCONCILIER. Reconciliare, reconcilio, reconcilias, reconciliavi, reconciliatum¹, act. avec s'exprime par cum, et l'abl.

SE RÉCONCILIER. In gratiam redire, redeo, redis, redivi, reditum⁴, neut. Avec quelqu'un, se rend par cum, et l'abl. c. à. d. rentrer en grâce.

RECONDUIRE. Reducĕre, reduco, reducis, reduxi, reductum³, act.

RECONFORT, consolation. Solatium, g. solatii², n.

RECONFORTER, consoler. Solari, solor, solaris, solatus sum¹, dép. acc.

RECONFORTER, fortifier. Vires reficĕre, reficio, reficis, refeci, refectum³, act. Mot à mot, réparer les forces. Ainsi il faut mettre au gén. le nom de la personne qui est reconfortée.

RECONNOISSABLE, aisé à reconnoître. Cognoscendus, a, um, part.

RECONNOISSANCE, action de reconnoître. Agnitio, g. agnitionis³, f.

RECONNOISSANCE, obligation par écrit. Chirographus, g. chirographi², m.

RECONNOISSANCE pour des bienfaits, gratitude. Gratus animus, g. grati animi², m. | Avoir de la reconnoissance pour. Voy. Etre reconnoissant. | Avec reconnoissance. Grato animo.

RECONNOISSANCE, action d'observer le pays ennemi. Exploratio, g. explorationis³, f.

RECONNOISSANT, sans rég. Gratus, a, um, adj. comp. Gratior, m. et f. gratius, n. gén. gratioris; sup. gratissimus, a, um.

RECONNOISSANT de. Memor, m. f. et n. gén. memoris, adj. avec le gén. qui suit de. | Des bienfaits. Beneficiorum. | Qui n'est pas reconnoissant. Immemor, m. f. et n. gén. immemoris, adj.

Reconnoissant envers. Gratus, a, um, adj. envers, se rend par in, avec l'acc.

RECONNOITRE. Agnoscĕre, agnosco, agnoscis, agnovi, agnitum³, act. La chose à laquelle on reconnoît, est mise à l'abl., avec è ou ex, comme : A la voix. Ex voce. | Je vous ai toujours reconnu pour savant. Semper te agnovi doctum. On n'exprime pas le mot pour.

RECONNOITRE les bienfaits; tournez, être reconnoissant des bienfaits.

RECONNOITRE une place, l'examiner. Explorare, exploro, exploras, exploravi, exploratum¹, act.

RECONNOITRE, avouer. Agnoscĕre.

RECONNU. Agnitus, a, um, part. pass.

RECONNU, éprouvé. Probatus, a, um, part.

Fidélité reconnue. Probata fides, g. probatæ¹ fidei⁵, f.

RECONQUÉRIR. Recuperare, recupero, recuperas, recuperavi, recuperatum¹, act.

RECONSTRUIRE. Reædificare, reædifico, reædificas, reædificavi, reædificatum¹, act.

RECOPIER. Voy. Copier, et ajoutez Denuò, adv.

RECORS. Accensus, g. accensi², masc.

RECOUDRE. Voy. Coudre, et ajoutez l'adv. Iterùm.

RECOUPER. Denuò secare, seco, secas, secui, sectum¹, act.

RECOURBER. Recurvare, recurvo, recurvas, recurvavi, recurvatum¹, act.

SE RECOURBER. Incurvari, incurvor, incurvaris, incurvatus sum¹, pass.

RECOURIR à. Confugĕre, confugio, confugis, confugi, confugitum³, n. à par ad. et l'acc.

RECOURS. Refugium, g. refugii², n.

Avoir recours. Voy. Recourir.

RECOUVERT, couvert de nou-

REG

ceau. Iterùm tectus, a, um, *part. pass.*

RECOUVREMENT. Recuperatio, *g.* recuperationis³, *f.*

Recouvrement des impôts. Vectigalium exactio, *g.* vectigalium exactionis³, *f.*

RECOUVRER. Recuperare, recupero, recuperas, recuperavi, recuperatum¹, *act.*

RECOUVRIR. Voy. *Couvrir*, *et ajoutez l'adv.* Iterùm.

RÉCRÉATIF. Oblectatorius, ia, ium, *adj.*

RÉCRÉATION. Animi relaxatio *g.* animi relaxationis³, *f.*

Prendre la récréation. Voy. *Se récréer.*

RECRÉER, *créer de nouveau.* Voy. *Créer*, *et ajoutez l'adverbe* Rursùs.

RÉCRÉER, *divertir.* Oblectare, oblecto, oblectas, oblectavi, oblectatum¹, *act.*

SE RÉCRÉER, *se divertir.* Animum relaxare, relaxo, relaxas, relaxavi, relaxatum¹, *act.*

RECREUSER. Voy. *Creuser*, *et ajoutez l'adv.* Iterùm.

SE RÉCRIER, *se récrier contre.* Clamare, clamo, clamas, clamavi, clamatum¹, *n.* | *Contre l'injustice.* Adversùs injustitiam.

SE RÉCRIER *sur.* Exclamare¹, *n.* sur *par* ad, *avec l'acc.*

RÉCRIRE. Rescribĕre, rescribo, rescribis, rescripsi, rescriptum³, *act.* acc. rég. ind. dat. *ou* acc. *avec* ad.

RECROITRE. Recrescĕre, recresco, recrescis, recrevi, recretum³, *n.*

RECRUE Novi milites, *g.* novorum² militum³, *m. plur.*

Faire des recrues. Conscribĕre novos milites; conscribo, conscribis, conscripsi, conscriptum³, *act. c. à. d. enrôler de nouveaux soldats.*

RECRUTEMENT. Novorum militum conquisitio, *gén.* novorum militum conquisitionis³, *f.*

REC 501

RECRUTER. Voyez *Faire des recrues.*

RECRUTEUR. Conquisitor, *g.* conquisitoris³, *m.*

RECTANGLE, *qui a plusieurs angles droits.* Octhogonius, ia, ium, *adj.*

RECTEUR. Rector, *g.* rectoris³, *masc.*

RECTIFICATION. Emendatio, *g.* emendationis³, *f.*

RECTIFIER. Emendare, emendo, emendas, emendavi, emendatum¹, *act.*

RECTORAL, *de recteur.* Rectorius, ia, ium, *adj.*

RECTITUDE. Rectum, *g.* recti², *n.*

RECTORAT. Rectoris munus, *g.* rectoris muneris³, *n.*

UN REÇU, *ou une quittance.* Apocha, *g.* apochæ¹, *f.*

RECUEIL. Excerpta, *g.* exerptorum², *n. pl.*

RECUEILLEMENT, *méditation.* Animi collectio, *g.* animi collectionis³, *f.*

RECUEILLI, *ramassé.* Collectus, a, um, *part. pass. Le de s'exprime par* è *ou* ex, *et l'ablat.*

RECUEILLI, *en parlant des fruits.* Perceptus, a, um, *part. pass.*

RECUEILLI, *attentif.* Attentus, a, um, *adj.*

RECUEILLIR, *ramasser.* Colligĕre, colligo, colligis, collegi, collectum³, *act. Le de s'exprime par* è *ou* ex, *avec l'ablat. de la chose dont on recueille.*

RECUEILLIR *les fruits.* Fructus percipĕre, percipio, percipis, percepi, perceptum³, *act.*

Recueillir les voix. Sententias perrogare, perrogo, perrogas, perrogavi, perrogatum¹, *act.*

Recueillir les paroles de quelqu'un. Verba excipĕre, excipio, excipis, excepi, exceptum³, *act.*

RECUEILLIR, *faire un recueil.* Excerpĕre, excerpo, excerpis, excerpsi, excerptum³, *act.*

SE RECUEILLIR, *rentrer en soi-*

même. Se colligĕre ; me colligo, te colligis, me collegi, se collectum³, act.

RECUIRE, *faire recuire*. Recoquĕre, recoquo, recoquis, recoxi, recoctum³, act.

RECUIT. Recoctus, a, um, *part. pass.*

RECULÉ, ou *éloigné*. Remotus, a, um, *part. pass. comp.* Remotior, m. f. remotius, n. *gén.* remotioris ; *superl.* remotissimus, a, um;

RECULÉ, ou *retardé*. Retardatus, a, um, *part. pass.*

RECULEMENT. Regressus, g. regressûs⁴, m.

RECULER, *se retirer en arrière*. Retrogradi, retrogradior, retrograderis, retrogressus sum³, *dépon.*

RECULER, *porter en arrière quelque chose*. Retrò amovēre, amoveo, amoves, amovi, amotum², act.

Reculer les frontières d'un empire. Imperii fines prorogare, prorogo, prorogas, prorogavi, prorogatum¹, act. | *Faire reculer l'ennemi.* Hostem gradu movēre, moveo, moves, movi, motum², act. | *Faire reculer la foule.* Turbam submovēre, submoveo, submoves, submovi, submotum², act.

RECULER, ou *retarder une affaire*. Retardare, retardo, retardas, retardavi, retardatum¹, act. | *A un autre temps.* In aliud tempus. | *A deux ans.* In duos annos.

RECULER, *tergiverser*. Tergiversari, tergiversor, tergiversaris, tergiversatus sum¹, *dépon.*

A RECULONS. Retrò, *adv.*

RÉCUPÉRER. Voyez *Recouvrer.*

RÉCUSABLE. Rejiciendus, a, um, *adj.*

RÉCUSATION. Rejectio, *gén.* rejectionis³, f.

RÉCUSER. Recusare, recuso, recusas, recusavi, recusatum¹, act.

REDDITION. Deditio, g. deditionis³, f.

REDEMANDER. Repetĕre, repeto, repetis, repetii, repetitum³, act. acc. rég. ind. ablat. avec à ou ab).

RÉDEMPTEUR. Redemptor, g. redemptoris³, m.

RÉDEMPTION. Redemptio, g. redemptionis³, f.

REDEVABLE à. Obligatus, a, um, *part. datif de la personne à qui l'on est redevable, comme :* Je vous suis redevable. Tibi sum obligatus. | *Redevable de quelque chose.* Debitor, g. debitoris³, m. *Au fém.* Debitrix, g. debitricis³, f. *avec le gén. comme :* Redevable d'une faveur. Gratiæ debitor.

Etre redevable de quelque chose. c. à. d. *devoir*. Debēre, debeo, debes, debui, debitum², act. acc. rég. ind. dat.

REDEVANCE. Obligatio, *gén.* obligationis³, f.

REDEVENIR. Voyez *Devenir*, et ajoutez Iterum, adv.

REDEVENIR *jeune*. Repubescĕre, repubesco, repubescis³, *sans parf. ni sup.* n.

RÉDIGER, *mettre en ordre et par écrit.* Litteris mandare, mando, mandas, mandavi, mandatum¹, act.

REDIRE, ou *répéter.* Repetĕre, repeto, repetis, repetii, repetitum³, act.

REDIRE, *blâmer, trouver à redire à.* Reprehendĕre, reprehendo, reprehendis, reprehendi, reprehensum³, act. c. à. d. *reprendre quelque chose. Il n'y a rien à redire*, c. à. d. *rien à reprendre.* Nihil est reprehendendum.

REDITE. Repetitio, g. repetitionis³, f.

REDONDANCE, *superfluité de paroles.* Redundantia, g. redundantiæ¹, f.

REDONDANT, *superflu.* Supervacaneus, ea, eum, *adj.*

REDONDER. Redundare, redundo, redundas, redundavi, redundatum[1], n.

REDONNER. Voyez *Donner*, et ajoutez Iterùm, *adv.*

REDORER. Voyez *Dorer*, en ajoutant l'*adv.* Iterùm.

REDOUBLÉ. Geminatus, a, um, *part. pass.* | *Coups redoublés.* Ictus repetiti, g. ictuum[4] repetitorum[2], m. plur.

REDOUBLEMENT. Geminatio, g. geminationis[3], f.

REDOUBLEMENT *de fièvre.* Febris incrementum, g. febris incrementi[2], n. | *Redoublement de forces.* Virium incrementum.

REDOUBLER, augmenter du double. Geminare, gemino, geminas, geminavi, geminatum[1], *act.* | *Redoubler les coups.* Ictus congeminare. | *Redoubler les gardes.* Excubias multiplicare[1], *act.* | *Redoubler l'ardeur des soldats.* Novum ardorem militibus injicĕre, injicio, injicis, injeci, injectum[3], *act.* Mot à mot, *inspirer aux soldats une nouvelle ardeur.*

REDOUBLER, *augmenter.* Invalescĕre, invalesco, invalescis, invalui[3], *sans sup. n. Mais si c'est en parlant d'un mal*, Ingravescĕre, ingravesco, ingravescis[4], *sans parf. ni supin.* | *Redoubler d'ardeur;* c. à. d. *être enflammé d'une plus grande ardeur.* Majori studio incendi, incendor, incenderis, incensus sum[3], *pass.*

REDOUTABLE. Formidabilis, m. f. formidabile, n. gén. formidabilis, *adj. comp.* Formidabilior, gén. formidabilioris; *sup.* formidabilissimus, a, um.

Se rendre redoutable. Se formidabilem præstare, præsto, præstas, præstiti, præstitum[1], *act.* avec un *dat.* formidabilem s'accorde avec le pronom, *régime de* Rendre; *de façon que si le pronom est du pluriel, on mettra* Formidabiles.

REDOUTE, *terme de fortification.* Vallum, g. valli[2], n.

REDOUTER. Formidare, formido, formidas, formidavi, formidatum[1], *act.*

Se faire redouter de. Terrorem incutĕre, incutio, incutis, incussi, incussum[3], *act. dat. du nom dont on se fait redouter.*

REDRESSÉ. Correctus, a, um, *part. pass.*

REDRESSER, *corriger.* Corrigĕre, corrigo, corrigis, correxi, correctum[3], *act.*

REDRESSER *une chose qui penche.* Erigĕre[3], *act.*

RÉDUCTION, *action de réduire une place.* Propugnatio, g. propugnationis[3], f. | *Réduction d'une province à l'obéissance du prince.* In principis potestatem provinciæ restitutio, g. restitutionis[3], fém.

RÉDUCTION, *diminution.* Imminutio, g. imminutionis[3], f.

RÉDUIRE. Redigĕre, redigo, redigis, redegi, redactum[3], *act.* à *ou* dans *par* ad, *avec l'acc.*; sous *par* in, *avec l'acc.* | *Réduire à une telle misère, que.* Redigĕre ad eam miseriam, ut, *avec le subjonct.*

RÉDUIRE, *diminuer.* Imminuĕre, imminuo, imminuis, imminui, imminutum[3], *act.*

UN **RÉDUIT.** Seclusorium, g. seclusorii[2], n.

RÉÉDIFICATION, *action de rebâtir.* Instauratio, g. instaurationis[3], f.

RÉÉDIFIER. Restaurare, restauro, restauras, restauravi, restauratum[1], *act.*

RÉEL. Verus, a, um, *adj.*

RÉELLEMENT. Re ipsâ, *à l'abl.*

REFAIRE, *faire une seconde fois.* Voy. *Faire*, et ajoutez Iterùm, *adv.*

REFAIRE, *rétablir.* Reficĕre, reficio, reficis, refeci, refectum[3], *act.*

REFAUCHER *les prés.* Prata resecare, reseco, resecas, resecui, resectum[1], *act.*

RÉFECTION, *repas.* Refectio, g. refectionis[3], f.
Prendre sa réfection. Capere cibum; c. à. d. *prendre de la nourriture.*

RÉFECTOIRE. Cenaculum, g. cenaculi[2], n.

REFENDRE. Voy. *Fendre*, et ajoutez Iterum, adv.

RÉFÉRER, *rapporter une chose à une autre.* Referre, refero, refers, retuli, relatum[3], act. acc. rég. ind. acc. avec ad.

Référer *de, faire rapport de.* Referre[2]. | *A quelqu'un, à l'*acc. avec ad; *de quelque chose, à l'*ablat. avec de.

REFERMER. Voy. *Fermer*, et ajoutez Iterum, adv.

RÉFLÉCHI ou *renvoyé, en parlant des rayons de la lumière.* Reflexus, a, um, *part. pass.*

Réfléchi, *fait avec réflexion.* Meditatus, a, um, *part.*

Réfléchi, *qui a l'habitude de réfléchir.* Consideratus, a, um, *part.*

RÉFLÉCHIR, ou *renvoyer.* Reflectere, reflecto, reflectis, reflexi, reflexum[3], act.

Réfléchir, *rejaillir.* Redundare, redundo, redundas, redundavi, redundatum[1], n. *sur par* ad, *avec l'*accus.

Réfléchir *sur.* Considerare, considero, consideras, consideravi, consideratum[1], act. c. à. d. *considérer.*

SE Réfléchir, *en parlant des rayons.* Reflecti, reflector, reflecteris, reflexus sum[3], *pass.*

RÉFLÉCHISSEMENT *des rayons.* Repercussus, g. repercussûs[4], m.

REFLET. Repercussus, g. repercussûs[4], m.

REFLEURIR. Reflorescere, refloresco, reflorescis, reflorui[3], *sans supin.* n.

RÉFLEXION, *en parlant de la lumière.* Repercussus, g. repercussûs[4], m.

Réflexion, *considération.* Consideratio, g. considerationis[3], f. | *Faire une réflexion sur.* Voy. *Réfléchir sur.*

Avec réflexion. Meditatè, adv. | *Sans réflexion.* Imprudenter, adv.

REFLUER, *remonter vers la source.* Refluere, refluo, refluis, refluxi, refluxum[3], n.

REFLUX. Refluum mare, g. refluï[2] maris[3], n. | *Le flux et reflux.* Voyez *Flux.*

REFONDRE. Voyez *Fondre*, et ajoutez l'adv. Iterum.

REFORGER. Recudere, recudo, recudis, recudi, recusum[3], act.

RÉFORMATEUR. Emendator, g. emendatoris[3], m.

RÉFORMATION. Emendatio, g. emendationis[3], f.

RÉFORME. Pristinæ disciplinæ restitutio, g. pristinæ disciplinæ restitutionis[3], f. c. à. d. *rétablissement de l'ancienne discipline.*

Les prétendus Réformés, *en parlant des Calvinistes.* Calvinistæ, g. Calvinistarum[1], m. plur.

RÉFORMER, *corriger.* Emendare, emendo, emendas, emendavi, emendatum[1], act. | *Réformer un ordre religieux.* In primam disciplinam restituere, restituo, restituis, restitui, restitutum[3], act.

Réformer *un soldat, un officier, etc.* Exauctorare, exauctoro, exauctoras, exauctoravi, exauctoratum[1], act.

REFOULEMENT *des eaux.* Aquarum reciprocatio, g. aquarum reciprocationis[3], f.

REFOULER. Refluere, refluo, refluis, refluxi, refluxum[3], act.

RÉFRACTAIRE, *désobéissant.* Refractarius, ia, ium, adj.

RÉFRACTION *des rayons de lumière.* Radiorum interruptio, g. radiorum interruptionis[3], f.

REFRAIN, *répétition d'un ou de plusieurs vers.* Versus intercalaris, g. versûs[4] intercalaris[3], m. | *C'est son refrain ordinaire; tournez: Il chante toujours la même chanson.* Eamdem cantilenam canit, canere,

REF   RÉG

cano, canis, cecini, cantum[3], act.

REFRÉNER. Refrenare, refreno, refrenas, refrenavi, refrenatum[1], act.

REFROGNÉ. Contractus, a, um, part. pass. | Mine refrognée. Frons caperata, g. frontis caperatæ[1], f.

REFROGNEMENT. Contractio, g. contractionis[3], f.

REFROGNER. Contrahĕre, contraho, contrahis, contraxi, contractum[3], act.

REFROIDI. Refrigeratus, a, um, part. pass.

REFROIDIR, rendre froid. Refrigerare, refrigero, refrigeras, refrigeravi, refrigeratum[1], act. | Refroidir l'ardeur. Ardorem remittĕre, remitto, remittis, remisi, remissum[3], act.

SE REFROIDIR. Refrigescĕre, refrigesco, refrigescis, refrixi[3], sans sup. n.

REFROIDISSEMENT, diminution de chaleur. Refrigeratio, g. refrigerationis[3], f.

REFROIDISSEMENT, ralentissement. Remissio, g. remissionis[3], f.

REFROTTER. Refricare, refrico, refricas, refricui, refrictum[1], act.

REFUGE. Refugium, g. refugii[2], neut.

RÉFUGIÉ, qui a quitté son pays. Refugus, a, um, adj.

SE RÉFUGIER. Confugĕre, confugio, confugis, confugi, confugitum[3], n | Auprès de. Ad, avec l'acc. | Dans par in, avec l'accus.

REFUS, action de refuser ce qu'on nous donne. Recusatio, gén. recusationis[3], f. | Faire un refus. Voyez Refuser.

REFUS, action de refuser ce qu'on nous demande. Denegatio, g. denegationis[3], f.

REFUS qu'on éprouve. Repulsa, g. repulsæ[2], f. | Souffrir, essuyer un refus. Pati repulsam; patior, pateris, passus sum[3], dép. | De la part de quelqu'un. Ab, avec l'abl.

REFUSER ce qu'on nous offre. Recusare, recuso, recusas, recusavi, recusatum[1], act. | Refuser avec dédain. Fastidire, fastidio, fastidis, fastidivi, fastiditum[2], act. | Refuser la bataille. Prœlium detrectare, detrecto, detrectas, detrectavi, detrectatum[1], act. | Refuser d'obéir à quelqu'un. Imperium recusare, génit. de la personne qui suit à. | Refuser ce qu'on nous demande. Denegare, denego, denegas, denegavi, denegatum[1], act.

SE REFUSER le nécessaire. Se victu suo defraudare, me victu meo defraudo, te victu tuo defraudas, me victu meo defraudavi, defraudatum[1], act. Mot à mot, se priver de sa nourriture.

Être refusé de. Voyez Essuyer un refus de.

RÉFUTATION. Refutatio, gén. refutationis[3], f.

RÉFUTER. Refutare, refuto, refutas, refutavi, refutatum[1], act.

REGAGNER ce qu'on a perdu. Recipĕre, recipio, recipis, recepi, receptum[3], act. | Regagner les bonnes graces de quelqu'un. Mot à mot, rentrer en grâce avec quelqu'un. In gratiam redire, redeo, redis, redivi, reditum[4], n. avec par cum, et un ablatif.

REGAGNER un lieu d'où l'on est parti. Repetĕre, repeto, repetis, repetivi, repetitum[3], act.

RÉGAL. Epulæ, g. epularum[1], f. plur.

RÉGALER. Accipĕre, accipio, accipis, accepi, acceptum[3], act. | Magnifiquement. Magnificè, adv.

REGARD. Aspectus, g. aspectûs[4], masc.

REGARDER. Aspicĕre, aspicio, aspicis, aspexi, aspectum[3], act.

REGARDER, en parlant d'un bâtiment. Spectare, specto, spectas, spectavi, spectatum[1], act.

REGARDER ou considérer. Considerare, considero, consideras, consideravi, consideratum[1], act.

REGARDER, concerner. Pertinĕre, pertinet, pertinuit[2], n. imperson.

rég. à l'acc. avec ad. Ex. *Cela ne me regarde point.* Illud non ad me pertinet. *Ce verbe ne s'emploie qu'à la troisième personne du singulier et à la troisième du pluriel.*

REGARDER *comme.* Habere, habeo, habes, habui, habitum², act. *comme ne s'exprime pas, et on met ensuite l'accus.*

ÊTRE REGARDÉ *comme.* Haberi, *passif de* Habeo. *Comme ne s'exprime pas : on met après même cas que devant.*

REGELER. *Ce verbe s'emploie dans ce cas-ci seulement :* Il regèle. Gelascit denuò.

RÉGENCE *ou gouvernement.* Administratio, g. administrationis³, *fém.*

RÉGÉNÉRATEUR. Restitutor, g. restitutoris³, m.

RÉGÉNÉRATION. Regeneratio, g. regenerationis³, f.

RÉGÉNÉRER. Regenerare, regenero, regeneras, regeneravi, regeneratum¹, act.

RÉGENT *ou professeur.* Professor, g. professoris³, m.

RÉGENT *d'un royaume.* Regni procurator, gén. regni procuratoris³, m. | *Au fém.* Regni procuratrix, g. regni procuratricis³, f.

RÉGENTER. Regere, rego, regis, rexi, rectum³, act.

RÉGICIDE, *meurtre d'un roi.* Regis occisio, g. regis occisionis³, fém.

RÉGICIDE, *meurtrier d'un roi.* Regis interfector, g. regis interfectoris³, m.

RÉGIE, *administration de biens.* Administratio, g. administrationis³, fém.

REGIMBER. Recalcitrare, recalcitro, recalcitras, recalcitravi, recalcitratum¹, act.

RÉGIME, *administration.* Regimen, g. regiminis³, n.

RÉGIME, *manière de vivre.* Victûs ratio, g. victûs rationis³, f.

RÉGIME, *diète.* Diæta, g. diætæ¹, fém.

RÉGIME. Voyez *Cas.*

RÉGIMENT. Legio, g. legionis³ *fém.*

RÉGION. Regio, g. regionis³, *fém.*

DE RÉGION EN RÉGION. Regionatim, *adv.*

RÉGIR. Regere, rego, regis, rexi, rectum³, act.

REGISTRE. Acta, g. actorum², n. plur. | *Mettre sur les registres.* Referre in acta. | *Quelque chose, à l'acc.*

RÈGLE. Regula, g. regulæ¹, f. *A la règle.* Ad regulam. | *Contre les règles.* Perperam, *adv.*

RÉGLÉ *ou constant.* Certus, a, um, *adj.* | *Troupes réglées.* Stativæ copiæ, g. stativarum copiarum¹, f. plur.

RÉGLÉ *dans sa conduite.* Probus, a, um, *adj.*

RÉGLÉ, *en parlant d'une ville, etc.* Constitutus, a, um. *Bien, bene, adv.* | *Vie bien réglée.* Vita sapienter instituta, g. vitæ sapienter institutæ¹, f. | *Mœurs réglées.* Probi mores, g. proborum² morum³, m. plur.

RÉGLÉ, *fixe,* Statutus, a, um, *part.*

RÉGLÉ, *dressé à la règle.* Ad regulam directus, a, um, *part. p.*

UN RÈGLEMENT. Præscriptum, g. præscripti², n.

RÉGLEMENT, *adv.* Certo ordine, *à l'abl.*

RÉGLER, *diriger.* Dirigere, dirigo, dirigis, direxi, directum¹, *act.*

RÉGLER *sur, proportionner.* Accommodare, accommodo, accommodas, accommodavi, accommodatum¹, *act. acc. rég. ind. dat.*

RÉGLER, *déterminer.* Constituere, constituo, constituis, constitui, constitutum³, act. | *Régler un compte.* Rationem conficere, conficio, conficis, confeci, confectum³, act.

SE RÉGLER *sur ou imiter.* Imitari, imitor, imitaris, imitatus sum¹, *dep. acc.*

RÉGLER *du papier.* Lineare, lineo, lineas, lineavi, lineatum¹, *act.*

RÉGLISSE, *plante.* Glycyrrhizon, *g.* glycyrrhizi², *n.*

RÉGNANT, *qui règne.* Regnans, *m. f.* et *n. gén.* regnantis, *part. prés.*

RÈGNE. Regnum, *g.* regni², *n.* | *Sous le règne de Louis-le-Grand;* tournez, *Sous Louis-le-Grand régnant.* Regnante Ludovico magno; *c'est un abl. absolu.*

RÉGNER, *être roi.* Regnare, regno, regnas, regnavi, regnatum¹, *n. Sur quelqu'un, par* in, *avec l'accus.*

RÉGNER, ou *dominer, être en vogue.* Dominari, dominor, dominaris, dominatus sum¹, *dépon.* sur *par* in, *avec l'accus.; dans par* in, *avec l'ablat.*

REGORGEMENT *d'eau.* Exundatio, *g.* exundationis³, *f.*

REGORGER. Affluere, affluo, affluis, affluxi, affluxum³, *n. ablat.*

REGRET, *déplaisir qu'on ressent de la perte de quelqu'un, ou de quelque chose.* Desiderium, *g.* desiderii², *n.*

La mort de mon frère nous a laissé de grands regrets. Meus frater moriens nobis reliquit magnum desiderium.

REGRET, *douleur qu'on ressent de quelque accident.* Dolor, *g.* doloris³, *m.* | *J'ai beaucoup de regret de vous voir malade.* Afficior magno dolore, quod te videam ægrum.

REGRET, *repentir.* Pœnitentia, *g.* pœnitentiæ¹, *f.*

AVOIR REGRET. Voy. *Se repentir.*

À REGRET, *avec peine.* Invitè, *adv.*

DE REGRET, *de douleur.* Dolore. | *Au grand regret de tout le monde.* Ingenti omnium luctu. | *Voir à regret le bonheur des autres.* Invidis oculis felicitatem aliorum videre², *act. Mot à mot, voir avec des yeux jaloux.*

REGRETTER *une chose.* Dolere, doleo, doles, dolui, dolitum², *n. acc. de la chose.*

Regretter une personne. Desiderare, desidero, desideras, desideravi, desideratum¹, *act.* | *Etre regretté, en parlant des personnes mortes ou absentes.* Desiderio esse; sum, es, fui. *La personne de qui on est regretté, au dat. S'il y avoit bien regretté, on ajouteroit* Maximo. *Ainsi cela signifie,* Etre à regret à quelqu'un. | *Etre à grand regret à quelqu'un.* (*Règle* : Hoc erit tibi dolori.)

Se faire regretter; tournez : *laisser le regret de soi.* Sui desiderium relinquere, relinquo, relinquis, reliqui, relictum³, *act. La personne de qui on se fait regretter, à l'acc. avec* apud.

RÉGULARITÉ, *proportion.* Ordo, *g.* ordinis³, *m.*

RÉGULARITÉ *dans la conduite.* Integritas, *g.* integritatis³, *f.*

RÉGULIER, *proportionné.* Bene et ratione dispositus, a, um, *part. pass.*

RÉGULIER, *fait dans les règles.* Ex legibus factus, a, um, *part. pass.* | *Traits du visage réguliers.* Oris lineamenta perfectissima, *g.* lineamentorum perfectissimorum², *n. plur.*

RÉGULIER, *réglé, constant.* Constans, *g.* constantis, *adj.*

RÉGULIER, *qui vit avec régularité.* Integer, integra, integrum, *adj.*

RÉGULIÈREMENT, *ou selon les règles.* Ex legibus.

RÉGULIÈREMENT, *ou sagement.* Integrè, *adv.*

RÉGULIÈREMENT, *ou d'ordinaire.* Plerumquè, *adv.*

RÉHABILITATION. Restitutio, *g.* restitutionis³, *f.*

RÉHABILITER. Voy. *Rétablir.*

REHAUSSÉ, *ou augmenté.* Auctus, a, um, *part. pass.*

REHAUSSEMENT. Exstructio, *g.* exstructionis³, *f.*

REHAUSSER, *élever davan-*

tage. Extollĕre, extollo, extollis, extuli, elatum³, *act.*

Rehausser, ou *augmenter.* Augēre, augeo, auges, auxi, auctum², *act.*

Rehausser, *donner de l'éclat.* Illustrare, illustro, illustras, illustravi, illustratum¹, *act.*

Rehausser *sa beauté par l'ajustement.* Formam curâ adjuvare, adjuvo, adjuvas, adjuvi, adjutum¹, *act.*

Rehausser *d'or ou d'argent.* Auro, argento distinguĕre, distinguo, distinguis, distinxi, distinctum³, *act.*

RÉIMPRESSION. Secunda editio, g. secundæ¹ editionis³, *f.*

RÉIMPRIMER. Voy. *Imprimer,* et *ajoutez* Iterùm, *adv.*

REINE. Regina, g. reginæ¹, *f.*

REINS, *les reins.* Renes, g. renum³, *m. pl.* | *Poursuivre quelqu'un l'épée dans les reins.* Stricto gladio persequi, persequor, persequeris, persecutus sum³, *dép. acc. de la personne.*

RÉINTÉGRER. In integrum restituĕre, restituo, restituis, restitui, restitutum³, *act.*

RÉITÉRATION. Iteratio, g. iterationis³, *f.*

RÉITÉRER. Iterare, itero, iteras, iteravi, iteratum¹, *act.*

REJAILLIR. Resilire, resilio, resilis, resilui, resultum⁴, *n.* sur *s'exprime par* in, *avec l'acc.*

Faire rejaillir du sang sur quelqu'un. Cruori aspergĕre, aspergo, aspergis, aspersi, aspersum³, *act. acc. de la personne sur laquelle on fait rejaillir.*

Rejaillir, *en parlant de la honte.* Recidĕre, recido, recidis, recidi³, *sans sup. n.* sur *se rend par* in, *avec l'acc.*

REJAILLISSEMENT. Respersus, g. respersûs⁴, *m*

REJETER. Rejicĕre, rejicio, rejicis, rejeci, rejectum³, *act.* sur *par* in, *avec l'acc.*

Rejeter. Voy. *Vomir.*

REJETON, *en parlant des plantes.* Surculus, g. surculi², *m.*

Pousser des rejetons. Fruticare, frutico, fruticas, fruticavi, fruticatum¹, *n.*

Rejeton, *descendant.* Progenies, g. progeniei⁵, *f.*

RÉJOINDRE, *joindre de nouveau.* Iterùm conjungĕre, conjungo, conjungis, conjunxi, conjunctum³, *act.*

Rejoindre, *atteindre.* Assequi, assequor, assequeris, assecutus sum³, *dép. acc.*

RÉJOUIR. Exhilarare, exhilaro, exhilaras, exhilaravi, exhilaratum¹, *act.*

se Réjouir. Gaudēre, gaudeo, gaudes, gavisus sum², *n. abl.*

RÉJOUISSANCE, *joie.* Gaudium, g. gaudii², *n.*

Réjouissances *publiques.* Festa, g. festorum², *n. pl.*

Faire des réjouissances pour. Festis celebrare, celebro, celebras, celebravi, celebratum¹, *act. acc. du nom qui suit* pour.

RÉJOUISSANT. Jucundus, a, um, *adj.*

RELÂCHE. Intermissio, g. intermissionis³, *f.*

Sans relâche. Sinè intermissu.

RELÂCHÉ. Remissus, a, um, *part.*

Relâché, *mis en liberté.* Demissus, a, um, *part.*

Mœurs relâchées. Laxiores mores, g. laxiorum² morum³, *m. pl.*

RELÂCHEMENT *d'esprit.* Animi laxitas, g. animi laxitatis³, *f.*

Relâchement *dans les mœurs.* Morum dissolutio, g. morum dissolutionis³, *f.*

RELÂCHER. Relaxare, relaxo, relaxas, relaxavi, relaxatum¹, *act.*

Relâcher *de son droit.* De jure suo cedĕre, cedo, cedis, cessi, cessum³, *act. De mon droit.* De jure meo. | *Relâcher de sa sévérité.* De severitate remittĕre, remitto, remittis, remisi, remissum³, *act.*

RELÂCHER *un prisonnier.* Dimittĕre, dimitto, dimittis, dimisi, dimissum³, *act.*

SE RELÂCHER, *se ralentir dans la pratique de la vertu.* Ex virtute desciscĕre, descisco, desciscis, descivi, descitum³, *n.*

Se relâcher de sa première ardeur. Remissiùs agĕre, ago, agis, egi, actum³, *n.* | *Les mœurs se relâchent.* Mores ad mollitiem labuntur; *de* Labi, labor, laberis, lapsus sum³, *dép.* | *La discipline se relâche.* Disciplina labat.

RELÂCHER, *en parlant d'un vaisseau.* Se recipĕre, recipio, recipis, recepi, receptum³, *act.*

RELAIS. Veredorum statio, *g.* veredorum stationis, *f.*

Cheval de relais. Veredus recens, *g.* veredi² recentis¹, *m.*

RELANCER *une bête.* Rursùs excitare, excito, excitas, excitavi, excitatum¹, *act.*

RELANCER, *réprimander.* Voyez ce dernier mot.

RELATIF. Relativus, a, um, *adj.*

RELATION, ou *récit.* Narratio, *g.* narrationis³, *f.*

RELATION, ou *rapport.* Convenientia, *g.* convenientiæ¹, *f.*

Avoir des relations avec. Commercium habēre, habeo, habes, habui, habitum², *act.* avec par *cum,* et *l'abl.*

RELATIVEMENT. Habitâ ratione, avec un *gén.*

RELAXATION. Emissio, *gén.* emissionis³, *f.*

RELÉGATION, *sorte d'exil.* Relegatio, *g.* relegationis³, *f.*

RELÉGUER. Relegare, relego, relegas, relegavi, relegatum¹, *act.*

RELEVÉ *de terre.* Erectus, a, um, *part.*

Ville relevée de ses ruines. Urbs ab interitu excitata.

RELEVÉ, *orné, embelli.* Distinctus, a, um, *part. avec l'abl.*

RELEVÉ *de maladie.* Morbo recreatus, a, um, *part.*

RELEVÉ, *noble.* Sublimis, *m.* et *fém.* sublime, *n. gén.* sublimis, *adj.*

RELEVER *de terre.* Erigĕre, erigo, erigis, erexi, erectum³, *act.* | *Relever les murailles d'une ville.* Urbis muros renovare, renovo, renovas, renovavi, renovatum¹, *act.* | *Relever le courage.* Animum erigĕre. | *Relever sa beauté par sa parure.* Voy. Rehausser. | *Relever une ville de ses ruines.* Urbem ab interitu excitare, excito, excitas, excitavi, excitatum¹, *act.*

RELEVER, *embellir.* Distinguĕre, distinguo, distinguis, distinxi, distinctum³, *act.*

RELEVER, *exalter.* Laudibus efferre, effero, effers, extuli, elatum³, *act.*

RELEVER *la garde.* Vigilias deducĕre, deduco, deducis, deduxi, deductum³, *act.*

RELEVER *d'un serment.* Jurisjurandi religione solvĕre, solvo, solvis, solvi, solutum³, *act.*

SE RELEVER, *après être tombé.* Exsurgĕre, exsurgo, exsurgis, exsurrexi, exsurrectum³, *n.*

Se relever de ses ruines, en parlant d'une ville. Post excidium renasci, renascor, renasceris, renatus sum³, *dép.*

Se relever de ses pertes. Damna resarcire, resarcio, resarcis, resarsi, resartum⁴, *act.*

RELEVER *de maladie.* È morbo recreari, recreor, recrearis, recreatus sum¹, *pass.*

RELIÉ, *en parlant d'un livre.* Intectus, a, um, *part. pass.* | *En veau.* Corio vitulino, *à l'abl.*

RELIEF. Eminentia, *g.* eminentiæ¹, *f.*

Figure en relief. Signum, *gén.* signi², *n.* | *Vase orné d'un bas-relief.* Vas sigillatum, *g.* vasis³ sigillati², *n. Au plur.* Vasa sigillata, *g.* vasorum².

RELIER *un livre, etc.* Integĕre, intego, integis, intexi, intectum³, act. | *En veau.* Corio vitulino, à l'ablat.

RELIEUR. Librorum concinnator, g. concinnatoris[3], m.

RELIGIEUSEMENT. Religiose, *adv. comp.* Religiosius ; *sup.* religiosissime.

RELIGIEUX, *pieux.* Religiosus, a, um, *adj.*

Religieux observateur de. Observantissimus, a, um, *adj. avec le gén.*

RELIGIEUX, *qui est d'un ordre religieux.* Sacro instituto adscriptus, g. sacro instituto adscripti[2], masc. | *Un religieux de St-François.* Sancti Francisci discipulus, g. discipuli[2], m.

UNE RELIGIEUSE. Virgo sacra, g. virginis[3] sacræ[1], f.

Embrasser la vie religieuse, se faire religieux. Vitam religiosam amplecti, amplector, amplecteris, amplexus sum[3], *dép.*

RELIGION. Religio, g. religionis[3], f.

RELIQUAIRE. Sacrarum reliquiarum theca, g. thecæ[1], f.

RELIQUES. Reliquiæ, g. reliquiarum[1], f. pl. | *En parlant des reliques des Saints, ajoutez* Sacræ.

RELIRE. Relegĕre, relego, relegis, relegi, relectum[3], *act.*

RELIURE, *l'action de relier un livre.* Libri compactio, gén. libri compactionis[3], f.

RELIURE, *la couverture.* Tegmen, g. tegminis[3], n.

RELU. Relectus, a, um, *part. de Relire.*

RELUIRE. Splendēre, splendeo, splendes, splendui[2], *sans sup. n.* | *Faire reluire, rendre luisant.* Splendorem afferre, affero, affers, attuli, allatum[3], *dat.* Mot à mot, *donner de l'éclat à.* Ainsi le rég. direct du verbe français devenant régime indir., se mettra au datif en latin.

RELUISANT. Splendidus, a, um, *adj.*

REMACHER. Remandĕre, remando, remandis, remandi, remansum[3], *act.*

REMANIER. Retractare, retracto, retractas, retractavi, retractum[1], *act.*

SE REMARIER, *en général.* Novas nuptias inire, ineo, inis, ini, initum[4], *act.* | *En parlant d'un homme ou d'une femme, voyez au mot* Marier, *et vous ajouterez* Iterùm.

REMARQUABLE. Insignis, m. insigne, n. gén. insignis, adj. comp. Insignior, m. f. insignius, n. gén. insignioris ; *superl.* Maximè, avec le positif. | *D'une manière remarquable.* Insigniter, *adv.*

REMARQUE. Notatio, g. notationis[3], f.

REMARQUER, *observer.* Animadvertĕre, animadverto, animadvertis, animadverti, animadversum[3], *act.*

SE FAIRE REMARQUER, *se distinguer.* Inclarescĕre, inclaresco, inclarescis, inclarui[3], *sans sup. n.*

REMBARQUER. Voyez Embarquer, *et ajoutez* Iterùm, *adv.*

REMBARRER, *repousser.* Propellĕre, propello, propellis, propuli, propulsum[3], *act.*

REMBOURSEMENT. Repræsentatio, g. repræsentationis[3], f.

REMBOURSER. Rependĕre, rependo, rependis, rependi, repensum[3], *act. acc. rég. ind. dat.*

REMBRUNIR *des couleurs.* Colores magis fuscare, fusco, fuscas, fuscavi, fuscatum[1], *act.*

REMBRUNISSEMENT. Infuscatio, g. infuscationis[3], f.

REMÈDE. Remedium, g. remedii[2], neut.

Qui est sans remède. Insanabilis, m. f. insanabile, n. gén. insanabilis, *adj.*

REMÉDIER à. Remedium afferre, affero, affers, attuli, allatum[3], *act. avec le datif.*

REMÊLER. Voyez Méler, *et ajoutez* Iterùm, *adv.*

REMENER. Reducĕre, reduco,

reducis, reduxi, reductum³. act.

REMERCIER. Gratias agĕre, ago, agis, egi, actum³, dat. de la personne que l'on remercie. | De quelque chose, de avec l'abl.; c. à. d. rendre grâces à quelqu'un touchant, etc. Le de suivi d'un verbe, ou de ce que, s'exprime par quòd, avec le subjonct. comme : Je te remercie d'être venu, ou de ce que tu es venu. Tibi gratias ago quòd veneris.

REMERCIMENT. Gratiarum actio, g. gratiarum actionis³, f. c. à. d. action de grâces.
Faire des remercîmens. Voyez Remercier.

REMESURER. Remetiri, remétior, remetiris, remensus sum⁴, dép. accus.

REMETTRE, ou *replacer*. Repoměre, repono, reponis, reposui, repositum³, act. | *Remettre une épée dans le fourreau.* Gladium in vaginam recondĕre, recondo, recondis, recondidi, reconditum³, act. | *Remettre sur son dos.* Dorso rursùs imponĕre. | *Remettre des troupes sur pied.* Novas copias comparare, comparo, comparas, comparavi, comparatum¹, act. | *Remettre dans le chemin.* In viam reducĕre, reduco, reducis, reduxi, reductum³, act.

REMETTRE, ou *rétablir*. Restituĕre, restituo, restituis, restitui, restitutum³, act. | *Je te remettrai dans les bonnes grâces de Lentulus.* Te restituam in gratiam cum Lentulo. | *Remettre en usage.* In usum revocare, revoco, revocas, revocavi, revocatum¹, act.

REMETTRE, ou *différer*. Differre, differo, differs, distuli, dilatum³, act. | *Au mois de janvier.* In mensem januarium.

REMETTRE, *confier*. Remettre ses intérêts entre les mains de quelqu'un. Suas res committĕre, committo, committis, commisi, commissum³, act. dat. de la personne. | *Remettre devant les yeux.* Expo-nĕre, expono, exponis, exposui, expositum³, act.

REMETTRE, ou *pardonner*. Condonare, condono, condonas, condonavi, condonatum¹, act. acc. rég. ind. dat.

REMETTRE quelque chose entre les mains de quelqu'un. Tradĕre, trado, tradis, tradidi, traditum³, act.

SE REMETTRE à. Repetĕre, repeto, repetis, repetivi, repetitum⁴, act. S'il suit un verbe, on le tourne par un substant. comme : Je me suis remis à travailler, c. à. d. au travail. Repetivi laborem.

SE REMETTRE *en mer.* Renavigare, renavigo, renavigas, renavigavi, renavigatum¹, n. | *Se remettre en chemin.* Se in viam rursùs dare. | *Se remettre à écrire.* Ceris et stylo rursùs incumbĕre, incumbo, incumbis, incubui, incubitum³, n.

SE REMETTRE, *se ressouvenir.* Reminisci, reminiscor, reminisceris³, sans parf. dép. avec le génit.

SE REMETTRE de. Recreari, recreor, recrearis, recreatus sum¹, pass. | *De maladie.* E morbo. | *Se remettre de la peur.* Animum ex pavore remittĕre, remitto, remittis, remisi, remissum³, act.

S'EN REMETTRE à. Referre, refero, refers, retuli, relatum³, dat. de la personne; la chose pour laquelle on s'en remet, à l'ablat. avec de.

REMEUBLER. Novâ suppellectili instruĕre, instruo, instruis, instruxi, instructum³, act. c. à. d. orner de nouveaux meubles.

REMINISCENCE, *souvenir*. Recordatio, g. recordationis³, f.

REMIS, ou *replacé*. Repositus, a, um, part. pass. | *A sa place.* Suo loco.

REMIS d'une maladie. Ex morbo recreatus, a, um.

REMIS, ou *rétabli*. Restitutus, a, um, part. pass.

REMIS, *pardonné*. Condonatus, a, um, part. pass.

REMIS, ou *différé*. Dilatus, a,

um, *part. pass. A*, ou *pour un autre temps*. In aliud tempus.

REMIS *entre les mains de*. Traditus, a, um, *part. pass. dat. de la personne*.

REMISE, *ou délai*. Dilatio, g. dilationis³, *f.*

SANS REMISE. Sine morâ.

REMISE *de carrosse*. Receptaculum, g. receptaculi², *n.*

RÉMISSIBLE, *digne de pardon*. Veniâ dignus, a, um, *adj*.

RÉMISSION. Venia, g. veniæ¹, *fém*.

SANS RÉMISSION. Immisericorditer, *adv*.

REMMENER. Revehĕre, reveho, revehis, revexi, revectum³, *act*.

REMONTER, *monter une seconde fois*. Rursùs ascendĕre, ascendo, ascendis, ascendi, ascensum³, *n*. sur *ou* dans par in, *avec l'accus*. | *Faire remonter quelqu'un sur le trône*. In solium restituĕre, restituo, restituis, restitui, restitutum³, *act*.

REMONTER *vers sa source, en parlant d'une rivière*. Retrofluĕre, retrofluo, retrofluis, retrofluxi, retrofluxum³, *n*. | *Faire remonter une rivière à sa source*. Fluvium retroagĕre, retroago, retroagis, retroegi, retroactum³, *act*. | *Remonter à l'origine des choses, à la source*. Res à fonte repetĕre, repeto, repetis, repetivi, repetitum³, *act*. Mot à mot, *reprendre les choses dès l'origine*. | *Remonter aux siècles précédens*. Antiqua revolvĕre, revolvo, revolvis, revolvi, revolutum³, *act*.

REMONTER *une rivière*. Flumen adversùm subire, subeo, subis, subivi, subitum⁴, *act*. | *Nous avons remonté la Saône*. Ararim adversùm subivimus. | *Remonter un bateau*. Adverso flumine lembum subigĕre, subigo, subigis, subegi, subactum³, *act*.

REMONTRANCE. Monitio, g. monitionis³, *f.*

REMONTRER, *avertir*. Monēre, moneo, mones, monui, monitum², *act. acc. rég. ind. abl. avec de*.

REMORDRE. Remordēre, remordeo, remordes, remordi, remorsum², *act*.

REMORDS *de conscience*. Conscientiæ stimulus, g. conscientiæ stimuli², *m.*

Avoir des remords de conscience, en être bourrelé, agité, tourmenté. Conscientiæ stimulis cruciari, crucior, cruciaris, cruciatus sum¹, *pass*.

RÉMOUILLER. Voy. *Mouiller* et ajoutez Iterùm, *adv*.

SE REMPARER, *s'emparer de nouveau*. Iterùm occupare, occupo, occupas, occupavi, occupatum¹, *act*.

REMPART. Munimentum, gén. munimenti², *n.*

REMPLACER *quelqu'un, mettre à sa place*. In locum sufficĕre, sufficio, sufficis, suffeci, suffectum³, *act. La personne que l'on remplace, au génit.*

REMPLACER, *prendre la place*. Succedĕre, succedo, succedis, successi, successum³, *n. avec le dat.*

Remplacer une chose par une autre. Supplēre, suppleo, supplevi, suppletum², *act. La chose que l'on remplace, à l'acc. la chose par laquelle on remplace, à l'abl.*

REMPLIR. Replēre, repleo, reples, replevi, repletum², *act. acc. rég. ind. abl.*

REMPLIR, *exercer une charge*. Obire, obeo, obis, obivi, obitum⁴, *act*.

REMPLIR *ses devoirs*. Voy. *S'acquitter de ses devoirs*.

SE REMPLIR *la tête de chimères*. Sibi somnia fingĕre, fingo, fingis, finxi, fictum³, *act*.

REMPORTER *ce qu'on avoit apporté*. Referre, refero, refers, retuli, relatum³, *act*.

REMPORTER, *gagner, obtenir*.

Referre[3], *act.* | *Remporter le prix.* Palmam referre.

REMUANT, *qui remue sans cesse.* Inquietus, a, um, *adj.*

REMUANT, *factieux.* Turbulentus, a, um, *adj.*

REMUEMENT. Motus, g. motûs[4], *m.*

REMUER. Movēre, moveo, moves, movi, motum[2], *act.* | *D'une place.* Loco, *à l'abl.* | *Remuer la terre.* Terram invertĕre, inverto, invertis, inverti, inversum[3], *act.*

REMUER, ou *se remuer.* Movēre[2] se, *act.*

REMUER, *causer du trouble.* Res novas moliri, molior, moliris, molitus sum[4], *dép.*

RÉMUNÉRATEUR. Remunerator, g. remuneratoris[3], *m.*

RENAISSANCE. Restauratio, g. restaurationis[3], *f.*

RENAITRE. Renasci, renascor, renasceris, renatus sum[3], *dépon.*

Faire renaître l'espérance. Novam spem afferre, affero, affers, attuli, allatum[3], *act. dat. de la personne.*

RENARD. Vulpes, g. vulpis[3], *f.*

RENARDEAU, *petit renard.* Vulpecula, g. vulpeculæ[1], *f.*

RENARDIERE, *tanière du renard.* Vulpis latibulum, g. vulpis latibuli[2], *n.*

RENCHAINER. Rursùs vincire, vincio, vincis, vinxi, vinctum[4], *act.*

RENCHÉRIR, *augmenter.* Augēre, augeo, auges, auxi, auctum[2], *act.*

Faire renchérir les vivres. Annonam excandefacĕre, excandefacio, excandefacis, excandefeci, excandefactum[3], *act.*

RENCHÉRIR, *devenir plus cher.* Fieri cariorem *ou* carius; carior, *m. f.* carius, *n. s'accorde avec le nomin. du verbe* Fieri, fio, fis, factus sum[3], *pass.*

RENCHÉRIR *sur la vérité.* Addĕre veritati; addo, addis, addidi, additum[3]; c. à. d. *ajouter à la vérité.*

RENCONTRE *de personnes.* Occursus, g. occursûs[4], *m.*

Faire rencontre de. Offendĕre, offendo, offendis, offendi, offensum[3], *act.* | *A la rencontre de,* ou *au devant de.* Obviàm, *adv. qui veut le dat.*

RENCONTRE, *occasion, hasard.* Casus, g. casûs[4], *m.* | *Par rencontre.* Casu, *à l'ablat.* | *Par une heureuse rencontre.* Auspicatò, *adv.* | *Par une mauvaise rencontre.* Infeliciter, *adv.*|*A la première rencontre.* Primâ occasione.

RENCONTRER. Offendĕre, offendo, offendis, offendi, offensum[3], *act. ou bien,* Occurrĕre, occurro, occurris, occurri, occursum[3], *n.* Remarquez qu'avec ce verbe, il faut renverser la phrase, de manière que le nominat. devient le régime, et le régime devient le nomin. Ex. *Mon frère a rencontré votre père;* tournez: *Votre père s'est trouvé à la rencontre de mon frère.* Meo fratri occurrit tuus pater.

Être RENCONTRÉ *par* ou *de.* Obviàm fieri, obviàm fio, obviàm fis, obviàm factus sum[3], *avec le dat.*

RENCONTRER *une chose.* Reperire, reperio, reperis, reperi, repertum[4], *act.*

Rencontrer juste. Rem attingĕre, attingo, attingis, attigi[3], *sans sup. act.*

SE RENCONTRER, *en parlant des personnes.* Se invicem offendĕre[3]. *En parlant des choses.* Concurrĕre, concurro, concurris, concurri, concursum[3], *n.*

SE RENDETTER. Voy. *S'endetter, et ajoutez* Iterùm, *adv.*

UN RENDEZ-VOUS. Locus præstitutus, g. loci præstituti[2], *masc.*

Donner un rendez-vous. Locum præstituĕre, præstituo, præstituis, præstitui, præstitutum[3], *act. dat. de la personne.*

RENDORMIR. Voy. *Endormir, et ajoutez* Iterùm, *adv.*

SE RENDORMIR. Redormire, redormio, redormis, redormivi, redormitum[4], n.

RENDRE. Reddĕre, reddo, reddis, reddidi, redditum[3], act. acc. rég. ind. dat.

RENDRE quelque chose clair, évident. Lucem afferre, affero, affers, attuli, allatum[1], act. dat. de la chose; c. à. d. apporter de la clarté à quelque chose.

RENDRE la justice. Jus dicĕre, dico, dicis, dixi, dictum[3], act. acc. rég. ind. au dat. | Rendre justice à. Meritò laudare, laudo, laudas, laudavi, laudatum[1], act. | Rendre un arrêt. Sententiam ferre, fero, fers, tuli, latum[3], act. | Rendre réponse. Responsum dare. | Rendre compte. Rationes referre, refero, refers, retuli, relatum[3], act. | Rendre raison de. Rationem subjicĕre, subjicio, subjicis, subjeci, subjectum[3], act.

RENDRE, rapporter, produire Reddĕre.

RENDRE, livrer. Tradĕre, trado, tradis, tradidi, traditum[3], act.

RENDRE, traduire. Vertĕre, verto, vertis, verti, versum[3], act.

Rendre l'ame. Animam efflare, efflo, efflas, efflavi, efflatum[1], act.

RENDRE, faire devenir. Efficĕre, efficio, efficis, effeci, effectum[3], act.

SE RENDRE en quelque endroit. Se conferre, me confero, te confers, me contuli, collatum[3], n. Ce verbe marque mouvement.

SE RENDRE, devenir. Fieri, fio, fis, factus sum[3]; pass.

SE RENDRE aux prières. Precibus cedĕre, cedo, cedis, cessi, cessum[3], n.

SE RENDRE à l'ennemi. Se dedĕre, dedo, dedis, dedidi, deditum[3], act. | Se rendre au sentiment de quelqu'un. Ad sententiam descendĕre, descendo, descendis, descendi, descensum[3], neut. | Se rendre maître d'une ville. Voyez Maître.

Se rendre quelqu'un favorable. Voluntatem sibi conciliare, concilio, concilias, conciliavi, conciliatum[1], act. génit. de la pers.; c. à. d se concilier la bienveillance de.

RENDU à. Redditus, a, um, part. pass.

RENDU, épuisé. Viribus exhaustus, a, um, part. pass.

SE RENDURCIR. Redurescĕre, reduresco, redurescis, sans prét. et sans supin.

RENÉGAT. Religionis christianæ desertor, g. desertoris[3], m.

RENES d'une bride. Habenæ, g. habenarum[1], f. plur.

RENFERMER. Includĕre, includo, includis, inclusi, inclusum[3], act. dans ou en par in, avec l'ablat.

SE RENFERMER dans la maison. Includĕre se domi.

RENFLAMMER. Voyez Enflammer, et ajoutez Iterùm, adv.

RENFONCEMENT. Corroboratio, g. corroborationis[3], f.

RENFONCEMENT, effet de perspective. Recessus, g. recessûs[4], m.

RENFONCER. Voy. Enfoncer, et ajoutez Altiùs, comp. adv.

RENFORCER. Firmare, firmo, firmas, firmavi, firmatum[1], act. | Renforcer la voix. Vocem corroborare, corroboro, corroboras, corroboravi, corroboratum[1], act. | Renforcer la garnison d'une ville. Firmius præsidium in urbem introducĕre, introduco, introducis, introduxi, introductum[3], act. Mot à mot, introduire une garnison plus forte dans une ville.

SE RENFORCER, devenir plus fort. Se corroborare, me corroboro, te corroboras, me corroboravi, corroboratum[1], act.

RENFORT. Auxilium, g. auxilii[2], n.

RENGAGER, engager une seconde fois. Rursùs implicare, implico, implicas, implicavi, implicatum[1], act. avec le dat.

SE RENGAGER. Rursùs se impli-

gare, avec le dat. | *Se rengager dans les dangers.* Periculis se rursùs committĕre, committo, comittis, commisi, commissum[1], *act.*

RENGAINER. Recondĕre, recondo, recondis, recondidi, reconditum[1], *act.* | *Son épée dans le fourreau.* Gladium in vaginam.

Se RENGORGER, *faire l'important.* Magnificè incedĕre, incedo, incedis, incessi, incessum[1], *neut.*

RENIEMENT. Ejuratio, *g.* ejurationis[3], *f.*

RENIER *Dieu.* Deum ejurare, ejuro, ejuras, ejuravi, ejuratum[1], *act.*

Renier *quelqu'un pour.* Abdicare, abdico, abdicas, abdicavi, abdicatum[1], *act* | *Renier quelqu'un pour son fils.* Abdicare aliquem filium.

RENNE. *animal.* Hippelaphus, *g.* hippelaphi[2], *m.*

RENOIRCIR. Voyez *Noircir*, et ajoutez Iterùm, *adv.*

RENOM. Nomen, *g.* nominis[3], *neut.*

RENOMMÉ, *célèbre.* Celeber, *m* celebris, *f.* celebre, *n. gén.* celebris, *comp.* Celebrior, *m. f.* celebrius, *n. gén.* celebrioris; *sup.* celeberrimus, a, um.

La RENOMMÉE Fama, *g.* famae[1], *fém.*

Avoir bonne renommée. Bonâ famâ frui, fruor, frueris, fruitus sum[1], *dép. abl.* c. à. d. *Jouir d'une bonne réputation.*

RENONCEMENT. Renunciatio, *g.* renunciationis[3], *f.*

Renoncement de soi-même. Sui ipsius abjectio, *g.* abjectionis[3], *f.*

Renoncement aux plaisirs. Voluptatum contemptio, *g.* voluptatum contemptionis[3], *f.*

RENONCER. Renunciare, renuncio, renuncias, renunciavi, renunciatum[1], *n.* avec le *dat.*

Renoncer *à la foi.* Voy. *Renier.*

Renoncer *au monde.* Rebus humanis nuncium remittĕre, remitto, remittis, remisi, remissum[3], *act.*

Renoncer *à la vertu.* Virtuti nuncium remittĕre.

Renoncer *aux vices.* Vitia exuĕre, exuo, exuis, exui, exutum[3], *act.*

Renoncer *quelqu'un pour.* Voy. *Renier pour.*

RENONCIATION. Renunciatio, *g.* renunciationis[3], *f.*

RENONCULE, *fleur.* Renunculus, *g.* renunculi[3], *m.*

RENOUEMENT *d'amitié.* Gratiæ reconciliatio, *g.* gratiæ reconciliationis[3], *f.*

RENOUER, ou *renouveler.* Renovare, renovo, renovas, renovavi, renovatum[1], *act.*

Renouer *une affaire.* Intermissum negotium repetĕre, repeto, repetis, repetivi, repetitum[3], *act.*

RENOUVELER. Renovare, renovo, renovas, renovavi, renovatum[1], *act.*

Se renouveler. Renovari, *pass.* de Renovo.

RENOUVELLEMENT. Renovatio, *g.* renovationis[3], *f.*

RENTE. Reditus, *g.* reditûs[4], *masc.*

Vivre de ses rentes. Prædiorum fructibus ali, alor, aleris, alitus sum[3], *pass.*

RENTERRER. Voyez *Enterrer*, et ajoutez Iterùm, *adv.*

RENTRAINER. Voyez *Entrainer*, et ajoutez Rursùs, *adv.*

RENTRÉE, *l'action de rentrer, en parlant des classes, des tribunaux.* Instauratio, *g.* instaurationis[3], *f.*

RENTRER, ou *revenir.* Redire, redeo, redis, redivi, reditum[4], *n.* | *Rentrer dans les bonnes grâces de.* In gratiam redire. de par. cum, et un ablat.

Rentrer dans sa charge. In suam dignitatem restitui, restituor, restitueris, restitutus sum[3], *pass.*

Rentrer dans tous ses droits.

In integrum restitui. | *Rentrer dans son bon sens.* Ad sanitatem redire. | *Rentrer en soi-même.* Ad se redire. | *Rentrer en possession de ses biens.* In possessionem bonorum redire.

A LA RENVERSE. Resupino corpore. | *Qui est à la renverse.* Resupinus, a, um, *adj.*

RENVERSÉ, *abattu.* Eversus, a, um, *part. pass.*

RENVERSER, *couché à la renverse.* Resupinus, a, um, *adj.*

RENVERSEMENT. Eversio, g. eversionis³, *f.*

RENVERSER ou *abattre.* Evertěre, everto, evertis, everti, eversum³, *act.* | *Renverser quelqu'un par terre.* Humi sternuěre, sterno, sternis, stravi, stratum³, *act.*

RENVERSER, *tourner à l'envers.* Invertěre, inverto, invertis, inverti, inversum³, *act.*

RENVOI, *congé.* Missio, gén. missionis³, *f.* | *Renvoi des affaires.* Dilatio, g. dilationis³, *f.*

RENVOYÉ. Dimissus, a, um, *part. pass.*

RENVOYER. Dimittěre, dimitto, dimittis, dimisi, dimissum³, *act. acc. rég. ind. acc. avec ad.*

RENVOYER, *réfléchir.* Reflectěre, reflecto, reflectis, reflexi, reflexum³, *act.* | *Renvoyer une affaire à.* Causam rejicěre, rejicio, rejicis, rejeci, rejectum³, *act. dat. de la personne.* | *Renvoyer à un autre temps.* In aliud tempus differre, differo, differs, distuli, dilatum³, *act.*

REPAIRE. Latibulum, g. latibuli², *neut.*

REPAITRE, *donner à manger.* Pascěre, pasco, pascis, pavi, pastum³, *act.* | *Repaître ses yeux de.* Oculos pascěre, et un *ablat.* | *Repaître d'espérances.* Spe pascěre, et un *accus.*

SE REPAÎTRE, *en parlant des hommes.* Ali, alor, aleris, alitus sum³, *pass.* avec l'abl. du nom de la chose dont on se repaît.

SE REPAÎTRE, *en parlant des animaux.* Pasci, pascor, pasceris, pastus sum³, *pass. et l'ablat.* | *Se repaître d'espérances.* Spe ali.

RÉPANDRE ou *verser.* Effunděre, effundo, effundis, effudi, effusum³, *act.* | *Répandre la joie dans l'âme.* Laetitiâ animum perfunděre, perfundo, perfundis, perfudi, perfusum³, *act.*

RÉPANDRE *un bruit,* etc. Rumorem spargěre, spargo, spargis, sparsi, sparsum³, *act.*

SE RÉPANDRE, *s'écouler.* Effluěre, effluo, effluis, effluxi, effluxum³, *neut.*

SE RÉPANDRE, *s'étendre.* Diffundi, diffundor, diffunderis, diffusus sum³, *pass.*

SE RÉPANDRE, *en parlant d'un bruit,* etc. Disseminari, disseminor, disseminaris, disseminatus sum¹, *pass.* | *Par toute la ville.* Per totam urbem.

Se répandre en paroles. Verbis difflaěre³, *n.* | *Se répandre en plaintes.* Multa queri, queror, quereris, questus sum³, *dép.* | *Se répandre en invectives.* Virus acerbitatis evoměre, evomo, evomis, evomui, evomitum³, *act.* contre, par in avec l'acc. | *Se répandre en menaces.* Minas effunděre.

RÉPANDU ou *versé.* Fusus, a, um, *part. pass.*

RÉPANDU, *en parlant d'un bruit,* etc. Sparsus, a, um, *part. pass.*

RÉPARABLE. Reparabilis, m. f. reparabile, n. gén. reparabilis, *adj.*

RÉPARATEUR. Reparator, g. reparatoris³, *m.*

RÉPARATION. Refectio, g. refectionis³, *f.* | *Faire les réparations de.* Voyez *Réparer.*

RÉPARATION *d'honneur.* Satisfactio, g. satisfactionis³, *f.* | *Faire réparation d'honneur.* De violatâ famâ satisfacěre, satisfacio, satisfacis, satisfeci, satisfactum³, *datif de la personne.* c. à. d. *satisfaire sur la réputation lésée.*

RÉPARER, *rétablir.* Reparare, reparo, reparas, reparavi, reparatum[1], *act.*

RÉPARER *une perte, le temps.* Resarcire, resarcio, resarcis, resarsi, resartum[4], *act.* | *Réparer une faute.* Culpam eluĕre, eluo, eluis, elui, elutum[3], *act.*

RÉPARER *une faute par de belles qualités, par une belle action.* Voy. *Racheter. Le nom de la manière doit se mettre à l'ablat. sans préposition.*

Réparer l'honneur. Honorem restituĕre, restituo, restituis, restitui, restitutum[3], *act. dat. de la pers.*

REPARLER. Voyez *Parler*, et *ajoutez* Iterùm, *adv.*

REPAROITRE. Voyez *Paroître*, et *ajoutez* Iterùm, *adv.*

RÉPARTIE, *réponse.* Responsum, *g.* responsi[2], *n.* | *Faire une répartie.* Voy. *Répondre.*

RÉPARTIR, *répondre.* Voyez ce mot.

REPARTIR, *se remettre en chemin.* Voy. *Partir*, et *ajoutez* Rursùs, *adv.*

RÉPARTIR, *distribuer.* Dispertire, dispertio, dispertis, dispertivi, dispertitum[4], *act.*

RÉPARTITION, *distribution.* Distributio, *g.* distributionis[3], *f.*

REPAS, *nourriture.* Cibus, *g.* cibi[2], *m.* | *Prendre ses repas.* Cibum sumĕre, sumo, sumis, sumpsi, sumptum[3], *act.* | *Donner des repas, regaler.* Epulis excipĕre, excipio, excipis, excepi, exceptum[3], *act.*

REPAS, *festin que l'on donne.* Convivium, *g.* convivii[2], *n.*

REPASSER ou *revenir.* Redire, redeo, redis, redivi, reditum[4], *neut.*

REPASSER *une rivière.* Amnem iterùm trajicĕre, trajicio, trajicis, trajeci, trajectum[3], *act.*

REPASSER *un ouvrage, le retoucher.* Recognoscĕre, recognosco, recognoscis, recognovi, recognitum[3], *act.* | *Repasser sa leçon,* Ediscenda recolĕre, recolo, recolis, recolui, recultum[3], *act.*

REPASSER *dans son esprit.* Secum Reputare, mecum reputo, tecum reputas, mecum reputavi, reputatum[1], *act.*

REPEINDRE. Voyez *Peindre*, et *ajoutez* Iterùm, *adv.*

REPENSER *à.* Reputare, reputo, reputas, reputavi, reputatum[1], *act. acc.*

REPENTANCE. Pœnitentia, *g.* pœnitentiæ[1], *f.*

REPENTANT *de.* Pœnitens, *m. f. et n. gén.* pœnitentis, *avec un gén. de la chose.*

ÊTRE **REPENTANT.** Voyez *Se repentir.*

REPENTIR ou *repentance.* Pœnitentia, *g.* pœnitentiæ[1], *f.*

se **REPENTIR.** Pœnitĕre, pœnitet, pœnituit[2], *impers. Avec ce verbe, le nomin. français devenant en latin régime, se met à l'acc.* Voy. *la règle:* Me pœnitet culpæ meæ. | *Faire repentir quelqu'un de;* tournez, *donner à quelqu'un lieu de se repentir de.*

REPERCER. Voyez *Percer*, et *ajoutez* Iterùm, *adv.*

RÉPERCUSSION, *réverbération.* Repercussus, *g.* repercussûs[4], *m.*

RÉPERCUTER, *réfléchir, réverbérer.* Repercutĕre, repercutio, repercutis, repercussi, repercussum[3], *act.*

REPERDRE. Voyez *Perdre*, et *ajoutez* Iterùm, *adv.*

RÉPERTOIRE. Repertorium, *g.* repertorii[2], *n.*

RÉPERTOIRE, *recueil.* Collectanea, *g.* collectaneorum[2], *n. plur.*

REPESER. V. *Peser*, et *ajout.* Iterùm, *adv.*

RÉPÉTER, *redire.* Repetĕre, repeto, repetis, repetivi, repetitum[3], *act.*

RÉPÉTER, ou *faire des répétitions à des écoliers.* Prælectiones repetĕre.

RÉPÉTITEUR. Præceptor, *gén.* præceptoris[3], *m.*

RÉPÉTITION, *redite.* Repetitio, g. repetitionis[1], *f.*

RÉPÉTITION *donnée à des écoliers.* Prælectionum repetitio.

REPEUPLER. Novis incolis frequentare, frequento, frequentas, frequentavi, frequentatum[1], *act.*

RÉPIT, *délai, surséance.* Dilatio, g. dilationis[3], *f.*

REPLACER. Loco suo reponĕre, repono, reponis, reposui, repositum[3], *act.*

REPLANTER. Voy. *Planter, et ajoutez* Iterùm, *adv.*

REPLET. Obesus, a, um, *adj.*

RÉPLÉTION *d'humeurs.* Humorum copia, g. humorum copiæ[1], *f.*

RÉPLÉTION, *satiété.* Saturitas, g. saturitatis[3], *f.*

REPLEUVOIR. Denuo pluĕre, pluit[3], *impers, sans prét.*

REPLI. Plicatura, g. plicaturæ[1], *fém.* | *Repli d'un serpent.* Sinus, g. sinûs[4], *m.* | *Repli de l'ame.* Animi recessus, g. animi recessûs[4], *masc.*

REPLIER. Replicare, replico, replicas, replicavi, replicatum[1], *act.*

SE REPLIER, *en parlant des troupes.* Recedĕre, recedo, recedis, recessi, recessum[3], *n.*

RÉPLIQUE. Voyez *Réponse.*

RÉPLIQUER. Voyez *Répondre.*

REPLISSER. Voyez *Plisser, et ajoutez* Iterùm, *adv.*

REPLONGER. Voy. *Plonger, et ajoutez* Iterùm, *adv.*

SE REPLONGER. Voy. *Se plonger, et ajoutez* Iterùm, *adv.*

REPOLIR. Voy. *Polir, et ajout.* Iterùm, *adv.*

RÉPONDANT. Præs, g. prædis[3], *masc.*

RÉPONDRE, *faire une réponse.* Respondēre, respondeo, respondes, respondi, responsum[2], *act. acc. rég. ind. dat.* | *Répondre à quelque chose.* Respondēre ad, *avec l'acc.* | *Répondre de quelque chose.* Respondēre de, *avec l'abl.*

RÉPONDRE *pour quelqu'un.* Spondēre, spondeo, spondes, spopondi, sponsum[2], *n.* pour *par* pro, *avec l'abl.*

RÉPONSE. Responsum, g. responsi[2], *n.* | *Faire réponse ou rendre réponse.* Dare responsum, *dat. de la personne; de ou sur par de, et l'abl.* | *Faire réponse par écrit.* Rescribĕre, rescribo, rescribis, rescripsi, rescriptum[3]. *La personne à qui l'on fait réponse se met au dat. ou à l'acc. avec* ad.

REPORTER. Referre, refero, refers, retuli, relatum[3], *act. acc. rég. ind. dat. ou acc. avec* ad.

REPOS. Quies, g. quietis[3], *fém.* | *Jour de repos.* Feriæ, g. feriarum[1], *f. plur.* | *Se donner du repos, être en repos.* Quiescĕre, quiesco, quiescis, quievi, quietum[3], *neut.* | *Ne se donner aucun repos.* Nullam quietem capĕre, capio, capis, cepi, captum[3], *act.* | *En repos ou tranquillement.* Quietè, *adv.*

EN REPOS, ou *tranquille.* Quietus, a, um, *adj.* | *Qui n'a pas de repos.* Inquietus, a, um, *adj.*

REPOS, *tranquillité d'esprit.* Tranquillitas, g. tranquillitatis[3], *fém.* | *Mettre son esprit en repos.* Animum tranquillare, tranquillo, tranquillas, tranquillavi, tranquillatum[1], *act.* | *Avoir l'esprit en repos.* Esse tranquillo animo; c. à. d. être d'un esprit tranquille.

REPOS, *sommeil.* Somnus, gén. somni[2], *m.*

REPOSÉ. Quietus, a, um, *part. pass.*

REPOSER ou *se reposer.* Requiescĕre, requiesco, requiescis, requievi, requietum[3], *n.* sur *s'exprime par* in, *avec l'abl.*

REPOSER, *en parlant des morts.* Jacēre, jaceo, jaces, jacui[2], *neut. sans sup.*

REPOSER ou *mettre dans une situation tranquille.* Reponĕre, repono, reponis, reposui, repositum[3], *act. acc. de la chose qu'on repose, et le dat. de celle sur laquelle on repose.*

Laisser reposer; tournez, donner du repos à.

SE REPOSER sur quelqu'un. Voyez se Fier.

SE REPOSER sur quelqu'un de quelque chose. In fide deponĕre, depono, deponis, deposui, depositum³, act. La personne sur laquelle on se repose au génit.; la chose se met à l'acc. Exemple : Je me repose sur Paul du soin de cette affaire. In Pauli fide depono hujus negotii curam. S'il y avoit un pronom, moi, toi, etc. on l'exprimeroit par meâ, tuâ, etc. qui s'accorderoit avec fide, par la règle Deus sanctus.

SE REPOSER sur un arbre, en parlant des oiseaux. Insidĕre, insido, insidis, insedi, insessum³, n. avec le datif.

REPOSOIR. Statio, g. stationis³, fém.

REPOUSSANT, qui inspire du dégoût. Fastidiosus, a, um, adj.

REPOUSSÉ. Repulsus, a, um, part. pass.

REPOUSSER. Repellĕre, repello, repellis, repuli, repulsum³, act.

REPOUSSER, en parlant des plantes, pousser de nouveaux rejetons. Regerminare, regermino, regerminas, regerminavi, regerminatum¹, n.

RÉPRÉHENSIBLE. Reprehendendus, a, um. Magis, pour le comp. Maximè, pour le superl.

RÉPRÉHENSION. Voy. Réprimer.

REPRENDRE, ou prendre de nouveau. Recipĕre, recipio, recipis, recepi, receptum³, act.

REPRENDRE ses fonctions, ses études. Ministeria, studia repetĕre, repeto, repetis, repetivi, repetitum¹, act. | Reprendre ses occupations ordinaires. Ad solitas exercitationes se referre, me refero, te refers, me retuli, relatum³, act. | Reprendre le fil de son discours. Exorsam orationem repetĕre. | Reprendre haleine. Animam recipĕre. | Reprendre la chose de plus haut. Rem altiùs repetĕre.

REPRENDRE, blamer. Objurgare, objurgo, objurgas, objurgavi, objurgatum¹, act.

REPRENDRE d'une chose. Redarguĕre, redarguo, redarguis, redargui, redargutum³, act. La chose au génit. de, ou de ce que, suivi d'un verbe, s'exprime par quòd, avec le subj.

REPRENDRE, répondre. Referre, refero, refers, retuli, relatum³, act. | Reprit-il, dit-il. Inquit.

REPRÉSAILLES. Clarigatio, g. clarigationis¹, f.

REPRÉSENTATION, action de représenter. Repræsentatio, gén. repræsentationis³, f. | Représentation d'une comédie, etc. Actio, g. actionis¹, f.

REPRÉSENTATION, remontrance. Monitum, gén. moniti², neut.

REPRÉSENTER, figurer. Effingĕre, effingo, effingis, effinxi, effictum¹, act.

Représenter au naturel. Ex vero effingĕre. | En cire. E cerâ effingĕre. | En bronze. Ex ære ducĕre, duco, ducis, duxi, ductum³, act.

REPRÉSENTER, exprimer. Exprimĕre, exprimo, exprimis, expressi, expressum¹, act.

REPRÉSENTER, exposer. Exponĕre, expono, exponis, exposui, expositum³, act.

REPRÉSENTER, tenir la place. Vicem gerĕre, gero, gessi, gestum³, génit. de la personne que l'on représente.

REPRÉSENTER, présenter de nouveau. Rursùs exhibĕre, exhibeo, exhibes, exhibui, exhibitum², act.

REPRÉSENTER une comédie. Agĕre, ago, agis, egi, actum³, act.

Se représenter, ou se figurer. Sibi effingĕre, mihi effingo, tibi effingis, mihi effinxi, effictum³, act. ce que l'on se représente à l'accus.

REPRÊTER. Voyez *Prêter*, et ajoutez Iterùm, *adv*.

REPRIER. Voyez *Prier*, et ajoutez Iterùm, *adv*.

RÉPRIMANDE. Reprehensio, *g*. reprehensionis³, *f*.

Faire une réprimande, ou **RÉPRIMANDER.** Voyez *Reprendre*.

RÉPRIMER. Reprimĕre, reprimo, reprimis, repressi, repressum³, *act*.

REPRIS, ou *pris de nouveau*. Receptus, a, um, *part. pass*.

REPRIS, ou *réprimandé*. Reprehensus, a, um, *part. pass*.

REPRISE. Recuperatio, *g*. recuperationis³, *f*. | *A plusieurs reprises*. Sæpiùs iterando. | *Combattre à diverses reprises*. Pugnam iterare, itero, iteras, iteravi, iteratum¹, *act*.

RÉPROBATION, *action de réprouver quelqu'un*. Reprobatio, *g*. reprobationis³, *f*.

REPROCHABLE. Exprobrandus, a, um, *part. futur*.

REPROCHE, *action de reprocher*. Exprobratio, *g*. exprobrationis³, *f*.

REPROCHE, *chose reprochée*. Probrum, *g*. probri², *n*.

Qui est sans reproche. Integer, integra, integrum, *adj*.

Un homme sans reproche. Vir integer, *g*. viri integri², *m*.

Reproche sanglant. Contumeliosum convicium, *g*. contumeliosi convicii², *n*.

Faire des reproches sanglans à quelqu'un. Contumeliosè habēre, habeo, habes, habui, habitum², *act. acc. de la personne*.

REPROCHER. Exprobrare, exprobro, exprobras, exprobravi, exprobratum¹, *act. acc. rég. ind. dat. Le de ou de ce que, suivi d'un verbe, s'exprime par* quòd, *avec le subj*.

REPRODUCTION. Nova productio, *g*. novæ¹ productionis³, *f*.

REPRODUIRE. Regenerare, regenero, regeneras, regeneravi, regeneratum¹, *act*.

REPRODUIT. Renatus, a, um, *part*.

Etre reproduit. Renasci, renascor, renasceris, renatus sum², *pass. part. futur*, Renasciturus.

RÉPROUVÉ. Reprobatus, a, um, *part. pass*. | *Sens réprouvé*. Mens prava *g*. mentis³ pravæ¹, *f*.

Abandonner quelqu'un à son sens réprouvé. Pravæ menti permittĕre, permitto, permittis, permisi, permissum³, *act*.

RÉPROUVER. Reprobare, reprobo, reprobas, reprobavi, reprobatum¹, *act*.

REPTILE, *adj*. Repens, *m. f*. et *n. gén*. repentis.

UN REPTILE. Animal repens, *g*. animalis repentis³, *n*. *Au plur*. Animalia repentia, *g*. animalium repentium³.

REPU. Refectus, a, um, *adj*. avec l'ablat. de la chose.

RÉPUBLICAIN, *sujet d'une république*. Reipublicæ subjectus, a, um, *part*.

RÉPUBLIQUE. Respublica, *g*. rei⁵publicæ¹, *f*. *On décline* res *et* publica.

RÉPUDIATION. Repudium, *g*. repudii², *n*.

RÉPUDIER. Repudiare, repudio, repudias, repudiavi, repudiatum¹, *act*.

RÉPUGNANCE, ou *aversion*. Animus aversus, *g*. animi aversi², *m*. | *Pour quelque chose*, ab, *avec l'ablat*. | *Avoir de la répugnance pour*. Abhorrēre, abhorreo, abhorres, abhorrui², *sans sup. n*. pour par à ou ab, *avec l'ablat. comme*, *Ils ont de la répugnance pour l'étude*. Abhorrent à studio.

AVEC RÉPUGNANCE. Invitè, *adv*.

RÉPUGNANCE, ou *contrariété*. Repugnantia, *g*. repugnantiæ¹, *f*.

RÉPUGNANT. Repugnans, *m. f*. et *n. gén*. repugnantis, *avec le datif*.

RÉPUGNER à. Repugnare, repugno, repugnas, repugnavi, repugnatum[1], n. datif.

RÉPURGER. Voyez *Purger*, et ajoutez Iterùm, *adv.*

RÉPUTATION. Fama, g. famæ[1], *f.*

Avoir la réputation d'un honnête homme. Habēri honestum virum; habeor, haberis, habitus sum[5], *pass.*; c. à. d. *passer pour un honnête homme. Le nom qui est après* pour, *s'accorde avec le nominatif du verbe.*

Avoir bonne réputation, être en bonne réputation. Bonâ famâ frui, fruor, frueris, fruitus sum[1], *dép. ablat.*

Avoir mauvaise réputation. Malâ famâ frui.

Avoir soin de sa réputation. Famæ consulĕre, consulo, consulis, consului, consultum[3], *neut.*

Perdre de réputation. Famâ spoliare, spolio, spolias, spoliavi, spoliatum[1], *act.*

RÉPUTER. Existimare, existimo, existimas, existimavi, existimatum[1], *act.*

Etre réputé pour. Existimari, existimor, existimaris, existimatus sum[1], *pass.*

REQUÉRANT. Postulans, *gén.* postulantis, *part. prés.*

REQUÉRIR. Postulare, postulo, postulas, postulavi, postulatum[1], *act.* acc. rég. ind. ablat. avec à ou ab.

REQUÊTE, ou *demande.* Postulatio, g. postulationis[3], *f.*

A LA REQUÊTE de. Rogatu, avec le génit.

REQUIN. Squalus, g. squali[2], *masc.*

REQUIS, *demande.* Postulatus, a, um, *part. pass.*

REQUIS, *sommé de.* Appellatus, a, um, *part. de par de, avec l'abl. ou le gérond. en* do.

REQUIS, *nécessaire, convenable.* Congruens, m. f. et n. gén. congruentis, *adj.*

RÉQUISITION. Rogatus, *gén.* rogatûs[4], *m.*

A la réquisition de. Rogatu, avec le génit.

RESAIGNER. Voyez *Saigner*, et ajoutez Iterùm, *adv.*

RESALUER. Resalutare, resaluto, resalutas, resalutavi, resalutatum[1], *act.*

RESCRIPTION. Rescriptum, g. rescripti[2], *n.*

RESCRIT, *réponse de quelque souverain.* Rescriptum, gen. rescripti[2], *n.*

RÉSEAU. Reticulum, g. reticuli[2], *n.*

RESEMER. Reserĕre, resero, reseris, resevi, resatum[3], *act.*

RÉSERVE, *action de réserver.* Sepositio, g. sepositionis[3], *f.*

Mettre en réserve. Recondĕre, recondo, recondis, recondidi, reconditum[3], *act.*

Mettre une somme en réserve. Pecuniam seponĕre, sepono, seponis, seposui, sepositum[3], *act.*

Qui est de réserve. Condititius, ia, ium, *adj.*

Corps de réserve. Subsidia, g. subsidiorum[2], *n. plur.*

RÉSERVE, *retenue, modestie.* Modestia, g. modestiæ[1], *f.*

Avec réserve. Moderatè, *adv.*

Sans réserve. Immoderatè, *adv.*

Parler avec réserve. Cautè dicĕre, dico, dicis, dixi, dictum[3], *act.*

A LA RÉSERVE de, *à l'exception de.* Præter, avec l'accus.

SANS RÉSERVE, *sans exception.* Sine ullâ exceptione.

RÉSERVÉ, ou *gardé.* Reservatus, a, um, *part. pass.*

Etre réservé à, ou attendre. Manēre, maneo, manes, mansi, mansum[2], avec l'accus.

RÉSERVÉ, *circonspect.* Circumspectus, a, um, *part. pass.*

RÉSERVER. Reservare, reservo, reservas, reservavi, reservatum[1], *act.* Pour *s'exprime par* ad, avec l'acc. ou le gérondif en dum.

RÉSERVOIR. Piscina, g. piscinæ[1], *f.*

RÉSIDENCE. Assidua commoratio, *gén.* assiduæ[1] commorationis[3], *f.*
Faire résidence, ou
RÉSIDER. Commorari, commoror, commoraris, commoratus sum[1], *dép.*
RÉSIDER, *se trouver dans*. Esse penès, *avec l'accus.* Exemple : *La puissance réside en la personne du roi*. Summa rerum est penès regem.
RÉSIDU. Residuum, *gén.* residui[2], *n.*
RÉSIGNATION, *action de résigner un office*. Transcriptio, *g.* transcriptionis[3], *f.*
RÉSIGNATION, *patience à souffrir les maux*. Patientia, *g.* patientiæ[1], *fém.*
Résignation à la volonté de Dieu. Voluntatis humanæ cum voluntate Dei consensio, *g.* consensionis[3], *f.* Mot à mot, *accord de la volonté humaine, avec la volonté de Dieu*. Ainsi s'il y avoit : *Notre résignation à la volonté de Dieu*, *au lieu de* Humanæ, *on mettroit* nostræ; c. à. d. *accord de notre volonté avec*, *etc.*
AVEC RÉSIGNATION. Submissè, *adv.*
RÉSIGNÉ, *en parlant d'un office, etc.* Transcriptus, a, um, *part. pass.*
RÉSIGNÉ, *en parlant d'une personne*. Accommodatus, a, um. *On exprime à par* ad, *avec l'accus.*
RÉSIGNER *un office, etc.* Transcribere, transcribo, transcribis, transcripsi, transcriptum[3], *act. acc. rég. ind. dat.*
SE RÉSIGNER. Se accommodare, me accommodo, te accommodas, me accommodavi, accommodatum[1], *act.* | *A la volonté de Dieu*. Ad voluntatem Dei.
RÉSILIER, *annuler*. Rescindere, rescindo, rescindis, rescindi, rescisum[3], *act.*
RÉSINE, *sorte de poix*. Resina, *g.* resinæ[1], *f.*
Qui abonde en résine. Resinosus, a, um, *adj.*

RÉSINEUX. Resinosus, a, um, *adj.*
RÉSIPISCENCE, *conversion*. Ad meliorem frugem reditus, *g.* reditûs[4], *m.* | *A résipiscence*. Ad meliorem frugem. | *Venir à résipiscence*. Resipiscère, resipisco, resipiscis, resipui[3], *sans sup. n.*
RÉSISTANCE. *Action d'un corps qui résiste à un autre*. Renixus, *g.* renixûs[4], *m.*
RÉSISTANCE, ou *défense*. Defensio, *g.* defensionis[3], *f.*
Faire résistance. Voy, *Résister*.
Sans qu'on fasse résistance, ou *sans résistance*, c. à. d. *personne ne résistant*. Nemine resistente, *à l'abl.*
RÉSISTER à. Resistère, resisto, resistis, restiti, restitum[3], *n. dat.*
RÉSISTER *à l'attaque des ennemis*. Hostium impetum propulsare, propulso, propulsas, propulsavi, propulsatum[1], *n.*
RÉSISTER à, *supporter*. Sustinere, sustineo, sustines, sustinui, sustentum[2], *act.*
RÉSOLU ou *arrêté, en parlant des choses*. Decretus, a, um, *part. pass.*
RÉSOLU *de, déterminé à, en parlant des personnes*. Obstinatus, a, um, *part. avec un infinitif.*
Etre résolu de. Statutum habere, habeo, habes, habui, habitum[2], *act. avec un infinitif.*
RÉSOLU ou *hardi*. Confidens, *m. f.* et *n. gén.* confidentis.
RÉSOLU, *constant, ferme*. Firmus, a, um, *adj.* dans par in, *avec l'ablat.*
RÉSOLUMENT. Confidenter, *adv.*
RÉSOLUTION ou *dessein*. Consilium, *g.* consilii[2], *n.* | *Etre ferme dans sa résolution*. In proposito perstare, persto, perstas, perstiti, perstitum[1], *n.* | *Changer de résolution*. Consilium mutare, muto, mutas, mutavi, mutatum[2], *act.* | *Faire changer quelqu'un de résolution*. A proposito deducere,

RES   RES   523

deduco, deducis, deduxi, deductum³, *act. c. à. d. le détourner de sa résolution.* | *Ne savoir quelle résolution prendre.* Consilii dubium esse. Consilii sum dubius. Dubius, a, ium, *adj. s'accorde en genre, en nombre et en cas avec le sujet de* Sum.

Résolution *ou hardiesse.* Audacia, *g.* audaciæ¹, *f.*

Résolution, *décision.* Explicatio, *g.* explicationis³, *f.* | *Donner la résolution d'une difficulté.* Voy. Résoudre, expliquer.

RÉSONNANCE. Resonantia, *g.* resonantiæ¹, *f.*

RÉSONNANT. Resonans, *g.* resonantis, *part. pass.*

RÉSONNEMENT, *retentissement.* Resonantia, *g.* resonantiæ¹, *fém.*

RÉSONNER. Resonare, resono, resonas, resonui, resonitum¹, *n.* | *Faire résonner.* Personare¹, *act.*

RÉSOUDRE, *déterminer.* Decernĕre, decerno, decernis, decrevi, decretum³, *act.* | *Résoudre quelqu'un, le déterminer.* Inducĕre, induco, inducis, induxi, inductum³, *act. à par ad, avec l'acc. ou le gérondif en* dum.

se Résoudre *à.* Decernĕre, decerno, decernis, decrevi, decretum³, *act.* | *Ne savoir à quoi se résoudre.* Animo fluctuare, fluctuo, fluctuas, fluctuavi, fluctuatum¹, *neut.*

Résoudre *ou expliquer.* Solvĕre, solvo, solvis, solvi, solutum³, *act. acc. de la chose.*

se Résoudre *en.* Resolvi, resolvor, resolveris, resolutus sum³, *pass.* en *par* in, *et l'acc.* | *En pluie.* In pluviam.

RESPECT. Reverentia, *g.* reverentiæ¹, *f.* | *Avoir du respect pour, ou porter, ou rendre du respect à.* Colĕre, colo, colis, colui, cultum³, *act.* | *Inspirer du respect.* Reverentiam parĕre, pario, paris, peperi, partum³, *act.* | *Avoir pour quelqu'un un singulier respect, un grand respect.* In præcipuo honore habēre, habeo, habes, habui, habitum², *act. acc. de la personne.*

Perdre *le respect, manquer au respect que l'on doit.* Debitam reverentiam exuĕre, exuo, exuis, exui, exutum³, *act.* | *Se lever par respect.* Assurgĕre, assurgo, assurgis, assurrexi, assurrectum³, *n. dat. de la personne.*

avec Respect. Reverenter, *adv.* | *Sans respect.* Irreverenter, *adv. Sauf le respect de.* Pace, *avec le génit.* | *Sauf votre respect.* Pace tuâ.

Respect *humain.* Humana ratio, *g.* humanæ¹ rationis³, *f.* | *Avoir du respect humain, agir par respect humain.* Humanis rationibus duci, *c. à. d. être conduit par le respect humain.* Duci *est le passif du verbe* Ducĕre, duco, ducis, duxi, ductum³, *act.*

RESPECTABLE, *digne de respect.* Venerandus, a, um, *adj.* Magis, *pour le comp.* maximè, *pour le superl.*

RESPECTÉ. Cultus, a, um, *part. pass.* | *De tout le monde.* Ab omnibus.

RESPECTER, *avoir du respect.* Colĕre, colo, colis, colui, cultum³, *act.*

Respecter, *épargner.* Parcĕre, parco, parcis, peperci, parcitum³, *act. dat. de la chose.* | *Les barbares respectent un air majestueux; tournez, aux barbares est à respect un air majestueux.* Barbaris est venerationi corporis majestas.

RESPECTIF, *mutuel, réciproque.* Mutuus, ua, uum, *adj.*

RESPECTIVEMENT, *mutuellement.* Vicissim, *adv.*

RESPECTUEUSEMENT. Reverenter, *adv. comp.* Reverentiùs; *superl.* reverentissimè.

RESPECTUEUX. Reverens, *m. f. et n. gén.* reverentis. *adj. comp.* Reverentior, *m. f.* reverentius, *n. gén.* reverentioris; *superl.* reverentissimus, a, um.

RESPIRATION. Respiratio, g. respirationis[3], f.

RESPIRER. Respirare, respiro, respiras, respiravi, respiratum[2], neut.

RESPIRER le sang, le carnage, le crime. Sanguini, cædi, crimini inhiare, inhio, inhias, inhiavi, inhiatum[1], act. | Ne respirer que la guerre. In arma ardēre, ardeo, ardes, arsi, arsum[2], n.

RESPIRER, prendre du relâche. Respirare.

RESPIRER l'air. Auram haurire, haurio, hauris, hausi, haustum[4], act.

RESPLENDIR. Splendēre, splendeo, splendes, splendui[2], sans supin. n.

RESPLENDISSANT. Splendidus, a, um, adj. | Etre resplendissant. Voyez Resplendir.

RESPONSABLE de. Obses, g. obsidis[3]; m. gén. du nom qui suit de.

RESSAISIR. Reprehendĕre, reprehendo, reprehendis, reprehendi, reprehensum[3], act.

SE RESSAISIR de. Rursùs occupare, occupo, occupas, occupavi, occupatum[1], act.

RESSEMBLANCE. Similitudo, g. similitudinis[3], f. | Avoir de la ressemblance. V. Ressembler.

RESSEMBLANT. Consimilis, m. f. consimile, n. gén. consimilis, avec le datif. comp. Consimilior, m. f. consimilius, n. gén. consimilioris; sup. consimillimus, a, um.

RESSEMBLER à, ou être semblable. Esse similem; sum, es, fui. Similis, m. f. simile, n. gén. similis. On met ensuite un gén. ou un dat. comme : Il ressemble à mon frère. Est similis meo fratri ou mei fratris. Voyez Semblable.

SE RESSEMBLER. Esse similes inter se, c. à. d. être semblables entre soi.

RESSENTIMENT, léger renouvellement d'une maladie. Morbi commotiuncula, g. morbi commotiunculæ[1], f.

RESSENTIMENT, souvenir d'une injure. Injuriæ dolor, g. injuriæ doloris[3], m. | Etouffer son ressentiment. Injuriæ dolorem deponĕre, depono, deponis, deposui, depositum[3], act. | Sacrifier ses ressentimens au bien de la république. Reipublicæ inimicitias permittĕre, permitto, permittis, permisi, permissum[3], act.

RESSENTIMENT, reconnoissance. Gratus animus, gén. grati animi[2], masc.

RESSENTIR, éprouver. Percipĕre, percipio, percipis, percepi, perceptum[3], act. acc. rég. ind. abl. avec è ou ex.

RESSENTIR, être touché. Dolēre, doleo, doles, dolui, dolitum[2], act.

RESSENTIR, dénoter, marquer. Redolēre, redoleo, redoles, redolui[2], sans sup. act. | Discours qui ressent l'antiquité. Oratio quæ redolet antiquitatem.

SE RESSENTIR de quelque mal. Commoveri, commoveor, commoveris, commotus sum[2], pass, abl. de la chose.

SE RESSENTIR d'une injure. Injuriam ægrè ferre, fero, fers, tuli, latum[3], act.

RESSERRÉ. Contractus, a, um, part. pass. | Plus resserré. Contractior, m. f. contractius, n.

RESSERREMENT. Contractio, g. contractionis[3], f.

RESSERRER. Contrahĕre, contraho, contrahis, contraxi, contractum[3], act.

RESSORT. Organum, g. organi[2], neut. | Par ressorts. Organis, à l'abl. | Donner du ressort à l'esprit. Ingenium acuĕre, acuo, acuis, acui, acutum[3], act.

RESSORT, intrigue. Machina, g. machinæ[1], f. | Faire jouer toutes sortes de ressorts. Omnes machinas adhibēre, adhibeo, adhibes, adhibui, adhibitum[2], act.

RESSORT, juridiction. Jurisdictio, g. jurisdictionis[3], f.

RESSORTIR, *sortir une seconde fois.* V. *Sortir, et ajoutez* Iterùm, *adv.*

RESSOURCE. Perfugium, gén. perfugii[2], n. | *Sans ressource.* Funditùs, *adv.*

SE RESSOUVENIR *de.* Recordari, recordor, recordaris, recordatus sum[1], *dép. acc. ou gén.* | *Faire ressouvenir quelqu'un de.* In memoriam revocare, revoco, revocas, revocavi, revocatum[1], *act. génitif de la personne que l'on fait ressouvenir, et accus. de la chose. Mot à mot, rappeler au souvenir de quelqu'un quelque chose.*

RESSUSCITER ou *faire revivre.* Ad vitam revocare, revoco, revocas, revocavi, revocatum[1], *act.*

RESSUSCITER ou *revivre.* Reviviscĕre, revivisco, reviviscis, revixi[3], *sans sup. neut.*

RESTANT. Residuus, ua, uum, *adj. qui s'accorde avec le nom qui suit. Ex. Le restant de la somme.* Residua pecunia. | *Recevez le restant de la somme.* Accipe residuam pecuniam.

RESTAURATEUR. Restitutor, g. restitutoris[3], m.

RESTAURATION. Instauratio, g. instaurationis[3], *f.*

RESTAURER. Instaurare, instauro, instauras, instauravi, instauratum[1], *act.*

RESTE. Reliquiæ, g. reliquiarum[1], *f. plur.* | *Les restes d'un repas.* Analecta, g. analectorum[2], *n. plur.* | *Qui est de reste.* Reliquus, ua, uum, *adj.*

AU RESTE, *du reste.* Cæterùm, *adv.*

RESTER ou *être de reste.* Superesse, supersum, superes, superfui. | *Il ne reste aucune espérance à mon frère.* Nulla spes superest meo fratri.

RESTER ou *demeurer.* Morari, moror, moraris, moratus sum[1], *dép.*

RESTITUER. Restituĕre, restituo, restituis, restitui, restitutum[3], *act.*

RESTITUTION. Restitutio, gén. restitutionis[3], *f.* | *Faire restitution.* Voyez Restituer.

RESTREINDRE. Restringĕre, restringo, restringis, restrinxi, restrictum[3], *act.*

RESTRICTION, *action de restreindre.* Circumscriptio, g. circumscriptionis[3], *f.*

RESTRICTION, *réticence.* Reticentia, g. reticentiæ[1], *f.*

Avec restriction. Restrictè, *adv.*

RESTRINGENT, *en parlant d'un remède.* Adstringens, *m. f. et n. gén* adstringentis, *adj.*

RÉSULTAT. Summa, g. summæ[1], *f.*

RÉSULTER. Oriri, orior, oriris, ortus sum[4], *dép. Le de par* è *ou* ex, *avec l'ablat.* | *D'où il résulte que.* Undè consequitur. *Le* que *se retranche.*

RÉSUMÉ. Summa, g. summæ[1], *fém.*

RÉSUMER. Resumĕre, resumo, resumis, resumpsi, resumptum[3], *act.*

RÉSURRECTION. Ad vitam reditus, g. reditûs[4], *m.*

La fête de la résurrection de N. S. Jésus-Christ. Christo reviviscenti dies sacer, g. diei[5] sacri[2], *m. Mot à mot, Jour consacré au Christ ressuscitant.*

RÉTABLI. Restitutus, a, um, *part. pass. en* ou *dans par* in, *avec l'accus.*

RÉTABLIR. Restituĕre, restituo, restituis, restitui, restitutum[3], *act. en* ou *dans par* in, *avec l'accus.*

RÉTABLIR *ses affaires.* Res afflictas reparare, reparo, reparas, reparavi, reparatum[1], *act.*

SE RÉTABLIR, *rétablir sa santé.* Convalescĕre, convalesco, convalescis, convalui, convalitum[3], *n.*

Se rétablir d'une longue maladie. A longâ valetudine se recolligĕre, me recolligo, te recolligis, me recollegi, recollectum[3], *act.*

Se rétablir dans les bonnes grâ-

ces de quelqu'un. In gratiam redire, redeo, redis, redivi, reditum[4], n. de par cum, avec l'ablat.

RÉTABLISSEMENT. Restitutio, g. restitutionis[3], f.

RÉTABLISSEMENT de la santé. Ab ægritudine recreatio, g. recreationis[3], f.

RETAILLER. Resecare, reseco, resecas, resecui, resectum[1], act.

RETARD. Voyez Retardement.

RETARDÉ. Retardatus, a, um, part. pass.

RETARDEMENT. Mora, g. moræ[1], f.

RETARDER, et faire retarder, ou différer. Retardare, retardo, retardas, retardavi, retardatum[1], act.

RETARDER, ou s'arrêter. Morari, moror, moraris, moratus sum[1], dép.

RETEINDRE. Voy. Teindre, et ajoutez Iterùm, adv.

RETENDRE. Voyez Tendre, et ajoutez Iterùm, adv.

RETENIR. Retinēre, retineo, retines, retinui, retentum[2], act.

SE RETENIR, s'empêcher de tomber. Sustinēre se à lapsu; c. à. d. se soutenir contre la chute.

SE RETENIR, se modérer. Sibi moderari, mihi moderor, tibi moderaris, mihi moderatus sum[1], dép.

RÉTENTION. Retentio, g. retentionis[3], f.

RÉTENTION d'urine. Stranguria, g. stranguriæ[1], f.

RETENTIR. Resonare, resono, resonas, resonui, resonitum[1], n.

Faire retentir. Personare, persono, personas, personui, personitum[1], act.

RETENTISSANT. Resonans, g. resonantis, part. prés.

RETENTISSEMENT. Resonantia, g. resonantiæ[1], f.

RETENU, ou modéré. Moderatus, a, um, adj.

RETENU, ou arrêté. Retentus, a, um, part. pass.

Etre retenu. Retineri, pass. de Retineo.

RETENUE. Moderatio, g. moderationis[3], f.

Avec retenue. Moderatè, adv.

Sans retenue. Immoderatè, adv.

Qui a de la retenue. Moderatus, a, um, adj.

RÉTICENCE. Reticentia, gen. reticentiæ[1], f.

RÉTIF, cheval rétif. Equus restitans, g. equi[2] restitantis[3], m.

Naturel rétif. Intractabile ingenium, g. intractabilis[3] ingenii[2], neut.

RETIRÉ, solitaire. Solitarius, ia, ium, adj.

Vie retirée. Vita segrex, gén. vitæ[1] segregis[3], f.

RETIRÉ, ou rétréci. Contractus, a, um, part. pass.

RETIRÉ, à l'écart. Lieu retiré. Secessus, g. secessûs[4], m.

L'endroit le plus retiré de la maison. Penetrale, g. penetralis[3], neut.

RETIREMENT. Contractio, g. contractionis[3], f.

RETIRER, ou tirer en arrière. Retrahĕre, retraho, retrahis, retraxi, retractum[3], act. Le de s'exprime par è ou ex, avec l'abl.

RETIRER, tirer une chose de l'endroit où elle avoit été. Removēre, removeo, removes, removi, remotum[2], act. De par è ou ex, avec l'ablat.

Faire retirer la foule. Turbam submovēre[2], act.

Retirer sa parole. Fidem exuĕre, exuo, exuis, exui, exutum[3], act.

RETIRER, détourner. Avocare, avoco, avocas, avocavi, avocatum[1], act. | De l'étude. A studio. | Du libertinage. A licentiori vitâ.

RETIRER, ou recevoir chez soi. Recipĕre, recipio, recipis, recepi, receptum[3], act.

RETIRER du profit. Utilitatem percipĕre, percipio, percipis, percepi, perceptum[3], act. | De quelque chose. Ex, avec l'abl.

RET

SE RETIRER, ou *s'en aller*. Recedĕre, recedo, recedis, recessi, recessum³, *n*. | *Se retirer en quelque lieu*. Se recipĕre, me recipio, te recipis, me recepi, receptum³, *act*.

SE RETIRER ou *se retrécir*. Contrahi, contrahor, contraheris, contractus sum³, *pass*.

RETOMBER. Recidĕre, recido, recidis, recidi³, *sans sup. n. sur ou dans, ou en, s'exprime par* in, *avec l'acc*. | *Retomber malade*, c. à. d. *retomber dans une maladie*. Recidĕre in morbum.

RETONDRE. Voyez *Tondre*, et *ajoutez* Iterùm, *adv*.

RETORDRE. Intorquĕre, intorqueo, intorques, intorsi, intortum², *act*.

RÉTORQUER *un argument contre quelqu'un*. Argumentum retorquĕre, retorqueo, retorques, retorsi, retortum², *act*. contre *par* in, *avec l'accus*.

RETORS, *en parlant de fil ou de soie*. Tortilis, *m. f.* tortile, *n. gén.* tortilis, *adj*.

RETOUCHER, *toucher de nouveau*. Voyez *Toucher*, et *ajoutez* Rursùs, *adv*.

RETOUCHER *un ouvrage, le repasser*. Recognoscĕre, recognosco, recognoscis, recognovi, recognitum³, *act*.

RETOUR. Reditus, *g.* reditûs⁴, *m*. | *A la ville*. In urbem; *au logis*. Domum. | *Etant de retour, ou simplement de retour*. Reversus, a, um, *part*. | *Etre de retour ou revenir*. Voy. *Retourner*. | *A mon retour, après mon retour*. Post meum reditum. | *Au retour du printemps*. Vere novo. | *Retour de l'âge*. Ætas ingravescens, *g.* ætatis ingravescentis³, *f*. | *Qui est sur le retour de l'âge*. Ætate provectus, a, um, *adj*. | *Faire un retour sur soi-même*. In se descendĕre, in me descendo, in te descendis, in me descendi, descensum¹, *n*. Mot-à-mot, *descendre en soi-même*.

RET 527

RETOUR, *ce qu'on donne de plus dans un échange*. Accessio, *g.* accessionis³, *f*. | *Payer de retour, rendre la pareille*. Par pari referre, refero, refers, retuli, relatum³, *act*.

RETOURNER ou *revenir*. Redire, redeo, redis, redivi, reditum⁴, *neut*. | *Retourner sur ses pas*. Vestigia relegĕre, relego, relegis, relegi, relectum³, *act*.

RETOURNER, ou *tourner quelque chose*. Convertĕre, converto, convertis, converti, conversum³, *act*. | *D'un autre côté*. In aliam partem.

SE RETOURNER, *regarder derrière soi*. Respicĕre, respicio, respicis, respexi, respectum³, *n*.

S'EN RETOURNER. Abire, abeo, abis, abivi, abitum⁴, *n*.

RETRACER, *tracer de nouveau*. Describĕre, describo, describis, descripsi, descriptum³, *act*.

RETRACER, *rappeler le souvenir*. Memoriam renovare, renovo, renovas, renovavi, renovatum¹, *act. génit. de la chose que l'on retrace*.

RÉTRACTATION. Retractatio, *g.* retractationis³, *f*.

RÉTRACTER ou *se rétracter*. Revocare, revoco, revocas, revocavi, revocatum¹, *act. acc. de la chose*.

RETRAITE, *action de se retirer*. Receptus, *g.* receptûs⁴, *m*. | *Faire retraite*. Secedĕre, secedo, secedis, secessi, secessum³, *n*. | *Faire une belle retraite*. Salvâ militari dignitate secedĕre. | *Sonner la retraite*. Receptui canĕre, cano, canis, cecini, cantum³, *n*.

RETRAITE ou *lieu retiré*. Secessus, *g.* secessûs⁴, *m*.

RETRAITE, *asile*. Perfugium, *g.* perfugii², *n*. | *Retraite de voleurs*. Latronum receptaculum, *g.* latronum receptaculi², *n*. | *Retraite de bêtes féroces*. Latibulum, *g.* latibuli², *n*. | *Vivre dans la retraite*. Voyez *Mener une vie retirée, au mot* Retiré.

RETRANCHÉ, *ée*. Recisus, a,

um, *part. de se rend par l'ablat.* | *Retranche de l'église.* Ab ecclesiæ corpore segregatus, a, um, *part.*

Retranché, *fortifié.* Munitus, a, um, *part.*

RETRANCHEMENT ou *diminution.* Imminutio, g. imminutionis^3, *fém.*

Retranchement ou *fortification.* Munitio, g. munitionis^3, *f.* | *Faire des retranchemens autour d'une ville.* Voyez Retrancher.

RETRANCHER, ou *diminuer.* Imminuĕre, imminuo, imminuis, imminui, imminutum^3, *act.*

Retrancher *en coupant.* Resecare, reseco, resecas, resecui, resectum^1, *act.* | *Retrancher la nourriture.* Cibum deducĕre, deduco, deducis, deduxi, deductum^3, *act.* | *Retrancher de l'église.* Ab ecclesiæ corpore segregare, segrego, segregas, segregavi, segregatum^3, *act.*

Retrancher, ou *fortifier.* Munire vallo et fossâ. *Une ville.* Urbem, c. à. d. *fortifier une ville d'un retranchement et d'un fossé; de* Munio, munis, munivi, munitum^4, *act.*

se Retrancher *de son nécessaire.* De victu suo sibi detrahĕre, detraho, detrahis, detraxi, detractum^3, *act.*

se Retrancher, *se fortifier.* Se munitionibus tueri, tueor, tueris, tuitus sum^2, *dép.*

RÉTRÉCI. Contractus, a, um, *part. pass.*

RÉTRÉCIR. Contrahĕre, contraho, contrahis, contraxi, contractum^3, *act.*

se Rétrécir. Contrahi, *pass. de* Contrahĕre.

RÉTRÉCISSEMENT. Contractio, g. contractionis^3, *f.*

RÉTRIBUTION. Merces, *gén.* mercedis^3, *f.*

RÉTROGRADATION. Regressio, g. regressionis^3, *f.*

RÉTROGRADE, *qui retourne en arrière.* Retrogradus, a, um, *adj.*

RÉTROGRADER. Retrogradi, retrogradior, retrograderis, retrogressus sum^3, *dép.* | *Faire rétrograder.* Retroagĕre, retroago, retroagis, retroegi, retroactum^3, *act.*

RETROUSSER. Colligĕre, colligo, colligis, collegi, collectum^3, *act.*

se Retrousser. Colligĕre vestem.

RETROUVER. Reperire, reperio, reperis, reperi, repertum^4, *act.*

Aller retrouver. Reverti, revertor, reverteris, reversus sum^3, *dép. La personne que l'on va retrouver se met à l'acc. avec* ad, c. à. d. *retourner vers.*

RETS, *filets.* Retia, g. retium^3, *n. plur.*

RÉUNION, ou *réconciliation.* Reconciliatio, g. reconciliationis^3, *fém.*

Réunion *des choses séparées.* Conjunctio, g. conjunctionis^3, *f.*

Réunion *de personnes.* Congregatio, g. congregationis^3, *f.*

RÉUNIR, *rejoindre.* Conjungĕre, conjungo, conjungis, conjunxi, conjunctum^3, *act.*

Réunir *en un seul.* In unum contrahĕre, contraho, contrahis, contraxi, contractum^3, *act.*

Réunir *une province à un royaume.* Provinciam imperio adjungĕre^3, *act.* | *Réunir plusieurs provinces en un seul royaume ;* tournez, *de plusieurs provinces faire un seul royaume.* Ex multis provinciis unum regnum efficĕre, efficio, efficis, effeci, effectum^3, *act.*

Réunir, *rassembler.* Congregare, congrego, congregas, congregavi, congregatum^1, *act.*

Réunir, ou *réconcilier.* Reconciliare, reconcilio, reconcilias, reconciliavi, reconciliatum^1, *act.*

se Réunir, *se rejoindre, en parlant des personnes.* Coalescĕre, coalesco, coalescis, coalui, coalitum^3, *n.*

se Réunir, *se rassembler*, en

parlant des personnes. Convenire, convenio, convenis, conveni, conventum[4], *n.*

RÉUSSIR, *en parlant des choses.* Succedĕre, succedo, succedis, successi, successum[3], *neut.* Bien, Benè. Mal, Malè, *adv.* | *La chose a réussi.* Res successit.

RÉUSSIR *dans, en parlant des personnes.* Gerĕre, gero, geris, gessi, gestum[3], *act.* Gerĕre, *signifiant* Faire, *on voit que dans ne s'exprime pas, et que le nom qui suit se met à l'accusatif.* | Bien, Benè. Mal, Malè, *adv.* | *Il réussit heureusement en toutes choses.* Gerit feliciter omnia.

RÉUSSIR (*sans régime*), *en parlant des personnes.* Habēre prosperos exitus; c. à. d. *avoir des succès heureux.* | *Faire réussir.* Dare exitus, avec un dat. | Bien, Bonos. Mal, Malos; c. à. d. *donner des succès bons, mauvais.*

RÉUSSITE. Successus, *g.* successûs[4], *m.*

REVANCHE, *la pareille.* Par, *g.* paris[3], *n.* | *Il m'a offensé, mais j'aurai ma revanche.* Me læsit, par pari[3] referam; c. à. d. *Je rendrai la pareille pour la pareille.*

REVANCHE *au jeu.* Lusionis iteratio, *g.* lusionis iterationis[3], *f.* c. à. d. *l'action de recommencer le jeu.* | *Donner la revanche à quelqu'un.* Copiam lusionis iterandæ facĕre, facio, facis, feci, factum[3], *act.* avec le dat. de la person.; c. à. d. *donner à quelqu'un le pouvoir de recommencer le jeu.* | *Prendre sa revanche.* Lusionem iterare, itero, iteras, iteravi, iteratum[3], *act.* c. à. d. *recommencer le jeu.* | *Je veux ma revanche.* Lusionem iteremus volo. Mot à mot: Volo, *je veux* ut (*sous-entendu*) que, iteremus, *nous recommencions*, lusionem, *le jeu.* | *Jouons sans revanche.* Absque iteratione ludamus.

REVANCHER, ou *défendre.* Defendĕre, defendo, defendis, defendi, defensum[3], *act.*

RÊVE. Somnium, *g.* somnii[2], *n.*

REVÊCHE. Indocilis, *m. f.* indocile, *n. gén.* indocilis. *comp.* Indocilior, *m. f.* indocilius, *n. gén.* indocilioris; *superl.* indocilissimus, a, um.

RÉVEIL. Somni solutio, *g.* somni solutionis[3], *f.*

A MON RÉVEIL, ou *après mon sommeil.* Statim à somno.

RÉVEILLE-MATIN. Suscitabulum, *g.* suscitabuli[2], *n.*

RÉVEILLER. Expergefacĕre, expergefacio, expergefacis, expergefeci, expergefactum[3], *act.*

SE RÉVEILLER. Expergisci, expergiscor, expergisceris, experrectus sum[3], *dép.*

RÉVEILLER, *renouveler.* Renovare, renovo, renovas, renovavi, renovatum[3], *act.* | *Réveiller les passions assoupies.* Libidines sopitas exsuscitare, exsuscito, exsuscitas, exsuscitavi, exsuscitatum[3], *act.* | *Réveiller l'appétit.* Stomachum excitare, excito, excitas, excitavi, excitatum[3], *act.*

RÉVEILLON, *repas fait au milieu de la nuit.* Antelucana cœna, *g.* antelucanæ cœnæ[1], *f.*

RÉVÉLATION. Patefactio, *g.* patefactionis[3], *f.*

RÉVÉLER. Patefacĕre, patefacio, patefacis, patefeci, patefactum[3], *act.*

REVENANS. Lemures, *g.* lemurum[3], *m. plur.*

REVENDEUR. Propola, *g.* propolæ[1], *m.*

REVENDEUSE. Propola mulier, *g.* propolæ[1] mulieris[3], *f.*

REVENDICATION. Repetitio, *g.* repetitionis[3], *f.*

REVENDIQUER. Repetĕre, repeto, repetis, repetivi, repetitum[3], *act.*

REVENDRE. Divendĕre, divendo, divendis, divendidi, divenditum[3], *act.*

REVENIR, ou *retourner.* Redire, redeo, redis, redivi, reditum[4], *n.* | *Faire revenir.* Revocare,

67.

revoco, revocas, revocavi, revocatum¹, act. | *Revenir sur ses pas.* Vestigia relegĕre, relego, relegis, relegi, relectum³, act. | *Revenir à la charge, au combat.* Pugnam iterare, itero, iteras, iteravi, iteratum¹, act.

REVENIR *d'une maladie.* Ex morbo recreari, recreor, recrearis, recreatus sum¹, pass.

REVENIR *d'un évanouissement.* Animum recipĕre, recipio, recipis, recepi, receptum³, act.

Revenir d'une frayeur. Ex timore se colligĕre, me colligo, te colligis, me collegi, collectum³, act.

Revenir d'un sentiment. Sententiâ decedĕre, decedo, decedis, decessi, decessum³, n.

Faire revenir quelqu'un de son sentiment. De sententiâ movēre, moveo, moves, movi, motum², act. acc. de la personne.

REVENIR, *repousser, renaître.* Renasci, renascor, renasceris, renatus sum³, dép. part. fut. Renasciturus.

REVENIR *de ses égaremens.* Redire in viam; c. à. d. retourner dans le bon chemin.

Revenir de ses emportemens. Iram remittĕre, remitto, remittis, remisi, remissum³, act.

REVENU, *qui est de retour.* Redux, g. reducis, adj. | *Revenu en santé.* E morbo recreatus, a, um, adj.

Revenu de ses égaremens. Ad meliorem vitam emersus, a, um, part.

REVENU, ou *rente.* Reditus, g. reditûs⁴, m.

RÊVER *en dormant.* Somniare, somnio, somnias, somniavi, somniatum¹, n.

RÊVER, *radoter.* Somniare.

RÊVER, ou *penser à.* Meditari, meditor, meditaris, meditatus sum¹, dép. accus.

RÉVERBÉRATION. Repercussus, g. repercussûs⁴, m.

REVERDIR. Revirescĕre, reviresco, revirescis, revirui³, sans sup. neut.

REVERDISSEMENT. Viriditas renascens, g. viriditatis renascentis³, f.

RÉVÉREMMENT. Reverenter adv.

RÉVÉRENCE, ou *salutation.* Salutatio, g. salutationis³, f.

Faire la révérence à. Salutare, saluto, salutas, salutavi, salutatum¹, act.

RÉVÉRENCE, *respect.* Voyez Respect.

RÉVÉREND. Reverendus, a, um, adj.

RÉVÉRER. Revereri, revereor, revereris, reveritus sum², dép. act.

RÊVERIE, ou *extravagance.* Deliratio, g. delirationis³, f.

DES RÊVERIES. Somnia, g. somniorum, n. plur.

RÊVERIE, ou *méditation.* Meditatio, g. meditationis³, f.

REVERS *de.* Aversus, a, um, adj. | *Revers de la main.* Aversa manus, g. aversæ manûs⁴, f.

REVERS *de fortune.* Adversa fortuna, g. adversæ fortunæ¹, f.

REVERSER. Voyez *Verser*, et ajoutez Iterum, adv.

REVERSIBLE, *qui doit retourner à.* Revertendus, a, um, part. à par ad, avec l'accus.

REVÊTIR. Vestire, vestio, vestis, vestivi, vestitum⁴, act. acc. rég. ind. ablat.

REVÊTU *de.* Vestitus, a, um, part. pass. avec l'ablatif de la chose.

RÊVEUR, RÊVEUSE, *pensif.* Cogitabundus, a, um, part.

RÊVEUR, RÊVEUSE, *radoteur.* Delirus, a, um, adj.

REVIREMENT. Conversio, g. conversionis³, f.

REVIRER *de bord.* Navem circumagĕre, circumago, circumagis, circumegi, circumactum³, act.

RÉV   RIA'   531

RÉVISION. Recognitio, g. recognitionis[3], f.

REVISITER. Revisĕre, reviso, revisis, revisi, revisum[3], act.

REVIVRE. Reviviscĕre, revivisco, reviviscis, revixi, revictum[3], n.

Faire revivre, ressusciter. Voy. ce mot.

FAIRE REVIVRE, ou *renouveler*. Renovare, renovo, renovas, renovavi, renovatum[1], act.

Faire revivre de vieilles querelles. Vetera odia renovare.

RÉVOCABLE, *qu'on peut révoquer.* Revocabilis, m. f. revocabile, n. gén. revocabilis, adj.

RÉVOCATION. Abrogatio, gén. abrogationis[3], f.

REVOIR, *voir de nouveau*. Revisĕre, reviso, revisis, revisi, revisum[3], act.

REVOIR *un ouvrage, le retoucher*. Recognoscĕre, recognosco, recognoscis, recognovi, recognitum[3], act.

REVOLER. Revolare, revolo, revolas, revolavi, revolatum[1], n.

RÉVOLTANT. Stomachum movens, g. stomachum moventis, part.

ÊTRE RÉVOLTANT. Stomachum movēre, moveo, moves, movi, motum[2], n.

RÉVOLTE. Rebellio, g. rebellionis[3], f.

RÉVOLTÉ. Rebellis, m. f. rebelle, n. gén. rebellis, adj.

RÉVOLTER *quelqu'un, le faire révolter, le porter à la révolte.* Ad rebellandum incitare, incito, incitas, incitavi, incitatum[1], act. c. à. d. *porter quelqu'un à se révolter.*

RÉVOLTER, *choquer.* Offendĕre, offendo, offendis, offendi, offensum[3], act.

SE RÉVOLTER *contre quelqu'un.* Rebellare, rebello, rebellas, rebellavi, rebellatum[1], n. contre *par* in, *avec l'accus.*

- SE RÉVOLTER *contre quelque chose.* Indignari, indignor, indignaris, indignatus sum[1], dép. contre *ne s'exprime pas, et le nom qui suit se met à l'accus.*

RÉVOLU, *fini*. Exactus, a, um, adj.

RÉVOLUTION *d'un astre*. Conversio, g. conversionis[3], f.

RÉVOLUTION, *changement subit dans un état*. Mutatio, gén. mutationis[3], f.

REVOMIR. Revomĕre, revomo, revomis, revomui, revomitum[3], act.

RÉVOQUER. Revocare, revoco, revocas, revocavi, revocatum[1], act. | *En doute.* In dubium.

RÉVOQUER, *annuler.* Voyez *Annuler.*

REVU. Recognitus, a, um, part. pass.

REVUE, *recherche exacte*. Recognitio, g. recognitionis[3], f.

REVUE *d'armée*. Recensio, g. recensionis[3], f. | *Faire la revue d'une armée.* Exercitum recensēre, recenseo, recenses, recensui, recensitum[2], act.

REZ DE CHAUSSÉE. Solum, g. soli[2], n.

SE RHABILLER. Voy. *Habiller,* et ajoutez Iterùm, adv.

RHÉTEUR. Rhetor, g. rhetoris[3], m.

RHÉTORICIEN. Rhetoricus, g. rhetorici[2], masc. | *En rhétoricien.* Rhetoricè, adv.

RHÉTORIQUE. Rhetorica, gén. rhetoricæ[1], f. | *Fleurs de rhétorique.* Oratoria ornamenta, g. oratoriorum ornamentorum[2], n. plur.

RHINOCÉROS, *animal*. Rhinoceros, g. rhinocerotis[3], m.

RHUBARBE. Rhabarbarum, g. rhabarbari[2], n.

RHUMATISME. Rheumatismus, g. rheumatismi[2], m.

RHUME. Epiphora, g. epiphoræ[1], f.

RHYTHME. Rhythmus, g. rhythmi[2], m.

RIANT, *gai*. Hilaris, m. f. hilare, n. gén. hilaris, adj. | *Lieu* riant. Locus amœnus, g. loci amœni², m. Au plur. Loca amœna², n.

RICHARD, homme très-riche. Ditissimus, a, um, sup. de Dives.

RICHE. Dives, m. f. et n. gén. divitis, adj. comp. Ditior, m. f. ditius, n. gén. ditioris; superl. ditissimus, a, um. en se rend par l'abl. du nom. | Devenir riche. Voyez s'Enrichir. | Etre riche, ou fort riche. Divitiis abundare, abundo, abundas, abundavi, abundatum¹, neut. c. à. d. abonder en richesses. | Faire, rendre quelqu'un riche. Voyez Enrichir quelqu'un.

RICHE, précieux. Splendidus, a, um, adj.

RICHES dépouilles. Opima spolia, g. opimorum spoliorum², n. plur. | Riche moisson. Læta seges, gén. lætæ¹ segetis³, f.

RICHEMENT. Splendidè, adv.

RICHESSE, ou richesses. Divitiæ, g. divitiarum¹, f. pl.

RIDE. Ruga, g. rugæ¹, f. | Plein de rides. Rugosus, a, um, adj.

RIDÉ. Rugatus, a, um, adj.

RIDEAU. Cortina, g. cortinæ¹, fém.

RIDER. Corrugare, corrugo, corrugas, corrugavi, corrugatum¹, act. | Rider la face de l'eau. Undas asperare, aspero, asperas, asperavi, asperatum¹, act.

RIDICULE, adj. Ridiculus, a, um, adj. | D'une manière ridicule. Ridiculè, adv. | Tourner en ridicule. Deridendum præbere, præbeo, præbes, præbui, præbitum², act. Deridendum s'accorde en genre et en nombre avec le régime direct. | Tourner en ridicule les choses les plus sérieuses. Ludo seria vertere, verto, vertis, verti, versum³, act.

UN RIDICULE, subst. Ridiculum, g. ridiculi², n.

RIDICULEMENT. Ridiculè, adv.

RIDICULITÉ. Ineptia, g. ineptiæ¹, f.

RIEN. Nihil, neut. qui emporte la négation, et qui n'est usité qu'au nominatif et à l'acc. comme : Il n'y a rien. Nihil est. | Je ne vois rien. Nihil video. | Rien autre. Nihil aliud. Lorsqu'on a besoin de quelque cas, on exprime Rien par Nihilum, g. nihili, n. comme : De rien. Ex nihilo. C'est pourquoi avec les verbes de prix et d'estime, on exprime Rien par le gén. Nihili, qui emporte la négation; comme : Je n'estime cela rien. Æstimo illud nihili. | Rien du tout, ou rien du monde. Nihil omninò. | En rien, ou en nulle chose. In nullâ re, qui emporte la négat. | Pour rien, ou pour un rien, sans sujet. Levissimâ de causâ. | Compter pour rien. Pro nihilo ducere, duco, ducis, duxi, ductum³, act. | Un homme de rien. Homo fenus, g. hominis³ fenei², m.

En moins de rien. Temporis puncto.

DES RIENS. Nugæ, g. nugarum¹, f. | Diseur de rien. Inaniloquus, g. inaniloqui², m.

RIEUR. Risor, g. risoris³, m.

RIEUSE. Jocosa mulier, g. jocosæ¹ mulieris³, f.

RIGIDE. Severus, a, um, adj.

RIGIDEMENT. Austerè, adv.

RIGIDITÉ. Asperitas, g. asperitatis³, f.

RIGOLE. Incile, g. incilis³, n.

RIGOUREUSEMENT. Asperè, adv. comp. Asperiùs; superlatif, asperrimè.

RIGOUREUX. Asper, era, erum adj. comp. Asperior, m. f. asperius, n. gén. asperioris; superl. asperrimus, a, um. | Sort rigoureux. Sors ferrea, g. sortis³ ferreæ¹, f.

RIGUEUR, âpreté. Asperitas, g. asperitatis³, f.

RIGUEUR, sévérité. Severitas, g. severitatis³, f. | Avec sévérité. Acerbè, adv.

A LA RIGUEUR, sans faire de grâce. Summo jure.

RIMAILLER, faire de méchans vers. Versus malos scriptitare

scriptito, scriptitas, scriptitavi, scriptitatum³, act.

RIMAILLEUR. Poeta ineptus, g. poetæ¹ inepti², m.

RIME. Similes vocum exitus, g. similium³ vocum exituum⁴, m. pl.

RIMER, *finir par le même son.* Syllabis consonantibus desinĕre, desino, desinis, desivi, desitum³, neut.

RIMER, *mettre en vers.* Numeris astringĕre, astringo, astringis, astrinxi, astrictum³, act.

RIMEUR. Versificator, g. versificatoris³, m.

RINCER. Colluĕre, colluo, colluis, collui, collutum³, act.

SE RINCER *la bouche.* Eluĕre os, *à l'acc.* Eluo, eluis, elui, elutum³, act.

RIPOSTE. Prompta responsio, g. promptæ¹ responsionis³, f.

RIPOSTER. Citò respondĕre, respondeo, respondes, respondi, responsum², act.

RIRE, *verbe.* Ridēre, rideo, rides, risi, risum², n. | *Du bout des dents.* Labiis primoribus ridēre. | *Rire aux éclats.* Cachinnari, cachinnor, cachinnaris, cachinnatus sum¹, dép. | *Faire rire.* Risum movēre, moveo, moves, movi, motum², *act. avec le datif de la personne.* | *Eclat de rire.* Cachinnus, g. cachinni², m. | *S'empêcher de rire.* Risum tenēre, teneo, tenes, tenui, tentum², act. | *Faire rire à ses dépens.* Esse ludibrio; sum, es, fui. *dat. de la personne.* | *De rire, ou à force de rire.* Risu.

RIRE, ou *se divertir.* Jocari, jocor, jocaris, jocatus sum¹, *dépon.* | *Pour rire* ou *en riant.* Per jocum. | *Sans rire.* Extra jocum. | *Mot pour rire.* Dictum jocosum. g. dicti jocosi², n. | *Avoir le mot pour rire.* Esse jocosum; sum, es, fui. Jocosus, a, um, *adj. s'accorde avec le sujet de* Sum.

RIRE, ou *se rire de.* Irridēre, irrideo, irrides, irrisi, irrisum², act.

LE RIS ou *le rire.* Risus, g. risûs⁴, m.

RISÉE. Irrisio, g. irrisionis³, f. | *Etre la risée de, on servir de risée à.* Ludibrio esse, sum, es, fui, *avec un dat.* | *Faire des risées de.* Irridēre, irrideo, irrides, irrisi, irrisum², *act. c. à. d. se rire de.* | *S'exposer à la risée des autres.* Aliorum ludibrio se objicĕre, me objicio, te objicis, me objeci, objectum³, act.

RISIBLE, *propre à faire rire.* Risum movens, g. risum moventis, *part. prés.*

RISIBLE, *ridicule.* Ridiculus, a, um, adj.

RISQUE. Discrimen, g. discriminis³, n. | *Courir risque.* Discrimen adire, adeo, adis, adivi, aditum⁴, act. | *Etre en risque.* In discrimen versari, versor, versaris, versatus sum¹, dép.

RISQUER. Fortunæ committĕre, committo, committis, commisi, commissum³, act.

RISQUER *sa vie.* Se periculo mortis committĕre³, act. c. à. d. *s'exposer au danger de la mort.* | *Risquer le combat.* Fortunam belli tentare, tento, tentas, tentavi, tentatum¹, act. | *Risquer tout.* Aleam omnem jacĕre, jacio, jacis, jeci, jactum³, act. | *Ne r'en risquer.* Nullum discrimen adire, adeo, adis, adivi, aditum⁴, act.

RIT, *coutume.* Ritus, g. ritûs⁴, masc.

RITUEL. Ritualis, g. ritualis³, masc.

RIVAGE. Littus, g. littoris³, n.

RIVAL. Æmulus, *gén.* æmuli², masc.

RIVALE, *en parlant d'une femme.* Æmula, g. æmulæ¹, f.

RIVALITÉ. Æmulatio, g. æmulationis³, f.

RIVE. Ripa, g. ripæ¹, f.

RIVER. Retundĕre, retundo, retundis, retudi, retusum³, act.

RIVERAINS, *ceux qui habitent sur les bords des rivières.* Amnis accolæ, g. amnis accolarum¹, m. plur.

RIVIÈRE. Fluvius, g. fluvii², m. | Qui est de rivière. Fluvialis, m, f. fluviale, n. gén. fluvialis, adj.

RIZ, sorte de grain. Oryza, g. oryzæ¹, f.

ROBE. Toga, g. togæ¹, f. | Homme de robe ou de palais. Homo forensis, g. hominis forensis³, m. | Quitter la robe. Foro salutem dicĕre, dico, dicis, dixi, dictum³, act. | Robe de chambre. Toga cubicularia, gén. togæ cubiculariæ¹, fém.

ROBINET de fontaine. Epistomium, g. epistomii², n.

ROBORATIF. Corroborans, m. f. et n. gén. corroborantis³, part.

ROBUSTE. Robustus, a, um, adj.

ROBUSTEMENT. Validè, adv.

ROC. Saxum, g. saxi², n.

ROCAILLE. Saxula, g. saxolorum², n. pl.

ROCHE. Rupes, g. rupis³, f. DE ROCHE, qui est de roche. Siliceus, ea, eum, adj.

ROCHER. Rupes, g. rupis³, f. | Lieu plein de rochers. Saxetum, g. saxeti², n. | Mer pleine de rochers. Mare scapulosum, g. maris³ scapulosi², n.

DE ROCHER, qui est de rocher. Saxeus, ea, eum, adj.

ROCHET. Supparum, g. suppari², n.

RODER. Circumcursare, circumcurso, circumcursas, circumcursavi, circumcursatum¹, n.

RODEUR. Concursator, g. concursatoris³, m.

RODOMONT. Thraso, g. thrasonis³, m. | Faire le rodomont. Se magnificè jactare, jacto, jactas, jactavi, jactatum¹, act.

RODOMONTADE. Superbiloquentia, g. superbiloquentiæ¹, f. | Faire des rodomontades. Voyez Faire le rodomont.

ROGATIONS. Solemnes tridui supplicationes, g. solemnium tridui supplicationum³, f. pl. Mot à mot, supplications solennelles de trois jours.

ROGNER. Resecare, reseco, resecas, resecui, resectum¹, act.

ROGNON. Ren, g. renis³, m.

ROGNURE. Segmen, gén. segminis³, n.

ROI. Rex, g. regis³, m. | Le roi de France. Gallorum rex; c. à. d. le roi des Français.

PETIT ROI. Regulus, g. reguli², masc. | Roi d'armes. Caduceatorum præfectus, g. caduceatorum præfecti², m.

Les Rois ou la fête des rois. Epiphania, g. Epiphaniæ¹, f.

ROIDE, qu'on a de la peine à plier. Rigidus, a, um, adj.

ROIDE de froid. Frigore rigens, des 5 genres, g. frigore rigentis, part.

ROIDE, tendu. Contensus, a, um, part. | Il tomba roide mort. Exanimatus concidit.

ROIDE ou escarpé. Arduus, ua, uum, adj.

ROIDE ou rapide. Rapidus, a, um, adj.

ROIDE, inflexible. Rigidus, a, um, adj.

ROIDEUR, impétuosité de mouvement. Impetus, g. impetûs⁴, m.

ROIDEUR, tension. Contentio, g. contentionis³, f.

ROIDEUR, rigidité de caractère. Rigor, g. rigoris³, m.

ROIDIR, rendre roide. Intendĕre, intendo, intendis, intendi, intentum³, act.

SE ROIDIR. Obrigescĕre, obrigesco, obrigescis, obrigui³, sans sup. neut.

SE ROIDIR contre quelque chose, s'y opposer. Animum obfirmare, obfirmo, obfirmas, obfirmavi, obfirmatum¹, act. contre, par contrà, avec l'accus.

SE ROIDIR contre les malheurs. Contrà fortunam obdurescĕre, obduresco, obdurescis, obdurui³, sans sup. n. | Se roidir contre les difficultés. Difficultatibus obluctari, obluctor, obluctaris, obluctatus sum¹, *dépon.*

ROITELET, *petit roi.* Regulus, g. reguli², m.

ROITELET, *oiseau.* Trochilus, g. trochili², m.

RÔLE ou *liste.* Index, g. indicis³, m.

RÔLE, ou *personnage.* Partes, g. partium³, f. pl.

Jouer un rôle, faire un rôle. Partes agere, ago, agis, egi, actum³, *act.*

ROMAINE, *instrument pour peser.* Statera, g. stateræ¹, f.

ROMAN. Fabularis historia, g. fabularis³ historiæ², f.

ROMANCE. Cantilena tenera, g. cantilenæ teneræ¹, f.

ROMANCIER, *auteur de romans.* Fabulator, g. fabulatoris³, *masc.*

ROMANESQUE. Fabulosus, a, um, *adj.*

D'une manière romanesque, ou ROMANESQUEMENT. Fabulosè, *adv.*

ROMANTIQUE. Poetarum coloribus depingendus, a, um, *part.*

ROMARIN, *arbrisseau odoriférant.* Rosmarinus, g. rosmarini², *masc.*

ROMPEMENT *de tête.* Sollicitudo, g. sollicitudinis³, f.

ROMPRE, *briser.* Rumpĕre, rumpo, rumpis, rupi, ruptum³, *act.*

ROMPRE *avec quelqu'un.* Amicitias dissolvĕre, dissolvo, dissolvis, dissolvi, dissolutum³, *act.* avec *par* cum, *et l'ablat.*

ROMPRE *la paix.* Pacem dirimĕre, dirimo, dirimis, diremi, diremptum³, *act.*

ROMPRE *une assemblée.* Concilium dirimĕre. | *Rompre un entretien.* Colloquium dirimĕre. | *Rompre les desseins.* Consilia disturbare, disturbo, disturbas, disturbavi, disturbatum¹, *act.*

ROMPRE *la tête ou les oreilles à.* Obtundĕre, obtundo, obtundis, obtudi, obtusum³, *act. génitif de la personne.*

ROMPRE ou *se rompre.* Rumpi, rumpor, rumperis, ruptus sum³, *pass.*

SE ROMPRE *un bras, etc.* Frangere sibi brachium; frango, frangis, fregi, fractum³, *act.*

ROMPU. Ruptus, a, um, *part. pass.*

ROMPU ou *exercé dans.* Exercitatissimus, a, um, *adj.* | *Dans les affaires.* In rebus.

A BÂTONS ROMPUS, *à diverses reprises.* Interruptè, *adv.*

RONCE. Rubus, g. rubi², *masc.* | *Lieu plein de ronce.* Rubetum, g. rubeti², n.

ROND. *Qui est rond comme une boule.* Rotondus, a, um, *adj.*

ROND *et long comme un bâton etc.* Teres, m. f. *et* n. *gén.* teretis, *adj.*

UN ROND. Circulus, g. circuli², m. | *Tracer un rond.* Circulum describĕre, describo, describis, descripsi, descriptum³, *act.* c. à. d. *décrire un rond.*

Un demi-rond. Semicirculus, g. semicirculi², m.

En rond. In orbem. | *S'assembler en rond.* Conglobare se, conglobo, conglobas, conglobavi, conglobatum¹, *act.*

RONDACHE. Clypeus, g. clipei², *masc.*

RONDE, *visite de nuit.* Vigiliarum lustratio, g. vigiliarum lustrationis³, f. | *Faire la ronde.* Vigilias lustrare, lustro, lustras, lustravi, lustratum¹, *act.* | *Faire la ronde autour de.* Circuire, circueo, circuis, circuivi, circuitum⁴, *acc. acc. du nom qui suit de.* | *Qui fait la ronde.* Vigiliarum explorator, g. vigiliarum exploratoris³, m.

A LA RONDE. In orbem. | *Verser du vin à la ronde.* Merum circumferre, circumfero, circumfers, circumtuli, circumlatum³, *act.* | *A cent lieues à la ronde.* Centenis circum leucis.

RONDEAU, *pièce de poésie.* Rhythmus orbicularis, g. rhythmi orbicularis³, m.

RONDEMENT. V. *Franchement.*

RONDEUR. Rotunditas, g. rotunditatis³, f.

RONFLANT. Canorus, a, um, *adj.*

RONFLEMENT. Ronchus, *gén.* ronchi², m.

RONFLER. Stertĕre, sterto, stertis, stertui³, *sans sup.* n.

RONGER. Corrodĕre, corrodo, corrodis, corrosi, corrosum³, *act.*

RONGEUR, *ver rongeur, remords de conscience.* Conscientiæ morsus, g. conscientiæ morsûs⁴, *masc.*

ROQUET, *petit chien.* Catellus, g. catelli², m.

ROQUETTE, *herbe.* Eruca, g. erucæ³, f.

ROSAT. Rosaceus, ea, eum, *adj.*

ROSE. Rosa, g. rosæ¹, f. | *Rose épanouie.* Rosa in orbem diffusa. | *Qui est de rose.* Rosaceus, ea, eum, *adj.* | *De couleur de rose.* Roseus, ea, eum, *adj.* | *Eau rose.* Aqua rosacea, g. aquæ rosaceæ¹, *fém.*

ROSEAU. Arundo, g. arundinis³, *fém.* | *Plein de roseaux.* Arundinosus, a, um, *adj.*

DE ROSEAU, *qui est de roseau.* Arundineus, ea, eum, *adj.*

ROSÉE. Ros, g. roris³, m. | *Couvert, mouillé, trempé de rosée.* Roscidus, a, um, *adj.* | *La rosée tombe.* Rorat¹.

ROSIER. Rosa, g. rosæ¹, f.

ROSSE, *méchant cheval.* Strigosus equus, g. strigosi equi², m.

ROSSER, *battre.* Verberare, verbero, verberas, verberavi, verberatum¹, *act.*

ROSSIGNOL, *oiseau.* Luscinia, g. lusciniæ¹, f.

UN ROT. Ructus ; g. ructûs⁴, *masc.*

Faire un ROT. Voy. *Roter.*

DU ROT, *ou Rôti.* Voy. *ce mot.*

ROTATION. Rotatio, g. rotationis³, f.

ROTER. Ructare, ructo, ructas, ructavi, ructatum¹, n.

ROTI, RÔTIE, *part. du verbe* Rôtir.

UN ROTI. Carno assa, g. carnis³ assæ¹, f.

UNE ROTIE *de pain.* Tosta panis offella, g. tostæ panis offellæ¹, f. Panis *ne varie pas.*

ROTIR, *faire rôtir.* Torrēre, torreo, torres, torrui, tostum², *act.*

ROTISSEUR. Assæ carnis propola, g. assæ carnis propolæ¹, m. c. à. d. *vendeur de rôti.*

ROTONDITÉ. Rotunditas, *gén.* retonditatis³, f.

ROTURE, *condition de ceux qui ne sont pas nobles.* Conditio, plebeia, g. conditionis³ plebeiæ¹, *fém.*

ROTURIER. Plebeius, ia, ium, *adj.*

ROUCOULER. Raucum murmur edĕre, edo, edis, edidi, editum³, *act.*

ROUE. Rota, *gén.* rotæ¹, f.

Faire la roue, en parlant du paon. Rotare, roto, rotas, rotavi, rotatum¹, n.

ROUÉ. Disruptus, a, um, *part. pass. Avec une barre de fer.* Vecti ferreo, *à l'ablat.*

ROUER. Disrumpĕre, disrumpo, disrumpis, disrupi, disruptum³, *act.* | *Avec une barre de fer.* Vecti ferreo, *à l'ablat.*

ROUER *quelqu'un de coups.* Deruncinare, deruncino, deruncinas, deruncinavi, deruncinatum¹, *act.*

ROUET *à filer.* Rhombus, g. rhombi², m.

ROUGE. Ruber, rubra, rubrum, *adj.*

Devenir rouge. Voy. *Rougir.*

FER ROUGE, *ardent.* Ferrum candens, g. ferri² candentis³, n.

LE ROUGE. Minium, g. minii², n.

ROUGEÂTRE. Subruber, subrubra, subrubrum, *adj.*

ROU

ROUGE-BORD, *verre plein de vin.* Calix coronatus, g. calicis[3] coronati[2]. m.

ROUGE-GORGE, *oiseau.* Erithacus, g. erithaci[2]. m.

ROUGEOLE. Boa, gén. boæ[2], fēm.

Avoir la rougeole. Boâ infici, inficior, inficeris, infectus sum[1], pass.

ROUGET, *poisson.* Rubellio, g. rubellionis[3]. m.

ROUGEUR. Rubor, gén. ruboris[3]. m. *La rougeur lui est montée au visage*, tournez : *il a rougi.* Erubuit, *parfait de* Erubescēre, erubesco, erubescis[3], *sans supin*. neut.

Rougeurs. *boutons qui viennent sur la peau.* Rubentes pustulæ, g. rubentium[3] pustularum[1], f. plur.

ROUGI, *teint en rouge.* Rubro colore infectus, a, um, part. pass.

ROUGIR, ou *devenir rouge*. Rubescēre, rubesco, rubescis, rubui[1], *sans sup.* n.

Rougir *de honte.* Erubescēre, erubesco, erubescis, erubui[1], *sans sup.* n.

Faire rougir de honte. Pudorem incutēre, incutio, incutis, incussi, incussum[1], act. dat. *de la personne. Mot à mot, causer la honte à quelqu'un.*

Rougir *de quelque chose.* Erubescēre, erubesco, erubescis, erubui[1], *sans supin*. n. *La chose dont on rougit se met à l'accus. ; cet accus. n'est pas gouverné par le verbe, puisqu'il est neutre ; mais par la préposition* ob, *à cause de, sous-entendue.*

Dont on doit rougir, qui fait rougir. Erubescendus, a, um, pass.

Rougir, ou *teindre en rouge.* Rubro colore inficēre, inficio, inficis, infeci, infectum[3], act.

LA **ROUILLE.** Rubigo, g. rubiginis[3], f.

Couleur de rouille. Ferrugineus, ea, eum, adj.

ROU 537

ROUILLÉ, *qui est rouillé.* Rubiginosus, a, um, adj.

SE **ROUILLER.** Rubiginem contrahēre, contraho, contrahis, contraxi, contractum[3], act.

L'esprit se rouille dans l'oisiveté. Ingenium socordiâ torpescit; *de* Torpescēre, torpesco, torpescis, torpui[1], *sans supin*. n.

ROUILLURE. Voyez *Rouille*.

ROULADE. Voyez *Roulement*.

ROULÉ. Volutus, a, um, part. pass.

ROULEAU, *pour faire rouler.* Palanga, g. palangæ[1], f.

Rouleau *d'une chose pliée.* Volumen. g. voluminis[3], n.

ROULEMENT *de voix, etc.* Vocis volutatio, g. vocis volutationis[3], f.

Faire des roulemens de voix, des roulades. Vocem volutare, voluto, volutas, volutavi, volutatum[1], act.

ROULER, ou *faire rouler.* Volvēre, volvo, volvis, volvi, volutum[3], act.

Rouler *quelque chose dans son esprit.* In animo volvēre, acc. *de la chose.*

Rouler *ses eaux, en parlant d'une rivière.* Aquas volvēre

Rouler, *aller en roulant.* Volvi, volvor, volveris, volutus sum[3], pass.

En roulant. Volutatim, adv.

Rouler *sur, consister dans.* Hærēre, hæreo, hæres, hæsi, hæsum[3], n. sur *par in, avec l'ablat.* Exemple : *Toute la difficulté roule là-dessus.* Tota difficultas hæret in hac re.

Rouler, *plier en rond.* Convolvēre[3], act.

Se rouler dans la boue. In luto se volutare, voluto, volutas, volutavi, volutatum[1], act.

ROULETTE. Rotula, gén. rotulæ, f.

ROULIS, *l'agitation d'un vaisseau.* Vacillatio, g. vacillationis[3], fém.

ROUSSÂTRE. Subrufus, a, um, adj.

ROUSSEAU. Rufus, a, um, adj.

ROUSSEUR. Color rufus, g. coloris[3] rufi[2], m.

ROUSSIR, devenir roux. Rubescere, rufesco, rufescis[3], sans prét. ni sans sup. n.

Roussir, faire devenir roux. Rufare, rufo, rufas, rufavi, rufatum[1], act.

ROUTE. Via, g. viæ[1], f.

Prendre sa route vers quelque endroit. Iter intendere, intendo, intendis, intendi, intentum[3], act. vers par ad, avec l'accus.

Suivre, tenir une route. Viam insistere, insisto, insistis, institi, institutum[3], act.

ROUTIER, qui a un long usage. Exercitatissimus, a, um, adj. dans par in, avec l'ablat.

Vieux routier. Magnus veterator, g. magni[2] veteratoris[3], m.

ROUTINE. Magnus usus, gén. magni[2] usûs[4], m.

Qui a une grande routine. Usu exercitatissimus, a, um, adj.

ROUTINIER, qui agit par routine. Ab usu nunquam deflectens, g. deflectentis, part.

ROUVERT, part. de Rouvrir.

ROUVRIR, ouvrir de nouveau. Rursus aperire, aperio, aperis, aperui, apertum[4], act.

Rouvrir une plaie. Vulnus rescindere, rescindo, rescindis, rescidi, rescissum[3], act.

SE ROUVRIR. Recludi, recludor, recluderis, reclusus sum[3], pass.

ROUX. Rufus, a, um, adj.

Devenir roux. Rufescere, rufesco, rufescis[3], sans parf. ni sup.

ROYAL. Regius, ia, ium, adj.

ROYALEMENT. Regiè, adv.

ROYAUME. Regnum, g. regni[2], neut.

ROYAUTÉ. Regia dignitas, g. regiæ[1] dignitatis[3], f. | *Marques de la royauté.* Insignia regia, gén. insignium[3] regiorum[2], n. plur.

Aspirer à la royauté. Regnum affectare, affecto, affectas, affectavi, affectatum[1], act.

RUADE. Calcitratus, g. calcitratûs[4], m.

Donner, faire des ruades. Voy. Ruer.

RUBAN. Vitta, g. vittæ[1], fém.

Garni de rubans. Vittatus, a, um, adj.

RUBICOND. Rubicundus, a, um, adj.

RUBIS. Carbunculus, g. carbunculi[2], m.

RUBRIQUE. Rubrica, g. rubricæ[1], f.

RUBRIQUE, ruse. Astutia, g. astutiæ[1], f.

RUCHE. Alveus, g. alvei[2], m.

RUDE, âpre, violent. Asper, era, erum, adj. comp. Asperior, m. f. asperius, n. gén. asperioris; superl. asperrimus, a, um.

RUDE, pénible. Operosus, a, um, adj.

RUDEMENT. Asperè, adv. comp. Asperius; superl. asperrimè.

RUDESSE. Asperitas, g. asperitatis[3], f.

AVEC RUDESSE. Voy. Rudement.

RUDIMENT, livre qui contient les premiers principes. Rudimentum, g. rudimenti[2], n.

RUDIMENS, premiers principes. Elementa, gén. elementorum[2], n. plur.

RUDOYER, parler à quelqu'un avec des paroles peu obligeantes. Gravioribus verbis excipere, excipio, excipis, excepi, exceptum[3], act.

RUE. Via, g. viæ[1], f. | *De rue en rue.* Vicatim, adv.

En pleine rue. Publicè, adv.

RUELLE, petite rue. Angiportus, g. angiportûs[4], m.

RUELLE de lit. Inter lectum et parietem spatium, g. spatii[2], n. c. à. d. *espace entre le lit et la muraille.*

RUER. Calcitrare, calcitro, calcitras, calcitravi, calcitratum[1], n.

RUI · RUS

se Ruer sur. Voy. *se jeter sur.*

RUGIR. Rugire, rugio, rugis, rugivi, rugitum^4, n.

RUGISSEMENT. Rugitus, *gén.* rugitûs^4, m. *Pousser des rugissemens.* Rugitus edĕre, edo, edis, edidi, editum^3, *act.*

RUINE, ou *chute.* Ruina, *gén.* ruinæ^1, f.

Qui menace ruine. Ruinosus, a, um, *adj.*

Etre accablé, écrasé sous des ruines. Ruinâ opprimi, opprimor, opprimeris, oppressus sum^3, *pass.* | *S'élever sur les ruines des autres, bâtir sa fortune sur les ruines des autres; tournez : Elever sa fortune de la mauvaise fortune des autres.* Suam fortunam excitare ex fortunâ afflictâ aliorum.

Tomber en ruine. Ruinâ collabi, collabor, collaberis, collapsus sum^3, *dép.* | *Ruine d'une ville.* Excidium, *g.* excidii^2, n. | *Ville ensevelie sous ses ruines.* Urbs sepulta, *g.* urbis^3 sepultæ^1, f.

Ruines, *débris.* Parietinæ, *g.* parietinarum^1, f. *plur.*

Ruine, ou *perte.* Exitium, *g.* exitii^2, n.

Ruine *de l'état.* Reipublicæ interitus, *g.* reipublicæ interitûs^4, *masc.*

Etat sur le penchant de sa ruine. Præcipitans respublica, *g.* præcipitantis^3 rei^{5}publicæ^1, f.

RUINÉ, *qui a perdu sa fortune.* Omnibus fortunis eversus, a, um, *part.*

Ruiné, *détruit.* Eversus, a, um, *part.*

RUINER, *détruire.* Evertĕre, everto, evertis, everti, eversum^3, *act.*

Ruiner *de fond en comble.* Funditus evertĕre.

Ruiner *quelqu'un.* Fortunis evertĕre.

Ruiner, ou *ravager.* Vastare, vasto, vastas, vastavi, vastatum^1, *act.*

Ruiner *sa santé.* Valetudinem affligĕre, affligo, affligis, afflixi, afflictum^3, *act.*

Ruiner *le commerce.* Commercium abolēre, aboleo, aboles, abolevi, abolitum^2, *act.*

Etre ruiné, avoir perdu sa fortune. Voyez Ruiné.

Etre ruiné, en parlant des choses. Interire, intereo, interis, interivi, interitum^4, n.

se Ruiner, *perdre son bien.* Fortunis everti, evertor, everteris, eversus sum^3, *pass.* | *Se ruiner au jeu ; tournez, dissiper son bien par le jeu.*

RUINEUX, *qui menace ruine.* Ruinosus, a, um, *adj.*

Ruineux, *nuisible.* Damnosus, a, um, *adj.*

RUISSEAU. Rivus, *g.* rivi^2, m.

Petit ruisseau. Rivulus, *g.* rivuli^2, m.

RUISSELER. Fluĕre, fluo, fluis, fluxi, fluxum^3, n.

RUMEUR, *bruit qui se répand.* Rumor, *g.* rumoris^3, m.

Rumeur, *trouble.* Turba, *gén.* turbæ^1, f.

Rumeur, *plainte.* Rumor, *gén.* rumoris^3, m.

RUMINATION. Ruminatio, *g.* ruminationis^3, f.

RUMINER. Ruminare, rumino, ruminas, ruminavi, ruminatum^1, *act.*

RUPTURE, *fracture.* Abruptio, *g.* abruptionis^1, f.

Rupture, *désunion.* Alienatio, *g.* alienationis^3, f.

Rupture *d'un traité.* Fœderis violatio, *g.* fœderis violationis^3, f.

RURAL. Rusticus, a, um, *adj.*

RUSE. Astutia, *g.* astutiæ^1, f.

Ruse *de guerre.* Voyez Stratagème.

Avec ruse. Callidè, *adv.*

RUSÉ. Astutus, a, um, *adj. comp.* Astutior, m. f. astutius, n. *gén.* astutioris; *superl.* astutissimus, a, um.

RUSTICITÉ. Rusticitas, *g.* rusticitatis^3, f.

RUSTIQUE. Rusticus, a, um, adj.

RUSTIQUEMENT. Rusticè, adv.

RUSTRE, grossier, impoli. Inurbanus, a, um, adj.

UN RUSTRE. Homo rusticanus, g. hominis[3] rusticani[2], m.

RUT, en parlant des cerfs. Catulitio, g. catulitionis[3], f. | Les cerfs sont en rut. Catuliunt cervi.

~~~

S.

SA, féminin de Son.

SABBAT. Sabbatum, g. sabbati[2], neut.

SABBAT, grand bruit. Strepitus, g. strepitûs[4], m.

SABLE. Arena, gén. arenæ[1], f. | Petit grain de sable. Arenula, g. arenulæ[1], f. | Sable mouvant. Arena vestigio cedens, g. arenæ[1] vestigio cedentis[3], f.

SABLÉ. Arenâ substratus, a, um, part.

SABLER une allée, etc. Arenâ substernère, substerno, substernis, substravi, substratum[3], act.

SABLIER. Horologium arenarium, génit. horologii arenarii[2], neut.

SABLON. Sabulum, g. sabuli[2], neut.

SABLONNEUX. Arenosus, a, um, adj.

SABLONNIÈRE, mine de sable. Arenariæ, g. arenariarum[1], fém. plur.

SABOT, chaussure de bois. Calceus ligneus, g. calcei lignei[2], m.

SABOT à jouer. Turbo, g. turbinis[3], m.

Faire tourner, fouetter un sabot. Turbinem versare, verso, versas, versavi, versatum[1], act.

SABOT, corne du pied du cheval. Ungula, g. ungulæ[1], f.

SABRE. Acinaces, g. acinacis[3], masc.

SABRER, frapper avec un sabre. Ferro percutère, percutio, percutis, percussi, percussum[3], act.

SAC. Saccus, g. sacci[2], m. | Petit sac. Sacculus, gén. sacculi[2], masc.

Sac d'une ville. Voy. Saccagement.

SACCAGEMENT, sac, ruine d'une ville. Direptio, g. direptionis[3], f.

SACCAGER. Diripère, diripio, diripis, diripui, direptum[3], act.

SACERDOCE. Sacerdotium, g. sacerdotii[2], n.

SACERDOTAL. Sacerdotalis, m. f. sacerdotale, n. gén. sacerdotalis, adj.

SACHET, petit sac. Sacculus, g. sacculi[2], m.

SACOCHE, sorte de besace. Hippopera, g. hippoperæ[1], f.

SACRAMENTEL, ou SACRAMENTAL. Sacramentorum proprius, ia, ium, adj. Mot à mot, propre aux sacremens.

SACRE. Sacra inunctio, g. sacræ[1] inunctionis[3], f.

Cérémonie du sacre. Regiæ inunctionis solemnia, g. solemnium[3], n. plur.

SACRÉ, saint. Sacer, sacra, sacrum, adj. comp. Magis sacer; superl. sacerrimus, a, um.

SACRÉ, qui a reçu l'onction sainte. Unctus, a, um, part. pass.

SACREMENT. Sacramentum, g. sacramenti[2], n.

SACRER. Consecrare, consecro, consecras, consecravi, consecratum[1], act.

SACRIFICATEUR. Sacrificator, g. sacrificatoris[3], m.

SACRIFICE. Sacrificium, g. sacrificii[2], n. | Sacrifice d'expiation.

SAF — SAI

Sacrum piaculare, g. sacri[2] piacularis[3], n.

Sacrifice de la vie. Vitæ devotio, g. vitæ devotionis[3], f. | *Faire le sacrifice de quelque chose.* Voy. Se priver. | *Faire le sacrifice de quelque chose en faveur d'un autre*, tournez : *Céder quelque chose à un autre.*

SACRIFIER. Sacrificare, sacrifico, sacrificas, sacrificavi, sacrificatum[1], act. | *A Dieu.* Deo, au dat.

SACRIFIER *une génisse.* Vitulam immolare, immolo, immolas, immolavi, immolatum[1], act.

Sacrifier quelqu'un à sa vengeance. Ultioni mactare, macto, mactas, mactavi, mactatum[1], act.

SACRIFIER *la justice à l'intérêt.* Justitiam utilitati posthabēre, posthabeo, posthabes, posthabui, posthabitum[2], act.

SACRIFIER *une chose, s'en priver.* Se orbare, me orbo, te orbas, me orbavi, orbatum[1], act. ablat. de la chose.

Sacrifier sa vie pour un autre. Se devovēre, me devoveo, te devoves, me devovi, devotum[2], act. pour par pro, avec l'ablat.

SACRIFIER *sa haine au bien public.* Inimicitias reipublicæ condonare, condono, condonas, condonavi, condonatum[1], act. c. à. d. remettre sa haine pour la république.

SE SACRIFIER *pour sa patrie.* Devovēre se pro patriâ ; c. à. d. *se dévouer.*

SACRILÉGE, *crime.* Sacrilegium, g. sacrilegii[2], n.

SACRILÉGE, *en parlant des personnes.* Sacrilegus, a, um, adj.

SACRISTAIN. Æditus, g. ædituï[2], m.

SACRISTIE. Sacrarium, g. sacrarii[2], n.

SAFRAN. Crocum, g. croci[2], n.

Qui est de safran. Crocinus, a, um, adj.

De couleur de safran. Croceus, ea, eum, adj.

SAGACITÉ, *pénétration d'esprit.* Sagacitas, g. sagacitatis[3], f.

Avec sagacité. Sagaciter, adv.

SAGE. Sapiens, m. f. et n. gén. sapientis. *Vous n'êtes pas sage de mentir ;* c. à. d. *vous n'êtes pas sage, vous mentez.* Tu non es sapiens, qui mentiris. *Les écoliers ne sont pas sages de s'absenter, ou qui s'absentent de classe.* Discipuli non sunt sapientes, qui absunt à scholâ.

SAGE-FEMME. Obstetrix, gén. obstetricis[3], f.

SAGEMENT. Sapienter, adv.

SAGESSE. Sapientia, g. sapientiæ[1], f.

SAGITTAIRE. Sagittarius, gén. sagittarii[1], m.

SAGOUIN, *petit singe.* Simiolus, g. simioli[2], m.

SAIGNEE. Sanguinis detractio, g. sanguinis detractionis[3], f.

SAIGNÉE, *rigole pour l'écoulement des eaux.* Incile, g. incilis[3], neut.

SAIGNEMENT *de nez.* Sanguinis è naribus fluxus, g. fluxûs[4], masc.

SAIGNER. ou *tirer du sang.* Sanguinem detrahĕre, detraho, detrahis, detraxi, detractum[3], act. *à quelqu'un.* Alicui, au datif. Si le verbe étoit au passif, le régime sanguinem deviendroit le nomin. comme : *Il a été saigné.* Sanguis illi detractus est, *du sang lui a été tiré.*

SAIGNER, ou *jeter du sang.* Sanguinem fundĕre, fundo, fundis, fudi, fusum[3], act. | *Saigner par le nez.* E naribus sanguinem fundĕre. | *Plaie qui saigne encore.* Recens vulnus, g. recentis vulneris[3], n.

SAILLANT, *qui s'avance en dehors.* Prominens, g. prominentis, part. pass.

SAILLIE, ou *boutade.* Motus, g. motûs[4], m.

SAILLIE d'esprit. Ingenii impetus, g. ingenii impetûs⁴, m.

SAILLIE, avance en dehors. Projectura, g. projecturæ¹, f.

Eau qui vient par saillies. Aqua subsiliens, g. aquæ¹ subsilientis³, fém.

SAILLIR, s'avancer en dehors. Prominēre, promineo, promines, prominui², sans sup. n.

SAIN, ou en bonne santé. Sanus, a, um, adj.

SAIN et sauf. Salvus, a, um, adj.

SAIN, ou salutaire. Salubris, m. f. salubre, n. gén. salubris. comp. Salubrior, m. f. salubrius, n. gén. salubrioris; superl. saluberrimus, a, um.

SAIN-DOUX. Arvina, g. arvinæ¹, f.

SAINEMENT, d'une manière saine. Salubriter, adv.

SAINEMENT, d'une manière sensée. Rectè, adv.

SAINFOIN. Medica, g. medicæ¹, fém.

SAINT. Sanctus, a, um, adj.

SAINT, en parlant des choses. Sacer, sacra, sacrum, adj. comp. Magis sacer; superl. sacerrimus, a, um.

SAINTEMENT. Sanctè, adv.

SAINTETÉ. Sanctitas, g. sanctitatis³, f.

SAISI. Correptus, a, um, part. pass. | Saisi d'étonnement. Stupefactus, a, um, adj.

Etre saisi d'étonnement. Stupefieri, stupefio, stupefis, stupefactus sum³, pass.

SAISIE. Sub custodiam traditio, g. sub custodiam traditionis³, f.

SAISIR. Corripĕre, corripio, corripis, corripui, correptum³, act.

Etre saisi de. Corripi, corripior, corriperis, correptus sum³, pass. avec ablat. | De crainte. Timore.

SAISIR les biens. Bona sub custodiam tradĕre, trado, tradis, tradidi, traditum³, act.

SAISIR d'horreur. Horrore animos perstringĕre, perstringo, perstringis, perstrinxi, perstrictum³, act. génit. de la personne.

SE SAISIR de. Occupare, occupo, occupas, occupavi, occupatum¹, act.

SAISISSEMENT. Subita perturbatio, g. subitæ¹ perturbationis³, f.

SAISON. Tempus, g. temporis³, neut. | L'arrière saison. Extrema tempestas, g. extremæ¹ tempestatis³, f. | Qui est de saison. Tempestivus, a, um, adj. | Qui n'est pas de saison, ou qui est hors de saison. Intempestivus, a, um, adj.

Hors de saison. Intempestivè, adv.

SALADE. Acetaria, g. acetariorum², n. plur.

SALADIER. Lanx olitoria, gén. lancis³ olitoriæ¹, f.

SALAGE. Salsura, g. salsuræ¹, fém.

SALAIRE. Merces, g. mercedis³, fém.

SALAMANDRE, animal. Salamandra, g. salamandræ¹, f.

SALARIÉ. Mercede conductus, a, um, part. pass. | Etre salarié. Mercede conduci, conducor, conduceris, conductus sum³, pass.

SALARIER. Mercedem tribuĕre, tribuo, tribuis, tribui, tributum³, act. dat. de la personne; c. à. d. donner le salaire à.

SALE, malpropre. Sordidus, a, um, adj.

SALÉ. Salsus, a, um, adj.

SALEMENT. Sordidè, adv.

SALER. Sale aspergĕre, aspergo, aspergis, aspersi, aspersum³, act.

SALETÉ. Sordes, g. sordium³, f. plur.

SALETÉ ou déshonnêteté. Obscenitas, g. obscenitatis³, f.

SALI. Inquinatus, a, um, p. p.

SALIÈRE, vase à mettre du sel. Salinum, g. salini², n.

SALINES, où l'on fait le sel. Salinæ, g. salinarum¹, f. plur.

SALIQUE, loi salique. Lex salica, g. legis³ salicæ¹, f.

SAN

SALIR. Inquinare, inquino, inquinas, inquinavi, inquinatum[1], *act.* | *D'encre ou avec de l'encre.* Atramento, *à l'abl.*

SALISSURE. Macula, g. maculæ[1], *fém.*

SALIVE. Saliva, g. salivæ[1], *f.*

SALLE. Œcus, g. œci[2], *m.*

Salle *d'audience.* Aula, g. aulæ[1], *fém.* | *Salle à manger.* Cœnaculum, g. cœnaculi[2], *n.*

SALON, *pièce destinée à recevoir les visites.* Salutatorium cubile, g. salutatorii[2] cubilis[3], *n.*

SALPÊTRE. Salnitrum, g. salnitri[2], *n.*

SALPÊTRIER. Salnitri coctor, g. salnitri coctoris[3], *m.*

SALPÊTRIÈRE, *lieu où l'on prépare le salpêtre.* Salnitri officina, g. salnitri officinæ[1], *f.*

SALSIFIS, *sorte de racine.* Hirci barbula, g. hirci barbulæ[1], *f.*

SALUBRE. Salubris, *m. f.* salubre, *n. gén.* salubris, *adj. comp.* salubrior, g. salubrioris ; *superl.* saluberrimus, a, um.

SALUBRITÉ. Salubritas, g. salubritatis[3], *f.*

SALUER. Salutare, saluto, salutas, salutavi, salutatum[1], *act.*

SALURE. Salsitudo, g. salsitudinis[3], *f.*

SALUT. Salus, g. salutis[3], *f.*

SALUTAIRE. Salutaris, *m. f.* salutare, *n. gén.* salutaris, *adj.*

SALUTAIREMENT. Salubriter, *adv.*

SALUTATION. Salutatio, g. salutationis[3], *f.*

SAMEDI. Sabbati dies, g. sabbati diei[5], *m.*

SANCTIFIANT. Sanctitatem afferens, g. sanctitatem afferentis, *part.*

SANCTIFICATION, *effet de la grâce qui sanctifie.* Infusa sanctitas, g. infusæ[1] sanctitatis[3], *fém.* | *Travailler à sa sanctification.* Ad comparandam sanctitatem incumbĕre, incumbo, incumbis, incubui, incubitum[3], *n.* Mot à mot, tra-

SAN 543

vailler à acquérir la sainteté.

Sanctification *des fêtes, etc.* Veneratio, g. venerationis[3], *f.* | *Du dimanche.* Diei dominicæ, *au gén.*

SANCTIFIER ou *donner la sainteté.* Sanctitate donare, dono, donas, donavi, donatum[1], *act.*

Sanctifier *les fêtes, etc.* Colĕre, colo, colis, colui, cultum[3], *act.*

SANCTION, *ordonnance.* Sanctio, g. sanctionis[3], *f.*

Sanction, *confirmation.* Ratihabitio, g. ratihabitionis[3], *f.*

SANCTIONNER. Sancire, sancio, sancis, sancivi, sancitum[4], *act.*

SANCTUAIRE. Sanctuarium, g. sanctuarii[2], *n.*

SANDALE. Sandalium, g. sandalii[2], *n.*

SANDARAQUE, *sorte de suc minéral.* Sandaracha, g. sandarachæ[1], *fém.*

SANG. Sanguis, g. sanguinis[3], *masc.* | *Qui est de sang,* ou *sanguin.* Sanguineus, ea, eum, *adj.*

Mettre à feu et à sang. Flammâ et ferro vastare, vasto, vastas, vastavi, vastatum[1], *act.* Mot à mot, ravager par le fer et le feu. | *Etre couvert de sang.* Sanguine inundari, inundor, inundaris, inundatus sum[1], *pass.* | *Mettre en sang.* Cruentare, cruento, cruentas, cruentavi, cruentatum[1], *act.* | *Teint de sang.* Sanguinolentus, a, um, *adj.*

Tirer du sang. Voyez *Saigner quelqu'un.*

Tremper ses mains dans le sang de quelqu'un. Cæde se cruentare, cruento, cruentas, cruentavi, cruentatum[1], *act. avec le génit.* c. à. d. *s'ensanglanter par le meurtre de, etc.*

Sang froid. Animus præsens, g. animi[2] præsentis[3], *m.*

De sang froid. Sedato animo, *à l'abl.*

Sang ou *race.* Sanguis, g. sanguinis[3], *m.* | *Etre du sang royal.* Esse natum sanguine regio ; sum ;

SAN

es, fui. Natus, a, um, s'accorde avec le nominatif. | Qui est du même sang. Consanguineus, ea, eum, adj.

SANGLANT. Cruentus, a, um, adj.

SANGLANT, outrageant. Gravissimus, a, um, adj.

SANGLE, bande de cuir. Lorum, g. lori², n.

SANGLER un cheval. Equum cingulâ constringere, constringo, constringis, constrinxi, constrictum³, act. avec l'accus.

SANGLIER. Aper, g. apri², m.

SANGLOT. Singultus, g. singultûs⁴, m. | Entrecoupé de sanglots. Singultu ruptus, a, um, part.

SANGLOTER. Singultire, singultio, singultis, singultivi, singultitum⁴, n. | En sanglotant. Singultim, adv.

SANGSUE. Hirudo, g. hirudinis³, f.

SANGUIN, qui est d'une humeur sanguine. Sanguine abundans, g. sanguine abundantis, part.

SANGUIN, de couleur de sang. Sanguineus, ea, eum, adj.

SANGUINAIRE. Sanguinarius, ia, ium, adj.

SANGUINE, herbe. Sanguinaria, g. sanguinariæ¹, f.

SANS, devant un nom, s'exprime par sine, avec l'abl. Ex. Homme sans bien. Homo sine re.

Lorsque la prép. Sans se trouve devant un verbe, il faut avoir recours à la Grammaire latine.

Voici quelques façons de parler qu'on traduit en latin comme il suit : Sans boire et sans manger. Sine potu et sine cibo. | Sans vous incommoder. Sine tuo incommodo. | Sans différer. Sine cunctatione. | Sans se fatiguer. Citrà defatigationem. | Sans rire. Extrà jocum. | Sans garder de mesure. Ultrà modum. | Sans cesser. Indesinenter. | Sans faire semblant de rien. Dissimulanter. | Sans y penser. Imprudenter.

SAR

Sans rien dire. Tacitè, adv.

SANSONNET, sorte d'oiseau. Sturnus, g. sturni², m.

SANTÉ. Valetudo, g. valetudinis³, f.

Etre en bonne santé. Bene valere, valeo, vales, valui, valitum², neut. | Etre en mauvaise santé. Male valere.

Comment va ta santé, ou comment te portes-tu ? Quomodo vales ? | Boire à la santé de, ou porter une santé à. Propinare, propino, propinas, propinavi, propinatum¹, n. dat.

SAPAJOU, petit singe. Simiolus, g. simioli², m.

SAPE, action de saper. Suffossio, g. suffossionis³, f.

SAPER. Suffodere, suffodio, suffodis, suffodi, suffossum³, act.

SAPEUR. Suffossor, g. suffossoris³, m.

SAPHIR, sorte de pierre précieuse. Saphirus, g. saphiri², f.

SAPIENCE. Voyez sagesse, etc.

SAPIN, arbre. Abies, g. abietis³, fém. | Qui est de sapin. Abiegnus, a, um, adj.

SAPINIÈRE, lieu planté de sapins. Sapinetum, g. sapineti², n.

SARBACANE. Tubulus jaculatorius, g. tubuli jaculatorii², m.

SARCASME, raillerie amère. Amarulentus jocus, g. amarulenti joci², m.

SARCELLE, oiseau d'eau. Querquedula, g. querquedulæ¹, f.

SARCLER. Sarculare, sarculo, sarculas, sarculavi, sarculatum¹, act.

SARCLEUR. Sarritor, g. sarritoris³, m.

SARCLOIR. Sarculum, g. sarculi², n.

SARCLURE. Sarculatio, g. sarculationis³, f.

SARCOPHAGE, cercueil vide. Sarcophagus, g. sarcophagi², m.

SARDINE, petit poisson de mer. Sardinia, g. sardiniæ¹, f.

SARDOINE, pierre précieuse.

SAU   SAU   545

Sardonyx, *gén.* sardonychis[3], *m.*

SARDONIQUE. *Ris sardonique.* Risûs sardonicus, *g.* risûs[4] sardonici[2], *m.*

SARMENT, *bois de la vigne.* Sarmentum, *g.* sarmenti[2], *n.*

SARRASIN, *blé sarrasin.* Frumentum sarracenicum, *g.* frumenti sarracenici[2], *n.*

SARRASINE, *herbe.* Aristolochia, *g.* aristolochiæ[1], *f.*

SAS, *pour passer de la farine.* Incerniculum, *g.* incerniculi[2], *n.*

SASSER. Incernĕre, incerno, incernis, increvi, incretum[3], *act.*

SATAN. Satanas, *g.* satanæ[1], *m.*

SATELLITE. Satelles, *g.* satellitis[3], *m.*

SATIÉTÉ, *réplétion.* Satietas, *g.* satietatis[3], *f.*

SATIÉTÉ, *dégoût.* Fastidium, *g.* fastidii[2], *n.*

SATIN. Pannus sericus densior, *g.* panni serici[2] densioris[3], *m. Ces trois mots se déclinent.*

UNE SATIRE. Satyra, *g.* satyræ[1], *fém.* | *Satire en vers.* Mordax carmen, *g.* mordacis carminis[3], *neut.* | *Faire une satire contre quelqu'un.* Mordaci carmine carpĕre, carpo, carpis, carpsi, carptum[3], *act. acc. de la personne.*

SATIRIQUE. Satyricus, a, um, *adj.* | *Trait satirique.* Mordax dictum, *g.* mordacis[1] dicti[2], *n.*

SATIRIQUEMENT. Maledicè, *adv.*

SATISFACTION, *réparation.* Satisfactio, *g.* satisfactionis[3], *fém.* | *Faire satisfaction à.* c. à. d. *satisfaire.* Voyez *Satisfaire.*

SATISFACTION ou *contentement que l'on éprouve soi-même.* Gaudium, *g.* gaudii[2], *n.* | *Faire éclater sa satisfaction.* Gaudium apertè ferre, fero, fers, tuli, latum[3], *act* | *Cela me donne de la satisfaction;* c. à. d. *cela est à moi à satisfaction.* Hoc est mihi gaudio.

SATISFACTION, *contentement que l'on cause à quelqu'un.* Rationis suæ probatio, *g.* rationis suæ probationis[3], *f.* | *Donner à quelqu'un de la satisfaction.* Se probare, me probo, te probas, me probavi, probatum[1], *act. dat. de la personne.* Ex. *Nous devons donner de la satisfaction à nos maîtres.* Nostris præceptoribus nos probare debemus.

SATISFACTION, *expiation d'un crime.* Expiatio, *g.* expiationis[3], *fém.*

SATISFACTION, *réparation d'une offense.* Satisfactio, *g.* satisfactionis[3], *f.* | *Faire satisfaction,* c. à. d. *satisfaire.*

SATISFAIRE. Satisfacĕre, satisfacio, satisfacis, satisfeci, satisfactum[3], *n. dat.*

SATISFAIRE, *contenter, accomplir.* Explēre, expleo, exples, explevi, expletum[2], *act.*

SE SATISFAIRE. Animum explēre.

SATISFAISANT, *qui fait plaisir.* Delectans, *g.* delectantis, *part.* | *Être satisfaisant.* Delectare, delectat, delectavit, delectatum[1], *impers.*

SATISFAIT ou *content de.* Contentus, a, um, *abl.*

SATISFAIT, *joyeux.* Lætus, a, um, *adj.* de, *suivi d'un nom, se rend par l'ablat. du nom; suivi d'un verbe, se tourne par de ce que, et s'exprime par* quòd *avec le subj.*

SATISFAIT, *accompli.* Expletus, a, um, *part.*

SATRAPE, *un grand chez les Perses.* Satrapes, *g.* satrapis[3], *m.*

SATRAPIE, *l'étendue du pays que gouvernoit un Satrape.* Satrapia, *g.* satrapiæ[1], *f.*

SATURNE, *un des dieux.* Saturnus, *g.* Saturni[2], *m.*

SATURNALES, *les fêtes de Saturne.* Saturnalia, *g.* saturnalium[3], *n. plur.*

UN SATYRE. Satyrus, *g.* satyri[3], *masc.*

SAUCE. Condimentum, *g.* condimenti[2], *n.*

SAUCER. Condimento intingĕre, intingo, intingis, intinxi,

69

intinctum³, act. c. à. d. *tremper dans la sauce.*

SAUCIÈRE. Catillus, g. catilli², masc.

SAUCISSE. Botellus, g. botelli², masc.

SAUCISSON. Botulus major, g botuli² majoris³, m.

SAUF, adj. Salvus, a, um, adj.

| *Sain et sauf.* Incolumis, m. f. incolume, n. gén. incolumis, adj.

Sauf le respect de. Pace, ablat. fém. qui veut un génit.

Sauf votre respect. Pace tuâ, à l'ablat.

SAUF, *excepté.* Præter, avec l'accus.

SAUF-CONDUIT. Commeatus, g. commeatûs⁴, m.

SAUGE, *herbe.* Salvia, g. salviæ¹, fém.

SAULE, *arbrisseau.* Salix, gén. salicis³, f. | *Lieu planté de saules.* Salicetum, g. saliceti², n.

SAUMON, *poisson.* Salmo, g. salmonis³, m.

SAUMURE. Muria, g. muriæ¹, fém.

SAUNERIE, *lieu où l'on fait le sel.* Salaria officina, g. salariæ officinæ¹, f.

SAUPOUDRER. Voyez *Saler.*

SAUSSAIE, *lieu planté de saules.* Salictum, g. salicti², n.

SAUT. Saltus, g. saltûs⁴, masc. | *Saut de joie.* Exsultatio, g. exsultationis³, f.

PAR SAUTS. Exsultim, adv.

Faire un SAUT, *ou sauter.* Salire, salio, salis, salui, saltum⁴, neut.

Sauter de joie. Lætitiâ exsultare, exsulto, exsultas, exsultavi, exsultatum¹, n. | *Sauter en avant.* Prosilire, prosilio, prosilis, prosilui, prosultum⁴, n. | *Sauter en arrière.* Resilire, resilio, resilis, resilui, resultum⁴, n.

SAUTER *dans*, ou *sur.* Insilire. | *Sauter de*, ou *à bas de.* Desilire. *de se rend par* à *ou* ex, *avec l'ablat.*

SAUTER *par-dessus*, *franchir.* Transilire, transilio, transilis, transilui, transultum⁴, act.

Faire sauter en l'air. In sublime jactare, jacto, jactas, jactavi, jactatum¹, act.

SAUTER, *franchir.* Voyez ce mot.

SAUTER *quelque chose, l'omettre.* Voyez Omettre.

SAUTER *au cou de quelqu'un pour l'embrasser.* Injicere collo brachia; injicio, injicis, injeci, injectum³, act. Mot à mot, *jeter ses bras au cou de.*

SAUTERELLE. Locusta, g. locustæ¹, f.

SAUTEUR. Saltator, g. saltatoris³, m.

SAUTEUSE. Saltatrix, g. saltatricis³ f.

SAUTILLER, *faire de petits sauts.* Subsilire, subsilio, subsilis, subsilui, subsultum⁴, n.

SAUTOIR, *terme de blason.* Decussis, g. decussis³, m. acc. decussim, ablat. decussi.

EN SAUTOIR. Decussatim, adv.

SAUVAGE, ou *farouche.* Ferus, a, um, adj.

Rendre sauvage. Efferare, effero, efferas, efferavi, efferatum¹, act.

SAUVAGE, ou *non cultivé.* Silvestris, m. f. silvestre, n. gén. silvestris, adj.

UN SAUVAGE, *homme qui habite les bois.* Silvicola, g. silvicolæ¹, masc.

SAUVAGEON. Arbuscula silvatica, g. arbusculæ silvaticæ¹, f.

SAUVE, *fém. de* SAUF.

SAUVÉ *de.* Servatus, a, um, part. pass. *de par* à *ou* ab, *avec l'ablat.*

SAUVEGARDE, *protection.* Tutela, g. tutelæ¹, f.

Se mettre sous la sauvegarde. Voyez *Se mettre sous la protection*, au mot Protection.

Prendre en sa sauvegarde. Voy. *Prendre sous*, ou *en sa protection*, au mot Protection.

SAV — SAV

SAUVER. Servare, servo, servas, servavi, servatum[1], act.

Sauver quelqu'un de, etc. Voy. Délivrer.

Sauver la vie à quelqu'un. Vitæ periculo liberare, libero, liberas, liberavi, liberatum[1], act. acc. de la personne ; c. à. d. délivrer du danger de la vie quelqu'un.

Sauver la patrie. Patriam servare. Sauver son honneur, sa réputation. Existimationi suæ consulĕre, consulo, consulis, consului, consultum[3], n. | Sauver son ame. Voyez se Sauver, faire son salut.

Sauver les apparences. Fuco vitia occultare, occulto, occultas, occultavi, occultatum[1], act.

Faire sauver quelqu'un. Emittĕre, emitto, emittis, emisi, emissum[3], act.

SE SAUVER de. Evadĕre, evado, evadis, evasi, evasum[3], n. Le de s'exprime par è ou ex, avec l'abl.

SE SAUVER, s'enfuir. Evadĕre.

Empêcher quelqu'un de se sauver ; c. à. d. ôter à quelqu'un le moyen de fuir. Effugium præcludĕre, præcludo, præcludis, præclusi, præclusum[3], act. dat. de la personne.

SE SAUVER, faire son salut. Sibi salutem sempiternam parĕre, pario, paris, peperi, partum[3], act. Mot à mot, se procurer le bonheur éternel.

SAUVEUR. Servator, g. servatoris[3], m.

LE SAUVEUR, Jésus-Christ. Salutis humanæ restitutor, g. salutis humanæ restitutoris[3], m.

SAVAMMENT. Doctè, adv. comp. doctiùs ; superl. doctissimè.

SAVANT. Doctus, a, um, adj.

SAVANT dans. Peritus, a, um, adj. avec le génit. | Savant en latin, ou en langue latine. Peritus linguæ latinæ. | Se rendre savant. Scientiam consequi, consequor, consequeris, consecutus sum[3], dép. dans se rend par le génit. du nom ; c. à. d. acquérir la science de.

SAVEUR. Sapor, g. saporis[3], m. | Qui est sans saveur. Saporis expers, m. f. et n. gén. expertis, adj.

SAVOIR. Scire, scio, scis, scivi, scitum[4], act.

NE SAVOIR point. Nescire, nescio, nescis, nescivi, nescitum[4], act. | Sans que je le sache, ou sans que je l'aie su, ou sans que j'en sache rien. Me inscio, abl. absolu, de Inscius, inscia, inscium. | Je ne sais quoi. Nescio quid. | Faire savoir quelque chose à quelqu'un. Aliquem certiorem alicujus rei, ou de aliquâ re facĕre, facio, facis, feci, factum[3], act. c. à. d. faire quelqu'un certain de quelque chose. Certior, m. f. certius, n. gén. certioris, s'accorde en genre et en nombre avec le cas du verbe.

Savoir par avance. Præscire.

Savoir par cœur. Memoriâ tenēre, teneo, tenes, tenui, tentum[2], act. | On m'a fait savoir cela ; on tourne par le passif : J'ai été fait certain de cela. Ego certior factus sum de hoc.

SAVOIR, ou à SAVOIR. Scilicet, adv. qui veut le même cas après que devant.

LE SAVOIR, ou la science. Doctrina, g. doctrinæ[1], f.

LE SAVOIR-FAIRE, habileté, adresse. Industria, g. industriæ[1], fém.

SAVON. Sapo, gén. saponis[3], masc.

SAVONNÉ. Sapone perlutus, a, um, adj.

SAVONNER. Sapone eluĕre, eluo, eluis, elui, elutum[3], act.

SAVONNERIE, lieu où l'on fait le savon. Saponis officina, g. saponis officinæ[1], f.

SAVOURER. Degustare, degusto, degustas, degustavi, degustatum[1], act.

SAVOUREUX. Sapidus, a, um, adj.

SCABIEUSE, *plante.* Scabiosa, *g.* scabiosæ[1], *f.*

SCABREUX. Asper, aspera, asperum, *adj. comp.* Asperior, *m. f.* asperius, *n. gén.* asperioris; *superl.* asperrimus, a, um.

SCALPEL, *instrument pour disséquer.* Scalpellum, *g.* scalpelli[2], *neut.*

SCAMMONÉE, *racine.* Scammonia, *g.* scammoniæ[1], *f.*

SCANDALE, *mauvais exemple.* Malum exemplum, *g.* mali exempli[2], *n.* | *Faire du scandale, donner un scandale, être un scandale à.* Malo exemplo esse, sum, es, fui, *avec un dat.* | *Objet de scandale.* Offendiculum, *g.* offendiculi[2], *n.*

SCANDALE, *action scandaleuse.* Offensio, *g.* offensionis[3], *f.*

SCANDALEUSEMENT. Malo exemplo, *à l'ablat.*

SCANDALEUX. Offensionis plenus, a, um, *adj.*

Homme scandaleux. Homo infamis, *g.* hominis infamis[3], *m.*

SCANDALISER. Malo exemplo offendĕre, offendo, offendis, offendi, offensum[3], *act.*

SE SCANDALISER *de.* Offendi, offendor, offenderis, offensus sum[3], *pass. ablat.*

SCANDER *des vers.* Metiri, metior, metiris, mensus sum[4], *dép. acc.*

SCAPULAIRE. Scapulare, *gén.* scapularis[3], *n.*

SCARABÉE. Scarabæus, *g.* scarabæi[2], *m.*

SCEAU, SCEL, ou *cachet.* Sigillum, *g.* sigilli[2], *n.* | *Garde des sceaux.* Sigillorum regiorum custos, *g.* custodis[3], *m.* | *Mettre, apposer, appliquer le sceau.* Obsignare, obsigno, obsignas, obsignavi, obsignatum[1], *act. à ou sur quelque chose, à l'accus.*

SCÉLÉRAT. Sceleratus, a, um, *adj. comp.* Sceleratior, *m. fém.* sceleratius, *n. gén.* sceleratioris; *superl.* sceleratissimus, a, um.

SCÉLÉRATESSE, *méchanceté noire.* Insignis nequitia, *g.* insignis nequitiæ[2], *f.*

SCELLÉ, *sceau mis par autorité de justice.* Sigillum, *g.* sigilli[2], *n.*

SCELLER *les lettres.* Obsignare, obsigno, obsignas, obsignavi, obsignatum[1], *act.*

SCELLER, *affermir.* Confirmare, confirmo, confirmas, confirmavi, confirmatum[1], *act.*

SCÈNE. Scena, *g.* scenæ[1], *f.*

Mettre en scène. In scenam producĕre, produco, producis, produxi, productum[3], *act.* | *Paroître en scène.* In scenam prodire, prodeo, prodis, prodivi, proditum[4], *n.* | *Donner une scène.* Ludos præbēre, præbeo, præbes, præbui, præbitum[3], *act.*

SCÉNOGRAPHIE. Scenographia, *g.* scenographiæ[1], *f.*

SCEPTIQUES, *anciens philosophes.* Sceptici, *g.* scepticorum[2], *m. plur.*

SCEPTRE. Sceptrum, *g.* sceptri[2], *n.*

SCHISMATIQUE. Schismaticus, a, um, *adj.*

SCHISME. Schisma, *g.* schismatis[3], *n.*

SCIAGE, *l'action de scier.* Sectura, *g.* secturæ[1], *f.*

SCIATIQUE, ou *goutte sciatique.* Ischias, *g.* ischiadis[3], *f.*

Qui a la sciatique. Ischiacus, *g.* ischiaci[2], *m.*

SCIE. Serra, *g.* serræ[1], *f.*

SCIEMMENT, *avec connoissance.* Scienter, *adv.*

SCIENCE. Scientia, *g.* scientiæ[1], *fém.*

SCIENTIFIQUE, *en parlant des personnes.* Eruditissimus, a, um. *En parlant des choses, comme: Connoissance scientifique.* Perfecta notitia, *g.* perfectæ notitiæ[1], *f.*

SCIENTIFIQUEMENT. Eruditè, *adv.*

SCIER. Serrâ desecare, deseco, desecas, desecui, desectum[1], *act.*

SCU — SÉA

SCIEUR de bois. Desector, g. desectoris³, m.

SCINTILLER. Voy. Etinceler.

SCISSION, division. Dissidium, g. dissidii², n.

SCIURE. Scobis, g. scobis³, f.

SCOLASTIQUE. Scholasticus, a, um, adj.

SCORBUT. Scorbutum, g. scorbuti², n.

SCORPION. Scorpius, g. scorpii², m.

SCORSONÈRE, plante. Scorsonera, g. scorsoneræ¹, f.

SCRIBE. Scriba, g. scribæ¹, m.

SCRUPULE. Scrupulus, gén. scrupuli², m.

Se faire scrupule, ou *avoir scrupule de*. Religioni habēre, habeo, habes, habui, habitum², act. avec l'acc. de la chose, ou l'infin. du verbe. | *Donner à quelqu'un des scrupules, lui en faire venir*. Scrupulum injicĕre, injicio, injicis, injeci, injectum³, act. dat. de la personne.

SCRUPULEUSEMENT. Scrupulosè, adv.

SCRUPULEUSEMENT, *minutieusement*. Argutè, adv.

SCRUPULEUX. Religiosus, a, um, adj.

SCRUPULEUX, *minutieux*. Argutus, a, um, adj.

SCRUTATEUR. Scrutator, gén. scrutatoris³, m.

SCRUTER. Scrutari, scrutor, scrutaris, scrutatus sum¹, dép. accus.

SCRUTIN, manière de recueillir les voix. Suffragiorum latio, g. suffragiorum lationis³, f.

SCRUTIN, *boîte où l'on jette les suffrages*. Suffragiorum urna, g. suffragiorum urnæ¹, f.

SCULPTER. Sculpĕre, sculpo, sculpis, sculpsi, sculptum³, act.

SCULPTEUR. Sculptor, gén. sculptoris³, m.

SCULPTURE. Sculptura, gén. sculpturæ¹, f. | *De sculpture*, ou *de sculpteur*. Sculptilis, m. fém. sculptile, n. gén. sculptilis, adj. Exemple : *Ouvrage de sculpture*. Opus sculptile.

SE, pronom. Suî, sibi, se, pour le sing. et le plur. Exemples: *Il se loue*. Se laudat. *Ils se louent*. Se laudant.

Quelquefois le pronom Se ne s'exprime pas en latin, mais se tourne par le passif, comme dans cet exemple : *Ce livre se vend chez Pierre*. Hic liber venditur apud Petrum; c. à. d. *est vendu*. Quelquefois le pronom Se devant un verbe neutre, ne s'exprime pas : comme, *il se promène*. Ambulat. *Il se sert*. Utitur.

SE, devant les verbes Repentir, Ennuyer, ne s'exprime pas par Se. Ex. *il se repent*. Illum pœnitet. *Elle s'ennuie*. Illam tædet. *Les hommes se repentent*. Viros pœnitet. Pour comprendre cela, il suffit de savoir que ce que nous croyons le nominatif de ces verbes, est leur régime; qu'il se repent, est pour *le repentir tient lui*. Elle s'ennuie, pour *l'ennui tient elle*; que pœnitet est pour pœna tenet; et tædet pour tædium tenet. Par ce moyen, la chose s'explique clairement.

SÉANCE. Consessus, g. consessûs⁴, m.

Lever la séance. Cœtum dimittĕre, dimitto, dimittis, dimisi, dimissum³, act.

SÉANT, ou *bienséant*. Decorus, a, um, adj.

Etre séant. Decēre; decet, au plur. decent; decuit, au plur. decuerunt², impers. acc. de la personne, et l'infin. du verbe; comme : *Il n'est pas séant qu'un jeune homme mente*, ou *il n'est pas séant à un jeune homme de mentir*. Non decet adolescentem mentiri. | *Ces paroles ne sont pas séantes*. Hæc verba non decent.

MAL-SÉANT. Indecorus, a, um, adj.

Etre mal-séant. Dedecēre; dedecet, *au plur.* dedecent ; dedecuit, *au plur.* dedecuerunt², *imp. qui veut le même cas que* Séant, *ci-dessus.*

Etre en son Séant, *ou se mettre en son séant.* Sedēre, sedeo, sedes, sedi², *n.*

SEAU *pour puiser de l'eau.* Situla, *g.* situlæ¹, *f.*

SEC. Siccus, a, um, *adj.*

Etre sec. Arēre, areo, ares, arui², *sans sup. n.* † *Devenir sec.* Arescēre, aresco, arescis, arui³, *sans sup. n.*

A Sec, *puits à sec.* Puteus exhaustus, *g.* putei exhausti², *masc.* | *Rivière à sec.* Amnis exsiccatus, *g.* amnis³ exsiccati², *m.* | *Mettre à sec un marais.* Voyez Dessécher. | *Mettre à sec un bateau.* Navem in aridum subducēre, subduco, subducis, subduxi, subductum³, *act.* | *A pieds secs.* Pedibus siccis.

Sec, *maigre, décharné.* Exsiccus, a, um, *adj.*

SÉCHÉ. Siccatus, a, um, *part. pass.*

Séché *au soleil.* Insolatus, a, um, *adj.*

SÉCHEMENT. Siccè, *adv. comp.* Siccius ; *superl.* siccissimè.

SÉCHEMENT, *durement.* Asperius, *adv.*

SÉCHER, *faire sécher.* Siccare, sicco, siccas, siccavi, siccatum¹, *act.*

Sécher, *ou se sécher, devenir sec.* Arescēre, aresco, arescis, arui³, *sans sup. n.*

SÉCHERESSE. Siccitas, *g.* siccitatis³, *f.*

SECOND, *ou deuxième.* Secundus, a, um, *adj.* Alter, altera, alterum, *g.* alterius, *dat.* alteri, *etc.* | *Pour la seconde fois, une seconde fois.* Iterùm, *adv.* | *En second lieu.* Secundò, *adv.*

Second, *ou qui aide.* Adjutor, *g.* adjutoris³, *m.*

SECONDAIRE. Secundarius, ia, ium, *adj.*

SECONDEMENT. Secundò, *adv.*

SECONDER, *ou aider.* Adjuvāre, adjuvo, adjuvas, adjuvi, adjutum¹, *act.*

Seconder, *ou favoriser.* Favēre, faveo, faves, favi, fautum², *n. dat.*

SECOUER, *agiter.* Concutēre, concutio, concutis, concussi, concussum³, *act.* | *Secouer un habit.* Vestem excutēre, excutio, excutis, excussi, excussum³, *act.* | *Le joug.* Jugum.

SECOURABLE. Ad ferendam opem promptus, a, um, *adj. c. à. d.* prompt à apporter du secours. | *Il fut secourable à bien des gens*; tournez, *il porta secours à bien des gens.* Multis tulit opem.

SECOURIR. Succurrēre, succurro, succurris, succurri, succursum³, *n. dat.* | *Secourir quelqu'un dans la misère*; tournez, *porter secours à la misère de quelqu'un.* Opem ferre miseriis alicujus. | *Secourir quelqu'un dans le malheur.* Afflictum erigēre, erigo, erigis, erexi, erectum³, *act. acc. de la personne, et le part.* Afflictum *s'accorde en genre et en nombre avec le nom de la personne ; comme, il nous a secourus dans le malheur.* Nos afflictos erexit.

Secourir *une place, y faire entrer du secours.* In oppidum præsidia introducēre, introduco, introducis, introduxi, introductum³, *act.* | *Secourir une place, en faire lever le siège.* Urbem obsidione eximēre, eximo, eximis, exemi, exemptum³, *act.*

SECOURS. Auxilium, *g.* auxilii², *n. Donner du secours.* Voyez Secourir. | *Aller, venir au secours.* Venire subsidio ; *de quelqu'un, au dat.* | *Appeler à son secours.* In auxilium invocare, invoco, invocas, invocavi, invocatum¹, *act.* | *Crier au secours.* Subsidium inclamare, inclamo, inclamas, inclamavi, inclamatum¹, *act.*

SECOUSSE. Concussio, *g.* concussionis³, *fem.*

SECRET, Secrète, *caché.* Arca-

SÉD — SEI

nus, a, um, *adj.* | *Menées secrètes.* Clandestina consilia, *g.* clandestinorum consiliorum², *n. plur.*

UN SECRET, ou *chose secrète.* Arcanum, *g.* arcani², *n.* | *Garder un secret.* Commissa tenēre, teneo, tenes, tenui, tentum², *act.* | *Les secrets de la nature.* Naturæ abdita, *g.* naturæ abditorum², *n.*

En secret. Arcanè, *adv.*

SECRET, ou *remède.* Remedium, *g.* remedii², *n.* | *Secrets d'un art.* Artis mysteria, *g.* artis mysteriorum², *n. plur.*

SECRÉTAIRE. Scriba, *g.* scribæ¹, *m.* | *Secrétaire d'état.* Regis scriba.

SECRÉTARIAT, *office du secrétaire.* Scribæ officium, *g.* scribæ officii², *n.*

SECRÉTARIAT, *bureau des secrétaires.* Scribarum curia, *g.* scribarum curiæ¹, *f.*

SECRÉTEMENT. Arcanè, *adv.*

SECTAIRE, *qui est d'une secte condamnée par l'église.* Hæreticus, *g.* hæretici², *m.*

SECTATEUR. Sectator, *g.* sectatoris³, *m.*

SECTE. Secta, *g.* sectæ¹, *f.*

SECTION. Pars, *g.* partis³, *f.*

SÉCULAIRE. Secularis, *m. f.* seculare, *n. gén.* secularis, *adj.*

SÉCURITÉ. Securitas, *g.* securitatis³, *fém.*

SÉDENTAIRE. Sedentarius, ia, ium, *adj.*

SÉDIMENT, *ce qu'il y a de plus grossier dans les liqueurs.* Crassamentum, *g.* crassamenti², *neut.*

SÉDITIEUSEMENT. Seditiosè. *adv. comp.* Seditiosiùs; *sup.* seditiosissimè.

SÉDITIEUX. Seditiosus, a, um, *adj.*

SÉDITION. Seditio, *g.* seditionis¹, *f.* | *Emouvoir, exciter, causer, allumer, faire une sédition.* Seditionem movēre, moveo, moves, movi, motum², *act.*

SÉDUCTEUR. Corruptor, *gén.* corruptoris³, *m.*

SÉDUCTRICE. Corruptrix, *g.* corruptricis¹, *f.*

SÉDUCTION. Corruptela, *gén.* corruptelæ¹, *f.*

SÉDUIRE, *faire tomber dans l'erreur.* Seducĕre, seduco, seducis, seduxi, seductum³, *act.*

SÉDUIRE, *débaucher, corrompre.* Voyez *Corrompre.*

Se laisser séduire par. Decipi, decipior, deciperis, deceptus, sum³, *pass.* | *Se laisser séduire par l'attrait du vice.* Vitiorum illecebris abripi, abripior, abriperis, abreptus sum³, *pass.*

SÉDUIRE *des témoins.* Testes subornare, suborno, subornas, subornavi, subornatum¹, *act.*

SÉDUIRE, *charmer.* Illicĕre, illicio, illicis, illexi, illectum³, *act.*

SÉDUISANT, SÉDUISANTE. Illecebrosus, a, um, *adj. comp.* Illecebrosior, *m. f.* illecebrosius, *n. gén.* illecebrosioris; *sup.* illecebrosissimus, a, um.

SÉDUIT, *trompé.* Deceptus, a, um, *part.*

SEIGLE, *sorte de blé.* Secale, *g.* secalis³, *n.*

LE SEIGNEUR, DIEU. Summus rerum moderator, *g.* summi² rerum moderatoris³, *m.* | *Notre-Seigneur J. C.* Christus Dominus, *g.* Christi Domini², *m.*

SEIGNEUR. Dominus, *g.* Domini², *m.*

Les principaux seigneurs. Proceres, *g.* procerum³, *m. pl.*

Le Grand-Seigneur ou *empereur des Turcs.* Turcarum imperator, *g.* Turcarum imperatoris³, *m.*

Seigneur de village. Comarchus, *g.* comarchi², *m.*

SEIGNEURIAL ou *de seigneur.* Dominicus, a, um, *adj.*

Terre seigneuriale. Voy. *Seigneurie.* | *Droit seigneurial.* Domini jus, *g.* domini juris³, *n.*

SEIGNEURIE. Mancipium, *g.* mancipii², *n.*

SEIN ou *poitrine.* Sinus, *g.* sinûs⁴, *m.*

SEL

Arracher un fils du sein de sa mère. Filium de matris sinu avellere, avello, avellis, avulsi, avulsum³, *act.*

SEIN, *entrailles, ventre.* Uterus, *g.* uteri², *m.*

Le sein de la terre. Terræ viscera, *g.* terræ viscerum³, *n. pl.*

SEIN, *milieu.* Sinus, *g.* sinûs⁴, *masc.* | *Vivre au sein des plaisirs.* Voluptatibus affluĕre, affluo, affluis, affluxi, affluxum³, *n.*

Vivre au sein de l'abondance. In omnium rerum abundantia vivĕre, vivo, vivis, vixi, victum³, *neut.*

SEING, ou *signature.* Chirographum, *g.* chirographi², *n.*

SEIZE. Sexdecim, *plur. indécl. et de tout genre.* | *Seize fois.* Sexdeciès, *adv.*

SEIZIÈME. Decimus sextus, decima sexta, decimum sextum, *adj.*

SEIZIÈMEMENT. Decimò sextò, *adv.*

SÉJOUR. Commoratio, *g.* commorationis³, *f.*

LE SÉJOUR, ou *la demeure.* Sedes, *g.* sedis³, *f.*

Faire son séjour dans, ou SÉJOURNER, ou *faire séjour.* Commorari, commoror, commoraris, commoratus sum¹, *dép.*

SEL. Sal, *g.* salis³, *m.*

SEL, *ce qui rend quelque chose piquante et spirituelle.* Lepos, *g.* leporis³, *m.* | *Mot plein de sel.* Dictum salsum, *g.* dicti salsi², *n.*

SELLE *pour s'asseoir.* Sella, *g.* sellæ¹, *f.*

SELLE *de cheval.* Ephippium, *g.* ephippii², *n.*

SELLER. Ephippio insternĕre, insterno, insternis, instravi, instratum³, *act.*

SELLETTE, *petite selle.* Sedecula, *g.* sedeculæ¹, *f.*

SELLIER. Ephippiorum opifex, *g.* ephippiorum opificis³, *m.*

SELON, ou *suivant.* Secundùm, *avec l'acc.* E ou ex, *avec l'abl.*

SEM

Exemple : Selon les lois. Ex legibus, *ou* secundùm leges.

SELON, ou *vû, eu égard.* Pro, *avec l'ablat.* | *Selon le temps.* Pro tempore. | *Selon la coutume.* Pro more. | *Selon que.* Ut, prout, *avec l'indic.* | *Selon qu'il mérite.* Ut, *ou* prout meretur.

SEMAILLE. Sementis, *gén.* sementis³, *f.*

SEMAINE. Hebdomas, *g.* hebdomadis³, *fém.* | *Semaine sainte.* Hebdomas sacra, *g.* hebdomadis³, sacræ¹, *f.*

SEMBLABLE. Similis, *m. f.* simile, *n. gén.* similis, *adj. comp.* Similior, *m. f.* similius, *n. gén.* similioris ; *superl.* simillimus, a, um. *Il veut après lui le génit. ou le dat.* | *Rien de semblable.* Nihil ejusmodi.

NOS SEMBLABLES, c. à. d. *les hommes semblables à nous.* Nostri similes, *g.* nostri similium³, *m.*

SEMBLABLEMENT. Pariter, *adv.*

SEMBLANT, *feinte apparence.* Simulatio, *g.* simulationis³, *fém.* | *Faire semblant de.* Simulare, simulo, simulas, simulavi, simulatum¹, *act. infinitif du verbe, et s'il y a un* que, *on le retranche.* | *Tu fais semblant d'être malade,* ou *que tu es malade.* Simulas te ægrotare.

Sans faire semblant de rien. Dissimulenter, *adv.*

Ne pas faire semblant, c. à. d. *dissimuler.* Dissimulare, dissimulo, dissimulas, dissimulavi, dissimulatum¹, *act.*

SEMBLER. Vidēri, videor, videris, visus sum², *pass. Même cas après que devant. Le nom de la personne à qui il semble se met au datif ; comme : Mon frère me semble paresseux.* Meus frater mihi videtur piger. | *Je crois que ce livre ne semble pas inutile.* Credo hunc librum non videri inutilem. | *Comme il me semble,* ou *ce me semble,* ou *à ce qui me semble.* Ut mihi videtur. | *Il semble que...*

SÉM — SEN

Il me semble que. Videri. Remarquez que dans cette manière de parler, le nom ou pronom qui suit le *que*, devient en latin sujet de *il semble*. Exemple : *Il me semble que tu es sourd* ; tournez, *tu sembles à moi être sourd.* Tu mihi videris esse surdus. | *Il semble que beaucoup d'hommes sont fous* ; tournez, *beaucoup d'hommes paroissent fous.* Multi homines videntur esse stulti.

Que vous en semble ? Quid eâ de re sentis ? c. à. d. *que pensez-vous de cela ?*

SEMELLE. Solea, g. soleæ[1], f.

SEMENCE. Semen, g. seminis[3], neut. | *Semence de discorde, de guerre, etc.* Causa, g. causæ[1], f.

SEMER. Serĕre, sero, seris, sevi, satum[3], act. | *Semer un champ.* Agrum conserĕre, consero, conseris, consevi, consitum[3], act. | *Qu'on sème.* Sativus, a, um, adj.

SEMER, *répandre.* Spargĕre, spargo, spargis, sparsi, sparsum[3], act.

SEMER, *parsemer.* Distinguĕre, distinguo, distinguis, distinxi, distinctum[3], act.

SEMESTRE. Semestre, g. semestris[3], n.

SEMEUR. Sator, g. satoris[3], m.

SEMILLANT. Alacer, m. alacris f. alacre, n. comp. Alacrior, m. et f. alacrius, n. gén. alacrioris ; sup. alacerrimus, a, um.

SÉMINAIRE, *lieu pour élever les clercs.* Seminarium, g seminarii[2], n. | *Faire son séminaire.* Tirocinium sacerdotii facĕre ; c. à. d. *faire le noviciat du sacerdoce.*

SÉMINARISTE Seminarii alumnus, gén. seminarii alumni[2], m. c. à. d. *élève d'un séminaire.*

SEMONCE, *reproche.* Objurgatio, g. objurgationis[3], f.

SEMONCER. Voyez *Réprimander.*

SÉNAT. Senatus, g. senatûs[4], masc.

SÉNATEUR. Senator, g. senatoris[3], m. | *De sénateur, sénatorial.* Senatorius, ia, ium, adj.

SÉNATORIEN. Patricius, ia, ium, adj.

SÉNÉ, *drogue médicinale.* Senna, g. sennæ[1], f.

SÉNÉCHAL. Senescallus, gén. senescalli[2], m.

SENEVÉ. Sinapi, n. indéclin.

LE SENS. Sensus, gén. sensûs[4], m. | *Tomber sous les sens.* Sub sensum cadĕre, cado, cadis, cecidi, casum[3], n. | *Frapper les sens.* Sensum movēre, moveo, moves, movi, motum[2], act. | *Reprendre ses sens.* Animum recipĕre, recipio, recipis, recepi, receptum[3], act.

SENS, ou *entendement, jugement.* Judicium, g. judicii[2], neut. | *Le bon sens.* Sana mens, gén. sanæ[1] mentis[3], f. | *Etre en bon sens.* Esse sanæ mentis. | *Perdre le sens, le bon sens, ou l'avoir perdu.* Insanire, insanio, insanis, insanivi, insanitum[4], n.

SENS, ou *sentiment, opinion.* Sententia, gén. sententiæ[1], f. | *A mon sens.* Meâ sententiâ, abl.

SENS, ou *signification.* Significatio, g. significationis[3], f. | *Mot à double sens.* Ambigua vox, g. ambiguæ[1] vocis[3], f. | *Donner un bon, ou mauvais sens.* Rectè, ou perperàm interpretari, interpretor, interpretaris, interpretatus sum[1], dép. acc. ; c. à. d. *interpréter bien ou mal.*

SENS, ou *situation.* Situs, gén. sitûs[4], m. | *En tout sens, ou de tout sens.* Undiquè, adv. | *Sens dessus dessous.* Præposterè, adv.

SENSATION. Sensatio, g. sensationis, f.

SENSÉ. Sapiens, g. sapientis, m. et f. adj.

En homme sensé, ou

SENSÉMENT. Sapienter, adv.

SENSIBLE *à, en parlant des personnes. Sensible à la douleur.* Doloris impatiens, m. f. et n. gén. impatientis. | *Sensible au froid.*

554 SEN

Frigoris impatiens. | *Aux affronts, aux injures.* Injuriarum impatiens. | *Sensible à la gloire.* Gloriæ cupidus, a, um, adj. | *Etre sensible aux reproches; tournez, être touché des reproches.* Exprobrationibus commoveri, commoveor, commoveris, commotus sum[2], pass.

Etre sensible aux maux des autres; tournez, être touché des maux des autres. Aliorum malis commoveri.

SENSIBLE, *qui tombe sous les sens.* Sensibilis, m. f. sensibile, n. gén. sensibilis, adj.

SENSIBLE, *qui fait une grande impression, en parlant de la douleur.* Acerbus, a, um, adj. | *En parlant de la joie.* Magnus, a, um, adj. comp. Major, m. f. majus, n. gén. majoris; sup. maximus, a, um. | *Cette nouvelle m'a causé une joie sensible.* Hic nuncius fuit mihi magno gaudio.

SENSIBLEMENT, *grandement.* Vehementer, adv.

SENSITIVE, *plante.* Æschynomene, g. æschynomenes[1], f.

SENSUALITÉ, *attachement aux plaisirs sensuels.* Voluptatum corporearum studium, g. studii[2], n.

SENSUALITÉ, *les plaisirs sensuels.* Corporea voluptas, g. corporeæ[1] voluptatis[3], f.

SENSUEL, *en parlant des personnes.* Voluptarius, ia, ium, adj.

SENSUEL, *en parlant des choses. Plaisir sensuel.* Voluptas corporea, g. voluptatis[3] corporeæ[1], f. | *Vie sensuelle.* Vita mollis et delicata, g. vitæ[1] mollis[3] et delicatæ[1], f.

D'une manière sensuelle, ou SENSUELLEMENT. Molliter, adv.

SENTENCE. Sententia, g. sententiæ[1], f.

SENTENCIEUSEMENT. Sententiosè, adv.

SENTENCIEUX. Sententiosus, a, um, adj.

SENTEUR. Odor, g. odoris[3], m. | *De senteur, ou qui sent bon.* Odoratus, a, um, adj.

SENTIER. Semita, g. semitæ[1], fém.

SENTIMENT, *faculté de sentir.* Sensus, g. sensûs[4], m.

SENTIMENT *d'humanité.* Humanitatis sensus.

SENTIMENT *d'affection pour quelqu'un.* Animi affectio, g. animi affectionis[3], f. pour *par ergà, avec l'accus.*

SENTIMENT, *ou opinion.* Sententia, g. sententiæ[1], f.

N'avoir point de sentiment. Sensu carere, careo, cares, carui, caritum[2], n. | *Je suis de votre sentiment.* Tecum sentio; c. à. d. *je pense avec vous.* Sentio, sentis, sensi, sensum, sentire[4], act. | *Je ne suis pas de leur sentiment.* Dissentio ab illis. | *Je ne suis pas du même sentiment que vos frères.* Dissentio à tuis fratribus. Dissentio, dissentis, dissensi, dissentire[4], n. | *Au sentiment de tout le monde.* Omnium judicio. | *Avoir de hauts sentimens de soi-même;* c. à. d. *penser magnifiquement de soi.* De se magnificè sentire. | *Avoir de modestes sentimens de soi-même; tournez, penser modestement de soi.*

SENTINE. Sentina, g. sentinæ[1], fém.

SENTINELLE, *qui fait le guet à un poste.* Excubitor, g. excubitoris[3], m. | *Sentinelles de jour.* Excubiæ, g. excubiarum[1], f. plur. | *Sentinelles de nuit.* Vigiliæ, g. vigiliarum[1], f. plur. | *Poser des sentinelles.* Excubias collocare.

SENTINELLE, *fonction de sentinelle, être en sentinelle, faire sentinelle.* Excubare, excubo, excubas, excubui, excubitum[1], n.

SENTIR, *ou ressentir.* Sentire, sentio, sentis, sensi, sensum[4], act.

SENTIR, *ou flairer.* Odorari, odoror, odoraris, odoratus sum[2], dép.

SEP   SEQ   555

SENTIR, ou *rendre quelque odeur.* Olēre, oleo, oles, olui, olitum², *n.* | *Bon,* benè; *mauvais,* malè, *adv.*

Le nom qui signifie l'odeur, se met à l'accus. Comme : Cela sent la rose. Illud olet rosam.

SE SENTIR, *se sentir coupable.* Esse conscium culpæ, sum conscius, ia, ium, *adj.* | *Ne pas se sentir de joie.* Gaudio non temperare, tempero, temperas, temperavi, temperatum¹, *n.*

SÉPARABLE. Separabilis, *m. f.* separabile, *n. gén.* separabilis, *adj.*

SÉPARATION, *action de séparer.* Disjunctio, *g.* disjunctionis³, *fém.*

SÉPARATION *d'amis qui se brouillent.* Dissociatio, *g.* dissociationis³, *f.* | *Séparation, divorce.* Divortium, *g.* divortii², *n.*

SÉPARATION, *ce qui sépare.* Sepimentum, *g.* sepimenti², *n.*

SÉPARATION, *ou départ.* Discessus, *g.* discessûs⁴, *m.*

SÉPARÉMENT. Separatim, *adv.*

SÉPARER. Separare, separo, separas, separavi, separatum¹, *act. Le* de *ou* d'avec *s'exprime par* à *ou* ab, *avec l'ablat.*

SÉPARER, *diviser.* Dividĕre, divido, dividis, dividi, divisum³, *act. de par* à *ou* ab, *avec l'ablat.*

SE SÉPARER *de,* ou *quitter.* Discedĕre, discedo, discedis, discessi, discessum³, *n. Le de ou d'avec s'exprime par* à *ou* ab, *et l'ablat.*

SE SÉPARER, *se diviser.* Dividi, dividor, divideris, divisus sum³, *pass.*

SE SÉPARER, *en parlant d'un mari et d'une femme, etc.* Facĕre divortium; c. à. d. *faire divorce.*

SEPT. Septem, *pl. indéclin. et de tout genre.* | *Sept fois.* Septies, *adv.* | *Sept cents.* Septingenti, septingentæ, septingenta, *adj.* | *L'an sept cent; c. à. d. l'an sept centième.* Annus septingentesimus, *g.* anni septingentesimi², *m.* | *A sept heures ; c. à. d. à la septième heure.* Septimâ horâ, *à l'ablat.*

SEPTANTE. Septuaginta, *plur. indéclin. et de tout genre.* | *Les septante interprètes de l'Ecriture sainte.* Septuaginta interpretes, *gén.* septuaginta interpretum³, *m. plur.*

SEPTEMBRE. September, *g.* septembris³, *m. ablat.* septembri.

SEPTENAIRE. Septenarius, ia, ium, *adj.*

SEPTENTRION, *nord.* Septentrio, *g.* septentrionis³, *m.*

SEPTENTRIONAL, *du septentrion.* Septentrionalis, *m. f.* septentrionale, *n. gén.* septentrionalis, *adj.*

SEPTIÈME. Septimus, a, um, *adj.* | *Pour la septième fois.* Septimùm, *adv.* | *En septième lieu.* Septimo loco.

SEPTIÈMEMENT. Septimò, *adv.*

SEPTUAGÉNAIRE. Septuagenarius, ia, ium, *adj.*

SEPTUAGÉSIME. Septuagesima, *g.* septuagesimæ¹, *f.*

SÉPULCRAL. Sepulcralis, *m. f.* sepulcrale, *n. gén.* sepulcralis, *adj.*

SÉPULCRE. Sepulcrum, *g.* sepulcri², *n.*

SÉPULTURE. Sepultura, *gén.* sepulturæ¹, *f.* | *Donner la sépulture.* Voyez Ensevelir. | *Etre privé des honneurs de la sépulture.* Sepulturâ carēre, careo, cares, carui, caritum², *n.* | *Qui est sans sépulture.* Insepultus, a, um, *adj.*

SÉQUESTRATION. Sequestratio, *g.* sequestrationis³, *f.*

SÉQUESTRE. Sequestrum, *gén.* sequestri², *n.*

SÉQUESTRER, ou *mettre quelque chose en séquestre.* Sequestro dare, do, das, dedi, datum¹, *act.* c. à. d. *donner quelque chose en séquestre.*

SE SÉQUESTRER *de.* Voy. Fuir.

SEQUIN, *pièce d'or.* Aureus venetus, *g.* aurei veneti², *m.*

SÉRAIL, *palais du Grand-Seigneur.* Imperatoris Turcici palatium, *g.* imperatoris Turcici palatii², *n.*

SÉRAPHIN. Seraphim, *indécl.*

SEREIN, ou *clair.* Serenus, a, um, *adj.*

LE SEREIN, *rosée qui tombe au coucher du soleil.* Aura vespertina, *g.* auræ vespertinæ¹, *f.* | *Prendre le serein.* Auram vespertinam captare, capto, captas, captavi, captatum¹, *act.*

SÉRÉNADE. Concentus vespertinus, *g.* concentûs⁴ vespertini², *masc.*

SÉRÉNISSIME. Serenissimus, a, um, *adj.*

SÉRÉNITÉ. Serenitas, *g.* serenitatis³, *f.*

SÉREUX. Sero plenus, a, um, c. à. d. *plein de sérosités.*

SERF. Voyez *Esclave.*

SERGENT *de justice.* Accensus, *g.* accensi², *m.* ou Apparitor, *g.* apparitoris³, *m.* | *Sergent de soldats.* Instructor, *g.* instructoris³, *m.* | *Sergent-major.* Supremus instructor.

SÉRIE, *suite, succession de choses.* Series, *g.* seriei⁵, *f.*

SÉRIEUSEMENT. Serio, *adv.*

SÉRIEUX, *en parlant des personnes.* Gravis, *m. f.* grave, *n. gén.* gravis, *adj.*

SÉRIEUX, *en parlant des choses.* Serius, ia, ium, *adj.* | *Air sérieux.* Gravitas, *g.* gravitatis³, *f.*

SERIN, *oiseau des Canaries.* Acanthis, *g.* acanthidis³, *f.*

SERINGUE. Clyster; *g.* clysteris³, *m.*

SERMENT. Jusjurandum, *gén.* jurisjurandi², *n.* On décline jus et jurandum. | *Avec serment.* Adhibito jurejurando. | *Faire serment.* Jurare, juro, juras, juravi, juratum¹, *n.*

On met le verbe suivant au fut. de l'infin. comme : Il fait serment de venir; c. à. d. *qu'il viendra.* Jurat se venturum. | *Prêter serment.* Jurejurando se obligare; me obligo, te obligas, me obligavi, obligatum¹, *act.* | *Prêter serment de fidélité au prince.* Sacramentum principi dicĕre, dico, dicis, dixi, dictum³, *act.* | *Se faire prêter serment de fidélité par quelqu'un.* Exigĕre sacramentum ab aliquo; c. à. d. *exiger le serment de quelqu'un.* Exigo, exigis, exegi, exactum³, *act.* | *Dégager de son serment.* Sacramento solvĕre, solvo, solvis, solvi, solutum³, *act.*

*Faux-*SERMENT. Perjurium, *gén.* perjurii², *n.*

SERMON. Sacra concio, *gén.* sacræ¹ concionis³, *f.* | *Faire un sermon, le débiter.* Habēre sacram concionem.

SERMONAIRE, *livre où sont plusieurs sermons.* Concionum liber, *g.* concionum libri², *m.*

SÉROSITÉ. Serum, *g.* seri², *n.*

SERPE. Falx, *g.* falcis³, *f.*

SERPENT. Anguis, *g.* anguis³, *masc.*

SERPENTEAU. Voyez *Fusée.*

SERPENTER, ou *aller en serpentant.* Flexuoso cursu ferri, feror, ferris, latus sum³, *pass. Ruisseau qui serpente.* Rivulus flexuosus, a, um, *adj.*

SERPENTINE, *plante.* Dracunculus, *g.* dracunculi², *m.*

SERPETTE. Falcula, *g.* falculæ¹, *f.*

SERPILLIÈRE, *grosse toile.* Segestre, *g.* segestris³, *n.*

SERPOLET. Serpyllum, *g.* serpylli², *n.*

SERRE, *griffe.* Unguis, *gén.* unguis³, *m.*

SERRE *pour mettre les orangers à couvert.* Cella arbustiva, *gén.* cellæ arbustivæ, *f.*

SERRÉ, ou *lié étroitement.* Strictus, a, um, *part. pass.*

SERRÉ, ou *pressé.* Densus, a, um, *adj.* | *Bataillon serré.* Confertum agmen, *g.* conferti² agminis³, *n.*

SER

SERRÉ, *mis en réserve*. Reconditus, a, um, *part. pass.*

SERRÉ, *en parlant du style*. Pressus, a, um, *adj.* | *Avoir le cœur serré de douleur*; tournez : *être pressé par la douleur*. Dolore premi, premor, premeris, pressus sum³, *pass.*

SERREMENT *de mains*. Manuum compressio, *gén.* manuum compressionis³, *f.* | *Serrement de cœur*. Animi angor, *g.* animi angoris³, *m.*

SERRER, ou *lier étroitement*. Stringĕre, stringo, stringis, strinxi, strictum³, *act.*

SERRER *les rangs*. Ordines densare, denso, densas, densavi, densatum¹, *act.*

SERRER, *presser*. Premĕre, premo, premis, pressi, pressum³, *act.* | *Serrer contre son cœur*. Pectori apprimĕre, apprimo, apprimis, appressi, appressum³, *act.*

SERRER *quelqu'un de près, en le poursuivant*. Urgēre, urgeo, urges, ursi, ursum², *act.*

SERRER, *mettre en réserve pour garder*. Recondĕre, recondo, recondis, recondidi, reconditum³, *act.*

SERRURE. Sera, *g.* seræ¹, *f.*

SERRURIER. Serarius faber, *g.* serarii fabri², *m.*

SERVANTE. Ancilla, *g.* ancillæ¹, *f.*

SERVI, SERVIR. *Table bien servie*. Mensa exquisitis cibis instructa.

SERVIABLE. Officiosus, a, um, *adj.*

SERVICE, *état, fonction de serviteur*. Famulatus, *g.* famulatûs⁴, *m.* | *Être au service de quelqu'un*. Voyez *Servir*.

SERVICE *que rend un valet, etc*. Opera, *gén.* operæ¹, *f.*

Service, profession militaire. Militia, *gén.* militiæ¹, *f.*

SERVICE, ou *bienfait*. Officium, *g.* officii², *n.* | *Rendre service à*. Officium præstare, præsto, præstas, præstiti, præstitum², *act. dat. de la personne.*

SERVICE, *utilité, usage*. Utilitas, *g.* utilitatis³, *f.* | *Être de service*. Utilitatem præbēre, præbeo, præbes, præbui, præbitum², *act.* | *Tout ce que j'ai est à votre service*; tournez, *tout ce que j'ai est vôtre*. Omnia quæ habeo, tua sunt. | *Tout ce que j'ai est au service de mon ami*; tournez, *tout ce que j'ai est à mon ami*. Omnia quæ habeo sunt mei amici.

Le service de Dieu. Res divina, *g.* rei⁵ divinæ¹, *f.* | *Se consacrer au service de Dieu*. Vitam Deo devovēre, devoveo, devoves, devovi, devotum², *act.*

SERVICE *pour un mort*. Justa, *gén.* justorum², *n. plur.*

SERVICE, ou *mets*. Ferculum, *g.* ferculi², *n.*

SERVIETTE. Mantile, *g.* mantilis³, *n.*

SERVILE, *de valet*. Servilis, *m. f.* servile, *n. gén.* servilis, *adj.*

SERVILE, *bas, abject*. Abjectus, a, um, *adj.*

SERVILEMENT. Serviliter, *adv.*

SERVIR, *être au service d'un maître*. Famulari, famulor, famularis, famulatus sum¹, *dép. d. dt.* | *Servir Dieu*. Deum colĕre, colo, colis, colui, cultum³, *act.*

SERVIR, ou *donner*. Ministrare, ministro, ministras, ministravi, ministratum¹, *act. rég. ind. dat.* | *Je vous servirai du vin*. Tibi ministrabo vinum. | *Servir à table*. Ad mensam ministrare. | *Servir des viandes*. Cibos apponĕre, appono, apponis, apposui, appositum³, *act.*

SERVIR, *porter les armes*. Militare, milito, militas, militavi, militatum¹, *n.*

SERVIR à, ou *être utile*. Prodesse, prosum, prodes, profui, *n. dat.* | *Cela ne vous sert point*. Illud tibi non prodest. | *Faire servir une chose à plusieurs usages*. Rem in plures usus accommodare.

SERVIR, ou *rendre service*. Benè mereri, benè mereor, benè mereris, benè meritus sum², *dép*. *Le nom de la personne se met à l'ablat. avec* de; *comme*, *Servir un ami*. Benè mereri de amico.

SERVIR *de, ou en place de*. Loco esse, sum, es, fui, *avec le gén. ensuite*. | *Je vous servirai de père*. Tibi ero loco patris. | *Servir d'exemple à*. Exemplo esse, sum, es, fui, *avec le datif*; c. à. d. *être à exemple*. | *Lentulus sert d'exemple à ses compagnons*. Lentulus est exemplo suis condiscipulis.

SE SERVIR *de*. Uti, utor, uteris, usus sum³, *dép. ablat.* | *Se servir de quelqu'un*. Uti operâ alicujus. | *Se servir d'un mot*. Vocem usurpare, usurpo, usurpas, usurpavi, usurpatum¹, *act*.

SERVITEUR, ou *valet*. Famulus, g. famuli², *m*.

SERVITUDE. Servitus, g. servitutis³, *f*.

SES. Voyez Son.

SESSION, *séance*. Sessio, g. sessionis³, *f*.

SESTERCE, *monnoie des anciens Romains*. Sestertius, g. sestertii², *m*.

SETIER, *mesure*. Sextarius, g. sextarii², *m*.

SEUIL. Limen, g. liminis³, *n*.

SEUL. Solus, a, um, g. solius, dat. soli, *etc*. | *Un seul*. Unus, una, unum, g. unius, dat. uni, *etc*. | *Pas un seul*. Ne unus quidem, ne una quidem, ne unum quidem. | *Je n'ai que cette consolation, ou j'ai cette seule consolation*. Habeo hoc unum solatium.

SEUL, *sans être accompagné*. Incomitatus, a, um, *part*.

SEULEMENT. Solùm, *adv*. | *Non-seulement, etc. mais aussi*. Non solùm, *etc*. sed etiam.

SÈVE. Humor, g. humoris³, *m*.

SÉVÈRE. Severus, a, um, *adj*.

SÉVÈREMENT. Severè, *adv*.

SÉVÉRITÉ. Severitas, g. severitatis³, *f*. | *User de sévérité*. Severitatem adhibere, adhibeo, adhibes, adhibui, adhibitum², *act*. | *Envers*, in, *avec l'acc*.

SÉVIR, *agir avec rigueur*. Sævire, sævio, sævis, sævii, sævitum⁴, *n*. contre par in, *avec l'acc*.

SEVRER. Ab ubere depellere, depello, depellis, depuli, depulsum³, *act*.

SE SEVRER. Voyez s'Abstenir.

SEXAGÉSIME. Sexagesima, g. sexagesimæ¹, *f*.

SEXAGÉNAIRE, *âgé de soixante ans*. Sexagenarius, ia, ium, *adj*.

SEXE. Sexus, g. sexûs⁴, *m*.

SI, *est, ou conditionnel, ou adverbe, ou dubitatif*.

SI, *conditionnel, s'exprime par* Si, *et veut toujours le subjonctif devant l'imparfait, et le plus-que-parfait*.

SI, *adverbe, s'exprime par* tam, *et le* que, *qui suit s'exprime par* ut, *avec le subjonct. comme : Dieu est si bon, qu'il aime les hommes*. Deus est tam bonus, ut amet homines.

SI, *dubitatif, s'exprime par* an, *avec le subjonct*.

SI, *suivi d'une négation, s'exprime par* ni, *avec l'indicatif; comme : Si je ne me trompe*. Ni fallor.

Quand SI, *suivi d'une négation, signifie* à moins que, *il s'exprime par* Nisi *et veut le subj. Exemple : Si vous n'étudiez, (à moins que vous n'étudiez,) vous serez châtiés*. Nisi studeatis, pœnas dabitis.

Si ce n'est que, s'exprime par nisi, *avec le subjonct. Ex. Si ce n'est que vous vouliez sortir*. Nisi forte velis exire.

Mais si, si au contraire, s'exprime par Sin autem. *Ex. Mais si vous voulez partir*. Sin autem vis proficisci.

Que si. Sin. | *Que si la chose vous est absolument impossible*. Sin planè non potes.

Si bien que, tellement que. Adeò ut, *avec le subjonct.*

Comme si. Quasi, *ou* perindè ac si, *avec le subjonct.*

Si grand. Tantus, a, um, *adj.*

Si petit. Tantulus, a, um, *adj.*

SIBYLLE, *prophétesse.* Sibylla, g. sibyllæ^1, f.

SICAIRE, *assassin.* Sicarius, g. sicarii^2, m.

SICLE, *monnoie des Juifs.* Siclus, g. sicli^2, m.

SIECLE. Sæculum, *gén.* sæculi^2, neut.

IL SIED *ou* il sied bien à. Decet, *plur.* decent; decebat, *plur.* decebant; decuit, *plur.* decuerunt; *à l'infinitif* decēre^2, *impers. qui veut l'acc. comme:* Cela sied bien à ton frère. Illud decet fratrem tuum. | *Il sied mal à.* Dedecet, *au pl.* dedecent; dedecebat, *au plur.* dedecebant; dedecuit, *au plur.* dedecuerunt; *à l'infin.* dedecēre^2, *impers. qui veut l'acc.*

SIÈGE *pour s'asseoir, etc.* Sedes, g. sedis^3, f. | *Petit siège.* Sedecula, *gén.* sedeculæ^1, f.

Le saint SIÈGE. Sacra sedes, *gén.* sacræ^1 sedis^3 f. | *Siège de l'empire.* Imperii sedes.

SIÈGE *de justice.* Tribunal, g. tribunalis^3, n.

SIÈGE *d'une ville.* Obsidio, g. obsidionis^3, f. | *Mettre ou former le siége devant,* c. à. d. *assiéger.* Obsidēre, obsideo, obsides, obsedi, obsessum^2, *act.* | *Lever le siége d'une ville.* Urbis obsidionem solvĕre, solvo, solvis, solvi, solutum^3, *act.* | *Le siège fut levé.* Obsidio soluta fuit. | *Faire lever le siége d'une ville.* Urbem obsidione liberare, libero, liberas, liberavi, liberatum^1, *act.*

SIEN. Suus, sua, suum, *pron.* *Lorsque Sien se rapporte au nomin. du verbe, il s'exprime par* Suus, *sinon, il s'exprime par* Illius. Ex. *Il a mon livre, et j'ai le sien.* Ille meum librum habet; et ego illius librum habeo.

SIEUR. Dominus, g. domini^2, *masc.*

SIFFLEMENT. Sibilus, g. sibili^2, m. *au plur. on dit* Sibila, g. sibilorum^2, n.

SIFFLER. Sibilare, sibilo, sibilas, sibilavi, sibilatum^1, n.

SIFFLER *en parlant des vents.* Stridēre, strideo, strides, stridui^2, *sans sup.* n.

SIFFLET. Fistula, g. fistulæ^1, f. | *Donner un coup de sifflet.* Dare signum sibilo; c. à. d., *donner le signal avec un coup de sifflet.*

SIFFLEUR. Sibilator, g. sibilatoris^3, m.

SIGNAL. Signum, g. signi^2, neut. *Donner le signal, ou faire le signal.* Signum dare, do, das, dedi, datum^1, *actif.*

SIGNALÉ, *distingué.* Insignis, m. f. insigne n. *gén.* insignis, *adj.*

SIGNALEMENT. Effigies, g. effigiei^5, f.

SIGNALER, *rendre illustre.* Illustrare, illustro, illustras, illustravi, illustratum^1, *act.*

SIGNALER *son courage.* Animum ostendĕre, ostendo, ostendis, ostendi, ostensum^3, *act.*

SIGNALER, *montrer.* Profiteri, profiteor, profiteris, professus sum^2, *dép. acc.* | *Signaler son zèle.* Studium profiteri.

SIGNALER, *rendre remarquable par quelque événement.* Insignire, insignio, insignis, insignivi, insignitum^4, *act.* | *Signaler une flotte.* Classem in conspectu signis prænunciare, prænuncio, prænuncias, prænunciavi, prænunciatum^1, *act.* c. à. d. *annoncer par des signaux l'approche d'une flotte.*

SE SIGNALER, *se distinguer.* Inclarescĕre, inclaresco, inclarescis, inclarui^3, *sans sup.* n.

SIGNATURE. Chirographum, g. chirographi^2, n.

SIGNE. Signum, g. signi^2, n. | *Donner la main en signe de réconciliation.* Dextram reconciliationis pignus dare, c. à. d. *donner la main pour gage de réconciliation.* | *Faire signe à quelqu'un.* Alicui signum dare[1]. *Signe de tête.* Nutus, g. nutûs[4], m. | *Faire un signe de la tête.* Innuēre, innuo, innuis, innui[3], sans sup. n. avec un dat. de la personne. | *Parler par signe.* Per gestum significare, significo, significas, significavi, significatum[1], act. | *Signe de la croix.* Sanctæ crucis signum.

SIGNÉ. Chirographo munitus, a, um, *part. pass.*

SIGNER. Chirographum ponēre, appono, apponis, apposui, appositum[3], act. avec le dat. de la chose que l'on signe; c. à. d. *mettre son seing à.*

SIGNET, *petit ruban qu'on met au haut d'un livre.* Tæniola, g. tæniolæ[1], *fém.*

SIGNIFICATIF. Significans, m. f. et n. gén. significantis, *part. prés.*

SIGNIFICATION. Significatio, g. significationis[3], *f.*

SIGNIFIER, *avoir un certain sens.* Significare, significo, significas, significavi, significatum[1], act.

SIGNIFIER ou *dénoncer.* Denunciare, denuncio, denuncias, denunciavi, denunciatum[1], act.

SILENCE. Silentium, g. silentii[2], n. | *Garder le silence, demeurer dans le silence.* Silentium tenēre, teneo, tenes, tenui, tentum[2], act. | *Garder le silence sur une chose.* Rem tacēre, taceo, taces, tacui, tacitum[2], act. | *En silence.* Silentio, à l'abl. | *Passer sous silence.* Prætermittēre, prætermitto, prætermittis, prætermisi, prætermissum[3], act. | *Faire faire silence, imposer silence.* Imperare silentium, impero, imperas, imperavi, imperatum[1], act. dat. de la personne. | *Il règne un grand silence.* Loca latè silent;

de Silēre, sileo, siles, silui[2], sans sup. n.

SILENCIEUX. Taciturnus, a, um, *adj.*

SILLON, *terre élevée quand on a labouré.* Lira, gén. liræ[1], *fém.*

La raie du sillon. Sulcus, g. sulci[2], m.

SILLONNER. Sulcare, sulco, sulcas, sulcavi, sulcatum[1], act.

SIMARRE, *robe traînante.* Palla, g. pallæ[1], *f.*

SIMILITUDE. Similitudo, g. similitudinis[3], *f.*

SIMONIAQUE. Simoniacus, a, um, *adj.*

SIMONIE. Simonia, g. simoniæ[1], *f.*

SIMPLE, *qui n'est pas composé.* Simplex, m f. et n. gén. simplicis. comp. Simplicior, m. et f. simplicius, n. gén. simplicioris; superl. simplicissimus, a, um.

SIMPLE, *sans ornement.* Inornatus, a, um, *part.* | *Style simple.* Candidum dicendi genus, g. candidi[2] dicendi generis[3], n.

SIMPLE, *privé. Un simple particulier.* Privatus, g. privati[2], m. | *Simple soldat.* Miles gregarius, g. militis[3] gregarii[2], m.

SIMPLE, *facile à tromper.* Simplex, g. simplicis[3], *f.*

Les SIMPLES, *herbes médicinales.* Simplicia, g. simplicium[3], n. plur.

SIMPLEMENT. Simpliciter, adv. comp. Simpliciùs, sup. simplicissimè. | *Vêtu simplement.* Cultu modicus, a, um, *adj.*

SIMPLICITÉ, *qualité de ce qui est simple.* Simplicitas, g. simplicitatis[3], *f.*

SIMPLICITÉ *d'habits.* Cultûs modestia, g. cultûs modestiæ[1], *f.*

SIMPLICITÉ, *candeur.* Ingenuitas, g. ingenuitatis[3], *f.*

Avec simplicité. Ingenuè, *adv.*

SIMPLIFIER. Ad simpliciorem statum redigēre, redigo, redigis, redegi, redactum[3], act.

SIMULACRE. Simulacrum, gén. simulacri², n.

SIMULATION. Simulatio, gén. simulationis³, fém.

SIMULER. Simulare, simulo, simulas, simulavi, simulatum¹, act.

SINCÈRE. Sincerus, a, um, adj.

SINCÈREMENT. Sincerè, adv. comp. Sinceriùs ; sup. sincerissimè.

SINCÉRITÉ. Sinceritas, g. sinceritatis³, f. | Avec sincérité. Sincerè, adv.

SINGE. Simius, g. simii², m. | Petit singe. Simiolus, g. simioli², masc.

SINGERIE. Gesticulatio ridicula, g. gesticulationis³ ridiculæ³, f. | Faire des singeries. Mimum agere, ago, agis, egi, actum³, act. c. à d. faire le bouffon.

SE SINGULARISER en quelque chose, se faire remarquer par quelque chose. Ab aliis discedère, discedo, discedis, discessi, discessum³, n. | Le nom de la chose en quoi on se singularise, à l'abl. sans préposition. Mot à mot, s'écarter des autres par.

SINGULARITÉ. Ratio singularis, g. rationis singularis³, fém.

SINGULIER, particulier. Singularis, m. fém. singulare, n. gén. singularis, adj. | Combat singulier. Singulare certamen, g. singularis certaminis³, n. | Nombre singulier. Singularis numerus, g. singularis³ numeri², m.

SINGULIER, rare, excellent. Eximius, ia, ium, adj.

SINGULIÈREMENT. Singulariter, adv.

SINISTRE. Infaustus; a, um, adj.

SINISTREMENT. Infaustè, adv.

SINON, ou si ce n'est. Nisi, avec même cas après que devant. | Je n'aime personne, sinon mon père. Neminem amo, nisi meum patrem. | Si non que, si ce n'est que. Nisi quòd, avec le subj.

| Sinon que tu m'aimes. Nisi quòd me ames. | Il ne fait autre chose, sinon que jouer; c. à. d. il ne fait autre chose, sinon qu'il joue. Nihil aliud agit, nisi quòd ludat. Voy. Autre, dans la Grammaire latine.

SINON, pour mais si. Sin minùs. | S'il vient, à la bonne heure, sinon. Si venerit, benè est, sin minùs.

SINON, pour autrement. Alioqui, adv. | Etudie, sinon tu t'en repentiras. Stude, alioqui te pœnitebit.

SINUEUX. Sinuosus, a, um, adj.

SINUOSITÉ. Flexus sinuosus, g. flexûs⁴ sinuosi², m.

SIPHON, sorte de tuyau. Siphon, g. siphonis³, m.

SIRE, en parlant au roi. Rex, au vocatif.

SIRIUS, étoile. Sirius, g. Sirii², m.

SIRÈNE. Siren, g. sirenis³, f.

SIROP. Syrupus, gén. syrupi², masc.

SIS, SISE, situé. Situs, a, um, adj.

SITE, aspect. Situs, g. situs⁴, masc.

SITUATION, position, lieu. Situs, g. situs⁴, m.

SITUATION, posture. Habitus, g. habitus⁴, m. | Situation de l'ame, de l'esprit. Animi habitus.

SITUATION, état. Status, g. status⁴, m.

SITUÉ. Situs, a, um, part. pass. | Situé au pied d'une montagne. Monti subjacens, g. monti subjacentis, part. | Etre situé au pied d'une montagne. Monti subjacere, subjaceo, subjaces, subjacui², sans sup. n.

SITUER, placer. Locare, loco, locas, locavi, locatum¹, act.

SIX. Sex., indéclin. et de tout genre. | Six cents. Sexcenti, sexcentæ, sexcenta. | L'an six cent. Annus sexcentesimus, gén. anni sexcentesimi², m. c. à. d. l'an six

7 1

centième. | *L'an six cent, les Romains envoyèrent des colonies.* Anno sexcentesimo, colonias miserunt Romani. | *Six fois.* Sexies, *adv.* | *Six cents fois.* Sexcenties, *adv.* | *A six heures.* Sextâ horâ, *à l'ablat.* c. à. d. *à la sixième heure.* | *Charles six* ; c. à. d. *sixième.* Carolus sextus.

SIXAIN, *pièce de poésie composée de six vers.* Sex versuum carmen, *g.* sex versuum carminis[3], *neut.*

SIXIÈME. Sextus, a, um, *adj.* | *Pour la sixième fois.* Sextùm, *adv.*

LA SIXIÈME, *la classe de sixième.* Sexta, *g.* sextæ[1], *f.* Classis est sous-entendu. | *Qui va en sixième.* Sextanus, *g.* sextani[2], *m.*

SIXIÈMEMENT. Sextò, *adv.*

SOBRE *dans le boire et le manger.* Temperans, *m. f. et n. gén.* temperantis, *adj.*

Repas sobre et frugal. Frugi cœna, *g.* frugi cœnæ[1], *f.*

SOBREMENT, *avec sobriété.* Moderatè, *adv. comp.* Moderatiùs ; *superl.* moderatissimè.

SOBREMENT, *avec circonspection.* Consideratè, *adv.*

SOBRIÉTÉ. Temperantia, *gén.* temperantiæ[1], *f.*

SOBRIQUET. Cognomen ridiculum, *g.* cognominis[3] ridiculi[2], *n.* | *Donner un sobriquet.* Ridiculum cognomen imponere, impono, imponis, imposui, impositum[3], *act. dat.* de la personne. | *Sobriquet injurieux.* Appellatio ignominiosa, *g.* appellationis[3] ignominiosæ[1], *f.*

SOC. Vomer, *g.* vomeris[3], *m.*

SOCIABLE. Sociabilis, *m. f.* sociabile, *n. gén.* sociabilis, *adj.*

SOCIAL, *qui concerne la société.* Socialis, *m. f.* sociale, *n. gén.* socialis, *adj.*

SOCIÉTÉ. Societas, *g.* societatis[3], *f.* | *Entrer en société, ou faire société avec quelqu'un.* Facere societatem cum aliquo. | *Pour une affaire, au gén.* | *Rompre la société.* Societatem dirimere, dirimo, dirimis, diremi, diremptum[3], *act.*

SOCRATE, *nom d'homme.* Socrates, *g.* Socratis[3], *m.*

SŒUR. Soror, *gén.* sororis[3], *f.* | *Belle-sœur.* Glos, *g.* gloris[3], *f.* | *Meurtrier, ou meurtrière de sa sœur.* Sororicida, *g.* sororicidæ[1], *m. et fém.*

SOFA, *estrade couverte de coussins pour s'asseoir.* Suggestum pulvinis instructum, *g.* suggesti pulvinis instructi[2], *n.*

SOI, *g.* sui, *dat.* sibi, *acc. et abl.* se. | *Avec soi.* Secum. | *De soi-même.* Sponte suâ, *à l'ablat.* | *Prendre garde à soi.* Sibi cavere, mihi caveo, tibi caves, mihi cavi, cautum[2], *n.* | *Revenir à soi.* Ad se redire, redeo, redis, redivi, reditum[4], *n.* | *Faire parler de soi.* In hominum sermonem venire, venio, venis, veni, ventum[4], *n.*

DE SOI-MÊME, *de son propre mouvement.* Ultrò.

SOIE. Bombyx, *g.* bombycis[3], *f.* | *Qui est de soie.* Bombycinus, a, um, *adj.* | *Vêtu de soie.* Sericatus, a, um, *adj.*

Soie de pourceau, etc. Seta, *g.* setæ[2], *f.*

SOIF. Sitis, *g.* sitis[3], *f. acc.* sitim, *ablat.* siti. | *Avoir soif.* Sitire, sitio, sitis, sitivi, sititum[4], *n.* | *Causer la soif, la faire venir.* Sitim adducere, adduco, adducis, adduxi, adductum[3], *act.* | *De soif, ou par la soif.* Siti, *à l'ablat.* | *Mourir de soif.* Siti consumi, consumor, consumeris, consumptus sum[3], *pass.*

SOIGNER. Curare, curo, curas, curavi, curatum[1], *act.*

SOIGNEUSEMENT. Accuratè, *adv. comp.* Accuratiùs ; *superl.* accuratissimè.

SOIGNEUX. Studiosus, a, um, *adj.* Cet adj. veut après lui le *gén.* ou le gérond. en di. | *Soigneux, d'apprendre.* Studiosus discendi.

SOIN. Cura, *g.* curæ¹, *f.* | *Avoir soin de, ou prendre soin de.* Curare, curo, curas, curavi, curatum³, *act. Après* Curo, *le* de *ou le* que, *suivi d'un verbe, s'exprime par* ut *avec le subj. comme : J'aurai soin que tout soit prêt.* Curabo ut omnia sint parata.

AVEC SOIN. Accuratè, *adv.* | *Avec beaucoup de soin.* Accuratissimè, *adv.* | *Donner tous ses soins à une chose.* Omnes curas conferre, confero, confers, contuli, collatum³, *act. Le nom qui suit à, se met à l'accusatif, avec* in.

Se charger du soin de. Curam suscipĕre, suscipio, suscipis, suscepi, susceptum³, *act. génit. de la chose.* | *Donner à un autre le soin de.* Curam delegare, delego, delegas, delegavi, delegatum¹, *act. datif de la personne, génit. de la chose.*

SOIR. Vesper, *g.* vesperi², *m.* | *Du soir.* Vespertinus, a, um, *adj.* | *Au soir, ou sur le soir.* Sub vesperum. | *Hier au soir.* Heri vesperi, *indécl.* | *Bon soir, en parlant à un seul.* Vale ; *en parlant à plusieurs,* valete. | *Donner ou souhaiter le bon soir à.* Faustam noctem precari, *avec un dat.* Precor, precaris, precatus sum¹, *dép.*

SOIRÉE. Vespertinum tempus, *g.* vespertini² temporis³, *n.*

SOIT. Seu, sive, *avec même cas après que devant.* | *Soit que.* Sive, *avec le subjonct.* | *Soit que j'écrive, soit que je lise.* Sive scribam, sive legam. | *Soit, c. à. d. que cela soit.* Esto.

SOIXANTE. Sexaginta, *pl. ind. et de tout genre.* | *Soixante fois.* Sexagies, *adv.* | *Agé de soixante ans.* Voyez *Sexagénaire.* | *L'an soixante, c. à. d. l'an soixantième.*

SOIXANTE ET DIX. Septuaginta, *plur. indécl. et de tout genre.* | *L'an soixante et dix, c. à. d. l'an soixante et dixième.*

Soixante et dix fois. Septuagies, *adv.*

SOIXANTIÈME. Sexagesimus, a, um, *adj.*

SOIXANTE ET DIXIÈME. Septuagesimus, a, um, *adj.*

SOL, *terrain sur lequel on bâtit.* Area, *g.* areæ¹, *f.*

SOL, *terroir.* Solum, *g.* soli², *m.*

SOLAIRE. Solaris, *m. f.* solare, *n. gén.* solaris. | *Cadran solaire.* Solarium, *g.* solarii², *n.*

SOLDAT. Miles, *g.* militis³, *m.* DE SOLDAT, *ou* militaire. Militaris, *m. f.* militare, *n. gén.* militaris, *adj.*

SOLDATESQUE, *troupe de soldats.* Milites, *g.* militum³, *masc. plur.*

SOLDE, *paye d'un soldat.* Stipendium, *g.* stipendii², *n.* | *Etre à la solde.* Merēre, mereo, meres, merui, meritum², *n.* | *De quelqu'un.* Sub, *et l'abl.*

SOLDE, *payement.* Solutio, *g.* solutionis³, *f.*

SOLDER. Solvĕre, solvo, solvis, solvi, solutum³, *act.*

SOLE, *poisson.* Solea, *g.* soleæ¹, *f.*

SOLÉCISME. Solœcismus, *gén.* solœcismi², *m.* | *Faire des solécismes.* Solœcismos facĕre, facio, facis, feci, factum³, *act.*

SOLEIL. Sol, *g.* solis³, *m.* | *Il fait soleil, ou le soleil luit.* Sol lucet ; *de* Lucēre, luceo, luces, luxi², *sans sup. n.* | *Au soleil.* In sole. | *Le soleil levant.* Sol oriens, *g.* solis orientis³, *m.* | *Le soleil couchant.* Sol occidens, *g.* solis occidentis³, *m.* | *Se tenir au soleil, se chauffer au soleil.* Apricari, apricor, apricaris, apricatus sum¹, *dépon.*

SOLEIL, *fleur jaune.* Heliotropium, *g.* heliotropii², *n.*

SOLEIL *dans lequel on met la sainte Eucharistie.* Vas ostensorium, *g.* vasis³ ostensorii², *n.*

SOLENNEL, *qui se fait noblement, pompeusement.* Solemnis

m. f. solemne, *n. gén.* solemnis, *adj.*

SOLENNELLEMENT. Solemniter, *adv.*

SOLENNISÉ. Solemni ritu celebratus, a, um, *part. pass.*

SOLENNISER. Solemni ritu celebrare, celebro, celebras, celebravi, celebratum[1], *act.*

SOLENNITÉ, *cérémonie solennelle.* Solemnis ritus, *gén.* solemnis[3] ritûs[4], *m.* | *Avec solennité.* Solemniter, *adv.*

SOLENNITÉ, *jour qu'on célèbre.* Solemnia, *g.* solemnium[3], *n. pl.* | *Des noces.* Nuptiarum, *gén. pl.*

SOLIDAIREMENT. In solidum, *adv.*

SOLIDE. Solidus, a, um, *adj.*

Ami solide. Amicus firmus, *g.* amici firmi[2], *m.*

SOLIDEMENT. Solidè, *adv.*

SOLIDITÉ. Soliditas, *g.* soliditatis[3], *f.*

SOLILOQUE, *discours d'un homme qui s'entretient avec lui-même.* Soliloquium, *g.* soliloquii[2], *neut.*

SOLITAIRE, *adj.* Solitarius, ia, ium, *adj.*

SOLITAIRE, *subst. qui vit dans la solitude.* Eremi cultor, *g.* eremi cultoris[3], *m.*

SOLITAIREMENT. Procul ab hominum congressu.

SOLITUDE. Solitudo, *g.* solitudinis[3], *f.* | *Vivre dans la solitude;* tournez, *mener une vie solitaire.*

SOLIVEAU. Tigillum, *g.* tigilli[2], *neut.*

SOLLICITATION. Sollicitatio, *g.* sollicitationis[3], *f.* | *A la sollicitation, ou par la sollicitation de.* Impulsu, *à l'abl.*

SOLLICITER. Sollicitare, sollicito, sollicitas, sollicitavi, sollicitatum[1], *act.* à s'exprime par ad, avec l'acc. ou le gérond. en dum.

SOLLICITER *un juge, lui recommander une affaire.* Judici causam commendare, commendo, commendas, commendavi, commendatum[1], *act.*

SOLLICITEUR. Instigator, *g.* instigatoris[3], *m.*

SOLLICITEUR *de procès.* Litium curator, *g.* litium curatoris[3], *m.*

SOLLICITUDE. Sollicitudo, *g.* sollicitudinis[3], *f.*

SOLSTICE *d'été.* Solstitium, *g.* solstitii[2], *n.* | *Solstice d'hiver.* Bruma, *g.* brumæ[1], *f.*

SOLUTION. Explicatio, *g.* explicationis[3], *f.* | *Donner la solution d'une chose.* Rem explicare, explico, explicas, explicavi, explicatum[1], *act. c. à d. l'expliquer.*

SOLVABLE. Solvendo idoneus, ea, eum, *adj.* | *Être solvable.* Solvendo esse, sum, es, fui.

SOMBRE, *peu éclairé. Bois sombre.* Nemus umbrosum, *g.* nemoris[3] umbrosi[2], *n.*

SOMBRE, *obscur, ténébreux.* Nubilus, a, um, *adj.* | *Nuit un peu sombre.* Nox subnubila, *g.* noctis[3] subnubilæ[2], *f.*

SOMBRE, *triste, taciturne.* Taciturnus, a, um, *adj.* | *Humeur sombre.* Natura recondita, *g.* naturæ reconditæ[1], *f.* | *Air sombre.* Severum supercilium, *g.* severi supercilii[2], *n.*

SOMMAIRE, *subst.* Summarium, *gén.* summarii[2], *n.*

SOMMAIRE, *adj.* Brevis, *m. f.* breve, *n. gén.* brevis, *adj.*

SOMMAIREMENT. Summatim, *adv.*

SOMMATION. Admonitio, *gén.* admonitionis[3], *f.*

SOMME *d'argent.* Summa, *g.* summæ[1], *f.*

SOMME, *charge, fardeau.* Onus, *g.* oneris[3], *n.*

Bête de somme. Jumentum, *g.* jumenti[2], *n.*

EN SOMME. Summatim, *adv.*

SOMME, ou *sommeil.* Somnus, *g.* somni[2], *m.* | *Dormir d'un bon somme.* Arctè dormire, dormio, dormis, dormivi, dormitum[4], *n.*

SOM

Dormir d'un profond sommeil. Arctiùs dormire. | *Se laisser aller au sommeil.* Somno indulgere, indulgeo, indulges, indulsi, indultum², *n.*

SOMMEILLER, *dormir légèrement.* Dormitare, dormito dormitas, dormitavi, dormitatum¹, *n.*

SOMMELIER, *qui a soin du vin.* Vini promus, *g.* vini promi², *m.*

SOMMER *quelqu'un de faire une chose. Mot à mot, signifier à quelqu'un une chose devant être faite.* Alicui rem faciendam denunciare, denuncio, denuncias, denunciavi, denunciatum¹, *act.*

SOMMER *un débiteur de payer.* Debitorem de pecuniâ appellare, appello, appellas, appellavi, appellatum¹, *act.* | *Sommer quelqu'un de sa promesse.* Promissum exigĕre, exigo, exigis, exegi, exactum¹, *act.* | *La personne à l'abl. avec* à, *ou* ab.

SOMMER *une ville,* (*ses citoyens,*) *ou le gouverneur de se rendre, de rendre la place.* Cives, urbis præfectum in deditionem vocare, voco, vocas, vocavi, vocatum¹, *act.*

SOMMET. Cacumen, *g.* cacuminis³, *n.*

SOMMIER, *pièce de bois.* Tignum, *g.* tigni², *n.*

SOMMITÉ. Cacumen, *g.* cacuminis³, *n.*

SOMNAMBULE, *celui ou celle qui se lève tout endormi, et qui marche sans s'éveiller.* Noctambulus, a, um, *adj.*

SOMNIFÈRE, *qui fait dormir.* Somnifer, somnifera, somniferum¹, *adj.*

SOMPTUAIRE. Sumptuarius, ia, ium, *adj.*

SOMPTUEUSEMENT. Sumptuosè, *adv.*

SOMPTUEUX. Sumptuosus, a, um, *adj.*

SOMPTUOSITÉ. Luxus, *g.* luxus⁴, *m.*

SON

Avec somptuosité. Somptuosè, *adv.* | *Maison où règne la somptuosité;* tournez, *maison somptueuse.*

SON, SA, SES. Voy. cette règle dans la Grammaire latine.

SON ou *bruit.* Sonus, *g.* soni², *m.* | *Rendre un son.* Sonum reddĕre, reddo, reddis, reddidi, redditum³, *act.*

SON *de la farine.* Furfur, *g.* furfuris³, *m.* | *Pain de son.* Panis furfureus, *g.* panis³ furfurei², *m.*

SONDE, *instrument de chirurgien.* Specillum, *g.* specilli², *neut.*

SONDE *pour mesurer la profondeur de la mer.* Nauticum perpendiculum, *g.* nautici perpendiculi², *n.* | *Jeter la sonde.* Contari, contor, contaris, contatus sum¹, *dép.*

SONDER. Tentare, tento, tentas, tentavi, tentatum¹, *act.* | *Un gué.* Vadum, *à l'acc.*

SONDER *quelqu'un.* Pertentare¹, *acc. de la personne.*

SONDER *une plaie.* Vulnus specillo explorare, exploro, exploras, exploravi, exploratum¹, *act.*

SONGE. Somnium, *g.* somnii², *n.* | *En songes.* In somniis.

SONGER, *faire un songe.* Somniare, somnio, somnias, somniavi, somniatum¹, *n.*

SONGER *à.* Cogitare cogito, cogitas, cogitavi, cogitatum¹, *act. acc. du nom; infinit. du verbe.* | *Sans y songer.* Incogitanter, *adv.*

SONGER *à soi.* Sibi consulĕre, mihi consulo, tibi consulis, mihi consului, consultum³, *n.*

SONGEUR. Somniosus, a, um, *adj.*

SONNANT, SONNANTE. Resonans, *gén.* resonantis, *adj.* | *A l'heure sonnante.* Ipsâ horâ.

SONNER ou *résonner.* Sonare, sono, sonas, sonui, sonitum¹, *neut.*

SONNER *une cloche, etc.* Pulsare,

pulso, pulsas, pulsavi, pulsatum¹, act.

SONNER *de la trompette*. Classico canĕre, cano, canis, cecini, cantum³, n. | *La trompette sonne*. Tuba canit. | *Sonner la retraite*. Receptui canĕre, cano, canis, cecini, cantum³, n.

SONNER *l'alarme*. Classico milites ad arma vocare¹, act. Mot à mot. *Appeler aux armes les soldats avec la trompette*.

SONNER *la charge*. Signum prælii dare, do, das, dedi, datum¹, act. Mot à mot, *donner le signal d'un combat*.

SONNERIE *d'un clocher*. Æs campanum, g. æris³ campani², n.

SONNET. Sonetum, g. soneti², neut.

SONNETTE. Cymbalum, g. cymbali², n.

SONNEUR. Æris campani pulsator, g. pulsatoris³, m.

SONORE. Sonorus, a, um, adj.

SOPHISME. Sophisma, g. sophismatis³, n.

SOPHISTE. Sophista, g. sophistæ¹, m.

SOPHISTIQUE. Captiosus, a, um, adj.

SOPHISTIQUER. Adulterare, adultero, adulteras, adulteravi, adulteratum¹, act.

SOPORATIF, ou
SOPORIFÈRE, ou
SOPORIFIQUE, *qui a la vertu d'endormir*. Soporifer, soporifera, soporiferum, adj.

SORBE, *fruit*. Sorbum, g. sorbi², n.

SORBET, *liqueur*. Sorbetum, g. sorbeti², n.

SORBIER, *arbre*. Sorbus, g. sorbi², f.

SORBONNE, *à Paris*. Sorbona, g. Sorbonæ¹, f.

SORCELLERIE. Veneficium, g. veneficii², n.

SORCIER. Veneficus, g. venefici², m.

SORCIÈRE. Venefica, g. veneficæ¹, f.

SORDIDE. Sordidus, a, um, adj. | *Avarice sordide*. Sordes, g. sordium³, f. plur.

SORDIDEMENT. Sordidè, adv.

SORNETTES. Nugæ, g. nugarum¹, f. pl.

SORT, *destin*. Sors, g. sortis³, f. | *Le sort des armes*. Belli alea, g. belli aleæ¹, f.

SORT, ou *hasard*. Sors, g. sortis³, f. | *Par sort*. Sortitò, adv. | *Tirer au sort*. Sortiri, sortior, sortiris, sortitus sum⁴, dép. acc. de la chose. | *Échoir, arriver par le sort*. Sorte obvenire, obvenio, obvenis, obveni, obventum⁴, n. dat. de la pers.

SORTABLE, *convenable*. Conveniens, m. f. et n. gén. convenientis, *avec un dat*.

SORTE ou *espèce*. Genus, g. generis³, n.

SORTE ou *manière*. Modus, gén. modi², m. | *De cette sorte, de la sorte, ainsi*. Sic, adv. | *En quelque sorte*. Quodam modo. | *En quelque sorte, ou de quelque sorte que*. Quoquo modo, *avec le subj*. | *De sorte que*. Ita ut, *avec le subj*. | *Faire en sorte que*. Facĕre ut, *avec le subj*.

SORTI, *part. du verbe Sortir*. Egressus, a, um, *part. pass*. | *Je suis sorti*, *parf. de Sortir*. Egressus sum.

SORTI, *issu, né*. Oriundus, a, um, *part. avec l'abl*.

SORTIE, *action de sortir*. Egressus, gén. egressûs⁴, m.

SORTIE, *transport de marchandises*. Mercium exportatio, g. mercium exportationis³, f.

SORTIE *des assiégés sur les ennemis*. Eruptio, g. eruptionis³, f. | *Faire une sortie sur les ennemis*. Eruptionem facĕre, facio, facis, feci, factum³, act. sur *par* in, *avec l'acc*.

SORTIE, *issue*. Exitus, g. exitûs⁴, m. | *A la sortie de l'enfance*.

SOT — SOU

Extremâ pueritiâ. | *A la sortie de l'hiver.* Sub hiemis finem.

SORTILÉGE. Veneficium, g. veneficii[2], n.

SORTIR. Exire, exeo, exis, exivi, exitum[4], n. | *Sortir en foule au devant de quelqu'un.* Se effundĕre obviam alicui; effundo, effundis, effudi, effusum[3], act. | *Sortir de maladie.* E morbo recreari, recreor, recrearis, recreatus sum[1], pass. | *Sortir de terre.* E terrâ emergĕre, emergo, emergis, emersi, emersum[3], n. | *Sortir de l'enfance.* E pueris excedĕre, excedo, excedis, excessi, excessum[3], n.

Sortir *de charge.* Magistratu abire, abeo, abis, abivi, abitum[4], n.

Sortir *d'une affaire.* A negotio se expedire, me expedio, te expedis, me expedivi, expeditum[4], act.

Sortir *de son sujet.* A proposito aberrare, aberro, aberras, aberravi, aberratum[1], n.

Sortir *en public.* In publicum prodire, prodeo, prodis, prodii, proditum[4], n.

Sortir *de ce monde.* Ex hâc vitâ migrare, migro, migras, migravi, migratum[1], n.

Faire Sortir *ou mener dehors.* Educĕre, educo, educis, eduxi, eductum[4], act.

Faire Sortir, *exprimer, tirer.* Exprimĕre, exprimo, exprimis, expressi, expressum[3], act. de par è *ou* ex, et l'abl.

Faire Sortir, *ou débarrasser.* Expedire, expedio, expedis, expedivi, expeditum[4], act. acc. de la personne. | *De quelque affaire.* Ex aliquo negotio.

au Sortir *de table.* Statim à mensâ.

SOT. Stultus, a, um, adj. | *Sotte demande.* Insulsa flagitatio, g. insulsæ[2] flagitationis[3], fém.

SOTTEMENT. Ineptè, adv.

SOTTISE. Ineptiæ, g. ineptiarum[1], f. pl.

un SOU. As, g. assis[3], m.

SOUBRESAUT. Subsultus, g. subsultûs[4], m.

SOUBRETTE. Pedisequa, g. pedisequæ[1], f.

SOUCHE *d'un arbre.* Truncus, g. trunci[2], m.

Souche, *homme stupide.* Stipes, g. stipitis[3], m.

Souche, *terme de généalogie.* Stirps, g. stirpis[3], f.

SOUCI *ou soin.* Cura, g. curæ[1], f. | *Avoir des soucis, être rongé de soucis.* Curis urgeri, urgeor, urgeris, ursus sum[2], pass. | *Donner du souci.* Curam afferre, affero, affers, attuli, allatum[3], act. dat. de la personne. | *N'avoir pas de soucis.* Curis vacare, vaco, vacas, vacavi, vacatum[1], n. à l'abl. | *Sans souci.* Curis vacuus, ua, uum, adj. c. à. d. *vide de soucis.*

SOUCI, *fleur.* Caltha, g. calthæ[1], f.

se SOUCIER *de.* Curare, curo, curas, curavi, curatum[1], act. acc. du nom.

S'il suit un si, *on l'exprime par* an, *avec le subj. Ex. Je ne me soucie pas si tu es riche ou non.* Non curo an sis dives, necne.

SOUCIEUX. Sollicitus, a, um, adj.

SOUDAIN, Soudaine. Subitus, a, um, adj.

Soudain, adv. Eodem momento.

SOUDAINEMENT. Subitò, adv.

SOUDAN, *empereur turc.* Turcarum imperator, gén. Turcarum imperatoris[3], m.

SOUDER. Ferruminare, ferrumino, ferruminas, ferruminavi, ferruminatum[1], act.

SOUDOYÉ. Conductus, a, um, part.

SOUDOYER. Conducĕre, conduco, conducis, conduxi, conductum[3], act.

SOUDURE. Ferrumen, g. ferruminis[3], n.

SOUFFLE. Flatus, g. flatûs⁴, m. | *Jusqu'au dernier souffle de vie.* Usque ad extremum spiritum. | *Il lui reste un souffle de vie ; c. à. d. il respire un peu.* Paululùm spirat.

SOUFFLER, *en parlant des vents.* Flare, flo, flas, flavi, flatum¹, n. | *Ne souffler plus.* Silēre, sileo, siles, silui², *sans sup.* n.

SOUFFLER, *allumer.* Sufflare, act. | *Souffler la discorde.* Discordiam concitare, concito, concitas, concitavi, concitatum¹, act.

SOUFFLER *quelque chose, ou sur quelque chose de chaud.* Spiritu refrigerare, refrigero, refrigeras, refrigeravi, refrigeratum¹, act. *C'est-à-dire, rafraîchir par le souffle.*

SOUFFLER *la poussière.* Difflare pulverem.

SOUFFLER *dans.* Inflare¹, act. c. à. d. *Enfler.*

SOUFFLER ou *éteindre.* Exstinguĕre, exstinguo, exstinguis, exstinxi, exstinctum³, act.

SOUFFLER *à l'oreille.* Insusurrare, insusurro, insusurras, insusurravi, insusurratum¹, act. | *Quelque chose.* Aliquid ; *à quelqu'un,* alicui.

SOUFFLER, *murmurer.* Mutire, mutio, mutis, mutivi, mutitum⁴, neut.

SOUFFLER, *respirer.* V. *Respirer.*

SOUFFLET *pour souffler.* Follis, g. follis³, m.

SOUFFLET *sur la joue.* Alapa, g. alapæ¹, f. | *Donner un soufflet.* Alapam impingĕre, impingo, impingis, impegi, impactum³, act. dat. *de la personne.*

SOUFFLETER, *donner des soufflets.* Depalmare, depalmo, depalmas, depalmavi, depalmatum¹, act.

SOUFFLEUR. Flator, g. flatoris³, m.

SOUFFLEUR, *qui souffle celui qui parle en public.* Monitor, g. monitoris³, m.

SOUFFRANCE, *douleur.* Dolor, g. doloris³, m.

SOUFFRANT, SOUFFRANTE, *qui souffre.* Dolore affectus, a, um, *part. pass.*

SOUFFRIR, *en parlant de la douleur.* Pati, patior, pateris, passus sum³, *dépon. acc.* | *Souffrir avec peine.* Ægrè pati. | *Faire souffrir quelqu'un.* Cruciare, crucio, crucias, cruciavi, cruciatum¹, act. | *Faire souffrir à quelqu'un de cruels supplices ; tourner, tourmenter quelqu'un par de cruels supplices.* Aliquem cruciare acerbissimis suppliciis. | *Souffrir la faim et la soif.* Famem et sitim tolerare, tolero, toleras, toleravi, toleratum¹, act.

SOUFFRIR, *supporter quelqu'un ou quelque chose.* Tolerare, tolero, toleras, toleravi, toleratum¹, act.

SOUFFRIR, *permettre.* Sinĕre, sino, sinis, sivi, situm³, act. *Le* que *après ce verbe s'exprime par* ut, *avec le subj.*

SOUFRE. Sulfur, g. sulfuris³, n. | *Qui est de soufre.* Sulfureus, ea, eum, *adj*

SOUFRÉ, *où il y a du soufre.* Sulfuratus, a, um, *part. pass.*

SOUFRER, *enduire de soufre.* Sulfure intingĕre, intingo, intingis, intinxi, intinctum³, act. c. à. d. *tremper dans le soufre.*

SOUHAIT. Votum, g. voti², n. | *A souhait, ou selon son souhait.* Ex sententiâ. | *Faire des souhaits.* Facĕre vota. | *Arriver au comble de ses souhaits.* Fieri compotem votorum ; c. à. d. *devenir jouissant de ses souhaits.* Compos, g. compotis, m. *et* f. *s'accorde avec le nomin. de* Fieri.

SOUHAITABLE. Optandus, a, um, *part. futur.*

SOUHAITER. Optare, opto, optas, optavi, optatum¹, act. *Le de ou le* que, *suivi d'un verbe, s'exprime par* ut *avec le subjonctif. Comme : Je souhaite que cela arrive.* Opto ut illud acsidat. | *Je souhaiterois vous voir.* Optarem te videre. | *Souhaiter toutes sortes de bonheur.* Omnia fausta precari, precor, precaris, precatus sum¹, *dep. dat. de la personne.*

SOUILLÉ. Inquinatus, a, um, *adj.* | *De crimes.* Sceleribus, à *l'ablat.*

SOUILLER. Inquinare, inquino, inquinas, inquinavi, inquinatum¹, *act.* | *De crimes.* Sceleribus, à *l'ablat.* | *Souiller ses mains de sang.* Manus sanguine cruentare, cruento, cruentas, cruentavi, cruentatum¹, *act.*

SOUILLURE, *tache.* Macula, g. maculæ¹, *f.*

SOUL, *rassasié.* Satur, satura, saturum, *adj.*

SOUL, *ivre.* Ebrius, ia, ium, *adj.*

SOUL, *ennuyé de.* Pertæsus, a, um, *part. avec le génit. ou l'infin.*

SOULAGEMENT. Levamen, g. levaminis³, *n.*

SOULAGER. Levare, levo, levas, levavi, levatum¹, *act. acc. de la personne, et l'ablat. de la chose.* | *Soulager sa douleur en pleurant.* Flendo dolorem effundere, effundo, effundis, effudi, effusum³, *act.*

SOULER, *rassasier.* Satiare, satio, satias, satiavi, satiatum¹, *act. acc. rég. ind. abl.*

SOULEVÉ, ou *révolté.* Rebellis, *m. f.* rebelle, *n. gén.* rebellis, *adj.*

SOULÈVEMENT, *sédition.* Rebellio, g. rebellionis³, *f.*

SOULÈVEMENT *de cœur.* Nausea, g. nauseæ¹, *f.*

SOULEVER, ou *lever de terre.* Allevare, allevo, allevas, allevavi, allevatum¹, *act.* | *Soulever les flots.* Fluctus commovere, commoveo, commoves, commovi, commotum², *act.*

SOULEVER, ou *faire soulever.* Concitare, concito, concitas, concitavi, concitatum¹, *act.*

SOULEVER, *en parlant du cœur. Le cœur me soulève;* tournez, *j'ai des soulèvemens de cœur.* Nauseo, de Nauseare; nauseo, nauseas, nauseavi, nauseatum¹, *n.* | *Faire soulever le cœur à quelqu'un.* Nauseas movere, moveo, moves, movi, motum², *act. dat. de la personne. Mot à mot, exciter des nausées à quelqu'un.*

SE SOULEVER, ou *se révolter.* Rebellare, rebello, rebellas, rebellavi, rebellatum¹, *n. contre par* adversus, *avec l'accus.*

SOULIER. Calceus, g. calcei², *masc.*

SOUMETTRE. Subjicere, subjicio, subjicis, subjeci, subjectum³, *act.* | *Soumettre les peuples à son obéissance.* Subjicere populos potestati suæ. | *Se soumettre à quelqu'un.* Subjicere se alicui. | *Se soumettre au châtiment.* Pœnam subire, subeo, subis, subivi, subitum⁴, *act. c. à. d. subir le châtiment.*

SOUMIS, *à.* Submissus, a, um, *avec un dat.*

SOUMISSION. Obsequium, g. obsequii², *n.*

AVEC SOUMISSION. Submissè, *adv.* | *Soumission à la volonté de Dieu.* Voluntatis humanæ cum divinâ consensio, g. consensionis³, *fém. Mot à mot, accord de la volonté humaine avec la volonté divine.*

SOUPAPE. Valvula, g. valvulæ¹, *f.*

SOUPÇON. Suspicio, g. suspicionis³, *f.* | *Donner, faire venir, faire naître des soupçons à quelqu'un.* Suspicionem injicere, injicio, injicis, injeci, injectum³, *act. datif de la personne.* | *Être hors de soupçon.* Ab omni suspicione abesse, absum, abes, abfui, *act.* | *Former des soupçons.* Suspiciones trahere, traho, trahis, traxi, tractum³, *act.* | *Former des soupçons contre quelqu'un.* In suspicione ponere, pono, ponis, posui, positum³, *act. accus. de la personne.*

570 SOU   SOU

Avoir des soupçons de, on *entrer en soupçon de*; c. à. d.

SOUPÇONNER *de.* Suspicari, suspicor, suspicaris, suspicatus sum[1], *dép.*

Le nom de la chose dont on soupçonne, se met à l'accus. et la personne que l'on soupçonne, à l'abl. avec de; *comme*, Je te soupçonne de ce crime. Suspicor hoc crimen de te.

ÊTRE SOUPÇONNÉ *de.* Esse suspectum; sum, es, fui. Suspectus, a, um, *adj. qui s'accorde en genre, en nombre et en cas avec le nominatif du verbe* Sum.

Le nom de la chose est mis au génit. et la personne par qui l'on est soupçonné, est mise au datif. Exemple : Tu es soupçonné de négligence par notre maître. Tu es suspectus negligentiæ nostro magistro.

SOUPÇONNEUX. Suspiciosus, a, um, *adj. comp.* Magis suspiciosus; *superl.* suspiciosissimus, a, um.

SOUPE *de pain.* Panis offa, g. panis offæ[1], *f.*

SOUPE, *potage.* Voyez Potage.

SOUPENTE. Projectum, *gén.* projecti[2], *n.*

SOUPER, *verbe,* Cœnare, cœno, cœnas, cœnavi, cœnatum[1], *n.* | *Donner à souper à.* Cœnâ excipere, excipio, excipis, excepi, exceptum[3], *act. acc. de la personne.*

SANS SOUPER, *qui n'a pas soupé.* Incœnatus, a, um, *part.*

LE SOUPER. Cœna, g. cœnæ[1], *f.*

SOUPESER. Expendere, expendo, expendis, expendi, expensum[3], *act.*

SOUPIR. Suspirium, g. suspirii[2], *n.* | *Jeter des soupirs.* Suspiria ducere, duco, ducis, duxi, ductum[3], *act.* | *Pousser de profonds soupirs.* Alta suspiria ducere.

LE DERNIER SOUPIR, *quand on meurt.* Extremus spiritus, g. extremi[2] spiritûs[4], *m.* | *Rendre le dernier soupir.* Extremum spiritum reddere, reddo, reddis, reddidi, redditum[3], *act.*

SOUPIRAIL. Spiraculum, gén. spiraculi[2], *n.*

SOUPIRANT, *amant.* Amasius, g. amasii[2], *m.*

SOUPIRER, *pousser des soupirs.* Suspirare, suspiro, suspiras, suspiravi, suspiratum[1], *n.*

SOUPIRER *après, désirer avec ardeur.* Appetere, appeto, appetis, appetivi, appetitum[3], *act.* | *Il soupire après les honneurs, ou il désire les honneurs.* Appetit honores. | *Soupirer après quelqu'un.* Aliquem suspirare.

SOUPLE, *qui plie facilement.* Flexibilis, *m. f.* flexibile, *n. gén.* flexibilis, *adj.*

SOUPLE, *docile.* Docilis, *m. f.* docile, *n. gén.* docilis, *adj.*

SOUPLEMENT, *avec souplesse.* Obsequiosè, *adv.*

SOUPLEMENT, *avec adresse.* Dexterè, *adv.*

SOUPLESSE *de corps.* Agilitas, g. agilitatis[3], *f.* | *Tours de souplesse.* Præstigiæ, gén. præstigiarum[1], *f. plur.*

SOUPLESSE, *finesse.* Solertia, g. solertiæ[1], *f.* | *Souplesse d'esprit.* Ingenii dexteritas, gén. ingenii dexteritatis[3], *f.*

SOURCE, *eau qui commence à sortir de terre.* Scaturigo, g. scaturiginis[3], *f.* | *Source d'une rivière.* Fons, g. fontis[3], *m.* | *Source d'eau douce.* Fons aquæ dulcis. | *Prendre, tirer sa source dans* ou *de.* Originem habere, habeo, habes, habui, habitum[2], *act. dans* ou *de par* in, *avec l'ablat.*

SOURCE, *origine.* Origo, gén. originis[3], *f.* | *Eloquence qui coule de source.* Profluens eloquentia, g. profluentis[3] eloquentiæ[1], *f.*

SOURCIL. Supercilium, g. supercilii[2], *n.*

SOURCILLER. Supercilia movere, moveo, moves, movi, motum[2],

SOU — SOU 571

act. c. à. d. *remuer les sourcils.*

SOURD. Surdus, a, um, *adj.* | *Devenir sourd.* Obsurdescĕre, obsurdesco; obsurdescis, obsurdui[3], *sans sup. n.* | *Rendre sourd.* Exsurdare, exsurdo, exsurdas, exsurdavi, exsurdatum[1], *act.* | *Sourd à la vérité.* Veritati surdus. | *Etre sourd aux prières;* c. à. d. *rejeter les prières.* Voyez ces mots.

Sourd, *en parlant d'un bruit.* Occultus, a, um, *adj.*

Sourd, *caché, secret.* Clandestinus, a, um, *adj.*

SOURDEMENT. Occultè, *adv.*

A LA SOURDINE. Clanculùm, *adv.*

SOURDRE, *sortir de terre, en parlant d'une fontaine.* Scatĕre, scateo, scates, scatui[2], *sans sup. neut.*

SOURICEAU, *petite souris.* Musculus, g. musculi[2], *m.*

SOURICIÈRE. Muscipula, *gén.* muscipulæ[1], *f.*

SOURIQUOIS, *de souris.* Soricinus, a, um, *adj.*

SOURIRE, *verbe.* Subridĕre, subrideo, subrides, subrisi, subrisum[2], *n.* | *A quelqu'un, au dat.*

UN SOURIS, *ou sourire.* Risus, g. risûs[4], *m.*

UNE SOURIS. Sorex, g. soricis[3], *m.* | *De souris.* Soricinus, a, um, *adj.*

SOURNOIS. Abstrusus, a, um, *adj.*

SOUS. Sub, *avec l'abl. quand il n'y a pas mouvement.* Sub, *avec l'accus. quand il y a mouvement.* | *Sous peine de la vie.* Sub mortis pœnâ. | *Sous certaines conditions.* Certis conditionibus, à *l'ablatif.* | *Etudier sous.* Audire, audio, audis, audivi, auditum[4], *act. acc. de la personne.* | *Sous le règne de Louis-le-Grand*, on tourne : *Louis-le-Grand régnant.* Ludovico magno regnante, à *l'ablat.* | *Etre sous les armes.* In armis esse. | *Sous caution.* Sub fide. | *Sous prétexte.* Sub specie.

SOUSCRIPTION. Subscriptio, g. subscriptionis[3], *f.*

SOUSCRIRE. Subscribĕre, subscribo, subscribis, subscripsi, subscriptum[3], *act.* | *Souscrire un acte,* tournez, *souscrire son nom à un acte.* Actis nomen suum subscribĕre.

Souscrire à, *consentir.* Assentiri, assentior, assentiris, assensus sum[4], *dép. dat.*

SOUS-DIACONAT. Subdiaconatus, g. subdiaconatûs[4], *m.*

SOUS-DIACRE. Subdiaconus, g. subdiaconi[2], *m.*

SOUS-ENTENDRE. Subaudire, subaudio, subaudis, subaudivi, subauditum[4], *act.*

SOUS-ENTENDU, *un sous-entendu.* Subauditum, g. subauditi[2], *neut.*

SOUS-LIEUTENANT. Subcenturionis adjutor, g. subcenturionis adjutoris[3], *m.*

SOUSSIGNÉ. Infrà scriptus, infrà scripta, infrà scriptum, *part. pass.*

SOUSSIGNER. Infrà scribĕre, infrà scribo, infrà scribis, infrà scripsi, infrà scriptum[3], *act.*

SOUSTRACTION, *action d'enlever.* Detractio, g. detractionis[3], *fém.*

Soustraction, *règle d'arithmétique.* Deductio, *gén.* deductionis[3], *fém.*

SOUSTRAIRE de. Subducĕre, subduco, subducis, subduxi, subductum[3], *act. acc. de, à l'abl. avec* è *ou* ex.

Soustraire à. Subtrahĕre, subtraho, subtrahis, subtraxi, subtractum[3], *act.* à *par le dat. du nom.*

SE SOUSTRAIRE à. Se subtrahĕre. | *Se soustraire à l'obéissance.* Imperium recusare, recuso, recusas, recusavi, recusatum[1], *act.* | *Se soustraire à l'obéissance de son prince.* A principe deficĕre, deficio, deficis, defeci, defectum[3], *neut.*

SOU

SOUTANE, *robe qui descend jusque sur les talons*, Tunica talaris, g. tunicæ¹ talaris³, f.

SOUTENABLE, *en parlant de guerre*. Validus, a, um, *adj*.

SOUTENABLE, *en parlant d'opinion, de sentiment, de cause*, Propugnandus, a, um, *part*.

SOUTENIR, *supporter*. Sustinēre, sustineo, sustines, sustipui, sustentum², *act*. | *Soutenir son personnage*. Rectè personam tueri, tueor, tueris, tuitus sum², *dép*. | *Soutenir la conversation*. Sermonem alĕre, alo, alis, alui, alitum³, *act*. | *Soutenir son droit*. Jus suum persequi, persequor, persequeris, persecutus sum³, *dép*.

Soutenir le parti de quelqu'un. Partes tueri, tueor, tueris, tuitus sum², *dépon*. *Le nom de la personne au gén*.

SOUTENIR, *ou défendre*. Defendĕre, defendo, defendis, defendi, defensum³, *act*.

SOUTENIR, *résister*. Sustinēre. | *Soutenir l'attaque, le choc des ennemis*. Hostium impetum sustinēre. | *Soutenir un siège*. Obsidionem sustinēre. | *Soutenir l'assaut*. Oppugnationem perferre, perfero, perfers, pertuli, perlatum³, *act*.

SOUTENIR *en disputant*. Contendĕre, contendo, contendis, contendi, contentum³, *act*.

SE SOUTENIR. Se sustinēre. | *Se soutenir sur un bâton*. Baculo incumbĕre, incumbo, incumbis, incubui, incubitum³, *n*.

SOUTENU, *ou appuyé*. Fultus, a, um, *avec l'ablat*.

SOUTENU, *ou protégé*. Defensus, a, um, *part. pass*. | *Être soutenu de quelqu'un*. Niti, nitor, niteris, nixus sum³, *dép. dat. de la pers*.

SOUTERRAIN, SOUTERRAINE. Subterraneus, ea, eum, *adj*.

SOUTERRAIN, *subst*. Crypta, *gén*. cryptæ¹, *f*.

SOUTIEN, *support*. Adminiculum, g. adminiculi², n.

SPA

SOUTIEN, *appui*. Firmamentum, g. firmamenti², n.

SOUVENANCE, ou LE SOUVENIR. Memoria, g. memoriæ¹, f. | *Rappeler le souvenir*. Voyez *Rappeler*.

Avoir souvenance, ou SE SOUVENIR *de*. Recordari, recordor, recordaris, recordatus sum³, *dép. avec l'acc. ou le gén. du nom ou infin. du verbe; s'il y a un que on le retranche*. Ex. *Je me souviens que je suis venu à Paris*; tournez, *je me souviens d'être venu*. Recordor venisse Lutetiam.

Faire SOUVENIR *de*. Memoriam refricare, refrico, refricas, refricui, refrictum¹, *act. avec un gén. de la chose, le dat. de la personne*; c'est-à-dire, renouveler à quelqu'un le souvenir de quelque chose.

SOUVENT. Sæpè, *adv. comp*. Sæpiùs; *superl*. sæpissimè. | *Le plus souvent*. Plerumquè, *adv*.

SOUVERAIN, SOUVERAINE. Summus, a, um, *adj*.

SOUVERAIN, *excellent*. Efficax, g. efficacis, *adj*. | *Remède souverain*. Remedium efficax, g. remedii² efficacis³. *contre se rend par* adversus, *avec l'acc*.

UN SOUVERAIN. Rex, *gén*. regis³, *masc*.

UNE SOUVERAINE. Regina, g. reginæ¹, f.

SOUVERAINEMENT, *avec un pouvoir absolu*. Cum summâ potestate.

SOUVERAINEMENT, *parfaitement*. Prorsùs, *adv*.

SOUVERAINEMENT, *excellemment*. Summè, *adv*.

SOUVERAINETÉ, *pleine puissance*. Summa potestas, g. summæ¹ potestatis³, f.

SOUVERAINETÉ, *état souverain*. Principatus, g. principatûs⁴, m.

SOYEUX, *doux comme la soie*. Lenis, m. f. lene, n. gén. lenis.

SPACIEUSEMENT. Spatiosè, *adv*.

SPACIEUX. Amplus, a, um, adj.

SPADASSIN. Machærophorus, g. machærophori[2], m.

SPASME, rétrécissement des nerfs. Spasmus, g. spasmi[2], m.

SPÉCIAL. Peculiaris, m. f. peculiare, n. gén. peculiaris, adj.

SPÉCIALEMENT. Peculiariter, adv.

SPÉCIEUSEMENT. Speciosè, adv.

SPÉCIEUX, qui a belle apparence. Speciosus. a. um, adj.

SPÉCIFIER. Designare, designo, designas, designavi, designatum[1], act.

SPÉCIFIQUE, propre. Præcipuus, ua, uum, adj.

SPÉCIFIQUEMENT. Præcipuè, adv.

SPECTACLE. Spectaculum. gén. spectaculi[2], n. | Servir de spectacle aux autres. Esse spectaculo aliis, c. à. d. être à spectacle aux autres.

SPECTATEUR. Spectator, gén. spectatoris[3], m.

SPECTATRICE. Spectatrix, gén. spectatricis[3], f.

SPECTRE. Spectrum, g. spectri[2], n.

SPÉCULATEUR. Contemplator, g. contemplatoris[3], m. Au fém. Speculatrix, g. speculatricis[3], f.

SPÉCULATIF, esprit spéculatif. Animus speculator, g. animi[2] speculatoris[3], m. | Science spéculative. Ars contemplatrix, g. artis contemplatricis[3], f.

SPÉCULER, contempler. Speculari, speculor, specularis, speculatus sum[1], dép. acc.

SPÉCULER sur, chercher du gain. Quæstum quærĕre, quæro, quæris, quæsivi, quæsitum[3], act. sur par è ou ex, avec l'abl.

SPHÈRE. Sphæra, g. sphæræ[1], fém.

SPHÉRIQUE. Globosus, globosa, globosum, adj.

SPHÉRIQUEMENT, en forme de sphère. In globi modum.

SPHINX, monstre. Sphinx, gén. sphingis[3], f.

SPIRAL. In spiram ductus, ducta, ductum, adj.

SPIRITUALITÉ de l'ame. Natura incorporalis, g. naturæ[2] incorporalis, f.

SPIRITUEL, ou qui a de l'esprit, en parlant des personnes. Ingeniosus, a, um, adj.

SPIRITUEL, dit ou fait avec esprit. Acutus, a, um, adj.

SPIRITUEL, ou sans corps. Incorporalis, m. f. incorporale, n. gén. incorporalis, adj.

SPIRITUEL, ou pieux. Pius, pia, pium, adj. | Père spirituel. Conscientiæ moderator, g. conscientiæ moderatoris[3], m.

SPIRITUELLEMENT, ou avec esprit. Ingeniosè, adv. comp. Ingeniosiùs; superlat. ingeniosissimè.

SPIRITUEUX. Spiritibus abundans, m. f. et n. gén. abundantis, part.

SPLENDEUR. Splendor, gén. splendoris[3], m.

SPLENDIDE. Splendidus, a, um, adj.

SPLENDIDEMENT. Splendidè, adv. comp. Splendidiùs; sup. splendidissimè.

SPOLIATEUR. Spoliator, g. spoliatoris[3], m.

SPOLIATRICE. Spoliatrix, g. spoliatricis[3], f.

SPOLIER, dépouiller. Voyez ce mot.

SPOLIATION. Spoliatio, g. spoliationis[3], f.

SPONDAÏQUE, vers spondaïque. Versus spondaicus, g. versûs[4] spondaici[2], m.

SPONDÉE, pied de vers de deux longues. Spondeus, g. spondei[2], m.

SPONGIEUX. Spongiosus, a, um, adj.

SPONTANÉ. Spontaneus, ea, eum, adj.

SPONTANÉMENT. Spontè, adv.

SQUELETTE. Ossea compages, g. osseæ¹ compagis³, f.

STABILITÉ. Stabilitas, g. stabilitatis³, f.

STABLE. Stabilis, m. f. stabile. n. g. stabilis.

STADE. Stadium, gén. stadii², neut.

STAGNANT. Stagnans, m. f. et n. gén. stagnantis.

STANCE, strophe. Strophe, gén. strophes¹, f.

STATION, lieu où l'on s'arrête. Statio, g. stationis³, f.

STATUAIRE. Statuarius, g. statuarii², m.

STATUE. Statua, gén. statuæ¹, fém.

PETITE STATUE. Sigillum, g. sigilli², n. | Dresser, élever une statue en l'honneur de quelqu'un. Statuam ponere, pono, ponis, posui, positum³, act. datif de la personne; c. à. d. élever une statue à quelqu'un.

STATUER, ordonner. Statuere, statuo, statuis, statui, statutum³, act.

STATURE. Statura, gén. staturæ¹, f.

STATUT. Statutum, g. statuti², neut.

STÉRILE. Sterilis, m. f. sterile, n. gén. sterilis, adj. | Stérile en. Sterilis, avec le génit. du nom qui suit en.

STÉRILITÉ. Sterilitas, g. sterilitatis³, f.

STIGMATES. Stigmata, g. stigmatum³. n. pl.

STIMULANT, qui est propre à exciter. Stimulans, g. stimulantis, part. prés.

STIMULER, exciter. Stimulare, stimulo, stimulas, stimulavi, stimulatum¹, act.

STIPULATEUR. Stipulator, g. stipula oris³, m.

STIPULATION. Stipulatio, g. stipulationis³, f.

STIPULER. Stipulari, stipulor, stipularis, stipulatus sum¹, dép.

STOÏCIEN. Stoicus, a, um, adj.

EN STOÏCIEN. Stoïcè, adv.

STOÏQUE, sévère. Austerus, a, um, adj.

STOÏQUEMENT. Stoïcè, adv.

STOMACAL. Stomacho idoneus, ea, eum; c. à. d. bon à l'estomac.

STOMACHIQUE. Voyez Stomacal.

STORAX, sorte de gomme. Storax, g. storacis³, m.

STORAX, arbre. Styrax, gén. styracis³, f.

STRATAGÈME. Stratagema, g. stratagematis³, n.

STRICT. Strictus, a, um, adj.

STRICTEMENT. Strictè, adv.

STROPHE. Strophe, gén. strophes¹, f.

STRUCTURE. Structura, gén. structuræ¹, f.

STUC, sorte de mortier. Marmoratum, g. marmorati², n.

STUDIEUSEMENT. Studiosè, adv.

STUDIEUX. Studiosus, a, um, adj.

STUPÉFAIT. Stupefactus, a, um, adj. | Être stupéfait Stupefieri, stupefio, stupefis, stupefactus sum³, pass.

STUPÉFIER. Stupefacere, stupefacio, stupefacis, stupefeci, stupefactum³, act.

STUPEUR. Stupor, g. stuporis³, masc.

STUPIDE. Stupidus, a, um, adj.

STUPIDEMENT. Stolidè, adv.

STUPIDITÉ. Stupiditas, g. stupiditatis³, f.

STYLE. Stylus, g. styli², m.

STYLÉ à. Informatus, a, um, part. pass. à par ad, avec l'acc. ou le gérond. en dum.

STYLER. Informare, informo, informas, informavi, informatum¹, act. acc. de la personne. à s'exprime par ad, avec l'acc. ou le gérondif en dum.

STYLET. Pugiunculus, g. pugiunculi², m.

SU, part. du verbe Savoir.

SUAIRE. Sindon, g. sindonis³, fém. | Le saint Suaire. Sacra Sindon, g. sacræ¹ Sindonis³, f.

SUAVE, doux. Suavis, m. f. suave, n. gén. suavis, adj.

SUAVITÉ. Suavitas, g. suavitatis³, f.

SUBALTERNE. Inferior, m. f. inferius, n. gén. inferioris, adj.

SUBDÉLÉGUÉ. Delegati vicarius, g. delegati vicarii⁵, m.

SUBDÉLÉGUER. Vicem suam delegare, vicem meam delego, delegas, delegavi, delegatum¹, act. la personne au dat. c. à d. déléguer sa délégation à.

SUBDIVISER. Iterùm dividĕre, divido, dividis, divisi, divisum³, act.

SUBDIVISION. Iterata partitio, g. iteratæ¹ partitionis⁵, f.

SUBIR. Subire, subeo, subis, subii, subitum⁴, act. | Faire subir la question à quelqu'un. In tormenta dare, do, das, dedi, datum¹, act. acc. de la personne. | Faire subir des supplices à quelqu'un; tournez, tourmenter quelqu'un par des supplices. Suppliciis excruciare, excrucio, excrucias, excruciavi, excruciatum¹, act. acc. de la pers.

SUBIT. Subitus, a, um, adj.

SUBITEMENT. Subitò, adv.

SUBJONCTIF. Subjonctivus, g. subjonctivi⁵, m.

SUBJUGUER. Subigĕre, subigo, subigis, subegi, subactum³, act.

SUBLIME. Sublimis, m. f. sublime, n. gén. sublimis, adj. | D'une manière sublime. Sublatè, adv.

LE SUBLIME, ce qui enlève notre admiration dans le discours. Sublimitas, g. sublimitatis³, f.

SUBLIMEMENT Excelsè, adv.

SUBLIMITÉ. Altitudo, g. altitudinis⁵, f.

SUBLUNAIRE. Sublunaris, m. f. sublunare, n. gén. sublunaris, adj.

SUBMERGÉ, inondé. Inundatus, a, um, part. pass. | Coulé à fond. Submersus, a, um, part.

SUBMERGER, engloutir dans l'eau. Submergĕre, submergo, submergis, submersi, submersum³, act. | Dans les eaux. Aquis, à l'abl.

SUBMERGER, inonder. Inundare, inundo, inundas, inundavi, inundatum¹, act.

SUBMERSION, l'action d'enfoncer dans l'eau. Submersio, g. submersionis³, f.

SUBORDINATION. Obedientia, g. obedientiæ¹, f.

SUBORDONNÉ. Subjectus, a, um, adj. avec le dat.

SUBORDONNER. Subjicĕre, subjicio, subjicis, subjeci, subjectum³, act. acc. rég. ind. dat.

SUBORNATION, action de suborner. Corruptela, g. corruptelæ¹, fém.

SUBORNER. Subornare, suborno, subornas, subornavi, subornatum¹, act.

SUBORNEUR. Corruptor, gén. corruptoris⁵, m.

SUBORNEUSE. Corruptrix, g. corruptricis⁵, f.

SUBREPTICE, obtenu par surprise en exposant faux. Subreptus, a, um, part. pass | D'une manière subreptice. Fraudulenter, adv.

SUBROGATION. Substitutio, g. substitutionis³, f.

SUBROGER. Subrogare, subrogo, subrogas, subrogavi, subrogatum¹, act. acc. rég. ind. dat.

SUBSÉQUEMMENT. Consequenter, adv.

SUBSÉQUENT. Consequens, m. f. et n. gén. consequentis, adj.

SUBSIDE. Subsidium, g. subsidii², n.

SUBSIDIAIRE. Subsidiarius, ia, ium, adj.

SUBSISTANCE. Victus, g. victûs⁴, m.

SUBSISTER, exister, durer. Exstare, exsto, exstas, exstiti, exstitum¹, neut.

SUBSISTER, ou vivre. Vitam sustentare, sustento, sustentas, sustentavi, sustentatum¹, act. | Faire *subsister quelqu'un.* Sustentare[1], *act.*

SUBSTANCE, *chose qui existe par elle-même.* Substantia, *gén.* substantiæ[1], *f.*

SUBSTANCE, *suc des plantes, des arbres.* Succus, *g.* succi[2], *m.*

SUBSTANCE, *le fond, précis d'un discours.* Summa, *g.* summæ[1], *f.*

EN SUBSTANCE. Summatim, *adv.*

SUBSTANTIEL, *qui regarde la nature des choses.* Ad essentiam spectans, *m. f. et n. gén.* ad essentiam spectantis, *adj.*

SUBSTANTIEL, *qui a beaucoup de suc.* Succi plenus, a, um, *adj.*

SUBSTANTIELLEMENT. Substantiabiliter, *adv.*

SUBSTANTIF. Substantivum, *g.* substantivi[2], *n.*

SUBSTANTIVEMENT. Substantivè, *adv.*

SUBSTITUÉ *à.* In locum suffectus, a, um, *part. à se rend par le génit. du nom, c. à. d. mis à la place de.*

SUBSTITUER. In locum substituĕre, substituo, substituis, substitui, substitutum[3], *act. acc. rég. ind. au génit. c. à. d. mettre quelqu'un à la place d'un autre.*

SUBSTITUT, *officier de justice.* Procognitor regius, *g.* procognitoris[3] regii[2], *m.*

SUBSTITUTION. Substitutio, *g.* substitutionis[3], *f.*

SUBTERFUGE. Diverticulum, *g.* diverticuli[2], *n.*

SUBTIL. Subtilis, *m. f.* subtile, *n. gén.* subtilis, *adj.* | *Venin subtil.* Rapidum venenum, *g.* rapidi veneni[2], *n.*

SUBTILEMENT. Subtiliter, *adv. comp.* Subtiliùs; *superl.* subtilissimè.

SUBTILISER *ou rendre subtil.* Acuĕre, acuo, acuis, acui, acutum[3], *act.*

SUBTILISER *sur une chose.* Subtiliùs disserĕre, dissero, disseris, disserui, dissertum[3], *n.* sur *par de,* avec l'ablat.

SUBTILITÉ. Subtilitas, *g.* subtilitatis[3], *f.*

SUBVENIR *à.* Subvenire, subvenio, subvenis, subveni, subventum[4], *n. dat.*

SUBVENTION, *impôt, secours d'argent.* Pecuniarum subsidium, *g.* pecuniarum subsidii[2], *n.*

SUBVERSION, *renversement.* Eversio, *g.* eversionis[3], *f.*

SUBVERTIR. Subvertĕre, subverto, subvertis, subverti, subversum[3], *act.*

SUC. Succus, *g.* succi[2], *m.*

SUCCÉDER *à.* Succedĕre, succedo, succedis, successi, successum[3], *n. dat.*

Les jours, les années se succèdent. Dies, anni perpetuâ serie continuantur; *de* Continuari, continuor, continuaris, continuatus sum[1], *pass.* | *Les plaisirs se succèdent.* Voluptates sunt continuæ.

SUCCÈS. Successus, *g.* successûs[4], *m.*

Avoir des succès. Voy. Réussir.

SUCCESSEUR. Successor, *g.* successoris[3], *m.*

SUCCESSIF. Continuus, ua, uum, *adj.*

SUCCESSIVEMENT. Vicissim, *adv.*

SUCCESSION, *suite non interrompue.* Series continuata, *g.* seriei[5] continuatæ[1], *f.* | *Par succession de temps.* Progrediente tempore, *à l'abl.*

SUCCESSION, *ou héritage.* Hæreditas, *g.* hæreditatis[3], *f.*

SUCCINCT, *court.* Brevis, *m. f.* breve, *n. gén.* brevis, *adj.*

SUCCINCTEMENT, *brièvement.* Breviter, *adv.*

SUCCOMBER *sous.* Succumbĕre, succumbo, succumbis, succubui, succubitum[3], *n. dat.*

SUCCULENT. Jurulentus, a, um, *adj.*

SUCER. Sugĕre, sugo, sugis, suxi, suctum[3], *act.*

SUCRE. Saccharum, *g.* sacchari², n. | *Pain de sucre.* Saccchari meta, g. saccharis metæ², f. | *Sucre candi.* Saccharum candum, g. sacchari candi², n.

SUCRÉ. Saccharo aspersus, a, um, *part. pass.*

SUCRER. Saccharo aspergĕre, aspergo, aspergis, aspersi, aspersum³, *act.*

SUCRERIES, *confitures.* Bellaria, g. bellariorum², n. *plur.*

SUCRIER. Sacchari vasculum, g. sacchari vasculi², *neut.*

SUD, *vent du midi.* Auster, gén. austri², m.

SUD-EST, *vent entre l'orient et le midi.* Euronotus, g. euronoti², m.

SUD-OUEST, *vent entre le midi et l'occident.* Africus, g. africi², m.

SUDORIFIQUE, *qui fait suer.* Sudatorius, ia, ium, *a ij.*

SUER. Sudare, sudo, sudas, sudavi, sudatum¹, n. | *Du sang*, sanguine. | *Suer à grosses gouttes.* Sudore manare, mano, manas, manavi, manatum¹, n. | *Faire suer.* Sudorem elicĕre, elicio, elicis, elicui, elicitum³, *act. avec un dat.* c. à. d. *tirer la sueur.*

SUEUR. Sudor, g. sudoris³, m. | *Être en sueur*, c. à. d. *suer.* Voy. *Suer.*

Gagner son pain à la sueur de son front. Multo sudore victum quærĕre, quæro, quæris, quæsivi, quæsitum³. *act.*

SUFFIRE à. Sufficĕre, sufficio, sufficis, suffeci, suffectum⁴, n. *dat.*

SUFFISAMMENT. Satis, *adv.* | *Plus que suffisamment.* Satis superque.

SUFFISANCE ou *présomption.* Arrogantia, g. arrogantiæ¹, f.

Avoir de la suffisance. V. *Être suffisant.*

SUFFISANT, *qui suffit.* Sufficiens, g. sufficientis, *part. prés.*

SUFFISANT, ou *présomptueux.* Arrogans, m. f. et n. gén. arrogantis. | *Faire le suffisant, être suffisant.* Superbire, superbio, superbis, superbivi, superbitum¹, n.

SUFFOCATION. Suffocatio, g. suffocationis³, f.

SUFFOQUER. Suffocare, suffoco, suffocas, suffocavi, suffocatum¹, *act.*

SUFFRAGANT. Suffraganeus, g. suffraganei², m.

SUFFRAGE. Suffragium, g. suffragii², n. | *Donner son suffrage.* Suffragari, suffragor, suffragaris, suffragatus sum¹, *dép. à quelqu'un, au dat.*

Briguer les suffrages. Suffragia captare, capto, captas, captavi, captatum¹, *act.* | *Aller aux suffrages.* Suffragia inire, ineo, inis, inivi, initum⁴, *act.*

SUGGÉRER. Suggerĕre, suggero, suggeris, suggessi, suggestum³, *act. acc. rég. ind. dat.*

SUGGESTION. Suasio, g. suasionis³, f.

SUICIDE, *l'action de se tuer.* Suî occisio, g. suî occisionis³, f.

Suicide, *celui ou celle qui se tue.* Suî interfector, g. suî interfectoris³, m. *Au fém.* suî interfectrix, g. suî interfectricis.

SUIE. Fuligo, g. fuliginis³, f.

SUIF. Sebum, g. sebi², n.

SUINTER. Sudare, sudo, sudas, sudavi, sudatum¹, n.

SUITE, ou *ordre des choses.* Series, g. seriei⁵, f. | *Qui est de suite, qui se suit, qui se succède.* Continuus, ua, uum, *adj.* | *Pendant dix jours de suite.* Decem diebus continuis, *à l'ablat.* | *A la suite de*, ou *après.* Sub, *avec l'accusatif.*

SUITE, *cortége.* Comitatus, g. comitatûs⁴, m.

SUITE, ou *issue, effet.* Eventus, g. eventûs⁴, m.

SUITE, *liaison.* Connexus, gén. connexûs⁴, m. | *Ce discours n'a pas de suite.* Hæc oratio non cohæret, *de* Cohærĕre, cohæreo, cohæres, cohæsi, cohæsum⁴, n.

73

DE SUITE, ou *tout de suite*. Continenter, *adv.*

EN SUITE, *dans la suite*. Posteà, *adv.*

SUIVANT, SUIVANTE. Consequens, *g.* consequentis, *part.* | *Les années suivantes*. Anni consequentes, *gén.* annorum² consequentium³, *m. plur.* | *Le jour suivant*. Dies posterus, *g.* diei⁵ posteri², *m.*

SUIVANT, ou *selon*. Secundùm, *avec l'acc.*

SUIVANT que. Prout, *avec l'indic.*

SUIVANTE, *servante qui suit sa maîtresse*. Famula, *g.* famulæ¹, *f. dat. et ablat. plur.* Famulabus.

SUIVI, *escorté, accompagné*. Comitatus, a, um, *adj.* | *D'un laquais*. Servo, *à l'ablat.*

SUIVI, *qui a de la suite, de la liaison*. *Un discours suivi*. Oratio cohærens, *g.* orationis cohærentis, *part.*

ÊTRE SUIVI, *avoir de la liaison*. Cohærēre, cohæreo, cohæres, cohæsi, cohæsum², *n.*

SUIVRE. Sequi, sequor, sequeris, secutus sum³, *dépon. acc.* | *Suivre de loin*. Magno intervallo sequi. | *Suivre de près*. Subsequi. | *Suivre à la piste*. Vestigiis consequi. | *Suivre le même chemin*. Eamdem viam tenēre, teneo, tenes, tenui, tentum², *act.* | *Suivre les traces de quelqu'un*. Vestigiis insistĕre, insisto, insistis, institi, institutum³, *n. génit. du nom qui suit de.*

SUIVRE, *imiter*. Imitari, imitor, imitaris, imitatus sum¹, *dép.*

SUIVRE *le parti d'un autre*. Partes sequi, *génit. de la personne.*

SUIVRE, *obéir*. Obsequi. | *Suivre la volonté d'un autre*. Voluntati obsequi, *génit. de la personne.*

SUIVRE *les avis*. Consiliis parēre, pareo, pares, parui², *sans sup. n.*

SUIVRE *son génie, son inclination*. Ingenio, animo indulgēre, indulgeo, indulges, indulsi, indultum², *n.*

SE SUIVRE, *se succéder*. Voyez *se Succéder*.

SUJET, ou *assujetti à*. Subjectus, a, um, *part. pass.* | *A quelqu'un*, alicui, *dat.* | *Les sujets d'un prince*. Subjecti, *g.* subjectorum², *m. pl.*

SUJET *à, exposé* ou *adonné à*. Obnoxius, ia, ium, *adj. avec un dat.*

SUJET, ou *matière*. Argumentum, *g.* argumenti², *n.*

SUJET, ou *occasion*. Occasio, *g.* occasionis³, *f.*

SUJET, ou *cause*. Causa, *gén.* causæ¹, *f.* | *Sans sujet*. Immeritò, *adv.* | *Avec sujet*. Meritò, *adv.*

SUJÉTION, *servitude*. Servitus, *g.* servitutis³, *f.*

SULFUREUX. Sulphureus, ea, eum, *adj.*

SULTAN. Turcarum imperator, *g.* Turcarum imperatoris³, *m.*

SULTANE. Turcarum regina, *g.* Turcarum reginæ¹, *f.*

SUPERBE, *adj. orgueilleux.* Superbus, a, um, *adj.*

SUPERBE, *magnifique*. Splendidus, a, um, *adj.*

LA SUPERBE, *subst. l'orgueil*. Superbia, *g.* superbiæ¹, *f.*

SUPERBEMENT, *avec orgueil.* Superbè, *adv.*

SUPERBEMENT, ou *magnifiquement*. Splendidè, *adv.*

SUPERCHERIE. Fraus, *g.* fraudis³, *f.*

PAR SUPERCHERIE. Fraudulenter, *adv.*

SUPERFICIE. Superficies, *g.* superficiei⁵, *f.* | *La superficie de l'eau*. Summa aqua, *gén.* summæ aquæ¹, *f.* Summa est *le fémin. de l'adj.* Summus, a, um.

SUPERFICIEL. Levis, *m. fém.* leve, *n. gén.* levis, *adj.*

SUPERFICIELLEMENT. Leviter, *adv.*

SUPERFLU, *adj.* Supervacaneus, ea, eum, *adj.* | *Être superflu*. Redundare, redundo, redundas, redundavi, redundatum¹, *neut.*

LE SUPERFLU. Superfluum, gén. superflui², n.

SUPERFLUITÉ. Redundantia, g. redundantiæ¹, f.

SUPÉRIEUR, qui est au-dessus Superior, m. f. superius, n. gén. superioris, adj. comparat. en ou par, se rend par l'ablat. du nom; à se rend par le dat.

UN SUPÉRIEUR. Præfectus, gén. præfecti², m.

UNE SUPÉRIEURE. Antistita, g. antistitæ¹, f.

SUPÉRIEUREMENT. Optimè, adv.

SUPÉRIEUREMENT à tous. Optimè omnium.

SUPÉRIORITÉ, autorité. Auctoritas, g. auctoritatis³, f.

SUPÉRIORITÉ, excellence. Præstantia, g. præstantiæ¹, f. | Avoir de la supériorité sur quelqu'un, par, ou en quelque chose Præstare, præsto, præstas, præstiti, præstitum¹, act. acc. de la personne, ablat. du nom qui suit en ou par.

SUPERLAT.F. Superlativus, g. superlativi², m.

SUPERSTITIEUSEMENT. Superstitiosè, adv. comp. Superstitiosiùs; superl. superstitiosissimè.

SUPERSTITIEUX. Superstitiosus, a, um, adj. comp. Superstitiosior, m. f. superstitiosius, n. gén. superstitiosioris; superl. superstitiosissimus, a, um.

SUPERSTITION. Superstitio, g. superstitionis³, f.

SUPIN. Supinum, g. supini², n.

SUPPLANTÉ. Per fraudem depulsus, a, um, part. pass.

SUPPLANTER. Per fraudem depellere, depello, depellis, depuli, depulsum³, act.

SUPPLÉANT. Vicarius, g. vicarii², m.

SUPPLÉER, fournir à ce qui manque. Supplère, suppleo, supples, supplevi, suppletum¹, act. acc. de la chose qu'on supplée.

SUPPLÉER quelqu'un, le remplacer. Munus explere, expleo, ex- ples, explevi, expletum², act. avec le génit. de la personne; c. à d. remplir la fonction de, etc.

SUPPLÉMENT. Supplementum, g. supplementi², n.

SUPPLIANT. Supplex, m. f. et n. gén. supplicis, adject. de tout genre.

EN SUPPLIANT, de même que s'il y avoit seulement Suppliant. Ex: Il se jeta à ses pieds en suppliant. Supplex ad illius pedes se abjecit. | En posture de suppliant. Suppliciter, adv.

SUPPLICATION. Deprecatio, g. deprecationis³, f.

SUPPLICE. Supplicium, gén. supplicii², n. | Etre puni du dernier supplice Capite plecti, plector, plecteris, plexus sum³, pass.

SUPPLICIÉ, puni du dernier supplice. Cruciarius, g. cruciarii², masc.

SUPPLICIER quelqu'un. Supplicio afficere, afficio, afficis, affeci, affectum³, act.

SUPPLIER, prier humblement. Supplicare, supplico, supplicas, supplicavi, supplicatum¹, n. dat. de la personne.

SUPPLIQUE Supplicatio, gén. supplicationis³, f.

SUPPORT. Fulcimentum, gén. fulcimenti², n.

SUPPORT, aide, soutien, secours. Columen, g. columinis³, n.

SUPPORTABLE. Tolerabilis, m. et f. tolerabile², n. gén. tolerabilis, adj.

SUPPORTÉ par, ou soutenu sur. Fultus, a, um, avec un abl.

SUPPORTER, ou soutenir. Fulcire, fulcio, fulcis, fulsi, fultum⁴, act.

SUPPORTER, ou souffrir. Ferre, fero, fers, tuli, latum³, act.

SUPPOSÉ, mis à la place. Suppositus, a, um, part. pass. | Cela supposé, étant supposé. Hoc posito.

SUPPOSER. Supponere, suppono, supponis, supposui, suppositum³, act. | *Supposez que.* Pone, si on parle à une seule personne. Si l'on parle à plusieurs, Ponite. On retranche le *que*; le nom ou pronom suivant est mis à l'acc. et le verbe à l'infin. | *Supposer un crime à quelqu'un.* Crimen effingere, effingo, effingis, effinxi, effictum³, act. dat. de la personne.

SUPPOSITION. Suppositio, g. suppositionis³, f. | *Faire une supposition.* Voyez Supposer.

SUPPÔT. Minister, g. ministri², m.

SUPPRESSION *en parlant d'une loi, d'un édit.* Abrogatio, gēn. abrogationis³, f. | *Suppression d'un mot.* Vocis prætermissio, g. vocis prætermissionis³, f.

SUPPRIMER, *faire cesser.* Supprimere, supprimo, supprimis, suppressi, suppressum³, act.

SUPPRIMER, *abolir une loi.* Abrogare, abrogo, abrogas, abrogavi, abrogatum¹, act. | *Supprimer une charge.* Munus abolēre, aboleo, aboles, abolevi, aboletum², act.

SUPPURATION. Suppuratio, g. suppurationis³, f.

SUPPURER. Suppurare, suppuro, suppuras, suppuravi, suppuratum¹, n.

SUPPUTATION. Computatio, g. computationis³, f.

SUPPUTER. Computare, computo, computas, computavi, computatum¹, act.

SUPRÊME. Supremus, a, um, adj. | *Au suprême degré.* Summè, adv.

SUR, *pour dessus.* Super, et l'acc. | *Sur la tête.* Super caput.

SUR, *pour touchant.* De, et l'abl. | *Je l'ai interrogé sur cela ou touchant cela.* Illum interrogavi de hoc.

SUR, *pour dans.* In, et l'abl. s'il n'y a pas de mouvement, ou l'acc. s'il y en a. | *Sur le chemin; il est sur le chemin.* Est in viâ. | *Il va sur le chemin.* It in viam.

SUR, *pour environ, vers.* Sub, et l'acc. | *Sur le soir.* Sub vesperum | *Sur la fin de l'année.* Sub finem anni.

Sur le champ ou sur l'heure. Extemplò, adv. | *Sur ces entrefaites.* Intereà, adv. | *Sur ma parole.* Fide meâ, à l'abl. | *Sur cette nouvelle.* Quo audito, ou bien, Ad quem nuncium.

SÛR, Sûre, adj. *où l'on est en sûreté.* Tutus, a, um, adj.

SÛR, *certain, indubitable.* Certus, a, um. | *Il est sûr que, il est certain que.* Certum est; *le que se retranche.* | *A coup sûr.* Haud dubiè, adv. | *Tirer à coup sûr.* Certò ictu destinata ferire, ferio, feris⁴, *sans parf. ni sup.* | *Etre sûr de, où savoir certainement.* Certò scire, scio, scis, scivi, scitum⁴, act.

SÛR, *à qui l'on peut se fier.* Fidus, a, um, adj. ou Certus, a, um, adj. | *Mémoire sûre.* Memoria tenacissima, g. memoriæ tenacissimæ¹, f.

SURABONDAMMENT. Immodicè, adv.

SURABONDANCE. Redundantia, g. redundantiæ¹, f. | *Par surabondance.* Ex abundanti.

SURABONDANT. Superabundans, g. superabundantis, adj. de tout genre.

SURABONDER. Superabundare, superabundo, superabundas, superabundavi, superabundatum¹, neut.

SURANNÉ. Exoletus, a, um, adj.

SURCHARGE, *surcroît de charge.* Oneris accessio, g. oneris accessionis³, f.

SURCHARGÉ. Graviore onere pressus, a, um, part. | *Etre surchargé.* Graviore onere premi, premor, premeris, pressus sum³, pass. | *Etre surchargé de travail.* Labore degravari, degravor, degravaris, degravatus sum¹, pass. | *Etre surchargé d'affaires.* Negotiis obrui, obruor, obrueris, obrutus sum³, pass.

SUR

SURCHARGER. Gravius onus imponĕre, impono, imponis, imposui, impositum³, *act.* c. à. d. *imposer un fardeau trop pesant. La personne au dat.*

SURCROIT. Accessio, g. accessionis³, *f.* | *Pour surcroit de malheur.* In calamitatum cumulum. | *Venir par surcroît.* Supervenire, supervenio, supervenis, supervenì, superventum⁴, *n.*

SURCROITRE succrescĕre, succresco, succrescis, succrevi, succretum³, *n.*

SURDITÉ. Surditas, g. surditatis³, *f.*

SUREAU, *arbrisseau.* Sambucus, g. sambuci², *f.* | *Qui est de sureau.* Sambuceus, cea, ceum, *adj.*

SÛREMENT, *certainement.* Haud dubiè, *adv.*

Sûrement, *d'une manière solide.* Firmiter, *adv.*

Sûrement, *en sûreté.* Tutò, *adv.*

SURÉROGATION. Gratuita opera, g. gratuitæ operæ³, *f.*

Qui est de surérogation, ou
SURÉROGATOIRE. Gratuitus, a, um, *adj.*

SÛRETÉ. Securitas, g. securitatis³, *f.* | *Lieu de sûreté.* Tutus locus, g. tuti loci², *m.* | *En sûreté.* In tuto. | *Être en sûreté.* Esse in tuto. | *Pourvoir à sa sûreté.* Sibi cavēre, mihi caveo, tibi caves, mihi cavi, cautum², *n.* | *Pourvoir à la sûreté des autres.* Aliis cavēre. | *En sûreté de conscience.* Salvâ conscientiâ.

Sûreté, *caution.* Cautio, g. cautionis³, *f.*

SURFACE. Superficies, g. superficiei⁵, *f.* | *La surface de.* Summus, a, um, *adj. qui s'accorde avec le nom suivant.* Ex. *La surface de la terre.* Summum solum. | *Sur la surface de l'eau.* In summâ aquâ.

SURFAIRE. Cariùs indicare, indico, indicas, indicavi, indicatum¹, *act.*

SUR 581

SURGIR *au port.* Portum subire, subeo, subis, subivi, subitum⁴, *act.*

SURHUMAIN, *au-dessus de l'humanité.* Humano celsior, *m. f.* celsius, *n.* gén. celsioris, *adj. comm.*

SURLENDEMAIN. Tertius dies, g. tertii² diei⁵, *m.*

SURINTENDANCE. Summa præfectura, g. summæ præfecturæ¹, *f.*

SURINTENDANT. Summus præfectus, gén. summi præfecti², *masc.*

SURMONTER. Superare, supero, superas, superavi, superatum¹, *act.*

se Surmonter. Animum domare, domo, domas, domui, domitum¹, *act.*

SURNAGER *sur ou au-dessus.* Supernatare, supernato, supernatas, supernatavi, supernatatum¹, *n.* | *Sur l'eau.* Aquis.

SURNATUREL. Suprà naturam, c. à. d. *au-dessus de la nature.*

SURNATURELLEMENT. Suprà naturæ vires.

SURNOM. Cognomen, g. cognominis³, *n.*

Donner un surnom. Voyez *Surnommer.*

SURNOMMÉ. Cognomine, à l'abl. | *Louis surnommé le grand.* Ludovicus cognomine magnus.

SURNOMMER. Cognominare, cognomino, cognominas, cognominavi, cognominatum¹, *act.*

SURPASSER. Superare, supero, superas, superavi, superatum¹, *act.*

Le nom de la personne qu'on surpasse, se met à l'acc., et la chose en quoi l'on surpasse, est mise à l'abl.; comme, Je surpasserai en diligence mes compagnons. Superabo diligentiâ meos condiscipulos.

SURPLIS. Linteum amiculum, g. lintei amiculi², *n.*

LE SURPLUS. Reliquum, *gén.* reliqui[2], *n⁰u¹*.

AU SURPLUS, *au reste*. Cæterùm, *adv.*

SURPRENANT. Mirus, a, um, *adj.*

SURPRENDRE *sur* ou *dans*. *Prendre sur le fait*. Deprehendĕre, deprehendo, deprehendis, deprehendi, deprehensum[1], *act.* | *Dans un crime*. In maleficio.

SURPRENDRE ou *prendre à l'improviste*. Improviso opprimĕre, opprimo, opprimis, oppressi, oppressum[3], *act.* | *Surprendre une ville*. Urbem improvisò occupare, occupo, occupas, occupavi, occupatum, *act.* | *Surprendre un voleur*. Furem excipĕre, excipio, excipis, excepi, exceptum[3], *act.* | *La nuit les surprit*. Nox eos oppressit; *de* Opprimĕre, opprimo, opprimis, oppressi, oppressum[3], *act.*

SURPRENDRE, *intercepter, arrêter des lettres, etc*. Intercipĕre, intercipio, intercipis, intercepi, interceptum[1], *act.*

SURPRENDRE, ou *étonner*. Percellĕre, percello, percellis, perculi, perculsum[3], *act.*

SURPRENDRE, *donner de l'admiration*. Admiratione afficĕre, afficio, afficis, affeci, affectum[3], *act.*

SURPRENDRE, *tromper*. Voyez *Tromper*.

SURPRIS, *participe passif de* Surprendre.

SURPRISE, *chose à laquelle on ne s'attend pas*. Res inopinata, *g.* rei[5] inopinatæ[1], *f.*

Par SURPRISE, *à l'improviste*. Improvisò, *adv.*

SURPRISE. *tromperie*. Dolus, *g.* doli[2], *m.* | *Par surprise*, ou *par tromperie*. Per dolum.

Prendre une ville par surprise, s'en rendre maître par surprise. Urbem dolis occupare, occupo, occupas, occupavi, occupatum[1], *act.*

SURPRISE, *étonnement*. Admiratio, *gén.* admirationis[3], *f.*

SURPRISE, *trouble*. Perturbatio, *gén.* perturbationis[3], *f.*

SURSAUT, *s'éveiller en sursaut*. Somno excuti, excutior, excuteris, excussus sum[3], *pass.*

SURSÉANCE. Intermissio, *g.* intermissionis[3], *f.*

SURSEOIR, *différer*. Voyez ce mot.

SURSIS, *retardé*. Dilatus, a, um, *part. pass.*

UN SURSIS, *délai*. Dilatio, *gén.* dilationis[3], *f.*

SURTOUT *grosse casaque*. Lacerna, *g.* lacernæ[1], *f.*

SUR-TOUT, *principalement*. Imprimis, *adv.*

SURVEILLANT, *qui garde*. Custos, *g.* custodis[3], *m. et f.*

SURVEILLE, *l'avant veille*. Vigiliæ dies pridianus, *gén.* vigiliæ diei[5] pridiani[2], *m.*

SURVEILLER. Invigilare, invigilo, invigilas, invigilavi, invigilatum[1], *n. avec le dat.*

SURVENANT, *qui survient*. Interventor, *g.* interventoris[3], *m.*

SURVENIR. Supervenire, supervenio, supervenis, superveni, superventum[4], *n. dat.*

SURVIVANT, *qui survit*. Superstes, *g.* superstitis, *adj. de tout genre*.

SURVIVRE à. Superesse, supersum, superes, superfui, *avec un dat.*

SUS, *courage*. Eia, age, *et au plur.* Agite.

SUSCEPTIBLE *de*. Capax, *m. f. et n. gén.* capacis, *avec le gén. ou le gérond*. en di.

SUSCITER. Suscitare, suscito, suscitas, suscitavi, suscitatum[1], *act.* | *Susciter un procès, etc. à quelqu'un*. Litem alicui concire, concio, concis, concivi, concitum[4]. *act.*

SUSPECT. Suspectus, a, um, *adj.* | *De quelque chose, au gén.* | *A quelqu'un, au dat.*

SUS

SUSPECTER, *soupçonner.* Voy. *c m t.*

SUSPENDRE, *élever en l'air.* Suspendĕre, suspendo, suspendis, suspendi, suspensum[2], *act.* à *par* ad, *avec l'acc.*

Suspendre *quelqu'un de sa charge.* A munere amovēre, amoveo, amoves, amovi, amotum[2], *act acc de la personne.* | *Suspendre son jugement.* Suam judicium retinēre, retineo, retines, retinui, retentum[2]. *act.*

Suspendre, *arrêter.* Cohibēre, cohibeo, cohibes, cohibui, cohibitum[2], *act.*

SUSPENDU, *soutenu en l'air.* Suspensus, a, um, *part. pass.*

Être suspendu. Pendēre, pendeo, pendes, pependi, pensum[2], *n.* à *se send par* è *ou* ex, *et l'ablatif. La terre est suspendue par son propre poids* Terra librata est suis ponderibus. Librata est, *vient de* Librare, libro, libras, libravi, libratum[1], *adj.*

Suspendu, *qui est en suspens, incertain.* Ambiguus, ua, uum, *adj. qui veut le génit.* Exemple : *Suspendu entre la honte et la crainte.* Pudoris et metûs ambiguus.

Suspendu *de sa charge.* Ab officio interclusus, a, um, *part. pass.*

SUSPENS, *être en suspens.* Animo suspenso esse; sum, es, fui | *Tenir en suspens.* Suspensum tenēre, teneo, tenes, tenui, tentum[2], *act.* Suspensum *s'accorde en genre et en nombre, avec le rég. français ; comme. ne nous tenez pas en suspens.* Ne teneas nos suspensos.

SUSPENSION, *interruption.* Suspensio, *g.* suspensionis[3], *f.*

Suspension *d'armes.* Induciæ, *g.* induciarum[1], *f. plur.*

SUSTENTER. Sustentare, sustento, sustentas, sustentavi, sustentatum[1], *act.*

SVELTE, *adj.* Tenuis, *m.* / tenue, *n. gén.* tenuis, *adj.*

SYN 583

SYCOMORE. *arbre.* Sycomorus, *g.* sycomori[2], *f.*

SYLLABE. Syllaba, *g.* syllabæ[1], *fém.* | *Par syllabes.* Syllabatim, *adv.*

SYLLOGISME. Syllogismus, *g.* syllogismi[2], *m.*

SYMBOLE. Symbolum, *g.* symboli[2], *n.*

SYMBOLIQUE. Symbolicus, a, um, *adj.*

SYMÉTRIE. Symmetria, *gén.* symmetriæ, *f.* | *Par symétrie.* Ex symmetriæ legibus.

SYMÉTRIQUEMENT. Voy. *Par symétrie.*

SYMPATHIE Sympathia, *gén.* sympathiæ[1], *f.*

SYMPATHIQUE. Consentiens, *m. f. et n. gén.* consentientis, *adj.*

SYMPATHISER, *convenir d'humeur.* Convenire, convenio, convenis, conveni, conventum[4]. *neut.* avec *se rend par* cum, *et l'ablat.*

SYMPHONIE. Symphonia, *gén.* symphoniæ[1]. *f.*

SYMPHONISTE. Symphoniacus, *g.* symphoniaci[2], *m.*

SYMPTOME. Symptoma, *gén.* symptomatis[3], *n.*

SYNAGOGUE. Synagoga, *g.* synagogæ[1], *f.*

SYNCOPE, *retranchement d'une lettre ou d'une syllabe.* Syncope, *g.* syncopes[1], *f.*

SYNDIC. Procurator, *g.* procuratoris[3]. *m.*

SYNECDOCHE, *figure de rhétorique.* Synecdoche, *g.* synecdoches[1], *f.*

SYNODE. Synodus, *g.* synodi[2], *fém.*

SYNONYME, *de même signification.* Synonymus, a, um, *adj.* | *Un synonyme, un mot synonyme.* Synonymum, *g.* synonymi[2], *n. On sous-entend* verbum.

SYNTAXE. Syntaxis, *g.* syntaxis[3], *f.*

SYSTÈME. Systema, *g.* systematis[3], *n.*

T.

TA, *pronom, féminin de* Ton.

TABAC. Tabacum, g. tabaci², *n.*

TABATIÈRE. Tabaci pixidula, g. tabaci pixidulæ¹, *f.*

TABELLION, *notaire.* Tabellio, g. tabellionis³, *m.*

TABERNACLE. Tabernaculum, g. tabernaculi¹, *n.*

TABLATURE, *embarras.* Plurimùm negotii; c. à. d. *beaucoup de peine.* | *Donner de la tablature à quelqu'un.* Plurimùm negotii facessēre, facesso, facessis, facessivi, facessitum¹, *act. dat. de la personne.*

TABLE, *sur laquelle on mange, etc.* Mensa, g. mensæ¹, *f.* | *Se lever de table.* A mensâ surgĕre, surgo, -surgis, surrexi, surrectum³, *n.*

Se mettre à table, (*en parlant des anciens qui étoient couchés autour de la table,*) Mensæ accumbĕre, accumbo, accumbis, accubui, accubitum³, *n.* | *En parlant des modernes qui sont assis à table.* Ad mensam assidēre, assideo, assides, assidi, assessum², *n.* | *Mettre, dresser la table.* Mensam instruĕre, instruo, instruis, instruxi, instructum³, *act.* | *Avoir à table la première place.* In summo assidēre, assideo, assides, assedi, assessum², *n.* | *Avoir la dernière place.* In extremâ mensâ sedēre, sedeo, sedes, sedi, sessum², *n.* | *Table somptueusement servie.* Mensâ multiplici dape instructa, g. mensæ multiplici dape instructæ¹, *f.* | *Table frugale.* Tenuis mensa, g. tenuis³ mensæ¹, *f.* | *Servir à table.* Ad mensam ministrare, ministro, ministras, ministravi, ministratum¹, *n.* | *Recevoir, ou traiter à sa table.* Voyez *Traiter, faire festin.*

TABLE *d'un livre,* etc. Index, gén. indicis³, *m.*

TABLEAU, *ouvrage de peinture.* Tabella, g. tabellæ¹, *fém.*

TABLEAU, *description.* Descriptio, g. descriptionis³, *f.* | *Faire le tableau, la description de quelque chose,* c. à. d. *la décrire.* Expingĕre, expingo, expingis, expinxi, expictum³, *act. avec l'acc. de la chose.*

TABLEAU, *ou registre.* Album, g. albi², *n.* | *Rayer quelqu'un du tableau.* Albo eradĕre, erado, eradis, erasi, erasum³, *act. accus. de la personne.*

TABLETTES *où l'on écrit.* Pugillares, g. pugillarium³, *masc. plur.*

TABLETTES *où l'on arrange des livres.* Foruli, g. forulorum², *m. plur.*

TABLIER, *pièce de toile, de cuir, etc. que l'on met devant soi.* Ventrale, g. ventralis³, *n.*

TABOURET. Sedecula, gén. sedeculæ¹, *f.*

TACHE *ou souillure.* Macula, g. maculæ¹, *f.* | *Faire une tache à la réputation.* Famam maculare, maculo, maculas, maculavi, maculatum¹, *act.* | *Effacer les taches de sa vie.* Vitæ sordes eluĕre, eluo, eluis, elui, elutum³, *act.* | *Vie sans tache.* Vita inculpata, g. vitæ inculpatæ¹, *f.*

TÂCHE, *ouvrage que l'on donne à faire.* Pensum, g. pensi², *n.* | *Remplir sa tâche.* Pensum absolvĕre, absolvo, absolvis, absolvi, absolutum³, *act.* | *Prendre à tâche de.* Eniti, enitor, eniteris, enixus sum³, *dép. avec l'infin.*

TÂCHER *ou s'efforcer.* Conari, conor, conaris, conatus sum¹, *dépon. de suivi d'un verbe se rend*

TAI   TAL   585

par l'infin. ou *bien se tourne par*, *afin que*, *et s'exprime par* ut, *avec le subj.*

TACHER ou *salir.* Maculare, maculo, maculas, maculavi, maculatum[1], *act.*

TACHETÉ. Varius, ia, ium, *adj.* | *Tacheté de blanc.* Albo sparsus, a, um, *adj.*

TACHETER. Maculis distinguĕre, distinguo, distinguis, distinxi, distinctum[3], *act.* | *De noir.* Nigris; *de blanc.* Albis; c. à. d. *marquer de taches noires, blanches, par où l'on voit que l'on sous-entend* Maculis.

TACITE. Tacitus, a, um, *adj.*

TACITEMENT. Tacitè, *adv.*

TACITURNE. Taciturnus, a, um, *adj.*

TACITURNITÉ. Taciturnitas, *g.* taciturnitatis[3], *f.*

TACT, *le toucher.* Tactus, *gén.* tactûs[4], *m.*

TACTIQUE, *l'art de ranger des troupes en bataille.* Tactica, *g.* tacticæ[1], *f.*

TAFFETAS. Pannus sericus tenuissimus, *g.* panni serici tenuissimi[2], *m.*

TAIE, *pellicule sur l'œil.* Albugo, *g.* albuginis[3], *f.*

TAILLADE, *coupure.* Incisura, *g.* incisuræ[1], *f.*

TAILLADER. Concidĕre, concido, concidis, concidi, concisum[3], *act.*

TAILLANT, *subst. tranchant d'une lame.* Acies, *g.* aciei[5], *f.*

TAILLE, ou *grandeur de corps.* Statura, *g.* staturæ[1], *f.* | *Taille dégagée.* Statura[1] commoda, *fém.* | *Taille fine.* Statura[1] gracilis, *f.* | *Grande taille.* Statura eminens, *g.* staturæ[1] eminentis, *f.* | *Taille gigantesque.* Statura[1] colossea, *fém.*

TAILLE ou *tribut.* Tributum *g.* tributi[2], *n.*

TAILLE, *coupe. Taille des pierres.* Lapidum cæsura, *g.* lapidum cæsuræ[1], *f.* | *Taille des arbres.* Arborum putatio, *g.* arborum putationis[1], *f.*

Pierre de taille. Lapis sectilis, *g.* lapidis sectilis[3], *m.*

TAILLE, *incision.* Sectio, *g.* sectionis[3], *f.*

TAILLE, *tranchant.* Acies, *g.* aciei[5], *f.* | *Frapper d'estoc et de taille.* Punctim et cæsim petĕre, peto, petis, petivi, petitum[3], *act.*

TAILLÉ ou *coupé.* Sectus, secta, sectum, *part. pass.*

Taillé en pièces. Cæsus, a, um, *part. pass.*

TAILLER ou *couper.* Secare, seco, secas, secui, sectum[1], *act.* | *Tailler en pièces.* Cædĕre, cædo, cædis, cecidi, cæsum[3], *act.* | *Tailler une plume, etc.* Calamum scriptorium aptare, apto, aptas, aptavi, aptatum[1], *act.* | *Tailler la vigne, les arbres.* Vitem, arbores putare, puto, putas, putavi, putatum[1], *act.* | *Tailler un chemin dans le roc.* Petram perviam manu facĕre, facio, facis, feci, factum[3], *act.* Mot à mot : Facĕre, *rendre*, manu, *avec la main*, petram, *un rocher*, perviam, *pénétrable*.

TAILLEUR *d'habits.* Vestiarius, *g.* vestiarii[2], *m.* | *Tailleur de pierres.* Lapicida, *g.* lapicidæ[1], *m.*

TAILLIS ou *bois taillis.* Silva cædua, *g.* silvæ cæduæ[1], *f.*

TAIRE ou *ne pas dire.* Tacēre, taceo, taces, tacui, tacitum[2], *act.*

SE TAIRE. Tacēre, *n.*

Faire TAIRE, *imposer silence.* Silentium imperare, impero, imperas, imperavi, imperatum[1], *act.* dat. *de la personne.* | *Faire taire quelqu'un, lui fermer la bouche.* Linguam occludĕre, occludo, occludis, occlusi, occlusum[3], *act.* dat. *de la personne.*

TALENT, *pièce d'or ou d'argent.* Talentum, *g.* talenti[2], *n.*

TALENT ou *qualité.* Dos, *g.* dotis[3], *f.* gén. plur. dotium.

TALION, *peine pareille à l'offense.* Talio, *g.* talionis[3], *m.*

74

TALISMAN. Talisma, g. talismatis[3], n.

TALOCHE. Alapa, g. alapæ[1], f. | Donner une taloche. Alapam incutĕre, incutio, incutis, incussi, incussum[3], act. dat. de la pers.

TALON. Talus, g. tali[2], m.

TALONNER, poursuivre. Insequi, insequor, insequeris, insecutus sum[1], dép. avec.

TALUS. Declivitas, g. declivitatis[3], f. | Fait en talus. Acclivis, m. f. acclive, n. gén. acclivis, adj.

TAMARIN, fruit. Tamarindus, g. tamarindi[2], m.

TAMARIN, arbre. Tamarindus, g. tamarindi[2], f.

TAMBOUR. Tympanum, gén. tympani[2], n. | Battre le tambour. Tympanum pulsare, pulso, pulsas, pulsavi, pulsatum[1], act. | Au son du tambour. Ad tympani sonum. | Tambour de basque. Cantabricum tympanum, g. cantabrici tympani[2], n.

TAMBOUR, celui qui le bat. Tympanotriba, g. tympanotribæ[1], m

TAMBOURIN. Tympaniolum, g. tympanioli[2], n.

TAMIS. Incerniculum, g. incerniculi[2], n.

TAMISER. Succernĕre, succerno, succernis, succrevi, succretum[3], act.

TAMPON, bouchon. Obturamentum, g. obturamenti[2], n.

TANCER, réprimander. Objurgare, objurgo, objurgas, objurgavi, objurgatum[1], act.

TANCHE, poisson. Tinca, gén. tincæ[1], f.

TANDIS que. Dùm, avec l'indic. Mais devant l'imparfait, mettez le subjonct.

TANIÈRE de bétes. Latibulum, g. latibuli[2], n.

TANNERIE. Coriaria officina, g. coriariæ officinæ[1], f.

TANNEUR. Coriarius, g. coriarii[2], m.

TANT, s'exprime par tantùm, ou tam, ou tanti, ou tot, etc. selon les mots auxquels il est joint. Voyez la règle de Tant dans la Grammaire latine.

TANT QUE, aussi long-temps que. Quamdiù, avec l'indic.

TANT SOIT PEU. Parumper.

TANT DE FOIS. Toties, adv.

TANT PIS. Tantò pejus.

TANT MIEUX. Tantò meliùs.

TANTE, ou sœur du père. Amita, g. amitæ[1], f. | Tante ou sœur de la mère. Martertera, g. marterteræ[1], f. | Grand'tante. Proamita, g. proamitæ[1], f.

TANTOT. Modò, adv.

TAON, grosse mouche. Asilus, g. asili[2], m.

TAPAGE. Tumultus, g. tumultûs[4], m.

TAPAGEUR. Turbulentus, a, um, adj.

TAPE. Palmæ ictus, g. palmæ ictûs[4], m.

TAPER, donner une tape à quelqu'un. Palmâ percutĕre, percutio, percutis, percussi, percussum[3], act.

TAPER du pied. Pede terram incutĕre, incutio, incutis, incussi, incussum[1], act.

EN TAPINOIS. Occultè, adv.

SE TAPIR. Latēre, lateo, lates, latui, latitum[2], n. | Se tapir derrière une haie. Latēre post sepem.

TAPIS. Tapes, g. tapetis[3], m. | De Turquie. Tapes opere turcico. Mettre une question sur le tapis. Quæstionem ponĕre, pono, ponis, posui, positum[3], act. | Remettre une affaire sur le tapis. Rem rursùs tractare, tracto, tractas, tractavi, tractatum[1], act.

TAPISSÉ, orné de tapisseries. Aulæis ornatus, a, um, adj.

TAPISSÉ de, garni, jonché de. Vestitus, a, um, part. avec l'ablat.

TAPISSER, orner de tapisseries. Aulæis ornare, orno, ornas, ornavi, ornatum[1], act.

TAPISSER de, garnir, joncher

TAR — TAU

Vestire, vestio, vestis, vestivi, vestitum[4], *act. acc. rég. ind. ablat.*

TAPISSERIE. Aulæum, *g.* aulæi[2], *neut.*

TAPISSIER. Aulæorum opifex, *g.* aulæorum opificis[3], *m.*

TAQUIN, *avare.* Sordidus, sordida, sordidum, *adj.*

TAQUIN, *querelleur.* Rixosus, a, um, *adj.*

TAQUINERIE, *avarice.* Sordes, *g.* sordium[3], *f. pl.*

TAQUINERIE, *caractère querelleur.* Pervicacia, *g.* pervicaciæ[1], *f.*

TARABUSTER. Molestare, molesto, molestas, molestavi, molestatum[1], *act.*

TARD. Tardè, *adv. comp.* Tardiùs; *superl.* tardissimè. | *Au plus tard, pour le plus tard.* Quàm tardissimè. | *Tôt ou tard.* Seriùs, ociùs, *adv.*

TARD, *sur le soir*, Vesperè. | *Sur le tard.* Ad vesperam. | *Il se fait tard.* Invesperascit[3], *n.*

TARDER. Morari, moror, moraris, moratus sum[1], *dep.* | *Sans tarder.* Sinè morâ.

NE TARDER PAS, *suivi d'un infinit. se change par* Bientôt, brevì ; *et l'infinit. se met au même temps et à la même personne qu'étoit ne* Tarder pas ; *comme, Il ne tardera pas à le trouver ;* tournez, *il le trouvera bientôt.* Eum brevi reperiet. | *Il ne tardera pas à revenir* ; tournez, *il reviendra bientôt.* Brevi redibit. | *Il me tarde de, j'ai l'impatience de. Vous trouverez dans* Lhomond, *à la fin de la Méthode, cette manière de parler.*

TARDIF. Tardus, a, um, *adj.*

TARDIF, *en parlant des fruits.* Serotinus, a, um. *adj.*

TARDIVEMENT. Tardè, *adv.*

SE TARGUER, *s'enorgueillir.* Superbire, superbio, superbis, superbivi, superbitum[4], *n. ablat.*

TARI, *qui est à sec.* Exhaustus, a, um, *part. pass.*

TARIÈRE. Terebra, *g.* terebræ[1], *f.*

TARIF. Index, *g.* indicis[3], *m.*

TARIR, *mettre à sec.* Exsiccare, exsicco, exsiccas, exsiccavi, exsiccatum[1], *act.*

TARIR, ou *se tarir.* Exarescĕre, exaresco, exarescis, exarui[3], *sans sup. neut.*

TARISSEMENT. Exsiccatio, *g.* exsiccationis[3], *f.*

TARTARE, *l'enfer des païens.* Tartarus, *g.* tartari[2], *m. Au plur.* Tartara, *g.* tartarorum[2], *n.*

TARTE, *sorte de pâtisserie.* Scriblita, *g.* scriblitæ[1], *m.*

TARTELETTE. Scriblita, *g.* scriblitæ[1], *f.*

TARTUFE, *faux dévot.* Pietatis simulator, *g.* pietatis simulatoris[3], *m.*

TAS, *monceau.* Acervus, *g.* acervi[2], *m.* | *Mettre en tas.* Coacervare, coacervo, coacervas, coacervavi, coacervatum[1], *act.*

TASSE. Patera, *g.* pateræ[1], *f.*

TÂTER, ou *toucher.* Tentare, tento, tentas, tentavi, tentatum[1], *act.* | *Avec la main.* Manu | *Tâter le pouls.* Venas tangĕre ; *de* Tango, tangis, tetigi, tactum[3], *act. dat. de la personne.*

TÂTER, ou *goûter.* Gustare, gusto, gustas, gustavi, gustatum[1], *act.*

TÂTONNEMENT. Præstentatus, *g.* præstentatûs[4], *m.*

TÂTONNER. Præstentare, præstento, præstentas, præstentavi, præstentatum[1], *act.*

En tâtonnant, ou

A TÂTONS. Porrectis in incertum manibus. | *Aller à tâtons.* Præstentare iter. Voy. *Tâtonner.*

TAUDIS, *mauvaise chambre.* Tuguriolum, *g.* tuguriolii[2], *n.*

TAUPE. Talpa, *g.* talpæ[1], *f.*

TAUPIÈRE, *piège à prendre des taupes.* Talparum decipulum, *g.* talparum decipuli[2], *n.*

TAURE, *jeune vache.* Juvenca, *g.* juvencæ[1], *f.*

TAUREAU. Taurus, *g.* tauri[2], *masc.*

588 TEI — TÉM

TAUX. Æstimatio, g. æstimationis³, f.

TAVELÉ, marqueté. Maculosus, a, um, adj.

TAVELURE, tache. Maculæ, gén. macularum¹, f. pl.

TAVERNE. Caupona, gén. cauponæ¹, f.

TAVERNIER. Caupo, g. cauponis³, m.

TAXE. Taxatio, g. taxationis³, fém.

TAXÉ, apprécié. Taxatus, a, um, part. pass.

TAXER, accuser. Arguere, arguo, arguis, argui, argutum³, act., acc. rég. ind. abl. avec de.

TAXER quelqu'un, mettre une taxe à quelqu'un. Vectigal imperare, impero, imperas, imperavi, imperatum¹, act. datif de la personne, c. à. d. commander un impôt à.

TAXER, les dépens d'un procès. Litem æstimare, æstimo, æstimas, æstimavi, æstimatum¹, act.

TE, pronom. Il vient de Toi. Tu, g. tui.

TE DEUM. Chanter un Te deum. Facere Deo gratulationem publicam; facio, facis, feci, factum³, act., pour se rend par ob, avec l'accus.

TEIGNE, petit ver. Tinea, g. tineæ¹, f.

TEINDRE. Tingere, tingo, tingis, tinxi, tinctum³, act. On met à l'abl. le nom de la couleur en laquelle on teint; comme, En écarlate. Purpurâ.

Qui est TEINT. Tinctus, tincta, tinctum, part. pass. abl. de la couleur en quoi l'on teint. | Mains teintes de sang. Manus sanguine imbutæ, g. manuum⁴ sanguine imbutarum¹, f. plur.

LE TEINT, le coloris du visage. Color, gén. coloris³, m.

TEINT vermeil. Color roseus, g. coloris³ rosei², m.

TEINTE, couche de couleurs. Illitus, g. illitûs⁴, m.

TEINTURE, l'art de teindre. Tinctura, g. tincturæ¹, f.

TEINTURE, ou la couleur que prend l'étoffe que l'on teint. Color, gén. coloris³, m.

TEINTURE, légère connoissance d'une science ou d'un art. Prima elementa, g. primorum elementorum², n. plur. | Avoir une légère teinture des lettres. Esse leviter eruditum. Sum leviter eruditus. Eruditus s'accorde en genre, en nombre et en cas avec le sujet de Sum.

TEINTURIER. Infector, g. infectoris³, m.

TEL. Talis, m. f. tale, n. gén. talis. Où Is, ea, id, g. ejus. Voyez la règle de Tel dans la Grammaire latine.

TÉLÉGRAPHE. Telegraphum, g. telegraphi², n.

TÉLESCOPE. Telescopium, g. telescopii², n.

TELLEMENT. Adeò, adv. Le que qui suit, s'exprime par ut avec le subjonct.

TÉMÉRAIRE. Temerarius, ia, ium, adj. comp. Magis temerarius; superl. maximè temerarius.

TÉMÉRAIREMENT. Temerè, adv.

TÉMÉRITÉ. Temeritas, g. temeritatis³, f.

TÉMOIGNAGE. Testimonium, g. testimonii², n. | Porter témoignage. Testimonium dicere, dico, dicis, dixi, dictum³, act. | Pour quelqu'un. Pro aliquo. | Contre quelqu'un. In aliquem. | De ou sur quelque chose. De aliquâ re.

Rendre un faux témoignage. Falsum testimonium dicere. | Rendre témoignage à la vérité. Veritatem asserere, assero, asseris, asserui, assertum³, act. | Témoignage de la conscience. Animi conscientia, g. animi conscientiæ¹, f.

TÉMOIGNAGE, marque, preuve. Signum, g. signi², n. | Donner à quelqu'un ses témoignages d'affection. Suum amorem testari, tes-

TEM

tor, testaris, testatus sum[1], *dép. datif de la personne.*

TÉMOIGNER. Testificari, testificor, testificaris, testificatus sum[1], *dépon. accus.* | *Témoigner de l'amitié, de l'affection.* Benevolentiam exhibēre, exhibeo, exhibes, exhibui, exhibitum[2], *act. dat. de la personne.* | *Témoigner sa reconnoissance à quelqu'un,* c. à d. se montrer reconnoissant. Se memorem beneficii probare, probo, probas, probavi, probatum[1], *act. la person. au dat.* Ex. *Témoignons-lui notre reconnoissance,* c. à d. prouvons à lui nous reconnoissans. Probemus illi nos memores beneficii.

TÉMOIN. Testis, g. testis[3], *m.* | *Prendre à témoin.* Attestari, attestor, attestaris, attestatus sum[1], *dép. accus.* | *Prendre Dieu à témoin.* Deum attestari. | *Sans témoins.* Remotis arbitris, *ablatif absolu.*

LA TEMPE, *partie de la tête.* Tempus, g. temporis[3], *n.*

TEMPÉRAMENT, *constitution du corps.* Temperatio, g. temperationis[5], *f.*

TEMPÉRAMENT, *adoucissement.* Temperamentum, g. temperamenti[2], *n.*

TEMPÉRANCE. Temperantia, g. temperantiæ[1], *f.* | *Avec tempérance.* Temperatè, *adv.*

TEMPÉRANT. Temperans. *m. f. et n. gén.* temperantis, *adj. comp.* Temperantior, *m. f.* temperantius, *n. gén.* temperantioris; *superl.* temperantissimus, a, um.

TEMPÉRATURE. Temperies, g. temperiei[5], *f.*

TEMPÉRÉ. Temperatus, a, um, *adj. comp.* Temperatior, *m. f.* temperatius, *n. gén.* temperatioris; *superl.* temperatissimus, a, um.

TEMPÉRER. Temperare. tempero, temperas, temperavi, temperatum[1], *act.*

TEMPÊTE. Tempestas, g. tempestatis[3], *f.*

TEM 589

TEMPÊTE, *trouble, désordre.* Tumultus, g. tumultûs[4], *m.*

TEMPÊTER. Debacchari, debacchor, debaccharis, debacchatus sum[1], *dép.*

TEMPÊTUEUX. Procellosus, a, um, *adj.*

TEMPLE. Templum, g. templi[2], *neut.*

TEMPORAIRE. Temporarius, ia, ium, *adj.*

TEMPOREL. Temporalis, *m. f.* temporale, *n. gén.* temporalis, *adj.*

TEMPORELLEMENT. Ad tempus.

TEMPORISATION, ou TEMPORISEMENT. Cunctatio, g. cunctationis[3], *f.*

TEMPORISER. Cunctari, cunctor, cunctaris, cunctatus sum[1], *dép.*

TEMPORISEUR. Cunctator, g. cunctatoris[3], *m.*

TEMPS. Tempus, g. temporis[3], *n.* | *Savoir prendre son temps.* Tempus scitè et commodè capĕre, capio, capis, cepi, captum[3], *act.* | *Faire chaque chose en son temps.* Suo quidque tempore facĕre. | *S'accommoder au temps, aux circonstances.* Tempori consulĕre, consulo, consulis, consului, consultum[3], *n.* | *Temps de troubles.* Turbulentum tempus, g. turbulenti[2] temporis[3], *n.*

A TEMPS. Tempestivè, *adv.* | *Hors de temps, à contre-temps.* Intempestivè, *adv.* | *Avant le temps, plutôt qu'il ne faut.* Præmaturè. *adv.* | *Fruit mûr avant le temps.* Pomum præcox, g. pomi[2] præcocis[3]. *neut.* | *En temps et lieu.* Tempore et loco, *à l'abl.* | *Tout d'un temps.* Simul, *adv.* | *De temps en temps.* Identidem, *adv.* | *Pour un temps.* Ad tempus. | *Pour un peu de temps.* Aliquantisper, *adv.* | *Pour quelque temps.* Ad tempus. | *Quelque temps,* ou *pendant quelque temps.* Aliquandiù, *adv.* | *La plupart du temps.* Plerumquè, *adv.* | *Long-temps,*

Diù, adv. comp. diutiùs; superl. diutissimè. | *Qui dure long-temps, de longue durée*. Diuturnus, a, um, adj. | *Dans peu de temps*. Brevi, adv. | *Vous ne me verrez de long-temps, ou si ce n'est après un long-temps*. Non me videbis nisi post longum tempus. | *Depuis long-temps*. Jam dudùm, adv. | *Il y a long-temps que*. Jam dudùm, et l'indic. | *Depuis le temps que*. Ex quo tempore, avec l'indicat. | *Du temps de*. Tempore, abl. | *Du temps de César*. Tempore Cæsaris. | *De notre temps*. Nostro tempore. | *Avec le temps*. Ætate progrediente. | *De tout temps*. Antiquitùs, adv. | *A quelque temps de là*. Aliquantò post. | *En même temps*. Simul. | *En ce temps-là*. Tunc temporis. | *Quelque temps avant*. Aliquantò ante. | *Quelque temps après*. Aliquantò post. | *En quelque temps que ce soit*. Quovis tempore.

Temps, *disposition de l'air, du ciel*. Cœlum, g. cœli[2], n. | *Beau temps*. Cœlum serenum, g. cœli sereni[2], n. | *Mauvais temps*. Cœlum procellosum, g. cœli procellosi[2], n. | *Il fait beau temps*. Tempestas arridet[2], n. | *Temps couvert*. Cœlum nubilum, g. cœli nubili[2], neut.

Temps ou *loisir*. Otium, g. otii[2], n. | *Se donner du bon temps*. Genio indulgere, indulgeo, indulges, indulsi, indultum[2], n. | *Avoir du bon temps*. Vacare, vaco, vacas, vacavi, vacatum[1], n.

Temps, *délai*. Mora, g. moræ[1], fém. | *Gagner du temps*. Tempus ducĕre, duco, ducis, duxi, ductum[3], act. | *Sans perdre de temps*. Sine ullâ morâ. | *Il n'y a pas de temps à perdre*. Non est cunctandi copia.

Temps, *terme, échéance*. Dies, g. diei[5], m. | *Payer au temps convenu*. Ad diem solvĕre, solvo, solvis, solvi, solutum[3], act.

TENABLE, *toujours joint à une négation. Place ou ville qui n'est pas tenable*. Indefensum oppidum, g. indefensi oppidi[2], n.

TENACE, *avare*. Tenax, m. f. et n. gén. tenacis, adj.

TENACITÉ. Tenacitas, g. tenacitatis[3], f.

TENAILLE. Forceps, g. forcipis[3]. f.

TÉNARE, *l'entrée de l'enfer*. Tænarus, g. tænari[2], m.

TENDANCE, *propension*. Inclinatio, g. inclinationis[3], f. à pur ad, avec l'accus.

TENDANT, Tendante à. Spectans, g. spectantis, part. à par ad, avec l'accus.

TENDRE ou *étendre*. Tendĕre, tendo, tendis, tetendi, tensum ou tentum[3], act. | *Tendre les voiles*. Vela pandĕre, pando, pandis, pandi, pansum[3], act. | *Tendre ou présenter*. Porrigĕre, porrigo, porrigis, porrexi, porrectum[3], act. dat. de la personne.

Tendre à ou *prétendre*. Spectare, specto, spectas, spectavi, spectatum[1], n. à s'exprime par ad, avec l'acc. ou le gérondif en dum.

Tendre, *bander*. Voyez Bander.

TENDRE, adj. Tener, era, erum, adj.

L'âge tendre. Tenera ætas, g. teneræ[1] ætatis[3], f. | *Dès sa plus tendre enfance*. A teneris, sous-entendu, annis.

TENDREMENT. Tenero animo. | *Plus tendrement*. Teneriore animo. | *Très-tendrement*. Tenerrimo animo.

TENDRESSE. Amor, g. amoris[3], masc. | *Avec tendresse*. Tenero animo. | *Tendresse paternelle*. Patrius in liberos amor, g. patrii[2] in liberos amoris[3], m. | *Tendresse maternelle*. Maternus in liberos amor, g. materni[2] in liberos amoris[3], m. | *Donner à quelqu'un toute sa tendresse*. Omnem suum amorem conferre, confero, confers, contuli, collatum[3], act. La personne à l'acc. avec in.

TENDRETÉ, *qualité de ce qui*

TEN

est tendre. Teneritudo, g. teneritudinis[3], f.

TENDRON, rejeton d'une plante. Coliculus. g. coliculi[2], m.

TENDU. Tentus, a, um, part. pass.

TÉNÈBRES. Tenebræ, g. tenebrarum[1], f. pl.

TÉNÉBREUX. Tenebrosus, a, um, adj.

TENEUR, le contenu d'une lettre, d'un écrit. Verba, g. verborum[2], n. plur.

TENIR, avoir à la main. Tenēre, teneo, tenes, tenui, tentum[2], act.

TENIR la main à quelque chose, veiller à ce qu'elle se fasse. Curare, curo, curas, curavi, curatum[1], act. Le nom à l'acc. A ce que, s'exprime par ut, avec le subj.

TENIR une chose d'un autre. Habēre, habeo, habes, habui, habitum[2], act. La chose à l'accus; la personne à l'abl. avec de. | Tenir la vie de quelqu'un; tournez : devoir la vie à quelqu'un. Vitam alicui debēre, debeo, debes, debui, debitum[2], act.

TENIR, retenir. Tenēre. Tenir un chien à l'attache. Canem catenâ continēre, contineo, contines, continui, contentum[2], act. | Tenir dans le devoir. In officio continēre. | Tenir en suspens. Suspensum tenēre. Suspensum, s'accorde en genre et en nombre avec le rég. de Tenir. Ex. Tenir les esprits en suspens. Animos suspensos tenēre. | Tenir en admiration. Admiratione defigĕre, defigo, defigis, defixi, defixum[3], act.

TENIR, garder, tenir son rang. Amplitudinem servare, servo, servas, servavi, servatum[1], act. | Tenir sa parole, ses promesses. Promissis stare, sto, stas, steti, statum[1], n. | Tenir une chose secrète. Silentio premĕre, premo, premis, pressi, pressum[4], act. La chose à l'accus.

TENIR, occuper. Tenēre. | Tenir

TEN 591

la première place. Primum locum tenēre. | Tenir lieu de père à quelqu'un ; c. à. d être à quelqu'un au lieu de père. Esse alicui pro patre. | Tenir un chemin, une route. Iter tenēre. | Tenir une assemblée. Conventum celebrare, celebro, celebras, celebravi, celebratum[1], act.

TENIR conseil. Consilium habēre, habeo, habes, habui, habitum[2], act.

TENIR, regarder comme, estimer. Habēre, habeo, habes, habui, habitum[2], act. | Tenir à honneur une chose. Honori habēre, la chose à l'accus. | Tenir quitte quelqu'un de quelque chose; tournez : remettre à quelqu'un quelque chose. Condonare, condono, condonas, condonavi, condonatum[1], act. La personne au dat. ; la chose à l'acc.

TENIR, proférer. Proferre, profero, profers, protuli, prolatum[3], act. | Des discours. Sermones.

TENIR, contenir. Continēre, contineo, contines, continui, contentum[2], act.

TENIR de, ressembler à. Referre, refero, refers, retuli, relatum[3], act. avec un accus. | Par quelque chose, à l'abl. avec in. | Tenir de la nature de. Ad naturam accedĕre, accedo, accedis, accessi, accessum[3], n. avec le génit.

TENIR à, être attaché à. Adhærēre, adhæreo, adhæres, adhæsi, adhæsum[2], n. avec le dat. | Cela vous tient à cœur; tournez : cela est à vous à cœur. Hoc est tibi cordi.

TENIR bon, tenir ferme, tenir tête, résister. Resistĕre, resisto, resistis, restiti, restitum[3], neut. | Tenir bon contre la tempête. Tempestatem sustinēre, sustineo, sustines, sustinui, sustentum[2], act. | Tenir bon contre l'ennemi; tournez, soutenir le choc des ennemis. Hostium impetum sustinēre. | Tenir bon dans sa résolution. Voy. Persister.

SE TENIR, être attaché ensemble.

TEN

Cohærēre, cohæreo, cohæres, cohæsi, cohæsum[2], n.

SE TENIR, être placé sur. Se tenir à cheval. In equo hærēre.

SE TENIR debout. Stare, sto, stas, steti, statum[1], n.

SE TENIR, demeurer, habiter. Habitare, habito, habitas, habitavi, habitatum[2], n. | Se tenir à la maison, n'en point sortir. Domi se continēre. | Se tenir sur ses gardes. Sibi cavēre, caveo, caves, cavi, cautum[2], n. | Se tenir caché. Se in occulto continēre. | Ne pouvoir se tenir de rire. Vix risum tenēre.

S'EN TENIR à. Stare, sto, stas, steti, statum[1], n. avec le dat.

TENSION. Tensio, g. tensionis[3], fém.

TENTANT, qui porte à faire quelque chose. Invitans, m. f. et n. gén. invitantis, part. prés.

TENTATEUR. Tentator, gén. tentatoris[3], m.

TENTATIF. Voyez Tentant.

TENTATION. Sollicitatio, gén. sollicitationis[3], f. | Céder à la tentation. Culpæ succumbēre, succumbo, succumbis, succubui, succubitum[3], n.

TENTATIVE. Periclitatio, gén. periclitationis[3], f. | Faire une tentative. Tentare, tento, tentas, tentavi, tentatum[1], act. c. à. d. tenter, essayer.

TENTE, pavillon de guerre. Tabernaculum, g. tabernaculi[2], neut. | Tente du général. Prætorium, g. prætorii[2], n.

TENTER ou solliciter. Sollicitare, sollicito, sollicitas, sollicitavi, sollicitatum[1], act. accus. de la personne. à par ad, avec l'acc. ou le gérondif en dum. | Tenter quelqu'un en lui offrant de l'argent. Pecuniâ oppugnare, oppugno, oppugnas, oppugnavi, oppugnatum[1], act.

TENTER ou essayer. Experiri, experior, experiris, expertus sum[4], dép. acc. | Tenter le hasard d'une

TER

bataille. Certaminis fortunam experiri.

TENTURE de tapisseries. Aulæorum series, g. aulæorum seriei[5], fém.

TENU, entretenu. Champ bien entretenu. Ager eximiè cultus, g. agri eximiè culti[2], n.

Être TENU de, obligé. Teneri teneor, teneris, tentus sum[2], pass. | De faire quelque chose. tournez, de quelque chose devant être faite. De re aliquâ faciendâ.

TENUE des états, d'un concile, etc. Celebratio, g. celebrationis[3], f.

TENUE, maintien. Habitus, g. habitûs[4], m.

TÉNUITÉ. Tenuitas, g. tenuitatis[3], f.

TÉRÉBENTHINE, espèce de résine. Terebenthina resina, g. terebenthinæ resinæ[1], f.

TÉRÉBINTHE, arbre résineux. Terebinthus, g. terebinthi[2], f.

TERGIVERSATION. Tergiversatio, g. tergiversationis[3], f.

TERGIVERSER. Tergiversari, tergiversor, tergiversaris, tergiversatus sum[1], dép.

TERME, borne. Terminus, g. termini[2], m.

TERME, fin, borne. Finis, g. finis[3], m. | Qui est sans terme, sans fin. Interminatus, a, um, adj.

TERME, parole. Verbum, gén. verbi[2], n. | En bons termes. Benè, adv. En mauvais termes. Malè, adv. | Il lui parla en ces termes. Illum allocutus est his verbis ; de Alloqui, alloquor, alloqueris, allocutus sum[3], dép. | En propres termes. Ad verbum. | Mesurer ses termes. Cautè dicĕre, dico, dicis, dixi, dictum[3], act.

TERME, jour ou temps déterminé. Præstitutum tempus, gén. præstituti temporis[3], n.

TERMINAISON. Terminatio, g. terminationis[3], f.

TERMINÉ, ou borné. Terminatus, a, um, part. pass.

TERMINÉ, ou *achevé*. Absolutas, e, um, *part. pass.*

TERMINÉ, *fini, apaisé.* Diremptus, a, um, *part. pass.* | *Terminé en pointe.* In aciem desinens, g. in aciem desinentis, *part.*

TERMINER, ou *borner*. Terminare, termino, terminas, terminavi, terminatum¹, *act.*

TERMINER, ou *achever*. Absolvĕre, absolvo, absolvis, absolvi, absolutum², *act.*

TERMINER *un différend, une querelle, etc.* Dirimĕre, dirimo, dirimis, diremi, diremptum¹, *act.*

Se TERMINER ou *finir*. Desinĕre, desino, desinis, desii, desitum¹, *n. en par in, avec l'acc.*

TERNAIRE, *au nombre de trois.* Ternarius, ia, ium, *adj.*

TERNE, *qui a perdu son lustre.* Decolor, g. decoloris, *adj.*

TERNIR. Obscurare, obscuro, obscuras, obscuravi, obscuratum¹, *act.* | *Ternir la réputation.* Famam violare, violo, violas, violavi, violatum¹, *act.*

SE TERNIR. Obscurari, obscuror, obscuraris, obscuratus sum¹, *pass.*

TERRAIN ou TERREIN. Terrenum. g. terreni², n. | *Perdre du terrain.* Retrocedĕre, retrocedo, retrocedis, retrocessi, retrocessum³, *n.* | *Faire perdre du terrain à l'ennemi.* Hostem gradu demovēre, demoveo, demoves, demovi, demotum², *act.*

TERRASSE. Terrenus agger, g. terreni² aggeris¹, *m.*

TERRASSER. Prosternĕre, prosterno, prosternis, prostravi, prostratum¹, *act.*

La TERRE. Terra, g. terræ¹, *f.*

De TERRE, *qui appartient à la terre.* Terrenus, a, um, *adj.*

TERRE, *dont se servent les potiers.* Argilla, g. argillæ, *f.* | *De terre, fait de terre.* Fictilis, *m. f.* fictile, *n. gén.* fictilis. | *Terre cuite.* Testa, g. testæ¹, *f.* | *Fait de terre cuite.* Testaceus, ea, eum, *adj.*

Mettre par terre, jeter par terre, *abattre.* Voyez *Renverser*. | *Mettre en terre, semer.* Voyez *Semer.* | *Mettre en terre quelqu'un.* V. *Enterrer.* | *Mettre pied à terre.* Voy. *Descendre.* | *Prendre terre, aborder.* Voyez *Aborder*.

METTRE A TERRE, *débarquer.* In terram deponĕre, depono, deponis, deposui, depositum³, *act.* | *Couché par terre.* Humi jacens, g. humi jacentis, *part. prés.* *Être couché par terre.* Humi jacēre, jaceo, jaces, jacui¹, *n.*

Qui est sous terre, souterrain. Subterraneus, ea, eum, *adj.*

TERRE, *globe de la terre.* Terra, g. terræ¹, *f.* | *Voyager par terre, faire un chemin par terre.* Iter facĕre terrâ. | *Chercher par terre et par mer.* Terrâ marique conquirĕre, conquiro, conquiris, conquisivi, conquisitum³, *act.*

UNE TERRE, ou *un champ.* Ager, g. agri², *m.* | *Travailler la terre.* Terram subigĕre, subigo, subigis, subegi, subactum³, *act.*

UNE TERRE, ou *un domaine.* Prædium, g. prædii², *n.*

TERREIN. Voy. *Terrain.*

TERRESTRE. Terrenus, a, um, *adj.*

TERREUR, *grande frayeur.* Terror, g. terroris³, *m.* | *Donner, ou inspirer de la terreur.* Terrorem injicĕre, injicio, injicis, injeci, injectum³, *act. acc. rég. ind. datif.*

TERREUX. Terrosus, a, um, *adj.*

TERRIBLE. Horrendus, a, um, *adj.* Magis, *pour le comp.* maximè, *pour le superl.*

D'une manière terrible, ou TERRIBLEMENT. Horrendum in modum.

TERRIER ou *trou de lapins.* Cuniculus, g. cuniculi², *m.*

TERRINE, *vase de terre.* Cymbium, g. cymbii², *n.*

TERRITOIRE. Territorium, g. territorii², *n.*

TERROIR. Solum, g. soli², *n.*

TERTRE, *éminence de terre.* Tumulus, *g.* tumuli[2], *m.*

TES. *pronom plur. de* Ton, ta

TESTAMENT. Testamentum, *g.* testamenti[2], *n.*

TESTAMENTAIRE. Testamentarius, ia, ium, *adj.*

TESTATEUR. Testator, *g.* testatoris[3], *m. Au fém.* Testatrix, *g.* testatricis[3].

TESTER ou *faire testament.* Testamentum facĕre, facio, facis, feci, factum[3], *n.* | *Sans tester.* Intestato, *adv.*

TÊTE. Caput, *g.* capitis[3], *neut.*
PETITE TÊTE. Capitulum, *g.* capituli[2], *n.*

Le devant de la tête. Frons, *g.* frontis[3], *f.* | *Le derrière de la tête.* Occiput, *g.* occipitis[3], *n.* | *Qui a deux têtes, à deux têtes.* Biceps, *g.* bicipitis, *adj.* | *De la tête, ou avec la tête.* Capite, *à l'ablat.* | *Tomber la tête la première, ou sur la tête.* In caput prolabi, prolabor, prolaberis, prolapsus sum[3], *dép.* | *Rompre la tête à.* Obtundĕre, obtundo, obtundis, obtudi, obtusum[3], *act. acc. de la personne.* | *Faire signe de la tête.* Capite annuĕre, annuo, annuis, annui, annutum[3], *act.* | *Donner de la tête contre un mur.* Parieti caput impingĕre, impingo, impingis, impegi, impactum[3], *act.* | *Condamner à perdre la tête.* Capite damnare, damno, damnas, damnavi, damnatum[1], *act.* | *Par tête.* In capita. | *Tête à tête.* Commissis capitibus, *à l'ablat.*

TÊTE, pour *Esprit.* Animus, *g.* animi[2], *m.* | *Un homme de tête.* Magni judicii vir, *g.* magni judicii viri[2].

Remarquez que l'on se sert de Vir, *et non pas de* Homo, *quand il s'agit de belles qualités.*

Avoir la tête dure, apprendre difficilement. Tardè percipĕre, percipio, percipis, percepi, perceptum[3], *act.*

Avoir en tête ou *dans l'esprit.* Habēre in animo, *act.* | *Faire ou tenir tête à, résister à.* Obsistĕre, obsisto, obsistis, obstiti, obstitum[3], *n.* | *Se mettre en tête une chose.* In animo inducĕre, induco, inducis, induxi, inductum[3], *act. acc. de la chose.*

A SA TÊTE. Arbitrio suo. | *Marcher la tête levée.* Capite aperto ambulare, ambulo, ambulas, ambulavi, ambulatum[1], *n.* | *Se jeter tête baissée au milieu des ennemis.* In medios hostes præcipitem ruĕre; præceps ruo, ruis, rui, rutum[3], *n. L'adj.* Præceps, *g.* præcipitis, s'accorde en genre, en nombre et en cas avec le sujet français. | *La tête de l'armée.* Prima acies, *g.* primæ[1] aciei[5], *f.* | *A la tête de l'armée.* In primâ acie. | *Marcher à la tête de l'armée.* Agmen anteire, anteeo, anteis, anteivi, anteitum[4], *act.* | *Etre à la tête des affaires.* Rebus præesse, præsum, præes, præfui.

TÊTE d'*arbre.* Arboris cacumen, *g.* arboris cacuminis[3], *n.*

TÊTE d'*un livre.* Libri frons, *g.* libri frontis[3], *f.*

TÊTE, pour *la vie.* Vita, *gén.* vitæ[1], *f.* | *Il y va de la tête.* Caput agitur.

TÊTE, pour *la chevelure.* Cæsaries, *g.* cæsariei[5], *f.*

TETER. Lac sugĕre, sugo, sugis, suxi, suctum[3], *act.* | *S'il y a en français un régime direct, il se met en latin au génit.* | *Qui tète encore.* Lactens, *m. f. et n. gén.* lactentis[3]. | *Donner à teter à.* Præbēre mammam; præbeo, præbes, præbui, præbitum[2], *avec le dat. de la personne.*

TÉTINE, *pis de la vache.* Uber, *g.* uberis[3], *n.*

TÉTRARQUE. Tetrarcha, *gén.* tetrarchæ[1], *m.*

TÊTU. *Voy.* Opiniâtre.

TEUTONIQUE, *ordre.* Teutonicus ordo, *g.* teutonici[2] ordinis[3], *m.*

TIA

TEXTE. Ipsa verba, g. ipsorum verborum², n. pl.

THÉ. Theia, g. Theiæ¹, f.

THÉATRAL. Theatralis, m. f. theatrale, n. gén. theatralis, adj.

THÉÂTRE. Theatrum, g. theatri², neut. | *Monter sur le théâtre.* In theatrum prodire, prodeo, prodis, prodivi, proditum⁴, n.

THÈME, *sujet.* Thema, g. thematis³, n.

THÈME, *composition que l'on donne à faire aux enfans.* Scriptio, g. scriptionis³, f.

THÉMIS, *déesse de la justice.* Themis, g. Themidis³, f.

THÉOLOGAL. *Vertus théologales.* Theologicæ virtutes, g. theologicarum¹ virtutum³, f.

THÉOLOGIE. Theologia, gén. theologiæ¹, f.

THÉOLOGIEN. Theologus, g. theologi², m.

THÉOLOGIQUE. Theologicus, a, um, adj.

THÉOLOGIQUEMENT. Theologicè, adv.

THÉORIE. Theorice, g. theorices¹, f.

THÉRIAQUE. Theriaca, g. theriacæ¹, f.

THERMES, *bains d'eau chaude.* Thermæ, g. thermarum¹, f. plur.

THERMOMÈTRE. Thermometrum, g. thermometri², n.

THÉSAURISER. Divitias congerere, congero, congeris, congessi, congestum³, act. c. à. d. *accumuler des richesses.*

THÈSE. Thesis, g. thesis¹, f. *Il se décline sur* Poesis.

THÉTIS, *déesse de la mer.* Thetis, g. Thetidis³, f.

THON, *poisson de mer.* Thunnus, g. thunni², m.

THYM, *herbe odoriférante.* Thymum, g. thymi², n.

THYRSE. Thyrsus, g. thyrsi², masc.

TIARE, *mitre à l'usage des papes.* Tiara, g. tiaræ¹, f.

TIÈDE. Tepidus, a, um, adj.

TIM

TIÈDEMENT. Negligenter, adv.

TIÉDEUR, *qualité de ce qui est tiède.* Tepor, g. teporis³, m.

TIÉDEUR, *diminution de zèle, de ferveur.* Ardoris remissio, g. ardoris remissionis³, f.

TIÉDI. *Voyez* Tiède.

TIÉDIR, *devenir tiède.* Tepescĕre, tepesco, tepescis, tepui³, sans sup. neut.

TIÉDIR, *rendre tiède, faire tiédir.* Tepefacĕre, tepefacio, tepefacis, tepefeci, tepefactum³, act.

TIEN. Tuus, tua, tuum, pron.

En main TIERCE. Apud sequestrem. | *Fièvre tierce.* Febris tertiana, g. febris³ tertianæ¹, f.

TIERCELET, *oiseau.* Accipiter mas, g. accipitris maris³, m.

LE TIERS, *la troisième partie.* Tertia pars, g. tertiæ partis, f.

UN TIERS, *une troisième personne.* Tertius, g. tertii², m. *Ou sous-entend* Homo.

TIGE *d'arbre.* Caudex, g. caudicis³, m. | *Tige de plante, de fleur.* Caulis, g. caulis³, m.

Tige de famille. Stirps, g. stirpis³, fem.

TIGRE, *animal.* Tigris, g. tigris, ou tigridis³, f.

TIGRÉ, *moucheté comme la peau du tigre.* Tigrinus, a, um, adj.

TIGRESSE. Tigris, g. tigris³, fem.

TILLAC, *le plus haut point du vaisseau.* Fori, g. fororum¹, m. pl.

TILLEUL, *arbre.* Tilia, g. tiliæ¹, f.

TIMBALE. Tympanum æneum, g. tympani ænei², n.

TIMBALIER. Tympanotriba, g. tympanotribæ¹, m.

TIMBRE *d'horloge.* Tintinnabulum, g. tintinnabuli², n.

TIMIDE. Timidus, a, um, adj.

TIMIDEMENT. Timidè, adv.

TIMIDITÉ. Timiditas, g. timiditatis³, f.

Avec timidité, ou

TIMIDEMENT. Timidè, adv.

TIMON *de charette.* Temo, g. temonis[3], m.

TIMON, *gouvernail.* Clavus, g. clavi[2], m. | *Tenir le timon de l'état.* Reipublicæ clavum tenēre, teneo, tenes, tenui, tentum[2], act.

TIMORÉ. Religiosus, a, um, adj.

TINTAMARRE. Tumultus, g. tumultûs[4], m. | *Faire tintamarre.* Tumultum edĕre, edo, edis, edidi, editum[3], act.

TINTEMENT. Tinnitus, g. tinnitûs[4], m.

TINTER. Tinnīre, tinnio, tinnis, tinnii, tinnitum[4], n.

TIRADE. Series, g. seriei[5], f.] *Tout d'une tirade.* Uno contextu.

TIRAGE *de billets.* Sortitio, g. sortitionis[3], f.

TIRAILLER, *tirer de côté et d'autre.* Trahĕre hinc et illinc, de Traho, trahis, traxi, tractum[3], act.

TIRAILLEURS, *soldats qui vont en avant.* Exploratores, g. exploratorum[3], m. plur.

TIRE, *à tire-d'aile.* Præpete volatu. | *Voler à tire-d'aile.* Perniciter volare, volo, volas, volavi, volatum[1], n.

TIRE-BOUCHON. Terebella, g. terebellæ[1], f.

TIRE-PIED *de cordonnier.* Calcearium lorum, g. calcearii lori[2], neut.

TIRER, *traîner après soi.* Trahĕre, traho, trahis, traxi, tractum[3], act. de, d'entre, par è ou ex, avec l'ablat.

TIRER, *mettre dehors, délivrer.* Educĕre, educo, educis, eduxi, eductum[3], act. | *Tirer l'épée du fourreau.* Gladium educĕre è vaginâ. | *Tirer quelqu'un à part.* Seducĕre, seduco, seducis, seduxi, seductum[3], act. | *Tirer à quatre chevaux.* Equis distrahĕre, distraho, distrahis, distraxi, distractum[3], act. | *Tirer en longueur.* Producĕre.

TIRER, *prendre quelque chose dans un lieu.* Exprŏmĕre, expromo, expromis, exprompsi, expromptum[3], act. de *se rend par* è ou ex, *avec l'abl.* | *Tirer de l'eau d'un puits.* Aquam ex puteo haurire, haurio, hauris, hausi, haustum[4], act. | *Tirer le suc d'une plante en la pressant.* Exprĭmĕre, exprimo, exprimis, expressi, expressum[3], act. | *Tirer du feu d'un caillou.* Silice ignem excutĕre, excutio, excutis, excussi, excussum[3], act.

TIRER, ou *retirer, recueillir.* Percipĕre, percipio, percipis, percepi, perceptum[3], act. | *Un grand profit.* Magnum fructum. | *De l'étude.* E studio.

TIRER *un fusil.* Ferream fistulam displodĕre, displodo, displodis, displosi, displosum[3], act. | *Tirer le canon.* Tormenta bellica displodĕre. | *Tirer de l'arc.* Sagittare, sagitto, sagittas, sagittavi, sagittatum[1], n. | *Tirer des flèches.* Sagittas mittĕre, mitto, mittis, misi, missum[3], act. | *Tirer au blanc.* Collineare, collineo, collineas, collineavi, collineatum[1], n.

TIRER, ou *arracher.* Vellĕre, vello, vellis, vulsi, vulsum[3], act. | *Tirer quelqu'un de la charrue.* Ab aratro arcessĕre, arcesso, arcessis, arcessivi, arcessitum[3], act. | *Tirer de peines, d'un mauvais pas.* Sollicitudine expedire, expedio, expedis, expedivi, expeditum[4], act. | *Tirer de la servitude.* A servitute expedire.

TIRER, *détourner, distraire.* Avocare, avoco, avocas, avocavi, avocatum[1], act. | *Tirer quelqu'un de ses études.* A studiis aliquem avocare. | *Tirer des larmes des yeux.* Lacrymas elicĕre, elicio, elicis, elicui, elicitum[3], act. | *Tirer de l'argent de quelqu'un.* Pecuniam extorquēre, extorqueo, extorques, extorsi, extortum[2], act. de par à ou ab, avec l'ablat. | *Tirer vengeance. Voyez se Veu-*

TOU   TOU   577

ger. | *Tirer un fossé, une ligne.* Fossam, lineam ducĕre, duco, ducis, duxi, ductum³, *act.*

Tirer *sur*, c. à. d. *approcher de.* Accedĕre, accedo, accedis, accessi, accessum³, *n.* sur *s'exprime par* ad, *avec l'acc.* | *Mon habit tire sur le blanc, ou approche du blanc.* Mea vestis accedit ad album.

Tirer *le portrait*, ou *peindre.* Pingĕre, pingo, pingis, pinxi, pictum³, *act.* de quelqu'un, *à l'acc.*

Tirer *à sa fin*, ou *être à l'extrémité.* Animam agĕre, ago, agis, egi, actum³, *act.* c. à. d. *rendre l'ame.*

se Tirer, *sortir d'un endroit.* Se expedire, me expedio, te expedis, me expedivi, expeditum⁴, *act.* de *par* è ou ex, *avec l'ablat.*

se Tirer *d'affaire.* Se ex negotio expedire.

TIRET. Connexus, *g.* connexûs⁴, *m.*

TIREUR *de l'arc.* Sagittarius, *g.* sagittarii², *m.*

Tireur *d'horoscope.* Genethliacus, *g.* genethliaci², *m.*

TIROIR. Arcula, *g.* arculæ¹, *fém.*

TISANE. Ptisana, *g.* ptisanæ¹, *fém.*

TISON. Torris, *g.* torris³, *m.* | *Tison allumé.* Fax ardens, *gén.* facis ardentis³, *f.*

TISONNER. Torres invertĕre, inverto, invertis, inverti, inversum³, *act.*

TISSER. Contexĕre, contexo, contexis, contexui, contextum³, *act.*

TISSERAND. Textor, *g.* textoris³, *m.*

TISSU, Tissue. Textus, a, um, *part. pass.* de *par l'ablat.*

un Tissu, *un ouvrage tissu au métier.* Textum, *g.* texti². *n.*

Tissu d'un discours. Orationis contextus, *g.* orationis contextûs⁴, *masc.*

TISSURE. Textura, *g.* texturæ¹, *f.*

TITHYMALE, *plante.* Tithymalus, *g.* tithymali², *m.*

un TITRE. Titulus, *g.* tituli², *masc.*

Titre, *droit.* Jus, *g.* juris³, *n.* | *A bon titre, à juste titre.* Jure, *ablat.* | *A meilleur titre.* Potiori jure. | *A très-juste titre.* Meritissimò, *adv.*

TITRES, *papiers.* Tabulæ, *g.* tabularum¹, *f. plur.*

TITULAIRE. Titulo insignitus, a, um, *adj.*

TOCSIN. Æris campani tumultuarium signum, *gén.* tumultuarii signi², *n.* | *Sonner le tocsin.* Dare signum tumultuarium ære campano, c. à. d. *donner avec la cloche le signal du trouble.*

TOGE. Toga, *g.* togæ¹, *f.*

TOI, *pronom.* Tu, *g.* tuî, *dat.* tibi. | *Toi-même.* Tu ipse, *g.* tui ipsius, *dat.* tibi ipsi. | *Avec toi.* Tecum.

TOILE. Tela, *g.* telæ¹, *f.* | *Faire de la toile.* Telam texĕre, texo, texis, texui, textum³, *act.*

Toiles, *filets.* Plagæ, *g.* plagarum¹, *fém. plur.*

TOILETTE, *parure de femme.* Mundus muliebris, *g.* mundi² muliebris³, *m.*

TOISE. Orgya, *g.* orgyæ¹, *f.*

TOISER ou *mesurer avec la toise.* Orgyâ metiri, metior, metiris, mensus sum⁴, *dép. acc.*

TOISEUR. Metator, *g.* metatoris³, *m.*

TOISON. Vellus, *g.* velleris³, *neut.*

la Toison *d'or.* Vellus aureum, *g.* velleris³ aurei², *n.*

TOIT. Tectum, *g.* tecti², *n.*

TOLE, *fer en feuilles.* Bracteatum ferrum, *g.* bracteati ferri², *n.*

TOLÉRABLE. Tolerandus, a, um, *adj.* Magis, *pour le comp.* maximè, *pour le superl.*

TOLÉRABLEMENT. Tolerabiliter, *adv.*

TOLÉRANCE. Tolerantia, g. tolerantiæ[1], f.

TOLÉRANT, TOLÉRANTE. Tolerans, g. tolerantis, part. prés.

TOLÉRER. Tolerare, tolero, toleras, toleravi, toleratum[1], act.

TOMBE. Tumulus, g. tumuli[2], masc.

TOMBÉ. Lapsus, a, um, part. | Tombé du ciel. Cœlo delapsus.

TOMBEAU. Sepulcrum, g. sepulcri[2], n. | Dresser un tombeau à quelqu'un. Tumulum struĕre, struo, struis, struxi, structum[1], act. A quelqu'un, au dat.

TOMBER. Cadĕre, cado, cadis, cecidi, casum[1], n. | Tomber à terre ou par terre. Humi decidĕre, decido, decidis, decidi[3], sans sup. n. | Tomber malade; tournez : Tomber dans la maladie. Incidĕre in morbum.

Tomber sur ses pieds. Pedibus se excipĕre, me excipio, te excipis, me excepi, exceptum[3], act. | Tomber de cheval. Ex equo decidĕre. | Tomber mort. Mortuum concidĕre, mortuus concido, concidis, concidi[3], sans sup. n. Le participe de Mortuus, s'accorde en genre, en nombre et en cas avec le sujet de Tomber. | Tomber entre les mains des ennemis. In manus hostium incidĕre, incido, incidis, incidi[3], sans sup. n. | Tomber dans la disgrâce de quelqu'un. In offensionem incurrĕre, incurro, incurris, incurri, incursum[3], n. Le nom de la personne au génit. | La conversation tomba sur. Sermo incidit. sur par de, et l'ablat. | Tomber en ruine. Corruĕre, corruo, corruis, corrui, corrutum[3], neut. | Laisser tomber quelque chose que l'on tient. Demittĕre, demitto, demittis, demisi, demissum[3], act.

TOMBER sur, se précipiter sur. Irruĕre, irruo, irruis, irrui, irrutum[3], n. sur par in, avec l'accus.

TOMBER sous les sens. Sub sensus cadĕre.

Le vent tombe, s'apaise. Ventus concidit; de Concidĕre, concido, concidis, concidi[3], n.

FAIRE TOMBER par terre. Dejicĕre, dejicio, dejicis. dejeci, dejectum[3], act. avec l'accus. | Par terre, in terram.

TOMBEREAU. Plaustrum, gén. plaustri[2], n.

TOME, volume. Tomus, g. tomi[2], m.

TON, TA, TON, pronom. Tuus, tua, tuum, g. tui, tuæ, tui, etc.

LE TON ou le son. Sonus, g. soni[2], masc. | D'un ton haut. Elatè, adv. | D'un ton bas. Submissè, adv.

TON, voix. Vox, g. vocis[3], fém. | D'un ton lamentable. Voce lamentabili. | D'un ton poli. Voce comi. | D'un ton de maître. Imperiosâ voce.

TON de musique. Tonus, g. toni[2], masc.

TONDEUR. Tonsor, g. tonsoris[3], masc.

TONDRE. Tondĕre, tondeo, tondes, totondi, tonsum[2], act.

TONDU. Tonsus, a, um, part. pass.

TONNANT, qui tonne. Tonans, g. tonantis, part. prés.

TONNE, ou TONNEAU. Dolium, g. dolii[2], neut.

TONNELIER. Doliarius, g. doliarii[2], m.

TONNER. Tonare, tono, tonas, tonui, tonitum[1], n.

II. TONNE. Tonat.

TONNERRE. Tonitru, n. indécl. Au pl. tonitrua, tonitruum, tonitribus[3], n. | Eclat de tonnerre. Tonatio, g. tonationis[3], f.

TONSURE. Tonsura, g. tonsuræ[1], f.

TONSURER. Tonsurâ initiare, initio, initias, initiavi, initiatum[1], act.

TONTE, temps où l'on tond les brebis. Tonsura, g. tonsuræ[1], f.

TONTURE des prés. Fenisecia, g. feniseciæ[1], f.

TOPAZE, *pierre précieuse.* Topazius, g. topazii², *f.*

TOPOGRAPHIE, *description particulière d'un lieu.* Topographia, g. topographiæ¹, *f.*

TOPOGRAPHIQUE. Topographicus, a, um, *adj.*

TOQUE, *sorte de chapeau.* Pileus rugatus, g. pilei rugati², *m.*

TORCHE, *espèce de flambeau.* Fax, g. facis³, *f.*

TORCHER. Tergēre, tergo, tergis, tersi, tersum³, *act*

TORCHON. Peniculus, g. peniculi², *m.*

TORDRE. Torquēre, torqueo, torques, torsi, tortum², *act.*

se Tordre *la bouche, le visage.* Distorquēre os, à *l'accus.*

TORPEUR, *engourdissement.* Torpor, g. torporis³, *m.*

TORRENT, *courant d'eau rapide.* Torrens, g. torrentis³, *m* | *Verser un torrent de larmes.* Lacrymarum vim profundēre, profundo, profundis, profudi, profusum³, *act.*

TORRIDE, *brûlant. Zone torride.* Zona torrida, g. zonæ torridæ¹, *f.*

TORS, ou *tordu.* Tortus, a, um, *part. pass.*

TORT, *injure.* Injuria, g. injuriæ¹, *f.*

Avoir Tort, *sans être suivi de la prépop. de, ou bien, être en faute.* In culpâ esse, sum, es, fui.

Tort, ou *préjudice.* Damnum, g. damni², *n.* | *Faire tort.* Damnum inferre, infero, infers, intuli, illatum³, *avec le dat. de la personne.* | *Faire tort à quelqu'un d'un écu; c. à. d. frustrer quelqu'un d'un écu.* Nummo aliquem defraudare, defraudo, defraudas, defraudavi, defraudatum¹, *act.* | *Se faire tort dans le monde.* Sibi derogare, mihi derogo, tibi derogas, derogatum¹, *n.*

Avoir Tort *de dire, de faire,* tournez, *dire, faire à tort.* Iniquè dicĕre, facĕre. *Exemple :* Vous avez tort de vous plaindre de la sévérité de vos maîtres ; tournez, vous vous plaignez à tort de la sévérité. etc. Iniquè querimini de vestrorum præceptorum severitate.

A Tort, *injustement.* Iniquè, *adv.* | *A tort et à travers.* Inconsultè, *adv*

TORTICOLIS, *douleur au cou.* Cervicis dolor, g. cervicis doloris³, *m.*

TORTILLÉ. Tortilis, *m. f.* tortile, *n. gén.* tortilis, *adj.*

TORTILLER. *Voyez* Tordre.

TORTU. Contortus, a, um, *part. pass.*

une TORTUE. Testudo, g. testudinis³, *f.*

TORTUEUX. Tortuosus, a, um, *adj.*

TORTURE. Tormentum, *gén.* tormenti², *n.* | *Mettre, appliquer quelqu'un à la torture, ou la lui donner. Voy* Torturer.

Se mettre l'esprit à la torture. Animum torquēre.

TORTURER. Torquēre, torqueo, torques, torsi, tortum², *act.*

TOT. Citò, *adv.* | *Trop tôt.* Citiùs, *adv.* | *Au plutôt.* Quàm citissimè, *adv.* | *Tôt ou tard.* Seriùs, ociùsve, *adv.* | *Sitôt que. Voy.* Aussitôt.

TOTAL. Totus, a, um, *gén.* totius, *dat.* toti, *adj.* qui s'accorde *avec le nom qui suit.*

TOTALEMENT. Omninò, *adv.*

TOTALITÉ. Universitas, *gén.* universitatis³, *f.* ou Totus, a, um, *qui s'accorde avec le nom suivant, en genre, en nombre et en cas ; comme, totalité d'une somme.* Tota summa.

TOTON, *dé à quatre faces.* Taxillus, g. taxilli², *m.*

TOUCHANT, ou *sur. De, avec l'ablat.* | *Touchant cette affaire.* De hoc negotio.

TOUCHANT, ou *qui touche l'ame, le cœur.* Excitatorius, ia, ium, *adj.* | *D'une manière touchante.* Miserabiliter, *adv.*

TOUCHE d'instrument. Pinnæ, g. pinnarum[1], f. plur.

TOUCHE, pierre de touche. Coticula, g. coticulæ[1], f.

TOUCHÉ. Tactus, a, um, p. p.

Touché, ou ému. Motus, a, um, part. pass. avec l'ablat. | Touché du désir de la gloire. Amore laudis percitsus, a, um, part. | Etre touché du désir de la gloire. Amore laudis percelli, percellor, percelleris, perculsus sum[3], pass.

TOUCHER, verbe. Tangĕre, tango, tangis, tetigi, tactum[3], act. | Avec la main. Manu, à l'ablat. | Du bout des lèvres. Primoribus labiis. | Toucher au but. Metam attingĕre, attingo, attingis, attigi, attactum[3], act.

TOUCHER, ou recevoir. Accipĕre, accipio, accipis, accepi, acceptum[2], act.

TOUCHER, ou émouvoir. Movēre, moveo, moves, movi, motum[2], act. | Toucher de compassion. Misericordiam commovēre. La pers. se met au dat. ; c. à. d. exciter la compassion à quelqu'un. | Toucher jusqu'aux larmes. Fletum movēre. dat. de la personne; c. à. d., exciter les larmes à quelqu'un.

TOUCHER, ou regarder, intéresser, avoir rapport. Attinēre; attinet, au plur. attinent; attinuit, au pl. attinuerunt[2], n. On met le régime direct. à l'accus. avec ad | Cela ne me touche point. Hoc ad me non attinet.

TOUCHER un instrument. Pulsare, pulso, pulsas, pulsavi, pulsatum[1], act.

TOUCHER, parler légèrement de quelque chose. Leviter attingĕre, attingo, attingis, attigi, attactum[3], act.

TOUCHER, être tout proche. Tangĕre, tango, tangis, tetigi, tactum[3], act.

SE TOUCHER dans la main. Dextras interjungĕre, interjungo, interjungis, interjunxi, interjunctum[3], act.

SE TOUCHER, être contigu. Cohærēre, cohæreo, cohæres, cohæsi, cohæsum[2], n. | Des maisons qui se touchent, c. à. d. contiguës. Domus contiguæ.

LE TOUCHER, un des cinq sens. Tactus, g. tactûs[4], m.

TOUFFE d'arbres. Arborum conglobatio, g. arborum conglobationis[3], f.

Touffe de cheveux. Cirri, g. cirrorum[2], m. plur.

TOUFFU. Densus, a, um, adj.

TOUJOURS. Semper, adv. Pour toujours. In perpetuum. | Qui dure toujours, ou perpétuel. Perpetuus, ua, um, adj.

TOUPET, touffe de cheveux. Cirrus, g. cirri[2], m.

TOUPIE. Turbo, g. turbinis[3], m. | Jouer à la toupie. Turbinem versare, verso, versas, versavi, versatum[1], act.

UN TOUR ou circuit. Circuitus, g. circuitûs[4], m. | Tours et détours d'un labyrinthe. Ambages, g. ambagum[3], f. plur. | Tours et détours d'un fleuve. Sinuosi flexus, g. sinuosorum[2] flexuum[4], m. pl. | Un tour de promenade. Ambulatio, g. ambulationis[3], f. | Faire un tour de promenade. Voy. Se promener. | Faire le tour de. Circumire, circumeo, circumis, circuivi, circuitum[4], act.

Faire un tour en quelqu'endroit. Excurrĕre, excurro, excurris, excurri, excursum[3], neut. en par in, avec l'acc.

De tour, ou de circuit. Circuitu, à l'abl. | Elle a dix lieues de tour. Complectitur decem leucas circuitu.

TOUR de lit. Conopeum, g. conopei[2], n.

TOUR, rang successif, alternatif. A tour de rôle. Ut cujusque nomen exit. | A son tour. Suâ vice.

TOUR A TOUR. Vicissim, adv. | Chacun à son tour. Per vices.

TOU

| Leur *tour viendra.* Illorum vices venient.

Tour, *manière dont on s'exprime.* Loquendi genus, g. generis[3], neut.

Tour d'esprit. Ingenii color, g. ingenii coloris[3], m. | *Donner un tour agréable à tout ce qu'on dit.* Omnia lepore contingĕre, contingo, contingis, contigi, contactum[3], act. Mot à mot : *Toucher toutes choses avec grâce.*

Tour *d'un tourneur.* Tornus, gén. torni[2], m. | *Fait au tour.* Tornatus, a, um, *adj.* | *Faire au tour.* Voy. *Tourner.*

Tour, *finesse.* Dolus, g. doli[2], m. | *Jouer* ou *faire un tour à.* Deludĕre, deludo, deludis, delusi, delusum[3], act. acc. de la personne. | *Tour de force, de souplesse.* Præstigiæ, g. præstigiarum[1], f. plur. | *A tour de bras.* Adductis lacertis. | *En un tour de main.* Expeditè, *adv.* | *Les tours de la fortune.* Fortunæ ludibria, g. fortunæ ludibriorum[2], n. plur.

Une Tour. Turris, g. turris[3], f. acc. turrim, abl. turri.

Tour, *face des affaires.* Facies, g. faciei[5], f.

TOURBILLON. Turbo, gén. turbinis[3], m. | *Tourbillon de flamme.* Flammarum globus, g. flammarum globi[2], m.

Tourbillon *d'eau.* Vortex, g. vorticis[3], m.

TOURBILLONNER. Circumvolvi, circumvolvor, circumvolveris, circumvolatus sum[3]. pass.

TOURELLE, *petite tour.* Turricula, gén. turriculæ[1], f.

TOURMENT, *supplice, torture.* Cruciatus, g. cruciatûs[4], m.

Tourment, *peine d'esprit.* Animi cruciatus, g. animi cruciatûs[4], m.

TOURMENTE, *tempête sur mer.* Tempestas, g. tempestatis[3], fém.

TOURMENTER, *faire souffrir.* Cruciare, crucio, crucias, cruciavi, cruciatum[1], act.

TOU

Tourmenter, *inquiéter, affliger.* Sollicitare, sollicito, sollicitas, sollicitavi, sollicitatum[1], act.

Tourmenter, *importuner.* Vexare, vexo, vexas, vexavi, vexatum[1], act.

TOURNANT, *tourbillon.* Vortex, g. vorticis[3], m.

TOURNÉ, *qui regarde vers.* Versus, a, um, *part. pass.* vers par ad, *et l'acc.*

Tourné, *fait au tour.* Tornatus, a, um, *part. pass.*

TOURNE-BROCHE. Assarium automatum, g. assarii automati[2], neut.

TOURNER, *mouvoir en rond.* Circumagĕre, circumago, circumagis, circumegi, circumactum[3], act.

Tourner, *faire tourner une roue.* Rotam circumagĕre. | *Tourner la tête de tous côtés.* Caput circumagĕre. | *Tourner une chose en cent manières différentes.* Rem unam multis modis versare, verso, versas, versavi, versatum[1], act.

Tourner, *remuer la terre.* Terram invertĕre.

Tourner, *diriger dans un sens opposé.* Vertĕre, verto, vertis, verti, versum[3], act. en *par* in, *avec l'acc.* | *Tourner d'un autre côté.* In aliam partem vertĕre.

Tourner *sens dessus dessous, tourner à l'envers.* Invertĕre, inverto, invertis, inverti, inversum[3], act. | *Tourner les armes contre sa patrie.* In patriam arma vertĕre. | *Tourner bride.* Equum frænis circumagĕre. | *Tourner toutes ses pensées à la guerre.* In bellum omnes cogitationes convertĕre. | *Tourner en ridicule.* V. *Ridicule.* | *Tourner les choses sérieuses en plaisanterie.* Ludo seria vertĕre. | *Tourner à l'avantage.* Benè vertĕre, *dat. de la pers.* | *Tourner au désavantage.* In perniciem vertĕre, *dat. de la pers.*

Tourner *un vers.* Versum condĕre, condo, condis, condidi, conditum[3], *act.*

Etre Tourné *vers, ou regarder.* Spectare, specto, spectas, spectavi, spectatum[1], *act.* vers *se rend par* ad, *avec l'acc.*

Tourner, *s'altérer, se corrompre.* Corrumpi, corrumpor, corrumperis, corruptus sum[3], *pass.*

Tourner, *se mouvoir en rond.* In orbem moveri, moveor, moveris, motus sum[2], *pass.* | *Tourner à tout vent.* Ad omnem auram moveri.

Tourner *ou aller.* Iter vertĕre, verto, vertis, verti, versum[3], *n.* vers *se rend par* ad, *avec l'acc.*

Tourner, *façonner au tour.* Tornare, torno, tornas, tornavi, tornatum[1], *act.*

se Tourner *vers quelqu'un.* Se convertĕre ad aliquem.

se Tourner, *se changer.* Converti, convertor, converteris, conversus sum[3], *pass.* en *par* in, *avec l'acc.*

TOURNESOL. Heliotropium, *g.* heliotropii[2], *n.*

TOURNEUR. Tornator, *g.* tornatoris[3], *m.*

TOURNOI, *fête publique.* Pugna ludicra, *g.* pugnæ ludicræ[1], *fém.*

TOURNOIEMENT, *circuit.* Circuitio, *g.* circuitionis[3], *f.* | *Tournoiement de tête.* Vertigo, *g.* vertiginis[3], *f.*

Tournoiement *de l'eau. Voyez Tournant.*

TOURNOIS, *petite monnoie qu'on fabriquoit à Tours.* Turonensis nummulus, *g.* turonensis[3] nummuli[2], *m.*

TOURNOYER. Circumagi, circumagor, circumageris, circumactus sum[3], *pass.* | *Çà et là.* Hàc illàc. | *En tournoyant.* Flexuosè, *adv.* | *Ruisseau qui va en tournoyant.* Rivulus flexuosus, *g.* rivuli flexuosi[2], *m.*

TOURNURE. Facies, *g.* faciei[5], *fém.*

TOURTE. Scriblita, *g.* scriblitæ[1], *f.*

TOURTEREAU. Turturis pullus, *g.* turturis pulli[2], *m.*

TOURTERELLE, Turtur, *gén.* turturis[3], *m.*

la TOUSSAINT, *ou la fête de tous les saints.* Sanctorum omnium festum, *g.* sanctorum omnium festi[2], *neut.*

TOUSSER. Tussire, tussio, tussis, tussivi, tussitum[4], *neut.* | *Faire tousser, exciter la toux.* Tussim movēre, moveo, moves, movi, motum[2], *act. dat. de la personne.*

TOUT, *tout entier.* Totus, a, um, *g.* totius, *dat.* toti, *etc. adj.* | *Tout le corps.* Totum corpus. | *J'ai lu tout ce livre.* Legi totum hunc librum. | *De toutes ses forces.* Totis viribus, *ablat.* | *Pendant toute la journée, ou tout le jour.* Totâ die, *à l'abl.*

Tout, *eu égard au nombre.* Omnis, *m. f.* omne, *n. gén.* omnis. | *Tous les hommes.* Omnes homines, *gén.* omnium hominum[3], *m. pl.* ou *simplement,* omnes; *alors* homines *est sous-entendu.* | *Tous les livres.* Omnes libri. | *Tout ce que.* Quidquid, *n.* | *Toutes les choses.* Omnes res, *g.* omnium[3] rerum[5], *f. pl.* ou *mieux par le pl. neut.* Omnia, *g.* omnium, *etc.* | *Tous deux.* Ambo, ambæ, ambo, *pl. g.* amborum, *etc.*

Tout, *qui que ce soit.* Quivis, quævis, quodvis, *g.* cujusvis, *etc.* | *Tout vice est punissable.* Quodvis vitium puniendum est, c. à. d. *un vice, quel qu'il soit, est punissable.* | *Tout autre que.* Quivis alius, quævis alia, quodvis aliud, *g.* cujusvis aliûs, *dat.* cuivis alii, *acc.* quemvis alium, quamvis aliam, quodvis aliud, *abl.* quovis alio, quâvis aliâ, quovis alio. *Le* que *s'exprime par* ac; *le nom qui suit, se met au même cas que devant.*

Tout, *chaque.* Singuli, singulæ,

TOU

singula, g. singulorum, singularum, singulorum, dat. singulis, etc. | *Il emploie tous les jours ou chaque jour à étudier.* Consumit singulos dies studendo. | *Il étudie tous les jours.* Studet singulis diebus. | *Je vais à Paris tous les mois.* Eo Lutetiam singulis mensibus. | *Tous les quinze jours; on tourne, chaque quinzième jour.* Decimo quinto quoque die, *à l'abl.* | *Tous les trois jours, ou de trois jours en trois jours; on tourne, chaque troisième jour.* Tertio quoque die, *à l'abl.* | *Tous les huit jours; on tourne, chaque huitième jour.* Octavo quoque die. *à l'abl.* | *Tous les deux ans, ou de deux ans en deux ans; on tourne, chaque deuxième année.* Secundo quoque anno, *à l'abl.*

Tout, *tout-à-fait, ne s'exprime pas ordinairement en latin; on n'exprime que l'adj. ou l'adverbe auquel* Tout *se trouve joint.* Exemples : *Tout seul;* c'est-à-dire, *seul.* Solus, a, um, g. solius, dat. soli, etc. | *Tout de bon.* Seriò, *adv.* | *Tout à propos, ou à propos.* Opportunè, *adv.* | *Tout proche du collége,* ou *proche du collége.* Propè gymnasium. | *Tout aussitôt.* Statim, *adv.*

Quelquefois on exprime tout, *signifiant* tout-à-fait, *par l'adv.* Omninò; comme : *Tout différent,* ou *tout-à-fait différent.* Omninò diversus. | *Tout autre chose que.* Omninò aliud quàm. | *Tout au plus.* Ad summum. | *Tout-à-fait.* Prorsùs, *adv.* | *Tout à coup.* Subitò, *adv.* | *Tout à la fois.* Simul, *adv.* | *Tout le long.* Secundùm, *avec l'acc.* | *Tout à l'heure.* Modò. | *Tout bas.* Submissè, *adv.* | *Tout beau;* c. à. d. *ne vous fâchez point.* | *Tout le long du jour.* Toto die. | *Point du tout.* Minimè, *adv.* | *Rien du tout.* Nihil omninò, *adv.* | *En tout et partout.* Peromnia.

Tout, *adv. signifiant* Quoique. Voyez la Grammaire latine.

TRA 603

un TOUT, *subst.* Totum, *gén.* totius^2, *n.*

TOUTEFOIS. Nihilominùs, *conj.*

TOUTE-PUISSANCE. Summa potestas, g. summæ^1 potestatis^3, *fém.*

TOUT-PUISSANT. Omnipotens, m. f. et n. gén. omnipotentis, *adj.* | *Etre tout-puissant auprès, sur.* Plurimùm posse apud, *avec l'acc.* c. à. d. *pouvoir beaucoup auprès de.*

TOUX. Tussis, g. tussis^3, *fém.* accus. tussim, *abl.* tussi. | *Avoir la toux.* Tussi laborare, laboro, laboras, laboravi, laboratum^1, *n.*

TRACAS. Tricæ, g. tricarum^1, *f. plur.*

TRACASSER, *se tourmenter.* Tricari, tricor, tricaris, tricatus sum^1, *pass.*

TRACASSER *quelqu'un.* Molestiam afferre, affero, affers, attuli, allatum^3, *act. dat. de la personne.*

TRACASSERIE. Jurgium, *gén.* jurgii^2, *n.*

TRACASSIER, *querelleur.* Rixosus, a, um, *adj.*

TRACE. Vestigium, g. vestigii^2, *n.* | *Suivre les traces, marcher sur les traces de.* Vestigiis insistěre, insisto, insistis, institi, institum^3, *n. avec un gén.*

TRACÉ, *dessiné.* Delineatus, a, um, *part. pass.* | *Chemin tracé.* Strata via, g. stratæ viæ^1, *f.*

TRACER, *dessiner.* Delineare, delineo, delineas, delineavi, delineatum^1, *act.*

TRACER, *décrire.* Describěre, describo, describis, descripsi, descriptum^3, *act.* | *Tracer le plan d'un édifice.* Ædificii ichnographiam describěre. | *Tracer un champ de bataille.* Campum ad certamen metiri, metior, metiris, mensus sum^4, *dép.* Mot à mot, *mesurer un champ pour la bataille.*

TRACER *le chemin à quelqu'un.* Aperire viam; aperio, aperis, aperui, apertum^4, *act.* c. à. d. *ouvrir le chemin à quelqu'un.* La personne au dat. | *Aux honneurs.* Ad honores.

TRACHÉE-ARTÈRE, *l'organe de la respiration.* Aspera arteria, g. asperæ arteriæ[1], *f.*

TRADITION. Traditio, g. traditionis[3], *f.*

TRADUCTEUR. Interpres, g. interpretis[3], *m.*

TRADUCTION. Interpretatio, g. interpretationis[3], *f.* | *De grec en latin.* E græco in latinum.

TRADUIRE, *faire passer un ouvrage dans une autre langue.* Convertĕre, converto, convertis, converti, conversum[3], *act.* | *De latin en français.* E latino in gallicum.

TRADUIRE *mot à mot.* Reddĕre verbum pro verbo; de reddo, reddis, reddidi, redditum[3], *act.*

TRADUIRE, *mener.* Ducĕre, duco, ducis, duxi, ductum[3], *actif.* | *En justice.* In judicium.

TRADUIT. Versus, a, um, *part. pass.* | *De latin en français.* E latino in gallicum.

TRAFIC. Commercium, g. commercii[2], *n.* | *Trafic des choses sacrées.* Sacrarum rerum nundinatio, g. nundinationis[3], *f.* | *Faire trafic de son crédit.* Habēre gratiam venalem. | *Faire un trafic honteux de son crédit.* Turpissimo mercatu habēre gratiam venalem.

TRAFIQUANT. Negotiator, g. negotiatoris[3], *m.*

TRAFIQUER. Negotiari, negotior, negotiaris, negotiatus sum[1], *dépon.*

TRAGÉDIE. Tragœdia, g. tragœdiæ[1], *f.*

TRAGÉDIEN. Tragœdus, *gén.* tragœdi[2], *m.*

TRAGI-COMÉDIE. Tragicomœdia, g. tragicomœdiæ[1], *f.*

TRAGIQUE, *qui concerne la tragédie.* Tragicus, a, um, *adj.*

TRAGIQUE, *funeste.* Acerbus, a, um, *adj.*

TRAGIQUEMENT. Tragicè, *adv.* | *Périr tragiquement.* Misero exi-tu perire, pereo, peris, perivi, peritum[4], *n.*

TRAHI. Proditus, a, um, *part. pass.*

TRAHIR. Prodĕre, prodo, prodis, prodidi, proditum[3], *act. avec l'accus.* | *Trahir ses intérêts.* Commodis suis malè cousulĕre, consulo, consulis, consului, consultum[3], *act.* | *Trahir l'attente de ses parens.* Propinquorum spem fallĕre, fallo, fallis, fefelli, falsum[3], *act.*

TRAHISON. Proditio, g. proditionis[3], *f.* | *Par trahison.* Proditione, *à l'ablat.* | *Crime de haute trahison.* Perduellionis crimen, g. perduellionis criminis[3], *n.*

TRAIN, *suite de valets, de chevaux, etc.* Comitatus, g. comitatûs[4], *m.*

TRAIN *de bois.* Ratis, g. ratis[3], *f.*

TRAIN, *manière d'agir.* Agendi ratio, g. agendi rationis[3], *fém.* | *Tout d'un train.* Eâdem operâ, à *l'abl.* | *Aller grand train.* Citato gradu properare, propero, properas, properavi, properatum[1], *n.*

TRAIN *d'artillerie.* Tormentorum bellicorum apparatus, *gén.* apparatûs[4], *m.*

TRAIN, *mouvement, disposition. Je suis en train d'écrire*; tournez, *Je suis disposé pour écrire.* Aptē sum expeditus ad scribendum. | *Se mettre en train de faire quelque chose.* Se accingĕre, accingo, accingis, accinxi, accinctum[3], *act.* à *se rend par le dat. du nom, ou le gérond. en* do *du verbe.* | *L'affaire est en bon train, prend un bon train.* Res rectè procedit; *de* Procedĕre, procedo, procedis, processi, processum[3], *n.*

TRAÎNANT, *comme. robe traînante.* Syrma, g. syrmatis, *neut.* | *Mener une vie traînante.* Languēre, langueo, langues[2], *sans prétérit ni supin.* | *Style traînant.* Enerve dicendi genus; g. enervis[3] dicendi generis[3], *n.*

TRAINÉ. Tractus, a, um, part. pass.

TRAINEAU. Traha, g. trahæ[1], fém.

UNE TRAINÉE. Ductus, g. ductûs[4], m.

TRAINER, ou *tirer*. Trahĕre, traho, trahis, traxi, tractum[3], act. On exprime en par in, avec l'acc. à par ad, avec l'acc. | Hors de, par è ou ex, et l'abl. | *Traîner en prison*. In carcerem contrudĕre, contrudo, contrudis, contrusi, contrusum[3], act. | *Trainer au supplice*. Ad supplicium rapĕre, rapio, rapis, rapui, raptum[3], act. | *Traîner la vie dans l'obscurité*. In tenebris vitam trahĕre.

TRAÎNER, *traîner en longueur*, *faire durer*, etc. Protrahĕre[3], act.

TRAÎNER, *ne point s'avancer*. *L'affaire traîne*. Negotium hæret; de Hærēre, hæreo, hæres, hæsi, hæsum[2], neut.

TRAÎNER à *terre*, ou *par terre*, en parlant d'un habit, etc. Humum verrĕre, verro, verris, verri, versum[3], act. c. à. d. *balayer la terre*.

TRAÎNER, ou *languir*, *en parlant des malades*. Languēre, langueo, laugues[2], sans prét. et sans supin.

SE TRAÎNER, *ramper*. Irrepĕre, irrepo, irrepis, irrepsi, irreptum[3], n. | *Se traîner en quelque endroit*. Irripĕre. en par in, avec l'acc. | *Se traîner sur ses genoux*. Genibus irrepĕre.

TRAINEUR, *qui vient après les autres*. Tardior, m. f. tardius, n. gén. tardioris, adj. comp.

LES TRAINEURS, *soldats qui restent derrière*. Tardigradi, g. tardigradorum[2], m. plur.

TRAIRE. Mulgēre, mulgeo, mulges, mulsi, et mulxi, mulsum, et mulctum[2], act.

TRAIT, ou *dard*. Telum, gén. teli[2], n.

G NS de TRAITS, *soldats armés d'arcs*. Sagittarii, gén. sagittariorum[2], m. plur. | *A la portée du trait*. Ad teli jactum. | *Traits de l'envie*. Invidiæ tela, g. invidiæ[1] telorum[2], n. plur. | *Trait de raillerie*. Scomma, g. scommatis[3], n. | *Lancer un trait malin contre quelqu'un*. Scommate perstringĕre, perstringo, perstringis, perstrinxi, perstrictum[3], act. *La personne à l'accus*.

TRAIT, *ligne tracée*. Linea ducta, g. lineæ ductæ[1], f. | *Trait de plume*. Linea calamo ducta. | *Trait de pinceau*. Linea penicillo ducta.

TRAIT, *ce qu'on avale d'une liqueur*, *sans reprendre haleine*. *Trait de vin*, *d'eau*. Vini, ou aquæ haustus, gén. haustûs[4], m. | *Tout d'un trait*. Uno haustu, à l'abl. | *A longs traits*. Longis haustibus.

TRAIT, *action*. Facinus, g. facinoris[3], n. | *Trait d'ingratitude*. Ingrati animi officium, g. ingrati animi officii[2], n. | *Trait de hardiesse*. Audax facinus, g. audacis facinoris[3]. neut. | *Trait de jeune homme*. Juvenile facinus, g. juvenilis facinoris[3], n.

TRAIT d'*histoire*. Factum, gén. facti[2], n.

LES TRAITS *du visage*, etc. Lineamenta, gén. lineamentorum[2], n. plur.

TRAIT d'*esprit*, *mot ingénieux*. Acutè dictum, g. acutè dicti[2], n. | *Trait*, *marque*. Signum, gén. signi[2], n. | *A ce trait*, *je le reconnois*. Ad hoc signum, illum agnosco. | *Faire un trait d'ami*. Amicitiæ signum dare, do, das, dedi, datum[1], act. dat. *de la personne*.

TRAITS, *corde de cuir avec laquelle les chevaux tirent*. Lora, g. lororum[2], n. plur.

Cheval de TRAIT. Equus jugatorius, g. equi jugatorii[2], m.

TRAITABLE. Tractabilis, m. f. tractabile, n. gén. tractabilis, adj.

TRAITANT. Pactor, g. pactoris[3], m.

TRAITE, *distance*. Spatium, g. spatii[2], n. | *Tout d'une traite*. Continenter, *adv.* | *Faire une longue traite.* Longum iter conficĕre, conficio, conficis, confeci, confectum³, *act.*

TRAITE, *trafic.* Negotiatio, *gén.* negotiationis³, *f.*

TRAITÉ, *accord.* Pactio, *gén.* pactionis³, *f.*

TRAITÉ *d'alliance.* Fœdus, *gén.* fœderis³, *n.* | *Traité de paix.* Pacis compositio, *g.* pacis compositionis³, *f.*

UN TRAITÉ, ou *discours, dissertation.* Tractatus, *g.* tractatûs⁴, *m.*

TRAITEMENT, *accueil.* Tractatio, *g.* tractationis³, *f.*

TRAITEMENT, *somme allouée par année à un homme en place.* Annua pensio, *g.* annuæ¹ pensionis³, *f.*

TRAITEMENT, *manière de traiter une maladie.* Curatio, *g.* curationis³, *f.*

TRAITER, *recevoir.* Accipĕre, accipio, accipis, accepi, acceptum³, *act. acc. de la personne.* | *Bien*, benè; *mal*, malè, *adv.* | *Traiter en ennemi*, tournez : *agir en ennemi avec quelqu'un.* Inimicè agĕre, ago, egis, egi, actum³, *act. la personne à l'ablat. avec* cum.

TRAITER, ou *faire festin à.* Epulis accipĕre³, *act.*

SE TRAITER. Epulari, epulor, epularis, epulatus sum¹, *dépon.* |*Bien*, benè; *mal*, malè, *adv.*

TRAITER *quelqu'un de fou*, tournez, *l'appeler fou.* Dementem appellare, appello, appellas, appellavi, appellatum¹, *act.*

TRAITER, ou *soigner un malade.* Curare, curo, curas, curavi, curatum¹, *act.*

TRAITER *un sujet*, ou *d'un sujet, discourir.* Disserĕre, dissero, disseris, disserui, dissertum³, *n. Le nom à l'ablat. avec* de.

TRAITER, *négocier une affaire*, ou *d'une affaire.* Agĕre, ago, agis, egi, actum³, *n. Le nom de la chose à l'ablat. avec* de.

TRAITEUR, *qui apprête les festins.* Obsonator, *g.* obsonatoris³, *m.*

TRAITRE, *subst.* Proditor, *g.* proditoris³, *m.* | *En traître.* Perfidosè, *adv.*

TRAITRE, TRAITRESSE, *adj.* Perfidus, a, um, *adj.*

TRAITRESSE, *subst.* Perfida mulier, *g.* perfidæ¹ mulieris³, *f.*

TRAITREUSEMENT. Perfidiosè, *adv.*

TRAJET. Trajectus, *g.* trajectûs⁴, *m.*

TRAME *de toile*, ou *d'étoffe.* Trama, *g.* tramæ¹, *f.*

TRAME, *complot.* Clandestinum consilium, *g.* clandestini consilii², *n.* | *Ourdir la trame d'une trahison.* Proditionis consilium agitare, agito, agitas, agitavi, agitatum¹, *act.*

TRAMER *une étoffe.* Subtemen nēre, neo, nes, nevi, netum², *acc.*

TRAMER, *méditer.* Moliri, molior, moliris, molitus sum⁴, *dép. la chose à l'abl., la personne au dat.* | *Tramer la perte de quelqu'un.* Exitium alicui moliri.

TRAMONTANE, *vent de bise.* Aquilo, *g.* aquilonis³, *m.*

TRANCHANT, *adj.* Qui coupe. Secans, *g.* secantis, *part. prés.* | *Ecuyer tranchant.* Carptor, *g.* carptoris³, *m.* | *Ton tranchant.* Vox decretoria, *g.* vocis³ decretoriæ¹, *f.*

LE TRANCHANT *d'un couteau.* Acies, *g.* aciei⁵, *f.*

Frapper du tranchant. Cæsim ferire, ferio, feris, ferri, feritum¹, *act.* | *Faire passer les ennemis par le tranchant de l'épée.* Hostes concidĕre, concido, concidis, concidi, concisum³, *act.* | *Hache à deux tranchans.* Bipennis, *g.* bipennis³, *fém.*

TRANCHE, *morceau coupé mince.* Offula, *g.* offulæ¹, *f.*

La TRANCHE *d'un livre.* Exterior sectura, *g.* exterioris³ secturæ¹, *f.*

TRA

| *Livre doré sur tranche.* Liber exteriori sectura auratus, *g.* libri exteriori sectura aurati[2], *m.*

TRANCHÉ, *coupé.* Sectus, a, um, *part. pass.* | *Avoir la tête tranchée.* Obtruncari, obtruncor, obtruncaris, obtruncatus sum[1], *pass.* | *Condamner quelqu'un à avoir la tête tranchée.* Capite damnare, damno, damnas, damnavi, damnatum[1], *act.*

TRANCHÉE, *fortification.* Fossa vallo munita, *gén.* fossæ vallo munitæ[1], *f.*

TRANCHÉES, *douleurs aiguës d'entrailles.* Tormina, *g.* torminum[3], *n. plur.*

TRANCHER, *couper.* Secare, seco, secas, secui, sectum[1], *act. La tête,* collum ; *à quelqu'un.* Alicui.

TRANCHER *court.* Paucis absolvĕre, absolvo, absolvis, absolvi, absolutum[3], *act.* | *Trancher la difficulté.* Nodum exsolvĕre. | *Trancher du grand.* Se magnificè efferre, effero, effers, extuli, elatum[3], *act.*

TRANCHET *de cordonnier.* Sutorium scalprum, *g,* sutorii scalpri[2], *n.*

TRANQUILLE. Tranquillus, a, um, *adj.*

TRANQUILLEMENT. Tranquillè, *adv.*

TRANQUILLISER. Tranquillare, tranquillo, tranquillas, tranquillavi, tranquillatum[1], *act.*

TRANQUILLITÉ. Tranquillitas, *g.* tranquillitatis[3], *f.* | *Avec tranquillité.* Tranquillè, *adv.*

TRANSACTION. Pactum, *g.* pacti[2], *n.*

TRANSCENDANCE. Præstantia, *g.* præstantiæ[1], *f.*

TRANSCENDANT. Eximius, ia, ium, *adj.*

TRANSCRIPTION. Descriptio, *g.* descriptionis[3], *f.*

TRANSCRIRE. Transcribĕre, transcribo, transcribis, transcripsi, transcriptum[3], *act.*

TRANSCRIT, *participe pass. de* Transcrire.

TRANSE. Angor, *g.* angoris[3], *masc.*

TRANSFÉRÉ. Translatus, a, um, *part. pass.*

TRANSFÉRER. Transferre, transfero, transfers, transtuli, translatum[3], *act. Ce verbe marque du mouvement.*

TRANSFIGURATION. Transfiguratio, *g.* transfigurationis[3], *f.*

TRANSFIGURER. Transfigurare, transfiguro, transfiguras, transfiguravi, transfiguratum[1], *act.*

Se TRANSFIGURER. Transfigurari, *pass. en, par* in, *avec l'abl.*

TRANSFORMATION. Transfiguratio, *g.* transfigurationis[3], *f.*

TRANSFORMER. Transformare, transformo, transformas, transformavi, transformatum[1], *act. On exprime* en *par* in, *avec l'acc.*

Se TRANSFORMER. transformari, *pass.*

TRANSFUGE. Transfuga, *gén.* transfugæ[1], *m.*

TRANSFUSION. Transfusio, *g.* transfusionis[3], *f.*

TRANSGRESSER. Violare, violo, violas, violavi, violatum[1], *act.*

TRANSGRESSEUR. Violator, *g.* violatoris[3], *m.*

TRANSGRESSION. Violatio, *g.* violationis[1], *f.*

TRANSI *de froid.* Frigore rigens, *g.* frigore rigentis. | *Transi de peur.* Metu exsanguis, *m.* et *f.*, exsangue, *n. gén.* exsanguis, *adj.*

TRANSIGER. Transigĕre, transigo, transigis, transegi, transactum[3], *n.*

TRANSITION. Transitio, *gén.* transitionis[3], *f.*

TRANSITOIRE, *qui n'est pas stable.* Transitorius, ia, ium, *adj.*

TRANSLATION. Translatio, *g.* translationis[3], *f.* | *Faire la translation,* tournez : *Transférer.*

TRANSMETTRE, *céder.* Transmittĕre, transmitto, transmittis, transmisi, transmissum[3], *act.*

TRANSMETTRE, *faire passer.* Tradĕre, trado, tradis, tradidi, traditum[3], *act. acc. rég. ind. dat.*

TRANSMIGRATION. Transmigratio, *g.* transmigrationis[3], *f.*

TRANSMIGRATION *des ames, la métempsychose.* Metempsychosis, *g.* metempsychosis[3], *f.* ; *acc.* metempsychosim, *abl.* metempsychosi.

TRANSMIS. Transmissus, a, um, *part. pass.*

TRANSMUTATION. Conversio, *g.* conversionis[3], *f.*

TRANSPARENCE. Perluciditas, *g.* perluciditatis[3], *f.*

TRANSPARENT. Perlucidus, a, um, *adj.* | *Etre transparent.* Perlucēre, perluceo, perluces, perluxi[2], *sans sup. n.*

TRANSPERCER. Transfigĕre, transfigo, transfigis, transfixi, transfixum[3], *act.*|*D'un coup d'épée.* Gladio, *à l'abl.* | *D'une flèche.* Sagittâ.

TRANSPIRATION. Exspiratio, *g.* exspirationis[3], *f.*

TRANSPIRER, *suer.* Exsudare, exsudo, exsudas, exsudavi, exsudatum[1], *n.*

TRANSPIRER, *être su.* Subolēre, suboleo, suboles, subolui, subolitum[2], *n.*

TRANSPLANTATION. Translatio, *g.* translationis[3], *f.*

TRANSPLANTÉ, *en parlant d'un arbre.* Translatus, a, um. | *Nation transplantée.* Gens elocata, *g.* gentis elocatæ[1], *f.*

TRANSPLANTER. Transferre, transfero, transfers, transtuli, translatum[3], *act.*

TRANSPORT *d'un lieu à un autre.* Exportatio, *g.* exportationis[3], *fém.* | *Transport d'armes.* Armorum portatio, *g.* armorum portationis[3], *f.* | *Transport par voiture.* Invectus, *g.* invectûs[4], *m.*

TRANSPORT ou *mouvement.* Impetus, *g.* impetûs[4], *m.* | *Transport* *de colère.* Iracundiæ impetus. | *Transport de joie.* Effusa lætitia, *g.* effusæ lætitiæ[1], *f.*

TRANSPORT ou *cession.* Cessio, *g.* cessionis[3], *f.*

TRANSPORTÉ *d'un lieu à un autre.* Exportatus, a, um. *part. p.* | *Transporté par voiture.* Devectus, a, um, *part. pass.*

TRANSPORTÉ, *hors de soi.* Animi impoteus, *g.* animi impotentis[3], *adj.*| *Transporté de colère.* Irâ percitus, a, um, *adj.* | *Transporté de joie.* Gaudio elatus, a, um, *part.* | *Etre transporté de joie.* Gaudio efferri, efferor, efferris, elatus sum[3], *pass.*

TRANSPORTÉ ou *cédé à.* Concessus, a, um, *part. pass. avec le dat.*

TRANSPORTER *d'un lieu à un autre.* Transferre, transfero, transfers, transtuli, translatum[3], *act.* | *Transporter par voiture.* Transvehĕre, transveho, transvehis, transvexi, transvectum[3], *act.*

Se TRANSPORTER ou *se rendre.* Se conferre, confero, confers, contuli, collatum[3]. | *Dans un lieu.* In locum.

TRANSPORTER ou *agiter.* Efferre, effero, effers, extuli, elatum[3], *act.*

TRANSPORTER ou *céder.* Cedĕre, cedo, cedis, cessi, cessum[3], *act. acc. rég. ind. dat.*

TRANSPOSER. Transponĕre, transpono, transponis, transposui, transpositum[3], *act.*

TRANSPOSITION. Trajectio, *g.* trajectionis[3], *f.*

TRANSSUBSTANTIATION. Transsubstantiatio, *g.* transsubstantiationis[3], *f.*

TRANSVASER, *verser d'un vaisseau dans un autre.* Transfundĕre, transfundo, transfundis, transfudi, transfusum[3], *act.*

TRANSVERSAL. Obliquus, a, um, *adj.*

TRANSVERSALEMENT. Obliquè, *adv.*

TRAPPE. Decipula, *g.* decipulæ[1], *fém.*

TRA

TRAVAIL. Labor, g. laboris³, m. | *A force de travail.* Labore assiduo, c. à. d. *par un travail continu.* | *Se mettre au travail.* Laborem subire, subeo, subis, subivi, subitum⁴, *act.*

TRAVAILLÉ, *fait avec soin.* Elaboratus, a, um, *part. pass.*

Travaillé, *tourmenté.* Voy. *Tourmenter.*

TRAVAILLER. Laborare, laboro, laboras, laboravi, laboratum¹, *n.* | *A quelque chose*, in, avec l'abl. S'il y a un infin. tournez par afin que, ut, *avec le subjonct.* | *Sans travailler* ou *sans travail.* Sine labore. | *A force de travailler*, ou *par un travail assidu.* Labore assiduo, à l'abl.

Travailler *au jardin*, ou *cultiver le jardin.* Voyez *Cultiver.*

Travailler, *tourmenter.* Voyez *Tourmenter.*

Travailler, *façonner. Travailler un ouvrage.* Opus accurare, accuro, accuras, accuravi, accuratum¹, *act.* | *Travailler un discours.* Orationem perpolire, perpolio, perpolis, perpolivi, perpolitum⁴, *act.*

TRAVAILLEUR, *pionnier.* Munitor, g. munitoris³, *m.*

TRAVERS. Latitudo, g. latitudinis³, *f.* | *Un travers de doigt.* Transversus digitus, gén. transversi digiti³, *m.* | *Travers d'esprit.* Morositas, g. morositatis³, *f.*

de Travers, *qui est de travers.* Transversus, a, um, *adj.* | *En travers.* Transversè, *adv.* | *De travers.* Obliquè, *adv.* | *Regarder de travers.* Limis oculis aspicĕre, aspicio, aspicis, aspexi, aspectum³, *act.* | *Regarder quelqu'un de travers.* Torvis oculis aspicĕre. *La personne à l'acc.*

a Travers, *au* Travers, *prép.* Per, *avec l'acc.* | *Voir à travers.* Transpicĕre, transpicio, transpicis, transpexi, transpectum³, *act.* | *Passer à quelqu'un son épée au travers du corps.* Gladio transi-gĕre, transigo, transigis, transegi, transactum³, *act. La personne à l'acc. c. à. d. percer quelqu'un de son épée.* | *Se jeter à travers les ennemis.* Per medios hostes irruĕre, irruo, irruis, irrui, irrutum³, *n.*

a Tort *et à* Travers. Temerè, *adv.*

TRAVERSE, *chemin de traverse.* Transversum iter, g. transversi² itineris³, *n.*

Traverse, *obstacle.* Impedimentum, g. impedimenti², *n.*

a la Traverse. E transverso, *à l'ablat.*

TRAVERSÉE, *trajet par mer.* Trajectio, g. trajectionis³, *f.*

TRAVERSER *un champ.* Agrum permeare, permeo, permeas, permeavi, permeatum¹, *act.* | *Traverser un fleuve.* Flumen trajicĕre, trajicio, trajicis, trajeci, trajectum³, *act.* | *Traverser à la nage.* Tranare, trano, tranas, tranavi, tranatum¹, *act.* | *Traverser une montagne.* Montem superare, supero, superas, superavi, superatum¹, *act.* | *Faire traverser une rivière à des troupes.* Copias fluvium traducĕre, traduco, traducis, traduxi, traductum³, *n.*

Traverser, *en parlant d'une rivière qui traverse.* Interfluĕre, interfluo, interfluis, interfluxi, interfluxum³, *act.*

Traverser. *s'opposer.* Obsistĕre, obsisto, obsistis, obstiti, obstitum³, *n. dat.*

TRAVESTI, *déguisé.* Veste indutus, induta, indutum, *part. génit. du nom qui suit en;* comme: *Travesti en femme.* Mulieris veste indutus. Mot à mot, *revêtu d'une robe de femme.*

TRAVESTIR *quelqu'un.* Veste induĕre, induo, induis, indui, indutum³, *act. La personne à l'acc. le nom qui suit en au génit.*

se Travestir, *se déguiser.* Vestem induĕre, induo, induis, indui, indutum³, *act. Le nom qui suit en* au génit. Mot à mot, revêtir l'habillement de.

TRAVESTISSEMENT. Vestis mutatio, g. vestis mutationis[3], f.

TRÉBUCHEMENT. Lapsus, g. lapsûs[4], m.

TRÉBUCHER, chanceler en marchant. Offensare, offenso, offensas, offensavi, offensatum[1], n.

TRÉBUCHER, tomber. Offenso pede cadĕre, cado, cadis, cecidi, casum[3], n.

TRÉBUCHET à prendre les oiseaux. Excipulum, g. excipuli[2], neut.

TRÈFLE, herbe. Trifolium, g. trifolii[2], n.

TREILLE. Pergula, g. pergulæ[1], fém.

TREILLIS, barreaux. Cancelli, g. cancellorum[2], m. plur.

TREIZE. Tredecim, indéclinable et de tout genre. | Treize fois. Tredecies, adv.

TREIZIÈME. Decimus tertius, decima tertia, decimum tertium, adj.

TREIZIÈMEMENT. Decimò tertiò, adv.

TREMBLANT. Tremebundus, a, um, adj.

TREMBLE, arbre. Populus tremula, g. populi[2] tremulæ[1], f.

TREMBLEMENT. Tremor, g. tremoris[3], m.

TREMBLEMENT de terre. Terræ motus, g. terræ motûs[4], m.

TREMBLER. Tremĕre, tremo, tremis, tremui[4], sans supin. n. | De peur. Timore, à l'ablatif. | Trembler de tous ses membres. Omnibus artubus contremiscĕre, contremisco, contremiscis[3], sans parf. ni sup. n.

TREMBLER, en parlant de la terre. Tremĕre, tremo, tremis, tremui[3], sans sup. n. | Faire trembler. Tremefacĕre, tremefacio, tremefacis, tremefeci, tremefactum[3], act.

TREMBLER la fièvre. Habēre febrim, c. à. d. l'avoir.

TREMBLEUR. Pavidus, a, um, adj.

TREMBLOTANT. Tremebundus, a, um. adj.

TREMBLOTER. Tremulo frigore quati, quatior, quateris, quassus sum[3], passif.

TRÉMOUSSEMENT. Trepidatio, g. trepidationis[3], f.

TRÉMOUSSER, se trémousser. Trepidare, trepido, trepidas, trepidavi, trepidatum[1], n.

TREMPE qu'on donne au fer. Temperatio, g. temperationis[3], f. | Donner la trempe au fer. Ferrum temperare, tempero, temperas, temperavi, temperatum[1], act. | Esprit de bonne trempe. Rectum ingenium, g. recti ingenii[2], n.

TREMPÉ. Intinctus, intincta, intinctum, part. pass. dans s'exprime par in, avec l'acc. | Mains trempées dans le sang. Imbutæ sanguine manus, g. imbutarum[1] sanguine manuum[4], f. pl.

TREMPÉ ou mouillé. Madidus, a, um, adj. de, par l'abl.

TREMPER ou mouiller dans. Intingĕre, intingo, intingis, intinxi, intinctum[3], act. dans s'exprime par in, avec l'acc. | Tremper ses mains dans le sang. Manus sanguine imbuĕre, imbuo, imbuis, imbui, imbutum[3], act.

TREMPER dans, ou être complice de. Esse participem, avec un gén. de la chose. Sum, es, fui. Particeps, m. f. et n. g. participis, s'accorde avec le nominat. de Sum.

TRENTAINE de ou

TRENTE. Triginta, pl. indécl. et de tout genre. | Trente fois. Tricies, adv.

TRENTIÈME. Trigesimus, a, um, adj.

TRÉPAN, outil de chirurgien. Terebra, g. terebræ[1], f.

LE TRÉPAN, ou l'opération du trépan. Terebratio, g. terebrationis[3], fém.

TRÉPAS. Obitus, g. obitûs[4], m.

TRE — TRI

TRÉPASSÉ, ou *mort*. Mortuus, ua, uum, *part. pass.* | *Les Trépassés*. Mortui, *g.* mortuorum², *m. plur.*

TRÉPASSER. Obire, obeo, obis, obivi, obitum⁴, *n.*

TRÉPIED. Tripus, *gén.* tripodis³, *m.*

TRÉPIGNEMENT. Tripudium, *g.* tripudii², *n.*

TRÉPIGNER. Tripudiare, tripudio, tripudias, tripudiavi, tripudiatum¹, *n.*

TRÈS, *joint à un adj. ou à un adv. s'exprime par le superlatif*. *Très-savant*. Doctissimus, a, um. | *Très-prudemment*. Prudentissimè, *adv.* | *Très-bon*. Optimus, optima, optimum, *adj.* | *Qui est en très-grand nombre*. Plurimus, plurima, plurimum. | *Mais lorsque l'adj. ou l'adv. n'a pas de superl.*, on exprime *très* par maximè, admodùm, *adv.* comme : *très-jeune*. Maximè *ou* admodùm juvenis.

TRÉSOR. Thesaurus, *g.* thesauri², *m.* | *Le trésor public*. Ærarium publicum, *g.* ærarii publici², *n.*

TRÉSORIER. Quæstor, *g.* questoris³, *m.*

TRESSAILLEMENT. Quassus, *g.* quassûs⁴, *m.* | *Tressaillement de joie*. Exsultatio, *g.* exsultationis³, *f.*

TRESSAILLIR. Subsilire, subsilio, subsilis, subsilui, subsultum⁴, *n.* | *De peur*. Timore, *à l'abl.* | *Tressaillir de joie*. Lætitiâ exsultare, exsulto, exsultas, exsultavi, exsultatum¹, *n.*

TRESSE *de cheveux*. Incincti capilli, *g.* incinctorum capillorum², *m. plur.* Mot à mot, *cheveux tressés*.

TRESSE. Textus, *g.* textûs⁴, *m.*

TRESSER. Implicare, implico, implicas, implicavi, implicatum¹, *act.*

TRÉTEAU. Fulmentum, *g.* fulmenti², *n.*

TRÊVE, *suspension d'armes*. Induciæ, *gén.* induciarum¹, *f. pl.*

TRÊVE, *relâche*. Remissio, *g.* remissionis³, *f.*

TRIAGE, *choix*. Delectus, *gén.* delectûs⁴, *m.*

TRIANGLE. Triangulum, *gén.* trianguli², *n.*

TRIANGULAIRE, *qui a trois angles*. Triangulus, a, um, *adj.*

TRIBU. Tribus, *g.* tribûs⁴, *dat. et abl. plur.* tribubus, *f.* | *Qui est de la même tribu*. Tribulis, *m. f.* tribule, *n. gén.* tribulis, *adj.* *Par tribu*. Tributim, *adv.*

TRIBULATION. Ærumna, *g.* ærumnæ¹, *f.* | *Être dans la tribulation*. Ærumnis affici, afficior, afficeris, affectus sum³, *pass.*

TRIBUN. Tribunus, *g.* tribuni², *m.*

TRIBUNAL. Tribunal, *g.* tribunalis³, *n.*

TRIBUNAT. Tribunatus, *gén.* tribunatûs⁴, *m.*

TRIBUNE. Suggestum, *g.* suggesti², *n.* | *Tribune aux harangues*. Rostra, *g.* rostrorum², *n. pl.*

TRIBUT, *impôt*. Tributum, *g.* tributi², *neut.*

TRIBUTAIRE, *qui paye tribut*. Tributarius, ia, ium, *adj.*

TRICHER. Fide nullâ ludere, ludo, ludis, lusi, lusum³, *act.*

TRICHERIE, *tromperie au jeu*. Dolus, *g.* doli², *m.*

TRICHEUR, *trompeur au jeu*. Fallaciosus lusor, *g.* fallaciosi² lusoris³, *m.*

TRICOT, *bâton gros et court*. Fustis, *g.* fustis³, *m.*

TRICTRAC, *jeu*. Scruporum ac tesserarum ludus, *g.* ludi², *m.*

TRICTRAC, *damier dans lequel on joue*. Alveus lusorius, *g.* alvei lusorii², *m.*

TRIDENT. Tridens, *g.* tridentis³, *m.*

TRIENNAL, *qui dure trois ans*. Triennis, *m. f.* trienne, *n. gén.* triennis, *adj.*

TRIER, *choisir*. Seligere, seligo, seligis, selegi, selectum³, *act.*

TRINITÉ. Trinitas, g. trinitatis[3], f.

TRINQUER, *boire en choquant les verres.* Perpotare, perpoto, perpotas, perpotavi, perpotatum[1], act.

TRIO, *musique à trois voix.* Trium vocum concentus, g. concentûs[4], m.

TRIO, *trois personnes.* Ternio, g. ternionis[3], m.

TRIOMPHAL. Triumphalis, m. f. triumphale, n. gen. triumphalis, adj. | *Ornemens triomphaux.* Triumphalia, g. triumphalium[3], plur. neut.

TRIOMPHANT. Triumphans, m. f. et n. gén. triumphantis, adj. | *Armes triomphantes.* Arma victricia, g. armorum[2] victricium[3], n. plur.

Triomphant de joie. Gaudio exsultans, g. gaudio exsultantis, part. prés.

TRIOMPHATEUR. Voyez ci-dessus *Triomphant.*

TRIOMPHE. Triumphus, gén. triumphi[2], m. | *Mener en triomphe.* In triumpho ducĕre, duco, ducis, duxi, ductum[3], act. | *Marcher en triomphe.* Triumphum ducĕre. | *Entrer dans une ville en triomphe,* c. à. d. *triomphant.* Urbem ingredi triumphantem, urbem ingredior triumphans, ingressus sum[3], dép.

TRIOMPHER, *recevoir les honneurs du triomphe.* Triumphare, triumpho, triumphas, triumphavi, triumphatum[1], neut. *La personne dont on triomphe se met à l'abl. avec de.* | *Nation dont on a triomphé.* Gens triumphata, g. gentis[3] triumphatæ[1], f.

TRIOMPHER *de, vaincre.* Vincĕre, vinco, vincis, vici, victum[3], act.

TRIOMPHER, *exceller en quelque partie.* Triumphare.

Triompher de joie. Gaudio exsultare, exsulto, exsultas, exsultavi, exsultatum[1], n.

TRIPLE. Triplex, m. f. et n. gén. triplicis. | *Au triple.* In triplum.

TRIPLÉ. Triplicatus, a, um, part. pass.

TRIPLEMENT, adv. Triplici ratione, à l'abl.

TRIPLEMENT, *l'action de tripler.* Triplicatio, g. triplicationis[3], f.

TRIPLER. Triplicare, triplico, triplicas, triplicavi, triplicatum[1], act.

TRISAÏEUL. Abavus, g. abavi[2], masc.

TRISAÏEULE. Abavia, g. abaviæ[1], fém.

TRISTE, *en parlant des personnes.* Tristis, m. f. triste, n. gén. tristis, adj. comp. Tristior, m. f. tristius, n. gén. tristioris; sup. tristissimus, a, um. | *Il est triste de la mort de sa mère.* Est tristis à funere matris suæ.

TRISTE, *en parlant des choses. Chant triste.* Cantus lugubris, g. cantûs[4] lugubris, m.

TRISTE, *obscur.* Obscurus, a, um, adj.

TRISTEMENT. Mœstè, adv. comp. Mœstiùs; sup. mœstissimè.

TRISTESSE. Tristitia, g. tristitiæ[1], f. | *Se laisser aller à la tristesse.* Se tristitiæ tradĕre, trado, tradis, tradidi, traditum[3], act. | *De tristesse* ou *par tristesse.* Mœrore, à l'abl.

TRITON. Triton, g. tritonis[3], masc.

TRIUMVIR. Triumvir, g. triumviri[2], m.

TRIUMVIRAL, adj. *qui concerne les triumvirs.* Triumviralis, m. f. triumvirale, n. gén. triumviralis, adj.

TRIVIAL, *commun.* Trivialis, m. f. triviale, n. gén. trivialis, adj.

TRIVIALEMENT. Trivialiter, adv.

TROC, *échange.* Permutatio, g. permutationis[3], f.

TROCHÉE, *pied de vers d'une longue et d'une brève.* Trochæus, g. trochæi[2], m.

TROÈNE, *arbrisseau.* Ligustrum, *g.* ligustri², *n.*

TROIS. Tres, *m. f.* tria, *n. gén.* trium, *dat.* tribus, *etc.* | *Trois à trois.* Terni, ternæ, terna. | *Trois fois.* Ter, *adv.* | *A trois heures.* Tertiâ horâ, *à l'abl.* | *De trois jours en trois jours, ou chaque troisième jour.* Tertio quoque die, *à l'abl.* | *Trois frères nés d'une même couche.* Trigemini fratres, *g.* trigeminorum² fratrum³, *masc. plur.* | *A trois têtes, qui a trois têtes.* Triceps, *gen.* tricipitis, *adj.* | *Trois cents.* Trecenti, trecentæ, trecenta, *adj.* | *Trois cents fois.* Trecenties, *adv.* | *Trois centième.* Trecentesimus, a, um, *adj.*

TROISIÈME. Tertius, tertia, tertium, *adj.* | *Pour la troisième fois.* Tertiùm, *adv.*

En troisième lieu, ou

TROISIÈMEMENT. Tertiò, *adv.*

TROMBE, *colonne d'eau ou d'air qui s'élève de la mer.* Turbo marinus, *gen.* turbinis³ marini², *m.*

TROMPE *d'éléphant.* Proboscis, *g.* proboscidis³, *f.*

TROMPE ou *trompette.* Tuba, *g.* tubæ¹, *f.* | *A son de trompe.* Tubâ, *à l'abl.*

TROMPER. Fallĕre, fallo, fallis, fefelli, falsum³, *act.* | *Se laisser tromper par de belles promesses.* Promissis decipi, decipior, deciperis, deceptus sum¹, *pass.*

SE TROMPER, *être dans l'erreur.* Errare, erro, erras, erravi, erratum¹, *n.*

TROMPERIE ou *fourberie.* Fallacia, *g.* fallaciæ¹, *f.*

LA TROMPETTE. Tuba, *g.* tubæ¹, *f.* | *Sonner de la trompette.* Tubâ canĕre, cano, canis, cecini, cantum³, *n.* | *Au son de la trompette.* Sonante tubâ.

UN TROMPETTE, *celui qui sonne de la trompette.* Buccinator, *g.* buccinatoris¹, *m.*

TROMPEUR, TROMPEUSE. Fallax, *m. f.* et *n. gen.* fallacis, *adj. comp.* Fallacior, *m. f.* fallacius, *n.* *gen.* fallacioris; *sup.* fallacissimus, a, um.

UN TROMPEUR. Veterator, *g.* veteratoris³, *m.*

UNE TROMPEUSE. Mulier fraudulenta, *g.* mulieris³ fraudulentæ¹, *fem.*

TRONC. Truncus, *gen.* trunci², *masc.*

TRONÇON. Fragmentum, *gen.* fragmenti², *n.*

TRONE. Solium, *g.* solii², *n.* | *Mettre sur le trône.* In solium constituĕre, constituo, constituis, constitui, constitutum³, *act.*

TRONQUÉ. Mutilus, a, um, *adj.*

TRONQUER. Mutilare, mutilo, mutilas, mutilavi, mutilatum¹, *act.*

TROP. Nimis, *ou* nimio plus, *ou* nimio pluris, *ou* nimis multi, multæ, multa, *etc.* Voyez la règle de *Trop* dans la Grammaire latine, et celle de *Trop* suivi de *pour.*

LE TROP, *subst.* Nimium, *g.* nimii², *n.*

TROPE, *figure de rhétorique.* Tropus, *g.* tropi², *m.*

TROPHÉE. Trophæum, *g.* trophæi², *n.* On écrit mieux Tropæum. | *Faire trophée de quelque chose, s'en glorifier.* Gloriari, glorior, gloriaris, gloriatus sum¹, *dép. de par de, avec l'abl.*

TROPIQUE, *terme de géographie.* Tropicus, *g.* tropici², *n.*

TROQUÉ. Permutatus, a, um. *avec ou contre, par l'abl. sans prép.*

TROQUER. Permutare, permuto, permutas, permutavi, permutatum¹, *act. acc. de la chose qu'on troque, et l'abl. de celle avec laquelle ou contre laquelle on troque.*

TROT. Gradus succussarius, *g.* gradûs⁴ succussarii², *m.*

Aller le trot, ou

TROTTER. Gradu citatiore ire, eo, is, ivi, itum⁴, *n.*

TROTTER, *courir çà et là.* Concursare, concurso, concursas, concursavi, concursatum[2], n.

TROU *que l'on fait en perçant.* Foramen, g. foraminis[3], n.

TROU *ou creux.* Cavus, g. cavi[2], masc.

TROUBLE, *désordre.* Tumultus, g. tumultûs[4], m. | *Mettre le trouble dans.* Tumultum injicĕre, injicio, injicis, injeci, injectum[3], act. *Le nom qui suit* dans, *au dat.* | *Homme qui se plaît dans le trouble.* Homo turbulentus, g. hominis[3] turbulenti[2], m.

TROUBLES, *émotions populaires.* Turbæ, g. turbarum[1], *fém. plur.* | *Exciter des troubles.* Turbas concire, concio, concis, concivi, concitum[4], act. | *Temps de troubles.* Turbulenta tempora, g. turbulentorum[2] temporum[3], n. plur.

TROUBLE, *épouvante.* Trepidatio, g. trepidationis[3], f.

TROUBLE, *agitation d'esprit.* Perturbatio, g. perturbationis[3], f. | *Jeter le trouble dans l'esprit.* Perturbationem animo afferre, affero, affers, attuli, allatum[3], act.

TROUBLE *ou* troublé, *qui n'est pas clair.* Turbidus, a, um, adj.

TROUBLÉ, *qui est dans le trouble.* Perturbatus, perturbata, perturbatum, *part. pass.*

TROUBLER, *mettre le trouble.* Perturbare, perturbo, perturbas, perturbavi, perturbatum[1], act.

TROUBLER *l'eau, la rendre trouble.* Aquam perturbare.

TROUBLER *la joie.* Gaudium corrumpĕre, corrumpo, corrumpis, corrupi, corruptum[3], act.

TROUBLER *la vue.* Oculorum aciem suffundĕre, suffundo, suffundis, suffudi, suffusum[3], act.

SE TROUBLER *de.* Perturbari, perturbor, perturbaris, perturbatus sum[1], *pass. avec l'abl.*

TROUER. Perforare, perforo, perforas, perforavi, perforatum[1], act.

TROUPE, *multitude.* Caterva, g. catervæ[1]. | *En troupe* ou *par troupe.* Catervatim, adv.

TROUPES ou *armée.* Copiæ, *gén.* copiarum[1], f. plur. | *Troupe de cavalerie.* Equitum turma, g. equitum turmæ[1], f. | *Troupe d'infanterie.* Peditum caterva, g. peditum catervæ[1], f. | *Lever des troupes.* Parare copias; paro, paras, paravi, paratum[1], act.

TROUPEAU. Grex, g. gregis[3], masc. | *Troupeau de gros bétail.* Armentum, g. armenti[2], n. | *Par troupeau.* Gregatim, adv.

Aux TROUSSES, *à la poursuite. Etre aux trousses de.* Instare, insto, instas, institi, institum[1], neut. dat. | *Avo r les ennemis à ses trousses.* Ab hostibus premi[3], pass. c. à. d. *étre pressé par les ennemis.* Premi *est le pass. de* Premĕre, premo, premis, pressi, pressum[3], act.

TROUSSÉ ou *levé.* Collectus, collecta, collectum, part. pass.

TROUSSÉ, ou *qui a levé sa robe.* Succinctus, a, um, adj.

TROUSSEAU *d'une fille qui se marie.* Parapherna, gén. paraphernorum[2], n. plur. Bona *est sous-entendu.*

TROUSSER *sa robe,* ou *se trousser.* Vestem colligĕre, colligo, colligis, collegi, collectum[3], act.

TROUVAILLE. Repertum, g. reperti[2], n.

TROUVÉ, *enfant trouvé.* Puer projectitius, g. pueri projectitii[2], masc.

TROUVER ou *inventer.* Invenire, invenio, invenis, inveni, inventum[4], act.

SE TROUVER ou *être trouvé.* Inveniri, invenior, inveniris, inventus sum[4], pass. | *Les difficultés qui se trouvent dans les sciences.* Difficultates quæ inveniuntur in scientiis.

TROUVER *une personne, la rencontrer.* Invenire. | *Trouver par hasard.* Incidĕre, incido, incidis, incidi[3], *sans sup.* n. *La personne* que l'on trouve se met à l'accus. avec in ; comme : *J'ai rencontré par hasard votre père.* Incidi in tuum patrem.

Trouver ou *juger.* Existimare, existimo, existimas, existimavi, existimatum[1], *act.* | *Je trouve cela facile.* Existimo illud facile ; ou bien *cela me paroît facile.* Illud mihi videtur facile.

Trouver, *éprouver.* Experiri, experior, experiris, expertus sum[4], *dép. acc.*

Aller Trouver ou *venir trouver.* Adire, adeo, adis, adivi, aditum[4], *act.*

se Trouver à, ou *assister à.* Interesse, intersum, interes, interfui, *dat.*

Trouver *bon* ou *approuver.* Probare, probo, probas, probavi, probatum[1], *act.*

Trouver *mauvais.* Improbare, improbo, improbas, improbavi, improbatum[1], *act.*

Trouver *à dire* ou *de manque.* Desiderare, desidero, desideras, desideravi, desideratum[1], *act.*

Trouver *à redire* ou *reprendre.* Reprehendere, reprehendo, reprehendis, reprehendi, reprehensum[3], *act.*

se Trouver *bien* ou *mal, être en bonne* ou *mauvaise santé.* Valere, valeo, vales, valui, valitum[2], *neut.* | *Bien.* Benè ; *Mal.* Malè, *adv.*

se Trouver, *être dans un lieu.* In loco adesse. | *Se trouver dans l'embarras.* In angustiis esse.

TRUCHEMAN. Interpres, *gén.* interpretis[3], *m.* | *Servir de trucheman.* | Dicta interpretari, interpretor, interpretaris, interpretatus sum[1], *dép.* à quelqu'un, *au gén.* c. à. d., *interpréter les paroles de quelqu'un.* | *Parler par trucheman.* Interprete uti, utor, uteris, usus sum[3], *dép.*

TRUELLE *de maçon.* Trulla, *g.* trullæ[1], *f.*

TRUFFE. Tuber, *g.* taberis[3], *neut.*

TRUIE. Porca, *g.* porcæ[1], *f.*

TRUITE, *poisson.* Truta, *gén.* trutæ[1], *f.*

TU, *pronom de la seconde personne, qui s'exprime en latin par* Tu, *g.* tuî, *dat.* tibi.

TUBE. Tubus, *g.* tubi[2], *m.*

TUBÉREUSE. Tuberosa, *g.* tuberosæ[1], *f.*

TUBÉROSITÉ, *tumeur.* Tuberculum, *g.* tuberculi[2], *n.*

TUÉ. Occisus, a, um, *part. pass.*

TUER. Occidere, occido, occidis, occidi, occisum[3], *act.* | *Faire tuer quelqu'un;* tournez, *ordonner quelqu'un être tué.* Aliquem occidi jubere, jubeo, jubes, jussi, jussum[2], *n.* | *Tuer le temps.* Tempus terere, tero, teris, trivi, tritum[3], *act.*

se Tuer, *s'ôter la vie.* Conciscere sibi mortem ; conscisco, consciscis, conscevi, conscitum[3], *act.*

se Tuer *à travailler;* tournez, *Se tuer par le travail.* Nimio labore se frangere, frango, frangis, fregi, fractum[3], *act.*

TUERIE, *carnage.* Cædes, *gén.* cædis[3], *f.*

TUILE. Tegula, *gén.* tegulæ[1], *fém.*

une TUILERIE. Lateria, *gén.* lateriæ[1], *f.*

TUILIER, *qui fait la tuile.* Laterius, *g.* laterii[2], *m.*

TULIPE, *fleur.* Tulipa, *g.* tulipæ[1], *f.*

TUMEUR. Tumor, *g.* tumoris[3], *masc.*

TUMULTE. Tumultus, *g.* tumultûs[4], *m.* | *Faire du tumulte.* Tumultum excitare, excito, excitas, excitavi, excitatum[1], *act.*

TUMULTUAIRE. Tumultuarius, ia, ium, *adj.*

TUMULTUAIREMENT. Inordinatè, *adv.*

TUMULTUEUSEMENT. Tumultuosè, *adv.*

TUMULTUEUX. Tumultuosus, a, um, *adj.*

TUNIQUE. Tunica, g. tunicæ[1], fém.

TURBAN. Pileus turcicus, gén. pilei turcici[2], m.

TURBOT, poisson. Rhumbus, g. rhumbi[2], m.

TURBULEMMENT. Turbulentè, adv.

TURBULENCE. Turbulentia, g. turbulentiæ[1], f.

TURBULENT. Turbulentus, a, um, adj.

TURC. Turca, g. turcæ[1], masc. | Les Turcs. Turcæ, g. Turcarum[1], masc. plur. | De Turc. Turcicus, a, um, adj.

TURPITUDE. Probrum, gén. probri[2], n.

TURQUE, ou femme turque. Turca mulier, g. turcæ[1] mulieris[3], fém. | A la Turque ou à la façon des Turques. More turcico, à l'abl.

TURQUOISE, pierre précieuse. Callais, g. callaidis[3], f.

TUTÉLAIRE. Custos, g. custodis[3], masc. et fém.

TUTELLE. Tutela, g. tutelæ[1], fém. | Etre en tutelle. Esse in tutelâ.

TUTEUR. Tutor, g. tutoris[3], masc.

TUTOIEMENT. Compellatio familiaris, g. compellationis familiaris[3], fém. Tous deux se déclinent.

TUTOYER. Familiariter compellare, compello, compellas, compellavi, compellatum[1], act.

TUTRICE. Tutrix, g. tutricis[3], fém.

TUYAU d'orgue, de fontaine, etc. Canal. Tubus, g. tubi[2], m | Tuyau de blé. Calamus, g. calami[2], m. | Tuyau de plume. Pennæ caulis, g. pennæ caulis[3], m.

TYMPAN. Tympanum, g. tympani[2], n.

TYPE. Typus, g. typi[2], m.

TYPOGRAPHIE, l'art de l'imprimerie. Typographia, g. typographiæ[1], f.

TYPOGRAPHIQUE. Typographicus, a, um.

TYRAN. Tyrannus, g. tyranni[2], masc. | Se faire tyran. Tyrannidem occupare[1].

TYRANNIE. Tyrannis, gén. tyrannidis[3], f.

TYRANNIQUE. Tyrannicus, a, um, adj.

TYRANNIQUEMENT. Tyrannicè, adv.

TYRANNISER. Tyrannicè vexare, vexo, vexas, vexavi, vexatum[1], act.

U.

ULCÉRATION. Ulceratio, gén. ulcerationis[3], f.

un ULCÈRE. Ulcus, g. ulceris[3], neut.

ULCÉRÉ. Ulceratus, a, um, part. pass.

ULCÉRER. Ulcerare, ulcero, ulceras, ulceravi, ulceratum[1], act.

ULTÉRIEUR. Ulterior, m. f. ulterius, n. gén. ulterioris, adj.

ULTÉRIEUREMENT. Ulteriùs, adv.

ULTRAMONTAIN. Transmontanus, a, um, adj.

UN, en parlant d'un nombre. Unus, una, unum, g. unius, dat. uni. | Un seul. Unus, a, um. | Un à un. Singuli, singulæ, singula, adj. | N'avoir qu'un, c. à. d. avoir un seul. Habēre unum, ou unam, unum, suivant le genre. | Sans en excepter un. Ad unum, ou ad unam, suivant le genre du substantif. | Un à un. Singulatim,

UN — UNI

adv. | *Pas même un.* Ne unus quidem. | *Une fois pour toutes.* Semel et in perpetuum.

Après unus, una, unum, *le de ou d'entre, s'exprime par un gén. ou bien par* è *ou* ex, *avec l'ablat. ou par* inter, *avec l'acc. comme : Un de mes amis.* Unus meorum amicorum. Unus ex meis amicis. Unus inter meos amicos.

Remarquez que Unus, una, unum, *s'accorde en genre avec le nom pluriel qui suit.*

De dix un; ou tourne : *chaque dixième.* Decimus quisque, decima quæque, decimum quodque.

Il est libre de deux jours l'un, ou chaque second jour. Vacat altero quoque die, *à l'abl.*

Un même. Idem, eadem, idem, *g.* ejusdem, *dat.* eidem, *etc.*

Un, *signifiant* certain, *s'exprime par* Quidam, quædam, quoddam, *g.* cujusiam, *etc. comme : Un écrivain a dit,* c. à. d. *certain écrivain a dit.* Quidam scriptor dixit. | *Une reine a pensé de la sorte,* c. à. d. *certaine reine.* Quædam regina sic censuit. | *L'un des deux, ou l'un ou l'autre.* Alteruter, alterutra, alterutrum, *g.* alterutrius, *dat.* alterutri. | *L'un et l'autre, tous deux.* Uterque, utraque, utrumque, *g.* utriusque, *d.* utrique, *etc.* | *Ni l'un, ni l'autre.* Neuter, neutra, neutrum, *g.* neutrius, *dat.* neutri, *etc.* | *Pas un seul.* Nullus, nulla, nullum, *gén.* nullius, *dat.* nulli, *etc. qui emporte la négation.* | *L'un l'autre, ou les uns les autres, pour* mutuellement. Invicèm, *adv.* | *Ils s'aiment l'un l'autre.* Se invicèm amant. | *Nous nous aidons les uns les autres.* Nos juvamus invicèm. | *L'un après l'autre, tour à tour.* Vicissim, *adv.* | *L'un pour l'autre.* Alter pro altero. | *L'une pour l'autre.* Altera pro alterâ.

Sur l'un l'autre, les uns les autres. Voyez la règle de *L'un l'autre, dans la Gramm. latine.* | *Faire plusieurs questions l'une sur l'autre.* Aliud ex alio quærere, quæro, quæris, quæsivi, quæsitum[3], *act.* | *L'un après l'autre.* Singuli, singulæ, singula, *adj. au plur.*

Lorsqu'on ne parle pas d'un nombre, il ne faut pas exprimer *Un* en latin. Exemple : *Un écolier diligent doit toujours étudier.* Discipulus diligens debet semper studere.

UNANIME. Unanimus, a, um, *adj.* | *D'un consentement unanime.* Omnium consensu.

UNANIMEMENT. Uno consensu, *à l'abl.*

UNANIMITÉ Unanimitas, *gén.* unanimitatis[3], *f.* | *A l'unanimité.* Omnium assensu.

UNI, *ou* égal. Æquus, æqua, æquum, *adj. comp.* Magis æquus; *superl.* maximè æquus.

Uni, *poli, lisse.* Levis, *m. f.* leve, *n. gén.* levis, *adj.*

Uni, *ou* joint. Conjunctus, a, um, *adj. comp.* Conjunctior, *m. f.* conjunctius, *n. gén.* conjunctioris; *superl.* conjunctissimus, a, um.

UNIÈME. Primus, a, um, *adj. Vingt et* Unième. Vicesimus primus, vicesima prima, vicesimum primum.

UNIFORME, *égal.* Æqualis, *m. f.* æquale, *n. gén.* æqualis, *adj.*

Uniforme, *habit militaire.* Militaris vestis, *gén.* militaris vestis[3], *fém.*

UNIFORMÉMENT. Similiter, *adv. comp.* Similiùs; *superl.* simillimè.

UNIFORMITÉ, *conformité.* Æqualitas, *g.* æqualitatis[3], *f.* | *Uniformité de sentimens.* Consensio, *g.* consensionis[3], *f.*

UNIMENT. Æqualiter, *adv.* | *Tout uniment, tout simplement.* Simpliciter, *adv.*

UNION, *ou* concorde. Consensio, *g.* consensionis[3], *f.* | *Vivre dans une parfaite union.* Conjunctissimè vivere, vivo, vivis, vixi, victum[3], *n.*

78

UNION, ou *jonction*. Conjunctio, g. conjunctionis³, *f.*

UNIQUE. Unicus, a, um, *adj.*

UNIQUEMENT. Unicè, *adv.*

UNIR, ou *joindre*. Conjungere, conjungo, conjungis, conjunxi, conjunctum¹, *act.* à *par* cum, *avec l'abl.*

s'UNIR à ou *avec quelqu'un*. Conjungere se alicui, *dat.* | *S'unir par alliance*. Affinitate se devincire, devincio, devincis, devinxi, devinctum¹, *act.* à ou avec, *par le dat. du nom qui suit.* | *S'unir d'intérêt*. Utilitatis societatem inire, ineo, inis, inivi, initum¹, *act.*

UNIR ou *aplanir*. Æquare, æquo, æquas, æquavi, æquatum¹, *act.*

UNIR, *polir*. Levigare, levigo, levigas, levigavi, levigatum¹, *act.*

UNISSON. Unisonus, g. unisoni², *m.*

UNITÉ. Unitas, g. unitatis³, *f.*

L'UNIVERS. Mundus universus, g. mundi universi², *m.*

UNIVERSALITÉ. Universitas, g. universitatis³, *f.*

UNIVERSEL. Universus, a, um, *adj.*

UNIVERSELLEMENT. Universè, *adv.*

UNIVERSITÉ. Universitas, g. universitatis³, *f.*

URBANITÉ. Urbanitas, g. urbanitatis³, *f.*

URGENCE. Urgens necessitas, g. urgentis necessitatis³, *f.*

URGENT. Urgens, *m. f.* et *n. gén.* urgentis, *adj.*

URINE. Urina, g. urinæ¹, *f.*

URINER. Meiere, meio, meis, minxi, mictum³, *n.*

URNE, *vase*. Urna, g. urnæ¹, *f.*

URNE, *où l'on jette les suffrages*. Sitella, g. sitellæ¹, *f.*

USAGE. Usus, g. usûs⁴, *m.* | *Faire un bon usage de*, ou *se servir bien de*. Benè uti, utor, uteris, usus sum, *dép. abl.* | *Avoir l'usage de*. Uti, *avec l'abl.* c'est-à-dire, *user de.* | *Faire un mauvais usage de* ou *abuser*. Abuti, abutor, abuteris, abusus sum³, *dépon. abl.* | *Qui est en usage*. Usitatus, a, um, *adj.* | *Qui est hors d'usage*. Obsoletus, a, um, *adj.* | *Mettre tout en usage pour*. Omnia adhibere, adhibeo, adhibes, adhibui, adhibitum², *act. pour par* ad, *avec l'accus.* | *Mettre quelque chose en usage*. In usum adducere, adduco, adducis, adduxi, adductum³, *act. acc. de la chose.*

USÉ, *par l'usage*. Attritus, attrita, attritum, *part. pass.*

Usé, *épuisé*. Effectus, a, um, *adj.* | *Pensées usées*. Vulgares sententiæ, g. vulgarium³ sententiarum², *fém. plur.*

USER, ou *gâter*. Deterere, detero, deteris, detrivi, detritum³, *act.*

s'USER. Deteri, deteror, detereris, detritus sum³, *pass.*

USER *de*, ou *se servir*. Uti, utor, uteris, usus sum³, *dép. abl.*

EN USER, *agir*. Agere, ago, agis, egi, actum³, *n.* | *Bien*. Humaniter. *Mal*. Malè, *adv.*

USITÉ. Usitatus, *adj. comp.* Usitatior, *m. f.* usitatius, *n. gén.* usitatioris; *superl.* usitatissimus, a, um. | *Qui n'est pas usité*. Insolitus, a, um, *adj.* ou Inusitatus, a, um, *adj.*

USTENSILES. Utensilia, *gén.* utensilium³, *n. pl.* | *Ustensiles de cuisine*. Vasa coquinaria, g. vasorum coquinariorum², *n. plur.*

USUEL, *dont on se sert*. Usualis, *m. f.* usuale, *n. gén.* usualis, *adj.*

USUELLEMENT. Vulgò, *adv.*

USUFRUIT. Ususfructus, g. usûsfructûs⁴, *m. On décline* usus et fructus.

USUFRUITIER. Usufructuarius, g. usufructuarii², *m.*

USURAIRE. Feneratorius, ia, ium, *adj.*

USURAIREMENT. Feneratò, *adv.*

USURE. Fenus, g. fenoris³, *n.* | *A usure*. Fenori. | *Prêter à usure.*

VAC　　　　VAG　　619

Dare pecuniam fenori; c'est-à-dire, donner de l'argent à usure. | La terre rend avec usure ce qu'on y a semé. Ager reddit semina cum fenore. | Bienfait rendu avec usure. Feneratum beneficium[2], n.

Usure, en parlant d'une chose usée. Tritus, g. tritûs[4], m.

USURIER. Fenerator, g. feneratoris[3], m.

USURIÈRE. Feneratrix, g. feneratricis[3], f.

USURPATEUR. Usurpator, gén. usurpatoris[1], m.

USURPATION. Usurpatio, gén. usurpationis[3], f.

USURPER. Usurpare, usurpo, usurpas, usurpavi, usurpatum[1], act. | Usurper les droits d'un autre. Jura attentare, attento, attentas, attentavi, attentatum[1], act.

UTÉRIN, qui est d'une même mère et non d'un même père. Uterinus, a, um, adj.

UTILE. Utilis, m. f. utile, n. gén. utilis. comp. Utilior, m. f. utilius, n. gén. utilioris; superl. utilissimus, a, um. A ou pour quelqu'un, au dat. A ou pour quelque chose, à l'acc. avec ad. A ou pour devant un infinit. s'exprime par ad avec le gérondif en dum.

Être utile. Prodesse, prosum, prodes, profui, avec le dat.

Joindre l'utile à l'agréable. Utile dulci miscere, misceo, misces, miscui, mixtum[2], act.

UTILEMENT. Utiliter, adv. comp. Utilius; superl. utilissimè.

UTILITÉ. Utilitas, gén. utilitatis[3], fém. | Ne songer qu'à son utilité particulière. Omnia ad utilitatem suam referre, refero, refers, retuli, relatum[3], act. c. à. d. rapporter tout à son utilité. | Être de quelque utilité, c. à. d. servir. Prodesse, prosum, prodes, profui, dat. | Être d'une grande utilité, servir beaucoup. Summopere prodesse. | N'être d'aucune utilité. Nullo modo prodesse.

V.

VA. I ou ito, impératif du verbe Ire, aller. | Va-t-en. Abi, impératif du verbe Abire, s'en aller.

VACANCE, temps pendant lequel une place n'est pas remplie. Durant la vacance du Saint-Siège. Vacante apostolicâ sede.

VACANCES, temps pendant lequel les classes cessent dans les collèges. Scholarum feriæ, gén. scholarum feriarum[1], f. plur. | Avoir vacances. A studiis feriari, ferior, feriaris, feriatus sum[1], dép.

VACANT. Vacuus, vacua, vacuum, adj.

VACARME. Tumultus, g. tumultûs[4], m. | Faire du vacarme. Tumultuari, tumultuor, tumultuaris, tumultuatus sum[1], dép.

VACHE. Vacca, g. vaccæ[1], f. | Qui est de vache. Vaccinus, a, um, adj.

VACHER, qui garde les vaches. Bubulcus, g. bubulci[2], m.

VACHÈRE, celle qui garde les vaches. Boum custos, g. boum custodis[3], f.

VACHERIE, étable à vache. Bubile, g. bubilis[3], n.

VACILLANT, chancelant. Titubans, g. titubantis, part. prés.

VACILLATION. Hæsitatio, gén. hæsitationis[3], f.

VACILLER. Vacillare, vacillo, vacillas, vacillavi, vacillatum[1], neut.

VAGABOND. Errabundus, a, um, adj. | Être vagabond. Vagari, vagor, vagaris, vagatus sum[1], dép.

VAGISSEMENT, cri d'un enfant

au berceau. Vagitus, g. vagitûs[4], masc.

UNE VAGUE. Fluctus, g. fluctûs[4], m.

VAGUE, *adj. indéfini.* Vagus, a, um, *adj.*

VAGUER, *errer çà et là.* Vagari, vagor, vagaris, vagatus sum[1], *dép.*

VAGUEMENT. Modo vago.

VAILLAMMENT. Fortiter, *adv. comp.* Fortiùs; *sup.* fortissimè.

VAILLANCE. Fortitudo, g. fortitudinis[3], *f.*

VAILLANT, ou *courageux.* Fortis, *m. f.* forte, *n. gén.* fortis, *adj.*

VAIN, ou *inutile.* Vanus, a, um, *adject.* | *Vains efforts.* Conatus irriti, g. conatuum[4] irritorum[2], *m plur.*

En vain. Frustrà, *adv.*

VAIN, ou *orgueilleux.* Gloriosus, a, um, *adj.*

VAINCRE. Vincëre, vinco, vincis, vici, victum[1], *act.*

SE VAINCRE, ou *vaincre ses passions.* Cupiditates frangëre, frango, frangis, fregi, fractum[3], *act.*

Se laisser VAINCRE, *ou être vaincu par ses passions.* Cupiditatibus vinci, vincor, vinceris, victus sum[3], *pass.* | *Se laisser vaincre par les prières, céder aux prières.* Precibus cedëre, cedo, cedis, cessi, cessum[3]. *n.*

VAINCU. Victus, a, um, *part. pass.*

VAINEMENT, *en vain.* Frustrà, *adv.*

VAINEMENT ou *par vanité.* Gloriosè, *adv.*

VAINQUEUR. Victor, *gén.* victoris[3], *masc.*

VAISSEAU ou *navire.* Navis, g. navis[3], *f.* | *Vaisseau de guerre.* Navis bellica, g. navis[3] bellicæ[1], *f.* | *Monter un vaisseau, le commander.* Navi præesse, præsum, præes, præfui. | *Monter sur un vaisseau.* Navem conscendëre[3].

VAISSEAU ou *vase.* Vas, g. vasis[3], n. *Au plur.* Vasa, g. vasorum[2], n.

| *Petit vaisseau.* Vasculum, gén. vasculi[2], *n.*

VAISSEAU, *veine.* Vena, g. venæ[1], *fém.*

VAISSELLE. Vasa, g. vasorum[2], *neut. plur.*

VAL ou *vallée. Au plur. Vaux.* Vallis, g. vallis[3], *f.* | *Par monts et par vaux.* Sursùm deorsùm.

VALABLE, *recevable.* Probabilis, *m. f.* probabile, *n. gén.* probabilis, *adj.*

VALABLE, *valide.* Legitimus, a, um, *adj.*

VALABLEMENT. Legitimè, *adv.*

VALET. Famulus, g famuli[2], masc. | *Valet de pied.* Pedisequus, g. pedisequi[2], *masc* | *Valet de chambre.* Cubicularius, g. cubicularii[2], *m.* | *Valet d'écurie.* Stabularius, g. stabularii[2], *m.*

VALÉTUDINAIRE. Valetudinarius, ia, ium, *adj.*

VALEUR ou *prix.* Pretium, *gén.* pretii[2], *n.* | *Chose de grande valeur.* Res magni pretii. | *Apprécier une chose à sa juste valeur.* Rem momento suo ponderare, pondero, ponderas, ponderavi, ponderatum[1], *act.*

VALEUR ou *vaillance.* Fortitudo, g. fortitudinis[3], *f.* | *Avec valeur.* Fortiter, *adv.*

VALEUREUSEMENT. Fortiter, *adv. comp.* Fortiùs; *sup.* fortissimè.

VALEUREUX. Fortis, *m. f.* forte, *n. gén.* fortis, *adj.*

VALIDE, *valable, recevable.* Ratus, rata, ratum, *adj.*

VALIDE, *sain, vigoureux.* Validus, a, um, *adj.*

VALIDEMENT. Legitimè, *adv.*

VALIDER, *rendre valide.* Ratum facëre, facio, facis, feci, factum[3], *act.* Ratus, rata, ratum, s'accorde en genre et en nombre, avec le cas du verbe.

VALIDITÉ. Rata auctoritas, g. ratæ[1] auctoritatis[3], *f.*

VALISE. Hippopera, g. hippoperæ[1], *f.*

VAN   VAR

VALLÉE. Vallis, g. vallis[3], f.

VALLON. Vallis, gén. vallis[3], fém.

VALOIR. Valēre, valeo, vales, valui, valitum[2], n.

Avec ce verbe de prix, on se sert des adverbes suivans : tanti, quanti, *autant que.* Multi, *beaucoup.* Pluris, *plus ou davantage.* Plurimi, *le plus.* Parvi, *peu.* Minoris, *moins.* Minimi, *très-peu ou le moins.* Nihili, *rien du tout. Le nom de prix ou de valeur se met à l'abl. comme :* Cela vaut plus d'un louis. Illud valet nummo aureo, et pluris.

VALOIR ou *procurer*. Parĕre, pario, paris, peperi, partum[3], *act.* | *Ses exploits lui ont valu une gloire éternelle.* Sua illi facinora pepererunt gloriam immortalem.

Il vaut mieux, etc. suivi d'un infin. français, s'exprime par Satiùs est, *avec l'infin. du verbe qui suit, et le* que *suivant s'exprime par* quàm, *qui veut aussi un infin. comme :* Il vaut mieux mourir que de pécher. Satiùs est mori quàm peccare ; satiùs est, satiùs erat, satiùs fuit, satiùs esse.

VALOIR *mieux, ou l'emporter sur.* Præstare, præsto, præstas, præstiti, præstitum[1], n. *Que ne s'exme pas, et le nom qui suit se met à l'abl.*

Faire VALOIR *ou avoir soin de.* Curare, curo, curas, curavi, curatum[1], *act.*

Faire VALOIR *ou vanter.* Venditare, vendito, venditas, venditavi, venditatum[1], *act.*

Se faire VALOIR. Se venditare, vendito, venditas, venditavi, venditatum[1], *act.*

VAN, *pour vanner.* Vannus, g. vanni[2], m.

VANITÉ, *inutilité, peu de solidité.* Inanitas, g. inanitatis[3], f.

VANITÉ, *amour-propre.* Gloria, g. gloriæ[1], f. Vanitas, g. vanitatis[3], fém.

Tirer vanité de. Gloriari, glo-rior, gloriaris, gloriatus sum[1], *dép. abl. de la chose.*

VANITEUX. Ventosus, a, um, *adj.*

VANNEAU, *oiseau.* Vanellus, g. vanelli[2], m.

VANNER. Ventilare, ventilo, ventilas, ventilavi, ventilatum[1], *act.*

VANNEUR. Ventilator, gén. ventilatoris[3], m.

VANNIER, *qui travaille en osier.* Vitilium textor, g. vitilium textoris[3], m.

VANTARD, *qui se vante.* Jactator, g. jactatoris[3], m.

VANTER, *louer.* Dilaudare, dilaudo, dilaudas, dilaudavi, dilaudatum[1], *act.*

SE VANTER, *se louer.* Jactare se, jacto, jactas, jactavi, jactatum[1], *act.* | *Se vanter de son esprit, etc.* Ingenium venditare, vendito, venditas, venditavi, venditatum[1], *act.*

VANTERIE. Jactatio, g. jactationis[3], f.

VAPEUR. Vapor, g. vaporis[3], *masc.*

VAPOREUX, *qui envoie des vapeurs.* Vaporifer, vaporifera, vaporiferum, *adj.*

VAQUER, *être vacant.* Vacare, vaco, vacas, vacavi, vacatum[1], *neut.*

VAQUER *à.* Operam dare, do, das, dedi, datum[1], *act.* | *A l'étude.* Studio, *dat.*

VARIABLE. Mutabilis, m. fém. mutabile, *neut.* gén. mutabilis, *adj.*

VARIATION. Variatio, g. variationis[3], f.

VARIÉ, *diversifié.* Variatus, a, um, *part. pass.*

VARIÉ *de diverses couleurs.* Varius, ia, ium, *adj.*

VARIER. Variare, vario, varias, variavi, variatum[1], *act.*

VARIÉTÉ. Varietas, g. varietatis[3], *fém.*

VASE. Vas, g. vasis[3], n. *Au pl.*

Vasa, g. vasorum², n. | Petit vase. Vasculum, g. vasculi², n.

VASE, bourbe. Limus, g. limi², masc.

Plein de vase, ou VASEUX. Limosus, a, um, adj.

VASSAL. Cliens, g. clientis³, m.

VASSELAGE. Clientela, gén. clientelæ¹, f.

VASTE Vastus, a, um, adj. comp. Vastior, m. f. vastius, n. gén. vastioris; sup. vastissimus, a, um. | Esprit vaste. Ingens ingenium, gén. ingentis³ ingenii², n. | Avoir de vastes desseins. Magna moliri, molior, moliris, molitus sum⁴, dép.

VAUDEVILLE, chanson. Triviale carmen, g. trivialis carminis³, neut.

VAURIEN, libertin. Nebulo, g. nebulonis³, m.

VAUTOUR. Vultur, g. vulturis³, m. | Qui est de vautour. Vulturinus, a, um, adj.

SE VAUTRER, s'enfoncer, se rouler dans la boue. In luto volutari, volutor, volutaris, volutatus sum¹, pass.

VEAU. Vitulus. gén. vituli², m. | Qui est de veau. Vitulinus, a, um, adj. | Couvert en veau ou de peau de veau. Pelle vitulinâ tectus, a, um.

VEDETTE, sentinelle. Eques excubitor, g. equitis excubitoris³, m. | Placer une vedette. Equitem in statione collocare, colloco, collocas, collocavi, collocatum¹, act.

VEDETTE, lieu où se retirent les sentinelles. Specula, g. speculæ¹, fém.

VÉGÉTAL. Vegetus, a, um, adj.

VÉGÉTATION. Vegetatio, gén. vegetationis³, f.

VÉGÉTAUX. Vegeta semina, g. vegetorum² seminum³, n. pl.

VÉHÉMENCE, impétuosité. Impetus, g. impetûs⁴, m. | Avec véhémence. Vehementer, adv. | Discours plein de véhémence. Vehe- mens oratio, g. vehementis orationis³, f.

VÉHÉMENT. Vehemens, m. f. et n. gén. vehementis, adj.

VÉHICULE, ce qui sert à faire passer plus aisément. Vehiculum, g. vehiculi², n.

VEILLE, ou action de veiller. Vigilia, g. vigiliæ¹, f.

VEILLE, ou jour précédent. Pridiè, adv. le gén. ou l'acc. après. Qui est de la veille. Pridianus, a, um, adj. | Nous sommes à la veille d'avoir une grande guerre, ou à la veille d'une guerre. Magnum nobis imminet bellum. Mot à mot, une grande guerre nous menace.

VEILLES, grande application à l'étude. Lucubratio, g. lucubrationis³, f.

VEILLÉES. Vigiliæ, g. vigiliarum¹, f. pl.

VEILLER, s'abstenir de dormir. Vigilare, vigilo, vigilas, vigilavi, vigilatum¹, n.

VEILLER à, ou sur quelque chose. Invigilare, invigilo, invigilas, invigilavi, invigilatum¹, n. avec le datif.

VEILLER sur la conduite de quelqu'un. Aliquem observare, observo, observas, observavi, observatum¹, act. | Veiller sur soi-même. Se observare.

VEILLER un malade. Ægroto advigilare, advigilo, advigilas, advigilavi, advigilatum¹, neut.

VEINE. Vena, g. venæ¹, f. | Le sang bout dans les veines. Sanguis in venis æstuat; de Æstuare, æstuo, æstuas, æstuavi, æstuatum¹, neut.

Plein de veines, ou VEINÉ, ou VEINEUX. Venosus, a, um, adj.

VÉLIN, parchemin apprêté. Levior membrana, g. levioris³ membranæ¹, f.

VÉLITE, soldat armé à la légère. Veles, g. velitis³, m.

VÉLOCITÉ, *vitesse*. Pernicitas, g. pernicitatis[3], *f.*

VELOURS. Pannus sericus villosus, *g.* panni serici villosi[2], *m.*

VELOUTÉ. Villosus, a, um, *adj.*

VELU. Villosus, a, um, *adj.*

VENAISON. Ferina, *g.* ferinæ[1], *f.* Caro *est sous-entendu.*

VÉNAL, *qui se vend.* Venalis, *m. f.* venale, *n. gén.* venalis, *adj.*

VÉNALEMENT. Venaliter, *adv.*

VÉNALITÉ. Nundinatio, *gén.* nundinationis[3], *f.*

VENANT, *à tout venant.* Obvio cuique. | *Les allans et venans.* Prætereuntes, *g.* prætereuntium[3], *m. plur.*

VENDABLE. Vendibilis, *m. f.* vendibile, *n. gén.* vendibilis, *adj.*

VENDANGE. Vindemia, *g.* vindemiæ[1], *f.*

VENDANGER. Vindemiare, vindemio, vindemias, vindemiavi, vindemiatum[1], *act.*

VENDANGEUR. Vindemiator, *g.* vindemiatoris[1], *m.*

VENDANGEUSE. Mulier vindemians, *g.* mulieris vindemiantis[3], *fém.*

VENDEUR. Venditor, *g.* venditoris[3], *m.*

VENDRE. Vendĕre, vendo, vendis, vendidi, venditum[3], *act. acc. rég. ind. dat.* | *A vendre, qui est à vendre, c. à. d. vénal.* Venalis, *m. f.* venale, *n. gén.* venalis, *adj.* | *Vendre sa vie, en se défendant avec vigueur.* Non inultam vitam amittĕre, amitto, amittis, amisi, amissum[3], *act.*

SE VENDRE ou *être vendu.* Vendi, vendor, venderis, venditus sum[3], *pass.* ou Venire, veneo, venis, venii, venum[4], *n.*

Avec le verbe Vendĕre *ou* Venire, *on se sert des adv. de prix suivans :* Autant que, tanti quanti ; *beaucoup,* multi ; *plus ou davantage,* pluris ; *le plus,* plurimi ; *peu,* parvi ; *moins,* minoris ; *très-peu ou le moins,* minimi.

Le nom de prix se met à l'abl. comme : *Combien vendez-vous ce livre ?* Quanti vendis hunc librum ? *Je le vends trois francs.* Vendo illum tribus francis argenteis. | *Je le vends autant.* Illum tanti vendo. | *Je le vendrois encore plus, si je pouvois.* Pluris adhuc illum venderem, si possem. | *Vendre bien cher ou à haut prix.* Magno pretio vendĕre, *act. acc. de la chose.* | *Vendre à bon marché, ou à bas prix.* Vendĕre parvo pretio. *Le nom de la chose à l'accus.*

VENDREDI. Veneris dies, *g.* veneris diei[3], *m.* | *Vendredi-saint.* Dies Christo patienti sacer, *g.* diei[5] Christo patienti sacri[2], *m. c. à. d.* jour consacré à Jésus-Christ souffrant.

VENDU. Venditus, a, um, *part. pass. Le nom de prix se met à l'abl.*

VÉNÉFICE, *empoisonnement.* Veneficium, *g.* veneficii[2], *n.*

VÉNÉNEUX. Venenatus, a, um, *adj.*

VÉNÉRABLE, *en parlant des personnes.* Venerandus, a, um. Magis, *pour le comp. et* maximè, *pour le superl* | *En parlant des choses.* Verendus, a, um.

VÉNÉRATION. Veneratio, *g.* venerationis[3], *f.* | *Etre en vénération.* Revereuter haberi, habeor, haberis, habitus sum[2], *pass.* | *Avoir de la vénération pour quelqu'un.* Observantiâ colĕre, colo, colis, colui, cultum[3], *act. acc. de la personne.* | *Plein de vénération.* Venerabundus, a, um, *adj.*

VÉNÉRER. Venerari, veneror, veneraris, veneratus sum[1], *dép. acc.*

VÉNERIE. Ars venatoria, *gén.* artis[3] venatoriæ[1], *f.*

VENEUR. Venator, *g.* venatoris[3], *m.*

VENGÉ, *qui s'est vengé, ou a été vengé.* Ultus, a, um. | *Qui n'a point été vengé.* Inultus, a, um, *part.*

VENGEANCE. Ultio, *g.* ultio-

VEN

nis³, f. | *Ce crime crie vengeance.* Hoc scelus non est ignoscendum. Mot à mot, *ce crime n'est pas devant être pardonné.* | *Par vengeance.* Ultionis causâ. | *Tirer vengeance de quelque chose.* Voy. *Venger.* | *Tirer vengeance de quelqu'un.* Ultionem exigĕre, exigo, exigis, exegi, exactum³, *act.* La personne à l'abl. avec à ou ab. | *Sacrifier quelqu'un à sa vengeance.* Ultioni inactare, macto, mactas, mactavi, mactatum¹, *act.* | *Laisser sans vengeance.* Inultum relinquĕre, relinquo, relinquis, reliqui, relictum³, *act.* Remarquez que le participe Inultum s'accorde en genre et en nombre avec le régime direct de Laisser.

VENGER, *et se venger de.* Ulcisci, ulciscor, ulcisceris, ultus sum³, *dép. acc.*

Sans se venger. Inultè, *adv.*

VENGERESSE. Ultrix, g. ultricis³, f.

Armes vengeresses. Tela ultricia, g. telorum² ultricium³, n. pl.

VENGEUR. Ultor, g. ultoris¹, *masc.*

VÉNIEL. *Péché véniel.* Leve peccatum, g. levis³ peccati², n.

VENIMEUX. Venenatus, a, um, *adj.*

VENIN. Venenum, g. veneni², *neut.*

VENIR. Venire, venio, venis, veni, ventum⁴, n. | *Venir devant.* Ante venire. | *Venir après.* Post venire.

Venir trouver, ou venir voir. Adire, adeo, adis, adivi, aditum⁴, *act.*

Faire VENIR, *mander, appeler.* Accersĕre, accerso, accersis, accersivi, accersitum³, *act.*

Faire VENIR, *occasioner.* Adducĕre, adduco, adducis, adduxi, adductum³, *act.*

VENIR *de,* comme : *je viens d'étudier;* tournez, *j'étudiois tout-à-l'heure.*

VENIR *à;* comme : *s'il vient à savoir.* Voyez dans Lhomond à la Méthode. | *On vint à parler de Catulus;* tournez, *la conversation tomba sur Catulus.* Sermo incidit de Catulo. | *Venir au fait.* In causam ingredi, ingredior, ingrederis, ingressus sum³, *dép.* | *Venir à maturité.* Voyez *Mûrir.* | *En venir aux mains.* Ad manus venire. | *En venir aux extrémités.* Ad extrema venire | *Venir à bout de.* Assequi, assequor, assequeris, assecutus sum³, *dép. accus.*

VENIR, *survenir, arriver.* Supervenire. | *Venir dans l'esprit.* In mentem venire.

VENIR, *naître, venir au monde.* Nasci, nascor, nasceris, natus sum³, *dép.*

VENIR, *tirer son origine.* Originem ducĕre, duco, ducis, duxi, ductum³, *act.* de par è ou ex, et l'ablat.

VENIR, *provenir.* Oriri, orior, oriris, ortus sum⁴, *dép.* de par è ou ex, avec l'abl. | *D'où vient que ?* Quid est cur? avec le subj. | *De là vient que.* Indè fit ut, avec le subj.

VENIR *après, succéder.* Succedĕre, succedo, succedis, successi, successum⁴, n. dat. | *Ceux qui viendront après nous, nos descendans.* Posteri, g. posterorum², m. plur.

Le temps à venir, l'avenir. Futurum tempus, g. futuri² temporis³, n. | *Un jour viendra que.* Dies veniet cùm, avec l'indic.

VENIR *à, parvenir.* Pervenire⁴. à par ad, avec l'acc.

VENT. Ventus, g. venti², m. | *Vent du midi.* Auster, g. austri², m. | *Vent du nord.* Aquilo, g. aquilonis³, m. | *Le vent ayant cessé.* Intermisso vento. | *Battu du vent et de la pluie.* Vento et imbre pulsatus, a, um, *part. pass.* | *En plein vent.* Aperto cœlo. | *Tourner à tout vent.* Mobili animo esse, sum, es, fui. | *Vent en poupe, ou favorable.* Ventus secundus;

VEN

g. venti secundi², m. | *Vent contraire.* Ventus adversus, g. venti adversi², m. | *Il fait du vent;* on tourne, *le vent souffle.* Ventus flat; flo, flas, flavi, flatum, flare¹, neut.

VENT, *souffle.* Flatus, g. flatûs⁴, m.

Avoir VENT *de quelque chose, apprendre quelque chose.* Rem inaudire, inaudio, inaudis, inaudivi, inauditum⁴, act.

VENTE. Venditio, g. venditionis³, f. | *Mettre quelque chose en vente.* Venale proponĕre, propono, proponis, proposui, propositum³, act. L'adj. Venalis s'accorde en genre, en nombre et en cas avec le rég. direct de Mettre. | *Exposé en vente, qui est en vente.* Venalis, m. f. venale, n. gén. venalis, adj.

VENTEUX, *exposé aux vents.* Ventosus, a, um, adj.

VENTEUX, *qui donne des vents.* Inflans, g. inflantis, part. prés.

VENTRE. Venter, g. ventris³, m. gén. plur. ventrium. | *Passer sur le ventre des ennemis.* Copias hostium proterĕre, protero, proteris, protrivi, protritum³, act.

VENTRICULE. Ventriculus, g. ventriculi², m.

VENU *du ciel.* E cœlo emissus, a, um, part. | *Venu au monde.* In lucem editus, a, um, part.

Bien VENU. Gratiosus, a, um, adj. | *Je suis bien venu du peuple.* In vulgus gratiosus sum. | *Je suis bien venu auprès du roi.* Sum gratiosus apud regem. | *Vous êtes le bien venu,* ou tourne : *vous arrivez heureusement.* Optato advenis; advenio, advenis, adveni, adventum, advenire⁴, n.

VENUE, ou *arrivée.* Adventus, g. adventûs⁴, m. | *Bien venue.* Felix adventus, g. felicis³ adventûs⁴, m. | *Allées et venues.* Itus et reditus, g. ituum et redituum⁴, m. plur.

VÉNUS, *déesse.* Venus, g. Veneris³, f.

VÊPRES. Vespertinæ preces, g.

VER

vespertinarum¹ precum³, f. plur.

VER, *insecte.* Vermis, g. vermis³, m. | *Petit ver.* Vermiculus, g. vermiculi², m. | *Ver qui ronge les habits.* Tinea, gén. tineæ¹, f. | *Ver qui s'engendre dans le bois.* Cossus, g. cossi², m. | *Ver à soie.* Bombyx, g. bombycis³, m. | *Ver de la conscience.* Conscientiæ morsus, gén. conscientiæ morsûs⁴, m. | *Vers rongeurs.* Edaces curæ, g. edacium³ curarum¹, f. plur.

VÉRACITÉ. Veritatis studium, g. veritatis studii², n.

VERBAL. Verbo prolatus, a, um, part. pass.

PROCÈS-VERBAL. Acta scripta, g. actorum scriptorum², n. plur.

VERBALEMENT. Verbo, à l'abl.

VERBALISER, *dresser un procès-verbal.* Acta conficĕre, conficio, conficis, confeci, confectum³, act.

VERBE. Verbum, g. verbi², n.

VERBEUX. Verbosus, a, um, adj.

VERBIAGE, ou VERBOSITÉ. Verborum redundantia, g. verborum redundantiæ¹, f. | *Plein de verbiage.* Verbosus, a, um, adj.

VERDÂTRE. Subviridis, m. f. subviride, n. gén. subviridis, adj.

VERDEUR, *jeunesse et vigueur de l'âge.* Ætatis viriditas, g. ætatis viriditatis³, f.

VERDIR, *devenir vert.* Virescĕre, viresco, virescis³, sans prét. ni sup. n.

VERDOYANT. Virens, m. f. et n. gén. virentis, adj.

VERDURE. Viriditas, g. viriditatis³, f. | *Ouvrage de verdure.* Topia, g. topiorum², n. pl. | *Tapissé de verdure.* Gramine vestitus, a, um, part. | *Un lit de verdure.* Torus viridans, g. tori² viridantis³, m. | *Lieu plein de verdure.* Viridarium, g. viridarii², n. | *Les arbres prennent leur verdure.* Arbores frondescunt; de Frondescĕre, frondesco, frondescis, frondui³, sans sup. n. | *Se couvrir de verdure.* Herbis convestiri, convestior, convestiris, convestitus sum⁴, *pass.*

VÉREUX. Verminosus, a, um, *adj.*

VERGE. Virga, *g.* virgæ¹, *f.*

VERGER, *lieu planté d'arbres fruitiers.* Pomarium, *g.* pomarii², *neut.*

VERGLAS. Gelicidium, *g.* gelicidii², *n.*

VÉRIDIQUE, *qui aime à dire la vérité.* Veridicus, a, um, *adj.*

VÉRIDICITÉ. Veriloquium, *g.* veriloquii², *n.*

VÉRIFICATION. Probatio, *gén.* probationis, *f.*

VÉRIFIER. Comprobare, comprobo, comprobas, comprobavi, comprobatum¹, *act.*

VÉRITABLE. Verus, a, um, *adj. comp.* Verior, *m. f.* verius, *gén.* verioris; *sup.* verissimus, a, um.

VÉRITABLEMENT. Verè, *adv. comp.* Veriùs; *sup.* verissimè.

VÉRITÉ. Veritas, *g.* veritatis³, *f.* | *Dire la vérité.* Dicĕre verum. | *Défenseur de la vérité.* Veritatis assertor, *g.* veritatis assertoris³, *m.* | *Ennemi de la vérité.* A vero aversus, a, um, *adj.* | *Faire avouer la vérité à quelqu'un.* Veritatem extorquēre, extorqueo, extorques, extorsi, extortum³, *act. La personne à l'ablat. avec* à *ou* ab.

EN VÉRITÉ, *certainement.* Certè, *adv.* | *A la vérité.* Reverà, *adv.*

VERJUS. Uva acerba, *gén.* uvæ acerbæ¹, *f.*

VERMEIL, *couleur de rose.* Roseus, ea, eum, *adj.*

VERMEIL, *argent doré.* Argentum inauratum, *g.* argenti inaurati², *n.*

VERMILLON, *fard.* Rubriceta, *gén.* rubricetæ¹, *f.* | *Qui a du vermillon.* Purpurissatus, a, um, *adj.*

VERMILLON, *couleur vermeille du visage.* Roseus color, *g.* rosei² coloris³, *m.*

VERMINE. Pediculi, *g.* pediculorum², *m. pl.*

VERMISSEAU. Vermiculus, *gén.* vermiculi², *m.*

SE VERMOULER, *être piqué de vers.* Vermiculari, vermiculor, vermicularis, vermiculatus sum¹, *dép.*

VERMOULU. Cariosus, a, um, *adj.*

VERMOULURE. Caries, *g.* cariei³, *f.*

VERNIR, *ou* VERNISSER. Juniperi gummi linire, linio, linis, linivi, linitum⁴, *act.*

VERNIS, *enduit qui donne du brillant.* Juniperi gummis, *g.* juniperi gummis³, *f.*

VERNIS, *apparence.* Fucus, *g.* fuci², *m.*

VÉROLE, *petite vérole.* Variolæ, *g.* variolarum¹, *f. pl.*

VÉRONIQUE, *plante.* Veronica, *g.* veronicæ¹, *f.*

VERRE. Vitrum, *g.* vitri², *n.* | *Qui est de verre.* Vitreus, ea, eum, *adj.*

VERRE, *vase à boire.* Scyphus, *g.* scyphi², *m.*

VERRERIE, *lieu où l'on fait le verre.* Vitrorum officina, *g.* vitrorum officinæ¹, *f.*

VERRERIE, *l'art de faire le verre.* Vitri conficiendi ars, *g.* artis³, *f.*

VERRIER. Vitrarius, *g.* vitrarii², *m.*

VERROU. Pessulus, *g.* pessuli², *masc.*

VERRUE, *durillon qui vient sur la peau.* Verruca, *g.* verrucæ¹, *f.*

VERS, *ou du côté de.* Ad, *avec l'acc.* | *Vers l'orient.* Ad orientem.

VERS, *ou environ.* Sub, *avec l'acc.* | *Vers la fin de l'année.* Sub finem anni.

VERS, *que les poètes font.* Versus, *g.* versûs⁴, *m. ou* Carmen, *g.* carminis³, *n* | *Faire des vers.* Carmina condĕre, condo, condis, condidi, conditum⁴, *act.* | *Faiseur de vers.* Versificator, *g.* versificatoris³, *m.*

VERSATILE, *sujet à changer.* Mobilis, m. f. mobile, n. gén. mobilis, *adj.*

A VERSE, *il pleut à verse.* Urceatim pluit.

VERSÉ, ou *expérimenté.* Exercitatus, a, um, *adj.* dans *ou en par* in, *avec l'abl. comp.* Exercitatior, m. f. exercitatius, n. gén. exercitatioris; *sup.* exercitatissimus, a, um.

VERSÉ, ou *répandu.* Fusus, a, um, *part. pass.* dans *par* in, *et* l'acc.

LE VERSEAU, *signe du Zodiaque.* Aquarius, g. aquarii³, m.

VERSER, ou *répandre.* Fundĕre, fundo, fundis, fudi, fusum³, *act.* dans *s'exprime par* in, *avec l'accus.* | *Verser à boire.* Poculum ministrare, ministro, ministras, ministravi, ministratum¹, *act. dat. de la personne* | *Verser à la ronde.* Merum circumferre, circumfero, circumfers, circumtuli, circumlatum³, *act.*

VERSER, ou *renverser.* Sternĕre, sterno, sternis, stravi, stratum³, *act.*

VERSER, ou *se renverser en parlant d'un carrosse, etc.* Everti, evertor, everteris, eversus sum³, *pass.*

VERSET. Versiculus, g. versiculi³, *masc.*

VERSIFICATEUR. Versificator, g. versificatoris³, m.

VERSIFICATION. Versificatio, g. versificationis³, f.

VERSIFIER. *Faire des vers.* Versus fundĕre, fundo, fundis, fudi, fusum³, *act.*

VERSION. Interpretatio, g. interpretationis³, f.

VERT, *de couleur verte.* Viridis, m. f. viride, n. gén. viridis, *adj.*

Devenir vert. Virescĕre, viresco, virescis¹, *sans sup. n.*

ÊTRE VERT. Virēre, vireo, vires, virui², *sans sup. n.*

VERT, *qui n'est pas sec.* Viridis, m. f. viride, n. gén. viridis, *adj.*

VERT, *qui n'est pas mûr.* Crudus, a, um, *adj.*

VERT, *vigoureux.* Validus, valida, validum, *adj.* | *Verte jeunesse.* Viridis juventa, g. viridis³ juventæ¹, f. | *Vieillesse encore verte.* Viridis senectus, g. viridis senectutis¹, f.

LE VERT, *la couleur verte.* Viridis color, g. viridis coloris³, m.

VERT-DE-GRIS. Ærugo, g. æruginis³, f.

VERTÈBRE, *os de l'épine du dos.* Vertebra, g. vertebræ¹, f.

VERTEMENT. Acriter, *adv.*

VERTIGE, *tournoiement de tête.* Vertigo, g. vertiginis³, f.

VERTIGE, *folie.* Amentia, gén. amentiæ¹, f.

LA VERTU. Virtus, g. virtutis³, f.

VERTU, ou *force.* Vis, g. vis³, f. *acc.* vim, *abl.* vi. *Au pluriel il fait* Vires, g. virium, *dat. et abl.* viribus, *etc.*

En vertu de. Ex, *avec l'abl.*

VERTUEUSEMENT. Cum virtute.

VERTUEUX, ou *doué de vertu.* Virtute præditus, a, um, *adj.* | *Plus vertueux,* ou *doué d'une vertu plus grande.* Præditus virtute majori. | *Fort vertueux,* ou *doué d'une vertu très-grande.* Præditus virtute maximâ.

VERVE. Animi impetus, g. animi impetûs⁴, m. | *Verve poétique.* Furor poeticus, g. furoris⁴ poetici², m.

VERVEINE, *herbe, plante.* Verbena, g. verbenæ¹, f.

VERVEUX, *filet à pêcher.* Verriculum, g. verriculi², n.

VÉSICULE, *petite vessie.* Vesicula, g. vesiculæ¹, f.

VESSIE. Vesica, g. vesicæ¹, f.

VESTALE. Vestalis virgo, g. vestalis virginis³, f. *Tout se décline.*

VESTE. Tunica, g. tunicæ¹, f.

VESTIAIRE. Vestiarium, g. vestiarii², n.

VESTIBULE. Vestibulum, gén. vestibuli², n.

VESTIGE. Vestigium, g. vestigii², n.

VÊTEMENT. Vestimentum, g. vestimenti², n.

VÉTÉRAN. Veteranus, g. veterani², m.

VÉTÉRINAIRE. Veterinarius, ia, ium, adj.

VÉTILLE. Nugæ, g. nugarum¹, f. pl.

VÉTILLER. Nugari, nugor, nugaris, nugatus sum¹, dép.

VÊTIR. Vestire, vestio, vestis, vestivi, vestitum⁴, act. On met à l'abl. la chose dont on vêtit.

SE VÊTIR. Induĕre, induo, induis, indui, indutum³, act. accus. de la chose.

VÊTU de. Vestitus, vestita, vestitum, part. pass. abl. de la chose.

VÉTUSTÉ, ancienneté. Vetustas, g. vetustatis³, f.

VEUF. Viduus, g. vidui², m.

VEUVAGE. Viduitas, g. viduitátis³, f.

VEUVE. Vidua, g. viduæ¹, f.

VEXATION. Vexatio, g. vexationis³, f.

VEXER. Vexare, vexo, vexas, vexavi, vexatum¹, act.

VIAGER, VIAGÈRE. Ad vitæ tempus; c. à. d. pour le temps de la vie.

VIANDE, ou chair. Caro, g. carnis³, f. gén. pl. carnium.

VIANDE, ou nourriture en général. Esca, g. escæ¹, f.

VIATIQUE, provisions ou argent dont on se pourvoit pour faire un voyage. Viaticum, g. viatici², neut.

Donner le viatique à un malade. Sacro Christi corpore ægrum munire, munio, munis, munivi, munitum⁴, act. c'est-à-dire, munir un malade du sacré corps de J. C.

VICAIRE. Vicarius, g. vicarii², masc.

VICARIAT, office du vicaire. Vicarii munus, g. vicarii muneris³, neut.

VICE. Vitium, g. vitii², n. | Se livrer à toutes sortes de vices. In flagitia se ingurgitare, ingurgito, ingurgitas, ingurgitavi, ingurgitatum¹, act.

VICE-ROI. Prorex, g. proregis³, masc.

VICIÉ, gâté. Vitiatus, a, um, part. pass.

VICIEUSEMENT. Vitiosè, adv.

VICIEUX. Vitiosus, a, um, adj.

VICISSITUDE. Vicissitudo, gén. vicissitudinis³, f.

VICOMTE. Vicecomes, g. vicecomitis³, m.

VICOMTÉ. Vicecomitatus, g. vicecomitatûs⁴, m.

VICOMTESSE. Vicecomitissa, g. vicecomitissæ¹, f.

VICTIME. Victima, g. victimæ¹, fém.

VICTOIRE. Victoria, g. victoriæ¹, f. | Remporter la victoire. Victoriam reportare, reporto, reportas, reportavi, reportatum¹, act. | Sur l'ennemi. Ab hoste.

VICTOIRE, sur mer. Navalis victoria, g. navalis³ victoriæ¹, f. | Victoire signalée. Insignis victoria. | La victoire fut long-temps incertaine. Diu anceps fuit victoria. | Faire gagner la victoire. Victoriam tradĕre, trado, tradis, tradidi, traditum³, act. | Contribuer à la victoire. Maximo adjumento ad victoriam esse, sum, es, fui. | La victoire est à nous, est entre nos mains. Victoria in manibus nostris est. | Etre cause de la victoire. Victoriam parĕre, pario, paris, peperi, partum³, act. | Disputer la victoire à quelqu'un. De victoriâ contendĕre, contendo, contendis, contendi, contentum³, n. avec par cum, et l'abl. | La victoire fut disputée. Ingens fuit victoriæ contentio. | Remporter la victoire sur soi-même. Animum domare, do-

NIE

mo, domas, domui, domitum[1], act. | *Sur ses passions.* Cupiditates frangĕre, frango, frangis, fregi, fractum[3], act.

VICTORIEUX. Victor, g. victoris[3], m.

VICTORIEUSE. Victrix, g. victricis[3], f. | *Des armes victorieuses.* Arma victricia, g. armorum[2] victricium[3], n. plur.

VIDANGEUR. Latrinarum purgator, g. latrinarum purgatoris[3], masc.

VIDE. Vacuus, ua, uum, adj. *de se rend par l'abl. du nom.*

VIDE *de sens.* Rerum inops, g. rerum inopis, adj.

LE VIDE. Inane, g. inanis[3], n.

LE VIDE *de l'air.* Aeris inanitas, g. aeris inanitatis[3], f.

VIDER. Vacuare, vacuo, vacuas, vacuavi, vacuatum[1], act.

VIDER, *un étang.* Stagnum deplere, depleo, deples, deplevi, depletum[2], act.

VIDER *les pots, les verres.* Calices siccare, sicco, siccas, siccavi, siccatum[1], act.

VIDER *un procès, un différend.* Dirimĕre, dirimo, dirimis, diremi, diremptum[3], act. | *Par la voie des armes.* Armis.

SE VIDER. Effundi, effundor, effunderis, effusus sum[3], pass.

VIDUITÉ. Viduitas, g. viduitatis[3], fém.

VIE. Vita, g. vitæ[1], f. | *Avoir vie ou être en vie.* Vivĕre, vivo, vivis, vixi, victum[3], n. | *Sous peine de la vie.* Capitis pœnâ, *à l'abl.* | *Risquer, exposer sa vie.* Periculum vitæ adire, adeo, adis, adivi, aditum[4], act. | *Prodiguer sa vie.* Animam profundĕre, profundo, profundis, profudi, profusum[3], act. | *Craindre pour sa vie.* De vitâ metuĕre, metuo, metuis, metui[3], *sans sup.* n. | *Sauver la vie à quelqu'un.* Morti eripĕre, eripio, eripis, eripui, ereptum[3], act. *La personne à l'acc. c. à. d. arracher quelqu'un à la mort.* | *Rompre les*

VIE

liens qui attachent à la vie. Omnia vitæ retinacula abrumpĕre, abrumpo, abrumpis, abrupi, abruptum[3], act. | *Privé de la vie.* Inanimus, a, um, adj. | *Femme de mauvaise vie.* Lupa, g. lupæ[1], fém.

VIE, ou *le vivre.* Victus, g. victûs[4], m. | *Demander sa vie.* Victum quæritare, quærito, quæritas, quæritavi, quæritatum[1], act. | *Gagner sa vie.* Vitam sustentare, sustento, sustentas, sustentavi, sustentatum[1], act.

EAU-DE-VIE. Igne vinum vaporatum, g. igne vini vaporati[2], n.

VIEIL. Vetus, m. f. et n. gén. veteris.

Un vieil homme, ou

VIEILLARD. Senex, g. senis[3], m. et f. gén. plur. senum.

VIEILLE, *femme âgée.* Anus, g. anûs[4], m. | *Petite vieille, bonne vieille.* Anicula, g. aniculæ[1], f. | *De vieille.* Anilis, m. f. anile, n. gén. anilis, adj. | *Contes de vieille.* Aniles fabulæ, g. anilium[3] fabularum[1], f. plur.

VIEILLESSE. Senectus, g. senectutis[3], f. | *Cassé de vieillesse.* Senio confectus, a, um, part.

VIEILLIR, *devenir vieux, en parlant des personnes.* Senescĕre, senesco, senescis, senui[3], *sans sup.* neut.

VIEILLIR, *pour les choses inanimées.* Inveterascĕre, inveterasco, inveterascis, inveteravi[3], *sans sup.* neut.

VIEILLIR, *en parlant des mots.* Obsolescĕre, obsolesco, obsolescis, obsolevi, obsoletum[3], n. | *Mot qui a vieilli.* Verbum obsoletum, g. verbi obsoleti[2], n.

VIELLE, *instrument.* Sambuca rotata, g. sambucæ rotatæ[1], f.

VIELLEUR, *joueur de vielle.* Sambucen, g. sambucinis[3], m.

VIELLEUSE, *qui joue de la vielle.* Sambucistria, g. sambucistriæ[1], f.

VIERGE. Virgo, g. virginis[3], f.

VIRGINAL, ou *de vierge*. Virgineus, ea, eum, *adj*.

VIEUX, ou *âgé*. Senex, *g.* senis[3], *m. comp.* Senior, *g.* senioris ; *sup.* maximè , *avec le posit.* | *Devenir vieux.* Voyez *Vieillir*.

VIEUX *soldats*. Veterani , *gén.* veteranorum[2], *m. pl.*

VIEUX, *en parlant des choses*. Vetustus , a , um, *adj.* | *Devenir, se faire vieux*. Voy. *Vieillir*.

VIF, *qui est en vie*. Vivus, viva, vivum, *adj.* | *Au vif*, ou *jusqu'au vif*. Ad vivum.

Eau vive. Aqua viva , *g.* aquæ vivæ[1], *f.*

VIF, *plein de vigueur*. Acer, *m.* acris, *f.* acre, *n. gén.* acris, *adj.* | *Un esprit vif*. Ingenium acre , *g.* ingenii[2] acris[3], *n.* | *Une douleur vive*. Acerbissimus dolor, *g.* acerbissimi[2] doloris[3], *m.* | *De vive force*. Per vim.

Caractère vif et emporté. Fervidus animus, *g.* fervidi animi[2], *m.* | *Passion vive pour la gloire*. Acer amor gloriæ, *g.* acris amoris[3] gloriæ , *m.* | *Yeux vifs et perçans*. Oculi acres et acuti , *g.* oculorum[2] acrium[3] et acutorum[2], *m. plur.* | *Couleurs vives*. Floridi colores, *g.* floridorum[2] colorum[3], *m. plur.* | *Jeter un vif éclat*. Excitatiùs fulgēre , fulgeo , fulges, fulsi[2], *sans sup. n.*

VIF-ARGENT. Hydrargyrum , *g.* hydrargyri[2], *n.*

VIGILANCE. Vigilantia, *gén* Vigilantiæ[1], *f.* | *Avec vigilance*. Vigilanter, *adv.*

VIGILANT. Vigilans , *m. f.* et *n. gén.* vigilantis, *adj.*

VIGILE. Vigilia , *g.* vigiliæ[1], *f.*

VIGNE. Vitis , *g.* vitis[3], *f.*

VIGNE, *le lieu où il y a des vignes*. Vinea, *g.* vineæ[1], *f.*

Côteau planté de vignes. Vinaria collis , *g.* vinariæ[1] collis[3], *f.*

Planter la vigne. Vitem serēre, sero, seris, sevi, satum[3], *act.*

VIGNERON. Vinitor, *g.* vinitoris[3], *m.*

VIGNOBLE. Vinetum , *g.* vineti[2], *n.*

VIGOGNE , *mouton du Pérou*. Peruanus vervex, *g.* peruani[2] vervecis[3], *m.*

VIGOUREUSEMENT. Validè , *adv.*

VIGOUREUX , VIGOUREUSE. Validus , a , um , *adj.* | *Attaque vigoureuse*. Vividus impetus, *g.* vividi[2] impetûs[4], *m.*

VIGUEUR. Vigor, *g.* vigoris[3], *m.* | *Vigueur de l'âge*. Ætatis viriditas, *g.* ætatis viriditatis[3], *f.* | *Prendre de la vigueur*. Vigescēre, vigesco, vigescis, vigui[3], *sans sup. n.* | *Avoir de la vigueur*. Vigēre , vigeo , viges , vigui[2], *sans sup. n.* | *Perdre sa vigueur*. Elanguescēre, elanguesco, elanguescis, elangui[3], *sans sup. n.* | *Corps sans vigueur*. Effetum corpus, *g.* effeti[2] corporis[3], *n.* | *Avec vigueur*. Vehementer , *adv.* | *Remettre en vigueur*. Refovēre, refoveo, refoves, refovi, refotum[3], *act.*

VIL. Vilis, *m. f.* vile, *n. gén.* vilis, *adj.* | *A vil prix*. Vili pretio, *à l'abl.*

VILAIN, *désagréable*. Inamœnus , a , um , *adj.*

VILAIN, ou *sale*. Sordidus, a , um, *adj.*

VILAIN, ou *déshonnête*. Turpis , *m. f.* turpe , *n. gén.* turpis , *adj.*

VILAINEMENT, *désagréablement*. Injucundè.

VILAINEMENT, *salement*. Sordidè, *adv.*

VILAINEMENT, ou *honteusement*. Turpiter, *adv.*

VILEMENT. Abjectè , *adv.*

VILIPENDER, *mépriser*. Pro nihilo ducēre, duco, ducis, duxi, ductum[3], *act.*

VILLAGE. Pagus, *g.* pagi[2], *m.* *De village en village*. Pagatim, *adv.*

VILLAGEOIS , VILLAGEOISE , *adj.* Rusticanus , a , um , *adj.*

VILLAGEOIS, *subst.* Rusticus, *g.* rustici[2], *m.*

VIN

VILLAGEOISE. Rustica, g. rusticæ¹, f. | *A la Villageoise.* Rusticè, adv.

VILLE. Urbs, g. urbis³, f. | *De ville* ou *civil.* Urbanus, a, um, adj. | *De ville en ville.* Oppidatim, adv. | *Qui est de la même ville que,* ou *concitoyen de.* Civis, g. civis³, m. gén. de la personne. | *Il est de la même ville que Lentulus.* Est civis Lentuli. | *Tu es de la même ville que moi,* ou *tu es mon concitoyen.* Tu es civis meus.

VILLE *bâtie sur le penchant d'une colline.* Urbs applicata colli, g. urbis³ applicatæ¹ colli, f.

VILLE *de guerre.* Urbs bellica. | *Ville sans défense.* Urbs nuda præsidio, g. urbis³ nudæ¹ præsidio. | *Ville bien policée.* Urbs benè morata. | *Ville bien peuplée.* Urbs civibus frequens.

Les habitans d'une ville. Cives, g. civium³, m. plur.

LA VILLE, ou *les habitans.* Civitas, g. civitatis³, f.

VIN. Vinum, g. vini², n. | *Pris de vin.* Vino plenus, a, um, adj.

VINAIGRE. Acetum, g. aceti², neut.

VINAIGRETTE. Acetaria, gén. acetariorum², n. plur.

VINAIGRIER, *vase.* Acetabulum, g. acetabuli², n.

VINAIGRIER, *qui fait du vinaigre.* Aceti concinnator, g. aceti concinnatoris³, m. | *Qui en vend.* Aceti propola, g. aceti propolæ¹, m.

VINDICATIF. Ultionis cupidus, a, um, adj.

VINDICTE *publique.* Capitis actio, gén. capitis actionis³, fém.

VINÉE, *récolte de vin.* Vinearum proventus, g. vinearum proventûs⁴, m.

VINEUX. Vinosus, a, um, adj.

VINGT. Viginti, pl. indéclinable, de tout genre. | *Vingt fois.* Vicies, adv. | *Vingt-deux fois,* ou *vingt fois et deux fois.* Vicies et bis, adv.

VIO

VINGTAINE *de,* ou *vingt.* Viginti, pl. indécl. et de tout genre. | *Une vingtaine d'hommes* ou *vingt hommes.* Viginti homines.

VINGTIÈME, adj. Vigesimus, a, um, adj.

Vingt-unième. Vigesimus primus, vigesima prima, vigesimum primum, adj.

UN VINGTIÈME, *la vingtième partie.* Vicesima, gén. vicesimæ¹, f.

VIOL. Vis pudicitiæ illata, g. vis³ pudicitiæ illatæ¹, f.

VIOLATEUR. Violator, g. violatoris³, m.

VIOLATION. Violatio, g. violationis³, f.

VIOLE, *instrument de musique.* Fides, g. fidium³, f. plur.

VIOLEMENT. Violatio, g. violationis³, f.

VIOLEMMENT. Violenter, adv.

VIOLENCE, *force.* Vis, g. vis³, fém. accusat. vim, abl. vi. | *Se jeter avec violence sur quelqu'un.* Magno impetu irruere, irruo, irruis, irrui, irrutum³, n. *sur par in, avec l'acc.* | *User de violence.* Vim admovere, admoveo, admoves, admovi, admotum², act. | *Faire violence à quelqu'un.* Vim inferre, infero, infers, intuli, illatum³, dat.

VIOLENCE, *caractère violent.* Impotentia, g. impotentiæ¹.

Se faire violence, se contraindre. Se ipsum frangere, frango, frangis, fregi, fractum³, act.

VIOLENT. Violentus, a, um, adj.

VIOLENT, *en parlant de la douleur.* Acerbus, a, um, adj.

VIOLENTER, ou *faire violence.* Vim inferre, infero, infers, intuli, illatum³, act. avec le dat.

VIOLER, *transgresser.* Violare, violo, violas, violavi, violatum¹, act. | *Violer un traité.* Fœdus rumpere, rumpo, rumpis, rupi, ruptum³, act.

VIOLET. Violaceus, ea, eum, adj.

VIOLETTE, *fleur*. Viola, g. violæ¹, f.

VIOLON. Fides, g. fidium³, f. plur.

VIOLON, *joueur de violon*. Fidicen, g. fidicinis³, m.

VIPÈRE, *serpent venimeux et vivipare*. Vipera, g. viperæ¹, f.

VIRER, *aller en tournant*. Circumire, circumeo, circumis, circumivi, circumitum⁴, neut.

VIRGINAL. Virgineus, ea, eum, adj.

VIRGINITÉ. Virginitas, g. virginitatis³, f.

VIRGULE. Virgula, g. virgulæ¹, fem.

VIRIL. Virilis, m. f. virile, neut. g. virilis, adj.

VIRILEMENT. Viriliter, adv.

VIRILITÉ, *l'âge viril*. Virilitas, g. virilitatis³, f.

VIRULENT. Virulentus, a, um, adj.

VIS. Cochlea, g. cochleæ¹, f.

VIS-A-VIS. E regione, avec un gén. ensuite. | *Qui est vis-à-vis de*. Adversus, a, um, avec un dat.

VISAGE. Vultus, gén. vultûs⁴, m. | *Faire éclater la joie sur son visage*. Testari gaudia vultu ; c'est-à-dire, *témoigner sa joie par son visage*. | *Faire, montrer bon visage à quelqu'un*. Bono vultu aspicĕre, aspicio, aspicis, aspexi, aspectum³, act. acc. de la personne. c. à d. *regarder quelqu'un d'un bon visage*. | *Faire mauvais visage à quelqu'un*. Ægris oculis aspicĕre³, act. accus. de la personne, c'est-à-dire, *regarder de mauvais œil*. | *Changer de visage*. Vultum mutare, muto, mutas, mutavi, mutatum¹, act.

VISCÈRES, *les entrailles*. Viscera, g. viscerum³, n. plur.

VISER à. Collineare, collineo, collineas, collineavi, collineatum¹, n. à s'exprime par in, avec l'acc.

VISER *juste*. Certo ictu destinata ferire, ferio, feris, ferii, feritum⁴, act.

VISER à, *prétendre*. Voy. Prétendre.

VISIBLE, *qui peut être vu*. Visibilis, m. f. visibile, n. gén. visibilis, adj.

VISIBLE, *ou manifeste*. Manifestus, a, um, adj.

VISIBLEMENT. Manifestè, adv.

VISIÈRE *de casque*. Buccula, g. bucculæ¹, f.

VISION, *action de voir*. Aspectus, g. aspectûs⁴, m.

VISION, *apparition*. Visum, g. visi², n.

Visions nocturnes. Nocturnæ lymphationes, g. nocturnarum¹ lymphationum³, f. plur.

VISION, *chimère*. Delirium, g. delirii², n.

VISIONNAIRE. Fanaticus, a, um, adj.

LA VISITATION. Visitationis festum, g. visitationis festi², n.

VISITE, ou *salutation*. Salutatio, g. salutationis³, f. | *Faire ou rendre visite à*. Invisĕre, inviso, invisis, invisi, invisum³, act. | *Je vous ai rendu visite*. Invisi te.

VISITE, ou *examen*. Inspectio, gén. inspectionis³, f. | *Faire la visite de*. Inspicĕre, inspicio, inspicis, inspexi, inspectum³, act.

VISITÉ, ou *examiné*. Inspectus, a, um, part. pass.

VISITER, ou *aller voir*. Invisĕre, inviso, invisis, invisi, invisum³, act.

VISITER, ou *examiner*. Inspicĕre, inspicio, inspicis, inspexi, inspectum³, act.

VISITEUR. Inspector, g. inspectoris³, m.

VISQUEUX, *gluant*. Viscosus, a, um, adj.

VISUEL. *Rayon visuel*. Oculi radius, g. oculi radii², m.

VITAL, *nécessaire à la vie*. Vitalis, m. f. vitale, n. gén. vitalis, adj.

VITE, adj. *qui va vite*. Celer, m. celeris, f. celere, n. gén. celeris, adj.

VITE, *adv. promptement.* Celeriter, *adv. comp.* Celeriùs ; *superl.* celerrimè. | *Trop vite.* Præproperè, *adv.* | *Au plus vite.* Quàm celerrimè, *adv.* | *Aller plus vite que le vent.* Ventos prævertĕre, præverto, prævertis, præverti, præversum, *act.* Mot à mot, *devancer les vents.*

VITEMENT. Citò, *adv.*

VITESSE. Celeritas, *g.* celeritatis[3], *f.* | *Avec vitesse.* Perniciter, *adv.* | *Avec une extrême vitesse.* Quàm celerrimè, *adv.*

VITRAGE. Vitrea, *g.* vitreorum[2], *neut. pl.*

VITRAUX. Specularia, *g.* speculariorum[2], *n. plur.*

VITRE. Vitrea lamina, *g.* vitreæ laminæ[1], *f.*

VITRÉ, ou *muni de vitres.* Vitreis laminis munitus, a, um, *part. pass.*

VITRER. Vitreis laminis munire, munio, munis, munivi, munitum[4], *act.*

VITRIOL. Chalchantum, *g.* chalchanti[2], *n.*

VIVACE. Vivax, *m. f.* et *n. gén.* vivacis, *adj.*

VIVACITÉ, *promptitude à agir.* Alacritas, *g.* alacritatis[3], *f.* | *Qui a de la vivacité.* Acer, *m.* acris, *f.* acre, *n. gén.* acris, *adj.*

VIVACITÉ *de l'esprit.* Ingenii vis, *g.* vis, *dat.* vi, *acc.* vim, *abl.* vi. | *Vivacité des yeux.* Oculorum ardor, *g.* oculorum ardoris[3], *m.* | *Vivacité des couleurs.* Colorum lux excitatior, *g.* colorum lucis excitatioris[3], *f.* | *Vivacité de la douleur.* Doloris morsus, *g.* doloris morsus[4], *masc.*

VIVANDIER. Castrensis suffarraneus, *g.* castrensis[3] suffarranei[2], *fém.*

VIVANDIÈRE. Castrensis suffarranea, *g.* castrensis[3] suffarraneæ[1], *fém.*

VIVANT. Vivus, a, um, *adj.* | *De son vivant ;* tournez, pendant qu'il vivoit. Dùm viveret, suivant le sens de la phrase.

VIVE, ou *en vie.* Voyez *Vif.*

VIVE, *acclamation.* Vivat. Io vivat. | *Vive le roi.* Vivat rex. | *Qui vive, cri de la sentinelle.* Quarum es partium ?

VIVEMENT, *avec ardeur.* Acriter, *adv. comp.* Acriùs ; *superl.* acerrimè.

VIVEMENT, *sensiblement.* Graviter, *adv. comp.* Graviùs ; *sup.* gravissimè.

VIVIER. Piscina, *g.* piscinæ[1], *f.*

VIVIFIANT. Vitalis, *m. f.* vitale, *n. gén.* vitalis, *adj.*

VIVIFIER, ou *donner la vie.* Vitam infundĕre, infundo, infundis, infudi, infusum[3], *act. dat.*

VIVIPARE. Viviparus, a, um, *adj.*

VIVOTER, *vivre petitement.* Tenuissimo cultu vivĕre, vivo, vivis, vixi, victum[3], *n.*

VIVRE, *verbe.* Vivĕre, vivo, vivis, vixi, victum[3], *n.*

VIVRE, *se nourrir.* Vesci, vescor, vesceris, *sans prét. dépon.* Le nom de la chose dont on se nourrit se met à l'abl. sans prép. comme : Je vis de pain. Vescor pane.

LE VIVRE, ou *la nourriture.* Victus, *g.* victûs[4], *m.*

LES VIVRES, *tout ce dont l'homme se nourrit.* Cibaria, *g.* cibariorum[2], *n. plur.* | *Vivres pour une armée.* Commeatus, *g.* commeatus[4], *m.* | *Couper les vivres à l'ennemi.* Commeatum hosti intercludĕre, intercludo, intercludis, interclusi, interclusum[3], *act.*

VIZIR, *ministre du grand-seigneur.* Aulæ turcicæ minister, *g.* ministri[2], *m.*

VOCABULAIRE, *dictionnaire.* Vocabulorum index, *g.* vocabulorum indicis[3], *m.*

VOCAL. Vocalis, *m. f.* vocale, *n. gén.* vocalis, *adj.*

VOCALEMENT. Voce, à l'abl.

VOCATIF. Vocativus, g. vocativi[2], m.

VOCATION, *inspiration divine*. Afflatus divinus, g. afflatûs[4] divini[2], masc.

VOCATION, *disposition à*. Habilitas, g. habilitatis[3], f. à par ad, avec l'acc.

VOCIFÉRATIONS. Vociferationes, g. vociferationum[3], f. plur.

VOCIFÉRER. Vociferari, vociferor, vociferaris, vociferatus sum[1], dép.

VŒU. Votum, gén. voti[2], neut. | *Faire vœu de quelque chose*. Vovēre, voveo, voves, vovi, votum[2], act. acc. de la chose dont on fait, vœu. | *Faire un vœu*. Votum facĕre, facio, facis, feci, factum[3], act. dat. | *Faire des vœux solennels*. Vota solemnia facĕre. | *Faire mille vœux au ciel*. Cœlum votis onerare, onero, oneras, oneravi, oneratum[1], act. | *Etre lié par un vœu*. Voto teneri, teneor, teneris, tentus sum[2], pass. | *S'acquitter d'un vœu*. Votum persolvĕre, persolvo, persolvis, persolvi, persolutum[3], act. | *Faire des vœux pour la paix*. Pacem votis exposcĕre, exposco, exposcis, exposci, exposcitum[3], act. Mot à mot, *demander la paix par ses vœux*.

VOGUE, *mouvement d'une galère ou autre bâtiment, causé par la force des rames*. Remigatio, g. remigationis[3], f.

VOGUE, *réputation*. Nomen, gén. nominis[3], n. | *Etre en vogue ou avoir la vogue*. Vigēre, vigeo, viges, vigui[2], sans supin, n. | *Mettre en vogue*. Nobilitare, nobilito, nobilitas, nobilitavi, nobilitatum[1], act.

VOGUER. Navigare, navigo, navigas, navigavi, navigatum[1], n. |*Heureusement*. Vento secundo. |*A pleines voiles*. Plenissimis velis. | *Voguer en pleine mer*. Altum tenēre, teneo, tenes, tenui, tentum[2], act.

VOICI. Ecce *ou* en, avec l'acc. ou le nominatif. | *Voici mon maître*. Ecce meum magistrum, ou ecce meus magister. | *Me voici*, ou *je suis présent*. Adsum. | *Voici que*. Ecce, avec même temps qu'en français.

VOIE, *chemin*. Via, gén. viæ[1], f.

VOIE, *moyen*. Modus, g. modi[2], masc.

VOIE, *charge de bois*. Lignorum vehes, g. lignorum vehis[3], f.

VOILA que. Ecce, avec l'acc. ou le nomin. | *Voilà ce que j'avois à dire*. Hæc habui dicenda; c'est-à-dire, j'avois cela à dire. | *Voilà qui est bon*, ou *voilà qui va bien*. Benè sanè, adv.

VOILE. Velum, g. veli[2], n. | *A pleines voiles*. Plenis velis, à l'abl. | *Faire voile, mettre à la voile*. Vela facĕre, facio, facis, feci, factum[3], act. Vela est à l'acc. | *Se préparer à faire voile*. Classem velis aptare, apto, aptas, aptavi, aptatum[1], act. | *Faire force de voiles*. Velis properare, propero, properas, properavi, properatum[1], neut. | *Serrer les voiles*. Vela subducĕre, subduco, subducis, subduxi, subductum[3], act.

VOILES, *vaisseaux*. Naves, gén. navium[3], fém. | *Flotte de vingt voiles*. Classis viginti navium.

VOILE, *à couvrir la tête*. Velum, g. veli[2], n. | *Voile de religieuse*. Nimbus sacer, g. nimbi sacri[2], m.

VOILE, *prétexte*. Causa, g. causæ[1], f. | *Sous le voile de*. Sub specie, avec un gén.

VOILER. Velare, velo, velas, velavi, velatum[1], act.

SE VOILER *le visage*. Ori velum obducĕre, obduco, obducis, obduxi, obductum[3], act.

VOILIER, *en parlant d'un vaisseau qui va à la voile*. *Vaisseau bon voilier*. Pernix navis, g. pernicis navis[3], f. | *Mauvais voilier*. Tarda navis, gén. tardæ[1] navis[3], f.

VOIR. Videre, video, vides, vidi, visum[2], act. | *Ne voir goutte*. Cæcutire, cæcutio, cæcutis, cæcutivi, cæcutitum⁴, n. | *Qui mérite d'être vu.* Visendus, a, um. | *Beau à voir.* Ad aspectum præclarus, a, um.

Faire VOIR, *ou montrer.* Ostendĕre, ostendo, ostendis, ostendi, ostensum³, *act. acc. rég. ind. dat.* | *Se faire voir.* In conspectum se dare, do, das, dedi, datum¹, *act. gén. de la personne à qui on se fait voir.* | *Faire voir qu'on a du cœur; c'est-à-dire, se montrer homme de cœur.* Se virum præbēre, præbeo, præbes, præbui, præbitum², *act.*

Aller VOIR, *ou venir voir.* Invisĕre, inviso, invisis, invisi, invisum³, *act.*

SE VOIR, *se rendre des visites.* Inter se colĕre, colo, colis, colui, cultum³, *act.*

VOIRIE. Cloaca, *g.* cloacæ¹, *f.* | *Etre jeté à la voirie.* Inhumatum projici, inhumatus projicior, projiceris, projectus sum³, *pass.* Inhumatus, a, um, *s'accorde en genre, en nombre, et en cas avec le sujet de* Projicior. *Mot-à-mot, Etre non enterré.*

VOISIN. Vicinus, vicina, vicinum, *avec le dat.* | *Voisin de Pierre.* Vicinus Petro.| *Mon voisin.* Mens vicinus.

VOISINAGE. Vicinitas, *g.* vicinitatis³, *f.*

VOISINER Vicinos intervisĕre, interviso, intervisis, intervisi, intervisum³, *act.*

VOITURE, *ce qui sert au transport des marchandises, des personnes.* Plaustrum, *g.* plaustri², *n.* | *Cheval de voiture.* Vectarius equus, *g.* vectarii equi², *m.*

VOITURE, *transport des marchandises.* Vectura, *g.* vecturæ¹, *f.*

VOITURER. Vectare, vecto, vectas, vectavi, vectatum¹, *act.*

VOITURIER. Carrucarius, *g.* carrucarii², *m.*

LA VOIX. Vox, *g.* vocis³, *fém.* | *A haute voix.* Contentâ voce, *à l'abl.* | *A voix basse.* Demissâ voce. | *Accompagner sa voix avec un instrument.* Carmina nervis sociare, socio, socias, sociavi, sociatum¹, *act.*

VOIX *venue du ciel.* Vox emissa cœlo. | *De vive voix.* Vivâ voce.

VOIX, *ou suffrage.* Suffragium, *g.* suffragii², *n.* | *Donner sa voix.* Suffragium ferre, fero, fers, tuli, latum³, *act.* | *Donner sa voix à quelqu'un.* Suffragari, suffragor, suffragaris, suffragatus sum¹, *dép. dat. de la pers.* | *Pour le consulat.* Ad consulatum. | *Aller aux voix.* Suffragia ferre. | *Tout d'une voix.* Omnium assensu. | *Avoir droit de suffrage.* Jus ferendi suffragii habēre, habeo, habes, habui, habitum², *act.*

VOL *des oiseaux.* Volatus, *g.* volatûs⁴, *m.* | *Prendre son vol.* Voyez s'*Envoler.* | *Prendre un vol élevé.* Sublimè petĕre, peto, petis, petivi, petitum³, *act.*

VOL, *ou larcin.* Latrocinium, *gén.* latrocinii², *n.* | *Etre convaincu de vol.* Furti tenēri, teneor, teneris, tentus sum², *pass.*

VOL, *ou ce qui a été volé.* Raptum, *g.* rapti², *n.*

VOLAGE. Levis, *m. f.* leve *n. gén.* levis, *adj.*

VOLAILLE. Pecus volatile, *gén.* pecoris volatilis³, *n.*

VOLANT. Volans, *m. f. et n. gén.* volantis, *adj.*| *Serpent volant.* Pennatus serpens, *gén.* pennati² serpentis³, *m.* | *Cheval volant.* Pennatus equus, *g.* pennati equi², *m.* | *Camp volant, petite armée.* Expedita manus, *g.* expeditæ¹ manûs⁴, *f.* | *Pont volant.* Pons vectibilis, *g.* Pontis vectibilis³, *masc.*

UN VOLANT, *petit morceau de liége garni de plumes.* Tubulus pennatus, *g.* tubuli pennati², *m.*

VOLATIL. Volatilis, *m. f.* volatile, *n. gén.* volatilis, *adj.*

VOLATILES, *animaux qui volent.* Bestiæ volatiles, *g.* bestiarum¹ volatilium³, *f. pl.*

VOLCAN. Mons ignifluus, *génit.* montis[3] igniflui[2], *m.*

VOLÉ, *en parlant des choses.* Ereptus, a, um, *part. pass.*

VOLÉ, *en parlant des personnes.* Spoliatus, a, um.

VOLÉE, ou *vol en l'air.* Volatus, *g.* volatûs[4], *m.* | *Tout d'une volée.* Uno volatu, *à l'abl.* | *Tuer un oiseau à la volée.* Avem prætervolantem interficere, interficio, interficis, interfeci, interfectum[3], *act.* | *Volée d'oiseaux, bande d'oiseaux qui volent ensemble.* Avium volantium grex, *g.* gregis[3], *m.* | *Volée de coups de bâton.* Fustuarium, *g.* fustuarii[2], *n.* | *Volée de coups de canon.* Tormentorum bellicorum emissiones, *g.* emissionum[3], *f.*

VOLER, *en l'air.* Volare, volo, volas, volavi, volatum[1], *n.* | *Voler à tire-d'ailes.* Perniciter volare. | *Voler au-dessus.* Supervolare, *avec l'accus.* | *Voler au-delà.* Prætervolare, *avec l'accus.* | *Voler par troupes.* Catervatim volare.

VOLER, *aller vîte.* Volare. | *Voler au secours de quelqu'un.* In auxilium advolare, *dat. de la personne.*

VOLER, *prendre ce qui est à autrui. Voler furtivement.* Furari, furor, furaris, furatus sum[1], *dép. acc. rég. ind. dat.* | *Voler à force ouverte.* Latrocinari, latrocinor, latrocinaris, latrocinatus sum[1], *dép.* | *Voler une personne.* Spoliare, spolio, spolias, spoliavi, spoliatum[1], *act. acc. de la personne qu'on vole, et l'abl. de la chose qu'on lui vole.* | *Etre volé, en parlant des personnes.* Spoliari, *pass. En parlant des choses.* Subripi, *passif du verbe* Subripere, subripio, subripis, subripui, subreptum[3], *act.* | *Enclin à voler.* Rapax, *g.* rapacis, *adj.* | *Inclination à voler.* Rapacitas, *g.* rapacitatis[3], *f.*

VOLEREAU, *petit voleur.* Latrunculus, *g.* latrunculi[2], *m.*

VOLERIE. Latrocinium, *g.* latrocinii[2], *n.*

VOLET *de fenêtre.* Fenestræ foricula, *gén.* fenestræ foriculæ[1], *fém.*

VOLEUR, *furtif.* Fur, *g.* furis[3], *m. gén. pl.* furum.

VOLEUR *à force ouverte.* Latro, *g.* latronis[3], *f.*

VOLEUR *de grands chemins.* Grassator, *g.* grassatoris[3], *m.*

VOLEUSE. Spoliatrix, *g.* spoliatricis[3], *f.*

VOLIÈRE *d'oiseaux.* Aviarium, *g.* aviarii[2], *n.*

VOLONTAIRE. Voluntarius, ia, ium, *adj.*

UN VOLONTAIRE, *soldat qui n'a pas d'engagement.* Voluntarius, *g.* voluntarii[2], *m.*

VOLONTAIREMENT. Ultrò, *adv.*

VOLONTÉ. Voluntas, *gén.* voluntatis[3], *f.* | *De sa propre volonté, ou volontairement.* Ultrò, *adv.* | *Faire la volonté de quelqu'un.* Morem gerere, gero, geris, gessi, gestum[3], *dat. de la pers.* | *Se conformer à la volonté de quelqu'un.* Ad arbitrium se accommodare, accommodo, accommodas, accommodavi, accommodatum[1], *act.* | *De quelqu'un, au génit.* | *Maître de ses volontés.* Sui compos, *g.* sui compotis, *adj.*

BONNE VOLONTÉ, ou *affection.* Benevolentia, *g.* benevolentiæ[1], *f. pour ou envers, ou à l'égard de, s'exprime par* in *avec l'acc.* | *Mauvaise volonté.* Aversa voluntas, *g.* aversæ voluntatis[3], *f.*

VOLONTIERS. Libenter, *adv. comp.* Libentiùs; *superl.* libentissimè.

VOLTE-FACE. *Faire volte-face*, Frontem obvertere, obverto, obvertis, obverti, obversum[3], *act.*

VOLTIGER. Volitare, volito, volitas, volitavi, volitatum[1], *n.* | *Voltiger à l'entour.* Circumvolitare.

VOLTIGER, *en parlant d'un che-*

val. In gyros ire, eo, is, ivi, itum⁴, *neut.*

VOLTIGEUR, *danseur sur la corde.* Schœnobates, *g.* schœnobatæ¹. *m.*

VOLUBILITÉ. Volubilitas, *gén.* volubilitatis³, *f.* | *Avec volubilité.* Volubiliter, *adv.*

VOLUME, *livre.* Volumen, *gén.* voluminis³, *n.*

Volume, *grandeur.* Moles, *gén.* molis³, *f.*

VOLUMINEUX. Amplus, a, um, *adj.*

VOLUPTÉ. Voluptas, *g.* voluptatis³, *f.* | *Se laisser entraîner aux charmes de la volupté.* Voluptatum blanditiis deliniri, delinior, deliniris, delinitus sum⁴, *pass.*

VOLUPTUEUSEMENT. Delicatè, *adv.*

VOLUPTUEUX, *adonné à la volupté.* Voluptarius, *g.* voluptarii², *m.*

Voluptueux, *qui fait éprouver la volupté. Vie voluptueuse.* Vita deliciis plena, *g.* vitæ deliciis plenæ¹. *f.*

VOMIR. Vomĕre, vomo, vomis, vomui, vomitum¹, *act.* | *Envie de vomir.* Nausea, *gén.* nauseæ¹, *fém.*

Avoir envie de vomir. Nauseare, nauseo, nauseas, nauseavi, nauseatum¹, *n.* | *Vomir des flammes.* Flammas vomĕre. | *Vomir des injures contre quelqu'un.* Evomĕre contumelias in aliquem.

VOMISSEMENT. Vomitio, *gén.* vomitionis³. *f.*

un VOMITIF. Vomitorium medicamentum, *gén.* vomitorii medicamenti². *n.*

VORACE, *qui mange goulument.* Carnivorus, a, um, *adj.*

VORACITÉ. Ingluvies, *g.* ingluviei⁵, *f.*

VOS, *s'exprime en latin par* tuus, tua, tuum, *lorsqu'on ne parle qu'à un seul; mais il s'exprime par* vester, vestra, vestrum, *lorsqu'on parle à plusieurs.*

VOTER. Suffragium ferre, fero, fers, tuli, latum³, *act.*

VOTRE, *pour Ton, en parlant à un seul.* Tuus, tua, tuum. *Si l'on parle à plusieurs, on se sert de* Vester, vestra, vestrum.

VOTIF. Votivus, a, um, *adj.*

VOUÉ à. Votus, vota, votum, *part. pass. avec le dat.*

VOUER. Vovēre, voveo, voves, vovi, votum², *act. rég. ind. dat.*

VOULOIR, *verbe.* Velle, volo, vis, vult, volui³, *sans sup. n. acc.* | *Ne vouloir point.* Nolle, nolo, non vis, non vult, nolui³, *sans sup. n. acc.*

Le que *peut s'exprimer après* Volo *et* Nolo, *par* ut, *avec le subjonctif; mais fort souvent il se retranche; comme: Je voudrois bien être plus savant que je ne suis.* Vellem esse multò doctior quàm sum. | *Mon frère veut devenir savant.* Meus frater vult fieri doctus. | *Que veut dire cela?* Quid hoc sibi vult? | *Vouloir du bien à.* Benè velle, *avec le dat.* Benè est *adv.*

Vouloir *du mal à, ou en vouloir à, haïr.* Odisse, *avec l'acc. du nom.* | *En vouloir à quelqu'un, le demander.* Quærere, quæro, quæris, quæsivi, quæsitum³, *act.* comme: *A qui en veux-tu! ou qui cherches-tu?* Quem quæris? | *C'est à toi que j'en veux, ou je te cherche.* Te quæro. | *Dieu le veuille*, ou *Dieu veuille que.* Utinam, *avec le subj.* | *En vouloir à la vie de quelqu'un.* Vitæ insidiari, insidior, insidiaris, insidiatus sum¹, *dép. gén. de la personne.*

Le VOULOIR, ou *la volonté.* Voluntas, *g.* voluntatis³, *f.*

VOUS, *si l'on parle à une seule personne, s'exprime en latin par* tu, *g.* tuî. | *Avec vous, ou avec toi.* Tecum.

Mais si l'on parle à plusieurs, alors on exprime vous *par* vos, *g.* vestrûm, *ou* vestrî. | *Avec vous, en parlant à plusieurs.* Vobiscum.

[*De vous à moi, entre nous.* Inter nos.

VOÛTE. Camera, *g.* cameræ¹, *fém.*

Fait en VOÛTE, *ou* VOÛTE. Cameratus, a, um, *part.*

VOÛTÉ, *en parlant des personnes.* Incurvus, a, um, *adj.*

VOÛTER. Concamerare, concamero, concameras, concameravi, concameratum¹, *act.*

VOYAGE. Iter, *g.* itineris³, *n.* | *Voyage par terre.* Iter terrenum, *g.* itineris³ terreni², *neut.* | *Voyage par mer.* Navigatio, *g.* navigationis³, *f.* | *Faire voyage, être en voyage.* Iter facere, facio, facis, feci, factum³, *act.* | *A cheval*, equo ; *à pied*, pedibus.

VOYAGER. Iter facere, facio, facis, feci, factum³, *act.* | *Voyager dans, ou par un pays.* Regionem peragrare, peragro, peragras, peragravi, peragratum¹, *act.* | *Voyager par mer, ou sur mer.* Navigare, navigo, navigas, navigavi, navigatum¹, *n.* | *Voyager dans des pays étrangers.* Peregrè abire, abeo, abis, abivi, abitum⁴, *n.*

VOYAGEUR. Viator, *g.* viatoris³, *m.*

VOYAGEUSE. Peregrina, *gén.* peregrinæ¹, *f.*

VOYANT, *comme, couleur voyante.* Color acutus, *g.* coloris³ acuti², *m.*

VOYANT, *part. prés. du verbe* Voir.

VOYELLE. Vocalis, *g.* vocalis³, *fém.*

VRAI, *sincère, qui dit la vérité.* Verax, *g.* veracis, *adj.*

VRAI, *conforme à la vérité.* Verus, a, um, *adj.* | *S'il est vrai.* Si verum sit.

Le VRAI, *ou la vérité.* Verum, *g.* veri², *n.* | *Dire vrai.* Dicere verum. | *Au vrai.* Certò, *adv.*

VRAI, *vraiment.* Verè, *adv.*

VRAIMENT, *véritablement.* Verè, *adv.*

VRAISEMBLABLE. Verisimilis, *m. f.* verisimile, *n. gén.* verisimilis ; *comp.* verisimilior, *m. f.* verisimilius, *n. gén.* verisimilioris ; *superl.* verisimillimus, a, um.

VRAISEMBLABLEMENT. Probabiliter, *adv.*

VRAISEMBLANCE. Verisimilitudo, *g.* verisimilitudinis³, *f.*

VU, *ou qui a été vu, part. du verbe* Voir. Visus, a, um, *part. pass.* | *Digne d'être vu.* Visendus, a, um, *adj.*

Vu, *ou eu égard à.* Pro, *avec l'abl.* | *Vu mon âge.* Pro meâ ætate. | *Vu le temps.* Pro tempore. | *Vu que.* Quandoquidem, *avec l'indicat.*

La VUE, *ou la faculté de voir.* Visus, *g.* visûs⁴, *m.* | *Avoir bonne vue.* Oculis valere, valeo, vales, valui, valitum², *n.*] *Obscurcir la vue.* Oculorum aciem suffundere, suffundo, suffundis, suffudi, suffusum³, *act.* | *Eblouir la vue.* Oculorum aciem perstringere, perstringo, perstringis, perstrinxi, perstrictum³, *act.* | *Perdre la vue.* Oculos amittere, amitto, amittis, amisi, amissum³, *act.* | *Fixer la vue sur.* Oculos figere, figo, figis, fixi, fixum³, *act.* sur *par* in, *avec l'acc.* | *Jeter la vue de tous côtés.* Circumspicere, circumspicio, circumspicis, circumspexi, circumspectum³, *act.* | *Détourner la vue de dessus quelque chose.* Oculos avertere, averto, avertis, averti, aversum³, *act.* de dessus *par* à *ou* ab, *et l'abl.* | *Echapper à la vue.* Aciem oculorum fugere, fugio, fugis, fugi, fugitum³, *act.* | *Se dérober à la vue.* Ex oculis abire, abeo, abis, abivi, abitum⁴, *neut.* | *Hors de la vue de.* Procul à conspectu, *avec le génit.* | *Etre en vue, être exposé à la vue.* In conspectu esse, sum, es, fui. | *Jeter la vue sur.* Oculos conjicere, conjicio, conjicis, conjeci, conjectum³, *act.* sur *par* in, *avec l'acc.* | *Exposer quelque chose à la vue,* ou *mettre en vue.* Ante oculos exponĕre, expono, exponis, exposui, expositum³, act. dat. de la personne, accus. de la chose. | *Perdre de vue.* E conspectu amittĕre, amitto, amittis, amisi, amissum³, act. | *Garder à vue.* Oculis custodire, custodio, custodis, custodivi, custoditum⁴, act. | *A vue d'œil,* ou *à la vue.* Oculorum judicio. | *A vue de pays.* Inexplorato, adv.

La VUE, ou *les yeux.* Oculi, g. oculorum², m. pl. | *A la vue,* ou *en vue,* c. à. d. *devant les yeux.* Ante oculos. | *A la vue,* ou *à voir.* Ad aspectum. | *De vue,* ou *de face.* De facie.

VUE, *ou aspect d'un lieu.* Prospectus, g. prospectûs⁴, m. | *Avoir vue sur.* Spectare, specto, spectas, spectavi, spectatum², act. | *Qui est à perte de vue,* ou *fort loin.* Longissimus, a, um, adj. superl. | *A perte de vue,* ou *fort loin.* Ultra visum.

VUES, *jour d'une maison.* Lumina, g. luminum, n. plur.

VUE, *dessein.* Consilium, gen. consilii², n. | *Avoir en vue quelque chose.* Spectare, specto, spectas, spectavi, spectatum², n. *La chose à l'acc. avec* ad. | *Dans la vue de.* Causâ, *avec un* gen. *ou un gérond.* en di. | *Porter ses vues dans l'avenir.* Futura prospicĕre, prospicio, prospicis, prospexi, prospectum³, act. | *Avoir de grandes vues.* Magna moliri, molior, molitus sum⁴, dép.

VULCAIN, *dieu du feu.* Vulcanus, g. vulcani², m.

VULGAIRE, *ou commun.* Vulgaris, m. fem. vulgare, n. gen. vulgaris, adj.

VULGAIRE, *trivial.* Trivialis, m. fem. triviale, n. gen. trivialis, adj.

Le VULGAIRE. Vulgus, g. vulgi², m. et n.

VULGAIREMENT. Vulgò, adv.

VULNÉRABLE. Vulneri obnoxius, ia, ium, adj.

VULNÉRAIRE, *qui concerne la guérison des plaies.* Vulnerarius, ia, ium, adj.

Y.

Y *signifiant là, en cet endroit,* s'*exprime par* ibi, *quand il n'y a pas de mouvement; par* eò, *quand il y a du mouvement, et par* hàc, *quand on passe par un lieu, comme :* J'y ai demeuré. Ibi mansi. | Il y est. Ibi est. | J'y mènerai mon frère. Eò, ou illùc ducam meum fratrem. | Venez-y. Veni eò. | J'y passerai, ou je passerai par là. Hàc, ou illàc transibo.

Y *tient souvent la place de* à lui, à elle; *on se sert alors du pronom* is, ea, id, *ou* ille, illa, illud, *comme :* J'ai reçu vôtre lettre, et j'y répondrai. Accepi tuam epistolam, et respondebo ad illam, c. à. d. *je répondrai à* elle. | Il y pense. Cogitat de hâc re, c. à. d. *il pense à cela.*

Y, *joint au verbe* Avoir, *ne s'exprime pas en latin, comme dans ces exemples :* Il y a vingt hommes, ou vingt hommes sont. Viginti homines sunt. | Y a-t-il quelqu'un, ou est-il quelqu'un ? Est-ne aliquis ? | Qu'y a-t-il ? Quid est ? | Il n'y a que mon père qui veuille cela, c. à. d. *mon père seul veut cela.* Meus pater solus id vult.

Lorsque la particule en *se rencontre après* y, *on n'exprime pas en latin cette particule, qui est explétive dans ce cas-là, comme :* Il y en a dix, ou dix sont. Decem sunt: | *Il y en a qui.* Sunt qui. Voy. *Avoir.*

YEUX. Oculi, *g.* oculorum², *m. pl.* | *Jeter les yeux sur.* Oculos conjicĕre, conjicio, conjicis, conjeci, conjectum³, *act.* sur *par* in, *avec l'accus.*

Z.

ZÈBRE, *animal.* Equus zebra, *g.* equi² zebræ¹, *m.*

ZÉLATEUR. Fautor, *gén.* fautoris³, *m.* | *Etre zélateur de quelqu'un.* Favēre, faveo, faves, favi, fautum², *n.* avec le dat.

ZÈLE. Studium, *g.* studii², *n.* | *Le zèle que j'ai pour vous,* on dit : *mon zèle envers vous.* Meum studium ergà te. | *Avoir du zèle, un grand zèle,* ou *être zélé pour.* Studio ardēre, ardeo, ardes, arsi, arsum², *neut.* pour *se rend par le génit.* ou *le gérond. en* di, c. à. d. *brûler du zèle de.*

ZÉLÉ. Studio incensus, a, um, *adj.* pour *se rend par un génit.* ou *un gérond. en* di. | *Zélé défenseur.* Studiosissimus defensor, *gén.* studiosissimi² defensoris³, *m.*

| *Etre zélé pour.* Voy. *Avoir du zèle pour.*

ZÉNITH. Cœli vertex, *g.* cœli verticis³, *m.*

ZÉPHIR. Zephyrus, *g.* zephyri², *masc.*

ZÉRO, *chiffre.* Orbiculata nota, *g.* orbiculatæ notæ¹, *f.* | *Cela ne vaut pas un zéro.* Res nihil est.

ZIZANIE, *discorde.* Dissensio, *g.* dissensionis³, *f.* | *La semer, la mettre.* Dissensionem commovēre, commoveo, commoves, commovi, commotum², *act.* | *Dans une ville.* Inter cives, c. à. d. *parmi les citoyens.*

ZODIAQUE. Zodiacus, *g.* zodiaci², *m.*

ZONE. Zona, *g.* zonæ¹, *f.*

DICTIONNAIRE

Des Noms de royaumes, villes, rivières, montagnes, etc.

ABBEVILLE, *ville de France.* Abbavilla, g. Abbavillæ¹, f.

ABRUZZE, *province d'Italie.* Samnium, g. Samnii², n. | *Les peuples de l'Abbruzze.* Samnites, g. Samnitum³, m. plur.

ABYSSINIE, *royaume d'Ethiopie.* Abyssinia, g. Abyssiniæ¹, f. | *Les Abyssins.* Abyssini, g. Abyssinorum², m. plur.

ACARNANIE, *province de l'Epire.* Acarnania, g. Acarnaniæ¹, f. | *Qui est d'Acarnanie,* ou *Acarnanien.* Acarnan, gén. Acarnanis³, masc.

ACHAIE, *province de la Grèce.* Achaia, g. Achaiæ¹, f. | *Qui est d'Achaïe,* ou *Achéen.* Achæus, æa, æum, adj.

ACHÉRON, *fleuve de l'enfer.* Acheron, g. Acherontis³, m.

AÇORES, *îles.* Azores, g. Azorum³, m. pl.

ACTIUM, *ville.* Actium, gén. Actii², n.

ADOUR, *rivière.* Aturus, gén. Aturi², m.

ADRIA, *ville d'Italie.* Adria, g. Adriæ¹, f.

ADRUMÈTE, *ville d'Afrique.* Adrumetum, g. Adrumeti², n.

AFRIQUE, *une des quatre parties du monde.* Africa, g. Africæ¹, f. | *D'Afrique,* ou *Africain.* Africanus, a, um, adj.

AGEN, *ville de France.* Aginnum, g. Aginni², n. | *D'Agen,* ou *Agenois.* Aginnas, g. Aginnatis³, m. et fém.

AIX, *ville de France.* Aquæ sextiæ, g. Aquarum sextiarum¹, f. pl.

AIX-LA-CHAPELLE, *ville des Pays-Bas.* Aquisgranum, g. Aquisgrani², n.

ALBE, *ville d'Italie.* Alba, g. Albæ¹, f. | *Les Albains.* Albani, g. Albanorum², m. plur.

ALBI, *ville de France.* Albia, g. Albiæ¹, f.

ALBION, *ancien nom de la Grande-Bretagne.* Albion, g. Albii², n.

ALENÇON, *ville de France.* Alenconium, g. Alenconii², n.

ALEXANDRIE, *ville d'Egypte.* Alexandria, g. Alexandriæ¹, f.

ALGER, *ville d'Afrique.* Algerium, g. Algerii², n. | *Qui est d'Alger,* ou *Algérien.* Algeriensis, m. f. Algeriense, n. adj.

ALLEMAGNE, *empire.* Germania, g. Germaniæ¹, f. | *Qui est d'Allemagne,* ou *Allemand.* Germanus, a, um, adj.

ALLIER, *rivière.* Elaver, gén. Elaveris³, m.

ALLOBROGES, *peuples de la Gaule.* Allobroges, g. Allobrogum³, m. plur.

ALPES, *montagnes.* Alpes, g. Alpium³, f. plur.

ALSACE, *province.* Alsacia, g. Alsaciæ¹, f.

AMBOISE, *ville de France.* Ambacia, g. Ambaciæ¹, f.

AMÉRIQUE, *une des quatre parties du monde.* America, g. Americæ¹, f. | *Qui est d'Amérique,* ou *Américain.* Americanus, a, um, adj.

AMIENS, *ville de France.* Ambianum, g. Ambiani², n.

AMSTERDAM, *ville de Hollande.* Amstelodamum, g. Amstelodami², n.

ANCONE, *ville d'Italie.* Ancona, g. Anconæ¹, f. | *La Marche d'Ancône.* Picenum, g. Piceni², n.

ANDALOUSIE, *province d'Espagne*. Andalusia, g. Andalusiæ¹, *fém*.

ANDELY, *ville de France*. Andelii, g. Andelii², n.

ANDRINOPLE, *ville de la Turquie*. Andrinopolis, g. Andrinopolis³, f. acc. Andrinopolim, ablat. Andrinopoli.

ANGERS, *ville de France*. Juliomagus, g. Juliomagi², m. | *Qui est d'Angers*, *Angevin*. Andegavensis, m. f. Andegavense, n. adj.

ANGLETERRE, *royaume*. Anglia, g. Angliæ¹, f. | *D'Angleterre*, ou *Anglais, en parlant des personnes*. Anglus, a, um, adj. ; *en parlant des choses*. Anglicus, a, um, adj.

ANGOULÊME, *ville de France*. Inculisma, g. Inculismæ¹, f.

L'ANGOUMOIS, *province*. Ager inculismensis, gén. Agri² inculismensis³, m.

ANJOU, *province*. Andium regio, g. Andium regionis³, f.

ANNECY, *ville de Savoie*. Annecium, g. Annecii², n.

ANNONAY, *ville de France*. Annoniacum, g. Annoniaci², neut. | *D'Annonay*. Annoniacus, a, um, adj.

ANTIBES, *ville de France*. Antipolis, g. Antipolis³, f.

ANTIOCHE. Antiochia, g. Antiochiæ¹, f.

APENNIN, *montagne d'Italie*. Apenninus, g. Apennini², m.

AQUITAINE, *province*. Aquitania, g. Aquitaniæ¹, f.

ARABIE, *province de l'Asie*. Arabia, g. Arabiæ¹, f. | *Qui est d'Arabie*, ou *Arabe*. Arabus, a, um, adj. | *D'Arabie*, ou *Arabique*. Arabicus, a, um, adj.

ARCADIE, *province de la Grèce*. Arcadia, g. Arcadiæ¹, f. | *D'Arcadie*, ou *Arcadien*. Arcas, g. Arcadis⁶, m.

ARCHANGEL, *ville de Russie*. Archangelopolis, g. Archangelopolis³, f.

ARCHIPEL, *autrement* LA MER ÉGÉE. Mare Ægæum, gén. maris³ Ægæi², n.

ARDÈCHE, *rivière*. Ardesca, g. Ardescæ¹, f.

ARDENNES, *forêt des Pays-Bas*. Arduenna silva, g. Arduennæ silvæ¹, f.

ARGENTAN, *ville de France*. Argentomum, g. Argentomi², n.

ARLES, *ville de France*. Arelate, g. Arelates¹, f.

ARMAGNAC, *ville de France*. Armeniacum, g. Armeniaci², n.

ARMÉNIE, *contrée d'Asie*. Armenia, g. Armeniæ¹, f. | *D'Arménie*, ou *Arménien*. Armeniacus, a, um, adj.

ARTOIS, *province de France*. Atrebatensis ager, g. Atrebatensis³ agri², m.

ASSYRIE, *royaume d'Asie*. Assyria, g. Assyriæ¹, f. | *D'Assyrie*, ou *Assyrien*. Assyrius, ia, ium, adj.

ASTURIES, *province d'Espagne*. Asturiæ, g. Asturiarum¹, f. pl.

ATHÈNES, *ville de la Grèce*. Athenæ, g. Athenarum¹, f. plur. | *D'Athènes*, ou *Athénien*. Atheniensis, m. f. Athénieuse, n.

ATLAS, *montagne d'Afrique*. Atlas, g. Atlantis³, m.

ATTIQUE, *territoire d'Athènes*. Attica, g. Atticæ¹, f.

AUBE, *rivière*. Alba, g. Albæ¹, f.

AUBUSSON, *ville de France*. Albutio, g. Albutionis³, f.

AUCH, *ville de France*. Ausci, g. Auscorum², m. plur.

AUDE, *rivière*. Atax, g. Atacis³, fém.

AUNIS, *province de France*. Onisium, g. Onisii², n.

AURILLAC, *ville de France*. Aureliacum, g. Aureliaci², n.

AUTRICHE, *royaume d'Allemagne*. Austria, g. Austriæ¹, f. | *D'Autriche*, ou *Autrichien*. Austriacus, a, um, adj.

AUTUN, *ville de France*. Augustodunum, g. Augustoduni², n.

AUVERGNE, *prov. de France*.

Arvernia, g. Arverniæ[1], f. | D'Auvergne, ou *Auvergnat*. Arvernus, a, um, adj.

AUXERRE, *ville de France*. Autissiodorum, g. Autissiodori[2], n.

AUXONNE, *ville de France*. Aussona, g. Aussonæ[1], f.

AVIGNON, *ville de France*. Avenio, g. Avenionis[3], m.

AVRANCHES, *ville de France*. Abrincæ, g. Abrinearum[1], f. pl.

B.

BABYLONE, *ville*. Babylon, g. Babylonis[3], m. | *De Babylone*, ou *Babylonien*. Babylonius, ia, ium, adj.

BADE, *ville d'Autriche*. Bada, g. Badæ[1], f.

BAIONNE, *ville de France*. Baiona, g. Baionæ[1], f.

BALÉARES, *îles de la Méditerranée*. Baleares insulæ, g Balearium[3] insularum[1], f. plur.

BARBARIE, *contrée d'Afrique*. Barbaria, g. Barbariæ[1], f.

BARCELONNE, *ville d'Espagne*. Barcino, g. Barcinonis[3], m.

BASLE, *ville de la Suisse*. Basilia, g. Basiliæ[1], f.

BASQUES, *peuples de la Gascogne*. Vasci, g. Vascorum[2], m. pl. | *Le pays des Basques*. Vascitania, g. Vascitaniæ[1], f.

BASTIA, *ville de la Corse*. Bastia, g. Bastiæ[1], f.

BATAVIE. Voy. HOLLANDE.

BAVIÈRE, *royaume*. Bavaria, g. Bavariæ[1], f. | *De Bavière*, ou *Bavarois*. Bavaricus, a, um, adj.

BAYES, *ville du royaume de Naples*. Baiæ, g. Baiarum[1], f. pl.

BAYEUX, *ville de France*. Bajocassium, g. Bajocassii[2], n.

BÉARN, *province de France*. Bearnia, g. Bearniæ[1], f. | *De Béarn*, ou *Béarnais*. Bearnensis, m. fém. Bearnense, n. adj.

BEAUCAIRE, *ville de France*. Vindomagus, g. Vindomagi[2], m.

BEAUJEU. Baviovium, g. Baviovii[2], n. | *Le Beaujolois*. Ager Baviovensis, g. Agri[2] Baviovensis[3], masc.

BEAUMONT, *ville de France*. Bellomontium, gén. Bellomontii[2], neut.

BEAUNE, *ville de France*. Belna, g. Belnæ[1], f.

BEAUVAIS, *ville de France*. Bellovacum, g. Bellovaci[2], n.

BELGRADE, *ville de Hongrie*. Taurunum, g. Tauruni[2], n.

BELLEGARDE, *ville de France*. Bellicardum, g. Bellicardi[2], n.

BELLEY, *ville de France*. Bellicum, g. Bellici[2], n.

BENGALE, *royaume des Indes*. Bengala, g. Bengalæ[1], f.

BERLIN, *ville capitale de la Prusse*. Berlinum, g. Berlini[2], n.

BERRY, *province de France*. Bituricensis ager, g. Bituricensis[3] agri[2], m.

BESANÇON, *ville de France*. Vesuntio, g. Vesuntionis[3], f.

BISCAYE, *province d'Espagne*. Cantabria, g. Cantabriæ[1], f.

BITHYNIE, *province de l'Asie*. Bithynia, g. Bithyniæ[1], f.

BLOIS, *ville de France*. Blesia, g. Blesiæ[1], f.

BOHÊME, *royaume*. Boiohemum, g. Boiohemi[2], n.

BORDEAUX, *ville de France*. Burdigala, g. Burdigalæ[1], f.

BOULOGNE, *ville de France*. Bononia, g. Bononiæ[1], f.

BOURBONNAIS, *province de France*. Borbonius ager, g. Borbonii agri[2], m.

BOURG (*en Bresse*), *ville de France*. Burgus, g. Burgi[2], m.

BOURGES, *ville de France*. Biturix, g. Biturigis[3], f.

BOURGOGNE, *province de France*. Burgundia, g. Burgundiæ[1], f. | *Bourguignons*. Ædui, g. Æduorum[2], m. plur.

BRABANT, *province des Pays-Bas*. Brabantia, g. Brabantiæ[1], f.

BRAGANCE, *ville de Portugal*. Brigantia, g. Brigantiæ[1], f.

BRANDEBOURG, *ville d'Alle-*

magne. Brandeburgum , g. Brandeburgi[2], n.

BRÉSIL , contrée d'Amérique. Brasilia, g. Brasiliæ[1], f. | De Brésil. Brasilicus, a, um, adj.

BRESLAW , capitale de la Silésie. Uratislavia , g. Uratislaviæ[1], f.

BRESSE , province de France. Bressia , g. Bressiæ[1], f.

BREST , ville de France. Brestum , g. Bresti[2], n.

BRETAGNE, province de France. Britannia , g. Britanniæ[1], f. | De Bretagne , ou Breton. Britannicus , a , um , adj.

La Grande-BRETAGNE. Britannia major, g. Britanniæ[1] majoris[3], f. | De Bretagne , ou Britannique. Britannicus , a , um , adj.

BRETON , habitant de la Bretagne. Voy. ce mot.

BRIANÇON , ville de France. Brigantium , g. Brigantii[2], n.

BRIGNOLES , ville de France. Brinolium, g. Brinolii[2], n.

BRINDES , ville du royaume de Naples. Brundusium , g. Brundusii[2], n.

BRISSAC , ville de France. Brisacum , g. Brisaci[2], n.

BRITANNIQUE , de Bretagne. Voy. ce mot.

BRUGES , ville de Flandre. Brugæ , g. Brugarum[1], f. plur.

BRUXELLES , ville des Pays-Bas. Bruxellæ , g. Bruxellarum[1], f. plur.

BUDE , capitale de la Basse-Hongrie. Buda, g. Budæ[1], f.

BYSANCE , ville , aujourd'hui CONSTANTINOPLE. Byzantium ; g. Byzantii[2], n. | De Byzance , ou Byzantin. Byzantinus, a, um, adj.

C.

CADIX, ville d'Espagne. Gades, g. Gadium[3], f. plur. | De Cadix. Gaditanus , a , um , adj.

CAEN , ville de France. Cadomus , g. Cadomi[2], m.

CAHORS , ville de France. Cadurcum, g. Cadurci[2], n. | De Cahors. Cadurcensis, m. fém. Cadurcense, n. adj.

CAIRE (LE CAIRE) , capitale de l'Egypte. Cairus, g. Cairi[2], m.

CALABRE, province du royaume de Naples. Calabria, g. Calabriæ[1], f. | De Calabre , en parlant des personnes. Calaber , Calabra , Calabrum , adject. En parlant des choses. Calabricus , a , um , adj.

CALAIS , ville de France. Caletum, g. Caleti[2], n. | De Calais. Caletensis, m. fém. Caletense, n. adj.

CALMOUKS , peuples de la Grande-Tartarie. Kalmuci, g. Kalmucorum[2], m. plur.

CALVAIRE , montagne de la Palestine. Calvarius, g. Calvarii[2], m.

CAMBRAI , ville de France. Cameracum , g. Cameraci[2], n. | De Cambrai. Cameracensis , m. fém. Cameracense , n. adj.

CAMBRIDGE , ville d'Angleterre. Cantabrigia , g. Cantabrigiæ[1], f.

CAMPANIE , province d'Italie. Campania , g. Campaniæ[1], f.

CANADA , grande contrée de l'Amérique. Canada, g. Canadæ[1], f. | Du Canada. Canadensis, fém. Canadense , n. adj.

CANARIES , îles. Insulæ Canariæ , g. Insularum Canariarum[1], f. plur.

CANDIE , île. Creta, g. Cretæ[1], fém.

CANNES , ville d'Italie. Cannæ, g. Cannarum[1], f. pl. | De Cannes. Cannensis, m. f. Cannense, n. adj.

CANTORBÉRY , ville d'Angleterre. Cantuaria, g. Cantuariæ[1], f. | De Cantorbéry. Cantuariensis , m. fém. Cantuariense , n. adj.

CAP DE BONNE-ESPÉRANCE. Bonæ Spei Promontorium, g. Promontorii[2], n.

CAPOUE , ville du royaume de Naples. Capua , g. Capuæ[1], fém. | De Capoue. Capuanus, a, um, adj.

CAPPADOCE , province de l'Asie. Cappadocia, g. Cappadociæ[1], f. | De Cappadoce, ou Cappadocien.

CHA   COC

Cappadox, g. Cappadocis, *des trois genres.*

CARCASSONNE, *ville de France.* Carcassum, g. Carcassi², n.

CARIGNAN, *ville de Piémont.* Cariniacum, g. Cariniaci², n.

CARMEL, *mont de la Palestine.* Carmelus, g. Carmeli², n.

CARPENTRAS, *ville de France.* Carpentoracte, g. Carpentoractes¹, *fém.*

CARTHAGE. Carthago, g. Carthaginis³, *f.* | *De Carthage*, ou *Carthaginois*, en parlant des personnes. Pœnus, a, um; en parlant des choses. Pœnicus, a, um, *adj.*

CARYBDE, *écueil.* Charybdis, g. Charybdis³, *f.*

CASPIENNE (*mer*). Mare Caspium, g. maris³ Caspii², n.

CASTILLE, *province d'Espagne.* Castella, g. Castellæ¹, *f.* | *De Castille*, ou *Castillan.* Castillanus, a, um, *adj.*

CATALOGNE, *province d'Espagne.* Catalania, g. Catalaniæ¹, *f.* | *De Catalogne*, ou *Catalan.* Catalanus, a, um, *adj.*

CAVAILLON, *ville de France.* Cavellio, g. Cavellionis³, *f.*

CAZAUBON, *ville de France.* Casobonum, g. Casoboni², n.

CÉVENNES, *montagnes.* Gebennici montes, g. Gebennicorum² montium³, *m. plur.*

CHALCÉDOINE, *ville de l'Asie mineure.* Chalcedon, g. Chalcedonis³, *f.*

CHALDÉE, *contrée de l'Orient.* Chaldea, g. Chaldeæ¹, *f.* | *De la Chaldée*, *Chaldéen.* Chaldæus, æa, æum, *adj.*

CHÂLONS (SUR MARNE), *ville de France.* Catalaunum, g. Catalauni², n.

CHÂLONS (SUR SAÔNE), *ville de France.* Cabillo, g. Cabillonis³, *fém.*

CHAMBÉRY, *ville de Savoie.* Camberium, g. Camberii², n.

CHAMPAGNE, *prov. de France.* Campania, g. Campaniæ¹, *f.*

CHARLEVILLE, *ville de France.* Carolopolis, g. Carolopolis³, *f.*

CHARTRES, *ville de France.* Carnutum, g. Carnuti², n.

CHÂTEAU-NEUF, *ville de Fr.* Castrum novum, g. Castri novi², n.

CHÂTEAU-ROUX. Rodulphi castrum, g. Rodulphi castri², n.

CHÂTILLON. Castellio ad Ingerim. —SUR LOIRE. Castellio ad Ligerim. —SUR SEINE. Castellio ad Sequanam, g. Castellionis³, *f.*

CHAUMONT, *ville de France.* Calvimontium, g. Calvimontii², n.

CHERBOURG, *ville de France.* Cæsaroburgum, g. Cæsaroburgi¹, neut.

CHER, *rivière.* Carus, g. Cari², *masc.*

CHERSONÈSE DE THRACE. Chersonesus Thracica, g. Chersonesi³ Thraciæ¹, *f.*

CHERSONÈSE TAURIQUE. Chersonesus Taurica.

CHINE, *empire d'Asie.* Sinarum imperium, g. Sinarum imperii², n. | *De la Chine*, ou *Chinois.* Sinensis, *m. fém.* Sinense, n. *adj.*

CHIO, *île.* Chios, g. Chii², *f.*

CHYPRE, *île.* Cyprus, g. Cypri², *f.* | *De Chypre.* Cyprius, ia, ium, *adj.*

CILICIE, *province d'Asie.* Cilicia, g. Ciliciæ¹, *f.*

CIMBRES, *anciens peuples de l'Allemagne.* Cimbri, g. Cimbrorum², *m. plur.*

CIRCASSIE, *contrée d'Asie.* Circassia, g. Circassiæ¹, *f.*

CIVITA-VECCHIA, *ville d'Italie.* Centumcellæ, g. Centumcellarum¹, *f. plur.*

CLERMONT, *ville de France.* Claromontium, g. Claromontii¹ n.

CLÈVES, *ville d'Allemagne.* Clevia, g. Cleviæ¹, *f.*

CLUNI, *ville de France.* Cluniacum, g. Cluniaci², n.

COBLENTZ, *ville d'Allemagne.* Confluentes, g. Confluentium³, *m. plur.*

COCHINCHINE, *royaume d'A-*

sie. Cocinchina, g. Cocinchinæ[1], f.

COCYTE, fleuve des enfers. Cocytus, g. Cocyti[2], m.

COGNAC, ville de France. Connacum, g. Connaci[2], n.

COLMAR, ville de France. Colmaria, g. Colmariæ[1], f.

COLOGNE, ville d'Allemagne. Agrippina Colonia, g. Agrippinæ Coloniæ[1], f.

COMPIÈGNE. Compendium, g. Compendii[2], n.

COMPOSTELLE, ville d'Espagne. Compostella, gén. Compostellæ[1], f.

CONDOM, ville de France. Condomum, g. Condomi[2], n.

CONDRIEUX, ville de France. Condrievium, g. Condrievii[2], n.

CONSTANCE, ville d'Allemagne. Constantia, g. Constantiæ[1], f. | Le lac de Constance. Constantiensis lacus, g. Constantiensis[3] lacûs[4], m.

COPENHAGUE, ville capitale du Danemarck. Hafnia, g. Hafniæ[1], fém.

CORDOUE, ville d'Espagne. Corduba, g. Cordubæ[1], f.

CORFOU, île. Corcyra, g. Corcyræ[1], f.

CORINTHE, ville de la Grèce. Corinthus, g. Corinthi[2], f. | De Corinthe, ou Corinthien. Corinthius, ia, ium, adj.

CORRÈZE, rivière de France. Curretia, g. Curretiæ[1], f.

CORSE, île. Corsica, g. Corsicæ[1], f. | De Corse. Corsus, a, um, adj.

COSAQUES. Cosaci, g. Cosacorum[2], m. plur.

COURTRAI, ville de France. Cortracum, g. Cortraci[2], n.

CRÉMONE, ville d'Italie. Cremona, g. Cremonæ[1], f.

CRIMÉE, contrée d'Europe. Chersonesus Taurica, g. Chersonesi[2] Tauricæ[1], f.

CROATIE, province de Hongrie. Croatia, g. Croatiæ[1], f.

CUMES, ville d'Italie. Cumæ, g. Cumarum[1], f. plur. | De Cumes. Cumanus, a, um, adj.

CYCLADES, îles. Cyclades, g. Cycladium[3], f. plur.

CYRÈNE, ville de la Lybie. Cyrene, g. Cyrenes[1], f. | De Cyrène, ou Cyrénéen. Cyræneus, ea, eum, adj.

D.

DACIE, contrée d'Europe. Dacia, g. Daciæ[1], f. | De la Dacie. Dace; Dacus, g. Daci[2], m.

DALMATIE, province d'Europe. Dalmatia, g. Dalmatiæ[1], f.

DAMAS, ville de Syrie. Damascus, g. Damasci[2], m.

DAMIETTE, ville d'Egypte. Damieta, g. Damietæ[1], f.

DANEMARCK, royaume d'Europe. Damia, g. Damiæ[1], f. | De Danemarck, ou Danois, en parlant des personnes. Danus, a, um, adj. Pour les choses. Danicus, a, um, adj.

DANTZICK, ville de la Prusse. Gedanum, g. Gedani[2], n.

DANUBE, fleuve d'Europe. Danubius, g. Danubii[2], m.

DARDANELLES, détroit. Dardanellæ, g. Dardanellarum[1], f. pl.

DAUPHINÉ, prov. de France. Delphinatus, g. Delphinatûs[4], m. | Du Dauphiné, ou Dauphinois. Delphinas, g. Delphinatis, adj. des trois genres.

DÉLOS, île. Delus, g. Deli[2], f.

DELPHES, ville de la Grèce. Delphi, g. Delphorum[2], m. plur.

DIE, ville de France. Dia, g. Diæ[1], f.

DIEPPE, ville de France. Deppa, g. Deppæ[1], f.

DIGNE, ville de France. Diniæ, g. Diniarum[1], f. plur.

DIJON, ville de France. Divio, g. Divionis[3], f. | De Dijon. Divionensis, m. f. Divionense, n. adj.

DON, fleuve de Russie. Voyez Tanaïs.

DORDOGNE, rivière de France. Duranius, g. Duranii[2], m.

DOUAY, ville de France. Duacum, g. Duaci[2], n.

ESC — FLA 647

DOUVRES, *ville d'Angleterre.* Dubris, *g.* Dubris³, *f. acc.* Dubrim, *abl.* Dubri.

DRAGUIGNAN, *ville de France.* Draguinianum, *g.* Draguiniani², *n.*

DRESDE, *ville d'Allemagne.* Dresda, *g.* Dresdæ¹, *f.*

DREUX, *ville de France.* Drocum, *g.* Droci², *n.*

DUBLIN, *capitale de l'Irlande.* Dublinium, *g.* Dublinii², *n.*

DUNKERQUE, *ville de France.* Dunkerca, *g.* Dunkercæ¹, *f.*

DURANCE, *rivière.* Druentia, *g.* Druentiæ¹, *f.*

DURAZZO, *ville de Turquie.* Dyrrachium, *g.* Dyrrachii², *n.*

E.

ÉCOSSE, *royaume.* Scotia, *g.* Scotiæ¹, *f.* | *D'Ecosse*, *Ecossais.* Scotus, a, um, *adj.*

ÉDIMBOURG, *cap. de l'Ecosse.* Edimburgum, *g.* Edimburgi², *n.*

ÉGÉE (LA MER). Ægæum mare, *g.* Ægæi² maris³, *n.*

ÉGYPTE, *province d'Afrique.* Ægyptus, *g.* Ægypti², *f.* | *D'Egypte*, *Egyptien*, *pour les personnes.* Ægyptius, ia, ium, *adj.* pour *les choses.* Ægyptiacus, a, um, *adj.*

ELBE, *rivière d'Allemagne.* Albis, *g.* Albis³, *m.*

ELBEUF, *ville de France.* Ellebovium, *g.* Ellebovii², *n.*

ÉLYSÉE, *séjour des héros.* Elysium, *g.* Elysii², *n.* | *Les champs Elysées.* Elysii campi, *g.* Elysiorum camporum², *m. plur.*

ÉOLIE, *province de la Grèce.* Æolis, *g.* Æolidis³, *f.* | *D'Eolie*, ou *Eolien*, pour *les choses*. Æolius, ia, ium, *adj.* | *Les Eoliens*. Æoles, *g.* Æolum³, *m. plur.*

ÉPINAL, *ville de France.* Spinalium, *g.* Spinalii², *n.*

ÉPIRE, *royaume de la Grèce.* Epirus, *g.* Epiri², *m.* | *D'Epire*, ou *Epirote*. Epirota, *g.* Epirotæ¹, *m.*

ESCLAVONIE, *prov. de Hongrie.* Sclavia, *g.* Sclaviæ¹, *f.* | *D'Esclavonie*, *Esclavon*. Sclavus, *g.* Scla-

vi², *m.* Au *fém.* Sclava, *g.* Sclavæ¹.

ESPAGNE, *royaume.* Hispania, *g.* Hispaniæ¹, *f.* | *D'Espagne*, *Espagnol*. Hispanus, a, um, *adj.*

ÉTAMPES, *ville de France.* Stampæ, *g.* Stamparum¹, *f. plur.*

ÉTHIOPIE, *pays d'Afrique.* Æthiopia, *g.* Æthiopiæ¹, *f.* | *D'Ethiopie*, *Ethiopien*. Æthiops, *g.* Æthiopis³, *m.* Au *fém.* Æthiopis, *g.* Æthiopidis³.

ETNA, *montagne de Sicile.* Ætna, *g.* Ætnæ¹, *f.*

ÉTOLIE, *province de la Grèce.* Ætolia, *g.* Ætoliæ¹, *f.* | *D'Etolie*, *Etolien*. Ætolus, a, um, *adj.*

EUBÉE, *île.* Euboea, *g.* Euboeæ¹; *fém.*

EUPHRATE, *fleuve d'Asie.* Euphrates, *g.* Euphratis³, *f.*

EUROPE, *une des quatre parties du monde.* Europa, *g.* Europæ¹, *f.* | *D'Europe*, *Européen*. Europæus, ea, eum, *adj.*

ÉVREUX, *ville de Fr.* Ebroicæ, *g.* Ebroicarum¹, *f. plur.*

F.

FESCAMP, *ville de France.* Fiscanum, *g.* Fiscani², *n.*

FEZ, *ville d'Afrique.* Fessa, *g.* Fessæ¹, *f.* | *Le royaume de Fez.* Fessanum regnum, *gén.* Fessani regni², *n.*

FINISTÈRE, *cap.* Gobæum promontorium, *g.* Gobæi promontorii², *n.*

FINLANDE, *province de Suède.* Finlandia, *g.* Finlandiæ¹, *f.* | *De Finlande.* Finno, *gén.* Finnonis³, *masc.*

FLAMAND. *Voyez* FLANDRE.

FLANDRE, *province des Pays-Bas.* Flandria, *g.* Flandriæ¹, *f.* | *De Flandre*, *Flamand*, pour *les personnes*. Flander, *g.* Flandri², *m.*; pour *les choses.* Flandricus, a, um, *adj.*

La FLANDRE prise pour les *Pays-Bas.* Belgium, *g.* Belgii², *n.* | *De Flandre*, *Flamand*. Belgicus, a, um, *adj.*

La FLÈCHE, *ville de France.* Flexia, g. Flexiæ¹, f.

FLEURUS, *ville des Pays-Bas.* Fleresium, g. Fleresii², n.

FLORENCE, *ville d'Italie.* Florentia, g. Florentiæ², f. | *De Florence, Florentin.* Florentinus, a, um, *adj.*

FLORIDE, *province de l'Amérique.* Florida, g. Floridæ¹, f.

FOIX, *ville de France,* Fuxum, g. Fuxi², n. | *De Foix.* Fuxensis, m. fém. Fuxense, n. adj.

FORCALQUIER, *ville de France.* Forcalquerium, g. Forcalquerii², n.

FOREZ, *province de France.* Forensis ager, g. Forensis³ agri², m.

FORTUNÉES (*îles*) V. CANARIES.

FRANCE, *royaume.* Gallia, g. Galliæ¹, f. | *De France, Français,* pour *les personn.* Gallus, g. Galli², m. Au *fém.* Galla, g. Gallæ¹; pour *les choses.* Gallicus, a, um, *adj.*

FRANCFORT-SUR-LE-MEIN, *ville d'Allemagne.* Francofurtum ad Mœnum, g. Francofurti², n.

FRANCFORT-SUR-L'ODER, *ville d'Allemagne.* Francofurtum ad Oderam, g. Francofurti², n.

FRANCHE-COMTÉ, *province de France.* Sequanorum tractus, g. Sequanorum tractûs⁴, m. | *Les peuples de Franche-Comté.* Sequani, g. Sequanorum², m. plur.

FRANCONIE, *contrée d'Allemagne.* Franconia, g. Franconiæ¹, fém.

FRIBOURG, *ville d'Allemagne.* Friburgum, g. Friburgi², n.

FRIBOURG *en Suisse.* Helvetiorum Friburgum.

FRONTIGNAN, *ville de France.* Frontiniacum, g. Frontiniaci², n.

G.

GALLICE, *province d'Espagne.* Gallæcia, g. Gallæciæ¹, f.

GALILÉE, *province de la Palestine.* Galilæa, g. Galilæ¹, f. | *De Galilée, Galiléen.* Galilæus, æa, æum, *adj.*

GALLIPOLI, *ville du royaume de Naples.* Gallipolis, g. Gallipolis³, f.

GAND, *ville des Pays-Bas.* Gandavum, g. Gandavi², n.

GAP, *ville de France.* Vapincum, g. Vapinci², n.

GARONNE, *fleuve de France.* Garumna, g. Garumnæ¹, f.

GASCOGNE, *prov. de France.* Vasconia, g. Vasconiæ¹, f. | *De Gascogne, ou Gascon,* pour *les personnes,* Vasco, g. Vasconis³, m. pour *les choses,* Vasconicus, a, um, *adj.*

GAULE, *ou* LES GAULES, *ancien nom de la France.* Gallia, g. Galliæ¹, f. | *De la Gaule, Gaulois,* pour *les personnes,* Gallus, a, um, *adj.* pour *les choses,* Gallicus, a, um, *adj.*

GAZA, *ville de la Palestine.* Gaza, g. Gazæ¹, f.

GÊNES, *ville d'Italie.* Genua, g. Genuæ², f. | *De Gênes, Génois.* Genuensis, m. f. Genuense, n. adj.

GENÈVE, *ville.* Geneva, g. Genevæ¹, f. | *De Genève, ou Genevois,* pour *les personnes.* Genevas, g. Genevatis, adj. pour *les choses.* Genevensis, m. f. Genevense, n. adj. | *Le lac de Genève.* Lacus Lemanus, g. Lacûs⁴ Lemani², m.

GERMANIE, *ancien nom de l'Allemagne.* Voy. *ce mot.*

GERMAINS. *Voy.* ALLEMAGNE.

GEX, *province de France.* Gesia, g. Gesiæ¹, f.

GIBRALTAR, *ville d'Espagne.* Heraclea, g. Heracleæ¹, f. | *Détroit de Gibraltar.* Fretum Herculeum, g. Freti Herculei², n.

GLASCOW, *ville d'Ecosse.* Glasquum, g. Glasqui², n.

GLOCESTER, *ville d'Angleterre.* Glocestria, g. Glocestriæ¹, f.

GOA, *ville des Indes.* Goa, g. Goæ¹, f.

GOTHS, *anciens peuples du Nord.* Gothi, g. Gothorum², m. pl.

GRÈCE, *contrée de l'Europe.* Græcia, g. Græciæ¹, f. | *De Grèce, Grec.* Græcus, a, um, *adj.*

GRENOBLE, *ville de France.* Gratianopolis, *g.* Gratianopolis³, *f.* | *De Grenoble.* Gratianopolitanus, a, um, *adj.*

GRISONS, *peuple allié des Suisses.* Rhæti, *g.* Rhætorum², *m. pl.* | *Le pays des Grisons.* Rhætia, *g.* Rhætiæ¹, *f.*

GRONINGUE, *ville de Hollande.* Groninga, *g.* Groningæ¹, *f.*

GUADELOUPE, *île de l'Amérique.* Guadalupia, *g.* Guadalupiæ¹, *f.*

GUIENNE, *province de France.* Aquitania, *g.* Aquitaniæ¹, *f.*

GUINÉE, *pays d'Afrique.* Guinæa, *g.* Guinææ¹, *f.*

GUISE, *ville de France.* Guisia, *g.* Guisiæ¹, *f.*

H.

HALICARNASSE, *ville de Carie en Asie.* Halicarnassus, *g.* Halicarnassi², *f.* | *D'Halicarnasse.* Halicarnassensis, *m. f.* Halicarnassense, *n. adj.*

HAMBOURG, *ville d'Allemagne.* Hamburgum, *g.* Hamburgi², *n.*

HÂVRE-DE-GRÂCE, *ville de France.* Gratiæ portus, *g.* Gratiæ portûs⁴, *m.*

HAYE (LA), *ville de Hollande.* Haga, *g.* Hagæ¹, *f.*

HÉBREU. Judæus, æa, æum, *adj.*

HÉLICON, *montagne consacrée aux Muses.* Helicon, *g.* Heliconis³, *masc.*

HELLESPONT, *détroit.* Hellespontus, *g.* Hellesponti², *m.*

HELVÉTIE. *Voy.* LA SUISSE.

HÉRACLÉE, *ville de l'Asie.* Heraclea, *g.* Heracleæ¹, *f.*

HÉRAUT, *rivière.* Araura, *g.* Arauræ¹, *f.*

HIÈRES, *ville de France.* Olbia, *g.* Olbiæ¹, *f.*

HIPPOCRÈNE, *fontaine.* Hippocrene, *g.* Hippocrenes¹, *f.*

HOLLANDE, *province.* Batavia, *g.* Bataviæ¹, *f.* | *De Hollande, Hollandais.* Batavus, a, um, *adj.*

HONGRIE, *royaume.* Hungaria, *g.* Hungariæ¹, *f.* | *De Hongrie, Hongrois.* Hungarus, a, um, *adj.*

I.

IDA, *montagne d'Asie.* Ida, *g.* Idæ¹, *f.*

IDUMÉE, *province d'Asie.* Idumæa, *g.* Idumææ¹, *f.* | *D'Idumée, Iduméen.* Idumæus, æa, æum, *adj.*

ILLYRIE, *province.* Illyricum, *g.* Illyrici², *n.*

INDE, *contrée de l'Asie.* India, *g.* Indiæ¹, *f.* | *De l'Inde, ou Indien,* pour *les personn.* Indus, *g.* Indi², *m.* Au *fém.* Inda, *g.* Indæ¹. Pour *les choses.* Indicus, a, um, *adj.*

L'INDE, *fleuve d'Asie.* Indus, *g.* Indi², *m.*

INSPRUCK, *ville d'Allemagne.* Ænipontum, *g.* Æniponti², *n.*

IONIE, *province de l'Asie.* Ionia, *g.* Ioniæ¹, *f.* | *D'Ionie, Ionien.* Ionius, ia, ium, *adj.*

IRLANDE, *royaume.* Hibernia, *g.* Hiberniæ¹, *f.*

ISÈRE, *rivière.* Isara, *g.* Isaræ¹, *fém.*

ISLANDE, *île.* Islandia, *g.* Islandiæ¹, *f.*

ISPAHAN, *ville capitale de la Perse.* Ispahamum, *gén.* Ispahami², *n.*

ITALIE. Italia, *g.* Italiæ¹, *f.* | *D'Italie, Italien,* pour *les pers.* Italus, a, um, *adj.* pour *les choses.* Italicus, a, um, *adj.*

ITHAQUE, *île.* Ithaca, *g.* Ithacæ¹, *f.*

J.

JAFFA, *ville de la Palestine.* Joppe, *g.* Joppes¹, *f.*

JAPON, *empire.* Japonia, *g.* Japoniæ¹, *f.* | *Du Japon, Japonais,* pour *les personnes.* Japonius, ia, ium, *adj.* pour *les choses.* Japonicus, a, um, *adj.*

JARNAC, *ville de France.* Jarnacum, *g.* Jarnaci², *n.*

JÉRICHO, *ville de la Palestine.* Hiericus, *g.* Hiericuntis³, *f.*

JÉRUSALEM, *ville de la Pales-*

650

LAV

tine. Hierosolyma, *g.* Hierosolymæ¹, *f.* | *De Jérusalem.* Hierosolymitanus, a, um, *adj.*

JOYEUSE, *ville de France.* Joyosa, *g.* Joyosæ¹, *f.*

JUDÉE, *province d'Asie.* Judæa, *g.* Judææ¹, *f.* | *De Judée*, *Juif.* Judæus, æa, æum, *adj.* | *De Judée, ou Judaïque, pour les choses.* Judaïcus, a, um, *adj.*

JUIF. *Voy.* JUDÉE.

JULIERS, *ville.* Juliaria, *g.* Juliariæ¹, *f.*

JURA, *montagne.* Jurassus, *g.* Jurassi², *m.*

JUTLAND, *province de Danemarck.* Jutlandia, *g.* Jutlandiæ¹, *f.*

K.

KALMUKS, *peuples de Tartarie.* Kalmuci, *g.* Kalmucorum², *m. pl.*

KONISBERG, *ville de Prusse.* Konisberga, *g.* Konisbergæ¹, *f.*

L.

LACÉDÉMONE, *ville de la Grèce.* Lacedæmon, *g.* Lacedæmonis³, *f.* | *De Lacédémone, Lacédémonien.* Lacedæmonius, ia, ium, *adj.*

LACONIE, *province de la Grèce.* Laconia, *g.* Laconiæ¹, *f.*

LANCASTRE, *ville d'Angleterre.* Lancastria, *g.* Lancastriæ¹, *f.*

LANDES, *pays de la Gascogne.* Syrticus ager, *g.* Syrtici agri², *m.*

LANGRES, *ville de France.* Lingonæ, *g.* Lingonarum¹, *f. pl.*

LAODICÉE, *ville d'Asie.* Laodicea, *g.* Laodiceæ¹, *f.*

LAON, *ville de France.* Laudunum, *g.* Laudani², *n.*

LAPONIE, *contrée du Nord.* Laponia, *g.* Laponiæ¹, *f.* | *De Laponie, Lapon.* Lapo, *g.* Laponis³, *m.*

LATIUM, *province de l'Italie.* Latium, *g.* Latii², *n.*

LAUSANNE, *ville de la Suisse.* Lausanna, *g.* Lausannæ¹, *f.*

LAVAL, *ville de France.* Lavallium, *g.* Lavallii², *n.*

LAVAUR, *ville de France.* Vaurum, *g.* Vauri², *n.*

LIO

LEIPSICK, *ville d'Allemagne.* Lipsia, *g.* Lipsiæ¹, *f.*

LÉMAN, ou LAC DE GENÈVE. *Voy.* GENÈVE.

LENS, *ville de France.* Lentiacum, *g.* Lentiaci², *n.*

LÉON, *ville d'Espagne.* Legio, *g.* Legionis³, *f.* | *Royaume de Léon.* Regnum Legionense, *g.* Regni² Legionensis³, *n.*

LÉPANTE, *ville de Turquie.* Naupactus, *g.* Naupacti², *f.*

LÉRIDA, *ville d'Espagne.* Ilerda, *g.* Ilerdæ¹, *f.*

LERNE, *marais de la Fable.* Lerna, *g.* Lernæ¹, *f.*

LESBOS, *île.* Lesbos, *g.* Lesbi², *fém.*

LEVANT, *l'Orient.* Oriens, *g.* Orientis³, *m.* | *Les Levantins.* Orientis populi, *g.* Orientis populorum², *m. plur.*

LEYDE, *ville de Hollande.* Leida, *g.* Leidæ¹, *f.*

LIBAN, *montagne d'Asie.* Libanus, *g.* Libani², *m.*

LIBYE, *pays d'Afrique.* Libya, *g.* Libyæ¹, *f.* | *De Libye, Libyen.* Libys, *g.* Libyos³, *m.* Au *fém.* Libyssa, *g.* Libyssæ¹.

LIÈGE, *ville.* Leodium, *g.* Leodii², *n.*

LIGURIE, *pays d'Italie.* Liguria, *g.* Liguriæ¹, *f.*

LILLE, *ville de France.* Insulæ, *g.* Insularum¹, *f. plur.*

LILYBÉE, *ville de Sicile.* Lilibæum, *g.* Lilibæi², *n.*

LIMA, *ville du Pérou.* Lima, *g.* Limæ¹, *f.*

LIMAGNE, *pays de France.* Limania, *g.* Limaniæ¹, *f.*

LIMBOURG, *ville des Pays-Bas.* Limburgum, *g.* Limburgi², *n.*

LIMOGES, *ville de France.* Lemovicum, *g.* Lemovici², *n.*

LIMOUSIN, *pays de France.* Lemovicium, *g.* Lemovicii², *n.* | *Qui est du Limousin.* Lemovix, *g.* Lemovicis³, *m.*

LIONS, *ville de France.* Lionium, *g.* Lionii², *n.*

LUS — MAL

LIPARI, *île.* Lipara, *g.* Liparæ¹, *f.*

LISBONNE, *ville de Portugal.* Ulyssipo, *g.* Ulyssiponis³, *m.*

LISIEUX, *ville de France.* Lexovium, *g.* Lexovii², *n.*

LITHUANIE, *province de Pologne.* Lithuania, *g.* Lithuaniæ¹, *f.*

LIVONIE, *province de la Russie.* Livonia, *g.* Livoniæ¹, *f.*

LIVOURNE, *ville d'Italie.* Liburnus, *g.* Liburni², *n.*

LOCRIENS, *anciens peuples de la Grèce.* Locri, *g.* Locrorum², *m. plur.*

LODÈVE, *ville de France.* Luteva, *g.* Lutevæ¹, *f.*

LOIR, *rivière de France.* Lædus, *g.* Lædi², *m.*

La LOIRE, *fleuve de France.* Ligeris, *g.* Ligeris, *m. acc.* Ligerim, *abl.* Ligeri.

LOMBARDIE, *pays d'Italie.* Longobardia, *g.* Longobardiæ¹, *f.* | *Les Lombards.* Longobardi, *g.* Longobardorum², *m. plur.*

LONDRES, *ville d'Angleterre.* Londinum, *g.* Londini², *n.*

LORETTE, *ville d'Italie.* Lauretum, *g.* Laureti², *n.*

LORRAINE, *province de France.* Lotharingia, *g.* Lotharingiæ¹, *f.*

LOT, *rivière de France.* Oldus, *g.* Oldi², *m.*

LOUVAIN, *ville.* Lovanium, *g.* Lovanii², *n.*

LOUVIERS, *ville de France.* Lupariæ, *g.* Lupariarum¹, *f. pl.*

LUBECK, *ville de Saxe.* Lubeca, *g.* Lubecæ¹, *f.*

LUBLIN, *ville de Pologne.* Lublinum, *g.* Lublini², *n.*

LUCERNE, *ville de la Suisse.* Lucerna, *g.* Lucernæ¹, *f.*

LUÇON, *ville de France.* Lucio, *g.* Lucionis³, *m.*

LUCQUES, *ville d'Italie.* Luca, *g.* Lucæ¹, *f.*

LUNEBOURG, *ville d'Allemag.* Luneburgum, *g.* Luneburgi², *n.*

LUSIGNAN, *ville de France.* Lusinianum, *g.* Lusiniani², *n.*

LUXEMBOURG, *ville des Pays-Bas.* Luxemburgum, *g.* Luxemburgi², *n.*

LYCAONIE, *pays d'Asie.* Lycaonia, *g.* Lycaoniæ¹, *f.* | *Ceux de Lycaonie, ou Lycaoniens.* Lycaones, *g.* Lycaonium³, *m. plur.*

LYCIE, *pays de l'Asie.* Lycia, *g.* Lyciæ¹, *f.* | *De Lycie, ou Lycien.* Lycius, ia, ium, *adj.*

LYDIE, *ancien royaume d'Asie.* Lydia, *g.* Lydiæ¹, *f.* | *De Lydie, ou Lydien, pour les personnes.* Lydus, a, um, *adj. pour les choses.* Lydius, ia, ium, *adj.*

LYON, *ville de France.* Lugdunum, *g.* Lugduni², *n.* | *De Lyon, Lyonnais.* Lugdunensis, *m. fém.* Lugdunense, *n. adj.*

LYS, *rivière des Pays-Bas.* Legia, *g.* Legiæ¹, *f.*

M.

MACACAR, *île.* Macassaria, *g.* Macassariæ¹, *f.*

MACAO, *ville de la Chine.* Macaum, *g.* Macai², *n.*

MACÉDOINE, *royaume de la Grèce.* Macedonia, *g.* Macedoniæ¹, *f.* | *De Macédoine, Macédonien, pour les personnes.* Macedo, *g.* Macedonis³, *m. pour les choses.* Macedonicus, a, um, *adj.*

MADAGASCAR, *île.* Madagascaria, *g.* Madagascariæ¹, *f.*

MADAURE, *ville d'Afrique.* Madaurus, *g.* Madauri², *f.*

MADÈRE, *île.* Madera, *g.* Maderæ¹, *f.*

MADRID, *ville d'Espagne.* Madritum, *g.* Madriti², *n.*

MAGDEBOURG, *ville d'Allemagne.* Magdeburgum, *g.* Magdeburgi², *n.*

MAGNÉSIE, *ville d'Asie.* Magnesia, *g.* Magnesiæ¹, *f.*

MAINE (LE), *province de Fr.* Cenomania, *g.* Cenomaniæ¹, *f.*

MAJORQUE, *île.* Balearis major, *g.* Balearis majoris³, *f.*

MALABAR, *pays des Indes.* Malabaria, *g.* Malabariæ¹, *f.*

MÉD — MOL

MALINES, *ville des Pays-Bas.* Mechlinia, g. Mechliniæ[1], f.

MALTE, *île.* Melitea, g. Melitea[1], f. | *De Malte.* Melitensis, m. fém. Melitense, n. adj.

MANCHE (LA), *détroit qui sépare la France et l'Angleterre.* Fretum Britannicum, g. Freti Britannici[2], n.

MANS, *ville de France.* Cenomanum, g. Cenomani[2], n.

MANTE, *ville de France.* Medunta, g. Meduntæ[1], f.

MANTOUE, *ville d'Italie.* Mantua, g. Mantuæ,[1] f.

La **MARCHE** D'ANCÔNE. Picenum, g. Piceni[2], n.

MARNE, *rivière de France.* Matrona, g. Matronæ[1], f.

MAROC, *royaume d'Afrique.* Regnum Marocanum, *gén.* Regni Marocani[2], n.

MARSEILLE, *ville de France.* Massilia, g. Massiliæ[1], f. | *De Marseille.* Massiliensis, m. fém. Massiliense, n. adj.

MARTINIQUE (LA), *île.* Martinica, g. Martinicæ[1], f.

MASTRICHT, *ville des Pays-Bas.* Trajectum superius, g. Trajecti[2] superioris[3], n.

MAURE. *Voy.* MAURITANIE.

MAURIENNE, *ville de Savoie.* Mauriana, g. Maurianæ[1], f.

MAURITANIE, *pays d'Afrique.* Mauritania, g. Mauritaniæ[1], f. | *De Mauritanie*, ou *Maure.* Maurus, g. Mauri[2], n.

MAYENCE, *ville d'Allemagne.* Maguntia, g. Maguntiæ[1], f.

MAYENNE, *ville de France.* Meduana, g. Meduanæ[1], f.

MÉACO, *ville du Japon.* Meacum, g. Meaci[2], n.

MÉANDRE, *fleuve d'Asie.* Meander, g. Meandri[2], m.

MEAUX, *ville de France.* Meldæ, g. Meldarum[1], f. plur.

MECQUE (LA), *ville de l'Arabie.* Mecca, g. Meccæ[1], f.

MÈDE. *Voy.* MÉDIE.

MÉDIE, *royaume d'Asie.* Media, g. Mediæ[1], f. | *Les Mèdes.* Medi, g. Medorum[2], m. plur.

MÉDINE, *ville de l'Arabie.* Methymna, g. Methymnæ[1], f.

MÉGARE, *ville de la Grèce.* Megara, g. Megaræ[1], f.

MEIN (LE), *rivière d'Allemagne.* Mœnus, g. Mœni[2], m.

MELUN, *ville de France.* Melodunum, g. Meloduni[2], n.

MEMPHIS, *ville d'Egypte.* Memphis, g. Memphis[3], f. acc. Memphim, abl. Memphi.

MENDE, *ville de France.* Minatum, g. Minati[2], n.

MESSINE, *ville de Sicile.* Messana, g. Messanæ[1], f. | *De Messine.* Messanensis, m. fém. Messanense, n. adj.

METZ, *ville de Lorraine.* Divodurum, g. Divoduri[2], n.

MEUSE, *rivière.* Mosa, g. Mosæ[1], f.

MEXICAIN. *Voy.* MEXIQUE.

MEXICO, *ville d'Amérique.* Mexicum, g. Mexici[2], n.

MEXIQUE, *pays d'Afrique.* Mexicana regio, g. Mexicanæ[1] regionis[3], f.

MÉZIÈRES, *ville de France.* Maseriæ, g. Maseriarum[1], f. plur.

MILAN, *ville d'Italie.* Mediolanum, g. Mediolani[2], n.

MILANAIS (LE). Insubria, g. Insubriæ[1], f. | *Les habitans du Milanais.* Insubres, g. Insubrium[3], masc.

MINORQUE, *île.* Minorca, g. Minorcæ[1], f.

MITYLÈNE, *ville.* Mitylenæ, g. Mitylenarum[1], f. plur.

MOGOL, *empire d'Asie.* Mogolum imperium, g. Mogolum imperii[2], n. | *L'empereur du Mogol.* Mogolum imperator, g. Mogolum imperatoris[3], m. | *Les Mogols, les peuples du Mogol.* Mogoles, g. Mogolum[3], m. plur.

MOLDAVIE, *pays de la Turquie.* Moldavia, g. Moldaviæ[1], f.

MOLUQUES, *îles.* Molucæ, g. Molucarum[1], f. plur.

MYS   NIV   653

MONACO, *ville de France.* Herculis Monæci portus, *g.* Herculis Monæci portûs[4], *m.*

MONTBRISON, *ville de France.* Monbrisonium, *g.* Monbrisonii[2], *n.*

MONCONTOUR, *ville de France.* Monconturium, *g.* Monconturii[2], *neut.*

MONTDIDIER, *ville de France.* Mondiderium, *g.* Mondiderii[2], *n.*

MONOMOTAPA, *royaume d'Afrique.* Monomotapa, *g.* Monomotapæ[1], *f.*

MONS, *ville des Pays-Bas.* Montes, *g.* Montium[3], *m. plur.*

MONTARGIS, *ville de France.* Argimons, *g.* Argimontis[3], *m.*

MONTAUBAN, *ville de France.* Mons Albanus, *g.* Montis[3] Albani[2], *masc.*

MONTÉLIMART, *ville de France.* Audomari Mons, *g.* Audomari Montis[3], *m.*

MONTGIBEL, *montagne de Sicile.* Ætna, *g.* Ætnæ[1], *f.*

MONTPELLIER, *ville de France.* Mons Pessulanus, *g.* Montis[3] Pessulani[2], *m.*

MONTREUIL, *ville de France.* Monstrolium, *g.* Monstrolii[2], *n.*

MORAVIE, *province de Bohême.* Moravia, *g.* Moraviæ[1], *f.*

MORÉE (LA), *presqu'île.* Peloponnesus, *g.* Peloponnesi[2], *n.*

MOSCOU, *ville de Russie.* Moscovia, *g.* Moscoviæ[1], *f.*

LES MOSCOVITES, *les peuples de Moscovie.* Moscovitæ, *g.* Moscovitarum[2], *f. plur.*

MOSELLE, *rivière.* Mosella, *g.* Mosellæ[1], *f.*

MOULINS, *ville de France.* Molinum, *g.* Molini[2], *n.*

MUNICH, *ville de Bavière.* Monachium, *g.* Monachii[2], *n.*

MUNSTER, *ville de Westphalie.* Monasterium, *g.* Monasterii[2], *n.*

MURCIE, *ville d'Espagne.* Murcia, *g.* Murciæ[1], *f.*

MYCÈNES, *ville de la Grèce.* Mycenæ, *g.* Mycenarum[1], *f. pl.*

MYSIE, *pays d'Asie.* Mysia, *g.* Mysiæ[1], *f.* | *Peuples de Mysie,* Mysiens. Mysi, *g.* Mysorum[2], *m. plur.*

N.

NAMUR, *ville des Pays-Bas.* Namurcum, *g.* Namurci[2], *n.*

NANCI, *ville de France.* Naucium, *g.* Nancii[2], *n.*

NANTES, *ville de France.* Nannetes, *g.* Nannetum[3], *m. pl.* | *De Nantes.* Nannetensis, *m. f.* Nannetense, *n. adj.*

NAPLES, *ville capitale du royaume de Naples.* Neapolis, *g.* Neapolis[3], *m. acc.* Neapolim, *abl.* Neapoli. | *De Naples,* ou *Napolitain.* Neapolitanus, a, um, *adj.*

NARBONNE, *ville de France.* Narbo, *g.* Narbonis[3], *m.* | *De Narbonne.* Narbonensis, *m. f.* Narbonense, *n. adj.*

NASSAU, *ville d'Allemagne.* Nassonium, *g.* Nassonii[2], *n.*

NATOLIE, *l'Asie mineure.* Asia minor, *g.* Asiæ[1] minoris[3], *f.*

NAVARRE, *royaume.* Navarra, *g.* Navarræ[1], *f.* | *De Navarre,* Navarrois. Navarræus, æa, æum, *adj.*

NAZARETH, *ville de Galilée.* Nazarethum, *g.* Nazarethi[2], *n.*

NEMOURS, *ville de France.* Nemorosium, *g.* Nemorosii[2], *n.*

NEUFCHATEL, *ville de France.* Novum Castrum, *g.* Novi Castri[2], *n.*

NEVERS, *ville de France.* Nivernum, *g.* Niverni[2], *n.*

NICE, *ville.* Nicæa, *g.* Nicææ[1], *f.*

NICÉE, *ville.* Nicæa, *g.* Nicææ[1] *fém.*

NIEUPORT, *ville de France.* Neoportus, *g.* Neoportûs[4], *m.*

NIÈVRE, *rivière.* Neveris, *g.* Neveris[3], *m.*

NIL, *fleuve d'Egypte.* Nilus, *g.* Nili[2], *m.*

NIMES, *ville de France.* Nemausus, *g.* Nemausi[2], *f.*

NINIVE, *ville.* Ninive, *g.* Ninives[1], *f.* | *De Ninive,* ou *Ninivite.* Ninivita, *g.* Ninivitæ[1], *m.*

NIVERNOIS, *province.* Nivernensis ager, g. Nivernensis[3] agri[2], masc.

NOLE, *ville d'Italie*. Nola, g. Nolæ[1], f.

NORMANDIE, *province de Fr*. Normania, g. Normaniæ[1], f. | *De Normandie*, ou *Normand*. Normannus. a, um, *adj*.

NORWÈGE, *royaume*. Norvegia, g. Norvegiæ[1], f.

NOYON, *ville de France*. Noviodunum, g. Novioduni[2], n.

NUMANCE, *ville d'Espagne*. Numantia, g. Numantiæ[1], f. | *De Numance*, ou *Numantin*. Numantinus, a, um, *adj*.

NUMIDIE, *pays d'Afrique*. Numidia, g. Numidiæ[1], f. | *De Numidie*, ou *Numide*. Numida, g. Numidæ[1], m.

NUREMBERG, *ville d'Allemagne*. Norimberga, g. Norimbergæ[1], fém.

O.

OCÉAN, *mer*. Oceanum mare, g. Oceani[2] maris[3], n.

OISE, *rivière de France*. Æsia, g. Æsiæ[1], f.

OLÉRON, *ville*. Elorona, gén. Eloronæ[1], f.

OLÉRON, *île*. Uliarus, g. Uliari[2], fém.

OLYMPE, *montagne*. Olympus, g. Olympi[2], m.

OMBRIE, *pays d'Italie*. Umbria, g. Umbriæ[1], f.

ORANGE, *ville de France*. Arausio, g. Arausionis[3], f.

ORNE, *rivière*. Olina, g. Olinæ[1], f.

OSTENDE, *ville des Pays-Bas*. Ostenda, g. Ostendæ[1], f.

OSTIE, *ville d'Italie*. Ostia, g. Ostiorum[2], n. plur.

OTRANTE, *ville d'Italie*. Hydruntum, g. Hydrunti[2], n.

OUDENARDE, *ville des Pays-Bas*. Aldenarda, g. Aldenardæ[1], f.

OURTHE, *rivière*. Urta, gén. Urtæ[1], f.

OVER-ISSEL, *province de Hollande*. Trans-Isalana, g. Trans-Isalanæ[1], f.

OXFORD, *ville d'Angleterre*. Oxonium, g. Oxonii[2], n.

P.

PADOUE, *ville d'Italie*. Patavium, g. Patavii[2], n.

PALATINAT, *province d'Allemagne*. Palatinatus, g. Palatinatûs[4], masc.

PALERME, *ville de Sicile*. Panormus, g. Panormi[2], f.

PALESTINE, *province*. Palæstina, g. Palæstinæ[1], f.

PALUS-MÉOTIDE, *mer*. Palus Meotis, g. Paludis Meotidis[3], f.

PAMPELUNE, *ville*. Pampelo, g. Pampelonis[3], f.

PAMPHYLIE, *pays de l'Asie*. Pamphylia, g. Pamphyliæ[1], f.

PAPHLAGONIE, *province de l'Asie mineure*. Paphlagonia, g. Paphlagoniæ[1], f.

PAPHOS, *île*. Paphos, g. Paphi[2], f.

PARAGUAI, *pays de l'Amérique*. Paraguaria, g. Paraguariæ[1], fém.

PARIS, *ville*. Lutetia, g. Lutetiæ[1], f. | *De Paris*, ou *Parisien*. Parisinus, a, um, *adj*.

PARME, *ville*. Parma, g. Parmæ[1], f.

PARNASSE, *montagne*. Parnassus, g. Parnassi[2], m.

PAROS, *île*. Paros, g. Pari[2], f.

PARTHES, *peuples de l'Asie*. Parthi, g. Parthorum[2], m. pl. *Le pays des Parthes*. Parthia, g. Parthiæ[1], f.

PAVIE, *ville d'Italie*. Ticinum, g. Ticini[2], n.

PÉKIN, *ville de la Chine*. Pekinum, g. Pekini[2], n.

PÉLOPONÈSE, *presqu'île*. Peloponnesus, g. Peloponnesi[2], f. | *Du Péloponèse*. Peloponnesius, ia, ium, *adj*.

PÉRIGUEUX, *ville de France*. Petrocora, g. Petrocoræ[1], f.

PERMESSE, *fleuve consacré aux*

PON — RAV — 655

Muses. Permessus, g. Permessi², masc.

PÉRONNE, *ville de France.* Perona, g. Peronæ¹, f.

PÉROU, *grand pays de l'Amérique.* Peruvia, g. Peruviæ¹, f.

PÉROUSE, *ville de Toscane.* Perusia, g. Perusiæ¹, f.

PERPIGNAN, *ville de France.* Perpinianum, g. Perpiniani², n.

PERSAN, *natif de Perse.* Persa, g. Persæ¹, m.

PERSE (LA), *royaume d'Asie.* Persis, g. Persidis³, f. | *Les Perses,* Persæ, g. Persarum¹, m. plur.

PÉTRÉE (L'ARABIE). Arabia Petrea, g. Arabiæ Petreæ¹, f.

PHÉNICIE, *pays de Syrie.* Phœnice, g. Phœnices¹, f. | *Les Phéniciens.* Phœnices, g. Phœnicum³, m. plur.

PHRYGIE, *province d'Asie.* Phrygia, g. Phrygiæ¹, f. | *De Phrygie, Phrygien.* Phryx, g. Phrygis, adj.

PIÉMONT, *royaume.* Pedemontium, g. Pedemontii², n. | *De Piémont, Piémontais.* Pedemontanus, a, um, adj.

PO, *fleuve d'Italie.* Padus, g. Padi², m.

POISSY, *ville de France.* Pisciacum, g. Pisciaci², n.

POITIERS, *ville de France.* Pictavium, g. Pictavii², n.

POITOU (LE), *province de Fr.* Pictonicus ager, g. Pictonici agri², masc.

POLOGNE, *royaume.* Polonia, g. Poloniæ¹, f. | *De Pologne, ou Polonais, pour les personnes.* Polonus, a, um, adj. *pour les choses.* Polonicus, a, um, adj.

POMÉRANIE, *pays d'Allemagne.* Pomerania, g. Pomeraniæ¹, fém.

PONT (LE), *ancien royaume.* Pontus, g. Ponti², m.

PONT-A-MOUSSON, *ville de France.* Mussipons, g. Mussipontis³, m.

PONT-EUXIN, *la mer Noire.* Pontus Euxinus, g. Ponti Euxini², masc.

PONT-SAINT-ESPRIT, *ville.* Sancti Spiritûs Pons, g. Sancti Spiritûs Pontis³, m.

PONTHIEU, *partie de la Picardie.* Ponticum, gén. Pontici², neut.

PONTOISE, *ville de France.* Pontisara, g. Pontisaræ¹, f.

PORT-LOUIS. Portus Lodoicus, g. Portûs⁴ Lodoici², m.

PORTUGAIS. *Voy.* PORTUGAL.

PORTUGAL, *royaume.* Lusitania, g. Lusitaniæ¹, f. | *De Portugal, ou Portugais.* Lusitanus, a, um, adj.

PRAGUE, *capitale de la Bohème.* Praga, g. Pragæ¹, f.

PRIVAS, *ville de France.* Privatium, g. Privatii², n.

PROPONTIDE (LA), *mer.* Propontis, g. Propontidis³, f.

PROVENCE, *province de France.* Provincia, g. Provinciæ¹, f. | *De Provence, Provençal.* Provincialis, m. f. Provinciale, n. adj.

PROVINS, *ville de France.* Provinium, g. Provinii², n.

PRUSSE, *royaume.* Prussia, g. Prussiæ¹, f. | *De Prusse, ou Prussien.* Borussus, a, um, adj.

PUY (LE), *ville de France.* Podium, g. Podii², n.

PYRÉNÉES, *montagnes.* Pyrenæi, g. Pyrenæorum², m. plur.

Q.

QUÉBEC, *ville du Canada.* Kebeccum, g. Kebecci², n.

QUIMPER, *ville de France.* Corisopitum, g. Corisopiti², n.

R.

RAGUSE, *ville d'Italie.* Ragusia, g. Ragusiæ¹, f.

RATISBONNE, *ville de Bavière.* Ratisbona, g. Ratisbonæ¹, f.

RAVENNE, *ville d'Italie.* Ravenna, g. Ravennæ¹, f.

RÉ, *l'île de Ré.* Rea Insula, g. Reæ Insulæ¹, f.

REIMS, *ville de France*. Remi, g. Remorum², m. plur.

RENNES, *ville de France*. Rhedones, g. Rhedonum³, m. pl.

RHIN, *fleuve*. Rhenus, g. Rheni², m.

RHODES, *île*. Rhodus, g. Rhodi², f. | *De Rhodes, Rhodien*. Rhodius, ia, ium, adj.

RHODEZ, *ville de France*. Rhutenæ, g. Rhutenarum¹, f. plur.

RHONE, *fleuve*. Rhodanus, g. Rhodani², m.

RICHELIEU, *ville de France*. Ricolocus, g. Ricoloci², m.

RIEUX, *ville de France*. Rivi, g. Rivorum², m. plur.

RIMINI, *ville d'Italie*. Ariminum, g. Arimini², n.

RIOM, *ville de France*. Ricomagum, g. Ricomagi², n.

ROANNE, *ville de France*. Rodumna, g. Rodumnæ¹, f.

ROCHEFORT, *ville de France*. Rupefortium, g. Rupefortii², n.

ROCHEFOUCAULD, *ville de France*. Rupifucaldum, g. Rupifucaldi², n.

ROCHELLE (LA). Rupella, g. Rupellæ¹, f. | *Rochelois*. Rupellanus, a, um, adj.

ROCROI, *ville de France*. Rocroium, g. Rocroii², n.

ROMAIN. *Voy*. ROME.

ROMANIE, *province d'Europe*. Romania, g. Romaniæ¹, f.

ROME, *ville d'Italie*. Roma, g. Romæ¹, f. | *De Rome, Romain*. Romanus, a, um, adj.

ROUEN, *ville de France*. Rothomagus, g. Rothomagi², m.

RUSSES (LES). Russi, g. Russorum², m. plur.

RUSSIE, *empire*. Russia, g. Russiæ¹, f.

S.

SABINS, *anciens peuples d'Italie*. Sabini, g. Sabinorum², m. plur.

SAINT-BRIEUX, *ville de France*. Briocæ, g. Briocarum¹, f. pl

SAINT-CLAUDE, *ville de France*. Sancti Claudii Fanum, g. Sancti Claudii Fani², n.

SAINT-CLOUD, *village de France*. Sancti Clodoaldi Fanum, g. Sancti Clodoaldi Fani², n.

SAINT-DENIS, *ville de France*. Dionysiopolis, g. Dionysiopolis³, fem.

SAINT-FLOUR, *ville de France*. Floriopolis, g. Floriopolis³, f.

SAINT-GERMAIN-EN-LAYE, *ville de France*. Sancti Germani in Layâ Fanum, g. Sancti Germani in Layâ Fani², n.

SAINT-JACQUES-DE-COMPOSTELLE, *ville d'Espagne*. Compostella, g. Compostellæ¹, f.

SAINT-JEAN-D'ANGELY, *ville de France*. Angeriacum, g. Angeriaci², n.

SAINT-JEAN-DE-LUZ, *ville de France*. Luisium, g. Luisii², n.

SAINT-MALO, *ville de France*. Macloviopolis, g. Macloviopolis³, f.

SAINTE-MENEHOULD, *ville de France*. Sanctæ Menehildis Fanum, g. Sanctæ Menehildis Fani², neut.

SAINT-OMER, *ville de France*. Audomaropolis, g. Audomaropolis³, f.

SAINT-QUENTIN, *ville de France*. Sancti Quintini Fanum, g. Sancti Quintini Fani², n.

SAINT-VALERY, *ville de France*. Sancti Valerici Fanum, g. Sancti Valerici Fani², n.

SAINTES, *ville de France*. Santonæ, g. Santonarum¹, f. plur.

SAINTONGE, *province de France*. Santonia, g. Santoniæ¹, f.

SALERNE, *ville du royaume de Naples*. Salernum, g. Salerni², n.

SALINS, *ville de France*. Sequanorum Salinæ, gén Sequanorum Salinarum¹, f. plur.

SAMARIE, *ville de Judée*. Samaria, g. Samariæ¹, f.

SAMARITAIN. Samaritanus, a, um, adj.

SAMNITES, *anciens peuples d'Italie*. Samnites, g. Samnitum³,

SIC — TEN

m. plur. | *Le pays des Samnites.* Samnium, *g.* Samnii², *n.*

SAMOS, *île.* Samos, *g.* Sami², *fém.*

SANCERRE, *ville de France.* Cereris Sacrum, *g.* Cereris³ Sacri², *neut.*

SAONE, *rivière de France.* Araris, *g.* Araris³, *f. acc.* Ararim, *abl.* Arare, ou Arari.

SARAGOSSE, *ville d'Aragon.* Cæsaraugusta, *g.* Cæsaraugustæ¹, *fém.*

SARDAIGNE, *île.* Sardinia, *g.* Sardiniæ¹, *f.* | *Les habitans de la Sardaigne, les Sardes.* Sardi, *g.* Sardorum², *m. plur.*

SARRASINS, *ancien peuple de l'Arabie.* Sarraceni, *g.* Sarracenorum², *m. plur.*

SARTHE, *rivière.* Sartha, *gén.* Sarthæ¹, *f.*

SAUMUR, *ville de France.* Salmurium, *g.* Salmurii², *n.*

SAVOIE, *duché.* Sabaudia, *g.* Sabaudiæ¹, *f.* | *De Savoie, Savoyard.* Sabaudus, a, um, *adj.*

SCYTHIE, *contrée.* Scythia, *g.* Scythiæ¹, *f.* | *De Scythie, Scythe, pour les personnes.* Scythes, *g.* Scythæ¹, *m.* pour *le fém.* Scythissa, *g.* Scythissæ¹; pour *les choses.* Scythicus, a, um, *adj.*

SÉDAN, *ville de France.* Sedanum, *g.* Sedani², *n.*

SÉGOVIE, *ville de Castille.* Segovia, *g.* Segoviæ¹, *f.*

SÉMUR, *ville de France.* Semurium, *g.* Semurii², *n.*

SENEZ, *ville de France.* Sanitium, *g.* Sanitii², *n.*

SENLIS, *ville de France.* Silvanectum, *g.* Silvanecti², *n.*

SENS, *ville de France.* Senones, *g.* Senonum³, *m. plur.*

SÉSIA, *rivière d'Italie.* Sicida, *g.* Sicidæ¹, *f.*

SICILE, *île.* Sicilia, *g.* Siciliæ¹, *f.* | *De Sicile,* ou *Sicilien.* Siculus, a, um, *adj.*

SIENNE, *ville de la Toscane.* Senæ, *g.* Senarum¹, *f. plur.*

SION, *montagne de Jérusalem.* Sion, *g.* Sionis³, *m.*

SISTERON, *ville de France.* Segestero, *g.* Segesteronis³, *m.*

SODOME, *ville de la Judée.* Sodoma, *g.* Sodomæ¹, *f.*

SOISSONS, *ville de France.* Suessiones, *g.* Suessionum³, *m. pl.* | *De Soissons.* Suessionensis, *m. f.* Suessionense, *n. adj.*

SOLEURE, *ville de Suisse.* Salodurum, *g.* Saloduri², *n.*

SOMME, *rivière de France.* Somona, *g.* Somonæ¹, *f.*

SOUABE, *province d'Allemagne.* Suevia, *g.* Sueviæ¹, *f.*

SPARTE, *ville, la même que Lacédémone.* Sparta, *g.* Spartæ¹, *f.* | *Spartiate.* Spartanus, a, um, *adj.*

STOCKHOLM, *ville capitale de la Suède.* Holmia, *g.* Holmiæ¹, *f.*

STRASBOURG, *ville d'Alsace.* Argentoracum, *g.* Argentoraci², *n.*

SUISSE, *république.* Helvetia, *g.* Helvetiæ¹, *f.* | *Les Suisses.* Helvetii, *g.* Helvetiorum², *m. plur.*

SUND, *détroit.* Sunda, *g.* Sundæ¹, *f.*

SYRIE, *pays de l'Asie.* Syria, *g.* Syriæ¹, *f.* | *Syrien.* Syrius, ia, ium, *adj.*

T.

TAGE, *fleuve d'Espagne.* Tagus, *g.* Tagi², *m.*

TAMISE, *fleuve d'Angleterre.* Tamesis, *g.* Tamesis³, *f.*

TARASCON, *ville de France.* Tarascon, *g.* Tarasconis³, *m.*

TARBES, *ville de France.* Tarba, *g.* Tarbæ¹, *f.*

TARN, *rivière de France.* Tarnis, *g.* Tarnis³, *f.*

TARTARES, *peuples.* Tartari, *g.* Tartarorum², *m. plur.*

TARTARIE, *grand pays.* Tartaria, *g.* Tartariæ¹, *f.*

TAURUS, *montagne.* Taurus, *g.* Tauri², *m.*

TÉNARE, *l'enfer des Païens.* Tænarus, *g.* Tænari², *m.*

TEUTONS, *anciens peuples.* Teutones, *g.* Teutonum³, *m. pl.*

THÉBAIDE, *partie de l'ancienne Égypte.* Thebais, *g.* Thebaidis³, *fém.*

THÉBAIN, *de Thèbes.* Thebanus, a, um, *adj.*

THÈBES, *ville de la Grèce.* Thebæ, *g.* Thebarum¹, *f.*

THESSALIE, *province de la Grèce.* Thessalia, *g.* Thessaliæ¹, *f.* | *Thessalien.* Thessalus, a, um, *adj.*

THIONVILLE, *ville de Lorraine.* Theodonis Villa, *gén.* Theodonis Villæ¹, *f.*

THRACE, *grand pays.* Thracia, *g.* Thraciæ¹, *f.* | *Thracien.* Thrax, *g.* Thracis³, *m.* Au *fém.* Thressa, *g.* Thressæ¹.

TIBRE, *fleuve.* Tiberis, *gén.* Tiberis³, *m. acc.* Tiberim; *ablat.* Tiberi.

TIGRE, *fleuve d'Asie.* Tigris, *g.* Tigris¹, *m. acc.* Tigrim; *abl.* Tigri.

TOLÈDE, *ville d'Espagne.* Toletum, *g.* Toleti², *n.*

TOSCANE, *province d'Italie.* Tuscia, *g.* Tusciæ¹, *f.* | *De Toscane, Toscan, en parlant des personnes.* Tuscus, a, um, *adj.*; *en parlant des choses.* Tuscanicus, a, um, *adj.*

TOUL, *ville de Lorraine.* Tullum, *g.* Tulli², *n.* | *De Toul.* Tullensis, *m. f.* Tullense, *n. adj.*

TOULOUSE, *ville de France.* Tolosa, *g.* Tolosæ¹, *f.* | *De Toulouse, Toulousain, pour les personnes.* Tolosas, *g.* Tolosatis, *adj.* pour *les choses.* Tolosanus, a, um, *adj.*

TOULON, *ville de France.* Telo, *g.* Telonis³, *n.* | *De Toulon.* Telonensis, *m. f.* Telonense, *n. adj.*

TOURAINE, *province de France.* Turonia, *g.* Turoniæ¹, *f.*

TOURNAI, *ville des Pays-Bas.* Tornacum, *g.* Tornaci², *n.*

TOURNON, *ville de France.* Turonium, *g.* Turonii², *n.*

TOURNUS, *ville de France.* Trenorchium, *g.* Trenorchii², *n.*

TOURS, *ville de France.* Turones, *g.* Turonum³, *m. plur.*

TRANSILVANIE, *province.* Transilvania, *g.* Transilvaniæ¹, *f.*

TRÈVES, *ville d'Allemagne.* Trevirorum Augusta, *g.* Trevirorum Augustæ¹, *f.*

TRÉVOUX, *ville de France.* Trevoltium, *g.* Trevoltii², *n.*

TRIPOLI, *ville et royaume de Barbarie.* Tripolis nova, *g.* Tripolis³ novæ¹, *f. acc.* Tripolim; *abl.* Tripoli.

TUNIS, *ville et royaume.* Tunetum, *g.* Tuneti², *n.*

TURC, TURQUE. Turca, *g.* Turcæ¹, *m.* Au *fém.* Turca mulier, *g.* Turcæ¹ mulieris³. | *Les Turcs.* Turcæ, *g.* Turcarum¹, *m. pl.* | *De Turc, qui concerne les Turcs.* Turcicus, a, um, *adj.*

TURIN, *ville capitale du Piémont.* Taurinum, *g.* Taurini², *n.*

TURQUIE, *empire des Turcs.* Turcarum imperium, *g.* Turcarum imperii², *n.*

TYR, *ville de Phénicie.* Tyrus, *g.* Tyri², *f.* | *De Tyr*, ou *Tyrien.* Tyrius, ia, ium, *adj.*

U.

UKRAINE, *grand pays d'Europe.* Ukraina, *g.* Ukrainæ¹, *f.*

UTRECHT, *ville de Hollande.* Ultricerium, *g.* Ultricerii², *n.*

UZÈS, *ville de France.* Usetia, *g.* Usetiæ¹, *f.*

V.

VALENCE, *ville de France.* Valentia, *g.* Valentiæ¹, *f.*

VALENCIENNES, *ville de France.* Valentianæ, *g.* Valentianarum¹, *f. plur.*

VANDALES, *anciens peuples.* Vandali, *g.* Vandalorum², *m. pl.*

VARSOVIE, *ville de Pologne.* Varsovia, *g.* Varsoviæ¹, *f.*

VATICAN, *une des collines de Rome.* Mons Vaticanus, *g.* Montis[3] Vaticani[2], *m.*

VAUCLUSE, *fontaine.* Vallis clausa, *g.* Vallis[3] clausæ[1], *f.*

VENISE, *ville.* Venetiæ, *g.* Venetiarum[1], *f. pl.* | *Golfe de Venise.* Adria, *g.* Adriæ[1], *f.*

VÉNITIEN, *de Venise.* Venetus, a, um, *adj.*

VERDUN, *ville de Lorraine.* Virodunum, *g.* Viroduni[2], *n.*

VERNON, *ville de France.* Vernonium, *g.* Vernonii[2], *n.*

VERSAILLES, *ville de France.* Versaliæ, *g.* Versaliarum[1], *f. pl.*

VESER, *fleuve d'Allemagne.* Visurgis, *g.* Visurgis[3], *f.*

VESOUL, *ville de France.* Vesulium, *g.* Vesulii[2], *n.*

VÉSUVE, *volcan.* Vesuvius, *g.* Vesuvii[2], *m.*

VIENNE, *ville de France.* Vienna, *g.* Viennæ[1], *f.*

Vienne, *capitale de l'Autriche.* Vindobona, *g.* Vindobonæ[1], *f.*

Vienne, *rivière.* Vigenna, *g.* Vigennæ[1], *f.*

VILLEFRANCHE, *ville de la Guyenne.* Francopolis, *g.* Francopolis[3], *f.*

Villefranche, *ville du Lyonnais.* Villafranca, *g.* Villæfrancæ[1], *f.*

VILLENEUVE, *ville de France.* Villa nova, *g.* Villæ novæ[1], *f.*

VIRGINIE, *province de l'Amérique.* Virginia, *g.* Virginiæ[1], *f.*

VITRÉ, *ville de France.* Vitræum, *g.* Vitræi[2], *n.*

VITRI-SUR-MARNE. Victoriacum, *g.* Victoriaci[2], *n.*

VIVIERS, *ville de France.* Vivarium, *g.* Vivarii[2], *n.*

VOSGES, *montagnes.* Vosagus saltus, *g.* Vosagi[2] saltûs[4], *m.*

WESTPHALIE, *royaume.* Westphalia, *g.* Westphaliæ[1], *f.*

WOLGA, *fleuve.* Rha, *g.* Rhæ[1], *masc.*

WORMS, *ville d'Allemagne.* Vormantia, *g.* Vormantiæ[1], *f.*

Y.

YONNE, *rivière.* Icauna, *gén.* Icaunæ[1], *f.*

YORCK, *ville d'Angleterre.* Eboracum, *g.* Eboraci[2], *n.*

YPRES, *ville des Pays-Bas.* Ipræ, *g.* Iprarum[1], *f. plur.*

YVERDUN, *ville de Suisse.* Eberodunum, *g.* Eberoduni[2], *n.*

Z.

ZANGUEBAR, *grand pays d'Afrique.* Zanguebaria, *g.* Zanguebariæ[1], *f.*

ZÉLANDE, *province de Hollande.* Zelandia, *g.* Zelandiæ[1], *f.*

ZURICH, *ville de la Suisse.* Tigurum, *g.* Tiguri[2], *n.*

FIN.

www.ingramcontent.com/pod-product-compliance
Lightning Source LLC
Chambersburg PA
CBHW050322240426
43673CB00042B/1502